YEARBOOK OF XIAMEN

厦门年鉴

2017

厦门市人民政府　主办
厦门市人民政府地方志办公室　编

方志出版社
Publishing House of Local Records

《厦门年鉴》编纂委员会

《厦门年鉴》编辑部

编辑说明

一、《厦门年鉴》是厦门市人民政府主办、厦门市人民政府地方志办公室承编的厦门地方综合年鉴，首部年鉴于2002年出版。本期年鉴以马克思主列宁主义、毛泽东思想、邓小平理论、“三个代表”重要思想、科学发展观、习近平新时代中国特色社会主义思想为指导，坚持辩证唯物主义和历史唯物主义的立场、观点和方法，全面、客观、系统地记述厦门的年度发展情况。

二、本期年鉴的资料收录范围原则上为2016年1月1日至12月31日期间厦门市政治、经济、文化和社会的发展情况及区域自然变化情况。2016年，厦门市贯彻习近平总书记系列重要讲话精神和对福建、厦门工作的重要指示，围绕“五位一体”总体布局和“四个全面”战略布局，统筹做好稳增长、调结构、促改革、惠民生、保稳定等各项工作，全市经济、政治、文化、社会、生态文明和党的建设都取得新成效，实现“十三五”良好开局。以上内容在年鉴各类目的框架设置和内容记述中有广泛的体现。本期年鉴特载中收录了“厦门市国民经济和社会发展第十三个五年规划纲要”。

三、本期年鉴继续采取类目 — 分目 — 条目三级框架结构，个别内容较为复杂的在分目之下增设二级分目。全书共设特载、大事记、市情总貌、资源·环境、城乡建设与管理、政党·政权、社会团体、外事·侨务·港澳台事务、法治、国防建设、经济管理与监督、财政·税务、口岸管理、开放·开发、农业·水利、工业、交通·物流·邮政、信息化与通信保障、商贸·会展、旅游业、金融业、民营经济、科学技术、社会科学、教育、文化、卫生·人口计生·体育、社会·民生、市辖区、人物·名录、附录31个类目，其中含192个分目、82个二级分目、2095个条目。特载、大事记、名录、附录以及小资料不列入条目统计。条目的文体以记述体为主兼具说明体。根据实际情况及内容需要，原城市建设、市政园林合并为城乡建设与管理，下设11个分目、8个二级分目。在“编辑说明”之后设有彩页专辑以凸显厦门的年度特色和地方特色。

四、本年鉴对序数词的用法作了规范：在一般情况下，一到九十九的序数词使用汉字，100（含）以上的序数词使用阿拉伯数字，避免同一组统计数据汉阿数字混用；会议的届、次则一律使用汉字。另：表格中缺失的数字以空格表示，无此数字者以“—”表示。

五、本年鉴所收录的资料，除少数转载公开出版的报刊杂志外，主要由市各党政军机关、社会团体、企事业单位提供。因统计口径的原因，个别数据与市统计局公布的数据略有差异，读者在使用时请以统计部门公布的数字为准。

厦门市地图

泉州市
泉州市
泉
州
市
漳
州
市
大坪
大尖山
水洋
尖石尾
西坑
淡溪
白交祠
军营
小坪
堤内
半岭
大尖
顶村
西源
前格
杨洋镇
往畲
罗溪
上陵
澳溪
云浦
古坑
乔美
莲花山
褒美
云洋
路下
内田
蔗内
后埔
溪东
窑市
过溪
美埔
莲花镇
溪林
黄地
大溪山
湖柑
祥平街道
柑岭
石兜水库
蔡宅
西山
西塘
新塘
梧侣
后坂
土楼
四口圳
后宅
南山
禾山
活盘水库
钉顶尾山
岩溪镇
陈巷镇
长泰县
天柱山
双岭
东辉
顶许
新村
后溪镇
岩内
大帽山
美屯
洪塘
田头
李林
灌口镇
溪西
崎沟
仑后
英村
侨英街道
大尖山
上塘
坑内
灌口
三社
黄庄
铁山
锦园
西亭
孙厝
叶厝
上头亭
深青
凤山
井城
浦林
内林
杏林
集美区
集美街道
集杏海堤
后坂
东孚街道
陈井
西滨
杏滨街道
宁宝
杏林街道
寨后
山边
鹰厦
贞岱
东瑶
芸美
马銮湾
新阳大桥
杏林大桥
厦门大桥
东埔
后柯
霞阳
宝珠屿
高殿
殿前街道
祥露
新垵
兴旺
红屿
新阳街道
鳌冠
海沧隧道(在建)
湖里街道
文圃山
蔡尖尾山
海沧大桥
筼筜街道
古楼
海达
火烧屿
厦门市
海沧区
渐美
大兔屿
嘉莲
囷瑶
温厝
梧村
锦里
大屿
鹭江街道
梧
嵩屿街道
海沧街道
后井
贞庵
中华街道
鼓浪屿街道
思明区
厦港街道
九龙江口
厦漳大桥
鸡屿
鼓浪屿
厦门港
滨海街道
厦金航线
海门岛
龙
津
溪
龙
津
溪
上
陵
溪
澳
溪
莲
花
西
溪
西
源
溪
许
溪
后
溪
杏林湾水库
G2517厦沙
G1503厦门环城
G76厦蓉
G15沈海
G324
G319
S206
S207
S201
福厦高铁
福厦
鹰厦
图例
设区市行政中心
县级行政中心
镇、乡、街道办事处
社区居委会
村委会
设区市行政区域界
县级行政区域界
高速公路
在建高速
高速连接线
铁路
在建铁路
国道
省道
县道
街道
一般道路
山峰
河流
主要堤
隧道
桥梁
港口、码头
机场
绿地
审图号：闽S[2017]144号
比例尺1：310 000
福建省制图院 编制
资料截至2016年12月
注：本图行政区域界线仅作参考，不作划界依据。

泉
州
市
泉
州
市
后桥水库
紫帽山
紫帽镇
邦湖山
新垵水库
芹山
东西尖
磁灶镇
官桥镇
柏峰山
内坑镇
三秀山
竹坝水库
古宅
后亭
竹山
金柄
溪西
启埔
大帽山
石壁水库
风路
军村
后垄
上厝
明溪
曲前埔
乌山
村尾
布塘
下峰
马塘
新圩镇
郭山
新厝
东宅
诗坂
洪塘镇
龙泉
苏厝
锄山
安海镇
庄垵
东寮
苏店
桂林
水头镇
埔后
石浔
下墩
汶井
官路
琼坑
曾林
美山
龙东
何厝
垵边
后许
赵岗
莲塘
黎安
前垵
东石镇
马巷镇
内厝镇
新垵
西炉
内垵
鸿渐山
西坂
舫阳
莲前
后田
亭洋
山亭
郑坂
市头
许厝
黄厝
后莲
石井镇
城场
蔡浦
新店镇
朱坑
大宅
翔安区
井头
琼头
沙美
陈塘
溪尾
吕塘
茂林
炉前
东坑
东园
霞垄
下后滨
洪厝
洪前
珩厝
霞浯
莲河
鳄鱼屿
垵山
钟宅
浦边
后村
圭屿
小百屿
大百屿
东界
刘五店
浦园
田墘
东埕
小嶝
大嶝大桥
前浯
大嶝街道
嶝崎
小嶝岛
角屿
西滨
欧厝
澳头
大嶝岛
围头湾
金门北东水道
后屿
草屿
五缘大桥
翔安隧道
轮渡
钟宅
五通
厦门厦金湾直升机场
金山街道
何厝
大尖礁
厦金航线9.7海里（18千米）
泉金航线14海里（26千米）
照西礁
金山港
台湾海峡
厦门东侧水道
赤礁
乌礁
鼠屿
前埔
北太武山
土屿
红山
金门岛
北碇头
槟榔屿
烟屿
金门县
九宫码头
水头码头
金门道
小金门岛
料罗湾
G1503厦门环城
G1502泉州环城
G15沈海
G324
G72泉南
S308
S201
福厦
福厦高铁
五
江
溪东水库
造水
五峰
茂
林
溪
前街道
顶岩

SHUZI XIAMEN 2016数字厦门

总面积：1699.39 平方千米

常住人口：392 万人

户籍人口：2205489 人

地区生产总值（当年价）：37842662 万元

第一产业：231850 万元

第二产业：15445916 万元

第三产业：22164896 万元

第一、第二、第三产业构成：0.6：40.8：58.6

人均生产总值（按户籍人口计算）：175321 元

人均生产总值（按常住人口计算）：97282 元

规模以上工业总值：51979798 万元

财政总收入（含上划中央税收）：1083.34 亿元

财政支出：758.64 亿元

固定资产投资额（不含农户）：21598097 万元

社会消费品零售总额：12834596 万元

外贸出口总额（海关数）：4694291 万美元

外贸进口总额（海关数）：3023390 万美元

实际利用外资：222401 万美元

货物运输总量：27832 万吨

港口货物吞吐量：20910.78 万吨

厦门海港口岸集装箱班轮航线：235 条

集装箱吞吐量完成：961.37 万标准箱

机场旅客吞吐量：2273.76 万人次

机场入出境旅客：299.63 万人次

空港口岸全年完成安全飞行：18.35 万架次

在厦营运的航空公司：43 家

航空航线：182 条（国际 29 条）

国际邮轮靠泊：79 艘次

厦金出入境旅客：162.35 万人次

旅游总收入：968.26 亿元

接待国内外游客：6770.16 万人次

接待过夜的国内外游客：3098.32 万人次

中资机构人民币各项存款余额：90566075 万元

中资机构人民币各项贷款：76573796 万元

境内住户存款余额：21720007 万元

在岗职工年平均工资：69218 元

城镇居民人均可支配收入：46254 元

城镇居民人均生活消费性支出：30867 元

农村居民人均可支配收入：18885 元

农村居民人均生活消费支出：16300 元

居民消费价格总指数：101.7%

境内上市公司数：37 家

境内上市公司总股本：213.83 亿股

各级各类学校（含成人教育、社会办学）：1281 所

在校生数：936336 人

普通高等学校数：16 所

普通高等学校在校生人数：142948 人

医院数：47 家

医院病床数：13694 张

卫生技术人员：27497 人

全市用电量：229.96 亿千瓦小时

全市供水总量：43282 万吨

XIAMEN LIANGHUI 厦门两会

1 月 18 日上午，中国人民政治协商会议第十二届厦门市委员会第五次会议在厦门人民会堂开幕　（姚凡　摄）

届厦门市委员会第五次会议

1 月 19 日，市十四届人大五次会议在厦门人民会堂开幕　　（梁伟　摄）

为率先全面建成小康社会、争当"五大发展"示范市、建成美丽中国典范城市而努力

CHENGSHI JIANSHE 城市建设

7 月 15 日，演武大桥观景平台开放。观景平台主线长 628 米，与演武路海堤堤顶人行道相接，是世界上离海平面最近的桥梁之一。图为夜幕下的演武大桥观景台 （张奇辉　摄）

8 月，五缘湾水域整治及景观提升改造继续进行。五缘湾于 2015 年 8 月开始进行水域整治及景观提升改造 （王火炎　摄）

2016 年，集美加快打造跨岛发展新市区。图为充满活力的集美新城杏林湾营运中心（王火炎　摄）

10 月 31 日，海沧观景台亲水栈桥开放。海沧湾岸线整治工程让城区更加精致，海沧湾岸线整治工程于 2015 年 6 月开工建设，包括：亲水栈桥、休闲广场、台阶式亲水护岸、红树林种植及围堰等。图为海沧湾亲水栈桥观景平台（郑伟明　摄）

11 月 21 日上午，市体校、市竞体中心入驻新校区揭牌仪式在位于同安新城的市运动训练中心举行，标志着全市规模最大、配套最齐全的运动训练中心全面启用。除满足运动员全方位的训练需求外，该中心的高标准场馆还将用于承接全国及地区性的高水平比赛。此外，一些运动设施将逐步对市民开放。图为市运动训练中心全景　（陈嘉新　摄）

7 月，壮观的翔安新城一隅。翔安新城位于翔安区核心区域，翔安新城北临火炬（翔安）产业区，南接翔安文教区。四周紧邻翔安大道、水琼线、翔安东路与东坑路 4 条城市干道，将延续翔安新区风貌风格　（朱毅力　摄）

2016 年，马銮湾新城初步形成大开发态势。图为 7 月 25 日航拍的生态修复和灌新路施工现场

（张奇辉　摄）

1 月 24 日，厦门火车站改扩建工程的北站房投用，同时，春运开始。图为北站房外景

（王协云　摄）

2016 年，市委组织部以"党校办到高山上，教授请进家门口，学员深入田地间"为指导，在白交祠、军营两村建立"两学一做"学习教育基地和市、区党校高山教学点，举办培训 17 期、共培训 3000 余人次。白交祠村位于同安区莲花镇西北部，海拔近 1000 米，是厦门市海拔最高的行政村，常年雾多、湿气大，素有"云雾山庄白交祠"之称。图为白交祠全景

（何东方　摄）

12 月 30 日，前场铁路货场开通运营，运营规划面积 5300 亩（约 3.53 平方千米），规模居全国前列，历时 4 年建设。意味着，厦门打造千亿现代物流产业链迈出坚实的一大步。图为前场铁路大型货场

（张奇辉　摄）

9 月 12 日，建设发展中的厦门软件园三期。厦门软件园三期被喻为“海西硅谷”，位于集美新城核心区以北、后溪镇以南、灌口镇以东、集美文教区以西。背靠河南山，面向杏林湾，紧邻集美新城和园博苑，是集美新城的重要组成部分，预计可入驻 1000 家企业，容纳 20 万人，形成 2000 亿元产值 （王火炎　摄）

5 月，住房城乡建设部和财政部对全国首批试点综合管廊建设的城市进行年度的绩效考评，厦门排名第一。8 月，住房城乡建设部在厦门召开全国城市地下管廊建设工作座谈会，推广“厦门模式”，厦门综合管廊的先进经验总结概括为“六大率先”：在国内率先总结并大规模采用预制拼装法进行综合管廊建筑施工；率先试点雨污水管和燃气管入廊；率先引入社会资本，采用 PPP 模式参与建设管理；率先将弱电管线融入地铁现有断面空间；率先试行综合管廊有偿使用制度；率先出台管廊技术规范。图为集美新城和悦路地下综合管廊，工作人员正在检测管廊中的管线（王协云　摄）

9 月 3 日，作为厦沙高速（厦门段）的最后一个交通节点，莲花互通通车，车辆从莲花镇可通过莲花互通 — 厦沙高速 — 田集连接线 — 厦门大桥进岛，全程约 25 分钟，莲花镇就此真正融入厦门半小时经济生活圈。同时，莲花互通的通车还直接打通同安区莲花镇与全省高速路网的连接端口（陈嘉新　摄）

DITIE JIANSHE **地铁建设**

1 月 29 日上午 10 时 30 分，厦门地铁 2 号线过海隧道施工的首台盾构机在海沧大道站始发，标志着厦门地铁 2 号线正式展开过海隧道的掘进施工。这是国内首次在地铁海底隧道施工中，采用盾构法掘进。图为盾构机始发现场 （林广明　摄）

5 月 26 日，地铁 1 号线高崎站至高殿站区间隧道双线贯通 （轨道集团潘介东　摄）

6 月 30 日，厦门市轨道交通运营控制中心（地铁控制中心）主体封顶　　（王协云　摄）

10 月 22 日，厦门地铁 1 号线首列车在唐山建造完成，顺利下线　　（厦门轨道交通集团提供）

12 月 17 日，地铁 2 号线体育中心站施工现场　　（王协云　摄）

12 月 26 日，轨道交通 1 号线中山公园站施工现场　　（王协云　摄）

KANGYU CHAOQIANG TAIFENG MOLANDI

抗御超强台风“莫兰蒂”

2016 年 14 号台风“莫兰蒂”于 9 月 15 日 03 时 05 分在厦门翔安区沿海登陆，登陆时中心最大风力为 15 级（48 米 / 秒），最大阵风达 17 级（五缘湾），为中华人民共和国成立以来登陆厦门最大的台风；造成的直接经济损失约 102 亿元，创历史损失最多纪录。在中央和省委、省政府领导下，在省部属单位和兄弟市支持下，全市党政军民众志成城、万众一心，有力有序有效抗御超强台风，把损失降到最低，创造灾后重建“厦门”速度，世界看到一个有大爱、有品格、有力量的文明厦门。

9 月 15 日，枋钟路在台风肆虐之后一片狼藉　　（黄嵘　摄）

9 月 15 日，台风“莫兰蒂”过后驻厦部队官兵帮忙清理路障 现场

（黄勋　摄）

9 月 17 日，梧村街道居民不等不靠，灾后自救，积极重建家园现场　　（王协云　摄）

军民一心，组成抗灾救灾冲锋队。图为 9 月 18 日冲锋队救灾现场

（王火炎　摄）

9 月 20 日晚，人民日报官方微信在头条位置转载该条微信，仅十几分钟，阅读量即破 10 万人次

（厦门日报社提供）

10 月 13 日，南湖公园经过灾后恢复，园区整洁，重现生机　　（市市政园林局提供）

YOUHAO HEZUO 友好合作

4 月 27 日，厦门市引进首位外科院士，市卫计委副主任洪丰颖（左）、陈孝平院士（右）签署合作协议书　　（陈莼　摄）

5 月 31 日，由厦门市儿童医院牵头成立的厦漳泉儿科医疗联合体正式启动，来自厦漳泉的 12 家医院联合参与，这是福建省首个跨地区的儿科医疗联合体

（张奇辉　摄）

6月5日，由法国尼斯市政府、湖里区人民政府、厦门市人民政府外事侨务办公室、厦门市人民对外友好协会共同主办的2016厦门国际友好音乐会（湖里专场）在厦门五缘音乐厅内举行。法国尼斯市是厦门友好城市，两座城市有着相似的气质，都涌动着艺术气息　　（王火炎　摄）

6 月 6 日，法国尼斯狂欢节授权仪式在厦门举行，尼斯市政府正式授权恒亿集团总裁林曼（右）为狂欢节在厦合作伙伴，标志着尼斯狂欢节即将落地厦门。2014 年中法建交 50 周年之际，尼斯就与厦门正式缔结为国际友城，根据双方签署的友城关系协议，双方将在旅游、文化、艺术、经济、商贸、环保等方面开展多种形式的交流与合作　（黄晓珍　摄）

9 月 3 日，“海洋神话”号抵达日本佐世保。“海洋神话”号豪华邮轮 8 月 31 日从厦门出发，前往日本佐世保（两市于 1983 年 10 月 28 日缔结友好城市），是厦门邮轮母港首个国际友城邮轮航次　（王协云　摄）

9月9日，由厦门市人民政府、新疆伊犁哈萨克自治州人民政府主办，福建自贸试验区厦门片区管委会、新疆霍尔果斯经济开发区管委会承办的厦门自贸片区“一带一路”机遇投资说明会暨签约仪式在厦门悦华酒店举行，41个签约项目“联姻”落户自贸片区厦门片区，投资总额达717.70亿元人民币　　（林铭鸿　摄）

10月30日，厦门眼科中心与斯里兰卡眼捐献协会签订共建国际联合眼库协议签约仪式在厦门举行。秉着“一带一路”和平合作、开放包容、互学互鉴、互利共赢的四大理念，厦门眼科中心与斯里兰卡眼库达成合作意向，由厦门眼科中心出资，斯里兰卡眼库提供角膜资源，双方共同创办“国际联合眼库”，最大限度地利用角膜，用于向包括中国在内的其他国家输送角膜资源，以解决角膜移植材料稀缺的问题，让更多角膜盲患者重见光明　　（谭国文　摄）

11月2日，厦门市政府与中国建设银行股份有限公司签订“十三五”战略合作协议。根据协议，“十三五”期间，建行每年意向性向厦门市提供不低于1000亿元的融资支持。双方共同努力，每年合作设立相关产业基金，金额不少于100亿元；建行系全资子公司——建信租赁，将在现有飞机租赁的基础上，积极开展覆盖全国的高端医疗设备租赁，带动自贸片区厦门片区医疗设备租赁产业集群发展　　（黄嵘　摄）

DUITAI JIAOLIU **对台交流**

1月8日，“日月光华”两岸青年创客发展论坛在海沧举行。是2016年在厦门市举行的首场海峡两岸创业性论坛，主办方特别邀请海峡两岸的创业导师现场“把脉”，为创客指点迷津，获得海峡两岸虚拟现实产业园、台湾创梦空间、台湾新创竞技场、台北大学北大创业家等机构热烈响应，为海峡两岸创业者的面对面互动搭建了重要平台

（林广明　摄）

2 月 12 日下午，2016 年“全国冬泳日”系列活动（厦门站）暨厦门市第十八届迎新春海峡两岸冬泳活动在椰风寨附近海域举行，来自海峡两岸 37 支代表队的近千名冬泳爱好者参与　　（张奇辉　摄）

4 月 1 日起，厦门启动外省籍居民赴台团队旅游“一次有效往来台湾通行证”业务，从湖南到厦旅游的黄美娇成为“尝鲜”的第一人。该项赴台旅游新业务是公安部推出的支持福建自贸试验区建设 10 项出入境新政策中最早落地实施的一项　　（王玉婷　吴俊鸿　摄）

4 月 21 日，搭乘厦蓉欧班列赴欧洲的台湾货物到达厦门。厦蓉欧班列迎来首单台湾货物　　（王协云　摄）

5 月 6 日上午，第十二届海峡旅游博览会（简称旅博会）在厦门国际会展中心开馆，该届旅博会秉承“融合发展·合作共赢”的主旨，参展人数创历届之最，参会客商人数近万人，展馆面积 3.3 万平方米，展位 1500 个。图为旅博会厦门馆现场　　（张奇辉　摄）

5 月 6 ~ 9 日，首届厦门、澳门、金门“三门”青年论坛在澳门举办，活动涵盖“三门共创——青年创业·创新”主论坛暨优秀创业团队项目路演，“一带一路”和自贸试验区战略背景下的“三门”青年创业、经济合作、旅游文创 3 个分论坛，以及“三门青年大学生创业计划书总决赛”等重要内容。厦门获“三门”青年创业计划书大赛唯一金奖　　（团市委提供）

5 月 22 日，台湾世邦集团世邦海运公司所属的“世邦厦门”轮靠泊厦门集装箱码头集团海天码头，台湾—福建航线正式开通。两岸海上直航航线中，首次出现带有“厦门”名字的船舶

（王协云　摄）

5 月 28 日，医策会健康检查品质认证合格证书授证仪式如期在厦门湖里国宇门诊部（简称国宇）举行。2016 年年初，国宇成为大陆首家通过台湾地区财团法人医院评鉴暨医疗品质策进会（简称医策会）健康检查品质认证的医疗机构

（厦门国宇提供）

5 月 28 日上午，联发 2016 海峡两岸（集美）龙舟文化节暨“嘉庚杯”“敬贤杯”海峡两岸龙舟赛正式开幕。在陈嘉庚 60 多年前亲自主持建造的龙舟池上，来自海峡两岸的 59 支队伍击水竞渡，用最传统的方式迎接端午佳节

（张奇辉　摄）

6 月 11 日，第八届海峡论坛重要分项活动 ——“乐业两岸 创享未来”青创先锋汇系列活动在海沧自贸园区举行　（黄少毅　摄）

7 月 19 ~ 21 日，来自厦门的 25 个孩子和来自金门的 25 个孩子欢聚在一起，参加由福建省妇女联合会、厦门市妇女联合会和金门县妇女会主办的“传承文化经典，感悟科技魅力”第十一届厦金亲子夏令营

（王协云　摄）

11 月 4 日，第九届海峡两岸（厦门）文化产业交易博览会在厦门国际会展中心开幕，海峡两岸高校同台展示创意。该届展会主会场展览面积 6.5 万平方米，设置展位超 3000 个，其中台湾地区参展商展位数超 900 个。展会重点打造工艺艺术品、创意设计、数字内容、文创旅游四大板块，同时举办各类论坛、对接会、推介、签约等 30 项配套活动。遍布厦门各区的 30 个分会场和 107 个专项活动同步登场，数量为历届之最　　　　　　　　（黄少毅　摄）

11 月 25 ~ 27 日，第八届海峡两岸国学论坛在筼筜书院举办。两岸学者们围绕“中国文化的‘会通’精神”主题，谈历史、说现实。图为第八届海峡两岸国学论坛开幕现场　　　（姚凡　摄）

11 月 7 日，两岸企业家峰会年会在厦门举办专题论坛。“台湾亚太文化创意产业协会与厦门文化创意产业协会战略合作框架协议”“飞利浦—阿法贝乐园合作协议”等 8 个协议在论坛上签署

（梁伟　摄）

KEJI CHUANGXIN 科技创新

1月8日，2015年度国家科学技术奖励大会在北京举行，厦门大学化学化工学院教授谢素原课题组完成的“新型富勒烯的合成”和厦门大学海洋与地球学院焦念志（院士）课题组完成的“微型生物在海洋碳储库及气候变化中的作用”两项成果获国家自然科学奖二等奖。图为谢素原（左）在获奖现场留影

（谢素原　提供）

4月20日，厦门市科技局召开的单层石墨烯工业化量产技术及成果新闻发布会上宣布，中国大陆首个单层石墨烯工业化量产基地在厦门落户，计划2017年底前单层石墨烯产能达300吨。石墨烯产业已列入中国“十三五”规划百强重大工程之一

（黄嵘　摄）

4 月 25 ~ 28 日，第三十届中国国际塑料橡胶工业展览会在上海国际博览中心举行。展会期间，金旸（厦门）实业有限公司正式发布中国首家针对高分子新材料的实体创业平台 ——“金旸 WE WORK”。“金旸 WE WORK”开创一种全新的商业模式，即为创业者提供全要素资源共享，包括：统一采购、统一生产制造、研发支持、物流运输支持、营销支持、品牌推广、资金等经营需要的资源　　（金旸公司提供）

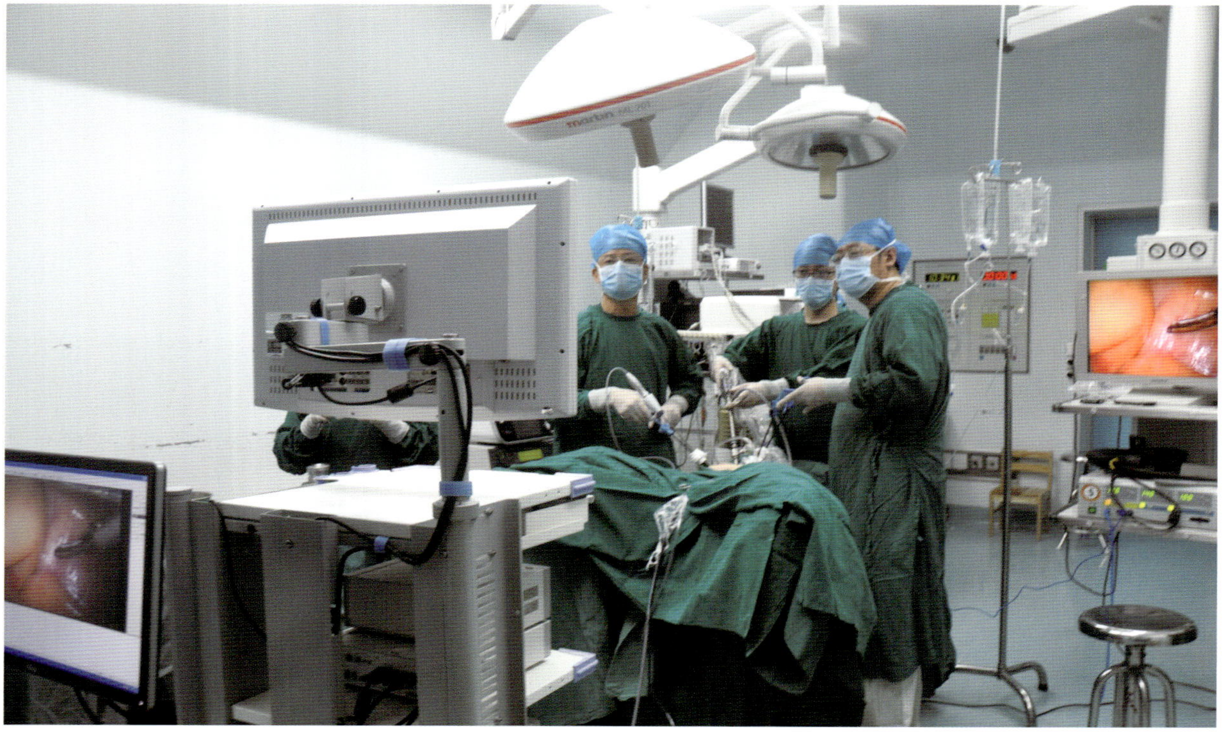

2016 年，厦门大学附属中山医院胃肠癌腹腔镜手术率达 90% 以上，达国内先进水平。该医院胃肠外科紧跟学术前沿，不断实现新突破，胃肠外科年手术量每年递增。图为该医院胃肠外科学科带头人带领医疗组为患者实施腹腔镜手术 （中山医院宣传科提供）

9 月 19 日 厦门特宝生物工程股份有限公司研发的生物制品 1 类新药“派格宾”(聚乙二醇干扰素 α-2b 注射液）获得国家食品药品监督管理总局批准上市，这是中国首个国产的长效干扰素，填补国内空白。图为特宝生物医药研发工作室 （厦门特宝生物提供）

10 月 9 日，厦门港集装箱智慧物流平台正式上线，标志着厦门港开启“绿色智慧港口”新时代。该平台国内领先，具有“智慧物流、数据联动、全程共享”三大特点　　（梁伟　摄）

12 月 14 日，福建省首个船舶岸电试点项目在厦门远海集装箱码头正式投入运营，厦门远海集装箱码头成为国内第一个真正意义上的零排放、全电动、全自动码头
（王协云　摄）

SHEHUI JUJIAO 社会聚焦

1月2日上午8时，2016建发厦门国际马拉松赛在厦门国际会展中心鸣枪开跑，来自45个国家和地区的48642名运动员参赛。最终，非洲军团连续第七年包揽全程马拉松的男女冠军，肯尼亚选手文森特·奇普鲁托以2小时10分18秒的成绩获得男子冠军，埃塞俄比亚选手沃克尼斯·伊得萨以2小时24分04秒的成绩问鼎女子冠军 （市体育局提供）

门国际马拉松赛
ternational Marathon
WORLD RUNNING
AIMS
建发
特步
0:00:00
M00007
M10268

3 月 1 日，同安淡溪村举行公交车线路开通首发仪式。标志同安实现“村村通公交”，村民出行不再难

（公交集团提供）

3 月 25 日，中信银行交易银行品牌厦门地区发布会在源昌凯宾斯基大酒店举行，政府部门、企业和中信银行代表共同开启“交易 +”品牌，该行成为在厦门、龙岩两地首家推出交易银行专属品牌的商业银行，为企业提供高效率的线上金融服务

（黄晓珍　摄）

3 月 26 日，全国最先进的 4500 吨级“向阳红 03”海洋综合科考船在厦门交付使用并正式入列国家海洋调查船队

（林雯　摄）

3 月 29 日上午，第二届中国质量奖颁奖大会在北京人民大会堂举行，厦门航空有限公司“双引擎四系统立体交互”航空质量管理模式获得中国质量奖，成为厦门市首个获此荣誉的单位，实现福建省“中国质量奖”零的突破。图为厦航开通厦门—温哥华航线　　　　　（王协云　摄）

6 月 1 日是食品业“三证合一”首日，厦门市新阳市场监督管理所颁出厦门市第一张食品经营许可证。随着《福建省食品经营许可管理规定（试行）》正式实施，食品经营许可证将全面取代使用多年的餐饮服务许可证、食品流通许可证和保健食品经营企业卫生条件审核证明，但原有的“三证”在有效期内将继续有效

（陈泥　摄）

9 月 7 日，厦门国际金融资产交易中心正式开业。在 3 个月内，厦金中心发展机构会员 200 余家，挂牌金额近 40 亿元，交易金额近 30 亿元

（厦金中心提供）

9月9日，第十九届中国国际投资贸易洽谈会厦门馆人来人往，投洽会向世界展示厦门形象。投洽会的发展和层次提升，提高厦门的知名度和美誉度；把机遇变为推动厦门发展的强劲动力，是投洽会的最大魅力所在

（王协云　摄）

10 月 28 日，在厦航参与和推动下，厦门自贸区跨境直购平台暨“闪购全球・一日通达”启动仪式在厦门跨境电商产业园举行，活动现场，搭乘厦航 MF802 航班从悉尼运到厦门的 225 件跨境直购包裹通过查验线顺利通关，支付单、物流单以及商品订单三单在跨境电商直购平台上成功实现对接，标志着厦门门跨境电商直购进口模式正式启动

（黄晓珍　摄）

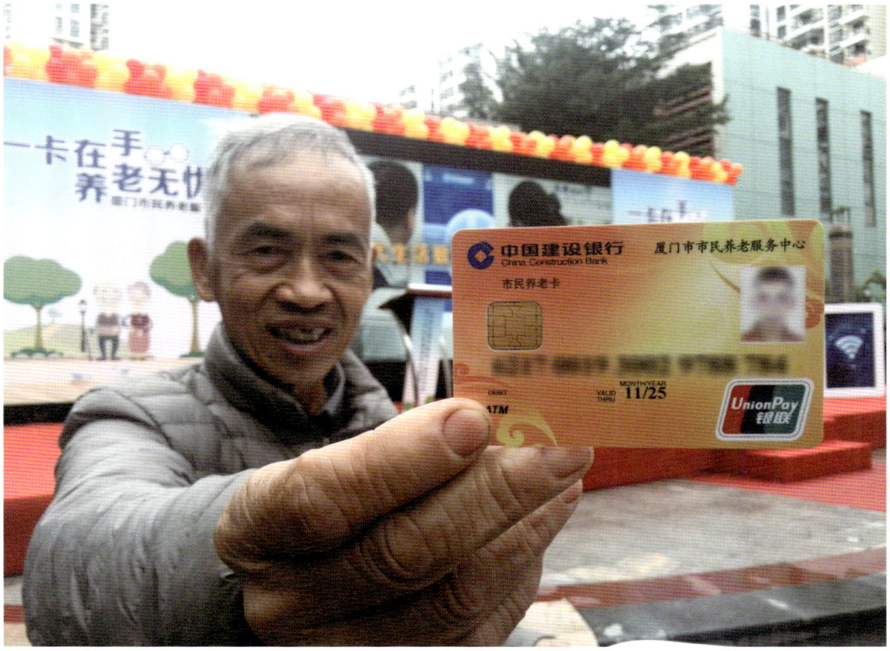

11 月 25 日，厦门市民养老服务卡首发，金安社区 700 多位老人办理首批卡。图为老年朋友喜领市民养老服务卡　（黄晓珍　摄）

11 月 25 日，第五届中国创新创业大赛生物医药行业总决赛在厦门举行。期间，中国生物医药产业创新创业高峰论坛、生物医药行业沙龙、市场技术对接会轮番上演　（陈君玉　摄）

12 月 8 日，厦航引进的首架波音 787-9 飞机从美国查尔斯顿飞抵厦门，正式加入厦航机队。图为波音 787－9 飞机降落在厦门机场　（王协云　摄）

采编设计：孙志红　审稿：李志宏　白延蜻

总　目

目　录

1. 特　　载

2. 大事记（2016）

3. 市情总貌

4. 资源·环境

5. 城乡建设与管理

6. 政党·政权

7. 社会团体

8. 外事・侨务・港澳台事务

9. 法　　治

10. 国防建设

11. 经济管理与监督

12. 财政 · 税务

13. 口岸管理

14. 开放·开发

15. 农业 · 水利

16. 工　业

17. 交通・物流・邮政

18. 信息化与通信保障

19. 商贸・会展

20. 旅 游 业

21. 金 融 业

22. 民营经济

23. 科学技术

24. 社会科学

25. 教　　育

26. 文　　化

27. 卫生 · 人口计生 · 体育

28. 社会 · 民生

29. 市 辖 区

30. 人物·名录

31. 附 录

32. 索　　引

Contents

1. Feature

02. Chronicle of Events

03. Profile of Xiamen

04. Resources & Environment

05. Urban and Rural Construction and Management

06. Parties & Regime

07. Social Organizations

08. Foreign Affairs, Overseas Chinese Affairs & Hong Kong, Macao and Taiwan Affairs

9. Government by Law

10. National defense construction

11. Economic Management & Supervision

12. Finance & Taxation

13. Port Management

14. Opening & Development

15. Agriculture & Water Conservancy

16. Industry

17. Transportation, Logistics & Postal Service

18. Informatization and Communication Support

19. Trade & Exhibition

20. Tourism

21. Financial Industry

22. Private Economy

23. Science and Technology

24. Social Sciences

25. Education

26. Culture

27. Public Health, Population and Family Planning & Sports

28. Society & the People's Livelihood

29. Administrative Districts of Xiamen

30. Figures & Name Index

31. Appendix

32. Index

(Translated by Yijuang Ji)

厦门市国民经济和社会发展第十三个五年规划纲要

（2016年1月22日市十四届人大五次会议批准）

前　言

厦门市国民经济和社会发展第十三个五年（2016—2020年）规划纲要，根据《中共厦门市委关于制定厦门市国民经济和社会发展第十三个五年规划的建议》编制，主要阐明厦门市未来五年经济社会发展的总体要求、目标任务和政策举措，是政府依法履行职责、引导市场主体行为、制订实施各级各类规划和相关政策的重要依据，是全市人民共同的行动纲领。

第一章　建成美丽中国典范城市

"十二五"时期，厦门市经济社会发展取得新成效、迈出新步伐。"十三五"时期是厦门进一步加快发展的重大战略机遇期，要积极适应把握引领新常态，全面推进创新发展、协调发展、绿色发展、开放发展、共享发展，率先全面建成小康社会，建成美丽中国典范城市。

第一节　发展基础

"十二五"时期，面对国内外环境的复杂变化，全市上下抢抓机遇，加快发展，经济社会发展取得显著成绩，现代化国际性港口风景旅游城市建设取得较大进展，为"十三五"发展奠定坚实的基础。

经济实力平稳增强。"十二五"期间，全市地区生产总值年均增长10.6%，年人均地区生产总值达到1.4万美元，居东部地区先进城市前列，年财政总收入突破1000亿元大关。产业体系逐步健全，产业结构进一步优化，"5+3+10"现代产业体系初步建立，三次产业结构由2011年的1.0∶51.1∶47.9调整为2015年的0.7∶43.8∶55.5，第三产业比重居全省首位。高新技术产业产值占工业总产值比重达65.9%，科技创新能力不断提升，全社会研发投入占地区生产总值比重3%，位于全国前列。

城市规模和水平不断提高。以实施跨岛发展战略为核心，组团式推进本岛、集美、海沧、同安、翔安五大城市组团建设，岛外四大新城建设初具规模。拉开了"一岛一带多中心"的城市框架，建成了厦漳跨海大桥、龙厦铁路、厦深铁路、厦成高速等一批重大基础设施，港口货物年吞吐量达到2.1亿吨，集装箱年吞吐量达到918万标准箱，东南沿海综合交通枢纽的优势更加凸显。

人民生活不断改善。城镇居民人均可支配收入和农村居民可支配收入分别为4.28万元和1.76万元，城乡居民收入差距由3∶1缩小为2.43∶1。科教文卫事业成果丰硕，基本公共服务均等化加快推进，社区、居家养老服务实现全覆盖，统一城市、城镇最低生活保障标准，基本建成全民社保城市，构建分层次、广覆盖的住房保障体系。大力推进美丽厦门共同缔造，获评全国和谐社区建设示范城市。城市文明程度持续提升，获评全国文明城市"四连冠"。

生态文明持续提升。划定生态控制线，生态控制区面积约占全市土地面积60%，小流域综合治理取得显著成效，建成区绿化覆盖率达到41%，人均公园绿地面积11.4平方米，饮用水源水质达标率达100%，城市环境空气质量优良率位居全国前列，获得国家森林城市称号。万元地区生产总值能耗、万元地区生产总值二氧化碳排放量和主要污染物排放水平优于全国、全省，并完成规划目标，获评国家生态市，生态文明制度体系更加成熟、完善。城市宜居度不断提升，城市环境质量居全国前列。

改革开放成效凸显。进一步发挥厦门经济特区在改革开放中“窗口”和“试验田”的作用，再创经济特区新优势。围绕转变发展方式主线，推动建立有利于科学发展的体制机制，推进“多规合一”、商事登记制度、通关便利化等改革取得实质性进展，取消、调整、下放行政审批事项达23%，建立市、区、街（镇）、村（居）四级标准化政务服务平台，被列为中国服务型政府十佳城市。对外开放水平不断提升，福建自贸试验区厦门片区正式获批，推行企业“一照一码”，建设国际贸易“单一窗口”，率先启动关检“一站式”查验、“监管互认”等改革，加快建设为“21世纪海上丝绸之路”战略支点城市。外贸综合竞争力位居全国百强城市第5位，国际友城增至18个。

对台交流合作成果更加显著。获批实施深化两岸交流合作综合配套改革，发挥对台先行先试优势，建设以“一区三中心”为主要载体的两岸交流合作新平台，率先实施对台跨境人民币业务等92项政策措施，推进两岸经贸合作、文化交流、人员往来等领域交流合作再上新台阶。累计实际利用台资突破17.2亿美元，联芯等一批重大台企项目落地，赴台投资额占全省82%；台资企业产值占全市工业产值达35%；对台进出口贸易额达723亿美元，台湾保持厦门第二大贸易伙伴、第一大进口市场；厦金“小三通”旅客量累计突破1200万人次，成为祖国大陆年接待台胞过夜数和大陆居民赴台游经由口岸人数最多的城市。

治理体系和治理能力现代化成效显著。营商环境和创新社区建设、“多规合一”的空间规划和治理体系、共同缔造等社会治理创新取得显著成效。政府运行更加规范高效，法治厦门建设扎实推进，党的建设制度化水平显著提高。

“十二五”期间，尽管经济保持了较高的增长速度，但由于国际国内宏观经济形势发生重大变化，地区生产总值、全社会固定资产投资总额、外贸进出口总额等预期性指标与规划预期有一定差距。由于常住人口的统计基数发生重大变化，尽管2015年底全市病床总数超过了“十二五”规划纲要确定的目

专栏1：“十二五”规划主要发展目标完成情况

序号	指标	单位	规划目标	规划年均增长率	完成情况	年均增长率	指标性质
1	地区生产总值	亿元	4200，比2010年翻一番以上		3460	10.6%	预期性
2	人均地区生产总值	元	保持我国东部地区先进城市行列		88718	—	预期性
3	财政总收入	亿元	1000以上	15%	1001.7	15%	预期性
4	地方级财政收入	亿元	550以上	15%	606.1	16%	预期性
5	五年累计全社会固定资产投资额	亿元	8800以上	20%	7269.1	12%	预期性
6	社会消费品零售总额	亿元	1400	16%	1168	11.5%	预期性
7	外贸进出口总额	亿美元	1100	14%	832.9	8%	预期性
8	五年累计实际利用外资	亿美元	100	—	92.4	—	预期性
9	城市化率	%	85	—	89	—	预期性
10	城镇登记失业率	%	4以内		3.22		预期性
11	城乡居民收入	元	保持我国东部地区先进城市行列			—	预期性
12	千人病床数	张	5	—	3.93	—	预期性
13	学前三年入园率	%	95	—		—	预期性
14	基本养老保险参保人数	万人	176	—	234	—	预期性
15	每万人大专以上学历人数	人	2000	—	2576	—	预期性
16	科技进步贡献率	%	65	—	64	—	预期性
17	全社会科研投入占地区生产总值比重	%	4	—	3	—	预期性
18	高新技术产业产值占规模以上工业总产值比重	%	60	—	65.9	—	预期性
19	万元地区生产总值能耗	吨标准煤	下降10%		预计完成		约束性
20	万元地区生产总值二氧化碳排放量下降	%	下降17%		预计完成		约束性
21	主要污染物排放量下降	%	化学需氧量下降5.7%；氨氮下降7.1%；二氧化硫下降22.6%；氮氧化物下降15.3%		20.9 18.5 24.3 25.7		约束性

标，但是千人病床数未能达到预期目标。

第二节　发展环境

“十三五”时期，国内外环境仍然错综复杂，我国发展仍处于大有作为的战略机遇期，也面临诸多矛盾叠加、风险隐患增多的严峻挑战。抓好中央支持和改革开放新机遇，适应引领新常态，加快发展推进转型升级，是我市“十三五”期间的重要任务。

一、发展机遇

中央政策支持凸显新优势。国家支持福建进一步加快经济社会发展，设立自贸试验区厦门片区，明确厦门为 21 世纪海上丝绸之路战略支点城市，批准厦门深化两岸交流合作综合配套改革、确立厦门对台战略支点地位，我市发展迎来了难得的发展机遇。

“四化”同步激发新产业。新型工业化、信息化、城镇化和农业现代化孕育着巨大发展潜能，国家深入实施“中国制造2025”，不断推进创新驱动、质量为先、绿色发展、结构优化和人才为本的战略，有利于产业转型升级，加快转变经济发展方式，有利于培育新业态和新商业模式，构建现代产业发展新体系。

全面深化改革释放新红利。推进改革创新，构建具有地方特色的系统完备、科学规范、运行有效的制度体系，有利于培育和释放市场主体活力，提高资源配置效率，为我市经济社会持续健康发展提供强大的动力支撑。

对外开放蕴蓄新潜力。对台战略支点城市、自贸试验区厦门片区、“海丝”战略支点城市建设的全面推进，有利于强化与“海丝”沿线国家和地区的经贸联系，打造互联互通、互利共赢的陆海经济大通道，将为我市发展注入新动力。

二、面临挑战

世界经济在深度调整中曲折复苏，以新一代信息技术、新材料等技术创新应用为核心的科技革命和产业变革突飞猛进，发达国家纷纷再工业化，比我国劳动力成本更低的发展中国家加大力度承接产业转移；国际金融危机深层次影响还在持续，全球经济增长乏力，地缘政治经济博弈错综复杂。国内经济发展进入新常态，传统要素优势正在减弱，结构调整矛盾依然突出，经济运行潜在风险加大，资源环境和气候变化约束趋紧。进入新常态后，我市经济增长和财政收入增长放缓；与先进城市相比，我市经济规模偏小，科技创新能力不强，产业结构不优，岛内外和城乡发展不够均衡；社会不稳定因素增多，“三个转型”的任务依然十分艰巨，未来五年是我市的产业结构转型关键期、城市发展转型加速期和社会治理转型深化期。

产业规模偏小、龙头企业偏少，土地资源与环境约束进一步趋紧；劳动力成本上升，现有产业面临竞争力下降的压力；科技创新迅速发展，抢占新兴产业发展先机和制高点的竞争日益激烈，产业结构转型进入关键期。

本岛城市空间承载力接近饱和，岛外基础设施和公建配套与岛内仍有较大差距；岛内外均衡发展、城乡统筹压力增大；传统的城市管理模式与水平面临更多挑战，城市发展转型进入加速期。

社会利益格局和需求日益多元化；公共服务供给与需求之间的矛盾日益突出；传统社会治理体系和水平与市民群众的期望仍有较大差距，社会治理转型进入深化期。

第三节　指导思想、发展理念和主要目标

一、指导思想

高举中国特色社会主义伟大旗帜，全面贯彻党的十八大和十八届三中、四中、五中全会精神，以马克思列宁主义、毛泽东思想、邓小平理论、“三个代表”重要思想、科学发展观为指导，深入贯彻落实习近平总书记系列重要讲话及对福建、厦门工作的重要指示精神，坚持全面建成小康社会、全面深化改革、全面依法治国、全面从严治党的战略布局，坚持发展第一要务，全面落实中央支持福建、厦门进一步加快经济社会发展的重大决策部署，统筹推进经济、政治、社会、文化、生态文明建设和党的建设，以供给侧结构性改革为主线，以提高发展质量和效益为中心，着力创新发展、协调发展、绿色发展、开放发展、共享发展，形成引领经济发展新常态的体制机制和发展方式，率先全面建成小康社会，争当全国“五大发展”示范市，建成美丽中国典范城市，为建设机制活、产业优、百姓富、生态美的新福建作出新的更大贡献。

二、发展理念

牢固树立创新、协调、绿色、开放、共享的发展理念，破解发展难题，增强发展动力，厚植发展优势，补齐发展短板。

始终坚持创新发展。把创新作为提升城市核心竞争力的重要手段，大力推进科技创新、产业创新、市场创新、管理创新、产品创新、业态创新、商业模式创新、品牌创新和社会治理创新，大力推动大众创业、万众创新，加快形成以创新为引领和支撑的经济体系和发展模式，加快推动经济发展方式转变，增强产业的核心竞争力和可持续发展能力，推动产业结构转型升级，打造厦门产业升级版。

始终坚持协调发展。把统筹协调作为推进发展重要方法，加快建立和完善统筹协调发展的载体和平台，统筹推进岛内与岛外、城市与农村，以及经济、政治、文化、社会、生态文明“五位一体”发展，统筹推进结构性改革，努力实现岛内外一体化协调发展，经济社会协调发展，新型工业化、信息化、城镇化和农业现代化的同步发展，物质文明与精神文明协调发展，不断增强发展的整体性和协调性。

始终坚持绿色发展。坚定走生产发展、生活富裕、生态良好的文明发展道路，加快建设资源节约型、环境友好型社会。着力实施“青山碧海、红花白鹭”的大花园城市战略，深入推进绿色、循环、低碳的生产方式，倡导节约、健康、环保的生活方式，强化生态环境治理、资源综合利用，努力形成人与自然和谐发展的现代化建设新格局。

始终坚持开放发展。围绕打造国际一流营商环境，全面深化各领域改革，着力理顺政府、市场、社会的关系，破除一切不利于科学发展的体制机制障碍，更好发挥市场在资源配置中的决定性作用。适应我国经济深度融入世界经济的趋势，以全面推进自由贸易实验区和“21 世纪海上丝绸之路”战略支点城市建设为契机，推进引进来与走出去并重、引资与引技引智并举，推动对外开放与对内开放互相促进，深化对台交流合作，努力发展更高层次的开放型经济。

始终坚持共享发展。坚持发展为了人民，发展依靠人民，发展成果由人民共享。完善收入分配机制，推进基本公共服务均等化、普惠化，促进社会事业全面进步，持续保障和改善民生。加强法治厦门建设，促进社会公平正义，深入推进“美丽厦门共同缔造”，创新社会治理。让全体市民更广泛地参与发展过程，更公平地分享发展成果，有更多的获得感。

三、主要目标

到 2020 年，人均地区生产总值和人类发展指数（HDI）达到中等发达国家水平，率先建成创新驱动型、社会和美型、文化交融型、资源节约型和环境友好型城市，率先全面建成小康社会，争当全国“五大发展”示范市，建成美丽中国典范城市。

（一）经济实力迈上新台阶

地区生产总值年均增速 8.5%，培育形成一批千亿产业链（群），第三产业比重力争突破 60%，创新型城市建设和人才强市战略实施取得重大进步，研究与试验发展经费投入强度达到 4%，科技进步贡献率达到 65%，高新技术产业占规模以上工业总产值比重达到 70%，成为区域性创新中心、研发中心。比全国提前三年实现国内生产总值和城乡居民人均收入比 2010 年翻一番。

（二）城市发展实现新跨越

岛内外一体化、厦漳泉龙同城化和城乡一体化发展水平进一步提升，城市建成区面积拓展到 400 平方公里以上，形成“一岛一带多中心”和山、海、城相融的城市格局，建成现代化综合交通运输体系，完善与城市规模和功能相匹配的城市基础设施保障体系，形成与发展水平相适应的城市综合管理能力，基本建成“大海湾”、“大山海”城市，城市发展的系统性、协调性、承载力和中心城市功能显著增强。

（三）人民生活水平实现新提升

城乡居民收入稳步提高，居民人均可支配收入达到 6 万元，城市与农村居民人均可支配收入差距从 2.43：1 缩小到 2.2：1；民生保障水平持续提升，基本公共服务均等化程度居东部发达城市前列，社会治理体系和治理能力现代化走在全国前列。法治厦门建设全面推进，人权得到切实尊重和保障，社会更加和谐稳定，人民生活更加幸福。

（四）公共文明程度实现新提高

市民文明素质和社会文明程度显著提升，市民精神健康向上，城市公共文明指数位居全国前列，公共文化建设提质增效，基本建成与国际都市相匹配的现代公共文化服务体系。城市文化特色更加鲜明，对外影响力进一步提升，建成中国东南沿海重要的文化中心。

（五）生态文明建设开创新局面

生态控制线得到落实，生产方式和生活方式向绿色低碳转变，城市建成区绿化覆盖率达到 42%，空气质量优良天数比率达 96%，主要水功能区水质达标率达到 87%。节能减排降碳和生态环境质量等主要指标处于全国领先水平，建成生态文明示范市，各项制度更加成熟、定型，绿色发展理念成为全社会共识。建成资源节约型、环境友好型和“大花园”城市。

（六）两岸交流合作取得新突破

对台先行先试加快推进，厦台经贸融合发展、人文交流、直接往来、同胞融合实现新突破，成为两岸经贸合作最紧密区域、两岸文化交流最活跃平台、两岸直接往来最便捷通道、两岸同胞融合最温馨家园和两岸民间交往最亲密基地，厦金融合发展取得新突破。

（七）治理体系和治理能力跃上新水平

营商环境和创新体系、空间规划和治理体系、社会治理创新等方面成为全国典范，军民融合逐步深入，人民民主更加健全，法治政府基本建成，司法公信力明显提高，党的建设制度化水平显著提高。治理体系和治理能力现代化取得重大进展，各方面制度体系更加完善。

专栏 2：厦门市“十三五”时期经济社会发展主要目标

一级指标	二级指标	单位	2015 年实际值	2020 年目标值		属性
				绝对值	年均增长	
经济发展	1. 地区生产总值	亿元	3460	5200	8.5%	预期性
	2. 全员劳动生产率	万元 / 人	11.1	13.6		预期性
	3. 全社会固定资产投资总额	亿元	1890	［15000］		预期性
	4. 外贸进出口总额	亿美元	832.9	1100	6%	预期性
	5. 五年累计实际利用外资总额	亿美元	20.9	［115］		预期性
	6. 五年累计境外投资总额	亿美元	5.6	［50］		预期性
创新驱动	7. 研究与试验发展经费投入强度	%	3	4		预期性
	8. 每万人口发明专利拥有量	件	14.13	18		预期性
	9. 科技进步贡献率	%	64	65		预期性
	10. 互联网普及率	%		85		预期性
	11. 户籍人口城镇化率	%	44	52		预期性
	12. 外籍常住人口占总人口比重	%	0.26	〉1		预期性

续专栏 2

一级指标	二级指标	单位	2015 年实际值	2020 年目标值		属性
				绝对值	年均增长	
民生福祉	13. 人类发展指数	–	0.856	0.89		预期性
	人均预期寿命	岁	80.4	82.14		预期性
	劳动年龄人口平均受教育年限	年	12.04	12.63		约束性
	预期受教育年限	年	14.98	15.57		预期性
	人均国民收入（GNI）	购买力平价美元	23804	30651		预期性
	14. 居民人均可支配收入	元		60000	8.5%	预期性
	15. 城镇新增就业人数	万人	18.04	[80]		预期性
	16. 千人医疗床位数	张	3.93	6		预期性
	17. 每千人口执业（助理）医师数	人	2.41	2.9		约束性
	18. 新增义务教育学位数	万个	2	[10]		预期性
	19. 新增公办幼儿园学位数	万个	0.5	[3]		预期性
	20. 社会保险参保人数					预期性
	基本养老保险参保人数	万人	234	254		
	基本医疗保险参保人数	万人	321	353		
	工伤保险参保人数	万人	178	197		
	失业保险参保人数	万人	180	199		
	生育保险参保人数	万人	169	184		
	21. 每千名老人养老床位数	张	31	40		预期性
	22. 新增保障性住房供给数	套	7290	[20000]		约束性
生态文明	23. 森林覆盖率	%	39.52	40		约束性
	24. 空气质量优良天数比率	%	95.3	96		约束性
	25. 地表水质量					约束性
	好于Ⅲ类水体比例	%	60	＞70		
	劣Ⅴ类水体比例	%	20.8	0		
	26. 万元 GDP 用水量	立方米	完成国家、省下达任务			约束性
	27. 单位 GDP 能源消耗降低	%				约束性
	28. 非化石能源占一次能源消费比重	%				约束性
	29. 单位 GDP 二氧化碳排放降低	%				约束性
	30. 主要污染物排放总量减少	%				约束性

注：[] 内的数字为五年累计数，地区生产总值、居民人均可支配收入绝对值按现价增速计算

四、2030 年发展愿景

到 2030 年，人均地区生产总值和人类发展指数（HDI）达到发达国家水平，地区生产总值比 2020 年翻一番，形成运行高效、开放共享、引领发展的创新支撑体系和服务业为主导的经济结构。城市空间分布和规模结构进一步拓展，城市功能优化提升。各方面制度更加成熟、更加定型，法治环境更加完善，建成法治政府、法治社会，形成展现国家治理体系和治理能力现代化水平的美丽中国典范城市“厦门蓝本”。提前迈向高收入水平，从高人类发展水平迈向极高人类发展水平。

第二章 培育引领发展新动力

把创新作为引领转型发展的第一动力，激发各类人才创造活力，推动以科技创新为核心的全面创新。对标国际先进水平，打造国际化、法治化、便利化的营商环境，构筑支撑我市转型发展新的竞争优势。

第一节　打造区域创新高地

强化科技创新的引领作用，大力拓展网络经济。营造良好的创新创业环境，推动大众创业万众创新，健全创新创业的体制机制，推进人才等创新要素集聚，打造区域创新高地。

一、强化科技创新引领作用

推动重点领域创新。瞄准重点产业技术瓶颈和产业竞争力提升需求，推进实施联合技术攻关。加快突破电子信息、新能源、新材料、高端装备制造、生物医药、海洋开发利用等前沿领域关键技术，提升基础材料、核心零部件和先进工艺水平。重点支持第三代半导体、工业机器人、新能源电池材料、肝炎预防与治疗药物等研发和产业化，争取在部分关键领域占有世界一席之地。

提升创新支撑能力。围绕发展战略性新兴产业和改造提升传统产业，构建运行高效、开放共享、引领发展的创新支撑体系，加快布局、提升一批工程（技术）研究中心、工程（重点）实验室、企业技术中心、公共技术服务平台，依托高校、科研院所和企业组建产业技术创新联盟或协同创新中心，积极争取国家、省在厦门布局创新能力平台。

二、大力拓展网络经济

夯实互联网应用基础。促进互联网深度广泛应用，带动产业变革和商业模式、服务模式、管理模式创新，拓展网络经济空间。鼓励互联网骨干企业开放平台资源，围绕重点领域加强行业云服务平台建设，支持行业信息系统向云平台迁移。加快关键技术突破，推进物联网感知设施统一规划布局。

加快多领域互联网融合发展。加快推进基于互联网的产业组织、商业模式、供应链、物流链等各类创新，培育新兴业态和新增长点。培育互联网生态体系，加快互联网创新要素向经济社会发展各领域渗透，形成网络化协同分工新格局。引导大型互联网企业向小微企业和创业团队开放创新资源，鼓励建立基于互联网的开放式创新联盟。促进“互联网＋”新业态创新，鼓励搭建资源开放共享平台，积极发展分享经济形态。推动互联网金融、互联网医疗、互联网教育、线上线下结合（O2O）等新兴业态快速发展。

完善“互联网＋”发展环境。完善“互联网＋”发展的政策和制度。调整阻碍“互联网＋”发展的现行法规和政策，放宽融合性产品和服务的市场准入限制。建立“互联网＋”标准体系，加快互联网及其融合应用的基础共性标准和关键技术标准研制推广。多渠道多方式加强互联网知识技能培训，加快复合型人才。

三、推动大众创业万众创新

建设创新创业公共服务平台。实施双创行动计划，构建低成本、便利化、全要素、开放式的服务平台。加强信息资源整合和政策集中发布，向创业者开放专利信息资源和科研基地。鼓励龙头企业、高校院所建立技术转移和服务平台，向中小微企业、创业者提供技术支撑服务。完善创业培育服务，加强创业导师队伍建设，提升创业投资产业基金效益，打造企业服务与创业投资结合、线上与线下结合的开放式服务载体。

全面推进众创众包众扶众筹。推动互联网＋创新创业，推进创新创业与市场资源、社会需求的有效对接。推进专业空间、网络平台众创，鼓励企业内部众创，加强创新资源共享合作。推广科技研发、创意设计、制造运维、知识内容和生活服务众包，推动大众参与线上生产流通分工。探索发展实物众筹、股权众筹和网络借贷，提供快速便捷的线上融资服务。

构建创新社区。围绕改善创业条件、降低创业成本、激发创新活力，积极构建创新生态圈，打造完整创新社区。以创业者和企业为核心，把握创业者和企业作为创新主体、城市设施使用者、社会公共事务参与者的定位，坚持问题和需求导向，重塑创新创业与产业体系、产城、政商、党群四个关系，统筹兼顾，推进产业结构、城市发展、社会治理三个转型相互促进、有机融合。着力推进产业链垂直整合，把创新创业融入重点产业发展。健全服务体系，使企业和创业者在园区内即可享受高水平的中介、金融、政务和公共服务。推进创新创业与城市功能结合，营造满足创业者需求的工作、学习、生活、消费、出行等良好环境。

倡导创新创业精神。树立崇尚创新创业、敢拼会赢、敢于致富的价值导向，营造浓厚的创新创业文化氛围。激发企业家精神，鼓励敢于承担风险、勇于开拓创新、志于追求卓越，宽容失败，发挥汇聚创新创业人才和投入的强大动力。完善风险补偿，共担创新创业风险，依法保护企业家的产权和收益。

四、构建创新创业的体制机制

深化科技管理体制改革。支持跨界创新、融合创新，推动科技与经济深度融合。完善科技成果信息发布与共享平台，完善知识产权申请和扶持政策，促进人才、资金、科研成果等在城乡、企业、高校、科研机构间有效流动，加快科技成果转化。改革科研管理体制、科技成果收益权和处置权、基础研究领域科研计划管理方式等，实行增加知识价值为导向的分配政策，加强对创新人才股权、分红奖励，健全促进自主创新的动力机制和激励机制，构建符合市场需求的科研成果转化机制。

突出企业创新主体地位。鼓励和引导企业推动技术、产品、营销、管理的全面升级。鼓励龙头企业整合上下游产业链，形成产业联盟，建立联合创新机制，建设产业技术创新公共服务平台，带动产业集聚发展。鼓励产业联盟在前沿领域开展技术、标准、装备等方面深度合作。大力培育众创主体，重点支持科研人员、大学毕业生、留学人员和台湾青年等在厦创业。激发国有企业作为市场主体和创新主体的活力，充分发挥现有平台和资源优势，加强服务中小微企业。

五、实施人才优先发展战略

建设创新型人才队伍。按政府引导、用人单位为主体、人才资源市场化配置原则，优化人才培养模式，引导人才培养链与产业链、创新链的有机衔接。围绕重点产业紧缺型人才需求，突出引进、培育产业领军型人才，吸引海内外高层次创新团队带先进技术成果到厦门创新创业。推进教育与产业结合、学校与企业合作，鼓励高等院校优化学科布局，推动学科交叉融合，提升毕业生适应社会和创新创业能力，为产业转型升级提供人才支撑。

完善人才保障机制。健全“海纳百川”政策体系，实施人才工作目标责任制，持续推进“双百计划”等重大人才工程，构建各类人才尤其是高层次创新型人才服务保障和创业发展体系，创新人才引进、培养、发展、服务保障等机制，进一步扩大用人主体自主权，建立与国际接轨、依据市场标准评价、使用和激励人才的政策机制。推进科研人才双向流动，鼓励有创新实践经验的企业家和企业技术人才到高校和科研机构兼职，支持高校科研院所等事业单位科研人员到企业兼职或离岗创业。提高人才服务管理水平，构建统一开放、竞争有序的人力资源市场，健全人才评价发现机制。完善科技评审奖励制度，制定国际人才引进计划，简化外籍人员开办创新性企业审批流程。

第二节 打造国际一流营商环境

一、营造七大开放环境

对标国际一流营商环境，广泛借鉴国际先进国家和地区营商环境做法，接轨国际规则和国际惯例，引入国际通用的行业规范和管理标准，按照市场宽松平等规范有序、政府廉洁透明便捷高效、社会和谐稳定温馨包容、开放自由便利高效安全、法治公平公正成熟完善、要素集聚充分配置高效、设施完善便捷保障有力的要求，加快打造国际化、法治化、便利化的营商环境，推进城市治理体系和治理能力现代化，构筑支撑我市转型发展的新的竞争优势。

二、构建新型政商关系

着力营造亲商、重商的良好氛围，以企业问题为导向，创新服务方法，改进工作作风，提升政府服务针对性、规范性和服务效率，通过政府职能转变和流程再造，切实帮助企业解决发展中遇到的困难问题，系统降低企业办理各项事务的时间和费用成本。以企业需求为导向，建立健全企业对营商环境的建议、评价、反馈机制，构建健康的新型政商关系。

第三节 深化重点领域改革

改革是经济特区的生命线。牢牢把握在新的历史起点上深化改革的重大机遇，统筹推进供给侧结构性改革，形成有利于创新发展和转型升级的体制机制，为建设美丽厦门提供强大动力和体制机制保障。

一、健全要素市场体系

建立高效的资源配置平台。维护市场竞争秩序，促进劳动力、资本、土地、技术、管理等生产要素自由流动、平等交换，提高要素资源配置效率和公平性。全面实施不动产统一登记。深化公共资源配置市场化改革，着力推进公共资源交易法制化、规范化、透明化，整合工程建设项目招标投标、土地使用权和矿业权出让、国有产权交易、政府采购等交易市场，建立统一的公共资源交易平台，实现信息和资源共享，实现公共资源交易平台从依托有形场所向以电子化平台为主转变。

推进价格形成机制改革。全面开放竞争性领域和环节价格，政府定价范围主要限定在重要公用事业、公益性服务、网络型自然垄断环节。建立完善居民用水、用气阶梯价格制度和企业超定额用水加价制度。加快建立天然气价格动态调整机制，理顺天然气与可替代能源比价关系。按照放管结合的要求，将价格监管的中心转移到市场行为监管上来。加强市场价格监测和预警工作，做好市场价格巡查工作，保持市场价格总水平稳定。完善反价格垄断工作机制，维护统一开放、竞争有序的市场环境。

深化投融资体制改革。拓宽融资渠道，创新融资模式，鼓励信用评级高、现金流稳定的龙头企业发行企业债券、短期融资、中长期票据等债券融资。充分运用城市开发建设基金，扩大重大基础设施、市政公用设施和社会事业领域项目 PPP 模式，吸引社会资本投资，实施民资“回归工程”。

构建现代金融体系。丰富金融机构体系，构建多层次、广覆盖、有差异的银行机构体系，扩大民间资本进入银行业。发展普惠金融和多业态中小微金融组织，努力为中小微企业、三农、中低收入群体提供金融产品和服务。健全金融市场体系，提升金融服务实体经济的能力，加快企业上市步伐，筛选一批符合产业发展方向、盈利能力强、成长性高、有上市意向的企业列为重点上市后备企业，分类推进到多层次资本市场上市融资。发展普惠金融和多业态中小微金融组织，建立和完善中小企业金融服务体系，加快建设政策性融资担保机构，做大做强两岸股权交易中心。发展互联网金融，扩大厦门金融业辐射范围，推动区内外、境内外联动与协同，为企业提供国际化、市场化金融服务。

推动供给侧结构性改革。综合运用市场机制、经济手段、法治办法和必要的行政手段，加大政策引导力度，优化存量，引导增量。提升供给端提供的商品和服务质量，提高供给体系水平和效率，促进产业迈向中高端，推动产业转型升级，提升经济增长效率。通过供给端提供高质量产品和服务，满足品质消费、绿色消费以及个性消费需求，引导外需转化为内需，扩大有效需求。

培育中介市场服务体系。培育发展行业协会、商会等社会组织，维护市场契约精神，维护行业规范和行业发展秩序。积极壮大各类专业服务机构，为企业投资经营提供专业服务。加快中介服务市场化改革，推进中介服务机构与行业主管部门脱钩。健全中介服务机构监管机制，建立各类中介组织的不良行为记录和黑名单，促进中介市场的诚信建设。公开中介服务事项和收费标准。

二、健全社会信用体系

健全信用信息管理制度。率先建立统一的社会信用代码制度，探索信用管理地方立法，逐步健全社会信用体系建设的法律法规、标准体系和监管体系，依法推进社会信用信息采集、共享、使用、公开和信用信息保护。

强化信用信息共享。完善全市社会信用信息共享平台，利用大数据手段，加快建立各类市场主体和社会成员信用记录，推动共享平台和其它信用信息系统互联互通，依法推进信用信息数据开放共享。

健全守信激励和失信惩戒机制。建立以信用为核心的新型监管体系，推动政府由事前审批向事中事后监管转变，依据信用记录对市场主体实施分类监管，在公共服务中对守信者予以优先办理、简化程序等激励政策。建立重点领域失信“黑名单”制度和退出机制。建立跨部门的联合惩戒机制。

培育和规范信用服务市场。引导市场主体自觉运用信用信息，培育信用服务中介机构，拓展信用产品市场需求，推进信用产品在扶持中小微企业的应用，探索开发“诚信市民卡”，构建完善的信用信息应用体系。

实施社会信用示范工程。加强政务诚信、商务诚信、社会诚信和司法公信建设，推行行政许可和行政处罚“双公示”，建设旅游、工程建设、食品药品安全等重点领域诚信示范工程，开展两岸征信合作，建立厦漳泉区域信用合作机制。

三、激发市场主体活力

规范市场准入制度。按照国家统一部署，推行市场准入负面清单，放宽投资准入，各类市场主体可依法平等进入清单之外领域。加快落实各类市场主体在产业政策、行业规范等方面准入后国民待遇。深化商事登记制度改革，推进注册登记“三证合一”和全程电子化，建立市场主体信用信息公示平台，建立异常名录制度。

深化国有企业改革。建立健全国有企业分类管理体系，完善国有资产监管体制，做强做优做大国有企业。改组组建国有资本投资运营公司，推进经营性国有资产集中统一监管。稳妥、规范、有序推进混合所有制改革，推进国企在股权多元化、董事会建设、员工持股等方面改革。建立健全职业经理人制度，更好地发挥企业家的作用。推进国有资产证券化进程，加快国有企业上市步伐，通过各种途径引进战略投资者，优化股权结构，改善治理机制。

促进民营经济发展。清理和修订限制民营经济市场准入的相关政策，保障民营企业在投融资、税收、土地使用和对外贸易等方面真正与国有企业外资企业享受同等待遇。制定民营资本进入特许经营领域具体办法，推动垄断行业领域和特许经营领域开放。引导和鼓励民间资本和各类产业投资基金投资战略性新兴产业、基础产业、农村城镇化，以及医疗、教育等社会事业领域。制定民营经济发展规划，力争五年内民营经济比重提高到40%。

四、推进行政管理体制改革

规范政府治理。加强法治政府建设，增强依法履职能力，健全宏观调节体系，加强发展战略、规划、政策、标准等制定实施，借助大数据等新兴技术，推进政府治理能力现代化、精准化。理顺权责关系，完善组织构架。制定具体的权力运行流程图，细化权力行使规则，强化对执法权的制约。探索决策权、执行权、监督权既相互制约又相互协调的体制机制，增强政府运作的协调性。

推动简政放权。建立健全权力清单、责任清单、负面清单管理模式，明晰政府与市场、社会的权责边界，实现政府法无授权不可为、法定职责必须为。深化行政审批制度改革，最大限度减少政府对企业的干预，最大限度缩减政府审批范围。进一步理顺市、区、镇（街）的层级关系和管理权限，把与居民密切相关的政府公共服务职能下沉到社区，增强基层综合服务功能。推进事业单位分类改革，完善法人治理结构。

深化财税体制改革。按照中央税制改革进度，积极争取地方税政权。完善事权和支出责任相适应制度，建立预算编制、执行、监督相互制衡机制，完善政府预算体系，实施跨年度预算平衡机制和中期财政规划管理，加强与经济社会发展规划的衔接，建立规范的地方政府举债融资体制。健全优先使用创新产品、绿色产品的政府采购政策。

优化政府服务。围绕建设阳光高效服务型政府，推动审批流程再造，创新审批和监管方式，推动审批方式的阳光化、电子化，推进行政服务标准化建设，逐步构建实体政务大厅与网上办事大厅、移动客户端、自助终端等多种形式相结合、相统一的公共服务平台。完善“多规合一”运行机制，依托“多规合一”平台和行政服务中心审批平台，健全投资项目审批和监管体系，推进项目管理信息资源共享，建立全市统一的项目信息综合管理平台。加强机关效能建设，完善“马上就办”工作机制，强化监督，提高效率，改进服务。

五、健全军民融合制度

完善军民融合发展体制机制。健全军民融合发展的组织管理、工作运行和政策体系。推进军民融合发展立法。坚持军地资源优化配置、合理共享、平战结合、促进经济领域和国防领域技术、人才、资金、信息等要素交流，加强军地在基础设施、产业、科技、教育和社会服务等领域的统筹发展。积极承接军工体系科技成果转化，引导优势民营企业进入军品科研生产和维修领域。积极参与军民通用标准化体系建设。打造军民融合创新示范区，增强先进技术、产业产品、基础设施等军民共用的协调性。

健全国防动员体制机制。加强全民国防教育和后备力量建设，加强海上动员力量建设，增强服务国家大局需要的组织动员、快速反应、支援保障能力。建设学校、医院、住宅、交通枢纽等人员密集区人防设施和人防综合体，统筹兼顾地铁、交通隧道、地下商场和地下停车场等地下空间的开发与人防需求，完善城市人口疏散和人防工程平战转换机制。创新双拥工作机制，扎实做好军队转业干部安置以及随军家属就业、子女就学等工作，密切军政军民团结。继续争创全国双拥模范城，双拥工作再上新水平。

第四节 提升对外开放水平

深入实施对外开放战略，紧紧抓住国家自贸试验区及“一带一路”战略机遇，坚持统筹考虑和综合运用国内国际两个市场、两种资源，主动深度融入全球经济体系，形成开放发展新优势。

一、推进自贸试验区建设

推动贸易便利化。大力推进自贸试验区建设，加快与自贸试验区国家和地区的对接。创新政府管理方式，对自贸试验区内海关特殊监管区域实行“一线放开、二线安全高效管住”通关监管模式，推广货物实施状态分类监管模式。探索自由港运行模式，扩大服务业对外开放，大力发展服务贸易，积极培育贸易新型业态和功能，加快贸易转型升级。创新贸易管理和服务体制，实施技术、品牌、营销、服务“四带动”出口战略，切实转变外贸增长方式，逐步提升服务贸易国际竞争力。深入推进“三互”大通关改革，提高口岸通关效率，强化跨部门、跨地区通关协作，实现口岸相关部门信息共享共用，推进“一站式作业”口岸综合执法新模式。全面实施国际贸易“单一窗口”和通关一体化，推进货物贸易通关的联网监管。率先推进与台湾地区贸易便利化。

推动投资开放透明。实行外资准入前国民待遇和负面清单管理，放宽投资准入，推动航运服务、商贸服务、文化服务、社会服务及先进制造业等领域扩大开放，积极有效利用外资，营造有利于各类投资者平等准入的市场环境。坚持引进来和走出去并重，鼓励企业发挥自身优势开展境外投资合作，争取试点个人境外投资，创新绿地投资、证券投资等对外投资新方式，开展并购投资和联合投资等，自由承揽工程和开展劳务合作项目。推动企业加快适应全球化带来的新竞争规则，遵循相关的国际公约和相关协定，引导和鼓励支持企事业单位参与国际化标准活动。

突出金融创新功能。按照人民币利率市场化、人民币汇率市场化、人民币国际化和资本项目可兑换改革部署，推进金融业务创新。统筹自贸试验区区内、区外发展，积极开展双向资金池、跨国公司外汇资金集中运营、境外发债、跨境资产转让等跨境融资业务，推动境外主体参与境内金融市场，充分利用国际国内两个市场、两种资源，增强金融服务实体经济能力。加快推进金融基础设施建设，坚持监管和创新并行，建立与自贸试验区相适应的账户管理体系，拓展金融服务功能，大力推动互联网金融、航运金融、融资租赁等新兴业态发展，完善金融风险防控体系。

建立综合监管制度。实行有效监管，探索针对“一区多园”的综合监管制度，严格事中、事后监管，建立完善全流程监管体系和全方位监管手段。加强诚信监管，建立联合惩戒机制，落实金融业统计制度，为综合监管提供数据支撑。加强知识产权保护，完善知识产权执法体制以及纠纷调解、援助、仲裁等服务机制。加快建立健全政策法规体系，优化税收环境，适应经济全球化，接轨国际规则、国际惯例、国际标准。

二、打造21世纪海上丝绸之路战略支点城市

打造互联互通枢纽。拓展海上通道，加强与“海丝”沿线国家和地区港口之间的互联互通；完善陆路通道，扩大中欧（厦蓉欧）、中亚班列运营发展，进一步畅通我市连接长三角、珠三角和中西部和欧亚地区的陆上通道。建设厦门新机场，打造区域性枢纽机场，积极拓展境外航线，重点开通与加密“海丝”沿线国家空中航线。

打造经贸合作枢纽。促进会展合作，吸引“一带一路”沿线国家和地区企业来厦参展和办展。深化金融合作，推动人民币代理清算群向“海丝”国家延伸，在“海丝”沿线国家和地区广泛运用人民币跨境结算。提升贸易合作，支持我市企业在“海丝”沿线国家建设电子商务平台、设立境外仓，促进厦门商品在“海丝”沿线国家行销。促进双向投资，充分利用我市侨商资源优势，推动生成一批“海丝”外资重点招商项目。通过在友城设立代表处，充分利用友城资源，推进境外投资服务平台建设，鼓励厦门有实力的企业赴“一带一路”沿线国家和地区投资设立生产基地，参与工业园区、港口等项目建设。

打造海洋合作枢纽。建设中国—东盟海洋合作中心。将厦门国际海洋周、PNLG（东亚海岸带可持续发展地方政府网络）秘书处等打造成为中国—东盟海洋合作重要平台。依托厦门南方海洋研究中心，加强与东盟国家在海洋渔业科技领域合作。支持厦门大学建设海洋碳汇与未来地球协同创新中心、集美大学建设亚洲航标培训基地。

打造人文交流枢纽。将南洋文化节、嘉庚论坛办成具有全国影响力、对接东盟、辐射“海丝”的文化交流平台。支持高校赴“海丝”沿线国家和地区开展学术交流及开设分校，加快建设厦门大学马来西亚分校。支持“海丝”沿线国家和地区侨胞积极开展宣传闽南文化、弘扬嘉庚精神的交流活动。大力推动厦门与“一带一路”沿线城市缔结友城及友好交流点。

三、提升城市国际化水平

拓展对外贸易新增长点。主动参与全球范围资源配置，更加主动、更大范围、更高层次地参与全球竞争，以更加开放姿态深度融入全球经济，提升对外开放的广度和深度，优化对外贸易和利用外资结构，争创开放新红利。深耕美、欧、日等传统市场，加大拉美、非洲等新兴市场的开拓力度，依托大数据、物联网等新技术推动服务贸易模式创新和发展，大力发展多种模式的跨境电子商务。加快提升传统优势产品竞争力，积极培育以技术、品牌、质量、服务为核心的出口竞争新优势，优化提升贸易质量，构建国际贸易中心城市。切实提升服务贸易战略地位，鼓励发展生产性服务贸易，大力发展服务外包产业，扩大服务贸易在外贸进出口中的比重，形成对外贸易新增长点。

引进来与走出去并重。积极引进跨国公司总部、金融机构总部和区域总部，培育本土跨国公司，打造具有国际影响力的总部基地。鼓励和扶持本土有条件的企业加快走出去，拓展服务业境外投资，支持企业兼并、收购、整合境外技术品牌、营销网络，开展境外商贸、物流、旅游和中介服务等领域投资，引导组织企业在境外建立资源基地，缓解资源要素约束。

扩大国际合作交流。着力申办和引进一批国际高端会议、常态化国际知名会议展览活动和高端专业学术会议落户厦门。加快对外文化体育交流，培育对外文化交流品牌，提升厦门国际马拉松、国际钢琴比赛等赛事品牌国际影响力，争取承办更多具有较强国际影响力的国际顶级单项赛事。扩大官方和民间的友好往来，争取缔结更多知名度高、与厦门产业互补性强的国际友城及友好交流城市。提升“九·八”投洽会、国际海洋周、文博会等重大平台国际影响力。

提升城市知名度。拓展厦港澳侨在总部、金融、航运物流、旅游会展、文化创意等重点领域合作。积极对接港澳会计、法律、建筑、管理咨询等专业服务机构，设立现代服务业专区，创新海外闽籍乡亲回乡投资创业等引资引智机制。提升城市软实力，推进海港、空港和信息港建设，把我市打造成为国际会展目的地、国际旅游目的地，区域金融中心、航运中心和贸易中心。

第三章 构筑科学协调发展空间

实施大海湾、大山海、大花园城市战略，发挥全省中心城市龙头带动作用，推进厦漳泉龙同城化发展，加强区域合作和山海协作，积极融入沿海经济发展轴带。统筹推进生产、生活、生态空间布局，科学划定城市开发边界，推动城市发展由外延扩张式向内涵提升式转变。

第一节 明确城市空间主体功能

按照资源环境承载力、现有开发强度和未来发展潜力，确定优化提升区、重点发展区、协调发展区、生态保护区等不同主体功能空间分布，实行相应的差异化综合考核体系和财政共享激励机制，确保各区域主体功能落实。

一、优化提升区

着重转变经济发展方式，优化产业结构和城市空间布局，合理控制人口规模和开发强度，加快部分城中村改造，注重城市文脉延续，提升城市文化内涵。主要分布于：本岛以及岛外各区旧城区、保留的村庄、已建成的新城区、工业区等。

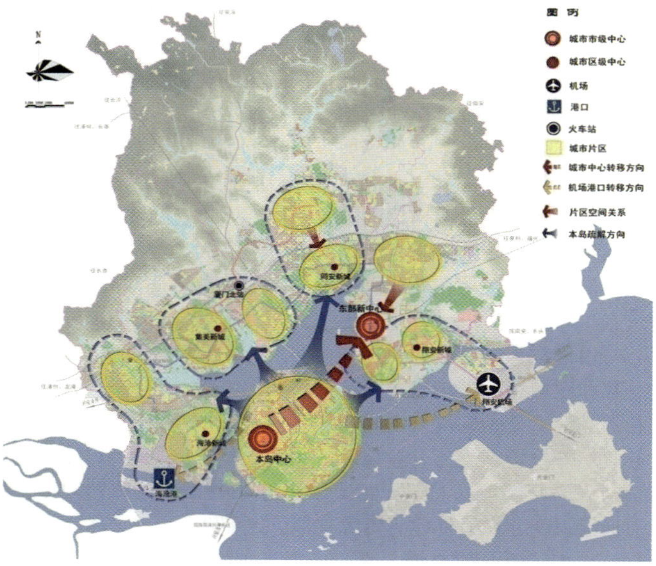

图 1 “十三五”优化城市空间布局策略示意图

二、重点发展区

着重优化结构、提高效益、保护环境，提高创新能力和产业集聚力，承接国际化优质产业转移，提高城市综合实力和人口集聚能力，推动经济社会可持续发展，成为未来支撑全市经济发展的重要增长极。主要分布于：岛内东北部，海沧区南部临港新城、马銮湾新城，集美区厦门北站片区、软件园三期，同安新城、工业集中区、高新技术产业基地、现代服务业基地，以及翔安南部新城及大嶝岛临空产业片区。

三、协调发展区

应加强城市功能统筹，综合协调生态、文化、产业、城市建设等多方面功能，加强引导，优化空间结构，提升城市环境，控制开发速度。主要分布于岛外四区建制镇的部分地区。

四、生态保护区

生态控制线内按照“保护为主、合理开发、严控强度”的原则推动自然保育、适度发展旅游休闲、生态农业等功能；保育十大山海通廊，构建“山、海、城”相融的空间格局；按照相关法律法规加强保护，严格林地、农地、水源保护地等生态保护，引导人口有序转移，禁止开发。

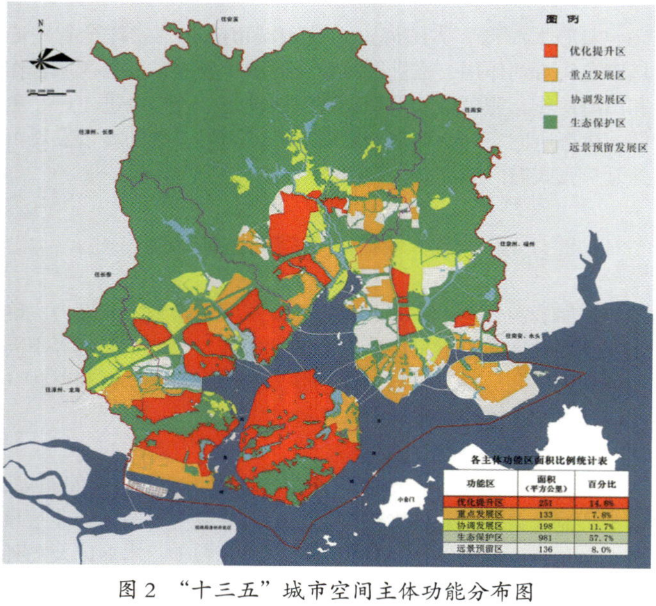

各主体功能区面积比例统计表

功能区	面积（平方公里）	百分比
优化提升区	251	14.8%
重点发展区	133	7.8%
协调发展区	198	11.7%
生态保护区	981	57.7%
远景预留区	136	8.0%

图 2 “十三五”城市空间主体功能分布图

第二节 优化城市空间格局和导向

以厦门湾的空间为载体，优化城市布局，保育山海通廊，加快构建“一岛一带多中心”和“山、海、城”相融的城市空间格局。

一、打造“一岛一带多中心”的城市空间格局

以跨岛发展战略为核心，优化城市空间布局，着力提升厦门本岛（一岛），加快建设串联海沧、集美、同安、翔安，辐射漳州开发区、龙海、角美、南安、金门等周边区域的环湾城市带（一带），形成厦门岛市级中心、东部市级中心，海沧、集美、同安、翔安四个区级中心协调发展的多中心城市发展新格局。

合理安排市域城市建设用地、农田保护、产业集聚、村落分布、生态涵养等空间布局，形成产城融合、错位发展、分工明确的功能空间格局。到 2020 年，全市建成区面积达到 400～440 平方公里，开发强度不超过 28%，建成区人口密度预期 1 万～1.2 万人 / 平方公里。

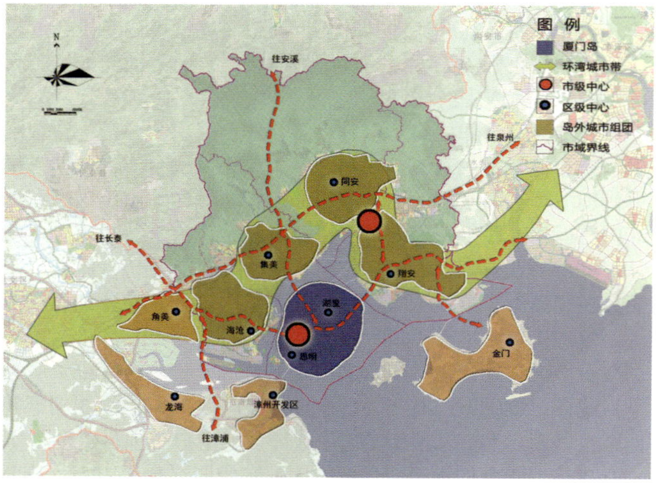

图 3 “十三五”城市空间格局示意图

二、明确城市发展导向

按照“幸福思明、创新湖里、活力海沧、人文集美、富美同安、典范翔安”的发展定位，进一步明确各区的城市发展特色和发展方向，形成各区、各组团凸显优势、差异发展、统筹发展的新格局。

厦门本岛优化提升。疏解本岛，优化提升，突出“两保持、两控制、两提升”的发展策略，即保持历史风貌、城市特色；控制新增容量、开发强度；提升环境品质、城市功能。主要发展高端服务、金融商务、文化创意、旅游会展等主要功能，其他功能逐步向岛外疏解。

东部组团创新发展。主要突出“两支点、三创新、三拓展”的发展策略，即：以对台服务、空港建设为支点；创新产

业类型、发展模式、管理机制；拓展城市空间、中心职能以及区域协作。同安组团重点发展生态休闲与文化旅游中心、高新技术产业基地、健康产业基地、现代服务业基地、现代都市农业基地；翔安组团重点发展临空产业、光电产业、高端服务、金融商务、文化创意、旅游会展等。

西部组团整合提质。主要突出“两整合、两提升、两协调”，即：整合城区、工业区功能；提升基础设施、公共服务功能；协调产城关系、城乡关系，以承接本岛疏解的人口和进城落户人口。海沧组团重点发展临港产业、航运物流、建筑家居、生物医药、信息数字等；集美组团重点发展教育科研、机械制造、软件信息、文化演艺等产业。

图 4 “十三五”城市组团发展示意图

第三节 拓展蓝色经济空间

一、加强陆海统筹发展

突出海湾特色，立足资源共享、优势互补、错位发展，形成港口物流、滨海旅游、海洋生物产业、船舶制造、临海工业等产业集群与 160 公里海岸生态岸线绿道、金色沙滩、蓝色湿地以及海湾海域蓝色生态屏障统筹协调发展，努力实现海洋经济发达、海洋生态文明、海洋科技创新、海洋文化繁荣、海洋管控和美、海洋平安和谐的战略目标，拓展发展新空间，建设海洋强市。

二、科学开发海洋资源

加快探索人海和谐、海陆并进、彰显特色的科学发展模式。加快优化海洋资源开发布局，提升海洋可持续发展能力。坚持科技兴海，优化资源配置，提升加强海洋发展的支撑能力，抢占海洋科技制高点。以规划为龙头，正确引导海岸带资源开发，加强事前引导，推进循序渐进、有序开发。进一步完善海洋功能区划，建立规划约束引导机制，统筹开发岸线、海湾、滩涂、海岛、近海海域和海岸带资源，加强围填海计划管理，重点保障战略用海、战略性新兴产业用海和民生用海。

三、强化海洋综合管理

加强海洋渔业立法、执法建设，探索建立四级联防联控体系，有效打击海上、岸线非法行为，提高海上维权执法与安全管控能力。加强我市港口、海上危化品事故应急基础建设，提升海上危化品事故应急处置能力。加强渔港等基础设施建设，提高海洋与渔业灾害应急管理和安全检查水平，确保海洋与渔业无重大事故。统筹运用各种手段维护和拓展国家海洋权益，维护海上航行自由和海洋通道安全。积极参与国际和地区海洋秩序的制定和维护。

第四节 大力推进新型城镇化

推进以人为核心的城镇化，以全域城市化为目标，统筹推进重点领域和关键环节改革，基本形成具有厦门特色的城乡一体、产城融合、集约节约、美丽宜居、和谐发展的新型城镇化模式。户籍人口控制在 225 万以内，常住人口城镇化率达 90%、户籍人口城镇化率达 52%。

一、健全城乡发展一体化体制机制

深化人口管理、产业布局、规划建设、土地管理、公共服务、社会保障、行政管理和城市管理等综合改革，建立城乡统一的人力资源市场和建设用地市场，推动城乡要素平等交换和公共资源均衡分布，加快基础设施向农村延伸，逐步实现传统农业向现代都市农业的转型发展。实行宽严并举的人口管理政策，分类制定鼓励类和限制类入户管理办法，保障长期为城市做出突出贡献的中低收入群体有在城市落户的权利。推行居住证制度，探索实行积分管理，按照积分高低差别化享有养老服务、社会福利、社会救助等权利，加快外来人口市民化。创新农村劳动力转移机制，引导转产转移农村劳动力找到适合自己的致富道路，加强农民培训工作，促进被征地农民和海域退养渔民转产就业。优化公共财政支出结构和投入机制，加快公共服务从城市向村镇延伸，引导优质公共服务资源向岛外发展、向常住人口覆盖。

二、强化产城融合

按照城镇统一规划建设，科学布局一批产业示范园区，推动建立现代产业与城镇化紧密融合、协同发展的体制机制，形成以产带城、以城促产、产城互动、融合发展的新格局。加快工业社区改造提升，结合岛外产业基础和发展布局，按照完整工业社区理念高标准建设同安翔安高技术产业基地，推动同安工业集中区、集美机械工业区、海沧新阳工业区等一批制造企业集中、具有产业特色的园区改造建设为多功能综合性工业社区，调动园区周边村居居民积极性，共同做好生产、生活相关服务配套，吸引集聚各种人才，提高园区开发效益。以统筹发展理念为先导，打造厦门创新创业空间体系。集美区依托文教区、软件园三期等，打造“创智创新教育城区”；海沧区借助生物医药港、军民融合协同创新研究院等优势，打造“未来产业创新社区”；同安区依托现代服务业基地，打造“新兴产业创新社区”；翔安区依托厦门大学国家科技园等优势，打造“高新技术创新社区”。

三、建设美丽宜居乡村

全面改善农村生产生活条件。推进村庄规划编制，合理安排村镇建设、农田保护、村落分布、生态涵养等空间布局。完善村庄基础设施及公共服务设施，统筹安排农村基础设施和社会事业发展。改善乡村办学条件，加强基层医疗卫生机构和乡村医生队伍建设。改善农村居住生活环境，开展小流域综合整治，分类分阶段开展农村环境综合整治，重点推进农村垃圾、污水处理设施建设和危房改造，提升村庄品质。推动具备条件的区开展街道办事处整合和撤镇设街，持续开展“两违”综合治理。

第五节　加快新城建设与旧城改造

按照统一规划、协调推进、集约紧凑、疏密有致、环境优先的原则，统筹优化岛内中心城区和岛外新城建设，提高城市空间利用效率，改善城市人居环境，初步实现城市均衡发展、品质提升和城市转型。

一、加快岛外新城建设

全面推进跨岛发展战略，按照产城融合、配套完善、生态优美、管理有序、宜居宜业的目标，加快岛外新城建设，重点建设环东海域东部新城、马銮湾新城、翔安南部新城，完善提升集美新城，加快推进同安新城，促进产城融合发展，加快形成环湾城市带。

环东海域东部新城。加快公共服务设施和基础设施建设，重点发展高端金融商务、品牌会展、滨海休闲生态旅游、时尚商圈等，逐步形成中心城区功能，建设东部市级中心，成为我市产业升级和配套功能的重要区域。

马銮湾新城。加快水域整治和生态修复，湾内依托优质景观资源，结合前场物流园、海沧生物医药基地及军民融合园区，重点吸引商贸、研发等产业；周边发展先进制造业，主要布局高新技术、智能制造、生物医药、建筑家居产业。建设辐射厦漳的新兴产业综合服务中心和产城融合的国际化生态海湾新城。

翔安南部新城。建设以商贸、金融服务、文化、休闲旅游、生活配套为主的综合性城市新区。

集美新城。加快完善公共设施和服务配套体系，提升产城融合度和人居环境吸引力，打造美丽厦门示范城区。

同安新城。加快产业支撑，重点建设现代服务业基地、丙洲旅游开发等，建设同安新中心，集商务办公、生活居住、产业生产与度假休闲为一体的滨海新城。

专栏 3：“十三五”新城建设重大工程

环东海域东部新城。北至沈海高速，南至刘五店，西至同安湾，东至翔安大道，规划总用地面积 67.68 平方公里，起步区位于翔安南路以南，规划面积 9.5 平方公里。主要建设海西国际商贸物流城、闽商总部中心等。

马銮湾新城。东至新阳大桥，西至孚莲路，南至翁角路，北至海翔大道，总面积约 37.05 平方公里。主要建设生态修复、吹填造地等基础工程，中心岛高端商务区、军民融合产业园区、生物医药健康产业园区和集美信息智能园区等。

翔安南部新城。北以翔安南路为界，东至翔安东路，西至钟宅村（翔安南路），南至肖厝南路，规划总用地面积约 14.82 平方公里。主要建设新城商务区、洋唐保障性安居工程、科技中学等。

续专栏 3

集美新城。东至杏林湾东岸，南至集杏海堤、杏前路，西至杏林北路和杏锦路，北至沈海高速，规划总用地面积 46.53 平方公里。主要建设软件园三期、文化旅游、杏林湾商务营运中心、杏林湾水体整治、新城慢道系统、配套医院、学校、社区服务中心等。

同安新城。北至沈海高速公路，南至集美、同安区界，西至同集路，东至滨海东大道，规划总用地面积 35.68 平方公里。主要建设现代服务业基地（丙洲片区和美峰片区）、环东海域星级酒店群、华强文化科技产业基地二期等。

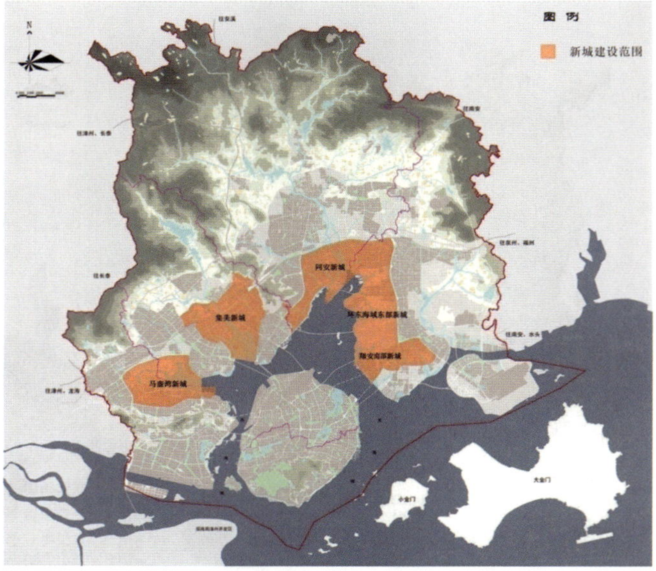

图 5　“十三五”新城建设片区布局示意图

二、推进“三旧”整治改造

针对我市老城区危旧房分布实际，结合风貌建筑与生态环境保护，以小规模渐进式有机更新为主，大力推进危旧房综合治理改造和旧城业态布局优化调整，适度控制改建增容。对标完整社区，推进岛内老旧住宅小区改造，整治建筑物及周边环境，修缮水、电、气、路等基础设施，完善社区综合服务站、幼儿园、社会养老设施、室外活动场地、防灾减灾避灾点等公共服务设施。有序推进城中村、危旧房、棚户区改造，岛内重点结合两岸金融中心片区开发和五缘湾片区提升加快城中村改造，岛外重点开展集美杏林、同安老城区改造，按照新城建设规划统筹推进旧村成片改造。加快旧厂房改造，打造创新产业发展新空间。

第六节　推进厦漳泉龙同城化和区域协作

加强城乡规划、基础设施、产业布局、基本公共服务和环境保护等方面的对接，到 2020 年，厦漳泉龙同城化在关键领域取得实质性进展，跨界城镇实现统筹规划，重大基础设施互联互通格局初步形成，产业协同发展水平显著提升，区域环境协同整治机制和跨地市的生态合作机制基本形成。山海协作和对口帮扶取得新成效。

一、推进厦漳泉规划对接

按照“陆海统筹、山海联动、开发与保护并举”的思路，坚持协同发展、互利共赢，优化同城化的空间格局。重点对接交界区域，围绕泉州南翼与翔安区、安溪与同安区，探索与泉州在空港新城、临空临港产业方面的规划对接；围绕集美区、海沧区与长泰、龙海，探索与漳州在物流产业、港口建设等基础设施方面的规划衔接，促进协同发展。

二、推进厦漳泉公共服务对接

建设闽南文化生态保护区，强化文体交流合作。深化教育协调合作，加强厦漳泉三市在中小学教育、高等教育和职业教育以及教育改革方面的合作，推动教育城域互联互通。促进医疗卫生合作，引导优质医疗资源相互流动，统筹建立居民健康信息系统区域平台，推动三地医疗信息安全共享，同级医院检验检查结果互认。加强社会保障体系一体化合作，建立社会福利、优抚安置和救灾应急保障协同机制。推进公共事务联动联管，开展社会治安联合执法，对接公共管理事务。

三、推进厦漳泉龙基础设施对接

积极构建高铁、城际轨道和高速公路等多种交通方式的同城通道，完善综合交通网络，实现厦漳泉龙大都市区“1小时交通圈”。加快推进翔安机场及大型配套交通枢纽建设，完善机场快速集疏运体系，拓展厦门腹地。优化客运通道网络布局，推进客运通道和滨海旅游通道连接贯通，加快三市统一的货运快速通道（漳州同城大道—厦门海翔大道—泉州高速联盟线）建设。完善高速公路网，推进大都市区内国省干线公路布局优化，加快构建联系中心城区与周边城镇和交通枢纽快速通道。强化不同交通方式间的衔接，重点推进翔安机场、厦门北站、海沧新城综合交通枢纽等综合客运站点建设与完善，实现客运便捷换乘。以城际快速铁路客运、大容量铁路货运通道为主线，高速公路、快速通道为补充，构建大都市区与龙岩的山海交通大动脉，推动龙岩融入大都市区加快协同发展。

四、推进厦漳泉龙产业发展对接

充分发挥厦漳泉龙在资源条件、产业结构、市场开拓方面的优势互补，逐步形成有机的区域合作与分工，支持符合产业政策的产业向内陆有序转移。以重大项目为龙头，推进我市先进制造业中心、东南国际航运中心、区域性金融服务中心、现代服务业中心建设。加强农业规划布局和对接合作，建设现代农业基地。创新跨行政区划共建产业区模式，建立财税、产值、投资分成的利益共享体制，加快推进厦门泉州（安溪）经济合作区、厦门泉州空港协作经济区和厦门龙岩山海协作经济区建设。

五、推进厦漳泉龙生态环境保护与整治对接

加强重要生态功能区的保护，积极推进区域环境污染联防联治、近岸海域环境综合整治和流域环境综合治理，实现环境基础设施的共建共享，打造山青、水碧、天蓝的生态格局，探索和创新山海协作区共建生态文明示范区，构建区域生态安全格局。

六、加强山海协作和对口帮扶

建立更紧密的山海协作机制，用好用足山海协作扶持政策措施，着力加强产业合作和人员交流，提升对口挂钩帮扶实效。密切闽粤赣区域协作，着力加强交通物流设施建设、产业梯度转移、人员交流交往。继续做好援疆援藏援宁援甘工作。

专栏4：“十三五”厦漳泉龙同城化重大项目（事项）

基础设施。长泰枋洋水利枢纽工程、九龙江北溪雨洪利用工程、晋江内坑至同安高速公路（厦门段）、安溪至同安高速公路（厦门段）、国道324线（凤南—角美段）改线工程、国道324线（国省干线联十一官路至小盈岭泉州界段）、翁角路与漳州台商投资区对接段、厦漳泉城际轨道交通（R1、R3）线、厦漳泉城市联盟线（孚莲路—厦漳界段）道路工程、厦漳泉城市联盟线（海翔大道之鸿渐山至泉厦界段）、翁角路（孚莲路—厦漳界段）工程、集美灌口至长泰通道（厦门段）、厦门港后石航道二期工程、厦门翔安新机场、华夏电力集中供热、纵一线（翔安南路与南安贤林大道交叉口工程）、福厦高铁。

产业合作。厦门泉州（安溪）经济合作区、厦门泉州空港协作经济区、厦门龙岩山海协作经济区。

公共服务。人力资源同城化工程、医疗卫生合作、厦漳泉医保卡同城结算体系、厦漳泉区域气象中心、旅游合作、体育合作、科技合作、小额支付金融IC卡互联互通工程、厦漳泉公共图书馆服务联盟。

生态保护。九龙江流域水环境整治利益协调机制、生态及环境保护联防联控机制、海洋与渔业管理合作、协同推进生态文明先行示范区建设。

第四章 构建现代化产业体系

把握全球科技和产业发展动态，促进结构深度调整，着力振兴实体经济，加快构建以先进制造业和现代服务业为主导、战略性新兴产业为引领、一二三次产业融合发展的现代产业体系，推动产业迈上中高端，不断提高产业规模和水平。

第一节 把握产业发展目标和重点

一、发展目标

1.“十三五”发展目标

构建形成“5+3+10”的现代产业体系，成为海峡西岸强大的先进制造业基地和最具竞争力的现代服务业集聚区。

第三产业增加值占地区生产总值比重达到60%，规模以上工业增加值年均增长10%左右，两化融合发展指数保持全国前列，制造业质量竞争力指数达到90以上。

研究与试验发展经费投入强度达到4%，科技进步贡献率达到65%，高新技术产业产值占全市规模以上工业总产值的比重达到70%，每万人口发明专利拥有量18件。

培育主营业务收入超50亿元企业60家，其中超100亿元企业30家，进入“中国500强企业”力争达5家。建成产值超500亿元的产业基地8个，其中产值超千亿的产业基地5个。

2. 2030年发展愿景

产业整体素质和综合竞争力全面提高，优势产业在全球产业价值链中的地位不断提升。第三产业占地区生产总值比重突破65%，基本形成以创新驱动为引领、以知识技术为主导的发展模式，实现产业转型。

二、发展重点

立足城市资源禀赋和功能定位，聚焦发展电子信息、旅游文化、现代物流等三大主导产业，培育发展生物与新医药、新材料、海洋高新等战略性新兴产业，着力打造平板显示、计算机与通讯设备、机械装备、生物医药、新材料、旅游会展、航运物流、软件信息、金融服务、文化创意等十余条千亿产业链（群），增强城市资源配置能力和集聚辐射功能，为全市提供强有力的经济支撑。

力争到2020年，电子信息产业（包括平板显示、半导体和集成电路、计算机与通讯设备、软件和信息服务等）产值突破7000亿元，成为国家重要的电子信息产业基地；旅游文化产业（包括旅游会展、文化创意、健康产业等）收入突破3500亿元，建设国际知名旅游目的地、国际会展名城，打造国际时尚创意之都；现代物流产业收入突破2000亿元，建成东南国际航运中心、东南区域物流中心城市。

三、空间布局

调整优化产业布局，打造创新要素完善的产业生态系统，形成三条产业带。北部生态及旅游培育带，重点保护山体生态绿地，依托生态缓冲区发展现代都市农业，适当发展旅游休闲产业；中部先进制造业聚合带，重点沿福厦高速公路两侧、前场地区、火炬（翔安）产业区及火炬同安翔安高新技术产业基地等区域布局先进制造业、战略性新兴产业和物流业；南部现代服务业培育带，围绕本岛提升和新城建设，以及翔安机场与两岸新兴产业和现代服务业合作示范区建设，重点培育环厦门湾旅游会展、航运物流、金融商务、文化创意、科技服务、健康产业等现代服务业。

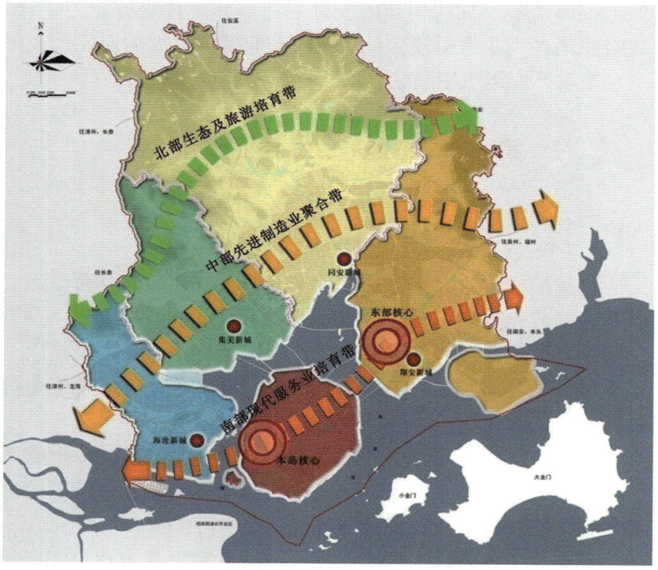

图6 “十三五”产业空间结构示意图

第二节 加快发展先进制造业

推进信息技术与制造技术深度融合，重点发展平板显示、计算机与通讯设备、机械装备等产业，着力提高产业创新能力和基础能力，促进产业集聚化、高端化、特色化发展，推进制造业由生产型向生产服务型转变，培育制造业竞争新优势。

一、平板显示

重点向产业链上下游两端延伸，发展高世代面板、OLED面板，增强玻璃基板、彩色滤光片、偏光片、ITO靶材、驱动IC等材料配套能力，提升显示模组、背光模组及配套环节技术水平和生产规模，推进3D显示、投射式电容触摸屏等新型显示技术和产业化，扩大平板电脑、智能手机等智能显示终端规模，推进向基于互联网的应用服务延伸，打造具有较强竞争的产业集群。LED领域，围绕建设国家半导体照明工程产业化基地，提升国家半导体发光器件（LED）应用产品质量监督检验中心服务能力，鼓励企业加强研发能力建设，推进产学研合作，联合开展技术攻关，增强厦门LED外延、芯片在显示背光、半导体照明领域的竞争优势。

专栏5：先进制造业预期发展目标和规划布局

平板显示产业。实现产值2500亿元，位居国家平板显示产业基地前列。重点布局同安翔安高新技术产业基地。

计算机与通讯设备产业。实现产值1200亿元，打造国内计算机与通讯设备行业重要生产基地。重点布局同安翔安高新技术产业基地。

机械装备产业。实现产值1400亿元，成为国内重要的装备制造生产基地。重点布局火炬输配电产业基地、翔安航空产业园、集美机械工业园、海沧船舶工业园、军民融合产业园。

二、计算机与通讯设备

发展具有自主知识产权、掌握核心技术的计算机产业，重点发展高性能海量数据存储服务器、高端容错计算机、工业控制计算机、嵌入式计算机等，结合互联网、移动互联网和消费市场发展趋势，大力发展便携式、低功耗笔记本计算机，以及大尺寸、高性能、触摸型一体式平板计算机。面向4G及新一代移动通信技术，大力提升移动智能终端研发和生产能力，面向IPV6加快研发新型网络设备、终端产品，抢占市场先机。推进军民融合，发展卫星导航、卫星通信。培育发展通信控制芯片、智能天线、功能模块及关键元器件，鼓励计算机和通信产品制造企业就地配套发展。

三、机械装备

发展汽车及工程机械、电力电器、航空工业、船舶工业、工业机器人等高端装备制造。汽车及工程机械领域，重点提高产品可靠性和智能化水平，向服务型制造转型升级，发展高压液压元件、汽车电子、中型柴油机等关键零部件和产业链缺失环节，开发节能型汽车和新能源汽车。电力电器领域，重点发展智能电网设备，开发特高压、超高压直流输变电设备，建设高压电器检测实验室。航空工业领域，重点提升“一站式”维修能力和水平，规划建设翔安航空产业园，策划引进商务飞机客舱改造、发动机大修、起落架维修等业务，改造提升飞机维修研发中心、培训基地，建设全球重要航空维修基地。船舶工业领域，重点是调整产品结构，发展汽车滚装船、液化气运输船和游艇等船舶制造。培育工业机器人产业，吸引跨国集团来厦设厂，突破机器人的公共核心技术，推动智能工业机器人在工业自动化领域的应用，结合物联网、远程医疗诊断等技术，开发家用机器人，重点发展军民两用特种机器人。依托国防大学军民融合协同研究院和军民融合产业园，建立军民两用技术双向转化平台，积极引进央属军企、创新型军民结合企业，鼓励和引导国有企业、优势民企参与军品建设。

第三节　大力发展现代服务业

以现代服务业综合试点、国内贸易流通体制改革试点为契机，开展加快发展现代服务业行动，创新体制机制，放宽市场准入，优化政策环境，推动生产性服务业向专业化和价值链高端延伸，生活性服务业向精细和高品质转变。大力发展总部经济，提升产业功能能级。

专栏6：现代服务业预期发展目标和规划布局

旅游会展业。总收入1700亿元，打造国内一流、国际知名旅游目的地城市，建设国际会展名城和中国会展典范城市。重点布局环东海域文化旅游区、同安生态休闲和文化旅游区、海西商贸会展综合产业集聚区、海沧湾综合开发区、国际会展中心—会议中心集聚区。
航运物流业。总收入2000亿元，港口货物吞吐量3.4亿吨、集装箱吞吐量1300万标准箱，建设全国性物流节点城市，建成东南国际航运中心、区域性陆路货运枢纽和枢纽机场、东南区域物流中心城市。重点布局自贸试验区厦门片区、前场物流产业集聚区、同安物流产业集聚区、翔安物流产业集聚区、机场北区航空港工业物流产业聚集区、厦门北站汽车物流产业聚集区。
金融服务业。总收入1900亿元，打造两岸区域性金融服务中心。重点布局两岸金融中心核心启动区、自贸试验区厦门片区。
商务服务业。打造海西商务服务中心。
健康产业。健康产业发展水平位居全国前列。重点布局建设海沧马銮湾健康产业园区、翔安医疗园区、翔安综合体育赛事场馆和同安健康产业基地等。

一、旅游会展

旅游方面，重点发展滨海旅游、商展旅游、休闲旅游、文化旅游、海峡旅游等产品体系，着力提升旅游品质；推动鼓浪屿整治提升和申遗工作，引进互动、参与式大型旅游项目，推进岛内外旅游均衡发展，提升旅游消费层级；巩固厦门海峡双向旅游“第一口岸”的地位，推进“厦金澎”旅游协同一体化，促进厦台会展资源融合，构建海峡旅游会展经济圈；以“国家邮轮运输试点示范”为契机，积极开辟厦门至台湾、香港和东盟国家的邮轮航线，策划推出“海丝”主题旅游精品线路和产品。会展方面，重点发展品牌展会、大型会展综合体、会展市场运营龙头企业，做大做强投洽会、石材展、佛事展、文博会、休博会、动漫节、工博会、游艇展、时尚周等品牌展会，建设海西产品展览展示交易中心，推动打造产品研发设计中心和质量标准策源地。加速旅游会展深度融合，推动形成旅游会展产业集聚区。大力发展旅游度假产业，吸引高端客源，推进旅游与科技、文化、生态、资本等融合发展。加快全市旅游综合指挥调度中心、旅游大数据平台和会展业公共信息服务平台建设，提升“智慧旅游”服务水平，完善旅游会展服务功能，打造旅游集散中心体系。

二、航运物流

重点发展口岸物流、高端创新物流、城际城市配送物流、制造业商贸业联动物流、区域联动物流。结合自贸试验区建设，发展航运金融、保险、租赁、口岸通关、航运代理、海运结算、航运人才培养与后勤补给、海事支持等服务，提升厦门航运交易所服务水平，打造临港“交易＋物流＋金融＋信息服务”四位一体的国际物流服务体系。加快发展供应链一体化、金融物流、电商物流等高端创新物流和城际城市配送物流，电子物流、生物医药物流、临港商品交易平台等制造业商贸业联动物流，推动物流产业信息化和标准化建设。发展邮政业和快递业。推进区域物流合作，加强海、空、陆运输通道建设和前场等物流产业聚集区建设，完善厦门至东盟、中东的航线，加强与“海丝”重点城市的港口协作和航空运输网络建设，加大中欧（厦蓉欧）、中亚国际货运班列营销力度，提升对内陆地区的辐射能力，拓展“一带一路”、台湾服务腹地。加快两岸在海运快递、城市配送物流、食品冷链物流及物流信息化、标准化等方面的深度合作，打造台湾农产品、水产品、食品的大陆中转分销物流中心，构建两岸“三通”重要口岸和物流配送中心。

三、金融服务

重点打造两岸金融合作平台，开展两岸货币清算和兑换、保险业务、财富管理、航运贸易金融等方面合作。支持本地法人银行、证券期货、保险等金融机构做强做大，积极设立和引进再保险、汽车金融、消费金融、金融租赁等紧缺型、新型金融机构，发挥资本市场融资功能，引进大型产业投资基金，培育发展区域股权交易和大宗商品交易等金融要素市场。促进金融服务产品创新，推动绿色金融和普惠金融试点。加快自贸试验区金融创新，积极推动人民币跨境使用，拓展人民币双向资金池、境外发债等跨境融资业务，增强金融服务实体经济能力。促进商业性金融、开发性金融、政策性金融、合作性金融分工合理、相互补充、协调发展，更好地发挥开发性金融和政策性金融在促增长、调结构方面的作用。

四、商务服务

积极发展法律、会计审计、税务、资产评估、认证认可、信用评估、知识产权、节能环保等专业服务。加快发展资产管理、兼并重组、财务顾问、广告服务等企业管理服务。重点培育商务咨询、检验检测、经纪代理等中介服务。加大品牌培育力度，引进和壮大一批著名商务服务企业和机构，推动专业化、规模化、网络化发展。吸引国内外大型企业来厦设立区域总部，以及运营中心、研发中心、管理中心、贸易结算中心、采购销售中心等职能型总部，发展壮大一批处于产业链关键环节、竞争力强、辐射带动作用大的总部企业，高标准规划建设总部集聚区。

五、健康产业

重点发展高端医疗健检、医养结合、体育健身等健康产业。鼓励社会资本投资举办中医、肿瘤、护理、康复、医疗美容等专科医疗机构及独立的高水平医学检查检验机构；引导社会办一、二级医院向老年护理院、老年康复医院转型，强化养老机构医护功能，发展中高端养老产业；发展帆船、赛艇、潜水、游艇等滨海休闲运动项目，鼓励户外营地、徒步骑行服务站、汽车露营营地、船艇码头等户外体育设施建设，培育、引入体育高水准专业赛事和联赛。

第四节　积极培育战略性新兴产业

围绕重点领域，紧跟技术前沿，加强政策资源整合，拓展增长空间。重点发展软件信息服务、半导体和集成电路、生物与新医药、新材料、文化创意、海洋高新产业。

专栏 7：战略性新兴产业预期发展目标和规划布局

软件信息服务产业。总收入 2500 亿元，建成中国软件名城。重点布局软件园、海沧信息消费产业园。
半导体和集成电路产业。实现产值 1000 亿元，打造中国集成电路芯片设计中心及交易中心。重点布局同安翔安高新技术产业基地。
生物医药产业。实现产值 1000 亿元，位居全国前列。重点布局厦门生物医药港。
新材料产业。实现产值 1200 亿元，位居全国前列。重点布局同安翔安高新技术产业基地、军民融合产业园。
文化创意产业。实现总收入 1500 亿元，打造国家文化和科技融合示范基地。重点布局国家级闽台文化产业试验园、龙山文创园、湖里老工业区、软件园等。
海洋高新产业。实现产值 250 亿元。重点布局国家海洋高技术产业基地。

一、软件信息服务

围绕创建国家信息消费、下一代互联网、三网融合、服务外包等试点示范城市，培育发展新产业、新业态、新模式，打造新的产业增长点，重点发展行业应用软件、动漫游戏、移动互联网、数字家庭与信息消费、物联网与北斗产业、云计算与大数据等特色产业集群。加快信息网络升级改造，加强 4G 网络、下一代互联网等基础设施建设，实现三网融合。推进闽台云计算产业示范区建设，建设云计算服务平台和数据中心，支持电子政务、教育卫生、交通物流、中小企业服务等领域开展云计算应用。鼓励科研院所、企业联合开展智能识别、数据处理等关键核心技术攻关，推进 RFID 石墨烯天线、MEMS 传感器等一批关键技术研发和产业化，建设物联网垂直行业公共服务平台，参与制订行业和国家标准。加快国家电子商务示范城市和国家电子商务示范基地建设，发展跨境电商，吸引国内外知名电商企业在厦设立区域营运中心，支持厦门本地法人机构申领互联网支付牌照，引导持有互联网支付牌照的机构服务本地产业发展。发展移动互联网，攻克移动互联网的移动支付、信息安全等关键技术，推广移动电子商务、移动办公等移动互联网创新应用。建设厦门北斗应用产业化基地，大力发展北斗导航、位置服务、空间地理信息等卫星服务产业，建设卫星遥感、通信、导航综合服务平台，以东南亚为重点为“一带一路”沿线国家提供卫星应用服务。

二、半导体和集成电路

围绕龙头企业 12 英寸晶圆制造，加快拓展上下游产业链，发展集成电路关键设备、仪器、设计、切割、封装、测试、功能模块及消耗材料；加快推进通讯微电子器件生产能力建设，抢先布局第三代半导体碳化硅产业链，争取引进存储芯片（DRAM）生产线。设计领域，提升市集成电路公共技术服务平台能力，推进集成电路设计产业园建设，重点设计移动通信、光通信、电力电子、MEMS、智能控制、电源管理等芯片。制造领域，重点发展掩模版、晶圆材料等关键环节，实现 28 纳米工艺技术制造能力；发展下游 IC 芯片切割、封装和封闭材料、芯片测试及功能模块、解决方案和系统等，提升系统级封闭（SIP）、芯片级封装（CSP）等集成电路新型封装测试工艺和技术，着力打造国家重点布局集成电路产业基地。

三、生物与新医药

以厦门生物医药港为核心，完善公共服务配套，建设一批生物与新医药公共技术平台，加快建设生物与新医药创新创业孵化器、加速器、中试基地等，加快推进国家战略性新兴产业（生物）区域集聚发展试点，着力打造有影响的生物与新医药产业集聚区。生物医药领域，重点提升新型疫苗、基因工程药物、蛋白和多肽类药物、抗体药物、现代中药等研发创新能力，加快开发医药新产品，推进长效干扰素等新药尽快形成医药大品种。生物医疗领域，加强医疗器械的核心技术攻关，重点发展新型诊断检测仪器与试剂、新型生物体外诊断产品、新型生物医疗设备、植介入产品。生物制造领域，利用生物技术改造传统制造业，重点发展功能性食品、化妆品、生物制造装备，加强生物基产品研究。生物农业领域，加强生物新品种和农用生物制品创新，重点发展生物育种和新品种推广、农用生物制品、农产品精深加工。.生物服务领域，推动生物技术与现代服务业融合，推动生物服务在医药制造、生命健康领域的应用，打造高品质的生物服务业，重点发展公共技术服务、健康服务、合同研发和委托制造服务（服务外包）、中介服务。

四、新材料

鼓励中船重工 725 所厦门材料研究院、中科院厦门稀土材料研究所、厦门大学等加强材料产业创新和公共服务能力建设。健全适合市场需求的成果转化机制。电子信息领域，重点发展平板显示关键配套材料，半导体照明衬底、外延、封装材料，集成电路半导体材料、高性能磁性材料。新能源领域，重点发展稀土功能材料、锂离子电池材料、高能储氢电池材料、太阳能光伏光热材料，推进产业链向新能源电池延伸。其它领域重点发展新型功能材料、先进结构材料、高性能复合材料，提升硬质合金、高端金属结构材料、生命健康材料、纳米材料、碳纤维材料、催化材料研发及产业化能力；突破碳化硅、石墨烯等关键技术，实现产业化、规模化生产。

五、文化创意

重点发展数字内容与新媒体、创意设计、演艺娱乐、高端艺术品、文化旅游，推动时尚产业发展，建设国家级文化和科技融合示范基地、国家级闽台文化产业试验园区、中国网络游戏产业核心集聚区及中国高端艺术品交易展示平台。数字内容与新媒体领域重点发展数字内容创意生产、数字内容集成传输和新媒体。创意设计领域重点发展工业设计、时尚设计、动漫设计等其他专业设计。演艺娱乐领域重点发展演艺娱乐节目研发、表演和综合服务。高端艺术品领域重点发展艺术品创作、艺术品交易和艺术品综合服务。文化旅游领域重点结合影视产业园区、创意设计产业园区、休闲娱乐产业园区、艺术产业园区发展拓展旅游项目，打造鼓浪屿艺术之岛。时尚产业重点发展设计与营销，推进各类时尚品牌研发营销中心集聚。

六、海洋高新

发挥南方海洋中心协同创新作用，围绕打造厦门国家海洋高技术产业基地和厦门国家科技兴海产业示范基地，大力发展海洋生物制药制品业、海洋高端装备制造业、海洋高技术服务产业。海洋生物制药领域，重点发展海洋新医药、药源生物高值化养殖和活性成分提取，推进氨基葡萄糖硫酸盐、替曲朵辛的新药研发。海洋生物制品领域，重点发展高附加值海洋功能性食品、海洋护肤用品、海洋生物材料等，推进 DHA、藻酸盐纱布、肽和寡糖研发及产业化。海洋高端装备领域，重点发展大型客滚船、大型滚装船、高性能海工辅助船等高附加值船舶，引进世界名牌游艇制造企业，联合开展大尺寸游艇研发设计，提升海洋舰船高端防腐材料研发和生产能力，提升海水淡化设备创新能力，推进海水综合利用。海洋高技术服务领域，重点发展海洋监测、勘查服务，发展环境评价、海域使用论证等工程技术咨询服务。

第五节 优化提升传统产业

应用新技术、新工艺、新材料、新模式，改造提升轻工建材、商贸服务等传统优势产业，提高产品技术、工艺装备、能效环保水平，提升产品和服务的品牌质量和竞争力。推进建筑新型工业化，适度发展房地产业。

一、传统制造业

重点发展水暖厨卫、纺织服装、运动器材等产业，提升智能化、自动化制造水平，推动企业普遍从“OEM”提升到“ODM”和“OBM”，培育发展自主品牌，拓展国内外市场。水暖厨卫领域，提高工业设计和智能化制造水平，加强原材料等核心技术研发，提高产品的个性化、定制化水平，培育一批提供整体解决方案、营销成套产品的服务型制造企业，规划建设卫厨产业园，打造国内水暖厨卫领域的重要产业基地。纺织服装领域，加强品牌营销，推进行业经营业态向服装时尚产业、服装文化产业发展，形成中国时尚品牌的集聚地。运动器材领域，通过并购等方式加快品牌建设，完善产业协作配套体系和公共技术平台，建设国家运动器材出口基地。

二、传统服务业

推动外贸增长方式转变，积极开拓新兴市场，鼓励自主品牌、核心技术和高附加值产品出口，鼓励大宗商品进口，扶持发展信息服务、文化咨询等高附加值服务贸易。深化内贸流通体制改革综合试点，推动内贸流通转型创新，扶持电子商务、连锁经营、共同配送、冷链物流、保税展示展销等现代流通方式融合发展。提升文灶—莲坂综合性体验式商圈、中山路传统文化旅游商圈、SM 现代都市商圈，在岛外规划建设集购物、娱乐、休闲、健身等于一体的现代“大卖场”。加强老字号品牌传承，促进传统美食蓬勃发展。优化商业网点规划布局，大力发展社区菜店、大众餐饮店、社区便利店等特色商业。加快构建便利惠民的家庭服务体系，培育一批连锁经营的大型家庭服务企业，积极推动家庭服务网点进社区。

三、建筑及房地产业

建筑业领域，推进建筑新型工业化，加快建筑业产业结构调整升级。推进住宅产业现代化示范园区（海沧）建设，形成研发、设计、生产、配送、施工等现代建筑产业总部集聚区。延伸建筑工业化应用范围，从居住房屋逐步向公共建筑、厂房、地下管廊、天桥、桥梁、隧道等建筑形式延伸。推进新型建筑工业化示范项目建设，建筑工业化模式建筑项目年增长比例不低于 5%。房地产领域，坚持“盘活存量、稳控增量、留出空间”，合理控制土地供应规模、节奏、结构。稳步增加岛外商住用地有效供给，促进岛外新城人气集聚。重点开发高档绿色住宅、旅游地产、城市社区等多元化复合型高质量的房地产项目，促进商业地产有序发展。加强金融、税收等调控措施，规范住宅租赁市场、房地产三级市场发展，合理引导住房需求。

第六节 做精做优现代都市农业

加快转变农业发展方式，着力加强农业供给侧结构性改革，大力推进土地流转，提高现代都市农业供给体系质量和效率，发展现代特色农业，增强农产品安全保障能力，构建绿色、生态、高效的特色现代农业发展体系。

一、提高优质农产品供应能力

抓好“菜篮子”工程，落实按城镇消费人口人均菜地面积不少于 20 平方米的要求，加大对蔬菜生产基地建设投入，加快推动温室大棚等农业基础设施建设，实施农业“五新”工程（新品种、新技术、新肥料、新农药、新机具），调整蔬菜种植结构，提高蔬菜产量和品质，提升蔬菜自给水平。建立“菜篮子”调控基地认定、资金使用等管理制度和办法，完善应急联动机制，提升整体保障应急能力。完善粮食保障体系建设。健全农产品质量安全全过程监管体系，质量安全监测合格率保持全国前列。大力推广“农超对接”经验，扩大“农超对接”规模，努力促使蔬菜生产基地与超市对接。

二、现代特色农业

重点发展现代种苗业、智能设施农业、农产品精深加工业、休闲观光农业等现代都市农业，拓展农业多种功能。发展具有厦门特色的农林作物种子与种苗规模化繁育、质量检测技术和种质资源保护收集利用。推广优质抗病畜禽、水产、特种养殖新品种及快速扩繁、规模化标准化健康养殖和质量控制技术。扩大先进适用农业机械设备、器具的推广和普及，全面提升农机化水平。培育一批主业突出、带动能力强、竞争优势明显的骨干龙头企业，通过科技创新、增资扩产、上市融资、兼并重组等方式做大做强，鼓励发展高附加值精深加工。加快海沧区“大曦山郊野公园”、集美区“碧溪农业公园”、同安区莲花—汀溪—竹坝片区都市休闲观光农业、翔安区“香山郊野公园”建设。推进农业与旅游休闲、教育文化、健康养生等深度融合，发展观光农业、体验农业等新业态。

三、现代远洋渔业

加强对远洋渔业发展的政策支持，吸引大型远洋渔业企业落户厦门，鼓励企业在厦成立远洋渔业总部，创新台湾远洋捕捞渔船直航厦门停靠。扶持发展远洋捕捞渔货入厦，保障厦门海洋水产品供应。大力扶持培育龙头企业，组建大型捕捞船队，形成均衡发展的远洋渔业。打造现代化远洋渔业基地，支持渔港经济区发展冷物流链和水产品电子交易市场。推动远洋捕捞向远洋渔业加工、海外养殖转变。

第七节 实施产业提升工程

坚持政府引导和市场主导相结合的原则，把提质增效作为产业发展的生命线，创新产业发展机制，着力优化增量、做强存量，推进产业迈向更高质量、更优结构、更好效益的新水平。

一、创新平台工程

围绕支柱产业和战略性新兴产业发展需求，编制公共服务平台服务目录，加强与知名大学、中科院城市环境研究所等重点科研院所合作，建设一批产业技术研究院、重点实验室、工程（技术）研究中心、企业技术中心、测试检测中心等，实施公共服务平台升级改造工程，争取升格形成一批国家级创新平台，形成区域辐射能力。重点建设清华紫光集成电路设计中心、中船重工725所厦门材料研究院、清华大学海峡研究院、北京大学厦门创新研究院、国防大学军民融合协同研究院、厦门大学分子疫苗学与分子诊断学国家重点实验室、快速制造国家工程研究中心厦门分中心等，积极在第三代半导体、石墨烯等未来产业领域布局创新平台。创新公共技术服务平台运营机制，推进产业联盟深度参与创新平台建设，提升平台的公共性和服务能力。

二、龙头促进工程

加大"三维"项目对接力度，重点瞄准世界500强、台湾百强、央企、民企500强，针对产业的高端环节和关键环节，加快引进一批产业关联度高、集聚力大、带动功能强的龙头项目。引导龙头企业开展产业链上下游配套合作，建立本地的配套产业集群。支持产业龙头跨地区、跨行业、跨所有制兼并重组，形成一批大企业大集团；开展与"一带一路"国家和地区的国际产能合作。培育壮大生根型企业，重点针对高成长型企业、行业领先企业、具有资本运作条件的优势企业等，制订个性化扶持方案，密切跟踪服务，促进做大做强。

三、园区集聚工程

合理确定各园区功能定位和产业布局，促进优势产业集聚发展。按照工业社区和共同缔造理念，加快对现有园区载体的整合提升，完善公共设施和园区配套。发展"基地＋众创"新模式，加快建设同安翔安高新技术产业基地和现代服务业基地，通过对老工业厂房实施改造提升，建设创新创业集聚区。加快推进两岸新兴产业和现代服务业合作示范区、临空经济区等产业园区建设。推进区域产业合作，合作共建厦门龙岩山海协作经济区、厦门泉州（安溪）经济合作区等异地产业园区，拓展产业发展空间。

四、智能制造工程

深入推进信息化与工业化深度融合，提升制造业重点领域智能化水平。支持条件成熟的行业和企业先行启动实施"智能一代"试点，在重点领域试点建设智能工厂/数字化车间，实现"机器联网"、"工厂联网"，集成创新一批人机智能交互、高档数控机床、自动化生产线、增材制造等技术和装备，加快智能控制在各类装备和生产过程中的推广应用，形成一批竞争力强的企业群体。大力发展以工业机器人为重点的先进制造装备产业，推动我市重点产业、传统优势产业和劳动密集型产业逐步实现"机器换工"，加速工业机器人在各作业领域的广泛应用。加快高端装备产品研发，重点突破高端数控机床、机器人、伺服电机等装备产品。大力发展个性化定制、众包设计、云制造等新制造模式，建设一批重点领域制造业工程数据中心。

五、质量品牌工程

实施质量强市战略，完善质量激励机制和政策协同体系，开展质量品牌提升行动，解决一批困扰产品质量提升的关键共性技术问题，打造一批有竞争力的知名品牌。建立企业产品和服务标准自我声明公开和监督制度，支持企业提高质量在线检测控制和产品全生命周期质量追溯能力。提升计量检测能力，完善质量监管体系，加强检测与评定中心、检验检测公共服务平台建设。加快构建覆盖先进制造业、现代服务业等领域的标准体系。

六、要素保障工程

创新产业扶持推进机制，统分结合，建立集专业分工、资源整合和重大决策为一体的产业发展"五个一"工作机制，整合科技、土地、资金、数据、人才等要素资源，集中加大对优势产业的扶持力度。充分发挥产业引导基金的引导和放大效应，吸引和撬动社会资本共同投向重点发展产业。加快推进土地管理机制创新，进一步提高产业用地节约、集约利用水平。加大金融信贷支持，大力发展创业投资、股权投资，创新融资方式和金融服务，为战略性新兴产业、成长型高新技术产业提供金融支持。强化人才保障，深入实施"海纳百川"、"双百计划"等高层次人才引进政策，建设具有国际竞争力的人才集聚区。

专栏8：产业发展"五个一"工作机制

协调推进一套机制。实行"重大项目领导小组＋联席会议＋责任部门"三级推进机制，研究制定产业发展规划、政策，提出产业资金支持重点和计划盘子等。

空间布局一张图。结合现代产业体系和主体功能区规划，优化产业布局，明确产业发展方向和重点，作为项目落地审核和重点扶持的依据。

政策支持一套体系。按照一个产业规划配一个政策原则，每个产业单独配套专门政策，在产业研发、产业化、示范应用、空间保障、人才引进等方面给予大力支持。

资金安排一个池。整合经信、科技、商务、发改等部门的产业扶持资金，统筹建立一个"产业扶持资金池"，按产业链环节进行分配扶持。

申报管理一个平台。建立全市统一的产业扶持项目申报与管理平台，实现一个平台对外政策宣传和项目受理、初审、评审、公布等。

专栏9："十三五"产业集聚发展重点片区

一、自贸试验区厦门片区

规划用地面积4378公顷，重点发展国际贸易、航运物流、金融服务、专业服务、高端制造（飞机维修、新材料与新能源、加工增值）产业。

二、同安翔安高新技术产业基地

规划用地面积4575公顷，重点发展平板显示、计算机与通信设备、集成电路、新材料、新能源、节能环保、电力电器产业。

三、现代服务业基地（美峰片区）

规划用地面积560公顷，重点发展研发总部、科技服务等。

四、现代服务业基地（丙洲片区）

规划用地面积217公顷，重点发展研发设计、信息服务、总部经济、创新创业服务、文化旅游服务。

五、软件园三期

规划用地面积1200公顷，重点发展软件和信息服务业。

续专栏 9

六、机械工业集中区

规划用地面积 1217 公顷，重点发展汽车、工程机械产业。

七、生物医药港

规划用地面积 424 公顷，重点发展生物、医药、医疗器械产业。

八、两岸金融中心核心启动区

规划用地面积 83 公顷，以金融办公为主，配套商业、商务服务。

九、重点创新集聚区

1. 龙山文创园

规划用地面积 54 公顷，重点发展文化创意产业。

2. 湖里老工业区

规划用地面积 92 公顷，重点发展信息服务、文化创意产业。

3. 龙头山及枋湖片区

规划用地面积 71 公顷，重点发展信息服务、文化科技融合产业。

4. 自贸创新社区

规划用地面积 310 公顷，重点引进台湾青年创业项目，发展电子商务（跨境电商）、服务外包、互联网、金融产业。

十、翔安临空产业园（规划）

规划用地面积约 10000 公顷，重点发展临空高技术产业、临空现代服务业。

十一、海沧信息消费产业园（规划）

规划用地面积 300 公顷，重点发展信息消费产业。

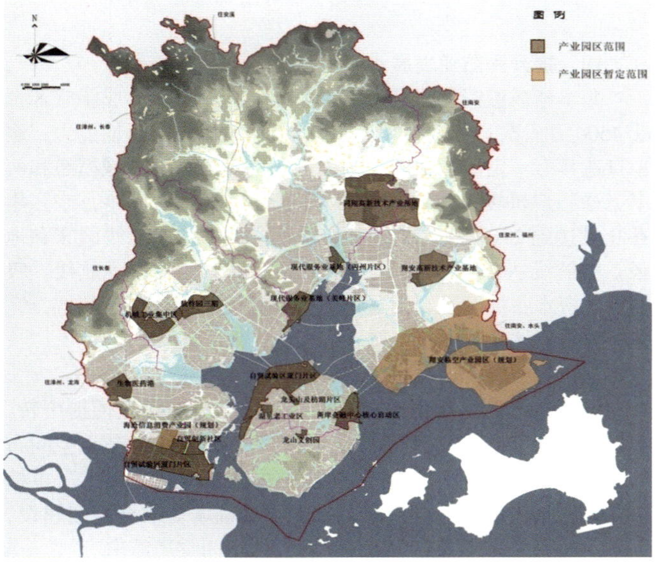

图 7 “十三五”产业集聚发展重点片区示意图

第五章　提升城市建设和管理水平

坚持协调发展的理念，加快构建现代化综合交通运输体系，完善覆盖城乡、智能高效的城市基础设施体系，提高城市公共安全保障能力，增强城市发展的系统性、协调性，改善城市管理和服务，提升城市的承载力、辐射力和宜居度，基本实现城市转型。

第一节　明确城市建设目标

一、“十三五”发展目标

构建现代化综合交通运输体系。建设国家综合交通枢纽，初步建成东南国际航运中心，积极探索建设国际物流中心，集装箱吞吐量达到 1300 万标准箱，空港旅客年吞吐量达到 2900 万人次。厦门新机场投入使用，福厦高铁建成通车，城际铁路有序推进，基本完成海西高速路网建设。建成 4 条城市轨道交通线路和“环湾放射”城市快速路骨架路网，城市公共交通服务设施体系进一步完善，实现市域“半小时交通圈”和厦漳泉龙区域“1 小时交通圈”。

建设安全高效的能源保障体系、适度超前的水资源保障体系。全面建设结构合理、技术先进、灵活可靠、经济高效的现代输配电网络。持续提升电力缆化率和管道运输、供气能力。原水供应能力增加 40%。

建设覆盖城乡的市政设施。完善满足特大型城市需求的供水、排水、电力、污水垃圾处理、环卫等市政设施，并实现全市城乡全覆盖。城市供水水质综合合格率达 96%，全市城镇和农村污水收集处理率 95%，垃圾无害化处理率达到 100%。完成地下综合管廊、海绵城市试点建设任务。

构筑安全可靠的城市公共安全体系。安全生产整体水平提升，安全生产事故率显著下降。防灾减灾救灾能力全面提升，年均因灾直接经济损失占全市地区生产总值的比例控制在 1.5% 以内。社会治安防控体系、公共安全视频监控广泛覆盖，食品药品安全长效监管体系健全有效。

打造智能完善的智慧城市。推进信息化网络基础设施建设，城市光纤到户覆盖率达到 100%，移动互联网用户渗透率达到 100%。加快云计算、大数据、物联网等技术和“互联网 +”的推广应用，全面提升医疗卫生、社会保障、文化教育、养老等公共服务领域的智能化水平。

提升城市管理现代化水平。加快推进执法体制改革，以城市管理现代化为指向，坚持以人为本，共同治理，建立健全长效机制，加快形成适应城市转型发展要求和人民群众生产生活需要的城市综合管理体系。

二、2030 年发展愿景

城市基础设施、城市保障能力和城市管理水平全面提升，城市防灾减灾体系趋于成熟，基本建成产城融合、空间格局优化、城市功能完善、城市品质较高的智慧城市和国际花园城市，实现城市转型。

第二节　构建现代化综合交通运输体系

坚持网络化布局、智能化管理、一体化服务、绿色化发展，建设国际国内通道联通、区域城乡覆盖广泛、枢纽节点功能完善、运输服务一体高效的现代综合交通运输体系，进一步增强中心城市的集聚辐射功能。

一、初步建成东南国际航运中心

建设国际集装箱干线港。完善港航设施、港区集疏运体系和现代航运服务体系建设，推动厦门港与“海丝”沿线国家和地区交通互联互通。加强“陆地港”建设，发展多式联运，拓展陆向腹地，增辟内支航线。到 2020 年，厦门港与“海丝”

沿线国家和地区新签订友好港口 3—5 个，海上航线达 40 条以上。

建设亚太地区重要的邮轮母港。加快推进东渡港区 0—4 号泊位改建工程，形成具备同时停靠 3 艘大型豪华邮轮的设施条件，初步建成邮轮城城市综合体，形成集旅游、观光、会展、商贸于一体的东渡邮轮服务集聚区。积极培育本土邮轮企业，引进国际大型邮轮公司，发展与国际接轨的标准化、规范化邮轮服务。

促进航运服务要素集聚。创新航运物流服务，大力发展航运金融、保险、租赁、信息咨询、口岸通关、航运代理、海运结算、航运人才培养与后勤补给、海事支持等多种服务功能于一体的航运物流服务体系。提升厦门航运交易所服务水平，大力发展船舶买卖租赁、港口货物交易、航运人才交流、航运交易中介服务、航运交易披露五大功能，构建海峡两岸航运市场最权威的信息发布平台，增强东南国际航运中心在航运界中的“话语权”。

二、构建轨道交通体系

完善干线铁路网络，推动福厦高铁尽早开工建设，力争 2020 年前全部建成投用，建成动车运用所和普速客车整备所，推动兴永泉铁路厦门支线、渝长厦高速铁路龙厦段高标准扩能纳入国家铁路中长期规划。加快城市地铁建设，形成由中心放射骨干线、环海湾线、辅助线及机场快线组成的“中心放射、环湾联络”城市轨道交通网络框架，“十三五”期间重点建设 5 条线路，总长度 192 公里。推动城际轨道互联，开工建设与漳州对接的城际铁路 R3 线，开展与泉州对接的城际铁路 R1 线相关规划研究前期工作，逐步形成“一轴一环”的厦漳泉大都市区之间的城际轨道交通联系。

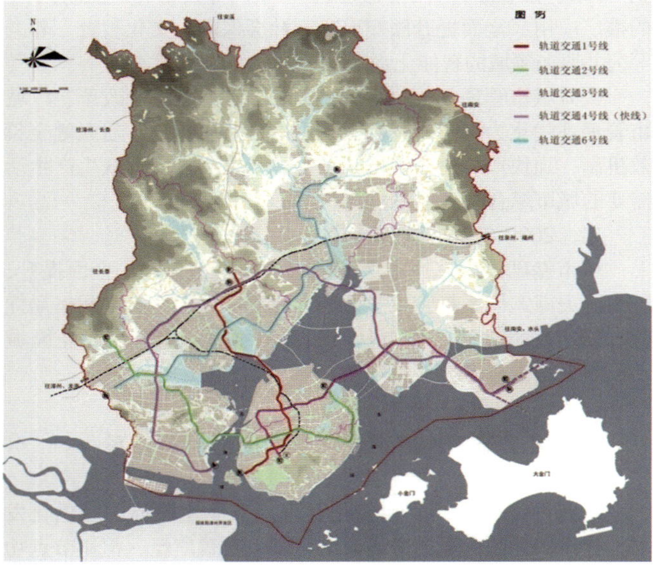

图 8 “十三五”轨道交通布局示意图

三、完善道路运输网络

围绕新城区和新基地，完善“环射线为骨干、纵横相间道路为补充”的全域主干路网体系建设。全力推进第二西通道、翔安机场快速路南段、国道 324 改线、灌新路、集灌路等快速路网在建工程，启动翔安机场快速路北段、第二东通道、跨环东海域通道、厦门环线（同翔大道）、溪东路、机场迎宾大道等新一批项目建设，建设改造高快速路、国省道 220 公里，基本建成海西高速公路网和“环湾放射”城市快速路骨架路网。持续优化农村公路运输网络，改造建设农村公路 200 公里。继续加大交通拥堵路段、路口的改造，重点改善现有路网结构和增强路网的通达性。探索实施交通需求侧管理，不断增强“大交通”运输管理能力。

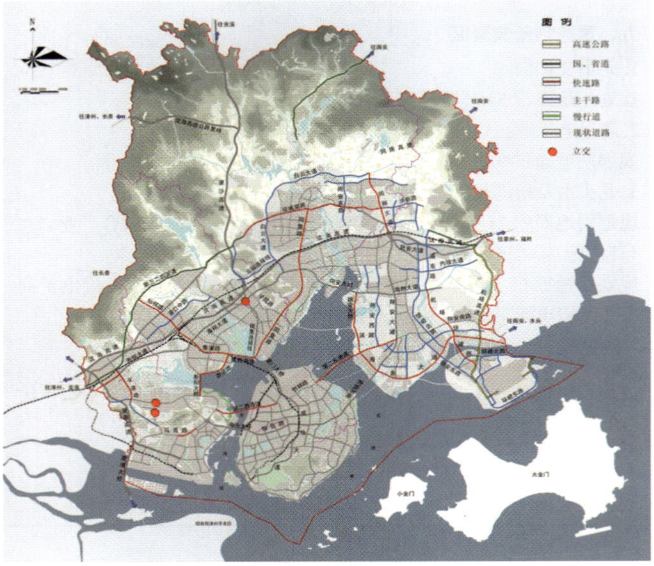

图 9 “十三五”道路建设项目布局示意图

四、提升民航业发展水平

基本建成厦门新机场，完善相应配套设施，形成年旅客吞吐 4500 万人次、货邮吞吐 70 万—80 万吨的航空运输能力，逐步打造具有一定国际影响力的我国东南沿海重要区域枢纽和两岸三通门户机场。保持民航业发展优势，到 2020 年，旅客年吞吐量达到 2900 万人次，力争与“一带一路”沿线国家和地区空中航线达 20 条以上，积极开拓欧洲北美等国际航线。吸引社会资本布局开发相关通用航空和物流等临港产业基地，完善应急救援体系。

五、加强综合运输枢纽建设

统筹通道网络与枢纽节点发展，强化枢纽站点便捷中转，实现客运“零换乘”、货运“无缝衔接”，优化枢纽节点空间布局。重点打造厦门新机场、厦门北站、邮轮城“三大”主枢纽，有序推进海沧、同安、翔安新城和高崎等综合枢纽建设，完善一般枢纽站点服务功能，强力支撑组团交通需求。

六、优先发展城乡公共交通系统

持续优化一体化公交。着力构建以“轨道交通 +BRT”为骨架、以常规公交为网络、以出租车和水上公交为补充的岛内外一体化公共交通系统。优化常规公交线网，增加鼓浪屿与厦门岛、海沧、集美和翔安的水上巴士线路，拓展岛外新城区公交覆盖面，统筹推进城镇公交及城乡客运发展，提高农村客运通达深度、广度和服务质量，符合运营条件的建制村公交车通达率 100%。到 2020 年，城市公共交通机动化出行分担率达 55%，城镇公交点 500 米半径覆盖率接近 100%，万人公交车保有量达 15 标台，营运中高级客车占比达 95%。

图 10 “十三五”重大交通枢纽布局示意图

加强公交设施配套。积极推进公交专用道、“P+R”停车换乘场站、公交场站以及配套的加油加气站、充电桩等建设，基本形成设施完善、功能布局合理的城市公共交通基础设施格局。完善公共自行车系统，吸引各类资金参与公共停车场的建设。至 2020 年，新增 1 万个以上公共停车位，提供 10 万个以上停车位实时信息。

拓展新型公交领域。探索新型出租汽车运营模式，推进行业改革，积极提升“互联网 +”交通的行业发展水平。逐步提高新能源客车比例，加强绿色公交、平安公交建设。

专栏 10：“十三五”综合交通设施重大工程

港航设施。建设刘五店南部港区 1—5 号共 5 个集装箱泊位，与已建的 3 个散杂货泊位形成 8 个泊位，建设海沧港区 22—24 号泊位，建成厦门港主航道扩建四期。加快推进东渡港区 0—4 号泊位改建工程，形成具备同时停靠 3 艘大型豪华邮轮的设施条件。
铁路。福厦高铁（厦门段），厦门北动车运用所及迁建既有客车整备所等。
城市地铁。建成“轨道交通”1、2、3、4 号线，总里程约 147 公里，共设车站 90 座，含 10 座换乘站；开工建设“轨道交通”6 号线，总长约 44.5 公里。
城际铁路。开工建设与漳州对接的城际铁路 R3 线建设，开展与泉州对接的城际铁路 R1 线相关规划研究前期工作。
道路。建设高、快速路和一批主干路网。主要包括第二西通道、第二东通道、跨环东海域通道、翔安机场快速路、厦门环线（同翔大道南段）、国道 324 改线、灌新路、集灌路、海沧疏港通道、滨海东大道、海景路、溪东路、机场迎宾大道等。
机场。新机场航站楼总面积约 89 万平方米，四条跑道，设计年旅客吞吐能力 7000 万人次（至 2045 年）、货邮吞吐能力 160 万吨。其中近期规划建成两条远距跑道，航站楼面积 55 万平方米，年旅客吞吐能力 4500 万人次、货邮吞吐能力 75 万吨。

第三节　提升能源和水资源保障能力

着力推动能源生产、能源消费变革，建设清洁低碳、安全高效的能源保障体系；推动原水利用互联互通，建设适度超前、满足特大型城市需求的水资源保障体系。

一、构筑能源保障体系

优化能源生产结构。大力推进抽水蓄能电站、华厦电力扩能和岛外各区集中供热等项目建设，争取建设 LNG 电厂二期，建成多个分布式燃气热电站，推广脱硫脱硝技术在燃煤电厂生产过程中的应用，减少电力生产对空气造成的污染。出台政策大力支持太阳能利用工程，提高分布式电源与配电网的协调能力。持续推进充电桩等相关配套设施建设。

建设坚强可靠电网。全面建设结构合理、技术先进、灵活可靠、经济高效的现代输配电网络。“十三五”期间扩建 2 座、新建 1 座 500 千伏变电站；新建 10 座、扩建增容 12 座 220 千伏变电站；新建 30 座、扩建增容 13 座 110 千伏变电站，新建及改造 220 千伏线路约 190 公里，新增 110 千伏线路约 434 公里。到 2020 年，500 千伏输电网形成内外两个双环网架，110 千伏以上输变电系统更加安全可靠、高效合理。稳步推进电力体制改革。持续提升电缆覆盖水平，中心城市（区）核心区和岛外电缆建设核心区新建线路电缆化率达到 100%。

加强供气设施建设。保障城市清洁能源安全供应，建成投用西气东输三线及配套门站，形成“印尼气”和“中亚气”双气源供气体系建设。推进天然气供气应急设施建设，完善城市燃气管网。引导在岛外各区新建加油加气站 18 座（含改造 12 座现状加油站）。到 2020 年，规划新增中高压管道 22.5 公里，中压管道 300 公里，总里程达到 2609 公里。

二、增强水资源安全保障

建成水源保障新格局。加快推进莲花水库和长泰枋洋水利枢纽工程建设，加快实施本地水库的清淤扩容增蓄工程，改善水库水质、增加有效供给，推进河库水源连通和九龙江北溪雨洪利用工程，形成适度超前的水资源配置格局，到 2020 年原水供应能力力争达到年均 10.3 亿立方米，比现状增加 40%。

加强水源保护。加强九龙江北溪、石兜水库、汀溪水库和在建莲花水库、长泰枋洋水利枢纽的水源保护，研究制定供水

专栏 11：“十三五”能源水资源重大工程

能源生产。建设抽水蓄能电站，电站装机容量 140 万千瓦，年发电量 23.45 亿千瓦时。争取建设 LNG 电厂二期等。
输变电网。扩建 2 座、新建 1 座 500 千伏变电站。新建 10 座、扩建增容 12 座 220 千伏变电站。新建 30 座、扩建增容 13 座 110 千伏变电站。
燃气工程。新增燃气工程中高压管网规模 322.5 公里，配套建设相关门站、调压站及一套燃气信息化系统。建设加油加气站 18 座。
原水工程。长泰枋洋水利枢纽工程，九龙江北溪雨洪利用工程，汀溪水库群到翔安原水输水工程，厦门市水源连通工程（石兜水库至西山水厂段、莲花水库至西山水厂段、莲花泵站至汀溪四林泵站段、汀溪水库至竹坝水库段、北引扩容到翔安段），曾溪水库改建工程等。

水源水质应急和预警方案，建立水源地预警监控体系工程，提高原水预警能力。

推动海水循环利用。大力推进非常规水资源开发利用，提高应急储备能力，适时启动海水淡化项目一期工程，力争形成年供水 0.5 亿立方米（15 万立方米 / 日）的海水淡化能力。

第四节 提升市政基础设施水平

以提升城市综合承载力为核心，加强城市市政管网建设、电网建设、垃圾污水等处理设施建设，提高城市综合市政设施水平；大力实施海绵城市和地下综合管廊城市试点工程，进一步提升城市品质和宜居度，提高城市运行效率。

一、加强城市供水能力建设

加强制水能力建设。新建同安西山水厂，扩建高殿水厂、海沧水厂、杏林水厂、翔安水厂和舫山水厂，推动莲坂水厂深度处理改造，加快实施自来水厂技术升级改造，保障城市供水。到 2020 年，全市新增制水能力 74 万立方米 / 日，达 242 万立方米 / 日。

完善城乡全覆盖的供水管网。科学规划各区域的联网供水，实现资源共享。加快新建道路供水主次干管的建设和新城区的延伸覆盖，加强同安、翔安等供水管网薄弱区域的管网建设，推进全市老旧供水管网改造，力争在 2018 年底前完成改造任务。进一步完善农村供水工程。全面推广二次供水“建管合一”模式，逐步实现供水终端服务。开展管道直饮水系统应用试点。

二、增强电力配网能力

加强配送电系统建设，扩大电网规模，新建、改造 10 千伏变压器 1423 台，总容量 806 兆瓦，新建、改建 10 千伏线路 658 条，总长 1897 公里。供电可靠率进一步提高，全市户均停电时间缩短至 30 分钟以内，城市中心区缩短至 5 分钟以内。

三、提升污水垃圾处理水平

建立科学合理的污水收集、处理、管理体系。因地制宜，采取集中与分散方式相结合，加强污水处理设施建设，严格控制污水厂排放标准，开展初期雨水治理、雨污分流改造、污泥规范处理处置，推广再生水回用。新增污水处理能力 81 万立方米 / 日（含再生水处理能力 41.44 万立方米 / 日），提标改造总规模 89.05 万立方米 / 日，新建排水管网 1000 公里。实现全市城镇和农村污水收集处理率 95%，所有污水处理出水水质不低于国标一级 A。

大力提高垃圾处理能力。引入国际国内先进经验，提高垃圾资源化、减量化和无害化处理技术水平。完善节能减排、可持续的垃圾综合处理系统，降低可降解有机垃圾的直接填埋量。加大投入改造生活垃圾收运设施、设备，全面推广源头生活垃圾分类收集和运输，积极推广“垃圾不落地”，建立酒店餐饮餐厨垃圾独立收运处理体系。新增 3600 吨 / 日生活垃圾、200 吨 / 日餐厨垃圾无害化处理能力。垃圾无害化处理率达到 100%，大幅提高生活垃圾资源化利用率。

四、推动城市地下综合管廊建设

加大财政支持力度，健全政策制度体系，完善建设运营管理和定价收费的体制机制，稳步推进地下综合管廊，不断提升地下管线集约化建设和运营管理水平，形成可示范、可借鉴、可推广的试点经验。在主要新城实现综合管廊完整体系全覆盖，结合轨道交通建设和老旧城区、道路、管道提升改造，规划建设综合管廊。全面完成集美大道、翔安南部新城、翔安新机场片区地下综合管廊试点建设任务，建成综合管廊约 39 公里，入廊市政管线总长达 85 公里；结合环东海域东部新城、马銮湾新城、两岸金融中心、软件园三期、高科技产业基地和现代服务业基地等的开发建设，同步规划建设地下综合管廊，新建主、支线管廊约 24 公里。采取智能化信息技术手段，同步推进智慧综合管廊建设。

五、加快推进海绵城市建设

统筹发挥自然生态功能和人工干预功能，加快建设海沧、翔安海绵城市试点项目和老旧小区、城市道路改造试点项目。不断完善海绵城市规划建设管理制度及相关技术标准、技术规范，推进海绵型建筑与小区、道路、广场及排水设施的达标建设。推广海绵型公园、绿地建设，加强水体自然形态的保护，保持并逐步恢复河湖水系与海湾水面的自然连通，构建良性水循环系统。建设强降水精细化预报及城市内涝监测预警系统工程。力争到 2020 年，中心城区能有效应对不低于 50 年一遇的暴雨。

专栏 12：“十三五”市政基础设施重大工程

制水工程。新建西山水厂，扩建高殿水厂、海沧水厂、杏林水厂、翔安水厂和舫山水厂，莲坂水厂深度处理改造。

供水管网工程。新建集美、海沧水厂扩建配套供水管网，新建同安、翔安供水薄弱区供水管网。厦门岛地铁一号线沿线、海沧、同安、集美片区老旧管网改造。

电力配网工程。新建、改造 10 千伏变压器 1423 台，总容量 806 兆瓦，新建、改建 10 千伏线路 658 条，总长 1897 公里。

污水工程。前埔污水处理厂三期、海沧污水处理厂改造、杏林污水处理厂扩建、集美污水处理厂三期、同安污水处理厂三期、澳头污水处理厂扩建、航空港物流园区污水处理厂、马銮再生水厂、翔安污水处理厂二期、西炉再生水厂、筼筜、前埔、杏林、集美、同安、翔安、澳头等污水处理厂提标改造。

环卫设施。东部垃圾焚烧发电厂二期、西部垃圾焚烧发电厂二期、东部固体废弃物处理中心填埋场二期、生活垃圾资源再生示范厂二期、餐厨垃圾处理厂二期、后坑垃圾压缩转运站升级改造、集美垃圾转运站、城市粪便处理厂、海沧青礁环卫码头、翔安刘五店环卫码头。

地下综合管廊工程。马銮湾片区、翔安新机场片区、翔安南部新城、环东海域美山路、软件园三期综合管廊工程。

海绵城市试点工程。马銮湾片区海绵城市试点建设、翔安新城片区海绵城市相关项目。

第五节 构建城市公共安全体系

牢固树立安全发展观念，坚持人民利益至上，加强全民安全意识教育，健全公共安全体系，全力维护社会安全稳定，确保群众安居乐业、社会安定有序、城市安全发展。

一、提升安全生产水平

牢固树立安全发展观，健全党政同责、一岗双责、企业主责的安全生产责任和管理制度，严格落实各级政府及部门安全生产监管责任和企业主体责任。深化安全生产领域改革，把安全文化教育纳入国民教育和精神文明建设体系，构建舆论引导、教培支撑、社会参与的宣传教育工作体系。坚持“零隐患准入”，强化安全生产源头管理，建设分类监管、覆盖全市、动态管理的安全隐患排查治理体系。建立健全政企联动、科学高效、保障有力的安全生产应急救援体系，完善法制支撑、专项投入、责任保险的安全生产保障体系。加强安全生产社会治理能力、基础能力现代化建设，积极应用信息化手段，提高事故防控能力。推动高风险危化品生产、储存企业搬迁、转产或关闭。到2020年安全生产整体水平显著提升。

二、增强防灾减灾救灾能力

实施一批防灾重大工程，全面增强抵御气象、水文、地震、地质、海洋等自然灾害的综合防范能力。强化灾害监测预警体系建设，完善信息发布网络系统，提高预警信息公众覆盖率。加快市、区级应急救灾储备库建设，建立完善的救灾物资采购供应网络，优化救灾物资采购储备制度，加强粮食安全保障。广泛开展防灾减灾宣传教育，创建50个全国综合减灾示范社区（村），公众防灾减灾知识普及率明显提高，中小学灾害教育普及率100%。“十三五”自然灾害造成的年均死亡人数比“十二五”期间明显下降，年均因灾直接经济损失占地区生产总值比控制在1.5%以内。

三、完善应急保障体系

加强应急专业队伍建设。按照“精干实备、反应快速”的要求，结合基于民兵管理体制，提升医疗卫生、工程抢修、装备维修、物资油料、水、电、气等专业队伍的保障能力。

完善应急物资储备制度。建立和完善应急物资采购供应网络，以应急需求为引领，加快应急救灾储备库建设，确保应急帐篷、编织袋、多功能照明灯、救生衣、快餐热食等应急物资的保障需求。

四、完善公共安全监管体系

建立健全公共交通安全防范体系，加强机场、轨道交通、轮渡、BRT、普通公交等公共交通安全防范，加大安防技术设施投入，有序推进民生安防提升工程，构建“党政领导、行业主导、企业实施、公安监管”工作格局。加强危爆物品源头控制、定点销售、流向管控、实名登记等全程监管，落实寄递、物流企业收寄验视、实名寄递、联网监控、可疑情况报告等制度，加强大型群众性活动安全管理。加强智能交通建设，逐年增加岛外交通基础设施投入，严防发生重特大交通事故，创造更加安全有序的交通出行环境。构筑社会消防安全“防火墙”，推行重点单位户籍化和消防安全网格化管理。加强公共安全视频监控系统建设、联网和应用。

五、健全食品药品安全长效监管体系

建立健全覆盖“从农田到餐桌”全过程的食品安全监管制度，强化食品源头控制，推进农产品标准化生产，建立统一高效的食品安全追溯机制。探索推进并建立全市食品安全责任保险制度，完善食品安全事前事后管理链条。积极推动药品全品种电子赋码工作，加大对制售假冒伪劣和有毒有害食品违法犯罪活动的打击力度。组建市食品药品检验检测中心，推进“海峡两岸农产品检验检疫技术厦门中心”建设。

专栏13：“十三五”城市公共安全重大工程

安全生产基础能力提升工程。提升安全生产监管监察能力，强化技术支撑体系，完善安全生产应急管理组织体系，提升监管信息化水平。

防洪（潮）排涝工程。重点海堤高于国家规定的防潮标准。防潮标准为100年一遇；城市防洪标准为50年一遇、重点镇（街）防洪标准为20年一遇；城市内涝防治标准为有效应对不低于50年一遇暴雨、重点镇（街）排涝标准大道10年一遇。建设杏林湾排涝泵站，确保园博苑以及杏林湾周边区域防洪安全。

防震减灾能力提升工程。新建、扩建、改建工程设施100%达到法定抗震设防要求，学校、医院等人员密集场所高于当地房屋建筑抗震设防要求，完善地震监测和地震预警系统。

地质灾害防治工程。基本建成基层地质灾害应急体系，重大地质灾害隐患点得到及时治理或搬迁，建设地质灾害气象预警预报平台。

消防应急反应能力提升工程。强化市民消防技能培训，提升全民消防自救能力，强化海上消防演练和消防物资储备，加强消防基础设施和综合应急救援队伍建设。

灾害监测预警体系建设工程。提高气象与洪水预警预报水平，扩大突发气象灾害预警信息公众覆盖率，优化地震前兆观测台网，提高地震预测能力。

救灾抗灾能力提升工程。多灾易灾乡镇和城乡社区普遍建立避难所，区、街（镇）、居（村）分别达到100%、95%、50%；增强食物、饮用水、衣物、医疗卫生救灾物资储备。

社会治安防控工程。完善基层治安防控站所、网点建设，加强重点区域、重点行业、重点环节的安全防控，实现视频监控建设集约化、规范化、智能化和全覆盖。

公共安全信息资源整合工程。整合社保、房管、工商、教育、医疗、交通、广电、金融、民政、铁路、民航、气象、供水供电供气、邮政寄递等社会数据，建立全市数据信息共享平台。

食品药品安全追溯工程。药品全品种电子赋码，推进农产品标准化生产，提升食品药品检验检测能力。

第六节 建设智慧城市

综合运用移动互联网、云计算、大数据、物联网等新一代信息技术提升城市治理、社会管理和公共服务水平，打造融合高效、兴业惠民、便利均等的生活环境，增强人民幸福感。

一、加强信息基础设施建设

加速新一代移动通信网络的全覆盖，加快电信光纤宽带网络等信息通信基础设施建设，提升骨干网络容量和网间互通能力，推进电信基础设施共建共享。综合利用有线、无线技术推动电信网、广播电视网和互联网融合发展，建成高速便捷、智能融合、安全可靠的信息基础设施。加快推进下一代互联网部署，推进网络设备的升级改造，实现下一代互联网的规模化应用。

二、提升民生服务智能化水平

发挥信息化对保障和改善民生的支撑性和带动性作用，实现信息化与民生领域应用的深度融合，推动社会保障、医疗卫生、教育、养老服务、就业服务、公共安全、食品药品安全、社区服务、家庭服务等民生领域的信息化建设。通过信息化手段优化教育、医疗、社保等基本公共服务的均等化、普惠化，不断创新养老、就业等公共服务模式的多元化。

三、加快推进政务服务信息化

建设集约高效的服务型政府，深化政府信息化建设，优化行政审批流程，提升政府工作效率。建立跨部门、跨行业、跨区域的政务信息共享和业务协同平台，推进市区两级城市综合运行管理服务平台建设，整合各部门公共服务和社会管理事项，实现公共服务事项和社会管理服务的全人群覆盖、全天候受理和“一站式”办理。促进政府数据对社会的开放共享和创新应用，引导带动社会增值应用，促进信息服务业发展。

四、构建精细化城市管理体系

发展智能交通，挖掘分析交通大数据，实现综合交通监测预警、交通诱导、指挥控制、调度管理和应急处理的智能化。发展智能电网，支持分布式能源的接入，推进居民和企业用电的智能化管理。发展智能水务，构建覆盖供水全过程、保障供水质量安全的智能排水和污水处理系统。建设智能管网，实现城市地下空间、地下管网的信息化管理和实时运行监控。发展智能气象，建设公众参与、私人定制、基于移动互联网的公共气象服务平台。发展智能建筑，实现建筑设施、设备、节能、安全的智能管控。构建测绘地理信息云，建设统一的地理空间“一张图”。

五、强化网络信息安全管理

保障基础信息网络和涉及国计民生的重要信息系统安全可靠，强化信息资源和个人信息保护。提高网络安全风险抵御和应急能力，提升信息基础设施的支撑承载能力。建立网络信息安全责任制，实行企业级和政府级两级应急保障机制，明确网络信息安全责任，建立责任追究机制。

专栏 14：“十三五”智慧城市重大工程

智慧城市基础设施工程。推进公共宽带网络、无线通信 LTE 站及 WIFI 热点、下一代移动通信网络（TD-LTE）、下一代广播电视网络（NGB）建设；加快基于 IPv6 的下一代互联网在政府、学校、企事业单位及商业网站系统的应用。

智慧城市信息惠民工程。推进远程医疗会诊平台、市民健康信息系统、教育资源共享平台、公共图书馆服务平台、“12349”养老服务平台、智慧社保等公共服务平台建设，搭建智慧社区服务平台，推进社区电子商城建设应用及智慧家庭示范试点，

智慧城市政务集约工程。优化行政网上审批服务系统，制定标准化、规范化的公共服务流程。推进“多规合一”平台建设和功能拓展，不断完善城市地理空间信息平台建设，构建跨部门的信息共享和业务协同平台。提升“i 厦门”一站式公共服务信息平台功能，实现各类公共服务的一站式受理。

智慧城市社会治理工程。继续推进社区网格化管理信息平台建设，建设公共安全视频图像资源云平台，智能交通信息服务平台、电梯公共安全物联平台、公安警务云中心、网络安全综合应用工程，以及水、电、城市管网等公共基础设施智能化平台。打造厦门信用网，推进信用信息综合开发利用。

第七节　创新城市管理

全面提升城市管理水平，加快推进执法体制改革，改进城市管理工作，构建权责明晰、服务为先、管理优化、执法规范、安全有序的城市管理体制。

一、创新城市综合管理体制

坚持以人为本、源头治理、权责一致、协调创新的原则，推进城市管理领域大部门制改革，进一步明晰权责，明确市、区、街（镇）、居（村）和市直相关职能部门城市综合管理职责，下移执法重心和执法力量，提升基层执法能力和水平。

二、完善城市管理长效机制

推进城市综合管理特区立法，形成有力的政策法规保障，建立城市管理与行政执法工作相应的公安保障机制，完善城市管理考评机制，拓宽全民参与城市管理渠道，创新参与形式，全面落实“共同缔造”模式。

三、提升城市综合管理现代化水平

完成城市管理数字化服务和监管平台建设，强化数字化城市综合管理指挥功能，全面实施网格化管理，加快建设一支依法、规范、文明、过硬的执法队伍，提升城市管理与行政执法的智能化、精细化水平。

第六章　共享温馨包容幸福生活

坚持以人为本的理念，在优化人口政策基础上，按照覆盖全体市民、覆盖市民全生命周期、覆盖公共服务全领域的目标，统筹兼顾、尽力而为、量力而行，切实加大投入，不断提高基本公共服务水平；充分发挥市场和社会的作用，丰富公共服务内涵，提高供给效率。建立与经济发展水平相适应，体系完整、岛内外均衡、全国领先的公共服务体系。

第一节　明确社会发展目标

一、“十三五”发展目标

合理控制人口规模，实现人口素质提升、人口结构优化和合理人口布局，2020 年常住人口控制在 450 万以内。实施就业优先战略和更加积极的就业政策，更好地发挥市场在促进就业中的作用，实现新增城镇就业人数 80 万人，城镇登记失业率控制在 4% 以内，累计本市农村富余劳动力实现转移就业力争达到 4 万人；城市与农村居民年人均可支配收入差距进一步缩小，居民年人均可支配收入达到 6 万元。

率先建成全国教育现代化先进城市，公办教育和民办教育协调互补发展，累计新增 10 万个义务教育学位，3 万个幼儿园学位，累计学前三年毛入园率 98% 以上，义务教育巩固率 99.9% 以上，高中阶段教育毛入学率 99.9% 以上。

打造医疗资源合理配置、医疗服务层次分明、医疗机构运行高效、医疗技术水平提升的医药卫生新格局，到 2020 年，全市千人医疗床位数达到 6 张，民办医疗机构床位数占总量的 30% 左右。

建立多层次养老服务体系，养老服务产业健康发展，到 2020 年，实现全市每千名户籍老年人养老床位数达 40 张，全市医养护结合机构占全部养老机构比例达 50%。

保持保障性住房保障体系全国领先，全市规划建设保障性住房 20000 套，新建及购买棚改安置房 20000 套。

促进社会保障覆盖面和覆盖水平与经济增长协调发展，社会福利实现由补缺型向适度普惠型的转变。到 2020 年，基本养老保险参保人数 254 万人，基本医疗保险参保人数 353 万人，工伤保险参保人数 197 万人。

建立完善的公共体育服务体系，人均体育场地面积 2.1 平方米，经常参加体育锻炼的人数（体育人口）达到 50%。

初步实现社会治理能力现代化，到 2020 年，实现城乡社区综合服务设施全覆盖，全市志愿者注册率不低于 80%。

二、2030 年发展愿景

形成全覆盖、全领域、高水平、均等化、可持续、旨在创造人的发展机会、提高人的发展能力、激发人的发展活力和创造力，促进人的全面发展的基本公共服务体系，动员社会力量共同参与公共服务的供给，经济社会发展改革成果惠及全体人民，人民生活水平全面提高，人的各种发展能力极大提升，社会发展水平全国领先，基本达到发达国家保障水平，建成学有优教、劳有多得、病有良医、老有善养、住有宜居的人民安居乐业的美丽城市。

第二节　促进人口均衡发展

坚持计划生育基本国策，逐步完善人口管理政策，保障老年人、妇女、未成年人和残疾人的合法权益，促进人口均衡发展。

一、促进人口发展

按照 2020 年常住人口 450 万以内的控制目标，实行宽严并举的户籍管理政策，通过制定紧缺急需的专业目录和实行积分入户管理办法等鼓励措施，实行岛内外差别化的入户政策，推动人口事业与我市优势产业和城市空间规划协调发展，实现控制人口规模、提高人口素质、优化人口结构、合理人口布局的人口发展目标。

二、优化人口政策

加强计生综合管理服务。贯彻计划生育政策，稳妥实施全面两孩政策，加强人口形势分析与研判。严厉打击“两非”活动，综合治理性别比失衡问题。推进生育服务证改革，简化再生育审批程序。

完善基本养老服务体系。积极应对人口老龄化问题，充分发挥公办养老机构的托底作用，完善居家养老服务网络、社区日间照料中心、农村幸福院等基层养老设施建设，逐步扩大老年人优待政策范围，提高老年人集中供养水平。积极推动养老服务社会化，推进医养融合，打造智慧养老服务体系。

促进妇女和未成年人全面发展。贯彻男女平等基本国策，保障妇女和未成年人生存、发展、受保护、受教育和参与的权利，提升妇女和未成年人福利水平，提高妇女和未成年人整体素质。

完善残疾人公共服务。加强精神专科医院康复医学科室及社区康复服务网络建设；建立新生儿基本病种免费筛查、监测和残疾信息报告制度；提升重度残疾人康复、托养服务和居家安养服务水平，推动建设残疾人工疗机构；完善无障碍设施建设；保障残疾人享受就业、教育等基本公共服务权利。

第三节　推动更高质量的就业和收入

实施更加积极的就业政策，推动以创业带动就业，拓展城乡居民增收渠道，健全政府、企业、居民收入协调增长机制，推进城乡居民收入稳定增长，形成合理有序的收入分配格局。加大对低收入人群就业和增收的帮扶力度。

一、健全就业创业服务体系

实施就业优先战略。健全促进就业服务政策体系和信息服务保障体系。着力解决高校毕业生、失业人员、退役士兵及随军家属、被征地农民、海域退养渔民等重点群体就业，帮助外来人员实现就业再就业。加大就业援助力度，开发城市公共管理和社区服务岗位，帮助就业困难人员实现就业。扶持自主创业，改善创业政策环境，鼓励创业带动就业。

创新农村富余劳动力转移机制。突出外部帮扶与自主就业、转产与就业、自主创业与带动就业有机结合，促进农村富余劳动力就地就近转移就业。实施农民工职业技能提升计划，完善职业培训体系。将被征地农民、海域退养渔民纳入就业困难人员认定范围，享受再就业优惠政策。完善城乡一体化的公共就业服务信息系统，在被征地农民和海域退养渔民密集区域建设基地带动就业，扩大就业渠道。“十三五”期间累计转移农村富余劳动力 4 万人。

多渠道促进高校毕业生就业。以信息技术为支撑，建立毕业生就业网络服务体系。做好各类高校毕业生人才供需见面会、招聘会等招聘活动。强化高校毕业生职业见习和技能培训，紧贴我市重大建设项目人才需求开展订单式培训。着力做好“双困”毕业生和残疾人高校毕业生的就业帮扶。实施大学生创业引领计划，推进大学生创业孵化基地建设。

深化人力资源配置改革。加强重点人才引进，建设立足厦门、服务海西、连接两岸的区域性人力资源市场，实现区域内人力资源无障碍流动。探索制定人才工作为产业转型发展和创新驱动发展服务的政策措施。建立完善技工教育和职业培训体系，推进市级共享实训基地建设，建立健全面向城乡全体劳动者的职业培训制度，实施高技能人才培养工程。发挥行业协会、商会作用，建立用工调剂互助机制。

二、着力增加城乡居民收入

健全政府、企业、居民收入协调增长机制。全面推行企业工资集体协商制度，扩大集体合同制度和集体协商制度覆盖面，引导企业和职工平等协商工资。健全工资支付保障机制。适时提高最低工资标准，合理确定调增幅度。

建立收入分配调节机制。努力实现居民收入增长和经济发展同步、劳动报酬增长和劳动生产率提高同步，提高居民收入在国民收入分配中的比重，提高劳动报酬在初次分配中的比重。着重保护劳动所得，促使生产一线职工工资增长幅度适当高于职工平均工资增长幅度。努力缩小不同行业、不同所有制之间的工资水平差距。

推进机关事业单位工资改革。落实国家调整机关事业单位工作人员基本工资标准相关政策；实施国家出台的地区附加津贴制度；按照国家统一部署，进一步完善事业单位绩效工资制度。

拓展城乡居民增收渠道。通过健全工资正常增长机制，稳定工资性收入；通过壮大股份合作经济，增加财产性收入；通过优化创业服务，增加经营性收入；通过托底解困，增加转移性收入。推进农村集体经营性建设用地和农用地使用权有序流转，改革完善农村宅基地制度，完善农民共享土地增值收益机制，落实人均15平方米集体预留用地政策。创新农业产业化经营机制，推广农民专业合作社、家庭农场、“公司＋基地＋农户”等经营模式，支持在生态林区因地制宜发展林下经济和生态旅游，拓宽增收渠道。

加大低收入人群帮扶力度。加大城镇低收入人群培训工程实施力度，持续开展实用技术和职业技能培训，引导参与企业生产经营活动，增收脱贫。加大支持力度，推进精准扶贫精准脱贫，引导农村低收入人群因地制宜发展精致型、集约型特色优势农业和乡村旅游，用好本地资源，发展特色产业脱贫。

第四节　实现教育增量提质

坚持教育优先发展，加快完善现代教育体系，全面提高教育质量，促进基础教育公平、优质、多样化发展，职业教育和高等教育与地方经济紧密融合。

一、促进基础教育协调发展

全面普及学前教育。逐年提高学前教育经费，完善居住区配套幼儿园的建设使用机制，“十三五”期间新增100所公办幼儿园、3万个学位，保障每两万人口不少于1所公办幼儿园。加大对岛外农村幼儿园改善条件、提高水平的政策倾斜力度；鼓励社会资本建设普惠性幼儿园，提高民办幼儿园保教水平。

推进义务教育均衡发展。实行公办学校标准化建设，严格执行并不断完善义务教育阶段划片招生；加强精细化管理，落实市区统筹配置教育教学设施设备，促进义务教育学校教师资源均衡配置。完善进城务工人员随迁子女接受义务教育的政策体系。举办优质名校岛外实质校区。“十三五”期间新建、改扩建100个中小学项目，新增10万个学位。

支持普通高中特色办学。培育一批在德育、科技、艺术、体育、课程改革、校园文化等方面各具特色的高中，大力创建省级示范高中校；加强与高等院校、科研院所、高新企业、国外优质高中等合作，借助校外优质资源联合培养优秀学生和青少年科技创新人才。

完善特殊教育体系。推动特殊教育向两头延伸工作。健全残疾儿童接受义务教育保障机制和家庭经济困难学生的资助体系。探索引导特教学校与康复机构合作，构建特殊教育终身服务体系。积极发展残疾儿童学前康复教育，推进重度残疾儿童“送教上门”工作。落实特教学校工作和生均经费、教师编制、津贴等。

提升教育国际化水平。到2020年，全市形成至少3所外籍人员子女学校、1所中外合作学校、4所国际化民办学校的“314”国际化教育格局。提升现有2所外籍人员子女学校办学水平，积极引进境内外专业教育机构新办1所外籍人员子女学校（含台生班），多种形式举办国际化民办学校。

二、促进职业教育产教融合

分类推进职业教育协调发展。强化中等职业教育基础地位，提升中职学校实训能力，到2020年，建成4所国家中等职业教育改革与发展示范校。在同安、翔安各新建1所中职学校，新增1万个中职学位。着力发展现代高等职业教育，支持厦门城市职业学院，建成高水平现代高等职业院校；落实对民办高职院校服务地方经济的奖励政策，支持厦门南洋职业学院申报设置普通本科民办高校。

提高职业教育服务地方经济能力。加强职业学校布局规划和学科统筹，形成与区域产业相适应的职业校院布局。完善专业动态调整机制，推进职业院校专业群对接产业群。进一步完善“校企合作服务中心”运作机制，鼓励企业和中高职院校共建校内外实训基地。争取到2020年，全市职业院校毕业生留厦就业率达到60%以上。

三、促进高校协调发展

提升省部属院校服务地方能力。支持高校基础研究、平台基地和大学科技园建设，深化在厦省部属院校与我市在人才培养、创新研究、产业化应用等领域的共建合作，在重点领域推进落实与国内外高水平大学的战略合作。支持厦门大学全面推进“双一流”大学建设；推动华侨大学、集美大学国内综合排名地位上升。

促进市属高校转型发展。推动厦门理工学院转型应用技术型大学，扶持厦门医高专（医学院）、华厦学院、厦门工学院成为省级示范性应用型本科院校。鼓励市属高校坚持实践和就业导向，灵活设置学科专业，紧密融入我市经济社会事业发展。

四、促进教育改革

推进教育发展体制改革。完善鼓励社会办学的政策体系，引导建立种类丰富、层次多元、开放有序的教育产品供应市场。探索学前教育集团化办学模式，积极引进国内知名的教育机构独立或合作举办高水平民办学校，支持公办职业院校采取多种形式与企业和其它社会组织合作办学，鼓励民办高校特色创新学科专业建设，引进国外知名大学来厦筹建中外合作大学。

深化基础教育课程改革。开展以游戏为基本内容的学前教育课程改革，积极稳妥地推进婴幼儿早期教育服务。坚持提质减负，完善中小学学生综合素质评价制度。推进青少年校外综合实践基地建设。创新形成国家课程、地方课程、校本课程有机统一的基础教育课程体系。推进普通高中走班制、学分制、导师制等教学管理制度改革，鼓励普通教育与职业教育互相渗透。

推进职业教育教学改革。加快推行现代学徒制，形成学校和企业联合招生、资源共享、联合培养的协同育人的长效机制，全面实行学历证书和职业资格证书“双证书”制度。

建立现代大学制度。鼓励在厦高校完善内部治理结构，深化人才培养、人事制度、行政管理等一系列改革，建立自主发展、自我约束、自我规范的内部管理和监督机制，推进学校治理体系和治理能力现代化。

五、提升教育信息化水平

建设教育管理公共服务平台。建设覆盖全市各级教育行政部门和各级各类学校的教育基础数据库，建立全面安全高效的教育管理信息系统和教育管理服务平台。

推动智慧校园建设。促进技术与教育的深度融合，以云计算、普适计算和物联网等新一代信息技术为基础，对校园基础设施、教学内容、教育活动、教育信息等进行以人为本的数字化改造，实现有利于师生全面发展的信息化成长环境。

推进优质教育资源建设与应用。以深化教育应用、促进教学改革为目标，建设符合中小学课程标准的微视频课程和配套题库、课件、工具等资源，探索资源评价标准和管理办法，打造全市共建共享的教育资源平台。

第五节 大力提高医疗卫生水平

深化医药卫生体制改革，努力形成医疗资源合理配置、医疗服务层次分明、医疗机构运行高效、医疗技术水平提升的医药卫生新格局。

一、合理配置医疗资源

构建以三级甲等综合性医院为龙头，其它医院为骨干，基层医疗卫生机构为基础的权责明晰、科学合理分级诊疗体系。

坚持公立医疗机构为主导、非公立医疗机构共同发展。科学制定、合理调整区域医疗卫生规划和医疗机构设置规划。

着力提升岛外，新建医疗机构重点向岛外新城区布局。加强中医、中西医结合、传染病、老年护理、康复、医养结合等临床重点专科和专科医疗机构建设，进一步提升临床重点专科服务能力。

控制公立医院数量和规模。每千常住人口医疗机构床位数达到4张以后，原则上不再扩大公立医院规模，床位使用率在80%以下的公立医院不再进行扩建，严禁公立医院举债建设和举债购置大型医用设备。

全面完善基层医疗卫生服务网络。明确基层医疗卫生机构布局标准，实现基层医疗卫生服务机构的标准化建设和规范化运营，完善绩效工资和绩效考核制度。加强基层医疗卫生机构人才队伍建设，实行名医下基层，创新三级医院医生到基层医疗卫生机构坐诊等方面的激励机制，加强基层全科人才的培养引进，完善住院医师、全科医生规范化培训制度。大力推行家庭医生基层签约服务。

二、建立现代医院管理制度

实行差别化的财政投入政策。明确政府办医责任。以“公益性”为目标，进一步研究优化政府对公立医院的补偿投入机制。理顺优化市区财政对公立医院的投资和管理机制。加大财政对基层医疗倾斜力度。加强对基层医疗卫生机构设施配备的投入，提高基层医疗机构硬件水平。

实行差别化的医疗价格政策。建立常态化的医疗服务价格调整机制，体现“重技术、重劳动、轻设备”的引导方向，合理疏导价格矛盾。以技术难易度、风险差异度为基准拉开不同层次、不同等级医院之间医疗服务项目价格差异。改革医药价格定价机制，赋予医院一定的定价权限。

控制医药费用不合理增长。加快推动药品、医疗设备和医用耗材集中采购改革，加强医疗费用行政监管，完善考核指标体系，加强医院内部控费制度建设。规范医生医疗服务行为检查管理。严格控制公立医院特需医疗服务供给。建立现代医院法人治理结构。公立医院管理委员会实行对公立医院重大事项的决策和监督。探索公立医院管理体制创新。完善院长选拔任用制度。强化医院内部管理，加强医院成本核算。加强对医院经济运行和财务活动的监督。在经批准的三级公立医院实行总会计师制度。建立体现医技人员技术劳务价值的薪酬制度。完善公立医院内部收入分配办法，重点向临床一线、关键岗位、业务骨干和做出贡献的人员倾斜。建立与公立医院功能定位相适应的绩效考评体系。创新便民惠民服务措施，优化服务流程，提升医院精细化管理服务水平，切实改善群众就医体验。

三、力促社会资本办医形成厦门特色

进一步明确社会资本办医功能定位。引导社会资本办医多元化发展，与公立医院实现优势互补。加快形成以非营利性医疗机构为主体、营利性医疗机构为补充的社会办医体系。支持非营利性医疗机构提供基本医疗卫生服务，引导营利性医疗机构高端化、多样化和差别化发展，鼓励社会资本投资举办中医、肿瘤、护理院、康复、老年病等专科医疗机构及独立的医学检查检验机构，参与公立医院非基本医疗项目合作及举办基层医疗机构，通过政府购买服务等方式鼓励社会举办的医疗机构承担基层医疗卫生服务。

将社会资本办医纳入规划范围。为社会资本办医留出足够空间，新增医疗资源留给社会资本办医，明确社会资本办医的重点领域。在编制区域医疗卫生规划和调整医疗机构设置规划中，优先满足非营利性医疗机构的需求。规划建设医疗园区，发挥集聚效应，促进我市健康医疗产业发展。

加大引资办医力度。对社会资本举办高等级医院、新增床位、获得资质认证等给予补助、奖励或贷款贴息支持。优先支持台、港、澳资本或服务提供者到我市设立合资合作和独资医疗机构，鼓励台、港、澳医师到我市执业或短期行医，鼓励在台取得正规学历并符合有关条件的台湾地区居民参加大陆医师资格考试，鼓励符合条件的台湾地区医师获得大陆医师资格认定。试点台湾医师在自贸试验区内开设门诊部或诊所。探讨公建民营、PPP等多种社会办医模式创新，重点推进翔安医疗园区、集美新城医院和中山医院湖里分院旧址等招商工作。加快推进弘爱医院、龙邦妇产医院、新开元医院等重大社会办医项目建设，形成良好的示范效应。

改善社会资本办医执业环境。对法律法规没有明文禁止的医疗卫生服务领域，都向社会资本开放。完善社会资本办医在用电、用水、用气上执行与公立医疗机构相同的价格政策。非公立医疗机构在职称评审、等级评审、技术准入、科研立项等方面，与公立医疗机构享受同等待遇。

四、多措并举力促医疗技术水平提升

开展战略性市校合作。引入知名医学高校等优质医疗资源。办好与复旦大学合作的“复旦中山厦门医院”、“复旦大学附属儿童医院”；加快厦门大学直属附属翔安医院建设，力促厦门大学医学院水平提升。

推进医学重点学科建设。重点加大财政对国家级、省级临床重点专科建设扶持力度，扶持部分条件成熟的市医学中心和重点专科向专科医院发展，推动市心血管病医院新址建设。

加大高层次医疗人才引进力度。继续实施“海纳百川”人才计划，健全“双主任制”和“医学院士指导中心”；进一步完善高层次卫生人才评价选拔机制；加强对学术带头人后备人选和高级管理人才后备人选的培养；加强与台、港、澳地区的医学交流与合作。

五、以健康医疗云建设为重点推动卫生信息资源充分共享

推进健康信息资源整合。实现医疗服务、公共卫生、计划生育、医疗保障、药品供应保障、社区网格化信息和综合管理信息系统互联互通。推进民营医疗机构接入居民健康信息系统。全面开放居民健康档案查询服务功能，推进保险客户健康信息查询平台与市民健康信息系统深入对接，实现确诊即赔或出院即赔。

完善厦门市健康医疗云平台。新建医院及中小型医院信息系统一律迁移至云平台，同时逐步实现各大型医疗机构信息接入。以电子病历系统为核心提升医院管理水平，开展远程医疗系统建设，建立基于分级诊疗的区域协同服务平台。推进预缴金通用共享，建立区域医学影像中心、心电诊断中心。全面开放居民健康档案查询服务功能，推进保险客户健康信息平台与市民健康信息系统深入对接，提升便民服务水平。

六、推进医养融合发展

推进机构医养融合。继续推进符合条件的养老服务机构设置医务室或门诊部，条件具备的可申请设立医院。到 2020 年力争全市 50% 的养老机构实现医养融合。

创新社区医养融合。推进医养服务社区化。推行社区医疗卫生服务机构全科医生为老年人提供签约服务。支持社区卫生服务机构为符合条件的居家老年人建立家庭病床，提高医护服务水平。

七、提高基本公共卫生服务均等化水平

进一步提高人均基本公共卫生服务经费标准。加强疾病预防控制、卫生监督、妇幼保健、精神卫生、监管医院（或在公立医院设立监管病区），采供血及院前急救等专业公共卫生服务机构建设。增加市区两级政府对重大公共卫生项目的投入和考核，健全公共卫生服务绩效考核办法，完善第三方考核机制，强化区级政府在配合开展建立健康档案等公共卫生服务、家庭医生签约服务等方面的责任。

第六节　完善住房保障体系

继续健全完善住房保障体系建设，完善购租并举的住房制度，着力解决城市中低收入家庭住房困难问题，明显改善棚户区居民住房条件和生活环境。

一、加快保障性住房建设

根据“各区均衡分布、配套相对齐全、交通出行便利、拆迁难度较小”的原则，按绿色建筑标准，规划建设新阳居住区一期、华铃三期、同安城北二期、黎安居住区、九溪小区、洋唐三期、新阳居住区二期等保障性住房，同步配套建设公共服务设施和市政基础设施。多渠道筹集保障性住房房源，积极探索消化市场存量住宅用于保障性房屋的体制机制创新模式。创新投融资模式，积极开展 PPP 试点，采取投资补助、贴息等方式，吸引社会资金参与保障性住房建设。

二、加大棚户区改造力度

结合片区开发和重大项目建设，加快棚户区、城中村和思明区直管公房改造。充分利用国开行棚改专项资金，采用统贷统还、政府购买服务、PPP 试点等模式，按照“政策引导、规划先行、成片改造、分布实施”原则，加快老城区危旧房密集片区综合治理，及时消除房屋安全隐患。岛内重点推进两岸金融中心片区、五缘湾片区等城中村成片改造，岛外重点推进集美新城、同安新城、翔安南部新城、马銮湾新城、环东海域东部新城等片区城中村改造，逐步改善城中村生活环境。

三、科学管理商品房开发

按照“供需总量基本平衡、结构基本合理、房价基本平稳”的目标，通过政府引导和市场运作相结合的方式，进一步加大一般商品房规划建设规模，推行商品房开发中配建保障性住房试点，根据市场需求合理安排房源分布和结构，完善周边公建配套。

第七节　建立公平可持续的社会保障体系

突出抓好底线民生、基本民生，稳步提高社会保障统筹层次和水平，建立健全更加公平可持续的社会保障和救助制度。

一、健全覆盖城乡、水平均等的社会保障体系

基本公共安全保险。通过政府购买、市场运作、社会参与的方式，以全市常住人口为基数，建立完善我市职工、居民、外来务工人员公共安全保险制度。

养老保险。完善职工、居民基本养老保险制度。做好我市机关事业单位养老保险改革工作。扩大基本养老保险覆盖面，实现“应保尽保”。完善养老保险待遇正常调整机制，稳步提高各类人员养老保险待遇。积极推进职业年金和企业年金发展，形成基本养老保险、职业年金（企业年金）、商业养老保险有机结合的多层次养老保险体系。

医疗保险。扩大基本医疗保险覆盖面，完善城镇职工基本医疗保险政策，逐步提高城乡居民基本医疗保险筹资标准和待遇。深化医保付费方式改革，完善补充医疗保险制度，鼓励发展商业健康保险，鼓励商业保险机构参与医保经办。

工伤保险。扩大工伤保险覆盖范围，将机关公务员和参公事业单位、社会团体职工纳入工伤保险统筹，确保建筑业职工参加工伤保险政策落实到位。加强工伤康复工作，健全工伤认定、工伤康复与劳动能力鉴定衔接机制。优化补充工伤保险制度。

失业保险。完善失业保险制度，保障失业人员基本生活，发挥失业保险基金预防失业、促进就业作用。

生育保险。完善生育保险制度，不断提高生育保险的经办服务水平。

二、突出抓好民生保障

健全社会救助体系。完善城乡最低生活保障制度，健全城乡低保标准动态调整机制与企业最低工资标准和物价上涨幅度挂钩机制，低保标准按我市最低工资标准的 36%～42% 确定；建立完善城市低收入家庭认定体系，逐步提高政策范围内住院自付医疗费用救助比例；建立临时救助制度，加大对城市流浪乞讨人员和流浪未成年人，以及外来需要救助流动人员的保护力度，确保“应助尽助”。

加快形成布局合理、管理规范的社会福利体系。完善孤儿基本生活保障制度，落实孤儿生活养育标准，健全自然增长机制；实施全市统一的高龄补贴制度；建立五保供养标准与农村居民平均生活水平相适应的自然增长机制，提高供养水平和集中供养率。加快推进社会福利中心康复医院、湖里区社会福利中心等项目建设；建立殡葬救助保障制度。

完善全市救灾预案制度。健全四级灾害应急救助工作预案，全面完成市、区救灾物资储备库建设，形成“纵向到底、横向到边”灾害应急救助工作预案体系，确保灾后8小时内受灾群众基本生活得到有效救助。完善医疗救助、临时救助、慈善救助与医疗保障制度的相互衔接，扩大救助对象范围，提高救助标准，确保救助资金足额保障，简化审核审批程序，实行医疗救助费用“一站式”即时结算服务。

第八节 促进体育事业全面发展

建立完善的公共体育服务体系，推动群众体育和竞技体育全面发展。

一、提升体育设施规划建设层次

加快大型体育场馆规划建设。建设新的市级体育中心，统筹提升部分现有市、区体育场馆及学校体育设施层次，建成一批可承办国际综合型体育赛事和高水平单项体育赛事的体育场馆。

完善基层体育健身设施网络。推进体育公共资源均衡发展，加快全市范围内“15分钟体育健身圈”建设。建设体育公园、广场和城市绿道网络，推进社区笼式多功能体育场和室内健身房建设，构建市、区、街道、社区四级多样化的全民健身设施网络体系。持续推动学校、机关、企事业单位体育设施面向社会开放。引导社会资金投入体育服务类场地的建设、改造和运营。

推进体育设施开放共享。创新体育场馆管理体制和运营机制，探索场馆多种形式的开放管理模式，并推动有条件的学校和社区建立体育场地的共享机制。

二、开展丰富的全民健身活动

持续开展群众性体育活动。落实全民健身国家战略，推动开展丰富多彩的全民健身系列活动。打造不少于20个运动项目的群众体育联赛和全民健身运动会，丰富全民健身品牌系列活动，继续支持各区举办各类品牌赛事，从“一区一品”向“一区多品”发展。积极开展体育健身项目推广培训。推动开展国民体质监测和运动健身指导，启动“智慧体育”建设，编制全民健身数字地图，推广全民健身卡网点建设，搭建全民健身公共服务网络和平台。

健全社会体育组织网络体系。支持各级体育总会、老人体育协会和单项体育运动协会发展，建立覆盖城乡社区的群众体育组织网络，加强社会体育指导员队伍建设，健全全民健身志愿服务工作体系。推进体育社团实体化建设，加大政府向体育社会组织购买服务的力度。

三、不断提高竞技体育水平

扩大业余训练规模。创新竞技体育管理运行机制，加大市、区两级对业余训练的投入力度。完善市级青少年竞赛体系，积极推进体育和教育资源整合，深入开展足、篮、排三大球运动。支持社会资本发展职业体育，争取在全国开展职业联赛的项目中拥有更多职业俱乐部。

培养和输送更多更优秀的竞技体育人才。通过自主培养和积极引进相结合，着力提升教练员整体素质和执教能力。完善竞技人才培养选拔机制和输送奖励机制。

提升竞技体育竞争实力。加大备战训练力度，巩固和发展优势项目，打造品牌项目，争取有更多厦门籍运动员参加第31届奥运会和第13届全运会比赛并力争获得奖牌。

第九节 建设平安厦门

创新完善立体化治安防控体系，健全完善多元化纠纷解决机制，深入开展基层平安创建活动，不断提升人民群众对社会治安的满意率，打造全国最具安全感的平安城市。

一、创新社会治安防控体系

建设以综治中心、基层综合服务管理平台为基础的三级社会治安防控工作架构，建立全市相关职能部门联勤指挥机制和多层级应急救援队伍，构建查控拦截“站卡体系”、市区两级重点治安防务区和应急联勤驻勤屯兵点。建立社会治安综合保险体系，为全市常住人口提供基本公共安全保险。深入开展反恐怖人民战争，及时妥善处置各类群体性事件和个人极端暴力案事件。构建立体化巡逻防控网络，严密防范、严厉打击各类违法犯罪活动。强化网络安全态势感知监测预警和网络安全管理地方性立法，加强网络身份实名认证管理和公共场所无线上网管理，健全完善网络舆情监控、引导、处置机制，构建网络安全综合防控体系。加强肇事肇祸严重精神障碍患者、社区服刑人员、重点青少年群体等特殊人群的服务管理工作，防范和降低社会风险。

二、健全依法维权和化解纠纷机制

强化源头治理，落实重大决策社会稳定风险评估制度，健全完善社会矛盾预警、利益表达、协商沟通、救济救助各项机制。畅通公民维权的司法救济渠道，引导群众自觉利用调解、仲裁、行政复议、诉讼等合法渠道理性表达诉求、依法维护权益。深化信访工作改革，大力推动网上信访，认真解决初信初访问题，坚持依法处理信访问题，推进信访工作法治化。完善多元化纠纷解决机制，严格落实矛盾纠纷排查制度，充分发挥镇（街）综治信访维稳中心的作用，健全完善镇（街）、村（居）人民调解组织，培育发展个人调解工作室，持续加强行业性、专业性人民调解组织建设，完善人民调解与行政调解、司法调解、警民联调等调解手段衔接联动的多元调解体系，广泛动员社会各方力量积极参与矛盾纠纷化解工作。

三、深化基层平安创建活动

以治安好、发案少、社区和谐、群众满意为目标，深化平安和谐示范社区（农村）创建活动，不断夯实平安建设根基。推动平安医院、平安企业、平安校园等重点行业、重点领域的平安创建，不断拓展平安创建的覆盖面。探索建立“互联网+群防群治”的治安防控模式，把运用信息化开展治安防控与群防群治有机结合，推动全市10万名“红袖标”平安志愿者、义务交警等群防群治队伍常态化动作。探索把适合社会组织承担的矛盾化解、特殊人群管理、预防青少年违法犯罪等工作，纳入政府向社会购买服务的内容，把平安建设纳入基层社会组织的议事内容，发挥乡规民约、村民自治章程在平安建设中的作用。

第十节 创新社会治理

完善党委领导、政府主导、社会协同、公众参与、法治保障的社会治理体制，构建全民共建共享的社会治理格局。努力实现我市社会治理走在全国、全省前列的目标。

一、强化顶层设计

加强社会治理顶层设计，理顺政府、社区居委会、社会组织、物业企业和居民等主体的关系，厘清责权边界，完善权力清单，增强社会自我调节功能，创新社会治理模式。健全完善多层次的社区服务体系和多元化的社区共治机制，解放和增强社会活力，努力建成管理有序、服务完善、平安和谐、温馨包容的社会生活共同体。

二、发挥基层组织作用

发挥基层党组织在城乡社区建设中的领导核心作用，发展各类社区组织，建设社区服务中心和社区服务站，形成为民服务体系和网络。

构建基层党建和社区工作相融合机制。健全以党委为核心的社区工作机制，加强辖区非公企业和社会组织党建工作，构建区域化党建组织体系。健全村（社区）党员志愿服务组织网络。全面落实在职党员到社区报到制度，持续推进“党员进村（居），服务进万家”活动。推动市直单位挂钩联系村（社区）工作取得新成效。

大力培育社会组织。推进社会组织改革，简化完善社会组织登记制度，推进政府购买社会组织服务，加强社会组织监管，引导台湾社团在厦依法开展活动。加快推进全市社会组织服务中心（孵化培育基地）建设，重点培育发展服务类、社会福利类、公益慈善类社会组织，打造政府扶持发展服务社会组织的平台。引导乡贤理事会等社区社会组织发挥积极作用。加强市级枢纽型社会组织建设，探索制定相关领域社会组织工作流程、服务标准、技术规范，建立健全重大活动申报、诚信评估、失信惩戒制度和领袖人才培育、第三方评估机制。

三、创新居民自治模式

支持和鼓励基层探索各种类型社区的治理模式，拓宽多元共治渠道，提高村（社区）自治水平。坚持基层党组织的领导，广泛发动群众参与，完善基层群众自治机制和基层协调机制，构建具有厦门特色的“微治理”模式。

发挥社区自治主体作用。探索运用信息化手段组织村（社区）居民选举，提高民主选举质量。注重吸收基层妇女、外来务工人员参与村（社区）民主选举。积极探索台胞、外籍人士等境外人士参与村（社区）选举和民主自治的方式和途径。发动驻区单位参与社区治理，探索建立驻区单位社区建设责任评价体系。

深化村民（社区居民）民主自治。全面推进居民自治制度化、规范化、程序化，积极落实城乡居民社区发展的选择权、村（社区）建设的决策权、老旧小区的规划权、村（社区）干部的考核权、村（社区）财务的监督权等。引导社区自治组织有偿承接法定职责以外的政府委托事项。探索设立社区发展基金，鼓励设立社区公益创投基金和项目奖励基金。完善“以奖代补”制度，对社区自治优秀项目给予奖励。

着力提升村民（社区居民）参与自治能力。动员居民参与社会治安综合治理和“平安社区”创建活动。支持居民协助做好劳动就业、社会保险、社会救助、社会福利、优待抚恤、计划生育、文教体卫、消费维权等工作。推动村民（社区居民）自治向城市小区和自然村延伸，合理划定小区、楼栋等“微自治”单元。建立健全“共同缔造网站”，借助网站、微信、微博等新媒体，拓展自治渠道。推进城乡（社区）网格化平台建设，实现区、街镇、社区的三级互联互动。大力开展社区教育，建立专业培训师资库，组织编写村民（社区居民）自治乡土教材，开展“美丽厦门共同缔造”宣讲和培训。

充分发挥社区自治助推和谐社会建设作用。推动形成党委政府领导、部门挂钩指导、社区主体负责、群众广泛参与的平安和谐社区（农村）创建工作格局。改进社区警务工作制度，发挥社区社会组织和乡贤、“党员‘和事佬’”等在社区物业管理等民事纠纷中调节作用，探索微（小）型民事案件进社区审理做法。形成领导干部到社区接访机制，建立社区信访联络点（站），实行信访联接联调。改进城市行政综合执法方式，强化企业生产、食品药品、消防、交通等安全教育，加强特殊物资安全管理。加快社区避灾点和救灾仓储建设，定期开展应急演练，增强居民防灾意识和社区自救处置能力。

四、完善社区网格化服务管理模式

着眼于加快新型社区综合服务管理体系建设，在全市所有村居全部建成网格化服务管理信息平台，实现社区业务“一个网络、一个终端、一个入口”的基础上，进一步提升社区智慧治理水平。

完善综合信息平台。进一步优化综合信息系统功能，推进信息采集、问题受理、处置反馈、考核评价等流程标准化、规范化。以居民需求为导向，立足各社区实际，开发各具特色的平台应用模块，实现社区人性化管理、个性化服务。

整合管理服务事项。将城管执法、水电管网、食品安全、医疗卫生、消防安全等管理事务整合入网；将养老服务、低保发放、就业就医就学、计划生育等民生保障事项整合入格。同时，加快普及社区健康亭、智能投递柜等社区智能服务终端，推广社区电子图书馆、社区智能停车系统、社区单车系统，为社区居民提供多样化、智能化的公共服务。

健全运行机制。完善网格走访巡查机制，建立网格走访巡查、民情恳谈、网格日志等制度。完善任务流转办理机制，实

专栏 15：“十三五”基本公共服务重大工程

就业社保。金保工程：以先进信息技术建立覆盖劳动和社会保障各项业务的电子政务工程；基层就业和社会保障综合服务设施建设工程：实现街道（镇）、社区（村）两级服务设施（设备）共建共享。

教育。基础教育“双百”工程：新改扩建 100 个中小学项目和 100 个幼儿园项目；职业教育实训基础能力提升工程：13 个中职学校实训项目建设；高校教育提质工程：厦门大学翔安校区系列学院项目建设、厦门大学演武运动场改扩建、医高专（医学院）二期建设、演艺职业学院等。

医疗。重大医疗项目建设工程：复旦中山厦门医院、翔安医院、集美新城医院等大型医院建设项目；基层医疗卫生机构提升改造工程：基层医疗卫生机构标准化建设。

住房。保障性安居工程：新阳、华铃、同安城北、黎安、九溪、洋唐等保障性住房建设；棚户区改造工程：岛内外城中村连片改造。

体育。“15 分钟健身圈”工程：公共体育健身设施全市覆盖，社区居民步行 15 分钟可达；市级体育场馆提升工程：按照承接国际综合体育赛事标准提升改造和新建一批市级体育场馆。

社会治理。社区网格化创新管理：全市以街道、社区、网格为单元，通过网格化管理平台推动城市管理模式创新。

现网上录入、网上流转、网上监督、网上考核。完善信息安全管理机制，严格实行“一级一权限、一机一账号、一人一密码”，确保信息安全。

第七章　推动社会主义文化大发展大繁荣

坚持社会主义先进文化前进方向，坚持以人民为中心的工作导向，坚持把社会效益放在首位，社会效益和经济效益相统一，加快文化改革发展。培育和践行社会主义核心价值观，实施文化强市战略，激发文化创造活力，促进文化事业大发展大繁荣，加快发展文化产业，提升文化软实力和影响力，提高人的文化素养和社会文明程度，建设魅力四射的国际化城市。

第一节　明确文化发展目标

一、“十三五”发展目标

建成中国东南沿海重要文化中心城市。成为全国重要的自然和文化旅游中心、集中展示闽南文化魅力的窗口、海峡两岸文化交流的重要基地和文化产业合作中心，以及多元交融的艺术之城、引领潮流的时尚之城和享誉海内外的文明之城。

成为全国社会主义文明的典范城市。以社会主义核心价值观为引领，加强思想道德建设和社会诚信建设，文明城市综合考评始终保持全国前列。

成为公共文化服务体系的标杆城市。公共文化服务设施覆盖到全市所有村（居），构建全市“15 分钟公共文化服务圈”，人均公共图书馆藏书量 1.5 册，文化设施使用率达到 100%。城市文化竞争力排名进入全国前十。

成为全国重要的文化产业示范城市。文化产业增加值年均增长 15% 以上，占全市同期地区生产总值比重达 8% 以上，建成文化创意千亿产业链。

二、2030 年发展愿景

社会主义核心价值观深入人心，成为全体市民的共同价值追求，成为增进国际社会对厦门理解和认同的精神纽带。

文化产业增加值占地区生产总值比重超过 10%。全面建成海峡两岸文化交流的重要基地和文化产业合作中心。

城市文化地位突显，城市国际知名度大幅提高，在弘扬传统文化、引领时尚文化潮流方面跻身全国前列。

第二节　培育和践行社会主义核心价值观

深化共同理想、民族精神和时代精神教育。加强实现中华民族伟大复兴中国梦的宣传教育，增强国家意识、法治意识、社会意识，把社会主义核心价值观融入到国民教育全过程。推进公民道德建设，形成“知荣辱、讲正气、作奉献、促和谐”的良好社会风尚。

一、加强教育引导

建立以党组织为主导，学校、企事业、社区、家庭全面参与的德育工作机制，通过开展形式多样、内容丰富的各类活动，积极营造有利于弘扬主流价值观的生活情境和文化氛围，重点引导青年学生和少年儿童在日常生活中自觉认同并践行社会主义核心价值观，推动全社会、全方位、全过程育人。

二、开展舆论宣传

充分发挥主流媒体在宣传社会主义核心价值观中的作用，推动传统媒体和新媒体融合发展，以生动活泼、简单易懂的方式深入持久地宣传阐释核心价值观的丰富内涵、历史渊源、现实基础和道义力量，增强群众对核心价值观的认知认同。

三、推进公民道德建设

持续开展“道德讲堂”“道德模范评选”等形式多样的教育实践活动，大力加强社会公德、职业道德、家庭美德和个人品德建设。深入开展志愿服务活动，完善志愿服务组织体系，优化志愿服务运行机制，逐步形成覆盖全民的志愿服务网络，推进志愿服务制度化。

第三节　提高市民文明素质

笃行城市精神，弘扬传统美德，树立时代新风，汇聚先进文明，倡导科学精神和人文精神，全面提高国民素质和社会文明程度。

一、开展群众性精神文明创建活动

弘扬“嘉庚精神、海堤精神、英雄三岛精神、鼓浪屿好八连精神、马塘精神、盖军衔精神”等爱国、奉献、开放、拼搏的城市精神，提升市民文明素质，增强市民公德意识。围绕美丽厦门共同缔造，着力深化文明社区创建，制定典范社区建设标准、体系，不断拓展典范社区覆盖面。建立市级书院总部、区（街）指导中心、村居社区书院三级服务体系，逐步实现社区书院全覆盖。开展文明校园创建活动。培育弘扬时代新风，创建行业文明，宣传表彰善行义举。积极开展社会公益活动，推进志愿者服务，积极营造人人关爱、我为人人的社会环境。深化群众性精神文明创建活动，创建精神文明建设典范城市。

二、继承和弘扬优秀传统文化

促进传统文化创造性转化和创新性发展。传承和发扬厦门闽南文化、海丝文化、华侨文化、特区文化等多元并蓄的文化特质，重塑社会传统道德情操，提升城市归属感。塑造“开放、包容、诚信、拼搏”的闽南人文精神，加强闽南方言及闽

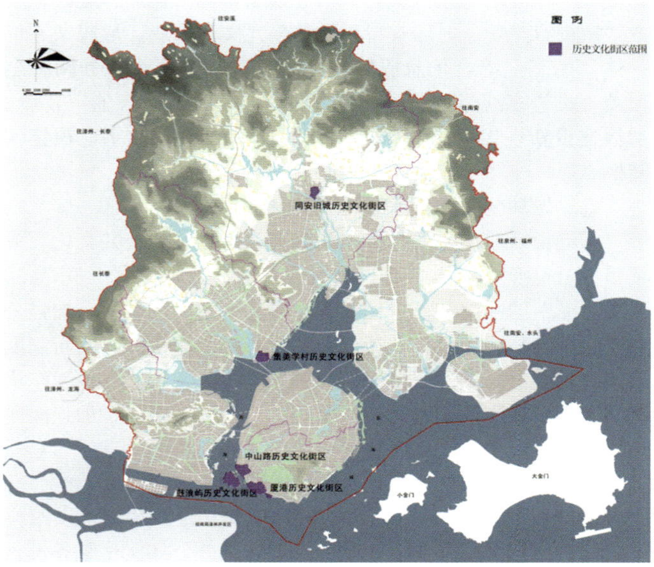

图 11　“十三五”历史文化街区布局示意图

南文化的传承和学习，推广“闽南文化进课堂”，打造闽南文化品牌，筹建闽南文化展示中心，加快建设闽南文化生态保护实验区，创新闽南文化主题产品。构建传统文化传承体系，加强非物质文化遗产保护与传承，振兴传统工艺，传承发展传统戏曲，扶持民间文化社团组织发展。促进传统文化与网络文化的融合，鼓励制作积极向上的网络影视作品和文学作品。

三、加强文化遗产保护传承

加强历史文化遗产保护。挖掘、整理城市共同记忆和历史文化遗产，编制“五大历史文化街区、五大历史风貌片区”保护规划，全面推进鼓浪屿申遗工作，完成闽南红砖建筑保护规划编制，申报一批文物保护单位和涉台文物古迹，开展一批重点文物保护修缮工程，力争全市文物保护单位完好率达到95%以上。强化文化生态空间属性，加强文化生态保护管控，推进全市历史文化名镇、名村、名街区及文化生态保护区重点区域、文物保护单位、不可移动文物名录文物点等文化遗产保护红线划定，将其纳入城市空间规划体系及“多规合一”平台统一管理。

四、汇聚先进的文化形态

兼容并蓄，深化国际文化交流合作，融合世界各国先进文化文明成果。积极推动文化与科技、旅游、体育、信息、建筑等产业的融合发展，推动传统领域向文化新兴领域拓展，形成传统文化与外来文化交融的独特的文化精神支撑。培育对外文化交流品牌，打造更加年轻、活力、时尚的城市形象。

第四节　构建现代公共文化服务体系

完善公共文化服务体系，推动基本公共文化服务标准化、均等化发展，引导文化资源向基层倾斜，建成覆盖城乡四级公共文化服务设施体系，提升公共文化服务效能，切实保障市民基本文化权益。

一、推动公共文化服务均衡发展

提升岛内基层文化设施水平，加快岛外公共文化基础设施建设，在海沧、集美、同安、翔安四大新城区新建现代公共文化设施。积极培育社区文化，引导基层特色文化品牌建设，形成“镇街有品牌、村居有特色”的多元文化格局。形成“五位一体”的基层综合信息服务体系。推进广播电视服务网络全覆盖，推进有线广播“村村响”和有线电视“户户通”建设。加快建设新一代广播电视网（NGB），完成有线数字电视整体转换。

二、增加公共文化产品和服务供给

推动由政府举办的各级文化服务设施的基本公共文化服务项目向社会免费开放。推进公共文化机构互联互通，完成38个街（镇）图书馆和部分村（居）图书室的联网服务。加强公共文化服务品牌建设，扶持优秀文化产品创作生产，创新制度政策环境，建立充满活力、富有效率的公共文化产品创作机制。繁荣发展文学艺术、新闻出版、广播影视事业，加强面向市场、适应市场的文化精品创作。

三、推动公共文化服务社会化发展

形成以政府主导、社会力量积极参与的公共文化供给格局，鼓励文化类民办非企业单位发展。完善公共文化服务投入机制，健全政府购买文化服务制度，设立文化发展基金，建立若干个“社会组织、机构、个人捐赠和兴办公益性文化事业”示范点。培育和规范文化类社会组织，加强对文化类社会组织的引导、扶持和监管。大力推进文化志愿服务，形成全社会共同关心文化发展的良好局面。

第五节　繁荣发展文化产业

初步建成统一开放、竞争有序、规范发展的现代文化市场体系，建成文化创意千亿产业链，文化产业发展模式成为全国示范，数字内容产业基地规模和水平全国领先，时尚创意产业水平全国领先，建成设计之都、时尚之城。

一、促进文化产业发展

优化文化产业布局，推动各区在文化创意产业发展上实施差异化发展战略，形成竞合效应。重点发展包括文化创意和设计服务、数字内容、基于移动互联网的新媒体、艺术品展示交易、演艺娱乐和时尚创意等6个产业门类；重点建设文化保税、艺术品展示交易和数字内容集成平台3大产业平台；努力建成1个国家级文化和科技融合示范基地。

二、构建现代文化市场体系

加快建立统一开放、竞争有序、诚信守法、监管有力的现代文化市场体系。促进文化资源跨地区流动，打造区域性文化产品和服务交易平台。完善文化市场监管与服务平台，加强文化市场综合执法，推动文化市场管理规范化。引导互联网上网服务经营等传统文化市场经营企业转型升级。制定完善服务扶持文化市场的措施办法。以培育市场主体、激发市场活力、加强市场监管为重点，培育高端商业演出市场，全力提升城市文化知名度和美誉度。

三、深化文化管理体制改革

科学划分各级管理部门的管理职能，理顺政府与企事业单位之间的关系。分类推进文化事业单位改革，建立健全公共文化机构理事会制度，推动市属文艺院团内部机制改革和推动党报党刊、电台电视台进一步改革管理和运行机制。推动公共文化服务设施管理运营机制改革，建立服务联盟、实现资源共享。深化文化市场综合执法改革。探索建立规划衔接、部门合作、产业联盟、技术共享、市场共建的文化创意产业融合发展机制。加强财税和金融服务，充分发挥两岸金融试验区和自贸试验区的优势，建立完善文化投融资体制机制，促进文化与金融融合发展。

第六节　打造魅力四射的国际化城市

培育特色文化品牌，加强对外文化交流合作，提高文化传播能力和影响力，进一步提升城市国际化水平和全球知名度。

一、打造城市文化品牌

围绕文化靓市，提升“幸福思明”、“创新湖里”、“人文集美”、“活力海沧”、“富美同安”、“典范翔安”等文化品牌，打造创业者宜居、宜业的精神家园。提升爱乐乐团、小白鹭等文化艺术品牌影响力，打造若干文化艺术知名品牌。建设“厦门国际休闲岛”和“世界设计之都”，深入挖掘厦门独特的“休闲文化”和“时尚创意”特质，进一步提升鼓浪屿、曾厝垵、龙山文化创意园、华美空间文创园、五缘湾、杏林湾、海沧湾等若干载体的文化气质和格调，推进一批风格独特、品位高雅、引领时尚的公共文化空间建设，充分展现厦门优美的人文环境，提升厦门的知名度和美誉度，增进市民对城市的认同感、归属感和责任感，增进国际社会对厦门的了解和认同。

二、打造海峡两岸及国际文化名城

开展海峡两岸及国际性文化活动，坚持做大做强海峡论坛、厦门国际时尚周、海峡两岸（厦门）文博会、海峡两岸图书交易会、海峡两岸民间艺术节等对台对外文化合作交流平台，塑造有文化、有活力的时尚都市形象，提高城市知名度和美誉度，全力推进国际时尚周向更高层次拓展，成为厦门市靓丽的城市名片。加大文化开放力度，充分发挥厦门海上丝绸之路战略支点城市的地位和作用，挖掘厦门文化的特色和优势，通过加强与“一带一路”沿线重点国家的文化交流与合作，打造文化交流品牌，提升厦门文化的影响力。推动对台文化交流，建好闽台（厦门）文化产业试验园区，实施一区多园，园区联动，加强与台湾艺术生产与演出、艺术教育、艺术研究、艺术培训以及图书、文物、美术、人才培养等方面的交流与合作。建设国际文化名城，以“名城”聚焦，发现和提炼“名人”、“名史”、“名景”、“名食”等来彰显“名声”，开展国际营销活动，将厦门作为区域性公共品牌来推广。

专栏 16：“十三五”文化发展重大工程

文化遗产保护工程。鼓浪屿申遗、闽南红砖建筑保护和历史文化街区保护。
公共文化体系建设工程。马銮湾大剧院、厦门文体中心、闽南戏曲艺术中心、闽南文化展示体验中心等市级大型文化设施以及市、区、街（镇）、居（村）四级公共文化服务设施网络。
文创产业发展平台工程。闽台（厦门）文化产业试验园区、海峡国家版权交易中心。
大型文化展会活动。海峡论坛、厦门国际时尚周、海峡两岸文博会、海峡两岸图书交易会等。

第八章　打造绿色宜人生态环境

实施生态市战略，加大生态建设和环境保护力度，推进绿色低碳发展，提升城市环境质量，健全生态文明体制机制，建成绿水青山、碧海蓝天的国家生态文明建设示范市和生态文明先行示范区。

第一节　明确生态建设目标

一、“十三五”发展目标

绿色低碳发展水平显著提高。万元生产总值能耗、万元生产总值碳排放量以及主要污染物排放总量进一步下降，完成省下达的节能减排降碳目标。

生态环境质量持续改善。环境空气质量优良率 96%，主要水功能区水质达标率 87%，城镇生活污水集中处理率 95%，城镇生活垃圾无害化处理率 100%。

生态文明制度体系不断完善。生态文明评价考核、资源有偿使用、生态环境损害责任追究等体制机制进一步完善。

图 12　“十三五”城市生态控制线及城市开发边界示意图

二、2030 年发展愿景

自然生态功能全面提升，人居环境质量优良，主要指标接近发达国家城市水平，生态环境成为城市可持续发展的有效支撑和物质基础。

绿色低碳发展水平显著提高。万元生产总值能耗、万元生产总值碳排放量达到国际先进水平，城市可持续发展能力显著增强。

第二节　推进资源节约集约循环利用

推进绿色发展、循环发展和低碳发展，提升资源节约集约利用水平，大力发展循环经济，不断推进低碳城市建设，增强城市可持续发展能力。

一、持续推进节约能源

严格执行能耗强度、碳排放强度、污染物排放总量控制制度。优化产业结构，大力发展科技含量高、资源消耗低、环境污染少的先进制造业和体现中心城市功能的高端服务业。优化能源结构，推进太阳能光伏发电、天然气等清洁能源使用，提高能源使用效率。推进工业节能，促进行业共性节能技术应用，开展高耗能行业能效对标，实施重点用能单位节能监察。推进建筑节能，落实厦门市绿色建筑行动实施方案，严格执行建筑节能设计标准，开展大型公共建筑节能改造。推进交通节能，落实厦门市新能源汽车推广运用实施方案，推广远海自动化码头等绿色海港、空港建设。大力推进华夏电力、同安城东工业区集中供热等重点节能工程，推广节能低碳产品和技术，实施固定资产投资项目节能评估与审查、能效领跑者等机制。

二、全面推进节约水资源

集约节约水资源利用，加强水资源“三条红线”管理，实施取水许可制度。加快建设节水型社会，强化工业、农业和生活节水，制定阶梯水价政策，严控高耗水行业发展。稳步推进水资源开发，严格开采与合理利用地下水资源。推进中水回用与海水利用，加强海水淡化技术研发，努力打造成海峡西岸海水淡化利用示范城市。开展水资源环境承载能力评价，实施最严格水资源管理制度。

三、强化土地资源节约集约利用

完善建设用地总量控制制度，加强建设用地全过程精细化管理。推进老工业区、城市老城区“三旧改造”，加大土地批后监管和闲置土地处置力度，鼓励低效用地二次开发，积极盘活存量土地，提高土地利用效率。结合马銮湾新城等城市建设，合理规划和开发利用地下空间资源。坚持最严格的耕地保护制度，开展永久基本农田划定工作，落实耕地占补平衡制度，确保 2020 年全市耕地保有量不低于 27.43 万亩，基本农田保护面积保持 13.3 万亩。

四、加强矿产资源开发利用管理

组织编制实施第三轮厦门市矿产资源总体规划及厦门市矿山地质环境保护和土地复垦制度方案，开展新一轮城市地质调查和全市主要矿产资源调查。建立矿产资源分类管理和开发制度，致力开发利用地热资源，发展丰富旅游休闲业，做强“中国温泉之都”品牌。逐步全面关停饰面用石材矿山，合理规划、适量布局建筑用石材矿山。

五、大力发展循环经济

加快构建覆盖全社会的资源循环利用体系，推进生产和生活系统循环链接，实现产业废物交换利用、能量梯级利用、废水循环利用和污染物集中处理，提高资源产出率。积极推广农林牧渔多业共生的循环型农业生产方式。逐步推广垃圾分类试点，加快建设回收站点、分拣中心、集散市场“三位一体”的再生资源回收体系，大力推进东部垃圾焚烧发电厂二期等项目建设。加快马銮再生水厂等再生水处理设施建设，提升再生水利用水平。加强工业固体废弃物、建筑及道路废弃物、餐厨废弃物等的资源化利用，优化提升东部固废处理中心运营管理。推动集美台商投资区等园区循环化改造试点、餐厨垃圾无害化处理城市试点、厦门“城市矿产”示范基地等示范试点建设。

六、倡导勤俭节约的生活方式

大力倡导绿色出行，推进公共自行车、公共交通和绿行慢道系统建设。积极推进节约用水用电，引导市民购买节能家电、节水器具等节能环保产品。在生产、流通、仓储、消费各环节落实全面节约要求。减少一次性用品使用，杜绝过度包装，反对食品浪费，形成人人、事事、时时崇尚勤俭节约的社会风尚。

第三节　提升生态环境质量

全面提升水、空气等环境质量，大力开展生态保护和修护工作，提升城市宜居度，建成生态环境优良，市民满意认可的“大花园”城市。

一、全面提升水环境质量

全面推进岛外九条流域综合治理，持续推动畜禽养殖和生活污染等截污控源工程，建立健全入河、入海污水监测和达标排放制度。开展城市黑臭水体整治，推动筼筜湖片区污染综合治理，实现水清无异味。完善城乡污水处理体系，推动全市污水厂扩容提标、污水管网完善，实现农村生活污水收集、处理全覆盖。推进中水回用工程建设，中水回用率达 20% 以上。加强工业废水污染治理，切实推进清洁生产，开展对新建、扩建或改建的工厂排水系统的设计审查工作，实施工业集聚区内工业废水预处理机制，加快工业废水处理设施建设。持续改善饮用水源地水质，探索建立九龙江流域水源水质会商、协调和应急联动机制。

二、不断提升空气质量

加强工业废气污染防治，开展锅炉及工业窑炉专项整治，推行集中供热和清洁能源替代，全面整治燃煤小锅炉，加强燃煤电厂、热电厂、企业自备电站脱硫脱硝除尘设施运行管理，不断提高脱硝效率和投运率。开展挥发性有机物污染防治，将挥发性有机物排放控制纳入环境影响评价的重要内容，对排放不达标企业依法实施限期整改。加大整治机动车排气污染力度，落实鼓励黄标车提前报废补助方案，促进黄标车淘汰，严格机动车排气检测制度，逐步扩大非绿标车限行范围。加强城市扬尘污染防控，加大施工扬尘管控力度，推广建筑施工安全文明标准化，规范土方建筑垃圾运输车管理，逐步扩大“吸扫冲收”一体化机械保洁范围。严控油烟污染，加强餐饮业油烟排放监管，加大餐饮集中区建设力度，严格规范和整治露天烧烤。开展源清单调查、近低空风环境状况分布和重污染天气人工干预措施研究，建立空气质量预警预报系统，调整优化空气质量监测点，提高空气质量监测的科学性。

三、大力开展生态保护和修护

严格生态控制线，细化落实相关保护责任。开展控制线内生态保育，逐步清退生态控制线内建设用地，保护生物多样性和良好生态系统，构建良好生态安全格局。加大五缘湾栗喉蜂虎、白鹭自然保护区等保护力度。推进流域山、水、田、林、路、村庄等系统综合治理，做好河道清理、周边截污、护坡软化等工程，打造生态廊道。强化矿业开发监管，实施废弃矿山裸露山体的生态修复，做好“青山挂白”专项治理。开展农田土壤污染修复与综合治理试点示范。加强本地物种保护，防范外来物种对我市生态系统侵害。深入开展城乡宜居环境建设，加快实施美丽乡村建设。开展农村垃圾治理提升行动，实现 95% 以上农村生活垃圾有效收集处理。推进海绵城市试点工程，加大公园、绿道、立体绿化建设力度，实施“四边三节点”绿化改造和景观提升工程，不断提升城市绿化美化水平。

四、加强环境治理体系建设

严格执行污染物排放许可制，制定厦门市污染物排放许可证管理办法和厦门市企事业单位污染物排放总量控制制度。健全全市各区大气污染防治和水环境治理联防联控机制，完善市区政府联动，部门分工协作的污染防治区域联动机制。推进大气和水等环境信息公开、污染源环境监管信息公开和建设项目环境影响评价信息公开制度。强化生产者环境保护法律责任，加强环保部门与公检法部门的协作配合，形成打击环境污染违法犯罪行为的合力。

第四节　积极应对气候变化

坚持减缓与适应并重，主动控制碳排放强度和总量，切实增强适应气候变化能力，不断推进低碳城市建设。

一、加强温室气体排放控制

开展温室气体排放清单编制工作，以清单为依据，分解落实碳排放控制目标。实施试点示范工程，大力推进瑞景社区等省级低碳示范社区建设。增加森林、绿地等生态系统碳汇，开展海洋碳汇技术研究和推广，加强低碳技术的研发机构和公共平台建设。积极推进碳排放权交易市场体系建设，稳步开展重点企业温室气体排放报告、碳排放权配额分配等工作。建立健全温室气体排放基础统计制度，构建市、区、企业三级温室气体排放基础统计和核算工作体系。

二、不断增强适应气候变化能力

在城乡规划、基础设施建设、生产力布局等经济社会活动中充分考虑气候变化因素。健全预测预警体系，大力推进新一代天气雷达、厦门市突发事件预警信息发布中心等现代气象基础设施建设，提高应对极端天气和气候事件的能力。

第五节　加快海洋生态文明建设

实施更加严格的入海污染物总量控制制度，开展海、湾、岛、岸、滩生态修复工程，进一步提升海岸带综合管理水平，建设国家级海洋生态文明示范区。

一、推进海洋生态环境治理

加强近岸海域环境综合治理，实施《厦门市近岸海域水环境污染治理方案》，开展陆海、岛内岛外同步治理，加快马銮湾、东坑湾等重点湾区综合整治，推动厦门海域海堤开口工作。完成五缘湾污水截流域，马銮湾、杏林湾等海域清淤任务，不断扩大海漂垃圾清理范围，加强九龙江流域环境管理和海洋环境保护区域合作，减少九龙江入海污染物，不断改善近岸海域水质。加大海洋违法倾废治理，完善渔船废油和生活垃圾回收制度，加大对厦门海域沿线私设暗管或采取其他规避监管的方式向海域排污行为的查处力度，减少违章倾废对海洋环境的污染。

二、加大海洋生态环境修复

以《厦门滨海岸线保护规划》为指导，加大滨海岸线修复，积极实施美丽海岸工程，加快推进同安湾西侧岸段等沙滩岸线修复项目建设，有效保护岸线生态与景观资源。加强海洋生态系统修复，开展大屿岛等无居民海岛、下潭尾红树林湿地公园等典型海洋生态系统的修复工作。控制厦门海域捕捞强度，严格实施部分海域禁捕区规定，加强外来渔船捕捞管理。持续开展“恢复海洋生态链，维护生物多样性”为主题的增殖放流活动，实施中华白海豚、文昌鱼等海洋珍稀濒危物种保育工程建设。

三、加强海洋生态环境监督评价

完善海洋环境监督机制，推进入海河流交接断面及海域自动在线监测系统建设，加快厦门海洋环境监测信息平台建设，完善涉海部门年度联合执法制度，建立入海污染物总量控制制度，强化海洋环境监督管理。加强海洋环境评价，开展马銮湾等重点海域（海湾）环境容量评估，加强对重大涉海工程对海洋环境和生态系统的危害影响评估，完善海洋生态健康评价，开展海洋生物多样性状况调查和定期评估。

第六节　健全生态文明体制机制

提升生态文明管理能力，实行资源有偿使用和生态补偿制度，完善考核评价机制，推进生态文明体制改革，全力打造生态文明制度创新试验区。

一、提升生态文明管理能力

加大区域环境监测力度，提升空气质量和霾监测预警能力，形成海陆空一体化的污染监测预警预报和防控体系。加强环境风险防控和突发环境事件应急体系建设，提高环境风险防控和突发环境事件应急能力。强化法律监督、行政监察，严格各类项目的环境影响评价制度，对各类环境违法行为实行“零容忍”。加强基层节能、环保、土地、水、海洋、农业、渔业、林业等领域执法队伍建设，提高执法能力。推进能源、矿产资源、水、大气、森林、湿地、海洋等的统计监测核算能力建设，建立生态文明建设综合评价指标体系。

二、健全资源有偿使用和生态补偿制度

健全对限制开发、禁止开发区域的生态保护财力支持机制、取水许可和水资源有偿使用制度，落实矿产资源有偿使用和矿山生态环境恢复治理保证金制度，完善海域、岸线和无居民海岛有偿使用制度。完善排污权交易及有偿使用制度，制定实施《厦门市主要污染物排放权交易和有偿使用办法》。研究制定主体功能区转移支付办法，加大生态保护区转移支付力度，对生态保护区给予相应的生态补偿。鼓励和引导社会资源投向环境保护、生态建设等领域，逐步形成政府引导、市场推进、社会参与的生态补偿机制。

三、完善生态文明考核评价机制

建立科学的综合决策机制，严格执行重大事项集体决策制度，建立重大事项专家咨询制度。制定实施《生态文明建设评价办法》，实行差异化考核，将生态文明建设和环境保护纳入各区、省部属驻厦单位、市直部门、重点企事业党政领导班子综合考核评价指标体系，生态文明建设政绩和绩效考核权重逐步提高至25%。建立生态文明建设和环境保护目标责任制、行政问责制，健全生态文明建设和环境保护“一岗双责”制，实行领导干部生态环境损害责任终身追究制等相关配套制度，推行生态文明建设“一票否决”制。对发生生态环境违法事件并造成严重影响等情形的，实行严格追究问责。

四、推进生态文明体制改革

出台厦门市生态文明体制改革实施方案、党政领导干部生态环境损害责任追究办法、领导干部自然生态资源资产离任审计试点方案、编制自然资源资产负债表试点方案、环境保护督查方案、生态环境监测网络建设方案、生态环境损害赔偿制度改革试点方案等“1+6”方案，建立科学有效的生态文明体制改革制度和长效机制。

第七节　发展绿色环保产业

立足产业基础，推动技术创新，培育重点产品和核心企业，形成具有特色和竞争力的环保产业布局。

一、做大环保产业规模

以东部固废处理中心等园区为依托，引导环保产业集聚，提供节能环保一站式服务。大力发展集技术咨询、系统设计、设备制造、工程施工、运营管理为一体的环境工程总承包服务。推行环境污染第三方治理，推进环境监测服务社会化。大力引进和发展环保技术咨询服务业。加大金融支持，引导设立环保产业投资基金，发展绿色信贷、绿色债券。

二、提升环保产业竞争力

加强产学研合作，推进环保高端技术和科研成果的转化，打造区域环保产业创新中心。培育发展一批技术引领型的国内一流企业和研究机构，掌握一批核心关键技术。以行业协会、产业联盟为主体，打造环保产业技术研发、产品检测、设计咨询、知识产权等公共服务平台，提高产业配套服务能力。

专栏 17：生态环境建设重大工程

水环境治理工程。岛外九条溪流综合整治工程，城市黑臭水体专项整治工程，污水处理厂新增、扩建工程。
清洁空气提升工程。燃煤小锅炉整治工程，城市扬尘、汽车尾气、餐饮油烟、挥发性有机物治理工程。
海域环境治理工程。五缘湾、马銮湾、杏林湾海域综合整治提升工程，海洋生态系统修复工程。
污水垃圾处理提升工程。污水处理厂提标改造工程，东部垃圾焚烧发电厂二期、西部垃圾焚烧发电厂二期，农村垃圾治理提升行动工程。
绿色低碳发展工程。集美台商投资区园区循环化改造试点工程，大型公共建筑节能改造工程。
宜居环境建设工程。绿行慢道系统建设工程，“四边三节点”工程。

第九章　发挥对台战略支点作用

围绕建设“两岸交流的窗口城市”，充分发挥厦门独特优势，积极先行先试，大力推进厦门深化两岸交流合作综合配套改革，切实发挥在推动两岸和平发展和祖国统一进程中的战略支点作用。

第一节　明确两岸交流合作目标

全面深化两岸交流合作综合配套改革，打造两岸政策沟通、拓展经济合作空间及共同利益的试验田和主要平台，两岸交流合作体制机制创新的典范城市。

一、“十三五”发展目标

全面推进厦台经贸融合发展、人文交流、直接往来、同胞融合，打造两岸经贸合作最紧密区域、文化交流最活跃平台、直接往来最便捷通道、同胞融合最温馨家园、民间交往最亲密基地。

两岸经贸合作实现新提升。创新两岸经贸合作制度化建设机制；推进厦台优势产业深度合作，拓展“一区三中心”建设实效，提升一批两岸产业合作载体平台；强化两岸服务贸易融合，率先实行两岸投资贸易双向开放，率先实施两岸金融创新；推动厦台共同参与“一带一路”战略，开拓国际市场。到 2020 年，对台进出口贸易额累计突破 100 亿美元，实际利用台资累计突破 100 亿美元，台湾农产品进口量保持大陆首位，成为两岸跨境电子商务、冷链物流产业交流合作的重要基地；在厦台资金融机构数翻番，对台跨境人民币业务量累计突破 1000 亿元，居大陆前列；成为两岸金融创新合作先行城市，两岸重要经济项目双向布局的重要城市。

两岸文化交流实现新融合。丰富两岸交流交往平台，创新交流机制，提升全方位、多层次的文化、科技、教育、卫生、体育等领域的交流合作水平。到 2020 年，国家相关部门和台湾相关行业协会在厦设立的两岸交流合作基地或办事机构突破 100 家，居大陆首位；每年厦台校际协作数增加 5%；打造两岸健康产业和养老服务合作示范基地 1 家，成为两岸文化交流最活跃基地。

打造两岸直接往来最便捷通道。完善两岸直接“三通”基础条件，创新两岸直接往来机制，推动厦金居民自由往来。到 2020 年，两岸集装箱吞吐量、直接通邮量居大陆前列；经厦门口岸的大陆赴台旅游人数和台湾来大陆人数大幅增长，居大陆首位；厦金“小三通”年客运量突破 200 万人次；入境车辆牌照发放量逐年增加；成为两岸“三通”最直接、最便捷的主要通道。

打造两岸同胞融合示范区。创新台胞融入社区治理、参政议政和吸引台湾人才的机制，建设一批台胞融合示范社区、台湾青年创业就业基地，优化保护和服务台胞正当权益的法制政策环境。到 2020 年，有百名以上台胞居住的社区至少引进 1 名台湾同胞参与社区治理，台湾专才引入数每年增加 5%，成为吸收台湾人才特别是青年人才到大陆创业、就业的主要服务基地、台胞在大陆居住生活的首选城市。

打造两岸民间交往最亲密基地。深耕台湾基层、丰富民间交流。进一步提升两岸交流活动品牌效应，注重两岸青年交流平台建设，与更多台湾基层居民自治组织建立交流协作机制。到 2020 年，全市至少有 100 个社区与台湾社区结对共建，每年举办重要涉台活动的数量和影响力居大陆前列。

二、2030 年发展愿景

打造两岸经济人文交流全方位高度融合区域、促进两岸和平统一的典范城市。

第二节　加快建设两岸经贸合作最紧密区域

创新两岸经贸交流合作的新模式和新途径，拓宽两岸产业、贸易、金融等合作领域，促进两岸经贸合作优势互补、互利共赢。

一、深化两岸产业合作

以打造产业合作载体平台为抓手，大力推动厦台在光电、集成电路、智能制造、生物医药、文化创意等优势产业深度对接，促进厦台优势产业合作发展。加强与台湾先进制造业的对接合作，促进产业链合作、产业与研发同步发展。深化海峡两岸物联网产业、两岸工业设计产业交流合作。加快建设两岸新兴产业和现代服务业合作示范区，鼓励厦台企业相互持股、合作创新，鼓励台湾地区企业和个人参与示范区的开发、建设、招商及运营，重点发展新一代信息技术、高端装备制造、新材料新能源和节能环保等新兴产业和现代物流、商务服务、科技服务、文化创意、高端医疗及其他专业服务等现代服务业。引导支持在厦台资企业转型提升。

二、加快两岸服务贸易发展

争取率先试点实施两岸 ECFA 协议大陆对台开放承诺。推进两岸金融、物流、旅游、通讯、教育、文化、商业服务等行业深度合作，争取进一步放宽准入领域、降低准入条件、取消股比限制、通关便利、简化报批程序等政策措施。加快两岸新兴产业和现代服务业示范区、东南国际航运中心、两岸贸易中心等平台建设，提升大嶝对台小额商品交易市场等专业市场建设和运作水平，大力发展两岸跨境电商、转口贸易、保税展示交易、商业保理、文化保税、物联网、供应链金融、物流增值等服务贸易新业态、新模式，建立吸引台湾地区创新型企业的体制机制，创新两岸产学研合作模式，共同培育发展新兴产业，打造两岸新兴产业和现代服务业合作的重要集聚区。推动厦台两地海关、检验检疫、食品安全、质量标准认证等监管互认、执法互助、信息互换。开展两岸知识产权经济发展试点。

三、建设两岸区域性金融服务中心

推动两岸金融体制创新、产业创新和管理创新，突出金融创新功能和金融服务相对接，率先实施资本项目限额内可兑换，实施外债审慎宏观管理试点，形成跨境资本和跨境收支审慎管理体系。争取率先实行厦门与台湾资本市场双向开放，推动互设机构便利化。搭建两岸货币、保险、资本市场合作平台，重点引进台资银行、新设全牌照两岸合资综合类证券公司和产业基金。积极建设两岸人民币代理清算平台、对台跨境人民币业务创新平台、两岸特色跨境投融资平台、台商资金集中营运平台、金融资产交易平台、海丝建设合作平台、两岸金融同业定期交流平台等，立足“闽三角”，辐射长三角和珠三角，切实发挥厦门两岸区域性金融服务中心的作用。争取建立台湾等境外离岸市场人民币资金回流和两岸保险资金投资渠道，鼓励企业和金融机构赴台发行人民币债券并回流使用，发展离岸再保险市场。加强两岸巨灾风险研究和保险产品创新合作，建立厦门巨灾保险制度，探索设立两岸巨灾保险衍生品交易中心。积极引进台湾地区证券、会计等配套服务机构，支持自贸试验区内大力发展融资租赁、保理等非银行金融业务。

四、推动两岸共同参与国际竞争

促进两岸合作创新、共创品牌、共同开拓国际市场。充分利用台湾技术、资金、人才、管理及海外机构等优势，共同拓展与海丝沿线国家经贸合作，争取使厦门成为台湾融入“一带一路”战略的最佳跳板。开展厦金深度合作；推动厦蓉欧班列延伸发展，支持台湾企业开拓中西部市场，促进亚欧大陆国家与海西、台湾等地区贸易合作；充分运用中国—东盟自贸区的优惠关税政策，探索台湾商品经厦门口岸进入厦门及周边，经精加工后出口东盟的模式；探索建立与台湾高雄港、台中港等“自由经济示范区”和金门“免税岛”全面对接合作新模式。

第三节　加快建设两岸文化交流最活跃平台

以闽南文化为纽带，以两岸教育合作综合改革试验区为载体，以引进台湾优势医疗资源为抓手，全面深化两岸在文化、教育、医疗、卫生、体育等领域交流合作，推动两岸社会、民生、人文交流新融合。

一、深入推进两岸文化交流合作

全面提升两岸文化交流合作水平，发挥闽台文化产业园、闽南文化生态保护实验区的示范带动作用，建设一批两岸文化交流合作平台和文化产业基地。推动闽南民间艺术展演交流和互访商演、宗教联谊，拓展“乡音之旅”等各种形式的“文化入岛”交流合作。提升海峡两岸民间艺术节、图交会、海峡两岸百名中小学校长论坛、海峡两岸中学生闽南文化夏令营、厦金海峡横渡、保生慈济文化节、郑成功文化节、福德文化节等交流活动的实效和影响力，形成两岸文化交流最活跃平台。继续推进国家相关部门和台湾相关行业协会在厦设立的两岸交流合作基地或办事机构建设，打造两岸事务重要协商地。

二、大力促进两岸教育交流合作

在教育管理体制改革、办学体制改革等方面先行先试，创新两岸合作办学模式。加强厦台学前教育、继续教育、教科研训等领域交流合作，共建人才、技术、信息等资源共享平台，建立健全学生交流互访、学分互认、专业认证等合作机制，推动两岸学历和技能人员职业资格互认。加强两岸人才培训和职业教育合作，鼓励台湾优质职业教育机构以多种方式举办职业院校和职业技能培训机构，建设职业院校和台企合作示范性实训基地，推动与台湾院校合作培训专业人才。

三、深入推进两岸医药卫生领域交流合作

鼓励台资来厦举办独资、合资或合作医疗机构。加快输台药材质量检测和认证中心建设。开展两岸医学人才交流，鼓励台湾地区医师来厦执业，对在台取得正规学历及执业资格进行手续简化确认，促进医务人员合理流动。着力引进台湾知名养老服务集团和连锁机构，推动厦台养老护理转诊合作和养老护理资格互认，打造两岸健康产业和养老服务合作示范基地。

第四节　加快建设两岸直接往来最便捷通道

建立更加便捷的两岸交通体系，创新口岸管理服务机制，率先试行便利两岸直接往来的措施，提高两岸人员往来和货物流通效率和水平，建设两岸直接往来的综合枢纽。

一、推进厦台互通对接

拓展客货运空中直航航线，加快建设厦门翔安机场，打造东南沿海重要的国际干线机场和区域性航空枢纽港。进一步推进开放航权、优化航路、增辟新航线、增加航班，做优做强两岸海、空直航运输体系。开辟对台货运新通道，拓展海空客货运直航、海上客货运滚装业务，积极推动两岸经厦门口岸客货滚装运输陆海联运。加快推进对台邮件中转地建设，建设对台邮包交换中心，打造两岸邮件往来的主要中转地和集散地。争取赋予厦门在对台交流合作方面更多的审批权限，提升厦门口岸人员往来和货物流通效率和水平。完善两岸直接“三通”（通商、通航、通邮）基础条件，提升对台开放合作整体功能，打造厦门与金门便捷的半小时交通圈和一日生活圈，形成两岸直接往来最便捷通道。

二、提升两岸“三通”往来通道

加快厦门邮轮母港、五通对台客运码头三期建设，对厦金客轮、往来两岸游艇、帆船等实施便利化监管，做优做强两岸海运运输体系。建立两岸口岸部门的直接沟通渠道和互通机制，创新厦台通关合作模式，推动两岸港口互设办事机构，试行两岸海关数据共享，两岸区间货物流转采取“数据结转”监管通关模式，加强厦台两地海关和检验检疫等方面合作，逐步实现信息互换、执法互助和监管互认。实施特殊船舶登记制度，建设对台船员培训和劳务外派基地。推动两岸资本互相参与港口建设，构建海峡邮轮经济圈。

三、推动厦台旅游深度合作

做大做响海峡旅游品牌，以购物休闲旅游、厦金澎特色旅游、会展商务旅游为亮点，提升服务品质，在人员往来手续、物件流转、住宿服务等方面创新改进，进一步做大做响海峡旅游。支持两岸旅游服务机构联合深度开发包括邮轮旅游在内的“一程多站”旅游产品，策划推出一批双向旅游精品线路，积极开展联合宣传推广，提升海峡旅游品牌的知名度和吸引力。

第五节　加快建设两岸同胞融合最温馨家园

以开展美丽厦门共同缔造为契机，鼓励在厦台胞参与社区治理，为台胞在厦投资兴业、交流交往和生活居住提供便利条件和良好服务。

一、促进台胞融入厦门

持续推进同胞融合行动计划。进一步落实《厦门经济特区台湾同胞投资保障条例》，推动在厦台胞依法在生活、工作与公共服务等领域享有与本市居民同等待遇。赋予台企在产业扶持、科研补助、市场开拓、融资等方面与内资企业享有同等待遇；市中小企业发展专项资金对台资和内资中小企业一视同仁。鼓励在厦台胞参与社区民主选举和社区事务管理，支持在厦台商、台湾专业人士和优秀人才参政议政，促进台胞融入厦门。

二、支持台胞创业就业

大力引进台湾人才来厦发展，降低台湾地区专业人员执业准入门槛，简化台湾专业从业人员在厦申请从业人员资格和取得执业资格的相关程序。推动更多台资人力资源企业在厦设立并开展服务，支持本土人力资源企业到台湾设立分支机构。大力引进台湾特聘专家、专才和创业项目，努力建设台湾创新型中小企业聚集区。推动台资企业转型升级，支持台资企业开展技术创新、产学研合作及资格认定等工作。

三、加强台胞权益保护

完善新型高效的社会管理体系，优化保护和服务台胞正当权益的法制政策环境，继续推进选聘台籍陪审员、涉台案件特邀调解员制度，进一步完善涉台纠纷诉调对接机制，提升涉台集中管辖审判工作和司法服务水平，在集中受理、调解纠纷、司法助企等方面创新举措，更好地保障台胞合法权益。

第六节　加快建设两岸民间交往最亲密基地

秉持“两岸一家亲”理念，以闽南文化为纽带，创新交流方式，深耕台湾基层，丰富民间交流，共筑精神家园。

一、拓展各类涉台交流合作平台

进一步提升海峡论坛、海峡两岸乐活节等涉台交流活动品牌影响力，办好海峡职工论坛、海峡青年论坛、海峡金融论坛、海峡百姓论坛、海峡妇女论坛、两岸关爱下一代成长论坛、海峡两岸婚姻家庭论坛等，不断扩大两岸基层民众交流领域，为两岸基层民众搭建更多的交流合作平台，推动各行各业互动、交流，产生认同、共识，提升交往的层级和范围。

二、深化两岸基层交流互访

扩大两岸基层民众交流覆盖面，拓展两岸基层民众交流形式，推动观光旅游、求学参访、合作论坛、宗亲联谊、宗教往来等互访互动，推动两岸民俗传统、乡土文化等的交流，不断提升交流层次和交往规模。推进厦门镇街、社区与台湾乡镇、村里、社区全面交流合作，争取与台湾更多的基层居民自治组织建立交流协作机制。办好海峡两岸社区治理论坛，推动两岸村里和社区对接合作。

三、打造两岸青年交流交往的平台

加快建设海峡两岸青年创业基地及台湾青年来厦创业就业服务云平台和实训基地，吸引更多台湾青年来厦创业就业。办好海峡两岸青年（高校）创意创新创业邀请赛、两岸青年联欢节、两岸大学生闽南文化研习夏令营等两岸青少年交流活动，增强两岸青少年“海峡同根、文化同源、两岸一家亲”的认同。

第十章　建设法治厦门

充分发挥法治建设在美丽厦门建设中的引领、规范和保障作用，全面推进科学立法、严格执法、公正司法、全民守法，加快实现法律规范更加完备、法治实施更加高效、法治监督更加严密、法治保障更加有力，力争到2020年前把厦门建成法治中国的典范城市。

第一节　完善法治环境

一、完善地方立法体制机制

充分发挥经济特区立法权，严格按照法定权限制定地方性法规和规章。健全市人大及其常委会主导立法工作的体制机制。进一步完善政府立法体制机制，建立健全公众参与立法活动、法规规章草案征求意见采纳情况说明和立法后评估等制度。建立改革决策与立法决策相衔接的工作机制，实现重大改革于法有据。

二、推进科学立法、民主立法

不断完善立法工作者、实际工作者和专家学者三结合的立法起草模式，试行委托第三方起草法规规章草案。建立健全向人大代表及基层人大征询立法意见机制，设立基层立法联系点。探索建立有关国家机关、社会团体、政协委员、专家学者等对立法中涉及的重大利益调整论证咨询机制。健全立法机关与社会公众沟通机制，开展立法协商，拓展公民有序参与立法途径。

三、加强重点领域立法

围绕推进“多规合一”、对台交流合作、自贸试验区建设、社会治理创新、生态文明建设、城市综合管理等领域，开展特色立法；围绕加强公共安全、环境保护、教育医疗、社会保障、食品安全、社会救助、社会组织建设和弱势群体合法权益保护等方面，加大民生立法。

四、完善法律实施监督制度

坚持立改废释并举，推进地方性法规规章清理完善工作常态化，增强法规、规章的及时性、针对性、有效性。强化规章和规范性文件的备案审查，完善规范性文件管理，依法撤销和纠正不合法或不适当的规范性文件，健全规范性文件备案审查制度。开展立法后评估制度，并在建立立法咨询专家库的基础上探索建立基层立法联系点制度等，从体制机制和工作程序上有效防止部门利益和地方保护主义。

第二节 加强法治政府建设

一、依法履行政府职能

推进机构、职能、权限、程序、责任法定化，依法公开政府部门的职能、法律依据、实施主体、职责权限、管理流程、监督方式等事项，严格按照对外公布的行政权力清单行使职权。加强对行政权力的制约和监督，严格执行行政问责制度，规范权力运行程序，强化对权力集中的部门和岗位内部流程控制，有效防止权力滥用。

二、健全依法决策机制

建立健全各级政府及其部门行政决策程序，把公众参与、专家论证、风险评估、合法性审查、集体讨论决定作为重大决策的法定程序，进一步细化风险评估、合法性审查的制度措施。推行政府法律顾问制度，建立和完善以政府法制机构人员为主体、吸收专家和律师参加的法律顾问制度，完善政府立法咨询专家制度。创新“多规合一”平台应用，强化公众对城市发展决策、执行和管理的监督，提高决策的民主化、科学化水平。

三、创新行政执法体制

深化行政执法体制改革。推行各行政管理领域内部综合执法，探索安全生产、交通运输、资源环境等领域跨部门综合执法，减少执法队伍种类。深化城市管理综合执法体制改革，理顺城管执法体制。进一步推进相对集中行政处罚权工作。建立健全行政执法与刑事司法衔接机制，完善案件移送标准和程序。全面落实行政执法责任制。完善和落实行政裁量权基准制度。加快推进网上行政执法平台建设、运用，逐步实现行政许可、行政处罚等主要行政执法事项全部进网办理。

第三节 全面建设法治社会

一、推动全社会树立法治意识

全面启动“七五”普法工作，健全和完善全社会普法教育机制，推动法治宣传教育制度化、法治化。完善国家工作人员学法用法制度，把宪法法律列入党委（党组）理论中心组学习内容，列为党校、行政学院、社会主义学院必修课。坚持完善市、区两级人大常委会任命国家工作人员任前法律知识考试制度，试行对全市新任市管干部进行任前法律知识考试。制定在中小学校设立法治知识课程的工作规划，将法治教育纳入教学评估和考核的重要内容。将业务法律的宣传普及纳入实施单位的法定职责，严格落实国家机关“谁执法谁普法”工作责任制。建立法官、检察官、行政执法人员、律师等以案释法制度，健全媒体公益普法制度。深化“法律六进”活动，加强新媒体新技术在普法中的运用，加强社会主义法治文化建设，在全社会营造浓厚的法治氛围。

二、提升基层治理法治化水平

加强社区治理制度建设，合理界定村（居）主体功能，制定村（居）的权责清单，持续深化基层组织依法治理。建立健全互联互通、运行高效的网格化服务管理体系。制定完善符合法治要求的市民公约、村（居）规民约、行业规章、团体章程，推动形成多层次、多样化的社会治理规则体系，发挥社会规范在基层社会治理中的积极作用。

三、建设完备的公共法律服务体系

建设完备的法律服务体系，加快推进覆盖城乡、惠及全民的公共法律服务体系建设。全面建成“一村（社区）一法律顾问”的专业服务网络，推动法律服务进驻行政服务中心或便民服务中心。完善法律援助制度。健全司法救助体系。健全完善公证执业规范体系。健全统一的司法鉴定管理体系，推动我市司法鉴定行业改革发展，着力将我市打造成区域性司法鉴定中心。加快发展商事仲裁服务业，打造一流商事纠纷仲裁中心。

四、促进司法公正

严格按照中央有关司法体制改革的精神和省委的部署，积极稳妥推进司法体制改革。建立符合职业特点的司法人员分类管理制度，健全法官、检察官职业保障制度，着力提高法官、检察官职业化、专业化水平。优化司法职权配置、完善司法责任制和建立权责明晰的司法权力运行机制。建立健全权力清单制度，建立办案质量终身负责制和错案责任倒查问责制，着力解决影响和制约司法公信力的深层次问题。统筹推进立案登记、轻微刑事案件快速办理和速裁程序改革试点、以审判为中心的诉讼制度改革、律师参与涉法涉诉信访等其他司法机制配套改革，不断提高司法效率和公信力。推动落实国家统一法律职业制度，建立健全法律职业岗位人员职前培训，培养和发展特区法治工作队伍。

五、做好涉台涉港澳涉外法律事务

加强厦港澳台和对外经贸合作交流的法律研究，打造对外交流合作的前沿平台。依法平等保护港澳台同胞和海外侨胞的合法权益，为港澳台同胞和海外侨胞在厦工作、学习、生活营造良好法治环境。发展涉外法律服务业，积极推动我市律师行业加强涉港澳和涉外法律交流，鼓励和支持我市律师事务所到境外设立分支机构。依法公正高效审判涉台案件，完善涉台案件专业化审判机制，建立涉台案件“绿色通道”，提高办理涉台案件效率。发挥厦门海事法院对台属地管辖的优势，将我市打造成解决涉台海事、海商纠纷的首选地。创新涉台纠纷解决机制，探索建立涉台纠纷人民调解组织，完善台企与所在地联防联调机制。大力开展涉台仲裁业务，将厦门仲裁机构建设成两岸商事纠纷解决的首选仲裁机构。推进两岸司法互助和司法交流。

第四节 加强反腐倡廉建设

反腐倡廉建设永远在路上，反腐不能停步、不能放松。坚持全面从严治党，落实“三严三实”要求，严明党的纪律和规矩，落实党风廉政建设主体责任和监督责任。坚持有腐必反、有贪必肃，巩固反腐败成果，构建不敢腐、不能腐、不想腐的有效机制，努力实现干部清正、政府清廉、政治清明，为经济社会发展营造良好政治生态。

健全改进作风长效机制，强化权力运行制约和监督，坚持用制度管权管事管人，让人民监督权力，保证权力在阳光下运行，铲除权力腐败的温床。推行权力清单制度，规范领导干部职责权限。健全政府内部权力制约机制，加强对权力部门的行政监察和审计监督。全面推进政务公开，实行决策公开、执行公开、服务公开、结果公开。

第五节 发展社会主义民主政治

坚持和完善人民代表大会制度、中国共产党领导的多党合作和政治协商制度、民族区域自治制度以及基层群众自治制度，扩大公民有序政治参与。

一、加强协商民主制度建设

构建程序合理、环节完整的协商民主体系，扩宽国家政权机关、政协组织、党派团体、基层组织、社会组织的协商渠道。更好发挥人民政协作为协商民主重要渠道作用，推进政治协商、民主监督、参政议政制度化、规范化、程序化。深入开展立法协商、行政协商、民主协商、参政协商和社会协商，加强经济社会发展重大问题和涉及群众切身利益问题的协商。促进网络协商民主健康发展。

二、发展基层民主

完善基层民主制度，畅通民主渠道，健全基层选举、议事、公开、述职、问责等机制。完善群众在城乡社区治理、基层公共事务和公益事业中的自治机制，提高自治能力。健全以职工代表大会为基本形式的企事业单位民主管理制度，保障职工参与管理和监督的民主权力。加强律师队伍建设，推进覆盖城乡居民的公共法律服务体系建设，完善法律援助制度，健全司法救助体系。

第十一章 强化规划实施保障

本规划经市人民代表大会审议批准，是未来五年我市经济社会发展的宏伟蓝图，具有法律效力。要举全市之力，确保完成规划确定的发展目标和任务。

第一节 发挥党的领导核心作用

坚持党总揽全局、协调各方、发挥各级党委在经济社会工作的领导核心作用，发挥基层党组织战斗堡垒作用和党员先锋模范作用，更好带领全市人民建成美丽中国典范城市，为实现“十三五”规划提供坚强保证。注重发挥工会、共青团、妇联等群团组织的作用，巩固和发展最广泛的爱国统一战线，全面落实民族、宗教、侨务等政策，充分发挥民主党派、工商联和无党派人士作用，最大限度凝聚全社会共识和力量，推进改革发展，维护社会和谐稳定。

第二节 健全“多规合一”的规划体系

加强规划衔接协调。统筹全市相关部门专项规划，创新规划编制，加强统筹管理和衔接协调，形成科学完整的规划体系。

本市各级各类规划的编制和实施要以本规划为依据，各级各部门要细化落实本规划提出的目标任务，编制实施总体规划、专项规划、区域规划、年度计划等。

强化规划的空间管控。“多规合一”平台的搭建，为各项建设任务的落地奠定了坚实的基础，“十三五”时期要以“多规合一”统一的空间规划体系为依托，将未来五年空间布局、建设项目落在统一的空间布局图上，构成全市未来五年发展的蓝图，实现“一张蓝图绘到底”。

加强项目统筹管理。以规划引领项目建设，以项目促进规划落实，建立全市“十三五”项目信息综合管理平台，对规划实施的项目进行全口径、全生命周期管理。

第三节 建立规划实施保障机制

加强项目统筹管理。要以“十三五”规划确定的目标为指引，提升项目策划生成和储备水平，积极引导市场投资，形成“谋划一批、签约一批、开工一批、在建一批、投产一批”的滚动发展态势。所有建设项目纳入全市统一项目管理平台，按照全生命周期进行管理。对纳入规划的重大项目，经“多规合一”协同平台纳入数据库后，简化审批核准程序，优先保障规划选址、土地供应和融资安排。

统筹政策配套。用好用足国家在政策、项目、资金等方面的支持，挖掘政策潜力，释放政策效应。围绕规划提出的目标和战略任务，各级各部门要加大政策研究和储备，加强部门间政策制定和实施的协调配合，坚持短期调控政策和长期发展战略相结合，打好产业、财税、金融、土地、环保、投资等相关政策组合拳，注重定向施策、精准施策。

增强财力保障。财政部门要加强财政预算与规划实施的衔接协调，在明晰财政支出责任的基础上，强化公共财政对规划实施的保障作用。中期财政规划要根据本规划提出的目标任务和财力可能，合理安排支出规模和结构，滚动调整时要充分考虑本规划实施需要。年度预算安排要优先考虑本规划实施的年度需要。

强化资源保障。要用节约集约的思维全力保障好规划实施项目在用地、用海、用林、环境容量以及用水、用电、用气等方面的指标需求，注重提高要素保障效率，提升要素利用效益。要用创新的思路和改革的办法破解融资难题，全面推广政府和社会资本合作模式，拓宽民间投资渠道。

完善考核评价。完善规划实施考核评价机制，加强规划实施的监测评估，推进规划实施的信息公开，营造规划实施的良好舆论氛围。根据资源禀赋、发展任务、工作重点建立差别化的绩效评价考评体系，强化对创新驱动、转型升级、民生福祉、生态文明、深化改革、对外开放等目标任务完成情况的综合评价考核。规划确定的约束性指标要分解落实到各区各部门，落实责任、明确进度，全力确保规划目标实现。规划考核纳入经济社会发展综合评价和绩效考核体系，考核结果作为各级政府领导班子调整和领导干部选拔任用、奖励惩戒的重要依据。

强化监测评估。加强统计工作，顺应发展态势，建立健全统计监测指标体系和统计评价指标体系。创新统计方法，加快完善监测评估体系，实行动态监测，强化对规划实施情况跟踪分析，开展规划中期评估和专项监测，推动本规划顺利实施。规划实施中环境发生重大变化或因其它重要原因，需要进行调整，应依法报市人大常委会审议批准。在实施完成后，及时进行总结评估，为编制下一个五年规划提供基础。

第四节 充分调动全社会积极性

发展共建。规划提出的预期性指标和产业发展、结构调整等任务，主要依靠市场主体的自主行为实现。增强规划工作透明度和公众参与度，以规划协调服务为纽带，启发群众参与；以宣传培育精神为根本，提升群众参与，使规划确定的目标任务深入人心。

建设共管。充分发挥社会各界参与规划实施的主动性和创造性，最大限度地汇聚人民群众的力量和智慧，在全社会形成关心规划、自觉参与规划实施的浓厚氛围。

效果共评。健全规划重大事项实施情况公开机制、社会监督机制和公众评议机制，定期向社会公众发布实施信息，自觉接受社会监督，形成发展共建、建设共管、效果共评的生动局面。

实现“十三五”时期的发展目标，前景光明，任务繁重。全市广大干部群众要更加紧密地团结在以习近平同志为总书记的党中央周围，在中共厦门市委的正确领导下，抢抓机遇、开拓创新，凝心聚力、奋力拼搏，全力推动科学发展跨越发展，为实现“十三五”规划和全面建成美丽中国典范城市的宏伟目标而努力奋斗！

附：

名词解释

1.全员劳动生产率（第一章第三节）。指根据产品的价值量指标计算的平均每一个从业人员在单位时间内的产品生产量。计算公式：工业总产值/全部从业人员平均人数。

2.互联网普及率（第一章第三节）。包括固定宽带家庭普及率和移动宽带用户普及率。

3.户籍人口城镇化率（第一章第三节）。指城镇驻地聚集区的户籍人口占常住人口的百分比。

4.人类发展指数（第一章第三节）。人类发展指数（HDI——Human Development Index）是由联合国开发计划署在《1990年人文发展报告》中提出，用以衡量联合国各成员国经济社会发展水平的指数，从动态上对人类发展状况进行反映。评估人类发展三大基本维度（即健康长寿的生活、知识以及体面的生活水平）。根据预期寿命、受教育年限（包括平均受教育年限和预期受教育年限）、人均国民总收入加权计算形成的综合评估指标。

预期寿命。指在新生儿出生时的各年龄组别死亡率经其一生保持不变的情况下的预计寿命。

平均受教育年限。使用每种教育水平所规定的期限将受教育程度换算为25岁及以上年龄人口获得的平均受教育年限。

预期受教育年限。如果特定年龄的入学率现行模式经其一生保持不变，一名学龄儿童预计将接受教育的年限。

人均国民总收入。国内生产总值加上由于拥有生产要素获得的收入减去对使用国外生产要素的支出，采用购买力平价比率换算成国际美元，除以年中的总人口。

5.好于Ⅲ类水体比例（第一章第三节）。厦门市主要溪流监测断面水质好于三类水体标准的次数除以厦门市主要溪流监测断面总监测次数；三类水体标准为《地表水环境质量标准》（GB3838-2002）。

6.非化石能源占一次能源消费比重（第一章第三节）。指核电、水电、风能、太阳能等非化石能源消费量占一次能源消费总量的比重，是衡量能源结构优化程度的重要指标，能源分为化石能源和非化石能源。非化石能源包括当前的新能源及可再生能源，含核能、风能、太阳能、水能、生物质能、地热能、海洋能等。

7.众创众包众扶众筹（第二章第一节）。众创，指汇众智搞创新，通过创业创新服务平台聚集全社会各类创新资源，大幅降低创业创新成本，使每一个具有科学思维和创新能力的人都可参与创新，形成大众创造、释放众智的新局面。众包，指汇众力增就业，借助互联网等手段，将传统由特定企业和机构完成的任务向自愿参与的所有企业和个人进行分工，最大限度利用大众力量，以更高的效率、更低的成本满足生产及生活服务需求，促进生产方式变革，开拓集智创新、便捷创业、灵活就业的新途径。众扶，指汇众能助创业，通过政府和公益机构支持、企业帮扶援助、个人互助互扶等多种方式，共助小微企业和创业者成长，构建创业创新发展的良好生态。众筹，指汇众资促发展，通过互联网平台向社会募集资金，更灵活高效满足产品开发、企业成长和个人创业的融资需求，有效增加传统金融体系服务小微企业和创业者的新功能，拓展创业创新投融资新渠道。

8.创新社区（第二章第一节）。指在新经济格局下，知识要素和创新要素在一定地理空间内集聚，通过相互之间紧密的互动关系重构区域的社会经济结构。由创新单元和创新主体与社区紧密联系在一起，以提升创业环境和人居环境为主，集办公、居住、休闲、学习于一体，构建生活服务、创新人才、生产要素和企业在空间上集聚的社会关系，形成与周边环境有机融合的活力社区。

9.供给侧结构性改革（第二章第三节）。2015年11月10日，在中央财经领导小组第十一次会议上习近平同志提出要加强“供给侧结构性改革”，它是从提高供给质量出发，用改革的办法推进结构调整，矫正要素配置扭曲，扩大有效供给，提高供给结构对需求变化的适应性和灵活性，提高全要素生产率，更好满足广大人民群众的需要，促进经济社会持续健康发展。

10.PPP模式（第二章第三节）。即政府和社会资本合作模式（Public-Private-Partnership），为政府和社会资本合作模式，指政府为增强公共产品和服务供给能力、提高供给效率，通过特许经营、购买服务、股权合作等方式，与社会资本建立的利益共享、风险共担及长期合作关系。包括建设—运营—移交（BOT）、建设—拥有—运营—移交（BOOT）、建设—拥有—运营（BOO）、建设—移交（BT）等模式。

11.社会信用体系（第二章第三节）。是社会主义市场经济体制和社会治理体制的重要组成部分。它以法律、法规、标准和契约为依据，以健全覆盖社会成员的信用记录和信用基础设施网络为基础，以信用信息合规应用和信用服务体系为支撑，以树立诚信文化理念、弘扬诚信传统美德为内在要求，以守信激励和失信约束为奖惩机制，目的是提高全社会的诚信意识和信用水平。

12.军民融合（第二章第三节）。指把国防和军队现代化建设深深融入经济社会发展体系之中，全面推进经济、科技、教育、人才等各个领域的军民融合，在更广范围、更高层次、更深程度上把国防和军队现代化建设与经济社会发展结合起来，为实现国防和军队现代化提供丰厚的资源和可持续发展的后劲。

13.开发强度（第三章第一节）。根据《国务院印发全国主体功能区规划的通知》(国发〔2010〕46号)，开发强度指一个区域建设空间占该区域总面积的比例。建设空间包括城镇建设、独立工矿、农村居民点、交通、水利设施以及其他建设用地等空间。

14.碳化硅、石墨烯等关键技术（第四章第四节）。碳化硅，具有更宽的禁带宽度，更高的击穿电场，更高的热导率，更高的电子饱和速率和更高的抗辐射能力，是制作高温、高频和大功率电力电子器件的理想半导体材料。由于碳化硅半导体衬底材料可制作大功率、高热导的高频度微波器件、功率件和照明器件，具有非常显著的性能优势和巨大的产业带动作用。石墨烯，是从石墨材料中剥离出来，由碳原子组成的只有一层原子厚度的二维晶体。石墨烯是目前发现的最薄、强度最大、导电导热性能最强的一种新型纳米材料，被称为“黑金”，其最有潜力的应用是成为硅的替代品，制造超微型晶体管，用来生产未来的超级计算机。

15.“OEM”、“ODM”和“OBM”(第四章第五节)。ODM，是Original Design Manufacturer(原始设计制造商)的缩写，指为客户提供从产品研发、设计制造到后期维护的全部服务，客户只需向ODM服务商提出产品的功能、性能甚至只需提供产品的构思，ODM服务商就可以将产品从设想变为现实。OEM，是Original Equipment Manufacture(原始设备制造商)的缩写，指一种"代工生产"方式，其含义是生产者不直接生产产品，而是利用自己掌握的“关键的核心技术”，负责设计和开发、控制销售“渠道”，具体的加工任务交给别的企业去做的方式。OBM，是Original Brand Manufacture(原始品牌制造商)的缩写，指代工厂经营自有品牌，或者说生产商自行创立产品品牌，生产、销售拥有自主品牌的产品。

16.“基地＋众创”新模式（第四章第七节）。指通过提升改造盘活闲置的商业用房、工业厂房、企业库房、物流设施等资源，形成创业创新基地，并通过市场化机制、专业化服务和资本化途径，结合创新创业、线上线下、投资孵化，打造低成本、便利化、全要素、开放式的创业服务平台，以推进大众创业万众创新的新模式。

17.“智能一代”(第四章第七节)。推动新一代信息技术与制造技术融合发展，推进生产过程智能化，发展智能装备和智能产品，培育新型生产方式，全面提升企业研发、生产、管理和服务的智能化水平。

18.云制造（第四章第七节）。云制造是先进的信息技术、制造技术以及新兴物联网技术等交叉融合的产品，是制造即服务理念的体现。

19.“环湾放射”城市快速路骨架路网（第五章第二节）。指在美丽厦门战略规划实践中，在构建“一岛一带多中心”和山、海、城相融的城市空间格局过程中，为提高我市宜居度和交通环境承载力而规划建设的既环海湾又放射连通大都市区的高效、通畅路网结构体系。

20.“P+R”停车换乘场站（第五章第二节）。“P+R”是Park and Ride的缩写，是停车换乘的意思，指不同交通方式之间的换乘，尤指在一次完整出行中，通过提供与公共交通服务直接相连的停车设施，实现私家车与公共交通之间的转换，通常结合公交枢纽、地铁站点等规划建设。建设此项设施可有效缓解中心城区道路拥堵状况。

21.综合管廊建设（第五章第四节）。是建于城市地下用于容纳两类及以上市政管线（电力、通信、给水、燃气等）的采用单舱、双舱或三舱方式建设的构筑物及附属设施，也称共同沟。

22.海绵城市建设（第五章第四节）。是发挥城市绿地、道路、水系等对雨水的吸纳、蓄渗和缓释作用，使城市开发建设后的水文特征接近开发前，采用源头削减、中途转输、末端调蓄等多种手段，通过渗、滞、蓄、净、用、排等多种技术，实现城市良性水文循环，提高对径流雨水的渗透、调蓄、净化、利用，有效应对城市内涝，维持或恢复城市的“海绵”功能。

23.基于IPv6的下一代互联网（第五章第六节）。下一代互联网，指不同于现在互联网的新一代互联网。从速度看，它要比现在的互联网快1000倍以上，传输速度更快；从安全性看，正在使用的第一代互联网基于IPv4协议，它可以提供的IP地址大约为40多亿个，随着网络的飞速发展，IPV4地址已分配殆尽，而下一代互联网由于使用的是IPv6地址协议，采用128位编码方式，使得互联网地址资源非常充足，网络数据来源更具有安全性。

24.“一区一品”和“一区多品”(第六章第八节)。一个区有一个群众性体育品牌活动和一个区有多个群众性体育品牌活动。

25.“青山挂白”专项治理（第八章第三节）。指针对在交通干线两旁、江河流域河道两侧、旅游区等建坟墓、开山采石而造成的岩层裸露、植被破坏、水土流失并影响景观美化的现象，开展的专项治理工作。

26.“四边三节点”绿化改造（第八章第三节）。对“界边”、“山边”、“水边”、“路边”以及城市中心节点、市民活动节点、交通枢纽节点进行环境提升整治。

在市委十二届二次全会上关于市委常委会工作的报告

（2016年12月27日）

裴金佳

各位委员，同志们：

我受市委常委会委托，向全会报告过去一年的工作。

一年来，市委常委会全面贯彻党的十八大和十八届三中、四中、五中、六中全会精神，认真学习贯彻习近平总书记系列重要讲话精神和对福建、厦门工作的重要指示，围绕“五位一体”总体布局和“四个全面”战略布局，团结带领全市干部群众，统筹做好稳增长、调结构、促改革、惠民生、保稳定等各项工作，全市经济、政治、文化、社会、生态文明和党的建设取得了新的成效，实现了“十三五”良好开局。预计今年全市生产总值增长8%；全社会固定资产投资增长15%；财政总收入增长8.5%，地方级收入增长6.8%；社会消费品零售总额增长9%；规模工业增加值增长6%以上。社会各项事业协调发展，防抗台风“莫兰蒂”和灾后恢复重建取得重大阶段性胜利，社会保持和谐稳定。

一、持续深入学习习近平总书记系列重要讲话精神，牢固树立“四个意识”

市委常委会坚持把学习贯彻习近平总书记系列重要讲话精神作为重大政治任务，持之以恒推进，不断增强学习贯彻的自觉性坚定性，强化“四个意识”，推动中央、省委各项决策部署深入落实。一是大力加强思想建党。市委常委会认真开展“两学一做”学习教育，完成三个专题集中学习讨论，组织开展了习近平总书记“七一”重要讲话精神等专题学习，带头抓好理论武装。落实市委中心组学习制度，以邀请中央有关部委领导和知名专家举行专题讲座等形式，引导全市各级党组织和广大党员干部增强对习近平总书记系列重要讲话精神的思想认同、理论认同、情感认同。市委第一时间召开常委（扩大）会议传达学习十八届六中全会精神，一致认为，确立习近平总书记的领导核心地位，符合党心军心民心，坚决维护以习近平同志为核心的党中央权威。二是科学绘制发展蓝图。市委常委会坚持把学习贯彻党中央治国理政的新理念新思想新战略、省委的重大决策部署与厦门实际紧密结合，不断解放思想，增强贯彻落实的创造性和实效性。一年来，市委全会先后召开4次，分别从谋划“十三五”发展、争当“五大发展”示范市、深入实施创新驱动发展战略、推进供给侧结构性改革等方面，研究制定了贯彻落实中央、省委部署要求的具体意见或方案。市第十二次党代会凝聚全市智慧，明确了未来五年把握新机遇、再上新台阶、建设五大发展示范市的目标任务，为厦门新起点上的发展绘制了蓝图。三是掀起全市学习热潮。市委常委全部落实讲党课要求，17位市领导带头讲授党课，并邀请知名专家授课。一年来采取集中轮训和专题辅导等形式，共培训副厅级干部1330余人次，面向局级以上领导干部辅导授课30400多人次。组织五中、六中全会精神宣讲团，并结合“两学一做”学习教育，加强对全市各级党组织理论学习的督导。在全市广泛掀起学习热潮，引导全市广大党员干部牢固树立“四个意识”，落实五大发展理念的思想和行动更加自觉。

二、积极适应和引领经济发展新常态，发展质量效益进一步提高

面对严峻复杂的外部环境和经济下行压力，市委常委会进一步加强对经济工作的领导，积极适应和引领经济发展新常态，深入推进供给侧结构性改革，加强经济运行研判，主动谋划、精准施策，积极应对各种风险和挑战，努力推动我市经济持续健康发展。一是产业转型升级步伐加快。大力实施创新驱动战略，科技对经济发展的支撑作用更加突出，获批福厦泉国家自主创新示范区、国家促进科技与金融结合试点城市和科技服务业区域发展试点。规模以上高新技术企业增加值增长7.7%，占规模以上工业增加值的比重提高到59.2%。先进制造业发展提速，工业经济发展质量进一步提升，工业经济效益指数、企业利润总额、工业用电量分别比去年同期增长9.2%、12.1%和5.9%。天马微电子二期、联芯、电气硝子等龙头项目投产，戴尔、天马微电子、太古飞机、银鹭食品等重点企业产值增速在20%以上，平板显示、生物医药等优势产业链群加快壮大。制定实施集成电路产业发展规划，与中科院共建的微电子工程学院启动建设，致力打造国家级集成电路产业基地。现代服务业发展势头强劲，位居国家现代服务业综合试点城市复评第一，获批国家现代物流创新发展城市和智慧物流城市试点。规上软件信息服务业营收增长46.7%，限上网络零售额增长17.8%，会展业总体经济效益增长19.5%。新产业新业态新模式加快发展。通达科技、美图移动、盈趣科技、亿联网络等一批“制造+服务”、“互联网+工业”企业成长较快，新产品、新业态、新商业模式快速发展。新增国家级小微企业创业创新示范基地2家，新认定市级众创空间80家，新增492家成长型中小微企业和55家专精特新小微企业。二是发展后劲进一步增强。积极扩大有效投资，重大项目建设进展加快。111个省重大项目预计全年完成投资795亿元，完成年

度计划 126%，增长 22%。强化项目策划生成，全市共策划储备投资额 1 亿元以上“五个一批”项目 931 个，总投资 17022 亿元，居全省首位。三是供给侧结构性改革扎实推进。突出做好降成本和补短板工作，出台实施 35 项减税减费降成本措施，开展港口物流等领域清费减负，累计为企业减负近 200 亿元。其中落实支持营改增、小微企业优惠等各项税收优惠超过 150 亿元。加大产业平台、基础设施、民生服务等补短板力度，“十三五”期间共储备四个领域补短板支撑项目 550 个，已竣工及开工在建项目共 291 个，完成投资 535 亿元，开工比例达 53%。着力优化融资环境，有效防控金融风险，不良贷款率仅为 1.77%，持续保持全省最低。

三、全面深化改革开放，战略支点作用进一步显现

市委常委会牢记经济特区的历史使命，找准发展定位，扎实推进改革开放和对台交流合作，积极融入“一带一路”建设，战略支点作用有效发挥。一是自贸区改革试验取得突破。坚持以制度创新为核心，努力探索可复制可推广创新经验。在全省 190 项创新举措中，厦门片区有 95 项，33 属全国首创。其中，“一照一码”在全国复制推广，率先实施信息互换、监管互认、执法互助的“三互”通关模式，口岸通关时间缩短 40%；国际贸易单一窗口功能进一步提升，报关率达 98%，报检率达 100%，均为全国最高。新增各类商事主体 15419 户，增长 140%，航空维修、跨境电商等产业快速发展，分别增长 22.7%、40%。引进鑫桥联合等融资租赁企业近 200 家。引进 10 架飞机，累计 29 架、超 32 亿美元，厦门成为全国第二大飞机融资租赁聚集区。二是“海丝”战略支点城市建设加快推进。积极推动互联互通、经贸合作、海洋合作、人文交流项目，中欧（厦门）班列已开行 100 多列，并延伸到台湾，运输时间比传统海运缩短了一半，物流成本仅为空运的 13% 左右，厦门作为“一带”与“一路”无缝对接的枢纽城市地位凸显。双向投资大幅增长，今年来，海丝沿线国家和地区对我市投资项目 72 个，增长 57%；我市对海丝沿线国家和地区投资项目增长 2.5 倍。三是营商环境进一步优化。实施国际一流营商环境建设三年行动计划，同步推进市场、政府、社会、开放、法治、要素、设施等领域营商环境建设。持续推进“多规合一”改革，完善“多规合一”平台和运作机制，推行建设项目负面清单和电子证照库管理。大力推进“放管服”改革，加大简政放权力度，下放审批和公共服务事项 216 项，精简 229 项。获批全国创建社会信用体系建设示范城市，建立社会信用信息共享平台。根据第三方评估，目前我市营商环境质量相当于全球第 49 位，比去年上升 12 位。四是开放型经济发展水平进一步提升。围绕增强开放发展的竞争力，加强双向投资促进，加快外贸转型升级，双向开放新格局进一步形成。预计今年实际利用外资增长 6%，合同外资提前完成全年任务。外贸竞争力位居全国第五。五是两岸交流合作扎实推进。深化综合配套改革，抓好“一区三中心”、两岸青创基地建设，厦台产业对接合作取得新进展。全市新批台资项目 636 个，同比增长 115.6%；实际利用台资 4.74 亿美元，同比增长 131.7%。两岸企业家峰会年会、第 8 届海峡论坛顺利举办，开展社区对接等基层互动互访。厦金航线出入境旅客 148.9 万人次，厦门口岸台胞出入境规模保持大陆首位。

四、扎实推进跨岛发展，城市承载力宜居度进一步提升

认真贯彻习近平总书记当年提出的跨岛发展的指示，坚持“四个结合”原则，统筹推进岛内外、城乡、区域协调发展，不断提升中心城市系统性协调性和辐射带动能力。一是推进岛内外一体化发展。完善重大基础设施体系，地铁 1—4 号线、翔安新机场、海沧新港区、“两环八射”城市快速路系统等加快建设。厦门港集疏运体系更加便捷，集装箱吞吐量增长 4.5%。岛外环东海域东部新城、翔安南部新城、马銮湾新城规划建设加快，同安、翔安高新技术产业基地和丙洲、美峰现代服务业基地建设快速推进。推进中心城区有机更新，岛内老旧小区加快改造提升，岛内产业加快“退二强三”，一批城市公园、公共停车场、公共自行车道和站点等建成启用。推进鼓浪屿综合整治提升和申遗工作，被确定为中国申报 2017 年世界文化遗产项目，并接受国际专家现场考察。二是提升城市管理精细化水平。推进智慧城市建设，完善城市应急管理、防洪排涝、社区网格化管理、数字城管等大数据管理平台，提高城市信息化、精细化管理水平。扎实抓好海绵城市、地下综合管廊双试点城市建设，名列全国首批地下综合管廊试点城市绩效考评第一。三是协调推进“三农”工作。实施新村建设、旧村改造、老区山区村改造项目 90 个，洪塘村、军营村获评中国最美休闲乡村。高度重视被征地农民和海域退养渔民转产转业，落实支农强农惠农政策，现代都市农业提质增效。出台十条政策扶持做精休闲观光农业，预计全年可接待 470 万人次、总收入 5.4 亿元，增长 18.9%。深化农村改革，推进农村土地承包经营权确权登记颁证工作，支持土地向新型农业经营主体流转，耕地流转率达 39%。加强农产品质量安全监管，积极创建国家食品安全城市，得到全国人大常委会食安法执法检查组高度肯定。四是扎实推进厦漳泉龙同城化。加快推进基础设施建设和互联互通等 46 个同城化项目。创新跨行政区共建产业区模式，厦门龙岩山海协作经济区、厦门泉州经济合作区等进展顺利。

五、坚持以人为本，民生保障工作进一步加强

市委常委会高度重视民生保障工作，发挥社会政策托底功能，扎实推进为民办实事项目和社会事业等领域补短板项目，不断增强人民群众的获得感。一是就业与社保工作稳步推进。深入实施就业创业工程，预计全年新增城镇就业 17 万人，转移农村富余劳动力 1.1 万人，顺利完成全年目标任务。预计城乡居民收入分别增长 8.2%、8.6%，高于经济增速，均居全省首位。加快保障房建设，今年竣工交付 4538 套，在建 13071 套。制定市级公共租赁住房管理办法，推动一批公共租赁住房加快建设。加快全市居家养老服务中心建设，实现居家养老服务全覆盖。二是社会事业加快发展。新改扩建 58 所中小学，新增学位 10000 个，开工建设 22 所公办幼儿园，新增学位 6000 个。开展义务教育学校标准管理创建活动，推动优质学

校岛外实质性建设校区，完善随迁子女招生入学机制，推进中考中招改革。启动第二阶段医疗服务价格改革，分级诊疗首批扩增 9 个病种。成立慢性病防治中心，高血压、糖尿病健康管理率分别为 37.5%、30%。获批并启动国家医养结合试点城市和健康医疗大数据中心及产业园建设国家试点。积极发展体育事业，全民健身活动扎实开展，厦门运动员在里约奥运会上创造了历史最好成绩。成功举办厦门国际马拉松赛，引进世界铁人三项赛、攀岩世界杯等体育赛事。三是生态建设协调推进。推进国家生态文明试验区建设，厦门市获评国家生态市，岛外四区也被授予“国家生态区”称号；获批国家蓝色海湾整治行动试点城市。全面推广小流域综合整治试点工作，持续推进五缘湾、马銮湾等海域整治。海绵城市建设试点完成投资 14.9 亿元，开工面积 9.65 平方公里。狠抓大气污染防治，空气质量优良率在全国 74 个重点城市中排名第四。严格水资源管理，获全省考评第一名。全面启动生活垃圾分类和减量工作，有序推动餐厨垃圾处理试点，率先利用“互联网 +”全程监管危废物，市政环卫工作再上新水平。四是社会保持安定稳定。深入推进平安厦门建设，扎实开展寄递物流安全管理、毒品、“执行难”等“六个专项”治理行动，形成了一批可复制、可推广的“厦门经验”。加强社会治理创新，深入开展美丽厦门共同缔造，全省社会治安综合治理创新工作推进会在我市召开，我市“互联网 + 社会治理”成效得到充分肯定。深入创建国家安全发展示范城市，严格落实安全生产责任制，安全生产形势总体平稳。五是对口支援和对口扶贫工作不断提升。积极推进新疆、西藏、甘肃、宁夏、重庆等援建地区的项目，落实省内挂钩帮扶，今年预算专项资金超过省下达任务数近 12%。做好本市被征地农民和海域退养渔民、城市贫困居民等困难群体的帮扶解困工作，拓展公益性岗位安置困难群体就业。

六、全力抗御超强台风“莫兰蒂”，灾后重建取得阶段性胜利

面对今年以来“尼伯特”“莫兰蒂”“鲇鱼”等超强台风袭击，市委全面动员组织全市人民，全力以赴有力有效防抗台风。特别是 9 月 15 日凌晨 3 点，全球今年最强台风，也是新中国成立以来登陆闽南地区的最强台风“莫兰蒂”，在我市翔安区登陆。在狂风暴雨袭击下，我市电网等设施遭受毁灭性重创，全市直接经济损失达 102 亿元。在中央和省委、省政府的坚强领导下，在省部属单位和兄弟市的大力支持下，全市党政军民众志成城、万众一心，有力有序有效抗御超强台风，把损失降到最低，创造了灾后重建的厦门速度，让世界看到了一个有大爱、有品格、有力量的文明厦门。国家防办认为，厦门在如此强大的台风正面登陆情况下，基本避免了人员伤亡，创造了台风防抗史上的“奇迹”。一是部署到位。台风来临前我市先后四次召开视频会议，市防指及时启动应急预案、调整响应级别，先后发出各类指令 48 份，特别是首次超常规发出防台动员令，及时宣布全市停工、停业、停课、休市。关闭全市所有景区、跨海大桥以及高架桥；建筑工地全部停工；列车、长途客运、BRT、进出岛公交全部停运，飞机、厦金、厦鼓航线停航，码头停止作业，沿海休闲渔排停止营业。科学调节 97 座水库水位，提前泄洪。落实各类抢险救灾物资，排水设备及抢险冲锋舟、编织袋、救生衣、帐篷等物资提前准备到位。二是干部到位。9 月 14 日下午市领导分七组深入各区、各重点区域督导，层层落实防御措施。当夜市领导彻夜坐镇市和区防指统筹指导。各区、镇（街）干部下到每个村居，落实“预警到镇（街）、预案到村（居）”，确保任务到岗、责任到人。15 日起，全市防汛应急单位取消中秋放假，干部职工全部投入到受灾一线开展抢险抢通工作。三是转移到位。开展拉网式排查，不留死角盲点，果断坚决精准转移建筑工棚、危旧房、低洼地带、高边坡、地质灾害点等危险区域人员 47336 人。全市 1761 艘在册渔船全部回港，685 艘商船进入锚地。在台风登陆前两个小时，通过反复劝说甚至动用派出所和海警力量，强制转移了一千多人，避免了重大人员伤亡。开放体育馆、学校等场所供市民和游客避险，调剂足量应急房源，妥善安置紧急撤离的危房住户。四是灾后恢复重建及时高效。台风过后，第一时间成立恢复重建工作领导小组，密集进行研究部署，出台一系列扶持政策，统筹推进灾后重建各项工作，基础设施修复、绿化景观重建提升等工作取得阶段性成果，全市生产生活秩序以最快速度恢复正常。

七、坚持围绕中心服务大局，强化宣传思想文化工作

市委常委会深入学习贯彻习近平总书记关于意识形态和宣传思想工作的系列重要讲话精神，认真落实党委意识形态工作主体责任，牢牢把握政治方向，扎实推进宣传思想文化各项工作。一是提高舆论引导水平。深入开展习近平总书记系列重要讲话精神以及对福建、厦门工作的重要指示的学习宣传，精心举办庆祝建党 95 周年、红军长征胜利 80 周年、五中、六中全会精神集中宣讲等系列活动，提升党员领导干部思想理论水平。坚持团结鼓劲、正面宣传，精心组织省市党代会、防抗台风“莫兰蒂”和聚焦厦门步入“金砖时间”等重大主题宣传，为全市建设“五大发展”示范市营造了良好的舆论环境。繁荣发展哲学和社会科学，市民社科普及水平和公民的科学素质不断提高。二是落实意识形态工作责任制。召开全市党委（党组）意识形态工作责任制座谈会，出台专项考核办法，把落实意识形态工作责任制情况纳入绩效考核，对高校、社科、新闻媒体、网络等意识形态阵地的管理进一步加强。三是大力发展文化事业和文化产业。完善公共文化服务体系，基层综合性文化服务中心建设继续推进，公共文化服务供给水平居全省前列。鼓励原创作品创作，一批文艺精品获国家级、省级奖项。推进文化体制改革，组建报业传媒集团，做强厦门文广传媒集团。制定新兴文化产业发展专项规划，着力培育和发展新型文化业态，全年预计文化产业主营收入 1155 亿元、增加值 350 亿元，分别增长 15%、15.5%。四是深化群众性精神文明创建活动。以创建全国公共文明行为典范城市为载体，将践行社会主义核心价值观落小落实，公民道德建设得到加强。实施公共文明“五大提升工程”，深化文明城市、文明单位、文明村镇、文明校园、文明家庭等群众性创建活动，创建内涵更加丰富，创建实效进一步提升。深入开展向“时代楷模”陈清洲同志学习的活动，在全社会大力营造崇尚先进、敬业奉献的浓厚氛围。

八、稳步推进社会主义民主政治建设，持续巩固团结和谐的政治局面

市委常委会始终坚持党的领导、人民当家作主和依法治市有机统一，坚定不移推进社会主义民主政治建设，不断加强法治厦门建设，为发展营造了良好的政治氛围和社会环境。一是积极支持人大依法履职。坚持把人大工作纳入总体工作布局，支持市人大及常委会依法履行职责，充分发挥人大的独特优势和重要作用。加强对人大换届工作领导，扎实做好市、区、镇三级换届选举各阶段工作，确保换届选举工作依法有序进行。支持立法创新，全国首创由领衔代表组织起草法规草案并作为立法提案人的立法模式，制定促进福建自贸区厦门片区建设《若干规定》和全国首部“多规合一”管理《若干规定》等，发挥特区立法对改革的保障作用。二是加强政协协商民主建设。加强对政协工作领导，出台《关于加强人民政协协商民主建设的实施意见》，提升协商民主制度化水平。高度重视、大力支持市政协围绕自贸试验区建设、提升城市国际化水平、“海丝”战略支点城市建设等开展专题协商，充分发挥人民政协协商民主重要渠道和专门协商机构作用。市委以督查件形式，将协商形成的意见建议逐一分解到党政相关部门办理，推动协商成果落到实处。三是持续推进法治厦门建设。制定“七五”普法规划，扎实做好普法宣传。全面推开司法体制改革，持续深化轻微刑事案件快速办理机制和刑事案件速裁程序改革试点，获评全国法治城市创建先进市。健全矛盾纠纷多元化解机制，建立联席会议制度，推动区域性国际商事纠纷解决中心和自贸区厦门片区多元化纠纷解决中心建设，探索国际纠纷多元化解机制。四是加强和改进统一战线工作。加强对统战工作的领导，成立市委统战工作领导小组，提升我市政党协商制度化、规范化水平。协助各民主党派、指导工商联做好换届工作，支持各民主党派、工商联和无党派人士积极履行职能。加强海外联谊，积极做好港澳台侨外工作。开展第九个民族团结进步宣传月活动，加强民族团结进步宣传教育。指导各宗教协会顺利换届，规范宗教活动场所管理，南普陀寺规范寺院管理等做法获中央统战部领导高度肯定。认真落实中央群团工作会议精神和关于加强和改进群团工作的《意见》，支持工青妇等群团组织依法依章开展工作、充分发挥作用。五是持续加强双拥共建工作。认真贯彻习近平总书记确立的双拥工作“十个好传统”，完善落实好双拥工作协调保障机制，推进军民融合发展。筹集3600多万元支持部队建设，落实重点优抚对象的定期抚恤金和补助金，平均标准比增15%以上，居全省之首。在防抗台风“莫兰蒂”过程中，人民解放军、武警部队和民兵预备役第一时间赶赴一线，10天时间共出动现役官兵11750人、民兵预备役人员3050人、各类车辆和工程机械1176台，全面投入转移救援群众、抢险救灾、恢复重建等工作，充分展现了新形势下的军民鱼水深情。我市再次荣膺“全国双拥模范城”称号，实现“九连冠”目标。

九、认真落实全面从严治党要求，营造良好政治生态和从政环境

市委常委会认真贯彻中央全面从严治党的决策部署，自觉担负起从严管党治党政治责任，把严的要求贯穿于党的建设全过程，为各项事业发展提供坚强保证。一是加强常委会自身建设。市委常委会带头严守党的政治纪律和政治规矩，牢固树立“四个意识”，始终以习近平同志为核心的党中央保持高度一致，坚决维护党中央权威。认真贯彻习近平总书记关于学习毛泽东同志《党委会的工作方法》的重要批示，认真学习贯彻十八届六中全会精神，加强和规范党内政治生活，加强党内监督，进一步完善常委会运行规则，健全领导工作机制。二是有序推动市区镇党委换届。认真履行主体责任，严格落实“四凡四必”和“四必谈”要求，严明换届纪律，严把考核对象政治关、作风关、廉政关、做到精准选人用人，顺利完成全市区、镇党委换届。胜利召开市第十二次党代会，选出新一届市委领导班子，干部队伍结构进一步优化。三是加强干部队伍建设。坚持好干部标准和正确用人导向，深化干部选拔任用制度改革，着力选好、用好、管好干部。加强干部挂职交流，提前一年超额完成“五年千人计划”。完善干部经济责任审计、一报告两评议等制度，认真核实领导干部有关事项报告，从严监督管理干部。深入实施“千人计划”、“百人计划”等各类重大人才工程，为我市产业升级集聚和引进了一批高端优秀人才。四是深入推进党风廉政建设和反腐败斗争。认真贯彻《中国共产党问责条例》和省委“五抓五看”要求，出台《规范党风廉政建设责任追究工作的意见（试行）》、《深化落实党风廉政建设党委主体责任的实施细则》，完善主体责任落实机制。市委常委带队到各区开展党风廉政建设责任制落实情况检查。全面实施下级党委书记向上级纪委全会述廉述责、问题约谈等制度，出台《廉政谈话提醒工作实施办法》，加强日常监督检查。共对143名领导干部和2个党委班子实施党风廉政建设责任追究，上升45.9%，其中党政纪处分29人。坚持以零容忍的态度惩治腐败，持续保持反腐败高压态势。全市纪检监察机关共立案345件345人，上升24.1%，结案335件，上升29.8%；给予党政纪处分325人，上升37.1%。严格落实中央八项规定精神，共查处违反中央八项规定精神问题122起，处理176人。成立市委巡察工作机构，对上级巡视未覆盖的市属国有企事业等单位领导班子及其成员开展巡察，推动巡视巡察一体化。已完成6家单位驻点巡察，党政纪立案调查24起24人。

同志们！今年以来市委常委会工作所取得的成绩，是中央、省委正确领导的结果，是市级各套班子大力支持和全市各级党组织、广大党员干部群众共同努力的结果，各位市委委员、候补委员对常委会工作给予了真诚帮助和大力支持。当前，厦门发展既面临重大历史机遇，也面临不少困难和挑战。我们要紧密地团结在以习近平同志为核心的党中央周围，带领全市广大干部群众再接再厉、开拓进取，在新起点上推进经济社会发展再上新台阶，建设“五大发展”示范市。欢迎同志们对市委常委会的工作进行监督、提出意见和建议，共同努力把厦门各项工作做得更好。

政府工作报告

（2017年1月10日在厦门市第十五届人民代表大会第一次会议上）

庄稼汉

各位代表：

现在，我代表市人民政府向大会报告工作，请予审议，并请市政协委员提出意见。

一、2016年和过去五年工作回顾

我们深入贯彻习近平总书记系列重要讲话精神和对福建、厦门工作的重要指示，在省委省政府和市委的坚强领导下，全力抓好稳增长、促改革、调结构、惠民生、防风险各项工作，较好完成全年目标任务。完成地区生产总值3784.3亿元，增长7.9%；固定资产投资2159.8亿元，增长14.4%；财政总收入1083.3亿元，增长8.2%，其中，地方级财政收入647.9亿元，同口径增长8.6%；城乡居民人均可支配收入增幅与经济增长基本同步；居民消费价格上涨1.7%；年度节能减排任务全面完成。面对超强台风“莫兰蒂”的正面袭击，全市军民众志成城，在全省大力支持下，防抗措施有力有效，把灾害损失降到最低，灾后重建取得重大胜利。

一年来的主要工作和成效是：

（一）产业转型步伐加快

创新驱动能力增强。承担国家级科技项目380项，新培育国家级高新技术企业281家，规上高新技术产业增加值占规上工业增加值的59.2%。各类专利授权1.15万件，新增国家行业标准82项。新增重点实验室、工程技术研究中心等39家。全国首个科技领军人才创新创业基地加快建设，引进各类双创团队3700多个3.6万余人，新培育成长型中小微企业492家。成为国家自主创新示范区、海洋经济创新发展示范市。

先进制造业实力提升。同安、翔安高新技术产业基地建设进展顺利，火炬（翔安）产业区等平台集聚效应增强。启动一批智能制造试点示范工程，联芯一期、电气硝子一期等项目建成投产，清华紫光、ABB工业中心等项目建设加快。电子、机械两大支柱产业稳步增长，生物医药、海洋高新、新材料、节能环保等战略性新兴产业快速成长。规上工业企业利润总额增长36.7%。

现代服务业快速发展。被确立为国家四大国际航运中心之一，获批国家现代物流创新发展城市和智慧物流城市试点，港口集装箱吞吐量增长4.5%。获评最具创新力国际会展城市和国家旅游休闲示范城市，会展业总体经济效益增长14.8%；接待国内外游客6760万人次，总收入965亿元，分别增长12%和16%。金融机构本外币存、贷款余额分别增长10.3%和13.9%。新增境内外上市公司5家、新三板挂牌企业88家、两岸股权交易中心挂牌企业近300家。软件信息、文化创意、服务外包、网络零售等产业大幅增长。

都市现代农业提质增效。农业产业集群实现销售收入670亿元，增长8.9%。同安入选国家农村产业融合发展试点示范区。深入推进新型城镇化，结合美丽乡村建设多渠道增加农民收入，新建“菜篮子”基地14个、设施农业项目17个、市级休闲农业示范点8家，有力促进农业增效、农民增收、农村繁荣。

（二）发展动力更加强劲

深化改革取得实效。全面推进营改增，制定实施35条降成本措施，累计为企业减负近200亿元。深入推进“放管服”改革，承接上级下放审批事项240项，对应取消55项，下放审批和公共服务事项216项，实现市、区、镇（街）三级权责清单全覆盖。加快商事登记制度改革，率先实施“五证合一”，新增各类商事主体9.7万户，增长23.6%。获评社会信用体系建设示范市。加快国企公司制股份制改革，市属国企资产、营业收入分别增长25.5%和13.6%。改革投融资体制，设立产业资金池，签约落地新材料、新能源等4支产业子基金，总规模达123.7亿元。

自贸试验区成效显著。推动投资贸易便利化，国际贸易“单一窗口”获评全国自贸试验区最佳实践案例，常态化开展关检“三互合作”和一站式查验，船舶通关效率提高50%以上。推动产业发展高端化，航空维修业产值增长23%，引进金融、类金融和投资公司3400家，跨境电商货值增长40%，文化保税等新兴业态加快发展。

对外开放步伐加快。认真落实国家“一带一路”倡议，生成一批互联互通、经贸合作项目。合同利用外资增长81.8%，新批境外投资额55.4亿美元，增长1.5倍，其中对“海丝”沿线国家投资增长1.3倍。中欧（厦门）班列开行超过百列，并通过海铁联运延伸至台湾。厦航荣获中国质量奖，增开直飞温哥华、墨尔本等洲际航线。实际利用台资增长30.8%。成功举办G20财政和央行副手会议、世界城市日论坛、两岸企业家峰会等重要会议，投洽会、南洋文化节、国际海洋周、国际时尚周等活动影响力进一步增强。

（三）城市发展水平提升

基础设施更加完善。集美新城、环东海域东部新城、翔安南部新城、马銮湾新城建设加快，完成投资820亿元。策划生成“四个领域”补短板项目550个，总投资5280亿元，完成投资697亿元，竣工及在建项目占53%。地铁1、2、3号线累计完成25个车站主体结构，区间掘进48.4公里，6号线马銮湾段开建。翔安南路二期等建成投用。建成厦鼓航道二期工程，邮轮母港海上世界项目动工建设。总投资86.6亿元的抽水蓄能电站开工，一批水厂和水源联通工程建设加快。建成综合管廊33.8公里、海绵城市10.5平方公里。新一代气象雷达投用，宽带中国试点城市建设全面完成。荣获全国人防先进城市"三连冠"。

城市管理更加精细。推动交通、政务、社区、城管等领域数字化应用。整治交通拥堵，鹭江道等路段交通状况得到初步改善。出台网约车管理政策，增开38条公交线路、2条BRT线路，增辟路外公共停车位6071个，获评全国绿色交通城市。拆除"两违"917.8万平方米。完成63个老旧小区改造。

城乡环境更加优化。空气质量优良率98.9%。岛外小流域综合整治加快，238个自然村完成生活污水分散式治理，97个自然村纳入市政污水系统。实施13个积涝点和排水设施改造。新增园林绿地487公顷，造林绿化524公顷。海沧（西部）垃圾焚烧发电厂二期等工程加快推进。获批国家蓝色海湾整治行动试点城市，成为国家生态市。

（四）社会民生持续改善

社会事业繁荣发展。新改扩建中小学项目58个，开工建设公办幼儿园22所，新增学位2.6万个。分级诊疗"厦门模式"推向全国，家庭医生签约率22.7%。医高专升级为厦门医学院。鼓浪屿整治提升和申遗工作取得阶段性成果。一批文艺精品获省级以上奖项。我市运动员在里约奥运会获得2金1银1铜、打破2项世界纪录，在残奥会获得1银。成功举办国际马拉松、世界铁人三项等赛事。山海协作、对口帮扶工作扎实推进，妇女、儿童、残疾人、老龄、老体协、关心下一代工作不断加强，民族团结宗教和睦，海防、档案、方志工作全面进步。

社会保障力度加大。新增就业17万人，城镇登记失业率控制在4%以内。对5万人实行灵活就业社保补助，为2.7万家企业发放稳岗补贴。基本养老、基本医疗、工伤、失业、生育五项保险参保人数较快增长。企业退休人员月平均养老金提高到3291元。城乡低保标准提高到每人每月610元。爱心护理院扩建工程、爱鹭老年养护中心建设加快。实现居家养老服务全覆盖，获批国家医养结合试点城市。开工建设保障性住房8154套，建成4538套。开工建设公租房8129套，完成配租727人。出台限购、限贷、限价等调控措施，房价上涨过快势头得到初步遏制。

社会治理取得实效。顺利通过第二批全国社区治理和服务创新验收，社区社会组织增长42%。完善高危行业安全生产责任保险制度，强化交通、建筑、燃气等重点领域安全整治。创建全国食品安全示范城市，加强生产经营全过程监管。完善社会治安立体防控体系，刑事案件发案率、群体性事件分别下降11.3%和36.6%。

（五）政府自身建设不断加强

深入开展"两学一做"学习教育，严格执行中央八项规定精神和国务院"约法三章"，完成公务用车改革，全市"三公"经费支出减少8.2%，各类文件、会议减少10%，一批违纪违法案件得到严肃查处。扎实推进依法行政，加强重点领域立法，废止和宣布失效市政府文件202件，主动公开政府信息3.4万件。政府与法院、检察院、工会互动联系持续加强。自觉接受人大法律监督、工作监督和政协民主监督，认真办理市人大代表建议275件、市政协提案431件，办复率均为100%，满意率分别为98.9%和95.3%。

各位代表！本届政府履职五年来，牢牢把握中央支持福建加快发展的重大历史机遇，积极应对经济下行压力，主动适应和引领经济发展新常态，持续加快跨岛发展，全力建设美丽厦门，经济社会发展取得明显进步。

——经济实力稳步提升。地区生产总值年均增长9.2%，财政总收入、地方级财政收入年均分别增长11%和12%，固定资产投资累计完成8320亿元，年均增长14.1%。三次产业结构从1.0∶51.1∶47.9调整为0.7∶41.4∶57.9。平板显示、金融服务、旅游会展、航运物流、软件信息5条产业链产值均突破千亿。高新技术企业突破1200家。现代服务业成为主导产业，在国家综合试点城市复评中获得优秀。

——中心城市作用增强。岛内外规划、基础设施建设、基本公共服务一体化进程加快，完成22个厦漳泉龙区域同城化项目。福厦、龙厦、厦深铁路和厦漳跨海大桥、厦安高速等重大工程建成通车，轨道交通、翔安机场、城市快速路网等交通体系加快推进。厦漳港口完成一体化整合，集装箱吞吐量居全球第16位。空港开通国内外航线212条，跻身全球百强机场。

——改革开放纵深推进。完成新一轮政府机构改革，市级行政权力事项精简52%，前置审批、中介服务事项分别清理规范47.9%和39.5%，名列中国服务型政府十佳城市。自贸试验区33项改革为全国首创，"多规合一"改革成为可复制推广样板，国际一流营商环境加速形成。实际利用外资97.4亿美元，25家境外世界500强企业在厦投资或增资扩产，外贸综合竞争力居全国百强城市第5位。

——对台交流更加紧密。两岸交流合作综合配套改革先行先试108项创新政策，"一区三中心"建设加快。实际利用台资17.8亿美元，一批重大项目落地。对台进出口贸易额348亿美元。厦金"小三通"旅客近800万人次，社区、教育、文化、医疗等领域对接交流深入推进，海峡论坛、台交会、文博会、图交会等40多项活动影响力不断扩大。

——生态文明深化建设。获评国家森林城市、海洋生态文明示范区。饮用水源地水质达标率100%，城市生活垃圾无害化处理率100%，城镇污水集中处理率94%。划定981平方公里生态控制线，城市建成区绿化覆盖率40.8%，人均公园绿地11.5平方米。修复岸线30公里，清淤1.7亿立方米，退垦还海8.6平方公里。万元生产总值综合能耗、二氧化碳排放量和主要污染物排放优于全国水平，空气质量稳居全国前列。

——民生福祉持续增进。城乡居民人均可支配收入年均分别增长9%和10%。增加就业92万人，转移农村劳动力9万人。义务教育发展基本均衡区获国家认定，大病医保实现城乡全覆盖，城乡低保标准实现全市统一，基本建成全民社保城市，基本形成多层次住房保障体系，成为国家公共文化服务体系示范区。社区治理创新模式向全国推广，连续三届获评全国社会治安综治优秀城市，荣获全国文明城市"四连冠"和双拥模范城"九连冠"。

成绩来之不易，这是在市委正确领导下，全市人民齐心协力、团结奋斗的结果。我谨代表市人民政府，向全市人民，向全体人大代表和政协委员、各民主党派、各人民团体和各界人士，向中央和省驻厦单位、驻厦部队、武警官兵，向关心支持厦门发展的台港澳同胞、海外乡亲和国际友人，表示衷心的感谢！

我们清醒地认识到面临的困难和挑战、存在的差距和不足，主要是：经济下行压力较大，地区生产总值、固定资产投资、规上工业增加值、社会消费品零售总额、外贸进出口总额等指标未能达到年初预期目标；二产偏小、三产偏慢，龙头企业不多、带动力不足，工业投资比例偏低，发展后劲有待增强；岛内外发展仍不平衡，岛外新城建设、产城融合需大力推进；教育、医疗、交通等民生保障需进一步改善，房价上涨过快；推进“放管服”改革、转变政府职能还未完全到位；有些干部担当意识、责任意识不强，办事效率不高，个别领导干部违纪违法造成不良影响。对此，我们要坚持问题导向，创新举措认真加以解决。

二、今后五年工作思路和 2017 年工作建议

今后五年，政府工作总体要求是：高举中国特色社会主义伟大旗帜，以邓小平理论、“三个代表”重要思想、科学发展观为指导，深入贯彻习近平总书记系列重要讲话精神和对福建、厦门工作的重要指示，紧紧围绕“五位一体”总体布局和“四个全面”战略布局，不断强化“四个意识”，牢固树立和贯彻新发展理念，深入实施美丽厦门战略规划，坚持稳中求进工作总基调，坚持以提高发展质量和效益为中心，以推进供给侧结构性改革为主线，以实施创新驱动发展战略为动力，以增进人民福祉为根本，以加快跨岛发展为抓手，以落实管党治党责任为保障，不断破解发展难题、厚植发展优势，建设“五大发展”示范市，率先全面建成小康社会，为“再上新台阶、建设新福建”，为实现中华民族伟大复兴的中国梦作出新的更大贡献。

主要目标和任务是：全面落实市第十二次党代会各项决策部署，确保完成“十三五”规划目标，实现地区生产总值年均增长 8.5% 左右，人均生产总值和人类发展指数达到中等发达国家水平。

一是推动创新发展再上新台阶。建设国家自主创新示范区，主动融入全球创新体系，发展壮大新产业新业态新技术新模式，充分发挥企业主体作用，加速科技成果转化，建成具有较强国际影响力的区域科技创新中心。打造现代产业发展新高地，深入实施千亿产业链（群）培育工程，促进制造业与服务业深度融合，大力培育新的产业增长支柱，打造海峡西岸强大的高端制造业高地和最具竞争力的现代服务业集聚区。扎实推进供给侧结构性改革，深入实施“降成本、优环境”专项行动，切实扩大有效投资，加强新型消费和优质服务供给，加快国资国企市场化改革，支持民营经济发展壮大，积极发展混合所有制经济。加快建设质量强市和知识产权强市，构建产业发展、节能减排、社会管理和公共服务等领域的厦门标准体系，推进知识产权综合管理改革试点。建立创新驱动发展的体制机制，构建城市创新管理服务体系，力争到 2020 年全社会科技研发投入占生产总值比重达到 4%；深入实施人才强市战略，打造更具吸引力和竞争力的人才特区。

二是推动协调发展再上新台阶。加快推进跨岛发展，科学统筹生产生活生态布局，拓展优化“一岛一带多中心”城市空间格局，扎实推进以人为核心的新型城镇化，全面提升岛内外一体化水平。增强城市发展的系统性协调性，建成总里程 265 公里的 6 条地铁线，建成翔安机场，基本建成“两环八射”快速路网和新城、产业基地主路网，畅通港口集疏运，完善覆盖城乡的市政设施、信息化基础设施体系。提升文明城市品牌效应，构建向上向善、和谐健康的城市文化，完善社会诚信体系，提升城市软实力；巩固双拥共建成果，建设军政军民团结的标杆城市。

三是推动绿色发展再上新台阶。加强环境保护和生态建设，落实主体功能区战略和生态控制线制度，加强生态整体保护、系统修复、综合治理，保护生态系统平衡和生物多样性；高标准建设海绵城市，新建一批社区公园和步行道，建成一批城市“绿肺”和生态湿地，提高饮用水质量。推动绿色低碳发展，建设低碳城市，提升生态工业园区，发展绿色产业、绿色交通、绿色建筑，倡导绿色生活方式，建成国家生态文明建设示范市，人居环境质量保持全国领先。

四是推动开放发展再上新台阶。打造国际一流营商环境，推进“放管服”改革，建立覆盖企业全生命周期、高效便捷的服务体系，力争在市场准入、行政服务、市场监管体系上达到国际先进水平，在公共安全、公共服务、文化融合等方面形成与国际接轨的体制机制。打造自贸试验区升级版，加快建设集贸易、投资、金融、科创的开放与创新为一体的综合改革区，加快建设开放型经济体系的风险压力测试区，加快建设提升政府治理能力的职能再造区，努力构筑对接“一带一路”和企业“走出去”的桥头堡。打造“一带一路”支点城市，加快建设海陆空交通枢纽、经贸合作枢纽、人文交流枢纽。深化综合配套改革，打造两岸融合发展示范区，使厦门成为台胞创业就业最活跃、居住生活最舒心的城市。

五是推动共享发展再上新台阶。构建城乡一体全国领先的公共服务体系，促进基础教育公平、优质、均衡发展，新增中小学学位 10 万个，重视发展继续教育，推动职业教育、高等教育与地方经济更紧密融合；建设健康厦门，建立公平可及、系统连续的分级诊疗体系和更高质量的医疗服务体系；推进文化惠民，打造文化产业发展先进城市；全面发展群众体育和竞技体育。构筑更加公平可持续的社会保障网，突出抓好底线民生，着力解决中低收入家庭的住房困难问题，扩大基本养老、基本医疗、工伤等保险覆盖面；严格落实安全生产责任制，确保食品药品安全；全面建设法治厦门、平安厦门，建设最具安全感的城市，努力实现社会治理体系和治理能力现代化。

各位代表！2017 年，金砖厦门会晤将隆重举办，做好今年工作的意义特别重大。我们要全面贯彻落实中央和全省经济工作会议精神，坚持宏观政策要稳、产业政策要准、微观政策要活、改革政策要实、社会政策要托底的政策思路，按照市委的决策部署，扎实工作、奋力拼搏，以优异成绩迎接党的十九大胜利召开。

今年经济社会发展主要预期目标是：地区生产总值增长 8.6% 左右，固定资产投资增长 16%，财政总收入增长 7.5%，社会消费品零售总额增长 11%，城乡居民人均可支配收入均增

长 8.5%，居民消费价格涨幅控制在 3% 左右，完成节能减排任务。

重点做好八个方面工作：

（一）坚持创新驱动发展，着力发展壮大实体经济

大力提升自主创新能力。实施国家自主创新示范区 85 项试点政策，加快 104 项支撑项目和 84 项平台项目建设。支持军民融合协同创新研究院、厦大石墨烯研究院等研发机构发展，鼓励骨干企业与高校组建创新战略联盟。培育科技“小巨人”企业，新增国家级高新技术企业 100 家以上。加快建设小微企业双创基地城市示范、科技与金融结合试点城市，壮大种子、天使、风投基金，拓展科技担保、投贷联动等新业务，建立有利于大众创业、万众创新的全方位服务体系。加强高层次人才引进，为各类人才来厦工作生活创造更好的环境。

重点发展高端制造业。紧盯产业链关键和缺失环节，实施一批补链、强链、扩链关键项目，提升产业效益链和价值链。积极引导高端产业向高新技术产业基地集聚。加快实施集成电路产业发展规划，设立 500 亿元产业基金，重点跟踪 75 个项目，打造国家级基地。加快发展生物医药、新材料、海洋高新等重点产业，大力培育龙头骨干和高成长性企业。力促盈趣科技等 19 个项目开工，加快三安集成电路等 47 个项目建设，力争 IOI 棕榈油加工等 30 个项目竣工，实现工业投资 470 亿元。编制实施制造业与互联网融合发展规划，培育物联网、大数据应用等新业态，支持企业应用数控技术和智能装备，引导资源要素向高新项目、高效产能集聚。

加快发展现代服务业。完善丙洲、美峰现代服务业基地配套，深化现代服务业综合改革试点，加快京东分拣中心、海峡收藏品交易中心等 24 个项目建设。大力发展软件信息服务业，提升软件园三期产业集聚效应。加快建设国际航运中心，发展海铁联运、内支线中转、国际中转业务，构建航运金融、保险、代理等临港物流服务体系，力争集装箱吞吐量突破 1000 万标箱。鼓励开发多种模式的城市商业综合体，促进商贸、金融、旅游等集聚发展。积极拓展新兴业态，推动供应链管理、工业设计、仲裁调解等高品质发展。

积极发展都市现代农业。推进农业供给侧结构性改革，推动农村一二三产融合发展。优化农业种植养殖结构，建成 15 个设施农业项目，提高农业生产规模化、集约化水平。扶持农业龙头企业，以深加工提高农副产品附加值。打造特色小镇，发展休闲农业、休闲渔业等乡村旅游。实施美丽乡村建设和移民造福工程，改善农村生产生活环境。

（二）强化供需共同发力，着力保持经济中高速增长

推动供给提质增效。深入推进“去降补”，加快淘汰落后产能，培育精益求精的工匠精神，鼓励开展个性化定制、柔性化生产，增品种、提品质、创品牌，扩大有效供给和中高端供给。加快商业、办公房地产去库存，科学调控土地供给量，促进房地产市场平稳健康发展。完善金融监管体系，规范融资借贷行为，防范化解金融风险。围绕降低企业制度性交易、税费、社会保险费、生产要素等方面成本，出台一批政策。加快补齐经济社会发展各领域短板，不断增强发展后劲。强化市场主体地位，加强预期引导，增强企业家信心。加快建设社会信用体系，完善事中事后监管，健全诚信激励和失信联合惩戒机制，促进信用信息广泛有效应用。

培育新兴消费热点。扩大旅游文体、健康养老、教育培训等领域消费，加快汽车、家电等商品消费转型，鼓励信用消费、大众化消费、绿色消费，促进多点支撑的消费增长。加快发展电子商务、共同配送、连锁经营等现代流通方式，开展物流标准化试点。合理布局消费网点设施，加快建设地铁沿线商圈，新增一批民生商业设施，创造更加便利实惠的消费环境。

积极扩大有效投资。围绕国家产业政策、重大规划、重点投向策划生成项目，提高投资精准性。大力推进“五个一批”，加快“四个领域”补短板，完成产业发展项目 120 个、投资 405 亿元，基础设施项目 115 个、投资 120 亿元，社会事业项目 15 个、投资 20 亿元，民生事业项目 80 个、投资 205 亿元。加快 273 个重大、重点项目建设。做细前期工作，强化要素保障，完善征迁机制，尽快把意向投资转化为实际投资。加强项目调度和施工组织，实施挂图作战，强力推进工程建设。

力促外贸平稳增长。培育技术、标准、品牌、质量、服务新优势，提升传统优势产品竞争力，确保出口增幅高于全国平均水平。加快外贸转型升级基地建设，扶持外贸综合服务企业发展。大力发展服务贸易和服务外包，促进服务贸易与货物贸易良性互动。鼓励先进技术装备、关键零部件和能源资源进口，做强做大酒类、水果等进口商品集散中心和生产生活资料批发物流中心。

（三）全力加快跨岛发展，着力建设国家中心城市

加快岛外新城建设。高起点、高标准、高层次、高水平建设岛外新城，差异化、特色化推动产城融合。集美新城重点加快软件动漫、文化旅游等产业集聚，完善医院、学校、文体等公共服务配套，提升人居环境吸引力，打造新城建设样板。环东海域东部新城、翔安南部新城、马銮湾新城重点加快主干路网、供水供电、污水处理、绿化景观等设施建设，推动新城连片成势。

提升本岛功能品质。严控开发强度，节约集约用地，加强空间整合、功能疏解、内涵提升，优化业态布局，加快建设金融服务、商务营运、旅游会展、消费购物中心。结合风貌建筑和环境保护，加快老城区保护性开发和城中村改造，完成 60 个老旧小区改造项目，完善室外活动场所等公共服务设施，打造一批完整社区。

优化城市基础设施。确保地铁 1 号线试运营，全面加快 2、3、4、6 号线建设，基本完成 23 个车站主体结构。力争翔安机场主体工程开工，加快配套工程建设，同步建设临空产业园区。加快建设第二西通道、同翔大道等 22 个重要通道，全线贯通“两环八射”外环，开工建设第二东通道、福厦高铁，加快第三东通道等前期工作。全面完成综合管廊和海绵城市试点任务。确保莲花水库汛前下闸蓄水，实现长泰枋洋水利枢纽一期工程向厦门供水。新建同安西山水厂，扩建高殿、翔安、杏林水厂，完成岛内供水主干管网更新改造 20 公里。建成西三线天然气配套工程，新增老旧小区管道燃气用户 1 万户。投资 20 亿元，建成投运 500 千伏厦门变电站三期等一批电力设施。

提高规划管理水平。实施规划提升工程，加强岛内外规划衔接，深化城市设计、专项规划和控制性详规。实施城市治理工程，稳步推进城市管理执法体制改革，完善“智慧城管”综合平台。开展“交通整治年”活动，推进 25 项整治任务，提升道路畅通能力。继续大力整治“两违”，综合治理市容市貌。加强灾害监测预警，建设防灾减灾工程，增强城市抗灾能力。

（四）做好金砖厦门会晤保障，着力增强城市综合服务能力

以最高效率、最实作风、最好效果和节俭原则做好会晤服务保障，决不辜负党中央和习近平总书记的信任与重托。

提升景观环境。深入实施灾后重建工程包，以“三线四片”重点区域为核心，打造一批园林绿化、夜景亮化、立面美化精品工程。改造提升9条道路市政设施和19条道路园林绿化，新增园林绿地400公顷，尽早恢复城市往日的优美和整洁。

提升城市文明。围绕弘扬社会主义核心价值观，把会晤保障与文明创建有机结合，开展市民素质提升行动，营造积极向上浓厚氛围，加快创建全国公共文明行为典范城市。开展主题外宣和民间外宣，向世界展示开放厦门、文明厦门的良好形象。

提升国际化水平。加强与金砖国家经贸文化交流，深化国际友城往来合作，打造国际交流重要城市。加快建设全域旅游示范市，培育引进一批国际会展项目和主体，提升旅游会展服务能力和保障水平。对照国际标准，完善道路交通、公共场所、景区景点等各类标识，打造一批国际社区和国际街区，提升城市知名度和影响力。

（五）不断深化改革开放，着力增强发展动力活力

强化重点领域改革。纵深推进“放管服”改革，对涉及事项逐一建档立卡，每季度向社会公布。深化商事制度改革，加快实行“五证合一”、证照分离，全面推行“双随机一公开”监管。深化国企改革，大力发展混合所有制经济，加强风险管理和内控体系建设。深化投融资体制改革，壮大产业引导基金和股权投资基金，推广PPP模式。强化预算执行管理和动态监控，开展专项资金使用绩效评估。对接中央税制改革，深化营改增。推进农村土地三权分置，完成土地承包经营权确权登记颁证。推进公立医院综合改革，全面开展控费，完善分级诊疗配套政策，家庭医生签约服务覆盖30%以上户籍人口、60%以上重点人群。

强化自贸区示范带动。深化体制机制、政策、产业、风险防控四大领域改革，继续推出一批创新举措。大力推进投资自由化，扩大商贸服务、社会服务等领域开放。创新贸易监管，试点特殊监管区外的航空保税维修，对接服务国家大飞机战略，建设世界知名航空维修基地。做大飞机租赁业务，加快拓展到船舶、医疗器械、大型设备等领域，打造融资租赁集聚区。推进跨境直邮等高端服务业发展，做大跨境电子商务产业园，建设文化艺术品保税交易平台。扩大跨境双向融资、资金池和人民币双向发债等业务，推动金融开放创新。

强化“一带一路”合作。在基础设施、投资贸易、旅游会展、人文交流等重点领域，策划生成一批重大平台和项目。做强做大中欧（厦门）班列，打造国家物流新通道。推动设立“海丝”投资基金、知识产权运营投资基金，积极对接亚投行和丝路基金，扩大项目合作。加快中国—东盟海洋合作中心建设。吸引有实力的企业在厦设立“走出去”区域总部。

强化招商引资实效。坚持引资引技引智并举，加强定位、定向、定点精准招商，拓展产业链招商、委托招商、以商引商，加大对世界500强、台湾百强、大型央企和重点民企的招引力度。对重大龙头项目，主要领导要紧盯不放、全力以赴；对意向项目，相关领导要挂钩负责、分头跟进。

强化区域开放协作。加快厦漳泉龙同城化，滚动更新合作项目。深化闽西南五市、闽粤赣十三市等区域合作，做好对口支援新疆、西藏、甘肃、宁夏、重庆等地工作。

（六）深化对台交流合作，着力促进两岸深度融合

推进产业对接。加快建设“一区三中心”，深化两岸新兴产业和现代服务业交流合作。大力推动集成电路、智能制造、生物医药、文化创意等优势产业融合发展。支持两地企业联合建设科研平台，推动技术和创新成果转移转化。继续引进台资金融机构，做大跨海峡人民币代理清算群。拓展两岸海空客货运直航、海上滚装、海运快件等业务，实施台湾输大陆商品快速验放机制。开发厦金澎“一程多站”旅游产品，加快建设海峡旅游服务中心。

推进交流交往。努力提升海峡论坛、两岸民间艺术节等交流活动实效。办好两岸社区治理、婚姻家庭等论坛，为基层民众搭建更多交流合作平台。加快建设两岸青创基地，吸引更多台湾青年来厦学习实习、就业创业。

（七）持续巩固生态优势，着力创建生态文明先行示范区

加强环境治理。打好大气、水、土壤污染防治“三大战役”，整治工业废气、机动车排气、扬尘污染、油烟污染，加快建设绿色海港、绿色空港；实行“河长制”，实施最严格的水资源管理，加快岛外九条小流域综合整治；对污染地块和潜在污染地块实行清单管理，防治固废污染。加强陆海统筹，控制排海污染物总量，防控海漂垃圾污染，加快海域清淤，推进五缘湾、马銮湾、杏林湾生态修复工程。

加大节能减排。严格项目准入，重点发展资源消耗低、环境污染少的产业，推广绿色清洁生产。开工建设绿色建筑、实施公共建筑节能改造各200万平方米。实现黄标车100%淘汰，推广新能源汽车及装备，加快建设公交场站和自行车道。加快东部固废中心建设。完成餐厨垃圾资源化利用和无害化处理试点任务。岛内全面推行垃圾分类和垃圾不落地，岛外扩大试点、逐步推开。

健全生态制度。聚焦体制机制创新，完成生态文明建设目标评价考核办法等10项年度改革任务。进一步完善生态文明建设和环境保护目标责任制、行政问责制，落实领导干部生态环境损害责任终身追究制。实行能源和水资源消耗、建设用地等总量与强度双控制度，探索建立碳排放权、节能量交易、生态环境损害赔偿等制度。严格环境执法，加快形成政府、企业、公众多元共治的环境治理体系。

（八）加大公共服务供给，着力提高人民群众获得感

促进教育事业均衡发展。加大公共教育投入，更多向岛外、农村倾斜，改善薄弱学校办学条件。实施学前教育新三年行动计划，开建幼儿园项目22个、增加学位6500个，积极缓解“入园难”问题。新改扩建中小学项目60个、增加学位2万个。加快外籍人员子女学校和普通高中国际化试点建设，满足多元就学需求。新建2所中职学校，不断提升现代职业教育水平。抓紧筹建国科大厦门微电子工程学院，确保明年正式招生。推进一流大学、一流学科建设，提升高校教学水平和创新能力，推动教育更好服务产业发展。

促进卫生事业提质发展。采取更加有效的措施解决“看病难、看病贵”，政府加大投入，减轻参保人员医治大病罕见病的费用负担，将部分特殊药品纳入补充医疗保险基金支付范围。建立中、重度失能人员长期护理保险制度。增加优质医疗资源供给，确保复旦大学中山厦门医院建成投用，加快翔安医院、马銮湾医院、环东海域医院等一批重大项目建设，加强基层卫生服务体系建设和能力提升。推进国家健康医疗大数据中心和产业园建设。优化妇幼保健，提高出生人口素质。

促进文体事业繁荣发展。深化公共文化服务体系标准化、基层综合文化中心两项全国试点建设。加快发展创意设计、影视传媒等文化产业，加强文化市场监管。繁荣发展哲学社会科学，普及科学知识。实施文化惠民工程，办好“书香活动月”，推动全民阅读。持续做好鼓浪屿申遗工作。新建、改造一批体育场馆，推动文体设施向公众开放。引进培育一批国际品牌赛事，推进体育产业规模化。

促进就业创业蓬勃发展。加强就业创业服务和就业岗位开发，落实降低社会保险费、就业补贴、企业稳岗补贴等政策，新增城镇就业 16.5 万人。完善创业平台功能，推动创业带动就业。加强农村劳动力转产转业和高校毕业生技能培训，提高就业能力。落实企业工资指导机制，加强劳动监察和争议仲裁，构建和谐劳动关系。

促进社会保障稳步发展。开工建设保障性住房 1.5 万套，完善周边配套，健全管理机制。及时落实各群体待遇调整提高政策。加强社保基金监管，确保安全和保值增值。健全城乡社会救助体系，城乡低保对象、特困人员救助供养标准分别提高 6% 和 10%，开展巨灾保险，农村居民因灾倒房保额由 1.6 万元提高到 5 万元，让困难群众遇急有助、遇困有帮。建设 21 个农村幸福院和 3 个社区老年人日间照料中心。加快推动妇女、儿童、慈善、残疾人事业健康发展。

促进社会治理和谐发展。明确社会治安综治责任清单，切实履行主体责任和监管责任。推进城市公共安全管理，创新矛盾纠纷排查调处机制，健全风险防控与应急处置体系，增强城市抗风险能力。加强安全生产监管，坚决遏制重特大事故发生。全力保障食品安全，在全省范围内精选生态条件最好的地方建立一批优质安全的食品生产供应基地，健全可追溯体系，让市民群众吃得安全、吃得放心。提升双拥共建水平，争创国家军民融合创新示范区。

三、努力建设人民满意政府

牢固树立“四个意识”，坚决维护以习近平同志为核心的党中央权威，更加扎实地把省委、省政府和市委各项决策部署落到实处。

全面推进依法行政。加快建设法治政府，把政府活动全面纳入法治轨道，自觉运用法治思维和法治方式推动工作。自觉接受人大及其常委会法律监督、工作监督和政协民主监督。自觉接受社会监督和舆论监督，加强行政监察和审计监督，让权力在阳光下运行。

强化工作机制创新。在每个工作领域建立健全可量化、可操作、可考核、可追究的机制办法，实行精准管理、定量管理、从严管理。健全政府决策机制，充分听取各方面意见，让决策更加科学，经得起历史检验。健全责任落实机制，锲而不舍、全力以赴解难题，让每项政策、每个项目都落地见效。健全工作激励机制，鼓励创新、宽容失败，让广大干部愿干事、敢干事、干成事。健全督查问责机制，消除工作落实的堵点与盲区，不断提高政府执行力。

持续优化发展环境。对标国际一流，坚持问题导向，补齐施工许可、纳税、获得信贷等方面短板，加快形成法治化、国际化、便利化营商环境。切实转变工作作风，大力推进效能建设，推行“马上就办”，构建“亲”“清”新型政商关系，真正让企业和市民省时省力省钱省心。

切实做到廉洁奉公。坚定不移推进全面从严治党，履行主体责任，突出“五抓五看”，把党风廉洁建设落实到位。把纪律和规矩挺在前面，认真执行准则条例，严格落实中央八项规定精神。坚持有腐必惩、有贪必肃，严肃查处各类违纪违法案件，努力实现干部清正、政府清廉、政治清明。

各位代表！蓝图已绘就，征程已开启。让我们紧密团结在以习近平同志为核心的党中央周围，在市委的坚强领导下，开拓进取、真抓实干，为建设“五大发展”示范市而努力奋斗！

责任编辑：林建高
审　　稿：白延蜻
责任校对：林德全

2 大事记（2016）

1月

1日　厦门市城乡低保标准由每人每月550元调整为每人每月610元。低收入家庭收入标准由每人每月1100元调整为每人每月1220元，财产标准由每人26400元调整为每人29280元。

同日，“慈悲心·翰墨情——2016年厦门新年书画慈善行”活动在南普陀寺启动。佛教界的高僧大德、书画界的艺术名家及社会贤达人士捐出350件作品义卖，所得善款将全部用于厦门市急需帮扶的困难群众。

同日，滨海西大道正式开通641路公交车，往返于东海学院和会展中心之间，途经同安城区核心，全线行程43千米。

同日，市长裴金佳会见国际田联副主席卡尔卡巴马尔布姆等境外嘉宾。

1～2日　第二届“海峡杯”青少年帆船赛在海沧湖举办，来自厦门、上海、深圳和台湾的57名运动员参赛，他们的年龄在8～12岁之间，首次参赛的台湾选手在甲组（小学六年级及以上）获得第一名。

2日　2016建发厦门国际马拉松赛在厦门国际会展中心开赛，来自45个国家和地区的48642名运动员参赛。非洲军团连续第七年包揽全程马拉松的男女冠军，肯尼亚选手文森特·奇普鲁托获得男子冠军，埃塞俄比亚选手沃克尼斯·伊得萨获得女子冠军。

4日　厦门出入境全面推行预约办证。

同日，海沧口岸再次进口成品柴油，近2.7万吨0号车用柴油停靠海沧博坦码头，标志着自2008年以来一度停顿的成品油进口再次启动。

同日，厦门市政府公布第六批市级文物保护单位名单和保护范围，同时公布25处第三批涉台文物古迹。

同日，全省首个“智慧卫监”信息系统在湖里区正式投入使用，实现对全区2100多家监管单位的卫生和计划生育情况进行掌上监控。

5日　市委召开常委会议，听取市人大常委会、市政府、市政协、市中级法院、市检察院党组工作汇报。会议由省委常委、市委书记王蒙徽主持。

7日　湖里区人民检察院派驻中国（福建）自由贸易试验区厦门片区检察室揭牌成立。

8日　厦大化学化工学院谢素原教授课题组完成的“新型富勒烯的合成”和厦大海洋与地球学院焦念志院士课题组完成的“微型生物在海洋碳储库及气候变化中的作用”两项成果在2015年国家科学技术奖励大会上获得国家自然科学奖二等奖。

9日　海沧新景路完成施工，全长近700米，标志着厦门首条“海绵路”正式诞生。

同日，新江东大桥及连接线公路工程正式通车，新大桥为双向6车道，主桥长1188米，包括两岸连接线全长5.4公里，终点衔接漳州迎宾大道。

10日　厦门站首次开行“G”字头高速动车组列车，该车经由杭深线、合福高铁、沪昆高铁终到南昌西站。

同日，2015年全球跨境电子商务大会暨中国跨境电商投融资对接会在厦门市举行，传统企业转型跨境电商全国宣讲会同时启动。

11日　中国呼叫中心行业的最高荣誉“金耳唛”奖杯永久落户厦航。

14日　在厦门海关关员办结验放手续后，一批价值5817元、重69千克的跨境电子商务零售转邮路运输出口货物在晋江陆地港国际快件监管中心顺利出口，这是全国首票以“跨境电商＋邮路运输”模式出口的货物。

18～21日　中国人民政治协商会议第十二届厦门市委员会第五次会议在厦门人民会堂召开。

19日　由厦门国际信托有限公司、厦门农商银行与厦门市慈善总会发起的“乐善有恒公益信托”成立，是省内首个具有向公众募款资格的公益信托产品，所募的信托资金将全数用于慈善救助。

19～22日　市十四届人民代表大会第五次会议在厦门人民会堂举行。会议听取和审议市人大常委会、市人民政府、市中级人民法院、市人民检察院等的有关报告，补选、选举及通过有关人事事项。

26日　中国（福建）自由贸易试验区厦门片区工会委员会挂牌成立。

27日　《关于进一步激励人才创新创业的若干措施》出台。

同日，厦门市委文明办授牌成立陈素珍道德模范工作室、王忠武道德模范工作室，这是本市成立首批道德模范工作室，也是福建省首批以道德模范个人命名的工作室。

29 日　厦门市物联网产业研究院成立，实现清华大学人才技术优势和厦门国有物流企业市场优势的强强联合，打造“借外脑、整资源、探新路”的物联网产业发展新模式。

31 日　BRT 快 6 路（前埔枢纽站——厦门北站）开通运营。

2 月

1 日　厦门市《食品冷链物流》系列标准实施，内容包括运输车辆技术规范、保温容器通用规范、质量追溯管理规范和多温共配技术与管理规范，标志着厦门市《食品冷链物流》系列九项标准已全部出台。

2 日　厦门市首部农产品流动监测车在同安区郭山村启用，这标志着厦门市农产品质量安全流动监测工作启动。

8～13 日　园博苑举办猴年主题的新春游园会，包含园博苑首届热气球体验活动及综合文艺表演，郁金香、鼠尾草等春季花卉展，并引进台湾、闽南特色美食展等。

同日，厦门大学软件学院与象屿集团达成战略合作。双方将携手推进在跨境电商、移动互联网、互联网金融、云计算等多领域的合作，实现技术攻关，培养市场需要的应用型、创新型人才。

同日，市图书馆在厦门社区书院总部设置微型图书馆和图书漂流角。

18 日　厦门市海沧区被国家环境保护部授予“国家生态区”称号，是厦门市首个获此殊荣的行政区。

同日，市政府公布厦门市第二批公园名录名单，包括植物园、园博苑在内的 23 家公园入榜。

同日，2016 年境外经贸机构第一季度联席会召开，来自澳大利亚、英国、德国、加拿大、泰国、韩国、日本、新加坡、菲律宾等国家和港澳台地区的 17 家境外经贸机构参加会议。

19 日　市行政服务中心举行首届“政务服务开放日”。

20 日　由市体育局、市老体协主办的厦门市万名老年人新春健步行活动在环岛路举行。除位于环岛路的主会场外，全市 6 区及厦门大学、市教育系统在 8 个分会场先后举行健步行活动。全市有 3 万多名老年人参加。

21 日　厦门同步施行公积金存款利率上调。

同日，厦门国际邮轮母港运营启幕，“七海航海家”号邮轮抵达厦门，为 2016 年首艘到厦门运营的邮轮。

同日，第十二届厦门元宵民俗文化节在湖里五缘湾欢乐开幕。

23 日　全市首个区级社区书院指导中心揭牌。该区级社区书院指导中心依托翔安区滨安社区书院而成立，形成“指导中心 + 品牌书院”模式，推动社区书院的建设。

24 日　受厦门市政府委托，厦门市发改委与紫光集团有限公司签订进一步深化战略合作协议，继续拓展在集成电路设计、封测、制造以及互联网、大数据、产业并购、金融等领域的深度合作，双方合作项目总投资约 500 亿元。

25 日　厦门口岸开通台南—金门—厦门的新航线，每周一、四从台南安平港出发，从台南到金门比从高雄到金门节省约 1.5 小时。

同日，国际最为权威的会议组织——国际大会及会议协会（ICCA），确认厦门市会展局为其会员。

同日，厦门广播电视集团与厦门大学马来西亚分校在吉隆坡签订友好合作协议，双方将共建新闻教学实验室，设立厦门卫视东南亚演播室。这将是继北京、台北、高雄后，厦门卫视第四个外地演播室，也是首个在国外开辟的演播室。

26 日　市十四届人大常委会举行第三十三次会议。

27～28 日　国家文物局副局长宋新潮一行到厦门考察指导鼓浪屿申遗工作，并召开座谈会。厦门市委副书记、市长裴金佳出席座谈会，福建省文化厅党组书记、厅长陈秋平，厦门市领导叶重耕、倪超陪同考察并出席座谈会。

28 日　厦门特大“黄金票案”告破，涉案 93 亿余元增值税专用发票可抵扣税款达 13 亿余元，12 名犯罪嫌疑人在广东被抓获。

同日，第三届厦门国际心脏康复论坛在厦门举行。

29 日　全国绿化委员会发文（全绿字〔2016〕2 号）授予厦门市海沧区、厦门市绿化管理中心、厦门市路桥管理有限公司、中国人民解放军南京军区厦门接待处和福建省厦门双十中学“全国绿化模范单位”荣誉称号，同时，吴新奎、陈青松、杨迎芳、王智生、王礼宾获“全国绿化奖章”。

同日，翔安区经济和信息化局与厦门翔安海翔小额贷款有限公司（简称海翔小贷公司）签署《翔安区科技型中小企业小额贷款专项合作方案》，这是全市首例针对小额贷款公司、科技型中小企业的科技金融信贷实行优惠政策。

3 月

1 日　厦门市首部《厦门市电梯安全管理办法》实施。

同日，纳税信用 A 级纳税人取得销售方使用“增值税发票系统（升级版）”开具的增值税发票可以不再进行扫描认证。厦门有 4504 家 A 级企业将从新政中受益。

同日，厦门市停车场收费将依照最新出台的《厦门市机动车停放服务收费管理办法》内容规定进行定价。

同日，厦门市首个区级闽南语网络电台节目《翔安之声》开播。

同日，《厦门市学校食堂食品安全管理责任规定》实施。

同日，同安区内新增 637 路（同安汽车站—淡溪村）公交车，淡溪村举行公交车线路开通首发仪式，同安区 111 个行政村实现“村村通公交”。

3 日　《厦门市公共建筑节能改造示范项目管理办法》实施。

同日，《厦门市人民代表大会常务委员会关于修改〈厦门经济特区职工基本养老保险条例〉等两部法规的决定》施行。

同日，由市委文明办、市老龄办、市志愿者联合会共同主办的“创建全国志愿服务模范城——文明引导 · 长者先行”活动启动仪式在中山路举行。

4 日　《厦门经济特区城市园林绿化

条例》和《厦门市经济特区城市房屋拆迁管理规定》施行。

5 日　由厦门大学附属厦门眼科中心主办的“2016 华东白内障与角膜病高峰论坛”在厦门召开，来自华东各地区的眼科同仁与国内知名眼科专家就眼科领域进行一些专题交流和探讨。同时，主办方为市民开设服务专场，现场为市民会诊、答疑并做眼病筛查。

同日，厦船重工建造的世界上最大汽滚船首航驶向日本福田港，8500PCT 船是世界上装车量最大的汽滚船产品，可以装载 8500 辆汽车，代表着大型汽车滚装船设计与建造的最高水平。

6 日　由社会公益组织“邻里社”发起成立的“邻里志愿者联盟”在厦门市社区书院总部揭牌成立。

6～9 日　全球最大“石尚秀”——第十六届中国厦门国际石材展在厦门国际会展中心举行，是厦门史上最大专业展览会。展览面积 18 万平方米，设有展位 9300 个，规模再创历史新高。

8 日　厦门中华文化学院揭牌成立。

9 日　位于海沧的青春海岸小区和兴旺小区开通“三网融合”业务，是厦门市首批开通“三网融合”业务的小区，标志着以小区基础网络共建共享、互联互通的厦门“三网融合”模式取得重大进展。

13 日　“国际航行船舶出口岸联系单无纸化”实施，相关企业只需通过电子网络系统便可完成。

14 日　厦门 BRT 快 7 路（洪文—开禾路口）启用。

17～18 日　2016 亚洲创业大赛在集美新城嘉庚剧院举办，80 支来自世界各国的创业团队参赛，厦门的“蝉大师”团队获得冠军。

21 日　厦门片区开通首条连接区内、区外的社区公交，从海沧嵩鼓码头开出，终点是中国（福建）自由贸易试验区厦门片区海沧办事处。

22 日　翔安南路改造工程全线通车，全路段路宽已拓展到 70 米，主车道为六车道，加上辅道后具备双向十车道的通行能力。道路设计时速为 80 千米，平均设计通行流量达到每小时 12200 辆，是原有道路通行流量的 4.4 倍。

24 日　东渡口岸实现免费自助式报检。

同日，人民网研究院发布 2015 中国媒体移动传播指数报告，并公布中国报纸移动传播百强榜，《厦门日报》位列福建第一、全国城市党报第二，跻身全国报纸 50 强。

同日，2016 年中国工程机械行业转型创新高峰论坛在厦门举行，来自全国各地的工程机械配件生产商、渠道经销商、工程机械行业协会成员等 180 多人参加，聚焦探讨传统工程机械行业与互联网、金融等行业融合的发展前景。

同日，厦门自贸片区管委会和厦门海沧台商投资区管委会向首批入驻厦门两岸青年创业创新创客基地的企业和个人发放补贴，同时以台湾青年为主的第二批 52 家企业也在会上签约入驻厦门两岸青年创业创新创客基地。

26 日　中国最先进的 4500 吨级“向阳红 03”海洋综合科考船在厦门交付使用并入列国家海洋调查船队。

27 日　厦航开通厦门到宿务之间的往返定期航线，成为首家在福建提供该服务的国内航空公司。

同日，厦漳泉第五届暨厦门市第十三届校企合作举行对接会，来自全国 19 个省市的 170 所院校参会，提供急需专业工种近 20 种，涉及院校毕业生 25.2 万人。

28 日　同安工业社区大学揭牌仪式在同安区梧侣文体活动中心举行。

同日，教育部批准在厦门医学高等专科学校基础上设置厦门医学院，在福建商业高等专科学校基础上设置福建商学院。

29 日　厦门航空有限公司“双引擎四系统立体交互”航空质量管理模式获得中国质量奖，成为厦门市首个获此殊荣的单位，实现福建省“中国质量奖”零的突破。

同日，厦门市政府与中国农业发展银行签署《支持厦门发展战略合作框架协议》。

31 日　集装箱码头集团在“马士基艾佛拉”班轮作业中，以船时效率 360MOVES/H（移动 / 小时）、在泊效率 311MOVES/H 的突出成绩，再创厦门港单船作业新纪录。

同日，厦门大学与兴业银行在厦门签署战略合作协议，融合各自优势在产学研金融等多领域展开长期合作。

同日，第二届“厦门老字号”举行授牌仪式，有 39 家企业领取“厦门老字号”的金字牌匾。

4 月

1 日　省委常委、市委书记王蒙徽主持召开市委常委（扩大）会议，传达学习全国两会和省委常委（扩大）会议精神，研究部署贯彻意见。

6 日　“美丽厦门”当代美术作品晋京展在中国美术馆开幕，是改革开放后厦门美术界首次集体晋京举办画展。

同日，厦门市召开军地共建平安厦门联席会议暨工作推进会。

同日，福建省第一家省属国有邮轮公司——福建省豪华邮轮投资股份有限公司在厦门揭牌成立。

8 日　厦门北站获得第十三届土木工程詹天佑奖，为中国土木工程领域的最高奖项。

9 日　市委常委、副市长林文生与诺贝尔物理学奖得主、曼彻斯特大学教授康斯坦丁·诺沃肖洛夫院士就进一步推动石墨烯技术在厦门市产业化进行深入商谈。

11 日　全市住房公积金贷款启用新模式，受公积金管理中心委托，厦门住房担保提供一条龙快捷服务，一个窗口办理所有业务，贷款 8 个工作日到账。

12 日　2016 厦门工业博览会暨第二十届海峡两岸机械电子商品交易会开幕。

同日，厦大嘉庚学院会计与财政金融系合并为“会计与金融学院”，院长由马来西亚人黄梅贵出任。

13 日　市长裴金佳会见欧盟投资委员会主席谢啸楚一行。

15 日　省委常委、市委书记王蒙徽主持召开市委常委会议，传达学习习近平总书记重要批示、中央和全省有关会议精神。

同日，全国人大环资委副主任委员张宝顺、王鸿举、黄小晶，国家海洋局副局长孙书贤等一行到厦门，展开海洋环境保护法修改立法调研。

21 日　全国人大《中华人民共和国食品安全法》执法检查组一行到厦门市开展为期一天半的食品安全检查工作。

22 日　市长裴金佳会见到厦门访问的泰国普吉府府尹卡梅隆·迪帕亚蓬塔达一行，就厦门市与泰国普吉府建立友好城市关系签署意向书。根据意向书，厦门和普吉府将鼓励支持有关部门保持联系，推动官员的互访。

22～26 日　由厦门市外侨办与菲律宾、新加坡、泰国驻厦总领事馆联合主办的第五届南洋文化节在厦门举行，来自东盟十国的嘉宾出席参加。该届文化节继续以“传承友谊，共谋发展”为主题，突出经贸合作，加强人文交流，活动主要包括南洋文化节开幕式、南洋论坛、商品展、产业对接会、专场文艺演出、美食节和电影展映等。同期还举办嘉庚论坛和同安竹坝南洋风情旅游嘉年华活动。

25 日　市政府出台《关于加快推进残疾人小康进程的实施意见》。

26 日　厦门市首家警务工作站——海沧公安分局钟山警务工作站在海沧文化艺术中心西侧启用。

27 日　市十四届人大常委会第三十五次会议对《厦门经济特区促进中国（福建）自由贸易试验区厦门片区建设若干规定（草案）》《厦门经济特区多规合一管理若干规定（草案）》《厦门经济特区户外广告设施设置办法（草案）》进行分组审议。

同日，“厦门医学院士指导中心——陈孝平院士指导平台签约及授牌仪式”启动，是首次院士进站活动。中国科学院陈孝平院士是厦门医学院士指导中心成立以来的第十位进站院士，是厦门市第一个进站的外科院士。

同日，公共议事会成立大会在鼓浪屿召开，来自岛上各个行业、各个领域的 27 名议事会成员听取鼓浪屿公共议事会的相关章程和选举办法，并当场选举出议事会主席、副主席及秘书长。

同日，福建自贸试验区厦门片区闽台中心渔港组团启动全球招商。

28 日　市十四届人大常委会第三十五次会议表决通过《厦门经济特区多规合一管理若干规定》，为全国首部“多规合一”的法规，从 5 月 1 日实施。

26～29 日　市十四届人大常委会举行第三十五次会议召开，会议表决通过《厦门经济特区多规合一管理若干规定》，是率先在全国对“多规合一”进行立法，该规定从 5 月 1 日起施行。

29 日　中国数字产业峰会在厦门国际会议展览中心开幕，此次峰会主要聚焦游戏投融资、IP、移动电竞、家庭娱乐、独立游戏等业内热点，邀请近百位全球行业精英。

30 日　厦门航空获得美国交通运输部关于厦门—深圳—西雅图往返航线的航权批复并面向全球启动销售。

同日，厦门市职工服务中心新场馆启用，办事服务厅、多功能厅、劳模和工会干部活动室以及仲裁庭投入使用。

5 月

1 日　厦门住房公积金贷款流动性调节系数由 0.8 调整为 0.6。

同日，全国首部保障“多规合一”地方性法规在厦门市实施。

同日，官浔立交通车，同集路和海翔大道正式连接。

同日，全市第一张生活服务业增值税发票在厦门威斯汀酒店开出，标志着“营改增”全面试点在全市落地，逾 12 万户纳税人会享税制改革红利。

同日，厦门“旅游产业全要素大数据平台”上线试运行，该平台是国内数据最为丰富的旅游管理平台之一，其中旅店宿客分析、自驾游车辆、智慧网评、银联刷卡、从业人员分析等 5 个系统为国内旅游行业首创。

3 日　杏林东路立交主线桥通车，线路总长 3.75 千米。在杏林南路、高浦路、杏林东路、集灌路 4 个主要交叉口采用立交方式，实现杏滨路主线全程无红绿灯。

4 日　中国眼底病专家黎晓新教授加盟厦门眼科中心并担任总院长一职，黎晓新是国家 973 项目首席科学家，是唯一入选国际眼科科学院院士的中国女专家。

同日，同安工业社区大学致公学校揭牌仪式举行，是致公党厦门市委利用社区现有教育服务平台在同安建成的第一所社区致公学校。

5 日　全市首个区级社区书院——翔安区社区书院指导中心启用。

5～8 日　第十二届海峡旅游博览会在厦门开幕，来自海峡两岸以及香港、澳门地区和韩国、意大利等地的近万名客商与会。首次专设的“一带一路”展区和“厦金两门旅游节”备受关注。

6 日　厦门市教育基金会第六届理事会成立，厦门市原副市长、市政协原副主席潘世建当选市教育基金会第六届理事会理事长。

同日，首届厦金“两门”旅游节暨大陆旅游业者赴金考察活动在厦门五通客运码头启动，是两岸探索建立厦金旅游协作区的新实践和新尝试。

同日，全球五大选美盛事之一——2015～2016 世界旅游小姐大赛中国区总决赛在集美举办，北京服装学院模特专业大一学生王雨取得冠军。

6～9 日　首届厦门、澳门、金门“三门”青年论坛在澳门举办，厦门市副市长国桂荣率厦门青联、厦门大学、厦门理工学院等单位代表赴澳门出席活动。

7 日　省委常委、市委书记王蒙徽主持召开市委常委会议，传达学习全国宗教工作会议精神，研究初步贯彻意见。

同日，第七届全球建筑大师论坛在厦门开讲，国际知名建筑师马岩松和国际著名设计师梁志天主讲，来自全国各地的建筑设计师、室内设计师、地产界人士、高校的建筑系师生及普通市民 800 多名参加。

7～8 日　由福建省自动化学会主办、集美大学诚毅学院承办的福建省第一届大学生智能车竞赛在诚毅学院体育馆举行，来自省内的厦门大学、福州大学等 8 所高校的 60 支队伍、200 多名师生参加比赛。

8 日　厦门大学全球级科考船“嘉庚号”在广州广船国际下水，“嘉庚号”达到世界同级船的先进水平，能抵达所有无冰洋区，成为中国深远海科学研究的主力船之一。厦大因此成为中国综合性大学中第一所拥有自己的全球级科考船的高校。

同日，市公安局巡特警支队建立科学规范的干部考核评价体系，在全市首次创新推行正科及以上领导干部绩效积分考评

同日，厦门艺术学校群舞《厝里艺人》在第七届华东专业舞蹈展演中获表演一等奖，该校 2011 级、2012 级舞蹈专业的 24 名学生成为新一届“华东舞

蹈之星”。

9日　新的厦门市法律援助中心便民服务大厅启用，为群众提供“一站式”法律援助服务，营造高效优质的公共法律服务环境。

11日　省教育厅发布《福建省普通高等院校办学潜力年度报告（2016）》中指出，厦门大学以明显优势位居全省本科院校首位。

12日　厦门市市政工程管理处和中国铁建股份有限公司签署厦门首个PPP项目，即厦门翔安新机场片区地下综合管廊PPP项目投资建设合作协议，标志着厦门作为首批管廊试点城市的PPP运作在中国铁建参与投资下启动。

13日　在第七次全国人民防空会议上，厦门获得国家国防动员委员会颁发的“全国人民防空先进城市”称号，是厦门市连续第三次荣获该称号。同时，市人防办、海沧区人防办被国家人民防空办公室评为“全国人民防空先进单位”。

14～15日　2016年首届“优拉杯”厦门乒协会员赛在在湖里区青少年校外体育活动中心举行，314名选手参赛，该次比赛是会员赛中规模最大的一次。

14～21日　由中国水产学会与中国水产科学研究院、福建省水产学会、福建省水产研究所及无锡淡水渔业研究中心等单位联合举办的2016年水产科技周活动在厦门启动，活动主题是“创新引领共享发展”，着重体现科技创新对产业的推动。

16～17日　第四届“快乐青春，运动季”厦门轮滑公开赛在五缘湾乐都汇地面广场举行，来自省内二十几所俱乐部及高校的100多名选手参加比赛，赛事颁出奖项12个，其中儿童赛3个、成人赛9个。

17日　厦门市实现全市范围光网覆盖，标志着厦门成为福建省首个“全光网”城市。

19日　质检总局在厦门召开现场会，向全系统推广厦门的国际贸易“单一窗口”经验做法。

20日　2016年度市区文联联席会议第一次会议在集美区举行，会上为全市15个“文联服务点”授牌。

20～23日　2016艺术厦门博览会在厦门国际会展中心开幕，此次会展邀请国内外艺术机构200多家、艺术家1000多名参加，有上万件艺术作品参展，不同地域流派和艺术形式主题展均为国内艺术领域首创。

21日　厦门首批服务外包示范园区挂牌，厦门将打造成为两岸服务外包集聚区和海峡西岸服务外包中心城市，享受国家级服务外包资金政策。

22日　省委常委、市委书记王蒙徽主持召开市委常委会议，传达学习习近平总书记在会见第七次全国人民防空会议代表时的重要讲话和全国人民防空会议主要精神，研究初步贯彻意见。

同日，台湾世邦海运公司“世邦厦门”轮靠泊厦门集装箱码头集团海天码头，开通台湾—福建航线，每周两次定期航班。

26～28日　第十一届中国国际（厦门）渔业博览会暨2016亚太水产养殖展览会在厦门国际会展中心举办，来自国内外的600多名展商近300家企业参展。

27日　在厦门行政服务中心、福建自贸试验区厦门片区综合服务大厅，市民可以用自助受理终端申请“身份证网上副本”，厦门市成为全国首个居民身份证网上应用落地城市。

同日，中共厦门市委十一届十二次全体会议召开，讨论筹备召开市第十二次党代会有关工作事项，审议通过《关于召开中国共产党厦门市第十二次代表大会的决议》。

同日，省委常委、市委书记王蒙徽主持召开市委常委会，会议传达学习中组部深化人才发展体制机制改革座谈会精神，并研究初步贯彻意见。

28日　环保志愿者进社区启动仪式暨思明区“六·五”世界环境日宣传活动在思明区举行，厦门（思明）环保志愿者联盟成立，为全市首个环保志愿者联盟。

30日　《厦门市社会组织信用信息管理实施办法》实施，对全市民政部门依法登记的社会团体、民办非企业单位和基金会的信用信息管理做出规范。

31日　厦门市人才公共服务平台“i人才”上线运行，该平台为市委组织部转变人才工作理念和工作模式，通过信息化、市场化手段服务人才的一个创新举措。

6月

1日　《厦门市建筑工程规划实施过程事中事后监管办法》实施。

2～3日　“2016航运交易高峰论坛”在厦门举办，厦门航交所与多家航运企业、经纪公司签约合作。

3日　2016中国（厦门）国际物联网博览会暨高峰论坛在厦门国际会展中心开幕，200多家企业参展，展位达500余个，展览面积超过13000平方米。

12日　第八届海峡论坛在厦门举行，中共中央政治局常委、全国政协主席俞正声出席论坛大会并致辞，出席大会的两岸嘉宾约1700人。

同日，海峡职工论坛在厦门举行，中共中央台办、国务院台办主任张志军参加论坛活动，并与两岸职工代表就共同关注话题进行茶叙座谈会。

15日　福建省信息消费协会在厦门市成立，并召开第一次会员代表大会，选举厦门二五八集团有限公司董事长林溪为第一任会长。

16日　福建自贸试验区首个社区服务中心——海沧创新社区服务中心和厦门互联网金融园区在海沧自贸园区揭牌成立，标志着海沧建设“产、城、人”融合发展的创新社区又迈出关键性一步。

17日　科技部、央行、银监会、证监会和保监会等部门联合下文，确定厦门获批第二批国家促进科技和金融结合试点城市。

18日　“国际顶级邮轮蓝宝石公主号”在厦门母港运营，该邮轮创造出满载3018名游客的母港单航次载客纪录，是全省最大规模的出行单团。

20日　市政协举行十二届四十七次主席会议，围绕“加强厦门市医疗急救体系建设”开展专题协商。

23日　厦门市停车产业协会成立并召开第一次会员大会。

24日　2016年二十国集团（G20）峰会第三次协调人会议在厦门开幕。G20成员、嘉宾国和国际组织协调人等中外代表300多人与会。外交部副部长、中方G20事务协调人李保东主持会议。

同日，民政部在北京召开的“2015

年度中国社区治理十大创新成果”发布会上，思明区“社区参与式治理工作坊”获第三名，是福建省年度唯一获奖项目，创下福建省历史最好成绩。

同日，智童时刻（厦门）科技有限公司在厦门举行新品发布会，其自主研发的智能教育机器人 KEEKO 正式揭开面纱，该机器人智力相当于 5 岁孩子。

25 日　厦门市首办虚拟现实产业峰会。

27 日　市十四届人大常委会第三十六次会议举行全体会议。

同日，由泰国驻厦门总领事馆、泰国投资促进委员会、厦门市外侨办主办的“海丝新机遇携手共发展——泰国新投资机遇介绍会”在厦门瑞颐酒店召开，中泰两地相关单位领导及泰国重点招商行业的厦门企业代表与会。

30 日　云计算巨头紫光互联与厦门火炬高新区管委会签约，落户厦门火炬高新区。

同日，厦航 MF803 航班从厦门高崎机场起飞前往澳大利亚墨尔本，是厦门市继荷兰阿姆斯特丹、澳大利亚悉尼之后开通的第三条洲际航线。

30 日至 7 月 3 日　2016 年全国车辆模型锦标赛在厦门集美举办。赛事共设有 1／10 电动房车竞速赛、1／8 内燃平路车竞速赛、1／10 电动越野车竞速赛等 10 个项目比赛，来自上海、杭州、广州、深圳、西安、武汉、长沙、厦门等地的 33 支代表队、近 300 名顶级车辆模型高手参加比赛。

7 月

1 日　厦门市医保省外一站式结算试点城市新增南昌、杭州、南京 3 个城市。在北京、上海、广州还新增 8 家试点医院。厦门市医保省外就医一站式结算已覆盖 6 个城市，32 家试点医院。

5 日　厦门地税“金税三期”征管系统对外试运行后的首张发票在湖里区地税局办税服务厅开出。

8 日　第十届“纪录·中国”创优评析颁奖晚会在厦门广电中心举行，《鼓浪屿往事》获“人文自然类”一等奖，《厦门·1938》获“抗战文献类”二等奖。

同日，厦门保税物流（区港联动）园区获全国首批“国家示范物流园区”称号，厦门保税物流（区港联动）园区是福建省唯一获此殊荣的物流园区。

9 日　《厦门市文艺发展专项资金扶持办法（试行）》实施。

11 日　厦门 127 名首批入额检察官集体宣誓，首批检察官入额检察官的产生，标志着检察人员分类管理改革迈出历史性步伐。

13 日　市政协召开十二届四十八次主席会议。

同日，举行 2016 年厦门市海上交通生产安全事故应急救援综合演练，21 艘船艇、1 架直升机、32 部车辆、38 家单位 476 人紧急出动，是 2016 年厦门市最大规模海上演练。

15 日　演武大桥观景平台开放，观景平台主线长 628 米，与演武路海堤堤顶人行道相接，是世界上离海平面最近的桥梁之一。

16 日　由 37 名厦门中小学教师组成的“厦门市鹭岛之声合唱团”在俄罗斯索契举行的第九届世界合唱比赛中，获公开赛室内混声组金奖的第一名。

19 日　跨境联盟与国大药房战略合作签约仪式在厦门自贸片区跨境电商产业园举行。

20 日　市政协召开十二届三十一次常委会议，围绕“加快社区书院建设，共同缔造厦门精神”开展专题协商议政。

同日，2016 年中国初中男子校园足球联赛南区决赛在福建师范大学举行，其中厦门市第二中学获得冠军。厦门市第二中学主教练许万杰被评为此次比赛的最佳教练，厦门市第二中学的赖德清、柯建申分别荣膺最佳运动员、最佳守门员称号。

21 日　第二届中国汽车产业数据峰会在厦门国际会议中心举行，来自国内外的 500 余名代表参加，以“大数据背景下的汽车产业变革”为主题，深入交流汽车行业的大数据应用。

22 日　省委常委、市委书记王蒙徽主持召开市委常委会议，传达学习习近平总书记在东西部扶贫协作座谈会上的重要讲话精神，以及闽宁协作联席会议精神，研究全市初步贯彻意见。

同日，厦门市爱国拥军促进会第一次会员大会暨成立大会在市老年活动中心举行。

同日，集成电路领军企业紫光集团在厦投资的紫光科技园暨展锐大厦奠基仪式在厦门火炬高新区举行。该项目总投资 40 亿元，总建筑面积超过 40 万平方米，项目选址位于同安环东海域的厦门科技创新园，致力于打造集研发设计、产业孵化、产品展示等功能于一体的集成电路产业聚集地。

22～24 日　由语资网主办，厦门精艺达翻译公司和上海一者科技公司联合承办的第一届中国语言服务业协同创新发展论坛在厦门举行，来自国内外的近百家语言服务公司、翻译技术公司及 20 多所开设翻译专业的高等院校，以及来自美国、澳大利亚、韩国等国的专家学者及翻译公司 200 多名代表参加论坛。

25 日　厦航 MF805 航班（厦门—温哥华）航线实现首航，厦门洲际航线正式通达“欧美澳”，为福建首条直飞北美洲航线。

29 日　厦门市再次获得“全国双拥模范城”称号，实现“九连冠”目标。“鼓浪屿好八连”、思明区中华街道分别荣获“全国拥政爱民模范单位”和“全国爱国拥军模范单位”称号。

同日，“2016 厦门企业并购重组高峰论坛”在厦门海翼大厦举办，业内人士就宏观经济形势下企业在并购重组中所面临的热点问题进行研讨。

30 日　翔安产业园邻里中心投入运营，是一个集超市、百货、KTV、餐饮、娱乐、文教、儿童早教、就业培训、体育、卫生、图书馆、社会保障等功能于一体的产业园区综合型商业中心。

31 日　由中国游泳协会、厦门市人民政府、中华成人游泳协会以及金门县政府共同主办的第八届厦金海峡横渡活动开赛，182 名来自两岸及港澳地区的选手从小金门双口村海域出发，在厦门椰风寨海域上岸。台湾新北的兄弟组合卓沛齐、卓承齐夺得男子 A 组冠军。福建洲克游泳队的陈慈、李奕琳获得女子组冠军。

8 月

1 日　厦门市全面下调管道天然气

终端销售价格，年用气量360立方米以上的，价格由5.40元/立方米下调至4.94元/立方米，降价0.46元/立方米。非居民用气最高销售价格由原来的3.80元/立方米下调至3.49元/立方米，下降0.31元/立方米。这是全市自1月1日以来的第二次调价。

同日，金旸院士工作站在厦门成立，该工作站由中国高分子新材料研究领域的知名专家、中国工程院院士蹇锡高主导，将为我国首家高分子新材料领域实体创业平台金旸WEWORK提供强有力的科研支撑。这也标志着金旸WEWORK的技术创新能力迈上新台阶。

同日，2016丝绸之路国际剧院联盟签约暨揭牌仪式在厦门市举行，厦门沧江剧院成为丝绸之路国际剧院联盟首家揭牌的成员单位。

2日　省委常委、市委书记王蒙徽主持召开市委常委会议，传达学习省委九届十六次全会精神、全国双拥模范城（县）命名暨双拥模范单位和个人表彰大会精神，研究初步贯彻意见。

4日　厦门市出台《厦门市城市排水防涝三年工作行动方案》。

5日　国开行厦门分行与厦门市发改委联合召开开发性金融联席会暨签约仪式，共同签署《“十三五”全面深化开发性金融合作备忘录》。

同日，《海沧旅游志》正式发布，为厦门市首部地方旅游志书。该志50余万字，详实地记录海沧旅游的自然资源、人文底蕴，以及海沧旅游发展的建设成就。

同日，全国城市地下综合管廊建设工作座谈会在厦召开，“规划有统筹、建设有标准、管理有制度、资金有来源、运营有保障”的“厦门模式”被推广，为全国地下综合管廊建设提供借鉴。5月，住房城乡建设部和财政部对全国首批地下综合管廊试点城市进行年度绩效考评，厦门排名第一。

7日　福建省“争做中国好网民”活动启动暨第五届厦门网络文化节闭幕式在厦门市博物馆举办，参与网民突破300万人（次）。

11日　湖里区湖里街道村里社区“村里人”公共法律服务站成立，成为厦门市首个社区公共法律服务站。

同日，《厦门市加大工业投资的若干意见》出台，实行新投资项目奖励措施。

7～12日　厦门首次举行国际青少年校园足球邀请赛，6个国家的12支足球队队员参赛。澳大利亚阳光海岸队获得邀请赛金奖，厦门市第二中学队和捷克奥洛穆克队分获邀请赛银奖和铜奖。

11日　《厦门市建设局关于进一步加强工程项目建设监管的若干意见》出台并正式实施。

16日　中共厦门市委十一届十三次全会召开，审议通过《厦门市争当“五大发展”示范市实施意见》和《中共厦门市第十一届委员会第十三次全体会议决议》。

18日　第三十一届全国青少年科技创新大赛上，厦门外国语学校附属小学和同安一中获“十佳科技教育创新学校”称号；厦门外国语附属小学获得“创新之星”称号。

19日　厦门市虚拟与增强现实产业协会正式成立，是福建省第一个VR/AR领域的产业协会。

同日，厦门市2016～2017年度社会工作专业督导员培养项目举行启动仪式，首次启动社会工作专业督导员培养工作，首批培养25名学员。

同日，中华诗歌乐舞传统文化服务平台在厦门开展“2016中华国学经典教育学术论坛暨国学教育指导师及幼儿园园长师资培训”活动。厦门市中华诗歌乐舞国学教育推广中心同时正式启动，来自各相关指导单位的嘉宾、顾问以及青少年领域的国学教育专家、社会服务机构近百人出席此次会议。

23日　“厦门境外投资服务平台”发布会暨“厦门走出去服务联盟”成立仪式在厦门人民会堂举行，该联盟由全市12家与境外投资有关的权威服务机构组成，分为金融、财税、法律和投资促进4个小组。他们将发挥各自专业优势，围绕企业“走出去”的财税、法律、风险等问题，为企业赴境外投资和开展经贸活动提供专业服务与支持。

24～25日　鼓浪屿·首届创意亚洲文化发展国际论坛在鼓浪屿举行，论坛以鼓浪屿申遗为契机，以“岛屿与连接”为主题。邀请世界范围内的遗产保护、建筑规划、艺术创意、经营管理、历史文化等领域的近30位知名专家学者参与，围绕“岛屿——一种文化生态”的主题展开对话，为鼓浪屿的未来发展，寻找一种创新的发展模式。

25日　一满载巴西大豆的马绍尔群岛籍货轮“阿斯特拉”靠泊海沧港区海隆码头，是该码头迎接的首艘进口散货轮。

26日　龙山设计云正式在龙山文创园启用，龙山设计云为各行业设计师量身订制的云计算机系统，是全国首创，开启设计云时代。

同日，“艺术城市”规划论坛在厦门金雁酒店举行，是厦门第一次举办以“艺术城市”为主题的论坛。国内多名专家学者共同探讨城市公共空间的艺术塑造。

27日　第九届民建中小企业发展论坛在厦门市建发JFC品尚中心召开，论坛以“新常态下中小企业的资本运营”为主题展开系列讨论。

同日，厦门市工艺美术协会成立。

同日，2016中国500强企业高峰论坛在长沙举行，厦门4家企业上榜，分别是厦门建发集团有限公司、厦门国贸控股有限公司、厦门象屿集团有限公司和厦门金龙汽车集团股份有限公司。

28日　《厦门市市级政府资产使用管理暂行办法》《厦门市市级政府资产处置管理暂行办法》出台，政府资产登记实施“一物一卡”。

29日　厦门港与美国迈阿密港签订姐妹港（正式友好港）合作协议，双方将在落实“中美新型大国关系”战略和建设福建自贸试验区等大背景下，在运输往来、港口研究、信息交流、邮轮母港发展等多个方面展开交流合作。

30日　市长裴金佳会见中国电信集团总经理杨小伟一行，市政府与中国电信福建分公司签订《共同推动“十三五”智慧城市建设战略合作框架协议》，携手合作共建智慧城市。

同日，厦门市第七次律师代表大会召开，选举产生新一届厦门市律师协会领导班子，是首次由执业律师担任市律协会长。

29～31日　市人大常委会第三十七次会议召开，会议表决通过《关于开展第七个五年法治宣传教育的决议》《厦门经济特区促进中国（福建）自由贸易试验区厦门片区建设规定》，并任命黄强、卢江为市政府副市长。

同日，国开行厦门分行与海沧台商投资区管委会（海沧区政府）签署《关于深化“一带一路”战略合作开发性金融合作备忘录》。“十三五”期间，国开行厦门分行将提供200亿元的融资，助推海沧更好地融入“一带一路”建设。

31日　“海洋神话号”豪华邮轮从厦门出发，前往日本佐世保（两市于1983年10月28日缔结友好城市），是厦门邮轮母港首个国际友城邮轮航次。9月3日，“海洋神话号”抵达日本佐世保。

9月

1日　鼓浪屿沙滩公园、观音山海岸公园、黄厝海岸公园、前埔海岸公园入选省首批海岸公园。

同日，厦门市文化馆与厦门六个区级文化馆在第四次全国文化馆评估定级中获评2015—2018年度“国家一级文化馆”的称号。

2日　厦门港龙海客运站启用，石码—厦门客运码头停止运营。

同日，同安区社区居家养老服务信息化试点在祥平街道芸溪社区、陆丰社区和大同街道城西社区、北门社区四个社区陆续揭牌并投入使用。标志着同安区初步建立起借助信息化手段、以“互联网+”提升养老服务水平的模式。

3日　厦沙高速同安莲花收费站开通运营。

4日　厦门开展跨省二代证异地受理业务试点工作，11个省（自治区、直辖市）的居民可在厦门6个派出所办理二代证换领、补办业务。

5日　第十九届中国国际投资贸易洽谈会的重要活动之一——“2016中以产业技术合作峰会”开幕，是首次在厦门举办的中以技术创新交流盛会。旨在打造以色列领先技术在中国转移转化的重要窗口以及中以产业技术合作的常态化国际服务平台，推动厦门市成为以色列领先技术在中国转移、孵化、投资的区域中心。60多家以色列科技企业、孵化器及投资基金等机构的代表，带着100多项先进技术参会，与国内300多家企业展开现场对接交流。

同日，厦门“七个瓦拉”外语社群服务平台荣获全国优秀创业项目奖。

6日　中国（福建）自由贸易试验区厦门片区首批工程建设领域先行先试项目、港务自贸园举行揭牌仪式。该项目主打海洋主题、海丝文化、海港特色，是厦门片区首个集邮轮旅游、跨境商品展销、文创及绿色生态产业、金融服务等内容于一体的商务休闲平台。

7日　《厦门日报》再次入围“全国城市日报十强”，并连续8年排名第一；《厦门晚报》继续荣膺“全国晚报二十强”。

8～11日　第十九届中国国际投资贸易洽谈会在厦门国际会展中心举办，中共中央政治局委员、国务院副总理汪洋出席开馆式并启动“9·8”金钥匙。投洽会以“聚焦一带一路推动互联互通”为主题，举办一系列高端展览、国际投资论坛、权威研讨会及对接会，被誉为全球规模最大、影响最广的投资博览会。有100多个国家（地区）、4000多家企业、约5万名客商参会。该届投洽会签订各类投资项目1502个，总投资金额5073亿元人民币。

9日　由厦门市人民政府、新疆伊犁哈萨克自治州人民政府主办，福建自贸试验区厦门片区管委会、新疆霍尔果斯经济开发区管委会承办厦门自贸片区“一带一路”机遇投资说明会暨签约仪式在厦门悦华酒店举行，41个签约项目“联姻”落户厦门自贸片区，投资总额达717.70亿元人民币。

同日，市政府出台《排污权有偿使用和交易管理办法（试行）》，自发布之日起施行，试行期两年。

10日　由中国计算机协会主办的2016中国（宁波）智慧城市推进大会暨第五届中国城市信息化50强发布会在浙江宁波举行，厦门市旅游局获“2016中国智慧城市建设智慧旅游杰出应用奖”。该奖是2016年厦门市旅游局凭借全国首创的“旅游产业全要素大数据平台”斩获的第三个全国性奖项。6月，厦门市曾先后获评2016“互联网+十大旅游优秀城市”称号和“中国旅游城市数字资产榜十佳”称号。

同日，鼓浪屿·外图书店在“百年英式老别墅猫头鹰楼”开业。该书店定位为纯粹的实体书店，以经营海峡两岸优秀的中文出版物为特色。

13日　位于福建自贸试验区厦门片区海沧园区的厦门跨境电商监管中心正式启用。同时，与厦门跨境电商监管中心共享同一个数据平台的实体展销中心——自贸优享对外营业。

同日，由中国城市规划协会、清华大学人居科学院主办的“创建更加和谐与美好的人居环境——都市区城乡统筹发展探索”论坛在厦门召开。

同日，全市首个乡村廉政文化馆——翔安区内厝镇莲塘村廉政文化馆成立。同时，全市首支党风、政风、村风、民风勤廉督导队正式成立。

14日　厦门高校青年艺术联盟成立仪式暨凤凰花开——在厦高校青年艺术展开幕式在市文联举行，市委常委、宣传部部长叶重耕出席活动并为联盟授牌。

15日　凌晨3时05分，14号台风“莫兰蒂”在厦门翔安登陆。凌晨2时50分左右，在岛内五缘大桥测得的阵风达17级以上（64.2米/秒），创下有气象记录以来的新高。此次台风造成厦门市大面积停电、停水，部分地区通信中断，交通基本瘫痪，直接经济损失102亿。

16日　福建省财政日下拨厦门2016年自然灾害生活救助资金1000万元，用于救助台风“莫兰蒂”受灾群众。

17日　国开行发放首笔两亿元应急贷款为全市灾后重建提供金融支持和服务。

19日　市长裴金佳主持召开第117次市政府常务会议，研究部署台风“莫兰蒂”灾后重建有关工作。决定对受灾工业企业给予财政扶持、减负、税收、金融、油电通信保障、行政审批等支持；对损毁温室大棚重建、修复和受灾农作物、畜禽养殖恢复生产给予补助；对住房受损、符合重建条件的贫困家庭重建户和一般重建户给予补助。

同日，厦门特宝生物工程股份有限公司研发的生物制品1类新药“派格宾”（聚乙二醇干扰素α-2b注射液）获国家食品药品监督管理总局批准上市，这是中国首个国产的长效干扰素，填补国内空白。

20日　中国大学第一所海外分校——厦门大学马来西亚分校首批中国学生乘坐厦门航空MF823航班赴马来西亚开课。厦门大学马来西亚分校，是厦门实施“一带一路”倡议的重要项目之一。

21 日　厦门市教育局和厦门大学签订共建“厦门大学附属第二中学”协议，厦门市第二中学成为厦门大学的附属中学。

22 日　举办第十六个全民国防教育日系列活动，国防大学教授乔良应邀作题为“大国兴替之际的金融搏杀与军事博弈”的高端讲座。

24 日　中共厦门市委常委（扩大）会议和全市领导干部大会先后召开。省委组织部常务副部长袁毅到会宣读中央、省委关于厦门市委、市政府主要领导调整变动的决定：裴金佳任中共厦门市委书记，庄稼汉任中共厦门市委委员、常委、副书记。同时，市委常委会议研究决定：庄稼汉任中共厦门市人民政府党组书记。

26 日　厦航开通厦门—深圳—西雅图航线，是厦航开通的第一条美国航线。

同日，福建省经信委评出一批“福建省优秀小额贷款公司”，厦门翔安海翔小额贷款有限公司荣膺该称号。

28 日　市委召开十一届十四次全体会议，审议市第十二次党代会工作报告（草案）和市纪委工作报告（草案），确定出席省第十次党代会代表候选人预备人选。

同日，市十四届人大常委会第三十八次会议在厦门人民会堂举行，会议决定庄稼汉为厦门市代理市长。

同日，代市长庄稼汉主持召开第118 次市政府常务会议，又一批灾后重建扶持政策出台。

同日，17 号台风“鲇鱼”带来大风暴雨，全市启动防台风Ⅱ级应急响应，转移危险区域人员 40568 人。

同日，人民日报社特邀厦门日报社视频直播“鲇鱼”，厦门日报社融媒体首次挑战长时间无间断视频直播。

29 日　市委召开常委会议，传达学习全国党委秘书长会议精神，以及省委书记尤权对厦门市党风廉政建设责任制检查“回头看”情况的批示精神、全省市县乡三级人大换届选举工作会议精神等，研究贯彻意见。

同日，第九届宏观经济高端论坛第一次会议在厦门金雁酒店举行，专家从多元视角交流探讨补齐短板、调整结构、推进改革、强化创新，提出推进供给侧结构性改革的政策建议。

30 日　中国所罗门产业互联网峰会日前在厦门举行，300 多位来自全国各地的创客、企业家参会，纵论国内产业互联网发展趋势。

10月

1 日　2016 中国（集美）AEMI 世界气球艺术节创下“最大规模气球展”世界吉尼斯纪录，此次气球艺术节由 80 多位各国艺术家创作、超过 365000 个气球组成。

同日，第十届新厦门人集体婚典在市工人体育馆举行，市政府党组成员李辉跃为新人证婚，来自全国 16 个省、直辖市的 100 对新人参加婚典。

同日，世界著名经济学家邹至庄教授捐款 1000 万美元在厦门大学设立“邹至庄经济学教育基金会”，以推动中国经济学教育。

8 日　不动产登记中心在驻市行政服务中心窗口推出“预约办理”，与原有的排队取号模式双轨并行，市民可提前预约。

10 日　翔安姑娘张彬彬在 2016 年射击世界杯总决赛女子 50 米步枪三姿比赛中夺得冠军，为厦门夺得历史上首个射击世界冠军。

10～16 日　“闽台文化·寻根之旅——中原慈善书画展”在厦门传世艺宫美术馆开展。来自两岸的 8 位书画家联袂展出各自作品，通过笔墨讲述中原文化与闽台文化的深厚渊源。

11 日　厦门被正式命名为国家生态市，是福建省首个通过国家生态市考核验收的城市。

12～14 日　中国共产党厦门市第十二次代表大会在厦门人民会堂隆重召开。全会听取市第十二次党代会筹备工作情况报告，审议通过市第十二次党代会日程安排（草案）。选举出由 48 名委员和 11 名候补委员组成的中共厦门市第十二届委员会、选举出第十二届市纪委委员 37 名和厦门市出席省第十次党代会的代表 34 名。

14 日　中共厦门市委十二届一次全体会议召开，选举产生中共厦门市第十二届委员会常务委员会。裴金佳当选为市委书记，庄稼汉、陈秋雄当选为市委副书记，裴金佳、庄稼汉、陈秋雄、叶重耕、蔡建新、林文生、张灿民、孙明忠、黄强、李伟华、倪超、黄文辉、陈沈阳 13 人当选为中共厦门市第十二届委员会常务委员会委员。

15 日　福建省社科界 2016 年学术年会——第八届海峡生态城市发展（国际）论坛在厦门市举办，论坛以“绿色发展与生态城市建设两岸比较”为主题，有 150 多位中外专家到会交流。

16 日　厦门红色文化保护、传承和弘扬工程启动仪式暨“红色基因我们传承”主题纪念活动在厦门大学举行。

同日，福建省轨道交通协会在帝元维多利亚大酒店成立，全省有 50 多家企业申请入会。

16～17 日　台湾省十二届全国人大代表一行到厦门视察。全国人大常委会委员、全国人大内司委副主任委员、全国台联会长汪毅夫，全国人大常委会委员、台盟中央副主席陈蔚文等参加视察。

17 日　市委书记裴金佳主持召开十二届市委第一次常委会议。

同日，厦门市由政府定价管理的停车场按统一标准收费。和现行收费情况相比，新公布的收费价格有升有降。

20 日　市政协召开十二届五十一次主席会议，围绕“推进厦门市数字城市建设”开展专题协商议政。

21 日　国家卫计委召开健康医疗大数据中心及产业园建设国家试点工程启动推进会，宣布厦门成为健康医疗大数据国家首批试点城市。

同日，中国赛艇俱乐部联盟在厦门罗约海滨温泉酒店正式成立。

21～23 日　第十二届中国智能系统会议在海沧举行，旨在推动中国与智能系统相关的控制理论及应用技术的发展。

21 日至 11 月 1 日　第五届“海峡杯”全国书画作品展在厦门市美术馆开展。参展组委会收到作品 2032 件，其中 321 件作品经评选获奖。获奖作品与其他 36 件特邀参展作品一道在展会上展出。

22 日　厦门市首家由台湾青年运营的众创空间“台智青创·台友埕”对外运营，金融软件开发、医疗健康、IT 设备技术展会服务、新材料、信息技术等领域的首批 7 个项目率先入驻。

同日，本土原创实验话剧《坏青年重返美丽新世界》在厦门联发华美文创基地进行首演。

同日，2016 海峡两岸（厦门）乐活节在厦门沧江剧院开幕，该届乐活节活动持续至 12 月，由 1 场开幕式及“乐善”“乐业”“乐艺”“乐动”4 个主题板块 28 个分项活动组成。

22～23 日　厦门史上举办的最高水平的国际体育大赛——2016 中国厦门特房·世界杯攀岩赛在特房波特曼财富中心开赛，来自中国、俄罗斯、法国、斯洛文尼亚、日本、韩国等 21 个国家的 126 名选手参加此次比赛。俄罗斯选手斯坦尼斯拉夫获男子冠军，波兰名将克劳迪娅获女子速度赛冠军。

23 日　2016“中国杯”赛艇多人艇公开赛暨中国赛艇大师赛在杏林湾的水上运动中心举办，有 47 支队伍、运动员 610 人参加。

24 日　第一届印包企业职业技能竞赛在海沧举行，是厦门市首次举办印刷、包装行业技能比赛，在全省属首例。

25 日　国家旅游局公布全国第二批“国家全域旅游示范区”创建名单，厦门市入选，成为全省唯一获此殊荣的设区市。开展“国家全域旅游示范区”创建工作，旨在推动全国旅游业由“景区旅游”向“全域旅游”发展模式转变，构建新型旅游发展格局。

同日，全市首个警务工作站“升级版”——新垵警务工作站揭牌。

同日，厦门市公安局新媒体中心揭牌。该中心集“管理、监测、采编、办事”于一体，汇集厦门市公安局“两微两号一网一端一站一平台”8 类新媒体平台，是厦门市最大的政务新媒体中心。

26 日　全省社会治安综合治理创新工作推进会在厦召开。

27～28 日　市十四届人大常委会第三十九次会议举行全体会议。会议听取和审议市政府关于 2016 年 1～8 月预算执行情况及预算调整草案的报告、关于推进简政放权转变政府职能情况的报告，听取和审议市人大常委会执法检查组关于检查《厦门经济特区无偿献血条例》实施情况的报告，以及有关人事事项。

28 日　福建自贸试验区厦门片区跨境电子商务直购进口“三单比对”模式正式启动，跨境直购时间大幅缩减，助推跨境电商发展。

同日，厦门市第一中学举办建校 110 年校庆。

28～30 日　第九届中国（厦门）国际休闲渔业博览会在厦门国际会展中心开幕，会展面积 13000 平方米，设标准展位 700 多个，来自国内 20 多个省份、各国各地区的 400 多家企业参展。展会期间，农业部副部长于康震到展馆巡视，并与参展人员进行交流。

29 日　全国休闲渔业工作会在厦门召开，来自全国各地代表近 120 人参加，福建省、吉林省、湖南省等在会上分享各地发展休闲渔业的经验和做法。

同日，“2016 厦门国际设计周——红点在中国”在厦门国际会展中心开幕，200 多件 2016 红点设计奖精品和近 500 件 2016“中国好设计奖”展品亮相展会。该届设计周以“设计智造重塑生活方式”为主题，设展位 577 个，有 16 个国家和地区的企业参展。

30 日　金圆清科母基金策略发布会在厦门举行，目标总规模 100 亿元人民币，首期规模 20 亿元，是厦门市规模最大的一支专业化管理的市场化母基金。

31 日　“2016 世界城市日”中国主场活动在厦门举行，成为继上海之后第二个举办这一国际盛会的中国主场城市。

11 月

2 日　厦门市与中国建设银行签署“十三五”战略合作协议。同时，中国建设银行跨境同业金融服务中心、中国建设银行对公业务创新中心揭牌成立。

4 日　2016 年海西 LED 产业创新论坛在厦门举行，论坛指出厦门 LED 芯片和球泡灯产量位居全国第一。

4～7 日　第九届海峡两岸文博会在厦门会展中心举办。主展馆设四大板块 11 个展厅，总展位面积 6.5 万平方米。境内外 1708 家文化企业和机构参展，投资签约项目 103 个，总签约额 303.9 亿元。现场订单签约额 8.93 亿，现金交易额 1.5 亿，总参观人数 36 万人（次）。

4～10 日　2016 厦门国际海洋周在厦门市举行，厦门国际海洋周作为全球唯一以“海水”为主题，是集国际海洋论坛、海洋展览洽谈活动和海洋文化活动于一体的年度国际性海洋盛会。

5～13 日　举办厦门国际时尚展，期间共开展 30 项、209 场活动，110 位国内外知名设计师、近百名国际时尚界名人登台献艺表演，20 多万市民现场观看。该届时尚周总意向成交额达 1.8 亿元，撬动媒体自发投入媒体资源价值超过 2000 万元，网络互动超过 3.5 亿人（次）。

6～7 日　主题为“企业创新合作产业融合发展”2016 两岸企业家峰会年会在金门、厦门举办。6 日上午在金门开幕，7 日在厦门昇恒昌金湖大饭店举行专题论坛和闭幕大会。中共中央政治局常委、全国政协主席俞正声出席闭幕大会并致辞。

7～11 日　2016 两岸四地（厦门）会展合作高峰论坛暨厦门国际会展周在佰翔软件园酒店举行。论坛以厦门的区位优势和产业优势为依托，紧扣国家促进两岸合作交流战略，是规模最大、行业最专、参与面最广、形式最多样的会展业盛事。

8 日　在公安部召开的第三届全国 119 消防奖表彰大会上，南普陀义工消防宣传队获第三届全国 119 消防奖，成为国内首个在公益消防宣传领域获此荣誉的志愿消防队伍。

10～13 日　2016 中国厦门国际乐器展览会在厦门国际会展中心举办，展会围绕“音乐教育”“音乐文创”两大核心主题，打造集音乐表演、要素交易和信息交流于一体的平台。

11 日　厦门市航空医疗急救站揭牌成立，初步建成海陆空医疗急救体系，是大陆首个紧密型航空医疗急救站。

同日，在 2016 中国国际友好城市大会上，厦门市获 2014—2015 年度“国际友好城市交流合作奖”，厦门市国际友城——新西兰惠灵顿市荣获“对华友好城市交流合作奖”。

12 日　中国致公党第十四届中央常务委员会第十七次全体会议在厦门召开，会议主题为学习贯彻中共十八届六中全会精神，全国政协副主席、致公党中央主席万钢出席会议并讲话。

同日，来自海峡两岸的51对新人在厦门五一文化艺术中心广场举行集体婚礼。与一般西式婚礼不同，新人穿着大红汉服、行同牢礼、合卺礼，结发同心，彰显中华民族传统婚礼仪式魅力。

13日　2017年金砖国家领导人会晤福建省筹备工作领导小组第一次会议在厦门召开。省委书记尤权主持会议，省长于伟国出席会议并讲话。

同日，2016厦门世界铁人三项赛暨铁人世锦赛资格赛厦门站比赛在国际会展中心附近海域和环岛路上举行，来自57个国家和地区的2179名运动员参赛。澳大利亚的选手乔西－安贝格获男子组冠军，南非选手珍妮·西摩获女子组冠军。

14日　“厦门全域推广联盟”成立大会在厦门宾馆召开。“厦门全域推广联盟”是全域范围内的宣传推广资源整合，属全国首创，是推动“旅游+”跨界融合的载体。

15日　厦门市防抗台风“莫兰蒂”暨灾后恢复重建工作总结推进会在厦门人民会堂召开。

同日，市十四届人大常委会第四十次会议召开，通过市十四届人大常委会代表资格审查委员会关于个别代表的代表资格的审查报告。

16日　两岸合资金额最大的集成电路项目——联芯集成电路制造（厦门）有限公司开业。

同日，“中英海事司法与海事仲裁论坛”在厦门举行，最高人民法院、海事法院及上诉审高级人民法院的法官、伦敦海事仲裁员协会知名仲裁员、英国驻广州总领馆代表、国内外知名学者、律师和仲裁员、大型涉海国企代表80余人参加论坛。

17日　亚洲顶级模型赛事2016年灌口·三圈海峡两岸车辆模型（平路）大奖赛在厦门三圈模型科技体验基地开赛，近300名来自境内外的顶级车手和技师参赛。

同日，厦门市中级人民法院自贸区知识产权巡回审判法庭、福建省高级人民法院自贸区（厦门）司法保障研究基地和湖里区人民法院自贸区知识产权法庭揭牌成立。其中厦门自贸区知识产权巡回法庭是全省首个中级法院层级设在自贸区的知识产权审判巡回法庭，首个集第一审、第二审知识产权民事、刑事、行政诉讼为一体的巡回法庭。

18日　2016年全国电子竞技大赛在厦门国际会展中心举办，四大电竞项目16个战队/选手参赛，该赛事是全国规格最高的电子竞技综合大赛，IG战队夺得该次大赛英雄联盟项目冠军，获得30万奖金。

同日，厦门小吃南普陀素饼和吴再添沙茶面获得首届中国金牌旅游小吃评选金牌。

同日，2016厦门全国工笔画双年展在厦门市美术馆举办。

18～20日　沈阳市党政代表团到厦门市考察调研，两市举行座谈会并签订战略合作框架协议。

19日　第九届中国R语言会议（厦门）暨厦门大学数据科学与量化金融高峰论坛在厦门大学开幕。

20日　2016年集美·阿尔勒国际摄影季在集美新城开幕，启动为期一个月的摄影艺术展，有30个展项、2000件作品参展。

21日　同安新城的市运动训练中心举行揭牌仪式，标志着全市规模最大、配套最齐全的运动训练中心全面启用。该中心总占地面积约19.6万平方米，建筑面积约8万平方米，建设总投资约5.5亿元，能容纳1000名运动员训练、学习及后勤需要。

24日　第五届中国创新创业大赛生物医药行业总决赛在厦启幕，来自全国各地的评委、嘉宾、培训导师、行业专家等700余人参加。

25日　厦门发放市民养老服务卡，全市有31万老人受益。

同日，厦门市慢性病防治中心正式揭牌，同时依托6家医院成立冠心病肺癌等8个专病防治中心。

26日　厦门首例双肺移植获得成功。

27日　中国民主同盟厦门市第十三次代表大会在团结大厦召开。大会选举产生民盟厦门市第十三届委员会，陈昌生当选为民盟厦门市第十三届委员会主任委员。

29日　市委召开常委（扩大）会议，传达学习省第十次党代会和省委十届一次全会精神，研究初步贯彻意见。省委常委、市委书记裴金佳主持并讲话。

同日，国家健康医疗大数据中心与产业园建设试点工程厦门园区在厦门软件园三期正式揭牌。

30日　厦门市和中国科学院签订共建“中国科学院大学厦门微电子工程学院”暨“厦门微电子产业研究院”合作框架协议。

同日，福建自晖律师事务所在厦门自贸片区管委会获得执业许可，成为首家由福建自贸试验区审批成立的律师事务所。

12月

1日　从即日起，“暂改居”工作全面启动，厦门各派出所开始受理居住证的申请，暂住证不再发放。

2日　省十二届人大常委会第二十六次会议表决批准《厦门老字号保护发展办法》，“厦门老字号”将实行申报认定管理制度，任何组织和个人不得擅自使用该称号，否则将可没收其违法所得或最高处1万元的罚款。

2～3日　全国人大常委会副委员长、民革中央主席万鄂湘带队到厦门，就“司法体制改革”“精准立法促进社会文明”等课题开展专题调研，厦门精准立法为全国提供示范。全国人大常委会委员、省人大常委会副主任、民革福建省委主委邓力平，市人大常委会主任郑道溪等陪同调研。

3日　九三学社厦门市第八次代表大会在团结大厦召开。大会选举产生九三学社厦门市第八届委员会，黄培强当选为九三学社厦门市第八届委员会主任委员。

4日　致公党厦门市第七次代表大会在厦门宾馆召开。省政协副主席、致公党省委主委薛卫民出席大会开幕式。大会选举产生致公党厦门市第七届委员会，徐平东当选为致公党厦门市第七届委员会主任委员。

同日，2016年湖里区女子气排球在湖里区青少年校外体育活动中心举行，湖里区总工会女工委队获得冠军，是湖里区首次举办女子气排球比赛。

5日　国家“千人计划”高层次外国专家项目专家福建厦门行活动在海沧举行。来自美国、乌克兰、日本等国的

19 位相关领域顶尖人才与光电、生物等高新科技领域的重点企业深度对接，献计海沧产业发展。

6 日　市政协十二届五十二次主席会议召开。

7 日　陈清洲先进事迹报告会举行，市领导陈秋雄等领导出席，全市各条战线 1000 多名党员干部代表参加报告会。

同日，同安区获评“中国最美休闲胜地”，成为全省唯一获此荣誉的地域。

同日，厦门理工学院软件工程学院与帝友企业共建的“帝启互联网金融学院”举行揭牌仪式，校企双方正式签约，是福建省首个互联网金融领域的校企战略合作项目。

8 日　厦航引进的首架波音 787-9 飞机降落在厦门机场。

同日，万九杯中国足球业余联赛厦门赛区总决赛在市体育中心进行，联创世纪队夺冠。

8～10 日　第十届亚太玻璃体视网膜学术年会（APVRS2016）在泰国曼谷召开。厦门大学附属厦门眼科中心院长黎晓新教授应邀出席，在年会上做 TANO 冠名讲座，成为亚太玻璃体视网膜大会上进行 TANO 冠名讲座的第一位中国学者，表明中国眼科界在亚太乃至全球的声誉和学术地位。

9 日　由商务部条法司与欧盟驻中国代表团主办的中国——欧盟创新政策圆桌会议在厦门大学召开。

10 日　2016 厦门（海沧）国际半程马拉松赛在海沧鸣枪开赛，来自 28 个国家和地区的近 1.8 万名选手参加比赛。肯尼亚的约书亚基・普科里获得男子组冠军，肯尼亚的萨拉・切普奇奇尔获得女子组冠军。

12 日　厦门边检总站民警赵雷的家庭荣获首届“全国文明家庭”称号。

14 日　福建首个船舶岸电试点项目在厦门远海集装箱码头投入运营，厦门远海集装箱码头成为国内第一个真正意义上的零排放、全电动、全自动码头。

同日，厦门首届“西学中”（即西医学习中医）培训班在白鹭洲大酒店开班，135 名来自各级医疗机构的西医学员参加开班仪式。

15 日　《厦门市生态控制线管理实施规定》实施，明确生态控制线范围面积为 981 平方公里。

同日，集国际领先进口商品展销、文化创意生活配套为一体的高端商贸区——厦门港务自贸城启动运营。

17 日　厦门市破产管理人协会成立，是福建省首家破产管理人行业协会。

同日，旨在助贫奖学的丙洲助学教育发展协会成立，并现场进行募捐，有 33 人捐资 500 万元。

18 日　中国农工民主党厦门市第十三次代表大会在团结大厦召开。大会选举产生农工党厦门市第十三届委员会，王淼当选为农工党厦门市第十三届委员会主任委员。

19 日　马青路高架桥通过交工及安全专项验收，实现工程全线高架通车，全程无红绿灯，3 分钟内就可走完全程。

20 日　厦门航空在福州长乐基地举行厦航福州新机库启用仪式。

21 日　第二届两岸“曾子文化”论坛在闽南大酒店举行，邀请两岸专家学者围绕弘扬曾子孝道、修齐治平思想为主题进行探讨。

同日，厦门理工学院成立微电子学院。

23 日　第一届中国地理信息技术创新创业大赛总决赛在厦门落下帷幕，一款名为“小吉图游”的“电子导游”获得一等奖。

同日，同安区汀溪镇褒美小学启用新课本《走进汀溪》，这是同安区第一本以镇街本土物质、非物质文化资源为素材的校本教材。

25 日　厦门成为自然资源确权登记试点城市。

同日，《厦门市公务用车制度改革实施方案》正式出台。

26 日　中宣部授予厦门民警陈清洲“时代楷模”称号。人力资源和社会保障部、公安部也联合授予陈清洲“全国一级英雄模范”荣誉称号。

同日，由中国医学科学院主办的“2016 年度中国医院科技影响力排行榜”揭晓。厦门大学附属厦门眼科中心进入眼科学排行榜前十五，其中学术影响力全国前十，是福建省各学科中唯一进入前十五名的医院。

27 日　中共厦门市委十二届二次全会在人民会堂召开，审议通过《中共厦门市委十二届二次全体会议决议》。

同日，厦门海关与沈阳海关签订合作备忘录，共同推进双方关区内自由贸易试验区建设发展。

28 日　厦门夏商国际水产交易中心开业，是集现代化、规范化、专业化的大型水产品批发市场。地处福建自贸试验区厦门片区核心区，总建筑面积约 20 万平方米，总投资 10.5 亿元。

同日，市十四届人大常委会第四十二次会议举行全体会议。

29 日　全市经济工作会议召开，总结 2016 年经济工作，分析当前形势，研究部署 2017 年经济工作。

27～30 日　第九批高层次人才“双百计划”答辩评审会在厦举行，233 名海内外高层次人才参加答辩评审。

30 日　前场铁路货场开通，运营规划面积 5300 亩，规模居全国前列。

同日，“银发初心桑榆飞歌”老年艺术会演在厦门艺术剧院上演。

31 日　厦门航空实现第三十二个航空运输安全年。

（王　妍）

责任编辑：王　妍
审　　稿：李志宏
责任校对：林德全

3 市情总貌

自然环境

【位置和面积】 厦门市位于台湾海峡西岸中部、闽南金三角的中心，地处北纬 24°23′ 至 24°54′ 、东经 117°52′ 至 118°26′ 之间。东与大小金门岛、南与龙海市隔海相望，陆地与南安市、安溪县、长泰县、龙海市接壤。厦门市境域由福建省东南部沿厦门湾的大陆地区和厦门岛、鼓浪屿等岛屿以及厦门湾组成。2016 年，全市土地面积 1699.39 平方千米，其中厦门本岛土地面积 157.76 平方千米（含鼓浪屿）；海域面积约 390 平方千米。

【地　质】 厦门地区在漫长的地质史上，经历过多次的地壳运动，发生过多次的海水进退。厦门岛上海拔 5～10 米的一级阶地是约 6000 年前露出海面的，云顶岩上的岩石（石龄 1 亿多年）保留着明显的海蚀状态。厦门的地质构造位于闽东火山断拗东缘、闽东南沿海变质带西南，属于中国东南沿海地震带范围，建筑防震设计标准为 7.5 级。

【地　貌】 厦门市的地形由西北向东南倾斜。西北部多中低山，其中位于同安与安溪交界处的云顶山海拔 1175.2 米，为全市最高峰。从西北往东南，依次分布着高丘、低丘、阶地、海积平原和滩涂，南面是厦门岛和鼓浪屿。厦门岛是福建省的第四大岛，岛上最高峰云顶岩海拔 339.6 米。鼓浪屿在厦门岛西南部，与厦门岛之间隔着宽约 700 米的鹭江，岛上最高峰日光岩海拔 93 米。

【海　域】 厦门海域包括厦门港、外港区、马銮湾、同安湾、九龙江河口区和东侧水道。厦门港外有大金门、小金门、大担、二担等岛屿横列，内有厦门岛、鼓浪屿等岛屿屏障，是天然的避风良港。港区内有可供万吨级轮船停泊的锚地 10 余处，其中鼓浪屿以南的海域面积 14 平方千米，水深 10 米以上，可供 10 万吨级船舶停泊。港区内航道基本上为深 10 米以上的深水航道，5 万吨级的船舶可随时进出。厦门岛以东的刘五店航道亦能保证万吨级船舶随时进出。厦门市海岸线总长约为 234 千米，其中 12 米以上深水岸线约 43 千米，适宜建港的深水岸线约 27 千米。

【气　候】 厦门市距北回归线偏北约 1.5 度，为南亚热带海洋性季风气候。年平均气温 20.9℃，极端最低气温 1.5℃（发生在 1991 年 12 月 29 日），极端最高气温 39.2℃（发生在 2007 年 7 月 20 日）。厦门属于无冬季地区，一般以 2 月上旬至 4 月底为春季，5 月初至 10 月下旬为夏季，10 月底至 2 月初为秋季。厦门降雨主要集中在 4～8 月，全年平均降水量由西北向东南递减，同安区年平均降水量 1464 毫米，厦门岛 1143 毫米。厦门沿海地区多风且风速较大，其中厦门岛全年平均风速 3.4 米 / 秒，全年大于或等于 8 级大风的天数 22.4 天。厦门沿海地区夏秋两季受台风影响比较明显，1956 年以来在厦门附近 100 千米以内登陆的台风每年平均近 1 个。风力最强的台风发生于 1959 年 8 月 23 日，瞬间最大风速 60 米 / 秒（注：当时仪器的极限测量值为风速 60 米 / 秒，且测量仪器因当时台风风速超其极限测量值而损坏）。根据历史记录，8 月为厦门台风登陆次数最多、等级最高的月份，其次为 7 月和 9 月，但历史上登陆最早的台风为 5 月 17 日（1974 年），最晚的台风为 12 月 3 日（2004 年）。自中华人民共和国成立，登陆厦门最大的台风为"莫兰蒂"，于 2016 年 9 月 15 日在厦门翔安区沿海登陆。

【资　源】 厦门有丰富的海洋生物资源，各类海洋生物近 2000 种，其中有经济价值的常见鱼类 157 种、软体动物 89 种、甲壳类动物 127 种、藻类 139 种。厦门海域内的文昌鱼和中华白海豚为国家一类保护动物，鲎为福建省重点保护的珍奇动物。厦门市金属矿藏资源比较缺乏，已发现的金属矿床、矿点有钍、铁、锰、铜、钨、铅、钛、钼、锌等。花岗岩和砂料是厦门最主要的非金属矿产资源，分布广、储量大、经济价值高，花岗岩地貌和沙滩同时又是厦门市重要的旅游资源。具有较大开采价值的非金属矿产还有高岭土、耐火黏土、砖瓦黏土等，大都分布在同安区和翔安区。厦门属于淡水资源匮乏的海岛型城市，城市日常用水 80% 取自九龙江，多年平均水资源总量 12.47 亿立方米，人均水资源占有量仅 513 立方米。已发现的温泉或地热异常点有 14 处，地热点水温一般为 50℃～60℃，最高达 90℃，总允许开采量为 33002 立方米 / 天。水中一般含有二氧化碳、硫化氢、偏硅酸、氟、溴、氡等化学成分，具有很好的开发利用价值。

【市花、市树、市鸟】 1986 年 10 月，在广大市民投票评选的基础上，由厦门市第八届人民代表大会常务委员会第二十三次会议正式确定，三角梅为厦门市花，凤凰木为厦门市树，白鹭为厦门市鸟。

建置沿革

【唐以前】 厦门岛古称嘉禾屿，别称鹭岛。汉代属侯官县地。晋太康三年（282 年）隶属同安县（后并入晋安县）。隋唐时期为南安县属地。唐代中叶，厦门岛被称为“新城”，后在岛上设置嘉禾里。后唐长兴四年（933 年）改隶同安县。

【宋元时期】 宋代，嘉禾里隶属同安县绥德乡。元代改里为都，厦门设 4 个都，即二十一都、二十二都、二十三都和二十四都，仍属同安县绥德乡。

【明清时期】 明代实行里都图制，厦门为嘉禾里，下设 4 个都，每个都下辖 2 个图。明洪武二十七年（1394 年）永宁卫的中、左 2 个千户所移驻嘉禾屿，并筑厦门城，此后遂以中左所作为厦门岛的代称。明永历九年（清顺治十二年，1655 年），郑成功改中左所为思明州，所辖境域包括厦门岛、鼓浪屿、浯洲（大金门）、烈屿（小金门）等岛屿。康熙十九年（1680 年）清军攻占思明州。康熙二十二年，福建水师提督移驻厦门，翌年设立台厦兵备道（雍正五年改为台湾道），管理台湾、厦门两地政务。康熙二十五年泉州府海防同知移驻厦门。雍正五年（1727 年）分守兴泉道移驻厦门，雍正十二年改称兴泉永道，管辖兴化府（今莆田）、泉州府和永春州。至此，厦门成为福建东南沿海的军事、政治、经济中心。鸦片战争之后，清政府被迫与英国签订《南京条约》，厦门成为《南京条约》中规定的五个通商口岸之一。道光二十三年九月十一日（1843 年 11 月 2 日），厦门正式开埠。光绪二十八年十月二十二日（1902 年 11 月 21 日），清政府正式批准《厦门鼓浪屿租界土地章程》，鼓浪屿成为“万国租界”。

【民国时期】 清宣统三年（1911 年）辛亥革命爆发，同年九月二十四日（11 月 14 日）厦门光复。翌日，成立福建军政府厦门军政分府，随即恢复兴泉永道，仍为省级政府的派出机构，在行政区划上，厦门岛仍属同安县嘉禾里。1912 年撤销兴泉永道，以其辖区设南路道（1914 年改为厦门道），道台衙署设在厦门。同年 4 月，厦门岛、金门岛及附近的岛屿（不包括鼓浪屿）从同安县划出成立思明县。1915 年 1 月，大、小金门岛和大、小嶝岛从思明县析出，设立金门县。1933 年 11 月，国民革命军第十九路军发动“闽变”，成立“中华共和国人民革命政府”，升思明县为厦门市，旋改厦门特别市。翌年 1 月“闽变”失败，厦门特别市随之撤销，恢复思明县建制。1935 年 4 月 1 日，厦门市正式成立，为福建省直辖市，市区范围即今将军祠以西、厦门大学以北、湖滨南路以南约 10 平方千米范围；禾山设特别区，直属省政府及第四行政督察区管辖。1937 年 9 月，禾山特别区改为甲种区，划归厦门市管辖，厦门市辖区始扩大到全岛。1945 年抗日战争胜利，鼓浪屿公共租界由国民政府收回，设置鼓浪屿区。厦门市辖厦西、厦南、厦港、禾山和鼓浪屿 5 个区。翌年并厦西、厦南为中心区。1948 年 3 月析中心区置开元区，同年 10 月中心区改名思明区。至此，厦门市辖开元、思明、厦港、鼓浪屿、禾山 5 个区，下设 57 个保。

【中华人民共和国成立后】 1949 年 10 月 17 日厦门解放。同年 10 月 21 日正式成立厦门市人民政府，下设思明、开元、厦港、鼓浪屿、禾山 5 个区。1953 年 11 月，同安县集美乡划归厦门市，并改为镇建制。厦门市管辖范围开始拓展到岛外。1957 年 4 月，同安县灌口区的东孚等 12 个乡（镇）划归厦门市。1958 年 10 月，海澄县（今龙海市）的海沧、新垵 2 个乡也划入厦门市。厦门市政府将禾山区、集美镇、灌口镇和海沧镇所属各乡合并，成立郊区。1970 年 7 月，同安县改属晋江专区。1973 年 9 月复归厦门市管辖。“文化大革命”期间，思明区改名向阳区，开元区改名东风区，“文化大革命”结束后，恢复原名。1978 年 9 月设置杏林区，将郊区的杏林公社划归杏林区管辖。至 1980 年厦门经济特区建立前，厦门市辖思明区、开元区、鼓浪屿区、郊区、杏林区和同安县。

1980 年 10 月，国务院正式批准在厦门湖里划出 2.5 平方千米设立经济特区，同年 11 月成立厦门经济特区管理委员会，直属福建省人民政府。1984 年 5 月，中共中央、国务院决定把厦门经济特区的范围扩大到厦门全岛（包括鼓浪屿），并实行自由港的某些政策。同年 9 月，厦门经济特区管理委员会与厦门市人民政府合并，厦门市人民政府行使地方和经济特区的双重职能。1987 年 8 月，厦门市区级行政区划进行调整，增设湖里区，郊区改为集美区。1988 年 4 月，国务院批准厦门为计划单列市，赋予相当于省一级的经济管理权限。1994 年 2 月，国务院批准厦门市行政级别升格为副省级。1996 年 11 月同安撤县改区，1997 年 5 月厦门市同安区人民政府正式挂牌。

2003 年 5 月，经国务院批准，福建省人民政府颁发《关于厦门市调整部分行政区划的批复》，同意撤销厦门市鼓浪屿区和开元区，其行政区域划归思明区管辖，杏林区更名为海沧区，设立翔安区。行政区调整后，厦门市下辖思明、湖里、集美、海沧、同安和翔安 6 个区，至 2016 年 12 月底不变。

区划和人口

【行政区划】 2016 年末，厦门市有 6 个市辖区，26 个街道、12 个镇，361 个社区、147 个村。其中，思明区辖 10 个街道、99 个社区；湖里区辖 5 个街道、53 个社区；海沧区辖 4 个街道、23 个社区、15个村；集美区辖4个街道、2个镇、42个社区、21个村；同安区辖2个街道、6个镇、55个社区、81个村；翔安区辖1个街道、4个镇、89个社区、30个村。（见表3-1）

以上每个街道有1个相应的街道办事处，每个社区有1个相应的社区居委会，每个村有1个相应的村委会。

【人　口】 2016年末，厦门市总人口为392万人，人口密度每平方千米2306人。其中，户籍人口220.55万人；在户籍人口中，城镇人口186.88万人；厦门岛内人口（即思明、湖里两区人口）105.30万人，占户籍人口的47.7%。在户籍人口变动中，全年人口出生率21.32‰，人口死亡率4.84‰，人口自然增长率16.49‰，比上年增长3.66个千分点；年末户籍人口中，男性人口和女性人口分别为109.21万人、111.34万人，性别比为98.1（以女性为100）。

表3-1　**2016年年末厦门市行政区划**

市辖区名称（区政府驻地）	街道（镇）名称（街道办事处或镇政府驻地）	社区（村）名称（个数）
思明区（民族路）10个街道 99个社区	厦港街道（思明南路）	鸿山社区、蜂巢山社区、福海社区、下澳社区、巡司顶社区、沙坡尾社区、南华社区（7个）
	中华街道（镇海路）	仁安社区、镇海社区、霞溪社区、思南社区、文安社区、中山社区（6个）
	滨海街道（曾厝垵）	演武社区、白城社区、上李社区、曾厝垵社区、黄厝社区（5个）
	鹭江街道（厦禾路）	营平社区、大同社区、鹭江道社区、厦禾社区、双莲池社区、小学社区、禾祥西社区（7个）
	开元街道（禾祥西路）	深田社区、溪岸社区、美仁社区、西边社区、后江社区、湖滨社区、阳台山社区、美湖社区、希望社区、虎溪社区、坑内社区、天湖社区（12个）
	梧村街道（厦禾路）	梧村社区、文灶社区、金榜山社区、滨中社区、双涵社区、浦南社区、万寿北社区、金祥社区、文屏社区、东坪社区、溪东社区（11个）
	筼筜街道（莲滨里）	西郭社区、四里社区、槟榔社区、湖光社区、一里社区、振兴社区、莲岳社区、岳阳社区、屿后西社区、育秀社区、仙阁社区、金桥社区、屿后社区、官任社区、仙岳社区（15个）
	莲前街道（莲前西路）	龙山桥社区、金鸡亭社区、莲怡社区、莲顺社区、莲云社区、莲薇社区、前埔北社区、莲丰社区、侨福社区、瑞景社区、莲翔社区、何厝社区、前埔社区、洪文社区、西林社区、塔埔社区、岭兜社区、前埔南社区、莲成社区、万景社区、前埔东社区、前埔西社区、观音山社区（23个）
	嘉莲街道（和光里）	盈翠社区、莲花北社区、莲坂社区、莲西社区、莲兴社区、莲花五村社区、长青社区、松柏社区、莲秀社区、华福社区、龙山社区（11个）
	鼓浪屿街道（永春路）	龙头社区、内厝社区（2个）
湖里区（枋湖南路）5个街道 53个社区	湖里街道（湖里大道）	湖里社区、村里社区、徐厝社区、濠头社区、东渡社区、塘边社区、后浦社区、金鼎社区、南山社区、东荣社区、康乐社区、康晖社区、康泰社区、怡景社区、和通社区、新港社区、海天社区、兴华社区（18个）
	殿前街道（长浩路）	兴隆社区、长乐社区、北站社区、神山社区、高殿社区、马垄社区、兴园社区（7个）
	禾山街道（枋湖北二路）	枋湖社区、坂尚社区、钟宅社区、岭下社区、围里社区、禾欣社区、禾盛社区、禾山社区、禾缘社区、五缘湾北社区（10个）
	江头街道（台湾街）	江头社区、吕厝社区、吕岭社区、园山社区、金尚社区、江村社区、蔡塘社区、后埔社区、祥店社区（9个）
	金山街道（云顶北路）	高林社区、五通社区、后坑社区、金山社区、金林社区、金安社区、湖边社区、金湖社区、金海社区（9个）

续表 3-1

市辖区名称（区政府驻地）	街道（镇）名称（街道办事处或镇政府驻地）	社区（村）名称（个数）
海沧区（驻滨湖北路）4 个街道 23 个社区 15 个村	海沧街道（海沧社区新大街）	海沧社区、温厝社区、海兴社区（3 个） 渐美村、囷瑶村、青礁村、后井村、锦里村、古楼村（6 个）
	嵩屿街道（嵩屿路）	海发社区、吴冠社区、钟山社区、海达社区、未来海岸社区、海虹社区、东屿社区、北附小社区、海翔社区、海林社区（10 个） 石塘村、贞庵村（2 个）
	新阳街道（新光路）	霞阳社区、祥露社区、兴旺社区（3 个） 新垵村（1 个）
	东孚街道（洪诗路）	天竺社区、过坂社区、凤山社区、莲花社区、东埔社区、山边社区、寨后社区（7 个） 东瑶村、鼎美村、后柯村、芸尾村、贞岱村委、会洪塘村（6 个）
集美区（岑东路）4 个街道 2 个镇 42 个社区 21 个村	集美街道（石鼓路）	岑东社区、岑西社区、浔江社区、盛光社区、银亭社区（5 个）
	侨英街道（兑山西里）	浒井社区、孙厝社区、凤林美社区、叶厝社区、兑山社区、东安社区、乐海社区、滨水社区、海凤社区（9 个）
	杏林街道（杏林南路）	纺织社区、曾营社区、宁宝社区、西亭社区、杏林社区、内林社区、高浦社区、杏北社区、宁海社区、园博社区（10 个）
	杏滨街道（杏林南路）	锦鹤社区、日东社区、三秀社区、马銮社区、西滨社区、前场社区、锦园社区、康城社区（8 个）
	灌口镇（灌口大道）	灌口第二社区、灌口第一社区、上头亭社区、铁山社区、黄庄社区、双乐社区（6 个） 坑内村、深青村、田头村、上塘村、双岭村、李林村、东辉村、顶许村、三社村、井城村、陈井村、浦林村（12 个）
	后溪镇（孙坂北路）	新村社区、英村社区、三兴社区、龙山社区（4 个） 前进村、溪西村、后溪村、仑上村、崎沟村、东宅村、后垵村、岩内村、黄地村（9 个）
同安区（银湖中路）2 个街道 6 个镇 55 个社区 81 个村	大同街道（朝晖路）	同新社区、西安社区、三秀社区、后炉社区、溪边社区、城西社区、凤山社区、北门社区、西池社区、朝元社区、东山社区、碧岳社区、新丰社区、溪苑社区（14 个） 田洋村、古庄村、顶溪头村、东宅村、下溪头村、康浔村（6 个）
	祥平街道（银湖西路）	西溪社区、陆丰社区、祥平社区、祥桥社区、杜桥社区、西洪塘社区、西湖社区、凤岗社区、溪声社区、阳翟社区、祥晖社区、芸溪社区、祥文社区、凤祥社区（14 个） 过溪村、卿朴村、瑶头村（3 个）
	莲花镇（美浦）	莲花村、后埔村、蔗内村、内田村、上陵村、军营村、淡溪村、白交祠村、西坑村、罗溪村、尾林村、水洋村、小坪村、澳溪村、云埔村、云洋村、窑市村、溪东村、美埔村（19 个）
	新民镇（新民大道）	四口圳社区、后宅社区、禾山社区、梧侣社区、乌涂社区、西塘社区、湖安社区、兴店社区（8 个） 洋厝埔村、西山村、蔡宅村、湖柑村、柑岭村、溪林村、后坂村、南山村、新塘村、土楼村（10 个）
	洪塘镇（洪塘里）	石浔社区、龙东社区、龙西社区（3 个） 洪塘村、三忠村、苏店村、新霞村、郭山村、龙泉村、新厝村、新学村、苏厝村、大乡村、下墩村、塘边村、埔后村（13 个）
	西柯镇（西柯街）	丙洲社区、潘涂社区、洪塘头社区、后田社区、西柯社区、吕厝社区、浦头社区、下山头社区、埭头社区、官浔社区、美人山社区、滨海社区、怡海社区、金海社区、东海社区（15 个） 西浦村、美星村（2 个）
	汀溪镇（温泉路）	隘头村、路下村、褒美村、古坑村、西源村、荏畲村、顶村村、堤内村、半岭村、前格村、五峰村、汪前村、造水村（13 个）
	五显镇（西洋路）	香溪社区（1 个） 垵炉村、下峰村、布塘村、店仔村、溪西村、竹山村、后垄村、军村村、后塘村、上厝村、明溪村、宋宅村、四林村、西洋村、三秀山村（15 个）

续表 3-1

市辖区名称（区政府驻地）	街道（镇）名称（街道办事处或镇政府驻地）	社区（村）名称（个数）
翔安区（祥福路）1个街道 4个镇 89个社区 30个村	马巷镇（巷南路）	五美社区、友民社区、三乡社区、后亭社区、五星社区、桐梓社区、后滨社区、琼头社区、陈新社区、井头社区、城场社区、窗东社区、蔡浦社区、山亭社区、亭洋社区、郑坂社区、后莲社区、曾林社区、后许社区、沈井社区、黎安社区、内垵社区、垵边社区、前庵社区、内官社区、何厝社区、洪溪社区、同美社区、西炉社区、赵厝社区、西坂社区、市头社区、朱坑社区、舫阳社区、滨安社区、舫星社区（36个）
	新圩镇（镇口路）	新圩社区、东寮社区（2个） 古宅村、后埔村、金柄村、凤路村、村尾村、乌山村、云头村、面前埔村、上宅村、诗坂村、桂林村、庄垵村、后亭村、马塘村（14个）
	新店镇（顶曾路）	新兴社区、新店社区、莲河社区、霞浯社区、霄垄社区、珩厝社区、茂林社区、大宅社区、吕塘社区、溪尾社区、祥吴社区、湖头社区、东坑社区、洪前社区、洪厝社区、炉前社区、下后滨社区、刘五店社区、浦园社区、西滨社区、澳头社区、欧厝社区、彭厝社区、前浯社区、后村社区、蔡厝社区、陈塘社区、东园社区、沙美社区、下许社区、垵山社区、东界社区、钟宅社区、浦边社区、鼓锣社区、浦西社区、东兴社区、洪琳湖社区、曾坂社区、祥美社区、鼓岩社区（41个）
	内厝镇（上塘内厝里）	上塘社区、（1个） 前垵村、后垵村、黄厝村、许厝村、莲塘村、莲前村、霞美村、赵岗村、曾厝村、官路村、美山村、新垵村、锄山村、琼坑村、鸿山村、后田村（16个）
	大嶝街道（双沪北路）	田墘社区、山头社区、蟳窟社区、嶝崎社区、双沪社区、阳塘社区、北门社区、东埕社区、小嶝社区（9个）

注：此资料截至 2016 年 12 月 31 日

气　候

【概　况】2016 年厦门市受超强“厄尔尼诺”事件及随后迅速转入“拉尼娜”状态的气候背景影响，气候呈现极端反常的特点。主要表现在：气温显著偏高；降水异常偏多，暴雨频发；日照显著偏少；影响台风偏多、偏强；多项气候数据创观测历史极值。其中，年平均气温 21.5℃，为有气象记录以来历史同期第二高值。年降水量 2168.2 毫米，创有气象观测以来历史最多纪录；雨季开始早，结束早；多数月份及季节降水量与常年同期相比均存在明显差异；年内共出现 13 次暴雨天气过程，且强度较强。年日照时数 1645 小时。年内共有 7 个影响台风，影响程度偏强。

2016 年厦门市主要气象灾害为：暴雨、台风、寒潮、大雾和高温等，给农业、渔业、水利、电力、航空和保险等行业带来明显的负面影响，全年由于气象灾害造成的直接经济损失超过 100 亿元。综合评价，2016 年厦门气候影响属较差年景。

【气　温】2016 年（1～12 月）厦门岛内外年平均气温分别为 21.5℃和 22.4℃，分别比常年高 0.9℃和 1.0℃。其中，岛内属显著偏高，为有气象观测记录以来历史第二高值年，仅次于 2007 年；岛外属异常偏高，不仅创有气象观测记录以来历史最高值，且是唯一异常偏高的年份（图 3-1、3-2）。厦门

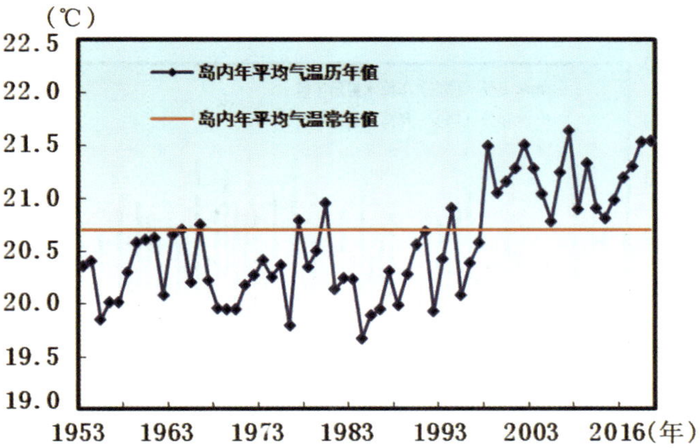

图 3-1　1953～2016 年厦门岛内年平均气温历年变化图

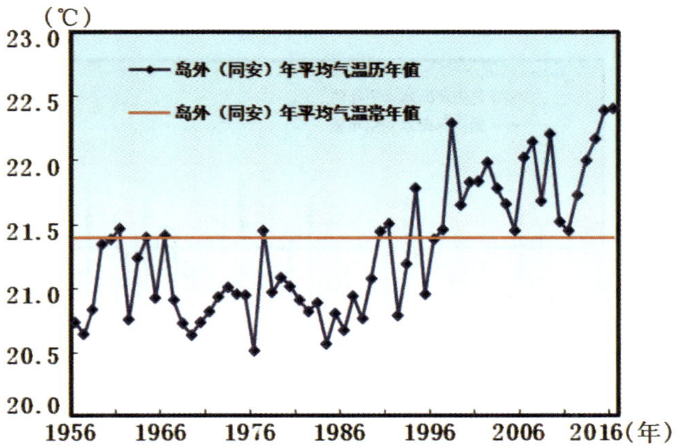

图 3-2　1956～2016 年厦门岛外年平均气温历年变化图

岛内外年平均气温变化的主要特征为：自二十世纪 90 年代中期以来，基本处于高于常年状态，气温变暖趋势较为明显。

2016 年厦门岛内外极端最高气温分别为 38.5℃和 37.7℃，均出现在 7 月 11 日，整体强度较强。岛内外极端最低气温分别为 5.9℃和 5.0℃，均出现在 2 月 10 日，均比常年明显偏高，其中岛内极端最低气温为有气象观测记录以来的第二高年份。

2016 年厦门岛内外冬季（2015 年 12 月～2016 年 2 月）平均气温分别为 13.7℃和 14.6℃，均属正常年景；春雨季（3～4 月）分别为 17.2℃和 18.2℃，属正常年景；雨季（5～6 月）分别为 26.2℃和 27.0℃，属异常偏高，且岛外创有气象观测以来历史同期最高纪录；夏季（7～9 月）分别为 27.9℃和 28.7℃，均属正常，岛外偏高。秋季（10～11 月）分别为 22.8℃和 23.9℃，属异常偏高。（详见表 3-2）

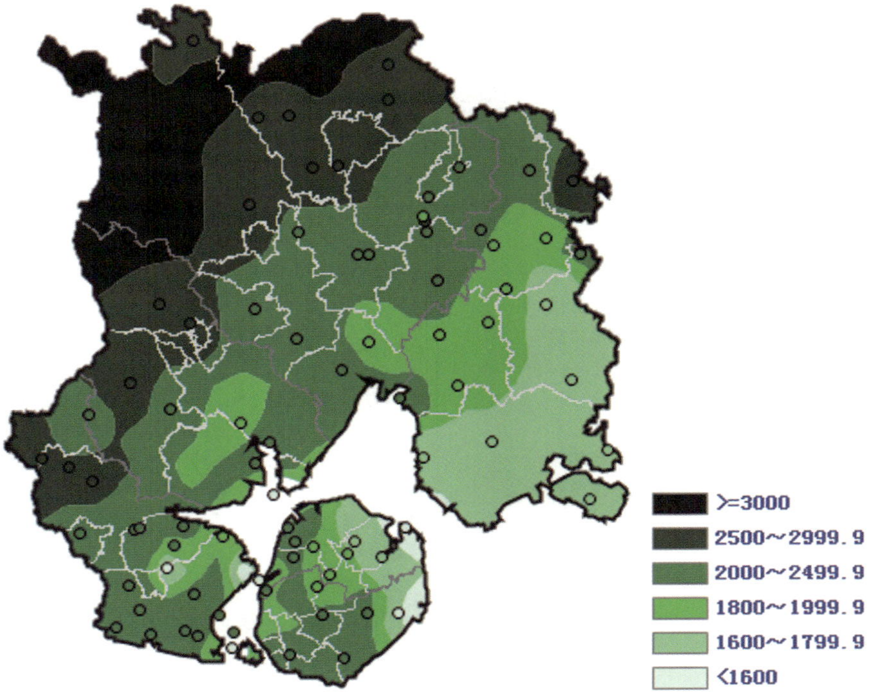

图 3-3　2016 年厦门市降水量分布图

【降　水】 根据自动气象站资料统计显示，2016 年（1～12 月）厦门市各地降水量在 1637.4～3488.8（云顶山）毫米之间，降水空间分布大体呈由东南向西北递增趋势，基本符合常年分布规律（图 3-3）。

2016 年厦门岛内外年降水量分别为 2168.2 毫米和 2226.8 毫米，分别比常年多 832.4 毫米和 683.4 毫米，均属异常偏多年景（图 3-4、3-5）。其中，岛内年降水量首次突破 2000 毫米，创有气象观测以来历史同期最多纪录；岛外年降水量为有气象观测以来历史同期第二多年份。厦门岛内降雨日数（日降水量 ≥ 0.1 毫米）148 天，比常年多 30 天，为历史第三多年份；暴雨以上日数（日降水量≥ 50 毫米）11 天，较常年多 6 天，与 1990 年并列历史同期最多纪录。厦门岛外降雨日数 156 天，比常年多 28 天；暴雨以上日数 8 天，较常年多 2 天。

降雨量在月份分布上存在严重不均

表 3-2　**2016 年厦门岛内外各季平均气温（℃）及距平（%）**

气　温	冬季	春雨季	雨季	夏季	秋季
岛　内	13.7	17.2	26.2	27.9	22.8
岛内距平	0.2	0.2	1.8	0.6	1.5
岛　外	14.6	18.2	27.0	28.7	23.9
岛外距平	0.4	0.2	1.8	0.6	1.9

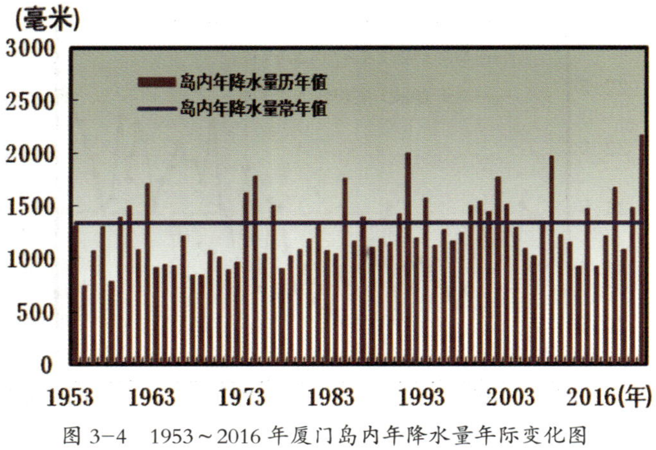

图 3-4　1953～2016 年厦门岛内年降水量年际变化图

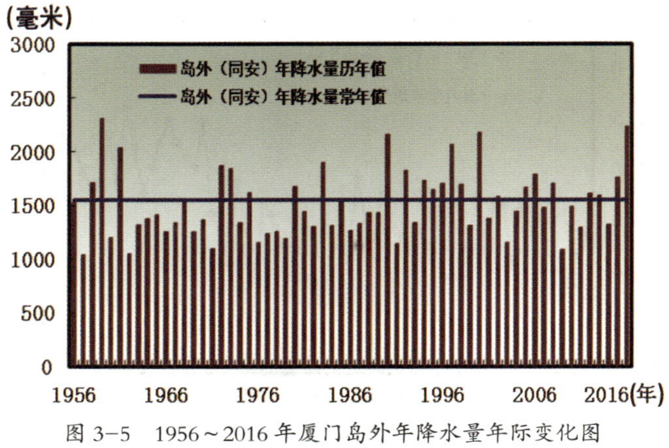

图 3-5　1956～2016 年厦门岛外年降水量年际变化图

表 3-3　**2016 年厦门岛内外各季降水量（毫米）及距平（%）**

降水量	冬季	春雨季	雨季	夏季	秋季
岛　内	428.5	541.6	315.5	746.2	275.9
岛内距平	282.8	281.6	−54.4	262.4	200.7
岛　外	401.9	473.8	376.9	765	289.2
岛外距平	251.5	212.9	−76.0	155.3	220.7

表 3-4　**2016 年厦门岛内外各季日照时数（小时）及距平（%）**

日　照	冬季	春雨季	雨季	夏季	秋季
岛　内	249	175	322	581	237
岛内距平	−141	−35	28	−50	−117
岛　外	241	165	285	535	229
岛外距平	−176	−47	8	−100	−145

的特点。主要表现在，厦门岛内外除个别月份正常外，其余各月降水量均与常年存在明显差异，尤其岛内外均有 6 个月份的降水量异常偏多最为显著，为历史首次。2016 年厦门岛内外各季降水情况（见表 3–3）。

【日　照】 2016 年厦门岛内年日照时数为 1645 小时，比常年少 233 小时，属显著偏少，为有观测记录以来历史同期第二少年份（图 3–6）。岛外年日照时数为 1531 小时，比常年少 384 小时，为有观测记录以来最少纪录，属显著偏少（图 3–7）。岛内外年日照时数的年际变化趋势具有相似的特征，整体呈减少趋势。

2016 年厦门各季节日照时数的主要特点是：春雨季、雨季和夏季基本正常，秋、冬季均显著偏少。其中，岛内外秋季及岛外冬季日照时数均创有气象观测记录以来历史同期最少纪录（表 3–4）。

【暴　雨】 2016 年厦门暴雨天气具有以下几个特点：（1）过程多。全年共出现 13 次暴雨天气过程，其中 8 次为非台风暴雨，5 次为台风暴雨，总数明显多于常年；（2）强度较强。有两次暴雨过程日降水量达到大暴雨以上级别；（3）季节跨度长。13 次暴雨天气过程的时间起始跨度从春雨季一直到年末冬季的 5 个季节。

现就 2016 年几个代表性非台风暴雨过程，概述如下：

（1）2016 年 3 月 18 日，受强西南暖湿气流影响，厦门出现 2016 年第一场暴雨天气过程，此次过程的主要特点是局地性强，全市只有厦门站日降水量达到暴雨级别，过程同时伴有年内第一次明显的雷暴天气。

（2）2016 年 4 月 13 日，受西南暖湿气流和弱冷空气的共同影响，厦门出现暴雨天气过程。据自动站资料显示，全市共有 66 个站的日降水量超过 50 毫米，最大达 78.3 毫米，出现在厦门后石电厂附近。

（3）2016 年 5 月 21 至 22 日，受西南暖湿气流影响，厦门连续出现暴雨天气，降水中心位于厦门同安区，过程最大降水量 124.9 毫米，出现在鸡屿岛。厦门站这两日的降水量分别是 51.3 毫米和 52.3 毫米。虽然出现连续暴雨天气，但因为整体降雨强度较弱，因而没有造成明显灾害损失。

（4）2016 年 9 月 9 日至 11 日，受西南暖湿气流和弱冷空气共同影响，厦门出现持续降水过程，过程最大雨量出现在海沧区政府附近，累计降水达 177 毫米。其中，9 日厦门站降水达大暴雨量级，日降水量 122.6 毫米。

（5）2016 年 12 月 22 日，受海上强西南暖湿气流影响，厦门出现罕见的冬季暴雨过程，这也是 2016 年最后一场暴雨。据自动站资料显示，当日共有 29 个测站的日降水量超过 50 毫米，最大值出现在村尾村，达 66.5 毫米，厦门站当日降水量为 56.7 毫米。

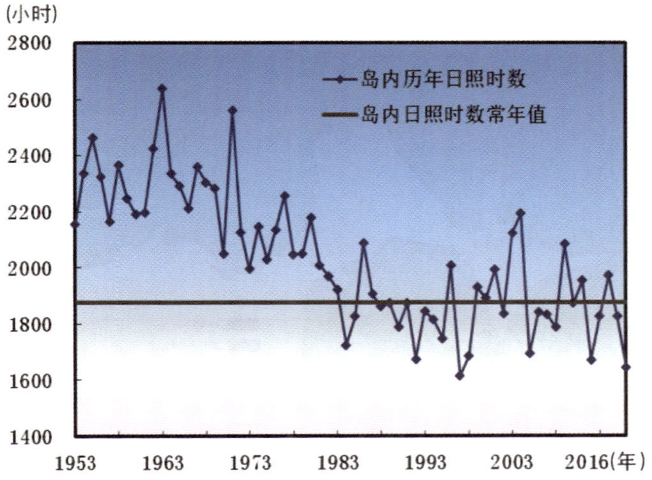

图 3–6　1953～2016 年厦门岛内日照时数年际变化图

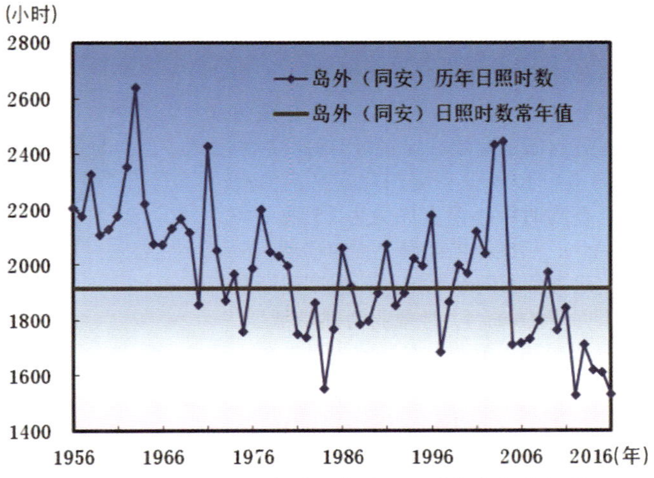

图 3–7　1956～2016 年厦门岛外日照时数年际变化图

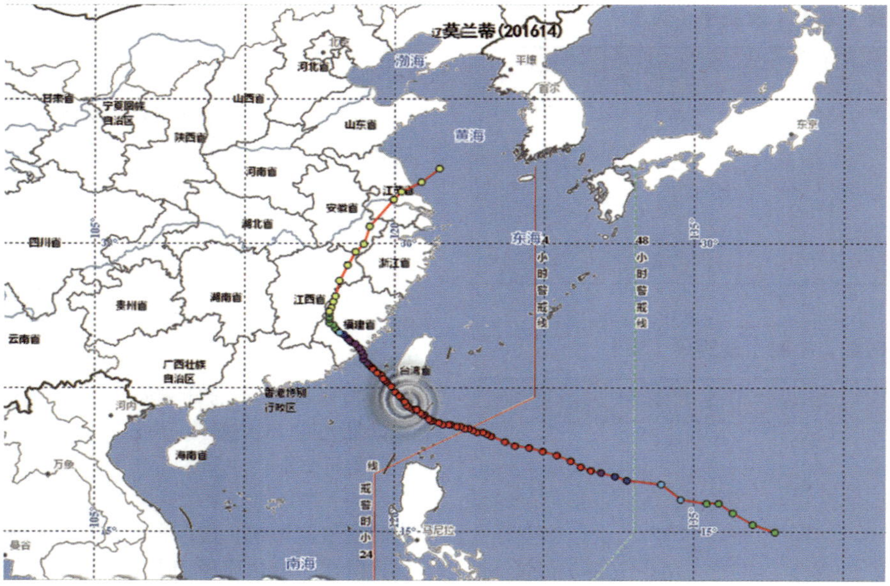

图 3-8 台风“莫兰蒂”移动路径示意图

【台 风】 2016年影响厦门台风主要特点如下：（1）数量多。全年共受7个台风影响，比常年多3个，分别是2016年01号台风“尼伯特”、04号台风“妮妲”、14号台风“莫兰蒂”、16号台风“马勒卡”、17号台风“鲇鱼”、19号台风“艾利”和22号台风“海马；（2）强度强。台风“莫兰蒂”以强台风级别登陆厦门，登陆时最大阵风达17级（五缘湾），为中华人民共和国成立以来登陆厦门最大的台风；（3）损失重。仅“莫兰蒂”造成的直接经济损失就达约102亿元，创历史损失最多纪录。

2016年影响厦门的台风中，“莫兰蒂”带来的影响最为严重，现就台风“莫兰蒂”有关情况介绍如下：

台风“莫兰蒂”概况：2016年14号台风“莫兰蒂”于9月10日14时在菲律宾以东约1800千米太平洋面生成，之后稳定向西偏北方向移动，12日凌晨发展为超强台风，9月14日下午绕过台湾进入巴士海峡，穿过台湾海峡后于15日03时05分在厦门翔安区沿海登陆，登陆时中心最大风力为15级（48米/秒），后继续向西偏北方向移动，横穿福建省后转向东北方向，强度逐渐减弱，并于15日17时减弱为热带低压，17日凌晨移入黄海南部海域（图3-8）。

“莫兰蒂”形成后具有以下特点：（1）发展快、强度强。10日14时生成，12日凌晨强度连跳三级，发展为超强台风，其近中心最大风力一度达70米/秒，为2016年全球最强台风；（2）结构全、路径稳、移速快。“莫兰蒂”自从强度达到台风级后，台风主要构成部分均清晰可辨，一直维持到登陆阶段。生成以来稳定向西北移动，且速度较快；（3）登陆强、成灾重。“莫兰蒂”登陆时强度达强台风级（仅中心最大平均风力15级），是继5903号台风以来影响厦门地区最强的台风，伴随的狂风暴雨重创所经区域，造成巨大经济财产损失。

“莫兰蒂”风雨影响：受“莫兰蒂”外围影响，厦门从9月14日午后起风力明显增强，风力最大时段出现在14日夜间至15日清晨，极大风速64.2米/秒。厦门站过程最大风速36.4米/秒（12级）、极大风速达54.9米/秒（16级）。“莫兰蒂”影响期间，厦门普降大暴雨，局部特大暴雨（图3-9）。统计9月14日20时至16日12时累计降水量，雨量在100.0～249.9毫米有95个自动站，超过250毫米有14个自动站，其中有4个站超过300毫米。过程最大降水量366.8毫米，出现在海沧区溪头水库。最大小时雨强为126.7毫米，出现在湖里区五缘湾站，属于百年一遇。

“莫兰蒂”影响评估：台风“莫兰蒂”正面登陆并重创厦门，破坏力超强。据厦门市防汛办受灾信息统计，截至9月16日，全市共6个区38个镇（街）受灾，受灾人口约28万人，1人死亡，2人重伤，农作物受灾面积10.5

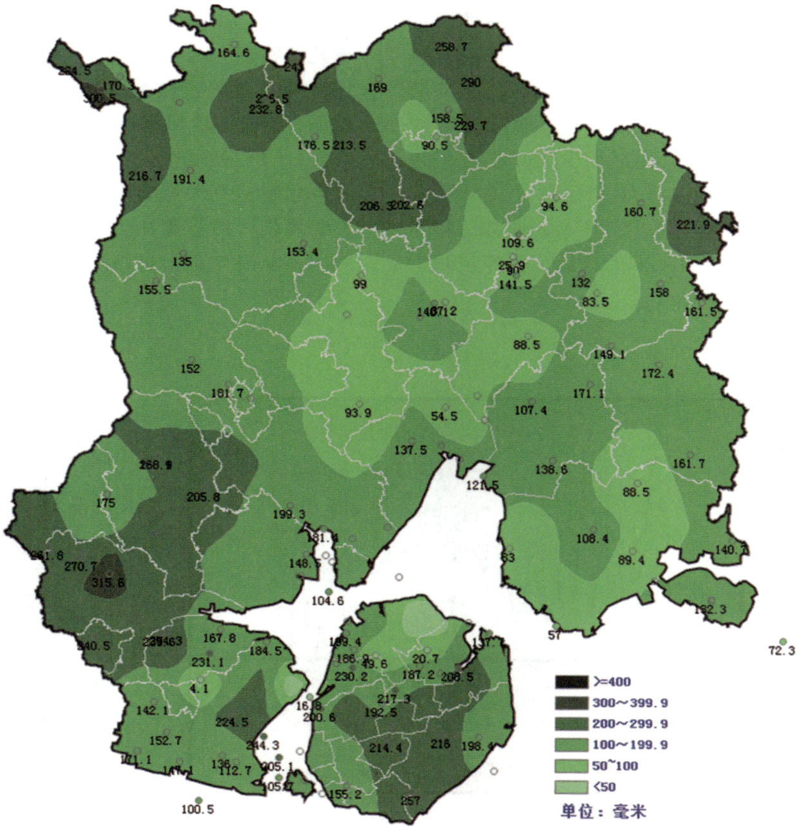

图 3-9 台风“莫兰蒂”过程降水量示意图（9月14日20时至16日20时，单位：毫米）

万亩（70 平方千米）。全市电力设施遭到毁灭性破坏，共 51 座变电站受损，导致全市大面积停电，因供电不稳定导致全市所有水厂无法正常供水。通信基站因灾中断 8783 个，道路积水近 400 处，大面积绿化遭到破坏，65 万棵行道树倒伏，路灯受损 3 万余盏，工棚等损坏 6192 处，地下车库积水 23 处，受淹车辆近 5000 辆。“莫兰蒂”造成的直接经济损失约 102 亿元。

【寒　潮】 2016 年 1 月下旬出现寒潮天气过程。此次寒潮天气具有以下几个特点：（1）时间长。降温过程始于 21 日，并于 26 日结束，长达 5 天；（2）强度强。厦门站 24～26 日的最低气温均低于 6℃，其中 25 日最低气温只有 0.1℃，创有气象观测记录以来历史的新低；（3）范围广。寒潮过程覆盖整个厦门区域；（4）损失重。虽然厦门市气象台提前约一个星期就发布了低温预警，但由于降温强度大，全市农业防冻设施和手段有限，还是造成较大损失。

据厦门农业局受灾统计信息显示，该次冻害对农作物的影响较大，主要作物受冻害面积共约 2.3 万亩，共造成农业直接经济损失超过 1 亿元。

【大　雾】 厦门 2016 年大雾具有以下特点：（1）日数多。全年共出现大雾日 88 天，比常年多 1 倍多，创有气象观测以来历史同期最多纪录。其中，1 月、4 月、9 月和 11 月的大雾日数也均创历史同期最多纪录；（2）强度大。全年有 32 次大雾天气过程最低能见度均少于 100 米，主要出现在冬季和春天雨季。浓雾天气严重影响了城市交通管理，迫使机场、高速公路、码头等关键交通枢纽关闭或停运。

【高　温】 2016 年厦门岛内高温日数（日最高气温≥ 35℃）9 天，为常年高温日数的 2 倍。厦门岛外高温日数多达 21 天，比常年多 11 天，为有气象观测记录以来历史第三多年份。其中，岛外 7 月下旬出现长时间持续性高温过程，总共 11 天中有 9 天达到高温日，但整体高温强度偏弱。

【霾】 2016 年厦门霾日数 5 天，比常年少 15 天，是近 15 年霾日最少的年份，5 天霾日均出现在第一季度。2016 年厦门霾日的显著回落，一定程度受年内较多降水影响。

【雷　电】 2016 年厦门市共监测到地闪 6 千余次，平均地闪密度约为 3.2 次 / 平方千米，较上年略有增加。全年雷电电流强度集中在 20 千安以下，总体以负闪为主。最大雷电流强度为 126.2 千安，出现于 6 月 18 日 15 时 21 分海沧区。同安区平均地闪密度最大，约为 4.1 次 / 平方千米。2016 年共收集到雷电灾害事故 5 起，造成经济损失共约 17 万元，无人员伤亡。

（全丰军）

海洋环境

【水　温】 2016 年厦门海域年平均表层海水温度 22.3℃，高于历年平均 0.7℃；年最高表层水温与历年最高水温平均值持平；年最低表层水温高于历年最低水温平均值 0.5℃；表层水温年极差 17.5℃。

【盐　度】 2016 年平均表层海水盐度 22.9（注：盐度单位为 psu，下同），比历年平均值偏低 4.0；年最高表层海水盐度比历年最高盐度平均值偏低 1.0；年最低表层海水盐度比历年最低盐度平均值偏高 1.4；表层海水盐度年极差 18.7。

【潮　汐】 2016 年最高潮位比历年最高潮位平均值偏高 27 厘米，年最低潮位比历年最低潮位偏高 12 厘米；年最大潮差 649 厘米，年最小潮差 205 厘米，年平均潮差 429 厘米；年平均高潮潮高 595 厘米（潮高起算基面为厦门验潮零点，下同），年平均低潮潮高 166 厘米；年平均海平面 371 厘米，高于常年平均海平面 11 厘米。

【风暴潮】 2016 年，厦门海域出现 4 次增水大于 50 厘米的风暴潮过程，分别是 1601 号超强台风“尼伯特”风暴潮过程最大增水 88 厘米、1614 号超强台风“莫兰蒂”风暴潮过程最大增水 113 厘米、1617 号超强台风“鲇鱼”风暴潮过程最大增水 108 厘米、1622 号超强台风“海马”风暴潮过程最大增水 58 厘米。在以上台风风暴潮影响期间，最大增水均未叠加在天文高潮位上，因此 4 次台风风暴潮过程均未出现超过蓝色警戒潮位（厦门零点 700 厘米）的高潮位。在农历八月十五天文大潮期，受 1616 号强台风“马勒卡”外围影响，虽然增水不大，但由于天文潮位较高，厦门港出现超过蓝色警戒潮位的高潮位。

【灾害性海浪】 2016 年，厦门沿海及其周边海域受 5 次台风海浪影响，出现台风大浪（浪高≥ 2.5 米）天数 15 天；受到 9 次冷空气过程影响，出现冷空气浪 16 天，全年出现大浪天数 31 天，略少于常年（常年 32 天）。台湾海峡出现有效波高 4 米以上巨浪（浪高≥ 4.0 米）36 天，其中冷空气浪 25 天，台风巨浪 11 天。

（袁方超）

文明典范城市建设

【概　况】 2016 年，厦门市贯彻中共十八大和中共十八届三中、四中、五中、六中全会精神，贯彻习近平总系列重要讲话精神和对福建、厦门工作重要指示，围绕“五位一体”总体布局和“四个全面”战略布局，统筹做好稳增长、调结构、促改革、惠民生、保稳定等各项工作，全市经济、政治、文化、社会、生态文明和党的建设取得新成效，实现“十三五”良好开局。全年生产总值 3784 亿元，增长 7.9%；公共财政总收入和地方公共财政收入分别达 1083.3 亿元和 647.9 亿元，比上年增长 8.2% 和 8.6%；城乡居民人均可支配收入分别为 46254 元和 18885 元，分别增长 8.6% 和 7.6%；全社会固定资产投资 2159.8 亿元，增长 14.4%；社会消费品零售总额 1283.5 亿元，增长 9.8%；规模工业增加值 1264.8 亿元，增长 5.4% 以上。社会各项事业协调发展，防抗台风“莫兰蒂”和灾后恢复重建取得重大阶段性胜利，社会保持和谐稳定，成为国家公共文化服务体系示范区，社区治理创新模式向全国推广，连续三届获评全国社会治安综治优秀城市，荣获全国文明城市“四连冠”和双拥模范城“九连冠”。

【经济发展新常态】 2016年，厦门市实施创新驱动战略，科技对经济发展的支撑作用更加突出，获批福厦泉国家自主创新示范区、国家促进科技与金融结合试点城市和科技服务业区域发展试点。2016年，全市高新技术企业1225家，占全省半数以上；规模以上高新技术企业增加值增长7.6%，占规模以上工业增加值的比重提高到59.4%。工业经济发展质量进一步提升，工业经济效益指数、企业利润总额、工业用电量分别比2015年同期增长8.6%、48.2%和5.9%。天马微电子二期、联芯、电气硝子等龙头项目投产，平板显示、生物医药等优势产业链群加快壮大。制定实施集成电路产业发展规划，与中国科学院共建的微电子工程学院启动建设，致力打造国家级集成电路产业基地。现代服务业发展势头强劲，位居国家现代服务业综合试点城市复评第一，获批国家现代物流创新发展城市和智慧物流城市试点。规模以上软件信息服务业营业收入增长23.5%，限额以上网络零售额增长19.4%，会展业总体经济效益增长19.5%。新产业新业态新模式加快发展，通达科技、美图移动、盈趣科技、亿联网络等一批“制造＋服务”“互联网＋工业”的企业成长较快，新产品、新业态、新商业模式快速发展。新增国家级小微企业创业创新示范基地2家，新认定市级众创空间80家，新增492家成长型中小微企业和55家“专精特新”小微企业。111个省重大项目全年完成投资795亿元，完成年度计划126%，增长22%。强化项目策划生成，全市共策划储备投资额1亿元以上“五个一批”项目931个，总投资17022亿元，居全省首位。推进供给侧结构性改革，突出做好降成本和补短板工作，出台实施35项减税减费降成本措施，开展港口物流等领域清费减负，累计为企业减负近200亿元。其中，落实支持“营改增”、小微企业优惠等各项税收优惠超过150亿元。加大产业平台、基础设施、民生服务等补短板力度，“十三五”期间共储备4个领域补短板支撑项目550个，竣工及开工在建项目291个，完成投资535亿元，开工比例53%。着力优化融资环境，防控金融风险，不良贷款率1.77%，持续保持全省最低。

【战略支点作用显现】 2016年，厦门市推进改革开放和对台交流合作，融入“一带一路”建设，发挥战略支点作用。（1）自贸区改革试验取得突破，在全省190项创新举措中，自贸区厦门片区有95项，33属全国首创。其中，“一照一码”在全国复制推广，率先实施信息互换、监管互认、执法互助的“三互”通关模式，口岸通关时间缩短40%；国际贸易单一窗口功能进一步提升，报关率达98%，报检率达100%，均为全国最高。新增各类商事主体1.5万户，增长140%，航空维修、跨境电商等产业快速发展，分别增长22.7%、40%。引进鑫桥联合等融资租赁企业近200家。引进10架飞机，累计29架、超32亿美元，厦门成为全国第二大飞机融资租赁聚集区。（2）“海丝”战略支点城市建设加快推进。推动互联互通、经贸合作、海洋合作、人文交流项目，中欧（厦门）班列开行100多列，并延伸到台湾地区，运输时间比传统海运缩短一半，物流成本仅为空运的13%左右，厦门作为“一带”与“一路”无缝对接的枢纽城市地位凸显。双向投资大幅增长，全年“海丝”沿线国家和地区对厦门市投资项目72个，增长57%；厦门市对“海丝”沿线国家和地区投资项目数量增长2.5倍。（3）实施国际一流营商环境建设三年行动计划，同步推进市场、政府、社会、开放、法治、要素、设施等领域营商环境建设。持续推进“多规合一”改革，完善“多规合一”平台和运作机制，推行建设项目负面清单和电子证照库管理。推进“放管服”改革，加大简政放权力度，下放审批和公共服务事项216项，精简229项。获批全国创建社会信用体系建设示范城市，建立社会信用信息共享平台。根据第三方评估，厦门市营商环境质量相当于全球第四十九位，比上年上升12位。（4）围绕增强开放发展的竞争力，加强双向投资促进，加快外贸转型升级，双向开放新格局进一步形成。全年实际利用外资增长6.2%，合同外资提前完成全年任务。外贸竞争力位居全国第五。（5）推进两岸交流合作，深化综合配套改革，抓好“一区三中心”、两岸青年创新创业基地建设，厦台产业对接合作取得新进展。全市新批台资项目636个，增长115.6%；实际利用台资4.9亿美元，增长30.8%。两岸企业家峰会年会、第八届海峡论坛顺利举办，开展社区对接等基层互动互访。厦金航线出入境旅客162万人次，厦门口岸台胞出入境规模保持大陆首位。

【城市承载力宜居度提升】 2016年，厦门市贯彻习近平提出的跨岛发展指示，坚持“四个结合”原则，统筹推进岛内外、城乡、区域协调发展，不断提升中心城市系统性协调性和辐射带动能力。（1）完善重大基础设施体系，轨道交通1～4号线、翔安新机场、海沧新港区、“两环八射”城市快速路系统等加快建设，轨道交通6号线开工建设。厦门港集疏运体系更加便捷，集装箱吞吐量增长4.7%。岛外环东海域东部新城、翔安南部新城、马銮湾新城规划建设加快，同安、翔安高新技术产业基地和丙洲、美峰现代服务业基地建设快速推进。岛内老旧小区加快改造提升，岛内产业加快“退二强三”，一批城市公园、公共停车场、公共自行车道和站点等建成启用。推进鼓浪屿综合整治提升和申遗工作，被确定为中国申报2017年世界文化遗产项目，并接受国际专家现场考察。（2）推进智慧城市建设，完善城市应急管理、防洪排涝、社区网格化管理、数字城管等大数据管理平台，提高城市信息化、精细化管理水平。抓好海绵城市、地下综合管廊双试点城市建设，名列全国首批地下综合管廊试点城市绩效考评第一。（3）协调推进“三农”工作，实施新村建设、旧村改造、老区山区村改造项目90个，洪塘村、军营村获评中国最美休闲乡村。重视被征地农民和海域退养渔民转产转业，落实支农强农惠农政策，现代都市农业提质增效。出台10条政策扶持做精休闲观光农业，全年接待约470万人次；总收入5.4亿元，增长18.9%。深化农村改革，推进农村土地承包经营权确权登记颁证工作，支持土地向新型农业经营主体流转，耕地流转率达39%。加强农产品质量安全监管，创建国家食品安全城市，得到全国人大常委会食安法执法检查组高度肯定。（4）推进厦漳泉龙同城化，推进基础设施建设和互联互通等46个同城化项目。创新跨行政区共建产业区模式，厦门龙岩山海协作经济区、厦门泉州经济合作区等进展顺利。

【民生保障工作加强】 2016年，厦门市发挥社会政策托底功能，推进为民办实事项目和社会事业等领域补短板项目，不断增强人民群众获得感。（1）实施就业创业工程，全年新增城镇就业17万人，转移农村富余劳动力1.1万人，完成全年目标任务。城乡居民收入分别增长8.6%、7.6%，绝对数均居全省首位。加快保障房建设，2016年竣工交付4538套，在建13071套。制定市级公共租赁住房管理办法，推动一批公共租赁住房加快建设。加快全市居家养老服务中心建设，实现居家养老服务全覆盖。（2）新（改、扩）建58所中小学，新增学位10000个；开工建设22所公办幼儿园，新增学位6000个。开展义务教育学校标准管理创建活动，推动优质学校岛外实质性建设校区工作，完善随迁子女招生入学机制，推进中考中招改革。启动第二阶段医疗服务价格改革，分级诊疗首批扩增9个病种。成立慢性病防治中心，高血压、糖尿病健康管理率分别为37.5%、30%。获批并启动国家医养结合试点城市和健康医疗大数据中心及产业园建设国家试点。发展体育事业，全民健身活动扎实开展，厦门运动员在里约奥运会上创造历史最好成绩。成功举办厦门国际马拉松赛，引进世界铁人三项赛、攀岩世界杯等体育赛事。（3）推进国家生态文明试验区建设，厦门市获评国家生态市，岛外4区被授予“国家生态区”称号；获批国家蓝色海湾整治行动试点城市。全面推广小流域综合整治试点工作，持续推进五缘湾、马銮湾等海域整治。海绵城市建设试点完成投资14.9亿元，开工面积9.65平方千米。狠抓大气污染防治，空气质量优良率在全国74个重点城市中排名第四。严格水资源管理，获全省考评第一名。全面启动生活垃圾分类和减量工作，有序推动餐厨垃圾处理试点，率先利用“互联网+”全程监管危废物，市政环卫工作再上新水平。（4）推进平安厦门建设，扎实开展寄递物流安全管理、毒品、“执行难”等6个专项治理行动，形成一批可复制、可推广的“厦门经验”。加强社会治理创新，深入开展美丽厦门共同缔造，全省社会治安综合治理创新工作推进会在厦门市召开，厦门市“互联网+社会治理”成效得到肯定。深入创建国家安全发展示范城市，严格落实安全生产责任制，安全生产形势总体平稳。（5）推进新疆、西藏、甘肃、宁夏、重庆等援建地区的项目，落实省内挂钩帮扶，2016年预算专项资金超过省下达任务数近12%。做好市被征地农民和海域退养渔民、城市贫困居民等困难群体的帮扶解困工作，拓展公益性岗位安置困难群体就业。

【抗御台风“莫兰蒂”及灾后重建】 2016年9月15日凌晨3点，全球年度最强台风“莫兰蒂”在厦门市翔安区登陆。在中央和省委、省政府领导下，在省部属单位和兄弟市支持下，全市党政军民众志成城、万众一心，有力有序有效抗御超强台风，把损失降到最低，创造灾后重建“厦门”速度，世界看到一个有大爱、有品格、有力量的文明厦门。台风来临前厦门市先后4次召开视频会议，市防指及时启动应急预案、调整响应级别，先后发出各类指令48份，特别是首次超常规发出防台动员令，及时宣布全市停工、停业、停课、休市。关闭全市所有景区、跨海大桥以及高架桥；建筑工地全部停工；列车、长途客运、BRT、进出岛公交全部停运，飞机、厦金、厦鼓航线停航，码头停止作业，沿海休闲渔排停止营业。科学调节97座水库水位，提前泄洪。落实各类抢险救灾物资，排水设备及抢险冲锋舟、编织袋、救生衣、帐篷等物资提前准备到位。9月14日下午，市领导分7组深入各区、各重点区域督导，层层落实防御措施。当夜市领导彻夜坐镇市和区防指统筹指导。各区、镇（街）干部下到每个村居，落实“预警到镇（街）、预案到村（居）”，确保任务到岗、责任到人。15日起，全市防汛应急单位取消中秋放假，干部职工全部投入到受灾一线开展抢险抢通工作。开展拉网式排查，不留死角盲点，果断坚决精准转移建筑工棚、危旧房、低洼地带、高边坡、地质灾害点等危险区域人员47336人。全市1761艘在册渔船全部回港，685艘商船进入锚地。在台风登陆前2个小时，通过反复劝说甚至动用派出所和海警力量，强制转移1000多人，避免重大人员伤亡。开放体育馆、学校等场所供市民和游客避险，调剂足量应急房源，妥善安置紧急撤离的危房住户。台风过后，第一时间成立恢复重建工作领导小组，密集进行研究部署，出台一系列扶持政策，统筹推进灾后重建各项工作，3天内城市干道、高速公路恢复通行，5天内145万停水户正常供水，6天内62万停电户恢复供电，10天内65万株倒伏树木清理、植活，全市生产生活秩序以最快速度恢复正常，基础设施修复、绿化景观重建提升等工作取得阶段性成果。国家防办认为，厦门在如此强大的台风正面登陆情况下，基本避免了人员伤亡，创造台风防抗史上“奇迹”。（参见P72【台风】）

【思想文化宣传】 2016年，厦门市开展习近平总书记系列重要讲话精神以及对福建、厦门工作的重要指示的学习宣传，举办庆祝建党95周年，红军长征胜利80周年，十八届五中、六中全会精神集中宣讲等系列活动，提升党员领导干部思想理论水平。坚持团结鼓劲、正面宣传，精心组织省市党代会、防抗台风“莫兰蒂”和聚焦厦门步入“金砖时间”等重大主题宣传，为全市建设“五大发展”示范市营造良好舆论环境。繁荣发展哲学和社会科学，市民社科普及水平和公民的科学素质不断提高。召开全市党委（党组）意识形态工作责任制座谈会，出台专项考核办法，把落实意识形态工作责任制情况纳入绩效考核，对高校、社科、新闻媒体、网络等意识形态阵地的管理进一步加强。完善公共文化服务体系，基层综合性文化服务中心建设继续推进，公共文化服务供给水平居全省前列。鼓励原创作品创作，一批文艺精品获国家级、省级奖项。推进文化体制改革，组建报业传媒集团，做强厦门文广传媒集团。制定新兴文化产业发展专项规划，着力培育和发展新型文化业态，全年规上文化产业主营收入800亿元、增加值200亿元，均增长10%。以创建全国公共文明行为典范城市为载体，将践行社会主义核心价值观落小落实，公民道德建设得到加强。实施公共文明“五大提升工程”，深化文明城市、文明单位、文明村镇、文明校园、文明家庭等群众性创建活动，创建内涵更加丰富，创建实效进一步提升。开展向“时代楷模”陈清洲学习活动，在全社会大力营造崇尚先进、敬业奉献的氛围。

【社会主义民主政治建设】 2016年，厦门市始终坚持党的领导、人民当家作主和依法治市有机统一，坚定不移推进社会主义民主政治建设，不断加强法治厦门建设，为发展营造良好政治氛围和社会环境。（1）坚持把人大工作纳入总体工作布局，市人大及常委会依法履行职责，发挥人大独特优势和重要作用。做好市、区、镇3级换届选举各阶段工作，确保换届选举工作依法有序进行。支持立法创新，全国首创由领衔代表组织起草法规草案并作为立法提案人的立法模式，制定促进福建自贸试验区厦门片区建设《若干规定》和全国首部“多规合一”管理《若干规定》等，发挥特区立法对改革的保障作用。（2）出台《关于加强人民政协协商民主建设的实施意见》，提升协商民主制度化水平。市政协围绕自贸试验区建设、提升城市国际化水平、“海丝”战略支点城市建设等开展专题协商，发挥人民政协协商民主重要渠道和专门协商机构作用。市委以督查件形式，将协商形成的意见建议逐一分解到党政相关部门办理，推动协商成果落到实处。（3）制定“七五”普法规划，做好普法宣传。全面推开司法体制改革，持续深化轻微刑事案件快速办理机制和刑事案件速裁程序改革试点，获评全国法治城市创建先进市。健全矛盾纠纷多元化解机制，建立联席会议制度，推动区域性国际商事纠纷解决中心和自贸区厦门片区多元化纠纷解决中心建设，探索国际纠纷多元化解机制。（4）成立市委统战工作领导小组，提升市政党协商制度化、规范化水平。协助各民主党派、指导工商联做好换届工作，支持各民主党派、工商联和无党派人士履行职能。加强海外联谊，做好港澳台侨外工作。开展第九个民族团结进步宣传月活动，加强民族团结进步宣传教育。指导各宗教协会顺利换届，规范宗教活动场所管理，南普陀寺规范寺院管理等做法获中央统战部领导高度肯定。落实中央群团工作会议精神和关于加强和改进群团工作意见，工青妇等群团组织依法依章开展工作、发挥作用。（5）贯彻习近平确立的双拥工作“十个好传统”，完善双拥工作协调保障机制，推进军民融合发展。筹集3600多万元支持部队建设，落实重点优抚对象的定期抚恤金和补助金，平均标准比上年增长15%以上，居全省之首。在防抗台风“莫兰蒂”过程中，人民解放军、武警部队和民兵预备役第一时间赶赴一线，10天时间共出动现役官兵11750人、民兵预备役人员3050人、各类车辆和工程机械1176台，全面投入转移救援群众、抢险救灾、恢复重建等工作，展现新形势下军民鱼水深情。厦门市再次荣膺“全国双拥模范城”称号，实现“九连冠”目标。

（陈城辉）

党和国家领导人在厦门

【俞正声到厦门出席第八届海峡论坛】 6月12日，第八届海峡论坛大会在厦门举行，中共中央政治局常委、全国政协主席俞正声出席论坛大会并致辞。俞正声指出，维护两岸关系和平发展与台海和平稳定，需要两岸年轻人接续努力，需要两岸同胞坚定信心、倾心投入。两岸关系和平发展道路被实践证明是一条光明大道。两岸同胞团结奋斗，两岸关系就没有过不去的河、翻不过的山，两岸关系和平发展道路就一定会越走越宽广。俞正声强调：我们的对台大政方针是明确的、一贯的。我们将继续坚持“九二共识”政治基础，坚决反对“台独”，坚定维护一个中国原则，继续推进两岸各领域交流合作，维护两岸关系和平发展与台海和平稳定。（参见P320【第八届海峡论坛】及P115【第八届海峡论坛大会开幕式】）

【汪洋到厦门出席第十九届中国国际投资贸易洽谈会】 9月8日上午，第十九届中国国际投资贸易洽谈会在厦门国际会展中心举行开馆式，中共中央政治局委员、国务院副总理汪洋出席并启动“9·8”金钥匙。随后，第十九届中国国际投资贸易洽谈会论坛的“重头戏”——国际投资论坛在国际会展中心五楼多功能厅举行，汪洋发表主旨演讲。汪洋表示，中国将顺应中国经济深度融入世界经济的趋势，奉行“互利共赢”的开放战略，坚持内外需协调，进出口平衡，“引进来”和“走出去”并重，发展更高层次的开放型经济。（参见P320【第十九届中国国际投资贸易洽谈会】）

【孙春兰到厦门考察】 6月15～16日，中共中央政治局委员、中央统战部部长孙春兰，在省委书记尤权，省委副书记、省长于伟国陪同下到厦门考察。孙春兰强调，要深入学习贯彻习近平重要讲话精神，切实把中央关于促进非公有制经济发展的政策优势发挥出来，把非公有制经济人士创新发展的积极性激发出来，为夺取全面建成小康社会决胜阶段新胜利作出新贡献。孙春兰考察高新技术企业麦克奥迪公司和科华恒盛公司，了解企业产品研发和技术创新等情况；并到科技中学内地新疆学生高中班和南普陀寺，看望少数民族学生和宗教界代表人士。中央统战部常务副部长张裔炯，中央统战部副部长、全国工商联党组书记全哲洙，省市领导雷春美、郑晓松、潘征、裴金佳等陪同考察。

【孟建柱到厦门视察】 12月20～21日，中共中央政治局委员、中央政法委书记孟建柱，在省委副书记、省长于伟国陪同下到厦门视察。孟建柱到曾厝垵文创村和海沧区未来海岸社区调研社会治理工作，指出：智慧在民间，活力在基层；对人民群众有能力办好的公共事务，要顺应民意、因势利导，发挥自治公约、市场机制、道德文化等约束激励作用，让人民群众的事务由人民群众自己商量着办，推动形成自治共治的生动局面。孟建柱到市公安局观看城市公共安全管理平台实战运行演示，指出：要准确把握新型犯罪产生、演变规律，改革惩防犯罪工作方式方法，以扁平化机制、专业化队伍防范打击职业化犯罪，保障人民群众生命财产安全；要抓住队伍建设这个根本，加强思想政治教育，坚定理想信念，确保公安队伍始终对党忠诚。孟建柱还考察了厦门市鹭江公证处公证信息化建设情况。中央政法委秘书长汪永清，副秘书长侍俊，公安部党委委员、政治部主任夏崇源，省领导陈冬、裴金佳、梁建勇、王惠敏等陪同考

察。(参见 P218 同名条目)

(陈城辉)

千亿产业链发展情况

【优势产业支撑作用】 2016 年，在工业下行压力增大形势下，厦门市电子、机械两大支柱行业分别实现总产值 1984.8 亿元和 1609.3 亿元，合计占规模以上工业总产值 68.4%，稳住工业基本盘。重点培育的产业链中，平板显示、计算机与通信设备产业链分别实现产值 1118.6 亿元和 767.30 亿元，生物医药、新材料产业链分别实现产值 421 亿元和 420 亿元，分别比上年增长 25% 和 33%。天马微电子、美图移动、稻兴电子、太古发动机等企业增速达 40% 以上。国家一类新药“派格宾”获批上市，新增Ⅲ类医疗器械产品数量占全国 10%。

【高端制造业发展加快】 2016 年，厦门市出台实施《加快发展集成电路产业实施意见》《关于加快新材料产业创新发展的实施意见》等政策措施。同安、翔安高新技术产业基地等平台载体建设加快推进。联芯一期、天马微电子二期、三安集成电路等一批项目建成投产。清华紫光产业园、ABB 工业中心、乾照光电等一批项目加快建设。加强对集成电路企业的招商工作，围绕联芯等龙头企业，引进华天恒芯等一批配套企业，推动产业集群发展。

【现代物流业】 2016 年，厦门市现代物流业总收入 1010 亿元，公路运输周转量、水运总周转量分别比上年增长 7.7%、9.9%，居全省前列。集装箱吞吐量 961.37 万标箱，居国内沿海主要港口第 7 位，增长 4.7%，增速排名全国前列。全面构建中欧（厦门）班列国家物流新通道，成为国家中欧班列发展规划 43 个枢纽节点之一，班列新开通德国纽伦堡和荷兰蒂尔堡 2 个终点站。获批国家现代物流创新发展城市和智慧物流城市试点。厦门港集装箱智慧物流平台上线运行。前场铁路大型货场铁路作业区建成并投用。

4 月 9 日，厦门大学金圆研究院揭牌仪式暨 2016“凤凰花”金融论坛在厦门大学科学艺术中心举行

（市社科联提供）

【金融服务业】 2016 年，厦门市金融业实现增加值 422.36 亿元，比上年增长 12.8%，金融业增加值占 GDP（地区生产总值）比重为 11.2%。厦门市金融机构本外币存贷款分别增长 10.3% 和 13.9%。新增鹭燕医药、瑞尔特等境内上市企业 5 家，37 家境内上市公司实现融资 385 亿元，增长 85%。新增“新三板”挂牌企业 90 家、两岸股权交易中心挂牌企业 312 家。培育融资租赁等新兴业态，飞机租赁取得重大突破，开展 31 架租赁飞机业务，金额近 31 亿美元。厦门国际金融资产交易中心获批开业。百富证券、金圆统一证券等法人金融机构加快筹建。旨在发挥厦门大学管理学院和厦门金圆集团双方各自优势，致力于金融管理和金融创新的前沿学术研究，打造具有中国特色和世界影响力的一流高校智库、国际学术交流平台和高端人才培养基地的厦门大学金圆研究院于 4 月 9 号在厦门大学成立。

【旅游会展业】 2016 年，厦门市接待国内外游客 6770.16 万人次，比上年增长 12.2%，实现旅游总收入 968.26 亿元，增长 16.3%。会展业总体收益 365 亿元，参会人数超过 162 万人，增长 20%；展览总面积 215 万平方米，增长 13%。获评首批国家旅游休闲示范城市，列入国家全域旅游示范区创建名单。成功举办 G20 财政和央行副手会议、第十九届中国国际投资贸易洽谈会、第十二届旅游博览会、第二届中国（厦门）国际休闲旅游博览会等重要活动。

【软件和信息服务】 2016 年，厦门市软件和信息服务业总收入 1100 亿元，比上年增长 19.3%。吉比特首发申请获核准，为福建省首家在主板上市的游戏企业，美图移动港交所上市。亿力科技成为厦门首个入围中国软件业务收入百强和中国软件和信息技术服务综合竞争力百强的软件企业，四三九九、趣游、绿网天下 3 家入选中国互联网企业百强。出台《促进大数据发展工作方案》。

【文化创意产业】 2016 年，厦门市文化创意产业收入 830 亿元，比上年增长 15%，海丝艺术品中心、枋湖文化旅游文创园等重点项目发挥效益。成功举办 2016 年厦门国际时尚周，编制时尚产业发展规划，吸引北欧艺术设计中心等一批国际知名时尚创意机构以及金顶奖设计师等专业人才落户厦门，进一步提升厦门时尚产业影响力。

（市发改委）

同城化合作

【推进厦漳泉龙大都市区同城化工作协调小组成立】 2016 年 2 月 9 日，《厦门市人民政府办公厅关于成立推进厦漳泉龙大都市区同城化工作协调小组的通知》(厦府办〔2016〕4号)印发，同日推进厦漳泉龙大都市区同城化工作协调小组正式成立。协调小组下设办公室挂靠在市发改委，负责日常具体工作，由市发改委主任孟芊兼任办公室主任、市发改委副主任王文格兼任办公室常务副主任。原厦漳泉大都市区同城化工作领导小组办公室职责并入该办公室。厦门龙岩山海协作办公室的机构和职责不变，与该办公室协同推动厦门龙岩同城化相关工作。

【同城化基础设施建设加快】 2016年，厦漳泉城市联盟线（香山—鸿渐山段）建成通车，324国道复线（白云大道—纵二路段）建成。滨海东大道（翔安东路—莲河段）、厦漳泉城市联盟线（鸿渐山—泉厦界段）、仙棋路（集灌路延伸段）等工程加紧开展前期工作。厦门港后石航道二期工程开始施工招标。福厦高铁可研获省政府和中国铁路总公司批复。厦门华夏国际电力发展有限公司一期机组供热厂内改造项目完成，实现海沧南部工业区集中供热，海沧南部管道延伸至厦漳大桥附近，下一步将实现龙池开发区集中供热。

【产业合作推进】 2016年，《厦门市人民政府办公厅关于进一步推进厦门泉州（安溪）经济合作区共建工作的通知》（厦府办〔2016〕22号）印发，厦门市将共建工作任务分解落实到相关各区、各部门。建立“区县联合确认上报”制度，进一步完善共建园区固定资产投资统计和共享机制。合作区污水处理厂建成投用，11万伏变电站开工建设。思明园首期8幢标准厂房建成待核验，首期配套邻里中心用地摘牌并签订土地合同；有3家企业签约入驻，总投资4.7亿元，其中翔业厨卫项目完成招商及土地出让。湖里园二期标准化厂房主体工程和天地金谷商务中心（一期）完工，蓝领公寓一期2栋主体封顶；有8家企业签约入驻，总投资额约10亿元，5家完成商事登记手续，3家企业完成土地摘牌，其中尚贸家饰、欣省控2家企业完成场地勘测和规划方案。

《厦门龙岩山海协作经济区十三五规划》编制完成。白沙变电站建成，星邦220千伏变电站开工。厦门龙岩山海协作经济区准厂房和综合楼租售方案制定完成，厦门基源医疗科技有限公司基源医科医学检验所项目、厦门理工学院生物科技生产项目近期入驻。加强招商推介力度，促成中铁科建建筑工业化基地、北大未名集团生物经济园区等一批项目签署合作意向。

海投（长泰）科技创业园建设继续推进。科创园区内水、电、道路等基础设施建设完成，科创中心竣工投入使用，科创园区的福建省级科技企业孵化器认证通过。引进珠峰文化、汉鼎电器、美益集团3家企业。

【科技资源服务平台共享】 2016年，“厦漳泉科技基础资源服务平台”开始正常运营，该平台由“厦漳泉文献共享服务子平台”和“厦门重点产业专利数字化服务子平台”两个子平台组成，并设有专题库和特色库。至年底，有注册用户2120户，用户检索11万余次，文献下载22万余篇，实现为周边城市提供科技信息共享服务和专利分析预警服务。科技部批准在厦设立全国首家科技领军人才创新创业基地，将集聚、培养和使用高层次创新型人才，强化科技人才交流互通。

【厦门漳州医疗卫生合作】 2016年，厦门4家公立医院对漳州6家县级公立医院开展对口支援，签订支援合作协议，选派业务骨干到受援医院进行业务指导，协助受援医院提高医疗技术水平。厦门、漳州建立跨县市综合医疗联合体，建立跨区域远程医疗平台，开展检验检查结果共享互认、预约转诊、远程会诊、疑难病例讨论、在线继续教育等院际协作服务。

【文体旅游合作】 11月10日，厦门、漳州、泉州合作在厦门举办“孙中山与闽南华侨”图片展，展示活动为期1个月。11月26日至12月4日，厦门、泉州联合举办泉厦篮球双城会。5月31日至6月8日，厦门、漳州、泉州、金门等4地旅游局组织旅游企业，赴黑龙江哈尔滨、吉林长春、辽宁沈阳等地宣传营销，并与9家旅游企业签订战略合作协议。

（李　洁）

责任编辑：孙志红
审　　稿：白延蜻
责任校对：曾一一

4 资源·环境

国土资源

土地管理

【概　况】2016年，厦门市围绕岛内外一体化、厦漳泉龙同城化跨岛发展和区域发展战略，以扩大有效投资为重点，加快推进“一区三中心”（两岸新兴产业和现代服务业合作示范区、两岸金融服务中心、东南航运中心、大陆对台贸易中心）和“新城+基地”产业载体平台建设。全市获得批复的农转用项目49个批次、91个项目，总用地面积359.68万平方米（含新增建设用地300.05万平方米），保障国家抽水蓄能电站、轨道交通二号线、机场快速路、北站连接线等57个省市重大重点项目用地需求。完成补充耕地任务2447亩（约163.13万平方米），完成高标准农田建设任务3585亩（239万平方米），超额完成年度补充耕地任务和年度高标准农田建设任务。《厦门市国土房产局关于做好土地复核验收有关工作的通知》及《关于土地复核验收涉及建设期限问题处理的意见》出台。全市申报开工项目185宗693万平方米。其中，经营性项目35宗182万平方米，工业、仓储、码头项目30宗153万平方米，社会事业及基础设施项目120宗358万平方米。厦门市国土资源与房产管理局（简称市国土房产局）受理竣工复核验收111件，出具验收合格意见书83份，整改通知书20份，退件8件，违约开竣工处置80宗，收缴违约金3123万元。

市国土房产局研究修订《土地收益金征收管理办法》，推动土地收益金逐步市场化，征收土地收益金3240万元，减免土地收益金329万元。完善土地储备计划编制审批，规范区级储备土地行为，全年完成市级收储土地面积644万平方米。推动出台《厦门市保障社区公共服务设施用地若干意见》和加强城市停车设施建设工作实施意见，建立“配建停车为主、公共停车为辅、路内停车为补充”停车场用地供应体系。研究完善《厦门市工业（仓储）国有建设用地盘活改造意见》，创新提出“三旧”项目（旧城镇、旧厂房、旧村庄）统筹收储、就地改造、临时变更用途等改造方式。修订出台国有建设用地出让及其他涉及征收地价项目评估工作规程。

【土地供应】2016年，厦门市国土房产局执行年度土地供应计划，为全市各类建设项目供应建设用地299宗，土地面积1107.89万平方米。其中，招拍挂（土地使用权招标、拍卖、挂牌出让方式）出让经营性用地35宗，土地面积134.92万平方米，成交金额491.92亿元；工业用地20宗，土地面积68.48万平方米，成交金额2.5亿元；划拨用地228宗，土地面积844.96万平方米；协议出让国有土地12宗，地上面积58.99万平方米、地下面积0.34万平方米；使用集体土地4宗，土地面积0.54万平方米。

【闲置土地处置】2016年，厦门市国土房产局落实国务院第三次大督察、国家土地督察上海局和省国土资源厅闲置土地督察整改任务，建立闲置土地处置专题例会制度，“一地一策”处置闲置土地。全年处置闲置土地155宗615万平方米（督促开工82宗、因政府原因延期22宗、撤销批文收回用地49宗、置换2宗），发出闲置土地认定通知书58份，征缴土地闲置费2157万元。督促开工的土地项目中，处于处置过程的闲置土地78宗308万平方米。至年末，全市未动工项目453宗、土地面积1515万平方米。其中，因未完成征地拆迁、市政配套不完善等政府原因的项目124宗，占62%；因用地单位自身原因的项目72宗，占36%；因司法纠纷等其他原因的项目4宗，占2%。未动工土地项目中，逾期未动工项目200宗，土地面积695万平方米。

【开发区土地集约利用更新评价】2016年，厦门市国土房产局部署开展厦门市9个开发区2016年度土地集约利用更新评价工作，按时向省国土资源厅上报评价成果，其中国家级开发区成果通过省国土厅审核，省级开发区成果通过市局验收。国土资源部评价全国472个国家级开发区土地集约利用情况，厦门市7个国家级开发区被列入评价单位。在386个工业主导型开发区集约利用综合排序中，象屿保税区位居第四、象屿保税物流园区位居第三十七、火炬高技术产业开发区位居第五十七、集美台商投资区位居第六十一。

【永久基本农田全面划定】 厦门市国土房产局自2014年起在生态控制线981平方千米范围内，划定永久基本农田14.3万亩（约95.33平方千米），2016年1月16日经厦门市委专题会研究通过。根据省国土资源厅下达的永久基本农田保护任务，厦门市可在14.3万亩（约95.33平方千米）基础上进一步核减3.97万亩（约26.47平方千米）。市国土房产局将同安区、翔安区、集美区坡度较高的、耕地质量低、分布零星的耕地以及规划村镇用地范围内、不符合永久基本农田划定条件的土地调整出永久基本农田，将莲花水库一级水源保护区范围内的1万亩（约666.67万平方米）耕地调整出永久基本农田，最终形成厦门市10.33万亩（约68.87平方千米）永久基本农田划定的方案。其中，同安区5.43万亩（3620万平方米）、翔安区3.85万亩（约2566.67万平方米）、集美0.95万亩（约633.33万平方米）、海沧区0.1万亩（约66.67万平方米）。

【基准地价及地价征收管理规定更新】 2016年2月5日，厦门市政府印发《厦门市城镇基准地价和厦门市地价征收管理若干规定》(厦府〔2016〕49号)，3月1日起实施新版基准地价。该规定将厦门市基准地价划分为50个区片，其中岛内21个片区、海沧7个片区、集美8个片区、同安7个片区、翔安7个片区，调整岛外发展变化较大以及未来发展潜力较大区域的级别和地价水平；将厦门市用地类型调整为商业、住宅、办公、酒店、营利性医疗教育、经营性公用设施产业、软件及研发、工业8类用地；工业用途地价岛内由700元/平方米调整到1000元/平方米，海沧和集美由480元/平方米调整到550元/平方米，同安和翔安由288元/平方米调整到400元/平方米；地价征收管理规定在基准地价修正系数中新增自持物业、营利性医疗教育、经营性公用设施产业、软件及研发用地容积率、工业出让20年等修正系数。该规定同时明确出让酒店、营利性医疗教育、经营性公用设施产业、工业和自用办公等用地时，须办理整体产权，经批准转让、抵押时应整体转让、整体抵押；出让软件及研发用地的基准地价仅适用于政府批准的专业园区内，并明确准入和退出机制；修订调整划拨用地和限制性出让用地改为完全出让部分条款以及半地下建筑收费规定。

【卫片执法监督检查】 2016年2月22日，厦门市国土房产局印发《厦门市2015年度土地矿产卫片执法监督检查工作方案》。5月20日，将厦门市卫片（利用卫星遥感监测等技术手段制作，叠加监测信息及有关要素后形成的专题影像图片）违法用地案件查处整改情况函告各区政府。5月24日，市国土房产局、市监察局联合对2015年度土地卫片发现的6宗重大违法案件挂牌督办。7月下旬，市国土房产局核实检查结果并通过卫片在线填报系统上报，组织对各区2015年度卫片执法监督检查工作进行市级自检验收。8月上旬，向省国土厅上报《关于2015年度土地矿产卫片执法监督检查工作情况的报告》。该次卫片执法检查发现违法用地482宗1034.58亩（689720平方米），违法占用耕地面积289.75亩（193167平方米），违法占用耕地比例7.24%，全部移交行政执法部门查处，履职到位率100%；整改到位276宗，整改到位率65.09%，达到国土资源部、省国土资源厅验收标准。其中，立案查处288宗，经会审按非立案查处145宗。

【上海督察局全域土地督察】 厦门市是国家土地督察上海局督察片区唯一全域督察和摸底算账排队试点城市，2016年4月18至5月13日，上海督察局福建督察组进驻厦门市，对厦门市2015年度土地利用和管理情况开展全域督察。5月13日，督察组召开土地例行督察情况反馈会，通报督察发现的问题。市国土房产局协调有关部门梳理、核实存在问题，督促各区抓紧整改，并代市政府拟文向上海督察局进行反馈。10月12日，根据例行督察意见书要求，代市政府拟定《厦门市2016年土地例行督察意见整改工作方案》，针对各类具体问题进行任务分解，督促厦门市各区、各相关部门要按照要求推进整改工作。10月24～28日，协调、配合上海督察局在厦门市开展例行督察整改中期督导暨休闲农业调研工作。11月25日，协调、配合上海督察局在厦门市召开2016年土地督察工作联席会议，上海、厦门、宁波、杭州、福州等相关负责人参加。12月上旬，组织开展自查验收2016年例行督察整改工作落实情况并向上海督察局报送《厦门市2016年土地例行督察整改情况工作报告》。12月19～21日，协调、配合上海督察局开展2016年土地例行督察整改核查验收工作，认定厦门市2016年土地例行督察发现的774个问题，其中747个问题整改到位，整改到位率为96.51%，27个问题制定整改措施并承诺整改时限，通过上海督察局检查验收。

【土地批后利用情况检查】 2016年，厦门市国土房产局制定厦门市土地批后利用情况检查和清理整治工作方案，厦门市政府办公厅于4月20日印发《厦门市人民政府办公厅关于印发土地批后利用情况检查和清理整治的通知》。该次清查整理厦门市土地供地项目5115宗23488万平方米，其中出让用地1967宗8070万平方米、划拨用地3148宗15418万平方米。出让用地中，经营性用地585宗2453万平方米，工业用地1298宗5325万平方米，其他用地84宗292万平方米。

【规范营利性养老服务设施用地招拍挂出让实施意见出台】 为规范营利性养老服务设施用地的出让和监管，2016年7月6日，厦门市国土房产局联合市民政局、市规划委联合出台《厦门市关于规范营利性养老服务设施用地招拍挂出让的实施意见》，指导厦门市营利性养老服务设施用地的“招拍挂”出让。该意见明确营利性养老服务设施用地采用“招拍挂”方式供应，土地使用年限最高为40年，出让底价根据“营利性医疗教育用地”的市场评估价确定；要求营利性养老服务设施用地竞买人应与民政局签订监管协议并严格按照监管协议要求利用土地以及经营管理；明确营利性养老服务设施用地不得改变土地用途，严禁变相进行住宅、商业、办公、酒店等房地产开发；要求营利性养老服务机构向符合养老申请条件的老年人出租老年公寓、宿舍等居住用房，出租服务合同一次最长不超过5年。

【土地开发建设监管联合执法专项检查】 2016年7月，按照厦门市人民政府

《关于加强土地违法案件查处整改工作专题会议的纪要》(〔2016〕157号)工作要求，市国土房产局牵头与市规划委等单位组成联合执法检查小组开展土地开发建设监管联合执法检查工作。针对检查工作中发现的问题，采取暂停竣工土地复核验收、暂停相关权籍业务办理等措施，并向市政府报告检查工作情况，提出工作建议。同时，建立土地批后监管和违法行为查处联动工作机制，建立违法案件数据库，在日常工作中将89家涉嫌土地违法企业列入重点名单加强监管。

【《厦门市土地利用总体规划（2006～2020年）调整完善方案》上报】 2016年10月，厦门市国土房产局确定土地利用总体规划调整完善方案，经厦门市委、市政府研究同意后上报省政府。《厦门市土地利用总体规划（2006～2020年）调整完善方案》围绕“保障发展、保护资源”两条主线，保护“美丽厦门战略规划”确定的山海通廊和流域两侧优质耕地，与农田、森林、河流、湖泊、山体等共同形成城市生态屏障；保障城市建设用地需求并优化布局，与“多规合一”成果和城市总体规划衔接，保障“两个基地、两个新城”等重点片区开发用地需求；以重点项目清单形式规划保障翔安新机场、地铁、抽水蓄能等重大建设项目用地。该方案中，厦门市耕地保有量168.47平方千米（核减666.67万平方米）、基本农田保护面积6886.67万平方米（核减2646.67万平方米）、建设用地总规模591.33平方千米，刚性限制城市无序扩张，倒逼城市用地向内挖潜提升和集约高效利用，提升全市生态文明建设；全盘考虑、超前谋划，为厦门市未来经济持续发展和城市建设提升预留用地空间。

·小资料·

多规合一：在一级政府一级事权下，强化国民经济和社会发展规划、城乡规划、土地利用规划、环境保护、文物保护、林地与耕地保护、综合交通、水资源、文化与生态旅游资源、社会事业规划等各类规划的衔接，确保“多规”确定的保护性空间、开发边界、城市规模等重要空间参数一致，并在统一的空间信息平台上建立控制线体系。

（刘春霞）

矿产资源管理与地质灾害防治

【概　况】 2016年，厦门市国土房产局推进厦门市第三轮矿产资源规划编制，形成送审稿上报省国土资源厅审查。编制《厦门市已关闭饰面用石材矿山采石坑整治修复规划》，出台《厦门市废弃矿点管理暂行规定》，开展“三清两退”工作（对历年拖欠的矿产资源补偿费、矿业权价款、矿山生态环境恢复治理保证金进行清理追缴；对不符合继续开采条件的矿业权实行注销并退出，对难以整合或以整合之名违规开采的矿业权整合项目进行清理并退出），清理2005～2016年厦门市矿山生态恢复治理保证金缴存情况，催缴金额632.485万元。编制《厦门市2016年地质灾害防治年度方案》，印制发放《地质灾害防治宣传手册》3000本，协同厦门市各区开展“5·12”防灾减灾日宣传培训、应急演练，1500多人次参加。

【《厦门市已关闭饰面用石材矿山采石坑整治修复规划》编制】 2016年，厦门市国土房产局会同市规划委组织编制《厦门市已关闭饰面用石材矿山采石坑整治修复规划》。该规划依据城市规划、土地利用总体规划，按照矿坑所处建设规划要求、用地类别、地质特征等进行编制。其中，宜作为建设用地的回填作为建设用地或利用深坑进行建设；宜作为土头、废渣填埋场的经市土头办批准作为土头、废渣消纳场；宜留作灌溉用水池的经安全设防作为灌溉水源；位于生态控制线范围内的进行复绿恢复生态；位于生态廊道范围内或靠近旅游景区、公园绿地等的，主要采取生态恢复治理，有条件的可适度开发生态休闲功能，如生态休闲公园、地质公园、体育公园等。规划对象包括全市37处82个采石坑。

【台风“莫兰蒂”地质灾害防御】 2016年9月，厦门市国土房产局下发《关于做好防御第14号台风“莫兰蒂”引发地质灾害的紧急通知》，到各区检查指导防御工作落实情况，出动巡查28组1046人次，多轮巡查地灾隐患点、高陡边坡144处。台风登陆后，召开会议部署灾后重建恢复工作，到各区指导应急处置工作，出动200人次，查看地灾隐患点（高陡边坡）153处和发生崩塌、滑坡点53处。台风“莫兰蒂”引发山体滑坡、崩塌地质灾害43处。市国土房产局结合厦门市实际，制定《厦门市地质灾害治理实施方案》并呈报厦门市政府召开常务会。（参见P72【台风】）

（刘春霞）

测绘管理和地理信息

【概　况】 2016年，厦门市国土房产局编制《厦门市测绘地理信息“十三五”发展规划》，由厦门市政府办公厅于9月5日颁布实施，该规划明确“十三五”期间测绘事业发展目标与思路，统筹布局公益性保障服务体系。加强测绘法治建设，开展测绘法、新版地图条例宣传、国家版图意识宣传教育和地图市场监管。推行统一的测绘行业信用管理平台，守信激励和失信惩戒机制初步建立。测绘地理信息得到广泛应用，38家部门、单位申请使用涉密测绘成果，用于保障网格化服务管理信息平台基础改造、小流域治理、轨道交通规划建设、美丽乡村建设及农村自来水网改造等工程与项目。深化“天地图·厦门”建设和应用。开展专题性地理国情监测，开展2016年度全市数码航空摄影，为厦门市“两违”（违法用地和违法建设）整治工作提供测绘保障。基础测绘信息资源不断补充丰富，1∶500数字测图、全市1∶2000（含1∶5000）比例尺地形图测绘及空间数据库建设、XMCORS和测量标志运行维护等基础测绘项目完成。

【“天地图·厦门”建设应用】 2016年，厦门市“天地图·厦门”实现与国家天地图对接。市国土房产局完成“天地图·厦门”手机APP（应用程序）开发和公众版改版，全面兼容苹果和安卓系列移动设备浏览。协调相关专业部门共享地铁线路、公交线路等数据，采用无人机倾斜摄影技术，开展局部区域地理信息快速采集更新落图工作。更新和新增发布23个数据服务，包括2016年厦门国际马拉松赛专题图、公共自行车服务点、商品房项目分布图、在建招拍挂土地专题地图等7个专题数据服务，其中马拉松赛专题图访问量超过2万人次。与市政园林局签订共建共享协议，对接市公安局和公交集团等单位，推进“天地图·厦门”在公共安全管理、市政园林管理和公交运行、规划建设等领域应用。为市公安局离线部署“天地图·厦门”数据提供支持，为意向接入单位提供技术支持。

【专题性地理国情监测】 2016年，厦门市国土房产局结合厦门实际开展专题性地理国情监测工作，继续推进2016年度“两违”整治测绘保障工作。加强与市行政执法局沟通协调，2016年“两违”疑似图斑由“两违”整治考查单位和整治责任单位以外的第三方实施核查。协调民航空管部门安排航摄航时航线。加强对航摄作业实施单位的技术设备、人员投入情况的现场督察、指导，按计划完成外业航空摄影。

【年度基础测绘项目实施】 2016年，为服务保障“厦漳泉龙”区域一体化，厦门市卫星影像采购范围由2212平方千米扩大至3000平方千米。市国土房产局完成数据获取处理，通过省级质量检验。1∶500数字测图、1∶2000比例尺地形图测绘及空间数据库建设项目各标段均按时通过省测绘产品质量监督检验站检验，产品提交完成；基础地理信息数据更新入库等项目按计划推进；做好厦门92坐标（1995年底，由厦门二三等GPS网建立起来的厦门新坐标系统）起算点的勘察跟踪协调保护工作，完成年度同步联测及数据处理，并进行稳定性评估分析。

【测绘地理信息服务】 2016年，厦门市国土房产局向全市提供数字地形图与航拍影像图资料，保障金砖会晤筹备期间的街区立面改造、街区绿化景观提升、电力输变电设施改造、燃气管道施工等各项工作。开展2016年地图修订编制工作，补充完善2015年版地图，完成厦门市地图、厦门市影像图修改。向市、区各级行政机构及事业单位提供各类挂图、工作用图1780幅。其中，为市委、市政府、上海督察局专项督察工作应急定制厦门市、厦门岛接待手册用图等5种地图。提供数字地形图1.92万幅、纸质地形图和影像图1513幅。

【测绘地理信息行业管理】 2016年，厦门市国土房产局制定测绘地理信息“双随机”（随机抽取检查对象，随机选派执法检查人员）检查工作方案，覆盖测绘地理信息行业资质、质量、成果检查等。检查测绘资质单位10家、成果使用单位19家，呈报省国土资源厅和市有关部门。依法受理审核、办理相关单位资质申请，信息变更等140批次，对5家单位资质申请、升级进行现场考核。组织完成厦门市测绘地理信息年报和季报统计、测绘资质单位2015年度报告公示、测绘资质单位信用信息采集上报和《中国测绘地理信息年鉴》（2016卷）厦门部分组稿等工作，协助做好全国测绘地理信息年鉴工作会议、第八届海峡两岸测绘发展研讨会保障服务。

【地图市场监管】 2016年，厦门市国土房产局贯彻《中华人民共和国地图管理条例》，加强国家版图意识宣传。选派业务骨干参加国家局组织的地图审核人员培训班，组织相关单位订购《地图管理条例释义》，要求测绘地理信息从业人员进行自学。举办《中华人民共和国地图管理条例》培训讲座，厦门市测绘地理信息资质单位代表90余人参加。参加厦门市社科联组织的宣传周工作，现场发放地图和国家版图意识宣传材料1300多份。

（刘春霞）

海洋资源

海洋资源保护

【概　况】 2016年，厦门市海洋环境保护以海洋生态文明示范区建设为主线，以近岸海域水环境污染治理为抓手，以改善海洋环境质量为目标，以解决厦门海域突出问题为导向，落实《厦门近岸海域水环境污染治理工作方案》，统筹推进厦门海域生态修复、海洋环境监督管理、海洋污染防治、海洋监测评价等各项工作，获2015年度福建省海洋环保责任目标考核第一名。厦门市海洋与渔业局（简称市海渔局）围绕建设现代化国际性港口风景旅游城市、海峡西岸重要中心城市、美丽中国典范城市、21世纪海上丝绸之路枢纽城市的目标，开展海洋环境保护、海域使用监察、渔政渔港监督、公共安全维护等方面的行政执法工作。办理行政许可105项，征收海域使用金1.8亿元，组织海上巡航1256次，陆上巡查934次，无居民海岛检查105次，检查海洋工程179个次，检查渔船1051艘次，检查各类养殖场、育苗场76家次。累计处理“110”报警252次、群众举报106次，办理市长专线举报53件。累计查处各类海洋与渔业违法案件193起，收缴罚款377.8万元。《厦门市海洋环境保护规划（2016～2020年）》、《厦门国家级海洋公园沙生植物园区建设方案》、《厦门国家海洋公园总体规划》（2012～2020年）通过评审。鼓浪屿、黄厝、前埔、观音山4处沙滩被省海洋与渔业厅评选为省首批海岸公园。

【行政执法监督】 2016年，厦门市海渔局组织重大案件会审17起，涉案金额约1.5亿元。组织召开填海项目的海洋环境影响听证会，涉及填海项目5个，填海面积203.19万平方米，投资规模约19亿元。审查各类合同150多件，涉及金额2亿多元。组织市海渔局系统122名执法人员旧证换发新证、12名新招录执法人员申领新证。组织开展2016年度市海渔局系统行政许可、行政处罚执法督察。组织开展2016年半年度、年度各区防止养殖回潮工作考核。加强电子监督，所有行政处罚案件全部进入市海渔局OA（办公自动化系统）办案系统且并入市法制局行政处罚监控系统，按照要求录入省检察院“行刑衔接”系统。

【敏感海域管控】 2016年，为确保厦金海域和谐稳定，厦门市海渔局联合公安边防等部门，先后8次进渔村宣讲渔业生产相关规定，开展厦金协同执法10次，在厦金敏感海域查处违法违规船舶21艘，拆除定制网19槽，金门“海巡队”两次致信表示感谢。

【养殖回潮现象遏制】 2016年，厦门市海渔局坚持“露头就打、打早打小”做法，养殖回潮现象得到遏制。全年累计清理同安区后田村养殖铁框2000余个，彻底清退马銮内湾养殖海域5346.38亩

（约356.43万平方米），清除大嶝阳塘和欧厝海域回潮养殖设施约200亩（约13.33万平方米），清退鳄鱼屿遗留网箱养殖96格。

【非法采砂行为查处】 2016年，厦门市海洋综合行政执法支队调整执法组织方式，提高打击精准率，查处非法采砂36起，拟处罚款294.83万元，实际收缴罚款243.67万元，平均每起案件罚款额近9万元，最高一起处罚26万元。建立常态化海上执法平台，从8月下旬开始在欧厝至十八线海域建立海上执法平台，执法人员前移海上平台，实行全天候盯防。坚持每周至少开展1次厦门湾口采砂区巡航，对3起超范围采砂行为进行调查取证并移送处理。非法采砂行为在厦门海域连续多月呈偶发状态。

【非法捕捞行为查处】 2016年，厦门市海洋综合行政执法支队查处非法渔船130艘次，罚款53万余元，罚款数额为历年最多。加大对非法采捕花蛤苗行为的打击力度。组织拆解12艘涉渔“三无”（无船名船号、无船舶证书、无船籍港）船舶。2艘海上钩机船每日巡航，累计拆除违规网具2000余张。

【海洋工程监管】 2016年，厦门市海渔局采取定人负责和随机抽查等方式对海洋工程进行事中、事后监管，启动“双随机”抽查工作（随机抽取检查对象、随机选派执法检查人员）。重点加强对大嶝机场造地工程的海洋环保监管。分别对3家施工单位落实环保措施不力等问题下达限期整改通知书，对1起改变施工工艺的行为进行立案查处。

【海洋生态环境巡查】 2016年，厦门市海渔局开展海上巡航720航次，陆上巡查80天次，制止管辖区域内禁渔期捕捞、沙滩电鱼、沙滩摩托车非法运营和沙滩采挖等违法违规现象的发生，确保海洋珍稀物种生态环境健康。对厦门新机场造地工程海砂运输航道水下炸礁工程共出海巡查7次，检查施工船7艘次，现场纠正违规现象2次，出动驱赶船次2230艘次，组织驱赶次数233次。猴屿航道扩建项目保护区出动巡航90航次，组织驱赶船只580多艘次。

【“福建海洋蓝剑”专项执法行动】 2016年，厦门市海渔局针对海上非法采砂、非法倾废、非法电鱼和越界生产等违法行为，开展为期63天的联合执法行动，共出动220艘次，执法人员2028人次，480小时，3021海里（1海里等于1852米），登临680艘船次。查获涉嫌违法作业船舶41艘，办结违法案件36起，收缴罚款311.8万元，拆除大型捕捞网具80张，拆除违法养殖800余亩（约53.33万平方米），发放宣传材料2500余份。

【伏季休渔】 2016年，厦门伏季休渔涉及渔船1058艘，其中张网船3艘、拖网船2艘、灯光围网船5艘、刺网船827艘、杂渔具船221艘，均能够按规定进港休渔。监管期间，市海洋综合行政执法支队先后巡查港口、码头2156次，联系边防等部门进渔村宣传座谈18次，联合组织海上巡航550次。伏季休渔期间，市海渔局和边防等相关部门出动执法人员6820人次、执法车辆602辆次，检查渔船1575艘次，其中查处非法捕捞渔船86艘次，办结74起，罚款35.71万元；查处非法电鱼船3艘次，没收电鱼设备4套；拆解涉渔“三无”船舶12艘，拆除违规网具1400余张。

【水生野生动物生态保护】 2016年，厦门市海渔局重点保护水生野生动物生态环境，组织海上巡航1051次，岸线巡查769次，累计检查在建海洋工程124个次，厦门湾口采砂区每周开展执法巡航。针对在厦门市海域从事清淤、海上工程施工和渣土海上运输船舶，累计安装GPS（全球定位系统）定位和监控设备71艘（大嶝填海造地施工船只40艘、渣土海上运输船只27艘、清淤船只4艘）；联合环保、研究所等单位开展陆源污染源排查，涉及入海排污口3处，涉污企业18家；联合海事、港航支队等单位开展对渣土海上运输企业联合检查，涉及3家企业的中转场共4处、船舶14艘，下发整改通知书9份，提出整改意见18条。

【涉海工程环评监督】 2016年，厦门市严把涉海工程海洋环评关，以保障轨道交通工程、马銮湾片区生态修复工程等省市项目为重点，组织完成对18个海洋工程项目的环境影响评价核准。加强事中事后监管，综合检查大嶝航空城用海项目海域使用和海洋环保措施落实情况。开展海洋工程环保监理试点，推动厦门湾口海砂开采工程海洋环保监理试点实施，建立海洋环保监理制度，该试点做法属全国首创。

【国家级海洋生态文明示范区建设】 2016年，厦门市海渔局编制完成的厦门国家级海洋生态文明示范区建设规划和实施方案由市政府办公厅印发，形成海洋部门牵头，环保、发改、水利、市政、海事、农业等多部门参与的海洋生态文明建设工作体制机制格局。厦门市建立海洋生态文明建设考评机制，将海洋生态文明示范区建设和海洋环境保护目标责任制落实纳入市委、市政府对各区委、区政府年度生态环保考核指标体系，考核权重2%。编制《中美海洋垃圾防治厦门—旧金山“伙伴”城市合作实施方案》，获国家海洋局批准后市府办印发执行。7月，厦门市市长裴金佳参加贵州生态文明论坛并作关于厦门海洋生态文明建设成效的主旨演讲。论坛上，厦门市与旧金山市签署合作备忘录，开展中美海洋垃圾防治的互访学习考察。市海渔局制作完成2016年市委年度重点调研课题《厦门海洋垃圾防治研究报告》。环岛路（长尾礁—五通段）岸线整治和沙滩修复工程取得实质性开工建设。

【海洋赤潮监测】 2016年，厦门海域未发生赤潮灾害。厦门市按照《厦门市海洋赤潮灾害应急预案》，利用海域水质自动在线监测系统，做好厦门海域赤潮等级预报和预警。市海渔局在赤潮高发期（5月1日至10月31日），通过市电视台和市海渔局门户网站等媒体，发布赤潮等级预报184期，其中预报赤潮等级1级（不会发生赤潮）143天，2级（发生赤潮几率较小）29天，3级（发生赤潮几率较大）12天。厦门海域发生赤潮生物接近赤潮临界状态的情况4次，在赤潮预警进入3级时，市海渔局组织市海洋环境监测站和市海洋综合行政执法支队进行海上巡航监视监测，出海巡航17次，累计监测监视海域面积2682平方千米。

【海洋风暴潮应急管理】 2016年，厦

门市海渔局做好中央海域使用金支持的厦门市海洋防灾减灾预警报能力建设项目，海洋预警报能力和海洋灾害防御能力得到提升。厦门市应对影响厦门的4次热带气旋，发布预警报信息，采取人员转移、渔船进港、沿岸堤防设施加固等防御灾害措施。发生台风风暴潮灾害过程2次。其中，1614号超强台风“莫兰蒂”正面登陆厦门，受台风影响，厦门验潮站最大增水为1.13米，受台风“莫兰蒂”风暴潮和近岸浪影响，厦门直接经济损失28710万元，损毁船只106艘，紧急转移安置人口4044人，未造成人员伤亡；受1617号超强台风“鲇鱼”影响，厦门验潮站的最大增水为1.08米。

【东亚海岸带可持续发展地方政府网络】 2016年，厦门市海洋与渔业局发挥东亚海岸带可持续发展地方政府网络（PNLG）秘书处落户在厦门的优势，加强与东亚海域环境管理区域组织（PEMSEA）的沟通联络，组织PNLG成员参加促进东亚蓝色经济投资研讨会等国际会议，推进成员间的交流和经验共享。9月，2016PNLG年会在韩国安山举办，通过《PNLG战略行动计划（2016～2021）》和《安山宣言》，同时吸收中国海南三亚市、柬埔寨白马省、柬埔寨戈公省、柬埔寨贡布省、印度尼西亚唐格朗市为PNLG新成员，PNLG成员扩展到9个国家45个城市。

【海洋珍稀物种保护】 2016年5月，全国中华白海豚人工繁育技术研讨会在厦门市举行，会议发布中华白海豚保护及人工繁育厦门共识，引起国内外广泛关注。年内，市海渔局组织编制《厦门珍稀海洋物种国家级自然保护区总体规划》，经国家海洋局、农业部等审查，获省政府批复实施。涉海工程施工过程中均按规定实施海豚驱赶、观测操作，未出现海豚伤亡情况。加强保护区规范化管理与建设，厦门珍稀海洋物种国家级自然保护区管委办获环境保护部、国土资源部、水利部、农业部、国家林业局、中国科学院、国家海洋局7个部门联合颁发的中国保护区事业60周年先进集体称号。农业部委托厦门市编制并组织实施《全国中华白海豚保护行动计划》（2017～2019），将厦门经验向全国推广。

【国家“蓝色海湾”工程组织实施】 2016年6月3日，厦门市市长裴金佳带领工作人员赴北京参加国家“蓝色海湾”工程答辩，答辩成绩名列全国前茅。年内，厦门市获得国家“蓝色海湾”工程中央财政补助资金4亿元。其中，海沧湾嵩屿码头至海沧大桥岸线整治工程1亿元，下潭尾滨海湿地公园二期2.8亿元，海洋垃圾监测、评估与防治技术业务化研究及示范应用0.2亿元。至年末，海沧湾嵩屿码头至海沧大桥岸线整治工程完成休闲广场、亲水栈桥、亲水护岸等主体结构建设，完成红树林种植4.25平方千米；下潭尾滨海湿地公园二期开工建设，完成投资2950万元；海洋垃圾监测、评估与防治技术业务化项目基础性研究完成。国家“蓝色海湾”工程涉及全国污染严重的重点海湾16个、沿海城市毗邻重点小海湾50个。

（陈建春）

海洋资源开发

【概　况】 2016年，厦门市政府印发《厦门市海洋经济发展“十三五”专项规划》。厦门市启动海洋与渔业规划整合工作，出台用海项目事中事后监管实施方案，以创建海洋经济创新发展示范市和海洋经济发展示范区为契机，推进海洋经济发展提质增效，在整体经济增速放缓的局面下，海洋经济保持快速发展趋势。全市海洋经济实现总产值2073.49亿元，比上年增长10.2%；实现增加值543.30亿元，增长10.5%，占全市地区生产总值的14.4%。海洋经济三次产业比重为0.5：31.1：68.4，海洋经济产业结构整体趋势进一步优化。海洋工程建筑业、海洋交通运输业和滨海旅游业等传统支柱产业保持较好发展态势，分别实现增加值79.97亿元、53.35亿元和116.19亿元，增长69.6%、12.9%和16.3%；海洋生物医药业、海洋高端装备制造业和海洋高技术服务业等高新产业保持良好增长趋势，分别实现增加值20.11亿元、13.09亿元和93.59亿元，增长13.2%、21.0%和7.6%。《厦门市海洋功能区划（2013～2020年）》于7月获省政府批准实施，有助于落实规划用海、集约用海、生态用海、科技用海、依法用海等要求。

【重点用海保障】 2016年，厦门市国家、省及市审批的省、市重点涉海工程项目的用海面积1784万平方米，超额完成全年任务要求；海域使用金缴交入库约1.8亿元。新机场用海报批取得进展，《福建省海洋功能区划（厦门大嶝海域部分）》（2011～2020年）修改方案获国务院审批，成为翔安机场建设第一个获国务院审批的文件。厦门湾口海域海砂开采一期海域使用权出让，出让面积约6.94平方千米，海砂开采量4400万立方米，试采海砂质量良好，能保障新机场建设用砂需求。

【海岛保护利用】 2016年，厦门市海渔局加强无居民海岛等典型海洋生态系统的修复工作，推进无居民海岛保护与利用示范项目建设；落实海岛保护与利用规划。以海岛生态保护和串岛游为重点，逐步建设面向公众开放的海岛公园，加快推进海上游、串岛游的发展；落实清理收储工作方案，推动大兔屿重点无居民海岛清理收储工作。

【海域使用权市场配置】 2016年，厦门市海渔局提出海域使用权市场化配置实施意见并上报市政府决策。做好集美游艇项目海域使用权资格出让试点方案编制、征求意见及报批。推动翔安港区5号泊位海域与土地联合出让工作。探索完成滨海旅游规划的用海论证，启动厦门市海域基准价格评估。

【海洋经济发展项目成果】 至2016年年末，厦门市累计申请“十二五”海洋经济发展区域示范项目及厦门市海洋经济发展专项资金项目相关专利150余项，制定标准43项，发表论文120余篇，实现成果转化50余项，新建生产线62条，新增厂房面积25万平方米，平台建设面积7000平方米，吸引和培养高级专业人才200余人，新增就业6000余人。厦门市在国家海洋局、财政部开展的“十三五”海洋经济创新发展示范工作中，成为8个获批的“十三五”国家海洋经济创新发展示范市之一（全国申报城市22个），获中央财政支持资金3亿元，启动资金1.8亿元，主要用于海洋生物、海洋高端装备领域支持建设的18个产业链协同创新和产业孵化集聚创新项目。

【海洋信息化建设】 2016年，厦门市海渔局做好“智慧海洋”顶层设计，梳理厦门市“智慧海洋”工程建设基础资源，结合厦门海洋信息化条件优势和海洋高新产业发展特点，提出相关建设目标、主要任务、项目储备和保障措施。在全国沿海地区率先开展以海洋功能区划为主导的海洋渔业“多规合一”工作，整合厦门市海域使用、海洋环境、海洋渔业、海洋科技等专项规划，形成统一坐标、统一数据格式的地理信息数据，协调调整存在冲突的海域，提升海域资源利用率。通过建立海洋与渔业统一的空间信息平台，实现海域、环境、渔业、科技等部门间信息共享和审批信息实时联动，推动信息资源共享共用并与厦门市“多规合一”平台对接。建设“‘互联网+海洋’协同创新服务平台”，实现海洋经济项目申报、评审、管理、监理、验收、归档、后评价等“一站式”在线管理，对项目实施各阶段信息进行收集。厦门海渔局门户网站升级改造，突出网上审批、公众参与、便捷查询等内容，推进政府信息公开工作。

【科技兴海】 2016年，厦门市海洋“十二五”实施创新示范项目26个，争取中央财政资金3.65亿元，带动投资13.9亿元，基本完成项目任务，其中17个项目完成结题验收。实施厦门市海洋经济发展专项资金项目93项，2016年新增10项，拨付滚动及启动经费5546.51万元。全市13个在建省级海洋经济重大项目完成投资总额81.87亿元，占计划投资的107.24%。市海渔局完成“厦门市海洋生态补偿管理办法”“杏林湾河流入海通量在线监控示范平台”“宝珠屿、大离浦屿、土屿保护与利用规划”“《促进海洋经济发展条例》立法前期调研”等科技项目的立项。完成“厦门南方海洋研究中心海洋产业公共服务平台开放共享管理办法配套政策研究”“当前我国游艇产业发展瓶颈和对策研究”“厦门市智慧海洋信息化发展规划”等科技项目结题验收，形成相关课题与论文成果。

【各区海洋开发】 2016年，厦门市海沧区打造厦门海洋生物产业社区，获国家海洋经济创新发展示范资金支持；厦门生物医药港园区形成“创业苗圃—孵化器—加速器”培育体系；海沧区建设厦门国际航运中心，实现港口货物吞量1.05亿吨，其中集装箱吞吐量800万标准箱，两项指标均比上年增长10%以上，承接东渡港集装箱吞吐功能转移，国际国内航线70余条；发展滨海旅游业，推进嵩屿旅游综合体、海上新世界、海天湾游艇产业、串岛游等旅游项目建设；加强海域环境保护，落实和完善退养长效监督管理机制；推进海洋执法。湖里区推进西海湾邮轮城建设，项目累计投资额30.42亿元，提前完成年度投资计划；推进海峡旅游服务中心、五缘湾游艇综合体等省海洋经济重大项目建设，打造厦金湾滨海旅游休闲区；举办2016“乐游湖里”第二届厦门帆船嘉年华，开展帆船培训、航海帆船体验等活动，整合五缘湾帆船、游艇、直升机等海洋文化等特色旅游元素，开展海洋旅游系列主题活动。思明区培育滨海特色旅游，完善旅游配套设施，成立集自驾领队服务、停车场地资源服务、景区、酒店及餐饮服务为一体的自驾旅游服务中心；利用曾厝垵渔村打造“五街十八巷”，依托沙坡尾打造海洋文化创意港；发展航运服务业，促进航运物流企业聚集。翔安区水产种苗业发展逐步规范，全年南美白对虾种苗产量2200亿尾，比上年增长10%，产值4.05亿元，增长13.4%；水产总产量为12997吨，其中海洋捕捞产量839吨，海水养殖产量9338吨，淡水养殖产量2820吨；接待游客380万人次，旅游总收入9.6亿元。同安区加强生态环境综合整治工作，实施东西溪、官浔溪、埭头溪等重点流域生态修复和流域整治，推进同安湾、环东海域近岸海域水环境质量整治；推进环东海片区基础设施建设；逐步完善海洋经济产业链，发展海洋生物制药、海洋产品深加工等新兴产业。集美区制定防止养殖回潮和堤岸安全监管办法，强化辖区海域管理，巩固养殖清退成果；整治岸线餐饮船及砂场，拆除餐饮船6艘，取缔清退砂场2个；推动滨海特色休闲业的发展，杏林湾岸线打造带状公园，规划面积111万平方米，总长26千米。

【第三届海洋科技成果转化洽谈会】 2016年11月4～5日，由国家海洋局东海分局、福建省海洋与渔业厅支持，厦门市加快海洋经济发展领导小组办公室、厦门市海洋与渔业局主办，厦门南方海洋研究中心秘书处承办的第三届海洋科技成果转化洽谈会在厦门举办。洽谈会参展的涉海单位80多家、项目成果100多个，设立展台40个、展板55个，展示涉海单位海洋创新成果、南方海洋创业创新基地、海洋产业公共服务平台等，为涉海高校、科研院所、企业提供洽谈对接平台。来自国内外有关部门、涉海企业、项目单位的代表800多人参加。

【2016厦门国际海洋周】 2016年11月4～10日，由国家海洋局、厦门市政府等34家国内外单位主办和协办的2016厦门国际海洋周在厦门召开。国家海洋局局长王宏、福建省政府副省长黄琪玉、柬埔寨环境部副国务秘书言梭帕利出席开幕式并致辞。厦门国际海洋周配套举办国际海洋论坛6场、海洋展览洽谈4项、海洋文化活动11项。联合国工发组织中国投资促进处首席代表胡援东、东亚海域环境管理项目组织执行主任史蒂芬·罗斯等来自38个国家（地区）、12个国际组织的120多位外籍部、司局级官员，国内外科研机构专家学者、企业代表2000多人，近1000家企业参加，并吸引社会各界人士超过10万人次。该届海洋周以“共建海上丝绸之路：新愿景 新格局”为主题，围绕海上丝绸之路建设、海丝沿线国家海洋合作、海洋经济发展等开展交流与合作。（参见P321【国际海洋周】）

（陈建春）

环境保护

环境质量

【概 况】 2016年，厦门市党政领导生态环保目标责任书考核排名全省第一；环境空气质量综合指数在全国排名第四，6项主要指标均低于评价标准值；厦门市在全省范围内率先获“国家生态市”称号，海沧区、翔安区、集美区、同安区被授予“国家生态区”称号。全市辐射环境质量保持良好，核辐射与电磁辐射环境处于正常水平。

【空气质量】 2016年，厦门市环境空气质量优良率98.9%，比上年下降0.3个百分点，环境空气质量综合指数3.29，在全国74个重点城市中排名第四位。按照空气质量指数（AQI）进行评价，空气质量优的天数197天，空气质量优级率53.8%，下降1.5个百分点；良的天数165天；轻度污染的天数4天，其中首要污染物细颗粒物（$PM_{2.5}$）3天，首要污染物臭氧（O_3）1天。

【酸　雨】 2016年，厦门市降水pH（氢离子浓度指数）范围3.81～6.71，pH加权平均值4.77，酸雨发生率84.0%，降水总离子浓度平均值为216μeq/L（微克当量/升）。与2015年相比，全市降水pH加权平均值略有下降，酸雨发生率上升5个百分点，降水总离子浓度增加20μeq/L。

【地表水水质】 2016年，厦门市集中式饮用水源地坂头—石兜水库和汀溪水库饮用水源达标率100%，全年均符合《地表水环境质量标准》（GB 3838-2002）Ⅲ类水质标准，九龙江北溪引水水质达标率45%，主要超标项目为锰，水质有待进一步改善。与2015年相比，坂头水库水质状况有所好转，富营养程度无明显变化（2015年水质类别为Ⅲ类，营养状态为中营养）；石兜水库水质状况与富营养程度均无明显变化。汀溪水库水质状况有所好转，富营养程度无明显变化（2015年水质类别为Ⅲ类，营养状态为中营养）。北溪引水监测沙母港边取水口、江东取水口、锦园杏林水厂取水口及埔仔增压站4个监测断面，水质类别均为Ⅲ类，4个监测断面总磷年浓度均值均符合Ⅲ类标准，水质状况比上年均无明显变化。地表水中，湖边水库水质优，符合Ⅱ类标准；新丰水库水质类别为Ⅲ类，营养状态为中营养。杏林湾水库水质类别劣Ⅴ类，营养状态为中度富营养，主要污染指标为总磷、化学需氧量。上李水库水质良好，符合Ⅲ类标准，营养状态为中营养。地表水中，上李水库、新丰水库水质类别均为Ⅲ类，总氮浓度值符合Ⅳ类地表水标准，水质营养状态为中营养，与2015年相比，水质状况与富营养程度均无明显变化。湖边水库水质优，符合Ⅱ类标准，与2015年相比，水质状况无明显变化。埭辽水库水质类别为Ⅳ类，化学需氧量年浓度均值符合Ⅳ类标准，营养状态为中营养，与2015年相比，水质状况无明显变化，富营养程度有所下降。杏林湾水库水质类别为劣Ⅴ类，总磷、总氮年浓度均值超出Ⅴ类标准，营养状态为中度富营养，与2015年相比，水质状况无明显变化，富营养程度有所下降。古楼水库水质类别为Ⅲ类，营养状态为中营养，与2015年相比，水质状况无明显变化，富营养程度有所下降。两二水库水质类别为Ⅲ类，营养状态为中营养，与2015年相比，水质状况与富营养程度均无明显变化。溪头水库水质类别为Ⅱ类，营养状态为中营养，与2015年相比，水质状况与富营养程度均无明显变化。溪东水库水质类别为Ⅱ类，总氮年浓度均值符合Ⅲ类标准，营养状态为中营养，与2015年相比，水质状况有所好转，富营养程度无明显变化。小坪水库水质类别为Ⅳ类，总氮年浓度均值超出Ⅴ类标准，总磷年浓度均值符合Ⅳ类标准，营养状态为中营养，与2015年相比，水质状况有所好转，富营养程度无明显变化。石埜水库水质类别为Ⅲ类，营养状态为中营养，与2015年相比，水质状况有所好转，富营养程度无明显变化。河溪水库水质类别为Ⅳ类，总氮、总磷年浓度均值符合Ⅳ类标准，营养状态为中营养，与2015年相比，水质状况无明显变化，富营养程度有所下降。古宅水库水质类别为Ⅳ类，总磷、总氮年浓度均值符合Ⅳ类标准，营养状态为轻度富营养，与2015年相比，水质状况有所好转，富营养程度无明显变化。曾溪水库水质类别为劣Ⅴ类，总磷、总氮年浓度均值均超出Ⅴ类标准，营养状态为中度富营养，与2015相比，水质状况与富营养程度均无明显变化。竹坝水库因治理整治，无监测。后溪、瑶山溪、深青溪、东西溪、埭头溪、官浔溪、龙东溪、九溪与2015年相比，水质状况均无明显变化。过芸溪与2015年相比，水质状况有所好转。

【近岸海域水质】 2016年，厦门市近岸海域水质无明显变化，一、二类海水水质比例均为4.0%，三类海水水质比例5.5%，四类海水水质比例10.5%，其余76.0%均为劣四类海水。主要污染指标为无机氮与活性磷酸盐，浓度年均值分别为0.836毫克/升、0.048毫克/升，与上年相比，无机氮浓度有所上升，活性磷酸盐浓度有所下降。海域其他无机污染物化学需氧量、溶解氧、石油类、重金属等指标基本符合一、二类海水水质标准，有机物六六六、滴滴涕、马拉硫磷、甲基对硫磷、苯并（a）芘等指标均未检出。

【海滨浴场水质】 2016年，厦门市海滨浴场水体中的主要污染物为粪大肠菌群。公主园海鲜酒店外浴场、黄厝华天学院外浴场、椰风寨外浴场、明丽山庄外浴场、水产研究所外浴场、水质总体良好，适宜游泳；鼓浪屿别墅美华浴场、港仔后菽庄花园外浴场和厦大白城浴场水质一般。与上年相比，厦大白城浴场和福建省水产研究所外浴场水质有所改善，主要超标污染物粪大肠菌群浓度有所下降，其余6个浴场水质基本持平。

【功能区噪声】 2016年，厦门市城市功能区噪声质量总体良好，昼、夜间达标率分别为95.0%、70.0%，均与上年持平。功能区噪声共监测20个点位，其中1类功能区4个测点，2类功能区7个测点，3类功能区5个测点，4类功能区4个测点。市环保部门每季度对各测点进行一次24小时连续监测，全年监测160点次，其中昼间、夜间各80点次。各类功能区昼间达标76次，占昼间监测点次的95.0%；夜间达标56次，占夜间监测点次的70.0%。按各类功能区统计，1类功能区昼间达标率100%，夜间达标率75.0%；2类功能区昼间达标率100%，夜间达标率64.3%；3类功能区昼间达标率100%，夜间达标率90.0%；4a类功能区昼间达标率75.0%，夜间达标率50.0%。

【区域噪声】 2016年，厦门市区域环境噪声网格测点数110个，网格总面积247.5平方千米。全市昼间平均等效声级为55.5分贝（A计权），城市区域声环境质量总体水平等级三级，城市区域声环境属一般，范围在49.1～64.6分贝（A计权）。城市昼间区域声环境质量好的区域占2.7%，较好的区域占39.1%，一般区域占53.6%，较差区域占4.5%。昼间区域环境噪声年达标率99.1%，其中 1 类、2 类、3 类和 4a 类达标率分别为 100%、98.8%、100% 和 100%。

【城市道路交通噪声】 2016 年，厦门市环保局监测 55 条道路 100 个测点。昼间道路交通噪声平均等效声级为 67.8 分贝（A 计权），道路交通噪声强度等级为一级，道路交通噪声质量属好。处在不高于 68.0 分贝（A 计权）和 68.1～70.0 分贝（A 计权）两个等级的路段分别占交通干线路段总长度的 50.9% 和 38.5%。平均等效声级在 70 分贝（A 计权）以上的路段 14 条。超过 70 分贝（A 计权）路段长为 32.4 千米，占监测总长度的 10.5%。

（市环保局）

污染物总量控制与排放

【概　况】 2016 年，厦门市主要污染物减排工作保持“高压”态势，实施“结构、工程、管理”三大减排措施，超额完成 2016 年减排目标。经过国家减排核算，总量减排情况：全市化学需氧量（COD）、氨氮（NH_3-N）、二氧化硫（SO_2）、氮氧化物（NO_X）排放总量分别比上年减排 9.87%、5.02%、6.57%、12.22%，4 项主要污染物都完成年度减排目标。

【废水主要污染物减排】 2016 年，厦门市化学需氧量、氨氮排放总量分别削减 9.87%、5.02%，完成年度减排目标任务（年度减排目标为化学需氧量、氨氮排放总量分别比 2015 年削减 1.06%、0.94%）。重点治理工程削减量年度任务为化学需氧量、氨氮分别削减 392 吨、66 吨。全市主要水污染物总量减排重点工程项目削减化学需氧量 4890 吨、削减氨氮 512 吨，完成年度重点项目减排量任务。

【废气主要污染物减排】 2016 年，厦门市二氧化硫排放总量比 2015 年（17297 吨）下降 6.57%，氮氧化物排放总量比 2015 年（31648.896 吨）下降 12.22%，均完成年度减排目标任务；主要大气污染物总量减排重点工程项目中二氧化硫减排 950.49 吨、氮氧化物减排 2396.59 吨，均完成年度重点工程减排量目标任务。

【一般工业固体废物】 2016 年，厦门市一般工业固体废物产生量 85.67 万吨，产生量比上年下降 10.99%；综合利用量 76.27 万吨，其中综合利用往年贮存量 0.26 万吨；综合利用率 89.33%，增加 3.34 个百分点；处置量 9.31 万吨，下降 30.73%；贮存量 0.26 万吨，下降 16.12%。

【工业危险废物】 2016 年，厦门市工业危险废物产生量 6.45 万吨，占全市工业固体废物产生量的 7%，产生量比上年增长 41.44%。处置利用量 6.30 万吨，主要处置方式为安全处置和综合利用。其中，综合利用量 1.01 万吨（不含综合利用往年贮存量），处置量 5.05 万吨（不含处置往年贮存量）；贮存量 0.39 万吨。

【医疗废物】 2016 年，厦门市医疗废物产生量 4777 吨。医疗废物集中处置单位厦门绿洲环保产业股份有限公司，集中焚烧处理量 4777 吨，医疗废物处置率 100%。

【生活垃圾】 2016 年，厦门市生活垃圾处理总量 173.93 万吨，生活垃圾无害化处理率 100%。其中，焚烧发电 58.52 万吨，卫生填埋处理 106.07 万吨，分拣回收利用 6.87 万吨。全市收集生活垃圾 173.93 万吨（其中岛内垃圾 94.5 万吨，岛外垃圾 77.11 万吨，餐厨垃圾 2.32 万吨），日均产出垃圾 4765.21 吨；焚烧生活垃圾 58.52 万吨（岛内后坑焚烧厂焚烧生活垃圾 17.27 万吨，岛外翔安焚烧厂焚烧生活垃圾 19.38 万吨，岛外海沧焚烧厂焚烧生活垃圾 21.87 万吨），东部固废中心填埋场填埋生活垃圾 106.07 万吨，瑞科际再生能源股份有限公司餐厨垃圾处理 2.32 万吨，分类处理厂分拣利用 6.87 万吨，瑞科际再生能源股份有限公司生活垃圾处理 0.19 万吨。

【垃圾分类】 2016 年，厦门市委、市政府继续推进垃圾分类和减量工作，不断试点实践、探索创新、总结推广。《厦门经济特区生活垃圾分类管理办法》立法起草工作稳步推进。市委、市政府制定生活垃圾分类工作考评办法及示范小区垃圾分类工作规范，建立垃圾分类小区督导服务制度，推出 20 个示范点和 46 个示范校。第一批 18 辆厨余专用转运车辆投入使用。垃圾分类工作取得初步成效。

【机动车排气污染物】 2016 年 4 月 1 日起，厦门市实施国家第五阶段机动车排放标准，推出环保前置审核的措施，至年末，审核新注册登记车辆 140621 辆，其中审核不通过 746 辆。全年受理外地车转入 6711 辆、当地车过户环保审核申请 95969 辆，审核不通过 245 辆、1218 辆。处罚道路监督抽测超标和道路冒黑烟机动车 260 辆次，罚款 9.93 万元。省环保厅下达厦门市 2016 年度黄标车淘汰任务 12430 辆，实际完成淘汰黄标车 14746 辆。处罚违反尾气排放限行规定车辆 11625 辆，罚款 23.25 万元。对 9574 辆符合条件的提前报废黄标车发放补贴资金 19868.905 万元。认定氮氧化物减排量 1448.36 吨。

（市环保局）

环境监察与管理

【概　况】 2016 年，厦门市在全省范围内率先启动国家生态文明试验区建设，开展生态文明体制改革综合试验。完成 12 项生态文明体制改革方案编制任务，生态文明建设评价考核、排污权有偿使用和交易、企业环境信用评价等改革取得初步成果。在“一张蓝图”的 981 平方千米生态控制线范围内，初步划定 481.01 平方千米陆域生态红线并纳入“多规合一”平台。印发《厦门市生态文明建设“十三五”规划》和《厦门市环境保护“十三五”规划》，提出“十三五”期间全市生态环境保护工作的总体要求、主要任务、重点工程和保障措施。在全省范围内率先出台《厦门市建设项目环保审批准入特别限制措施（负面清单）》《进一步简政放权深化环评审批制度改革实施方案》。启动自贸片区规划环评，将自贸区内的报告表、登记表由审批简化为备案，最快可当日办结，最多可为建设单位节省 22 个工作日的审批时间。在自贸片区网站开设环境保护专窗，实现全程网上办理。

【排污权交易】 2016 年，厦门市在全省范围内率先出台《厦门市排污权有偿使用和交易管理办法（试行）》，全面开展排污权核定与收储。全年完成 335 家重点工业企业排污权核定和 26 家企业排污权收储，58 家企业通过交易取得排污权，交易金额 1605.06 万元。

【环保智能化】 2016 年，厦门市借助物联网技术，推动实现环境管理和决策的“智慧”。该项目计划分三期 3 年完成，至年末完成一期项目平台建设，实现“一源一档、一源多用、多源共享”，整合污染源企业生命周期数据。完成《集美区重金属企业及国省控重点企业环保智能化监控项目实施方案》的编制、省市机动车尾气监测联网和全市空气质量发布系统（政府版）开发等工作。在全省范围内率先将遥感监测技术用于“四桥一隧”（厦门大桥、杏林大桥、集美大桥、海沧大桥、翔安隧道）机动车监管，采取无人机与传统监管执法相结合的措施，实现精准执法。

【环保合作】 2016 年，厦门市环保局加强与环保部的全方位战略合作，环保部及直属单位在厦门市设立 5 家合作机构，分别为海上丝绸之路环境保护交流与培训基地、环境保护部环境政策研究中心绿色发展（厦门）创新与示范基地、中国环境报社东南环境宣传与培训中心、中国环境报社新媒体海西营运中心和中华环保基金会厦门代表处，为环保管理提供“智库”支持。“9·8”投洽会上，市环保局和环境保护部环境与经济政策研究中心签订绿色发展战略合作框架协议。

【环保宣传教育】 2016 年，厦门市环保局在全省范围内率先出台《厦门市环境教育规定》，从制度上保障和促进环境教育工作的落实。在全市持续开展“中华环保世纪行”活动和“厦门环境新闻奖”评比活动；组织全市中小学开展“环境教育优秀课件”评选活动和“我爱厦门蓝”环保公益摄影活动；与厦门大学、南普陀寺联合签署《加强合作惠及民生 推进生态文明建设》合作协议，开展“善心善行”公共文明系列活动；举办领导干部环保培训班、环保工作人员及街镇环保员培训班、学校教师环境教育培训班；通过厦门电视台、《厦门日报》和“厦门环保”微信公众号，开展环境工作宣传，发布空气质量预报及环保知识，强化市民环保意识。

【环保投诉处理】 2016 年，厦门市环保局健全环境信访机制，畅通信访渠道，形成信访事项受理、办理、督办、责任追究的工作流程，落实“每月局长接待日”制度，解决群众对废气、废水和油烟噪声等污染投诉问题。全年受理群众来信来访 25 件（人）次，其中来信 15 件，来访 10 人次；办理国家、省、市交办案件 95 件，“市长专线”1553 件，“12369”和“110”联动 5842 件，信访办结率 100%，群众满意率 100%。

（市环保局）

节能与循环经济

【概　况】 2016 年，厦门市节能指标继续保持全省领先水平。厦门市经济和信息化局（简称市经信局）组织推进集美台商投资区国家园区循环化改造示范试点建设，监测检查各类用能单位 121 家，开出责令改正通知书 16 份，节能监察建议书 69 份，提出合理化节能意见 93 条。组织申报合同能源管理项目 10 个。完成年耗能 1000 吨标准煤（1 吨标准煤约等于 293.07 亿焦耳）以上固定资产投资项目（共 63 个）节能评审，能评年节能量 53371 吨标准煤。公益性服务网站“厦门节能公共服务网”有一级栏目 60 多个、二级栏目 200 多个。2016 年度全国节能宣传周期间，厦门金龙联合汽车工业有限公司等 11 家单位展示新能源汽车整车、动力电池、电机、电控、新能源材料以及充换电装备等技术和产品，厦门华德羿歌空调设备有限公司等 40 多家企业展示节能技术与产品，通士达等节能灯和 LED 灯在厦生产企业开展绿色照明产品展示和优惠销售活动。

【集美台商投资区国家园区循环化改造示范试点建设】 2016 年，厦门市经信局继续推进集美台商投资区国家园区循环化改造示范试点建设。其中，华电分布式能源站一期项目总体完成 85%，建霖污水处理及回收工程完成 95%，厦工再制造完成 65%，后溪和软件园三期污水处理站完成 90% 以上，落实中央财政补助资金 2513 万元，占中央已拨补助资金的 54.2%。开展园区循环经济信息管理平台实施方案编制，试点各项工作有序推进。

【电子废物拆解】 2016 年，厦门市完成电子废物拆解二期项目（搬迁入新厂区），处理能力 6.9 万吨 / 年。启动线路板的深加工项目，处理量 1.2 万吨 / 年，第一期建设线路板金属与非金属分离生产线，第二期建设线路板贵金属回收生产线。

【绿色清洁生产】 2016 年，厦门市完成明达实业（厦门）有限公司、厦门太平货柜制造有限公司 2 家自愿性清洁生产审核企业的验收工作。62 家企业通过清洁生产审核评估、验收。节能降耗的经济效益 7810 万元。

【节能监察】 2016 年，厦门市累计对 50 家工业企业进行节能监察，开具责令改正通知书 11 份，涉及各类违法内容 13 条；出具节能监察建议书 40 份，提出合理化节能建议 93 条；监察服务业及公共机构用能单位 25 家，开具责令改正通知书 3 份，节能监察建议书 15 份；监察固定资产投资项目 18 个和公共机构单位 8 家，开出责令改正通知书 2 份，节能监察建议书 14 份；累计对 20 家公共建筑单位进行夏季空调设置温度不低于 26℃的专项检查，被检单位均符合要求。

【固定资产投资项目节能评审】 2016 年，厦门市累计完成年耗能 1000 吨标准煤（1 吨标准煤约等于 293.07 亿焦耳）以上固定资产投资项目（共 63 个）节能评审。按项目类型分，工业交通类项目 28 个，房地产项目 30 个，基础设施项目 5 个；按能耗总量划分，年综合能耗在 2000 吨标准煤以上的项目 33 个，年综合能耗在 1000～2000 吨标准煤的项目 30 个。能评项目总投资 1098.27 亿元。项目建成后，预计年综合能耗增量 84.43 万吨标准煤。节能评审提出各类节能技术和管理措施，实施节能措施后，每年可以核减能源消耗 53371 吨标准煤。

【高污染燃料锅炉专项整治】 2016 年，厦门市经信局组织开展高污染燃料锅炉专项整治行动，督促企业实施集中供热、清洁能源替代或淘汰，重点检查集美、海沧、同安、翔安4个区10蒸吨及以下（蒸吨用于衡量锅炉的供热水平，1蒸吨约等于25亿焦耳/小时）高污染燃料锅炉整治落实情况。2016年度锅炉整治任务86台，实际完成锅炉整治任务90台，其中海沧11台、集美20台、同安43台、翔安16台。

【节能技改项目实施】 2016年，厦门市实施节能技改项目42项，兑现财政奖励资金1658万元。（见表4-1）

表4-1 **2016年厦门市获节能财政奖励的节能技改项目**

序号	企　业	项　目
1	厦门航空有限公司	B737NG发动机节能升级改造
2	腾龙特种树脂（厦门）有限公司	热媒锅炉余热锅炉、冷却水泵及瓶片节能降耗改造
3	厦门市方圆通模具有限公司	超大型注塑机伺服调速节能改造
4	厦门翔鹭化纤股份有限公司	酯化蒸汽余热回收制冷节能改造
5	厦门华夏国际电力发展有限公司	1号、2号锅炉烟气余热利用节能改造
6	厦门烟草工业有限责任公司	工艺及设备节能改造
7	厦门东纶股份有限公司	电机能效提升改造
8	厦门TDK有限公司	高效电机更换等综合节能改造
9	厦门鹏拓塑胶制品有限公司	注塑机伺服节能改造
10	厦门瑞新热电有限公司	集中供热管道节能改造
11	厦门市佳贝美集团有限公司	佳贝美工业园区绿色照明等综合节能改造
12	厦门欧圣斯科技有限公司	注塑机伺服和干燥筒节能改造
13	厦门华弘昌科技有限公司	注塑机节能改造
14	厦门虹泰光学有限公司	注塑机及生产系统综合节能改造
15	厦门华铁塑胶有限公司	注塑机节能项目
16	厦门市鑫胜鑫工贸有限公司	注塑机节能项目
17	厦门富山诚达百货商业广场有限公司	商场照明、制冷及中央空调节能改造
18	厦门新技术集成有限公司	制管设备、空压及配电系统节能改造
19	厦门信华塑胶企业有限公司	注塑机伺服与干燥筒节能改造
20	厦门鑫创响电子科技有限公司	注塑生产节能改造
21	厦门青年阳光投资管理有限公司	中央热水集中热泵系统节能改造
22	厦门吉宏包装科技股份有限公司	传统包装机械伺服、变频节能改造
23	厦门市颂雨水暖有限公司	注塑机、干燥机、纳米红外电热圈节能改造
24	厦门东环能源科技有限公司	供热管网冷凝水回收系统
25	厦门广盛弘科技有限公司	注塑机伺服改造
26	厦门中宇阳光能源科技有限公司	象屿五金机电城1兆瓦太阳能分布式光伏发电项目
27	厦门虹鹭钨钼工业有限公司	生产工艺节能改造
28	厦门厦化实业有限公司	电机节能技术改造
29	清源海阳（厦门）新能源有限公司	清源海西厦门创业园1兆瓦屋顶分布式光伏发电项目
30	厦门阳铭塑胶科技有限公司	注塑机节能改造
31	厦门市弘泰塑胶科技有限公司	注塑机伺服节能改造
32	厦门申亚塑胶有限公司	注塑生产节能改造
33	厦门市质远塑胶工业有限公司	注塑机伺服节能改造
34	厦门阅海旅馆有限公司	中央热水集中热泵系统及LED绿色照明节能改造

续表 4-1

序号	企　业	项　目
35	元翔（厦门）国际航空港股份有限公司	综合节能改造项目
36	厦门好程酒店有限公司	中央热水集中热泵系统节能改造
37	厦门市佳诚兴工贸有限公司	注塑机节能改造
38	厦门青田食品工业有限公司	400 千瓦分布式光伏发电项目
39	厦门建昕工贸有限公司	注塑机伺服改造
40	厦门吴福地工程机械有限公司	太阳能发电工程及节能改造
41	厦门灵玲演艺有限公司	冰蓄冷空调改造
42	厦门合创新能源科技有限公司	厦门中科高新产业基地一期创业大厦及厦门火炬现代科技企业加速器二期 832.52 千瓦屋顶分布式光伏发电项目

表 4-2　**2016 年厦门市节能技术和产品（第十批）**

产品技术	规格型号	企　业
LED 照明	LED 道路交通指示、显示、照明系列产品	厦门昊星电子有限公司
	“hollylite” 牌系列 LED 灯	厦门兴恒隆股份有限公司
	LED 路灯、LED 隧道灯	厦门市信达光电科技有限公司
	艾申 LED 一体三防灯	厦门晋尚能源科技有限公司
能源智能化管理系统	BMS 智慧楼宇管理平台	厦门柏事特信息科技有限公司
	能掌通移动能效管理系统	福建优能智捷信息科技有限公司
	城市智能照明控制系统	厦门市致创能源科技有限公司
供配电系统节能	KRD 智能电容器	厦门明翰电气股份有限公司
	非晶合金变压器 S（B）H15 系列、SC（B）H15 系列	厦门市奇宏机电设备有限公司
保温隔热材料	纳米气凝胶绝热节能新材料	厦门纳美特新材料科技有限公司
	“晶智” TM 纳米阳光节能膜	厦门纳诺泰克科技有限公司
中央空调节能技术	板管蒸发冷却式空调制冷设备	厦门华德羿歌空调设备有限公司
	奥普拓中央空调智能控制系统	厦门奥普拓自控科技有限公司
太阳能集热板	平板太阳能集热器	厦门缔安太阳能科技有限公司
空气源热泵	兴业牌空气源热泵热水机组	厦门金名节能科技有限公司

【新能源汽车推广】 2016 年，厦门累计推广新能源汽车 2311 辆，完成省政府下达推广任务（2480 辆）的 93.2%，推广数占全省总推广数的 32.8%，推广量居全省第一。累计推广新能源非公交汽车 3858 辆，折标准车 7202 辆，完成省下达 4000 辆标准车推广任务的 187%。约占全省 25.1%，推广量占全省第一。

【成品油市场监管】 2016 年，厦门市加大成品油市场监管力度，带动汽车尾气污染治理和减排工作。市经信局与审批处配合完成 7 座新加油加气站审批工作，完成成品油经营批准证书的变更、歇业、注销登记等业务 43 项。对全市成品油经营企业成品油经营批准证书、工商营业执照、危化品经营证书等相关证照进行核验；对符合要求的成品油经营企业在厦门工业经济网站上进行公布。

【第十批节能技术和产品编制】 2016 年 6 月 2 日，厦门市政府节约能源办公室、厦门市经济与信息化局发布《关于公布厦门市节能技术和产品推荐目录（第十批）的通知》（厦节能办〔2016〕4 号），主要包括中央空调节能技术、绿色照明技术、新能源汽车、建筑节能等（见表 4-2）。厦门市节能技术和推荐目录每年公布一批。

（市经信局）

责任编辑：林建高
审　　稿：孙志红
责任校对：曲　艺

5 城乡建设与管理

城市规划

【概　况】 2016年，厦门市规划委员会（简称市规划委）开展《厦门市生态文明体制改革方案暨资源环境承载力评价》《厦门市全域空间规划一张蓝图（2016）》《厦门岛自行车道系统布局规划》等63个项目的编制，完成《厦门经济特区多规合一管理若干规定》《厦门经济特区历史风貌保护条例》等立法工作，制定《厦门市生态控制线管理规定》规范性文件。通过“多规合一”（见P81小资料“多规合一”）审批平台办理“一书两证”（建设项目选址意见书、建设用地规划许可证、建设工程规划许可证）1611件，批后管理1346件。处理市委、市政府督办件728件；办理省市人大建议、政协提案119件，满意率100%；办理群众来信来访454件，办结率100%。市规划委组织编制全域空间规划“一张蓝图”及分区空间发展战略规划及分区“一张蓝图”的工作，让“一张蓝图”成为统筹全域空间要素、统筹各部门管理、统筹各区发展诉求的平台。

【美丽厦门战略规划提升】 2016年，市规划委开展美丽厦门战略规划的回顾与提升工作。市规划委广泛征求专家及公众意见，多次邀请专家和社会各界代表共同讨论；以图文并茂的方式向市民群众宣传战略规划取得的成效，设置调查问卷表收集建议意见；开通微信公众号、公布征求意见电话，广泛收集市民群众的意见建议，最终形成《美丽厦门战略规划（2016年版）》。

【国家试点工作推进】 2016年，市规划委推进开发边界的划定与实施，推动城市“绿色”发展。划定城市开发边界640平方千米，城市开发边界划定成果纳入《厦门市城市总体规划（2011～2020年）》，于2016年2月获国务院批复，确立法定地位。市规划委牵头编制《厦门市海绵城市专项规划》，提出“大海绵”“小海绵”的规划措施，划分16个海绵城市建设分区，作为指导全市海绵城市建设的纲领性文件。参与海绵城市建设技术规范等管控制度、标准规范的制定，为海绵城市建设提供依据。在地下综合管廊建设的规划引导上，市规划委牵头制定《厦门市地下综合管廊专项规划》，合理确定综合管廊适建区域和建设项目，并进一步组织编制各重点片区综合管廊专项规划，推进重点片区管廊建设工作，有效补充和完善全市综合管廊建设体系。2016年度厦门海绵城市试点建设绩效考核位列全国第九。

【生态控制线划定】 2016年，市规划委为进一步明确保护与建设空间的布局与规模，划定生态控制线范围981平方千米。划定成果纳入《厦门市城市总体规划（2011～2020年）》，确立法定地位，同时出台《厦门市生态控制线管理规定》，12月15日正式实施。

【“多规合一”机制完善】 2016年，市规划委牵头起草的《厦门经济特区“多规合一”管理若干规定》《厦门经济特区生态文明建设条例》颁布实施。由多规办牵头制定《落实“多规合一”推进建设项目审批流程改革实施意见》《厦门市“多规合一”项目生成管理办法》《建设项目审批信息管理平台运行规则》等，明确改革目标、措施、适应范围和各部门职责，为“多规合一”审批流程改革提供依据，保障“多规合一”改革后的新流程每一个步骤都有法可依，有章可循。截至年底，多规平台实现与全市涉及项目审批管理的市、区237个部门的对接，纳入54个专题275个图层数据，“全域空间规划”一张蓝图最终成果于年底正式在平台上线运行，实现全市各部门之间空间信息共享，支持业务协同办理及审批流程优化。自2015年底运行以来，在平台上开展策划的项目1669个，生成项目963个。

【“宽进严管”改革】 2016年，市规划委完善权力清单、服务清单、责任清单、负面清单，规范权力，做到“行政权力进清单，清单之外无权力”。为加强建筑工程规划实施过程事中事后监管，保证城乡规划的有效实施，市规划委出台《厦门市建筑工程规划实施过程事中事后监管办法》。实行查处违法建设工作联系单和规划许可变更报备制，加大对行政审批及批后监管的力度。完善会议制度，有效改变文山会海的状态，提高决策效率，制定采购办法，明确采购决策程序。用制度规范规划编制的管理工作。

【历史风貌保护】 2016年，市规划委进一步做好历史文化名城、名镇名村、历史文化街区、历史建筑等规划管理工作，以及各区块的历史风貌建筑普查、初步认定和论证等，做好“城市乡愁”历史风貌建筑保护工作，并完成《厦门经济特区历史风貌保护条例》立法工作。

（市规划委）

勘察设计

【概　况】 2016年，厦门市建设与管理局（简称市建设局）完成建设工程施工图设计文件审查1107项，其中建筑工程（含专项工程）497项、市政工程166项、勘察工程444项。有201家工程设计单位、58家勘察单位在厦门开展勘察设计业务，完成建筑设计面积1241.82万平方米。

市建设局与杭州、宁波、天津3市建立建筑工程设计异地评审工作联系，全年完成异地评标项目21项。增加厦门市交易中心评标项目评标透明度，公开评标区域视频，所有投标人可观看评标视频，并适时向社会公众开放。公开评标委员会综合评审意见，并逐步公开评标专家个人对投标方案的评审意见。公开中标候选方案效果图，接受社会公众评议。

市建设局引入两院院士、梁思成建筑奖获得者以及省龙头设计企业等，领衔厦门市城市重要路段、重要景观地带的建筑工程、景观工程等的设计。全年4个项目直接委托院士设计，20个项目采用邀请设计大师或龙头企业进行招标的方式确定设计单位。进一步研究并逐步试行评定分离政策。

市建设局配合推动自贸区工作，按要求报送推进自贸试验区年度工作方案和工作计划，全过程参与建筑师负责制的相关工作，参与自贸区内工程保险制度的研究工作。协同开展停车场建设专项工作，梳理《厦门市停车场建设发展规划（2013～2020）》，完善公共停车设施布局，摸清建设条件，补充并策划生成公共停车设施建设项目或储备项目，安排滚动建设计划。

【金砖会晤项目建设保障】 2016年，市建设局做好金砖会晤项目建设的保障工作。

主导街区立面整治提升前期设计工作。10月份中旬，市建设局委托厦门市城市规划设计研究院在现有规划基础资料和规划研究成果的基础上，快速编制形成针对街区立面整治提升项目的规划控制性、指导性成果，从规划层面统筹整治重点、风貌特征定位、城市色彩特征等内容，指导设计单位进行方案策划。委托10家综合实力强的设计单位开展街区立面综合整治提升方案策划，形成《街区立面整治提升策划方案》《街区立面整治提升策划汇报》材料。组织设计单位推进方案设计，组织专家进行方案评审，组织中选设计单位，结合市委、市政府相关要求、评审专家意见及其他未中选方案优点进一步深化设计方案。

配合夜景照明提升工作。市建设局组织编制《厦门市重点片区夜景照明修建性详细规划暨概念性方案》征集文件，最终形成正式征集文件，为遴选优秀设计单位奠定基础。参与组织概念性方案评审、《厦门市城市夜景照明管理办法》的编制、夜景照明提升参建单位选择办法的研究等工作。参与研究夜景照明设计施工总承包招标事宜，研究制定总承包招标的相关规定、流程，提出可实施性的意见和建议。

【勘察设计质量监管】 2016年，市建设局通过专项整治、施工图抽审等日常监督检查，建立“双随机”抽查制度，实施工程项目施工图设计质量抽审制度和施工图审查评估制度，落实项目负责人责任制，健全勘察设计市场监管机制，培育诚实守信的勘察设计市场，提升设计品质，推动行业良性发展。

2016年，市建设局组织专家103人次，开展工程项目勘察现场质量、施工图设计质量、施工图审查质量、注册执业人员及相关从业人员从业行为的检查。全年检查工程项目35项次，其中建筑设计项目28项次、市政基础设施设计项目3项、勘察项目4项，涉及受检勘察企业4家，建筑设计企业共17家（其中厦门市企业6家，市外企业11家），施工图审查单位8家（其中厦门市5家，市外3家）。从勘察设计企业质量情况来看，全市工程项目勘察报告、设计质量总体情况较好，施工图审查质量把关和服务质量提升。

市建设局采取随机抽取方式，从全市范围内75个住宅工程项目中，抽取10个工程项目进行执行情况检查，重点检查《住宅工程质量常见问题防治若干技术措施》在设计、施工、监理、建材、检测等环节的贯彻落实情况。受检责任主体包括9家设计单位、4家施工图审查机构、10家施工企业。从检查情况看，《住宅工程质量常见问题防治若干技术措施》在施工图设计环节基本得到落实，50%的项目能够很好地执行技术措施，当地设计单位的执行情况好于外地设计单位。

2016年，发出施工图质量改正通知书19份，审查改正通知书7份，要求施工图设计和审查单位对存在的问题逐一进行改正。对2个涉及违反强制性条文的项目作出行政执法处理，约谈设计单位及审查机构法人代表4家次，约谈从业人员10人。

【施工图审查】 2016年，厦门市5家施工图审查机构全部进驻市行政服务中心，并按照市行政服务中心的要求开展工作，纳入市行政服务中心统一监管。市建设局配合省效能检查，对16个施工图项目的流程进行检查。加强过程管理，简化审查程序，强化勘察设计文件审查重大事项报告制度。厦门市建设工程施工图审查所义务完成厦门市老旧住宅加装电梯工程结构专业技术指导共95项。（见表5-1）

【抗震防灾】 2016年，市建设局加强新建、改建、扩建的建筑工程项目的抗震设防管理，在施工图阶段检查落实专项审查专家意见的执行情况。全市有13个超限高层建筑抗震专项审查项目，结合厦门市建设工程施工图质量检查工作，进行超限高层建筑施工图质量的检查，总体情况良好。配合厦门市轨道交通建设，完成厦门市轨道交通3号线工程结构抗震设防专项论证工作。

市建设局推动减隔震技术在公共建筑的应用，组织召开减隔震技术交流会和现场观摩会，并发出相关工作指导

表 5-1 **2016 年各施工图审查机构完成的厦门市施工图审查情况**

审查机构名称	审查项目数（个）	#建筑工程（个）	勘察工程（个）	建筑工程面积（万平方米）	审查收费（万元）
福建天正建筑工程施工图审查事务有限公司	33	28	5	95.3	186.79
泉州市泉建工程施工图审查有限公司	30	21	9	49.7	174.07
厦门东厦设施工图审查有限公司	249	158	91	278.6	799.43
厦门市合道施工图审查有限公司	316	260	56	429.1	1278.97
厦门市建设工程施工图审查所	241	50	191	266.2	748.58
厦门市厦达建筑工程施工图审查所	101	57	44	123	306.90
泉州市建欣施工图审查事务所有限公司	32	20	12	41.26	99.28
华侨大学建筑工程施工图审查事务所	8	8	0	30.57	56.21
合计	1010	602	408	1313.73	3650.23

意见。消能减震技术、橡胶支座隔震和BRB屈曲支撑阻尼器减震技术在厦门市部分学校、医院、住宅和写字楼等新建建筑中得到大量应用。

【轨道交通项目建设推动】 2016年，市建设局组织轨道交通6号线一期工程土建一标初步设计论证、轨道交通6号线过海段工法研究等会议，在项目可研论证、方案审查、施工图审查及专项研究等工作中发挥作用，解决大量技术难题，为后续施工图设计及工程顺利实施创造有利条件。

【海绵城市建设试点推进】 2016年，市建设局组织编制地方标准《厦门市海绵城市建设技术标准图集（试行）》，并对各海绵城市建设工程相关设计单位、施工图审查机构进行培训。研究和起草有关厦门市试点区重大海绵城市项目的设计委托办法、设计取费标准和设计招标条件等。

（佘哲青　黄　勇）

重点项目建设

【概　况】 2016年，厦门市安排重点在建项目276个，总投资8569亿元，年度计划投资1135亿元。其中，工业项目47个，年度计划投资208亿元；服务业项目99个，年度计划投资304亿元；社会事业项目43个，年度计划投资49亿元；城乡基础设施项目71个，年度计划投资92亿元；“新城+基地+众创”项目8个，年度计划投资318亿元；轨道交通、新机场等专项项目8个，年度计划投资164亿元。全年计划开工项目60个，计划建成项目67个。

市建设局牵头推进城乡基础设施建设，2016年计划投资374.8亿元，实际完成投资537.9亿元，完成年度计划的143.5%，全省排名第一。牵头推进“两环八射”等快速路项目建设，30个项目年度计划投资49.1亿元，实际完成投资102.1亿元，超年度计划207.9%。年内实现新开工项目5个，建成通车或基本建成项目5个。推进鼓浪屿申遗整治、厦门港务叶水福仓库工程改扩建、厦门市公安刑侦支队警务楼、环岛路绿化景观抢险救灾重建等项目建设。

·小资料·

两环八射：“两环”分“外环”和“内环”。其中，“外环”为海翔大道—翔安大道—翔安隧道—仙岳路—海沧大桥—马青路—灌新路，“内环”为马青路—新阳大桥—杏滨路—集杏海堤—跨东海域通道—滨海东大道—第二东西通道。“八射”是从“两环”向外辐射的八条重要交通干道。

【重点项目建设成效】 2016年，厦门市276个市重点项目完成投资1406亿元，比上年增长21%，完成年度计划124%，超271亿元。其中，工业项目完成投资220亿元，完成年度计划106%，超13亿元；服务业项目完成投资367亿元，完成年度计划121%，超63亿元；社会事业项目完成投资53亿元，完成年度计划109%，超4亿元；城乡基础设施项目完成投资155亿元，完成年度计划169%，超63亿元；“新城+基地+众创”项目完成投资384亿元，完成年度计划121%，超65亿元；轨道机场等专项项目完成投资227亿元，完成年度计划139%，超63亿元。

全年计划开工项目60个，实际开工63个，开工率105%；计划建成项目67个，实际建成或部分建成76个，建成率113%。

全市123个市重点项目涉及征收，计划征收土地约2988万平方米、房屋130.45万平方米。实际交地约3062万平方米，增长207%，完成年度计划103%；拆除房屋142.95万平方米，增长61%，完成年度计划110%。59个攻坚项目目标征收土地约100万平方米、房屋33.35万平方米。实际征收土地约312万平方米，完成目标任务310%；实际征收房屋39.64万平方米，完成目标任务119%。

【城乡基础设施建设】 2016年，厦门市城乡基础设施建设项目实际完成投资537.92亿元，完成年度计划的143.52%。交通提升工程完成194.56亿元，完成计划157.03%，新建厦门北动车运用所及迁建既有厦门客车整备所工程动车所部分建成投产；能源提升工程完成投资31.08亿元，完成计划116.39%。市政提升工程完成投资252.27亿元，完成计划148.39%，轨道交通1号线一期工程完成22个车站主体结构、厦门轨道交通2号线工程建设全面铺开。水利提升工程完成投资13.10亿元，完成计划103.18%，厦门海域清淤整治工程有序推进。美丽乡村建设工程完成投资10.25亿元，完成计划的113.91%，翔安区内厝镇锄山行政村等村庄整治提升已完成全部工程建设。环保提升工程完成投资23.4亿元，完成计划116.42%，造林绿化与森林经营全面开工建设、郊野公园森林景观提升全部完工。信息提升工程完成投资13.27亿元，完成计划106.98%。

【城市快速路建设】 2016年，厦门市快速路网实际完成投资102.1亿元，完成年度计划的207.9%。新开工5个项目：第二西通道主体工程、灌新路（灌口中路—环湾大道）工程、同翔大道（沈海高速—洪新路）、同翔大道（洪新路—同新路）、翔安机场快速路大嶝岛段。5个项目建成通车：马青路与新阳大桥接线立交工程（翁厝立交）、海翔大道（香山—鸿渐山段）一期工程、翔安南路（翔安大道—莲河段）二期工程、马銮海堤开口改造工程、海翔大道（孚莲路—香山段）二期完善工程。3个项目主线通车：马青路快速路提升改造（南海一路—钟林路段）、集灌路（杏林大桥—沈海高速段）提升改造工程、杏滨路提升改造工程。第二西通道等19个在建项目有序推进，仙棋路等13个前期项目按计划开展。

【代建管理】 2016年，厦门市建设局根据《厦门市市级政府投资重点建设项目代建制管理暂行办法》（厦府办〔2015〕220号）及《厦门市市级政府投资重点建设项目代建单位名录库管理办法》（厦建协〔2016〕1号），建立房建、市政等六大专业共34家代建名录库，为重点项目建设提供支撑。推进代建招标，参照代建单位选择办法，推动厦门大学附属中山医院门急诊综合大楼等项目代建招标工作，逐渐规范代建任务委托程序。结合市重点项目督察、省市效能检查、“三比一看”活动评比等工作情况，对履职履责不力的代建单位开展约谈工作，进一步督促代建单位履约履责，为项目建设保驾护航。通过集中召开大型培训会、深入企业开展交流座谈会等方式，对特房集团、市政集团等全市主要代建企业进行系统的代建制度培训，强化企业制度意识、履约意识，并明确代建企业管理优化方向、项目管理重点，进一步提升企业管理水平。与高校开展“代建管理人员架构优化”等课题研究，通过专业问卷调查、专家座谈及国内外先进经验调研等方式，探索优化代建制度发展方向。

（林思颖　蔡加和　赖礼澎　林联泉）

城市管理

【概　况】 2016年，厦门市建设局开展宜居环境建设省重点项目城镇“三边三节点”（“三边”指“山边”“水边”和“路边”；“三节点”是指城市中心节点、市民活动节点和交通枢纽节点）整治提升项目2个，完成投资8510.8万元。

市建设局牵头制定《加强城市停车设施建设工作实施意见》，推动停车场建设和管理，全年投用37个停车设施项目，新增路外公共停车泊位6071个，超额完成年度目标的152%。编制《厦门市城市夜景照明工程技术导则》，推进城市景观整治、夜景提升工作。配合开展海绵城市建设，编制《厦门市海绵城市建设技术标准图集》《厦门市海绵城市建设工程施工与质量验收标准》《厦门市海绵城市建设工程材料技术标准》三部标准，率先在全国海绵试点城市中形成设计、施工、材料系列技术标准。年内，市建设局接收信访件4751件，办结4683件，办结率98.57%。

【道路景观和立面综合整治】 2016年，厦门市列入福建省宜居环境建设重点项目（城镇“三边三节点”整治提升项目）2个，年度计划投资7204万元，实际完成投资8510.8万元，完成年度投资的118.14%，超序时进度完成任务，进度位列全省同类项目第一。

2016年，市建设局组织各区开展道路立面综合整治工作，在完成岛内主干道（环岛干道、湖滨北路、湖滨南路、厦禾路、马拉松赛道、东渡路、金尚路、仙岳路等）、部分老城区以及岛外主要道路的街区立面整治的基础上，通过市协调、区实施，继续开展其他支路的整治工作，完成银湖中路、环城北路、翁角路、新兴街二期等2015年项目的收尾工作和验收工作，持续开展中华、鹭江、厦港等老城区街道骑楼立面综合整治，新开展定安路等立面景观综合整治。组织各区现场查勘并初步筛选条件成熟项目15个，完成项目设计等前期工作，完成两批次24个项目共计11652万元立面整治资金的审核和拨付。

结合台风“莫兰蒂”灾后重建工程，推进重点片区夜景提升。开展厦门市重点片区夜景照明修建性详细规划暨概念性方案征集，邀请北京、上海、杭州等地高水平设计团队参与，高标准遴选优胜设计方案。集中开展重点片区夜景照明提升10个标段设计施工总承包单位、重点片区夜景照明集中控制平台总承包单位的招标工作。出台《厦门市城市夜景照明工程技术导则》，起草《厦门市城市夜景照明管理暂行办法（送审稿）》。完成灯具产品品牌库征集工作，对常用的7类灯具分别确认厦门市与非厦门市的生产企业及其品牌名录。邀请国内著名专家团队对筼筜湖和五缘湾进行灯光秀策划。

【在建工程景观整治】 2016年，市建设局制定在建工程景观整治实施方案。全面摸清在建工程施工进度情况，编制37个代表项目的具体整治内容、标准和计划。启动国际会展中心、机场、海悦山庄三大片区17个项目的整治提升工作。在房屋建筑和市政工程全面推行扬尘喷淋系统，试行$PM_{2.5}$自动监测喷淋系统，以科技手段实现降尘除雾。建立工地检查周点评制度、月点评机制，对检查的工地情况特别是存在问题的工地进行评议，对存在的共性问题梳理，对造成渣土污染、扬尘污染以及各种违规行为记录不良行为信用等级。借助“厦门·蓝”微信群的信息资源，及时准确、群策群力地应对各类污染、扬尘行为，把空气污染指数控制在合理范围。

【公共停车场建设管理】 2016年，市建设局牵头研究并出台《厦门市人民政府关于印发加强城市停车设施建设工作的实施意见》和《厦门市人民政府办公厅转发市建设局关于2016年公共停车设施建设工作方案的通知》。通过建立公共停车设施建设机制，形成项目周协调和月报、简报制度及项目动态跟踪、协调推进、检查督办及考评奖惩等项目推进工作机制，有序推动公共停车场项目建设。按照“投用一批、在建一批、开工一批、生成一批、谋划一批”思路加快推进公共停车设施建设，并超额完成省下达的2016年第一批公共停车设施投资工程包工作任务。建设开发厦门市停车信息共享平台以及“i车位”APP手机应用软件，截至年底，已联网205家停车场、52294个车位实时数据。开展停车设施普查，截至年底，除同安区外，其他区调查总计停车泊位421868个，其中专用停车泊位273710个，公共停车泊位148158个。做好“海峡论坛”“9·8”投洽会等重大活动的停车保障工作，协调提供临时停车位3200个，有效缓解活动期间的停车需求。

【城市节水管理】 2016年，市建设局对全市月用水量在600吨以上、特种行业月用水量在200吨以上的7758个用水户（表）下达计划用水指标，完成水平衡测试考核167家，通过测试发现并查堵漏取得日节水3840吨。采取节水改造措施取得日节水4415吨，合计日均节水8255吨。改造老旧小区居民家庭水箱便器节水配件300套。培训考核用水单位管水员115人。编制《厦门市十大主要用水行业及城市生活用水定额》，制定《厦门市建设项目节水设施“三同时”技术标准》，联合市质监局评定编制《厦门市节水型工艺、设备、器具名录（第一批）》。开展节水型企业（单位）和节水型居民小区的公开征集和评定，举办2016全国城市节约用水宣传周活动。

【渣土扬尘治理】 2016年，市建设局办理建筑废土处置许可证742件，调剂建筑废土外运量约2600万立方米，回填量约190万立方米。督促建筑废土处置工地的施工单位落实文明施工各项措施，要求工地出入口应具备洗车台、高压冲洗设备、三级沉淀池、五图一牌等设施。全市53家运输企业、1046部运输车辆纳入建筑废土砂石综合管控平台目录库。全年检查工地1220余次，对未尽到管理职责造成道路渣土和扬尘污染、严重影响市容环境卫生拒不整改的单位进行取证，采取口头警告、发出责令整改通知书、约谈等措施加强对工地源头的管理。对未及时办理建筑废土处置许可、文明施工管理措施不到位的229家施工企业进行约谈；对73家施工企业发出责令整改通知书；对73家违反规定的在建工地的施工单位、监理公司上报工程管理处记录不良行为；对3个违反建筑废土管理的案件进行立案调查并处罚，共处罚款5万元。

2016年，市建设局加强建筑垃圾消纳场管理。建立消纳场回填进度信息反馈制度，结合不定时抽查，完善厦门市建筑废土砂石综合管控平台的建筑垃圾供需调剂信息，基本实现可回填的渣土在建设工程工地间就近平衡；不可回填的建筑垃圾，有可利用、处置的消纳场所。采取抽查与巡查相结合的方式加强对建筑垃圾消纳场的检查，并结合砂土污染整治、工地扬尘防治、市渣土办联合执法等开展工作，对管理不到位的消纳场采取约谈、责令整改、撤销行政许可、记不良记录等方式加强管理监督，同时将违规行为移交市城市管理行政执法局查处。2016年，全市建筑垃圾消纳场共有94家，其中在建工程类消纳场66家，非工程类建筑废土消纳场22家，建筑垃圾中转码头5处（利用海运转运至漳州等临近地区填海造地），建筑垃圾资源化利用处置场1处（中致胜节能科技有限公司），实现建筑废土多方式处置。

2016年，市建设局牵头，与市质量技术监督局、市公安交通管理局、市交通运输局、市环保局、市城市管理行政执法局共同编制《建筑废土运输行业专用车辆功能技术规范》，明确渣土车辆的部件设计、安全系数，实现对渣土运输车辆的智能管控。升级完善建筑废土砂石管控平台功能，实现智能型建筑废土运输车辆的功能接入，全面实现超时超速报警、未密闭和不按指定路线限速行驶、乱倒废土限制货箱举升等智能管控，实现后台终端系统远程监管。2016年，共组织公安、交警、交通、环保、城管进行路面联合执法183次专项巡查，出动检查人员1867人次，由相关部门查扣存在违规行为的车辆198部。

【台风“莫兰蒂”灾后重建工作】 2016年9月15日3:05，第十四号台风“莫兰蒂”正面袭击厦门市。台风“莫兰蒂”给厦门市带来严重影响，造成全市大面积停电、停水，部分地区通信中断，65万棵行道树倒伏，交通基本瘫痪，直接经济损失102亿元。在此次抗台救灾中，市建设局按照“领导调度督办，骨干分段负责，企业一线作战”的模式推进灾后重建工作。15～20日，市建设局组织58家建筑企业上万人次，大型抢险机械设备400余台，先后完成市府大道、云顶南北路、禾祥东西路等8条主干道，斗西路、后滨路等13条支路，近50千米路面的断裂树枝清除、倒伏树干扶正，清运大小树木2万余棵、1000余车。18～19日，市建设局系统出动3550人次，出动车辆设备126台次，清除倒伏的行道树和垃圾近300余车，保证社区道路的车辆通行和行人的安全，迅速恢复社区干净整洁的环境。（参见P72【台风】）

（陈端雪　李艺娟　吴素平　林　镝）

城市管理行政执法

【概　况】 2016年，厦门市城市管理行政执法局（简称市城管执法局）推进城市综合管理和行政执法各项工作开展，超额完成省下达的350万平方米拆违任务，组织承办2016年全省“两违”综合治理专项行动厦门现场会，牵头起草《厦门市深入推进城市执法体制改革改进城市管理工作的实施方案》，加快推进城管体制改革。推进“门前三包”，推动《厦门经济特区户外广告设施设置管理办法》的出台，承接户外广告设施设置管理职能划转，做好防抗台风“莫兰蒂”和灾后恢复重建城市管理行政执法工作，投入“厦门会晤”市容提升与环境整治工作。2016年，全市共纠正各类城市管理行政违法行为875239起，行政处罚5610件，罚款2811.04万元。

【“门前三包”全面推行】 2016年，市城管执法局全面推行“门前三包”（包环境卫生、包市政设施、包市容秩序），探索城市治理新模式，牵头拟制《关于进一步深入推进“门前三包”工作的意见》。按照“示范先行、全面带动”的工作思路，5 月 26 日组织召开全市新闻发布会，依托媒体开展专题宣传，落实宣传发动和考评监督工作，推进全市“门前三包”工作全面展开。全市各区均出台“门前三包”工作方案（操作细则），全市各区城区范围内厦门市“门前三包”管理承诺书的签订率均超过 90%。按照每个街道（镇）1～2 条的目标开展“门前三包”示范道路创建工作，已创建集美区杏南路，思明区中山路、汇文路，湖里区海天路，同安区新安路，翔安区新兴街，海沧区滋补品一条街 7 条“门前三包”典型示范道路。年内，“门前三包”管理项目被第十三届中国厦门人居环境展示会列为展示厦门市城市管理工作成果的案例。

【“两违”综合治理】 2016 年，市城管执法局深化“两违”（违法用地、违章建设）治理内涵，结合物业小区消防安全隐患清理、小流域治理等工作，开展城乡结合部、开发园区、重点项目周边等主题拆违活动，对“城中村”、群租群居违建房进行专项整治，推动“两违”治理工作迈向常态化，实现岛内新增“两违”得以基本遏制，岛外违建得到有效控制，全市历史违建存量逐年削减、拆后土地利用率稳步上升的工作目标。2016 年，全市共拆除“两违”917.82 万平方米（含海域退养及其他整治 546.06 万平方米），完成省政府下达指标的 262.23%；拆后腾出土地 2252.66 万平方米，拆后土地利用面积 2200.58 万平方米，利用率为 97.69%。

【城乡规划土地执法】 2016 年，市城管执法局继续落实海警三支队、何厝边防派出所和厦门边防船艇综合基地营房等违建项目的巡查监控和执法查处工作。推进新景 2008、龙得、磐基、东坪花园二期等重大案件的执法查处工作。及时拆除 HKL 牛排红酒庄、西堤公交场站楼顶违建，强制拆除钟鼓隧道北出口缆车候车室违建。2016 年，全市城管系统查处纠正城乡规划管理行政违法行为 2080 起，处罚 182 件，罚款 653.17 万元，拆除面积 79.46 万平方米；土地执法类违法行为 795 起，处罚 659 件，罚款 349.13 万元，拆除面积 251.19 万平方米。

【市容环境综合整治】 2016 年，市城管执法局充分发挥市、区两级城管委（办）综合协调机制作用和执法协调指导作用，强化城市管理问题综合整治。针对重要时段和难点问题，牵头组织开展市容环境综合整治“百日行动”等活动，对占道经营、夜间烧烤、路面污染、占道停车、工地噪声粉尘等进行联合整治。牵头做好第八届海峡论坛、G20 财政和央行副手会及第三次协调人会议、“第十九届贸洽会”、国际海洋周、世界城市日等重大活动的城建配套保障工作和城市氛围布置工作。落实厦门市辖区铁路沿线环境卫生监督工作，做好街头水景雕塑的养护管理工作。加强对城镇地区桥梁、人行天桥、地下通道等重点区域的监控，解决旅游景点、公园、广场、商业大街等公共场所及市场周边、校园周边、城乡结合部等重点部位的占道经营现象，基本实现市容市貌重点监控区域严禁、临时经营试点区域规范、跨店经营取缔的管理目标。市、区两级城管执法部门全年查处纠正无照流动商贩占道经营 127374 起，非机动车占道行为 13649 起。查处纠正市容环卫管理类违法行为 670304 起，处罚 1595 件，罚款 87.36 万元。其中，查处纠正“三乱”（乱停车、乱扔垃圾、乱搭建）问题 110864 起，处罚 170 件，罚款 18 万元；建筑废土管理问题 395 起，处罚 30 件，罚款 5.26 万元；破路毁绿等不文明施工行为 3962 起，处罚 92 件，罚款 18.26 万元；纠正其他市容环卫管理类违法行为 555083 起，处罚 1303 件，罚款 45.85 万元。

【城市综合管理监督考评】 2016 年，市城管执法局制定《厦门市城市管理行政执法工作督察办法》《队容风纪管理规定》，推动城管执法督察工作规范化、制度化建设。坚持以解决问题为导向，采取错时督察、便装暗访、现场督导等方法，加强市领导交办事件、违法建设重大案件、舆论媒体关注焦点占道经营、夜间烧烤等问题以及 G20 财政和央行副手会及第三次协调人会议等重大活动和鼓浪屿、轮渡、厦大周边、白鹭洲公园、邮轮码头等重点地段的督查检查。指导督促同安区做好占用同安北动车运用所项目预征地红线内堆放石料的搬迁清运工作，保障重大项目的建设进程。全面开展日常考评和“门前三包”、扬尘防治、夜间烧烤、焚烧垃圾、占道经营、路面污染等专项考评。针对城市管理工作的阶段性重点要求，在春节、国庆等节假日期间和 G20 财政和央行副手会及第三次协调人会议、“9·8”投洽会、鼓浪屿申遗等重要活动期间开展专题巡查，对多项重点、难点和热点问题进行专题协调。借用互联网技术，创建数字化综合管理考评平台，采取明查暗访交替、常规考评和错时考评互补、检查考评和督促整改并重等方式，不断提高考评成效。2016 年，考评办对 23 个考评项目考评 829 次，检查考评点 3478 个（次）；发出《城市综合管理考评通报》829 期，通报问题数 22813 个。

【环境质量提升】 2016 年，市城管执法局全面整治施工扬尘污染，加强建筑施工工地规范化管理，促进环境空气质量提升。持续开展施工扬尘污染整治和降噪控噪活动，促进环境空气质量提升。加强与建设局、环保局以及市政等相关部门的协调，联合开展扬尘污染专项整治工作，加大以地铁 2 号线为重点的建筑工地规范化、精细化执法管理和“夏商好清香”等投诉量大重点工地巡查检查力度。协调交警支队开展联合执法，加大对土方运输车的监管力度，减少土方车污染路面现象。协调市政主管部门，完善破路文明施工的规范标准，控制道路施工扬尘现象。联合环保部门制定《2016 年厦门市高考和中考期间环境噪声污染控制工作方案》，开展中高考、G20 财政和央行副手会及第三次协调人会议等重大活动期间降噪控噪行动。2016 年，全市查处纠正环境保护管理类行政违法行为 22941 起，处罚 553 件，罚款 205.5 万元，其中餐饮油烟噪声扰民 9297 起，处罚 158 件，罚款 97.01 万元。全市查处砂石土资源管理类行政违法行为 45 起，处罚 14 件，罚款 9.45 万元。市城管执法局直属二大队加大扬尘污染和施工噪声查处工作力度，处罚 390 件，罚款 104.5 万元。

【市政管理执法】 2016 年，市城管执法局强化燃气、市政道路、市属公园、园林绿化、违规养犬治理及筼筜湖区管理执法。建立“三线同巡”（燃气、自来水和道路沿线市政设施）和执法队员与燃气公司巡线人员直接对接、信息即时通报的工作机制，较好缓解执法力量不足问题，提高影响燃气管线安全行为及时发现、安全隐患及时消除、违法行为及时查处的效率。加强“黑气”源头治理，协调运管、燃气主管部门持续开展“打非治违”。加强节假日和夜间巡查，协调辖区执法中队和公园管理部门开展联合执法。及时整治取缔公园内流动商贩，完善公园入口设施有效阻止自行车违规入园行为，劝导纠正广场舞噪音扰民、公园遛狗、擅自破坏绿化等现象。联合绿化管理部门加强市政道路绿化执法，优化市管公园秩序，提升道路绿化水平。以“电子眼”监控和执法队员步行巡查、执法车辆流动巡查相结合，加大筼筜湖湖区违规捕捞、闸口禁钓区违规垂钓等行为制止、查处力度。协调市政管理部门和主要建设单位，推行“三位一体”监管模式，加大对破坏市政设施违法行为的执法力度，维护市政设施管理秩序。2016年，全市查处违规养犬行为1064起。查处、纠正城市园林、绿化、风景名胜资源保护管理类行政违法行为2974件，处罚13件，罚款7.4万元。查处市政公用管理类行政违法行为为21114件，处罚2010件，罚款51.08万元，其中燃气执法473起，处罚12件，罚款33.3万元。

【物业管理行政执法】 2016年，市城管执法局查处纠正物业管理类行政违法行为为12798起，处罚584件，罚款1437.98万元，拆除面积4.48万平方米。其中，违法建造7182起，处罚462件，罚款1268.83万元；改变建筑设计使用功能932起，处罚45件，罚款32.85万元；改变房屋建筑主体和承重结构1538起，处罚69件，罚款114.5万元；擅自开挖施工77起，处罚1件，罚款4.5万元；纠正不按规定停车2990起；其他物业管理类违法行为为79起，处罚7件，罚款17.29万元。

【数字城管建设】 2016年，市城管执法局开展城市综合管理信息化项目建设，在市、区数字城管竖向系统建设基础上，采用数据交换、资源共享等方式，逐步与市公共安全管理平台、国土、建设、市政等各相关部门已建或正在建设的服务、监管平台对接，初步完成“服务热线扩展、统一受理、指挥协同、电子监察、考核评价、应急指挥、辅助决策、网格应用、两违综合治理”九大系统的基本建设。通过与国土部门的对接，共享底图、规划、红线等13个地理图层，提升平台的可视化程度，实现对重点区域“两违”的直观地图显示及数据分析。与公共安全应急平台、视频综合管理平台、交通信息共享平台、信用平台等实现对接，城管系统接警范围不断拓展。完成数字城管第六期项目（“厦门城管”微信平台、“两违”综合治理专项数据报送系统）和行政办公系统、数字城管系统以及行政处罚运行系统改造，拓宽城管信息发布渠道，强化案件查处的监督，实现与省法制系统的对接。市城管执法局数字城管“两违”综合治理平台系统向各区推广。通过加强数字城管建设，做好信访工作，及时处置“12319”来电等投诉事件的派发、办理、反馈，全年总话务量204991件次，其中接警总量120551件次，形成有效投诉99413件次，办结率99.87%。

【全省“两违”工作现场会在厦门召开】 2016年1月21日，为推动全省“两违”综合治理专项工作全面开展，总结交流2015年“两违”综合治理工作及部署2016年工作，福建省政府在厦门市翔鹭国际大酒店召开全省“两违”综合治理专项行动工作现场会。省政府副省长洪捷序、省政府副秘书长詹志洁、省住房和城乡建设厅厅长龚友群，省政府办公厅、省人大环城委分管领导，全省“两违”综合治理领导小组成员，福州、厦门、泉州、漳州、莆田、宁德、龙岩、三明、南平及平潭综合试验区领导和治违办主任，各县（市、区、开发区）领导和治违办主任，《福建日报》、省广电集团及各地市媒体记者等260余人参加现场会。会上，厦门市副市长黄文辉致辞并介绍厦门市“两违”治理经验，其他市（县、区）代表分别介绍工作经验，省治违办和省政府领导作重要讲话。当日，由省住建厅领导、省建设监察总队负责人召集并召开全省城管执法局局长座谈会。会后，与会代表实地观摩湖里区“网格化”管理与“数字城管”相结合，实现“人机结合”，严控新违建，实现“零增长”；视察湖里区信达小区抓基层、打基础，多措并举创建“无违建”社区的成效；前往厦门市（海沧区）信息体验馆听取海沧拆建结合、综合利用、推进重点工程项目的经验做法。

【住建部领导到厦门调研】 2016年8月4日下午，国家住房和城乡建设部副部长倪虹携住建部部分司（办）领导、专家一行，在省住建厅领导的陪同下到厦

8月4日，国家住建部副部长倪虹（右二）到厦调研（市城市管理行政执法局提供）

门调研并召开城市管理与执法体制改革座谈会。厦门市政府分管领导副市长黄文辉，市编办、市法制局和相关职能部门领导，市、区两级城市管理行政执法局局长等30余人参加座谈。倪虹就全国城市管理机制体制改革、城管执法重心下移、执法装备建设、提升城管执法地位、合理设置执法机构、增加人员编制职数、建立城管公安机构、健全公安保障机制、落实执法车辆改革、提升队伍素质提升和作风建设、推动违建快拆机制立法保障和违建入刑、争取执法补贴和工伤认定、体制改革中如何拴心留人、营造正确社会舆论导向等调研内容，与座谈会参会人员进行了交流探讨。倪虹现场考察湖里区江头街道祥店街道文明示范街，了解厦门市“门前三包”城市管理新模式推进情况；观摩了湖里区城市管理规范化建设情况，对数字城管系统建设、网格化管理成果和执法装备建设等给予高度评价。

【台风“莫兰蒂”灾后重建及执法】 2016年9月15日凌晨，1949年以来登陆闽南最大台风的“莫兰蒂”正面袭击厦门，给厦门人民带来巨大的财物损失。市、区城管执法局全局人员投入到抗台救灾第一线，开展灾后救援行动，主动与驻地街道联系，组织应急队伍帮助群众抢险救灾。同时，突出主业，加强灾后“两违”管控和市容环境巡查执法，实行24小时巡查执法，恢复城市管理秩序。9月16～30日，市、区两级城管执法系统共出动2.1万余人次参加抗台救灾和灾后重建执法工作，清理、扶正倒伏树木2.8万余棵，清障排险畅通道路189条、长约360多千米，清运枯枝绿化垃圾、生活垃圾1000余车，组织拆除存在安全隐患“两违”共772宗，拆除违建面积13.92万平方米，拆除户外危险设施、广告牌、铁皮搭盖建筑等共计3337处、面积约98655平方米。（参见P72【台风】）

【《厦门经济特区户外广告设施设置管理办法》出台】 10月28日，为规范户外广告设施设置，营造规范有序、整洁优美的城市环境，由市城管执法局牵头起草的《厦门经济特区户外广告设施设置管理办法》，经市人大常委会第十四届人大常委会第三十九次会议通过并公布，2017年1月1日起施行。《厦门经济特区户外广告设施设置管理办法》对户外广告设施设置的定义、原则、主管部门及其他有关行政管理部门职责，户外广告设施设置规划、设置许可、安全管理、法律责任等内容进行明确，同时废止2004年6月4日厦门市第十二届人大常委会第十二次会议通过的《厦门经济特区户外广告管理办法》。

（林庆丰）

物业管理

【概　况】 2016年，厦门市建设局开展“双随机”检查，进一步规范全市物业服务企业经营行为，加强事中事后监管，推进企业信用综合评价体系的建立。抽查6个区的25个物业管理项目、7家物业服务企业，并将检查结果与企业信用综合评价挂钩。发布《厦门市建设局关于规范物业服务合同备案工作的通知》（厦建房〔2016〕12号），制定办事指南范文，规范各区物业服务合同备案工作。配合推进“垃圾分类”等环卫工作，出台规范性文件《厦门市建设局关于物业服务企业和业委会积极配合做好“垃圾分类”及“门前三包”工作的通知》（厦建房〔2016〕47号），明确物业服务企业、业委会的具体工作内容，促进共建共管配合市审计局做好专项维修资金的审计工作，并根据审计报告规范完善专项维修资金的管理。着手制定厦门市物业专项维修资金管理办法并已形成初稿。截至2016年底，房屋专项维修资金账户余额41.22亿元，本年度共归集维修资金约6.39亿元，维修使用划拨约1127万元。

【老旧小区改造】 2016年，在总结往年试点成功经验基础上，厦门市委市政府研究印发《厦门市老旧小区改造提升工作意见》，在全市全面推进老旧小区改造工作。截至2016年年底，全市完成63个老旧小区改造项目。各区根据区级实施方案，结合实际，2017年继续推进老旧小区改造提升工作。

【第十三届人居展在厦门举办】 2016年10月29～31日，作为“世界城市日”论坛配套活动之一，第十三届最佳人居环境展览会在厦门举办。展会围绕“共建城市，共享发展”的主题，集中展示厦门人居环境和建筑节能等领域建设取得的成果。展会为期3天，总面积1.6万平方米，分为人居环境馆、建筑节能馆、海西精品楼盘项目馆3个主题展馆。

此届人居展首次增设福建省九地市联合参展区，是历年来公共展区面积最大、互动活动最多、内容最为丰富的一届展会。住建部副部长易军、福建省副省长洪捷序、省住建厅厅长林瑞良到展会现场巡馆，对厦门市在城市建设和人居环境等方面取得的成就表示肯定和赞许。

（吴育平　吴晓琦）

10月29～31日，厦门第十三届人居展环卫展现场　（林时蔚　摄）

市政建设

【概　况】 2016 年，厦门市政园林基础设施完成固定资产投资 368.7 亿元，比上年增长 35.6%。厦门市轨道交通 1～4 号线同时建设，完成投资 136.05 亿元，占年度计划的 136.05%。滨海东大道（同安大桥—大嶝大桥段）基本实现主线通车，莲岳隧道工程将于 2017 年春节前正式通车，美上路（民安大道—海翔大道）基本完成主线道路施工。推进新城、产业园区市政道路设施以及“宜居环境建设”“城乡基础设施市政提升工程”有关市政工程项目建设。岛内公共自行车二期工程完成建设站点 124 个，新增公共自行车 600 部；截至 12 月，市民总办卡量为 148405 张，总骑行次数为 9779848 人次。厦门市第一条全程高架的自行车专用道示范段——云顶路自行车专用道示范项目基本建成。厦门市市政园林局推进市政园林新能源车充电设施建设，新增充电桩 211 个。

市政设施日常维护管理机制由原来的以量计费转型为总额包干和考核维护效果的养护服务模式。市市政园林局加快推动桥梁外挂物的管理、规范工作，完善《厦门市园林局关于城市桥梁外挂物的管理规定》。加快推进城市照明（含夜景工程）控制管理平台建设，实现全市基础数据录入台账及管理体制。启动城市排水防涝三年行动（2016～2018 年），加快推进前埔城市职业学院段箱涵改造等排水改善工程及易涝点整治。在住建部、省住建厅排水防涝工作考评中，厦门市名列全省第一。

【园林绿化及市政设施重建提升行动启动】 2016 年，厦门市市政园林局结合台风“莫兰蒂”灾后重建和金砖会晤保障，全面启动园林绿化重建提升、市政设施重建提升行动。市政园林局做好“三线四片”（机场—环岛路沿线、环岛干道沿线、鹭江道—湖滨南路—湖滨中路—白鹭洲路—湖滨北路—邮轮城沿线，会展中心—海悦山庄片区、中山路—厦港片区、鼓浪屿片区、筼筜湖片区）等重要项目方案的指导和评审。下发 10 项建设导则和标准，规范和指导园林绿化和市政设施重建提升工作。制定一图三表（重建提升项目示意图、指挥部工作计划表、工程项目责任分工表、工程项目进度表），实行挂图作战。建立市政园林工程项目管理信息系统，实现对项目的实时跟踪管理。截至年底，“三线四片”等重要园林绿化提升项目中的环岛路绿化景观抢险救灾重建工程完工，海悦山庄绿化重建提升工程完成工程量 96%，鹭江道绿化重建提升工程完成工程量 65%，其他项已在抓紧实施。湖滨南路等 11 条道路市政设施提升项目开工，其中文园路全线、湖滨中路的湖滨南路至厦禾路段、湖滨南路的湖滨西路至湖滨中路段北侧混凝土路面完成浇注，标线同步完成，围挡拆除，交通全面开放。嘉禾路等其他 8 条道路市政设施改造加快推进。

【地下综合管廊建设】 截至 2016 年年底，厦门市集美新城集美大道地下综合管廊项目、翔安南部新城地下综合管廊项目和翔安新机场片区地下综合管廊项目完成土建长度 18.18 千米，完成试点期（2015～2017 年）计划的 80.1%，累计完成投资额 13.67 亿元。其中，2016 年完成土建 5.33 千米，完成年度计划的 106.6%；完成投资 5.98 亿元，完成年度计划的 103.1%。全年，管线入廊 78.87 千米，完成试点期计划的 92.8%。在全国第一批管廊建设试点城市 2015 年度绩效考核中，厦门市获得第一名。2016 年 8 月，住建部在厦门召开全国城市地下管廊建设工作座谈会，“规划有统筹、建设有标准、管理有制度、资金有来源、运营有保障”的“厦门模式”被推广，为全国地下综合管廊建设提供借鉴。厦门综合管廊的先进经验总结概括为“六大率先”：在国内率先总结并大规模采用预制拼装法进行综合管廊建筑施工；率先试点雨污水管和燃气管入廊；率先引入社会资本，采用 PPP 模式（公私合营模式）参与建设管理；率先将弱电管线融入地铁现有断面空间；率先试行综合管廊有偿使用制度；率先出台管廊技术规范。

【海绵城市建设】 至 2016 年年底，厦门市海绵城市试点区开工面积 1087 万平方米，完工面积 409 万平方米，开工项目 97 个（完工项目 39 个），累计完成投资 21.99 亿元。年内，完成新景路（阳光路—翁角路）海绵城市改造工程、海沧中学海绵城市改造工程、鼓锣公园海绵城市建设等示范项目。厦门市通过全国第一批海绵城市建设试点城市 2015 年度绩效考核。

【市政设施维护】 2016 年，市市政园林局完成仙岳路等部分路段沥青路面大修工程，铺设沥青路面 3.37 万平方米。推进岛内主要道路设施柜彩绘项目，开展配电系统安全隐患整改。完成湖滨南路与白鹭洲路交叉口积水改造工程，以及仙岳高架桥排水改善工程。组织溪岸路南 6 号排洪沟盖板坍塌应急抢修工作。

5 月 12 日，翔安新机场地下管廊 PPP 签约仪式现场　（赵斌　摄）

五缘湾槟城道箱涵坍塌抢险工程开工，预计2017年1月底竣工。完成市管地下通道综合整改工程和更换地下通道电缆工作。

【信息化管理】 2016年，市市政园林局建设和完善信息化系统，完成市管23条主要道路设施普查和数字化工程。继续建设和投用道路信息化系统，建成地下通道综合监控系统二期，并将地下通道综合监控系统接入“智慧市政”。开展井盖管理系统、照明管理信息系统、防汛可视化应急指挥平台等建设申报工作，并做好设施普查和基础数据采集工作，为整合市政设施信息管理打好基础。借助合同能源管理改造试点项目，建设路灯单灯控制系统。实施路灯设施编号工程，为提升路灯信息化管理打好基础。

【窨井设施监管】 2016年，市市政园林局处置各类窨井设施673件。其中，水务井盖109件、广电井盖76件、雨水井盖54件、地铁施工路段井盖72件、电力井盖52件、通信井盖147件、区级市政井盖42件。构建全市各管线单位窨井问题快速处置渠道。开展市管道路各类问题井盖综合整治，厦禾路、仙岳路、湖滨南路等23条市管道路2600多座沉陷、破损的井盖全部更换成防沉降可调式井盖，道路与井盖衔接平整度提高，改善了岛内城市主干道的交通通行条件。

【防洪排水管网管理】 2016年，市市政园林局完成日常截污闸门、沙滩排海管、下穿泵站、排洪沟的养护工作，完成6号排洪沟沟溪岸路应急改造工程排洪沟盖板及路基混凝土工程。五缘湾槟城道箱涵工程开工。市管排水设施台风灾后恢复重建工程全部完工。以业主身份参与翔安新城海绵城市PPP项目建设，参与实施方案、考核标准等制定。

【城市照明管理】 2016年，市市政园林局完成文园路、虎园路等更新灯具工程，改造和新建路灯240盏。实施莲花一至三村、小街巷以及开元路周边路灯改造工程，涉及更新改造的路灯718盏。年内，路灯平均亮灯率99.13%，设施完好率99.34%。完成环筼筜湖周边道路设施柜彩绘工程，长浩路、文园路路灯改造工程，配电系统安全隐患整改工程等。完成市政路灯设施维护服务市场化招标，探索路灯维护包干模式。完成岛内老旧小区、背街小巷路灯提升改造工程的设计招标和方案评审。推动合同能源管理（EMC）模式照明节能改造试点项目的建设和验收。

【马青路与新阳大桥接线立交一期工程完工】 2016年1月31日，马青路与新阳大桥接线立交工程完成主体施工并开放交通。该工程于2013年3月1日开工建设，总投资概算1.52亿元。工程由5条匝道、5条辅道及3座人行通道组成，主要建设内容包括路基、路面、桥梁、下穿通道及绿化、照明、交安等附属工程。建设单位：厦门百城建设投资有限公司。

2016年，市市政园林局工作人员对主要道路设施柜进行彩绘　（苏振鹏　摄）

【环保型沥青拌合站投产】 2016年5月，厦门市政工程有限公司沥青子公司集美生产基地的环保型沥青拌合站建成投产。该站总投资5300万元，生产能力320吨/小时，系中国首个全封闭、配置烟气过滤及粉尘吸附的环保型沥青拌合站，扭转沥青拌合站脏、乱、臭的不良形象，为其他沥青拌合站的建设提供参考范本。

【官浔立交工程完工】 2016年5月1日，海翔大道二期完善工程官浔立交工程完工。该工程为海翔大道二期与同集路交叉的互通工程，为全互通苜蓿叶立交，2011年11月开工建设，总投资概算1.45亿元。主要实施主线桥拼宽、各转向匝道、辅道及慢行系统建设。包括2条主线、4条辅道、8条匝道和1座人行天桥。建设单位：厦门百城建设投资有限公司。

【翔安南路二期工程完工】 2016年5月底，翔安南路（翔安大道—莲河段）二期工程施工完成。项目西起翔安大道，东至莲河，路线全长约12.88千米，于2011年11月开工建设，2013年9月初主线贯通。项目利用既有翔安南路（S201省道），通过拓宽主车道、增设辅道、铺设市政管线，并对主要交叉口进行立交处理等措施，将其完善为城市快速路。建设单位：厦门百城建设投资有限公司。

【演武大桥观景平台工程完工】 2016年5月31日，演武大桥观景平台工程完工。该工程于2015年12月20日开工建设，总投资概算1.61亿元。平台总面积约1.13万平方米，总长789米，宽10～33米。建设单位：厦门市市政建设开发总公司。

【台风“莫兰蒂”灾后重建】 2016年9月15日，台风“莫兰蒂”正面袭击厦门市，给市政设施带来重创，主要的灾害损失有：路灯灯杆倒伏近2000杆、灯具破损9000套、路灯控制柜毁坏28台、电缆线路损毁5万米等；人行道砖

5 月 31 日，演武大桥观景平台完工　　（市政建设开发总公司提供）

受损 20.7 万平方米、沥青路面损坏 4.5 万平方米、泥沙淤积堵塞雨水管道 12.8 千米、19 座地下通道受淹、桥梁声屏障破裂 160 块等；排涝泵站管理房附属设施不同程度受损、沙滩排海管坍塌 4 处、17 号和 18 号排洪沟严重淤积等。为尽快清通道路和排水设施，厦门市市政园林局抢险人员分赴各条道路，清运倒伏灯杆，抢修可用的路灯线路、灯臂和灯具，在台风过后一周，岛内市管路灯 95% 恢复亮灯，基本保证城市夜间照明。市政管理部门对积水深、面积大的区域派人现场值守，清掏雨水口 15246 个，疏通雨水小管道，加快路面排水速度，确保排水畅通。筼筜湖管理中心科学调度库容，严格控制各个时间节点湖水位，在风暴潮、中秋天文大潮、当地天文高潮三潮叠加势态下，做到台风暴雨来时泄洪区域不淹水，台风过后筼筜湖基本不死鱼，确保厦门主城区排洪安全。通过泵站满负荷运转、动用“龙吸水”强排等方式，16 日 8 点前基本完成 11 座地下车行通道、34 座地下人行通道积涝排水工作。截至 23 日，修复窨井盖 160 个、雨水箅 92 个，下穿通道、边沟、雨水管道、泵站、排洪沟清淤 32355 立方米，确保全市排涝设施正常运行。（参见 P72【台风】）

【莲岳隧道工程竣工】 2016 年 12 月，莲岳隧道竣工。该项目连接思明区和湖里区，北起仙岳路，穿仙岳山后，分别与南山路和华荣路衔接，为城市二级主干路。2011 年 12 月开工建设，总投资概算 9.23 亿元。其中，新建隧道总长 3245 米，为双洞布置，单净宽 10 米。对南山路、华荣路、宜宾路、兴隆路、华光路、桥岳麓、仙洞路等周边道路进行拓宽改造，改造道路宽度 6.65 米。建设单位：厦门市市政建设开发总公司。

【金钟路人行天桥完工】 2016 年 12 月 12 日，金钟路高林居住区人行天桥的主梁吊装完成，12 月 20 日，天桥主体完工。该天桥位于金钟路上高林一里居住区与高林三里居住区间，8 月 31 日，正式围挡施工，总投资 386.17 万元。天桥上部采用钢箱梁主梁，主梁孔跨布置为 17.5 米 +19.5 米 =37 米两跨连续梁，桥面宽度 3.63 米。天桥在南北侧人行道处均设置 1∶2 坡度人行梯道各两条，梯道宽度 2.72 米，长度均为 15.4 米。主梁下部采用钢管墩、钻孔灌注桩基础。梯道下部采用钢筋砼墩柱及钻孔灌注桩基础。该天桥建成后提升了高林一里与三里居住区的连通能力，减少交通安全隐患，方便行人通行。建设单位：厦门市市政建设开发总公司。

（方　泓）

公用事业

供　水

【概　况】 2016 年，厦门水务集团完成原水供应量 44065 万吨，供水量 43282 万吨，售水量 37532 万吨，污水处理量 30404 万吨，清水产销差率 13.83%，水费回收率 99.31%，供水水质综合合格率 99.98%，出水水质综合合格率 100%，给水管网压力合格率 99.84%。全年完成固定资产投资 15.15 亿元，其中基建工程完成 14.56 亿，更新改造工程完成 5952 万元。基建工程中，给水建设部分完成投资 10.25 亿元，着重开展汀溪水库群至翔安原水输水工程，厦门市石兜、莲花、汀溪水库水源连通工程莲花水库至西山水厂段和莲花泵站至汀溪四林泵站段，老旧供水管道更新改造工程等项目；污水处理部分完成投资 4.31 亿元，着重开展翔安污水处理厂二期、本岛雨（污）水排放口截污（湖边水库）、厦港避风坞清淤、内垵临时污水泵站、内垵临时污水泵站进出水管线及郑坂泵站扩容等工程的建设。

【汀溪水库群至翔安原水输水工程开工】 汀溪水库群至翔安原水输水工程为市重点工程，是厦门市水源连通和近期水资源保障战略的重要组成部分。至 2016 年年末，工程第Ⅰ、Ⅳ、Ⅴ标段开工建设，其余 3 个标段进入施工图设计及施工招标文件编制阶段。2016 年计划投资 1.2 亿元，累计完成投资 1.3 亿元，完成计划 108.33%。建设单位：厦门水务集团。

【水源连通工程开工】 厦门市石兜、莲花、汀溪水库水源连通工程为市重点项目。2016 年，莲花水库至西山水厂段和莲花泵站至汀溪四林泵站段于 9 月份正式开工。开工累计完成投资 5110 万元，完成年度投资计划 4000 万元的 127.75%。建设单位：厦门水务集团。

【市民用水价调整完成】 2016 年 1 月 1 日，经厦门市委、市政府研究同意，根据《厦门市发展改革委关于居民自来水价格调整的通知》（厦发改价格〔2015〕1021 号）精神，厦门水务集团进行用水价的调整。调整后根据不同用水需求，将居民用水量及价格分为三档，三档价格级差按照 1∶1.5∶3 制定，各档水量价格实行超额累进加价。为保证水价调整工作实现整体平稳过渡，水务集团配合开展大量水价调整政策和城乡结合部出租户用水基数优惠政策的宣传工作，先后走访高殿社区、金山街道、江头街道、海沧新垵社区等140多个村（居）委会，累积发放宣传资料近6万份，号召城乡结合部出租户业主办理相关手续，享受相关政策优惠。

【污水工程建设】 2016年4月，本岛雨（污）水排放口截污工程（湖边水库）交付建设用地，年内完成投资1200万元，累计完成投资3060万元，已具备通水试运行条件。6月，厦港避风坞清淤工程建成，完成投资1300万元，累计完成投资1791万元。内垵临时污水泵站工程、内垵临时污水泵站进出水管线及郑坂泵站扩容工程完成初布验收并具备通水试运行条件。9月，翔安污水处理厂二期工程主体正式完工，完成投资4465万元，并具备通水试运行的条件。

【防抗台风"莫兰蒂"】 2016年9月15日，台风"莫兰蒂"正面袭击厦门，对城市造成严重破坏。15日凌晨1时50分左右，"莫兰蒂"摧毁高压电力设施，导致全市水厂停止供水，全市共有145万用户出现用水困难。为解决暂时停水居民的用水困难问题，水务集团在全市设置300多处临时取水点，征调50多部取水车，保障居民的日常生活用水。针对二次供水等用户自管供水设施设备损坏问题，为200多个小区提供义务服务和技术支持。厦门水务110联动抢修班累计出警5000多车次、2万多人次，完成维抢修任务5500多件，9月20日，全市恢复正常供水。（参见P72【台风】）

（方　泓）

供　　气

【概　况】 2016年，厦门市市政园林局牵头开展餐饮场所燃气安全专项整治行动（为期4个月）、燃气行业安全大检查（为期5个月）等7次燃气专项检查，联合行政执法等部门持续开展瓶装燃气"打非治违"专项行动。国务院安委会和市政府重点关注的37处占压隐患中，36项完成整改，完成率97.30%。全年每周在厦视一套滚动播出燃气安全常识3次。推进燃气基础设施建设，全年新铺设燃气管道105千米，完成中压铸铁管18千米的改造任务，启动全市200千米的低压铸铁管改造，已完成约26千米。12月24日，首批300个地下燃气管线环境监测点完成前期选址工作。实现年度燃气无安全生产责任事故的目标。经受住台风"莫兰蒂"考验，全市没有出现停气，管道燃气无次生灾害事故。

【瓶装燃气"打非治违"】 2016年，市、区燃气主管部门联合城管行政执法局等相关部门，持续开展瓶装燃气"打非治违"专项行动。全市共捣毁"黑气"窝点31处，查扣大小钢瓶共计2662瓶。其中，思明区捣毁"黑气"窝点3处，查扣大小钢瓶共计526个；湖里区打击非法违法经营（销售）、充装、运输、储存瓶装燃气行为17起，捣毁"黑气"窝点4处，收缴黑气瓶733个；翔安区捣毁"黑气"窝点12处，收缴液化石油气368瓶；集美区捣毁"黑气"窝点2处，收缴非法钢瓶122个；同安捣毁"黑气"窝点6处，查获钢瓶396个，海沧区捣毁"黑气"窝点4处，收缴黑气瓶517个。

【老旧小区通达管道天然气】 2016年，厦门市老旧小区居民用上便捷、洁净、安全、经济的管道天然气是老旧小区改造提升的主要内容。截至12月底，"蓝焰行动"小组累计完成121个项目的设计勘探，合计18373户，金鸡亭小区、阳光海岸、鸿山大厦、西堤别墅等37个老旧小区完成通气，累计施工地下管8137.7米，户内累计安装8720户，户内累计通气10031户。

【翔安三荣天然气调压站建成通气】 2016年6月，翔安三荣天然气高中压调压站实现置换通气，标志着厦门市液化天然气利用工程（一期）规划的6座高中压调压站全部建成。翔安三荣高中压调压站位于翔安内厝镇新垵村，占地2254.69平方米，设计规模年输气量7159万立方米、调峰储气量6.06万立方米。新调压站使市政燃气管网具备向翔安、同安偏远地区延伸的条件，大幅提高城市天然气管网覆盖率和通气范围。

【餐饮场所燃气安全专项整治行动】 2016年6～9月，根据《厦门市人民政府办公厅转发市市政园林局、市安全生产监督管理局关于2016年全市餐饮场所燃气安全专项整治方案的通知》（厦府办〔2016〕89号）要求，市政园林局统筹组织各有关行政部门和各区政府开展全市餐饮场所燃气安全专项整治行动。此次专项整治，各区共排查餐饮场所12870家，发现隐患3140处，完成整改2758处，停气134家；市级各部门检查餐饮场所16829家，发现安全隐患6236项，督促安全隐患整改5500项，暂扣、没收各类非法钢瓶1695个，行政处罚金额13.92万元。

【燃气行业安全大检查】 2016年6～10月，市市政园林局在全市集中开展燃气行业安全生产大检查。重点整治液化气储灌站、供应站点、燃气管网设施、天然气门站和汽车加气站的设施设备、使用燃气的餐饮场所等环节，规范燃气经营活动，提高安全监管水平，主要采取联合检查或各自检查等方式。市级燃气主管部门共检查管道燃气设施35家次，检查瓶装燃气企业、用户152家次，汽车加气站66家次，发现隐患226项，整改209项；各区检查115个供应站、498家次，发现督促隐患整改238项，下发整改通知书51份；检查餐饮场所8992家，发现安全隐患8669处，整改6204处，限期整改2465处，没收违法钢瓶806瓶。

【防抗台风"莫兰蒂"】 2016年9月15日凌晨，台风"莫兰蒂"正面登陆厦门，厦门燃气行业累计经济损失近2000万元。市燃气管理中心及时指导燃气企业开展抢险救灾、恢复生产工作。厦门市瓶装燃气均在16日前恢复生产，在交通不畅、通信中断的情况下，瓶装燃气车队及送气工克服困难，将燃气送到用户手中，保障市民灾后的用气需求。华润燃气公司及时抢修受损燃气设施，对调压装置安全自动切断造成停气的用户及时复供气，确保管道燃气系统运行基本平稳正常。华润燃气公司累计接警712起，处理燃气泄漏险情457起，抢险抢修任务255起。完成管道燃气设施安全检查314户，其中岛内外中小学幼儿园食堂190户，企事业单位机关食堂91户，城市综合体33户。完成工业、商业用户燃气设施受损情况询访756户，停复供（停气后恢复供气）用户约5.4万户。在救灾抢险工作中坚持安全第一原则，防范燃气泄漏造成次生灾害，所有的泄漏险情均有效控制，未发生任何事故，全市未大面积停气，损失降到最低。（参见P72【台风】）

【同安天然气门站开工建设】 2016年11月8日，西气东输三线厦门天然气利用工程同安门站开工建设，同安门站将与上游同安输站同步建成投产。同安门站主要向同安区、翔安区的各类用户以及集美后溪华电分布式能源项目供气，其设计规模为每小时6.5万标立方，远期流量每小时10万标立方，年供气量可达5.6亿立方米。

【海沧天然气门站竣工】 2016年11月18日，西气东输三线厦门天然气利用工程海沧门站竣工。海沧门站位于东孚镇洪塘村刘营社，用于接收上游天然气，并向厦门本岛、海沧区、集美区的用户供气。设计规模为：近期流量每小时4.5万标立方米，远期流量每小时9万标立方米，年供气量可达3.8亿立方米。

（方　泓）

供　电

【概　况】 2016年，国网福建省电力有限公司厦门供电公司（简称国网厦门供电公司）设职能部门13个、业务支撑和实施机构8个，下辖集体企业12家，营业网点29个，全口径用工总量4157人，服务客户数134.4万户（其中大工业2583户、工商业16.7万户、居民117.4万户）。厦门电网是500千伏电网为主干，±320千伏柔性直流为辅，220千伏双环网、110千伏辐射型网络相协调的电网架构，厦门岛由四通道八回路、“交直并济”输电线路供电。公司现辖110千伏及以上变电站112座，容量1623.1万千伏安，110千伏及以上输电线路1413千米，10千伏配电变压器9797台、容量616.2万千伏安，配电线路7602千米，岛内缆化率94.6%，居国内领先水平。厦门市用电量229.96亿千瓦小时，比上年增长8.8%，增速居全省第三，比全省平均增速高2.5个百分点；最高负荷449.5万千瓦，增长8.3%。厦门电网连续安全运行超过4000天。

国网厦门供电公司先后获得全国文明单位、“全国五一劳动奖状”、中央企业先进集体、全国“安康杯”竞赛优胜单位、全国供电可靠性A级企业、全国实施用户满意工程先进单位、全国实施卓越绩效模式先进单位、全国质量管理小组活动优秀企业等称号。

【城市配电网建设】 2016年，国家电网公司选取厦门作为10个试点城市之一，建设世界一流城市配电网，推动电网安全、清洁、协调、智能发展，融入厦门“五大发展”示范市建设。建设主干电网，建成500千伏双环双回环湾供电结构，外部输送电能占厦门地区用电量的75%；建成世界电压等级最高、输送容量最大的厦门柔性直流输电技术示范工程；厦门抽水蓄能电站、500千伏厦门变三期工程开工建设，服务绿色发展；投运丁亭变、祥平变、火炬开关站等14个输变电工程，有效缓解同安区、翔安区等局部电网重过载问题，为天马微电子、电气硝子、联芯电子、三安光电等高新技术企业提供安全可靠优质的电源，服务创新发展、协调发展。建设智能配电网，建设海西厦门岛智能电网示范工程，建成国内规模最大的电力线路全自动运行区域，区域内故障平均复电时长压降至1分钟以内；应用主动配电网关键技术，投运全国首个优质电力园区示范区，客户主备电源切换时间小于20毫秒，实现重要负荷“零闪动”，供电可靠性和电能质量大幅提升。完成鼓浪屿、曾厝垵、蔡塘、同安区南部等片区配电变压器新建改造项目，有效解决局部区域负荷受限、低电压问题。全市供电可靠率99.98%，其中岛内供电可靠率99.98%。

【供电保障】 2016年，国网厦门供电公司实施供电服务能力提升工程。完成省市重点项目施工用电187个、正式用电91个。提前完成北动车所线路迁改和进岛一通道高压架空线路缆化工程。主动对接及推动轨道交通、软件园三期、“两环八射”道路、五缘湾片区医院等重大电力配套工程，保障省市重点项目用电需求。

【供电服务】 2016年，国网厦门供电公司主动落实大工业用电低谷时段延长3小时、龙头企业春节短周期交易等政策，扩大电力直接交易规模，年内降低企业用电成本2.09亿元（其中供电公司承担1.91亿元）。推行用电报装“一证启动”和高压供电方案前置，压缩办电时长，节约客户成本，“电力获取便利化”课题入选自贸区厦门片区投资便利化创新案例，并作为供给侧改革示范在全市推广。立足“早送电、不停电、快复电”的原则，强化用电报装全流程管控，高压报装平均时长压降40%。坚持“能带不停”，带电作业率95.4%，减少停电10.3万时户。深化“网格化”电力抢修，落实“先复电后抢修”，年平均故障修复时长全省最优。实现电能替代“陆海空”全覆盖，全年完成替代电量6.5亿千瓦小时，相当于减排二氧化碳52万吨。累计投运快充站52座，全市纯电动汽车保有量为5816辆，全国领先。投运厦门远海集装箱码头高压船舶岸电项目。252台港区桥吊和31条飞机廊桥实现“油改电”（指通过多台高压电机和无级调速液力耦合减速器改变钻机传统的柴油机驱动方式，将柴油机并车驱动改为交流电动机并车驱动）。

【抢险救灾】 2016年9月15日，台风“莫兰蒂”正面袭击厦门，台风登陆时强度15级（平均风速47.8米/秒），最大瞬时风力17级（63.7米/秒），超出中国电网设计风速标准（35米/秒），厦门电网遭受重创。42座主要变电站（220千伏6座、110千伏34座、35千伏2座），81条主干线路（500千伏4条、220千伏21条、110千伏52条、35千伏4条）及872条10千伏线路，14112台10千伏配电变压器停运，造成62.2万用户停电。台风登陆后，福建省电力公司第一时间在厦门设立电网抢修复电指挥部，调集全省抢修队伍5110人和39辆发电车等装备物资支援厦门，万名电力员工昼夜奋战，在台风登陆后7天内基本恢复全市供电。（参见P72【台风】）

（刘海沧）

市容环境卫生

【概　况】 2016年，厦门市环卫部门全面启动环卫3年提升行动和生活垃圾分类减量工作，垃圾分类管理中心挂牌成立，规划设计出17条垃圾直运线路。全面启动绿海鸥垃圾分类在行动等垃圾分类宣传，制定下发《厦门市环卫车辆和环卫设施设备选型参考标准》。推进西部垃圾焚烧发电厂二期等重点环卫基础设施项目建设。有序推动餐厨垃圾处理试点工作，瑞科际公司示范厂第一条生产线（日处理能力150吨）试运行，全市建立收运线路34条，与598家餐饮企业签订餐厨垃圾收运协议，全年累计收运餐厨垃圾1.48万吨。11月9日，厦门市首期生活垃圾分类减量工作管理人员培训班举办。

【餐厨垃圾收集处理】 2016年，市环卫部门在餐厨垃圾收集处理工作中投入收运车辆41辆，管理人员、司机及收运工人183人，有收运路线35条，收运餐饮单位约700家，累计收运餐厨垃圾2.34万吨。市环卫处开展餐厨废弃物立法的工作，餐厨废弃物管理办法被列为2017年立法备选项目，指导协助各区开展各种线上线下餐厨收运宣传。

【环卫信息化建设】 2016年，厦门市智慧环卫项目一期（餐厨信息化管理平台暨数字环卫原型系统）建设基本完成，同时开展智慧环卫项目二期的立项招标工作，已通过市经信局专家评审。智慧环卫项目一期包含餐厨垃圾信息化平台项目和数字环卫原型系统。餐厨信息化平台将按照全市统一规划、市区分层同步建设、一体化操作使用的思路，通过信息化手段建立餐厨废弃物产生登记、收运台账、收运、处置等信息于一体的平台，实现对餐厨垃圾产生收运处置全过程的监控。从长远着眼，为从硬件、软件上保证其与智慧城市对接的兼容性，同时建立数字环卫原型系统。

智慧环卫二期以城市环卫业务管理为核心，实现精细化、科学化、智能化的管理。通过信息化系统的建设，可以实现数据的实时传输和监测，提供全面、完整、及时的全市环卫作业过程及固体废弃物处理各工艺阶段的动态信息。实现生产工艺过程中的各种形式的查询、统计和分析评估，为厦门市环卫管理的综合监督管理、日常调度、应急指挥、运行管理、环境监控、监管考核、辅助决策、经费核算提供可靠的依据。

【环卫作业机制改革】 2016年，市环卫部门统一清扫保洁管理责任，推动各区将环卫保洁工作委托区属国有企业实施，实现一把扫帚扫到底。推动思明区、湖里区将辖区内清洁楼、二次转运车辆等设施设备委托市属国有企业厦门环境能源投资发展有限公司运营管理，由该公司加快对清洁楼的改造提升，更新垃圾转运车辆，彻底解决垃圾转运过程的“跑、冒、滴、漏”问题。

【工业废弃物处置中心项目开工】 2016年5月1日，工业废弃物处置中心项目开工建设。3月24日，厦门环境能源投资发展有限公司注册成立厦门晖鸿环境资源科技有限公司运营该项目，项目采用EPC（设计—采购—建设模式）建设模式。3月下旬，完成EPC招标，年内完成暂存库施工。该项目列入福建省2016年第一批环保投资工程包中危险废物污染防治工程包，是厦门市2016年第二批重大项目。项目位于东部固废处理中心南侧地块，设计工业废物总处理规模4.65万吨/年，其中焚烧处理1.65万吨/年，物化处理1.0万吨/年，固化稳定化处理2.0万吨/年。项目总投资约2.3亿元，主要建设内容包括暂存库、物化车间、焚烧车间、固化车间、填埋场及附属设施。

【城市管理提升新闻发布会举行】 2016年5月26日，厦门市人民政府厦门城市管理提升工作新闻发布会在市政府新闻发布厅举行。新闻发布会通报城市管理提升工作总体情况，各项城市管理提升工作情况。同时，公布《关于环境卫生和垃圾处理三年提升行动方案》《厦门市生活垃圾分类和减量工作方案》《厦门市生活垃圾分类和减量管理办法》和《进一步深入推进“门前三包”工作的意见》等一系列文件，明确用3年的时间，实现城市市容环境全面提升。

【环卫作业服务委托国企运营管理】 2016年7月1日起，市环卫部门后坑垃圾压缩中转站、海上环卫站、东部固废填埋场、寨后填埋场等4个作业部门委托给市政集团运营管理，全面实行环卫管理与环卫作业的“干管分离”。7月1日起，市环卫处的4个作业层业务［后坑垃圾压缩中转站、东部固废处理中心、寨上（东孚）卫生填埋场、海上环卫管理站］委托峻鸿公司（厦门峻鸿环境固废处置有限公司3月24日注册成立，注册资金2200万元）管理，并于10月29日签订政府购买服务协议。

【防抗台风“莫兰蒂”】 2016年9月15日，台风“莫兰蒂”正面袭击厦门。从15日凌晨5时开始，由市环卫处统筹调度，全市所有环卫工人都投入第一线通宵作业抢清抢运垃圾，每天投入近万人次、350多部车辆，清理各种杂物垃圾和生活垃圾，确保抢险救援道路畅通。同时，重点加强对厦门各海域海漂垃圾的清理。全市所有垃圾末端处理场站连续1个多月全天候开放，24小时作业，并开通绿色通道向社会车辆开放，尽最大可能接收处理灾后垃圾，仅9月20日全天接收并处理全市垃圾将近9000多吨，处理量比平时翻一番。在实现垃圾日产日清的同时，逐步对市区道路进行清洗。思明区9月17日起恢复道路清洗工作，至9月25日，全市市容环境基本恢复到灾前水平。（参见P72【台风】）

【垃圾分类管理中心挂牌成立】 2016年10月27日，市市政园林局举行厦门市垃圾分类管理中心揭牌仪式，标志着厦门市垃圾分类管理中心正式成立。厦门市市容环境卫生管理处获中共厦门市委编办批准加挂厦门市垃圾分类管理中心牌子。垃圾分类管理中心协助主管部门开展厦门市生活垃圾分类和减量工作的指导和监督管理。

【市容环卫提升工作亮相第十三届人居展】 2016年10月29～31日，第十三届中国厦门人居环境展示会在厦门国际会展中心举行。此届人居展围绕世界城市日“共建城市，共享发展”的主题，以建设美丽厦门为核心内容。市环卫生处向市民展示环境卫生和垃圾处理3年提升行动方案、餐厨垃圾收运、生活垃圾分类和减量等城市管理提升举措。市环卫生处通过图片展示及现场发放《厦门市垃圾分类宣导手册》，向市民宣传垃圾分类。

（方　泓）

园林绿化

【概　况】 2016年，厦门市新增城市园林绿地面积487万平方米，完成年度任务的121%，其中新增公园绿地166万平方米，完成年度任务的166%。厦门市市政园林局出台《关于加强园林绿化项目建设和养护管理的若干规定（试行）》及《厦门市市级苗木甲供及储备实施办法（试行）》。做好绿化方案的评审、绿化施工图的审查和园林绿化工程的质量监督工作。全年完成“四边”（界边、山边、路边、水边）重点绿化项目22个、垂直绿化164处。全市完成义务植树82.6万个工日。举办首届市民绿化活动节，开展探访古树名木、最美阳台绿化评比等活动。持续推进海沧区蔡尖尾山等郊野公园以及翔安后山岩、同安西山公园2个市级公园的建设，新建鼓锣公园、旱溪公园（洋唐社区公园）、海沧自贸区公园、集美区中亚城、凤凰花城、锦城、锦鹤等社区公园以及灌口东部新区公园、翔安祥福儿童公园、舫山儿童公园，新建街心公园（小游园）、街头绿地15处，续建及改造提升公园14个，改造提升公园绿地26万平方米。继续做好筼筜湖片区绿化景观提升。以南湖公园为试点探索建立“市民园长”等公园管理新模式，并逐步向全市公园推广。举办市花三角梅30周年成果展、“国泰”民安郁金香迎春展等展览活动。免费向市民开放园博苑中华教育园。2月4日，厦门市人民政府公布厦门市公园名录（第二批），共涵盖岛内外园林植物园、忠仑公园、园博苑、大屏山公园、梅山公园、宋坂公园等23个公园。3月，厦门石塘体育公园获得第一批“中国高尔夫球协会青少年训练中心”资格认证，成为“中国高尔夫球协会青少年训练中心”创始成员单位的一员。市海沧区、市路桥管理有限公司、市绿化管理中心、中国人民解放军南京军区厦门接待处、双十中学、海沧区人民政府东孚街道办事处6家单位获评全国绿化模范单位（先进集体）。

【公园建设】 2016年，厦门市缔元社区公园、海沧自贸公园、海沧榕树公园等7个公园建成开放。

2月，缔元社区公园开园。公园位于金尚路和金湖路交界口的西南侧，占地面积1.5万平方米。5月，海沧自贸公园开园。公园位于海沧自贸园区海景路附近，面积30多万平方米，是全国自贸试验区最大滨水带状公园。5月，海沧区霞光路榕树公园开园。该公园位于海沧区新阳街道翁角路与霞光路交汇处西侧，占地3955平方米，分为休闲广场区、生态绿化区、儿童游乐区、运动休闲区四大功能区。6月1日，翔安区祥福公园和舫山儿童公园开园。祥福儿童公园位于翔安大道和祥福路交叉口东北侧，占地约147万平方米，项目建设以儿童游乐场地和儿童游乐设施为主。舫山儿童公园位于舫山北路以西，建设用地面积约66万平方米，设有攀爬类器械、锻炼器械、儿童沙坑、穿越器械、科普知识普及小品、小型趣味构筑等。11月，海沧电业公园完工并向市民开放。该公园坐落于滨湖北路与海富路西北侧，面积约3000平方米。12月，鼓锣公园建成开放。该公园位于洋唐保障房片区的中南部，面积6.5万平方米。该公园是一个“海绵公园”，园内通过透水混凝土、透水砖、下凹式的绿地、植草沟等“海绵体”能滞留、过滤和渗透雨水。

【公园试行推广“市民园长”管理模式】
2016年2月，筼筜湖管理中心通过公开招聘方式，组建起厦门市第一支“市民园长”团队。3月正式上岗履职，并于8月30日召开“市民园长”全市推介会，从原有的南湖公园，推广至松柏、江头公园，同时组建南湖公园“市民园长”志愿者服务队，共同服务公园管理。在一年的运作中，结合“共谋、共建、共管、共享、共评”与“共同缔造”的理念，通过公开招聘、社区推荐、建章立制、岗前培训、协作履职等一系列活动，逐步建立有厦门特色的“市民园长”管理模式。

【园博苑举办新春游园会】 2016年2月8～13日，园博苑举办以“金猴闹春　欢聚园博”为主题的新春游园会。园博广场推出猴年喜乐会、民俗舞蹈、杂技魔术表演、创下吉尼斯世界纪录的提线木偶写书法、日本园的郁金香展、海洋岛大地花卉展、闽台美食等节目。此次游园会，园博苑接待游客7.3万人次，实现旅游总收入145.33万元。

【“国泰”民安2016郁金香迎春展举办】
2016年2月8～22日，市园林植物园在百花厅举办“国泰”民安2016郁金香迎春展。展示郁金香38个品种、10万株，风信子、朱顶红、洋水仙等球根花卉60余个品种、3万余株，蝴蝶兰、文心兰等兰花700多株，三角梅和各种时令花卉15万多盆。其中，最瞩目的是鹦鹉型郁金香——“国泰”，作为中荷友好的象征，寓意国泰民安。该次展览接待市民、游客23.5万人次，入园参观人数创历史新高。

【首届家庭药用花卉展举办】 2016年2月28日，中国首届家庭药用花卉展在中山公园花展馆举行。展出近150种家庭药用花卉，每一种花卉都有详细的介绍以及药用价值。花展馆现场，有多个品种石斛展出，包括铁皮石斛、美花石斛、肿节石斛和长苏石斛等。展览期间，根据花期适当增加新的药用花卉品种。

【园博苑水之韵景观改造工程开工】
2016年3月12日，园博苑水之韵景观改造工程正式开工，8月8日完工。该工程被列入2016年宜居环境建设行动项目，改造面积近1万平方米，总造价253.94万元。园博苑水之韵因原有水景铺装老旧，破损较严重，水系统局部淤堵，造成水体循环不畅，存在木栈道安全隐患及水景不见水等问题。改造后，为游客提供了既具生态园林景观特色又带有景区游览、休憩功能的旅游休闲景点。施工单位：厦门市春之歌园艺开发有限公司。

【园博苑代表厦门市参加2016年香港花卉展】 2016年3月11～20日，2016年香港花卉展在香港维多利亚公园举办，厦门市园博苑景区管理处代表厦门市参加展会。厦门代表队以“厦门——低碳城市·海上花园”为主题，利用低碳环保的节能型材料，构建环保新颖的铺装及艺术小品，搭配花型秀丽的三角梅、青皮竹、天竺葵等近40种植物，打造层次丰富的空间感，并结合海洋、沙滩、贝壳、白鹭等景物，凸显厦门“城在海上，海在城中”的地理特点。该届展会上，厦门展园获得最佳展品大奖。

【首届市民绿化活动节启动】 2016年3月12日，由市市政园林局、市绿化办、市文明办联合主办，市绿化管理中心承办的首届厦门市市民绿化活动节启动仪式暨“3·12”植树节绿化宣传活动在白鹭洲摄影广场举行。开幕仪式后，部分专家及技术人员留在白鹭洲摄影广场，现场解答市民有关家庭园艺栽培、病虫害防控等方面的问题，将由园林绿化废弃物循环处理制成的生物肥料作为纪念品赠送给市民；另一部分专业人员和30位热心市民组成古树名木探访团，前往同安区洪塘镇和集美区古榕公园，探访历经数百年沧桑的古树风华。年内，市绿化管理中心陆续开展古树名木探访系列行动、“最美阳台绿化”比赛、家庭园艺知识讲座、插花艺术公开课等活动。此活动持续到11月8日。

【园林植物园标本室被指定为竹品种范式标本存放地】 2016年4月12日，经国际竹类栽培品种登录中心（简称国际竹品种登录中心，ICRCB）专家审核，ICRCB执委会研究通过将厦门市园林植物园植物标本室指定为竹品种范式标本存放地，成为经国际竹类新品种登录认证的竹类新品种腊叶模式标本的合法存放地。2013年，厦门市园林植物园完成标本室的国内和国际注册，正式成为国内和国际植物标本室中的一员。至2015年，植物标本采集至3753号，约16080份，制作装订的标本约有14986份，采集标本图片共有1181种（品种）、7602张。其中，竹类标本数百份，竹类新种（含品种）模式标本十余份。

【园博苑中华教育园免费开放】 2016年5月1日起，园博苑中华教育园免费向社会开放。开放前，园博苑整理园区的园容园貌，清理水系1.05万平方米，补植1.5万平方米，修缮破损的路面等存在安全隐患的设施，完善内外部交通标识牌，新增临时便民停车位，门禁内移，新增足音桥入口，加强人防、物防、技防建设等。

【第七届荷花展举办】 2016年6月18日至7月18日，园博苑举办以“荷影”为主题的第七届荷花展，吸引2万多名市民、游客入园参观。其中，配套活动“盛世荷花”摄影大赛吸引近200名摄影爱好者参与，荷花摄影作品经过微信投票，最终评选出一、二、三等奖共6幅作品。

10月1～7日，“清蒲雅韵”菖蒲展举行　　（丁印龙　摄）

【“兰之魅”兰花保护展举办】 2016年8月13～21日，由中科院西双版纳植物园主办、厦门市园林植物园承办的“兰之魅”兰花保护展在百花厅举办。此次展览展出土耳其画家Isik Gμner、西双版纳画家何瑞华、昆明画家严岚的作品共40余幅，使人们从作品中领略兰花美的同时了解兰花的相关知识，从而树立起对野生兰花保护的意识。同时，展览期间举办义卖活动，所得善款用于兰花保护者、班戈大学讲师Shophie博士治疗乙型脑炎的医疗费。

【防抗台风“莫兰蒂”】 2016年9月15日，台风“莫兰蒂”正面袭击厦门市，市市政园林林业（市政、园林及林业）遭受历史性重大创击和损毁。全市城市道路交通全部受阻，建成区园林绿化、农村山林遭到毁灭性破坏，树木大面积倒伏，折枝惨重。全市建成区绿化受害面积80%以上，倒伏树木75.8万株，林木受灾面积约270平方千米。灾后，全市直接参与道路绿化清障人员46万人次，清运绿化垃圾约45万吨。在台风登陆的当天，市区主要道路基本抢通。截至9月26日，全市树木扶正重植完成，累计扶植树木758443株。（参见P72【台风】）

【2016（厦门）“清蒲雅韵”菖蒲展举办】 2016年10月1～7日，由市市政园林局主办，市园林植物园、香水莲水生植物研究所有限公司共同承办的“清蒲雅韵”——2016（厦门）菖蒲展在市园林植物园举行。该次展览共收集菖蒲新老品种及部分野生变异品种20余种、1200多盆，名家字画45幅，国内7个省（市）和台湾地区均有参展。吸引各地游客和市民逾10万人次。

【2016唐山世界园艺博览会“厦门园”获奖】 2016年10月16日，2016唐山世界园艺博览会闭幕，经评比，厦门展园获得室外展园竞赛国内展园综合类特等奖。厦门园在该届世园会中命名为“同心园”，以弘扬伟大的抗震救灾精神为主题，提取“同心圆”这个图形元素，把概念转化为特定详细的空间组织形式，利用闽南红砖传统砌筑工艺通过铺地、景墙砖砌等园林建筑设施表现设计主题，用厦门当地的园林材料及造园工艺来呈现“凝聚力量，同心同德，共圆梦想”的伟大民族精神内涵。植物配置上以体现厦门特色的仙人掌多肉植物对整组景观进行灵活贯穿，而仙人掌的花语“在恶劣环境中顽强生长”也与抗震救灾主题相互呼应。

【市花三角梅30周年成果展举办】 2016年10～11月，为丰富厦门市民的文化生活，提升厦门市花三角梅的文化内涵，向市民和到厦门游客宣传展示市花在厦门市引种、科研及园林应用等方面取得的成果，由厦门市园林植物园主办的市花三角梅30周年成果展在园林植物园与海沧市民文化广场、集美新城市民广场举办。

10月28日至11月6日，展览在植物园展区举办。展示三角梅品种140多个、精品盆景100多盆、名家字画60幅，动物造型、柱形、球形、伞型花架等园林应用形式20余种、近2万盆，是历届三角梅花展中展示品种最多的一次。

10月5日至11月4日，展览在海沧市民公园举办。展出三角梅80余种、4万余盆。花展展区设有主题花墙、花球迎宾区、动物造型区、精品盆展区、卡通区等，除各种动物造型盆景，现场还搭建了亭台楼阁、林荫步道增添赏花雅趣。花展结束后，这些三角梅用于海沧大屏山公园的市花市树园建设。

11月8日至12月4日，展览在集美新城市民广场举行，有金黄三角梅、云南紫三角梅等多个品种、近万盆三角梅通过集美手势和拱门、心形等造型展现。

【第八届海峡两岸国学论坛举办】 2016年11月26～27日，由厦门筼筜书院、厦门大学国学研究院和台湾“中央研究院”中国文哲研究所共同主办的第八届海峡两岸国学论坛举办，近百余位学者参加，探讨中国文化的“会通”精神。26日晚上，第八届海峡两岸国学论坛“竹声琴韵”音乐会在讲堂举行，由筼筜国学社的师生为与会学者表演。论坛期间举办面向民众的名家讲座，由台湾辅仁大学原校长、教授黎建球主讲《从中西文化说说关系》，由山长王维生主持，邀请北京大学人文讲习教授陈鼓应、台湾大学杜保瑞教授、河北大学李振纲教授会讲中国文化的“会通”精神，并在厦门大学、华侨大学、厦门理工学院举办多场活动。

【首届中华书院教育发展论坛】（见P413同名条目）

（方　泓）

12月5日，首届中华书院教育发坛暨第三届中国书院学会年会举行（何松青　摄）

10月28日至11月6日，厦门市花三角梅30周年成果展植物园展区（丁印龙　摄）

村镇建设

【概　况】 2016年，厦门市建设局推进宜居环境建设，抓好美丽乡村建设、农村生活污水分散式治理、农村垃圾集中治理行动，牵头协调全市宜居环境建设及进一步扩大有效投资“五个一批”（发展生产脱贫一批、易地扶贫搬迁脱贫一批、生态补偿脱贫一批、发展教育脱贫一批、社会保障兜底一批）项目推动工作，基本完成年度目标任务。集美区灌口镇田头村、海沧区海沧街道海沧社区被评为2016年度福建省级“巾帼美丽家园”。

【美丽乡村建设】 2016年，全市开展60个村的美丽乡村建设及3条美丽乡村景观带建设，其中示范村6个、重点整治村17个、基本整治村37个，年度计划投资1.37亿元，截至12月底，实际完成投资1.69亿元，完成年度投资122.86%。同安区汀溪镇被住建部列为国家级特色小镇。

厦门市建设局会同市财政局明确“以奖代补”的资金补助机制，按照美丽乡村示范村5000元/人、重点整治村3000元/人、一般整治村1000元/人的标准进行补助。市里预发40%的奖补资金，区里按照不低于1∶1配套，至年底，首批市级以奖代补资金共计4474万元已下达各区。市建设局为加快推进全市美丽乡村建设，确保按序时完成年度任务，多次组织人员对美丽乡村建设项目的进展情况进行全覆盖检查。检查情况发文通报，要求各区督促尚未开工的美丽乡村建设项目的相关责任单位尽快完成前期工作，进场施工的项目抓紧时间进行施工。在整治过程中应就地取材，充分利用村庄原有建筑材料，重点做好房前屋后整治和环境卫生的治理，确保按序时完成年度任务。

【分散式污水治理】 2016 年，市建设局按照《厦门市九大流域污水截流建设规划》，配合溪流综合整治，继续推动农村生活污水分散式处理，制定并印发《厦门市农村生活污水分散式处理项目建设、运行维护管理暂行办法、考核细则及水质监测实施方案》，进一步规范农村生活污水治理工作。截至 2016 年年底，建成或基本建成 238 个村庄农村生活污水分散式处理设施，完成投资 73897.39 万元。集美区村庄污水处理项目获评为 2016 年中国人居环境范例奖。

【农村生活垃圾治理】 2016 年，市建设局按照“四有”目标（有完备的处理设施、有稳定的保洁队伍、有长效的资金保障、有完善的责任监管机制）持续推进农村生活垃圾治理。制定《厦门市农村污水垃圾整治行动实施方案（2016～2020 年）》，明确工作任务、目标，在全市范围内组织开展为期 1 个月的农村生活垃圾集中整治行动，组织开展农村生活垃圾治理的中期检查，为 2018 年迎接省级验收打下基础。截至 2016 年年底，全市建成投用转运站 108 座，配备各类收集车辆 2552 辆，全市农村保洁员配比达 4.14%，95% 以上行政村生活垃圾得到有效治理，基本实现农村生活垃圾日产日清。全市村容考评平均成绩 84.3 分，优良率（80 分以上）达到 76.87%。设施设备、保洁人员配比等多项指标提前完成省政府制定的目标要求。

（李伟博　何汉峰）

建 筑 业

【概　况】 2016 年，厦门市新成立建筑业企业 115 家，其中总承包 56 家，专业承包 35 家，劳务分包 24 家。截至年末，注册地在本市的建筑业企业 1021 家，其中施工总承包 384 家，专业承包 574 家，设计施工一体化 22 家，劳务分包 42 家。建筑业企业由二级升一级的有 57 家企业 64 项资质，由三级升二级的有 14 家企业 15 项资质。2016 年，注册地在厦门的企业完成建筑业总产值 1456.13 亿元，比 2015 年（1106.86 亿元）增长 31.56%，其中在省外完成产值 418.15 亿元，增长 58.92%，总产值增幅继续保持全省第一。7 月，厦门市建筑业当年累计月产值首次超过泉州。

2016 年，厦门市有 16 项 30 个单位工程被评为“闽江杯奖”，265 个单位工程被评为“市建设工程结构优质工程”；83 个工程被评为“市建设工程鼓浪杯奖（优质工程）”，4 个项目被评为全国“AAA 级安全文明标准化工地”，36 个工程项目被评为“省级建筑施工安全文明标准化优良项目”，282 个工程项目被评为“市级建筑施工安全文明标准化优良项目”。全年杜绝较大等级及以上安全事故的发生，共发生一般等级建筑施工安全死亡事故 1 起，死亡 1 人。

【工程招投标管理】 2016 年，市建设局完善招标投标制度，对涉及厦门市的 59 份招标投标规范性文件进行清理，出台《非本市国有企业在厦投资工程建设项目招投标管理若干意见》，规范非厦门市国有企业在厦投资工程建设项目招投标活动。服务鼓浪屿申遗工程、厦门轨道交通工程、西通道工程等重点项目的招投标工作。规范信用评价结果在招投标中的应用。

2016 年，市建设局受理报建工程 1240 项，总投资 2013.6 亿元，建筑面积 1919.39 万平方米。市招标办受理报建的建设工程 829 项。受理施工招投标揭标 691 项，其中公开招标 663 项，邀请招标 28 项。总建筑面积 1800.82 万平方米，预算总价 509.67 亿元，招标控制总价 455.65 亿元，中标总价 445.69 亿元。招标人自行招标 75 项，占 10.85%；委托招标代理机构代理招标 616 项，占 89.15%。设计招标投标总数 212 项，其中公开招标 186 项，邀请招标 26 项。

【建筑业发展促进】 2016 年，市建设局发展建筑业总部经济，开展招商工作，对接服务企业，制定对一级总承包企业予以直接核定相关专业承包资质等扶持措施，安排专人负责引进企业工作，改善营商环境，协调推动相关区、新城设立建筑业总部大楼。厦门市新引进 17 家施工总承包企业，完成产值 166.3 亿元，贡献建筑业产值共 429.7 亿元。2015 年引进的 16 家企业 2016 年完成产值 263.4 亿元。

市财政落实奖励资金 1397 万元，对 2015 年度资质晋升、产值提升显著以及获得国家、省、市级科技进步奖、获得国家级工法、QC 成果奖、发明专利、新技术应用示范工程等企业进行奖励。10 月 1 日，市政府印发实施《厦门市人民政府关于促进建筑企业灾后恢复生产的意见》，对建筑企业灾后恢复生产提出财政政策扶持、税收政策支持及金融政策支持等扶持措施。

【建设工程造价管理】 2016 年，市建设局组织“在保障性住房中实施建筑产业现代化实施方案”的调研工作，测算、对比传统建筑与装配式建筑、钢结构建筑的建造成本差异，分析营改增后对住宅产业化推进工作的影响，确定厦门市装配式建筑增量成本。专项检查厦门市工程造价咨询单位及招标代理机构，检查中介机构 60 家、项目 60 个。其中，建筑工程 39 个、装修工程 2 个、市政工程 13 个、园林绿化工程 6 个。发现造价误差超过 3% 的项目 6 个，属重大误差，主要是工程量计算误差，与 2015 年检查结果相比，造价咨询成果质量有所下降。编制《厦门市房屋修缮工程工程量清单市场计价参考》（2016 年 02 期），为立面提升及环境整治工程提供计价依据。草拟街区立面整治及提升工程、夜景提升工程计价办法及规定。

【工程交易平台管理】 2016 年，厦门市建设工程交易中心完成 1093 个招标项目的交易管理服务工作，进场总投标人家数 54164 家，其中电子标数量 521 个。完成 1327 个项目的评标专家抽取、通知工作，随机抽取、通知 8105 名评标专家组成评标委员会。完成 696 个项目招投标交易档案归档。开发“厦门市建设工程招投标交易网”网站接口，向厦门市政府网站同步传输工程招投标有关信息。

【建筑劳务管理】 2016年，市建设局与市人社局劳动监察支队共同推广无欠薪项目部创建活动。检查99个创建无欠薪项目部，接听施工企业、项目部、工人的电话咨询534次，接待来访咨询、投诉993人次，与市信访、劳动监察等部门配合协调处理各项工程欠薪纠纷57起，涉及1650人，受理投诉件57件，已解决或部分解决的项目57件，实际解决被拖欠的工程款6041.95万元，配合劳动部门解决发放农民工工资5607.22万元。全市24家试点培训企业完成培训考核发证5261人，其中初级工125人，中级工4148人，高级工988人。

【工程质量安全监管】 2016年，市建设局印发《关于印发2016年建设工程质量安全生产文明施工工作要点的通知》，与各区建设局、市建设工程质量安全监督站签订2016年厦门市建设工程质量安全生产目标管理责任书，明确建设系统安全生产工作的指导思想、工作目标、工作思路、工作重点和工作措施，下达2016年建设系统安全生产目标管理责任状。

根据福建省住房和建设厅的部署，调整监管方式，制定《质量安全“双随机”监督执法检查实施办法》和《质量安全“双随机”监督执法检查工作导则》。建立随机抽取检查对象、随机选派监督执法检查人员的“双随机”监管机制，改变以往1个工程从开工至竣工全过程均由1组监督人员实施监督的方式。从7月起，在厦门市新报监工程项目和结构尚未封顶的受监工程项目质量安全监督执法检查中全面实行“双随机”监管模式，全年开展“双随机”执法检查367次，项目经理违规记分330人次6384分、项目总监违规记分372人次4706分。

【建筑施工安全专项整治】 2016年，市建设局开展建筑施工安全专项整治，促进建设单位、监理单位、施工单位等房屋建筑和市政基础设施工程建设各方主体严格落实安全生产主体责任，加强施工现场安全管理，开展安全隐患排查治理活动，切实防范深基坑坍塌、模板支撑系统坍塌、建筑起重机械倒塌等事故发生。2016年，市建设局累计执法巡查工程项目1531次，发出责令整改通知书1531份，排查一般质量安全隐患5955条，通报批评企业73家（次），记录不良行为记录346家（次），对1433名建造师记16961分，对1390名总监理工程师记12488分。9月质量月期间，对2015年1月1日起已报施工图审查的76个住宅工程项目进行住宅工程质量常见问题防治若干技术措施落实情况专项检查，重点检查《厦门市住宅工程质量通病防治若干技术措施》在设计、施工、监理、建材、检测等环节贯彻执行情况，将不认真贯彻执行的责任主体纳入不良行为记录。通过专项检查，提高工程建设各方主体的工程质量意识。

【生产安全质量促进活动】 2016年，市建设局开展安全生产月和质量月活动。在11个工程项目举办市级及以上建筑施工安全文明、质量标准化现场观摩会。其中，厦门国际银行科技研发中心、泰禾海沧H2013P04地块项目2号地块、洪钟大道（翔安南路—翔安西路段）3个工程项目举办省级、部级工程质量通病防治现场观摩会，15个省（市、区）的住建部门领导和施工、监理单位相关负责人参加观摩。举办建设工程安全管理岗位、建筑电工、建筑起重机械检测维修工、建设工程事故灾难应急救援演练暨竞赛、安全生产辩论赛等多项赛事，提升建设系统全员素质。

2016年，市建设局贯彻《福建省预拌商品混凝土质量管理标准》《厦门市建设工程材料质量监督检查实施办法》，每季度对混凝土生产质量和施工现场建筑材料实施常态化、制度化的监督抽查抽测机制，检查内容包括企业资质、试验室管理、原材料质量、生产质量、混凝土质量等，对各类原材料及混凝土试块进行监督抽检，同时对施工现场使用的其他建筑材料、构配件质量进行监督抽查，并印发检查情况通报。年内开展383次建材抽查抽测，排查预拌混凝土生产企业50家次，混凝土企业违规记分810分。

【建筑材料管理】 2016年，市建设局加强建筑材料管理，完成建筑幕墙工程竣工信息登记111项，总面积102.23万平方米。做好既有玻璃幕墙安全性维护，致函全市301幢使用期超10年的建筑幕墙工程业主，督促其开展安全性鉴定维护工作。9月，组织厦门市高校及建科院对台风“莫兰蒂”造成的幕墙损失及原因进行调研，协调受损严重的小区开展玻璃幕墙灾后修复工作。组织4批建筑节能产品和新型墙体材料认定，共计83种建筑节能产品和73种新型墙体材料通过认定并将结果向社会公布。

市建设局办理墙改基金征收项目265项，征收金额10291万元。办理返退墙改项目272项，返退金额8823万元。修定《新型墙体材料专项基金缴、退办事指南》。发布《厦门市建设局关于新型墙体材料专项基金缴纳主体等有关问题说明的通知》，明确墙改基金缴纳及返退主体的问题。

预拌混凝土企业绿色管理水平进一步提升，19个搅拌站通过质量管理体系、环境管理体系和职业健康安全管理体系认证，占70%。5月31日，厦门市组织政府相关部门和混凝土生产企业，召开2016年度厦门市预拌混凝土绿色生产管理经验交流会，促进行业间的经验交流。组织建筑节能中心建材科对各预拌混凝土企业进行绿色生产管理督促巡查，推进预拌混凝土行业生产管理。加强对厦供砼的非厦门市搅拌站绿色生产的跨地区管理。

【建筑节能管理】 2016年，市建设局办理建筑节能工程质量专项验收备案项目672个。其中，公共建筑314个，建筑面积564.42万平方米；居住建筑358个，建筑面积441.01万平方米。发布《厦门市公共建筑节能改造示范项目管理办法》《公共建筑能耗定额》《公共建筑节能改造节能率测评标准》《公共建筑能源管理系统应用技术规程》等规范性文件和地方标准。发布一批超能耗限定值公共建筑名单，公开征集两批公共建筑节能改造服务机构，便于节能改造项目业主与服务机构实现对接。

市建设局落实社会类公共建筑节能改造项目20个，并委托第三方测评机构审核，改造面积150万平方米。与机关事务管理局共同落实批复公共机构类节能改造项目9个，改造面积94万平方米，合计下达244万平方米的公共建筑改造计划项目。

市建设局完成2016年能耗统计任务并报送住建部数据平台。完成建筑节能监管体系项目验收，对国家机关办公建筑和大中型公共建筑约900栋和六区七街道建筑能耗统计约1.5万栋进行能耗统计，能源审计10栋大型公共建筑，依法公示一批公共建筑能耗。完成建筑能耗监测系统验收，对4栋建筑安装建筑能耗分项计量，实现能耗实时监测。

【可再生能源应用】 2016年，市建设局发布《关于进一步落实可再生能源建筑应用管理的通知》，要求施工图审查机构应当对施工图设计文件中的可再生能源建筑应用情况进行审查，未按规定使用可再生能源的建筑项目，不得通过施工图审查；市、区建设工程质量监督管理部门要加强对可再生能源建筑应用项目施工过程的监管，确保按图施工。

年内，市建设局落实东南国际航运中心、厦门大学等可再生能源建筑应用示范项目的财政奖励金额超过2000万元。通过示范项目的带动，厦门市可再生能源建筑应用初步形成规模化效应，主要技术类型有太阳能热水系统、太阳能—空气源热泵系统、太阳能光电系统、海水源热泵系统等。

【绿色建筑】 2016年，市建筑局落实《厦门市绿色建筑行动实施方案》，在土地招拍挂设定绿色建筑要约，将执行绿色建筑纳入施工图审查，对存量土地绿色建筑实施奖励措施。从1月1日起，厦门市办理施工许可证的建筑项目全面执行绿色建筑标准要求，从而实现厦门市绿色建筑全覆盖的目标。落实建发中央湾区E28地块、万科金色悦程等项目绿色建筑财政奖励，奖励金额约2400万元。其中，对建发中央湾区珊瑚海小区948户购房业主给予返还20%的契税奖励，该小区成为福建省第一个获得绿色建筑奖励的小区。

2016年，厦门市有4个项目获得绿色建筑评价标识，总建筑面积69.64万平方米。其中，设计标识2个，29.86万平方米；运行标识2个，39.78万平方米。5个保障房项目通过绿色建筑施工图审查，总建筑面积460.9万平方米。

【信用体系建设】 2016年1月21日，市建设局下发《关于开展2015年度建筑市场信用监管评价有关事项的通知》，部署2015年度信用评价工作。有700家企业提交信用监管评价申报材料，其中483家为施工总承包企业，217家为专业承包企业。经评价，施工总承包企业中，绿色（A级以上）47家，蓝色（BBB、BB+）277家，黄色（BB-、B）82家，红色（CCC、CC、C）77家。专业承包企业：绿色（A级以上）8家，蓝色（BBB、BB+）149家，黄色（BB-、B）35家，红色（CCC、CC、C）25家。

市建设局配合福建省住房建设厅做好施工企业综合信用评价中合同履约评价部分的工作。全年检查项目208个，发出整改通知书119份，共计扣2000多分。开展厦门市施工企业信用评价工作，9月份修订不良行为标准至年底，记不良行为记录10多件。与市人社局劳动监察支队联合进行施工合同履约行为执法检查，截至12月底，检查项目124个，发出整改意见通知书118份。根据《福建省建筑施工企业信用综合评价体系企业合同履约行为评价标准（2014）年版》，对4家企业的3个项目记不良行为。

市建设局完善建筑施工企业信用评价体系。成立完善厦门市建筑业企业信用监管评价模型研究工作小组，委托厦门大学数学科学学院开展信用评价模型理论和实证研究，研究适应评价模型的监管、检查等制度，重新研发软件系统，完善信用监管系统的各项功能。12月8日，厦门市建设局正式印发《厦门市建筑施工企业信用综合评价实施办法》，并将于2017年1月1日起正式实施，同时厦门市建筑施工企业信用综合评价平台上线试运行。

市建设局建立“黑名单”管理机制。联合厦门市相关部门出台《厦门市建筑市场“黑名单”管理办法》，于2016年2月12日正式施行。被列入“黑名单”的对象，将受到差别化监管，被取消评优评先资格，工程项目招标人可拒绝其参与投标，该措施对建筑市场的不良行为起到震慑作用。

（市建设局）

房地产业

房地产开发

【概　况】 2016年，厦门市房地产开发完成总投资765.79亿元，比上年下降1.1%。其中，建安投资完成497.77亿元，增长4.39%，占总投资的65%；土地购置费完成268.02亿元，下降9.8%，占总投资的35%。在各类物业投资中，住宅、商业用房完成投资同比均呈负增长，办公楼及其他用房完成投资同比增长幅度较大。其中，住宅完成投资427.6亿元，下降6.8%，占总投资的55.84%；办公楼完成投资116.4亿元，增长10.5%，占总投资的15.20%；商业营业用房完成投资66.29亿元，下降16.5%，占总投资的8.66%；其他用房完成投资155.51亿元，增长19.0%，占总投资的20.3%。

全市商品房新开工面积548.46万平方米，下降7.4%。其中，住宅新开工面积189.72万平方米，下降32.3%，占总新开工面积的34.59%；办公楼新开工面积102.01万平方米，下降7.9%，占总新开工面积的18.6%；商业营业用房新开工面积48.04万平方米，下降14.8%，占总新开工面积的8.76%；其他用房新开工面积208.69万平方米，增长44%，占总新开工面积的38.05%。全市商品房竣工面积453.55万平方米，增长1.5%。其中，住宅竣工面积239.57万平方米，下降12.6%，占总竣工面积的52.82%；办公楼竣工面积44.91万平方米，下降1.6%，占总竣工面积的9.9%；商业营业用房竣工面积45.13万平方米，增长88.6%，占总竣工面积的9.95%；其他用房竣工面积123.94万平方米，增长20.4%，占总竣工面积的27.33%。全市商品房施工面积4312.2万平方米，下降0.5%。其中，住宅施工面积1953.07万平方米，下降8.6%，占总施工面积的45.29%；办公楼831.81万平方米，增长9.9%，占总施工面积的19.29%；商业营业用房409.1万平方米，增长1.3%，占总施工面积的9.49%；其他用房1118.22万平方米，增长8.0%，占总施工面积的25.93%。

截至年底，厦门市有物业管理资质企业345家，其中一级资质企业27家，二级资质企业31家，三级资质企业248家，暂定资质企业39家。实施物业管理小区2162个。物业管理总建筑面积1.25亿平方米。其中，住宅小区项目数841个，物业管理面积约9700万平方米；其他类型物业管理面积2800万平方米。有业委会数量 851 个。

【房地产企业资质检查】 2016 年，市建设局组织开展全市 254 家应检房地产开发企业的资质检查工作。其中，一级资质企业 14 家，二级资质企业 33 家，三级资质企业 24 家，四级资质企业 183 家。检查情况如下：厦门市东区开发有限公司等 242 家企业符合原定资质条件，资质检查结论为合格；厦门市特房筼筜开发有限公司等 7 家企业不符合原定资质条件，应申请重新核定资质等级。厦门德新房地产开发有限公司等 5 家企业不参加 2016 年资质检查，应申请注销其资质证书（见表 5–2）。恒禾置地（厦门）股份有限公司等 11 家“双随机”（随机抽查检查对象、随机选派执法检查人员）抽查企业均已按要求完成整改。厦门市房地产股份有限公司等 12 家企业受到相关监管部门行政处罚，阳光城（厦门）置业有限公司等 5 家企业连续两次或三次以上未按要求填报统计数据，上述企业将予以信用综合评价扣分处理。

【房地产开发项目推动】 2016 年，市建设局梳理核对招拍挂出让用地情况、停工及分期开发项目情况，主动对接企业，通过建设局推动平台协调工程开工手续办理事项，推动项目提早开工。对需办理房地产开发资质的企业做好服务对接工作。跟踪落实在建项目，主动与企业联系沟通，了解企业经营和项目建设中遇到的问题，积极协调，帮扶企业。加强与发改、统计等部门的工作协调，跟踪项目投资完成情况，发现投资情况异常的，及时采取措施予以推动，确保项目建设投资任务。

【房地产开发企业信用综合评价】 2016 年，根据福建省住房和城乡建设厅要求，市建设局委托市房地产业协会开展 2014～2015 年度房地产开发企业信用综合评价工作。经企业自评、市房协初评，并经市建设局复评后形成结果，由市房协将综合评价结果报送省房地产业协会开发委员会。5 月，省住建厅发布《关于公布 2014～2015 年房地产开发企业信用综合评价结果（第一批）的通知》（闽建办房函〔2016〕12 号），厦门市有 AAA 级企业 7 家，AA 级企业 37 家。

【房地产开发企业“双随机”检查】 2016 年 8 月，根据《厦门市人民政府办公厅关于做好推广随机抽查机制规范事中事后监管工作的通知》（厦府办〔2016〕12 号）文件精神，市建设局开展全市房地产开发企业“双随机”（随机抽查检查对象、随机选派执法检查人员）抽查工作，共随机抽查 15 家房地产开发企业，24 个房地产开发项目。其中，一级资质企业 2 家，三级资质企业 1 家，四级资质企业 7 家，暂定资质企业 5 家。厦门惠龙集团有限公司等 5 家企业抽查合格；厦门中澳城置业有限公司等 10 家企业存在未按月按时同口径在《厦门市房地产开发建设管理系统》内填报统计报表等问题，均在规定时限内完成整改。

（吴育平　吴晓琦）

房地产市场管理

【概　况】 2016 年，市国土房产局（简称市国土局）在居住用地供给侧方面，制定并公布 2016～2018 年厦门市居住用地出让计划，加快居用地出让节奏，全年供应住宅用地 28 宗，建筑面积 312.47 万平方米，比 2015 年增长 7.74%。其中，商品住宅用地 165.54 万平方米，增长 2.4%。各类保障房、公租房用地 146.93 万平方米，增长 14.4%。及时调整居住用地竞拍方式，设置 90 平方米以下小户型住房面积总占比不低于 70%措施，采用“限地价、竞配建”方式出让，坚决防止“地王”出现，全年无偿移交政府的保障性住房建筑面积 13.05 万平方米。实施“限购、限贷、价格指导”等新一轮房地产调控。严格控制房价上涨，加强商品房预售监管和备案价格指导。加快前期手续办理进度，促进项目尽快动工建设，全年新开工 15 个商品住宅项目，建筑面积 220 万平方米，形成有效市场供给。建立稳定房地产市场部门联席会议制度，密切实施市场监测分析，引导媒体全面、正面、客观报道房地产市场。

2016 年，全市商品房供应量下降较大，商品房销售量稳定，二手房成交量增长较大。全市新建商品房批准预售面积 345 万平方米，下降 44%。全市新建商品房销售面积 509 万平方米，增长 3.4%，销售金额约 1000 亿元，增长 13.6%。其中，商品住宅销售面积 296 万平方米，下降 15.6%；办公用房销售面积 69.1 万平方米，增长 49.3%；商业用房销售面积 17.7 万平方米，增长 5.6%。全市商品住宅均价为 2.49 万元 / 平方米，上涨 22%。二手房成交面积约 697 万平方米，增长 37%。其中，二手住宅成交面积约 558 万平方米，增长 40%。全市商品房总存量 2669 万平方米，其中商品住宅存量 708 万平方米。

表 5–2　**2016 年房地产开发企业资质检查情况**

单位：家

资质等级	应检企业				资质检查情况			
	总数	红色	黄色	绿色	总数	合格	限期整改	注销
一级	14	2	0	12	14	11	3（重新核级）	0
二级	33	1	0	32	33	30	3（重新核级）	0
三级	24	1	0	23	24	23	1（重新核级）	0
四级	183	13	1	169	183	178	0	5
合计	254	17	1	236	254	242	7	5

【房地产中介和在售楼盘检查整治】 2016年4月，市国土房产局会同人行厦门中心支行组织开展房地产中介市场专项检查，通过媒体公开曝光58家存在违法违规行为的房地产经纪机构。5月，市国土房产局组织检查全市所有在售SOHO项目，规范SOHO项目销售行为。国庆期间，组织专门工作小组，持续开展巡查22个比较活跃的楼盘和35家中介门店，督促房地产销售活动，避免出现集中购房抢房、夸大宣传销售等情形，确保国庆期间厦门市房地产市场平稳有序。10月，市国土房产局联合市发改委、市市场监督局、市规划委、市建设局、市城市执法局等部门全方位检查38个在售商品房项目，对发现公示不规范、夸大宣传、捂盘惜售等问题的项目，逐一约谈企业负责人并发整改通知书要求企业限时整改。10～11月，对258家房地产中介门店开展专项检查，对36家未办理资质备案的机构发出限期整改通知书。组织20家房地产开发企业，共同签署厦门市房地产开发企业联合承诺书，通过媒体向社会公开承诺规范房地产开发经营行为。对房地产开发企业和中介机构违法违规经营的行为进行立案查处，并向媒体曝光。

【新一轮房地产调控】 2016年7月15日，厦门市调整住房信贷政策，二套房申请商业性个人住房贷款最低首付比例由40%调整为50%至70%；第二次申请公积金贷款首付款比例不低于50%，贷款利率按基准利率的1.1倍执行。

9月5日，厦门市重启住房限购政策，对拥有2套及以上住房的本市家庭，拥有1套及以上住房和未连续缴纳1年以上个税或社保的非本市家庭，暂停向其销售144平方米及以下的普通商品住房。

10月5日，厦门市出台《进一步促进我市房地产市场平稳健康发展的意见》，从居住用地供应、住房限购、住房贷款政策、保障性住房和公租房建设、市场监管、金融监管、土地批后监管、组织领导、舆论引导9个方面从严调控措施。其中，限购、限贷政策进一步升级，将住房限购面积由144平方米以下提高到180平方米以下，非厦门市户籍购房门槛由连续逐月缴纳1年以上提高到2年以上，首套房首付款比例由不低于25%上调为不低于30%。

（市国土房产局）

保障性安居工程

【概　况】 2016年，福建省政府下达厦门市保障性安居工程建设任务8082套，基本建成4538套。截至年底，全市保障性安居工程开工8154套，占年度建设任务的100.89%；基本建成8026套，占年度基本建成任务的176.86%；完成投资额28.24亿元。市本级保障性住房有13栋住宅工程获评省优工程，25栋住宅获评“鼓浪杯”（金奖），30栋住宅获评“鼓浪杯”（银奖）。厦门市获得2.5亿元国家棚改专项建设基金用于湖里区五缘湾内湖南侧高林旧村改造一期项目。

2016年，厦门市构建立体式住房保障体系。印发《厦门市市级公共租赁住房管理办法（试行）》，通过政府主导、企业运作、适度保障方式，以略低于市场租金标准，分批次向符合条件的在厦无住房和住房困难群体提供市级公共租赁住房，满足其过渡性、阶段性基本住房需求，至年底完成4个批次521套（971床）的配租。完善保障性住房相关政策，印发《厦门市社会保障性住房申请家庭信用档案管理规定》。市人大组织开展《厦门市社会保障性住房管理条例》执法检查，对全市保障性住房建设管理工作表示比较满意；全年开放4批次保障性租赁房的申请分配工作，组织开展12月31日前合同到期家庭的续租工作。

【保障性住房项目建设】 2016年，厦门市除完成省政府下达的任务数外，新开工同安城北B地块二期、九溪小区、黎安居住区3个保障性住房项目，续建华铃花园二期、华铃花园三期、新阳居住区一期、高林居住区二期、东方新城二期B地块等5个项目。9月，新开工3个市本级公共租赁住房项目，分别为园博公寓、珩琦公寓和后吴公寓，总建筑面积约55万平方米，建设房源8129套。截至年底，3个项目均在进行桩基施工。

年内，厦门市建设局协调推进轨道交通安置房项目建设，保障轨道建设拆迁安置需求。截至年底，轨道1号线公园东路安置房项目完成竣工备案，轨道2号线3个安置房项目均取得基建项目前期计划，已开展相关审批工作。

【保障性安居工程专项规划编制】 2016年，市建设局组织市规划院编制《厦门市保障性安居工程布局专项规划（2016～2020年）》，主要在轨道站点周边和交通便利的地方选址建设，重点明确各选址项目的建设规模、配套设施等内容。同时由各区和火炬管委会在各工业园区内建设适量公租房，定向租赁给园区企业。该专项规划于11月22日通过评审，经初步测算，截至2020年底，市本级、各区、火炬管委会和国有企事业单位将建设公共租赁住房约10万套。除调整9429套市区级未分配安置房为公共租赁房源外，此次规划新建公共租赁住房项目共35个，建设房源约9.2万套。

【绿色建筑标准执行】 2016年，厦门市推动保障性安居工程执行绿色建筑标准，落实海绵城市要求。新开工的保障性住房项目九溪小区和黎安居住区在设计招标文件中均明确要求应取得绿色建筑一星级设计标识认证。截至年底，洋唐居住区A09、A11、B13地块取得绿色建筑二星级设计标识认证，滨海公寓和后溪花园取得绿色建筑一星级设计标识认证，洋唐居住区B17地块完成绿色建筑专项设计。

【保障性租赁房分配】 2016年，厦门市开放4个批次保障性租赁房申请。其中，第一、第二批面向中低收入住房困难家庭，第三批面向低保住房困难家庭，第四批面向连续3次摇号未中的申请家庭。受理申请6965户，经审核取消资格663户，公示8081户（2015第一、二批和2016年第一、二批），选房1948户，签订合同6475户（含往年选房申请户），交房入住7494户（含往年选房申请户），续租审核10182户，签订续租租赁合同6002户。

【保障性住房使用管理】 2016年，市建设局组织巡查保障房38562户次，

2016年，洋唐保障性住房片区外景（市建设局提供）

列入重点监管名单305户；发现违规使用223户，经督促已整改196户，行政处罚2起；办理退房252户。巡查空置房2219套（包括保障性住房、安置房、统建房等各类政策性住房），发现被违规占用6套，均完成整改。在17个已建保障房小区推广人脸识别系统，完成方案编制、图纸设计和费用测算等工作。引进汇嘉、邮政物业等一级资质的物业管理企业，在洋唐居住区等新交房项目树立物业管理服务标杆，促进其他项目提升物业服务水平。组织完成房屋维修约6200件，小区公共部位维修约280件，完成电梯、消防、智能化、二次供水零星维修15230起，协调解决83部电梯的故障率高问题。组织对所有保障性住房和安置房项目进行资产清查，逐套查看空置房源、店面、车库，确保没有被占用。建立安置房巡查机制，委托厦门保障性安居工程建设投资有限公司对地点分散的零星安置房源进行管理。在非住宅方面，通过委托该公司运营管理，全年完成招租107间店面，提高配套商业用房价值。

【公共租赁住房分配】 2016年8月起，市建设局会同厦门保障性安居工程建设投资有限公司启动8个批次市级公共租赁住房的申请分配工作。第一批次配租面向教育系统和卫生计生系统，由市教育局和市卫计委作为行业主管部门，至年底完成配租工作，配租280套（505床），并陆续完成交房工作；第二批次配租面向公交和环卫系统，由市公交集团及市环卫处作为行业主管部门，至年底基本完成配租工作，配租103套（145床），并陆续完成交房工作；第三批次配租面向公安系统，由市公安局作为行业主管部门，至年底基本完成配租工作，配租49套（54床），并陆续完成交房工作；第四批次配租工作年底启动，面向厦门轨道交通集团有限公司，第一阶段配租89套（267床），集体合租，并于12月底启动交房工作；第五批次配租面向复旦大学附属中山医院厦门医院，由市卫计委作为行业主管部门，分阶段进行配租；第六、七、八批次配租工作于12月底启动，分别面向教育、卫生计生及公安系统配租，计划2017年春节前基本确定配租对象。

【台风“莫兰蒂”灾后重建】 2016年9月15日，台风“莫兰蒂”在厦门登陆，给全市各保障性住房小区造成严重的影响。市建设局、市住房保障管理中心灾后第一时间组织人员分头奔赴灾后现场，了解受灾情况，指导物业单位排查统计受损情况。协调并安排维修单位开展排险工作，加装临时防护，排除安全隐患，第一时间恢复影响住户日常生活的受损项目。专业维修人员抢修因台风受损的200余部电梯。召集物业单位及厦门特房建工，对因台风受损的上千片玻璃进行维修。累计组织灾后家园重建相关的会议数十次，指导协调相关单位开展工作，建立起灾后重建工程工作机制，有序推动灾后恢复工作快速开展。（参见P72【台风】）

（市建设局）

责任编辑：曾一一
审　　稿：曲　艺
责任校对：林建高

6 政党·政权

中共厦门市委员会

会议及活动

【全市经济工作会议】 2016年，厦门市年初经济工作会议于1月7日召开。会议贯彻落实中央经济工作会议、中央城市工作会议、中央扶贫开发工作会议和全省经济工作、城市工作、扶贫开发工作、生态环保工作会议精神，总结2015年全市经济工作，分析当时形势，安排部署2016年经济工作。时任省委常委、市委书记王蒙徽主持会议。王蒙徽指出厦门市2016年经济工作的总体要求：按照“五位一体”（经济建设、政治建设、文化建设、社会建设和生态文明建设）总体布局和“四个全面”（全面建成小康社会、全面深化改革、全面依法治国、全面从严治党）战略布局，全面贯彻落实中央一系列重大决策部署和中央、全省经济工作会议精神，紧紧围绕率先全面建成小康社会、争当“五大发展”（创新、协调、绿色、开放、共享发展）示范市目标，牢固树立和认真落实创新、协调、绿色、开放、共享的发展理念，积极适应、主动引领经济发展新常态，坚持稳中求进工作总基调，以完善和实施美丽厦门战略规划为抓手，以提高发展的质量和效益为中心，以改革开放创新为动力，着力加强供给侧结构性改革，着力加快产业转型、城市转型和社会转型，全面做好稳增长、调结构、强动力、惠民生、防风险工作，确保实现“十三五”良好开局，为建成美丽中国典范城市打牢基础，为建设机制活、产业优、百姓富、生态美的新福建作出新的贡献。实现当年经济工作目标任务，要着力推进供给侧结构性改革，进一步增强创新发展动力；要着力提升城市发展的整体性系统性，进一步增强城市的承载力和宜居度；要着力加强生态建设和环境保护，进一步构建绿色发展格局；要着力打造国际一流营商环境，进一步提升开放发展水平；要着力增进民生福祉，进一步拓展共享发展实效。市长裴金佳就做好2016年经济工作作具体部署。郑道溪、张健、洪碧玲等市委、市人大常委会、市政府、市政协领导，在厦门省、市级老同志，市中级人民法院、市检察院、厦门海事法院领导等出席会议。

年终全市经济工作会议于12月29日召开。会议总结2016年经济工作，分析当时形势，研究部署2017年经济工作。时任省委常委、市委书记裴金佳主持并强调做好2017年工作总体要求，代市长庄稼汉作具体部署。市委、市人大常委会、市政府、市政协领导，市中级人民法院、市检察院、厦门海事法院领导，在厦省、市级老同志，各区、开发区、市直各部门及省部属驻厦门单位主要负责同志，市各民主党派主要负责人等参加会议。

【专题民主生活会】 2016年1月28日，市委常委班子召开“三严三实”（既严以修身、严以用权、严以律己；又谋事要实、创业要实、做人要实）专题民主生活会，时任省委常委、市委书记王蒙徽主持会议。会议围绕主题，联系市委常委班子和成员个人实际，深入查摆问题，开展批评和自我批评；书面通报2014年度市委常委民主生活会查摆问题及征求意见建议的整改落实情况。王蒙徽强调，市委常委班子要坚决维护中央权威，增强政治定力，站稳政治立场，在大是大非问题面前始终保持清醒头脑；要认真践行“三严三实”要求，当对党绝对忠诚、严守政治纪律和政治规矩、从严管党治党、真抓实干的表率；要严肃党内政治生活，把党委班子建设得更加坚强有力，团结带领全市人民努力实现率先全面建成小康社会、建设“五大发展”示范市目标。裴金佳、洪碧玲等市委常委出席。省纪委、省委组织部有关同志到会指导。市人大常委会主任郑道溪、市政协主席张健列席会议。

【全市创建全国志愿服务模范城动员大会】 2016年3月4日，全市创建全国志愿服务模范城动员大会暨学雷锋志愿服务工作推进会在人民会堂召开。会议全面启动部署厦门市创建全国志愿服务模范城工作，推动市志愿服务工作深入开展。洪碧玲强调，要把创建全国志愿服务模范城和美丽厦门共同缔造融为一体，把创建志愿服务模范城与创建全国文明城市、创建全国双拥模范城紧密结合起来，推进志愿服务事业在厦门岛内外全域协调发展。副市长国桂荣主持会议并宣读获得全国志愿服务“四个 100”的厦门先进典型名单。市文广新局、海沧区两岸义工联盟、湖里区金山街道金安社区作志愿服务典型经验介绍。市领导叶重耕、陈秋雄出席会议。

【市委十一届全体会议】 2016 年，厦门市先后召开市委十一届十二次、十三次、十四次、十五次全体会议。（见表 6–1）

【第八届海峡论坛大会开幕式】 2016 年 6 月 12 日，第八届海峡论坛大会开幕式在厦门举行。中共中央政治局常委、全国政协主席俞正声出席论坛大会并致辞。俞正声指出，维护两岸关系和平发展与台海和平稳定，需要两岸同胞坚定信心、倾心投入。两岸关系和平发展道路被实践证明是一条光明大道。两岸同胞团结奋斗，两岸关系就没有过不去的河、翻不过的山，两岸关系和平发展道路就一定会越走越宽广。全国政协副主席、台盟中央主席林文漪，十届全国人大常委会副委员长、中国关工委主任顾秀莲，中共福建省委书记尤权、省长于伟国、省政协主席张昌平，中央台办主任张志军，海协会会长陈德铭，中华全国总工会党组书记、副主席、书记处第一书记李玉赋，致公党中央常务副主席蒋作君，国家有关部委领导，省委、省人大、省政府、省政协领导，王蒙徽、裴金佳、郑道溪、张健等市领导，台湾地区国民党副主席胡志强、新党主席

表 6–1　　**2016 年厦门市委十一届全体会议**

时间	会　议	主 要 内 容
5 月 27 日	市委十一届十二次全体会议	讨论筹备召开市第十二次党代会有关工作事项，审议通过《关于召开中国共产党厦门市第十二次代表大会的决议》。时任省委常委、市委书记王蒙徽主持会议并强调，要精心做好党代会各项筹备工作。要突出主题、实事求是、集思广益，写好市委工作报告，确保报告成为符合厦门市实际、具有特色、能够引领市未来 5 年发展的纲领性文件；要选出一批好代表，严格按照党内选举条例的有关规定和中央、省委换届工作的具体要求，把好代表质量关、结构关、审批关；要适当提高基层一线代表特别是工人、农民代表比例，保证妇女代表、少数民族代表比例，注重从优秀基层党组织书记和党务工作者中产生人选；要坚持正确用人导向，发挥党组织的领导和把关作用，以选好配强班子为重点，严明换届工作纪律，换出一个好班子。时任市长裴金佳作关于召开市第十二次党代会决议（草案）说明。会议投票表决通过 7 名市政府工作部门正职领导职位拟任人选和推荐人选。会议对市委常委会作出的给予李某某、黄某某开除党籍处分的决定予以追认。市委领导洪碧玲、黄菱、叶重耕、陈秋雄、蔡建新、林文生、张灿民、孙明忠、黄强、李伟华等，以及市委委员、候补委员出席会议，市纪委委员列席
8 月 16 日	市委十一届十三次全体会议	全面贯彻“五大发展”理念，落实省委九届十六次全会精神，研究部署当时和此后一个时期厦门市推进供给侧结构性改革、争当“五大发展”示范市工作，为推进厦门市“十三五”发展提供强大支撑。时任省委常委、市委书记王蒙徽主持会议并强调，要深入实施创新驱动发展战略，围绕加快建设国家创新型城市和国家自主创新示范区，强化企业科技创新的主体地位，加快完善科技园区布局，培育壮大创新型产业体系，打造创新创业的人才高地，力争到 2020 年，全社会科技研发投入占全市生产总值的比例提高至 4%，科技进步贡献率达 65% 以上。现阶段经济发展的新常态特征更加明显，唯有坚定不移推进供给侧结构性改革，才能从根本上激发发展的内生动力。（1）着力扩大有效供给，围绕提高供给体系的质量和效率，优化供给结构，推动实现更高水平的供需平衡；（2）着力降低企业成本，深入实施“降成本、优环境”专项行动，打好降低实体经济企业成本的“组合拳”；（3）着力补齐城市发展短板，从基础设施、产业发展、社会事业和民生服务等领域的薄弱环节入手，扩大有效供给、激活有效需求。必须统筹推进“五大发展”示范市建设和供给侧结构性改革，既坚持用五大发展理念引领供给侧结构性改革，又把推进供给侧结构性改革体现到践行五大发展理念的各领域、全过程。时任市长裴金佳就《厦门市争当“五大发展”示范市实施意见》作说明。全会审议通过《厦门市争当“五大发展”示范市实施意见》和《中共厦门市第十一届委员会第十三次全体会议决议》。市委领导洪碧玲、黄菱、叶重耕、陈秋雄、蔡建新、林文生、张灿民、孙明忠、黄强、李伟华、陈沈阳等出席
9 月 28 日	市委十一届十四次全体会议	审议市第十二次党代会工作报告（草案）和市纪委工作报告（草案），确定厦门市出席省第十次党代会代表候选人预备人选。时任市委书记裴金佳主持会议。市领导庄稼汉、洪碧玲、叶重耕、陈秋雄、蔡建新、林文生、张灿民、孙明忠、黄强、李伟华、陈沈阳，市委委员、市委候补委员出席会议
10 月 8 日	市委十一届十五次全体会议	听取中国共产党厦门市第十二次代表大会筹备工作情况报告，审议通过市第十二次党代会日程安排（草案），决定市第十二次党代会于 10 月 12 日至 14 日举行。时任市委书记裴金佳主持会议。全会听取洪碧玲作关于中国共产党厦门市第十二次代表大会筹备工作的情况报告，听取陈沈阳作关于十二届市委委员、候补委员、市纪委委员人事安排有关情况的说明。市领导庄稼汉、洪碧玲、黄菱、叶重耕、陈秋雄、蔡建新、林文生、张灿民、孙明忠、黄强、李伟华、陈沈阳，十一届市委委员、候补委员出席会议

郁慕明、亲民党秘书长秦金生、无党团结联盟荣誉主席颜清标等两岸各界人士1700多人出席论坛大会。该届海峡论坛以“扩大民间交流、促进融合发展”为主题，主会场设在厦门，有关设区市、平潭综合实验区分别举办相关活动。6月11～17日，论坛大会、青年交流、基层交流、经贸交流4个板块19项活动在福建各地开展。

【“推进台湾青年来厦就业创业工作会议”召开】 2016年9月5日，“推进台湾青年来厦就业创业工作会议”在厦召开，市委常委陈秋雄主持。市委副书记洪碧玲出席会议并强调，帮助台湾青年到厦门就业创业是一件有重要意义的工作，要按照中央、福建省委对台工作的要求，充分发挥厦门对台战略支点作用，不迟疑、不等待、不懈怠，把建设好海峡两岸青年创业基地作为重要抓手加以推进。各区、自贸区管委会、火炬管委会、市委办、市台办、市发改委、市财政局、市人社局、市经信局、市商务局、团市委、市妇联各1名领导及各区台办主任参加。

【国际投资论坛】 2016年9月8日，2016国际投资论坛在厦门国际会展中心五楼多功能厅举行。中共中央政治局委员、国务院副总理汪洋出席并发表主旨演讲。商务部副部长王受文主持。省市领导张志南、黄琪玉、梁建勇、陈绍军、裴金佳、郑道溪、张健参加论坛。（参见P321同名条目）

【省委及省政府工作检查组到厦门检查工作】 2016年9月13日，省委副书记、省长于伟国率省委省政府工作检查组到厦门市开展工作检查。副省长梁建勇、周联清，有关设区市和省直部门负责人一同调研检查。厦门市领导裴金佳陪同检查组深入一线，实地查看市推进自贸试验区改革创新，推进供给侧结构性改革，开展小流域治理，实施创新驱动战略，促进产业转型升级等方面工作情况。

【市主要领导任命】 2016年9月24日，市委常委（扩大）会议和全市领导干部大会先后召开。受省委书记尤权委托，省委常委、组织部部长王宁出席并作重要讲话。省委组织部常务副部长袁毅宣读中央、省委关于厦门市委、市政府主要领导调整变动的决定：裴金佳任中共厦门市委书记，庄稼汉任中共厦门市委委员、常委、副书记。同时，市委常委会议研究决定：庄稼汉任中共厦门市人民政府党组书记。市委、市人大常委会、市政府、市政协班子领导，在厦门省市级老同志，市法院、市检察院、厦门海事法院主要领导，各区及市直各部门主要负责人等参加会议。

【中国共产党厦门市第十二次代表大会】

2016年10月12～14日，中国共产党厦门市第十二次代表大会在厦门人民会堂召开。会议由代市长庄稼汉主持。市委书记裴金佳代表中共厦门市第十一届委员会向大会作题为《把握新机遇再上新台阶为建设“五大发展”示范市而努力奋斗》报告。裴金佳强调，此后5年，市战略核心是建设“五大发展”示范市；主要任务是，要大力推进创新发展，加快建设国家创新型城市。并就以上内容展开全面具体论述。中共厦门市第十一届纪律检查委员会工作报告以书面形式提请大会审议。在主席台就座的有大会主席团执行主席裴金佳、郑道溪、张健、庄稼汉、洪碧玲、黄菱、叶重耕、陈秋雄、蔡建新、林文生、张灿民、孙明忠、黄强、李伟华、陈沈阳、倪超、黄文辉、李辉跃和特邀参会的驻厦部队领导张学杰，大会主席团其他成员，特邀参会的在厦门省市级老同志，法检系统老同志，市人大、政府、政协和海事法院党外领导，驻厦门部队正师级以上单位军政领导，市民主党派、工商联负责人和无党派人士代表，在厦门正厅级以上部省属单位正职领导等。

【市委十二届全体会议】 2016年，厦门市先后召开市委十二届一次、二次全体会议。会议均由市委书记裴金佳主持。（见表6–2）

【市委常委扩大会议】 2016年，厦门市委于10月31日（市行政中心西楼一层3号会议室）、11月29日（市行政中心西楼一层2号会议室）先后召开市委常

表6–2　**2016年厦门市委十二届全体会议**

时间	会　　议	主　要　内　容
10月14日	市委十二届一次全体会议	选举产生中共厦门市第十二届委员会常务委员会。裴金佳当选为市委书记，庄稼汉、陈秋雄当选为市委副书记，裴金佳、庄稼汉、陈秋雄、叶重耕、蔡建新、林文生、张灿民、孙明忠、黄强、李伟华、倪超、黄文辉、陈沈阳13人当选为中共厦门市第十二届委员会常务委员会委员。全会通过中国共产党厦门市第十二届纪律检查委员会第一次全体会议选举结果。裴金佳在会上向全市党员干部提出要带头树牢“四个意识”、带头担当尽责、带头务实为民、带头维护团结、带头廉洁从政等5点要求
12月27日	市委十二届二次全体会议	贯彻中共十八届六中全会精神，深入学习习近平总书记系列重要讲话精神和对福建、厦门工作的重要指示，落实省第十次党代会、省委十届一次全会部署，对深入推进全面从严治党，推动各项事业发展再上新台阶，努力当好建设新福建排头兵，作全面部署。全会讨论市委常委会书面工作报告，研究讨论《中国共产党厦门市委员会工作规则（征求意见稿）》，审议通过《中共厦门市委十二届二次全体会议决议》。裴金佳强调，全市各级各部门要认真学习领会全会精神，坚决维护以习近平同志为核心的党中央权威，贯彻执行好有关准则、条例，推动全面从严治党要求落到实处，努力以建设“五大发展”示范市、当好建设新福建排头兵的良好成效，为全国全省发展大局作出更大贡献。市委常委庄稼汉、陈秋雄、叶重耕、蔡建新、林文生、张灿民、孙明忠、黄强、李伟华、倪超、黄文辉、陈沈阳，市委委员、候补委员出席

表 6-3　**2016 年厦门市委常委扩大会议**

时间	主要内容
10 月 31 日	传达学习中共十八届六中全会和省委常委（扩大）会议精神，研究厦门市初步贯彻意见。裴金佳指出，全市各级党组织要把学习贯彻六中全会精神作为一项重大政治任务认真抓好学习宣传贯彻，为迎接党的十九大胜利召开营造良好氛围。要把学习六中全会精神与学习贯彻习近平总书记系列重要讲话精神和对福建、厦门工作的重要指示结合起来，深化对“建设什么样的党、怎样建设党”规律性认识，履行全面从严治党主体责任，严格执行有关准则、条例，加强党内监督，不断净化党内政治生态，以实际行动推动制度治党不断深化。市委领导庄稼汉、陈秋雄、叶重耕、蔡建新、林文生、张灿民、孙明忠、黄强、李伟华、黄文辉、陈沈阳，市人大常委会、市政府、市政协领导，市法院、市检察院、厦门海事法院领导，在厦门省市老同志出席
11 月 29 日	传达学习省第十次党代会和省委十届一次全会精神，研究厦门市初步贯彻意见。裴金佳指出，省第十次党代会明确此后 5 年全省工作的中心任务，各级各部门要迅速组织学习传达，深刻领会、全面把握大会提出的新任务、新举措、新要求，准确把握“再上新台阶、建设新福建”主旋律和最强音，切实把思想和行动统一到省委决策部署上来。代市长庄稼汉传达省第十次党代会和省委十届一次全会精神。市领导陈秋雄、叶重耕、蔡建新、林文生、张灿民、孙明忠、黄强、李伟华、倪超、黄文辉、陈沈阳出席

委扩大会议，会议均由市委书记裴金佳主持。（见表 6-3）

【筹备金砖国家领导人第九次会晤】 2016 年 10 月 16 日，金砖国家领导人第八次会晤在印度果阿举行，中国国家主席习近平宣布中国将于 2017 年接任金砖国家轮值主席国，将于 2017 年 9 月在福建省厦门市举办金砖国家领导人第九次会晤。2017 年金砖国家领导人会晤福建省筹备工作领导小组第一次会议于 2016 年 11 月 13 日在厦门召开，省委书记尤权主持会议，省长于伟国出席会议并讲话。11 月 16 日，厦门市在人民会堂多功能厅召开 2017 年金砖国家领导人会晤筹备工作动员大会，市委书记裴金佳主持。裴金佳强调，办好金砖会晤，是中央交给厦门市的重大政治任务，必须举全市之力当好东道主，全力以赴做好各项筹备工作。代市长庄稼汉出席并讲话。副市长黄强传达中央、省有关会议精神，通报厦门市筹备工作进展情况。市委、市人大、市政府、市政协领导，市法院、市检察院、厦门海事法院领导，各区、各开发区、市直各部门主要负责人，部分省部属驻厦门单位主要负责人，基层单位负责人等参加会议。

【两岸企业家峰会年会】 2016 年 11 月 7 日，以“企业创新合作，产业融合发展”为主题的两岸企业家峰会 2016 年年会在厦门召开。中共中央政治局常委、全国政协主席俞正声出席大会并致辞，大陆方面两岸企业家峰会理事长曾培炎主持。大陆方面两岸企业家峰会副理事长盛华仁，福建省委书记尤权、省长于伟国，国台办主任张志军，海协会会长陈德铭等出席。中央和国家有关部委领导，张志南、倪岳峰、陈冬、王惠敏、梁建勇、周联清等福建省领导，裴金佳、郑道溪、张健、庄稼汉等厦门市领导分别参加有关活动。两岸 900 多位企业界人士等参加讨论。该届峰会年会为期 2 天，选在金门、厦门两地召开，象征着两岸“门对门、水连水”，体现两岸民众“心连心，一家亲”。6 日在金门开幕，7 日在厦门举行宏观经济、能源石化装备、金融、信息家电、成长型和中小企业、文化创意、生物科技与健康照护 7 个产业合作推进小组专题论坛和分论坛，7 日下午该届峰会年会在厦门国际会议中心闭幕。

【防抗台风“莫兰蒂”暨灾后恢复重建工作总结推进会】 2016 年 11 月 15 日，防抗台风“莫兰蒂”暨灾后恢复重建工作总结推进会在人民会堂多功能厅召开，代市长庄稼汉主持。市委书记裴金佳出席并指出，从台风“莫兰蒂”生成、登陆，到抢险救灾、恢复重建的这段日子，将浓墨重彩地载入厦门史册。裴金佳强调，要把抗击超强台风中积累的经验和激发出来的精神转化为推进各项事业发展再上新台阶的强大动力，切实推进经济持续健康发展，进一步增强综合实力；切实抓好灾后恢复重建工作，建设美好家园；切实加强防灾减灾工作，提升应对自然灾害和突发公共事件的能力；切实深化文明创建，培育城市共同精神；切实推进全面从严治党，为经济社会发展提供坚强政治保证。市委副书记陈秋雄宣读市委市政府《关于对防抗台风“莫兰蒂”及灾后恢复重建工作先进集体和先进个人进行表扬的通报》。驻厦门部队、电力、企业和志愿者先进代表先后发言。市领导郑道溪、张健等，驻厦门部队领导李泽华出席会议，市法院、市检察院、厦门海事法院领导，各区、市直各部门主要负责人，部分省部属驻厦门单位主要负责人，驻厦门部队官兵代表等参加会议。（参见 P72【台风】）

【党的十八届六中全会精神报告会】 2016 年 11 月 17 日，省委宣讲团党的十八届六中全会精神报告会在人民会堂多功能厅召开。省委宣讲团成员、省委党校教授李新生作宣讲报告。市委、市人大常委会、市政府、市政协领导，市法院、市检察院、厦门海事法院领导，部分在厦省、市级老同志，各区、各开发区、市直各部门主要负责同志，各人民团体负责同志，驻厦部队官兵、高校师生、社科工作者、基层干部代表及市委宣讲团成员等参加会议。

【厦门经济特区建设 35 周年座谈会】 2016 年 11 月 29 日，厦门经济特区建设 35 周年座谈会在悦华酒店馨悦楼华庭厅召开。市委书记裴金佳出席座谈会并讲话。裴金佳回顾厦门经济特区建设 35 周年取得的令人瞩目业绩，分析特区发展所面临的新挑战、新考验，指出在新起点上，经济特区作为中国特色社会主义事业排头兵的使命没有变。裴金佳强调，要牢记使命、接续奋斗，努力在全面深化改革开放上探新路，在贯彻新发展理念上作示范，在服务国家战略上建新功，在践行以人民为中心的发展思想上走前列，再创新业、再立新功，加快推进“五大发展”示范市建设。座谈会由代市长庄稼汉主持。与会人员观看厦门经济特区建设发展回顾短片。郑金沐、刘国深、陈思林、曾丽霞、冯鸿昌、林建、熊衍良等各界代表在会上先后发言。郑道溪、张健、陈家东等市各套班子领导，驻厦门部队领导李泽华，陈修茂以及邹尔均、洪永世、洪华生、李秀记、蔡望怀等部分在厦门省市级老同志，市法院、市检察院、厦门海事法院领导，各区、各开发区、市直各有关部门主要负责人，省部属驻厦门单位负责人，厦门经济特区建设各时期的社会各界代表出席。

（陈城辉）

【接待工作】 2016年，中共厦门市委接待办公室（厦门市人民政府接待办公室）落实中央“八项规定”和《党政机关国内公务接待管理规定》，避免接待工作随意性，杜绝随意突破标准接待的现象，接待工作在制度约束下组织实施和有效运行。

接待党和国家领导人：中央政治局常委、十二届全国政协主席俞正声，中央政治局委员、国务院副总理汪洋，中央政治局委员、中央统战部部长孙春兰，中央政治局委员、中央政法委书记、中央社会管理综合治理委员会主任孟建柱等。

参与接待保障大型活动：第八届海峡论坛，2016厦门国际投资贸易洽谈会，第九届文博会，第十二届海峡两岸旅游博览会，世界城市日，2016年G20财长和央行副手会议，2016海峡两岸企业家峰会，2016中国（厦门）国际海洋周等。

接待到厦门检查、调研、考察重要团组：广西壮族自治区、宁夏回族自治区、西藏自治区等团组，沈阳市、青岛市、赣州市、衡水市、白银市等党政代表团，深圳市、汕头市、威海市、舟山市、来宾市、台州市、潮州市、成都市、昆明市、柳州市、宝鸡市、银川市、淮北市、承德市、威海市、常州市、运城市、莆田市等团组，鼓浪屿申遗考察组，中央纪委驻公安部纪检检查组，国家土地总督察调研组，国务院参事调研组，国务院大督查第九督查组，环保部督查组，国税总局“双打”工作组，中央第十五巡视组，省质量工作考核小组，住房城乡建设部地下综合管廊试点年度绩效评价小组，省水资源管理制度考核组等。

（范 欣）

组织工作

【概 况】 2016年，厦门市委组织部学习贯彻中共十八届三中、四中、五中、六中全会精神和习近平系列重要讲话精神，以落实全面从严治党要求为主线，突出抓好集中换届和“两学一做”学习教育，推动组织工作再上新台阶，为厦门市建设“五大发展”示范市提供坚强的组织保证。截至12月底，全市有党组126个，党工委69个，各级党的基层组织14025个（党委640个、党总支622个、党支部12763个）。全市有建制村147个（设党委的14个，设党总支的75个，设党支部的58个）；有社区360个（设党委的150个，设党总支的101个，设党支部的104个，新建社区尚未建立党组织5个）。全市党员总数208978人，其中女党员83083人，占39.76%。大专以上学历148063人，占70.85%。2016年新发展党员8143人，其中女党员4532人，占55.66%。

【干部素质能力培训】 2016年，市委组织部落实《干部教育培训工作条例》，举办各类培训班54期（场），培训干部4642人次。举办厦门市主要领导干部学习贯彻五中全会精神专题研讨班，邀请知名专家授课，培训领导干部101人。选派119名处级以上干部参加中央和省级党干校学习，其中副局级以上干部57人。举办各类主体班次33期，培训各级干部2112人，邀请市委、市政府及市直部门领导和国内知名专家等172人到党校授课。围绕“提升城市国际化水平”“营造国际一流营商环境”等主题，采取与市直部门联合办班等多种形式，举办政府公共服务创新、涉外政务交往等专题培训班21期，培训关键岗位干部骨干2530人。与新加坡国立大学等知名院校合作，采取引进全境外师资的办法开展培训；赴上海、深圳、苏州、杭州举办“深化自贸区改革创新”等专题培训7期，培训干部264人。举办“千人学堂”辅导讲座9场，邀请知名专家学者解读“SDR”“供给侧结构性改革”等国际国内政治经济焦点热点，参训干部1万多人次；举办服务“厦门会晤”系列专题讲座，帮助干部学会按国际规则和惯例办事，提升国际合作和交往能力；精选435门课程充实“干部在线学习”平台课程库，全市干部在线学习点击量超过500万人次。

·小资料·

SDR：纸黄金的简称，中文名“特别提款权”，发行人为国际货币基金组织，人民币于2016年10月11日加入“SDR”。

【干部队伍建设】 2016年，厦门市选拔副厅级干部11人，正处副局级干部35人，选配街道党政主要领导35人，首次向全市12个镇机关核定处级非领导职数44个。市委组织部研究出台《关于完善容错免责机制改进干部考核评价实施细则（试行）》，完善干部考核评价机制，合理划定容错界限，营建良好的从政生态。开展两家市属国企市场化选聘高管试点，积累经验、探索可复制的办法；研究拟出台国企领导班子综合考评办法等。2016年党群系统共招考公务员69人，事业单位工作人员39人。接收选调生41人、大学生村官47人。其中，根据市重点工作和重点产业发展需要，通过双向选择引进9名紧缺专业博士选调生，充实到自贸区、两岸金融中心等重点单位；将20名大学生村官安排到经济薄弱村，其余全部安排到任务较重的村居和农场。坚持在挂职锻炼与推动工作的统一，累计选派挂职干部230余名，侧重充实金砖办、申遗办、地铁办、机场指挥部等重点指挥部力量，派往一线的干部占挂职干部总数的3/4。争取16家省部属驻厦门单位选派49名干部到厦门市挂职，充实紧缺专业的干部力量。做好支援扶贫协作，精选援藏、援宁干部开展新一轮对口支援。加强挂职干部管理，落实走访、谈心、考察和定期慰问制度，调动挂职干部积极性，达到挂职出实效目的。

【干部监督审查】 2016年，市委组织部严格执行领导干部个人有关事项报告制度，全市6420名处级以上干部按要求报告个人有关事项。重点对843名拟提任市管干部、转任重要岗位以及换届继续提名和新提名人选个人有关事项报告进行抽查，按10%比例随机抽查685名处级以上干部（其中市管干部86人）个人有关事项报告。根据查核比对结果，对少报未报股票市值、房产面积等进行补报、函询、批评教育、诫勉等处理。落实谈心谈话、函询、诫勉和廉政提醒等制度，对81名领导干部进行函询，完成46名领导干部经济责任审计，查办信访举报62件。严格执行任前审核、任后报备两项制度，加强对全市各单位干部选拔任用工作日常监督。共审核各单位报送任前审核材料98批，涉及干部213人；受理各单位任后报备材料166批，涉及提任副处以下干部723人，及时指出审核发现存在的问题并督促所在单位进行整改。全市有84家单位开展“一报告两评议”工作，评议结果中，各项指标总体优良，其中干部选拔任用工作满意度平均分为95.01（上年为93.48）、新提任领导干部满意度平均分为93.06（上年为94.72）。分批抓好全市人事档案专项审核工作，在完成在职市管干部档案专项审核基础上，第二批应审21980人全部完成审核、组织认定和问题整改，第三批审核工作有序展开；全市派出调查组28个，参与外调个人户籍原始资料，查阅机关部门文书档案和干部本人当面核实了解等调查核实工作510人。各级单位组织人事部门完成找干部谈心谈话6574人次，对发现信息不一致的重新认定3657人次，累计回收历史档案材料53824份。

【党建扶贫落实】 2016年，市委组织部全面摸排集体经营性收入10万元以下村105个，逐个建档、逐个提升，培育选树典型村26个，抓点带面发挥典型引领作用。组织村（居）主干赴苏州举办发展村级集体经济培训班，深入农村一线举办“党建富民强村”培训班，提升村居骨干带领发展致富能力。谋划推进集体经济发展项目105个，总投资约1.4亿元。推进市直单位挂钩帮扶农村（社区），各市直单位实地走访联系群众2300多户，慰问困难党员群众近2500人次，谋划发展建设项目320个、落地180个。

【基层党组织建设】 2016年，市委组织部推进以“一核多元、共治共享”为主题的社区党建引领社区治理工作机制，符合条件的192个城市社区全部成立社区大党委，76家社区建立大党委成员单位轮值主席制度，轮值开展党建活动453场；158个社区建立党建项目认领制度，共认领、实施党建项目674项。组织社区主干到其他先进地区学习考察140余人次。试点组建优秀社区党组织书记“导师库”并在基层授课94次。持续提升社区党建“三有”（有人管事、有钱办事、有场所议事）建设水平，每个城市社区年工作经费平均40.5万元（中组部要求每个城市社区工作经费20万元）、服务群众专项经费46.6万元。城市社区综合用房面积全部达500平方米以上，平均约1000平方米。推进“在职党员到社区报道为群众服务”活动，市直单位认领村居服务需求项目200多个，认领微心愿9000多个，结对帮扶困难群众1.3万余人。出台加强社会组织党的建设工作实施意见，建立市级直联非公领域党组织制度，将市委非公企业工委调整设为市委非公企业和社会组织工委。开展非公企业和社会组织党的组织和工作覆盖第五轮“集中攻坚”行动，建立非公企业党组织3501个、覆盖企业15326家、覆盖率76.5%，建立社会组织党组织582个、覆盖社会组织1288家、覆盖率58.33%。完善非公领域人才培育模式，选拔1名非公企业党委书记进入乡镇领导班子，做好非公党建人才订单班，首批18名学员毕业实习和岗位输送，选聘第二批非公企业党建协理员101人，建立全市非公党建指导员人员信息数据库。全年发展党员8143人，全面消除“三年以上未发展党员的”村居。新建户外远教广场27个、总量109个。

·小资料·

非公党建人才订单班：指市委组织部与厦门城市职业学院签订战略合作协议，开设非公企业党建专业，从该校大二学生中层层选拔优秀预备党员，开设“非公企业党建人才订单班”，为非公企业党建工作培养储备专业人才。

【人才队伍建设】 2016年，市委组织部围绕全市经济转型和产业升级，落实中央《关于深化人才发展体制机制改革的意见》。创新推行自贸片区人才工作特殊政策，获批实施自贸区引进海外人才出入境便利政策。出台自贸片区首个综合性人才政策，聚焦急需重点紧缺产业、发挥企业引才用才主体作用。鼓励自贸片区内各用人单位灵活引进海内外优秀人才，通过成立专家顾问团、柔性引进建设专才、合作建立自贸研究院和专家咨询委员会等方式，累计聘任30多名知名专家、实力企业家等，选聘海内外专才4人，招聘聘任制公务员4人。“海纳百川”人才计划各项子计划顺利推进，累计收到申报6044人次，3021人获得资助，支持高技能、软件与信息、服务外包领域等领域人才2000多人。入选国家“千人计划”91人、省“百人计划”183人。厦门市被评为福建省首批人才聚集区（人才特区），火炬高技术产业开发区、海沧区被评为福建省产业人才聚集基地等。市委组织部举办首届两岸人才机构合作洽谈会。会同市人社局举办台湾专业人才（厦门）对接会，三安集成电路、宸鸿科技等厦漳泉地区105家涉台用人单位为台湾人才提供800多个中高阶职务岗位，吸引60多位台湾地区专业人才（硕士以上学历的占70%）和近200位台籍学生到场应聘，并组织实地考察对接。加强对台人才政策宣传推介，利用海峡论坛契机，印发《两岸人才创新创业指南》，重点推介宣传厦门市“双百”、“海纳百川”、台湾特聘专家制度等重大人才政策和清华海峡研究院、软件园三期等特色重点平台。对6个区开展7大类近30个指标的人才目标责任制考核。完善科技服务团及人才挂职工作机制，从17家单位选派25人参加科技服务团及赴平潭综合实验区挂职。加强对人才的政治引领，举办2期“高层次人才国情研修班”，推荐多名高层次人才代表转任党政机关部门领导干部或担任代表、委员等。举办第三届“人才项目资本合作展”，吸引近6万人观展、洽谈和对接，路演91个新项目和新产品，达成合作意向494个，签约项目15个，签约金额4.05亿元。同步举办高层次人才网络交流会，发布206家企业的1097个需求岗位，实现网络对接3564人次。组建社会化、专业化人才发展服务团队，征集各类人才服务专员300余人。

【学习教育活动】 2016年，市委组织部落实中央、省委部署要求，开展“两学一做”学习教育。出台“两学一做”学习教育实施方案，制定农村、社区、非公、机关、学校、国企、老干部 7 个分类指导意见。建立市委“两学一做”学习教育协调小组工作联系点 33 个。市、区、镇街 3 级共建立督导组 343 个，对 693 家党组织、52058 人次党员开展面对面督导工作。制定市委常委带头参加“两学一做”学习教育方案，各级党委（党组）、中心组共组织学习 3975 次，各级领导干部均带头参加所在党支部学习讨论，人均讲党课 2 次以上。统筹全市优质师资和党课资源，建立市级党课 55 门，制定党课“菜单”供基层党组织和党员自主选学。以“党校办到高山上，教授请进家门口，学员深入田地间”为指导，在白交祠、军营两村建立“两学一做”学习教育基地和市、区党校高山教学点，举办 17 期培训，共培训 3000 余人次。推进中组部部署的基层党建 7 项重点任务落实。在全省率先开展党员组织关系集中排查，排查失联党员 2518 名并想方设法联系失联党员，失联率从 1.25% 降至 0.25%，规范理顺党员组织关系 2924 人。抓好党代会代表和党员违纪违法未给予相应处理情况排查并全部处理到位。全面排查基层党组织按期换届情况专项检查，未按期换届的 581 个基层党组织整改 567 个，其余 14 个在整改落实中。抓好党费收缴专项检查，所有党支部完成自查自改，党费全部缴交到位。

【市区镇三级领导班子换届】 2016 年，市委组织部配合中央和省考察组做好市级领导班子换届等考察工作；制定区镇换届工作方案，成立换届工作机构。全市各级党委和组织部门顺利完成市区镇三级党委换届。市委组织部指导全市 21 个选举单位选举产生 443 名市十二次党代会代表，市党代会选举工作首次使用电子计票系统，确保计票准确无误，市党代会各项议程圆满顺利；会同市人大、市政协，做好人大代表候选人、政协委员人选审核把关工作；会同市委统战部抓好民主党派换届考察，指导市总工会、市妇联、市工商联等群团组织换届工作。按照“四必谈”要求落实“五个责任主体”（地方党委、地方党委书记、纪检机关、组织部门和人大、政府、政协党组及统战部门）换届监督的责任，市委主要领导带头，各级纪委、组织部门负责人主动谈话，市区镇换届谈话 1004 人次；严肃换届纪律，印发换届纪律文件，通过市级媒体刊发、短信平台推送宣传中央和省委关于加强换届风气监督“九个严禁、九个一律”纪律规定，组织观看《镜鉴》《警钟》警示片等，营造风清气正的换届环境；核查继续提名人选和拟新进班子人选 390 余人的个人有关事项，征求纪检监察机关意见，选派 3 个换届风气督查组，及时查处有关问题举报或反映，防止干部“带病提名”“带病提拔”“带病上岗”。全市 6 个区召开党代会，选举产生新一届区“两委”委员、候补委员共 324 人。紧抓换届后区级班子建设，指导各区完善区委全委会、常委会议事决策规则，贯彻《中国共产党地方委员会工作条例》，细化区委工作运行机制，开展 1 次条例执行情况专项检查。对各区党委班子选配坚持大稳定小调整，在总体保持稳定的前提下，各区新提拔人选 40 人，占班子成员总数 22.2%。推进干部交流，各区党政班子新进人选 46 人，占党政班子的 45.1%。各区共配备 22 名 40 岁左右年轻干部，配有 1 名 45 岁以下区委书记，2 名 40 岁左右区长。各区党政班子中均配有女干部，并配有 1 名女区长。强化基层导向，共提拔 14 名镇街党政正职进班子。

·小资料·

四必谈：指开展严肃换届纪律专题谈话。换届启动后，由各级地方党委书记和纪检机关、组织部门主要负责同志做到：本级四大班子成员必谈、本级党委管理的主要领导必谈、重点岗位干部必谈、负责换届工作人员必谈。

九个严禁、九个一律：严禁拉帮结派，对搞团团伙伙、结党营私的，一律给予纪律处分；严禁拉票贿选，对在民主推荐和选举中搞拉票、助选等非组织活动的，一律排除出人选名单或取消候选人资格，并视情节给予纪律处分，贿选的依法处理；严禁买官卖官，对以权谋取职务调整、晋升等为目的的贿赂他人或者收受贿赂的，一律先停职或者免职，并依纪依法处理；严禁跑官要官，对采取拉关系或者要挟等手段谋取职务或者职级待遇的，一律不得提拔使用；严禁造假骗官，对篡改、伪造干部档案材料的，一律对相关人员给予组织处理或者纪律处分；严禁说情打招呼，对搞封官许愿或者为他人提拔重用说情打招呼的，对私自干预下级干部选拔任用的，一律记录在案，情节严重的严肃追究责任；严禁违规用人，对突击提拔调整干部、超职数配备干部和违反规定程序选拔任用干部的，一律宣布无效，并视情节对相关人员给予纪律处分；严禁跑风漏气，对泄露、扩散涉及换届人事安排等保密内容的，一律追究相关人员责任；严禁干扰换届，对造谣、诬告他人或者妨害他人自由行使选举权的，一律严厉查处，涉嫌违法犯罪的移送司法机关处理。

【大学生村官富民强村创新实践大赛】 2016 年 5 月，市委组织部、团市委共同举办“大学生村官富民强村创新实践大赛”，由大学生村官从党建、经济、村貌、帮扶、文明创建等领域自选题材，策划培育项目，推动项目实施，实现成果转化，并开展评比。全市大学生村官首批策划生成 43 个富民强村项目，活动至年底结束，于 12 月 27 日召开全市“大学生村官富民强村创新实践大赛”表彰大会，市委组织部、团市委对“千里寻杨·桃醉古楼”等 22 个大学生村官创新实践项目予以通报表彰。

【“厦门党建 e 家”管理平台完成建设】 2016 年 5 月，厦门市委组织部打造的“厦门党建 e 家”管理平台完成一期建设并在火炬高新区试运行 3 个月，至 12 月完成二期建设。平台融基层党组织建设、党员教育管理、党员数据库等为一体，实现网上接转党员组织关系、网上交纳党费、网上过组织生活、网上民主评议党员、网上参加“两学一做”学习教育、党员义务清单管理、发展党员网上全程跟踪以及通过提醒、警示等功能，同时通过党员数据库实时更新和统计、分析、汇总等功能，及时了解掌握党组织和党员开展活动情况。

【全国园区非公企业党建工作座谈会在厦门召开】 2016 年 5 月 26 日，全国园区非公企业党建工作座谈会在厦门召开，会议由中央组织部主办，省委组织部、厦门市委等共同承办。各省、自治区、直辖市和新疆建设兵团党委组织部分管副部长、组织处长、非公企业党工委书记，以及部分国家级园区党工委书记，副省级城市党委组织部副部长，国家发改委、科技部、财政部、商务部、税务总局有关司局负责人共160人参加会议（含列席会议的福建省各地市党委组织部分管副部长）。中央组织部副部长齐玉、部务委员吴玉良，时任省委常委、市委书记王蒙徽，省委常委、省组织部部长王宁出席会议。王蒙徽书记在会上作交流发言，推广厦门经验。厦门市园区非公党建“六化”（组织架构系统化、党务队伍专业化、公共阵地实体化、作用形象显性化、党建工作信息化、激励保障制度化）机制得到中组部领导和与会代表充分认可。会后，近100批次共2100余人先后到厦门学习考察。

【厦门市人才公共服务平台上线】 2016年5月底，由厦门市委组织部打造的“i人才”——厦门市人才公共服务平台正式上线。平台建设依托对全市人才服务资源有机整合，将政府相关职能部门、各产业园区、社会各类服务机构等近100家单位服务资源、200多个服务项目协调集中到平台上，提供服务信息2万多条，成为一个集政策信息、申报中心、落户服务、求职招聘、投融资等15个功能模块为一体的人才公共服务平台，为人才提供综合性、门户型、便捷化的免费公益服务。自平台上线至年底，日点击率突破10万人次，总点击量4590万人次。

【首届两岸人才机构合作洽谈会】 2016年6月，在第八届海峡论坛上，厦门市委组织部举办首届“两岸人才机构合作洽谈会”。洽谈会以主题演讲、项目推介、洽谈对接、实地考察等多种形式，组织台湾1111人力银行、台湾汎亚人力资源集团、台湾中小企业总会、台湾“中山大学”等16家台湾地区人才机构、近百家大陆相关机构，100多名台湾专业人才，围绕进一步优化两岸人才交流合作机制进行深入交流研讨，针对50多项台湾科技产业化项目和上千个对台引才岗位需求开展洽谈对接，促成近50项人才引聘和产业合作意向。

【厦门市委非公企业和社会组织工委设立】 2016年9月，经市委研究同意，厦门市委非公企业工委调整设立为厦门市委非公企业和社会组织工委，配备1名书记（副厅级）、1名专职副书记，统筹负责全市非公企业和社会组织党建工作。工委下设办公室，配备4名行政编制。设立后的厦门市委非公企业和社会组织工委将33家非公企业、34家社会组织党组织作为直接联系点，签订党建工作责任书，明确六大责任目标（保证政治方向、团结凝聚群众、推动事业发展、建设先进文化、服务人才成长、加强自身建设）和12项具体工作措施，市级直联点每年12月前要向市委非公企业和社会组织工委报告党建责任落实情况，以及下一年度的工作安排。

【中国（福建）自由贸易试验区厦门片区首个综合性人才政策出台】 9月14日，中国（福建）自由贸易试验区厦门片区出台首个综合性人才政策——《中国（福建）自由贸易试验区厦门片区关于进一步激励自贸区人才创新创业的若干措施》，政策聚焦自贸试验区急需重点紧缺产业，发挥企业引才用才主体作用、吸引“双创”人才落户自贸试验区、加大自贸试验区台湾人才引进力度、完善自贸试验区人才创新创业环境。

（张雅玉　许正超）

宣传工作

【概　况】 2016年，中共厦门市委宣传部（简称市委宣传部）把握宣传思想文化工作特点和规律，掌握意识形态领域领导权和主动权，推进意识形态工作责任制落地落实，对全市6个区和78家市直单位意识形态工作责任制落实情况进行考核，考核结果统一纳入全市绩效考核指标体系。围绕全市中心工作，精心组织“深化改革看厦门”“风展红旗山海行”“抗击台风莫兰蒂”“建设五大发展示范市”“聚焦厦门步入‘金砖时间’”“庆祝厦门经济特区建设三十五周年”等大型主题宣传活动。向中宣部报送各类舆情信息5767篇（条），中宣部采用361篇，其中得到中央领导批示61篇。举办第九届海峡两岸（厦门）文化产业博览交易会（简称文博会）、第十二届海峡两岸图书交易会（简称海图会）。全市文化产业总收入1155亿元。厦门市委宣传部获评中宣部“舆情信息工作优秀单位”。

【理论宣讲】 2016年，厦门市组建“理论宣讲轻骑兵”（简称“轻骑兵”）深入基层开展学习领会习近平“七一”重要讲话精神集中示范性宣讲活动。7月27～30日，“轻骑兵”先后走进前埔南社区、软件园一期、舫山书院和“湖里星期六名家讲堂”，集中宣讲习近平“七一”重要讲话精神。宣讲宣传习近平“七一”重要讲话精神活动年内在厦门市全面铺开。6月2日由市委宣传部主办，市委讲师团、市新华书店承办的学习贯彻习近平系列重要讲话精神“读书分享会”在市新华书店永同昌门店（嘉禾路388号永同昌大厦二楼）举办，邀请厦门大学马克思主义学院教授徐雅芬等6位专家、学者，分别从各自角度，以开放式、分享式、互动式读书沙龙形式，对《习近平总书记系列重要讲话读本（2016年版）》进行理论面对面的学习与领会，并现场网络直播和线上线下互动；11月22～24日，学习贯彻党的十八届六中全会精神市委宣讲团深入全市基层开展6场代表性集中宣讲。

【理论学习】 2016年，市委宣传部组织10余场市委中心组集中学习，包括邀请清华大学国情研究院院长胡鞍钢作《以人为本的“十三五”：2020年宏伟蓝图》讲座，邀请平安证券投行事业部执行总经理陆满平作题为《金融如何创新服务实体经济》的专题讲座，组织市委中心组成员围绕“两学一做”学习教育，围绕“五大发展”示范市建设实践开展系列学习研讨活动等，发挥中心组成员的学习主动性、自觉性和务实性。此外，与市委组织部等相关部门一同组织“千人学堂”等扩大集中的中心组学习。

【“深化改革看厦门”采访活动】 2016年，由市委宣传部与市深改办联合举办“深化改革看厦门”走转改大型主题采访活动。活动3月底启动，历时近5个月，共集结20多家中央、省驻厦门新闻媒体和本市新闻媒体，累计派出文字、摄影、摄像记者300多人次，深入基层一线，采写刊发各类消息、通讯、评论、图片700多篇，为厦门新一轮改革发展提供舆论支持。

【“对口支援西部行”采访活动】 2016年，市委宣传部策划组织“对口支援西部行”新闻采访活动，市委常委、宣传部部长叶重耕任采访团团长，分3路分别赴西藏和重庆、新疆、甘肃和宁夏的厦门市对口支援和帮扶地区采访，于11月中下旬在各媒体推出全面反映厦门市对口支援和帮扶情况系列报道，引导全社会共同关心、支持和参与对口支援协作工作。其中，新华社在《新华每日电讯》头版头条刊发《扶贫＋扶智，“闽宁模式”见实效——厦门对口帮扶宁夏、甘肃部分贫困地区见闻》；《光明日报》在头条刊发《喜看西部赛江南——厦门“对口支援西部行”见闻》；《经济日报》在头版刊发《厦门市对口帮扶西部20年——脱贫致富路更宽》文章；中央人民广播电台播出《对口支援西部行：“厦门班”办进新疆高中，“天山羊”走上厦门餐桌》；中新社刊发《对口援藏：厦门援建地首移左贡援建资金逾1.7亿元》《走访厦门对口援建地：鹭江情万州力》2篇报道；《福建日报》在头版链接2篇长篇通讯《高原涌动鹭江潮——厦门市全面援藏22年纪实》《特区真情暖三峡——厦门市对口支援重庆万州纪实》；市属媒体《厦门日报》、厦门广电集团同步开辟“对口支援西部行”专题专栏，连续6天推出大篇幅系列报道并配发言论，讲述厦门对口援建帮扶、扶贫协作故事。

【新闻管理】 2016年，市委宣传部践行党管宣传、党管媒体根本原则，把握正确舆论导向。在建立健全制度方面，严格落实新闻媒体“三审”制度，完善管理机制，落实问责措施，市新闻宣传未出现重大责任事故；完善突发事件新闻报道快速反应机制，出台《关于进一步完善突发事件新闻应急处置机制的通知》等规范性文件，研究制定《厦门市关于规范重特大事故信息发布工作的实施意见》。在媒体融合发展方面，以厦门日报社、厦门广电集团为龙头，深入推进媒体深度融合发展，搭建融媒体指挥平台，初步构建新闻信息内容一次性采集、多媒体呈现、多渠道发布的全媒体传播格局。

【网上舆论引导】 2016年，市委宣传部继续推进网络管理，实现传统媒体与网络媒体一个导向、一体管理；抓好新媒体党建工作，在“凤凰厦门”、厦门小鱼网等非公网站成立党支部，把党管媒体原则贯彻到网络媒体管理之中；持续提升网上舆情工作水平，1～11月，共向市委报送各类网络舆情专报162期，得到省委常委、市委书记裴金佳肯定；举办厦门市第五届网络文化节，推动各种优秀精神文化产品上网，壮大积极健康向上网络文化，打造全省乃至全国知名的网络文化品牌。

【核心价值观培育和践行】 2016年，市委宣传部着力推进社会主义核心价值观建设。做好“梦娃”系列动画视频和“图说我们的价值观”公益广告刊播，组织创作“图说价值观”（翔安）农民画、“图说嘉庚精神”张贴画等深富地方特色的核心价值观公益广告、动漫画片并张贴宣传；在厦门日报和厦视新闻分别开设“培育和践行社会主义核心价值观”专栏，及时报道厦门市培育和践行社会主义核心价值观的鲜活事例、行动举措、经验做法；将核心价值观建设融入主题公园、主题社区、主题街道建设；联合市委教育工委发行《社会主义核心价值观学科教育指导纲要》，率先在全国把核心价值观融入中小学教育各学段36个学科，推进核心价值观进教材、进课堂、进学生头脑。宣传推广“厦门国税蓝本”核心价值观经验模式。

【“音乐厦门”文化品牌活动】 2016年，市委宣传部组织开展音乐厦门——城市之歌全国原创作品征集活动，上半年收到1000多人次、700余件作品，评选出第一、第二季度20首优秀歌曲。举办2016“庆五一”——音乐厦门·情系兄弟姐妹慰问职工专场文艺演出、“五星红旗迎风飘”庆国庆广场歌会、音乐厦门——助力鼓浪屿申遗优秀歌曲展演、2016中国厦门国际乐器展音乐厦门嘉年华、音乐厦门走进华侨大学、走进厦门理工学院快闪活动等。与《厦门日报》“百家村之声”新媒体中心携手搭建微广播宣传平台；与全国音乐核心刊物《福建歌声》取得合作，开辟“音乐厦门”优秀原创作品选登专栏，每期推送两首厦门原创优秀歌曲；与《海西晨报》联合推出《音乐厦门》专刊，每月一期四版，每期发行量6000份，及时传递厦门文艺界动态、宣传厦门本土音乐人、推广厦门原创优秀歌曲。市委宣传部指导音乐厦门组委会举办流行音乐、闽南语歌曲、校园歌曲、少儿音乐等不同主题的音乐厦门沙龙活动；举办音乐厦门——“国贸杯”首届十佳歌手选拔赛，发动社会各界共同参与打造音乐厦门，推广厦门优秀原创歌曲，培育厦门音乐人才。

【系列文艺活动】 2016年，市委宣传部创作举办2016《百花迎春》——厦门市慰问建设者专场文艺晚会、厦门市庆祝中国共产党成立95周年诗文诵读专场音乐会——《迎风飘扬的旗》、厦门市纪念中国工农红军长征胜利80周年大型音乐舞蹈史诗情景合唱——《长征组歌》；组织协调相关单位办好海峡论坛暖场演出、世界城市日论坛演出、2016第十二届厦门元宵民俗文化节系列活动、“守望相助，大爱暖城”——厦门

1月28日，2016《百花迎春》——慰问厦门建设者专场文艺演出（市委宣传部提供）

抗御台风“莫兰蒂”重建家园特别节目、凤凰花开——在厦高校青年艺术展、丹青传家——靳之林靳山菊美术画展、两岸四地一家亲文化艺术心连心一港澳台美协迎春画展等活动；筹备庆祝厦门经济特区建设35周年文艺活动。向宣传文化系统、各区征集35年厦门优秀原创歌曲，组织专家评委进行遴选，遴选出35首思想性、艺术性俱佳的原创歌曲，选取其中15首音乐质量较好的歌曲制作庆祝厦门经济特区建设35周年优秀歌曲集；组织办好《军民鱼水情》——厦门市庆祝建军89周年暨中国工农红军长征胜利80周年慰问演出、厦门市庆祝中华人民共和国成立67周年“华韵颂歌”民族音乐会、2017厦门市新年音乐会、全市春节团拜会文艺演出，举办元旦、春节、元宵节等节庆日文艺演出，丰富人民群众物质文化生活。市委宣传部指导市文广新局继续做好“温馨广场”电影放映工作；持续办好“美丽厦门·温馨广场”“假日舞台”“精品舞台剧进校园”等公益惠民演出活动等。

【推进文化改革发展】 2016年，市委宣传部推进文化改革发展工作，推动厦门日报社系统改制工作，组建报业传媒集团，6月18日报业传媒集团正式挂牌成立。推动广电集团修订绩效考核办法，推动经营机制创新，探索广告经营事业产业一体化的创新发展模式。推进思明电影院、中华电影院和电影发行放映公司3家国有影院与厦门广电集团的资源整合工作。继续推进四三九九公司进一步完善具有文化特色的企业制度。推动广电集团入股作为美拍公司的特殊管理股股东。举办“艺术厦门”博览会，组织“美丽厦门”当代美术作品晋京展，推动民营机构筹办“诗性共同体”当代艺术展和“不朽的梵高”感映艺术展等艺术品展示交易活动。举办第九届国际动漫节、第九届文博会、2016DCC中国数字产业峰会、手游全民竞技大赛、中国数字产业泛娱乐高峰会等活动。组织推荐龙山文创园和湖里1980创意产业园参与创建国家级文化产业示范园区，龙山文创园、沙坡尾文化创意港、联发华美空间、海峡建筑设计文创园、集美集影视产业园和方特动漫基地等园区成为市文化产业发展主要集聚区。神游华夏园、海丝艺术品交易中心和枋湖闽台文化旅游产业园等重大文化产业项目顺利建成或部分建成投入运营。市委宣传部开展2016～2017年度重点文化企业评选工作，认定四三九九等50家重点文化企业。推动扶持6家文化企业入选国家文化出口重点企业，9家文化企业获评省文化出口重点培育企业。

【宣传推介厦门】 2016年，市委宣传部组织策划2016马拉松赛、第二十届台交会、第六届南洋文化节、第八届海峡论坛、第十九届投洽会、“世界城市日”、第九届海峡两岸文博会、2016厦门国际海洋周、2016厦门国际女子高尔夫公开赛、2016厦门国际设计周、两岸企业家峰会、2016厦门世界半程铁人三项赛暨铁人世锦赛资格赛厦门站等重要活动宣传报道工作。支持厦门日报社分别与《光华日报》合作开设“今日厦门”专版，全年出版24期；与香港《南华早报》合作开设专版，宣传厦门市生态文明、自贸区建设和鼓浪屿整治提升成就。《北京周报》出版中英文“魅力厦门”专刊，以封面报道形式向中外读者展示厦门包容、开放、活力的城市形象，助力鼓浪屿申遗。10月，由中国国际广播电台多语种媒体和福建省主要媒体组成的“海上丝绸之路”多媒体联合采访报道团，围绕“一带一路”特别是福建21世纪海上丝绸之路核心区建设主题深入厦门采访。市委宣传部制作对外宣传品，拓展传播渠道。市委宣传部牵头改版厦门城市形象宣传片，编印“美丽厦门”英文版宣传折页，制作“美丽厦门”画册，配合世界城市日的召开，制作厦门宣传片和英文宣传资料，做好在中央电视台和厄瓜多尔“世界城市日”国外主场活动宣传。

【第五届厦门网络文化节】 2016年4月，市委宣传部举办第五届厦门网络文化节，历时4个多月，产生书画类作品300多幅、网络征文及演讲作品近百篇、视频作品2400多个、摄影作品近3000幅，线上线下参与人数突破300万人次，推动繁荣厦门网络文化建设，得到中央网信办社会工作局和省委网信办肯定。活动有六大特色：紧扣美丽厦门建设目标，围绕市委、市政府工作大局，以“拥抱E时代——美丽·关爱·创新·共享”为主题，涵盖“微分享”“微公益”“微传承”“微互联”和“微党建”5个单元30项活动；利用网页、论坛、微博、微信、手机APP等互动平台，创作传播“鹭岛乡情百韵”诗书邮印联展、2016闽南地区校园网络“微拍”大赛等一系列健康向上的原创网络文化作品；通过组织“爱心图书馆主题活动”“日行一善e点赞”“社区爱心墙示范区”“爱，一直在路上”等公益活动，广泛组织动员全社会奉献爱心；通过3D数字技术搭建可全息投影、可漫游导览的“厦门网络文化节网上虚拟

8月7日，第五届厦门网络文化节闭幕式在厦门市博物馆大厅举行。与此同时，福建省“争做中国好网民”活动启动
（市委宣传部提供）

展馆”，汇集前四届厦门网络节活动的精彩图文、视频等资料，同时全面生动展示第五届厦门网络文化节成果；通过开展“垃圾不落地”净化沙滩行动、到养老院慰问老人、设置“党员示范岗”等各种线上线下活动，展示党员先锋模范形象，展现网站党支部风采；该届厦门网络文化节的参与单位从属地网站、运营商扩展到文创企业，美图网科技、四三九九、翔通动漫、青鸟动画等文创企业首次参与厦门网络文化节，取得良好舆论反响和社会效应。

【文艺精品创作】 2016年5月23日，市委宣传部与市财政局联合下发《厦门市文艺发展专项资金扶持奖励办法》（试行），成立厦门市艺术指导委员会，下发《关于开展2016年厦门市文艺发展专项资金项目扶持及优秀作品奖励申报工作的通知》，开展文艺专项扶持申报工作。收到各门类文艺项目扶持申报67件、优秀作品奖励申报8件；组织专家评委评选出文艺项目扶持申报17件、优秀作品奖励申报6件，经厦门市艺术指导委员会审议通过。5月23日，市委宣传部印发《中共厦门市委宣传部文艺人才重点项目资助办法》（试行），全面开展申报工作，收到文艺人才重点项目资助申报8件，经专家评委评选及厦门市艺术指导委员会审议通过文艺人才资助项目6件。市文艺创作中心继续用好《厦门宣传》“艺海观澜”专栏，发挥文艺评论领导创作、提高审美、引领风尚的作用；组织举办厦门市第四届文艺创作培训班，举办厦门市第二届小戏小品编导演培训班，邀请全国知名专家到厦授课。

【红色文化工程建设】 2016年7月，市委宣传部对全市红色文化资源情况展开调研，形成《关于鼓浪屿革命旧址（遗址）调研情况的报告》和《关于我市红色文化资源调查摸底的情况报告》，摸清全市红色文化资源保护开发底数。9月，组织召开全市红色文化工程部署会，制定出台《厦门红色文化保护、传承和弘扬工程实施方案》，成立厦门红色文化保护、传承和弘扬工程联席会议制度，提出实施厦门红色文化保护传承、研究整理、弘扬传播、文艺精品和旅游开发“五大工程”。组织召开红色文化工程新闻发布会和红色文化工程启动仪式及系列红色文化主题活动，拉开厦门红色文化工程建设序幕。

【防抗“莫兰蒂”新闻报道】 2016年9月15日，台风“莫兰蒂”在厦门登陆，造成严重灾害。在防抗“莫兰蒂”及灾后自救其间，市委宣传部协调组织150多家境内主要传统媒体、30多家境外主要媒体，360余家网站，78家新闻客户端以及400多家的官方微博、2000多个微信公众号报道厦门受灾及灾后恢复重建相关情况。召开6次新闻专题协调会，参加与舆论引导工作有关的协调会20多场，协调防抗台风重要事项新闻报道事宜近200项。其中，中央、省、市主要媒体共刊播防抗14号台风报道两千多篇。中央电视台“新闻联播”“朝闻天下”“新闻直播间”“东方时空”“新闻30分”“第一时间”等新闻栏目连续数日正面报道厦门抗击台风情况，央视新闻评论多次点赞厦门。新华社播发《汇聚起重建家园的磅礴力量》、《人民日报》刊文《厦门速度文明底色》、中央人民广播电台“新闻和报纸摘要”“全国新闻联播”等栏目以播发录音新闻、直播连线等形式报道有关防抗“莫兰蒂”新闻40多篇。（参见P72【台风】）

【先进典型宣传】 2016年10月，市委宣传部全面启动陈清洲重大先进典型选树宣传工作。10月24日，市委研究确定陈清洲为厦门市重大先进典型，成立“不忘初心的好民警”陈清洲先进事迹报告团，以市委名义先后组织3场全市报告会。12月21日，中宣部在厦门举办2016年第十期“时代楷模”发布仪式，授予陈清洲全国“时代楷模”，同时公安部和人力资源社会保障部联合授予陈清洲公安“一级英模”荣誉称号。2016年度评选出10大类共10人厦门市践行社会主义核心价值观基层“最美人物”，其中厦门市湖里区久久爱心志愿服务队队长赵雅娟、湖里区金尚社区居委会党委书记陈素贞分别获得全省最美志愿者和最美社区工作者。12月28日，市委宣传部在厦门广播电视集团举办“美在厦门——2016年厦门市践行社会主义价值观基层最美人物发布会”。

【对马来西亚文化交流活动】 2016年10月24～31日，厦门广电集团组织的“闽南读册歌、唱响新丝路”展演交流团在马来西亚巡演交流。在吉隆坡、马六甲、槟城3地共举办4场演出，受到当地华界和媒体的重视关注，对于打造“海丝”文化品牌，展现厦门文化软实力发挥重要作用。年内，厦门广播电视集团与厦门大学马来西亚分校合作设立厦门卫视东南亚演播室，派出记者驻点采访，开设“东南亚一周观察”新闻节目，并与东南亚电视媒体展开合作。

（林丽征）

精神文明建设

【概　况】 2016年，中共厦门市委精神文明建设办公室（厦门市精神文明建设指导委员会办公室）（简称市委文明办）持续深化文明城市创建，开展打造全国公共文明行为典范城市创建活动，以培育和践行社会主义核心价值观为根本，着力加强思想道德建设，推进志愿服务工作制度化，加强未成年人思想道德建设工作，各项工作有效推进、成效显著。4月27日，市委编办下发《关于调整市委文明办机构编制有关事项的批复》，市委文明办增设社会工作指导处，主要负责协调全市美丽厦门共同缔造工作和社区书院运营管理、指导协调工作。在年初全省开展的文明城区测评中，厦门市继续保持前列，全省26个参评城区，厦门6个区中5个名列前6名。

【全国公共文明行为典范城市创建】 2016年，厦门市文明委联合市交通局启动“厦门市第二个市民公共文明行为示范月”暨“美丽厦门·文明出行”活动，揭晓首张市民公共文明行为示范月特别纪念E通卡，授牌命名一批公交公共文明行为示范线路、公共文明行为示范站点、出租车公共文明行为示范车队，引导市民践行文明行为，敢于向不文明行为说“不”。打造一批公共文明行为教育基地，确定思明区莲花五村社区“文明广场”、湖里区禾山街道禾山社区“文明家园”、海沧区东孚街道洪塘村“文明行为示范苑”等6个项目为2016年社区（村）市民公共文明行为示范点项目。“实施市民素质提升行动，打造全国公共文明行为示范城市”被省文明办列为特色创建品牌。

【第三批品牌志愿服务队确定】 2016年，为进一步发挥品牌志愿服务队伍的示范聚合作用，经推荐审核，市委文明办确定“92580”志愿者联盟、厦门市老党员志愿者服务总队、厦门长庚医院志愿服务队、集美区卢妈妈义工协会、鼓浪屿申遗志愿服务队、厦门市教科院未成年人心理健康教育志愿服务队、集美·诚毅志愿者联盟、厦门市红十字会造血干细胞捐献志愿服务队、厦门市妇联娘家人“三进三送”志愿服务队、厦门市无偿献血志愿者服务队10支队伍为第三批品牌志愿服务队，予以重点培育、宣传推介，要求品牌队伍在推进志愿服务制度化、常态化建设上带好头、作表率，做大声势做大影响，培育领军人物，弘扬社会正气。

【全国文明家庭和“身边好人”评选】 2016年，市委文明办在全市开展推荐参评首届全国文明家庭活动，游文晃家庭和赵雷家庭获首届“全国文明家庭”。在每月开展“我推荐、我评议身边好人”活动中，李溢新、陈亚辉、陈青松、陈清洲4人入选“中国好人榜”，林东荣、周育辉、洪清山、徐民族、苏江圳、陈清滨、林金辉、马二亮、张翠娥11人入选“福建好人榜”。

【未成年人思想道德建设】 2016年，市委文明办按照“认识先行、三位一体、持之以恒、开拓创新”工作思路，推进未成年人思想道德建设。广泛开展“我的中国梦”“我的价值观”“我们的节日”等主题教育实践活动。开展“学习雷锋、做美德少年”学习宣传常态活动、“永恒的丰碑诗文诵读”网络大赛活动和第六届“校园文明博客节”系列活动等，涵养未成年人道德情操。命名6所厦门市首批“城市学校少年宫”示范点，举办乡村（城市）学校少年宫活动成果展示展演活动，建立“校园展示、区级展评、市级示范”三级展示平台，让学校、少年宫成为孩子们亦学亦乐、增智增趣的乐园。举办“2016年厦门市未成年心理健康辅导骨干人员培训班”，提升心理健康辅导骨干人员专业素养。持续开展网吧、网络、荧屏声频、出版物市场和校园周边5个专项整治。将校园周边、网吧管理纳入市城区文明程度测评，促进净化社会文化环境工作常态化制度化。组织优秀童谣征集传唱、“红领巾读书读报奖章”、“中华颂·两岸情”海峡两岸青少年经典诵读邀请赛等活动，充实丰富未成年人的精神世界。组织“童心向党”歌咏活动，录制的1个节目在中国文明网展播，2个节目在福建文明风展播。

【校园道德讲堂升级版品牌打造】 2016年，厦门市开展“社会主义核心价值观动漫课堂进校园”活动，通过改进活动流程，创新活动形式，丰富活动内涵，运用未成年人喜爱的动漫形式诠释社会主义核心价值观，让广大师生在参与中认知、在互动中认同、在日常养成中践行，有效提升学生文明素养和道德水平，推动全市文明校园创建活动蓬勃开展。1～10月，“动漫课堂”先后走进13所学校，完成42节授课，为5000多名孩子带去生动有趣的活动，深受未成年人喜爱。

【社区书院品牌打造】 2016年，厦门市共建成1家市级社区书院总部，推出6家区级社区书院指导中心、25家市级试点社区书院和34家区、街（镇）先行创建的社区书院，形成1套基本课程体系、信息服务系统和运行管理模式，构建起互联互通、资源共享的社区教育服务体系。全年25个试点社区累计开课1600多门次，开展活动8000多场次，参加人数27万多人次。

【文明城市创建年度迎检工作完成】 2016年初，根据中央文明办和省文明委工作安排，厦门市围绕迎接2016年度全国、全省文明城市（区）测评，全市各级各部门对照职能大力开展突出问题与薄弱环节专项整治，适时协调市领导带队实地抽查点评，发现问题现场督办整改，通过各级各部门共同努力，完成迎接全国、全省文明城市（区）测评任务，并取得优异成绩。下半年，市文明委办公室印发《全国文明城市实地考察任务分解表》，召开省检实地考察点申报工作会，明确各区各部门责任。及时召开迎检动员部署会；10月18日，市文明委召开全市文明城市创建工作会暨“八不”（安全出行不违规、垃圾分类不落地、节俭用餐不浪费、红白喜事不奢办、言谈举止不粗俗、文明上网不低俗、旅游观光不任性、经济生活不失信）行为规范推进会；11月11日，召开创建文明城市（城区）工作动员会，对厦门市文明城市（城区）创建工作取得的成绩和存在的问题进行点评，部署下一步创建工作进行；完成2016年度全国文明城市暗访迎检工作以及全省文明城市、文明城区迎检工作。

【厦门获志愿服务“四个一百”荣誉称号】 2016年2月，中宣部、中组部、中央文明办等部门公布全国获评“100个最美志愿者”“100个最佳志愿服务项目”“100个最佳志愿服务组织”“100个最美志愿服务社区”名单，厦门市蓝天救援队队长陈素珍（水草）获评“最美志愿者”、海沧两岸义工联盟获评“最佳志愿服务组织”、“我是小袋鼠·垃圾不落地”青少年环保志愿服务项目获评“最佳志愿服务项目”、湖里区金山街道金安社区获评“最美志愿服务社区”，厦门市实现志愿服务“四个100”先进典型“满堂红”。

【厦门市志愿服务工作受点赞】 2016年4月10～12日，中国志愿服务联合会副秘书长段桂青、郭新保率调研组一行8人到厦门，调研厦门创建“学雷锋志愿服务模范城”试点工作情况。经过广泛的实地考察和深入了解厦门“邻里守望”社区志愿服务活动开展情况，法庭义工、“文明小袋鼠、垃圾不落地”等特色项目实施情况，并召开会座谈会交流，调研组一行认为厦门市在开展“学雷锋志愿服务模范城”试点工作具有很好的基础，主要体现4个亮点：整体上有高度、有深度、有热度，工作重实效、接地气，注重建队伍、树品牌，厦门市志愿服务工作在体制、机制上勇于创新。希望厦门市志愿服务工作能进一步在挖掘原动力、培养领军型人物、探索推动可持续、扩大覆盖面、促进信息化上下功夫，对带动全省、全国其他城市开展“学雷锋志愿服务模范城”创建工作做出更大贡献。

【中央文明办到厦门调研学雷锋志愿服务制度化建设情况】 2016年5月19～20日，中央文明办一局副巡视员王朝彬带领专题调研组，以实地考察、座谈交流等形式，就厦门市开展学雷锋志愿服务制度化建设情况进行专题调研。调研组一行先后走访厦门市社区书院总部、嘉莲街道友邻中心、厦港街道家庭综合服务中心、思明城市义工协会、蓝天救援队、湖里区金尚社区、兴华社区、海沧区延奎小学、海沧两岸义工联盟、海沧区海发社区和鼓浪屿等地，与市直有关部门、优秀志愿者代表和品牌志愿服务队代表进行座谈，了解厦门市贯彻落实全国学雷锋志愿服务工作推进会精神、志愿服务制度化建设等相关工作开展情况和经验做法。调研组一行对厦门市志愿服务工作给予高度评价：经久不衰、历久弥新。王朝彬指出，厦门志愿服务工作做得很好，在全省乃至全国都是一个老典型，而且一直都在创新探索中，无论是在公共场所，还是在社区，志愿者的影响力已经渗透到了社会各个层面、各个角落，志愿服务使原本美丽的厦门变得更美。厦门的学校以“小手拉大手”的形式在志愿服务中发挥了独特作用；志愿者积极借鉴台湾义工项目运营机制，使两岸同胞感情更加融合；社区将志愿服务做到了日常生活的深层次，邻里间人情味儿浓，同时充分利用“互联网+”开展信息化建设，效果扎实明显；社区书院因地制宜，注重人文建设，打造了居民的精神家园；各类志愿服务组织能够结合自身的特色和理念，注重创新，不断探索，走在全国前列。

【入选福建省首批“志愿服务驿站”示范点名单】 2016年7月，省委文明办在各县（市、区）委文明办自愿申报、设区市委文明办审核推荐的基础上，确认50个示范点为首批福建省“志愿服务驿站”示范点。厦门市鼓浪屿游客中心志愿服务驿站、中山路志愿服务驿站、厦门火车站志愿服务驿站、湖里公园志愿服务驿站、湖里区禾山街道厝边志愿服务驿站、厦门市长庚医院志愿服务驿站 6个站点上榜。

【第六届厦门市道德模范评选表彰】 2016年7月28日，市委宣传部、市委文明办、厦门警备区政治部、市总工会、团市委、市妇联联合印发《关于评选表彰第六届厦门市道德模范的通知》，成立第六届厦门市道德模范评选表彰活动组委会及其办公室，启动评选表彰工作。从8月起，各区各系统根据组委会的部署要求，按照助人为乐、见义勇为、诚实守信、敬业奉献和孝老爱亲5种类型，层层开展推荐评选活动。根据群众投票情况和评审意见，最终产生王宝田、谢启明、张丽、陈清洲、李春、晋强、陈悌、刘良镇、王刚、杨伟展10位厦门市道德模范和陈青松、黄献阔、雷光强、郑庆贺、许志言、庹军、陈坝钦、陈雅勤、周育辉、郑忠平10位道德模范提名奖获得者。

【首届社区志愿服务节活动启动】 2016年8月13日，美丽厦门志愿之城暨厦门首届社区志愿服务节在湖里区江头街道金尚社区启动，是32支品牌志愿服务队首次大集结、大交流。启动仪式现场，市委常委、宣传部部长叶重耕为金尚社区书院志愿服务组织孵化基地授牌。首届社区志愿服务节由厦门市委宣传部指导，市委文明办、市民政局、厦门日报社主办，各区文明办、音乐厦门组委会、厦门市各大品牌志愿服务队协办，海西晨报社承办。活动由厦门市品牌志愿服务队分享交流会及启动仪式组成，涵盖现场志愿服务、音乐表演等。

8月13日下午，厦门首届社区志愿服务节启动现场　（市委文明办提供）

【第十届和谐邻里节】 2016年8月，第十届和谐邻里节启动，12月闭幕。第十届和谐邻里节活动由市委文明办、市缔造办、市社区办、厦门日报社联合主办，厦门晚报社和各区文明办具体承办，各街道办事处协办，全社会参与，主要包括 5个方面内容。（1）7月下旬开始，《厦门晚报》全面启动10周年回顾大型报道，连续3天，每天1个整版予以重点报道。（2）《厦门晚报》开辟专栏“寻找身边好人”“社区能人”，常态性报道“美丽厦门、共同缔造”中出现的好人好事和道德模范，并编排好人好事、道德模范文艺节目，以“道德模范故事汇基层巡演”方式到各个社区演出、传唱。（3）市缔造办利用各级社区书院，持续开展教育强素质、敬老弘博爱、互助献爱心、座谈话和谐、厨艺乐分享、管家化纠纷、巡逻保平安、运动益身心、表演展才华等主题活动，开展参与性强的体育社区游园。（4）市委文明办持续以“邻里守望、情暖厦门”为主题，深入开展“邻里相伴”“邻里相携”“邻里相帮”“邻里相扶”“邻里相助”“邻里相悦”系列志愿服务活动，组织各类志愿者积极扶贫帮困、扶老助残，把志愿服务做进家庭、做到困难个人。推动社区志愿服务常态化制度化，努力建设志愿服务之城。（5）各区、各街道在社区、家庭中广泛宣传节俭理念，普及节俭知识。结合移风易俗，深化“爱心墙”活动，开展闲置物品共享、物品交换小集市、变废为宝竞赛、寻找“节俭达人”等活动，推进节约型家庭建设。推广绿色出行、垃圾分类、少用一次性消耗用品等绿色低碳生活方式，培养崇尚节俭、反对浪费意识，养成文明节俭的消费理念和生活习惯。通过邻里节活动，倡导社会生态文明，营造互帮互助的温馨氛围，促进社区和谐，提升群众幸福感，增强居民文明素养。

【台风“莫兰蒂”灾后重建】 2016年9月15日凌晨，台风“莫兰蒂”正面袭击厦门。9月16日，市委文明办联合《海西晨报》率先对全市广大志愿者朋友、各级文明单位发出“重建家园，文明同行”倡议；17日，市委文明办和市防汛抗旱指挥部联合发出《厦门市防台风防汛3号动员令》，动员全市广大党员干部和市民群众团结一心、自救互助、参与重建。动员令发出后，市委文明办与市直机关党工委迅速部署“重建家园，文明同行”大行动，全市机关事业单位踊跃报名与社区对接，与社区群众一起开展主次干道树枝清理、环境整治、困难帮扶、卫生防疫等活动。党员志愿者、品牌服务队、文明单位在一线，带动无数市民悄然加入灾后重建志愿者行列。

【向全国介绍志愿服务做法】 2016年9月26～28日，中央文明办在江苏南京举办学雷锋志愿服务工作培训班。厦门市委文明办代表在会上作题为《根植于心践之于行让学雷锋志愿服务成为市民的生活习惯》大会发言，向全国各地市汇报展示，在防抗台风“莫兰蒂”过程中，厦门尽显大美大爱。在市委、市政府领导下，灾后恢复重建工作迅速全面展开，全市动员、全民参与“重建家园、文明同行”行动，各行各业人人争当志愿者，志愿者身穿红马甲出现在城市每一个角落。全国有6个省市作典型发言。

【市公共文明提升工程启动】 2016年11月，市文明委正式启动厦门市公共文明提升工程，在《厦门日报》、新媒体等广泛传播“五大行动、十项重点工作”。联合厦门日报社开展“厦门会晤厦门市民文明公约”征集活动。11月19日，联合《厦门日报》《海西晨报》《厦门晚报》，向全体厦门市民发出倡议，号召市民当好“金砖”东道主，充分展示文明城市良好形象。

【国际志愿者日主题宣传实践活动】 2016年11月底，以纪念第三十一个“12·5”国际志愿者日为契机，市委文明办部署开展“当好东道主·志愿我先行”国际志愿者日主题宣传实践活动，动员全市志愿服务组织通过开展文明厦门、美丽厦门、邻里守望、典型宣传四大类活动，推动公共文明行为倡导、投身“家园清洁行动”、为困难群众提供生活料理等志愿服务，发挥报刊、电视、微信等大众传媒的作用，普及志愿精神，宣传志愿成果，充分展示厦门志愿服务工作的新发展新风尚，营造“我为人人、人人为我”氛围，号召全市志愿者以最好的文明风尚迎接金砖厦门会晤召开。

（市委文明办）

统一战线

【概　况】 2016年，中共厦门市委统一战线工作部（简称市委统战部）按照中央、省委和市委统战工作会议精神和关于统一战线一系列重大决策部署要求，着力巩固政治基础，开创厦门统战工作新格局，为美丽厦门建设提供广泛支持。召开全市民主党派、无党派人士坚持和发展中国特色社会主义学习实践活动推进会，举办非公有制经济人士年轻一代理想信念教育专题培训班，组织开展“亲清润闽商、促进两健康”等形式多样的理想信念教育实践活动。协助市委出台《关于加强社会主义协商民主建设的实施办法》，全面落实“6+3+X”政党协商新模式，全年组织协调各民主党派、无党派人士围绕市委、市政府工作大局开展政党协商6次。协调各民主党派围绕“十三五”重点课题、厦门市经济社会发展重大问题组织开展专题调研，牵头各民主党派市委开展《厦门加快工业园区升级转型的研究》和《推进厦门国际化宜居宜业环境建设的研究》2个重点课题联合调研，各民主党派完成年度调研课题近500个，被中央领导批示调研成果7个，报送《党外人士建言（专报）》35期。在全市开展第九个民族团结进步宣传月活动，召开社区民族工作经验交流会。指导市伊协规范清真食品监管。组织开展基督教私设聚会点治理专项调研。完善新的社会阶层人士统战工作联席会制度，司法局、网信办、新媒体产业促进会等单位成为联席会议成员单位。举办第六期新社会阶层人士暨首期新媒体网络人士培训班，全市39名新媒体网络人士参加培训。海峡论坛期间，承办两岸社区服务恳谈、同名村交流活动、职业教育论坛等活动。召开市海联会五届四次常务理事（扩大）会，组织海外理事进行国情考察活动。持续推动高校港澳学生联合工作机制，联合厦门大学、华侨大学、集美大学组织2016年厦门高校港澳学生“美丽中国——江南行”夏令营。支持“嘉庚论坛”举办，开展“嘉庚精神宣传月”系列活动，成功举办《陈嘉庚》大型交响音乐会。市委统战部获全国统战信息工作先进单位一等奖，被中央统战部采用信息26条，7条信息获党和国家领导人批示。年内，完成理论研究课题62个，与台盟市委联合完成的《两岸青年交流与政治认同问题研究》获全国统战理论政策研究创新成果二等奖。《厦门日报》刊出“统战在线”专版20期，“厦门统一战线”网站发布工作信息近1000条。

·小资料·

“6+3+X”政党协商新模式：“6”——固定动作6个，即围绕市委、市政府的中心工作，每年市委与各民主党派、无党派人士政治协商6次；“3”——自选动作3个，即由市委统战部牵头，每年商请2个政府部门召开与各民主党派、无党派人士的座谈会、通报会，以及年底举办1次“同心”建言献策论坛，邀请市四套班子领导和市委办、市府办、市委政研室、市发改委、市社科联和各对口联系等相关政府部门参加；“X”——每年根据上级重要精神和党委政府的年度工作重点，适时组织若干相关的协商座谈会议。

【市委统战工作领导小组成立】 2016年2月4日，市委成立统一战线工作领导小组，省委常委、市委书记王蒙徽任组长，市委副书记，市委常委、统战部部长，市政府常务副市长任副组长，市四套班子办公厅，市委组织部、宣传部、统战部等27个部门主要领导为成员。领导小组下设办公室，办公室设在市委统战部，市委统战部部长兼任办公室主任。领导小组的成立旨在为构建大统战工作格局建立良好工作机制。

【贯彻《中国共产党统一战线工作条例（试行）》实施意见出台】 2016年3月2日，《中共厦门市委关于贯彻〈中国共产党统一战线工作条例（试行）〉的实施意见》颁发。该实施意见共8点、38条，从加强党对统战工作的领导，到统一战线各领域工作、统战部门职责等作出规定，充分体现任务指标性、前瞻先行性和现实操作性相结合的特点，凸显鲜明厦门特色，对贯彻落实《中国共产党统一战线工作条例（试行）》提出扎实有力的措施。

【市委统战工作会议】 2016年3月2日上午，市委统战工作会议在人民会堂多功能厅召开。福建省委常委、厦门市委书记王蒙徽出席会议并讲话，市委副书记洪碧玲主持会议。会议传达学习中央、省委统战工作会议精神和《中国共产党统一战线工作条例（试行）》、福建省"实施细则"。市委全体常委，市人大、市政府、市政协分管联系领导，市人民中级法院、市检察院、厦门海事法院，部分省属驻厦门单位、各区、各开发区和市直单位主要负责人，各民主党派市委主委，部分国有企业事业单位领导等350多人参会。思明区委、湖里区委、海沧区委、市农业局、市工商联分别在会上作经验介绍。会后，全市统战部长会议召开，市委常委、统战部部长黄菱作工作报告，传达全国、全省统战部部长会议精神，总结2015年工作，部署2016年统战工作，市委统战部常务副部长何秀珍主持会议。

【贯彻落实统一战线重大决策部署调研检查】 2016年4月20日至5月10日，为了解厦门市贯彻落实中央、省委和市委关于统一战线一系列重大决策部署的情况，在市委统一战线工作领导小组领导下，由市委统战工作领导小组办公室牵头，成立以领导小组副组长洪碧玲、黄菱等为组长，市委统战部何秀珍、曾庆军等为领队的3个调研检查组，分3阶段开展自查。历时20天，自查工作顺利完成，《厦门市着力开展自查、着力推动解决重点难点问题》报告被中央统一战线工作领导小组《简报》刊登。

【民进市委主委届中调整】 2016年6月11日下午，民进市委召开六届九次全委会议，对民进厦门市第六届委员会领导班子进行届中调整。市政协副主席、民进厦门市委主委魏刚，中共市委统战部副部长曾庆军出席会议。民进福建省委专职副主委郑家建主持会议，并宣读《民进福建省委关于同意民进厦门市第六届委员会领导班子进行届中调整的批复》。会议审议通过魏刚辞去民进厦门市第六届委员会主任委员职务的报告，选举吴丽冰为民进厦门市第六届委员会主任委员。

【两岸侨联和平发展论坛】 （见P178同名条目）

【马来西亚华裔青年才俊嘉庚精神学习营】 2016年6月19日，马来西亚华裔青年才俊嘉庚精神学习开营式在华侨大学华文学院举行。学习营由市海外联谊会主办，马来西亚陈嘉庚基金会和华侨大学华文学院联办。市委统战部副部长、市海联会常务副会长蔡林娜，华侨大学华文学院院长陈旋波，马来西亚陈嘉庚基金董事及嘉庚文化中心副主席钟启章，以及来自马来西亚13位学员参加开营仪式。学习营首次与马来西亚陈嘉庚基金联合招募在马的华裔青年志愿者到厦门开展为期8天的嘉庚精神学习，促进嘉庚精神在海外进一步传播，拓展港澳台及海外青年统战工作。

3月2日，市委统战工作会议现场（市委统战部提供）

【"民企联村"精准扶贫】 2016年6月24日，市委统战部、市工商联召开全市"民企联村"精准扶贫工作推进会。市委常委、统战部部长黄菱出席会议。会议总结市"民企联村"精准扶贫行动前期工作情况，提出下一步工作计划，与会单位交流对口帮扶工作进展情况。厦门市于3月启动"民企联村"精准扶贫行动工作，市委统战部、市工商联、市光彩会联合下发了《关于"民企联村"精准扶贫行动的实施意见》，市、区两级统战部和工商联成立"民企联村"精准扶贫行动领导小组，各区工商联和6个商（协）会与30个建档立卡贫困村全部建立联系。

【市职教社领导班子届中调整】 2016年7月21日，市中华职业教育社召开第四届社务委员会第五次会议，进行市职教社领导班子届中调整。会议由黄世忠主任主持，共17名社委参加会议。市委统战部副部长曾庆军应邀出席会议。会议宣读中共厦门市委《关于翁玉华同志任职的通知》以及《中共福建省中华职业教育社党组关于同意提名翁玉华同志任职的批复》，介绍翁玉华简历，选举翁玉华为市职教社第四届社务委员会专职副主任。

【"亲清政商关系大家谈"专题座谈会】 2016年7月28日，市纪委、市委统战部、市工商联共同举办"亲清政商关系大家谈"专题座谈会，市纪委副书记燕苏闽主持会议，市委常委、统战部部长黄菱，市委常委、市纪委书记孙明忠出席会议并讲话。市"两院"，人民银行厦门中心支行，市发改委、科技局等19个部门的相关领导，市委统战部常务副部长何秀珍，副部长、工商联党组书记王沁，以及24位非公有制经济企业家代表，以及市委党校专家学者、各区工商联负责人参加会议。市直有关部门、非公有制经济人士和专家学者共6位代表作交流发言。市直单位代表从"政"的角度阐述建立亲清政商关系必要性和重要意义，陈述政府为建立新型政商关系所采取的措施、取得成效以及下一步举措；企业家代表从“商”的角度表示对建立亲清政商关系的企盼和赞许，并表示将始终保持阳光性和正面性，顺应经济发展的新常态，为构建新型政商关系，打造一流营商环境做出应有的贡献。

【市基督教第十次代表大会】 2016年8月31日，市基督教召开第十次代表大会，来自全市基督教界169名代表参加大会。会议回顾总结厦门基督教第九次代表大会之后的工作，明确此后努力的方向，提出具体的工作思路。大会选举新一届的领导班子，牧师陈美满当选市基督教三自爱国运动委员会主席，牧师李丽辉当选为市基督教协会会长，牧师吴瑞章当选为市基督教三自爱国运动委员会副主席并兼任市基督教爱国会秘书长、基督教协会总干事。市民宗局局长黄娇灵、副局长陈国荣出席会议。

【市党代会工作报告征求意见座谈会】 2016年9月27日，中共厦门市委在团结大厦一楼会议室召开市党代会工作报告征求意见座谈会，就厦门市第十二次党代会报告（征求意见稿）征求市各民主党派、工商联领导以及无党派人士意见。会议由市委常委陈秋雄主持，民革市委主委国桂荣，民盟市委主委陈昌生，民进市委主委吴丽冰，致公党市委主委徐平东等民主党派、工商联领导和无党派人士参加会议并发言，市委统战部常务副部长何秀珍参加会议。与会代表就打造厦门海洋强市，推动养老服务业发展，促进医养护一体化融合，优化厦门市营商环境，建立突发事件预警平台，推进统一战线工作条例落实以及解决厦门房价过高导致的系列问题、进一步保障民生福祉等方面提出建议与对策。

【《厦门统一战线年鉴（2016）》编印】 2016年9月，市委统战部编印《厦门统一战线年鉴（2016）》。该年鉴内容包含12部分：第一部分特辑，收录《嘉庚颂》大型诗文诵读会、2015中国（厦门）商人节掠影和厦门市领导在统一战线会议、活动上的讲话；第二至第十部分，以条目的形式介绍多党合作、党外知识分子、民族宗教、非公有制经济、港澳和海外、对台交流、党外代表人士队伍建设、弘扬嘉庚精神、各区统战工作，以及市委统战部自身建设情况；第十一部分大事记，对厦门统战工作重要会议、活动作简要记录；第十二部分为相关资料附录。该年鉴收录2015年1月1日至2015年12月31日厦门市统一战线基本资料，适当收录回溯性资料。该年鉴属内部资料、约17万字，共印500册。

【“同心”实践活动】 2016年9～10月，厦门市统一战线系统举办“和谐之声同心音乐会”、“同心圆·环湾跑”暨“同心大美——微拍活力厦门·同心跑动”微博图文大赛、“同心圆梦——文化与乡愁”主题沙龙活动及“同心圆梦—党外知识分子书画摄影作品展”等2016“同心文化艺术节”系列活动。牵头组织“同心”教育志愿者服务团为海沧新江中心小学开设心理活动课和拓展训练，为100名符合条件的适龄儿童实施窝沟封闭治疗，为48名家庭困难、身患近视的学生现场验光配镜，捐赠近视眼镜48副，台灯50台，书籍215册；组织“同心”医卫志愿者服务团为市爱欣养老院、明珠养老院、敬善养老院等民营养老机构捐赠价值2万多元的电子血压仪，赴同安区龙东社区、东宅村等开展送医送药义诊关爱活动；组织“同心”法律志愿者服务团到思明区文灶社区、文灶中心幼儿园开展普法知识讲座等活动。14号台风“莫兰蒂”过后，以市海联会名义筹措19.2万元资金，以慰问困难户、项目帮扶等形式支持龙东社区灾后重建。宗教界开展“情暖厦门·五教同行”“善心善行”系列活动，全年宗教界慈善捐款捐物共计约2200多万元。

【宗教界人士培训班】 2016年10月24～26日，市委统战部、市民宗局在市社会主义学院举办全市宗教界人士培训班，各区民宗局、各全市性宗教团体和主要场所负责人近50人参加培训。培训班突出“新要求、新理念”主题，就“学习贯彻全国宗教工作会议精神”“依法规范宗教事务管理”“突发事件应急管理”“网络舆情应对”等专题进行学习，把握中央对宗教工作提出的“坚持宗教中国化方向”和“提高宗教工作法制化水平”等新要求，探索宗教事务管理新理念。

【市委统战部部长调整】 2016年10月26日，市委统战部干部大会召开，会议宣布市委关于市委统战部部长调整的决定。市委书记裴金佳，市委常委张灿民，市委常委、市委秘书长黄文辉，市委常委、组织部部长陈沈阳出席会议。会议由市委原常委、统战部部长黄菱主持。陈沈阳宣布干部任免决定：张灿民任市委统战部部长，黄菱不再担任市委统战部部长职务。各民主党派市委领导、统战系统各单位负责人及市委统战部全体干部参加会议。

【《陈嘉庚》大型交响音乐会】 2016年11月26日，由市委统战部、市委宣传部、集美学校委员会联合组织制作，市

11月26日，交响曲《陈嘉庚》在闽南大戏院首演　　（市委统战部提供）

工商联（总商会）支持，厦门爱乐乐团承演的交响曲《陈嘉庚》在厦门闽南大戏院首次演出。厦门市委、市人大、市政府、市政协领导，陈嘉庚后裔，集美学校海内、外校友代表以及厦门民主党派人士、非公经济人士、归侨侨眷、留学归国人员、中小学及高校师生、国有企事业单位干部职工、部队官兵等社会各界人士近1300人聆听音乐会。交响曲《陈嘉庚》是2016年厦门市“嘉庚精神宣传月”活动重要内容之一，旨在让嘉庚精神固化为体现社会主义核心价值观和厦门文明城市重要内涵的一张永恒名片。

【2016中国（厦门）商人节开幕】 2016年10月31日，2016中国（厦门）商人节开幕式在磐基酒店3楼宴会厅举行。市统战部原部长黄菱，市人大常委会主任陈津，市政府党组成员韩景义，市政协副主席陈永裕，福建省工商联副主席陈建强，台北市商业会理事长王应杰，厦门市工商联主席柯希平，市工商联党组书记王沁，国务院发展研究中心资源与环境政策研究所副所长李佐军及市经信局、火炬高新区管委会、厦门晚报的领导共同为2016中国（厦门）商人节启幕推杆。（参见P166【2016中国（厦门）商人节活动】）

【综治（平安建设）工作情况通报会】 2016年12月28日，厦门市召开2016年综治（平安建设）工作情况通报会。会议由市委常委、统战部部长张灿民主持，市委常委、政法委书记李伟华，市政府副市长、市公安局局长林锐出席会议。会前，张灿民一行调研并听取“平安厦门”建设信息化建设情况。市各民主党派、工商联领导和无党派人士代表，及市中级人民法院、市检察院、厦门海事法院领导参加调研及通报会。会议向市各民主党派、工商联领导和无党派人士书面通报2016年厦门市综治（平安建设）工作情况，演示城市公共安全管理平台，组织观看综治创新专题片《风云对决》。与会代表10人发言，围绕下一步如何更好开展市平安建设工作，实现“打造最具安全感城市”目标提出意见建议。市委统战部何秀珍、曾庆军全程参加调研及会议。

【民主党派、工商联换届工作】 截至2016年12月29日，全市8个民主党派和市工商联完成换届任务，8个民主党派新一届主委、副主委共52人，其中新任20人。截至12月底，市政府40个工作部门中，有12个部门配备党外领导干部（其中3个部门配备正职）。市人大、市政协各安排1名党外专职副秘书长。新一届市人大代表中，有党外代表110人，占36.4%；市政协委员中，有党外委员238人，占61.2%。

（翁荣标）

纪检与监察

【概　况】 2016年，中共厦门市纪律检查委员会（简称市纪委）和市各级纪检监察机关坚持把纪律挺在前面，践行“四种形态”，强化监督执纪问责，各项工作取得新的成效。全年共受理群众信访举报4583件次，其中检控类初信初访1447件次。立案354件354人，比上年增长38.3%，其中处级以上干部111件111人（厅级8人），增长40.5%。给予党政纪处分304人，增长49%。移送司法机关61件61人，下降23.8%。对反映失实问题予以澄清155件。紧盯权力相对集中容易滋生腐败或与民生关联度高的领域和部门，实行分领域整治，集中力量查处规划、公安、国土、人防、市场监督、翔业集团等领域一批有影响的窝串案，有66名党员干部主动交代违纪问题。及时剖析制度机制漏洞，督促规划、人防、市场监管等单位制定19条整改措施。创新建立派驻纪检组组长信访监督领办制度，全面实现市、区、镇（街）三级检控类初信初访件办理“零暂存、全反馈”。出台规范信访举报件办理的实施办法、问题线索管理规定，规范问题线索管理和分类处置。开展未受到纪律处分的涉诉涉刑党员和国家工作人员专项清理，落实处分或组织处理240多人。严格执纪审理，实现“零申诉”，市管干部涉刑案件基本在移送前作出党政纪处分。完善廉政谈话提醒工作实施办法和月分析、季通报制度，全年共开展谈话函询2262件（次），增长1129%，其中发现问题予以处理的占15%，谈话函询、轻处分和组织处理人数占比超过90%。市委、市纪委主要领导坚持为党员领导干部上党课讲纪律，3万多名党员干部先后到市党风廉政教育基地参观接受教育，编发严重违纪干部忏悔录、制作播放典型案件警示教育片，强化党员干部纪律意识。

【“两个责任”层层落实】 2016年，市纪委按照省委“五抓五看”（落实主体责任看有没有抓加强教育，看有没有抓制度建设，看有没有抓“一把手”，看有没有抓查处，看有没有抓部署、检查、落实）要求，协助市委制定出台《深化落实党风廉政建设党委主体责任的实施细则》，明确6个方面28项具体内容以及责任部门，提出4个方面落实保障机制以及强化责任追究的要求。在全市部署推进主体责任清单全覆盖工作，印发《关于规范全面从严治党主体责任清单建设的通知》，规范、明确全面从严治党主体责任清单参考内容，细化102条具体措施，确保责任清单科学可行。坚持由市委常委带队开展责任制年度检查，采取“问题清单+问责清单”方式，深入排查问题背后责任，提出问责建议，督促整改反馈。实施问题约谈、责任制落实“双报告”、问责“双通报”等制度。开展责任制检查及“回头看”，首次在全市通报检查情况。率先全省出台《规范党风廉政建设责任追究工作的意见（试行）》，规范责任追究的启动、调查、实施等程序，明确追责对象和线索沟通、报告、监督检查等保障机制。全年对148名领导干部、2个党委班子实施问责，问责人数比上年增长27.6%，其中党政纪处分31人，组织处理2人；通报曝光典型问题19期20起。

【作风建设】 2016年，市纪委推动建立落实中央“八项规定”精神“1+X”联合督查机制，明确市财政、审计等10个成员单位的督查职责清单，并将督查情况纳入责任制检查考评，强化监督合力。会同市机关事务管理局组织6批次17个检查组，对全市193个单位、19家国有企业，1384名处级以上干部和企业负责人办公用房使用情况进行检查，在全市通报检查情况。会同市总工会对14家市直和区属单位的工会经费管理使用情况进行重点抽查。针对可能存在快递送礼等“四风”隐身衣问题，对全市7家快递企业进行察访。中秋国庆期间，组织14个检查组对因公出国（境）、公务用车和公务接待“三公”经费和工会经费及公车使用管理情况开展检查，并通过公安视频监控、国税发票开取、财政国库支付等系统，重点核查23家市直单位及其50个下属单位。督促制定出台《人大代表活动经费管理办法》《关于严肃纪律加强津补贴管理的通知》《厦门市国有企业负责人履职待遇和业务支出管理暂行办法》等制度，推动作风建设长效化、制度化。全年查处违反中央“八项规定”精神问题147起，处理210人，其中党政纪处分99人（副局级3人、处级40人），通报典型问题58期92起。创新建立整治和查处侵害群众利益的不正之风和腐败问题“月巡查”制度，推动市、区、镇（街）、村（居）四级联动，完成对4个镇街的巡查。开展涉农资金“最后一千米”专项督查，会同财政、审计部门围绕涉农项目资金，重点督查工程建设、农村集体“三资”（资金、资产、资源）管理中存在的截留挪用、冒领私分、套取骗取、滞留延压等损害群众利益的问题。全年查处侵害群众利益问题86个，处理103人，党政纪处分88人，移送司法机关17人，通报曝光典型问题10期20起。

·小资料·

“1+X”：“1”指纪委对各职能部门履行职责情况的督查，“X”指各职能部门根据职能作用和管理权限，在职责范围内对各级各部门落实中央八项规定精神情况进行督查和推动。

【纪检监察体制改革】 2016年，市纪委落实“两个为主”要求，出台查办案件以上级纪委领导为主的实施意见，强化对全市纪律审查工作的组织领导，查办处级以上案件和线索及时报告上级纪委。调整完善区纪委书记副书记、派驻纪检组组长副组长、市管企业纪委书记副书记“三个提名考察办法”，建立备用人选库；加强派驻机构统一管理，通过整合机构、盘活存量，优化派驻机构设置，稳步推进市一级党和国家机关派驻纪检监督全覆盖。建立完善派驻（出）机构季度工作通报制度，将工作指标与年度考核挂钩，对履职不到位的派驻机构进行约谈。以湖里区为试点探索开展区直综合派驻改革，整合现有街道、区直机关纪检监察力量，设立区纪委直接领导下的综合派驻纪检组，将所有街道和区直机关全部纳入监督范围，推动实现区一级党政机关监督全覆盖。开展落实“转职能、转方式、转作风”情况专项巡察，重点巡察全市6个区纪委和6家派驻纪检组，发现聚焦主责主业不到位、纪检监察干部能力素质不适应岗位、基层纪检监察组织不健全等方面问题52个，在全系统进行通报并对整改落实情况组织“回头看”检查。各区纪委、市直派驻机构与主责主业以外的工作全部脱钩。

【各级纪委换届】 2016年年初，市纪委启动换届准备工作，4月中下旬，市纪委组织6个考察组对各区纪委进行换届考察，配合省纪委、市委做好对市纪委班子、委员的换届考察工作。5月、7月、10月，厦门市分别完成镇、区、市三级纪委换届工作。10月14日，中国共产党厦门市第十二届纪律检查委员会第一次全体会议召开，会议选举产生中共厦门市第十二届纪律检查委员会常务委员会委员和书记、副书记，孙明忠当选市纪委书记，黄聪敏、周进、柯军当选为市纪委副书记，孙明忠、黄聪敏、周进、柯军、颜文聪、莫建鹰、张美彪、邓英志（女）、林志明当选为市纪委常务委员会委员。加强换届纪律教育，开展换届风气监督检查，确保换届工作风清气正。

10月14日，中国共产党厦门市第十二届纪律检查委员会第一次全体会议召开（张威　摄）

【管理机制建设】 2016年3月10日，市纪委办公厅印发《关于进一步强化管理规范运作有关事项的通知》，提出强化市纪委监察局机关内部管理8条工作意见。研发上线内部电子督查系统，对市纪委常委会议定事项和领导批示要求实行及时督办。5月6日，印发《纪检监察干部监督工作暂行办法》，进一步加强和规范纪检监察干部监督工作。配合省纪委开展内部巡察并抓好问题整改，全年全市纪检监察机关办理涉及纪检监察干部问题线索33件，党纪处分4人、诫勉教育2人、谈话提醒21人。

【纪检监察品牌建设】 2016年3月22日，市纪委办公厅印发《开展“抓落实、树品牌、上水平”工作方案》，在全系统部署开展“抓落实、树品牌、上水平”活动，要求围绕纪检监察工作中的热点难点问题，想对策、出思路、做谋划，争创一区一品牌、一部门一特色。截至年底，海沧区“党员谈心谈话”、湖里区金安社区“创新基层党风廉政建设”、集美区“党风廉政建设责任落实信息化监管平台”、同安区“灵活派重点驻”、国资委“国资风险防控信息管理平台”等一批特色品牌项目逐步成型并在不断完善之中。

【市级巡察启动】 2016年5月17日，厦门市成立市委巡察工作机构，制定出台《中共厦门市委巡察工作实施办法》《中共厦门市委巡察工作规范流程》《厦门市委巡察工作制度规范》等制度，有计划、分步骤地对上级巡视未覆盖的市直部门、市属国有企事业单位遵守党纪律、落实“两个责任”情况开展巡察，推动形成巡视巡察一体化工作格局。巡察工作于6月1日正式启动，全年完成对8家单位的驻点巡察，跟踪督办涉嫌国有资产流失的资金金额6829万元、闲置公房19542平方米；责成补缴党费775.95万元；发现违反“六项纪律”（政治纪律、组织纪律、廉洁纪律、群众纪律、工作纪律和生活纪律）问题171个，党纪政纪立案27人，劳动纪律处理8人，诫勉谈话、批评教育5人，移交一批问题线索。

【廉政宣传】 2016年7月，“鹭岛清风”微信公众号开通，每周发布1～2期，深度聚焦厦门市党风廉政建设和反腐败工作中的热点难点，与“鹭岛清风”网站、客户端形成市廉政宣传新媒体全覆盖模式。截至年底，“鹭岛清风”网站日均页面访问量近万次，客户端累计下载近5000次，微信公众号关注人数5800余人。7月28日，市纪委、市委统战部、市工商联联合举办“亲清政商关系大家谈”专题座谈会，市直有关部门、非公经济人士代表和专家学者围绕构建“亲”“清”新型政商关系进行交流研讨。9月，同安苏颂家规家训宣传片《人生在勤，勤则不匮》在中央纪委监察部网站、省纪委监察厅网站播出并获好评。12月1日，第六期“鹭岛清风论坛”举行，与会专家、学者和纪检监察系统干部围绕“如何把‘四种形态’贯穿监督执纪全过程”主题展开深入研究和探讨。

（陈　煌）

信　访

【概　况】 2016年，中共厦门市委信访局（厦门市人民政府信访局，简称市信访局）开展领导接访、积案化解等各项重点信访工作，信访态势总体向好。全年受理来信1670件7268人次，比上年分别增长44.5%和28.6%；来访786批6956人次，分别下降12.0%和5.7%；市长专线共受理民众来电、来邮10.1万件，增长19.7%，占信访总量97.8%。开辟绿色通道，加强应急值守，组织党员投入台风“莫兰蒂”的灾后重建工作；制定出台局《党风廉政建设党组主体责任实施细则》、领导班子及成员《全面从严治党主体责任清单》。举办多元培训活动，面向市直部门开展信访信息系统操作“一对一”培训活动，提升信访系统操作水平；面向市直部门、各区、镇（街）一线信访干部举办信访业务培训班，邀请国家、省、市3个层面有关部门领导和专家授课，进一步提高信访干部业务水平。

【领导干部接访】 2016年，市信访局围绕案件筛选、接访保障、督办反馈等环节，理顺、优化和提升领导接访保障工作。整合群众“信、访、网、电”诉求事项和意见、建议资源建立“案源库”，按照市领导分工安排，视情提请重点约访；通过解决重点、难点问题，带动普遍性、倾向性问题的成批解决。针对市领导接访的信访事项，通过信访信息系统实时跟踪办理进展，定期联合市委、市政府督查室开展督查督办，落实相关部门、单位的办理责任、工作措施，及时将办理情况反馈给市领导，做到件件有着落、事事有回音。年内，共保障市领导63人次开展定点接访，接待群众来访43批722人次。

【化解信访积案】 2016年，市信访局动员各方力量开展信访积案“百日攻坚”活动。组织挂职督查专员、督查员组成专案评审组，对15件久拖未决的信访积案进行会商评审，深入所在区、镇（街）实地走访，听取相关责任单位案情介绍，剖析问题症结，明晰各方责任，研究化解措施，推动问题解决，其中12件已息诉息访，息访率80%，75%信访当事人对听证评议结果表示满意，取得良好社会效果。2016年，国家、省、市、区4级排查梳理的63件信访积案全部办结，其中息访55件，息访率87.3%，比上年提高22.3个百分点。

【信访表达渠道畅通】 2016年，市信访局简化工作程序，缩短办理时限，受理、办理时限分别由原来15天、60天压缩为3个和10个工作日。信访事项及时受理率、按期办结率、群众满意率分别为99.6%、100%和95.2%。厦门市全面实施通过法定途径分类处理信访投诉请求工作，逐级梳理和细化法定途径分类处理清单。上级对口单位已经下发清单的职能部门，明确解决诉求责任归属，细化工作流程；上级对口单位尚未形成清单的职能部门，主动调研，先行先试，做好甄别、引导和处理工作。市信访局开展重大信访事项公开听证或座谈协商，深入实地调查取证，听取多方意见，依法给予客观公正的复查复核意见。全年办结复查申请件55件，办结复核申请件134件。市信访局（市人民建议征集办公室）开展“2017年市委市政府为民办实事项目”建议征集活动，收到各类建议、意见1515条。

【便民服务热线建设】 2016年5月，市政府明确“968123”市长专线为全市统一便民服务热线平台，统一受理群众反映的涉及机关、公用企事业单位的便民服务投诉和咨询。市信访局牵头并协调各有关部门推进便民服务工作，先后收集整理84家市直部门和国企便民服务

5月15日，市长裴金佳（后排左三）等领导到市信访局接待群众来访（尤晓洁　摄）

清单，召集其中48家单位有关负责人，对涉及便民服务事项清单进行“一对一”论证，初步梳理出34家单位共169项便民服务事项。其中，1个工作日内办结的紧急类事项13项，2个工作日内办结的投诉咨询类事项132项，3个工作日内办结的投诉请求类事项24项。优化便民服务办理流程，简化责任单位系统接收、联系当事人等考评环节，明确投诉类、咨询类等4类情况处置流程及办理要求。梳理出9类职责交叉和管理权属不明确的便民服务事项，经市政府研究指定牵头部门或兜底部门负责解决。出台《厦门市“网上信访”工作管理办法（试行）》等制度，明确市长专线平台登记、受理、转交办、督办、考核等工作内容，以及各责任单位办理、答复、反馈等工作职责，初步建立便民服务“马上就办”制度框架。年内，厦门市办理便民服务事项1.9万件，办结率为100%。

（林　婕）

政策研究

【概　况】 2016年，中共厦门市委政策研究室（简称市委政研室）组织开展33个重点课题调研活动，其中市重点课题19个、部门重点课题14个；2个重点课题获省级优秀课题调研成果奖，由市委政研室承担的市重点课题《厦门自贸试验区建设研究》获厦门市第十次社会科学优秀成果奖，《促进厦门服务业优质高效发展的建议》等7篇课题被省委政研室《调研文稿》全文刊发。牵头或参与起草各类文稿81篇，其中领导讲话、政策文件、调研报告、决策研究等重要文稿49篇，组织或参与开展各类基层调研23次。全年向中央改革办、省改革办共报送《厦门改革情况》31期，其中7篇文章被《福建改革情况》选登。汇总整理《中央全面深化改革文件汇编》《福建省各地市全面深化改革资料汇编》《其他省市地区深化改革资料汇编》，为全市涉及全面深化改革的部门提供参考资料。全年对全市70多家改革牵头部门就进度安排、进展情况进行多次督查，提出需要领导小组统筹解决的问题，做到任务有分解、进度有安排、责任有落实、成效有亮点。

【文稿起草】 2016年，市委政研室负责起草或整理汇总《厦门市全面深化改革领导小组2016年工作要点》及相关文稿6篇，撰写市委分管副书记在全面深化改革专项工作小组联络员会议、领导小组会议上的讲话稿或汇报稿3篇，汇总整理《厦门市全面深化改革大事记（2013～2015）》。全程参与起草市委第十二次党代会报告撰写工作，负责和参与起草《贯彻实施〈中共厦门市委关于制定厦门市国民经济和社会发展第十三个五年规划的建议〉重要举措分工方案》《培育发展厦门新型智库实施意见》等文件文稿40余篇；参与《关于〈美丽厦门战略规划〉提升版“十大行动计划”之改革创新行动修改意见反馈》《关于〈美丽厦门战略规划〉提升版征求意见的反馈》《厦门实践——加快推进转型发展，共同缔造美丽厦门》等文稿书稿编撰工作；参与市委主要领导就“建设海丝对台战略支点城市”“‘两个一百年’的国家战略与地方实践”等专题接受新华社采访相关材料准备工作。

【专题调研联动】 2016年，市委政研室加强与相关单位联动，先后会同市发改委、市统计局、市发展研究中心、市社科联、市决策咨询委、思明区委、海沧区委和厦门大学等多家单位开展专题调研。分别对《供给侧结构性改革整体推进情况》《城市规划建设的经验做法、闽台产业对接升级》《我市产业转型升级与新兴产业发展情况》等各类专题展开调研；与市委办公厅、市台办、市外侨办等部门联合开展《厦门打造“21世纪海上丝绸之路”战略支点城市和对台战略支点城市的重大价值和战略目标》专题调研、牵头组织《推进我市“五大发展”的重大举措研究》《从供给侧发力推动厦门服务业优质高效发展研究》《厦门市创新提升医疗服务水平的实践与探索》《厦门市抗御台风“莫兰蒂”的城市精神及几点启示》等专题调研；参与省委宣传部《党中央治国理政思想在福建各地的实践》子课题《建设美丽中国实现中国梦的厦门实践》调研、参与省委政研室《厦门市小城镇综合改革试点工作情况》专题调研，发挥决策参谋助手作用。

【《厦门通讯》】 2016年，市委政研室编辑出版市委机关刊物《厦门通讯》12期，刊登各类文稿180多篇，80多万字，刊发图片380多张。在《厦门通讯》开辟专栏，选登全面深化改革专题文章17篇，及时宣传报道厦门市改革进展情况及经验亮点。除办好“特稿”“领导论坛”“调查研究”“党的建设”“实践与创新”等常规栏目外，增设“院士风采”“鹭岛音乐名家”“工业园区掠影”“美丽社区”“厦门城市雕塑”等新栏目，增加人文色彩，增强刊物可读性。

（刘斐蓉）

防范和处理邪教

【概　况】 2016年，厦门市人民政府防范和处理邪教问题办公室（简称市防范办）坚持每季度召开一次市、区主任例会，并多次召开防控专题会，通报情况，分析形势，落实责任和措施，依法打击和处理邪教违法犯罪活动，确保“两节”、“两会”、国际马拉松赛、“9·8”投洽会等敏感期和重大活动期间社会政治稳定。广泛开展反邪教警示教育和宣传活动，搭载“三下乡”、综治宣传月、“七五”普法、“12·4”宪法日法治宣传以及各种节日、庆典活动等平台，将反邪教警示教育与普法、综治宣传、文化阵地建设有机结合起来，开展反邪教宣传教育工作。全市开展集中宣传活动194场次，发放宣传品、宣传册等近35万份（册），悬挂横幅、标语238条，发送反邪教短信42万余条，户外LED播放反邪教标语、视频430多条（篇），更新“一橱一窗”宣传栏1578版。市、区级报刊、门户网站、微信、微博平台共转发反邪教揭批文章1800余条（次）。年内，厦门市继续在全市范围内深入开展“无邪教创建示范工程”活动。市、区防范办做好涉邪人员帮教工作，将解决思想问题与解决实际问题相结合，巩固帮教工作成果。

【反邪教宣传】 2016年，市防范办会同市委宣传部，协调各区委宣传部、厦门日报社、海西晨报社、厦门广播新闻中心、厦门广播中心、厦门广电等单位及有关传媒，分别于5月下旬、10月上旬转播、转载《邪教的谎言》、“门徒会”案件警示教育节目，利用LED户外显示屏播放反邪教宣传标语，厦门电视台播放中央防范办和中央电视台联合拍摄的12集反邪教电视连续剧《忏悔之门》。在《厦门日报》开辟反邪教专栏，分4期刊载《用事实教育瓦解邪教迷信》《全能神毁了她幸福的家》等凯风网案例类文章，取得良好宣传效果。

【基层反邪教干部培训】 2016年10月10日，市防范办举办年度全市反邪教基层干部培训班。本着“缺什么、训什么”原则，根据基层干部特点和基层反邪教工作需求安排课程，各区防范办主任，各街（镇）分管领导、防范办主任及工作人员120余人参加培训班。年内，市、区两级防范办结合举办帮教巩固工作，对参与基层帮教骨干开展集中业务培训40多场次，培训基层帮教骨干860余人，做到培训主题集中，内容丰富，务实管用；各区、街（镇）采取专门培训、以会代训等方式，累计培训45场次，培训基层反邪教干部1100余人。

【市反邪教微信公众号建设】 2016年10月11日，厦门市市反邪教微信公众号“鼓浪清风”建立。公众号每周定期转载“凯风网”“中国反邪教网”等中央反邪教专业网站文章和中央媒体播出的反邪教宣传通稿，刊载厦门市原创反邪教宣传文章88篇，向广大网民推送反邪教资讯、防范邪教基本常识以及相关科学健康知识，宣传效果突出。

（曾莱钰）

党校教育

【概　况】 2016年，中共厦门市委党校（简称市委党校，加挂厦门市行政学院、厦门市社会主义学院）全面推进教育培训、科研资政、人才队伍建设和行政后勤等各项工作，完成33期主体班2086名学员培训任务。其中，党校班次16期647人次，行政学院班次7期405人次，社会主义学院班次6期532人次，延伸班次4期209人次。举办对外培训班次114期，培训学员8782人次，其中厦门市培训班占全年办班量的96%；开发一批具有厦门特色、党校特色的新专题，满足培训单位个性化需求，增强培训的针对性和实效性；完成政协暑期读书班、东部城市对口支持西部地区人才培训班等服务培训任务。全年有包括市委书记、市长在内的17位市委、市政府领导和市直部门领导到党校讲课，该校有关落实领导干部到党校讲课制度经验推介文章在中央党校《学习时报》上发表。该校筹办并召开全市党校工作会议，会议下发《中共厦门市委关于加强和改进新形势下党校工作的实施意见》《厦门市党校、行政学院系统、社会主义学院系统2016～2020建设和发展规划》2份文件。举办市委党校建校60周年纪念活动，印制《市委党校六十年》宣传手册、拍摄《市委党校六十年》电视纪录片等，全面梳理、总结市委党校60年的办学经验和办学成果。

9月26日，全市党校工作会议召开　（谢俊翔　摄）

【教育培训】 2016年，市委党校除完成各项主体班、延伸班教学培训外，还举办“领导讲坛”17人次，“专家讲坛”19人次，学员对教学安排和教学质量的满意度达95%以上。党的理论教育、党性教育两类课在教学安排中占总课时75%；其中党性教育课占总课时20%以上，主业主课地位更加突出。新开设《马克思主义与中国特色社会主义》和《〈资本论〉与社会主义市场经济》教学专题，所有班次都安排“学习贯彻习近平总书记系列重要讲话精神”教学单元，并及时进行专题更新。邀请中央党校教授到校作“党的十八届六中全会精神学习辅导”，根据全会精神修改教案课件，把相关内容纳入所有主体班次课堂教学。综合运用讲授式、互动参与式、现场教学、体验式教学、支部生活等多种教学形式，提高党性教育的针对性、实效性。聚焦厦门市第十二次党代会精神，紧扣新一届市委确立的宏伟目标，市委党校举办4期专题培训班，培训各类干部学员447人次，为全市各项事业发展提供人才支撑。在2016年11月举行的福建省党校、行政学院系统首届党性教育精品课评选中，厦门市委党校在“讲授式”教学和“体验式”教学中均获一等奖第一名，选送的“群体性事件处置的模拟演练”课程被评为全国行政学院系统特色课。

【科研决策咨询】 2016年，厦门市委把市委党校列为新型智库建设重点单位。市委党校制定《决策咨询研究资助暂行办法》，加强新型智库制度建设。完成市党建研究会的换届工作并举办市党建研究会学习贯彻党的十八届六中全会精神研讨会。上报《关于迎接金砖会晤、提升厦门城市形象的建议》《“多规合一”建设中提升部门协同治理能力的建议》《关于完善厦门市民间信仰管理机制的建议》等4项决策咨询成果，其中《关于推进厦门国际化城市建设的建议》获得市委、市政府领导重要批示，在官任社区落地实施。2016年市委党校教研人员共中标课题34项。《中国共产党党内政治生态治理的理论逻辑与现实路径研究》获国家社科基金课题立项，《健全行政行为容错纠错机制》《马克思主义土地经济学及其当代价值研究》《习近平政治生态治理思想研究》获省部级课题立项。林蔚文教授、石文静副教授、付小红博士等分别在《人民日报》(理论版)、《光明日报》就依法治国、党的建设、中国话语等问题发表学术论文4篇。12月，当代中国马克思主义史学理论高峰论坛在市委党校举行。

【系统设施建设】 2016年，市委党校加强区级党校建设，协调推动各区级党校基础设施、校园校舍、师资队伍等各项软硬件建设工作。配合省委党校领导对区级党校建设进行全面指导检查。和同安区委党校一起利用当地教育资源，在习近平曾经2次调研过的同安区军营村、白交祠村设立高山党校教学点，建设党性教育基地。4月7日军营村、白交祠村高山教学点正式揭牌成立。高山党校全年举办培训班15期，培训党员干部700多人次。

(李言超)

保密工作

【概　况】 2016年，中共厦门市委保密工作委员会办公室(厦门市国家保密局，简称市保密局)以贯彻落实中央关于加强和改进保密工作决策部署为主线，制定《"十三五"时期厦门市保密事业发展规划》《厦门市"七五"保密法治宣传教育规划》；以落实《党政领导干部保密工作责任制》为牵引，把落实保密工作岗位责任制摆上突出位置抓紧、抓好、抓实；以抓好保密"三大管理"(定密管理、涉密网络管理、涉密人员管理)为重点，发挥监督管理促进作用；以健全完善保密规章制度为基础，做好建章立制工作；以加强保密"两识"(保密意识、保密常识)教育培训为侧重点，落实保密宣传教育培训各项工作；以加强保密技术防范手段为突破口做好人防、物防、技防的综合防范，投入近30万元购置保密检查工具，为市部分计算机和网络配备必要、适用的保密自查装备，市、区两级重要单位互联网接入口保密监测平台通过验收，进入试运行；以加强保密检查为抓手，部署保密综合检查、专项检查、专题检查、随机检查和自查自评工作，以查促教、以查促改、以查促防、以查促管，对全市12个金字骨干网和金宏网进行保密检查，发挥检查查处的保证作用。年内，组织各类保密检查3次，各单位自查各类网络293个。抽查单位145家，排查文件312份，对682台计算机进行检查。为市委、市政府重要涉密会议提供手机屏蔽10场次。开设各类培训班、讲座5场，参与培训干部职工、涉密人员260人。为全市机关、单位配发《红色往事：镌刻在党旗上的保密故事》等保密宣传教育书籍、图册、宣传挂图1500多本(册、片)。

【保密工作责任制落实】 2016年，厦门市委、市政府出台《关于2016年度各区党政领导班子、市直部门领导班子实绩综合考核评价的实施方案》，把保密工作列入市直部门领导班子实绩综合考评第四项综合定性考评指标。市直部门领导班子民主生活会、考评考核时，注重征求保密部门意见。厦门市将保密考核纳入综治责任单位落实综治领导责任制情况考核评价体系。

【保密"三大管理"落实】 2016年，市保密局在定密管理方面，推动全市机关、单位按照保密事项范围，编制保密事项一览表，做好定密授权和密级确认工作。在涉密网络建设管理方面，市电子政务内网及有关涉密内网通过专家评审会。在涉密人员管理方面，完成全市113家机关、单位的有关涉密人员审查和确定工作。

【"保密观"手机微信公众号推广】 2016年，市保密局以新兴媒体作为保密宣传主要手段，在全市机关、单位推广"保密观"手机微信公众号，并将关注人数作为机关、单位保密自查自评标准中保密宣传教育培训情况计分。厦门市"保密观"手机微信公众号被关注量为11338人，名列全省第一名。"保密观"手机微信公众号由金城出版社推出，第一时间发布中央保密委、国家保密局和全国保密系统重要工作动态，重点关注国家安全、信息安全、网络安全等热点话题，受到全国保密系统好评和支持，成为广大保密工作者的"贴身保密助手"。

【"弘扬党的保密工作优良传统"征文活动】 2016年5～6月，市保密局结合庆祝建党95周年活动，举办"弘扬党的保密工作优良传统"征文活动，向全市各机关、单位征集《红色往事：镌刻在党旗上的保密故事》学习心得体会131篇文稿，精选其中68篇优秀文稿汇编成册，印制300册下发各机关、单位供大家学习交流，并做好文中成果转化工作。

(杨　榕)

机关党建

【概　况】 2016年，中共厦门市委市直机关工作委员会(简称市直机关党工委)以党要管党、从严治党为主要内容，围绕中心，服务大局，强化管党治党、改革创新、问题导向、党内监督，在"两学一做"学习教育中走前头、作表率。制定《厦门市直机关2016年发展党员工作计划》，做好发展党员工作。年内，举办培训班3期，组织培训党员发展对象420人、指导基层党委培训约

"七一"期间，厦门市直机关庆祝建党95周年暨"两先三优"表彰大会

(市直机关党工委提供)

500 人，发展党员 530 人。“七一”期间，以纪念建党 95 周年为契机，评选表彰厦门市直机关先进基层党组织 100 个、先进纪检组织 9 个和优秀共产党员 100 人、优秀党务工作者 50 人、优秀纪检干部 19 人。发挥文明单位示范带动作用，深化以创建全国志愿服务模范城市为重点的文明创建活动。市直机关有全国文明单位 9 个、省级文明单位 45 个、市级文明单位 159 个、市直机关文明单位 127 个。打造志愿服务品牌，搭建志愿服务平台，组织 1000 多名志愿者参加“美丽心灵”志愿者队伍。

【学习教育活动】 2016 年，市直机关各单位党组（党委、党工委）中心组开展“两学一做”学习教育，集中学习 960 多次，正处副局级以上领导作辅导报告或授课 452 次，30400 多人次参加；组织举办培训班、研讨班共 410 期，36300 多人次参加，学习型党组织建设取得成效。开展的“两学一做”知识竞赛、“两学一做”网络竞答等活动，通过“厦门机关党建”微信公众号参与答题人次共 8 万多人次，竞答参与率、答题正确率显著提高，提升学习教育成效。按照全市“两学一做”学习教育及基层党建 7 项重点任务推进会部署，市直机关工委组成 5 个督查调研组，对 96 家市直部门进行全面督导，进一步掌握基层党建工作底数，解决基层组织近期换届、党费补缴等重难点问题，推动重点任务落实。市直机关党工委总结“两学一做”经验做法，报送的《抓整改动真格，从严治党要求在机关支部落地生根》案例在中央国家机关工委“两学一做”案例征集活动中获评优秀案例。

【机关党建与中心工作融合发展】 2016 年，市直机关工委在全市机关开展“立足岗位作贡献、服务发展走前头”党建主题实践活动。组织市直机关 200 多名党员干部到重点工程指挥部，各级党组织加大“为民服务示范窗口”、“五心”服务岗和模范示范岗、党员志愿服务队等各类党建品牌创建力度，涌现出厦门海关金钥匙先锋队等厦门市“十佳党建品牌”，全国先进基层党组织、全省优秀党务工作者、全市优秀共产党员等一大批先进典型。持续打造国际一流营商环境服务，在《厦门日报》刊登“比效能看作为”专版 19 期，展现 38 家市直机关党组织的创新举措。

台风“莫兰蒂”登陆厦门后，市直机关迅速开展“重建家园、文明同行”大行动，投入全市灾后恢复重建工作。市直机关 60 个部门共 1320 名党员干部，以结对包干的形势，奔赴岛内 152 个社区，参与社区恢复重建。与此同时，机关各单位 14 万名党员干部群众到各自所在社区报到，人人参与重建家园行动。

市直机关党代表会议召开，选举产生 88 名出席厦门市第十二次党代会代表。市党代会召开后，市直机关党工委发出号召，要求充分发挥市直机关各级党组织的战斗堡垒作用和党员先锋模范作用，切实转变作风、提升服务、履职尽责，为建设“五大发展”示范市提供坚强的政治、思想和组织保证。

（李　骏）

老干部工作

【概　况】 2016 年，厦门市加强离退休干部思想政治建设和党组织建设，加强和改进离退休干部服务管理工作，组织引导老干部发挥优势，开展为美丽厦门增添正能量活动，激励广大离退休干部为实现“十三五”时期良好开局、把厦门建设成为“五大发展”示范市贡献智慧和力量。截至年底，中共厦门市委老干部局（简称市老干局）管理的离退休干部 1199 人。其中，离休干部 621 人，“5·12”退休干部 184 人，副厅以上退休干部 394 人。

【全市老干部通报会】 2016 年，厦门市在人民会堂举行 2 次全市老干部通报会，全市离退休干部代表 1500 余人次参加。2 月 1 日，举行第一次老干部通报会。市委副书记、市长裴金佳向全市老干部通报上年全市经济社会发展情况和 2016 年工作主要安排，并向全市老干部致新春美好祝福。市委常委、组织部部长陈秋雄主持会议。裴金佳希望各位老干部、老同志继续为厦门率先全面建成小康社会、争当“五大发展”示范市贡献力量。11 月 16 日，举行第二次老干部通报会。市委常委、常务副市长黄强通报 2016 年全市经济社会发展情况和下一步工作安排，市委常委、组织部长陈沈阳主持会议。

【老领导发倡议书】 2016 年 8 月 1～5 日，市委组织部、宣传部和市老干局联合举办的读书班，33 位在厦门省、市级老领导参加读书班。其间，在听完市老干局局长陈秀蕊关于组织引导老同志发挥正能量的汇报后，邹尔均、洪永世、朱亚衍等老领导提议，在厦门省、市级老领导和离退休干部党支部书记共同向全市离退休干部发出《不忘初心葆本色、美丽厦门我添彩》倡议书，倡议全市离退休干部支持中央和各级党委政府的重大决策部署，支持党委、政府各项工作，不忘初心葆本色，为美丽厦门增光添彩，为党的事业增添正能量。8 月

2 月 1 日，全市老干部通报会　　（吴玉鑫　摄）

3日，《厦门日报》在头版刊登了倡议书全文，厦门网、光明网作为头条新闻进行转载，厦视新闻、厦广新闻进行报道。中组部老干部局、省委老干部局、市委市政府都予以肯定，许多老领导、老同志和在职领导通过电话、短信、微信等方式，表示要响应倡议。

【走访慰问易地安置离休干部】 根据每两年慰问一次安置外地离休干部制度，2016年9月19～30日，市老干局组织走访慰问易地安置在省外的离休干部及遗偶。慰问活动分7条线路，赴省外慰问24位异地安置的离休干部及其遗属（其中离休干部11人、遗偶13人），足迹涉及北京、上海、山西、黑龙江等11个省市。该次走访慰问严格落实“八项规定”，行程从10天减少到3～5天，线路从10多条减至7条，工作任务从简单的走访慰问到增加学习调研当地老干部工作好经验好做法，增加向老同志转交慰问信及召开汇报总结交流会，体现市委老干局转变工作作风实效。

（市委老干部局）

档案工作

【概　况】 2016年，厦门市各级各类档案馆馆藏档案879个全宗，244.94万卷，年内新接收档案21.24万卷。市、区档案馆新馆建设不断推进；《厦门市档案事业发展“十三五”规划》印发；厦门市档案局（简称市档案局）联合同安区档案局开展“国际档案日”宣传系列活动；连续举办第三十六、三十七期档案岗位资格培训，参训学员538人；印发《关于做好台风“莫兰蒂”重大自然灾害文件材料归档工作的通知》，将接收的材料汇总整理成专题档案；举办“听见历史的声音”档案接收仪式，接收有关对台珍贵音频资料；编辑《近代厦台交流档案资料选编》一书；档案信息化建设获新突破；与槟榔中学联合开展“梦想寄存·相约档案馆”活动。

【档案馆库建设】 2016年，市档案馆新馆项目经市政府常务会议研究通过，市发改委立项，前期相关手续在办理中。思明区档案馆新馆立项、新馆设计、项目工程概算批复等完成，建筑面积5800平方米，土地交接、用地红线、施工许可证和施工、监理招投标工作在办理中。海沧区档案馆新馆建设方案经区政府常务会研究通过。同安区、集美区启动新馆建设工作，集美选址在集美新城，同安选址在同安新城，湖里区着手启动馆库建设工作。

【档案信息化建设】 2016年，市档案局馆数据智能备份中心投入试运行，该备份中心实现数据加密功能、数据保护功能和标准管理功能，确保数据安全。该项目为福建省首家建成的档案数据智能备份中心，有效解决档案数据长期保管过程中存在状态无法直观监测，数据异常等情况无法及时预警，数据异常无法及时修复等问题。“馆藏民国档案数字化”项目启动，计划用3年时间完成馆藏4.6万卷，约400万页馆藏民国档案的数字化。2016作为启动年，争取到财政资金100万元，完成60万页民国档案的扫描，目录建库12.2万条，破损档案裱糊修复2万页，力争在“十三五”末实现馆藏档案数字化率达80%以上的目标。

【厦门与金门往来音频资料接收】 2016年6月7日，市档案局举办“听见历史的声音”档案接收仪式，接收厦门新闻广播电台《台海大喇叭：演绎38年“对台戏”》《跨越海峡的无线电波：厦门电台的对台史》《连战首次厦漳行：马崎连氏300年来第一次返乡祭祖之行》等13段近57分钟音频资料。其中，收录上世纪50年代，厦门前线广播站第一代播音员吴世泽、陈斐斐对金门广播喊话，台湾歌手邓丽君对大陆喊话录音；2002年9月21号中秋之夜，厦门和金门乡亲53年海峡两岸同胞第一次“海中会”纪实等。该批资料以声音的形式，回放70年厦门、金门交流历史进程，具有珍贵保存价值，对丰富市档案馆馆藏、留存厦门历史记忆具有重要意义。

【国际档案日宣传】 2016年6月8日，市档案局联合同安区档案局开展“6·9”国际档案日宣传系列活动。选取同安朱子书院举办民生档案专题讲课、珍贵文史资料捐赠仪式、播放《朱熹在同安》《足迹——厦门市档案事业科学发展50年》等纪录片；开展“档案馆开放日”活动，展出宣传展板、挂图，设置档案咨询台等。

【《厦门市档案事业发展“十三五”规划》出台】 2016年7月28日，市档案局印发《厦门市档案事业发展“十三五”规划》。该规划要求明确，重点突出，指标量化，提出“力争到2020年，全市各级国家综合档案馆全部建成满足未来50年需要的‘五位一体’档案馆”“争取到2020年全市各级档案馆馆藏传统载体档案数字化率达到80%以上，数字档案馆建成率达50%”“争取到2020年馆藏总量比2010年翻一番，到期档案依法接收率达90%以上，电子档案接收率达80%以上”等一系列量化工作要求，具有较强的指导性和可操作性。

【“梦想寄存·相约档案馆”活动】 2016年8月，市档案馆与槟榔中学联合开展“梦想寄存·相约档案馆”活动，近600名槟榔中学初一学生进馆参观档案库房、档案利用大厅、档案接收整理室、档案裱糊修复室和档案数字化场所等，并填写近600件梦想档案投入市档案馆准备的“时光邮筒”中保存。市档案馆为学生提供一个可以正视梦想、思考梦想、珍藏梦想、追求梦想的平台和契机，期待3年后学生初中毕业时再由个人亲手开启，见证自己这3年为梦想而努力的轨迹，旨在让梦想成为每位学生孜孜以求的前行灯塔。活动取得良好的教育效果，引起全市中小学校对市档案馆爱国主义教育基地的关注。

【重大自然灾害档案资料接收征集】 2016年9月，超强台风“莫兰蒂”重创厦门。市档案局迅速印发《关于做好台风“莫兰蒂”重大自然灾害文件材料归档工作的通知》，要求各单位按照《厦门市重大活动档案管理规定》，做好台风“莫兰蒂”重大自然灾害文件材料整理归档工作，收集全市人民抗灾救灾、灾后重建的各种门类载体文件材料，并明确档案整理办法，要求各单位将档案移交到市档案馆，作为专题档案管理。接收各单位报送的档案、文件1000多件，图片1900多张、音频54件、视频15件，并汇总整理成专题档案。

（蔡剑锋）

党史研究

【概　况】 2016年，中共厦门市委党史研究室（简称市委党史研究室）编辑完成并内部印制《厦门经济特区建设35周年纪念文集》《美丽厦门、共同缔造——中共厦门市委执政实录》《习近平同志关于厦门工作文献汇编》《朱镕基同志来厦视察讲话资料》《厦门市抗日战争时期人口伤亡和财产损失》《厦门经济特区初创阶段（1981～1992）——邹尔均同志口述历史资料》《党史工作学习读本》7部书籍，共约250万字；完成中央党史研究室“改革开放实录”课题编写工作，上报《厦门市小流域综合治理历程及经验》《厦门马塘村的改革开放实践与马塘精神的形成》2个课题；撰写《中共厦门地方组织的90年》《1975年的整顿在厦门》等论文在各级刊物上发表。年内出刊《厦门党史通讯》4期，与市广电集团合作制作纪录片《不变的爱——朱镕基情系厦门》；向厦门市部分单位、社区赠送党史书籍2000余册；中共厦门历史网全年更新信息50余条；组织开展中国共产党成立95周年纪念活动，协助厦门日报社、厦门广电集团等单位编辑和拍摄《厦门革命遗址上的故事》《红色记忆》等，承办《辉煌壮丽的史诗——庆祝中国共产党成立95周年》大型图片展览。编制完成《中共厦门市委党史研究室2016～2020年工作规划》，由市委办公厅正式转发；配合市委宣传部开展“厦门红色文化保护、传承和弘扬工程”相关工作。《中国共产党厦门历史》（1949～1978）于2月获全国党史部门党史优秀成果奖著作类特别奖。年内，市委党史研究室重新制定或完善各项管理规章制度；10月，该室正式搬迁到美湖路43号惠豪中心4楼办公，并增设阅览室，对多年未整理的图书、资料进行全面清理，提高党史资料保护和利用程度。

【《厦门经济特区建设35周年纪念文集》印制】 2016年是厦门经济特区建设35周年。市委党史研究室从年初起，开展自特区成立后老领导、老同志口述录采访征集工作。重点围绕特区建设35年的重要事件、重大活动、重点项目，以及影响厦门发展的重大决策、重要人物、重要节点等内容，对亲历者进行访谈。共采访省市级老领导15人，部门与区级老领导29人，征集口述文章50篇，约34万字，由该室汇编成《厦门经济特区建设35周年纪念文集》，内部印制2000册。该书具体再现厦门经济特区建设35年光辉历程，传承和弘扬“敢闯敢拼敢为人先”特区精神，成为12月26日召开的厦门经济特区建设35周年座谈会会议用书。

2月，党史二卷《中国共产党厦门历史》（1949—1978）获全国党史部门党史优秀成果奖著作类特别奖

（林峰　摄）

【《美丽厦门、共同缔造——中共厦门市委执政实录》印制】 2016年，市委党史研究室编辑并内部印制《美丽厦门、共同缔造——中共厦门市委执政实录》一书300册。此书包括“特载”“大事记”“言论”“决策”“经验”“纪实”“经济社会发展”7个板块，共约80万字。该书客观记述自2013年起，厦门市委科学提出美丽厦门的建设目标、定位和行动计划，编制并实施《美丽厦门战略规划》，3年取得一系列成就和形成许多可复制的成功经验和模式。

（李小玲）

厦门市人民代表大会常务委员会

【概　况】 2016年，厦门市人民代表大会常务委员会（简称市人大常委会）贯彻中共十八大和十八届三中、四中、五中、六中全会精神和习近平系列重要讲话精神及对福建、厦门工作重要指示，贯彻省第十次党代会和市第十二次党代会精神，依法履职，务实创新，为建设“五大发展”示范市作积极努力。年内，市人大常委会召开会议11次，作出决议、决定6项，制定和修改法规13部，听取和审议专项工作报告19项，开展执法检查4次，任免国家机关工作人员107人次，完成市十四届人大五次会议确定的各项任务。开通“厦门人大视界”微信公众号，改版厦门人大官方网站，提高《厦门人大》杂志办刊水平，形成“一刊二网三专栏”宣传新格局；加大市、区、镇人大换届选举的宣传力度，制作“五年履痕”等人大专版专栏，全景式宣传该届人大工作特色和亮点。在省人大常委会、市委重视下，市、区人大常委会增加常委会组成人员名额；街道人大机构在统一更名为街道人大工委的基础上，逐步落实专职工作人员。

会　议

【市十四届人民代表大会第五次会议】 1月19～22日，厦门市十四届人民代表大会第五次会议在厦门人民会堂举行。会议由市人大常委会主任郑道溪主持。会议听取和审议市人民政府市长裴金佳作《厦门市人民政府工作报告》；审查市人民政府提出的《关于厦门市2015年国民经济和社会发展计划执行情况与2016年国民经济和社会发展计划草案的报告》及厦门市2016年国民经济和社会发展计划草案，决定批准《关于厦门市2015年国民经济和社会发展计划执行情况与2016年国民经济和社会发展计划草案的报告》，批准厦门市2016年国民经济和社会发展计划；审查市人民政府提出的《关于厦门市2015年预算执行情况和2016年预算草案的报告》，审查厦门市2016年预算草案，决定批准《关于厦门市2015年预算执行情况和2016年预算草案的报告》，批准2016年市本级预算；听取和审议市人大常委会主任郑道溪作《厦门市人民代表大会常务委员会工作报告》；听取和审议市中级人民法院代院长王成全作《厦门市中级人民法院工作报告》；听取和审议市人民检察院检察长黄延强作《厦门市人民检察院工作报告》。会议补选陈琛（女）为厦门市第十四届人民代表大会常务委员会副主任，王成全为厦门市中级人民法院院长；选举王中、王耀辉、郭星达、曾庆军为厦门市第十四届人民代表大会常务委员会委员。会议通过陈鸿萍为厦门市第十四届人民代表大会财政经济委员会主任委员、王耀辉为厦门市第十四届人民代表大会城市建设环境资源委员会主任委员、郭星达为厦门市第十四届人民代表大会侨务外事委员会主任委员。大会收到代表联名提出的议案58件，其中8件因不符合议案条件，经与代表沟通，直接转为建议处理；其余50件分别交由市人大有关专门委员会进行审议，再依法分别向市人大常委会提出代表议案审议结果的报告。大会收到代表提出的建议、批评和意见共283件，由市人大常委会工作机构会同有关部门组织办理。

【市十四届人大常委会会议】 2016年，市人大常委会共召开11次会议，即市十四届人大常委会第三十二次至第四十一次会议。会议由市人大常委会主任郑道溪主持，市十四届人大常委会第四十次会议在国家会计学院召开，其余10次会议均在厦门人民会堂召开。（见表6–4）

地方立法

【立法引领推动改革】 2016年，厦门市人大常委会为保障金砖国家领导人第九次会晤筹备和举办工作顺利进行，作出授权市政府规定临时性行政措施的决定。制定全国首部“多规合一”管理若干规定，明确空间战略规划法律地位，优化项目生成机制和审批流程，推进空间治理体系顶层设计改革。制定促进中国（福建）自由贸易试验区厦门片区建设规定，营造国际化、市场化、法治化营商环境，为自贸区取得更多可复制可推广的经验提供法治支撑。制定户外广告设施设置管理办法，调整现行管理模式，对户外广告设置管理进行制度设计和立法规范。制定全国首部老字号保护发展办法，对于传承民族传统文化和技艺，鼓励企业永续经营等具有重要促进作用。修改职工基本养老保险条例、失业保险条例，降低保险费率和缴费基数，2016

表6–4　**2016年厦门市十四届人大常委会会议**

时间	会议	主要内容
2月4日下午，会期为半天	第三十二次会议	审议并表决通过有关人事事项
2月26日，会期1天	第三十三次会议	审议通过消防管理若干规定、无居民海岛保护与利用管理办法、海洋环境保护若干规定、城市园林绿化条例、城市房屋拆迁管理规定、职工基本养老保险条例、职工失业保险条例7部法规修正案，审议“多规合一”管理若干规定，审议通过市人大常委会代表资格审查委员会关于个别代表的代表资格审查报告、增补市十四届人大常委会代表资格审查委员会部分委员议案以及人事事项等。其中，消防管理若干规定、无居民海岛保护与利用管理办法、海洋环境保护若干规定3部法规还须依法报请省人大常委会批准
3月24日上午，会期为半天	第三十四次会议	听取和审议市人大有关专委会关于市十四届人大五次会议主席团交付审议的代表议案处理的审议结果报告。会议表决通过6个专委会关于代表议案处理的审议结果报告
4月26～28日上午，会期为两天半	第三十五次会议	审议厦门经济特区促进中国（福建）自由贸易试验区厦门片区建设若干规定、厦门经济特区户外广告设施设置办法、厦门经济特区促进两岸医药合作若干规定、厦门经济特区多规合一管理若干规定4部法规，听取和审议市政府、市中级人民法院、市检察院关于《厦门市人大常委会关于加强人民检察院法律监督工作的决议》执法检查报告及审议意见研究处理情况报告并开展满意度测评，听取和审议有关人事事项。会议表决通过厦门经济特区“多规合一”管理若干规定及有关人事事项
6月27～30日，会期为4天	第三十六次会议	审议《厦门经济特区促进中国（福建）自由贸易试验区厦门片区建设若干规定（草案）》《厦门经济特区户外广告设施设置办法（草案）》《厦门经济特区电动自行车管理若干规定（草案）》《厦门市老字号品牌保护发展促进办法（草案）》4部法规，听取和审议《美丽厦门战略规划（2016）（修编草案）》议案，听取和审议市政府关于2016年厦门市地方政府债券发行及预算调整草案报告、市政府关于2015年厦门市本级财政决算报告、市政府关于2015年度市本级预算执行和其他财政收支的审计工作报告，听取和审议市政府关于市污水收集处理情况报告，听取和审议市政府关于国际友好城市工作开展情况报告，听取并审议市人大常委会执法检查组关于检查《厦门经济特区气象灾害防御条例》实施情况的报告，专题询问市污水收集处理情况，审议有关人事事项

续表 6-4

时间	会议	主要内容
8 月 29～31 日，会期 3 天	第三十七次会议	审议《厦门市老字号品牌保护发展促进办法（草案）》《厦门经济特区电动自行车管理若干规定（草案）》《厦门经济特区促进中国（福建）自由贸易试验区厦门片区建设若干规定（草案）》《厦门经济特区户外广告设施设置办法（草案）》4 部法规；审议市政府关于提请审议《关于开展第七个五年法治宣传教育的决议（草案）》议案；听取和审议市政府关于 2016 年 1～6 月国民经济和社会发展计划执行情况、关于财政投融资项目管理情况、关于构建现代公共文化服务体系情况的报告；听取和审议市中级人民法院关于行政审判工作情况报告；听取和审议市人大常委会执法检查组关于检查《厦门市社会保障性住房管理条例》实施情况报告；听取市政府关于市集成电路产业发展和规划情况报告；审议有关人事事项，以及市人大常委会跟踪检查组关于跟踪检查《厦门经济特区鼓励留学人员来厦创业工作规定》执法检查意见落实情况报告、市政府关于厦门市“六五”普法情况报告和市政府、市中级人民法院、市检察院关于“厦门市人大常委会对《厦门市人大常委会关于加强人民检察院法律监督工作的决议》执法检查报告及审议意见研究处理情况的报告”审议意见研究处理情况报告等书面报告
9 月 28 日上午，会期为半天	第三十八次会议	审议并表决通过有关人事事项
10 月 27～28 日，会期为两天	第三十九次会议	审议《厦门市老字号品牌保护发展促进办法（草案）》《厦门经济特区户外广告设施设置办法（草案）》《厦门市人大常委会关于加强对司法工作监督的决定（草案）》3 部法规；听取和审议市政府关于 2016 年 1～8 月预算执行情况及预算调整草案报告；听取和审议市政府关于推进简政放权转变政府职能情况报告；听取和审议市人大常委会执法检查组关于检查《厦门经济特区无偿献血条例》实施情况报告；审议有关人事事项，以及市政府关于市人大常委会对“2015 年厦门市本级财政决算的报告和 2015 年度市本级预算执行和其他财政收支的审计工作报告”“2016 年厦门市地方政府债券发行及预算调整草案的报告”“污水收集处理情况的报告”“国际友好城市工作开展情况的报告”“检查《厦门经济特区气象灾害防御条例》实施情况的报告”等审议意见研究处理情况书面报告
11 月 15 日，会期为半天	第四十次会议	审议并表决通过市十四届人大常委会代表资格审查委员会关于个别代表的代表资格审查报告
12 月 8 日，会期为半天	第四十一次会议	审议并表决通过关于召开厦门市第十五届人民代表大会第一次会议决定
12 月 28～29 日，会期为两天	第四十二次会议	听取和审议《厦门市人民代表大会常务委员会关于授权厦门市人民政府为保障金砖国家领导人第九次会晤筹备和举办工作规定临时性行政措施的决定（草案）》议案；听取和审议市政府关于“发行应用市民卡，建设智慧城市，便民惠民”议案、关于“理顺污水管理体制，加大污水收集处理力度”议案、关于“将厦门打造成为‘全国公共文明行为典范城市’”议案办理情况报告；听取和审议市政府关于 2015 年度市本级预算执行和其他财政收支审计中发现问题整改情况报告；听取和审议市政府关于市十四届人大五次会议及之后代表提出的建议、批评和意见办理情况报告；听取厦门海事法院 2016 年工作报告；听取和审议市十四届人大常委会代表资格审查委员会关于市十五届人大代表资格审查报告；审议市人大常委会关于许可对市人大代表林秀娟依法采取强制措施的决定（草案）；听取和审议关于补选卢厚实为福建省第十二届人大代表议案；讨论关于召开市十五届人大一次会议有关事项；讨论市十四届人大常委会工作报告（稿）；对 2015 年度市本级预算执行和其他财政收支审计发现的某类问题整改情况和市政府关于市人大常委会对“构建现代公共文化服务体系情况的报告”审议意见研究处理情况的报告进行满意度测评；审议有关人事事项，以及市选举办关于市各区人民代表大会换届选举工作情况报告，市政府关于市人大常委会对“2016 年 1～6 月国民经济和社会发展计划执行情况的报告”“财政投融资项目管理情况的报告”“市人大常委会执法检查组关于检查《厦门经济特区社会保障性住房管理条例》实施情况的报告”审议意见研究处理情况的报告，以及市中级人民法院关于市人大常委会对“行政审判工作情况的报告”审议意见研究处理情况的报告等书面报告

年减轻企业负担约 31 亿元。全面清理厦门市现行法规涉及行政审批项目设置情况，对首批 5 部法规及时启动修改程序，修改和废止有关审批条款，促进审批制度改革深入开展。（见表 6–5）

【健全立法体制机制】 2016 年，市人大常委会在完善立法体制机制方面继续完善、探索、创新，将代表联名提出的老字号保护发展立法议案列入正式立法项目，由领衔代表组织起草法规草案并作为提案人，保障代表直接行使立法权力，这一立法提案的创新做法在全国尚属首例。

依法监督

【概　况】 2016 年，厦门市人大常委会围绕大局，回应群众关切，有分量、有影响、有力度地监督项目，以点带面，一抓到底，推动法律法规正确实施，促进“一府两院”（人民政府、人民法院、

表 6-5 **2016 年厦门市人大常委会颁布的地方性法规**

法规名称	通过和施行日期
《厦门市人民代表大会常务委员会关于修改〈厦门经济特区职工基本养老保险条例〉等两部法规的决定》，对《厦门经济特区职工基本养老保险条例》《厦门经济特区失业保险条例》作出修改	2016 年 2 月 26 日厦门市第十四届人大常委会第三十三次会议第三次修正，自 2016 年 3 月 3 日起施行
《厦门市人民代表大会常务委员会关于修改〈厦门经济特区城市园林绿化条例〉等两部法规的决定》，对《厦门经济特区城市园林绿化条例》和《厦门经济特区城市房屋拆迁管理规定》作出修改	2016 年 2 月 26 日厦门市第十四届人大常委会第三十三次会议第三次修正，自 2016 年 3 月 4 日起施行
《厦门市人民代表大会关于修改〈厦门市人民代表大会及其常务委员会立法条例〉的决定》	2016 年 1 月 22 日厦门市第十四届人民代表大会第五次会议通过，2016 年 4 月 1 日福建省第十二届人民代表大会常务委员会第二十二次会议批准，自 2016 年 4 月 12 日起施行
《厦门市人民代表大会常务委员会关于修改〈厦门市消防管理若干规定〉等三部法规的决定》，对《厦门市消防管理若干规定》《厦门市无居民海岛保护与利用管理办法》《厦门市海洋环境保护若干规定》作出修改	2016 年 2 月 26 日厦门市第十四届人民代表大会常务委员会第三十三次会议第二次修正，2016 年 4 月 1 日福建省第十二届人民代表大会常务委员会第二十二次会议批准，自 2016 年 4 月 12 日起施行
《厦门经济特区多规合一管理若干规定》	2016 年 4 月 28 日厦门市第十四届人大常委会第三十五次会议通过，自 2016 年 5 月 1 日起施行
《厦门经济特区促进中国（福建）自由贸易试验区厦门片区建设规定》	2016 年 8 月 31 日厦门市第十四届人大常委会第三十七次会议通过，自 2016 年 9 月 1 日起施行
《厦门经济特区户外广告设施设置管理办法》	2016 年 10 月 28 日厦门市第十四届人民代表大会常务委员会第三十九次会议通过，自 2017 年 1 月 1 日起施行
《厦门老字号保护发展办法》	2016 年 10 月 28 日厦门市第十四届人大常委会第三十九次会议通过，2016 年 12 月 2 日福建省第十二届人民代表大会常务委员会第二十六次会议批准，自 2017 年 5 月 1 日起施行
《厦门市人民代表大会常务委员会关于授权厦门市人民政府为保障金砖国家领导人第九次会晤筹备和举办工作规定临时性行政措施的决定》	2016 年 12 月 29 日厦门市第十四届人民代表大会常务委员会第四十二次会议通过，自 2016 年 12 月 30 日起施行，实施期限至 2017 年 10 月 31 日

人民检察院）严格执法、公正司法。年内，听取和审议 19 项专项工作报告，开展 4 部法律法规的执法检查，开展专题询问 1 次，开展 3 项有关事项满意度测评，备案审查 83 项市政府规范性文件，受理群众信访 839 件次。

【经济建设监督】 2016 年，市人大常委会听取和审议市政府关于 1～6 月国民经济和社会发展计划执行情况报告，跟踪检查鼓励留学人员到厦门创业工作规定执法检查的意见落实情况，听取集成电路产业发展和规划情况报告，开展“促进我市工业经济发展”课题调研，推动深化供给侧结构性改革，加快产业转型升级。开展“加快厦门市信用体系建设对策研究”课题调研，建议政府强基础、补短板、求创新，打造具有厦门特色社会信用体系，市委书记裴金佳对报告作重要批示，代市长庄稼汉召开专题会议，研究部署诚信建设的 32 项重点任务。听取和审议 2015 年本级决算报告、2016 年 1～8 月预算执行情况和预算调整草案报告，审查批准地方政府债务发行计划，规范政府性债务管理，督促新增财力更多用于产业转型升级、重大基础设施建设和民生改善。首次听取和审议财政投融资项目管理情况报告，要求提高项目预算编制的科学性、准确性，提高财政投融资项目质量和效益。听取和审议审计工作报告、审计中发现问题整改情况报告，并对产业扶持政策审计调查发现问题的整改落实情况进行满意度测评，要求规范财政财务行为，完善相关管理制度，建立统一的产业扶持资金管理平台。听取和审议国际友好城市工作开展情况报告，建议深化友城间经贸合作和民间交流。视察侨批文化广场建设情况，推动拆除广场拟建区域内的临时建筑。听取和审议推进简政放权、转变政府职能报告，推动减少审批环节，提升行政效率。2016 年厦门市政府透明度位居全国较大的 49 个城市首位。

【城市建设和管理监督】 2016 年，市人大常委会集中视察市快速路建设情况，提出要加快形成海陆空现代化立体综合交通体系。把污水收集处理情况作为年度监督工作重点，综合运用多种监督手段，推动政府进一步理顺污水管理体制，抓紧制定污水处理规划，加大污水收集处理力度。开展环保世纪行活动，提高全社会的环保意识。

【保障和改善民生监督】 2016 年，市人大常委会开展社会保障性住房管理条例执法检查，推动加快保障房建设，完善配套设施，发挥保障房托底功能。跟踪督办市公立医院医疗就诊预缴金在市所有公立医院通用共享，实现便民惠民。开展无偿献血条例执法检查，建议加快建设新的献血点。开展气象灾害防御条例执法检查，要求进一步提高防灾减灾能力。视察中小学、幼儿园用地保障和规划建设情况，调研全面实施二孩政策对市基础教育资源影响，建议政府提前谋划、协调推进市学前和义务教育发展。听取和审议构建现代公共文化服务体系情况报告，并开展满意度测评，督促完善覆盖城乡的公共文化设施网络，促进基本公共文化服务均等化。接待群众来信来访 839 件次，加大信访件督办力度，维护群众合法权益。

【维护社会公平正义开展监督】 2016 年，市人大常委会出台加强对司法工作监督决定，建立司法机关重大事项报告和司法文件报送、办案质量评查报告、司法人员履职报告等制度，提升人大监督司法工作的规范化水平。作出“七五”普法工作决议，要求加大法治宣传教育，增强全民的宪法意识和法治观念。听取和审议市中级人民法院行政审判工作情况报告，督促法院健全完善工作机制，加强行政审判队伍建设。首次听取和审议加强检察院法律监督决议执法检查的研究处理情况报告，并开展满意度测评，将整改要求细化为 24 个具体项目，交由“一府两院”逐一对照检查落实，支持检察院履行法律监督职能。听取厦门海事法院工作报告，支持海事法院服务“一带一路”和海洋强市战略，提高海事司法服务水平。

表 6-6　**2016 年厦门市人大常委会通过的决定、决议**

时间	会议	通过的决定、决议
6 月 30 日	市十四届人大常委会第三十六次会议	关于批准《美丽厦门战略规划（2016）》的决议
6 月 30 日	市十四届人大常委会第三十六次会议	关于批准 2016 年厦门市地方政府债券发行计划及市本级预算调整的决议
6 月 30 日	市十四届人大常委会第三十六次会议	关于批准 2015 年厦门市本级财政决算的决议
8 月 31 日	市十四届人大常委会第三十七次会议	关于开展第七个五年法治宣传教育的决议
10 月 28 日	市十四届人大常委会第三十九次会议	关于加强对司法工作监督的决定
12 月 8 日	市十四届人大常委会第四十一次会议	关于召开厦门市第十五届人民代表大会第一次会议的决定

其他职权行使

【依法行使重大事项决定权】 2016 年，厦门市人大常委会围绕经济社会发展，作出关于批准 2015 年市本级财政决算的决议、关于 2016 年市级财政预算调整的决议等 6 项决定、决议。（见表 6-6）

【依法行使人事任免权】 2016 年，市人大常委会坚持党管干部原则与依法选举任免相统一，依法任免国家机关工作人员 107 人次。落实宪法宣誓制度，由人大及其常委会选举或任命的国家工作人员就职时，全部进行宪法宣誓，增强国家工作人员的宪法意识和法治观念。（见表 6-7）

表 6-7　**2016 年厦门市人大常委会任免的国家机关工作人员**

时间	会议	任免名单
2 月 4 日	市十四届人大常委会第三十二次会议	任命：郭星达为厦门市人大常委会台胞工作委员会主任 决定任命：李啸萍为厦门市政府外事侨务办公室主任 免去：陈鸿萍的厦门市人大常委会台胞工作委员会主任职务 决定：撤销李栋梁的厦门市人民政府副市长职务
2 月 26 日	市十四届人大常委会第三十三次会议	任命：邹炳明为厦门市人大常委会台胞工作委员会副主任（兼） 增补：王中、曾庆军为厦门市第十四届人民代表大会常务委员会代表资格审查委员会委员
4 月 28 日	市十四届人大常委会第三十五次会议	任命：黄冬阳、刘新平、林常红（女）为厦门市中级人民法院审判委员会委员；李隽为厦门市中级人民法院民事审判第四庭副庭长、审判员；张镇安为厦门市中级人民法院刑事审判第二庭副庭长 免去：钟华勇的厦门市人民检察院检察员职务
6 月 30 日	市十四届人大常委会第三十六次会议	决定任命：张志红（女）为厦门市发展和改革委员会主任、吴新奎为厦门市人力资源和社会保障局局长 决定免去：孟芊的厦门市发展和改革委员会主任职务 任命：王铁玲（女）、陈丽英（女）、章毅、陈璟（女）、徐艳（女）、彭亚奴（女）、许莹（女）、谢爱芳（女）、王欣欣、胡欣（女）、王敏重、宋希凡（女）、周宗良、洪维（女）、陈鸣为厦门市中级人民法院审判员。吴国仁、孙文华、李红（女）、白珍琼（女）、白文为厦门市人民检察院检察委员会委员。陈志毅、丰致辉、李津津（女）、郑焱燕（女）、姜东伟、林章伟、郭启彬、沈庆平、黄莺（女）、曾小欣（女）、任宇鑫、刘林为厦门市人民检察院检察员 免去：童世民的厦门市人民检察院检察员职务

续表 6-7

时间	会议	任免名单
8月31日	市十四届人大常委会第三十七次会议	决定接受：杜明聪辞去市十四届人大常委会副主任职务 决定任命：黄强、卢江（女）为厦门市人民政府副市长 决定免去：林文生、郑云峰的厦门市人民政府副市长职务 任命：洪志坚、李子青、廖惠敏（女）为厦门市中级人民法院审判委员会委员、审判员；李桦（女）为厦门市中级人民法院民事审判第一庭庭长、陈朝阳为厦门市中级人民法院民事审判第二庭庭长、颜映红（女）为厦门市中级人民法院民事审判第五庭庭长、江伟为厦门市中级人民法院涉台案件审判庭庭长、叶炳坤为厦门市中级人民法院民事审判第六庭副庭长；林育清为厦门市人民检察院检察委员会委员、检察员，林建木为厦门市人民检察院检察员 免去：李桦（女）的厦门市中级人民法院涉台案件审判庭庭长职务、陈朝阳的厦门市中级人民法院民事审判第五庭庭长职务、江伟的厦门市中级人民法院立案一庭庭长职务、叶炳坤的厦门市中级人民法院民事审判第二庭副庭长职务；黄冬阳的厦门市中级人民法院审判委员会委员、刑事审判第二庭庭长、审判员职务；刘友国的厦门市中级人民法院审判委员会委员、民事审判第一庭庭长、审判员职务；刘新平的厦门市中级人民法院审判委员会委员、民事审判第二庭庭长、审判员职务；蔡泽寰、赖华平、洪德琨的厦门市中级人民法院审判员职务；黄献伟、彭明武、郑祥发的厦门市人民检察院检察员职务 批准：林育清辞去厦门市湖里区人民检察院检察长职务；吴华峰辞去厦门市集美区人民检察院检察长职务；林建木辞去厦门市同安区人民检察院检察长职务 同意：思明区人大常委会、翔安区人大常委会分别罢免郑云峰、蔡辉胜的市十四届人大代表职务
9月28日	市十四届人大常委会第三十八次会议	决定接受：裴金佳辞去厦门市人民政府市长职务 决定任命：庄稼汉为厦门市人民政府副市长 决定：庄稼汉代理厦门市人民政府市长职务
10月28日	市十四届人大常委会第三十九次会议	决定任命：张毅恭、李辉跃为厦门市人民政府副市长 决定免去：倪超（女）、黄文辉的厦门市人民政府副市长职务 增补：陈昭扬为厦门市第十四届人民代表大会常务委员会代表资格审查委员会主任委员
11月16日	市十四届人大常委会第四十次会议	同意：同安区人大常委会依法罢免周群锋的市十四届人大代表职务
12月29日	市十四届人大常委会第四十二次会议	补选：卢厚实为福建省第十二届人大代表 任命：叶青（女）为厦门市中级人民法院立案一庭副庭长、审判员，龙辉、叶鑫欣为厦门市中级人民法院审判员；周诚友为厦门海事法院东山法庭庭长、陈萍萍（女）为厦门海事法院海事庭副庭长、洪志峰为厦门海事法院执行庭副庭长，陈水柱为厦门海事法院福州法庭副庭长、曾大津为厦门海事法院审判员 免去：张希舟的厦门海事法院副院长、审判委员会委员、审判员职务，周诚友的厦门海事法院海事庭庭长职务、陈萍萍（女）的厦门海事法院宁德法庭副庭长职务、洪志峰的厦门海事法院福州法庭副庭长职务、陈水柱的厦门海事法院执行庭副庭长 批准任命：李永军为厦门市思明区人民检察院检察长、吴华峰为厦门市湖里区人民检察院检察长、彭明武为厦门市集美区人民检察院检察长、陈子龙为厦门市海沧区人民检察院检察长、郑祥发为厦门市同安区人民检察院检察长、洪庆福为厦门市翔安区人民检察院检察长

代表工作

【指导换届选举】 2016年，厦门市人大常委会坚持把党的领导、充分发扬民主、严格依法办事、严肃换届纪律贯穿于换届选举全过程。报请市委批转下发市、区、镇三级人大换届选举工作意见，明确指导思想、工作步骤和具体要求。紧密配合党委组织部门，做好连任代表的考察工作，严把代表“入口关”。指导各区、镇组织代表候选人与选民见面，激发选民参与热情。市人大常委会领导分别带队到各区调研和巡回检查，加强指导监督。

【强化议案建议督办】 2016年，市人大常委会实行常委会领导领衔督办、主任会议年中听取汇报、专委会持续督办等议案督办机制，推动议案办理取得良好成效。3件列入常委会议程的议案中2件办结：督办“发行应用市民卡，建设智慧城市，便民惠民”议案，政府出台市民卡服务体系建设工作方案。连续2年督办“将厦门打造成为全国公共文明行为典范城市”议案，促进创建工作全面深化，该案例被评为全国2015民生改善优秀案例。

督办“理顺污水管理体制，加大污水收集处理力度”议案，办理工作取得阶段性成果，2017年市政府将继续办理。同时，改进代表建议办理工作，坚持建议办理中期督促检查制度，代表提出的280件建议、批评和意见全部办理，由承办单位答复代表。

【代表服务保障】 2016年，市人大常委会推动常委会委员、代表深入基层、深入群众，参加联系社区及代表小组活动。扩大代表对常委会工作的参与，组织代表列席常委会会议，代表参与常委会视察、执法检查、调研活动。组织代表回原选举单位报告履职情况，主动接受原选举单位监督。采用菜单式政情通报方式，市政府主要领导向代表通报普遍关注的自贸区建设、供给侧结构性改革、创建国家自主创新示范区、民生改善等情况，保障代表更好知情知政。

（王雪辉）

厦门市人民政府

【市政府常务会议】 2016年，厦门市人民政府（简称市政府）共召开常务会议28次，即第99～126次市政府常务会议。其中，第99～117次会议由市长裴金佳主持召开，第118～126次会议由代市长庄稼汉主持召开。（见表6-8）

【议案提案办理】 2016年，厦门市政府收到市人大代表建议275件，办复率100%，满意率98.9%。收到市政协提案431件，办复率100%，满意率95.3%。

【政府信息公开】 2016年，厦门市发挥政府网站、政务中心、新闻媒体、政府公报、新闻发布会、市档案馆、市图书馆、政务微博、微信等信息公开平台和载体的作用，以市政府门户网站为主渠道，发布市委、市政府及各部门的规范性文件、人大法规、政府规章、政府公报、政策解读、最新公告、重要会议等政府信息，共设置一级目录18个，二级目录88个，规范编制信息公开索引号，建立起包括市政府信息公开目录、部门信息公开目录和区政府信息公开目录在内的三级目录框架体系。各级政府及其工作部门主动公开政府信息39129条，涉及“行政权力清单”、公共资源、市级公共服务事项、高校招生和财务信息、市科技计划项目、医疗服务价格、用工岗位信息、国有企业主要财务指标、环境影响评价文件、食品药品行政许可信息、社会组织各项信息、慈善捐赠等。其中，本级政府及其工作部门主动公开30171条，下级政府及其工作部门主动公开8958条。按类别划分，机构职能类信息2138条，占5.5%；政策、规范性文件类信息3006条，占7.7%；规划计划类信息2213条，占5.7%；行政许可类信息6664条，占17%；重大建设项目、为民办实事类信

表6-8

2016年厦门市政府常务会议

时间	会议	主要议题
1月22日	第99次市政府常务会议	研究《关于贯彻落实粮食安全行政首长责任制的实施意见》（送审稿）和《厦门市落实粮食安全行政首长责任制考核办法》（送审稿）、《厦门市公共资源交易平台整合实施方案》（送审稿）、《厦门市积分落户试行办法》（送审稿）、《厦门市机动车停放服务收费管理办法》（送审稿）、《厦门市加快发展生产性服务业三年行动方案（2016～2018年）》（送审稿）、厦门市公园名录名单（第二批）、兑山原水泵站迁改工程可行性研究报告、翔安南部莲河片区造地一期工程（莲河码头地块）立项、灌新路（灌口中路—环湾大道段）工程可行性研究报告、轨道集团、市土总城投公司发行企业债券有关事项、厦门市贯彻执行乡镇机关事业单位工作人员实行乡镇工作补贴、更新城镇土地基准地价和修订地价征收管理若干规定等议题
2月3日	第100次市政府常务会议	研究2016年度市重点建设项目初步安排计划、《厦门市生态文明体制改革实施方案》（送审稿）、《关于大力推动会展业改革创新发展的实施意见》（送审稿）、《关于市、区燃气主管部门安全监管职责分工和镇（街道）燃气安全监管有关工作的意见》（送审稿）、《厦门市燃气设施安全保护办法》（送审稿）、《厦门市燃气突发事故应急预案》（送审稿）、关于2016年市政府立法计划和执法检查计划（草案）、《厦门市人大常委会关于加强人民检察院法律监督工作的决议》贯彻意见、2016年市委和市政府为民办实事项目、同翔大道（沈海高速—洪新路）工程可研、五缘湾片区污水截流改造工程项目可研、厦门理工学院7号教学楼项目可研、《深化市委管理企业负责人薪酬制度改革的意见》（送审稿）、调整完善厦门市住房货币化补贴政策实施方案、《关于调整我市部分优抚对象抚恤和生活补助标准的通知》（送审稿）等议题
2月14日	第101次市政府常务会议	研究《厦门市建设海丝战略支点城市2016年工作方案》（送审稿）、厦门市环保工作情况、2016年市区重点项目开竣工有关事宜、《关于进一步减轻企业负担的若干措施》（送审稿）、厦门市大交通管理近期工作情况及下一步工作思路等议题
3月4日	第102次市政府常务会议	研究演武大桥观景平台项目工程可研、《中共厦门市委、厦门市人民政府关于落实发展新理念加快发展现代都市农业率先实现全面小康目标的实施意见》（送审稿）、《2016年全市农村工作会议方案》（送审稿）、《中共厦门市委厦门市人民政府重大事项请示报告制度》（送审稿）、《关于“降成本、优环境”专项行动工作方案》（送审稿）、《厦门市人民政府关于修改〈厦门市城镇职工基本医疗保险规定〉的决定》（送审稿）、《关于培育发展厦门新型智库的实施方案》（送审稿）、出台地方财政承担进出口申报环节报关报检费用政策等议题

续表 6-8

时间	会议	主要议题
3月11日	第103次市政府常务会议	研究厦门市安全生产工作
3月15日	第104次市政府常务会议	研究厦门市1～2月重点项目调度、《厦门市老旧小区改造提升工作意见》（送审稿）、《厦门市环境卫生和垃圾处理三年提升行动方案》（送审稿）、《关于加快落实“门前三包”制度的工作意见》（送审稿）、《厦门经济特区户外广告设施设置办法（草案）》《厦门经济特区促进中国（福建）自由贸易试验区厦门片区建设若干规定（草案）》《厦门市小额贷款公司管理办法》（送审稿）、《关于加快推进残疾人小康进程的实施意见》（送审稿）、2015年度计生目标管理责任制考评奖励及2016年度计生工作责任书、翔安黎安居住区保障性安居工程保障房地块（A、B）可行性研究报告等议题
4月6日	第105次市政府常务会议	研究《厦门市垃圾分类和减量管理办法》（送审稿）、《厦门市垃圾分类和减量工作方案》（送审稿）、地下综合管廊建设工作、海绵城市建设工作、《进一步加强反恐怖工作的意见》（送审稿）、《厦门市开展土地批后利用情况检查和清理整治工作方案》（送审稿）、构建医养护一体化养老服务体系调研情况、提请理顺环评审批与餐饮服务许可关系有关情况、2016厦门工博会暨第二十届台交会筹备工作情况、第五届南洋文化节有关情况、与国家开发银行签订《推进厦门市“十三五”经济社会发展开发性金融合作备忘录》（送审稿）、与中国农业发展银行签订《支持厦门发展战略合作框架协议》（送审稿）、《关于实施以奖代补政策落实严重精神障碍患者监护责任暂行办法》（送审稿）等议题
4月14日	第106次市政府常务会议	研究《关于加快发展现代职业教育的若干意见》（送审稿）、《关于加强项目常态化管理进一步扩大有效投资的实施方案》（送审稿）、《厦门市促进军民融合产业深度发展实施意见》（送审稿）、2016G20财政和央行副手会及第三次协调人会议有关筹备工作、《全市科技创新大会方案》（送审稿）、出台扶持港口集装箱业务发展若干意见等议题
4月29日	第107次市政府常务会议	研究《关于加强城市停车设施建设工作的实施意见》（送审稿）、《厦门市2016年公共停车设施建设工作方案》（送审稿）、《厦门市生态环境监测网络建设工作方案》（送审稿）、《关于进一步加强环境保护工作的实施意见》（送审稿）、集美北路（集灌路—集美大道段）提升改造工程可行性研究报告、同翔大道（洪新路—同新路段）工程可行性研究报告、翔安机场机场北路工程可行性研究报告、翔安机场填海造地工程可行性研究报告、西堤综合码头改造工程可行性研究报告、第十二届海峡旅游博览会筹备情况、《厦门经济特区电动自行车管理若干规定》（送审稿）、推荐两名外国专家参加2016年中国政府“友谊奖”评选、《厦门市医疗救助办法》（送审稿）等议题
5月19日	第108次市政府常务会议	研究2015年度绩效评估结果、绩效奖励建议及2016年度绩效管理工作方案、1～4月份重点项目调度情况、《关于修改〈厦门市城市综合管廊管理办法〉的决定（草案）》、调整滨海东大道（澳头—大嶝桥段）工程投资概算、鼓浪屿污水处理系统改造工程可行性研究报告、同安大道（海翔大道—同南路段）提升改造工程可行性研究报告、《中美海洋垃圾防治厦门—旧金山“姐妹城市”合作实施方案》（送审稿）和任务分工、前置审批和行政审批中介服务事项清理工作、第二批减轻企业负担政策、《厦门市企业增产增效奖励暂行办法》（送审稿）、《2016年厦门市地方政府新增债券发行及预算调整草案的报告》（送审稿）、申请核销部分市属行政事业单位资产损失资金挂账有关情况、第八届海峡论坛筹备保障工作情况、传达学习中央改革办调研福建自贸区的主要精神及厦门市贯彻落实情况等议题
6月7日	第109次市政府常务会议	研究厦门市推进供给侧结构性改革总体方案、厦门市生态文明建设目标评价考核试行办法、《美丽厦门战略规划》（2016年版）、市青少年宫扩建工程项目重新立项带概算、东渡0～4号泊位改建工程可行性研究报告、西炉再生水厂一期工程可行性研究报告、九溪小区保障性安居工程可行性研究报告、厦门市建设项目未动工情况、《厦门市海洋经济发展“十三五”专项规划》（送审稿）、申报福建省第二批省级历史文化街区事宜、《厦门市九龙江北溪雨洪利用工程方案》（送审稿）、《厦门市医养结合试点工作方案》（送审稿）、调整厦门市商事登记前置行政许可审批事项目录、《厦门市简化优化审批服务流程方便群众办事创业打造一流营商环境实施方案》（送审稿）、《厦门市临时救助办法》（送审稿）、《厦门市补充工伤保险实施办法》（送审稿）等议题
6月16日	第110次市政府常务会议	研究《厦蓉欧国家物流新通道建设工作方案》（送审稿）和《中国（厦门）航空维修国际合作区建设工作方案》（送审稿）、1～5月省重大重点项目、市重大项目以及市重点项目调度情况、后坑垃圾压缩中转站升级改造工程可行性研究报告、《厦门市“十三五”战略性新兴产业发展规划》（送审稿）、《厦门市“十三五”科技创新发展规划》（送审稿）、2015年度市本级预算执行和其他财政收支的审计结果报告、《厦门市“五个一批”项目统计分析与跟踪管理办法》（送审稿）、2016年G20财政和央行副手会及第三次协调人会议近期筹备工作情况、《中国华融资产管理股份有限公司与厦门市人民政府战略合作协议》（送审稿）、2015年度市本级财政决算报告、《厦门市人民政府清华大学共建清华大学政府和社会资本合作研究中心合作协议书》（送审稿）等议题

续表 6-8

时间	会议	主要议题
7月8日	第111次市政府常务会议	研究筼筜湖第二排涝泵站及西堤闸工程可行性研究报告、电力进岛第二通道缆化迁改工程可行性研究报告、适度调整厦门市房地产市场政策、公布厦门市相关社会保险费缴费费率和缴费基数等议题
7月21日	第112次市政府常务会议	研究《厦门市自然灾害救助应急预案》(修订稿)、《厦门市"十三五"城市建设专项规划》(送审稿)、市级公共租赁住房工作有关情况、轨道交通3号线工程可行性研究报告、《厦门市非居民污水处理收费标准调整方案》(送审稿)等议题
8月9日	第113次市政府常务会议	研究《关于促进科技创新的二十五条措施》(送审稿)、关于推进福厦泉国家自主创新示范区厦门片区建设情况、第十九届投洽会筹备工作情况、投洽会厦门团筹备情况、《厦门市政府法律顾问工作规定》(送审稿)、公共租赁房珩琦公寓项目可行性研究报告、公共租赁房后吴公寓项目可行性研究报告、公共租赁房园博公寓项目可行性研究报告、嘉园路段鼻子沟箱涵改造工程可行性研究报告、市档案馆新馆项目可行性研究报告、市城市建设档案馆新馆项目可行性研究报告、《关于推进价格机制改革的实施意见》(送审稿)、《关于构建和谐劳动关系的实施意见》(送审稿)、《关于深化国有企业改革的实施意见》(送审稿)、《厦门市人民政府与京东集团战略合作协议》(送审稿)、《厦门市人民政府与中国民生银行股份有限公司全面战略合作协议》(送审稿)、《中国科学院厦门市人民政府共建"中国科学院大学厦门微电子工程学院"暨"厦门微电子产业研究院"合作框架协议》(送审稿)等议题
8月17日	第114次市政府常务会议	研究1～7月省重大重点项目、市重大项目以及市重点项目调度情况、《厦门市综合交通运输"十三五"发展规划》(送审稿)、调整中欧、中亚班列补贴标准、给予航空维修工业企业2016年财政扶持、《厦门市电动汽车充电基础设施专项规划(2016～2020)》(送审稿)、《关于深入推进依法行政加强和改进行政应诉工作的实施意见》(送审稿)、《厦门市环境教育规定》(送审稿)、《厦门市行业协会商会与行政机关脱钩工作方案》(送审稿)、《厦门市"十三五"测绘地理信息发展规划(2016年～2020年)》(送审稿)、《关于提高民办义务教育学校补助标准的通知》(送审稿)等议题
8月26日	第115次市政府常务会议	研究厦门市"十三五"期间促进服务贸易和服务外包加快发展工作措施、《2016年厦门市推进简政放权放管结合优化服务工作要点》(送审稿)、2016年世界城市日活动厦门承办筹备工作情况、中国计划生育协会第八次全国会员代表大会精神传达和近期计生专项工作、废止《厦门市人口与计划生育若干规定》的决定(草案)、《关于进一步加强计划生育特殊家庭扶助工作的意见》(送审稿)、厦门理工学院综合体育馆和东片区增容配电房可行性研究报告、《2017厦门国际马拉松赛方案》(送审稿)、《第九届海峡两岸(厦门)文化产业博览交易会总体方案》(送审稿)、表彰第四届杰出教师、优秀校长和第三届十佳班主任、市级可统筹资金安排意见等议题
8月31日	第116次市政府常务会议	研究《厦门市环境保护督察实施方案(试行)》(送审稿)、《关于开展特色小镇规划建设的实施意见》(送审稿)、《拟废止或宣布失效的市政府文件目录》(草案)、重启住房限购政策、审批狐尾山路等200条地名、《厦门市困难群众精准帮扶工作实施意见》(送审稿)、2016厦门国际海洋周筹备工作、《厦门市排污权有偿使用和交易管理办法(试行)》(送审稿)、深化国防和军队改革期间厦门市军转安置工作情况、《关于在全市公民中开展法治宣传教育的第七个五年规划(2016～2020年)》(送审稿)、《厦门市农副产品平价商店管理实施细则》(送审稿)等议题
9月19日	第117次市政府常务会议	研究台风"莫兰蒂"灾后重建有关工作[《关于促进工业企业灾后恢复生产若干意见》(送审稿)、《关于促进农业灾后重建恢复生产的若干意见》(送审稿)、《厦门市农村受损住房灾后重建指导意见》(送审稿)、《关于加快推进灾后重建投资工程包工作初步方案》(送审稿)、倒伏树木回种]、1～8月省重大重点项目、市重大项目以及市重点项目调度、《关于进一步加强城市规划建设管理工作的实施意见》(送审稿)、《关于翔安新城海绵城市建设PPP项目实施方案》(送审稿)、海新路与疏港通道立交工程可行性研究报告等议题
9月28日	第118次市政府常务会议	研究台风"莫兰蒂"灾后重建有关工作[《关于促进旅游景区灾后恢复经营的扶持意见》(送审稿)、《关于支持商贸企业灾后恢复经营和保障市场供应的意见》(送审稿)、《关于促进建筑企业灾后恢复生产若干意见》(送审稿)]、部分财政性投资项目[翔安机场快速路(大嶝岛段)可行性研究报告、厦门实验小学校园改扩建项目重新立项、湖边小学项目可行性研究报告]、《关于厦门市机关和参照公务员法管理的事业单位、社会团体参加工伤保险有关问题的通知》(送审稿)、《关于调整自主择业军转干部退役金补贴意见》(送审稿)、《厦门市2016年机关事业单位退休人员基本养老金调整方案》(送审稿)和《厦门市2016年企业退休、退养人员基本养老金调整方案》(送审稿)等议题
10月15日	第119次市政府常务会议	研究2016两岸企业家峰会筹备工作情况、2016年财政收支预算调整草案、云顶路自行车快速道示范段项目工程可行性研究报告等议题

续表 6-8

时间	会议	主要议题
10月27日	第120次市政府常务会议	研究《厦门市网络预约出租汽车经营服务管理实施细则》(送审稿)、《厦门市多规合一业务协同平台运行规则(暂行)》(送审稿)、《关于进一步做好社区居家养老服务工作的通知》(送审稿)、《落实困难残疾人生活补贴和重度残疾人护理补贴制度实施意见》(送审稿)、全国卫生与健康大会和全省深化基层医改现场推进会主要精神及厦门市贯彻意见、部分财政性投资项目(海沧疏港通道工程可行性研究报告、厦门五缘实验学校扩建项目可行性研究报告)、《厦门市生态控制线管理实施规定》(送审稿)、《关于促进园林绿化与林业灾后发展的扶持意见》(送审稿)、《厦门市人民政府与中国建设银行股份有限公司"十三五"战略合作协议》(送审稿)等议题
11月1日	第121次市政府常务会议	研究《厦门市人民防空建设"十三五"规划》(送审稿)和《厦门市人防建设专项规划》(送审稿)、《关于推进农村一二三产业融合发展实施意见》(送审稿)、《厦门市生猪养殖空间布局与污染防治规划(2015～2020)》(送审稿)、《促进厦门市银行业金融机构发展绿色金融的意见》(送审稿)、《关于推进企业上市的意见》(送审稿)等议题
11月18日	第122次市政府常务会议	研究《厦门市市民卡服务体系建设工作方案》(送审稿)、《厦门市健康医疗大数据中心及产业园建设国家试点工程实施方案》(送审稿)、《厦门市房屋安全管理规定(草案)》、翔安南部大嶝南缘吹淤造地二期工程可行性研究报告、《厦门翔安南部新城地下综合管廊项目PPP实施方案》(送审稿)、厦门市公务用车制度改革实施方案、《厦门市2016新能源非公交汽车推广应用财政补贴办法》(送审稿)等议题
12月1日	第123次市政府常务会议	研究《政府工作报告》(送审稿)、《厦门市2016年国民经济和社会发展计划执行情况与2017年国民经济和社会发展计划草案的报告》(送审稿)、《厦门市2016年预算执行情况和2017年预算草案的报告》(送审稿)、厦门市安全生产工作情况、《深入推进农村社区建设的实施意见》(送审稿)、仙棋路(集灌路延伸段)道路工程可行性研究报告、轨道交通4号线(后溪至翔安机场段)工程可行性研究报告、何厝安置房及市政配套项目可行性研究报告、五通金融花园安置房项目可行性研究报告、五通浦东花园安置房项目(安置房及幼儿园)可行性研究报告、《厦门市人民政府关于贯彻落实福建省实施〈居住证暂行条例〉办法的意见》(送审稿)、《厦门市开展市场准入负面清单制度改革试点实施方案》(送审稿)、《厦门市巨灾保险方案》(送审稿)等议题
12月7日	第124次市政府常务会议	研究当前市容市貌存在突出问题和下一步改进措施、《厦门市推进国家生态文明试验区建设暨厦门市生态文明体制改革行动方案》(送审稿)、2017年全市主要经济指标、2017年财政预算安排、《厦门市保障性商品房管理办法》(送审稿)、设立综治责任奖及出台厦门市综治领导责任制实施办法、厦门市第十次社会科学优秀成果评奖等议题
12月21日	第125次市政府常务会议	研究1～11月省重大重点项目、市重大项目以及市重点项目调度、轨道交通6号线马銮湾片区段土建工程项目立项、《厦门市名优地产工业品推荐目录编制规则》(送审稿)、《厦门市法治政府建设实施方案》(送审稿)、编制2017年市政府立法计划和执法检查计划情况、《厦门市城乡规划实施规定》(送审稿)和《厦门市城乡规划管理技术规定(2016年版)》(送审稿)、《厦门市集体土地上房屋征收与补偿管理办法》(送审稿)、《关于调整我市征地补偿标准有关规定的意见》(送审稿)等议题
12月29日	第126次市政府常务会议	研究《厦门市生态文明建设"十三五"规划(送审稿)和《厦门市环境保护"十三五"规划(送审稿)、《厦门市特困人员救助供养办法》(送审稿)、《厦门市知识产权强市创建工作方案(2017～2019年)(送审稿)、厦门市BRT公交及其链接线票价调整方案等议题

息2032条，占5.2%；民政扶贫救灾社保就业类信息1136条，占2.9%；国土资源城乡建设环保能源类信息2674条，占6.8%；科教文体卫生类信息1777条，占4.5%；安全生产、应急管理类信息3124条，占8%。主动公开信息全文电子化率100%。收到政府信息公开申请1465件，其中各级政府收到274件，各级政府工作部门收到1191件。至年末，答复政府信息公开申请1449件。政府采购招标、竞争性谈判等信息在采购网上公开，政府采购项目预算金额在采购文件中予以公布，全年发布政府采购信息1.9万条。主动公开立项与投资概算审批信息195条，项目进展信息45条，工作制度和通知2条。

【行政权力运行规范】 2016年，厦门市各部门编制完成"行政权力清单"，保留4294项，精简不符合法律法规的市级行政权力4521项。经过6轮审批制度改革，市级审批事项由1177项减至256项，全面取消非行政许可审批类别；市级43个部门共明确责任事项7534项，91项涉及多部门监管的责任事项明确牵头部门，做到"法定职责必须为"。

【"三公"经费公开】 2016年，厦门市政府向社会公布2016年度市本级"三公"经费财政拨款预算总额1.66亿元。其中，因公出国(境)经费0.2亿元，公务接待费0.26亿元，公务用车购置及运行维护费1.2亿元。批复并公开2015年度部门"三公"经费决算数，对"三公"经费增减变化原因等重要事项作出说明。

【公共资源配置公开】 2016 年，厦门市政府坚持土地房屋征收公开，开展全市土地房屋征收与补偿信息公开检查。截至 12 月 5 日，累计公开各类征收信息 376 条，其中征地方面累计公开征地通告 25 条，征地预告 75 条，农转用批准文件 52 份；房屋征收方面累计公开房屋征收决定 10 个，征收公告 73 个，征收政策法规 4 条、简讯信息 65 条。

【公开机制创新】 2016 年，厦门市行政服务中心集中承办行政审批和公共服务事项 844 项，一般事项实行“一审一核”，办理依据、时限、条件、过程、结果等给予公开。全市复制推广“一照一码”（“一照”即营业执照，新版营业执照具有原营业执照、组织机构代码证、税务登记证、社保登记证和刻章许可证的功能；“一码”即 18 位的统一社会信用代码）设立登记，推动“多规合一”（在一级政府一级事权下，强化国民经济和社会发展规划、城乡规划、土地利用规划、环境保护、文物保护、林地与耕地保护、综合交通、水资源、文化与生态旅游资源、社会事业规划等各类规划的衔接，确保“多规”确定的保护性空间、开发边界、城市规模等重要空间参数一致）审批流程改革，建设项目总审批时限由 180 个工作日缩短至 49 个工作日。各区参照市行政服务中心模式建立行政服务中心，在各街道设立便民服务中心，在各社区设立便民服务代办点。推进“互联网＋政务”，在门户网站开设“政务大厅”，分角色提供各项事务办事渠道，开设“审批大厅”“公共服务平台”，为公众提供查询审批信息、在线咨询、信息查询等便民服务。全市电子政务建成跨部门、跨层级的“政务信息资源共享协同平台”，内外网接入 51 个单位，平台挂接各类服务资源 511 个，累计建立数据交换通道 104 个，累计服务调用 2 亿次，实现交换数据量 22135GB（1GB 约等于 10 亿字节）。“i 厦门”一站式惠民服务平台、社区网格化平台、“多规合一”业务协同平台和交通信息共享服务平台提供政务、诚信、生活、健康、教育、文化、交通、社保、沟通等在线服务 200 多项。市、区政府门户网站及市直各部门网站均设立领导访谈、民意征集、网上调查、网上新闻发布会、互动交流知识库等互动栏目，开通政务微博、微信等公众平台，建立网上互动服务渠道。依托云技术和云架构，搭建网站群维护管理云平台；整合政务民生信息资源，建设 34 个便民服务应用系统的手机平台，开发基于 IOS（苹果公司推出的操作系统）和 Android 平台（谷歌公司推出的操作系统）的厦门市政府网站 APP（应用程序），成为全国首个政务综合 APP 应用程序。

（邵君杰　许岩胜）

机构编制管理

【工作机制改革】 2016 年，中共厦门市委机构编制委员会办公室（简称市委编办）做好“放管服”改革（简政放权、放管结合、优化服务），推进供给侧结构性改革，降低制度性交易成本。取消或规范行政审批中介服务事项 54 项、行政审批事项 49 项，指导自贸区厦门片区取消行政许可事项 19 项；清理规范前置审批 201 项、行政审批中介服务事项 111 项；将“接收管理已移交社会化管理的退休人员”等 14 项市级公共服务事项和“党员组织关系接转”等 1 项党员管理服务事项延伸到社区工作站办理。“双随机、一公开”监管（监管过程中随机抽取检查对象，随机选派执法检查人员，抽查情况及查处结果及时向社会公开）。市直部门按照要求完成“一单、两库、一细则”工作（随机抽查事项清单，“两库”指市场主体名录库、执法检查人员名录库，“双随机”抽查工作细则），制定“双随机”监管办法，全市完成“本部门市场监管执法事项的 70% 以上、其他行政执法事项的 50% 以上”量化目标。利用“‘双随机’事中事后监管综合执法平台”探索跨部门综合执法与“双随机”抽查机制相融合的“1+X”事中事后监管新模式。开展“办事难、办证难”专项整治工作，全市各相关单位取消要求当事人提供的证照（卡）、证明和申报材料共计 281 项，自贸区厦门片区 87 项；调整优化公共服务事项清单，保留市级公共服务事项 267 项；联合市减负办共同组织市直相关部门编制《企业扶持政策清单（2016）》，汇总国家、省、市有关部门出台的企业扶持政策性文件 139 个，涉及 29 个市级部门（单位）。至 10 月底，厦门市完成各区镇政府（街道办事处）权责清单编制工作，在各区政府网站上公布，实现市、区、镇街三级权责清单全覆盖。

【重点领域行政体制改革】 2016 年，厦门市委编办按照中央编办、省委编办和市委、市政府的部署要求，在重点领域和关键环节上推进改革。（1）综合行政执法体制改革试点。厦门市是全国综合行政执法体制改革试点城市，市委编办在市场监管、自贸区综合执法、农林水利、文化旅游等领域推进综合行政执法体制改革试点工作。成立由市长担任组长的市综合行政执法体制改革领导小组，厦门市综合行政执法体制改革试点工作方案和相关机构整合方案 9 月实施。（2）医保管理体制改革。根据省委医改专题会议精神和《中共福建省委机构编制委员会关于设区市医保管理体制问题的意见》的要求，推动落实市级医保管理体制改革工作。整合市人社局医疗和生育保险管理、市发改委医疗服务价格和药品价格管理、市卫计委药品和医用耗材集中采购管理、市民政局城乡医疗救助管理、市商务局药品配送管理以及市市场监管局组织遴选药品配送企业、制定完善药品配送管理办法等职责，统一交由市财政局（市医保局）承担，实行集中管理。（3）街道职能转变试点。根据《中共厦门市委办公厅、厦门市人民政府办公厅印发〈关于深化街道职能转变试点实施意见〉的通知》工作部署，在中华街道、禾山街道、新阳街道开展街道职能转变试点工作，街道党政机关职责完善和内设机构调整完成，指导区级将试点街道综合服务中心更名为街道网格化综合服务中心。（4）纪检巡察工作体制机制优化完善。在全省范围内率先完成对各区纪委内设机构的调整，按上级文件要求规范相关内设机构。按照“推动巡视向纵深发展，探索市县巡察，完善巡视工作网络格局”要求，结合巡察实践，设立市委巡察办，成立市委巡察组 3 个，承担全市巡察任务。

【事业单位分类改革】 2016 年，厦门市委编办按照中央编办和省委编办的统一部署，落实政事分开、事企分开和管办分离的要求，推进事业单位分类改革。

至年末，全市明确行政类事业单位23家、公益一类事业单位953家、公益二类事业单位221家、生产经营类事业单位8家，明确分类的事业单位占全市事业单位机构数的95.03%；未明确类别单位63家（按上级规定暂缓）。市委编办在厦门医学高等专科学校基础上组建厦门医学院；合并集美轻工业学校和福建化工学校成立集美工业学校；成立厦门市新翔小学。联合市卫计委下发指导意见，指导各区推进基层妇幼保健和计划生育技术服务资源优化整合工作，将各镇（街道）所属事业单位原加挂的计生服务机构牌子统一更名为“××镇（街道）卫生计生服务中心”。在市第二医院、市妇幼保健院、市口腔医院、市海沧医院等设置纪检监察室。在海沧医院实行“医管分工合治”试点。配合市卫计委（市医改办）出台完善《厦门市进一步完善分级诊疗制度实施方案》、公立医院管理委员会议事规程、推行家庭医生基层签约服务的意见、完善分级诊疗制度的意见和公立医院工资总额管理制度等。

【编制管理】 2016年，厦门市委编办按照“严控总量、盘活存量、增减平衡、分级负责”原则，管好用活机构编制资源。根据《厦门市控编减编工作方案》，坚持机构编制集中统一管理。市区两级党委、政府对控编减编责任均落实到位，全市行政编制总量未突破中央和省下达的限额；全市事业编制总量以2012年底统计数为基数，只减不增。利用机关事业单位建立养老保险身份认定的契机，确立以机构编制实名制系统的机构分类和人员信息为基准进行参保。推动人事部门清理其系统中与机构编制部门设置不统一的机构，纠正未经编制部门用编审批的人事调动，解决一些长期存在的超编超职数配备干部问题。做好机构编制绩效考评，强化机构编制督查结果运用。推进事业单位“三证合一”（营业执照、组织机构代码证、税务登记证合为一证）登记制度改革，基本完成“三证合一”换证工作。试行事业单位法人异常名录管理制度，强化对事业单位法人的信用约束。基本完成机关和群众团体统一社会信用代码赋码工作。建立事业单位法人名录库和登记管理工作人员名录库，采取“双随机”方式（监管过程中随机抽取检查对象，随机选派执法检查人员）开展全市事业单位法人公示信息抽查工作，加强对事业单位法人事中事后的监督管理。

（沈辉南）

机关事务管理

【概　况】 2016年，厦门市机关事务管理局（简称市机关管理局）组织实施市行政服务中心综合改造项目，做好已完成建设项目工程决算、财务决算、工程款拨付、竣工资料整理等工作。维修、改造各类办公用房5000平方米。执行《厦门市行政中心安全保卫规定》，定期进行安全生产、消防安全大检查，组织开展“消防安全周”活动。加强车辆通行疏导、停放秩序管理，加大进出人员证件查验力度。按照“快速响应，高效处置，分工细致，密切协作”的要求，组织有关单位开展防暴恐、应急处突、联防自救联合演练。开展机关后勤服务社会化改革试点工作，由社会力量承担市行政中心及东区绿化养护管理。通过采取委托厂家、市场竞争等方式，推进市行政中心供配电系统、消防系统、中央空调系统、楼宇智能化系统、安防监控系统、电梯等设施设备维护保养；向社会力量购买服务，定期对维保单位进行技术能力审核。

【重大活动保障】 2016年，厦门市机关管理局以“精心组织、细致服务、确保安全”为服务保障目标，先后完成全国园区非公企业党建工作座谈会、第八届海峡论坛、2016年G20财政和央行副手会议、第十九届投洽会、第十二次党代会等重大社会经济活动的车辆、会务服务保障任务。先后为19名国家部委领导，44名省、市领导，台湾党派负责人以及120个单位，110多个国家和地区约680个境内外机构提供保障用车1337辆，调度车辆约1.6万台次，安全行车46.3万千米。

【办公用房管理】 2016年，厦门市召开全市落实党政机关办公用房清理整改工作专题会议。市机关管理局针对厦门市机构改革涉及办公用房调整单位较多、现实困难较多的实际，采取先易后难，边调剂边整改，主动上门指导等方式推动工作。整改落实2015年“问题清单”，约谈、面谈整改不到位的单位，现场指出问题，要求限期整改。会同市纪委、市监察局等相关部门，派出4批次9个组35人次对市、区两级63个单位360名处级以上领导干部，以及19家国企负责人办公用房使用情况进行检查抽查，市纪委处理违反办公用房使用有关规定的单位责任人并通报全市。全市按规定要求清理整改办公用房52227平方米。

【公务用车管理】 2016年，厦门市机关管理局配合市车改办，完成公务用车制度改革工作。加强车改后公车管理，与市发改委、市财政局联合制定印发《厦门市市直机关公车改革后保留车辆使用管理暂行办法》。加强公务车辆日常使用、车辆定点停放报备和租用车辆管理。与市纪委党风室、市直机关纪工委、市交警支队和厦门电视台等相关部门联合组成检查组，先后派出15批次35人次，对市、区、镇（街）90家单位在节假日期间公务车辆使用管理情况进行检查，检查结果通过电视、报纸等媒体进行报道。加强公务车辆定点保险和定点维修服务质量的监督检查，收缴处置公务黄标车262辆，实行集中封存停放管理，落实存放安全管理措施。根据省机关事务管理局、省交警总队统一部署，组织全市企事业单位公务车辆专用号牌更换工作。

【公共机构节能】 2016年，厦门市机关管理局完成国家机关事务管理局对厦门市“十二五”公共机构节能工作考核任务，全市公共机构人均能耗累计下降25.71%，单位建筑面积能耗累计下降12.28%，人均用水累计下降25.57%，超额完成国家下达的约束性指标任务，“十二五”公共机构节能工作全省第一。6个行政区和24个市直单位考核等次为优秀。市机关管理局编印《厦门市公共机构节约能源资源“十三五”规划》《公共建筑节能示范项目暂行管理办法》，组织召开全市公共机构建筑节能改造暨推广合同能源管理工作会议，确定第一批公共机构建筑节能改造合同能源管理项目，改造面积85万平方米，可实现节省电费约1000万元。组织开展节能宣传周和全国低碳日主题活动，发放节能宣传图片、倡议书和资料7500张（册），印发节能温馨提示标识3500份。

【机关财务保障】 2016年，厦门市机关管理局做好财务保障单位2015年部门决算及2016年部门预算批复工作；完成二级财务保障单位财务内部检查，针对发现的问题提出23条整改建议；先后组织绩效管理、惩防体系建设、审计监督研究、廉政教育专题培训和行政事业单位政府会计准则及会计档案、部门预算编制、政府资产管理等系列业务培训；控制“三公”经费的规模和比例，降低行政成本，市机关管理局20个财务保障单位“三公”经费开支总额327.2万元，比上年下降12.64%；市机关管理局“三公”经费开支总额206.49万元，下降14.28%。

【抗台防汛应急保障】 2016年9月，台风“莫兰蒂”给市行政中心造成重大损失，厦门市机关管理局提前防范，加强值守，组织灾后恢复重建，排除险情22处，出动应急保障用车126台次，保障应急用餐3000余份，抢修设施设备42台，清理倒伏树木280余株，清运垃圾123车，处理渗漏积水180多处，快速恢复机关正常办公秩序，挽回经济损失300余万元。（参见P72【台风】）

（市机关管理局）

地方志工作

【概　况】 2016年，厦门市人民政府地方志办公室（简称市方志办）继续推进志书编纂、年鉴编纂等工作。通过编修地情书籍，向四套班子赠送《厦门记忆》，参与厦门红色文化工程建设，举办“厦门文史沙龙”活动，协助做好第二次全国地名普查补查工作，接受社会咨询服务等形式开展读志用志活动，不断拓宽地方志服务社会的领域和空间。5～6月，首次组织市、区两级地方志工作机构围绕志鉴编纂出版、“一纳入、八到位”贯彻落实、地方志信息化建设以及方志库（馆、室）建设等方面内容开展全方位自查，梳理厦门市、区两级地方志工作发展现状及存在困难，形成市、区两级自查报告和评分表。市方志办原副主任韩真和集美区方志办负责人张燕红获福建省人力资源和社会保障厅、福建省地方志编纂委员会联合表彰的“全省地方志系统先进工作者”称号。

·小资料·

一纳入、八到位： 国务院副总理刘延东在与第五次全国地方志工作会议部分代表座谈时明确提出“一纳入、八到位”，并在第五次全国地方志工作会议中作为做好地方志工作的基本经验加以强调。“一纳入”就是要把地方志工作纳入“十三五”发展规划，纳入到政府的总体工作部署中；“八到位”指认识到位、领导到位、机构到位、编制到位、经费到位、设施到位、规划到位、工作到位。

【志书编纂】 2016年，厦门市方志办从全国专家提出的481条意见建议中梳理采纳意见建议172条，修订志稿凡例，调整篇目，完善总纂工作方案，聘请专家审稿，成立市方志办志稿初审办公室，组织开展保密、法律法规、统计等方面审查工作。区志方面，除《集美区志》《湖里区志》《海沧区志》《翔安区志》出版发行外，《思明区志》报区审稿组和保密部门审查，《同安区志》送市方志办审查验收。至年末，全市应完成的7部志书中，出版和交付出版的志书4部，进入审查验收的2部。

【年鉴编纂】 2016年，厦门市方志办开展《厦门年鉴（2016）》编纂工作，继续指导和督促各区综合年鉴的编纂工作。4月10～11日，市方志办分两场举办《厦门年鉴（2016）》撰稿培训班，市纪委办公厅、市政法委、市公安局、海沧区等20家单位的年鉴供稿作者24人参加。至年末，集美、海沧、翔安3个区年鉴出版发行，思明、湖里、同安3个区年鉴计划于2017年年初出版。7月11日，在中国地方志指导小组组织的全国地方志优秀成果（年鉴类）评审工作中，《厦门年鉴（2014）》获地市级综合年鉴一等奖，《集美年鉴（2014）》获县区级综合年鉴一等奖。

【“厦门文史沙龙”活动】 2016年，厦门市方志办与市图书馆、市政协文史宣委合作，先后以“厦门华尔街——走寻老厦门之海后滩”“厦门民国文献知多少”“寻访厦门的老码头”“厦门地名知多少——美丽厦门与地名文化”“孙中山与厦门的不解之缘”等为主题举办“厦门文史沙龙”活动，为厦门文史研究者免费提供开放式学术交流平台，普及和共享地方史知识，达到“存史、育人、传承”的目的。全年参加的文史研究者近300人次。

【《福建茶志》（厦门）编写】 2016年4月14日，由厦门市方志办牵头负责的《福建茶志》（厦门）收集和编写培训会在市政府办公厅会议室召开，厦门海关、市商务局、厦门大学及茶叶协会等16家涉茶单位参会。会后，厦门成立

1月10日，市方志办、市政协文史学宣委等举办文史沙龙活动　（市方志办提供）

《福建茶志》(厦门)编委会办公室，由市方志办采取政府服务外包形式，委托厦门大学学术团队和涉茶单位共同组织收集和编写工作，并将合作出版《厦门茶志》。至年末，累计收集资料超过70万字，编辑整理后成稿约20万字。

（郑 欣）

政协厦门市委员会

会 议

【市政协十二届五次会议】 2016年1月18～21日，政协第十二届厦门市委员会第五次会议在厦门人民会堂召开。应到委员409人，特邀委员5人；出席大会委员381人，特邀委员5人，符合《中国人民政治协商会议章程》规定。市政协主席张健，副主席钟兴国、卢士钢、江曙霞、潘世建、魏刚、陈昌生、黄世忠、高玉顺、黄培强、黄学惠，党组副书记詹沧洲，党组成员陈永裕，秘书长张仁苇在主席台前排就座。王蒙徽、裴金佳、郑道溪、洪碧玲等市委、市人大常委会、市政府领导，邹尔均、叶庆耀、洪永世、朱亚衍、李秀记、蔡望怀、陈修茂等在厦门省市老领导，市法院、市检察院、厦门海事法院主要负责人，李泽华等驻厦门部队领导，部分省部属驻厦门单位领导，市政协常委，以及在厦门全国政协委员，香港、澳门厦门联谊总会负责人等应邀出席并在主席台就座。张健代表市政协第十二届厦门市委员会常务委员会向大会作工作报告；受常务委员会委托，高玉顺向大会报告市政协自十二届四次会议之后提案工作情况。经无记名投票，会议选举詹沧洲、陈永裕为市政协第十二届厦门市委员会副主席，王丽玲、方荣松、吕庆端、陈海疆、黄河明为政协第十二届厦门市委员会常务委员。因任职年龄原因，卢士钢、潘世建不再担任政协第十二届厦门市委员会副主席。

【市政协常委会议】 2016年，市政协常务委员会举行6次会议，即二十七次至三十二次常委会议，会议均由市政协主席张健主持。（见表6–9）

【政协工作座谈会】 2016年4月27日，市政协在杏林湾大酒店召开市、区政协工作座谈会，市政协主席张健主持。市政协专委会、党派团体、各区政协及有关委员界别的16位代表分别发言，总结5年工作经验，谋划此后工作思路。市政协副主席钟兴国、詹沧洲、江曙霞、魏刚、陈昌生、黄世忠、高玉顺、黄培强、黄学惠，秘书长张仁苇等出席。市政协各委办室、各民主党派、工商联和有关人民团体、各区政协负责人，市政协界别活动小组部分召集人以及委员代表参加。

【全市政情通报会】 2016年8月4日，市政协在厦门人民会堂召开全市政情通报会。市政协主席张健主持。市委副书记、市长裴金佳到会通报上半年全市经济社会发展情况：主要经济指标向好势头明显、发展后劲不断增强、产业结构继续优化、供给侧结构性改革成效明显、创新体系逐步完善、自贸区建设取得成效、民生保障持续提升、城乡环境不断改善、营商环境更加优化等；下一步工作思路：实施项目带动战略、以改革强动力、以开放激活力、以环境增优势等。市政协副主席钟兴国、詹沧洲、江曙霞、魏刚、陈昌生、高玉顺、黄学惠、陈永裕，秘书长张仁苇，在厦全国政协委员、省政协委员，全体市政协委员，市各民主党派、工商联、相关人民团体负责人，新社会阶层人士代表等参加。

提案工作

【概 况】 2016年，厦门市政协征集提案522件，其中大会提案507件，平时提案15件。经审查，立案451件。截

表6–9 **2016年厦门市政协常委会议**

时间	会议	主要内容
1月19日	十二届二十七次常委会议	听取各委员小组召集人关于审议常委会工作报告、提案工作报告，讨论会议决议草案、政府工作报告、“十三五规划”等，酝酿有关人事事项文件（草案）、选举办法（草案）、总监票人监票人建议名单等情况的汇报；审议有关人事事项文件（草案）、选举办法（草案）和总监票人监票人名单（草案）
1月21日	十二届二十八次常委会议	审议市政协十二届五次会议决议（草案）、提案初步审查情况的报告（草案）和执行主席日程安排调整有关事项
4月7日	十二届二十九次常委会议	传达全国政协十二届四次会议精神，审议市政协2016年工作要点和有关重点工作，并就贯彻落实全国“两会”和市委常委（扩大）会议精神，做好2016年工作提出要求
5月25日	十二届三十次常委会议	围绕“提升厦门城市国际化水平”进行协商议政，审议通过《关于提升厦门城市国际化水平的建议案（草案）》。相关副市长到会通报厦门市国际化城市建设情况
7月20日	十二届三十一次常委会议	审议通过《中国人民政治协商会议厦门市委员会专门委员会通则（草案）》和《中国人民政治协商会议厦门市委员会履职工作规则（试行草案）》两项规章制度。围绕“加快社区书院建设共同缔造厦门精神”协商议政。审议通过《关于加快厦门社区书院建设的建议案》，市委宣传部副部长、文明办主任黄鹤麟到会通报厦门市社区书院建设有关情况
12月14日	十二届三十二次常委会议	听取市政府关于市政协自十二届五次会议之后提案办理情况的通报，审议常委会工作报告、提案工作报告以及各专委会工作报告等草案，审议召开市政协十三届一次会议的决定、议程、日程草案等程序性文件，审议通过授权主席会议审议常委会议未尽事宜的决定，协商决定十三届市政协委员名单

表 6–10　**厦门市政协 2016 年度优秀提案目录和优秀提案承办单位名单**

序号	案号	案由	提案者	优秀提案承办单位
1	20161062	关于厦门现代农业种苗业发展的建议	民革厦门市委员会	厦门市农业局
2	20161130	厦门市老字号保护立法的相关建议	民盟厦门市委员会	厦门市商务局
3	20161102	推动“十三五”厦门港集装箱吞吐量增长的建议	民建厦门市委员会	厦门港口管理局
4	20162072	建议探索成立厦门旅游警察队伍	民进厦门市委员会	厦门市公安局
5	20161012	关于厦门自贸片区建设发展的几点建议	农工党厦门市委员会	中国（福建）自由贸易试验区厦门片区管委会
6	20163116	关于我市开展社区分级诊疗存在的问题与建议	农工党厦门市委员会	厦门市卫生和计划生育委员会
7	20162075	大力推动节水洗车践行绿色发展理念	致公党厦门市委员会	厦门市建设局
8	20164016	关于将“海峡两岸青少年中华姓氏源流知识竞赛”纳入海峡论坛活动的建议	九三学社厦门市委员会	厦门市旅游局
9	20163030	加快打造我市教育资源信息平台促进义务教育均衡发展	台盟厦门市委员会	厦门市教育局
10	20161104	关于抓紧制定“十三五”民营经济发展规划，促进厦门民营经济快速发展的建议	市工商联	厦门市总商会
11	20162078	共筑桥隧安全屏障确保城市公共安全	市政协经建（人资环）委	厦门市交通运输局
12	20162082	关于厦门城市转型发展中历史名镇名村名街保护的对策建议	市社科联，民革界别	厦门市规划委员会
13	20165028	关于构建医养护一体化服务体系的若干建议	无党派人士界别	厦门市民政局
14	20161017	构建强有力的厦门食品安全防护网	民建界别	厦门市市场监督管理局
15	20164014	关于我市建设统一的市民卡的建议	王东良	厦门市经济和信息化局
16	20165032	关于将医院特殊护理费纳入医保报销范围的建议	黄秀惠	厦门市人力资源和社会保障局

至 9 月 30 日，全部提案按期办结，所提建议全部得到采纳的 58 件，部分采纳的 345 件。提案者对 451 件提案办理结果进行反馈，满意 434 件，占总数 96.23%；基本满意 12 件，表示理解 4 件，不满意 1 件。年内，市政协印发《市政协提案办理协商办法》，编印《提案工作制度汇编》，邀请承办大户参与提案审查，规范提案办理工作程序，开展界别提案办理协商和重点提案“回头看”，加强承办单位提案办理工作督查，深入各区学习调研，市区提案工作有效联动，提案委自身建设得到强化，提升提案工作水平。

根据《政协厦门市委员会提案工作条例》等有关规定，依照优秀提案的评选条件和程序，在民主推荐、征求意见和提案委员会审议的基础上，经第十二届政协厦门市委员会第五十次主席会议协商通过，评选产生《关于厦门现代农业种苗业发展的建议》等 16 件优秀提案，对市农业局等 16 家优秀提案承办单位予以表彰。（见表 6–10）

协商议政

【提升厦门城市国际化水平协商议政】 2016 年 5 月 25 日，厦门市政协召开十二届三十次常委会议，围绕“提升厦门城市国际化水平”举行专题协商议政。常委会议收到 20 份书面调研报告。会上，市政协经建（人资环）委主任朱奖思作“打造宜业宜居环境激发人才活力，提升厦门国际化城市建设软实力”综合性发言，各民主党派、工商联、有关界别活动小组和区政协的 11 位代表先后进行大会发言。曾招文、黄娇灵、吴培辉 3 位委员进行即席发言。会议审议通过《关于提升厦门城市国际化水平的建议案（草案）》，从“以构建新型政商环境突破营商环境瓶颈”“注重国际化人才引进与培养”“以企业科技创新能力建设引领厦门经济转型升级”“借助‘一带一路’战略，提升对外投资贸易水平”等 14 个方面提出 49 条建议，提交市委、市政府，供决策参考。

【加强市医疗急救体系建设协商议政】 2016 年 6 月 20 日，市政协召开第四十七次主席会议，围绕“加强我市医疗急救体系建设”举行专题协商。市政协科教文卫委主任徐楚炫作“关于加强我市医疗急救体系建设的建议”综合性发言，农工党厦门市委、民建界别活动小组，民盟界别活动小组、民进界别活动小组、致公党厦门市委、九三学社厦门市委、台盟厦门市委、无党派人士界别活动小组 8 个单位代表在会上发言。会上，审议通过关于《加强我市医疗急救体系建设的建议案》，从“制定出台医疗急救的相关法规”“构建海陆空立体医疗救援体系”“加强医疗急救信息化建设”“进一步完善院前急救模式”等 12 个方面提出 30 条建议，以主席会议建议案形式报送市政府及有关部门，供决策参考。

【加快社区书院建设协商议政】 2016 年 7 月 20 日，市政协召开十二届三十一次常委会议，围绕“加快社区书院建设共同缔造厦门精神”开展专题协商议政。市政协文史学宣委主任傅兴星作“关于加快社区书院建设，共同缔造厦门精神的对策建议”综合性发言，民建、民革、民进、台盟、农工党、致公党、九三学社、民盟、无党派人士界别、海沧区政协等11家单位代表发言，2名常委即席发言，市筼筜书院、思明区前埔北社区、湖里区禾盛社区3家书院代表应邀作口头发言。会议审议通过《关于加快我市社区书院建设的建议案（草案）》，提出“加强规划引领、增强对书院建设的引导力”“突出地方特色、增强传统文化的影响力”“健全激励机制、扩大书院的吸引力”“适应群众需求，彰显书院的实效力”“建立必要保障，确保书院发展的持续力”5个方面21条建议，提交市委、市政府，供决策参考。

【新侨工作对口协商】 2016年7月29日，市政协港澳台侨和外事委员会联合市侨联、致公党厦门市委召开座谈会，与市外侨办等相关部门就新侨工作开展对口协商。市政协副主席江曙霞、市政府办公厅副主任王跃平出席会议。大家围绕做好新华侨华人、华裔新生代和留学回国人员工作问题及新侨人员在厦工作生活中遇到的创业环境、相关证件办理、出入境手续、子女就学等问题提出意见建议。市外侨办、市公安局、市教育局、市人力资源和社会保障局、市地税局等相关部门负责人与市政协委员、新侨代表人士等进行面对面沟通协商，宣传解释有关政策，采纳落实合理建议。会议形成《关于新侨工作对口协商情况的报告》，提出关于“做好新华侨华人和华裔新生代工作”“做好留学回国人员工作”“关于完善新侨创业环境”3个方面14条建议，报送市政府办公厅及相关部门。

【推进养老工作医养护一体化建设对口协商】 2016年8月5日，市政协社法委围绕推进养老工作医养护一体化建设主题开展对口协商，各党派及民政、财政、卫计委等政府相关部门主要领导参加协商会。市政协社法委、无党派界别、民盟界别代表分别在会上发言。会议审议通过《关于推动我市社区居家养老养护一体化的建议》，提出“建立政策支持体系，推动居家养老医养护建设”“整合基层医疗资源，提高医养结合水平”“完善信息平台建设，实现线上线下服务对接”“加大社会组织和专业人员培训，提升养老服务能力”4条建议，经市政协第十二届第五十六次主席会议审议，报送市委、市政府，供决策参考。

【推进市数字城市建设协商议政】 2016年10月20日，市政协召开十二届五十一次主席会议，围绕“推进我市数字城市建设”开展专题协商议政。教科文卫委主任徐楚炫作“关于推进我市数字城市建设的建议”综合性发言。九三学社厦门市委、致公党厦门市委、台盟厦门市委、民盟厦门市委、厦门工商联、科协界别活动小组6个单位代表，在会上发言，徐轶群、刘冬林、南存钿位3委员在会上作即席发言。市发改委、市经信局、市科技局、市财政局等部门负责人到会听取意见，并详细回应大家提出的意见建议。会议审议通过《关于推进我市数字城市建设的建议案》，提出“加强顶层规划设计”“完善资金投入保障体系”“加快数据资源开放共享”“关注网络信息安全问题”等10条建议，报送市政府供决策参考。

调研视察

【概　况】 2016年，厦门市政协先后完成调研报告34篇，其中报送市委、市政府的常委会重点调研报告11篇，专委会调研报告9篇，界别小组调研报告14篇。市政协先后组织委员开展视

6月17日，市政协主席张健（前左二）率队视察鼓浪屿申遗工作　（市政协提供）

表6-11　**2016年厦门市政协主要视察活动**

时间	视察人员	主要内容
4月19日	市政协主席张健率队，副市长国桂荣，市政协副主席黄培强、黄学惠，市政协秘书长张仁苇及部分委员	视察市医改及医疗急救体系建设情况。肯定厦门市引导优质医疗资源向基层下沉、探索建立分级诊疗制度等医改成果，就急救知识普及、急救技能培训、医疗急救立法、海陆空医疗急救联动、急救体系信息化建设等方面开展讨论，提出加强急救知识普及和技能培训、立法保护施救者权益、搭建互联网“云医院”、开展远程治疗等诸多建议。张健指出，此后要继续加强社区全科医生队伍建设，提升基层诊疗服务水平，为队伍成长壮大创造更好的环境；在全市医疗急救体系建设上探索出更多可复制、可推广的经验和做法

续表 6-11

时间	视察人员	主要内容
5月6日	市政协副主席江曙霞率市政协港澳台侨委员，致公党界别、台盟界别、台联界别、侨联界别委员，以及港澳台侨和外事委员会委员、特邀研究员	视察市精致农业发展情况。视察团先后视察厦门如意种苗高科技股份有限公司、厦门百利种苗有限公司、竹坝华侨农场台湾杨桃种植园，了解现代化蔬菜种苗培育、工厂化生产和农业设施建设情况。委员们在“健全农产品安全监管体系”“提高农业科技含量、培育新型职业农民”“深化对台农业交流合作、引进台湾优质蔬果新品种”“借鉴台湾精致农业发展经验、把闽南文化、休闲旅游、科技创新等元素融入精致农业发展中”“在为市民提供安全农产品同时，提高农产品附加值增加农企和农民收入”等方面提出对策建议
6月7日	市政协主席张健率队，市委常委、宣传部部长叶重耕，市政协副主席魏刚、陈永裕，秘书长张仁苇及部分委员	先后视察湖里区禾欣社区书院、翔安区何厝社区书院。委员们认为，把社区书院建设同探索基层社会治理创新结合起来意义深远，它顺应厦门城市文化建设和发展的需要，将更好地促进社会主义核心价值观在基层落地生根。委员们希望，更加注重社区书院的持续发展和常态化管理，不断探索和丰富书院内涵；从本地实际出发，贴近群众需求，尊重规律，循序渐进，顺势而为；选好配强社区书院管理班子，引导书院文化工作者紧紧团结在各级党委政府周围，让书院建设更好地服务于经济社会文化发展
6月17日	市政协主席张健率队，市政协副主席江曙霞、黄学惠及部分委员参加，市政府副市长倪超陪同视察	视察延平戏院、黄氏小宗、汇丰银行公馆及职工宿舍、海天堂构等多处鼓浪屿申遗核心要素，察看修缮工作进展情况、龙头路外立面整治情况，对如何有序开展申遗工作、保护好鼓浪屿这一人类珍贵历史文化遗产提出对策建议。委员们希望，更加注意改造中有关文化传承的细节问题；更加注意改造过程中质量问题；更加畅通民意渠道，倾听大家意见和建议，把申遗工作做得更好
6月23日	市政协社法（民宗）委组织委员和特邀研究员	审议通过《中国人民政治协商会议厦门市视察市食品安全监管情况》。委员们针对市食品安全存在问题，呼吁加强政策法规保障、行业自律、社会参与、政府部门监管、媒体宣传，提出“加大执法力度”“强化食品安全信息收集”“出重拳开展网络打假”“重视食品生产领域的质量监控”“加强学校周边和流动商贩的监管”“积极构建食品安全社会共治格局”等意见和建议
7月8日	市政协副主席黄世忠带领部分委员，市政府办公厅及相关部门领导参加视察	到厦门远洋自动化码头考察市港口建设情况。委员们建议：（1）建议国资委尽快改善调整对港务集团的考核机制，推动港口降费减负和绿色环保改造，提升营商环境；（2）重视资源整合，推动港口功能布局调整，加快东渡港整体有序搬迁。通过各种渠道，积极向省委、省政府呼吁，举全省之力支持厦门东南国际航运中心和集装箱枢纽港建设，推进厦门与漳州港口功能整合和管理融合；（3）大力推动厦门港口绿色发展，减少港口发展对城市空气质量的影响
12月20日	市政协副主席詹沧洲、陈昌生及市政协社法（民宗）委组织无党派界别、工会界别、共青团界别、妇联界别、民族宗教界别、社会服务和社会保障界别新委员	视察市社会福利中心、市中级人民法院执行庭和南普陀寺，了解市“三无”老人和孤儿弃婴主要收养机构市社会福利中心运作情况，观看执行庭当年清理“执行难”案件专项行动成果展示，参观南普陀寺倡导零经济、零商业、零门槛，取消门票、严禁烧高香、实行垃圾不落地，提升安全和文明程度新景象。委员们表示，要从“为政府分忧，为民众解难”出发，助推社会福利保障、法院执行，宗教与社会和谐工作进一步开展
12月27日上午	市政协副主席钟兴国带队，经建（人资环）委组织民建界别、工商联界别、经济界别、农业界别委员，市政府副市长、公安局局长林锐陪同视察	视察市公安局指挥情报大楼、轨道交通2号线五缘湾南站建设情况。钟兴国强调，这是在全会前专委会组织4个界别委员开展视察。委员们充分肯定公安局指挥情报大楼、轨道交通2号线五缘湾南站等重点项目建设规划科学、布局合理、进展有序
12月27日上午	市政协副主席高玉顺、陈昌生、黄培强率中共特邀界别2组、民革界别、民盟界别、九三学社界别委员	视察马銮湾新城指挥部，了解马銮湾新城规划及当时建设进展情况；视察海沧新阳大道，了解海沧区海绵城市建设示范点情况；视察海沧生物医药馆、厦门航运中心，分别了解海沧生物医药产业的发展情况和厦门航运中心建设发展情况。重点建设项目的视察，激发委员们参政使命感和议政热情，为新委员建言献策打好基础
12月28日	市政协副主席江曙霞带领港澳台侨和外事委员会、致公党界别、台盟界别、台联界别、侨联界别委员	视察厦门大学“华侨之家”和厦门大学校友总会及市法律援助中心。重点了解厦门大学侨联围绕中心，服务大局，认真履行“群众工作、参政议政、维护侨益、海外联谊”职能，打造侨联品牌，为侨服务的情况；了解市法律援助中心运作情况。委员们对厦门大学“华侨之家”、厦门大学校友总会及市法律援助中心为侨、为校友、为百姓提供优质便捷的服务给予肯定和赞赏，对法律援助如何进一步在维护司法公正、保障人民合法权益、构建和谐社会方面发挥积极作用进行探讨
12月29日	市政协主席张健，副主席魏刚、陈永裕，带领中共、特邀一界别1组、民进界别、社科新闻界别委员，市政协秘书长张仁苇参加视察	视察思明区黄厝社区溪头下村文创发展及沙坡尾避风坞改造情况。委员们肯定思明区发展文创产业的做法，并指出城区改造要整体区域性规划，突出“一村一策”“一村一品”，通过有机更新和改造，保护和传承厦门的历史风貌和文脉特色，推进产业转型和城市转型

察活动11场。其中，市政协常委视察1场，市政协委员年度视察5场，全会前视察5场。（见表6-11）此外，还组织“优化营商环境”“加强桥随安全运营管理”“航空制造业、飞机维修和租赁业发展情况”“两岸青年创业基地发展情况”“净菜加工企业发展情况”“我市数字城市建设情况”“产业技术研究院发展情况”“厦门大学演武运动场改造项目进展情况”“城市道路交通拥堵治理情况”“治安防控专项治理工作”“跨境电商发展情况”“中外合作办医和分级诊疗改革情况”等14次考察活动。

【市低收入家庭精准帮扶工作课题调研】 2016年3月，市政协社法（民宗）委针对市低收入家庭的精准帮扶工作，协同有关职能部门，组织部分政协委员，由詹沧洲、陈昌生副主席牵头，成立课题组，走访相关政府职能部门，召开座谈会10场，赴贵阳、昆明等地考察学习，深入开展调研，形成《关于我市低收入家庭精准帮扶工作的几点建议》调研报告，提出“树立现代精准帮扶工作理念”“完善精准帮扶的制度设计”“做好低收入家庭的精准识别”“持续推进低收入家庭的帮扶脱困工作”“探索保障性住房的配建办法”“引导扶持社会力量积极参与”等意见和建议，报送市委、市政府，供决策参考。

【推动宗教界办好公益慈善事业课题调研】 2016年3月，市政协社法（民宗）委牵头成立课题组，对市宗教慈善工作情况进行调研。通过与职能部门座谈、走访各宗教慈善组织、召开全市宗教慈善工作座谈会，组织赴四川、山西等地考察学习，借鉴其他城市先进经验，针对厦门市宗教慈善事业发展中存在的具体问题和困难，立足厦门市工作实际，形成《关于进一步引导和推动宗教界办好公益慈善事业的建议》，提出“制定鼓励措施、降低设立门槛”“加强工作指导，促进规范管理”“创立慈善品牌，扩大社会影响”“加强宣传引导、丰富慈善文化”4点建议，报市委、市政府，供决策参考。

【以人为本推进绿色港口建设课题调研】 2016年3月，市政协经建（人资环）委和民建界别组成课题组，以“绿色港口建设”为切入点开展调研。4月，由市政协副主席黄世忠率队开展“创建绿色循环低碳港口”视察。通过调研和视察座谈，形成《以人为本推进绿色港口建设》调研报告，提出制定创建绿色港口行动计划、开展绿色低碳港口试点、推广营运船舶靠港使用岸电、港口作业机械“油改电”、淘汰排放超标的集装箱拖头、向上争取设立船舶排放控制区、开展绿色港口评价、加强控制远洋船舶污染区域研究合作等对策建议，报送市委、市政府。

【推进水库清淤工程保障饮用水源安全课题调研】 2016年4月，市政协经建（人资环）委与农业界别联合组成“推进水库清淤工程保障饮用水源安全”课题组，赴集美坂头水库、石兜水库和同安莲花水库实地考察，与海洋三所、市直职能部门领导和专家、学者座谈。市政协副主席钟兴国率课题组成员先后赴湖北省和泉州市学习考察水库清淤成功经验和做法，形成《推进水库清淤工程保障饮用水源安全》调研报告，提出“提高对清淤必要性的认识”“建立水源地保护长效运营管理机制”“科学制定清淤时机”“积极探索淤积泥沙的出路与利用”4点建议，报送市委、市政府。

【加快社区书院建设常委会重点课题调研】 2016年5月，市政协文史学宣委与市政协民进界别联合组成课题组，在魏刚副主席带领下，围绕着“加强社区书院建设，共同缔造厦门精神”开展课题调研，课题组先后走访市文明办、市文广新局等政府有关部门及各区、部分社区等，召开调研座谈会十余场次，并组织到湖南长沙、山东曲阜等地学习考察书院建设情况，经过深入调研，形成常委会重点课题调研报告《关于加快社区书院建设共同缔造厦门精神的对策建议》，提出加强顶层设计、推动灵活办学、适应群众需求、建立保障机制4个方面16条建议，报送市委、市政府。

【加强市医疗急救体系建设课题调研】 2016年5月，市政协成立“加强我市医疗急救体系建设”课题组，由市政协副主席黄学惠带队到青岛、天津、上海、绍兴、杭州等地调研，考察青岛、天津多家医院及当地120急救中心等。6月，组织到福州、泉州地区调研，考察（福建）省立医院急救中心、福医大附属二院东海急救站、泉州市急救指挥中心直属丰泽急救站等急救机构。前后共召开座谈会9场，围绕急救人员队伍建设、人员编制和管理、急救车调度与配备标准、急救站点设置、卫生清洗消毒中心建设、医疗急救立法、急救知识普及和技能培训、信息化建设、海陆空医疗急救体系建设等方面内容进行的探讨，形成《关于加强我市医疗急救体系建设的建议》调研报告，在十二届四十七次主席会议协商议政会上作综合性发言。

【数字城市建设课题调研】 2016年7月，市政协成立“数字城市建设”课题组，市政协副主席黄学惠带领九三学社市委、产业技术研究院、信息中心等课题组成员到广州、佛山、东莞、深圳等地调研。实地考察广州市交委交通指挥中心、荔湾区政务服务中心、佛山市行政服务中心、“互联网+”体验馆、东莞市东城智慧城市智能中心、深圳市电子政务资源中心，从不同层面了解和学习这些城市在推进数字城市建设方面的先进做法。召开座谈会4场，围绕体制机制建设、法律保障、信息安全建设、大数据开放共享、财政资金投入、社会资本参与、政府采购、专家库建设、产业信息化、惠民服务等方面内容进行探讨。学习和借鉴先进城市经验，形成《关于推进我市数字城市建设的建议》调研报告，在十二届五十一次主席协商议政会议上作综合性发言。

【推动市精致农业发展重点课题调研】 2016年7月，市政协港澳台侨和外事委员会与致公党厦门市委联合组成课题组，围绕推动厦门市精致农业发展开展调研。课题组深入市农业局、市科技局和市农业龙头企业调研座谈，并赴成都、武汉、台湾等地学习考察。在深入调研、广泛征求意见建议基础上，完成《借鉴台湾经验大力推动我市精致农业发展》调研报告，提出“打造两岸农业科技研发中心，搭建精致农业创新平台”“重构农产品质量安全认证体系，培育辐射全国的品牌”“以创意农业为抓手，大力发展休闲农业”等6条对策建议，报送市委、市政府。

专项民主监督

【立法意见征求】 2016年，厦门市政协社法（民宗）委组织法规评议小组先后参与《厦门经济特区促进中国（福建）自由贸易实验区厦门片区建设条例》《厦门经济特区电动自行车管理办法》《厦门经济特区职工基本养老保险条例（修改）》《厦门经济特区失业保险条例（修改）》《厦门市环境教育规定》《厦门市房屋安全管理办法》《厦门市人口与计划生育若干规定（修改）》等10项法律法规、规章立法意见征求，寄发立法意见征求函36份，收回36份，整理反馈出31条具体修改建议，供市法制局参考。

【执法检查】 2016年，市政协社法（民宗）委配合市法制局对《厦门市实施〈工伤保险条例〉规定》《厦门市闽南文化生态保护区建设办法》《厦门经济特区道路交通安全若干规定》等法律、法规执行实施情况进行执法检查，通过采取公开征求意见、建议，召开行政相对人座谈会，到相关单位听取实施情况汇报等方式，及时反馈行政相对人意见建议，了解和掌握具体实施情况，帮助市法制局落实执行情况，为提高市依法行政水平建言献策。

【保障性住房管理情况监督】 2016年5月，为推动市社会保障性住房依法规范管理，市政协社法（民宗）委组织部分政协委员、特邀研究员，对《厦门市社会保障性住房管理条例》实施情况进行民主监督。市政协副主席詹沧洲、陈昌生出席活动，市建设局、市法制局等政府相关部门领导陪同。委员们考察翔安区新店镇洋塘社会保障性住房居住区，听取建设局关于该条例贯彻实施主要情况的汇报，围绕住房分配到户后依法监管和退出机制等多个方面提出诸多意见、建议。

海外联谊

【会见台湾“一国两制”研究协会人员】 2016年1月29日，厦门市政协副主席江曙霞会见到厦参加“海峡两岸（厦门）东石青年、少年海上丝绸之路——2016鹭岛行”活动的台湾“一国两制”研究协会理事长蔡武璋一行。江曙霞感谢蔡武璋多年对厦门市政协工作的大力支持，对海峡两岸交流合作所做贡献。蔡武璋表示，青少年是未来的希望，通过活动加强两岸东石籍青少年直接交流和沟通，有助于增进闽台同胞之间的感情，为两岸进一步合作创造良好开端。

【会见澳门青年联合会考察团】 2016年3月31日，市政协副主席江曙霞会见由市政协港澳委员、澳门青年联合会理事长陈秀钗率领的澳门青年联合会“第八届澳门青年议政能力训练计划——厦门金门交流考察团”。江曙霞对陈秀钗率澳门青年到厦门考察表示热烈欢迎，并简要介绍厦门市情、厦门金门地缘关系和交流情况，希望澳门青年继承老一辈爱国爱澳的优良传统，积极投身于澳门新时期的发展建设，为澳门美好未来贡献力量。在会见交流中，考察团成员表示，通过考察亲眼目睹祖国内地发展成就，感到非常自豪和振奋，作为年青一代，将情系祖国和家乡，为促进澳门与厦门、金门的交流合作做出力所能及的贡献。

【到香港澳门访问】 应香港厦门联谊总会、澳门厦门联谊总会邀请，市政协主席张健率团于2016年5月11～17日到香港、澳门访问。代表团以交流联谊、宣传推介、增进共识为主题开展各项活动。先后拜会香港中联办和澳门中联办，了解港澳地区政治经济形势，探讨地方政协配合中央开展社团工作方法。拜会香港福建社团联会、福建省港区政协委员联谊会、香港工会联合会、香港厦门联谊总会、澳门厦门联谊总会等港澳社团领导和港澳知名人士，开展社团交流活动，增进联络联谊。召开港区、澳区市政协委员座谈会，通报厦门市情，征求对厦门经济社会发展的意见建议。拜会在港世界500强企业利丰发展（中国）有限公司和港中旅集团、工银澳门、澳门国际银行等港澳工商界人士，宣传推介自贸试验区厦门片区和厦门国际营商环境。走访香港（福建）中学、澳门大学、澳门城市大学，探讨开展厦门与港澳台青少年交流交往活动。实地考察香港市政步道设施、澳门旧区建设和文化遗产保护项目，深入了解港澳地区在城市规划建设、社会管理、文化遗产保护方面主要做法，为美丽厦门建设和鼓浪屿申遗汲取经验。

【会见香港厦门联谊总会青促会参访团】 2016年7月22日，市政协主席张健、副主席江曙霞会见由市政协委员、香港厦门联谊总会副理事长、青年促进会主任廖宜春率领的香港厦门联谊总会青促会“嘉庚情·海丝梦”参访团。张健对参访团到来表示热烈欢迎，希望参访团通过此次考察亲身感受家乡改革开放之后发展变化和建设成就，未来厦门和香港都面临良好发展机遇，希望青年人共同珍惜这个机遇，开创更加美好未来。廖宜春简要介绍青促会情况，并表示将通过考察活动，使香港青年感受嘉庚精神，了解厦门加快推进“一带一路”战略支点城市建设成果，进一步增强对祖国、对家乡认同感，并把亲身感受带回香港，感染更多的年轻人，为实现中华民族伟大复兴的中国梦贡献力量。

【会见柬埔寨福建总商会考察团】 2016年9月7日，市政协副主席江曙霞会见柬埔寨福建总商会考察团。江曙霞副主席介绍厦门市经济社会发展情况，对柬埔寨福建总商会一行回乡考察表示欢迎，希望商会发扬爱国爱乡、海纳百川、乐善好施、敢拼会赢的福建精神，积极参与“一带一路”建设，架起厦柬商贸往来和沟通交流桥梁。柬埔寨福建总商会会长邱国兴表示，商会成立1年多，秉承“互帮互助、团结友爱”宗旨，成立慈善基金会、设立应急联络点，为旅柬乡亲提供帮助；商会先后组团参加2015年厦洽会、2016年第四届南洋文化节等活动，此次应邀参加第十九届投洽会，旨在与厦门有关部门加强交流互动，创造更多机会，让在柬乡亲及时了解家乡信息，共同参与厦门建设发展。

【港澳委员到山东考察】 2016年10月25～28日，市政协主席张健、副主席江曙霞率港澳委员及特邀人士赴山东实地考察当地经济社会发展情况，感受源远流长的齐鲁文化。济南市政协主席殷鲁谦、副主席冯光文会见考察团一行。殷鲁谦从基础设施建设、产业转型发展、投资环境政策、文化人才培养等多方面介绍济南历史文化和经济社会发展情况。张健表示，山东与厦门从解放厦门起就有着密切的联系，济南与厦门还前后举办第六届、第七届中国国际园林博览会；厦门市政协港澳委员占委员总数的10%，是香港、澳门社会中爱国爱乡重要力量，具有对外联系渠道广泛的独特优势，在团结港澳台及海外爱国人士，凝聚人心、汇聚力量等方面发挥重要作用，为厦门改革开放和经济社会各项事业发展贡献良多。此次考察将进一步密切两地之间、两地与港澳之间交流交往，促进彼此在更多领域内加强合作，实现共赢发展。

【会见香港厦门联谊总会代表团】 2016年12月18日，市政协主席张健，副主席詹沧洲、江曙霞会见香港厦门联谊总会代表团一行。香港厦门联谊总会自成立就秉承爱国爱港爱乡精神，为推动香港和厦门的经贸合作以及各项交流做出重大贡献，为促进香港的繁荣稳定做出突出贡献。张健代表市政协对代表团到厦访问表示热烈欢迎，并指出厦门是一座开放城市，是一座凝聚深厚港澳侨情结城市，厦门发展得益于港澳侨的优势，希望各位在港乡亲继续大力支持厦门的建设发展，继续发挥优势作用，密切与厦门的联系，为推动厦门与港澳地区共同繁荣发展做出新贡献。代表团团长、香港厦门联谊总会理事长林龙安对市政协领导长期关心支持联谊总会的会务工作表示衷心感谢，并简要通报联谊总会1年来在参与香港社会事务、促进港厦经贸合作、团结爱国青年方面所做主要工作及成效。他表示，联谊总会将继续秉持团结、包容、创新、奋进理念，在维护香港社会繁荣稳定的同时，进一步发挥桥梁纽带作用，为加强港厦经贸合作和青年交流，为厦门建设创新、协调、绿色、开放、共享五大发展示范市贡献力量。中联办社团联络部部长李文，省委统战部常务副部长臧杰斌等参加会见。

其他工作

【政协履职宣传】 2016年1月，厦门市政协十二届五次会议期间，有关该全会新闻在各类报纸累计发稿143篇（条），电视播出32余条（次），广播播出115余条（次），各大网站发稿92篇（条），《厦门日报》刊出2个专版，宣传政协全会。

围绕“加快社区书院建设”“立足宜业宜居补短板，助推城市国际化进程”常委会协商议政和“加强我市医疗急救体系建设”“推进我市数字城市建设”主席会议协商议政，重点提案办理、重点课题调研、专题视察等市政协2016年度重点工作，编印《厦门政协》杂志6期，刊发文章264篇、照片200余张，编发《厦门日报》专版“政协之声”12版，刊发文章132篇、照片107张，播出政协视点26期，更新市政协网站稿件260余条。宣传政协履职工作，扩大人民政协的社会影响力和群众感知度。

【文史工作】 2016年，市政协开展文史资料征编工作，召集市文史专家、学者30余人，对史料选题、稿件增删进行调研和论证，召开各类协调会、论证会8场。编辑出版《厦门辛亥风云》《厦门人文记忆》2本文史丛书。《厦门辛亥风云》于纪念辛亥革命105周年之际出版，展现厦门在辛亥革命前后受进步潮流裹挟向前的历史画卷，尽可能搜集当年厦门发生的辛亥史实，再现厦门人民、海外侨胞、台湾同胞集聚在振兴中华旗帜下，积极传播革命思想，奋勇发动武装起义，推动革命大势形成的情景。《厦门人文记忆》内容从大轮山久远历史之门开始，隋唐五代绝响、宋代遗愿、明清印记，到近现代流芳、两岸文脉。该书从不可移动文物角度出发，挖掘和保留厦门城市的历史文脉，为保护文化遗产，传承精神财富，展示厦门地方文化底蕴民俗风貌和情感记忆，做出新探索，展示改革开放30多年厦门对外对台的文化交流。2本文史丛书共约55万字，图片共220张。举办以“厦门民国文献知多少”“寻访厦门古码头”“厦金直航十五周年回顾与展望”“寻访厦门‘华尔街’——老厦门之海后滩”等为主题的“文史沙龙”活动12期，促进文史专家和文史爱好者学术交流，扩大社会大众对文史资料认知、普及和共享范围，推进政协文史工作普及化、社会化。

【政协信息工作】 2016年，市政协向全国政协、省政协报送《厦门市政协信息》522期，其中向全国政协报送84期，全国采用7件次，向省政协报送438期，省政协采纳98件次，获省领导批示11件次。向市委、市政府及相关职能部门报送《政协信息》23期、专报16期，获市领导批示2件次。市政协信息处获“2014～2015年全国社情民意信息先进单位”。

【政协信访工作】 2016年，市政协第十三届第一次会议期间，信访组受理群众各类信访47件，及时转至市信访局交由有关部门处理。呈现受理信访群众批次及信访件有所减少，群众信访反映的问题比较集中，重复上访和多头上访较多，部分反映问题时间跨度长、处理难度大等特点。大会信访组完善制度，严格按照大会秘书组要求规范处置工作流程，推行逐日分析工作制度，做到当日接访、当日处置、当日总结，认真答复，逐件确定会后办理程序，按照信访工作职属分工和属地管理原则，及时转送、答复信访群众各类诉求，提升信访工作实效。

【市政协学习中心组暑期研习班举办】 2016年8月16～19日，市政协在市委党校举办十二届市政协学习中心组第五期暑期研习班，主题为“坚定四个自信，提升履职水平”，参加研习班学习120人。邀请专家到厦讲课，开设“习近平总书记‘七一’重要讲话专题辅导”“当前台海形势”“香港爱国社团建设”“坚定四个自信”“朱子文化传承”“弘扬厦门精神”等专题辅导讲座，凝聚谋发展创事业共识，提升委员履职能力。

【参与防抗台风“莫兰蒂”】 2016年9月15日凌晨，台风“莫兰蒂”在厦门市登陆。市政协围绕市委、市政府要求，以救灾重建为重，参与灾后重建工作。第一时间了解委员受灾情况，发动经济、农业界别等活动小组、市工商联等，深入摸查所联系界别群众受灾受损情况，紧急开展救援；市政协领导带队分赴同安、海沧、翔安，实地走访受灾较严重的15家委员企业，帮助协调解决有关困难。市政协主席张健及各位副主席深入社区学校，带领机关党员赴挂钩帮扶村翔安区前庵村、霞美村，参与恢复重建，协调解决相关问题。市政协组织机关中共党员，分成4个党员自愿队，开展“政协党员在行动”，把援助灾后重建作为践行“两学一做”实际行动，发挥先锋模范作用。

9月20日，政协工作人员参加社区灾后重建　（市政协提供）

市政协发出“服务群众、服务社会，助推灾后重建”倡议，300多位委员参与社区志愿服务，100多家委员企业开展抗灾自救，加快恢复重建。30多位委员免费为受灾群众和救灾人员提供车辆、饮用水、食品等。（参见P72【台风】）

【庆祝中国共产党成立95周年书画影展】 2016年10月24日，为庆祝中国共产党成立95周年，回顾政协各参加单位与共产党同心同行、风雨同舟的光辉历程，弘扬人民政协团结民主的光荣传统，凝聚共促改革发展的强大动力，由厦门市政协举办、厦门市政协文史和学习宣传委员会承办的“同心同行、风雨同舟——庆祝中国共产党成立95周年”书画影作品展开幕式在张雄书画院举行。市政协主席张健，副主席詹沧洲、江曙霞、魏刚、陈昌生、高玉顺、黄学惠、陈永裕，秘书长张仁苇，以及各民主党派、相关界别和市政协书画室成员共180余人参加开幕式。书画影展从市政协委员、各民主党派、市政协书画室成员和社会各界人士等征集书画作品80余幅、摄影作品20余幅。参展作品有，歌颂社会和谐、人民幸福、城市建设的主题创作，展示厦门人民抗御台风“莫兰蒂”时众志成城、抗台抢险、灾后重建感人画面，从不同侧面、角度、层次，展示市政协委员和各界人士投身厦门建设精神风貌。

（王秀玉）

民主党派与工商联

民革厦门市委员会

【概　况】 2016年，中国国民党革命委员会厦门市委员会（简称民革厦门市委）履行参政党职能，围绕中心、服务大局，关注民生、推动发展，发展党员31人（年末党员总数803人），被民革中央评为民革全国祖统工作先进集体、民革全国机关工作先进集体，民革厦门市委机关被评为市级文明单位。民革厦门市委4月24日在团结大厦举行2015年度参政议政工作表彰大会暨台情讲座，黄鸣鹤等5人获参政议政工作先进个人一等奖，何燕珍等11人获参政议政工作先进个人二等奖，苏奕欣等16人获参政议政工作先进个人三等奖。

【参政议政】 2016年，民革厦门市委在市政协十二届五次会议上，提交大会口头发言1件、书面发言2件；集体提案26件，其中民革厦门市委提案12件、民革界别提案14件。《厦门现代农业种苗业发展对策及建议》得到中共市委副书记洪碧玲批示。大会书面发言《加快先进制造业产业集聚发展推进厦门制造2025行动》得到中共省委常委、市委书记王蒙徽批示。《关于厦门市加快推进都市型现代农业发展的建议》和《加快厦门生物医药产业集群发展的建议》获评2015年度市政协优秀提案。民革厦门市委全年完成调研课题62个，牵头联合其他党派共同承担中共市委统战部重点课题《厦门加快工业园区升级转型的研究》。完成理论研究成果13个，其中《关于政协提案选题的思考》被收录到《中国人民政协理论研究会2015年度论文集》（中国人民政协理论研究会秘书处编辑，中国文史出版社公开出版）。《提升民主党派政党协商能力的实践和思考》获中央统战部一局2015年调研报告评比优秀奖。4月5日，民革福建省委2016年参政议政工作会议在福州召开，《保障农民工权益推进和谐劳动关系创建》等2篇获二等奖，《中国（福建）自由贸易试验区厦门片区纠纷解决类型分析及多元化纠纷解决平台的建构设想》等2篇获三等奖。《推进“互联网+”破解居家养老难题》在“2015年福建统一战线建言献策成果汇报会——第十一届建言献策论坛”上获优秀调研成果三等奖。

【信息宣传】 2016年，民革厦门市委采编报送信息587条，其中社情民意448条、工作动态及宣传信息139条。民革厦门市委社情民意被中央统战部《零讯》单篇采用4条，被全国政协办公厅单篇采用3条，获中共中央政治局常委批示1条，被中共福建省委办公厅采用3条，获省领导批示6条、市领导批示10条。民革厦门市委获2015年度全市统战信息工作先进单位一等奖、2014～2015年度市政协信息工作先进单位一等奖。福建省“两会”召开前，省政协委员、民革厦门市委副主委徐迪接受福建省电视台和福建日报社的采访；省政协委员、民革厦门市委副主委涂崇禹走进新华网“2016福建两会”访谈室，就防止家暴问题建言献策。民革厦门市委与市政协、厦门电视台合作，针对民革厦门市委的提案建议及其办理成效录制3期采访；《人民政协报》《厦门日报》分别对民革厦门市委打造涉农参政议政工作品牌进行报道。民革厦门市委印发《厦门民革》6期、《民革厦门市委工作简讯》12期，更新民革厦门市委网站内容238则，累计点击量720万次。

【涉台交流】 2016年，民革厦门市委继续推进涉台交流。4月4日，民革厦门市委接待台湾地区屏东塭树村交流参访

12 月 23～24 日，民革厦门市第十三次代表大会召开　　（郭鑫　摄）

团一行 19 人。10 月 15 日，民革厦门市委参与承办的福建省社科界 2016 年学术年会——第八届海峡生态城市发展（国际）论坛在厦门市举办，150 多人参加，其中国外专家和港台地区学者 59 人，论坛主题为“绿色发展与生态城市建设两岸比较”。11 月 14 日，民革厦门市委接待到厦门参访的台湾高雄楠梓区仁昌里志工团一行 26 人。

【服务社会】 2016 年，民革厦门市委发动民革党员参与服务社会。春节期间，民革厦门市委与村、社区开展共建帮扶，看望慰问困难群众 307 人（户），其中残疾人 60 人（户），慰问钱物 6.54 万元。5 月，帮扶白沙仑小学困难学生 1800 元，开展同安总支送医药下乡活动；6 月，帮扶后埔小学贫困学生 900 元。7 月 22 日，民革厦门市中山法律志愿工作站挂牌成立，开展法律援助和咨询宣传等公益活动。民革党员参与抗御台风“莫兰蒂”，加入灾后救助活动，向中共省委统战部、中共市委统战部和民革省委报送《“莫兰蒂”台风后补植绿化应优选抗倒伏树种的建议》等社情民意信息 12 条。

【民革厦门市第十三次代表大会】 2016 年 12 月 23～24 日，中国国民党革命委员会厦门市第十三次代表大会召开。会议听取并审议通过国桂荣代表民革厦门市第十二届委员会所作的工作报告，选举产生民革厦门市第十三届委员会。国桂荣当选主委，涂崇禹、周文勇、黄向阳、周立新、骆阳当选为副主委，任命周文勇兼任秘书长。

（民革厦门市委）

民盟厦门市委会

【概　况】 2016 年，中国民主同盟厦门市委员会（简称民盟厦门市委）发展新盟员 85 人，发展率为 4.6%。湖里区基层委、集美区基层委及同安区总支 3 个基层组织完成换届工作，城市职业学院、禾山中学等 8 个支部完成换届或届中调整。全年选送 1 位盟员参加中央社会主义学院培训班学习，16 位骨干盟员参加省、市骨干盟员培训班学习。民盟湖里区基层委被评为民盟全国坚持和发展中国特色社会主义学习实践活动先进集体。11 月 27 日，民盟厦门市第十三次代表大会在团结大厦召开，选举产生民盟厦门市第十三届委员会。代表大会期间召开第一次全体委员会议，选举产生民盟厦门市第十三届委员会领导班子、常务委员会组成人员。

【参政议政】 2016 年，在市政协十二届五次全会上，民盟厦门市委提交《牢固树立创新发展理念，加快推进创新型城市建设》大会发言以及《关于打造“众创厦门”创业创新都市的建议》《进一步完善商事登记及监管制度，推动厦门自贸区制度创新》2 篇书面发言，提交党派提案 19 件，界别提案 11 件。在市十四届人大五次全会上，民盟内市人大代表提交《关于尽快解决厦门市基督教竹树堂安全问题的建议》建议案 1 件和《关于整顿和规范我市驾培市场的议案》等议案 3 件。《关于加快出台管理办法规范厦门民宿业发展的建议》提案受到市长裴金佳等市领导批示。民盟界别被评为市政协优秀界别活动小组。民盟厦门市委举办调研活动近 10 场，完成市政协 5 次协商议政任务。其中，《对标新加坡，提升厦门公共交通国际化水平》等 2 篇发言被列为市政协常委会议协商议政议题，《进一步完善我市院前急救模式的建议》等 2 篇报告被列为市政协主席会议议题，《破解鼓浪屿经营乱象，净化提升我市营商环境》等被列为专委会课题。《厦门市老字号保护发展办法》立法计划正式项目，是全国首部促进老字号保护与发展的地方性法规、全国首部由代表联名提出并列入常委会议议程审议的地方性法规。《关于保护厦门老字号立法》议案是民盟与其他党派在 2015 年 2 月市人大第十四届

11 月 27 日，民盟厦门市第十三次代表大会召开　　（兰轶伦　摄）

第四次全会上联名提交的。

【信息宣传】 2016年，民盟厦门市委报送各类信息317条。其中，4条信息被中央统战部《零讯》采用，《建议采用措施遏制互花米草对我国海岸滩涂湿地入侵》得到中共中央政治局常委、国务院副总理张高丽批示，《关于加强船舶降噪工作的建议》被全国政协采用，16条信息被民盟中央采用，137条信息被中共省委办公厅、省政协、中共省委统战部、民盟省委采用。2条信息经中共市委常委、统战部部长黄菱批示后，作为党外人士建言专报市主要领导，其中1条信息得到中共省委常委、市委书记裴金佳批示，1条信息被中共市委副书记、代市长庄稼汉批示。民盟厦门市委各类宣传报道被民盟中央网站采用44篇，被民盟省委网站采用112篇。《福建日报》《厦门日报》等省、市媒体刊发有关厦门民盟的报道和相关文章150多篇。与厦门电视台合作拍摄“政协视点”3期。

【课题调研】 2016年，民盟厦门市委完成重点课题33个，其中一类课题10个、二类课题12个、三类课题11个，课题成果转化率100%。承接民盟省委课题3个，其中《以医保支付制度改革推动我省医改工作的建议》等2个课题被福建省委政研室调研文稿采用。参与市委统战部重点课题《厦门加快工业园区升级转型的研究》，提交《关于改善软件园二期营商环境的对策建议》子课题报告。参政党理论研究会完成《民主党派智库建设的瓶颈制约与解决途径》等6篇理论课题报告。

【专题研讨】 2016年，民盟厦门市委加强与市政府对口部门工作联系，开拓专题研讨领域。7月2日，民盟厦门市委在禾山中学召开2016年基础教育教育研讨会。11月25～27日，与厦门市文广新局联合举办“共同推进文化生态保护区建设研讨会”，提交《关于传承送王船文化暨建设吕厝民俗村的建议》等3篇专题报告。民盟厦门市委与厦门老字号协会联合对同安区浦头工业园区进行调研，促成同安区政府引进新的投资模式，对浦头开展厦门老字号特色小镇开发建设。

【社会服务】 2016年，民盟厦门市委继续开展志愿服务活动，与同安区新霞村、翔安区田墘村、市定安养老院等6处民盟“同心行动”共建点开展结对帮扶活动。动员组织盟内专职教师前往农村学校开展助教活动，开设示范课、举办兴趣班，为同安新霞小学学生捐赠冬季校服和运动鞋各200多套，价值6万余元。资助理工学院贫困大学生6万元。捐赠5万元帮扶毕节市七星关小学。购买3000元书籍赠送田墘社区，邀请盟员到大嶝希元书院授课。厦门民盟美术院联合海沧区委统战部举办“翰墨颂海沧”主题书画展，组织盟员书画家开展赴大嶝中学开展“同心”文化进校园等活动。

（郝艳燕）

民建厦门市委员会

【概　况】 2016年，中国民主建国会厦门市委员会（简称民建厦门市委）发展新会员59人，会员总数1508人，平均年龄50岁。思明基层委、百货支部等9个基层组织完成换届工作。开展会员思想动态问卷调查。建立机关及电子商务协会2个“会员之家”。湖里区基层委获“民建全国社会服务工作先进集体”称号，林欲晓获“民建全国社会服务工作先进个人”称号。

【参政议政】 2016年，民建厦门市委报送议政信息653篇，其中被全国政协采用7篇，被中央统战部采用9篇，13篇次获省市级领导批示。《当前外贸企业申请出口退税存在的突出问题及建议》《建议开展全国自闭症流行病学调查》获国家领导人批示。完成课题调研82个。《利用民间公益力量，打造优质社区书院》等5篇课题转化为市政协主席会、常委会协商的发言。向政协大会作大会发言1篇，提交书面发言2篇，提交集体提案24件，被确定为重点提案2件，获评优秀提案2件。民建界别活动小组被评为“年度先进界别活动小组”。《推动“十三五”厦门港集装箱吞吐量增长的建议》得到中共市委书记王蒙徽和市长裴金佳批示，经市政协主席会议协商审定为重点提案。完成参政党理论研究成果10篇。提高《厦门民建》会刊、“民主与建设”网站的编办水平，开通微信公众号。在中央级媒体《人民政协报》统战新闻版刊发《建言献策十余载助力港口换新颜》等宣传报道2篇。中央和省、市各主流媒体报道民建厦门市委会及会员、会员企业的新闻稿件455篇次。民建厦门市委在市政协系统和市委统战系统中分获“信息工作先进单位”一等奖，在民建省委系统中获信息工作特等奖。

【对口帮扶吴场村】 2016年8月8日，民建厦门市委秘书长柯明哲带队，会员企业家郑希远、方池雄、吕晓阳及机关工作人员一行7人来到南平市政和县外屯乡吴场村，送去636名会员捐赠的258356元善款，用于灾后护村河堤、桥梁、水毁公路的修筑和恢复。吴场村是民建厦门对口帮扶村，由于“6·18”长时间、高强度的特大暴雨而大面积受灾。

12月17日，民建厦门市第十一次代表大会召开　（民建厦门市委提供）

【民建厦门市第十一次代表大会】 2016年12月17日，民建厦门市第十一次代表大会在团结大厦召开，全市47个基层组织的会员代表141人出席。中共厦门市委常委、统战部部长张灿民，中共厦门市委常委、政法委书记李伟华等市领导以及市各民主党派、工商联、有关人民团体、各区及相关高校统战部、各对口联系单位有关领导参加。黄世忠代表第十届委员会向大会作工作报告。会议选举产生民建厦门市第十一届委员会委员39人，常务委员17人。新一届领导班子为1正6副，黄世忠当选为主任委员，朱奖思、杨清泉、薛雄志、柯明哲、曾文生、吴迪当选为副主任委员，柯明哲副主委兼任秘书长。

（郑有卫）

民进厦门市委员会

【概　况】 2016年，中国民主促进会厦门市委员会（简称民进厦门市委）和各基层组织完成换届。全年发展会员50人，平均年龄38.4岁。至年末，会员1055人，平均年龄51岁，其中具有高中级职称会员占72.9%。会员中，教育、文化、新闻出版界占65.69%。在5月15～16日民进全国参政议政工作会议上，民进厦门市委专职副主委吴丽冰作为唯一的市级组织代表在大会上作交流发言，民进厦门市委被授予"民进全国参政议政工作先进集体"称号，李明辉、李忠安2名会员被评为"民进全国参政议政工作先进个人"。6月13日，民进中央副主席、省政协副主席、民进福建省委主委张帆到团结大厦走访看望魏刚和吴丽冰并与全体机关人员座谈。

【参政议政】 2016年，民进厦门市委开展调研、提案、信息工作，完成各类课题63个，其中会省委课题10个、市社科联课题2个、统战理论课题10个、会市委课题41个。《关于增进两岸同胞心灵契合问题研究》获全市统战理论研究成果一等奖，《关于进一步推进岛内外义务教育均衡发展的对策建议》《厦门老城区更新和保护问题及对策研究》获厦门市第十次社科优秀成果二等奖。在市"两会"上，提交大会发言3篇、民进厦门市委和民进界别提案27件、代表建议10件。《关于围绕历史文化名城创建，实施"留住乡愁"工程的建议》大会发言得到中共市委书记、市长、分管副市长批示，市规划委组织成立历史风貌专家委员会。《关于进一步推进岛内外义务教育均衡发展的建议》专题调研报告得到市长裴金佳、副市长国桂荣批示，市教育局将提案建议纳入2016年全市教育工作重点和教育"十三五"规划。《建议探索成立厦门旅游警察队伍》提案获评市政协2016年度优秀提案。在市政协常委会专题协商议政会上提出的《实施"留学厦门"计划，提升厦门国际化水平》建议得到市领导重视和肯定。

【组织建设】 2016年，民进厦门市委召开六届八次、九次、十次全委（扩大）会议，对市委会领导班子进行民主评议、民主推荐和届中调整。修订编印《基层组织工作手册》，建立基层组织工作微信群，编印《厦门民进》会刊6期和《厦门民进工作简报》12期，开展争创民进全国全省先进基层组织活动。调整优化基层组织的设置，成立厦门理工学院总支、翔安总支等基层组织；撤销莲花中学支部、松柏中学支部等，重组整合思明教育第一、第二、第三支部；在思明总支、湖里总支、海沧总支和集美总支的基础上，分别成立思明区基层委员会、湖里区基层委员会、海沧区基层委员会、集美区基层委员会。5～7月，4个基层委、6个总支、49个支部完成换届，新一届基层委、总支、支部主委平均年龄45岁，具有中高级职称的占70%，本科以上学历的占88%。76名会员当选市区人大代表、政协委员。其中，10名会员当选市人大代表（市人大常委1人）、13名会员当选区人大代表（区人大常委5人）；53名会员被推荐为市、区两级政协委员，其中区政协副主席1人、市政协常委2人、区政协常委6人。

【信息宣传】 2016年，民进厦门市委上报信息402件，其中中共中央办公厅采用1件，全国政协采用1件，中央统战部采用9件，中央宣传部综合采用6件，民进中央采用22件，省委办、省委统战部、省政协采用22件。获省市领导批示9件10次，《建议尽快解决卡式台胞证刷卡进出火车站问题》等3条信息获国家领导人批示。民进厦门市委获民进福建省委信息工作一等奖、市统战系统信息工作先进单位一等奖、市政协反映社情民意信息工作先进单位二等奖和市宣传系统舆情信息工作先进单位等多项荣誉。市"两会"期间，《关于围绕历史文化名城创建，实施"留住乡愁"工程的建议》等得到《厦门日报》等媒体报道。9月，《为"玻璃女孩"李佳钦开设"一个人学堂"》等引起中央统战部、民进中央、《人民政协报》等关注。民进厦门市委在人民政协报（网）首发专题报道4篇，《团结报》刊发1篇，《香港文汇报》1篇，《民主》杂志专稿3篇，民进中央网站采用63篇。

【社会服务】 2016年，民进厦门市委参与贵州毕节试验区建设，开展"同心助学行动"，到贵州金沙县开展送教送医

12月11日，民进厦门市第六次代表大会召开　　（民进厦门市委提供）

活动。推进“同心教育志愿者服务团”工作，继续对口帮扶海沧新江中心小学，为该校100名学生免费实施“窝沟封闭”，为50名近视的学生配送眼镜和护眼台灯。开展扶危济困、法律咨询、文化下乡、农村义诊、灾后重建、公益讲座、拓展训练等微公益活动。

【民进厦门市第六次代表大会】 2016年12月11日，民进厦门市委召开第六次代表大会，109名代表出席大会。中共厦门市委常委、统战部部长张灿民，中共厦门市委常委、常务副市长黄强等领导出席开幕式。大会选举产生民进厦门市第七届委员会，吴丽冰为主任委员，许黎明、赖妙宽、黄继义、林升栋、陈佩玲为副主任委员。

（民进厦门市委）

农工党厦门市委员会

【概　况】 2016年，中国农工民主党厦门市委员会（简称农工党厦门市委）发展新党员37人，其中大学以上学历占97.3%。新党员中，中高级职称占73.0%。至年末，全市共有党员1288人，其中医药卫生界占43.6%，教育界占31.9%，人口资源、生态环境界占4.7%，科技界占2.3%，经济界及其他界别占17.5%，平均年龄54.3岁。参加中共市委、市政府、市政协等举办的专题协商会、政情通报会、专题座谈会，分别就加强国际化城市建设、医疗急救体系建设、社区书院建设、治理交通拥堵、党风廉政建设、社会综合治理等提出意见建议。6月20日，纪念卢嘉锡先生100周年诞辰《华夏赤子·科教巨擘》画传及传记片出版发行座谈会在厦门市人民大会堂多功能厅举办，农工党中央副主席陈述涛，省政协副主席、农工党省委主委陈绍军，市政协主席张健等参加。

【参政议政】 2016年，农工党厦门市委《关于有效应对TPP的建议》《关于加强农村医疗急救体系建设的建议》被农工党中央采纳作为2016年全国政协大会发言和提案。在市政协十二届五次大会上，提交集体提案22件，其中《关于打造品牌优势、做好闽南文化产业开发的建议》作为大会发言。在农工党全省调研论文评选中，《福建自贸试验区商事登记制度改革研究》获省委优秀调研论文一等奖，《福建供给侧改革存在的主要问题与对策思路》《“一带一路”框架下福建与东盟产能合作与对策思考》等4篇论文获得二等奖，《关于加强厦漳泉旅游合作的研究》获三等奖。

【组织建设】 2016年，农工党厦门市委完成基层组织换届和农工党厦门市委换届。换届后农工党厦门市委下设思明区（下辖19个支部）、湖里区（下辖9个支部）、集美区（下辖7个支部）、海沧区（下辖5个支部）、同安区（下辖3个支部）、翔安区（下辖3个支部）6个区基层委员会，厦门大学总支（下辖3个支部）、集美大学总支（下辖2个支部）、理工学院支部、华侨大学支部4个高校基层组织，以及市委直属的环境资源支部、离退联合小组。

【信息宣传】 2016年，农工党厦门市委收集信息147篇，上报109篇，被采用47篇；获评为农工党省委2016年度社情民意信息工作标兵单位，陈育斌、吴崇伯、李友华、万文蓉、杨军被评为2016年度社情民意信息工作先进个人。农工党厦门市委承办农工党中央“走进基层、贴近党员、培育和践行社会主义核心价值观”百场主题宣讲报告会（厦门站）。《人民政协报》报道农工党厦门市委持续推进“健康城市”建设和国庆节免费向市民发放国旗活动。市委获农工党省委“树立和践行社会主义核心价值体系优秀市级组织”，思明区基层委、湖里区基层委、厦大总支和集大总支等获先进单位。开展参政党理论和党史研究，《参政党风险与危机管理刍议》获农工党中央理论研究优秀论文一等奖，《组织再造视域中的参政党自我革新》获二等奖；《中国农工民主党界别特征新论》获农工党福建省委理论研究优秀论文特等奖，另有2篇获一等奖、1篇获二等奖、2篇获三等奖；《新一代民主党派成员组织认同研究》获中共厦门市委统战部理论研究优秀成果一等奖。农工党厦门市委做好党刊订阅和发放工作，被农工党中央评为党刊发行工作先进单位。

【社会服务】 2016年，农工党厦门市委开展敬老爱老活动，为民营养老机构捐赠价值2万多元的电子血压仪；开展“红红火火过大年”志愿者服务活动，为集美区灌口村民义务撰写春联，并为低保户赠送年货。组织党员在文灶社区参与中共厦门市委统战部组织的“大雷锋、小公益”学雷锋志愿服务活动。深入居民社区开展“统一战线医卫志愿服务团送医药关爱活动”。“八一”建军节前夕，筹集1000余册图书捐赠给驻厦门的73111部队。组织医疗专家到深青村，为全村60岁以上老人开展健康咨询和送医送药活动。利用中医药促进会平台加强与台湾地区中医药交流，为来自台湾地区的学员开设4期台湾学员中医培训班，培训84名台湾学员。

12月18日，农工党厦门市第十三次代表大会召开　（农工党厦门市委提供）

【中国农工民主党厦门市第十三次代表大会】 2016年12月18日，中国农工民主党厦门市第十三次代表大会在团结大厦召开。大会审议通过《精诚合作、认真履职、为推进“五大发展”示范市建设发挥参政作用》工作报告，选举产生农工党厦门市第十三届委员会委员39人。在农工党厦门市第十三届委员会第一次全体会议上，选举王焱为主任委员，陈育斌、黄格成、万文蓉、吴崇伯、李友华、谢强为副主任委员，汤序俭为秘书长，巫斌、林海南、王萍萍、王朝晖、王萍、王斌、柯友升、唐立娜、汤序俭为常务委员。

（汤序俭）

致公党厦门市委员会

【概　况】 2016年，中国致公党厦门市委员会（简称致公党厦门市委）发展党员47人，新党员平均年龄36.5岁，其中大学学历24人、博士7人、硕士14人。新党员中，高级职称8人、中级职称13人，市双百人才3人，市拔尖人才1人。新党员中有侨海关系的39人，其中留学归国人员及访问学者11人。至年末，党员总数1088人，基层组织49个，其中基层委员会1个、总支部8个、支部40个。党员中有致公党中央委员2人、致公党省委委员6人（副主委1人，常委2人）。党员被选为各级人大代表、政协委员89人，其中省人大代表1人、市人大代表6人（常委1人）、区人大代表17人（常委4人）；省政协常委1人、市政协委员18人（副主席1人、常委4人）、区政协委员45人（常委8人）。致公党中央主办，致公党福建省委、致公党厦门市委承办的第八届海峡论坛·两岸社区服务恳谈会在厦门举行。中国致公党第十四届中央常务委员会第十七次会议和中国致公党机关工作会议在厦门召开。

【参政议政】 2016年，致公党厦门市委共完成课题调研52篇，其中致公党福建省委课题3篇、厦门市政协课题1篇、中共厦门市委统战部重点课题2篇、中共厦门市委政策研究室重点课题1篇。在课题调研的基础上，形成与中共市委书记协商发言材料1篇，报中共市委书记呈阅件1篇，市政协主席会议、常委会议协商议政发言材料7篇。牵头其他民主党派承担中共厦门市委统战部重点课题《推进厦门国际化宜居宜业城市建设研究》。与市科技局等单位合作承担中共厦门市委政研室重点课题《厦门市科技服务业发展对策研究》。在政协大会上，提交提案30件，其中大会口头发言2件，书面发言2件。《大力推动节水洗车，践行绿色发展理念》被评为市政协重点提案、优秀提案。

【信息宣传】 2016年，致公党厦门市委提交社情民意信息234件，被采用59篇，其中中央统战部13篇次、全国政协办公厅1篇次、致公党中央31篇次。省级采用25篇次，市级采用10篇次。《移动银联POS机在澳门非法套现洗钱应予重视》获中共中央政治局常委、中纪委书记王岐山批示；《法院依据〈反家庭暴力法〉开展审判工作应关注五个问题》等获省高院领导马新岚批示，《我市“科创红包”申领存在的问题与建议》等10篇获中共厦门市委书记王蒙徽、市长裴金佳等领导批示。华裔青少年夏冬令营、福建致公书画院厦门分院、海峡论坛·两岸社区恳谈会等活动得到《人民政协报》等媒体报道。编辑出版《厦门致公》5期，编辑通讯稿件404篇，编发推送微信号60期。编辑完成《学习实践活动工作简报》5期。编辑完成《海外洪门与中国致公党》等党史研究和宣传资料。致公党厦门市委被致公党中央评为宣传思想理论工作先进集体，2位党员被评为宣传思想理论工作先进工作者。

【海外联谊】 2016年，来自菲律宾、缅甸、泰国和印尼的57位营员和领队参加“中国寻根之旅”夏（冬）令营厦门致公营。致公党厦门市委接待菲律宾等国家和台湾地区10个访问团、100余人。承办“海峡论坛·两岸社区服务恳谈会”，台湾地区和大陆各界嘉宾共150人参加。应葡萄牙福建同乡会和英国福建同乡会等邀请，6月16～25日，致公党厦门市委专职副主委郑幸红随厦门市海外联谊会团组于到欧洲访问，向当地侨领和工商界侨胞宣传厦门城市情况和投资环境等。

【社会服务】 2016年，致公党厦门市委建设的社区致公学校“同安工业社区致公学校”“同安莲花社区致公学校”挂牌，厦门社区致公学校增加到9所，授课近80节（次），听课的社区居民近4000人次。致公党厦门市委组织开展《同心·致公讲坛》等送文化志愿服务活动。举办揭开诈骗的真面目等讲座4场。开展关心关爱归侨侨眷、“同心进社区”、“美丽厦门·美丽心灵”关爱山川河流志愿服务、邻里守望志愿服务、“大雷锋·小公益”等活动。与结对帮扶的同安区东宅村签订厦门市城乡精神文明共建协议书、结对帮扶协议书。与致公党重庆市酉阳县支部签订对口帮扶协议，致公党党员、海洋三所“海中金”科技服务小组组长陈兴麟到酉阳县开展科技帮扶，取得水稻产量提高10%

12月3～4日，致公党厦门市第七次代表大会召开　（姚凡　摄）

的成绩。致公党厦门市委到甘肃省定西市开展教育精准扶贫调研。和担当者助学中心到竹坝学校，捐建“致公爱心图书角”，开展“致公名师送课”活动。200多名致公党员和全体机关工作人员参与台风“莫兰蒂”抢险救灾及灾后重建工作。社服委开展扶贫济困活动，累计为社区贫困家庭捐款20多万元。

【致公党厦门市第七次代表大会】 2016年12月3～4日，致公党厦门市第七次代表大会在厦门宾馆召开。大会选举七届市委委员34人。16位委员当选七届致公党厦门市委常委，徐平东当选主委，郑幸红、曾招文、张志红、关琰珠、滕达、施雪琴当选副主委，李瑞盛被任命为秘书长。

（致公党厦门市委）

九三学社厦门市委员会

【概　况】 2016年，九三学社厦门市委员会（简称九三学社厦门市委）发展新社员46人，发展率4.4%，净增率3.4%。新社员平均年龄36.8岁，其中高级职称18人。新社员中，博士14人，硕士10人。至年末，下属9个委员会、44个支社共53个基层组织，有参政议政研究室和科技、教育文化等专门（工作）委员会8个。至年末，社员总数1068人，平均年龄52.7岁。女社员382人，占35.8%。高级职称社员640人，占60%。高等教育界社员194人，占18.1%；科学技术459人，占43%；医药卫生175人，占16.4%。年内，九三学社厦门市委完成全市基层组织换届，新成立翔安区委员会和华侨大学厦门校区支社，翔安区支社拆分为翔安区第一、第二支社。加强专委会建设，以8个专委会为依托，建立志愿服务工作团。完成社中央、市委统战部理论研讨文章4篇。

【参政议政】 2016年，九三学社厦门市委征集参政议政课题72件，立项50件。提交市政协大会发言3篇，在政协第十二届五次会议上作《以科技创新推动智慧厦门建设》大会发言，提交《福建自贸区（厦门）片区金融改革的若干建议》等书面发言2篇，整理上报政协提案19件、九三学社界别提案5件。《推动科技创新建设智慧厦门》获中共市委书记王蒙徽批示。九三学社厦门市委完成统战部2016年度重点调研课题子课题《推进厦门文创产业园区转型升级》调研。完成市政协4次专题协商工作会议发言材料准备，其中《关于提高公众急救技能》等2篇发言入选市政协主席会议口头发言。完成社省委调研课题8件，其中2篇入选福建统一战线建言献策论坛。5篇提案入选为社省委在省政协大会提案。九三学社厦门市委被九三学社省委评为年度参政议政工作先进集体二等奖。市政协常委、九三学社厦门市委副主委杨槐被评选为“十二届优秀政协委员”。

【信息宣传】 2016年，九三学社厦门市委上报信息343篇，3篇被中央统战部《零讯》综合采用，7篇被社中央采用，9篇被省政协采用，2件被市委统战部专报，8条被网站采用，1篇获省领导批示，2篇获市领导批示。九三学社厦门市委被九三学社省委评选为年度信息工作先进集体二等奖。与市电视台联合摄制《城中村：怎么改造》节目。《将“海峡两岸青少年中华姓氏源流知识竞赛”活动纳入“海峡论坛”》被评为市政协2016年度优秀提案。

【社会服务】 2016年4月2日，九三学社厦门市委在中山路步行街举办“第九个世界自闭症日主题宣传活动”。儿童节前夕，经济委联合爱心企业慰问文安社区10名困难家庭儿童。组织社内医务专家到新圩卫生院九三学社“同心·健康服务基地”开展医学讲座和义诊。青工委在海沧区开展“未来之路讲坛”等系列活动。社员参与台风“莫兰蒂”灾后自救工作，捐款并向集美社会福利中心孤寡老人和特殊人员送去急需物品。参与中华街道“慈善有你·中华有爱”“爱心圆愿”活动。经济委到文安社区开展“结对子”帮扶活动，走访慰问社区患重大疾病的3户困难家庭。世界精神卫生日，九三学社厦门市委携手厦门市精神卫生中心、厦门市慈善总会在中山路步行街举办2016精神康复作品义卖会。九三学社厦门市委被社省委评选为年度社会服务工作先进集体。

【九三学社厦门市第八次代表大会】 2016年12月3日，九三学社厦门市第八次代表大会在团结大厦召开。该次代表大会实际出席代表98人。与会代表选举产生九三学社厦门市第八届委员会委员35人和出席九三福建省第八次代表大会代表42人。中共厦门市委常委、统战部部长张灿民，中共厦门市委常委、纪委书记孙明忠，九三学社福建省委专职副主委陈美琼等领导以及各民主党派、工商联、有关人民团体、各区、相关高校统战部、各对口联系政府部门负责人等出席。

（张　铭）

台盟厦门市委员会

【概　况】 2016年，台湾民主自治同盟

12月3日，九三学社厦门市第八次代表大会召开　（九三学社厦门市委提供）

厦门市委员会（简称台盟厦门市委）发展盟员11人，年末盟员总数228人，平均年龄53岁。具有高级职称盟员43人、中级职称盟员66人。被台盟中央授予“地方级组织参政议政先进集体”称号。编辑出版《厦门台盟》6期、《台盟简讯》12期。

【参政议政】 2016年，台盟厦门市委向十二届政协厦门市委员会第五次会议提交提案18件，大会发言材料1篇，书面发言材料2篇。台盟中央采纳台盟市委提供的1件提案提交全国政协，台盟福建省委采纳提案5件，8篇大会发言提交省政协。提案《加快打造我市教育资源信息平台，促进义务教育均衡发展》获市政协十二届五次会议优秀提案。台盟厦门市委完成课题调研报告33篇。《绿色发展的厦门实践》等3篇调研报告被台盟中央采用，9篇被台盟省委采用，3篇被评为台盟省委重点调研报告。发挥对台优势特色，完成涉台调研课题12篇。《台湾“时代力量”的现状、主张、发展趋势及我们的对策研究》《“文化台独”的实质与影响研究》2篇台情研究报告分获“2016年福建省统一战线建言献策成果汇报大会”二、三等奖。提交各级信息55篇，《尽快解决自贸区内企业医疗器械经营许可证申请难得问题》获省领导批示。

【厦门台盟两岸口述历史】 2016年，台盟厦门市委通过购买服务的方式，委托厦门花开网络科技有限公司开展“厦门台盟两岸口述历史”项目。该项目是一次抢救式的文化记录行动，通过记录台胞的个人史、家庭史，折射出海峡两岸变迁，有助于人们了解台胞这一特殊群体，增进两岸同胞情感交流。项目组全年对9位老台胞进行口述历史录音采集、文本整理和编辑工作，将部分访谈文稿在UGC故事平台“犀牛故事”发布。通过微信、微博等网络传播方式，“厦门台盟两岸口述历史”取得一定的社会影响。

【社会服务】 2016年，台盟厦门市委继续打造“同心”品牌，围绕“共促共建共发展”目标，开展社会服务工作。春节前夕，先后慰问同安区溪声社区和湖里区金尚社区贫困家庭各10户，送米、面、油等生活必需品，为4户特困家庭送上慰问金。邀请溪声小学优秀学生及老师，与盟员子女一同参观厦门科技馆。在台风“莫兰蒂”灾情发生后，发动盟员和机关工作人员参与灾后重建。

12月10日，台盟厦门市第八次代表大会召开　（陈南君　摄）

【基层组织建设】 2016年7月，台盟厦门市委完成基层盟员资源整合和基层组织换届，产生48位基层组织领导班子成员。以盟员工作单位或居住地所在行政区域和台盟组织工作需要重新划分支部。经整合，保留厦门大学支部、集美大学支部，原思明区总支部从5个下设支部调整为3个支部，新成立湖里区总支部（下设3个支部）、海沧区总支部（下设2个支部）、集美区总支部（下设2个支部）和同安区直属支部、翔安区直属支部及厦门理工学院直属支部。换届后，重新修订《台盟厦门市委基层组织工作条例》。台盟厦门市委成立社会服务工作委员会，完成参政议政委员会、妇女工作委员会、离退休委员会、青年委员会、经济城建委员会等专委会换届工作。

【台湾民主自治同盟厦门市第八次代表大会】 2016年12月10日，台湾民主自治同盟厦门市第八次代表大会在厦门宾馆召开，101名换届会议代表人数参加。中共厦门市委常委、组织部部长陈沈阳，中共厦门市委常委、统战部部长张灿民等领导出席。会议审议并通过台盟厦门市第七届委员会工作报告，选举产生台盟厦门市第八届委员会委员19人。在台盟厦门市第八届第一次委员会上，选举产生台盟厦门市委领导班子，陈紫萱当选主任委员，廖明宏、陈敏伟、郑直、许勇铁、郭海峰当选副主任委员。会议表彰台盟厦门市委参政议政先进个人和优秀盟务工作者。

（黄景胜）

厦门市工商业联合会（总商会）

【概　况】 2016年，厦门市工商业联合会（简称市工商联、市总商会）会员总数11564个。其中，企业会员10848个，个人会员595人，团体会员144家。市工商联指导河北省厦门商会成立。完成年度调研课题20个。向市政协十二届五次会议提交大会发言2篇，其中《切实清费减负，降低企业成本，提升我市实体经济竞争力》大会发言得到中共厦门市委书记王蒙徽、市长裴金佳批示；提交单位提案7件，办理提案5件。被中央统战部、省委办公厅、市委办等采用信息33条，其中《我市贸易行业清费减负诉求情况调研汇报》获得王蒙徽批示。承办第五届世界闽商大会厦门分会场座谈会。组织开展《关于促进厦门民营经济健康发展的若干意见》政策落实情况专题调研。加强非公经济人士教育引导，举办市第十四期民营企业骨干港澳培训班等。加强闽商联络服务，举办2016年市政府领导与返乡闽籍企业家座谈会等；联合市商务局、自贸办等单位举办“投资万里行——走进陕西”活动等。第二十届投洽会期间，接待服务海内外工商社团团组 52 个，客商近 800 人，主办、参与协办各类投资论坛、投资推介会 28 场。思明区、湖里区、集美区、同安区、海沧区 5 个区级工商联入选福建省 2015 年度“五好”县级工商联。其中，思明区、海沧区、集美区、同安区 4 个区级工商联被确认为全国“五好”县级工商联，比例居全省首位。市工商联被评为全省工商联系统信息工作先进单位、全国民营经济新闻宣传工作先进单位等。

【民营企业负担情况专项调研】 2016 年，厦门市工商联配合市政府开展“清费减负”专项调研，汇总建筑、制造、批发零售、对外贸易、金融投资、物流等行业 75 家民营企业税费负担调查情况，分析形成专项报告。与市民营办配合部署“访民企、办实事、强信心”的行动，以座谈会和问卷调查形式，围绕中小企业融资、人工、研发、交易成本等方面负担状况，调查研究 30 多个行业并形成调研报告。促成市委、市政府在全市范围内开展“降成本、优环境”专项行动及出台减轻企业负担系列政策。

【“百企帮百村”精准扶贫行动】 2016 年，厦门市、区两级工商联成立“民企联村”精准扶贫行动领导小组，下发《关于“民企联村”精准扶贫行动的实施意见》。市工商联主席和副主席单位恒兴集团、泉舜集团、永同昌集团、福信集团对口帮扶 6 个贫困村，各区工商联、商（协）会与 30 个建档立卡贫困村建立联系，分别制定帮扶方案并优先解决济困助学问题。

【“百商万人献血公益行”活动】 2016 年，厦门市工商联连续第四年举办“百商万人献血公益行”活动。至年末，近 40 家商（协）会、近 100 家企业、13258 人参加无偿献血活动，累计献血量超过 230 万毫升。该活动获评国家卫生计生委、中国红十字会总会和中央军委后勤保障部卫生局“2014～2015 年度无偿献血促进奖”。

【青年创新创业创造论坛】 2016 年 3 月 19 日，厦门市总商会青年工作委员会在瑞颐大酒店主办“敢创未来”青年创新创业创造论坛。市委常委、统战部部长黄菱出席。浙江少帅会、无锡市青年企业家协会、黑龙江青年精英会、接力中国菁英会、石狮市青年商会等省、市青年社团代表及知名青年企业家近 300 人出席该次活动。厦门总商会青年工作委员会两周岁庆典同日举行，庆典发起设立启诚资本创投基金并举行向阳花青少年助梦计划公益基金成立仪式。

【王钦敏在厦门召开民营企业家座谈会】 2016 年 9 月 7 日，全国政协副主席、全国工商联主席王钦敏在厦门国际会议中心酒店召开“坚定信心，创新发展”专题座谈会。王钦敏与厦门 22 位民营企业家及省、市、区工商联领导座谈交流。省政协副主席薛卫民、全国工商联经济部部长谭林、省工商联主席王光远、市政协副主席黄世忠、省工商联副主席江荣全等领导参加座谈。

【2016 中国（厦门）商人节活动】 2016 年 10 月 30 日至 11 月 1 日，厦门市工商联与台北市商业会合作举办第二届商人节活动。活动涵盖“寻找厦门新经济领军人物”评选活动、“购实惠·购时尚”惠市活动、“爱在路上”公益长跑比赛等多项内容。其中，惠市活动即吸引 1069 家商家参加，参与博红包近 30 万人，参与人次近 120 万次，博出红包 124863 个，“中国商人节”微信公众号粉丝增至近 6 万人。（参见 P130【2016 中国（厦门）商人节开幕】）

【厦门市工商业联合会第十三次会员代表大会】 2016 年 12 月 29 日，厦门市工商联（总商会）第十三次会员代表大会在厦门人民会堂召开。市委常委、统战部部长张灿民，省工商联副主席江荣全，市委统战部常务副部长何秀珍等领导出席。大会选举产生第十三届执委会成员 302 人，监事会成员 39 人，厦门恒兴集团有限公司董事长柯希平连任主席（会长），厦门海澳集团有限公司董事长郑金泉当选厦门总商会监事长。会议发起关于构建“亲”“清”新型政商关系的倡议，号召共同营造风清气正的经济社会发展环境，共同促进厦门民营经济健康发展。

（市工商联）

责任编辑：孙志红
林建高
审　　稿：张　红
白延蜻
责任校对：林建高
郑　欣

7 社会团体

厦门市总工会

【概　况】2016年，厦门市新建基层工会组织1674个，新增会员2万名（其中农民工近1万名），全市累计独立基层工会1.82万家，覆盖基层单位6.7万家，会员167.9万人。厦门市总工会（简称市总工会）开展工资企业集体协商制，建立一支工会专兼职法律志愿者服务和法律援助维权队伍。建立劳动法律事务所（工作站）3家，在全省率先聘任工会兼职劳动保障监察员104名，全市工会系统有260人取得劳动关系协调员（师）职业资格。5月3日，市总工会出台《建立工会专职集体协商指导员队伍试行办法》。

【工资集体协商】2016年，市总工会组建工资集体协商专家指导团、工资集体协商指导员、民主管理志愿者、非公企业职代会特别代表4支队伍，推进全市企业民主管理及工资集体协商工作。全市17464家基层工会建立职代会制度，16921家企事业单位实行厂务公开。全市签订工资集体合同8496份（单独签订8180份，区域性行业性72份，行业性15份），覆盖企业58145家，覆盖职工118万名，工资集体合同的签订率为86.85%。

【第十二期职工医疗互助保障推出】2016年，市总工会开展第十二期职工医疗互助保障活动，69万名职工参加医疗互助保障活动（2016年新增14万人），非公企业参保率52%。医疗互助保障内容包括60元和36元两种版本的保障计划；一般住院补助、重大疾病补助、意外事故补助、单病种医疗费用补助和单次住院医疗费用补助的条件、标准，以及“献双份爱心、享双份保障”项目，按第十一期职工医疗互助保障活动的内容延续不变；根据保障资金运行情况，综合基层和职工的意见，调整直系亲属亡故安抚金补助标准，以确保此项活动健康、可持续发展；为参保职工提供职工单一病种、单位治疗医疗费用补助计算基数由“医保目录范围内自付总额”调整为“职工住院期间全部自付医疗费用”；逐步推行网上受理工作，进一步简化流程、提高效率。全年为22569名职工发放补助金5175万元。

【送温暖帮扶活动】2016年，市总工会元旦、春节期间安排慰问金564.79万元，慰问困难职工4522人。全年走访慰问169名困难劳模，发放困难补助金80.6万元。秋季筹集资金近209.2万元，支助在档困难职工子女994人。为台风受灾职工发放省市送温暖补助金20万元。安排20万元用于开展慰问农民工系列活动，安排31万元慰问金砖会晤重点工程及各行各业坚守岗位职工。

【2016厦门职工春晚】2016年1月17日，由厦门市总工会、厦门广播电视集团联合主办的“特区建设者之春——2016厦门职工春晚”在厦门电视台播出。厦门市委常委、政法委书记、市总工会主席詹沧洲，市总工会党组书记、常务副主席陈永红等领导，市总工会领导班子成员以及各区、各产业工委领导，在厦门工作的各行各业劳模代表，来自厦门20余家单位的职工代表们到现场观看演出。2016厦门职工春晚自2015年3月份启动以来，共组织16场海选场，1场海选半决赛，参选节目312个，吸引来自厦门20多个行业、150多家单位近5000名选手参加，展现机械、交通、建筑、电子科技、教育、文化、卫生等行业的特色。选出17个节目，其中13个节目由职工参与演出，参演职工300人。

【福建自贸区厦门片区工会委员会成立】2016年1月26日，中国（福建）自贸区厦门片区工会委员会举行授牌仪式，市委常委、政法委书记、市总工会主席詹沧洲出席仪式并授牌。厦门片区工会作为福建自贸区3个片区首个成立的工会，具有开拓性意义。福建自贸区厦门片区工会委员会将突出对台优势，在两岸职工技术、文化、培训方面深化交流和合作；紧扣服务职工主题，推动构建和谐劳动关系，创新服务职工方式，普遍开展项目式、订单式服务；以创新为导向，探索建立开放性工会组织运行模式。

【春节平安返厦门活动开展】2016年2月8日至3月8日，市总工会开展春节平安返厦门活动。3月底前办理并开通工会会员卡的非厦门籍企业职工，在活动期间由原居住地或探亲地返回厦门工作的，均可申请返厦路费补助。根据其返厦地距离远近，给予最低50元、最高300元的定额补助。市区两级工会发放补助金额1800万元，惠及到厦务工人员12万人、企业5300家。

【“职工好食堂”推荐评选活动开展】 2016年3～10月，为扶持基层工会推动提升职工后勤保障水平，市总工会采取以奖代补形式，组织职工评选自己喜爱的食堂。此活动分指导推进、推荐评选、观摩表彰3个阶段，通过基层自荐、区（产业）推荐、现场考查、综合评定等方式，对31家用餐规模200人以上的企事业单位食堂进行评选。评出厦门市嘉晟对外贸易有限公司等10家“十佳职工好食堂”、厦门七匹狼服装营销有限公司等17家“职工好食堂”。

【第二十二届职工技术比赛】 2016年4～12月，市总工会举办厦门市第二十二届职工技术比赛，带动100万名职工参加岗位练兵和各类劳动竞赛。比赛设A类比赛项目23个和B类比赛项43个。项目包含排水管道工、图书资料馆员、抹灰工、电焊工等传统类型的行业，还包含电子商务美工、可编程控制系统设计师（高级工）、事故灾难应急救援人员等新兴行业。

【首聘工会专干兼职劳动保障监察员】 2016年4月15日，来自市、区总工会，各产业工委，市、区职工服务中心以及各镇（街道、工业园区）职工服务站的50名工会专干通过培训、考核，获聘为兼职劳动保障监察员，并取得由市人力资源和社会保障局颁发的兼职劳动保障监察员证。由工会专干受聘为兼职劳动保障监察员，可以会同专职监察员直接参与用人单位的劳动保障检查，并对违法行为作出行政处罚，这在全省工会系统属首创，破解了法律规定中工会执法权缺失的难题。

【第十一届工人运动会举办】 2016年4月28日至10月10日，由市总工会、市体育局主办的厦门市第十一届工人运动会在厦门工人体育馆等场馆举行。运动会历时5个月，分别进行国际排舞、气排球、羽毛球、乒乓球、拔河、中国象棋、五人足球、自行车骑行、游泳和太极拳等10大项34小项的比赛，同时配套运动会手机微拍大赛和运动会最佳感言大赛两项活动。各区总工会、产业工会工委所属机关、企业、事业单位的2000多名职工参加比赛。

【“五一”国际劳动节庆祝大会召开】 2016年4月28日，厦门市庆祝“五一”国际劳动节暨表彰大会在市工人体育馆召开。市委副书记洪碧玲，市人大常委会副主任黄锦坤，市政府副市长国桂荣，市政协副主席、市总工会主席詹沧洲等出席庆祝大会。大会表彰48个市“五一劳动奖状”单位、247名市“五一劳动奖章”个人。2016年，厦门市共有3个先进集体获得“全国工人先锋号”称号，3名先进个人获得“全国五一劳动奖章”称号；7个先进集体获得“福建省五一劳动奖状”称号，32个先进集体获得“福建省工人五一先锋号”称号，19名先进个人获得“福建省五一劳动奖章”称号。

【海峡两岸职工原创游戏人物设计大赛举办】 2016年6～8月，市总工会、海峡两岸劳工发展交流协会共同主办海峡两岸职工原创游戏人物设计大赛。作为第九届厦门国际动漫节的重要配套赛事活动，此届大赛旨在发掘优秀的游戏人物设计师，同时为两岸职工的技术交流和学习提供一个优质的舞台。作品在从事动漫游戏创作的两岸职工中进行征集，收到参赛作品200多幅，评出大陆和台湾各一等奖1名、二等奖2名、三等奖3名以及两个单项奖，12名选手凭借优秀的创意和色彩搭配分获一、二、三等奖。

【第二届“中华情·两岸美”职工摄影展】 2016年6月11日，第二届“中华情·两岸美”海峡两岸职工摄影展获奖作品展在厦门市美术馆开幕。此届展会由中国职工文化体育协会和福建省总工会联合主办，厦门市总工会、“台湾中华两岸劳动关系发展协会”、海峡两岸劳工发展交流协会、台湾总工会、中国职工摄影家协会和《中国摄影》杂志社联合承办。展会征集作品活动于3月15日正式启动，并于5月25日截稿，共征集来自两岸的参展摄影作品2.06万余幅。获奖作品展共展出120幅入选作品，其中大陆作者70幅，台湾作者50幅，展现了海峡两岸魅力风光和人文风情。

【首个法务工作站成立】 2016年7月12日，市总工会首个劳动法务工作站在同安工业园区揭牌成立。劳动法务工作站由法律专家团队组成，向企业、职工提供免费劳资法务顾问实务培训、劳资问题咨询服务，将工会的维权重心进行前移，从企业的内部“立法权”着手，在劳动合同管理和规章制度规范上进行源头管理。

【率先实施统一社会信用代码登记制度改革】 2016年7月18日，厦门市基层工会组织在全国工会系统内率先实施统一社会信用代码登记制度改革，实行“两证合一、一证一码”登记模式。工会组织法人资格证书、组织机构代码证合并为由市总工会核发加载了统一社会信用代码的工会法人资格证书。通过市质监局厦门市统一社会信用代码信息服务平台与市代码中心、人民银行等部门实现数据信息实时交互共享，只要材料齐全，工会法人资格证书立等可取，简化办事手续、压缩办证时限、提高办事效率，能更好地服务办事群众。

【第十届“新厦门人”集体婚典】 2016年10月1日，市总工会在市工人体育馆举办第十届“新厦门人”集体婚典。此届100对新人来自全国16个省、直辖市，分布于全市116家企（事业）单位。其中，硕士及以上学历者占新人总数的4.5%，本科学历占39%，农民工占26%。市政协常委、市总工会主席詹沧洲代表市委、市政府和主办方向新人致以祝福，市副市长李辉跃为新人证婚。

【厦门工会志愿服务队成立】 2016年10月5日，市总工会成立厦门工会志愿服务队，并举行授旗仪式。志愿服务队由6支区总工会、10支产业工会志愿服务大队、市总工会10支直属志愿服务队、6个行业工会志愿服务队组成。全年组织近20万名工会志愿者参与社会公益活动、工会工作。

10 月 5 日，工会会员服务日暨工会志愿者服务队授旗、宣誓仪式　（刘剑颖　摄）

【市工会第十五次代表大会召开】 2016 年 12 月 28～29 日，厦门市工会第十五次代表大会召开。来自各区、市直各有关部门和人民团体负责人，全市各条战线上的先进模范，企事业单位党政领导，基层工会、优秀一线的职工代表及部分离退休工会领导等出席大会。受省委常委、市委书记裴金佳的委托，市委副书记、代市长庄稼汉出席大会开幕式并发表讲话，省总工会副主席柳公立、共青团厦门市委书记王中分别向大会致辞。大会审议并通过市总工会十四届委员会工作报告、财务工作报告、经审委员会工作报告，选举产生市总工会第十五届委员会、经费审查委员会和新一届领导班子，市委常委、自贸区管委会主任倪超当选为市总工会主席。

（吕继帆）

中国共产主义青年团厦门市委员会

【概　况】 2016 年，中国共产主义青年团厦门市委员会（简称团市委）开展党建带团建优秀案例暨第六届“一团一品一特色”基层团建以奖代补活动，来自全市基层 54 家单位参与项目申报，最终确定 6 个年度优秀项目。开展星级团支部创建工作，全市有 29.37% 的团支部完成星级团支部创建。提高团市委委员中基层一线青年比例，增选委员 2 名、候补委员 8 名。

团市委引领团员青年服务经济社会发展，新增国家级、省级、市级青年文明号 337 家。市青联、青企协、青商会、青创会等围绕经济社会发展热点，举办论坛沙龙活动，为经济社会发展建言献策。全年，联合金融机构发放青年创业贷款 37 笔，共 1145 万元。

3 月 8 日，由团市委、市学生联合会主办的“我为厦门添点绿——侨生携手植树活动”吸引 80 名来自印尼、菲律宾、泰国、老挝等国家的侨生以及港澳台地区学生参与，共同维护厦门生态之美。5 月 25 日，团市委举行“光荣共青团　青春在路上”团聚活动，为来自全市各条战线获得全国、省、市共青团荣誉的先进青年代表 227 人次进行颁奖。8 月 25 日，第十二届两岸大学校园歌手邀请赛在广电演播厅举办，两岸 50 所高校的 57 名选手参加。

团市委在第三届中国青年志愿服务项目大赛中获得 3 银，“12355 青少年服务台”获得首批全国示范性“青年之家”综合服务平台称号。

【青少年思想引导】 2016 年，团市委开展“童眼看厦门”主题教育活动，策划市委主要领导“六一”致语全市少年儿童方案。开展“奋斗的青春最美丽”“我与祖国共奋进”形势政策教育、“与信仰（人生）对话”党史国情报告会数十场。编排亲情传统美德题材的校园儿童剧《特殊作业》《特殊夏令营》在全市巡演。全年，团属微博、微信群吸引超过 12 万人次的活跃青年粉丝参与关注、互动。

【青年志愿者行动】 2016 年，团市委陆续推出爱心公益、青年创业、文明宣导、法制宣传、科教普及等多个主题活动。先后为 2016 全国攀岩分站赛（厦门站）、2016 国际攀联世界杯攀岩赛（中国厦门）及 2016 年厦门（海沧）国际半程马拉松赛、海峡论坛、“9·8”投洽会、海峡两岸（厦门）文化产业博览交易会、旅博会等大型赛会，组织约 5000 名青年志愿者参与赛会保障。挂牌成立 10 多家共青团社区青春志愿驿站，活动覆盖 1 万名团员青年、青年志愿者。

【帮扶特殊困难青少年群体】 2016 年，团市委援建甘肃省临夏州广河县豪客来希望小学，拨款 20 万元援建首批 10 个向阳花音乐教室。选拔全市 20 名民办学校优秀教师赴上海交流培训。开展“一路随行”公益项目，面向外来务

12 月 28 日，市工会第十五次代表大会开幕　（刘剑颖　摄）

工人员子女开展科普教育。设立高考助学金，为50名优秀困难准大学生发放奖学金20万元。推进“乔丹与青春同行”“路桥爱心款”“盈众汽车公益项目”等活动，开展助学、助困、助孤、助残、助医及重大灾害救助等。发放重点困难青少年生活补助，开展春节入户慰问。全年，累计接收捐款179.29万元，资助大中小学生328人。

【青少年交流】 2016年，团市委加强少数民族地区青少年交流合作，开展首届“厦门·临夏各族少年手拉手”冬令营、“闽昌青少年暑期融情夏令营”，加强厦门市青少年与甘肃、新疆各族少年儿童的交往交流。接待香港中华总商会青委会、香港厦门联谊总会青委会、香港青年协会、香港青年动力协会、澳门青年联合会等6团组到厦门交流访问。接待日本宝塚狮子会俱乐部、日本友爱协会到厦检查中日青年绿化项目，接待墨西哥革命制度党干部考察团、柬埔寨青年联合会代表团到厦门考察青年创业项目。

【青少年合法权益维护】 2016年，团市委开展“青少年权益岗”创建活动，全年创建国家、省级、市级青少年维权岗46家。推动示范性青少年综合服务平台建设，确定14个市级示范性青少年综合服务平台。团市委研究制定《全市校园欺凌专项治理工作方案》，要求学校集中对学生开展以校园欺凌治理为主题的专项教育和法制安全教育，对教职工开展校园欺凌事件预防和处理的相关政策、措施和方法的学习。依托“12355”青少年校园欺凌反馈服务微信平台，做好线上咨询，重点开展线下延伸服务，组织青少年事务社工、公益律师、心理咨询师和检察官、法官等人员，为需要帮助的青少年提供帮助。

【青年联合会活动】 2016年，团市委召开市青年联合会十四届一次常务委员会议及第三次主席会议，充实完善青联领导班子。组织青联委员参加21世纪海上丝绸之路青年创新大会，选拔优秀青联骨干代表参加省青联“红色基因 我们传承”——闽港澳青年骨干重走长征路活动，策划市青联“感受红土地 建设新厦门”调研活动。

5月4日，厦门市中学生入团典礼举行（团市委提供）

【两岸青年就业创业云平台和实训基地建设】 2016年，团市委发挥厦门对台优势，整合团市委青年社团（青企协、青商会、青创会）资源，探索以民间交流为主体，联合台湾民间青年社团，建设“517找工作”服务两岸青年就业创业云平台（手机软件）和实训基地。云平台依托手机软件，为在厦就业创业的两岸青年和企业之间搭建高效、便捷的渠道，实现线上就业见习服务。实训基地则是为台湾就业青年提供创业辅导、政策宣讲、岗位实训等线下见习服务。团市委已建立宸鸿科技、太古飞机、厦门建行等30余家各类企（事）单位作为实训基地。（参见P197【两岸青创基地建设】）

【厦门青年之声平台】 2016年，团市委组成“专职团干+志愿者+挂职干部”的青年之声团队，搭建全方位青年需求服务平台。年内，成立市级服务联盟12个，区级服务联盟18个，导入专家1615名。截至年底，“青年之声·厦门”平台累计浏览量38069056次，问题总数4293条，累计回答数6717条。内容涉及青年人成长、创业、志愿、心理、就业、维权、健康、婚恋等方面。

【《青春厦门》内刊报纸推出】 1月起，团市委推出《青春厦门》内刊报纸（月刊），这是全省第一个报纸类团属内刊。报纸内容主要是传递高层声音和基层信息，集中宣传共青团重要工作、重大活动、重点项目，分享青春故事，弘扬青春正能量。每期发放给各级党政领导和基层团组织，进一步增强青少年思想引导有效性。

【大学生村官富民强村创新实践大赛】 （见P120同名条目）

【中学生入团典礼】 5月4日，为进一步管好团的组织和团员队伍，以仪式教育感召青少年，由团市委主办、厦门市第一中学协办的“高举团旗跟党走 红色基因代代传”——2016年厦门市中学生入团典礼在厦门市第一中学举行。这是全市范围内第一次举办中学生入团仪式，团市委领导、各直属校分管校领导、团委书记以及近500多名学生、家长参加，其中包括169名新团员。入团仪式分为团员进场、奏唱国歌、宣读文件、佩戴团徽、入团宣誓、代表发言、奏唱团歌，并把模式进行固化，在全市范围规范和推广。

【台风“莫兰蒂”灾后重建】 9月15日，台风“莫兰蒂”登陆后，给厦门市造成严重灾害。团市委动员市级500余支、区级1000余支青年志愿者服务队、220万人次青年志愿者参与到房前屋后的灾后重建中，范围涉及电力、水务、通信、交通、医疗、市政、教育、金融等多领域。（参见P72【台风】）

（吴 琦）

厦门市妇女联合会

【概　况】2016年，厦门市各级妇女联合会（简称市妇联）开展“巾帼六大行动”：“巾帼建功”“巾帼文明”“巾帼维权”“巾帼成才”“巾帼关爱”“巾帼交流”。截至年底，全市镇（街）、社区（村）妇联兼职副主席371人，比上届增加161.5%；镇（街）妇联执委296人，比上届增加108.3%；社区（村）妇联执委4602人，一线妇女群众比例大幅增加。

市妇联召开厦门市妇女第十六次代表大会，选举产生新一届妇联领导班子、常委、执委。大会推选的456名代表（含港澳台侨特邀代表），具有广泛的群众性、代表性和先进性。举办妇联维权、“平安家庭”创建及基层组织建设工作推进会，2016年新建机关单位、非公组织“妇女之家”121个。继续推进机关和事业单位妇联组织建设，推动在理工学院等高校及会计师事务所等专业行业协会中设立妇委会等工作。在湖里区金尚社区等办事服务大厅试点设立妇联维权服务窗口。制定下发《市妇联下基层直接联系妇女群众制度》，组织“娘家人三进三送”活动43场，服务基层群众6万多人次。市妇联机关干部下基层共计1350人次。机关各支部结对帮扶4户困难家庭，市妇联领导结对挂钩贫困家庭不少于2户，机关干部不少于1户，全市妇联系统干部每人结交联系10个以上基层好姐妹，形成妇联干部与基层妇女群众的良性互动。

市妇联承办全省妇联系统改革创新暨购买妇女儿童家庭服务专题研讨班，组织召开全市服务妇女儿童、家庭领域社会组织联席工作会议，启动全市妇女儿童、家庭领域社会组织调查摸底工作。2016年市、区妇联购买12个社会工作服务项目，街镇、社区购买的社会工作服务项目50%以上服务妇女儿童和家庭，实现市、区、街镇、社区四级联动。市妇联实施的“花YOUNG童年”儿童关爱保护项目侧重提升广大家长和孩子们的安全防范意识和自我保护意识，开展儿童安全保护宣传活动40场，服务家长5000多人次。“美丽女性健康心灵”社区公益服务项目侧重服务女性心理疏导，开展心理健康讲座51场，受益群众5000多人。“专业律师咨询及婚姻家庭调解”项目处理信访接待186件、婚姻家庭调解45起。“鹭岛巾帼志愿联盟”服务项目、厦门台湾金门妇女交流合作项目侧重发挥项目重点推进巾帼志愿者队伍建设和两岸妇女群众互动交流。

市妇联加快妇女网络评论员、宣传员队伍建设。整体推进“两网两微”（厦门妇女网、厦门妇联新闻网、“鹭岛姐姐”微博、厦门妇联微信公众号）等新媒体工作平台建设，市、区妇联微信公众号均进驻“今日头条”和腾讯媒体开放平台，微信公众号粉丝近10万人。

12月4日，“鹭岛巾帼志愿联盟”启动仪式举行　（市妇联提供）

【“巾帼建功行动”开展】2016年，市、区妇联开展“巾帼建功行动”。联合厦门农商银行为242名农村创业妇女发放小额贴息贷款3839万元，为230名困难妇女发放一次性创业补贴121万元，20名创业妇女首次享受二次申贷，申请贷款388万元。市、区妇联联合开展被征地农民和海域退养渔民及城乡妇女就业创业公益培训24期，培训妇女逾千人。联合海尔集团开展“点亮妇女之家、智创美好生活”女性创业培训24期，培训人员650人。联合市人社局举办“春风送岗”女性专场招聘会58场次，提供18863个就业岗位，促成4099名女性就业。举办首届中国（福建）女大学生创新创业大赛，吸引国内外200多所高校、665个项目参赛。授牌12家“巾帼众创基地”，拍摄“女儿当自强”女性创业宣传片，宣传厦门创业女带头人先进事迹。

【“巾帼文明行动”开展】2016年，市妇联以“巾帼建新功·共筑中国梦”为主题，将社会主义核心价值观教育与培育塑造共同精神紧密结合，深化拓展妇联家庭工作活动品牌。在“三八”妇女节、“六一”儿童节等节点，在全市公共场所集中循环播放家庭美德宣传公益广告。以组织推荐和群众自荐他荐相结合方式，评选出市级“最美家庭”暨“五好文明家庭”110户。联合腾讯大闽网开展“美丽厦门·梦想家园”好家风好家训征集活动，征集各类作品近600篇。开展“百场家庭教育讲座进学校、进机关、进社区、进农村”活动，命名209个市级“示范家长学校”，建立7个家庭教育研究会服务站。市妇联牵头会同市委文明办、市教育局、市关工委联合举办“我的中国梦——童心构筑梦想，学习创领未来”现场征文大赛和“美丽厦门·童心飞扬”第三届亲子幼儿才艺大赛。设计制作《预防儿童意外伤害》公益宣传动漫和《“家庭教育流动学校”口袋书——儿童性健康教育读本》，通过“妇女之家”“家长学校”等阵地把预防儿童意外伤害、儿童安全自我保护、青春期心理健康教育等宣传知识普及到广大家庭。参与创建“全国志愿服务示范市”，创设“鹭岛巾帼志愿联盟”，发动妇女参与“邻里守望·姐妹相助”“迎金砖会晤·展巾帼风采”等巾帼主题志愿服务活动。动员广大妇女参与美丽家园建设，推进“巾帼文明岗”与美丽厦门共同缔造点结对工作，命名一批“巾帼美丽家园”。

【“巾帼维权行动”开展】 2016年，市妇联跟踪落实农村土地承包经营权的确权登记颁证工作，维护农村妇女权益。开展“建设法治厦门·巾帼在行动”系列活动，联合市公安局开展贯彻《中华人民共和国反家庭暴力法》专题培训，累计开展维权培训、宣传讲座83场，群众性宣讲活动396场，参与家庭497040户；举办禁毒宣传活动13场，发放宣传资料1.5万册，参与群众2万多人。发挥信访窗口、“12338”维权热线作用，妥善解决妇女群众诉求325件次。

【“巾帼成才行动”开展】 2016年，市妇联举办纪念“三八”国际劳动妇女节106周年系列活动，引入群众评议模式，评选表彰100名市级“三八红旗手”、50个市级“三八红旗集体”，增强妇女先进典型的公信力和影响力。强化妇联干部的学习培训和能力提升，举办妇联干部执委读书班等各类专题学习培训15期，轮训妇联执委、代表、专兼职妇干1077人次，推荐选送优秀女干部138人次参加全国、省级各类妇干培训。

【“巾帼关爱行动”开展】 2016年，市妇联召开市妇儿工委全委会，对全市妇女儿童工作进行全面部署。完成“两癌”（乳腺癌、宫颈癌）筛查41081例，筛查人群从农村妇女拓展到企业女职工。联合中国人寿厦门分公司启动“关爱妇女儿童健康”保险项目，承保8638人，累计保额3.89亿元。推广儿童早期综合发展项目通过省“两纲”妇幼保健重难点项目验收。关注特殊困难妇女儿童群体的困境需求，精准帮扶贫困妇女儿童820人次，发放慰问金44万元。开展“春蕾助学”活动，市妇女儿童发展基金会资助困难学生950人，发放助学金74.98万，救助妇女“四癌”（乳腺癌、宫颈癌、卵巢癌、子宫内膜癌）患者165人，发放救助金163.9万元。利用元旦、春节、母亲节、“六一”节等节点开展走访慰问活动，帮扶困难妇女儿童。市妇联、市妇女儿童发展基金会、市地税局妇委会联合筹集21万元援助甘肃省临夏回族自治州7个贫困村建设“妇女儿童之家”。

【“巾帼交流行动”开展】 2016年，市妇联承办第八届海峡妇女论坛、两岸女大学生创业创新高峰论坛、创业创新技能大赛、两岸女大学生众创起点营等系列活动。第十一届厦金亲子夏令营暨结对家庭入住民宿活动被列入2016年国台办两岸交流重点项目，来自海峡两岸50个家庭在厦开展为期3天的交流联谊活动，金门的小朋友入住到厦门结对的小朋友家庭。建立厦门大学生物博物馆、厦门古龙酱文化园、厦门诚毅科技探索中心等5个海峡儿童联谊交流基地。推动台湾女大学生到厦创业，首批台北大学女大学生在“厦门巾帼众创基地”湖里靓妈成长中心开展为期一个月的实习实践活动。组织首批20个“最美家庭”代表与在厦门高校台生结对，帮助台湾学生更加深入了解、融入厦门，增进“两岸一家亲”的情感融合。

11月5日，首批“最美家庭”与在厦高校台生结对联谊活动 （市妇联提供）

【台风“莫兰蒂”灾后重建】 2016年9月15日，台风“莫兰蒂”登陆厦门后，市妇联累计发动全市各级妇女干部、各级“巾帼文明岗”、巾帼志愿者113782人次投入灾后自救和恢复重建工作中。争取省妇联20万元，市妇联、市妇女儿童发展基金会20万元，共40万元专项资金，用于慰问130户受灾困难妇女家庭，帮助受灾群众尽快恢复生活生产。组织市妇联“娘家人三进三送”志愿服务队、卫计系统、金融系统等“巾帼文明岗”1092人次协助参与植物园绿化垃圾清运工作。（参见P72【台风】）

（庄　玲）

厦门市文学艺术界联合会

【概　况】 2016年，厦门市文学艺术界联合会（简称市文联）所属事业单位2家（厦门文学院、厦门书画院）、文艺家协会11家及星海合唱团、文艺志愿服务团，挂靠文艺协（学）会6个。全市各协会发展吸收市级会员237名，推荐137名会员加入省级协会，推荐64名会员加入国家级协会。

市文联围绕建党95周年、长征胜利80周年等重大主题纪念活动，举办旗帜颂——纪念中国共产党成立95周年厦门市美术作品展、纪念长征胜利80周年书画展、第十七届红土地·蓝海洋笔会暨纪念红军长征胜利80周年省内采风、《厦门文学》纪念红军长征胜利80周年专号等系列活动。配合鼓浪屿申遗工作，编辑出版中英文版的《百年鼓浪》画册。联合凤凰网、鼓浪屿管委会，举办2016鼓浪屿国家诗歌节，近百名国内外诗人参加，以诗言志、以诗会友。举办“中华情·中国梦”中秋展演、“百福贺岁　两岸同春”两岸书法家大型送福写春联等活动。

市文联在全市15个社区授牌建立文联服务点，常年为社区居民开展文艺活动，提供文艺服务。厦门文艺志愿服

11 月 29 日，文艺志愿者慰问厦门地铁建设者　　（市文联提供）

务团和各协会的志愿服务深入村镇、社区、戒毒所、养老院、地铁 2 号线重难点工程工地、厦门自贸区等地点慰问演出。全年，各文艺艺术门类讲座举办 34 场，受众约 1.5 万人次。依托厦门市舞蹈家协会，每周日上午在金荣剧场广场举行广场舞培训 50 场次，每次参与人数约 45～50 人次。

市文联组织画家主题创作，举办“美丽厦门”当代美术作品进京展，既宣传厦门又集中展示厦门市美术界的整体水平。在 2016 厦门全国工笔画双年展中，厦门市画家有 15 件作品参展。在厦门书画院成立 30 周年之际，举办书画作品展，并首发《厦门书画院作品集》，展示厦门书画艺术的成果。市文联编辑出版《厦门优秀文学作品选（2004～2013）》。市民间文艺家协会会员郑建斯创作的漆画《比翼》获得 2016 年中国工艺美术“百花奖”金奖。戏剧《生旦丑贺新春》和曲艺《传承》入选 2016 首届全国文联网站网络文艺春晚，《传承》在第九届中国曲艺牡丹奖全国曲艺大赛中获得提名奖，许英英等 4 名演员入围表演奖。高甲戏《大稻埕》入选 2016 年度全国舞台艺术重点创作剧目名录，是福建省唯一入选的剧目。群口答鼓嘴《小童哥卖菜》入选第七届全国少儿曲艺展演。2016 年，全市文艺界有 26 件作品获全国赛事奖项，55 件作品获全省赛事奖项。

市文联赴台举办第四届两岸文学笔会、2016 海峡两岸年度汉字，在厦举办“两岸四地一家亲，文化艺术心连心——港澳台美协迎春画展”、2016 首届海峡两岸青少年舞蹈展演、首届白鹭杯海峡两岸青少年舞蹈节邀请赛暨 2016 欢乐海峡行夏令营、“中华情・两岸美”海峡两岸职工摄影精品展等。

【“一带一路”文化交流】 2016 年，市文联配合国家实施“一带一路”（“丝绸之路经济带”和“21 世纪海上丝绸之路”的简称，下同）倡议，重点推进与丝路沿线城市、东南亚及各国文艺界的交往与合作。在厦门举办 21 世纪海上丝绸之路厦门艺术周，展出海丝沿线 15 个国家和地区知名艺术家的 200 多幅作品。举办海丝美术精品展、两岸书法名家提名展和两岸油画作品展三大主题展览，展示厦门的人文发展成就，推进厦门与“海丝”沿线国家和地区的交流合作。在泰国普吉府举办“美丽厦门”国际友城摄影交流展。到斯里兰卡、印度等国家和香港地区进行交流访问，举办“美丽厦门”摄影展，并受邀在 2016 孟买中国电影周开幕式演出。选派文化代表团参加印度尼西亚泗水跨文化艺术节暨结为友城十周年庆典活动。到“新海丝”国家孟加拉和柬埔寨进行文艺交流。美术协会赴意大利举办艺术交流展。

【厦门文联艺术展馆建成开展】 2016 年 1 月 12 日，厦门文联艺术展馆投入使用，并首场展览“文艺的春天——名家作品公益展”。展馆主门厅 238 平方米，展厅一 98 平方米，展厅二 399 平方米，展厅三 106 平方米。全年举办 8 场专业、公益性展览，这些展览中有主题展、综合展、个展等，观展人数约 3000 人次，平均每场近 400 人次。

【台风“莫兰蒂”灾后重建】 2016 年 9 月 15 日，台风“莫兰蒂”过后，市文联组织文学、摄影、美术、音乐、曲艺、舞蹈等门类的艺术家行动起来，开展主题创作。其中，报告文学作家沈世豪创作的《众志成城　旷世奇迹——厦门市抗御“莫兰蒂”超强台风纪实》在《时代报告・中国报告文学》杂志社刊发。摄影家协会向社会广泛征集作品，在厦门大会堂下沉广场举办为期 11 天

1 月 12 日，厦门文联艺术展馆开馆　　（市文联提供）

的“经风雨 见精神——厦门市民战胜‘莫兰蒂’超强台风主题摄影展”，200多幅作品生动再现厦门市军民一心防御台风及灾后重建的动人场面。厦门书画院组织画家创作抗击台风主题的书画作品，在厦门书画院成立30周年举办的书画作品展中展出。（参见P72【台风】）

（赖妙宽）

厦门市科学技术协会

【概 况】2016年，厦门市科学技术协会（简称市科协）市属学会（协会、研究会）89个，组织、辅导58家学会完成年检工作，指导18个学会依照章程完成换届工作和法人代表的变更，新增学会1家。市科协及所属学会组织学术交流活动598场，其中国际性会议6场，全国性会议10场，海峡两岸学术交流活动42场，约4万多人次参与。2016年，市科协牵头起草、制定《厦门市全民科学素质行动计划纲要实施方案（2016～2020年）》，编发《贯彻〈关于深入落实全民科学素质行动实施工作电视电话会议精神的通知〉的实施意见》。参与市委市政府“科技创新25条”的制定，所提3条意见获采纳。其中，关于设立产学研协同创新中心与技术转移机构资金扶持政策，首次明确科技社团参照执行。2016年度征集入选的8项学会重大调研课题，4项被列入市政协协商议政发言材料汇编，1项被列入市政协调研报告汇编。市科协集成相关学会学科优势，促成5个市级学会和1个省级学会创立全省首家市科协信息技术与先进智造学会联合体，实现资源共享，互助互惠。

思明区、湖里区被命名为首批“2016～2020年度全国科普示范区”，思明区、湖里区、集美区、同安区被命名为“2016～2020年度福建省科普示范区”。以实施“基层科普行动计划”为载体，推进科普惠农益民，1名农村科普带头人、1个农村科普示范基地、4个科普示范社区获得全国先进表彰，6个科普示范社区获评省优秀项目。

【创新驱动助力工程】2016年，市科协组建市科协三级协同创新助力平台。平台集合市级学会、企业科协、高校科协等科技智库资源，为厦门市各类技术需求提供规范化、流程化、经常化对接服务；创建科技创新智库，首批完成42个学科领域，近900名专家入库；建立企业技术需求项目库，征集需求项目126项。平台创建以来，促成市级学会与企业科技需求对接86项，完成项目签约60多项；推动全国性学会与厦门市企业达成科技合作意向10个，拟签协议5项。推进省级创新驱动助力工程（同安）示范区建设，有2个项目签订合作协议，8个项目达成合作意向。组织协调中科院8位院士以及21位业内知名专家，为厦门市13家高新企业发展需求把脉问诊，促成11家光电子公司与院士专家达成技术合作意向。与省科技咨询中心合作，在同安工业集中区举办专利工程师培训和知识产权推介巡讲，向200多家企业推介适用专利技术和创新成果。

【院士专家工作站建设】2016年，市科协新建市级院士专家工作站3家，另有3家工作站获评省级院士专家工作站，2家工作站获得2016年全国示范院士专家工作站称号。爱德森、中联环和厦工机械3家院士站7个创新项目投入资金355万元，其中爱德森院士站“金属管棒材高速旋转涡流自动化检测系统”获得配套资金91万元，通过科技部中小企业创新基金项目验收。

【科协年会】2016年，市科协的18家学会围绕主题举办20个年会分会场活动。开展品牌学会学术活动，资助一批学会共同主办或承办国际级、国家级重大学术活动16场；采取学会承办、科协补助、专题交流的形式创办“学会沙龙”，促成跨学科资源集成共享。

【学会管理】2016年，市科协实施学会能力提升计划，编印《厦门市所属学会（协会、研究会）管理工作指南》，评选能力提升“十佳”学会。市土木建筑学会、市护理学会通过社会组织评估，分获AAAAA、AAAA等级；市制冷学会、市宝石学会晋级AAA。完成61个学会的《学会服务指南》，为学会承接政府职能和提供社会管理服务创造条件。2016年，全市有17个市级学会分别在调研论证、项目评估、学术交流、继续教育培训等方面承接近100项职能。

【青少年科教】2016年，在第三十一届全国青少年科技创新大赛中，厦门市选手获得一等奖4项、二等奖9项、三等奖7项、专项奖4项；厦门外国语学校附属小学、同安一中双双获得“十佳科技教育创新学校”称号，厦门外国语附属小学获得“创新之星”称号。厦门六中蔡炜桢、颜明同学的《带碟刹无线蓝牙遥控电驱动滑板》项目获得2016年

8月13～19日，第三十一届全国创新大赛举办，同安一中（左四）外附小（左五）获得“十佳科技教育创新学校”称号

（王婧颖 摄）

英特尔国际科学与工程大奖赛三等奖，为此次大赛中国代表队选派的21个参赛项目获得的最好成绩，也是福建省近5年在该项赛事获得的最好成绩。2016年，市科协举办“走近创客 体验创新——2016年厦门市青少年科学调查体验活动”“中学生英才计划”“青少年科学高校营活动”“青少年趣味科学竞赛”“家书载梦航天科普教育主题实践活动”等特色主题科普活动，吸引全市青少年逾万人次参加。

【两岸科技教育交流】 2016年，市科协依托海峡论坛平台，协助承办2016年海峡科技论坛，指导、资助第十二届海峡两岸信息化论坛暨百名台湾青年创新创业对接洽谈会等42项学术交流活动。连续11届邀请台湾地区师生参与全国、省、市三级青少年科技创新大赛。联合市土木建筑学会举办厦门市第六届大学生实体建构竞赛暨首届海峡两岸大学生实体建构竞赛，首次邀请台湾金门大学参赛，台湾逢甲大学现场观摩，台湾建筑专家参加评审。

【科普阵地建设】 2016年，厦门市新增青少年科学工作室4家，全市累计建成工作室33家，实现6个行政区全覆盖。市科协组建社区科普大学讲师团，征集专家志愿者200多名，全年开课240节。开展第四届“厦门市十大优秀科普教育基地”评选活动，首次采用“日常工作+专家评审+市民投票”的形式，多渠道宣传、评选，厦门市及周边地区居民参与投票23万人次，市园林植物园等10家科普教育基地获评。

【台风“莫兰蒂”灾后重建】 2016年9月15日，台风“莫兰蒂”正面袭击厦门，市科协在市区级报纸、电视、网站、刊物、信息等媒体刊发防台抗台和灾后自救、重建相关知识，组织工作人员赴黄厝社区支援学校、单位和环岛路的灾后重建工作，组织全市各科普教育基地共同参与植物园的救灾义务劳动，发动各级科普组织组成多支科普志愿者队伍深入受灾区域开展义务劳动，指导生产自救。据统计，近7000位科普志愿者参加灾后重建义务服务。（参见P72【台风】）

（江晓云）

厦门市社会科学界联合会

【概　况】 2016年，厦门市社会科学界联合会（简称市社科联）承办第六期鹭岛清风论坛。依托中国社科院学部委员厦门工作站，配合社科普及周活动，邀请中国社科院学部委员、马克思主义研究学部主任程恩富作《全面贯彻“五大发展理念”与供给侧改革》专题报告，邀请中国社科院城市发展与环境研究所所长潘家华、中国社科院世界经济与政治研究所副所长邹治波分别在市委党校、诚毅学院作《新常态下的五大发展理念》《“一带一路”战略实施问题》专题报告。

2016年，市社科联承担市委办、政府办印发的《培育发展厦门新型智库的实施意见》的起草工作。与市财政局沟通协商修订完善符合智库运行特点的科研经费管理办法，形成阶段性成果及征求意见稿。组织开展厦门市第十届社会科学优秀成果评奖，评选出160项社科研究成果。围绕“全面实施美丽厦门战略规划，加快推进自贸试验区改革”等重大战略目标，立项调研课题73项。加大社科成果转化力度，《切实解决厦门医疗资源总体不足问题的对策建议》《厦门市生态文明建设投资机制创新的对策建议》等7项课题成果转化为厦门市“两会”提案。办好与厦门大学、集美大学、厦门理工学院等高校合作的6个社科研究中心。联合市教育工委、市教育局开展高校思想政治理论课题研究，完成课题30项，推进高校的思想政治理论研究工作。举办厦门市第七届社会科学界学术年会，举办“朱子文化论坛”等10场论坛。组织编撰出版《2016～2017年厦门经济社会发展与预测蓝皮书》。编辑《智库报告》20期，与厦门大学台湾研究院合作编辑《台情内参》16期。推进舆情信息工作的制度化、规范化和常态化，全年被中宣部综合采用信息150多条，被省委办公厅、省委宣传部内刊采用20多条。推进文脉传承研究，在鼓浪屿宏宁医院旧址一层设立鼓浪屿国际研究中心办公点，被列为鼓浪屿申遗的核心考察点。出版《鼓浪屿研究》辑刊2期，立项专门课题开展鼓浪屿红色资源研究，开展鼓浪屿红色历史回忆和口述记录工作。编辑出版《鼓浪屿历史名人画传》《鼓浪屿故人与往事》《口述历史：厦门老街岁月（第二辑）》《邮说厦门》《厦门文献系列（第一辑）》等有关厦门文史专著。其中，《鼓浪屿历史名人画传》被《福建日报》列入福建省第十届“书香八闽”全民读书月百种优秀读物推荐目录。编辑出版《鼓浪屿明信片》一套12种，大型《鼓浪屿画册》获市委宣传部立项。加强同文书院建设，同文讲坛举办6场讲座，同文数据库上网，同文书库出版4部专著，同文译馆完成《中国南方掠影》《生机勃勃的民族》的翻译研究和编审。

【社科知识普及】 2016年，市社科通过“鹭江讲坛”载体，开展经常性的社科宣传和普及活动。组织各社科志愿

5月21日，朱子文化论坛开讲　（市社科联提供）

服务分队开展“写春联、送祝福”进百村（居）志愿服务活动、“名家进校园”夏令营活动、“书法进校园、进社区”、“闽南文化　走进社区”等志愿服务活动150场。开展第五批社会科学普及宣传志愿者招募工作，吸收237名热心社会科学事业的各界人士加入社科志愿者队伍。成立第三批厦门市社会科学志愿者服务分队13支。举办社科志愿者培训班和社科志愿服务分队专题会议，邀请集美大学心理咨询中心副主任、副研究员林赞歌作《社科志愿者助人与自我成长》专题讲座。评定第二批星级社科志愿者40名。发挥社科普及基地优势，继续面向全市26个社科基地征集社科普及活动项目，通过项目申报推进社科普及工作的开展。年内，对市图书馆申报的外来务工人员子女社科知识普及夏令营等9个社科普及活动项目进行资助，组织全市社科基地开展观摩交流互动活动。编辑出版《社会科学知识百题问答》《弘扬厦门“六种精神”》《民事法律常识》等社科知识普及读本13册。

年内，市社科联组织召开鹭江讲坛举办点工作会，鹭江讲坛报告人学习贯彻中共十八届六中全会精神宣讲备课会、学习习近平总书记“七一”重要讲话精神备课会、全国“两会”精神宣讲备课会以及听课观摩评议会、教学分析会等。增聘鹭江讲坛报告人31人，专家学者总人数415人；47个鹭江讲坛举办点举办讲座266场，鹭江讲坛报告人为有关单位作专题报告600多场次，受众20万人次。同文讲坛开展《从虎头山到沙坡尾》《寻找鼓浪屿——以学术与艺术的方式》等6场讲座。

【鼓浪屿国际研究中心】 2016年，鼓浪屿国际研究中心编辑出版《鼓浪屿研究》第四、五辑，刊出《台湾总督府的南中国经营——以鼓浪屿日本人小学校为例》《近现代鼓浪屿华侨述略》《晚清、民国时期的厦门女子教育》《西力冲击与鼓浪屿的近代化转型》《〈鼓浪屿历史名人画传〉释文》等23篇重要学术论文。8月，鼓浪屿国际研究中心在鼓浪屿宏宁医院旧址一层设立办公点，被列为鼓浪屿社会申遗的核心考察点。年内，鼓浪屿国际研究中心开展鼓浪屿红色资源展示及深入挖掘整理研究工作，立项专门课题开展鼓浪屿红色资源研究，开展鼓浪屿红色历史回忆和口述记录工作，并利用现有的相关资料梳理鼓浪屿红色资源，为鼓浪屿英雄园陈列馆提供鼓浪屿红色文化展览图文素材。

·小资料·

鼓浪屿国际研究中心： 由厦门市社科联、厦门市社科院与厦门大学人文学院合作创办，2014年7月2日正式成立。研究中心工作内容包括：收编国内外可汇集到的鼓浪屿相关资料，建设鼓浪屿文献中心；搭建鼓浪屿研究的国际网络，吸引更多海外学者；在前两步的基础上，开展真正具有学术价值的专题研究，比如出版鼓浪屿研究期刊，规划高品质的鼓浪屿研究丛书；建立鼓浪屿自身的资源网，整合全球与鼓浪屿有关的人物信息。

【社科学会“双十”活动】 2016年，厦门市社科学会“双十”活动立项。其中，社科活动10项：厦门·香港中小学生交流活动、第十二届海峡两岸（集美）端午文化论坛、保生大帝中医药文化体验活动、“闽南方言与文化”有声教材进校园活动、“政府医疗改革”与“管理会计”论坛、电视纪录片《那时候我们南下》、两岸茶文化论坛、2016首届两岸家道文化论坛、坚持“五大发展理念”与全面建成小康社会理论研讨会、“创新税收服务助力海丝扬帆”论坛；调研课题10项：供给侧结构性改革背景下推进厦门外贸经济发展的研究、厦门市家民工市民化中的职业流动研究、厦门跨境电子商务发展思路研究、实施药品零差价政策对公立医院经济运行的影响及对策、“大财务”管理模式的价值创造——厦航连续29年盈利的经验研究、厦门国际集装箱场站发展对策研究、关于促使出口退税机制健康规范运作的探讨、厦门市老年人轻度认知功能障碍（MCI）现状及其影响因素研究、厦门美术机构现状与发展规划调研——以集美兑山艺术区为重点案例、闽南工艺美术专题特色建设的实践与思考。

【学会管理】 2016年，市社科联完成52家业务主管社团的年检工作，完成市陶行知研究会等4个社团的换届改选，完成厦门市老年摄影协会、厦门市硬笔书法研究会等14个社团的变更登记。学会工作委员会召开4次会议，讨论学会发展问题。开展创建第九批标准化学会评选活动，经现场检查评估，市台湾学会、市王审知研究会被授予厦门市社科联标准化学会称号，全市标准化学会47家。组织举办全市社科联系统干部培训班，邀请集美大学党校原常务副校长邹文勇、市委党校原常务副校长施凤堂、市闽南文化研究会会长陈耕作《党的十八届五中全会、全国两会精神》《深化社科课题研究，着力提高课题质量》《“传承和弘扬闽南文化，厦门争创历史文化名城》专题辅导，全市社科联系统干部100多人参训。

【对台民间交流】 2016年，市社科联确立海峡两岸中华姓氏文化交流、海峡两岸“互联网+”产业合作研讨、海峡两岸闽南音乐交流、海峡两岸青少年书画交流活动等12项社科学会对台文化学术交流重点项目。从青少年入手，引导学会举办海峡两岸中华武术文化交流活动暨中学生夏令营活动、厦门·香港中小学生交流活动、海峡两岸学前教育论坛等一批以青少年教育为主题的特色项目。开展闽台姓氏族谱展、“乡音之旅”——厦门市闽南音乐交流协会入岛巡回交流演出、海峡两岸书法教育论坛等一批以对台交流为特色的项目。年内，组织22家社科学会与34家台湾社团签订交流合作协议，有34家社科学会与104家台湾社团开展形式多样的交流活动。市各社科学会赴台交流1000余人次，台湾社团到厦门交流约5000余人次。

【第十次社会科学优秀成果评奖】 2016年1月18日，厦门市第十次社会科学优秀成果奖评审委员会成立。副市长国桂荣担任评委会主任，厦门大学校长、市社科联主席朱崇实担任常务副主任，市政府办公厅、市委宣传部、市教育工委、市发改委、市社科联等市直有关部门的领导和集美大学、华侨大学、厦门理工学院等高校的领导为成员。此次评奖的申报项目为2013年1月1日至2015年12月31日的社科研究成果，共收到82个单位和个人申报项目590项。经过初评、复评、评委会评审和社会公示，评出优秀成果奖160项。其中，一等奖23项，二等奖38项，三等奖81项，青年奖18项。

【第七届社会科学学术年会】 2016年4～12月，市社科联组织举办厦门市第七届社会科学学术年会。此届学术年会的主题为“助力‘十三五’开好局，共同缔造美丽厦门”。年会收到各区社科联，各社科学会、协会、研究会，各高校科研机构提交论坛申办方案21个，其中传统文化与两岸社会建设论坛等11个论坛申办方案入选并陆续举办。中国（厦门）全域旅游发展高峰论坛、纪念苏缄诞辰1000周年暨芦山堂家风家训论坛、“注重游戏创新，促进幼儿发展”论坛、加快厦门互联网医疗发展论坛、幼教高峰论坛5个论坛被评为优秀学术论坛。

【第十二届社科普及周】 2016年10月15～21日，市委宣传部、市社科联联合主办以“树立新理念 建设‘五大发展’示范市”为主题的厦门市第十二届社会科学普及宣传活动周。活动包括21大类635个小项，内容有主题报告会、社会科学“生活大百科”宣传咨询、“鼓浪屿往事”画·影展、“社科专家带你看厦门”、社科沙龙等系列活动。普及周期间，发放宣传材料12万份、赠送各类科普书刊近1.1万册，赠送宣传品2.5万份。此届社科普及周直接参与社科普及服务的单位296家，参加整个社科普及周服务活动的社科专家学者、社科志愿者和工作人员3000多人次，接受各项社科咨询服务的群众5万人次，通过各种媒体、知识竞赛、讲座、研讨会、社科知识宣传咨询、图片展览展示活动和宣传材料等不同程度接触了解社会科学知识市民40万人次。

【《2016～2017年厦门市经济社会发展与预测蓝皮书》出版】 2016年12月，市社科联、市社科院组织编纂的《2016～2017年厦门市经济社会发展与预测蓝皮书》出版。该书由50多名专家、学者参与撰写、编审，收录文章39篇、49.6万字。蓝皮书分为经济篇、社会篇、区域篇和专题篇4个部分。其中经济篇、社会篇新增加厦门市全面深化改革的情况分析及建议、厦门市提升国际营商环境的情况分析及建议、厦门市推进供给侧结构改革的情况分析及建议、厦门市高新技术产业发展情况分析及建议、厦门市科技创新情况分析及预测、厦门市社会信用体系建设情况分析及建议、厦门市社会治理体系和治理能力现代化情况分析及建议7个选题。专题篇围绕厦门市生产性服务业的发展、社会组织管理创新的相关问题展开研究。

【第六期鹭岛清风论坛】 2016年12月1日，由市纪委监察局和市委宣传部联合主办，市社科联承办的第六期鹭岛清风论坛在市社科联举行。厦门市部分高校、市委党校的专家、学者，市级党政机关的实际工作者及部分区纪委领导30多人参会。厦门大学马克思主义学院副院长张艳涛，华侨大学马克思主义学院研究生思政部主任朱银端，厦门理工学院原教务长、思想政治工作部教授樊东光等8位代表围绕“如何把‘四种形态’贯穿监督执纪全过程”主题建议献策。

（文治平）

10月15日，厦门市第十二届社会科学普及宣传活动周在中山公园开幕

（市社科联提供）

厦门市归国华侨联合会

【概　况】 2016年，厦门市归国华侨联合会（简称市侨联）开展慈善帮扶，侨爱心慈善基金募集各类侨捐善款143万元，发放110万元。开展侨界困难家庭（学生）助学、助孤、助老、新春送温暖等系列活动，被厦门市慈善总会授予慈善突出贡献单位奖。市侨联出访东南亚国家，与缅甸、柬埔寨、越南3个社团签订《交流合作协议书》，接待来自马来西亚、印尼、缅甸、新加坡、柬埔寨、美国、新加坡等国家及港澳台等地区社团、侨领侨商到访交流超过500人次。举办厦门市6区同步侨界健步行活动，归侨侨眷约3800人参加。举办厦门市侨界业余羽毛球友谊赛，16个单位40多支队伍参加。全年，市侨联接待信访人员100多人次，处理信访件56件，及时受理率100%，按期办结率100%。侨联界别小组获评2016年市政协“先进界别活动小组”。健全“侨胞之家”，10个基层侨联“侨胞之家”通过福建省侨联验收。1月10～19日，市侨联协助“新丝路媒体行”厦门采访团一行10人赴印尼、马来西亚、新加坡开展采访活动。12月底，澳大利亚归侨联谊会正式成立，它成为厦门市第八个归侨联谊会。

【侨界爱心助学】 2016年，市侨联开展侨界爱心助学活动，在“爱心惠侨·高考助学”活动中，通过侨爱心基金捐助侨界困难应届高考生9人和在读大学生12人，发放资金11.4万元。组织发放省侨联“骏马育才计划”和陈祖昌助学金2.35万元，资助学生13人。组织侨界青年爱心人士走进翔安区汇景广场和同安区竹坝华侨农场，为23位义务教育阶段侨界困难学生送上节日祝福和助学金1.15万元，此活动连续组织6年，累计发放助学金258人次、12.9万元。

做好“百侨帮百村”工作，协调各区侨联牵线搭桥，引导市侨商会侨爱心基金专项资金60万元，在厦门市6个区各捐赠1个“互联网+”侨爱心教室。协调市侨联资金10万元捐建百年侨校寨上小学侨爱心阅览室，10万元捐建武平县东留中心小学“互联网+”侨爱心教室，5万元支持泉上华侨农场建场50周年侨史特展设计与制作。引导侨商曾志龙、苏建华捐资50万元建设泉上华侨农场“侨胞之家”和宁化湖村中心学校“互联网+”侨爱心教室项目。引导侨商郑展伟捐资25万元，建设宁化泉上中心学校“郑克群教学楼”。

【协助解决“侨星公司劳动争议案”】 2016年，市侨联依法依规维护侨胞利益，做好“侨星公司劳动争议案”申请执行人的疏导、安抚、化解矛盾工作，发挥法律顾问委员会作用，维护侨界稳定的同时，引导当事人依法维护自身合法权益。1月29日上午，侨星公司劳动争议案执行款发放仪式举行，在市侨联协助下，410名归侨侨眷职工领取总额为2684万元的补偿款。

·小资料·

侨星劳动争议系列执行个案始于2003年7月，当时经厦门侨星公司职代会审议公布的《人员分流方案》，虽承诺对退休职工按尚未改制事业单位退休职工应享受的事业退休金与养老金的差额，但公司方面因种种原因未予兑现，在谋求协商解决未果以及公司无执行款的情况下，先后6批410名退休干部职工自2005年5月开始劳动争议仲裁、诉讼、申请强制执行的依法维权之路。申请执行的时间最长8年半，最短4年。

【课题调研和征文献策】 2016年，市侨联完成课题调研28个（3个重点课题、25个一般性课题），调研成果《侨乡社会历史文化资料汇编——新阳篇》出版，《侨乡社会历史文化资料汇编——海沧篇》和《天马华侨农场史》专项调研工作任务基本完成，即将出版。组织各区侨联参加省侨联组织的“我为建设美丽福建献一策”征文活动，报送20多篇征文，有13篇文章被省侨联收录，汇编成书，其中《以侨乡文化涵养海外新生代统战资源》《大力培养创二代民营企业家》分获二、三等奖，思明区侨联、集美大学侨联获得活动组织奖。

【侨情信息】 2016年，市侨联重点敦促各区侨联加强侨情信息平台的数据录入工作，协调解决技术性问题，实现归侨、侨眷、贫困侨等一站式管理功能及侨联系统信息共享，全年完成数据录入4680条，数据条目比2015年增加4000多条。1月4日，市侨联微信订阅号正式开通，全年累计推送侨界动态信息266条。全年累计收集报送侨界动态、侨情专报等信息455篇，比上年增长17.27%。

【新侨人才创新创业推进】 2016年，市侨联推荐厦门百利种苗有限公司康英德、智恒（厦门）微电子有限公司郑政、乐源未来电子科技（厦门）有限公司发明的产品、厦门利维华德生物医药有限公司王悦博士团队参选2016中国侨界贡献奖，推荐34位侨界青年作为第二届省侨联青年总会委员人选，向福建省新侨人才联谊会推荐一批在厦门新侨人才。5月29日，市侨联新侨人才联谊会与市侨商会、市“海归之家”共同举办第二届新侨荟萃创新创业主题交流会，促进新侨人才之间经验交流与创业分享。

【侨界精准帮扶】 2016年3月1日，市侨联、市慈善总会举办厦门市慈善总会侨爱心基金成立3周年暨帮扶林璞玉老人专款启动仪式，为百岁困难侨胞林璞玉老人筹措帮扶专款超过16万元。6月底至7月初，市侨联与市外侨办联合开展全市侨界困难群体调查摸底工作，通过调查摸底掌握全市65名贫困归侨低保救济和精准扶贫对象花名册、219户贫困归侨家庭资料和134名残疾归侨信息，更好地实现精准帮扶。9月台风“莫兰蒂”之后，市侨联做好灾后重建和慰问工作，为同安、翔安、集美3名因台风导致房屋塌陷的困难侨胞发放补助2.89万元，同时补助集美区灌口镇侨联3万元资金，支持其开展因台风受损的“侨胞之家”的恢复重建工作。

【市侨商会第二届会员大会举行】 2016年3月23日，在市侨联指导下，厦门市侨商会第二届会员大会暨理监事就职典礼举行，选举产生第二届侨商会理事会、监事会，曾志龙、郑展伟、庄顺茂分别当选新一届会长、监事长、常务副会长兼秘书长。同时，聘任56位海内外侨界嘉宾为市侨商会名誉会长，230多位侨商及侨界人士参会。

【第四届厦门市侨界联欢节举办】 2016年5月9日，由市侨联与思明区委主办，思明区侨联与梧村街道、筼筜街道党工委承办的第四届厦门市侨界联欢节在市人民会堂下沉式广场举办，全市归侨侨眷约2000人参与。省侨联党组书记、副主席陈式海，市委常委、统战部部长黄菱及市“五侨”（侨办、侨联、人大华侨委员会、政协港澳台侨委员会）领导出席开幕式，泉州市侨联、漳州市侨联、广东汕头市侨联应邀参加。联欢节主题为“海丝·侨音·乡情”，内容包括侨界文艺演出、游园活动、服务咨询、侨乡文化展示、侨资企业展示五大板块。

【两岸侨联和平发展论坛】 2016年6月12日，第八届海峡论坛·两岸侨联和平发展论坛在厦门举行。此届论坛由中国侨联、“台湾中华侨联总会”、台湾华侨协会总会、福建省侨联主办，厦门市侨联承办。中国侨联副主席乔卫、福建省政协主席陈义兴、台湾侨联总会理事长郑致毅等出席活动，海外华侨社团侨领及全省各地市侨联代表250多人参加此次论坛。论坛主题为“侨界青年是两岸和平发展的积极力量”。论坛期间配套举办海峡两岸暨港澳侨界圆桌峰会，以“扩大民间交流、促进融合发展”为主题，邀请台湾、香港、澳门及海外侨社负责人畅所欲言，共同对两岸侨界的交流合作进行回顾与展望。

【“亲情中华·汉语桥”夏令营举办】 2016年10月9～22日，2016年“亲情中华·汉语桥”夏令营（福建·厦门营）在华侨大学华文学院举办。此届夏令营由中国侨联、国家汉办主办，福建省侨联、厦门市侨联承办，华侨大学华文学院、泰国集美校友会协办。35位华裔青少年营员来自泰国不同地区，包括初中生、高中生及个别大学生。学习内容包括汉语、中国文化、音乐、手工

10 月 11 日，市侨联主席王德贤（右二）、副主席洪春凤（右一）出席“亲情中华·汉语桥”夏令营开营式
（李宗阁　摄）

制作、武术、国画及闽南文化、客家文化、嘉庚精神等，同时组织参观鼓浪屿、华侨博物馆、南靖土楼、厦门老院子、陈嘉庚纪念馆、鳌园等闽南地区特色人文风光景点，并与华侨大学学生进行交流互动。

（傅艺莹）

厦门市台湾同胞联谊会

【概　况】 2016 年，厦门市台湾同胞联谊会（简称市台联）全年接待来自台湾的台湾铭传大学、澎湖科技大学、佛光大学、“中华两岸文经交流促进会”、“中华青年企业家协会”、金门台湾同乡会、澎湖旅游观光协会、台湾抗日志士亲属协进会、华联文化社会发展协会、国际会议推展协会、传统基金会、绿社区规划协会、“中华文化教育交流协会”、台湾原住民长老头目大陆参访团等团组 32 批次 365 人次，举办各种重要活动 35 场 4783 人次（见表 7–1）。市台联结合中华民族传统节日，开展 2016 新春茶话会、“三八”妇女节活动、中秋茶话会等形式多样的联谊活动，增进台胞的交流和共识。关心慰问困难台胞，全年有台胞困难户 95 户、患重大疾病台胞 20 人、台胞困难家庭学生 15 名，获得慰问款或助学金 18.8 万元，向 878 名老台胞、老台胞遗偶和低保户发放生活津贴 211.6 万元。

【“百个社区行，千名台胞情”活动】 2016 年，市台联开展“百个社区行，千名台胞情”活动，下基层走访在厦台胞 100 多户。市台联通过此次活动完善台胞资料，逐步建立台胞信息库，实现台胞信息管理工作的科学化和规范化，为做好服务台胞工作打好基础。截至年底，采集并完成近 2900 余名台胞信息录入工作。

表 7–1　　**2016 年厦门市台联重要活动情况**

序号	时间	活动内容	参加人数（人）
1	1 月 22 日	举办 2016 厦门市海峡两岸新春茶话会	300
2	2 月 25 日	正式行文《关于调整厦门市定居台胞扶贫济困专项资金补助范围和标准等有关事项的报告》上报市委统战部，市财政局于 7 月批复	900
3	2 月 27 日	组织青年台胞寻找鼓浪屿老别墅活动	40
4	3 月 6 日	三八节组织女台胞赴同安美格农艺和通士达参观	60
5	3 月 11～13 日	召开市台联七届五次理事会暨 2016 年台胞培训班	70
6	3 月 18 日	组织政协委员视察海峡两岸美术交流馆	12
7	3 月 28 日至 4 月 2 日	市台联党组书记陈永东率两岸同名（同宗）村参访团一行 12 人赴台参访	12
8	4 月 20 日	组织老台胞五一节活动，参观鸿山寺	40
9	5 月 5 日	首次举办“1+1”祖籍地寻根活动	20
10	5 月 7 日	组织青年台胞五四活动，参观长泰三重村	45
11	5 月 15 日	参与主办厦门市首届海峡两岸大学生实体建构大赛	1700
12	5 月 30 日	举办厦门市 2016 年台商子女入学政策说明会	130
13	6 月 11～13 日	参与第八届海峡论坛相关活动，共同主办海峡两岸同名村交流活动以及两岸新媒体论坛活动等	200
14	6 月 27 日	常青藤活动小组召开关于沙坡尾课题讨论会	12
15	7 月 3～14 日	举办全国台联 2016 年台胞青年千人夏令营厦门分营活动	35

续表 7-1

序号	时间	活动内容	参加人数（人）
16	7 月 6 日	组织常青藤活动小组以及政协委员赴沙坡尾开展视察调研	15
17	7 月 8 日	召开台湾公会座谈会	20
18	7 月 24 日	举办厦门市 2016 年台商子女入学现场办公会	65
19	7 月 24～30 日	协办全国台联首届大陆台生台湾史暑期研习营活动	100
20	7 月 25～30 日	举办海峡两岸小学生“相聚厦门　闽南文化寻根之旅”夏令营	75
21	8 月 5 日	开始发放老台胞及困难台胞津贴补贴	900
22	8 月 15～16 日	举办青年台胞培训班	70
23	9 月 2 日	组织机关退休老干部参观长泰三重村	16
24	9 月 7～8 日	接待“9·8”投洽会台湾参展团组	50
25	9 月 8 日	参与主办中国厦门国际大健康产业博览会	200
26	9 月 8 日	与台湾布袋港发展促进会交流座谈	15
27	9 月 11 日	举办厦门市海峡两岸台胞中秋闽南语音乐会	300
28	9 月 23 日	召开常青藤小组参政议政工作会议	12
29	10 月 5～20 日	组织重阳节慰问在厦 90 岁以上高龄老台胞活动	25
30	10 月 20 日	组织老台胞重阳节参观厦门大学翔安校区及香山	65
31	10 月 25～29 日	副会长张劲秋赴台参加两岸百名校长论坛活动交流	60
32	11 月 4～9 日	组织在厦台商考察团赴河南考察	15
33	11 月 28 日至 12 月 4 日	组织在厦台湾大学生开展宁夏回族文化之旅	35
34	11 月 20 日	组织青年台胞参观龙海古民居	30
35	12 月 8～14 日	党组书记陈永东率在厦二、三代台胞赴台返乡谒祖，开展教育文化交流，回访友好企业社团协会等	40

【海峡两岸同胞迎新春茶话会】 2016 年 1 月 22 日，由市台联、市台办、市海外联谊会、市金联会、市台商投资企业协会、市台属联谊会 6 家单位联合举办，市台联承办的 2016 年厦门市海峡两岸同胞迎新春茶话会在金雁酒店举行。厦门市委副书记洪碧玲出席活动，原市委常委、统战部部长黄菱出席并讲话。在厦门定居的台胞、金胞、台属代表以及在厦门的台商、台商个体户、台生代表等 200 多人参加，畅叙亲情，共谋发展。

【两岸同名（同宗）村·心连心联谊活动】 2016 年 6 月 12 日，为期 3 天的第八届海峡论坛“同名村　心连心”联谊活动在厦门开幕。活动由福建省台联、厦门市台联等联合主办，全国台联副会长杨毅周、福建省委统战部副部长陈飞、厦门市政协副主席詹沧洲、福建省台联副会长梁志强、厦门市台联党组书记陈永东以及来自两岸专家学者、同名村乡亲共 300 多人出席开幕式。此届同名村联谊活动继续秉持“两岸一家亲”的理念，旨在进一步加强海峡两岸民众尤其是两岸青年间的交流交往，主要开展同名（同宗）村文化论坛、原乡之旅、两岸青年“同名同心同创”培训班等活动。此届活动开辟了“创业创新”的新主题，特别邀请二代、三代的台湾乡亲回故乡，听乡音，话乡情，并开展创业交流和实习体验活动，进一步拓展交流区域和群体，实现两岸同名村交流由年老一代向年轻一代拓展，为两岸青年的创业交流搭建平台，从而增强台湾青年同胞对祖籍地的归属感和向心力。

【定居台胞津贴首次提高补助标准并扩大范围】 2016 年 7 月 11 日起，市台联开始对 2016 年厦门市老台胞、老台胞遗孀生活补贴及台胞低保户生活补助金进行集中发放。自 2008 年以来，市台联首次提高补助标准并扩大范围，将有离退休金的老台胞和遗孀生活补贴以及台胞低保户生活补助标准由原来的每人每年 1200 元提高至每人每年 2400 元，没有离退休金的老台胞每人每年提高至 3600 元。同时，将年满 60 周岁的老台胞纳入补助范围，2016 年领取对象增加 1948～1955 年出生的老台胞。据市台联摸底调查，享受补贴福利的厦门市 60 周岁以上老台胞约 1000 人，比上年多 400 人。

【第十三届台胞青年千人夏令营厦门分营活动】 2016 年 7 月，市台联继续承办“龙脉相传　青春中华”第十三届台胞青年千人夏令营厦门分营活动。以亲身体验、融入为方式，组织 30 余名台湾大学生先后到北京、厦门等地参观交流，促进两岸青年学子加强交流、加深理解、建立友谊。

【两岸台胞闽南语中秋音乐会】2016年9月11日，“情系海峡 结缘两岸”2016厦门市两岸台胞中秋闽南语音乐会在厦门市青少年宫举办。音乐会由市台联、市台商投资企业协会主办，市青少年宫承办，市声乐研究会、市音乐艺术协会共同协办。300多名在厦台胞、台商和台生参加，市委副书记洪碧玲出席活动。音乐会以“情系海峡·结缘两岸”为主题，以“乡情、亲情、友情、爱情、励志”为主线，旨在以闽南语音乐增强两岸同胞对闽南文化的认同感和归属感，呈现两岸同胞同宗同源、互助互爱，携手共进、同圆中国梦的情怀。音乐会上，众多歌手除了重新演绎闽南语经典金曲外，还演唱了7首原创歌曲，并辅以女声独唱、男女对唱、魅力男女小组唱等形式。

【在厦二三代台胞返乡谒祖】2016年12月，应台湾区南投县同乡会联合总会的邀请，市台联党组书记、副会长陈永东带领部分在厦门第二、第三代台胞赴台返乡谒祖。先后拜会台湾区南投县同乡会联合总会、福建省澎湖同乡会、四结福德庙、雾峰林家等，与澎湖科技大学、南投草屯小学等开展文化交流，并回访澎湖县旅游发展协会、台湾布袋港经济文化促进会、两岸劳工事务交流委员会、华侨大学台湾校友会、台北企业精英会、“中华青年企业家协会”等台湾友好社团（企业）协会，促进在厦二三代台胞加深对台湾的了解，加强与台湾亲友的联系，推进两岸融合发展。

（王珊珊）

厦门市老龄工作委员会办公室

【概　况】2016年，全市现有60周岁以上户籍老年人口30.87万人，占户籍总人口的14.19%。2016年，厦门市老龄工作委员会办公室（简称市老龄办）推动惠老政策出台，市政府印发《厦门市老龄事业发展“十三五”规划》，市老龄委出台《厦门市统一发放老年人高龄津贴实施意见》。组织实施厦门市老年人幸福安康险。下放老年人优待证办理权限，全市办证制卡点从原有的1个增加到77个。推进市老年活动中心改扩建一期项目改造。开展“敬老月”系列活动，慰问高龄困难老人，发放慰问金285.02万元，征集惠老项目200多个。下基层举办6场送文化、送法律、送健康、送科普慰问活动。举办银龄梦想秀、银龄好声音活动，启动首届老年春晚，通过海选，吸引更多的老年人参与，为老年人展示才艺提供平台。举办新光旧影摄影展。组织全市镇街、村居、市直单位及行业系统基层单位创建老年人健身康乐家园，评选出省、市、区级老年人健身康乐家园99个，其中36个获评省级康乐家园。举办老年文体培训、讲座，以及气排球、羽毛球、象棋（围棋）、台球、拳功、健身球操、扑克八十分等交流活动。开展创建基层老年学校示范校活动，召开全市基层老年教育经验交流会，表彰16所基层老年学校示范校。推广老年教育云课堂教学，总课程量300多个，总访问量7万多人次。受理涉老人大建议、政协提案6件，受理来信、来访、网上投诉等各类信访45件。与媒体联办《厦门晚报·老年周报》《海西晨报·夕阳红周刊》，开通厦门银龄微信平台，改版厦门老龄网。策划爱心博饼、“重阳敬老·你我同行”公益特别活动，评选最美老年团队“领头雁”。开辟“老龄工作专家谈”栏目。举办2016年海峡两岸（厦门）老龄产业博览会，同期举办两场论坛。与厦门大学公共卫生学院联合开展老年人认知功能障碍调研，与保险公司联合开展老年人幸福安康险实施情况调研。编辑出版第二十三期《厦门老龄问题研究》论文集，收录调研报告、论文81篇。完成499个基层老年协会注册（备案）工作，注册（备案）率100%。在全国首个“城市养老指数”中，厦门市以94.1分在4个直辖市、27个省会城市和5个计划单列市中位居首位。

9月29日，厦门市老年节庆祝大会文艺演出　（刘东华　摄）

【老龄事业发展“十三五”规划出台】2016年4月14日，《厦门市人民政府关于印发厦门市老龄事业发展“十三五”规划的通知》出台。规划分为背景，指导思想、总体目标和基本原则，主要任务，保障措施4部分。主要任务有8个方面：提升社会福利水平，提升养老设施建设，提升养老服务水平，提升医疗健康管理，提升精神文化生活，提升老年自身素质，提升敬老助老氛围，提升老年人社会化管理。

【海峡两岸老龄产业博览会首次举办】2016年6月17～19日，2016海峡两岸（厦门）老龄产业博览会在厦门国际会展中心举办，同期举办“海峡两岸携手合作，共推老龄产业发展”高峰论坛及第二届中日韩（暨海峡两岸）健康养老论坛。此届博览会由福建省养老事业发展促进会主办，厦门市全频道国际展览有限公司和厦门网承办。此届博览会吸引海峡两岸140多家展商参展，其中台湾展商59家，布置展位500多个，展区面积1万平方米。整个展馆分智慧养老展区、养老机构展区、老人保健品展区和台湾展区等4个展区和1个海峡两岸养老产业主题馆，涵盖养老地产、养老金融、养老机构、健康管理机构、康复医疗、生活护理、养生保健、字画收藏等领域。

【统一全市高龄津贴】 2016年8月12日，市老龄办出台《厦门市统一发放老年人高龄津贴实施意见》。对厦门市高龄津贴享受范围、发放标准、资金筹集等核心内容统一规定，提高部分行政区津贴发放标准，建立与经济社会发展相适应的高龄津贴自然增长机制。厦门市户籍80至89周岁老年人每人每月可领取高龄津贴100元，90至99周岁每月200元，100周岁以上每月1100元。受惠人数4.23万人，厦门市户籍老年人高龄津贴实现均等普惠。

【老年人幸福安康险】 2016年8月25日，市老龄办与中国平安财产保险股份有限公司厦门分公司、江泰保险经纪公司厦门分公司签约2016年度厦门市老年人幸福安康险项目。该项目2016年继续被列为市委市政府“为民办实事项目”，由平安产险中标承保，年保费为45元/人。市财政承担户籍困难老人的保费，各区财政投入1300多万元为全市31万户籍非困难老人全额支付保费。10月1日，2016年度保险正式生效。该保险项目涵盖老年人最易发生的4种情况，包括意外伤害身故、意外伤害伤残、意外伤害骨折、意外伤害医疗，其中身故还包含猝死的情况，是其他意外伤害险种较少列入的。

【第二届敬老文明号】 2016年12月31日，市老龄办印发《关于表彰第二届敬老文明号的决定》。此届活动有36家单位报名参与，借助厦门银龄微信平台网络票选，并进行实地考核，选出厦门大学附属第一医院鼓浪屿医院、市社会福利中心金山养老院、海沧区行政服务中心管理委员会等30家市级敬老文明号单位。厦门市社会福利中心金山养老院等4家单位和7名个人，被推荐参评全国敬老文明号和全国敬老爱老助老模范人物。

（沈瑞琤）

厦门市关心下一代工作委员会

【概　况】 2016年，厦门市关心下一代工作委员会（简称市关工委）配合全市开展“嘉庚精神宣传月”活动。集美区关工委组建一支56人“五老”（老干部、老战士、老模范、老专家、老教师）嘉庚文化志愿服务队，服务学校、社区、农村、企业。湖里区关工委拍摄“青少年道德十大教育活动示范基地工作纪实”专题片和编写基地手册。全年开展各类主题教育活动3986场，参与活动的青少年58.4万人次。全市各级关工委举办冬、夏令营1524期次，参与青少年11.7万人次。厦门关爱联盟创建政府、社会、学校、家庭“四位一体”的帮扶机制，全年有446个单位（个人）参与捐资助学，筹集善款1.1亿多元，比上年增长2.76倍；资助和奖励贫困生48905人次，增长41%；关爱青少年人数107.72万人次，包括台港澳青少年及国外青少年12.2万人次。

【“三爱两史”教育活动】 2016年，市关工委开展“三爱”（爱学习、爱劳动、爱祖国）、“两史”（党史、国史）教育，分别在厦门市第一中学和同安竹坝市青少年综合实践基地举办“送党章、党史和党的知识进校园”活动。参与主办“红读”活动和“五好小公民”主题教育活动，参与全市中小学“家教开放周”和“优秀家长”“先进家长学校”评选活动。召开“三爱两史”教育现场会，市关工委常务副主任方汉生给中学生上党课，并整理编写《厦门革命与建设的历史故事和资料》。集美区关工委报告团副团长冯沿江给学生们上“嘉庚精神”课，学生代表分享自身的学习体会。市、区两级关工委结合实际，编写乡土教材，为基层单位授课提供“菜单式”服务。

【青少年法制教育活动】 2016年，市关工委以宣传“两法一纲”（《中华人民共和国未成年人保护法》《中华人民共和国预防未成年人犯罪法》《公民道德建设实施纲要》）入手，开展“关爱明天·普法先行”和“中华魂”读书活动。市关工委拨款6万元在启明（工读）学校设立专项奖、助学金。全市现有关爱团（组）213个，成员2972人，对1121名“五失”（失足、失管、失学、失业、失亲）青少年开展关爱帮扶服务，通过结对帮扶、心灵抚慰、法律援助等，有782名失足青少年得到转化。市关工委法制委建立的《帮教问题少年的“厦门模式”》被市委文明办、市教育局评选为“2016年厦门市未成年人思想道德建设‘十佳’创新案例”，在全市推广。

【网吧监督】 2016年，厦门市、区关工委“五老”网吧监督员446人，检查网吧99362人次，劝阻未成年人进入网吧2286人次。湖里区126名“五老”网吧监督员，组成63个网吧义务监督小组，确保无未成年人进入网吧，配合查处取缔无证网吧。集美各镇街关工委除了“五老”网吧监督队，还组织交通安全督导队、校园治安巡视队、防溺水志愿队等99支服务队，全面参与到净化社会文化环境各项工作中。

【两岸青少年交流】 2016年，市关工委配合中国关工委、省关工委承办第八届海峡两岸关爱下一代成长论坛，两岸及港澳地区的教育专家、学者以及关爱机构代表300多人参加论坛，共同研讨“海峡两岸一家亲，老少共圆中国梦”10项共建工程，为下一代健康成长献策献力。海峡两岸家教协作联盟每年定期出版《两岸家教》刊物，成为两岸家庭教育沟通协作的平台。8月，市关工委与市海联会、金胞联等单位共同主办“厦金情深”夏令营。8月中旬，台东县书画教育学会一行18人到厦门海沧等地参访写生、交流。10月，市关工委与金门县文教部门等联合在金门举办第四届两岸老少书画摄影展。集美区灌口镇关工委配合相关部门在厦门实小分校举办海峡两岸第四届童玩文化节及两岸师生交流会，邀请50多名台湾宜兰县小学师生参与活动。杏林街道关工委在曾营小学举办第五届“大手拉小手，让爱一起走”厦金两岸少儿文化交流夏令营。同安莲花镇罗汉山关工委联合有关部门举办两岸国学、书法夏令营等活动。

【关注青少年发展】 2016年，市关工委与市科协、市教育局等单位联办全市青少年科技创新大赛，与市国税局联办青少年税法宣传教育活动。“六一”儿童节，市关工委购买近千册儿童文学名著赠送给厦门市6个区的民办学校的孩子们，以精准帮扶的方式，为民办学校的学生送去精神食粮。市关工委与市妇联等部门共同举办第三届幼儿亲子才艺展示活动，建立家长与孩子共同沟通表演的平台。

厦门关爱联盟快车团队、市卫计委、市关工委组织老名医专家志愿队参与在市青年宫举办的“为了天空飞翔的小鸟”厦门市第十九届“六一”儿童城活动，为青少年提供义诊、体检、心理咨询、健康教育等多项服务。10月，关爱联盟快车团队与市青少年宫联合承办金秋义诊关爱活动，开展儿科、眼科等10个项目义诊和秋冬季疾病预防知识宣传。

（林明础）

厦门市残疾人联合会

【概　况】2016年，厦门市共有40307名持证残疾人，比上年增加545人。按性别划分，男性22231人，占55.15%；女性18076人，占44.85%。按户籍划分，农村残疾人12373人，占30.7%；城镇残疾人27934人，占69.3%。按残疾类别划分，视力残疾2841人，听力残疾2601人，言语残疾733人，肢体残疾20019人，智力残疾4445人，精神残疾6748人，多重残疾2920人。按年龄段划分，0～7岁残疾人774人，8～16岁残疾人1285人，17～59岁残疾人23188人，60岁以上残疾人15060人。

【残疾人基本服务状况和需求信息数据动态更新完成】2016年，继2015年全国残疾人基本服务状况与需求信息专项调查启动后，厦门市根据中国残联的统一部署，开展全市残疾人专项调查动态更新工作。截至年底，全市近4万名持证残疾人的经济、住房、教育、就业扶贫、社会保障、康复等信息和493个村（社区）公共服务场所无障碍建设、残疾人服务等情况都已摸清，为政府部门进一步掌握残疾人基本服务状况和需求，实现残疾人基本状况的动态信息化管理，落实残疾人的基本社会保障，改善残疾人的基本公共服务提供真实科学依据。

【残疾人康复】2016年，厦门市残疾人联合会（简称市残联）为677名残疾儿童发放抢救性康复补助，为5737名精神病患者实施免费服药、免费体检康复救助，为全市317名符合条件的残疾人提供就近就便的社区康复服务。深入6个区、21个村（居）400多户残疾人家庭适配辅具。先后4次邀请台湾专家以及团体到厦门开展两岸残疾人康复业务交流，举办3场“残疾人康复教育”公益讲座，制定《厦门市残疾人康复机构服务管理基本规范》。市残疾人康复中心为全市新入训的100名各类残疾儿童提供专业的量化康复评价服务。全年，市残联康复医院康复门诊近5万人次，住院治疗511人次。市心欣幼儿园接收4类残障儿童140人，在完成厦门市学龄前残障儿童康复教育兜底任务的同时，逐步推进“医教结合”康复模式。

【残疾人教育】2016年，厦门市依托4所特教学校、10个辅读班，基本实现残疾学生在校免费教育，并享有交通费补贴和中等技校、高等院校新生入学一次性生活补贴。市残联继续推动适龄未入学残疾儿童少年教育和残疾人扫盲工作，全年为20名重度残疾生提供送教上门服务。协助全市26名残疾生享受中考优惠政策，为72名厦门城市职业学院残疾大学生提供就学补助，为44名大学残疾新生发放一次性生活补助，为1662名残疾学生及低保户残疾人子女发放就学补助。

【残疾人社会保障】2016年，市残联配合民政局做好困难残疾人生活补贴和重度残疾人护理补贴两项政策在补贴资格审定、补贴发放和监督管理方面的移交工作。在重度残疾人居家护理上，全年有11286人享受300～400元/月补贴，发放金额4295.22万元；有5187人享受50元/月补贴，发放金额306.75万元；全年累计发放4601.97万元。在困难残疾人生活补助上，有9051人享受300元/月补贴，全年累计发放3183.79万元。实施一级重度残疾人托养补助，全年为215名入住对象发放补助137.7万元。启动残疾人意外险重新招投标工作，进一步优化招标内容，设定投标条件和理赔条款，全面提高残疾人保障的受益面，为39678名残疾人投团体意外险，投保金额为116.36万元。跟踪2016年度贫困残疾人危房修缮（改造）进程，会同国土资源与房产管理局联合开展农村贫困残疾人家庭危房核实工作，并及时下发危房修缮（改造）经费，进一步改善困难残疾人的生活条件，补齐城乡残疾人民生发展的短板。

【残疾人就业】2016年，市残联举办138期职业培训，培训残疾人2303人次，就业指导359人次。开展就业援助月等活动，帮助737名失业残疾人实现失业再就业，9家盲人按摩场所获得卫生部门认定为具有医疗资质的按摩机构。委托厦门市大众创业就业促进中心建设厦门市残疾人创业创新孵化基地，为33名有创业意愿和能力的残疾人提供创业指导培训及跟踪服务。落实残疾人就业扶持政策，为2760名残疾人发放就业扶持补贴1380万元，61家超比例安排残疾人就业的企业享受补贴金。

【残疾人维权】2016年，市残联接待各类来电来访642件，其中日常接访32件，接来电500多件，市长专线24件，各级信访部门转办件10件，开展理事长接访日活动12次（接访9人）。发挥厦门市残疾人法律救助站的救助作用，为有法律需要的残疾人答疑解惑，接来电100多个，接受法律咨询53例。做好残疾人防诈骗宣传工作，印发40000张防诈骗宣传卡，由残疾人联络员上门走访，入户宣传，确保每张宣传卡都分发到残疾人手上。

【残疾人宣传】2016年，市残联通过广播电台、电视台、平面媒体、互联网、电子屏幕、招贴画等多种平台和形式，结合全国助残日、爱耳日、盲人节、聋人节等重大节日活动，开展形式多样的残疾人宣传工作，在各类新闻媒体播发稿件近200条（篇）。在厦门卫视每周日晚《一周综述》中播出手语新闻，在FM101.2闽南之声广播开设“残联之声”专题节目，为残疾人不出家门了解天下事创造条件。

【残疾人文体】2016年，市残联举办2016海峡两岸残障人士歌手赛、闽台文化周进厦门、闽台残障人士摄影展，举办厦门市首届残疾人文艺会演，向社会展示残疾人风采，传递社会正能量。举办厦门市特奥田径运动会和残疾人游泳比赛。在 2016 年的里约残奥会上，厦门市残疾人运动员陈鸿杰以 1.99 米的成绩斩获男子跳高银牌，并记一等功，叶超群获得乒乓球项目两个第四名。

【志愿助残服务】 2016 年，市残联组织志愿者为残疾人提供康复、教育就业、文体活动等志愿服务。全年组织志愿服务活动 14 场，帮助残疾人走出家门，融入社会，促进残疾人“平等、参与、共享”。举办 5 场志愿者助残服务、技巧和礼仪培训，培训助残志愿者 577 人，提高助残志愿者的服务能力和综合素质。

【《厦门市人民政府关于加快推进残疾人小康进程的实施意见》出台】 2016 年 4 月，市残联结合厦门市残疾人发展实际，牵头起草并推动出台《厦门市人民政府关于加快推进残疾人小康进程的实施意见》(简称《实施意见》)。《实施意见》通过做好残疾人基本民生保障、促进残疾人及其家庭就业增收、提升残疾人基本公共服务水平、大力发展残疾人慈善事业 4 项举措，进一步保障、改善厦门市残疾人民生。确保在 2020 年，实现全市残疾人及其家庭不愁吃、不愁穿，义务教育、基本医疗、住房安全有保障，基本康复服务、家庭无障碍改造覆盖面有效扩大，帮助残疾人实现“平等、参与、共享”的发展目标。

【2016 两岸残障人士交流嘉年华举办】 2016 年 6 月 11～13 日，第八届海峡论坛期间，市残联与中国残联、福建省残联联合举办 2016 两岸残障人士交流嘉年华，参会残障人员 300 多人，其中台湾嘉宾 80 余人。中国残联副主席、中国残疾人福利基金会理事长王乃坤出席活动并致辞。此届嘉年华活动以“同胞携手　大爱无疆”为主题，通过举办两岸残障人士歌手大赛、“互联网 + 辅助器具”产业发展与适配服务研讨会、两岸自闭症才艺秀、两岸残障业务交流考察会等活动，展现两岸残障人士自强不息的精神风貌。厦门市推出的残疾人辅助器具适配工作整村推进工程在论坛期间得到台湾参展机构的好评。市残联制作的“五年铸业　铿锵前行——厦门市‘十二五’残联工作纪实”宣传画册，向两岸嘉宾展示“十二五”期间厦门市残疾人事业取得的成果。

【高科技促进残疾人就业项目签署】 2016 年 9 月 9 日，在 2016 年的中国国际投资贸易洽谈会上，市残联与联合国工业发展组织中国投资促进办事处、中国（福建）自贸区厦门片区管委会、丹溪映画（厦门）文化传媒有限公司就“联合国工业发展组织支持高科技与就业暨 2D 转 3D 技术促进就业丹溪实践项目”正式签订四方合作备忘录。该项目依托 2D 转 3D 技术促进就业。通过对 2D 转 3D 技术人才的培训以及就业、创业实践机会的提供，特别是吸纳有能力的残疾人士与在校影视专业大学生参与其中，增加该群体的就业机会，并重点改善残疾人士的就业环境，推进高新技术领域和就业领域的协同发展。

【残疾人运动康复理论与实践研讨会】 2016 年 12 月 3 日，为促进残疾人运动康复研究成果的广泛应用，在“国际残疾人日”期间，市残联与福建师大体育科学学院共同举办残疾人运动康复理论与实践研讨会。来自全国 22 个省市区的 180 多名高校、康复机构、特教学校的代表参会，探讨特殊儿童医教结合康复模式、适应性体育与残疾人康复、残疾人运动康复政策与环境、引导式教育实例研究等课题。研讨会上，福建师范大学体育科学学院适应体育研究基地在厦门市心欣幼儿园挂牌成立，通过合作为特殊儿童的运动康复发展提供理论专业支持。福建师范大学体育科学学院院长张涵劲和厦门市残联及心欣幼儿园的负责人共同为适应体育研究基地揭牌。

（林　琳）

厦门市红十字会

【概　况】 2016 年，厦门市红十字（基金）会募集款物 2158.91 万元（现金 1680.72 万元、物资折款 478.19 万元）。全市红十字会系统开展大病救助 1563 人，用款 604.61 万元，其中市本级救助大病患者 365 人，发放救助款 211.37 万元。“红十字博爱送万家活动”携手社会爱心单位和社会团体加大送温暖力度，帮扶 20792 户困难家庭，发放款物 299.4 万元。截至年底，全市共有红十字志愿者 9871 人（其中市本级 1641 人）。市属各队全年开展活动 632 场次，服务时间 16112 小时。市红十字会造血干细胞捐献志愿服务队被市委文明办授予厦门市品牌志愿服务队称号。

全年有 10 名台胞病人经厦门市返乡治疗。协助两起（涉及 10 名人员）大陆渔船民越界，被台方羁押后，送返见证工作。

【应急救护培训】 2016 年，市、区红十字会开展各类应急救护培训班 1268 期，培训 11.56 万人。其中，市本级培训 237 期，总培训人数 23825 人，开展持证培训 127 期、5526 人。在市红会的指导下，思明区红会、湖里区红会分别完善应急救护训练基地建设，通过网上报名，每个周六开展培训并形成常态化。

【“三献”工作】 2016 年，厦门市各类捐献位居全省第一。其中，造血干细胞实现捐献 11 例（累计捐献 60 例），器官捐献 9 例（累计 22 例，捐献大器官 60 个）均为历史最高。全年造血干细胞捐献再动员 215 例、高分辨 32 例、体检 40 例次。登记捐献遗体 112 人，累计 956 人；登记捐献器官 135 人（眼角膜），累计 1040 人。实现遗体捐献 19 例，累计 120 例；捐献眼角膜 21 例，累计 95 例。

【澳溪村精准帮扶】 2016 年，市红十字会安排 8 名党员干部分 4 组分批进驻澳溪村（每组 2.5 月），从产业规划、教育助学等方面帮扶。市红十字会实地考察走访，收集资料，拍摄图片，编辑印刷 500 本“大美澳溪”乡村旅游宣传图册、1000 张手绘自助旅游地图，在其村入口处安装指路牌，促进村旅游资源开发，进行招商引资宣传推广。市红十字会依据职能优势，搭建爱心互助平台，牵线厦门太古飞机工程有限公司员工捐助 40 万元，用于新建澳溪村美丽乡村共同缔造综合楼；牵线爱心企业和个人捐赠彩电 1 台、传真打印机 1 台、手机 55 部等物资，折合人民币 5.81 万元；发放油米面等慰问物资，折合人民币 5.81 万元；为 9 名特困学生长期得到资助搭建

9月13日，“9·13”世界急救日主题宣传活动举行　（市红字会提供）

平台。结合红十字体验式生命教育活动，为澳溪小学建设生命教育宣传长廊等，为村民和学校师生普及应急救护知识等。

【宣传活动】 2016年，市红十字会加强与媒体的协作，除日常新闻宣传外，市红十字会与《海西晨报》建立合作关系，设立“红十字之窗”专栏。全年在《厦门日报》刊登4个宣传专版，向《中国人道网》《中国红十字报》《八闽九州红十字》等宣传媒介报送信息。全年，各类媒体播发市红十字会消息120余条，通过“厦门红十字网站”登载消息189条、图片426张，编印《厦门红十字》6期，市、区红十字户外广告45块，更新宣传内容8期。“5·8”世界红十字日期间，市红十字会举办以“人道力量、生命希望”为主题的纪念世界红十字日暨厦门市造血干细胞捐献突破50例大型宣传活动。“9·13”世界急救日期间，市红十字会与福建省红十字会共同主办“急救，红十字在行动”为主题的演练宣传活动，组织全市社区的志愿者骨干以及专业救援队、红十字青少年的代表共320人参加演练，综合检验了厦门市应急救援体系建设。在“国际志愿者日”，市红十字会组织遗体和器官（组织）捐献志愿者，到厦门大学医学院开展联谊活动。开展“红十字健康关怀志愿服务进社区”活动，分别在天湖社区、开元社区、灌口社区等社区开展医疗咨询服务。

【防抗台风“莫兰蒂”】 2016年9月15日，面对台风“莫兰蒂”，市红十字会先后发放博爱应急箱187个、家庭包300个，折款50.32万元。根据总会要求，在停水停电的情况下，当天从市红十字会备灾中心调拨2500床棉被发往海沧、同安等受灾较为严重的地区。搭建爱心平台，及时收发见福公司捐赠价值约30万元救灾物品（矿泉水1.2万箱、盒饭1万份）。与省红十字会共同慰问澳溪村受灾户，发放救助款3.36万元（其中省红十字会1.96万元）。（参见P72【台风】）

（苏映红）

中国国际贸易促进委员会厦门市委员会

【概　况】 2016年，中国国际贸易促进委员会厦门市委员会（简称市贸促会）深化对外交流交往，新增韩国、匈牙利、加拿大温哥华、赞比亚4个海外联络处，海外联络处总计22个，遍布五大洲，全球网络初具规模。全年共接待国（境）外来访代表团62批次，1000多人（次）。发挥境外驻厦机构工作会议平台作用，进一步加强与境外驻厦机构的紧密联系，组织4次境外驻厦机构季度联席工作会；加强与各机构的实效合作，共同举办活动10余场；新增厦门荷兰中心、匈牙利产业中国发展中心、俄语国家联盟、德国经济文化促进协会等4家成员单位加入境外经贸机构联席会议。推动厦门市重点产业与多边国家经贸合作，推动企业对接，全年与英国、美国、澳大利亚等8个国家和地区政府机构共同举办10余场产业对接会。

市贸促会推进跨境电商产业发展。承办的第十五届世界商业领袖圆桌会议。与漳州市贸促会、三明市贸促会在漳州市共同主办厦门、漳州、三明跨境电商交流对接会，各地企业代表111人参加，其中厦门企业26家、30人参会。加强与境内外跨境电商企业互动，组织18家跨境电商企业组成代表团到日本、加拿大和美国对接洽谈，拜访5家世界知名企业，与200多家当地电商相关企业深入洽谈。

市贸促会继续拓展和完善“一带一路”系列活动品牌，分国别、分区域、分行业与境外机构、海外联络处等合作举办“走进各国”活动及推介会43场。与日本振兴机构联合主办“走进日本——投资贸易”推介会；与泰国驻厦门总领馆、泰国投资促进委员会联合主办泰国投资机遇推介会；与西班牙驻广州总领馆联合主办“走进西班牙——西班牙商业机遇”推介会及西班牙美食美酒沙龙活动；与新加坡驻厦门总领馆、新加坡中华总商会、新加坡国际企业发展局等联合主办“走进新加坡——福建企业投资东盟的最佳选择”推介会；与市委组织部、火炬高新区管委会、市高层次人才办、德国福建商会等联合主办“走进德国——中德高新技术产业厦门”对接会。

全年，市贸促会签发一般原产地证74314份，比上年增长1.3%；优惠原产地证8189份，增长124.4%；签发国际商事证明书8567份，下降8.2%；代办领事认证3695份，下降4.7%；签发ATA单证册102份，增长92.5%。全面开展经贸摩擦预警工作，在厦门国际商会设立厦门市进出口公平贸易行业工作点，建立政府—行业协会—律所—企业沟通联系机制。在厦门贸促网站上设立预警信息专栏，《厦门贸促》刊物上开辟“经贸警示”专栏，通过网站、微信和刊物及时发布经贸预警信息244条，涉及22个国家和地区。利用网站、微信、刊物进行涉外法律业务宣传，在主流媒体上设立“厦门贸促法律之窗”，全年共发布各类信息30篇。全年举办各类法律业务讲座和培训7期，1000多人次参加。

提升国际商会会员服务水平。市贸促会建设厦门国际贸易促进信息平台，加强“厦门贸促网”的运营和管理。整合分散的内联和外联数据资源，提升信息服务力度，发布各类经贸信息4435条，为会员企业了解第一手市场资讯，实时把握最新商情变化，提供点对点直接服务。加强厦门贸促官方微博、微信的互动功能，参与互动留言人数460人次，发送信息次数825次，解答各类问题320个。加强《厦门贸促》刊物的编发与宣传，对《厦门贸促》杂志进行综合改版，全年编辑6期，发行12500册。编辑厦门贸促工作计划表4000册，并发布《2015年度厦门企业对非洲贸易投资发展报告》。全年，各类媒体报道市贸促会活动信息132篇。提升会员服务水平，走访会员企业61次，为会员企业量身定制增值服务。主办各类经贸培训、讲座、论坛以及对口经贸洽谈会42场，参加企业人数4255人次，新增会员168家、总计2150家。组织厦门市企业出展日本东京时尚世界服装展、香港印刷包装展、印尼照明展、意大利国际服装展等19个海外品牌展，参展企业216家、253个标准展位。6月29日，厦门市贸促会厦门国际商会第三届第四次理事会在厦门宾馆召开，会上增选福建厦门经贸集团、大成工程、福建兆翔临港置业3家副会长单位和厦门华帆科技、厦门点通等5家理事单位，并通过成立厦门国际商会法律专业委员会的议案。

【涉自贸区涉外商事纠纷诉调衔接工作机制建立】 2016年4月19日，市贸促会与湖里区法院自由贸易区法庭就《关于建立涉自由贸易区涉外商事纠纷诉讼与非诉讼衔接工作机制合作意见》正式签约，双方遵循信息互通、资源共享、优势互补、协作共赢的原则，正式建立涉自贸区涉外商事纠纷诉调衔接工作机制，服务保障自贸区建设。

【第四届“走进非洲”圆桌会议】 2016年7月20日，市贸促会在磐基酒店举办第四届“走进非洲”圆桌会议，会议邀请来自埃塞尔比亚等9个非洲国家的工商会和政府经贸部门的23名高级官员参会。副市长倪超出席会议并致辞，近300家厦门及周边地区企业参会。会上，市贸促会介绍非洲投资政策及具体项目，发布《2015年度厦门企业对非洲贸易投资发展报告》，颁发2015年度厦门企业走进非洲最具品牌价值奖，与赞比亚福建同乡会签订厦门市贸促会厦门国际商会驻赞比亚（卢萨卡）海外联络处协议并授牌。

【“走进加拿大”圆桌会议】 2016年7月25日，借福建省内首条直飞北美的航线（厦门—温哥华）正式开通契机，市贸促会与加拿大驻广州总领事馆、厦门航空有限公司共同举办“走进加拿大”圆桌会议，同期举办加拿大美食节、加拿大商品展销等活动，促进双向经贸交流。厦门市政协副主席江曙霞出席此次会议并致辞，福建省外侨办、市外侨办、市发改委、市国资委等单位及企业代表、媒体200多人参加会议。加拿大驻广州总领馆总领事白静芳、加拿大驻广州总领馆商务官员、加拿大不列颠哥伦比亚省政府贸易投资办公室及加拿大牛肉国际协会代表权威解读加拿大及肉业行业的最新投资贸易商机，厦门航空有限公司代表介绍厦门—温哥华航线开通对两地经贸发展的促进和影响，同时市贸促会正式与厦门航空公司合作设立厦门贸促会驻温哥华联络处，为福建省及厦门市企业开拓北美市场搭建新的联络和交流平台。

【厦门国际商会“贸促英才”奖助学金】 2016年8月24日，市贸促会与厦门市教育基金会共同举办厦门国际商会“贸促英才”奖助学金颁发仪式，为10名考取中央民族大学、暨南大学等“985”“211”重点高校的厦门籍应届高考贫困生颁发每人5000元人民币助学金。“贸促英才”奖助学金是厦门国际商会在2015年成立12周年之际，为助力厦门外经贸人才培养设立的外经贸人才专项奖学金。

【第十五届世界商业领袖圆桌会议】 2016年9月7日，由中国贸促会和投洽会组委会主办、厦门市贸促会承办的第十五届世界商业领袖圆桌会议在厦门会展中心举行。会议以“全球化背景下的跨境电商合作”为主题，邀请台湾贸易中心、亚马逊、阿里巴巴、俄罗斯YANDEX、SGH环球日本股份有限公司、PAYPAL等境内外知名机构和企业的高管演讲。中国贸促会副会长卢鹏起、厦门市委副书记洪碧玲出席会议并致辞。近千位境内外嘉宾参加会议，其中包括境外客商团组600多个、人数400多人，中央电视台、新华社等6家中央级媒体在内的30家媒体对会议进行现场报道。会议配套举办跨境电商产业资源对接会，吸引300家厦门及周边电商企业与境外企业进行对接洽谈。

（王雅红）

9月7日，第十五届世界商业领袖圆桌会议开幕（市贸促会提供）

厦门市台商投资企业协会

【概 况】2016年，厦门市台商投资企业协会（简称市台商协会）召开21次各类会议，受理会员企业各类投诉案件32件，利用法律顾问团这一平台，为会员企业提供免费法律咨询25件，为138名台商集中办理更换大陆驾照。接待台湾地区和全国其他各省市招商团体19个，组织会员参加各类经贸活动200多人次。发展台资企业新会员31家，截至年末，会员总数673家。向厦门市老年基金会、厦门市爱心护理院扩建项目捐款15万元；延续开展“红羽毛”公益活动，出资5000元救助会员企业患病员工1人；向厦门市教育基金会捐款356080元用于市英贤小学、市建美小学、市思明区东浦学校、市湖里区华悦学校、市翔安区大帽山小学、市华兴实验学校6所民办学校购置教学设备和器材，为75名台商子弟协调解决就学问题。全年组织10场高尔夫球赛。组织举办7场各类讲座，培训会员企业员工270多人。组织市台商协会妇女合唱团多次参加演出，举办两岸爱心“老人关怀活动”，持续举办“海沧两岸义工联盟交流会”“两岸爱心海沧区秋季助学”等一系列公益活动。

【第十二届第一次会员代表大会召开】2016年11月18日，市台商协会在厦门召开第十二届第一次会员代表大会。市台办主任黄河明、市民政局副局长李丽红以及246名台商协会会员代表出席会议。会议审议第十一届理事会各功能委员会2016年的工作报告，选举产生第十二届理事会成员127人，厦门佳好建材有限公司董事长吴家莹当选第十二届会长。

【市台商协会成立24周年庆典】2016年12月20日，市台商协会在厦门举行成立24周年暨换届庆典。台湾国民党副主席林政则、福建省台办副主任郑一贤、厦门市委常委倪超、厦门市人大常委会副主任陈昭扬、厦门市政协副主席江曙霞等有关领导以及来自海峡两岸1000多名嘉宾出席晚会。厦门佳好建材有限公司董事长吴家莹从厦门日月谷温泉度假村董事长陈信仲手中接过印信，正式执掌市台商协会。仪式上，厦门市政府奖励市台商协会100万元人民币，鼓励市台商协会服务台商台胞，促进两岸交流合作。

（张安安）

厦门市金门同胞联谊会

【概 况】2015年，在厦门市金门同胞联谊会（简称市金联）争取下，老龄金门同胞及遗偶生活补贴、困难金胞生活补助金自2008年来首次提高标准并扩大发放对象范围。年内，为886名老龄金胞发放生活补贴213.6万元、140名老龄金胞遗孀发放生活补贴33.6万元、21户（24人次）困难金胞家庭发放生活补助5.76万元。累计拨付252.96万元，较上年度增加432名发放对象，增加168.48万慰问金，拨付金额较上年增长199%。

市金联完成《开展两岸青年交流增进青年认同的若干问题》《因应台海新形势进一步拓展厦金两地的各项交流合作》两个课题的调研工作。年内上报宣传信息24条，关注社会热点问题和身边的社情民意，发挥参政议政的作用，撰写建言献策类信息6条，利用微信公众号推送各类资讯40条。

市金联首次跨区域与漳州市金联共同主办第十二届“厦金情深·风采漳州人文芗城”两岸金门籍青少年夏令营，来自台湾、金门、厦门、漳州的40多名金胞学子应邀参加。参与联办2016年海峡两岸（厦门）古城邻里节、首届厦金社区文体节，以社区交流为纽带，增进两岸基层群众的交流互动。

【厦金直航十五周年图片展举办】2016年6月12日，由市金联、市图书馆共同举办的纪念厦金直航十五周年图片展在市图书馆开幕，进行为期10天的展出。来自台湾、金门的嘉宾近百人参加开幕仪式，厦门市政协副主席江曙霞参加活动并为图片展揭幕。图片展通过150多幅历史图片集中展示厦金直航15年来，两岸在经贸往来、文化教育、民俗宗教、观光旅游、体育卫生、青少年交流等方面的交流成果。

【第八届两岸金门同乡会理事长联席会召开】2016年6月12日，市金联召开第八届两岸金门同乡会理事长联席会。联席会以文史沙龙形式，邀请来自台湾、金门的嘉宾以及厦金直航参与者、见证者近百人，围绕“回顾与展望·厦金直航十五周年的发展变化”主题展开。文史沙龙分“回顾”和“展望”两部分，特邀厦门市文史专家洪卜仁担任嘉宾主持。在“回顾”部分，原金门县县长陈水在、原厦门市台办主任孔长

6月12日，厦金直航十五周年图片展开幕式举行（杨琳 摄）

才、原厦门市出入境管理处处长曾全华被邀请上台，分享许多鲜为人知的台前幕后的故事；在“展望”部分，主讲嘉宾就新形势下厦金关系、两岸关系的走向发表意见，并就如何加强厦金两地的交流合作进行意见交换。会后，与会嘉宾到德化、永春参访，感受闽南文化。

（杨　琳）

厦门市外商投资企业协会

【概　况】 2016年，厦门市外商投资企业协会（简称市外商协会）接受市商务局委托，开展融资租赁风险排查工作，通过问卷调查、电话访谈与实地调研、走访企业、召开座谈会等方式，全面排查厦门市融资租赁业的风险，促进融资租赁业规范发展，最终形成厦门市融资租赁业风险排查工作情况报告，上报相关部门。邀请市人力资源和社会保障局介绍、解读女职工劳动保护最新政策及“三期”管理与风险防范，帮助企业解决女职工管理中的疑难问题，预防“全面二孩”新政下的用工风险。召开第三十七次会长办公会，邀请市商务局及厦蓉欧（厦门）快铁班列有限公司领导推介厦蓉欧（中欧中亚）班列相关情况。召开六届七次常务理事会，邀请市商务局审批处介绍外商投资负面清单及备案管理的有关政策、市商务局企业服务处介绍厦门市公租房的有关政策、出口信用保险公司介绍如何利用信保工具开拓市场的有关政策和业务。

【联谊交流】 2016年，市外商协会组织会员企业人力资源负责人赴漳浦六鳌开展2016年度工伤保险政策及事故预防专题沙龙活动，邀请省人社局工伤处领导为企业深度讲解工伤保险政策及事故预防。市外商协会和相关机构合作，开展会员企业联络员联谊活动，包括爬山休闲自助游、参观漳浦古雷半岛、游览长泰凤凰谷、参加中医养生讲座等。

【社会公益】 2016年，市外商协会参加厦门市第四届“百商万人献血公益行”大型献血活动，并获评先进单位。11月，厦门市举办关爱助学大会，市外商协会拨款5.5万元，通过市关工委资助厦门市贫困学生。

（邱志江）

11月29日，市外商协会六届七次常务理事会召开　（市外商协会提供）

厦门市中华职业教育社

【概　况】 3月12日，厦门市中华职业教育社（简称市职教社）召开2016年社员年会。发展厦门市体育运动学校及20名来自市公办、民办中、高职院校教师入社。年内，团体社员38家，个人社员244人。

市职教社协办厦漳泉第五届暨厦门市第十三届校企合作对接会。举办第十三届“同心·职教杯”职业院校篮球赛，参赛男女球队17支，其中软件职业技术学院和安防科技职业学院分获男、女组冠军，评选表彰男女优秀运动员17人。推荐厦门信息学校校长庄铭星参评并获得中华职教社第五届黄炎培职业教育奖“杰出校长奖”称号。在省职教社第三届“清海杯——黄炎培职业教育奖”评选中，厦门南洋职业学院、厦门工商旅游学校获优秀学校奖，厦门华厦学院校长王小如获杰出校长奖，厦门医学院老师陈钟、集美工业学校老师何华国获杰出教师奖。组织团体社员学校参与市职教开展的“互联网+职业教育的研究与实践”重点课题研究，及其主办的“创新·教育·职业峰会暨研修班”、黄炎培职业教育思想研究会2016学术年会。1月10～14日，市职教社秘书长翁玉华随省职教社赴香港学习交流职业教育工作，闽港双方交流了联合开展学术研讨、技能竞赛和师资培训的意向。接待台湾嵌入式暨单晶片系统发展协会到访，探讨开展以师资培训带动专业建设，以职业技能竞赛、认证制度促进专业发展的思路，进一步推动两岸职业院校师生学习交流平台的建设。接待广东省职教社来访，就职教社机关建设、社务工作和两地职业教育工作情况等内容进行交流。

【“同心·温暖工程”品牌活动】 2016年，市职教社首次在福建省鸿源技术学校开展“同心·温暖工程励志助学金”项目，提供1万元助学金，资助该校25名品学兼优、家庭经济困难的学生。在福建省华夏高级技工学校（原福建省华夏技术学校）开展第三期“同心·温暖工程励志助学金”项目，提供1.6万元助学金，资助该校40名品学兼优、家庭经济困难的学生。在厦门市嘉华职业学校（原厦门市集美达中等职业学校）开展第四期“同心·温暖工程励志助学金”项目，提供1万元助学金，资助25名符合温暖工程助学条件的学生。保持与厦门市同安区特殊教育学校的联系，在该校开展第五期“同心·温暖工程关爱特教行动”，提供1.4万元在六一儿童节、国庆节为该校175名学生购买生活用品和学习文具，送上关心和祝福，组

6 月 11 日，第八届海峡论坛·海峡两岸职业教育论坛会场　（市职教社提供）

织市职教社志愿者赴该校开展志愿服务、慰问活动。

【第八届海峡论坛·海峡两岸职业教育论坛举办】 2016 年 6 月 11～12 日，由中华职业教育社、台湾私立科技大学校院协进会、民生文教基金会（台湾）主办，省、市职教社承办，厦门南洋职业学院协办的第八届海峡论坛·海峡两岸职业教育论坛在厦门举办。全国政协常委、中华职业教育社副理事长傅惠民，福建省委常委、统战部部长雷春美，省政协副主席、省职教社主任郭振家，厦门市委常委、统战部部长黄菱，市政协副主席、市职教社主任黄世忠等领导出席论坛活动。此届论坛以“适应产业转型升级，加快职业教育改革创新发展”为主题，来自台湾 20 余所院校、教育机构的 40 余名嘉宾以及 150 余名大陆职业教育专家、学者及职业院校长等参加论坛，就现代职业教育教学改革和校企合作等议题进行交流。论坛期间配套举办两岸职业院校校长对话会。该论坛是海峡论坛设立的唯一一个以职业教育专业建设和课程改革为主要内容的系列活动，对推动海峡两岸职业教育交流合作，促进现代职业教育加快发展起到积极影响。

【“2016 市民最喜爱的厦门职业院校”评选活动】 2016 年 8 月，由市职教社、厦门日报社指导，海西晨报社主办的“2016 市民最喜爱的厦门职业院校”评选活动开始，这是厦门首次举办大规模的职业院校评选活动，历时 3 个多月。30 家院校参加评选，经过推荐自荐、网络投票、专家评审等环节，最终评选出厦门技师学院、厦门信息学校、福建鸿源技术学校、厦门南洋职业学院、集美工业学校、厦门城市职业学院、厦门市海沧区职业中专学校、厦门工商旅游学校、厦门海洋职业技术学院、厦门东海职业技术学院（排名不分先后）10 所院校。在网络投票中，共有 10 多万市民读者关注评选活动，厦门技师学院获得网络投票第一。在专家评审会中，9 位评委对参评职校的校园环境、教学特色、师资队伍、实训设施、校企合作、文体活动、管理服务、人才培养、学生创业等 9 个方面分别打分，总分 100 分。评审得分与网络投票得分以 5∶5 进行核算，得出参评学校的最终得分。11 月 25 日，召开评选表彰大会，为获奖院校颁奖。

【优秀教师代表座谈会首次召开】 2016 年 9 月 29 日，市职教社召开 2016 年度优秀教师代表座谈会，来自市职教社团体社员学校的 28 名优秀教师代表参加会议。副主任翁玉华介绍中华职业教育社的基本情况，并重点介绍市职教社的工作特色和亮点。优秀教师代表们在座谈中交流了工作经验和体会。

（粘世贤）

11 月 25 日，2016 年市民最喜爱的厦门职业院校表彰大会上，颁奖嘉宾与获奖院校合影　（市职教社提供）

责任编辑：曲　艺
审　　稿：张　红
　　　　　白延蜻
责任校对：曾一一

8 外事·侨务·港澳台事务

外 事

【概 况】2016年，厦门市接待外宾团组252批1771人次，其中副总理级以上外宾团组4批86人次，正、副部级外宾团组62批472人次，驻华大使31人次，总领事39人次。厦门市人民政府外事侨务办公室（简称市外侨办）举办二十国集团（G20）财政和央行副手会议及第三次协调人会议、第五届南洋文化节，参与第十九届中国国际投资贸易洽谈会、第十四届厦门国际马拉松、第二届“休博会”[中国（厦门）休闲旅游博览会]、国际海洋周、世界城市日论坛、鼓浪屿申遗等一系列全市重大活动的翻译及礼宾保障工作。开展友城互访交流，组织厦大EMBA跑友团赴友城马来西亚槟城参赛，举办厦门—尼斯友好音乐会、2016厦门国际青少年校园足球邀请赛暨足球文化夏令营、“行摄”系列国际友城摄影交流活动、新西兰惠灵顿“中国花园”及德国特里尔“厦门公园”等活动项目。加强与各国使领馆特别是菲律宾、新加坡、泰国驻厦总领馆的联系，加快领事馆区项目建设。

2016年，市领导率团出访18批次，外侨办累计受理因公出国团组750批4116人次，其中经贸出国团组占86.27%；教学科研人员131人，占3.2%。办理护照、通行证1896批6565人次，申办外国签证1201批3355人次。整团制止取消84批208人次，调整团组的人数或停留天数6批9人13天。APEC（亚太经合组织）商务旅行卡申办材料从13项精简为4项，申办人数219人，较2015年增长6倍多。外侨办加强外宣平台建设，创办《厦门外侨》杂志，开通“厦门外侨”微信公众号，加强官方英文网站建设，市外侨办英文网站获2016年度中国外文版政府网站领先奖。11月11日，在重庆举办的2016年中国国际友好城市大会上，厦门市获2014～2015年度“国际友好城市交流合作奖”，厦门市推荐的国际友城——新西兰惠灵顿市获“对华友好城市交流合作奖”。

【2016驻厦门外交官市情通报会】2016年1月21日，厦门市政府召开2016年驻厦门外交官市情通报会，厦门市副市长倪超、菲律宾驻厦门总领事馆总领事付昕伟、新加坡驻厦门总领事馆总领事池兆森、泰国驻厦门总领事馆总领事邱塔泰出席了通报会。倪超通报厦门2015年经济社会发展情况和2016年主要工作规划，并向各领事馆及驻厦门外交官们对厦门的支持和帮助表示感谢。菲律宾、新加坡、泰国驻厦门总领事馆总领事也分别介绍各馆2015年的主要工作及2016年的工作规划，并对厦门市建设发展等相关工作提出建议。

【第五届南洋文化节开幕】2016年4月22～26日，第五届南洋文化节在厦门举行。本届南洋文化节由市外侨办与菲律宾、新加坡、泰国驻厦门总领事馆联合主办，以“传承友谊，共谋发展”为主题。该文化节是唯一一个由地方政府举办，被列入国务院批准的中国—东盟建立对话关系25周年系列纪念活动的项目。文化节邀请东盟10国参加，内容包括南洋文化节开幕式、南洋风情专场文艺演出、南洋论坛、南洋商品展、“魅力南洋，商机无限”产业对接会、南洋美食节和南洋电影展映7项主要活动。同期由集美区、同安区分别举办嘉庚论坛和同安竹坝南洋风情旅游嘉年华两项活动。外交部、中国—东盟中心及福建省外办等有关单位领导、东盟国家政府部级官员、驻华大使和总领事等重要嘉宾共计42个团组206人到厦门出席该文化节。

【不丹王国外交大臣到访厦门】2016年8月8～10日，在外交部亚洲司副司长黄溪连陪同下，不丹王国外交大臣丹曲·多吉等一行9人到访厦门。市长裴金佳接见丹曲·多吉一行，欢迎大臣一行到访厦门并简要介绍厦门经济社会发展情况，同时提到不丹是一个幸福感很高、环境优美、空气质量极佳的国家，希望将来厦门与不丹能在旅游等各领域进行更紧密的合作。多吉大臣表示：希望更多厦门市民到不丹旅游，同时也会鼓励不丹人民到厦门看看这个美丽的城市。访厦期间，多吉大臣一行还参观银祥集团和三安电子等企业，游览南普陀寺、鼓浪屿等景点。

【2016 厦门国际青少年校园足球邀请赛暨青少年足球文化夏令营在厦门举行】 2016 年 8 月 8～14 日，由厦门市教育局、厦门市外侨办、厦门市人民对外友好协会联合主办的 2016 厦门国际青少年校园足球邀请赛暨足球文化夏令营在厦举行。活动邀请来自澳大利亚阳光海岸市、捷克澳洛穆克州、韩国釜山市、马来西亚柔佛州以及泰国普吉府 5 支青少年球队到厦门与国内青少年球队进行足球比赛和联谊交流活动，通过参观校园、参加座谈、体验足球课堂教学、组织联欢活动和游览鼓浪屿等形式开展夏令营活动。此次足球邀请赛暨夏令营是为进一步贯彻落实《中国足球改革总体方案》，提高厦门市青少年足球的水平，搭建友城间体育及文化交流的全新平台，促进友城间开展更为丰富的民间交流项目而举办的。

【中东欧国家高级别官员访华团到访厦门】 2016 年 8 月 24～26 日，来自匈牙利、波兰、塞尔维亚、斯洛伐克、爱沙尼亚、拉脱维亚、立陶宛、罗马尼亚、马其顿、阿尔巴尼亚等中东欧 10 国的总统、总理府高级别官员一行 13 人到访厦门，外交部中国—中东欧国家合作事务特别代表霍玉珍陪同到访。市长裴金佳会见代表团一行，裴金佳向客人介绍厦门的经济社会发展情况，表示希望加强与中东欧各国加强旅游、经贸、文化往来。代表团团长、马其顿总统内政事务顾问卡德里乌感谢厦门市的热情款待，并表示：中国经济社会发展迅速，是中东欧国家的榜样，中东欧国家与中国长期保持着良好的关系，希望以后能继续深化合作。到访期间，代表团参观了中国（福建）自由贸易试验区厦门片区、厦门大学、鼓浪屿、南普陀寺等。

【21 世纪海上丝绸之路建设暨国际产能合作研讨会】（见 P410 同名条目）

【第六批太平洋岛国政治家联合考察团到访厦门】 2016 年 9 月 6～9 日，以汤加执政党民主党议员、司法大臣赛奥内·武纳为团长，由汤加、萨摩亚、密克罗尼西亚联邦、库克群岛等国重要官员代表组成的第六批太平洋岛国政治家联合考察团一行 19 人到访厦门出席第十九届中国国际投资贸易洽谈会（简称“投洽会”）。考察团出席“投洽会”开馆式、资本与项目对接交流会等活动，参观展馆；参加“海丝研讨会”及其嘉宾见面会，武纳大臣在研讨会上作发言。到访期间，考察团专程拜访厦门大学台湾研究院暨两岸关系和平发展协同创新中心。考察团还参观鼓浪屿，观赏中国非物质文化遗产——木偶戏。

【2016 中国（厦门）国际休闲旅游博览会】 2016 年 9 月 23～25 日，建发国旅主办的 2016 中国（厦门）休闲旅游博览会（休博会）在国际会展中心举办。中国旅游研究院院长戴斌、国务院国际合作司司长孙维嘉、国际奖励旅游精英协会（SITE）全球主席拉杰夫·科利、世界旅游城市联合会副秘书长严晗等出席开幕仪式。澳大利亚阳光海岸市、德国特里尔市、日本长崎县（佐世保市所在县）、熊本县（熊本市所在县）等国际友城（友好交流城市）及其所在的县主管旅游事务的政府官员和相关负责人 25 人访厦参会参展，并设立多个展位。（参见 P326 同名条目）

【巴基斯坦政党联合考察团到访厦门】 2016 年 10 月 29～30 日，由巴基斯坦参议院副主席毛拉纳·阿卜杜尔·加富尔·海德里为团长的巴基斯坦政党联合考察团一行到厦门访问，市委副书记陈秋雄陪同考察团参观软件园二期。陈秋雄向考察团介绍厦门经济社会发展情况，并表示：厦门与巴基斯坦渊源深厚，双方经济合作领域不断扩大，欢迎巴基斯坦朋友到厦门旅游观光、商务贸易、互利共赢。海德里说，厦门的发展是现代城市转型的范例，高新技术产业不但对厦门本市，也对周边地市起到积极影响；希望通过此次考察，拓展双方合作领域，寻找更多合作机会，推动巴中人民的友谊和合作提升到新的水平。中联部国际交流中心副主任安月军陪同考察团在华访问。

【非洲驻华使节团到访厦门】 2016 年 12 月 9～13 日，以中非合作论坛共同主席国南非驻华大使多拉娜·姆西曼为团长的非洲国家驻华使节团 63 人访问福建。非洲 37 国驻华使节代表及 17 位非洲媒体代表参加首站厦门行活动。9 日，省委常委、市委书记裴金佳，市委副书记、代市长庄稼汉会见非洲国家驻华使节团。裴金佳代表市委、市政府对非洲国家驻华使节团访问厦门表示热烈欢迎。裴金佳表示：期待以此次非洲国家驻华使节团访问厦门为契机，进一步提升经贸合作，扩大教育、文化、旅游等各方面交流。多拉娜·姆西曼大使表示，各国使节将充分发挥桥梁和纽带作用，积极推动非洲国家城市与厦门之间的互利合作。外交部非洲司司长林松添、市领导陈秋雄、黄文辉、韩景义等陪同出席会见。到访期间，代表团出席“非洲国家—厦门合作交流会”，与市外侨办、发改委、自贸委互动交流，并参观市规划展览馆、自贸区综合服务大厅及鼓浪屿。

（陈巧玲）

侨　　务

【概　况】 2016 年，厦门市人民政府外事侨务办公室（简称市外侨办）受理涉侨来信来访 301 件（次），办结率 100%。接待到访重点侨团及侨领 120 批次 1300 多人次，对外发出贺电、唁电 30 多份。组织 15 批 185 位（次）侨商前往福建自贸区厦门片区开展实地对接洽谈，引荐有意到厦门投资的海外侨商企业入驻自贸片区。举办厦门市新侨联谊及工作研讨会，举办 2016 厦门市侨资企业西部行、2016 海外华商中国投资峰会、第三十七期海外华裔青年企业家中国经济高级研修班，协助举办闽侨青年精英研修班、创新创业闽港青年千人团、第五期港澳侨界杰青研习班等。走访服务重点侨领，先后走访阿根廷、巴西、菲律宾、新加坡等国在厦重点侨领及海外侨团驻厦门机构。借助市领导及相关部门出访拜访、慰问当地重点侨团，加强与海外重点侨团的联谊交流。开展出访团组回访座谈，了解到访地区侨情动态，更新侨情分类，并分区建档资料实行片区动态管理。与厦门市侨联合作，召开扶贫专项会议，完成归侨情况调研。开展社区侨务工作，增设“社区侨务网格建设试点”，思明区深田社区获全国社区侨务工作示范单位称号，同安竹坝华侨农场为国侨办基层“侨之家”工作联系点。

【侨爱工程落实】 2016年，市外侨办与市侨联联合开展侨界困难群体摸底调查，共为357户归侨低保户、归侨重疾困难户和归侨侨眷升学高校困难户及台风“莫兰蒂”受灾户发放困难补助29.53万元。及时向各区划拨华侨事业费16万元，专项用于贫困归侨侨眷的资助、扶持工作。为全市31名归侨低保户提供每月100元补助。

【中国留德计算机学者学会组团到访厦门】 2016年4月26～28日，由中国留德计算机学者学会组织的“中德工业4.0专家团”一行10人在该会副主席周盛宗、黄惠燕率领下，到厦门开展为期2天考察交流。该团系国侨办海外人才为国服务计划重点团组之一，应市外侨办邀请，到厦门重点进行项目推介、项目对接，并实地参观在厦门相关企业，增进与厦门市政府、企业间互动交流，寻找创新创业合作机会。到访期间，市委组织部高层次人才发展中心组织专场人才项目对接会，由该团成员进行项目路演及推介，同时邀请厦门钨业、长塑实业等企业及华侨大学等在厦门高校代表与该团成员进行深入交流。专家团一行还参观大千振宇集团、厦门美亚柏科有限公司、腾邦欣欣旅游产业园和一品威客众创空间等。专家团就专门项目与上述相关部门进行充分交流，达成多项合作意向。

【2016厦门市侨资企业西部行】 2016年6～7月，市外侨办承办国侨办项目“2016侨资企业西部行”。市外侨办派出以副主任邵育秦为团长的西部行代表团前往青海、甘肃，并专门组建秘书组全程做好服务对接工作。此次西部行精选29位侨资企业和海外侨商代表参加，代表们分别来自英国、法国、美国、加拿大、澳大利亚、巴西、马达加斯加、马来西亚、新加坡、柬埔寨等国家和中国香港、澳门等地区；行业涉及城市基础设施、文化旅游、物流、环保水务、轻工业、生物医药等等行业，活动促成15项投资或合作意向。

【海外华侨华人律师访问团到厦门考察】 2016年7月30日，由国侨办组织的海外华侨华人律师团一行29人到厦门竹坝华侨经济开发区调研厦门市护侨、助侨情况。华侨华人律师团首先到同安华侨经济开发区考察，参观归侨史迹馆。考察后，律师团与华侨大学华人华侨研究院和法学院的专家学者们举行“护侨、助侨”为主题的座谈会，律师团代表分享各国华助中心在资金来源、律师来源、运营机制等方面经验，华侨大学各位专家则从国家立法和培养国际人才层面进行交流。

【“2016海外华商中国投资峰会”在厦门举办】 2016年9月7日，“2016海外华商中国投资峰会”在厦门国际会议中心开幕。该次峰会由国务院侨务办公室主办，福建省人民政府侨务办公室、市外侨办承办，国侨办经济科技司副司长于建明，副市长倪超致辞，福建省侨办主任杨辉主持会议。各级领导、海外侨商、各省市高新技术开发区及“侨梦苑”代表、专家、学者等各界人士近500人出席峰会。会议以“万侨创新，融合发展”为主题，联手中央电视台财经频道，以高端访谈的形式，邀请英蓝集团董事长于志强、上好佳（中国）有限公司董事长施学理等知名华商以及厦门大学管理学院副院长戴亦一等作为访谈嘉宾参与对话访谈，进行互动交流，中央电视台“对话”栏目进行录播。

【侨务政策落实】 2016年9月29日，厦门市行政服务中心外侨办分中心成立，将“三侨子女”（归侨青年、归侨子女、华侨在国内的子女）参加高考身份认定、华侨捐赠确认、华侨来闽定居等申办事项纳入其中，并对申请材料、审批流程、办理时限进行规范，实现窗口服务和网上审批同时进行。该分中心为参加2016年高考加分的25名归侨子女、归侨学生和华侨子女出具身份证明，指导各区外侨办为31名中考加分的归侨学生、归侨子女出具身份证明；审核批准15位自菲律宾、美国等国家华侨的来闽定居申请；受理并出具53位华侨及外籍学生在厦就读中小学身份介绍信，办理并发出56份海外高层次人才签证（居留许可）通知函。

【第三十七期海外华裔青年企业家中国经济高级研修班】 2016年10月28日，由国务院侨务办公室主办、福建省侨务办公室协办，市外侨办和厦门大学共同承办的第三十七期海外华裔青年企业家中国经济高级研修班在厦门大学开班。国务院侨务办公室经济科技司副司长夏付东、福建省侨务办公室副主任林泽春出席开班仪式。10月28日至11月2日，来自22个国家的50位华裔青年企业家分别在厦门大学和北京大学进行集中研修与培训。研修班采取课堂授课与实地考察相结合方式。授课内容包括货币政策、传统文化等方面，同时还安排赴厦门自贸区考察、与厦门市相关企业对接交流等活动。在结束厦门行程之后，全体学员赴北京大学进行为期2天的学习。国侨办副主任王晓萍、北京大学副校长李岩松、国侨办经科司司长左

9月7日，“2016海外华商中国投资峰会”现场　（市外侨办提供）

10月30日，海外华裔青年企业家中国经济高级研修班学员参观自贸区厦门片区
（市外侨办提供）

志强等领导出席北京段结业仪式。

【“五侨”联席会议召开】 2016年12月22日，由市外侨办牵头召开2016年“五侨”（市人大侨外委、市外侨办、市政协港澳台侨和外事委员会、致公党厦门市委会及市侨联）联席会议。会议主题为“整合侨务资源，融入国家双创战略”。与会代表一致认为，“五侨”部门应进一步健全长效工作机制，按照各自的分工认真履职、沟通信息，完善侨务法制建设，加大侨务工作力度，为经济建设服务，为厦门会晤（2016年9月3～5日，金砖国家领导人第九次会晤在厦门市举行，简称厦门会晤）添砖加瓦。为加强与侨资企业互动交流，与会领导赴厦门市侨资企业转型升级的优秀代表——金日制药（中国）有限公司开展实地调研及座谈，围绕侨资企业如何在当前经济形势下开拓创新、谋求发展展开讨论。

（陈巧玲）

港澳事务

【概　况】 2016年，厦门市接待港澳团组23批1483人，协助安排6批次共398名香港学生到厦门交流学习，邀请港澳学生30人于7月21～27日到厦门参加夏令营。举办包括厦门市政协港澳委员及特邀人士恳谈会、2016年驻厦港人港企交流会、澳门工会联合总会国庆同心行等活动。

【驻厦门港人港企交流会】 2016年1月18日，由香港特区政府驻粤办主办，厦门市工商联（总商会）、厦门市外侨办等单位联合协办的2016年《中华人民共和国劳动法》、税务及跨境电子商务专题讲座暨驻厦港人港企交流会在厦门威斯汀酒店举行，厦门市工商联（总商会）副主席蔡素卿及厦门市相关经贸部门负责人出席交流会。活动旨在协助港资企业进一步了解内地劳动法的最新发展，应对内地的热门税务问题，掌握跨境电子商务最新的政策，了解厦门市十三五规划及自贸区的最新政策。在专题讲座中，来自金杜律师事务所、普华永道会计师事务所等专业人士就港商港人关注的劳动法实务与立法动态、工资集体协商、个人所得税、跨境电子商务等热点问题进行授课、解答释疑。

【“同行万里——福建省历史文化考察之旅”考察团香港师生到访厦门】 2016年3月4～7日，由香港教育局组织“同行万里——福建省历史文化考察之旅”系列考察团首批香港师生一行44人到厦门市进行考察参观。访厦期间，考察团一行先后前往厦门市第二中学、华侨大学厦门校区进行参观交流。考察团还参观游览鼓浪屿、陈嘉庚故居及鳌园。

【香港邮政署邮务职工会专业考察团到厦门考察】 2016年4月14～16日，由香港邮政署组织的邮务职工会专业考察团一行44人到厦门参观考察。考察团由香港邮务职工会主席霍浩森担任团长。考察团一行到厦门市“11185”邮政客服中心、厦门邮件处理中心进行参观考察。通过实地参观，考察团成员们进一步了解国内邮件包裹从分拣、派件到投递等业务的基本情况。霍浩森对国内的邮政高速发展与整体服务水平给予高度赞扬和肯定。

【外国驻（港）澳领团到访厦门】 2016年4月18～20日，由外交部驻澳门特派员公署和澳门特区政府礼宾公关外事办公室共同组织外国驻（港）澳领团一行35人访问厦门。领团由来自新加坡、泰国、智利等18个国家的总领事、领事等官员组成。外交部驻澳门特派员公署副特派员蔡思平、澳门特区政府礼宾公关外事办主任冯少荣陪同访问。驻澳门公署希望通过组织此次访问，推动外国驻（港）澳总领事馆与厦门乃至福建省以及驻澳门公署在经济、文化等多领域开展三方合作，互利共赢。18日，副市长倪超会见外国驻（港）澳领团一行。领团先后到厦门市规划馆、厦门自贸试验区象屿片区、厦门港、海沧自动化码头、厦门信息化港、东南国际航运中心等实地考察。

【香港特区政府代表团参加第十九届“投洽会”】 2016年9月6～9日，以香港特区政府驻粤办主任邓家禧为团长的香港特区政府代表团一行3人到厦门市出席第十九届“投洽会”。7日，福建省政协副主席郭振家在厦门会见参加“投洽会”的香港工商界代表团一行。香港中联办副主任仇鸿、厦门市委副书记洪碧玲参加会见。代表团一行出席“投洽会”开馆式、国际投资论坛和由香港投资推广署主办的“一带一路·共创新思路”投资香港座谈会等活动。

【“活力澳门推广周”在厦门开幕】 2016年9月8日，“活力澳门推广周”开馆仪式在厦门国际会展中心A1馆举行。

10 月 10 日，代市长庄稼汉（右）会见澳门工会联合总会国庆同心行考察团人员（市外侨办提供）

福建省副省长梁建勇、省港澳办副主任林学峰、厦门市委常委、统战部部长黄菱、澳门贸易投资促进局主席张祖荣、澳门中联办副主任姚坚等出席开幕式并进行巡馆。厦门市外侨办港澳处在做好“投洽会”期间澳门贸促会一行 14 人团组接待工作的同时，协助澳门方面做好“活力澳门推广周”开幕式及巡馆活动。“活力澳门推广周”展区面积 6000 平方米，设 260 个展位。

·小资料·

活力澳门推广周：是由澳门特别行政区政府、中央人民政府驻澳门特别行政区联络办公室为指导机构，澳门贸易投资促进局为支持机构的大型综合巡回推广活动，其主要内容包括：专题展示、产品展销、经贸推介、行业对接、特色表演；致力于推动澳门中小企业与内地企业之交流与合作，传递澳门是旅游宜居之地、多元经济之城、中葡商贸平台及世界活力之都。自 2009 年 5 月创办，到过 22 个城市进行巡回推广。

【澳门工会联合总会国庆同心行活动在厦门启动】 2016 年 10 月 10 日，澳门工会联合总会国庆同心行活动在厦门启动，代市长庄稼汉会见澳门工会联合总会国庆同心行考察团一行，并出席主题报告会。庄稼汉表示，厦门与澳门往来历史悠久，合作关系密切，真诚希望考察团成员在厦多走走多看看，将厦门作为在内地投资兴业的首选之地，共同推动厦门、澳门繁荣稳定发展。此次澳门工会联合总会共组织了 600 名澳门职工参与国庆同心行活动。在厦门期间，考察团一行还参观古龙酱文化园、集美学村、嘉庚纪念馆、鼓浪屿等地。

（陈巧玲）

台湾事务

【概　况】 2016 年，厦门市新批台资项目（含第三地）740 个，比上年增长 105%；合同利用台资 16.15 亿美元，增长 84.7%；实际利用台资 4.87 亿美元，增长 30.8%；对台进出口额人民币 358.05 亿元，减少 12.29%；进口台湾水果 3.98 万吨，增长 0.83；批准赴台投资项目 13 个，合同投资总额 1706 万美元。是年，厦金航线出入境旅客 162.35 万人次，减少 1.03%，厦金航线出入境旅客历年累计 1451.13 万人次，占闽台“小三通”客运总量的 90% 以上。大陆居民经厦门口岸赴台旅游（含台湾本岛和金门、澎湖）25.77 万人次，减少 29.96%。其中，到台湾本岛的游客 7.82 万人次，减少 46.34%；到金门、澎湖的游客 17.95 万人次，减少 19.22%。市台办受理台胞投诉案件 1 件并办结，受理求助案件 193 件，办结 192 件，结案率 99.48%。第八届海峡论坛突出青年和基层交流，深化两岸民间交流。厦门市举办厦门工博会（台交会）、第九届两岸文博会、第十二届海峡旅博会、第十二届海图会、第十一届两岸经贸合作与发展论坛、2016 海峡两岸乐活节等 40 多场重大涉台盛会，活动水平和实效不断提升；举办两岸青年创客发展论坛、第十四届海峡青年论坛、首届中国大学生创业交易会、第十二届两岸大学校园歌手邀请赛等两岸青年交流活动；2016 两岸青少年夏令营、第六届两岸中学生闽南文化夏令营、第十一届厦金亲子夏令营等涉台夏令营活动继续举办。2016 年海峡春节焰火晚会在厦门环岛路黄厝沙滩和金门烈屿乡沙滩同时举办。首届厦门、金门、澳门“三门青年论坛”在澳门举办，第二届“两岸成年礼”活动在金门举办。年内，海峡交流文化中心在厦揭牌；厦门台湾合作原创音乐剧《微·信》到厦门商演 12 场；厦门卫视全频道登陆台湾全华行动电视网手机终端；厦门台湾合拍闽南话电视剧《幸福的脚步》；2016 海峡两岸民间艺术节暨“乡音之旅”展演首次在金门举办；由福建省出版物发行业协会、两岸出版交流协会（台湾）指导，厦门日报（微博）社、厦门市出版物发行业协会、厦门市文化创意产业协会主办的海峡两岸最美书展在厦门举行；由厦门筼筜书院与厦门大学国学研究院共同主办的第八届海峡两岸国学论坛在厦门举行；厦门卫视策划的闽南文化季播节目《闽南话听讲大会》于 8 月 13 日首播；由厦门市文化广电新闻出版局非遗办、厦门市语言文字工作委员会语委办联合举办的 2016 年厦门市闽南方言与文化进校园进社区首期师资研习班在厦门举行。

【海峡两岸新年音乐盛典在厦门举办】

2016 年 1 月 1 日，由厦门广电集团和海沧旅游投资有限公司等主办的“你好 2016”海峡两岸新年音乐盛典在海沧体育中心举办。该活动是厦门新年第一场音乐盛事，邀请多名两岸知名音乐人到厦门演出。活动以两岸共庆新年为主题，通过欢庆 2016、祝福明天、放飞梦想 3 个篇章，全方位、多角度、立体呈现两岸民众共叙乡情场景，表达对新年两岸关系和平发展的美好愿望。

【《厦门两岸青年创业创新创客基地扶持办法实施细则》出台】 2016年1月8日，在日月光华·两岸青年创客发展论坛大会上，厦门自贸片区管委会正式对外发布《厦门两岸青年创业创新创客基地扶持办法实施细则》，该细则是对2015年8月出台的《厦门两岸青年创业创新创客基地扶持办法》进一步细化落实。厦门两岸青年创业创新创客基地是大陆唯一一个位于自贸试验区和台商投资区内的服务两岸青年的创业基地，根据细则，入驻基地的企业可以申请享受优惠政策，基地内符合要求的企业可享受办公场所及创客、虚拟与现实体验基地的装修改造补助，两岸创业者在开办补助、住房补贴、租金补贴、贷款担保补贴等方面可得到支持。

【厦台海运快件首次直通晋江陆地港】 2016年1月8日，由“小三通”（见P196小资料“小三通”）台轮“SHANG HE SHENG”号装载的2个标箱共181件日用品在厦门东渡检验检疫局的监督下实施检疫处理后，从同益码头中转至晋江陆地港，由目的地检验检疫机构实施检验监管。这是自厦门获批大陆首个对台海运快件试点城市之后，厦台海运快件首次实施直通放行至晋江陆地港。该直通放行模式，可进一步为运营企业降低物流成本20%以上，缩短快件运递时间至少1天以上。

【两岸智能可穿戴创业孵化基地落户厦门】 2016年1月10日，由中国可穿戴计算产业技术创新战略联盟、思明区政府、前海凤凰谷投资（深圳）有限公司三方合作创建的凤凰谷——两岸智能可穿戴创业孵化基地正式落户厦门软件园二期的思明区创客中心，并进行首批6个入驻项目签约仪式。该基地旨在孵化智能可穿戴、云计算、大数据、移动互联网、机器人、健康医疗等新兴领域的创新创业项目，同时整合大陆、台湾、香港的智能可穿戴、智能制造等行业资源，协助鞋服、钟表、珠宝首饰、箱包等传统企业升级改造为互联网企业，共同推进新兴产业发展。启动仪式后，举行“2016创新创客·预见未来”高峰论坛。

【金门县议会参访团到访厦门】 2016年2月9日，金门县议会副议长洪丽萍、谢东龙率金门县议会参访团到厦门参访。参访团拜访厦门市人大常委会，就建立厦金“两会”常态化互访交流机制，共同推动厦门金门合作进行商谈。参访团还拜访厦门市台办，就观光旅游、经贸合作、环境保护等议题展开座谈。座谈中，参访团高度关注两岸关系特别是厦金合作未来发展，主要体现在4个方面：（1）台湾政局更迭不应影响金门发展和厦金合作；（2）金门应该在新形势下发挥更独特的作用；（3）要充分发挥厦金“小三通”（见P196小资料“小三通”）的“试办”功能；（4）金门县议会在促进厦金合作中可发挥重要作用。另外，参访团还拜访厦门港口局，就两地港口建设和建立厦金航线船班调节机制等事项进行商谈。

【第152届闽台送王船“迎王祈福”活动举办】 2016年2月11日，由华藏庵管理委员会主办、厦门市同安区吕厝社区协办的第152届闽台送王船“迎王祈福”活动在同安区吕厝华藏庵举行，来自中国闽南、中国台湾及东南亚等地的民众约10万人参与活动。吕厝华藏庵“迎王—送王船”活动4年一届，有600多年历史，台湾许多地方的送王船习俗大多源自同安吕厝华藏庵。闽台送王船习俗活动于2011年被列为国家级非物质文化遗产，吕厝华藏庵成为市级和省级民间信仰活动场所联系点、海峡两岸（厦门）交流基地和厦门市送王船习俗传承基地。

【39家企业挂牌两岸股权交易市场】 2016年2月10日，天目领航公司在厦门两岸股权交易市场取得厦门两岸/深圳前海同步共享股权代码1000个连续号段，设立物联网专区，并为第一批39家股份有限公司集体挂牌。此次挂牌标志着天目领航模式的双创物联网项目对接启动，中小微企业利用物联网思维的“创新型商业模式”开始落地。

【陆资企业首获台湾观光旅游业营业执照并对外营业】 2016年2月15日，由厦门陆岛集团投资的金门陆岛酒店一期正式对外营业。金门陆岛酒店有限公司于2月24日获得台湾观光主管部门颁发的观光旅馆业营业执照，成为首家取得在台湾开展餐饮、会议场所、休闲场所及商店经营等业务资质的陆资企业。2011年，厦门陆岛酒店有限公司在台湾投资设立金门陆岛酒店有限公司，并于2014年获得金门5510平方米的经营性土地证，成为自《海峡两岸经济合作框架协议》（ECFA）签订之后，获台湾土地所有权的首个陆资企业。陆岛酒店一期工程投资金额1.8亿元。

【台南—金门—厦门航线开通】 2016年

2月11日，第152届闽台送王船“迎王祈福”活动现场 （陈嘉新 摄）

2月18日，厦门口岸开通台南—金门—厦门新航线，每周一、四从台南安平港出发。该航线为台南水果出口提供更便捷通道，从台南到金门比从高雄到金门可节省大约1.5小时。以“小三通”方式进口的台湾水果占厦门口岸进口台湾水果总量的90%以上，是大陆进口台湾水果最主要通道。该航线开通进一步提升“小三通”的运输能力，促进台湾水果贸易发展。厦门检验检疫局对进口台湾水果诚信企业实行“同等优先，适当放宽”的快速验放模式，实施24小时人等船，随到随检，相较其他进口查验模式可节省通检时间2～3天。厦门口岸连续8年成为大陆最大的台湾水果集散地。

·小资料·

小三通：台湾当局在两岸未能事先磋商的情况下于2000年12月13日单方面批准的《试办金门马祖与大陆地区通航实施办法》，俗称“小三通”。

【国台办领导考察厦门自贸片区海沧园区】 2016年3月8日，国台办副主任龙明彪一行对厦门自贸片区海沧园区进行考察。在一品创客·海峡两岸无人机暨智能机器人孵化基地内，龙明彪详细了解无人机、机器人等新兴领域创新创业项目后表示，要集聚海峡两岸创新资源，让智能制造覆盖更多行业、更广范围。在海峡两岸青年创业基地，龙明彪详细了解基地运作情况、扶持政策，并与台湾青年深入交流后，肯定基地所取得的成效，他希望，厦门市进一步扶持海峡两岸青年创业基地做大做强，吸引更多台湾青年到厦创业就业；同时，要为台湾创业就业青年营造良好的生活和工作环境，使海峡两岸青年创业基地成为台湾青年的创业就业乐土。

【海峡交流文化中心在厦门揭牌】 2016年3月9日，海峡交流文化中心揭牌仪式在厦门举行。全国台联会会长汪毅夫，国台办副主任龙明彪，厦门大学党委副书记、副校长、两岸关系和平发展协同创新中心主任李建发，中心执行主任刘国深，海峡两岸青少年文化交流基金会会长姚志胜一同为海峡交流文化中心揭牌。海峡交流文化中心是由两岸关系和平发展协同创新中心和香港海峡两岸青少年文化交流基金会共同发起，旨在承担两岸文教交流，特别是两岸青少年交流合作的公益性民间机构，海峡两岸青少年文化交流基金会计划投入20亿元人民币打造海峡交流文化中心活动基地。2015年11月5日，海峡交流文化中心获国务院台湾事务办公室批准设立，由国台办提供业务指导，海峡两岸青少年文化交流基金会提供资金支持，两岸关系和平发展协同创新中心提供智力和学术资源保障；是民间社会力量和学术研究机构强强联合、优势互补，共同打造集交流、教育、培训、科研、实践于一体的特色鲜明的两岸文化交流平台。

【2016厦门—台湾现代化职业教育论坛举办】 2016年3月9日，由厦门市教育学会、厦门市台联和台湾两岸现代化职业教育协会主办的2016厦门—台湾现代化职业教育论坛在厦门信息学校举办。来自两岸的教育界专家、学者及职业院校负责人近200人参加论坛。省教育厅及厦门市教育局有关领导、台湾地区教育主管部门原负责人吴清基等出席论坛。通过主题演讲、职教沙龙等形式，两岸职教专家、学者就两岸职教发展现状和前景进行交流，探讨引进国际权威的职业资格证书与课程、两岸广泛开展职业技能大赛与创业大赛等具体性项目；并针对两岸学校联合办学、托管等模式，就共同建立两岸技职教育合作机制进行探讨。

【公安部授权厦门为在厦门省外居民办理一次性赴台证件】 2016年3月25日，省公安厅召开新闻发布会，宣布公安部支持福建自贸试验区发展的10条出入境新政，其中包括授权福建省出入境管理部门为临时到闽的省外居民赴台团队旅游办理一次性有效证件。自4月1日起，临时到闽的省外居民经厦门赴金门、澎湖团队旅游或乘坐邮轮赴台湾团队旅游，可在厦门有资质旅行社的组织下，向厦门出入境管理部门申办“一次有效往来台湾通行证”，在1～2个工作日内便可办结。此类游客赴台旅游必须以团进团出方式经旅行社组团。为临时到厦门的省外居民赴台旅游办理“一次有效往来台湾通行证”，是中央支持福建自贸区建设的优惠政策。

【第九届海峡两岸保生慈济文化旅游节】 2016年4月8日，第九届海峡两岸（厦门海沧）保生慈济文化旅游节在厦门市海沧区青礁慈济祖宫开幕，来自中国港台地区、东南亚国家近500名嘉宾及市领导黄强、陈津、陈昌生，中国国民党中常委柯贞竹等出席开幕式。此前，青礁慈济祖宫已举办8届保生慈济文化节，共吸引近3万名台胞参加，该文化节成为两岸交流一大盛事。该届活动持续到4月18日，以“两岸一家亲　共建新家园”为主题，贯彻“一带一路”倡议，突出对台特色，深入挖掘与弘扬保生慈济文化，进一步推进厦门对台交流多元化。柯贞竹表示，两岸同根同源、血脉相通，保生圣德两岸同崇，举办这样的民俗活动，能够促进两岸同胞更好地交流，非常有意义。

【海协会会长到厦门参加2016厦门工博会及调研】 2016年4月11～12日，海协会会长陈德铭到厦门出席“2016厦门工博会”暨第二十届“台交会”，并发表主旨演讲。在厦门期间，陈德铭会长走访冠捷、友达光电和晶宇光电等部分台企和厦门大学，并分别与厦门台商代表、厦门大学台湾研究院专家学者进行座谈，就两岸关系中经济、政治等方面的热点问题开展调研。市委副书记洪碧玲陪同走访台企及出席两场座谈会，省台办主任吴国盛、市台办主任黄河明等全程陪同。

【厦门工业博览会暨海峡两岸机械电子商品交易会】（见P320同名条目）

【厦门试点认可台湾地区认证检测结果】 2016年4月15日，厦门检验检疫局召开新闻发布会，宣布从5月1日起，厦门市试点认可台湾地区认证检测结果，首批试点从厨房小家电开始，厦门检验检疫局将正式实施《厦门检验检疫局中国（福建）自由贸易试验区厦门片区台湾地区输大陆强制性认证产品检测处理实施细则》，对从厦门自贸片区入境，未获得大陆CCC认证（强制性产品认证制度）的小批量台湾家电产品，采用“口岸检测，合格放行”方式进口，试点认可台湾地区认证检测结果，降低抽批率，减少检测费用，促进台湾CCC认证产品入境。该细则实施有助于推动两岸强制性产品认证的互认合作，促进两岸贸易往来，吸引进口商将厦门口岸作为进口台湾产品的主要贸易口岸及大陆市场销售的集散地。

【厦蓉欧班列运输首单台湾货物】（见P299【厦蓉欧班列迎来首单台湾货物】）

【厦门海峡两岸旅游集市在厦门自贸片区开市】 2016年4月23日，由厦门市旅游局、海沧区政府、厦门欣欣信息有限公司等主办的厦门海峡两岸旅游集市在厦门自贸片区海沧园区腾邦欣欣旅游产业园正式开市，27家台湾旅游观光工厂入驻腾邦欣欣旅游产业园。厦门市旅游局为该产业园区的厦门海峡两岸旅游要素交易中心、厦门海峡两岸旅游创业基地授牌。旅游集市推出由27家台湾旅游观光工厂共同打造的“台湾梦工厂”特别项目，开放集目的地体验区、旅游产品展示区的旅游主题馆。腾邦欣欣旅游产业园一期工程完成，二期工程建设启动，为行业参与者提供线上线下一体化综合服务。厦门海峡两岸旅游创业基地为两岸旅游创业者提供办公场所、融资对接、项目申报等常规服务，同时提供技术、产品、市场等创业服务。

【第十二届海峡旅游博览会】 2016年5月5～8日，由国家旅游局、福建省政府主办，福建省旅游局、厦门市政府承办的第十二届海峡旅游博览会在厦门国际会展中心举办，国家旅游局副局长杜江、福建省副省长梁建勇、厦门市副市长倪超等巡视展馆。旅博会以两岸为主，辐射东南亚、日韩等地区和国家，已举办11届，成为两岸旅游交流合作重要平台、旅游招商引资重要渠道和推进“海上丝绸之路旅游核心区”建设重要载体，是大陆唯一面向两岸旅游业界的品牌展会。该届旅博会秉承“融合发展·合作共赢”主旨，着力“创新、协调、绿色、开放、共享”办会，创3个之最：参展人数创历届之最，参会客商人数近万人；展会规模创历届之最，创新设置“一带一路”等9个展区，展馆面积约33000平方米，展位1500个；台湾客商参展创历届之最，台湾展商展销面积比上年翻一番。该届旅博会主要活动概括为“1+7+1”，是历届旅博会活动最为丰富、涉及领域最广泛的一届。旅博会期间，由厦门金门旅游行政主管部门首次联手举办“厦金两门旅游节”活动，组织大陆旅游业者赴金门考察，“发现金门”专题网站（www.visitxm.com/kinmen）正式上线。

·小资料·

1+7+1：“1”即一大旅游精品会展；“7”即7个主题活动，包括了两岸乡村旅游圆桌会议、两岸及港澳地区摄影大展、两岸及港澳地区名导论剑、两岸旅游文创商品大赛及讲评大会、“旅游+VR”高峰论坛、“清新福建之夜”旅游推介会、“海上丝绸之路旅游推广联盟”工作会议；后面的“1”，即同期举行1个“厦金两门旅游节”活动。

【联发2016海峡两岸龙舟文化节】 2016年5月28～29日，由国家体育总局社会体育指导中心、中国龙舟协会、政协厦门市委员会、福建省体育局主办的联发2016海峡两岸（集美）龙舟文化节暨“嘉庚杯”“敬贤杯”海峡两岸龙舟赛在厦门市集美区举办。国家体育总局社体中心原主任、中国龙舟协会荣誉会长李杰，全国台联副会长杨毅周，市领导张健、黄菱、叶重耕等参加开幕仪式，并在水上为龙船“点睛”，共有来自两岸的59支队伍参赛，其中有24支队伍来自台湾地区。该届龙舟文化节活动主要包括第十一届“嘉庚杯”“敬贤杯”海峡两岸龙舟赛、第三届中国龙舟拔河公开赛（集美站）两大赛事，以及风雅端午、古礼端午、民俗端午、童趣端午、印象端午等5个主题系列龙舟文化活动，“端午大祭典”首次邀请两岸青年团体共同参与。广州白云人和龙舟队和集美街道女队分别获“嘉庚杯”和“敬贤杯”。

【第八届海峡论坛在福建厦门等地举办】 2016年6月11～17日，第八届海峡论坛在福建厦门等地举办。12日，论坛大会在厦门举行，中共中央政治局常委、全国政协主席俞正声出席论坛大会并致辞。两岸各界人士1700多人出席论坛大会，其中台湾嘉宾1100人。中国国民党副主席胡志强、花莲县县长傅崐萁等在发言中表示，两岸民众是两岸关系发展最有力的推动者，应当大力加强两岸民众交流，推动两岸和平发展。台湾地区另有11位县市长、议长以及各界知名人士参会。（参见P320【第八届海峡论坛】）

【俞正声出席青创先锋汇交流活动】（见P267同名条目）

【两岸青创基地建设】 2016年，厦门市委、市政府召开促进台湾青年到厦就业创业工作会议，市领导相继率队走访青创基地，研究解决相关问题，兑现发放2016年度市级两岸青年创业基地专项奖励资金350万元。厦门市推出“517找工作”服务青年就业创业云平台，成立台湾青年到厦就业创业实训基地。中共中央台办、国务院台办于8月18日在浙江义乌召开会议，授牌新设20个海峡两岸青年创业基地和11个海峡两岸青年就业创业示范点，厦门云创智谷获设海峡两岸青年创业基地，厦门市由国台办授牌的海峡两岸青年创业基地增至4家。厦门市的22个两岸青年创业基地共入驻各类台湾创业团队400多个，创业和就业台湾青年超1000人。

【全国首个台湾创业馆开馆】 2016年6月11日，全国首个台湾创业馆在厦门海沧自贸园区创业广场正式开馆。该馆由厦门市台商协会重要会员单位参与成立的投资公司运营，面积约1.35万平方米，专注于两岸中小企业创新、两岸服务外包及人才引进，主要包括创新金融、创新服务外包、创新互联网OTO、高端台湾生活文创、高端生物检验等新兴产业和现代服务业五大板块，为台湾青年创业以及台商转型提供一系列投资便利化服务和资金扶持政策。台湾创业馆下设台湾办事处、人才中介公司、电子商务公司、小额信贷公司。台湾创业馆包括台湾青年就业创业实训基地、海峡妇女创业就业基地、自贸试验区两岸义工实训基地等多个基地，至年底入驻台湾企业近30家。通过台胞服务台胞，该馆旨在为台湾人才提供就业培训、岗位实训等全链条式服务，帮助台商一代转型、二代创业，吸引更多台湾青年到大陆创业发展。

【海峡两岸郑成功文化节举办】 2016年6月22～24日，由厦门市思明区政府主办，厦门市延平郡王祠管委会、厦门市思明区群众文化协会、全台祭祀开台圣王延平郡王郑成功联合会承办的2016年海峡两岸郑成功文化节在厦门举办。330位两岸嘉宾参加6月22日的开幕式，其中有250多位来自台湾。文化节以“成功海丝·航渡台湾”为主题，举办包括郑成功文化节开幕式暨郑成功颂典祀宴礼、两岸青年文创交流暨文创作品展示会、郑成功海商航路文化展、厦门市郑成功史迹之旅、厦门市艺术表演团队戏剧演出、两岸成功文化公益市集等多项活动。主办方表示，大力弘扬郑成功文化，能更好地让台湾民众了解两岸文化脉络，为两岸信众和专家学者提供交流的平台，促进两岸在民间信仰、民间学术、民间文艺等领域的合作与交流。

【2016“海丝”大学生创新创业大赛举办】 2016年7月19日，由福建省青年联合会、福建省学生联合会、集美区政府、华侨大学、台湾中原大学联合主办的第六届海峡两岸高校文化与创意论坛暨2016“海丝”大学生创新创业大赛在华侨大学厦门校区开幕，来自海上丝绸之路沿岸21个国家和地区、42所高校的111名大学生通过论坛和竞赛形式，交流文化创意。论坛以“文化社区·创意营造”为主题，为期7天。24日，论坛举办2016“海丝”大学生创新创业大赛，大赛以“100+7，老社区与新青年的邂逅”为主题，以嘉庚故里——集美区大社社区为设计载体，以个体报名和团队比赛的形式完成空间设计与营销专题；比赛共设金奖1名，银奖2名，铜奖2名，优秀奖5名，福建工程学院设计学院的林伟捷等3位大学生所在团队分别获得金奖与铜奖。论坛期间，还举办“相见欢”沙龙、主题演讲、参赛培训会、考察调研等活动。

【第八届厦金海峡横渡活动】 2016年7月31日，由中国游泳协会、厦门市政府、中国台北成人游泳协会及金门县政府共同主办的第八届厦金海峡横渡活动在厦门金门两地举办，来自海峡两岸及港澳地区的91队、182名选手以双人接力的形式，从小金门双口村海域游到厦门环岛路椰风寨救生指挥中心。最终，来自福建洲克游泳队的陈慈、李奕琳以1小时43分34秒夺得女子组冠军，其中李奕琳是连续两届获得厦金海峡横渡女子组冠军头衔；来自台湾新北丽园小学的卓沛齐、卓承齐兄弟以1小时33分18秒的成绩夺得男子A组冠军，创赛会历史最好成绩；来自天津市穆莹游泳俱乐部的刘博、尹默林夺得男子B组冠军，成绩1小时56分59秒。该届赛事被国台办列为2016年重点交流项目。当日晚上，活动颁奖仪式在厦门举行，厦门市副市长国桂荣、金门县副县长吴成典等出席。国桂荣表示，厦金海峡横渡活动有利于发挥体育独特的交流沟通作用，构建两岸同胞心灵沟通的平台，使两岸同胞心更近，情更深。

【大陆学生赴台就学准备】 2016年，厦门市共有295名学生被台湾地区57所高校录取，其中博士35人，硕士61人，学士199人。最终确定到台就读的大陆学生有290人。根据要求，厦门市台办分别于7月29日、8月6日分两场对2016年度新录取的大陆学生开展集中行前教育，共有近600位的学生和家长参加，同时出具“赴台学习证明”265份。其余大陆学生采取单个辅导方式，每位赴台学生和家长都参加行前教育。

【第十一届两岸经贸合作与发展论坛举办】 2016年9月8日，由商务部、国台办主办，台湾商业总会协办的第十一届两岸经贸合作与发展论坛在厦门国际会议中心举行。该届两岸经贸合作与发展论坛的主题是“共享大陆改革机遇、共谋两岸创新发展”，商务部副部长王受文、国台办经济局副局长郑慷、厦门市政协副主席詹沧洲、台湾商业总会理事长赖正镒参加论坛。王受文就推进两岸经贸交流合作提出3点希望：（1）多层次地建立和完善维系两岸经贸关系发展的交流渠道；（2）地方政府为台资企业发展提供更好的经营和融资环境，推动大陆台资企业就地转型升级、投资中西部地区；（3）两岸企业在先进制造业、生产性服务业和生活性服务业等领域继续深化合作水平，共同提高全球竞争力。台湾中华经济研究院院长吴中书表示，台湾有生技医疗产业、绿能产业等五大重点产业，两岸在产业合作方面要进行产业链的分工布局，采取竞合方式，促进共同发展。

【《开台王颜思齐》中央电视台全球首播】 2016年9月11日，由厦门市海沧台商投资区策划投资，海沧电视台、厦门文广影音公司、央视纪录国际传媒公司联合摄制的大型历史人文纪录片《开台王颜思齐》在中央电视台纪录频道（CCTV-9）全球首播。该片讲述厦门海沧历史传奇人物——“开台第一人”颜思齐，明朝末年率闽南健儿纵横台湾海峡，拓展海上贸易，征召大陆移民，拓垦荒山野岭，揭开台湾400年开发史序幕。该片遵从“两岸一家亲，共建新家园”时代主题，呼唤两岸共同续写一脉相承的华夏文明，携手开创中华民族光明未来。

【厦门和台湾社区对接合作】 2016年，厦门市出台《关于深化两岸社区交流合作，打造两岸同胞温馨家园的实施意见》及2016年工作方案。厦门市组织社区骨干赴台开展社区对接，及参加社区治理培训。金门县村里长联谊会参访团到厦考察厦金社区对接情况。6月11日，第三届海峡两岸社区治理论坛在厦门举行，来自海峡两岸的专家学者等200余人参加，与会者围绕“共建、共享、共融”论坛主题讨论社区治理的交流合作。10月1日，首批20名在厦门的台湾大学生到20个厦门社区挂职实习，在10个月实习期内，20名台生将深入对口社区，跟随社区主任参与社区或社区书院具体工作。

【2016同安孔子文化节举办】 2016年10月9日，由厦门市同安区社科联主办，厦门市闽南文化研究会、同安区博物馆承办的2016同安孔子文化节在同安孔庙举行，来自海峡两岸的嘉宾参加“同安释奠礼”祭孔大典。此次文化节主题为“礼仪传世·文化同安”，两岸同胞遵循古礼，身着汉服，敬香行礼，诵读祭词，现场还有经典诵读、成人礼、开笔礼等环节。文化节的金门主祭人李锡隆表示，希望此后两岸交流越来越密切，共同推动办好同安孔子文化节。

【2016海峡两岸民间艺术节在金门举办】 （见P453【2016海峡两岸民间艺术节暨“乡音之旅”巡演】）

【2016海峡两岸（厦门）乐活节】 2016

年 10 月 22 日，由厦门海沧台商投资区管委会主办的 2016 海峡两岸（厦门）乐活节在海沧区沧江剧院开幕，全国台联副会长杨毅周、全国青联副主席冯鸿昌等出席，厦门市委副书记陈秋雄出席并致辞。该届乐活节以“两岸一家亲·共建新家园”为主题，倡导“健康、快乐、环保、可持续”的乐活理念，围绕“乐善、乐业、乐艺、乐动”四大主题板块，举办 28 个分项活动。活动持续至 12 月 18 日。海峡两岸（厦门）乐活节于 2014 年首次举办，连续举办三届，乐活节“健康、快乐、环保、可持续”理念吸引两岸民众广泛关注和踊跃参与。

【第十届海峡两岸百名中小学校长论坛在台北举行】 2016 年 10 月 26 日，由台湾省教育会、厦门市教育局、中国教育会联合举办的第十届海峡两岸百名中小学校长论坛在台北举行，约 50 名来自福建、陕西、上海等地的大陆校长参加，此次论坛围绕中小学生的生活技能教育展开探讨。论坛为两岸教育人搭建学习交流平台，大家学习、借鉴彼此成功的办学经验和做法，展示各自在教育该给发展方面的成果和风采，是两岸长久关系的“希望工程”和基础工程。

【国台办领导参观第九届海峡两岸文博会】 2016 年 11 月 6 日，国台办副主任龙明彪一行到厦门国际会展中心参观第九届海峡两岸文博会，市委常委、宣传部部长叶重耕陪同。龙明彪先后参观长征路上的非遗、台湾顶级工艺展厅、台湾工艺品展区、东方茶席邀请展、两岸高校设计展区、台湾文创购物节等该届文博会主要场馆。2016 年的两岸文博会扩大两岸交流范围，首次设立两岸高校设计展，龙明彪表示，要继续提供机会，鼓励台湾学生到大陆创业，利用双创背景，寻找更多合作机会，实现两岸合作共赢。（参见 P453【第九届海峡两岸文博会】）

【两岸企业家峰会年会】（见 P117 同名条目）

【2016 两岸四地（厦门）会展合作高峰论坛】 2016 年 11 月 7～10 日，由厦门市会展局、香港贸易发展局、澳门贸易投资促进局、台湾展览暨会议商业同业公会联合主办的“2016 两岸四地（厦门）会展合作高峰论坛暨厦门国际会展周”在厦门举办。此次论坛为期 4 天，包括主题演讲、研讨座谈、项目对接洽谈、专题培训、会展设施考察等内容。论坛期间还举办 2016 亚洲会展协会联盟（AFECA）年会、2016 亚洲青年会展竞赛、2016 中国（厦门）商务会旅游系列活动，来自两岸的主办单位代表、AFECA 年会嘉宾、会展企业代表、会展供应商代表等 1000 余人与会，共同探讨两岸会展管理体系的比较和会展合作机制建设。该次论坛以厦门的区位优势和产业优势为依托，紧扣国家促进两岸合作交流战略，汇聚两岸会展人的力量，共同搭建两岸会展合作交流之平台，共拓国际市场。

【2016 两岸斗茶茶王争霸赛颁奖典礼】 2016 年 12 月 18 日，由厦门市茶叶协会、《厦门晚报》等主办的 2016 两岸斗茶茶王争霸赛颁奖典礼在厦门举办。来自台湾嘉义、武夷山、安溪、厦门、漳州、云南等赛区的茶农参加争霸赛，其中台湾茶农参赛茶样 1800 多个。该争霸赛评出清香型铁观音、浓香型铁观音、白芽奇兰、青心乌龙、大红袍、普洱茶、红茶和凤凰单枞八大茶类系列奖项。清香型铁观音茶王得主陈素全，是 2014 年清香型铁观音茶王以及 2013 年的浓香型铁观音茶王得主；武夷岩茶组茶王得主叶娟，是 2015 年武夷岩茶茶王获得者；来自安溪清和馨茶庄的吴清白送评的 5 个茶样，获得 1 个金奖、1 个铜奖、3 个优质奖。海峡两岸的茶农、茶商通过两岸斗茶，进行工艺、市场营销等方面的互动与交流，实现互惠互利。

【第二届两岸“曾子文化”论坛】 2016 年 12 月 21 日，由厦门圣心曾子书院主办的第二届两岸“曾子文化”论坛在厦门举办。该届论坛邀请两岸专家学者围绕弘扬曾子孝道、修齐治平思想为主题进行发言。厦门曾子书院是由厦门市民政局等单位于 2016 年正式批复成立的以两岸国学精粹研究为重点的文化交流及研究机构。主办方表示，希望借助此次论坛，把孝道精神践行到每个家庭和全社会，同时加深两岸文化互动。

（谢嘉兴）

责任编辑：胡　恩
审　　稿：孙志红
责任校对：曲　艺

9 法治

政法委及综治

【概　况】2016年，厦门市政法综治部门以防控风险、服务发展为主线，推进平安厦门、法治厦门和干警队伍建设，着力破解难题、补齐短板，全市社会大局持续稳定，综治责任制考评获评全省优秀，得到到厦门考察调研的中共中央政治局委员、中央政法委书记孟建柱充分肯定。政法综治部门出台综治责任制具体实施办法和综治考评奖惩办法，明确市各级各部门综治领导责任分工，严格奖惩制度落实，规范责任追究情形和追究手段；开展打击“盗抢骗”、缉枪治爆、“飓风肃毒”等专项行动，刑事类警情比上年下降22.61%，为近10年新低，命案破案率100%；多元化纠纷解决机制进一步完善，全年共排查调处各类矛盾纠纷近1.5万件，增长17.7%；持续推进信访改革，信访总量下降6.5%；建立“全市政法委系统正处级干部党建信息库”；全市政法系统和政法干警全力参与防抗台风“莫兰蒂”和灾后恢复重建工作，政法干警队伍以优良作风和爱民情怀，进一步密切警民关系、干群关系。公安机关牵头建立城市公共安全管理平台，提升公共安全预测预警预防能力，获评全国公安机关改革创新大赛金奖。加大政法典型培树力度，涌现出时代楷模、一级英模陈清洲。公安机关牵头建立城市公共安全管理平台，提升公共安全预测预警预防能力，获评全国公安机关改革创新大赛金奖；建立“厦门百姓”APP平台；全面实施网格化服务管理模式，城乡社区网格化服务管理信息平台实现区、镇（街）、社区分级运行、三级联动；开展“严重精神障碍患者肇事肇祸”“寄递物流安全管理”等“六个专项治理”工作，形成市反诈骗中心、民爆安全监管检查信息系统、大数据缉毒实战平台等在全国、全省有影响的品牌。全省社会治安综合治理创新工作推进会在厦召开，总结推广厦门市经验。

【法治厦门建设】2016年，厦门市全面推进司法体制改革，确定全市首批入额法官、检察官594人（法官340人、检察官254人），健全完善司法责任制，统筹推进刑事速裁、认罪认罚从宽、人民陪审员等改革试点工作。圆满完成“六五”普法任务，全市有6个集体、5名个人获全国“六五”普法表彰。高标准启动“七五”普法活动，出台“七五”普法规划。打造区域性法律服务中心，厦门国际商事仲裁及国际商事调解业务快速拓展，鹭江公证处在全国首创“公证云平台”，中国公证协会知识产权保护平台落户厦门市。公共法律服务体系进一步完善，全市村（社区）法律顾问共提供法律咨询约1.2万人次，化解矛盾纠纷773件，法治厦门建设的经验做法在全省交流推广。

【互联网+群防群治】2016年初，为适应新形势下群防群治工作需要，发动广大市民群众共同参与“最具安全感城市”建设，市综治办、市公安局共同策划开展“互联网+群防群治”工作。开发应用“厦门百姓”APP，广泛吸纳全市各类志愿者实名注册加入，形成全市统一群防群治队伍基础数据库。至年底，“厦门百姓”APP平台注册群防队员超过11万人，通过平台发布并执行有关任务319万余人次，采集各类信息212万余条。构建“互联网+群防群治”指挥体系，依托市公安局110指挥中心，设立“互联网+群防群治”处置专席，通过市局、分局、派出所三级指令分发平台，建立纵向指挥体系。推行1名社区民警+社区治保会主任+网格员+基层群防群治队员的“1+N”社区群防群治队伍建设模式，在试点镇（街）设立巡防大队、社区设巡防中队，推进统一招聘管理、职责任务、经费保障等“六统一”规范化建设，推动基层治保会实体化运作。完善“互联网+群防群治”保障机制，出台积分奖励办法，制定群防群治力量招募发展、职责任务、经费保障等一系列配套制度，通过奖品兑换、微信红包、排名奖励等方式兑现积分，有效调动群众参与平安建设积极性。（参见P212【“互联网+群防群治”平台】）

（柯少峰）

·小资料·

“厦门百姓”APP：是一款集线索举报、群防任务、日常采集、在线力量调度等功能于一身，涵盖群众手机客户端、民警手机客户端的群防群治管理应用手

2016 年，“厦门百姓”APP 平台工作中心现场　　（厦门政法委提供）

机平台。通过该手机平台，群防群治队伍可即时接收群防任务、举报各类违法犯罪线索、采集治安要素信息等，民警可即时发布协助任务指令、征集犯罪线索、调度群防力量等。“厦门百姓”APP 可通过安卓和苹果两大手机应用商店下载，凡志愿参与群防群治工作的群众都可以下载并注册成为群防群治队员。

政府法治建设

【概　况】 2016 年，厦门市政府法治工作贯彻中共中央、国务院《法治政府建设实施纲要（2015～2020 年）》精神，围绕建设“五大发展”示范市重大战略决策，推进依法行政，着力打造法治政府。市委、市政府出台《厦门市法治政府建设实施方案》，对“十三五”期间厦门市法治政府建设作出全面部署，明确指导思想、工作目标和基本要求，对 9 个方面 122 项重点工作进行任务分解和责任分工。厦门市开展依法行政示范单位创建活动，对期满的 6 个依法行政示范单位进行复评，对 2016 年度开展依法行政工作情况进行考核验收。集美区政府、翔安区政府、市经信局、市公安局等 6 个单位 2014 至 2016 年度依法行政工作考评为优秀。采集各区政府、市政府各部门 2016 年度依法行政工作指标，重点完成推进依法行政情况、执法案卷评查的量化考评，推动各区政府、市政府各部门依法行政工作落实，将考核结果纳入市政府对各区政府、市政府各部门绩效考核内容。在福建省政府对各设区市政府绩效评估依法行政指标考核中，厦门市以满分的成绩保持全省第一。

【政府立法】 2016 年，市政府制定政府规章 2 件、修改 2 件、废止 1 件；拟定法规草案 5 件，其中制定 3 件、修改 2 件。修改《厦门市城镇职工基本医疗保险规定》和提请市人大常委会审议修改《厦门经济特区失业保险条例（草案）》《厦门经济特区基本养老保险条例（草案）》，减轻企业负担；制定政府规章《厦门市环境教育规定》等，加强生态文明建设，提高群众环境保护意识（见表 9–1）。市法制局完善立法项目征集论证、立法课题等制度，将立法课题研究与编制立法计划挂钩，把课题研究较为成熟的立法项目纳入正式项目。拓宽公众参与政府立法渠道，提高立法透明度和公众参与度，做到所有法规、规章草案均向社会公开征求意见，召开专家论证会，对征求意见采纳情况进行反馈。对事关民生、影响重大的立法项目举行立法听证会，加强与社会公众的沟通，广泛凝聚社会共识。开展立法调研和立法后评估工作。市法制局作为厦门自贸区建设法制保障组牵头单位，组织拟订《厦门经济特区促进中国（福建）自由贸易试验区厦门片区建设条例（草案）》，提请市人大常委会审议通过。对涉及中国（福建）自由贸易试验区厦门片区的有关文件进行清理，提请市政府研究下发《关于在中国（福建）自由贸易试验区厦门片区暂时调整有关市政府文件规定的通知》，对《厦门市关于外商投资项目审批权限的规定》等市政府有关规定在厦门片区予以暂时调整，为自贸区有关体制机制创新消除制度障碍。

【行政执法监督】 2016 年，市法制局、

表 9–1　**2016 年厦门市人民政府规章**

文件名称	通过、公布和施行日期
厦门市人民政府关于修改《厦门市城镇职工基本医疗保险规定》的决定	2016 年 3 月 4 日市人民政府第 102 次常务会议通过，2016 年 3 月 7 日以厦门市人民政府令第 163 号公布，自公布之日起施行
厦门市人民政府关于修改《厦门市城市综合管廊管理办法》的决定	2016 年 5 月 19 日市人民政府第 108 次常务会议通过，2016 年 5 月 25 日以厦门市人民政府令第 164 号公布，自 2016 年 7 月 1 日起施行
厦门市环境教育规定	2016 年 8 月 17 日市人民政府第 114 次常务会议通过，2016 年 8 月 29 日以厦门市人民政府令第 165 号公布，自 2017 年 1 月 1 日起施行
厦门市人民政府关于废止《厦门市人口与计划生育若干规定》的决定	2016 年 8 月 26 日市人民政府第 115 次常务会议通过，2016 年 8 月 30 日以厦门市人民政府令第 166 号公布，自公布之日起生效
厦门市房屋安全管理规定	2016 年 11 月 18 日市人民政府第 122 次常务会议通过，2016 年 11 月 28 日以厦门市人民政府令第 167 号公布，自 2017 年 3 月 1 日起施行

市依法治市办、市政协社法委共同组成检查组，对《厦门市实施〈工伤保险条例〉规定》《厦门市闽南文化生态保护区建设办法》《厦门经济特区道路交通安全若干规定》等法规、规章的执行情况开展执法检查，召开行政相对人座谈会，公开征求各方面意见，掌握法规规章执行情况，督促整改措施落实。市法制局强化行政执法人员培训，全年组织法律知识考试 8 场，经考试合格发放执法证件 578 本。市、区两级政府开展对所属行政执法主体的资格审查，确认公布本级行政执法部门名单。市法制局对全市持有"厦门市行政执法证"的行政执法人员进行清理，换发新版行政执法证，编制《福建省厦门市行政执法人员名单》，在市法制局网站上开设专栏进行公布，实行动态管理，接受社会监督。加强行政自由裁量标准和重大行政处理决定的动态监督工作。根据所依据的法律法规规章和职权变动情况，做好对建立行政裁量基准制度和重大行政处理决定情况的日常督促检查。对市建设局等部门的 4 件行政处罚自由裁量标准调整备案和市海洋渔业局等部门的 11 件重大行政处罚决定备案进行合法性审查。建立统一的网上行政执法平台，完成市级平台改造升级，推动执法平台应用，提升行政执法工作信息化、规范化水平，推进行政权力公开透明运行。健全行政执法与刑事司法衔接机制，对全市行政执法机关接入"两法衔接"信息共享平台工作进行部署，全市两级相关行政执法部门按要求完成平台接入工作，实现信息共享。

【规范性文件管理】 2016 年，市政府开展全市规范性文件清理工作，公布废止和宣布失效市政府文件共 202 件，删除与现行法律、法规不一致的规定，清除与厦门市当前经济社会发展不相适应的规范性文件。完善规范性文件有效期管理的长效机制，提升规范性文件管理水平。全年办理国家、省法律、法规、规章征求意见以及审查市政府出台各类文件 456 件次；受理市政府部门报送审查规范性文件 113 件，审查通过 103 件；受理各区政府报送备案审查规范性文件 158 件，通过备案 154 件；按规定向省政府和市人大常委会报备市政府规范性文件 76 件。出台《厦门市行政机关规范性文件异议审查规程》，明确公民、法人和其他组织对厦门市有关行政规范性文件异议申请及有关审查程序，完善社会各方监督行政规范性文件制定行为制度，进一步拓展对规范性文件的监督渠道。（见表 9–2）

表 9–2　**2016 年厦门市人民政府规范性文件目录**

序号	规范性文件文号	文件名	发布日期	施行日期
1	厦府〔2015〕377 号	厦门市人民政府关于继续实施部分企业扶持政策的通知	2015 年 12 月 24 日	2016 年 1 月 1 日
2	厦府办〔2015〕255 号	厦门市人民政府办公室关于印发厦门市国有土地上房屋征收与补偿实施意见的通知	2015 年 12 月 31 日	2016 年 1 月 31 日
3	厦府〔2015〕381 号	厦门市人民政府关于印发厦门市鼓浪屿家庭旅馆管理办法的通知	2015 年 12 月 30 日	2016 年 1 月 1 日
4	厦府办〔2016〕3 号	厦门市人民政府办公厅关于印发厦门市全国青少年校园足球改革试验区实施意见的通知	2016 年 1 月 8 日	2016 年 1 月 8 日
5	厦府办〔2016〕5 号	厦门市人民政府办公厅关于调整下放住宅房屋征收有关货币补偿审批权限的通知	2016 年 1 月 13 日	2016 年 1 月 13 日
6	厦府办〔2016〕6 号	厦门市人民政府办公厅转发市重点办等部门关于财政投融资市重点项目既有道路提升改造工程管线迁改实施意见的通知	2016 年 1 月 14 日	2016 年 1 月 14 日
7	厦府〔2016〕48 号	厦门市人民政府关于印发厦门市机动车停放服务收费管理办法的通知	2016 年 2 月 5 日	2016 年 3 月 1 日
8	厦府办〔2016〕15 号	厦门市人民政府办公厅关于印发《厦门经济特区燃气安全监管若干规定》相关配套文件的通知	2016 年 2 月 4 日	2016 年 2 月 4 日
9	厦府〔2016〕49 号	厦门市人民政府关于印发厦门市城镇土地基准地价和厦门市地价征收管理若干规定的通知	2016 年 2 月 5 日	2016 年 3 月 1 日
10	厦府办〔2016〕24 号	厦门市人民政府办公厅关于印发厦门市学校食堂食品安全管理责任规定的通知	2016 年 2 月 29 日	2016 年 2 月 29 日
11	厦府〔2016〕73 号	厦门市人民政府关于进一步减轻企业负担的通知	2016 年 3 月 7 日	2016 年 1 月 1 日
12	厦府〔2016〕88 号	厦门市人民政府关于印发厦门市小额贷款公司管理办法的通知	2016 年 3 月 22 日	2016 年 3 月 22 日
13	厦府〔2016〕106 号	厦门市人民政府关于印发厦门市投资顾问聘请管理办法的通知	2016 年 4 月 8 日	2016 年 4 月 8 日
14	厦府〔2016〕120 号	厦门市人民政府关于加快推进残疾人小康进程的实施意见	2016 年 4 月 19 日	2016 年 4 月 19 日
15	厦府〔2016〕128 号	厦门市人民政府关于印发厦门市生活垃圾分类和减量管理办法（试行）的通知	2016 年 4 月 25 日	2016 年 4 月 25 日

续表 9-2

序号	规范性文件文号	文件名	发布日期	施行日期
16	厦府办〔2016〕56 号	厦门市人民政府办公厅转发市国土房产局关于思明区危险房屋调换办法（试行）的通知	2016 年 4 月 22 日	2016 年 5 月 1 日
17	厦府办〔2016〕61 号	厦门市人民政府办公厅关于印发废弃矿点管理暂行规定的通知	2016 年 5 月 7 日	2016 年 7 月 1 日
18	厦府〔2016〕155 号	厦门市人民政府关于印发加强城市停车设施建设工作实施意见的通知	2016 年 5 月 19 日	2016 年 5 月 19 日
19	厦府办〔2016〕63 号	厦门市人民政府办公厅转发市民政局等部门关于厦门市医疗救助办法的通知	2016 年 5 月 15 日	2016 年 5 月 15 日
20	厦府〔2016〕163 号	厦门市人民政府关于印发第二批减轻企业负担政策的通知	2016 年 5 月 24 日	2016 年 6 月 1 日
21	厦府办〔2016〕79 号	厦门市人民政府办公厅转发市环保局关于进一步简政放权深化环评审批制度改革实施方案的通知	2016 年 6 月 6 日	2016 年 6 月 6 日
22	厦府〔2016〕185 号	厦门市人民政府关于公布市级前置审批事项的通知	2016 年 6 月 6 日	2016 年 6 月 6 日
23	厦府〔2016〕186 号	厦门市人民政府关于公布市级行政审批中介服务事项的通知	2016 年 6 月 6 日	2016 年 6 月 6 日
24	厦府〔2016〕188 号	厦门市人民政府关于加快发展现代职业教育的若干意见	2016 年 6 月 6 日	2016 年 6 月 6 日
25	厦府〔2016〕199 号	厦门市人民政府关于印发补充工伤保险实施办法的通知	2016 年 6 月 15 日	2016 年 7 月 1 日
26	厦府办〔2016〕90 号	厦门市人民政府办公厅关于印发培育科技小巨人企业行动计划（2016—2020 年）与科技小巨人领军企业遴选办法的通知	2016 年 6 月 16 日	2016 年 6 月 16 日
27	厦府〔2016〕217 号	厦门市人民政府关于进一步完善城乡义务教育经费保障机制的实施意见	2016 年 6 月 24 日	2016 年 9 月 1 日
28	厦府办〔2016〕97 号	厦门市人民政府办公厅转发市民政局等部门关于厦门市临时救助办法的通知	2016 年 6 月 29 日	2016 年 6 月 29 日
29	厦府〔2016〕218 号	厦门市人民政府关于在用机动车实施简易工况法排气检测的通告	2016 年 6 月 24 日	2016 年 7 月 1 日
30	厦府〔2016〕220 号	厦门市人民政府关于印发加快发展集成电路产业实施意见的通知	2016 年 6 月 27 日	2016 年 6 月 27 日
31	厦府办〔2016〕102 号	厦门市人民政府办公厅关于印发保障社区公共服务设施用地若干意见的通知	2016 年 7 月 6 日	2016 年 7 月 6 日
32	厦府办〔2016〕103 号	厦门市人民政府办公厅关于印发厦门市无丧葬补助居民基本丧葬费用补助办法的通知	2016 年 7 月 11 日	2016 年 7 月 11 日
33	厦府办〔2016〕105 号	厦门市人民政府办公厅转发福建省人民政府办公厅关于促进人力资源服务业加快发展若干意见的通知	2016 年 7 月 15 日	2016 年 7 月 15 日
34	厦府〔2016〕237 号	厦门市人民政府关于公布我市相关社会保险费缴费费率和缴费基数的通知	2016 年 7 月 19 日	2016 年 7 月 19 日
35	厦府办〔2016〕107 号	厦门市人民政府办公厅关于印发促进旅游投资和消费实施若干意见的通知	2016 年 7 月 25 日	2016 年 7 月 25 日
36	厦府办〔2016〕109 号	厦门市人民政府办公厅关于印发进一步加强旅游市场综合监管实施意见的通知	2016 年 7 月 26 日	2016 年 7 月 26 日
37	厦府办〔2016〕108 号	厦门市人民政府办公厅关于印发解决无户口人员登记户口问题专项工作方案的通知	2016 年 7 月 26 日	2016 年 7 月 26 日
38	厦府〔2016〕260 号	厦门市人民政府关于提高 2016 年度工伤保险定期待遇的通知	2016 年 8 月 10 日	2016 年 1 月 1 日
39	厦府办〔2016〕122 号	厦门市人民政府办公厅关于贯彻落实“五证合一、一照一码”登记制度改革的通知	2016 年 8 月 22 日	2016 年 8 月 22 日
40	厦府〔2016〕267 号	厦门市人民政府关于深入推进依法行政加强和改进行政应诉工作的意见	2016 年 8 月 25 日	2016 年 8 月 25 日
41	厦府办〔2016〕131 号	厦门市人民政府办公厅转发市卫生和计划生育委员会　市财政局关于进一步加强计划生育特殊家庭扶助工作意见的通知	2016 年 8 月 29 日	2016 年 1 月 1 日

续表 9-2

序号	规范性文件文号	文件名	发布日期	施行日期
42	厦府办〔2016〕133 号	厦门市人民政府办公厅关于印发贯彻福建省医疗纠纷预防与处理办法实施意见的通知	2016 年 8 月 31 日	2016 年 8 月 31 日
43	厦府〔2016〕278 号	厦门市人民政府关于废止和宣布失效一批市政府文件的通知	2016 年 9 月 6 日	2016 年 9 月 6 日
44	厦府办〔2016〕138 号	厦门市人民政府关于印发农副产品平价商店管理实施细则的通知	2016 年 9 月 5 日	2016 年 9 月 5 日
45	厦府〔2016〕286 号	厦门市人民政府关于印发厦门市排污权有偿使用和交易管理办法的通知	2016 年 9 月 9 日	2016 年 9 月 9 日
46	厦府办〔2016〕144 号	厦门市人民政府办公厅关于印发厦门市“十三五”期间促进服务贸易和服务外包加快发展工作措施的通知	2016 年 9 月 12 日	2016 年 9 月 12 日
47	厦府办〔2016〕151 号	厦门市人民政府办公厅关于印发农村受损住房灾后重建指导意见的通知	2016 年 9 月 19 日	2016 年 9 月 19 日
48	厦府〔2016〕293 号	厦门市人民政府关于促进工业企业灾后恢复生产的意见	2016 年 9 月 20 日	2016 年 9 月 20 日
49	厦府〔2016〕295 号	厦门市人民政府关于促进农业灾后重建恢复生产的若干意见	2016 年 9 月 20 日	2016 年 9 月 20 日
50	厦府〔2016〕303 号	厦门市人民政府关于支持商贸企业灾后恢复经营和保障市场供应的意见	2016 年 9 月 29 日	2016 年 9 月 29 日
51	厦府〔2016〕304 号	厦门市人民政府关于促进旅游景区灾后恢复经营的意见	2016 年 9 月 29 日	2016 年 9 月 29 日
52	厦府〔2016〕305 号	厦门市人民政府关于促进建筑企业灾后恢复生产的意见	2016 年 9 月 29 日	2016 年 9 月 29 日
53	厦府办〔2016〕155 号	厦门市人民政府办公厅关于简化优化审批服务促进工业企业灾后重建的意见	2016 年 9 月 30 日	2016 年 9 月 30 日
54	厦府办〔2016〕154 号	厦门市人民政府办公厅关于进一步促进我市房地产市场平稳健康发展的意见	2016 年 10 月 5 日	2016 年 10 月 5 日
55	厦府〔2016〕309 号	厦门市人民政府关于开展特色小镇规划建设的意见	2016 年 10 月 12 日	2016 年 10 月 12 日
56	厦府〔2016〕310 号	厦门市人民政府关于印发调整我市房屋征收补偿重置价格意见的通知	2016 年 10 月 12 日	2016 年 11 月 12 日
57	厦府办〔2016〕162 号	厦门市人民政府办公厅关于印发调整育苗池和孵化池补偿标准意见的通知	2016 年 10 月 12 日	2016 年 11 月 12 日
58	厦府〔2016〕312 号	厦门市人民政府关于 2016 年调整企业退休及退养人员基本养老金的通知	2016 年 10 月 11 日	2016 年 1 月 1 日
59	厦府办〔2016〕166 号	厦门市人民政府办公室关于印发外贸回稳向好的实施意见的通知	2016 年 10 月 19 日	2016 年 10 月 19 日
60	厦府〔2016〕322 号	厦门市人民政府关于印发城镇土地使用税实施办法的通知	2016 年 10 月 24 日	2016 年 10 月 24 日
61	厦府办〔2016〕168 号	厦门市人民政府办公厅转发市文广新局等部门关于政府向社会力量购买公共文化服务实施办法的通知	2016 年 10 月 28 日	2017 年 1 月 1 日
62	厦府办〔2016〕172 号	厦门市人民政府办公厅转发市市政园林局市地铁办关于轨道交通控制保护区建设（作业）管理暂行办法的通知	2016 年 11 月 1 日	2016 年 12 月 1 日
63	厦府〔2016〕331 号	厦门市人民政府关于促进园林绿化与林业灾后发展的意见	2016 年 11 月 2 日	2016 年 11 月 2 日
64	厦府办〔2016〕174 号	厦门市人民政府办公厅关于进一步做好社区居家养老服务工作的通知	2016 年 11 月 7 日	2016 年 11 月 7 日
65	厦府〔2016〕339 号	厦门市人民政府关于在中国（福建）自由贸易试验区厦门片区暂时调整有关市政府文件规定的通知	2016 年 11 月 8 日	2016 年 11 月 8 日
66	厦府办〔2016〕175 号	厦门市人民政府办公厅关于进一步加强畜禽屠宰行业管理工作的意见	2016 年 11 月 8 日	2016 年 11 月 8 日
67	厦府办〔2016〕176 号	厦门市人民政府办公厅转发市金融办等部门关于促进厦门市银行业金融机构发展绿色金融意见的通知	2016 年 11 月 11 日	2016 年 11 月 11 日

续表 9-2

序号	规范性文件文号	文件名	发布日期	施行日期
68	厦府〔2016〕345 号	厦门市人民政府关于调整部分商事登记前置行政审批事项的通知	2016 年 11 月 14 日	2016 年 11 月 14 日
69	厦府〔2016〕346 号	厦门市人民政府关于印发厦门市生态控制线管理规定的通知	2016 年 11 月 13 日	2016 年 12 月 15 日
70	厦府〔2016〕347 号	厦门市人民政府关于公布厦门市行政执法部门名单的通知	2016 年 11 月 15 日	2016 年 11 月 15 日
71	厦府〔2016〕351 号	厦门市人民政府关于印发厦门市网络预约出租汽车经营服务管理实施细则的通知	2016 年 11 月 20 日	2016 年 11 月 20 日
72	厦府〔2016〕359 号	厦门市人民政府关于推进农村一二三产业融合发展的意见	2016 年 11 月 24 日	2016 年 11 月 24 日
73	厦府〔2016〕362 号	厦门市人民政府关于推进企业上市的意见	2016 年 11 月 23 日	2016 年 11 月 23 日
74	厦府〔2016〕365 号	厦门市人民政府关于进一步加强“两违”拆除和市容环境秩序整治工作的通告	2016 年 12 月 2 日	2016 年 12 月 2 日
75	厦府办〔2016〕200 号	厦门市人民政府办公厅关于全面加强安全生产监管执法的通知	2016 年 11 月 25 日	2016 年 11 月 25 日
76	厦府办〔2016〕194 号	厦门市人民政府办公厅关于贯彻落实福建省实施《居住证暂行条例》办法的通知	2016 年 11 月 30 日	2016 年 11 月 30 日
77	厦府办〔2016〕211 号	厦门市人民政府办公厅关于印发厦门市开展市场准入负面清单制度改革试点实施方案的通知	2016 年 12 月 16 日	2016 年 12 月 16 日
78	厦府〔2016〕386 号	厦门市人民政府关于继续执行部分企业扶持政策的通知	2016 年 12 月 21 日	2017 年 1 月 1 日
79	厦府办〔2016〕215 号	厦门市人民政府办公厅关于调整外商投资管理权限的通知	2016 年 12 月 22 日	2017 年 1 月 1 日
80	厦府办〔2016〕216 号	厦门市人民政府办公厅关于印发厦门市城乡居民养老保险丧葬补助办法的通知	2016 年 12 月 23 日	2017 年 1 月 1 日
81	厦府办〔2016〕220 号	厦门市人民政府办公厅关于印发厦门市集体土地上房屋征收与补偿管理办法的通知	2016 年 12 月 27 日	2017 年 1 月 27 日
82	厦府办〔2016〕218 号	厦门市人民政府办公厅关于发挥品牌引领作用推动供需结构升级的意见	2016 年 12 月 23 日	2016 年 12 月 23 日

【行政复议应诉】 2016 年，厦门市各级行政复议机关收到行政复议申请 1192 件，受理 1133 件，受理率 95.05%。其中，市政府收到行政复议申请 131 件，受理 92 件，不予受理或作其他处理 39 件；在审结案件中，维持原具体行政行为的 52 件，占 65.82%；驳回行政复议申请的 8 件，占 10.12%；终止行政复议（包括达成和解协议、被申请人改变原具体行政行为后申请人自愿撤回申请等情况）的 16 件，占 20.25%；撤销 3 件，占 3.80%。行政复议案件数量持续增长，行政复议化解行政争议的法定主渠道作用进一步发挥，行政复议公信力、透明度和权威性不断增强。全市各级行政机关办理行政应诉一审案件 552 件，比上年增长 52.49%。以市政府为被告的行政应诉案件 76 件，增长 145%，案件数量创历史新高。市法制局草拟并提请市政府下发《关于深入推进依法行政加强和改进行政应诉工作的意见》。市政府推动行政机关负责人执行出庭应诉制度；加强行政与司法的良性互动，建立联络员制度和信息沟通制度。年内，漳州市中级人民法院审结的以厦门市政府为被告的行政案件实现零败诉，保障厦门一批重大建设工程顺利进行。市法制局草拟并提请市委办、市府办下发《厦门市政府法律顾问工作规定》，明确推行政府法律顾问工作目标、法律顾问构成及工作职责、聘任兼职法律顾问的程序和权利义务，以及开展政府法律顾问工作保障、考核、法律责任等内容。各区政府基本建立以法制机构人员为主体、吸收法律专家和律师参加的法律顾问队伍；市政府各部门中有 27 个部门设立专门法制机构，有 26 个部门聘请法律专家、律师作为兼职法律顾问。

（市法制局）

审　　判

人民法院

【概　况】 2016 年，厦门市两级法院（市中级人民法院和各区人民法院）共受理各类案件 110724 件，办结 89555 件，比上年分别增长 16.77% 和 16.85%。其中，市中级人民法院受理 15502 件，办结 11968 件，增长 18.5% 和 18.86%。市中级人民法院和全市两级法院年收结案数均创历史新高。全市两级法院受到省级以上表彰集体 24 个、个人 72 人，海沧区法院获评“全国优秀法院”，集美区法院获评“全省十佳法院”。市中级人民法院在全省法院工作责任状考评中连续第六年排名第一。

【刑事审判】 2016年，全市两级法院共审结各类刑事案件6843件，比上年增长0.91%；判处刑罚已生效6800人，下降9.28%。突出打击重点，审结危害国家安全、黑恶势力和杀人、抢劫等犯罪案件770件，毒品犯罪案件635件。严惩走私、非法集资、电信诈骗等经济领域犯罪，审结相关案件328件。参与反腐败斗争，依法审理河北省委原书记周本顺受贿案等职务犯罪案件109件。坚持宽严相济、罪责刑相适应，判处5年以上有期徒刑直至死刑447人，适用缓刑、管制等非监禁刑2049人，宣告无罪3人，裁定减刑、假释1355人。

【民商事审判】 2016年，全市两级法院共审结民商事案件53769件，比上年增长6.59%。依法审结买卖、租赁、担保、房地产等纠纷案件2597件，金融借款、民间借贷等案件15230件。服务供给侧结构性改革，审理企业破产重整、清算案件36件。加强对涉地铁建设、鼓浪屿申遗等重点工程项目服务保障，及时化解房屋征迁及整治“两违”(违法用地、违法建设)工作中的矛盾纠纷。加大对污染环境、破坏生态等行为的惩治力度，审结涉生态案件109件。完善知识产权民事、行政、刑事案件审判“三合一”工作机制，审结知识产权案件1006件。为自贸区建设提供司法保障，在自贸区厦门片区和湖里法院自贸区法庭设立或加挂知识产权巡回审判法庭、知识产权法庭。完善涉外、涉港澳民商事案件集中管辖机制，审结涉外、涉港澳案件739件。着力促进两岸融合，办结涉台案件907件、两岸司法互助案件65件，被最高人民法院指定管辖在台湾地区服刑的大陆居民回大陆服刑案件。

【行政审判】 2016年，全市两级法院贯彻行政诉讼法，加强对行政行为的合法性审查，保障行政相对人合法权益，审结行政诉讼案件851件，审查非诉行政案件2720件，比上年分别增长48.52%和41.08%。审结国家赔偿案件7件，决定赔偿83.93万元。推进行政案件跨区划管辖制度改革，全年立案受理原由泉州市中级人民法院管辖的一审行政案件210件，审结169件。深化司法与行政良性互动，加大行政争议判前协调力度，连续第五年发布行政审判“白皮书”，提出司法建议，助力依法行政。推动行政机关负责人出庭应诉，出庭率29.39%，比上年增加7.12个百分点。

【执行工作】 2016年，全市两级法院响应最高人民法院“向执行难全面宣战”号召，打响基本解决执行难攻坚战。在市委政法委支持下，协调公安、检察院等12个部门制定责任清单，召开全市执行难专项治理推进会。启动执行团队改革，优化执行人员配置。推进执行信息化、规范化，完善“点对点”网络查控系统，在全省率先实现土地、房产、车辆网络查控。构建跨部门失信联合惩戒机制，将27589人纳入失信被执行人名单库，与市公安局创设警法联动机制，司法拘留失信被执行人127人，移送追究拒执罪77件。开展集中执行大会战，创新悬赏公告和微信等曝光手段，组织“全民目击·厦门执行”大型网络直播，126万人在线观看执行过程，推动形成“一处失信、处处受限”社会氛围。全市法院累计执结案件83679件(含清理历年积案)，执结到位51.84亿元。厦门市两级法院破解执行难的做法，得到最高人民法院、省委政法委、省高级人民法院的肯定和推广，全省社会治安综合治理创新工作推进会组织与会者到厦门市中级人民法院现场观摩。

【立案信访工作】 2016年，全市两级法院全面实行立案登记制，当场登记立案率98.15%，切实保护当事人诉权。加强诉讼服务大厅、诉讼服务网、“12368”诉讼服务热线“三位一体”的诉讼服务中心建设，完善网上立案、巡回办案、远程视频庭审和大学生导诉、法庭义工、律师驻点服务等便民机制，加强司法救助工作，构建多方参与、有机衔接的多元诉讼服务体系。开展涉诉信访积案专项清理，加强再审审查和信访案件听证工作，推动律师参与化解和代理涉诉信访案件。年内，全市法院来信来访比上年下降22.89%，市中级人民法院连续3年实现零进京上访。

【司法体制改革试点全面推进】 在2015年市中级人民法院、湖里区法院、海沧区法院先行启动司法体制改革试点工作的基础上，2016年改革试点工作在全市两级法院全面铺开。全市两级法院严格执行员额比例和条件标准，全市首批入额法官340人，占编制33.6%。同步推进审判辅助人员制度改革，选任首批法官助理，招录聘任制书记员，建立以员额法官为中心的新型审判团队。平稳推进法院内设机构改革，逐步压缩司法行政人员比例，市中级人民法院一线办案人员占比提高到71%。围绕“让审理者裁判、由裁判者负责”要求，改革审判委员会制度，明晰各类司法人员权责，落实合议庭、独任法官对办案质量、效率、效果负责制度。设立专业法官会议提供咨询意见(并形成制度)，统一裁判标准。院长、庭长带头办理疑难复杂案件，全市院长、庭长直接办案20342件，占结案数22.71%。同步推进多元化纠纷解决机制、人民陪审员制度等改革。加大案件繁简分流力度，适用刑事速裁程序审结一审刑事案件1844件，

7月1日，市中级人民法院院长王成全带领首批员额法官入额宣誓 (安海涛 摄)

案件平均审理时间减至5.5天。

【民事审判第六庭设立】 2016年5月31日，市中级人民法院贯彻中央、省委、市委和上级法院对防控金融风险、处置“僵尸企业”（指已停产、半停产、连年亏损、资不抵债，主要靠政府补贴和银行续贷维持经营的企业）、推进供给侧结构性改革、实现绿色发展等提出的要求，经市委编办同意，市中级人民法院撤销秘书处并设立民事审判第六庭。该庭主要职责为统筹协调和指导全市金融、破产、生态环境案件的审理工作，依法审理企业破产、司法重整、重组改制、强制清算、金融及生态环境类民事案件。市中级人民法院与市政府协商建立金融风险预警、破产案件协调机制，推动设立全省首个破产管理人协会并在全国率先编制破产管理人工作指引，出台《企业破产案件审理工作规范（试行）》《企业破产案件有关管理人工作规范（试行）》《企业破产案件中选定审计、评估、拍卖等中介机构工作规范（试行）》等制度。在全省率先开展“执行转破产程序”试点，将262件涉企“资不抵债”执行案件转入破产程序审理，促其有序退出市场，助力企业转型升级。民事审判第六庭金融案件平均审判周期仅为法定审限的三分之一。

【全国刑事案件认罪认罚从宽制度试点】 经全国人大常委会授权，2016年9月，厦门市被确定为全国18个刑事案件认罪认罚从宽制度改革试点地区之一。认罪认罚从宽制度是指人民法院对犯罪嫌疑人、刑事被告人自愿如实供述自己的罪行，对指控的犯罪事实没有异议，同意人民检察院量刑建议并签署具结书的案件，可以依法从宽处理。试点开始后，市中级人民法院发挥先行先试作用，探索被告人自愿认罪、自愿接受处罚、积极退赃退赔案件的诉讼程序、处罚标准和处理方式，促进宽严相济政策的落实。

【全省首例退市公司破产重整案审结】 2016年10月9日，市中级人民法院裁定批准海洋股份重整计划，终止重整程序，宣告全省首例退市公司破产重整案审结。厦门市恒心物业管理有限公司申请厦门海洋实业（集团）股份有限公司重整案是市中级人民法院发挥破产审判职能，依法处置“僵尸企业”、服务供给侧结构性改革的典型案例。海洋股份于1996年在深圳证券交易所上市，因连续4年亏损，2002年退市，后经过3次资产重组均未成功，严重资不抵债。市中院依法指定管理人，准许海洋股份在管理人监督下自行管理财产和营业事务；指导管理人协调各方做出利益让渡，多次召集债权人会议和出资人组会议，确保重整计划草案公平、合理及可执行性；坚持市政府指导与市场化道路相结合，在当地国企、民企和外地企业中多方遴选优质重整方，引导异议债权人通过法律途径或谈判协商解决，避免信访问题。该案审结后，市中级人民法院依法完成对公司非流通股股东让渡股权的划拨工作，海洋股份公司将通过股权分置改革注入相应资产，前景向好。

（吴密菱）

厦门海事法院

【概　况】 2016年，厦门海事法院院领导班子成员6人，其中院党组书记、院长各1人，在编干警73人，员额法官29人。该院秉承“创新、协调、绿色、开放、共享”五大发展理念，狠抓执法办案，深化品牌创建，推进国际海事司法中心建设。全年受理各类案件2645件，其中新收2261件，累计新收案件标的金额682499.62万元，新收案件数比上年增长1.3%。结案2080件，结案数增长3.2%。法定审限内结案率97.96%，一审判决案件改判、发回重审率2.35%，调解撤诉率41.92%，服判息诉率99.64%。扣押船舶58艘，拍卖船舶43艘。年内，该院海商庭被福建省高级人民法院评为全省法院系统先进集体；海商庭、宁德法庭、研究室被福建省高级人民法院评为全省法院党建工作先进集体；该院于2015年成功调结全国法院首例涉钓鱼岛海域的“闽霞渔01971”轮船舶碰撞案，被载入最高人民法院2016年工作报告中。该院人员被评为全国法院办案标兵、全省优秀法官、全省法院系统先进个人、全省民商事审判先进个人、全省法院党建工作先进个人、全省法院诉讼服务中心建设先进个人、全省法院系统信息建设先进个人、厦门市“三八红旗手”、厦门青年五四奖章、厦门市直机关优秀共产党员、厦门市普法工作先进个人各1人，全省高层次审判专门人才4人。

【海商事案件审判】 2016年，厦门海事法院受理海商事诉讼案件1560件，其中新收1368件，审结1393件，累计诉讼结案标的金额185290.36万元，比上年增长21.9%。完善案件繁简分流、简案快审方式，全年适用简易程序的案件比例占新受理案件总数的82.4%。创新审判执行评估工作，严格审判流程管理，法定审限结案率97.96%，一审判决发改率2.35%，生效裁判服判息讼率99.64%。审结的“阿明2”轮船舶抵押权纠纷案入选最高人民法院“一带一路”司法理论与实务纵览海商事精选案件和2016年度福建法院十大典型案件。受理的上海某银行福州分行诉泉州某船业公司、广东某能源公司借款合同纠纷一案，标的14.7亿元，为福建省法院至此为止受理标的金额最高的民商事案件。

【海事行政审判】 2016年，厦门海事法院受理海事行政案件及海事行政非诉执行案件24件，审结22件，结案率91.67%。根据最高人民法院颁布的《关于海事法院受理案件范围的规定》和《关于海事诉讼管辖问题的规定》，海事法院受理案件类型从63项增至108项，同时开始对海事行政案件行使管辖权。

【海事涉台审判】 2016年，厦门海事法院发挥涉台审判特色，以该院成为台胞解决涉台海事纠纷首选地为目标，先行先试。年内，有2例台湾本岛企业海事纠纷选择到该院起诉。其中，在审理涉及台湾最大民营制造业集团台塑集团旗下公司的案件中，启用专家辅助人对案件涉及的专业问题进行充分质询，最终成功调解，效果良好；在审理台资企业漳州某芳烃公司海上货物运输合同纠纷系列案时，鉴于该司重组停产具体情况，引导债权人将扣押生产资料（危险品）保全方式更改为保全银行账户，消除社会安全隐患，防止矛盾激化。同时，探索两岸司法协助，就送达、调查取证等事项与台湾相关法院进行交流互助。

【执行案件】 2016年，厦门海事法院新收执行案件893件，比上年增长85.27%，累计新收申请执行案件标的金额182507.70万元，增长24.8%。执结687件，增长77%，执结标的金额51528.48万元，执行案件实际执行率69.84%，继续保持涉执信访案件零记录。

【多元化纠纷解决网络体系构建】 2016年，厦门海事法院进一步整合、构建集司法、行政、仲裁、协会、村居、高校、驻军“七位一体”海事纠纷多元化解网络。建章立制，落实与共建单位的对接责任，确立诉调对接、法官调解、委派调解等6项多元化解工作机制。尝试在海事纠纷多发的行业、渔港建立“诉调对接子平台”，与人民调解相关组织、渔业行业协会等合作建立调解室，就地化解大量海事纠纷。5月26日，与福建海事局签订《关于海事执法和海事审判合作备忘录》，进一步畅通联系渠道、强化业务协作。深化与厦门港口部门的良性互动，密切与港航的沟通交流，支持港航调解中心发挥自身优势做好行业调解工作。是年，厦门海事法院被福建省高级人民法院评为“多元化纠纷解决机制改革示范法院”。

【信息化建设】 2016年，厦门海事法院创新推出立案远程视频认证方式，解决身份核验、委托授权核实难题，方便船员维权。启用查控系统、“小机器人”（一种人工智能设备）批量查询、执行案件流程信息管理系统、执行指挥中心执行调度等信息化手段，多元查找财产线索，及时监控被执行人财产并迅速采取强制措施。年内，通过“小机器人”批量查询案件1025件，促使10%以上的失信被执行人自动履行义务。

【海事信息宣传】 2016年，厦门海事法院于最高人民法院《关于海事法院受理案件范围的规定》和《关于海事诉讼管辖问题的规定》施行的3月1日召开新闻发布会，在国际海事日与省高院联合召开服务保障“一带一路”建设典型海事案例新闻发布会，扩大海事司法宣传覆盖面，彰显中国海事审判的国际公信力。是年，厦门海事法院创办公众微信号“厦门海事法院订阅号”，以每周3期、每期至少1篇原创作品的频率发布信息；在国家级、省级刊物上发表调研报告15篇、论文6篇、案例13篇；在国家级、省级各类论文研讨会上有3人次获二等奖、1人次获三等奖、4人次获优秀奖，其中国家级刊物发表的作品数占发表总数91.4%，国家级研讨会获奖的作品数占总获奖数63.6%。

11月16日，中英海事司法与海事仲裁论坛开幕　　（朱忠宝　摄）

【“育德”轮法官研究实践基地挂牌】 2016年8月8日下午，厦门海事法院法官研究实践基地挂牌仪式在“育德”轮举行。“育德”轮为集美大学的航海教学实习船、干散货运输船，有敞口式货舱5个，总吨39198吨，总长199.90米，集培训、科研和运输3种功能为一体，是世界上最大的教学实习船，航线主要往返于广东省广州、湛江至辽宁省营口、大连等港口。厦门海事法院法官将分批分期登船观摩，与船员交流、学习，随船参与研究实践活动，以打造懂经济、法律、外语、航运的复合型法官队伍。

【韩进株式会社破产合同纠纷系列案审结】 2016年9～11月，厦门海事法院陆续受理涉韩国最大航运企业韩进海运株式会社破产合同纠纷案13起，除部分诉前财产保全案件在保全后向仲裁机构申请仲裁外，7起案件进入诉讼程序。原告以韩进海运株式会社或其在中国设立的子公司为被告，案件涉及集装箱支线货物运输、港口作业、理货、拖航等合同纠纷，案涉标的额1100余万元人民币。厦门海事法院经审理后作出一审宣判，判决作为签约方的韩进海运株式会社或其中国子公司承担责任。中国沿海各地涉韩进海运破产案件为数不少，该院是全国首家作出一审判决的法院，为全国其他海事法院、仲裁机构的裁判进行有益探索，为域外公司破产在中国法律效力问题提供实践支持。

【2016中国海事司法与海事仲裁论坛】 2016年11月16日，厦门海事法院在悦华酒店承办由最高人民法院举办、福建省高级人民法院协办的“2016中国海事司法与海事仲裁论坛”。应邀与会的中英两国海事司法及仲裁精英百余人，就两国仲裁规则、海事司法实践及相关国际公约的适用等问题深入探讨。市委常委、政法委书记李伟华肯定此次会议“有利于提升我市国际化水平，促进高端法律服务业发展，营造更好的营商环境”。

（王　炜）

检　察

【概　况】 2016年，厦门市检察机关批准逮捕各类刑事犯罪嫌疑人4211人，提起公诉7760人。参与打黑除恶、打击治理电信网络新型违法犯罪、互联网金融领域专项整治等行动。市检察院与市政府共同召开府检专项工作互动会，推动完善检察监督和依法行政工作互动机制。健全法律监督工作机制，制定贯彻落实市人大常委会《关于加强人民检察院法律监督工作的决议》配套工作制度。建立完善法律监督文书管理和督促落实机制，实行向市人大常委会每月报送法律监督文书、每年报告法律监督文书落实情况综合评估报告的制度，推动检察监督与人大监督有机结合。加强立案和侦查监督，监督公安机关立案12件，撤案4件，纠正漏捕漏诉38人，书面纠正侦查活动违法19件次。海沧区检察院办理的一起案件获评“全国检察机关优秀侦查活动监督案件”。推进“两法衔接”（指行政执法与刑事司法衔接）工作，督促成员单位接入信息共享平台，推动全市171个单位接入“两法衔接”信息共享平台及案件录入，组织开展平台应用培训，规范录入工作标准和流程。开展对公安派出所刑事侦查活动监督，在嵩屿、沃头、琼头等派出所成立5个派驻检察工作室。加强对审判活动的监督，严格执行抗诉标准，对确定错误的刑事判决、裁定依法提出抗诉7件，提出纠正审判活动违法2件。加强和改进民事行政检察工作，开展对虚假诉讼、违法调解、违法执行的监督，市、区两级检察院共办结民事行政检察案件205件，办结执行类监督案件59件，提出检察建议42件。加强对行政机关违法行使职权或不行使职权监督，通过检察建议督促行政机关行使职权，监督追回国有资产630多万元，促进行政机关依法行政。加强对刑事执行活动和监管场所监督，开展财产刑事执行情况专项核查和集中清理判处实刑罪犯未执行刑罚专项活动；开展社区矫正执法专项检查活动，推动强化对社区矫正人员监督管理。运用检调对接、司法救助等形式化解社会矛盾纠纷。全市检察机关共有41个集体、71人次获得市级以上表彰，涌现全国先进基层检察院、全国科技强检示范院以及未成年人检察工作突出贡献个人等先进集体和个人。完善“两微一站”（厦门检察微信、厦门检察微博、厦门检察网站）建设，市检察院官方微信获最高检察院授予的“检察新媒体名牌”“全国检察新媒体优秀奖”。

【服务地方经济发展】 2016年，厦门市检察机关惩治经济领域犯罪，起诉“智富惠”、E租宝系列案、“邦诚金融”集资诈骗、非法吸收公众存款等涉众型经济犯罪588人。与自贸区厦门片区管委会等5家单位共同建立自贸试验区知识产权保护协作机制，促进自贸试验区法治化营商环境建设。推进涉台检察工作先行先试，成功办理福建省对台司法互助二级窗口开设后首起案件，推进两岸司法互助实务工作机制实践探索。服务保障科技创新，思明区检察院办理的一起案件入选“全国检察机关保护知识产权十大典型案例”。

【保障民生民利】 2016年，厦门市检察机关对破坏环境资源和危害食品药品安全犯罪开展专项立案监督活动，与市中级人民法院、市公安局、市环保局共同发文，建立打击环境违法犯罪工作协作联动机制，建立环境违法犯罪案件办理专家库，形成打击合力。加强对未成年人合法权益的保障，开展“反校园欺凌”专项活动，进一步落实合适成年人到场、社会调查、附条件不起诉、犯罪记录封存等制度。探索引入专业社工参与涉罪未成年人帮扶工作，强化对涉罪未成年人的教育挽救。与市教育局、市司法局联合开展“法治进校园”全市巡讲活动。

【查办和预防职务犯罪】 2016年，厦门市检察机关完善侦查办案机制，以职务犯罪侦查指挥中心为平台，实行全市案件线索集中管理、办案统一指挥、力量优化组合、资源灵活调配，办案质效得到提升，共立案侦查职务犯罪案件78件85人，追回赃款8966万元。该经验被最高检察院转发推广。突出查办职务犯罪大要案，查办贪污贿赂、挪用公款大案72件，涉案的处级以上干部34人，要案率40%，要案率为全省第一。根据上级检察院的指定管辖，依法查办广东省纪委原副书记、监察厅原厅长钟某某等3名原厅级以上干部职务犯罪案件，对河北省原省委书记周本顺涉嫌职务犯罪案件提起公诉。集中开展扶贫、环保、国企改革等领域的专项预防调查，推动环保系统强化行政处罚公开、环境监察监测、干部廉政教育工作，形成的惩治和预防国有企业职务犯罪的情况报告，得到市政府、市委政法委主要领导的肯定、批示和交办，促进有关部门加强监管。加强廉政宣传教育，举办第十八次举报宣传周暨省、市、区三级检察院实地联合接访活动，与市行政服务中心共建公众廉政教育平台，深入机关、企事业单位开展警示教育课。

【检察机制改革】 2016年，厦门市检察机关开展刑事速裁程序试点工作，提高审查起诉效率，审查起诉平均用时从原来的20.1天减少到6.3天。推进涉法涉诉信访机制改革，探索律师参与化解和代理涉法涉诉信访案件制度，联合市司法局在市检察院设立法律援助律师值班室，定期安排律师驻站为到访群众提供法律服务，帮助化解矛盾。集美区检察院成立集美区人民调解中心驻检察院人民调解室。建立人大代表、人民监督员、律师、学者、心理辅导师等组成的第三方人员名录库，探索第三方人员参与涉法涉诉信访化解工作。加强人民监督员制度改革试点工作，完善监督员联络平台。

【司法体制改革】 2016年，厦门市检察机关将“检察官员额制”改革作为司法改革的重要内容，以专业化为方向，经自愿申请、公开考试、考核、遴选委员会审查等程序，分两批次遴选出全市254名干警进入检察官员额。同时，开展内设机构改革探索，调整和健全检察机关司法办案组织，界定内部司法办案权限，完善司法办案责任体系，落实司法责任制。

【自贸区检察室揭牌】 2016年1月7日，厦门市人民检察院湖里区自由贸易区检察室揭牌仪式在湖里区检察院举行。厦门市委常委、市委政法委书记詹沧州，福建省人民检察院党组成员、政治部主任吴金喜，厦门市人大常委会副主任黄锦坤，厦门市检察院党组书记、检察长黄延强参与揭牌仪式。该检察室职能包括办理除涉台案件以外的自贸试验区内的刑事案件，查处自贸试验区内的职务犯罪，履行相应的法律监督职能，开展职务犯罪预防及金融、航运、商贸等领域犯罪预防工作，为自贸试验区规章制定提供检察意见。至年底，该检察室查办自贸试验区内职务犯罪案件13件13人，批准逮捕涉自贸试验区刑事案件25件26人，起诉32件32人。与自贸试验区厦门片区管委会等5

1月7日，厦门市委常委、市委政法委书记詹沧州（右三），福建省人民检察院党组成员、政治部主任吴金喜（左三），厦门市人大常委会副主任黄锦坤（左二），厦门市检察院党组书记、检察长黄延强（右二）等为湖里区自由贸易区检察室揭牌

（林少宁 摄）

家单位共同建立自贸试验区知识产权保护协作机制；与自贸试验区厦门片区内执法机关建立“职务犯罪预防联席会”，深化自贸试验区建设中的犯罪预防工作；开通自贸区企业行贿档案查询绿色通道，参与自贸试验区诚信法治环境建设。

【检察长列席法院审委会】 2016年，厦门市检察机关落实《关于人民检察院检察长列席人民法院审判委员会会议的实施办法》，市检察院检察长就13起案件列席市、区两级法院审委会。检察长列席法院审委会制度的落实，有利于检察院和法院在刑事诉讼中相互配合、相互制约，及时研究解决司法实践中出现的新情况、新问题，提高办案质量和效率，提升法律监督实效，确保司法公平公正。

（市检察院）

公　　安

【概　况】 2016年，厦门市公安机关开展“飓风肃毒”、打击“盗抢骗”、“迅雷攻坚”等专项行动，打击严重暴力、涉黑涉恶及多发性侵财犯罪，破获省厅挂牌督办的涂世发贩毒案、“2016–636”特大走私毒品案等毒品刑事案件1503起，打掉流窜闽粤两省“孕妇帮”、龙岩籍“抽奖诈骗”等“盗抢骗”犯罪团伙195个；开展缉枪治爆等专项整治，破获公安部挂牌督办的“3·14”蒲某某系列贩卖枪支案等涉枪案件23起。做好全市276个在建项目和26个重点预备项目安保工作，解决阻碍重点工程施工问题14起，其中“翔安陈某杰等人组织、领导黑社会性质组织案”、“6·21”寻衅滋事案被全国“打黑办”列为经典案例。完成G20杭州峰会在厦门系列会议、“9·8”投洽会、两岸企业家峰会、世界半程铁人三项赛等748场次、99批次等级安保警卫任务；全警投入台风“莫兰蒂”防抗和灾后恢复工作。成立公安部打击治理电信网络新型诈骗犯罪研判中心，“反诈骗跨界联动数据反制机制”项目在全国公安机关改革创意大赛中获金奖，反诈骗中心全年冻结涉案资金5334万元，返还群众被骗资金308.9万元。建成城市公共安全管理平台，跨部门处置公共安全隐患、事件信息42805件，获评“全国智慧城市优秀案例”，中央政治局委员、中央政法委书记孟建柱予以肯定。规范执法活动，翔安分局被命名为“全国公安机关执法示范单位”，3个公安分局和24个基层所队被省厅命名为“全省公安机关执法示范单位”。年内，市公安系统涌现一批先进集体和个人，曾厝垵边防派出所、翔安分局等113个集体、6个专案（专项工作组）和2219人次受到记功嘉奖和表彰，陈清洲分获中宣部、公安部授予的“时代楷模”“一级英模”荣誉称号，被中央电视台评为“2016年度法治人物”。

【“110E”和“110+”服务理念推广】 2016年，厦门“110”运用科技信息化思维和手段创新社会管理，研发“110E”多源报警系统，利用信息手段扩散快、应用广、使用便捷的特点，为群众提供“110”短信自助报警（编辑短信发送“05922110110”）、“110”微信“指尖”（“110”微信“指尖”服务平台）、“110”电子邮件（xm110@xm.gov.cn）举报、“110”视频举报（“110”视频举报网站和“110”视频举报APP）、“110”随手拍APP（“110随手拍”手机APP）五大服务功能，方便群众通过短信、微信、电子邮件、互联网站、手机APP等渠道，组合搭配文字、图片、视频向警方举报电信诈骗、交通违法、追缉悬赏和投诉、建议，并可便捷实现车辆移位、便民开锁、实时路况视频查询等公安便民服务。着力健全完善“110”社会联动机制，最大限度地整合政府部门、企事业和社会专业力量和资源，建立“110+”工作体系，高效开展应急救援救助和服务保障民生等工作，同时将非警务警情分流至专门机构、专业人员。整合公安、市政、城管、交通、卫生、民政、环保、劳动、水、电、气等与群众生活息息相关的47家单位，搭建“110”社会联动服务；招募、培育外语报警、户外救援、水上救生、交通管理、反扒、心理危机干预、遗失物品查找、社区防盗宣讲8支“110”志愿服务力量；协调厦门保险监督管理委员会，开通交通事故“110”视频远程定责定损平台，保险查勘定损员进驻“110”报警服务台，协同民警利用“110”视频监控进行远程定责定损；提供“110”综合信息查询服务，联合移动、电信、中保等部门，设立“110直

6月7日，鹭岛反网络诈骗联盟启动仪式　（陈汉清　摄）

播室”开通人工语音服务，研发“掌上110”手机端服务，为群众提供停水停电停气查询、开锁、移车、交通违法信息查询、实时路况视频浏览等便民服务；开通“110”交通违法举报服务，联合厦门美亚柏科公司研发“110随手拍”手机APP软件，并通过招募、培训“110拍客”，动员市民群众参与交通违法举报工作。

【“警企民”联动防范打击网络诈骗】

2016年，厦门市公安局探索具有厦门特色的反网络诈骗模式，研发反网络诈骗平台，于6月7日成立“鹭岛反网络诈骗联盟”。该联盟首批吸收美图秀秀、美亚柏科、小鱼网等厦门市20家互联网企业加入，通过整合各成员在电子数据取证、云安全、域名注册以及主机托管等方面的资源优势，在反诈骗数据共享、案件侦查支撑、宣传教育等方面开展深度合作，实现对诈骗网址、诈骗QQ等诈骗信息的快速封堵、精准防范及精确打击，构建“全民+全网”的反网络诈骗格局。是年，为进一步保障网络信息系统安全和防范打击网络违法犯罪，推动警企合作向纵深发展，市公安局于8月30日与北京奇虎科技有限公司（360公司）签署战略合作框架协议。依照协议，双方将实现反诈骗数据有效共享，及时对诈骗数据进行处置。360猎网平台将共享网民举报线索，为公安机关破案提供数据支撑。360公司“猎网联盟”（首批26家成员，包括百度、58同城等）将与厦门“鹭岛反网络诈骗联盟”深度整合，打破信息壁垒，在联盟成员间实现反诈骗信息快速流转，形成防范和打击网络诈骗的整体合力，以有效应对网络诈骗高发难题。同时，双方将重点围绕DDOS攻击、木马病毒等黑色产业链开展专项行动，争取摧毁一批全国性黑色产业链窝点，从根本上打击整个利益链条，净化网络空间环境。

·小资料·

360猎网平台：该平台是北京市公安局网络安全保卫总队和360互联网安全中心于2015年5月12日联合发起成立的，是面向全体网民开放的网络诈骗信息举报平台。平台致力于建设一个警、企、民联动的反网络诈骗信息系统，充分结合公安机关的资源、360云安全技术与全国网民的举报线索，实现诈骗风险第一时间发现，诈骗行为第一时间阻拦，诈骗犯罪第一时间打击。

DDOS攻击：是一种网络黑客攻击手段，指借助于客户／服务器技术，将多个计算机联合起来作为攻击平台，对一个或多个目标发起攻击，从而成倍提高拒绝服务的攻击威力。

【多项出入境管理便民利民举措推出】

2016年，厦门市公安机在出入境工作中，融入更多科技应用和智能化元素，为市民群众提供便捷高效优质的公共服务产品，先后推出多项便民利民新举措。1月1日，市公安机关运用“互联网+”思维，在全省率先实现中国公民出境各项业务“全预约办证”，办证基本实现“零”等候，办理时间最快可缩短至20分钟。4月1日，实施公安部支持福建自贸区建设十项出入境政策措施，先后实行“一次有效往来台湾通行证”、邮轮赴台游、外国人5年有效居留许可等政策。启动居民赴台湾旅游再次签注自助受理服务。8月1日，开展省内居民赴台旅游再次签注自助受理业务，进一步便利省内居民再次办理往来台湾旅游签注。12月30日，在全省率先启动市、区、派出所三级自助办证立等可取便民项目。通过研发自助办证一体机，并配备到全市53个开办户籍业务的派出所，实现电子港澳通行证再次旅游签注立等可取，结束厦门市出入境

12月30日，出入境管理支队自助办证立等可取便民项目启动　（常晓　摄）

证件不能当场办结领证的历史。

【“互联网＋群防群治”平台】 2016年，厦门市公安机关围绕基层实战需求，推出“互联网＋群防群治”平台。利用先进技术优化完善平台功能模块，采用可信身份认证技术进行用户活体实名注册和人员信息采集，用三维码技术制作“厦门百姓”手机客户端。至12月31日，平台注册并激活用户11.1万人，发布任务38万个，采集静态车辆144.4万辆次、出租屋4064户、人员66.6万人次，处置线索举报5441条。公安部副部长黄明、公安部纪检组长邓卫平、公安部反恐局、刑侦局、禁毒局、科信局、北京市公安局等单位领导先后到厦门市公安局听取该平台建设应用情况汇报。“互联网＋群防群治”平台作为2016年全省政法工作会议创新交流项目，在全国政法工作创新会上推广，获厦门市公安局改革创新大赛一等奖。（参见P200【互联网＋群防群治】）

【道路交通管理完善】 2016年，厦门市公安交通管理部门结合“厦门会晤”道路交通安保筹备工作，科学谋划，强化城市道路交通组织和信息科技应用，加密道路交通安全防控网络，提升道路交通管理社会服务水平，构建道路交通综合治理工作格局。围绕“保安全、保畅通、保稳定”总体目标，优化区域道路交通组织，推进交通指挥中心体系建设，深化道路交通大数据应用，加强岛外交通安防工程建设和轨道交通施工交通保障，升级道路交通事故视频远程快处中心，健全推进“视频取证、快处快撤”模式，发动社会参与交通治理，全市道路交通秩序整治和排堵保畅水平不断提升，海沧大桥、翔安隧道通行能力较之前提升15%以上，主干道高峰期平均车速提升21.5%。

【“11·17”特大虚开增值税专用发票案侦破】 2015年11月，厦门市公安局经侦支队接厦门市国税稽查部门移送线索称，在工作中发现某黄金销售公司黄金销售业务数据异常，涉嫌利用黄金交易虚开增值税专用发票。接线索后，市公安局立即成立专案组。经过两个月的调查取证，查明以郑某为首的潮汕籍犯罪团伙假借162家企业名义与某黄金销售公司签订黄金货物购销合同，通过虚假资金走账虚构黄金交易，套取该黄金销售公司增值税专用发票1843份，虚开给162家企业的犯罪事实。2016年1月，专案组在公安部经侦局、福建省公安厅经侦总队、厦门市公安局的直接指挥下，在深圳、汕头警方协助下，兵分8路定点收网，一举抓获郑某等犯罪嫌疑人12人，现场缴获作案电脑、手机、受票企业印章、证照资料、网银U盾、银行卡等大量涉案物证、书证。该案是福建省历史上案值最大的利用黄金交易虚开增值税专用发票的案件，涉案的162家受票企业涉及13个省、市、自治区，虚开增值税专用发票1843份，价税合计87亿余元，给国家造成11亿余元税款损失。该案成功侦破，得到公安部、国家税务总局领导高度肯定；公安部副部长孟庆丰，福建省副省长、公安厅厅长王惠敏，厦门市副市长、公安局局长林锐先后作出批示，予以肯定。中央电视台、新华社、《人民公安报》、《法制日报》等多家媒体对该案进行大篇幅报道。

【“飓风肃毒”会战】 2016年3月20日至11月30日，厦门市公安机关组织开展“飓风肃毒”会战行动，严厉打击各类毒品违法犯罪活动，遏制毒品危害蔓延势头。会战期间，全市各级公安机关全警动员、全力以赴，围绕清缴涉麻制毒、打击中转分销、清查网络涉毒、组织涉毒追逃以及查控吸毒人员5个重点，多措并举，强力推进，战果显著。全市共破获毒品刑事案件1261起，抓获犯罪嫌疑人1337人，比上年分别增长98%和108%；缴获各类毒品417.53千克，增长7.4%，缴获制毒原料2546.28千克；查处吸毒违法人员3636人次，增长195%；成功侦破部级目标案件13起、省级目标案件23起，捣毁冰毒制造厂点3个、麻黄素制造厂（点）1个。根据《全市“飓风肃毒”会战行动绩效评估办法》，全市公安分局会战综合排名依次为湖里分局、思明分局、集美分局、同安分局、翔安分局和海沧分局。

【“抽奖诈骗”犯罪团伙破获】 2016年6月起，厦门市公安局派出所依托基础工作，利用企业务工人员核查系统和情报实战平台，梳理出一个聚居在海沧新垵村冒充电信企业摆摊抽奖的诈骗团伙，该团伙成员有80余人，作案地遍布厦门、泉州、漳州、莆田等地。8月29日，由市公安局刑侦支队牵头，共出动警力222人、警车20辆，分为13个小组，在厦门市海沧、同安、集美、湖里区及漳州龙海等地，抓获犯罪嫌疑人39人，缴获车辆、POS机、“抽奖卡”等一批作案工具。查明，该诈骗团伙以龙岩籍人员为骨干，纠集数十名无业、有前科人员作为“马仔”，每日分组分乘作案车辆到厦门市及周边城市城中村人员密集场所，冒充电信企业实施摆摊抽奖诈骗，诈骗手法一旦被识破，就立即转为抢劫、抢夺，在厦、漳、泉及莆田等地实施诈骗、抢劫、抢夺200余起。

【城市公共安全管理平台启用】 2016年6月30日，厦门城市公共安全管理平台上线试运行。城市公共安全管理平台，围绕风险管理为中心理念，探索运用“互联网＋”、物联网和大数据等科技手段，在充分利用厦门市原有信息化成果的基础上，整合信息资源，实现数据大融合、业务大协同，实现公共安全管理从应对性向预防性、从单一治理向综合治理的转变。年内已延伸至64个部门（含6个行政区），通过社区网格延伸至38个镇（街）、494个村（居），具有公共安全风险的大数据分析、公共安全资源1张图展示、公共安全问题社会协同治理、应急处置的全程数字化管理四大功能。被中国智慧城市论坛、中国科学技术法学会智慧城市工作委员会评为“2016中国智慧城市优秀案例”，厦门市获“2016中国智慧城市领军城市”称号，得到中央政治局委员、中央政法委书记孟建柱肯定。（参见P308【城市公共安全管理平台上线运行】）

【厦门警方新媒体“超市”2.0上线】 2016年10月25日，厦门市公安局新媒体中心揭牌暨厦门警方新媒体“超市”2.0上线运行。市公安局新媒体中心是全省首家地市级新媒体中心，汇集全局“两微、两号、一网、一端、一站、一平台”（厦门公安微博群、微信群、头条号、企鹅号、厦门公安公众服务网、厦门公安APP客户端、e警务便民服务站、新媒体一站式管理平台），能提升

12 月 21 日，中宣部、公安部在厦门举行授予陈清洲“时代楷模”和公安“一级英模”称号仪式　　（吴振洲　摄）

公安业务网上服务能力和满足公安宣传工作信息化、实战化建设实际需求。新媒体中心下设新媒体工作室、新媒体演播室、新媒体展示区、多媒体制作室 4 个功能区，集管理、监测、采编、办事于一体，关注和服务群体的总人数超过 1000 万人，是厦门规模最大、辐射面最广的政务新媒体中心。厦门警方新媒体“超市”2.0 是在原有“两微一网”新媒体“超市”1.0 版本基础上新推出的新媒体聚合平台，具有覆盖群体更全面、资源共享更深入、信息发布更及时、网上办事更便捷、警民互动更温馨等特点和优势，打造 24 小时微警局，实现“让数据多流转，群众少跑路”服务理念。

【陈清洲获“时代楷模”称号】 2016 年 12 月 21 日，中共中央宣传部在集美嘉庚剧院举办 2016 年第十期“时代楷模发布厅”，中宣部有关领导，公安部党委委员、政治部主任夏崇源等出席。中宣部授予陈清洲“时代楷模”称号，并称之为“不忘初心的好民警”；人力资源和社会保障部、公安部授予陈清洲“一级英模”称号，陈清洲成为厦门市首位“时代楷模”称号获得者。陈清洲是厦门市公安局集美分局指挥情报中心教导员。1995 年参加公安工作，曾荣立个人二等功 1 次、个人三等功 2 次，曾获全国特级优秀人民警察、福建省公安机关爱民实践模范、厦门市劳动模范、正规化建设先进个人、厦门市“优秀共产党员”“十佳民警”“十佳交警”“五进宣传工作标兵”等荣誉，共受到表彰奖励 40 多次。陈清洲在调任灌口交警中队指导员期间，曾 3 年时间走烂 27 双皮鞋，在其不懈努力争取和相关人士、当地政府帮助、支持下，辖区 18 条斑马线、86 面交通标志、128 米减速带、172 个临时停车位和辖区内所有中小学校交通安全设施得到完善；他深入调研，力促国道 15 千米路段全线亮起路灯，被称为“亮灯警察”。他开通微博，利用业余时间，以轻松幽默的网言网语宣传法律法规。2016 年 9 月，陈清洲在抗击超强台风“莫兰蒂”中，坚守“110”指挥中心 36 个小时，积劳成疾，累倒在工作岗位上，经检查确诊为肝癌晚期。陈清洲的病情引起各级领导高度重视和社会各界广泛关注，并得到全力救治。

（杨　帆）

消　防

【概　况】 2016 年，厦门市共发生火灾 1052 起，死亡 2 人，受伤 4 人，直接财产损失 1272 万元。是年，厦门消防支队先后开展冬春火灾防控、夏季消防检查易燃易爆危险品场所、超高层建筑、劳动密集型企业、地铁施工工地、超大城市综合体、私房出租屋、电动车 9 次火灾隐患专项整治行动，检查单位 2.4 万家，督促整改火灾隐患和消防违法行为 1.5 万余处，净化消防安全环境。全市消防部队共接警出动 6800 多次，抢救和疏散群众 3900 多人，抢救财产价值 1.46 亿元。消防支队参加防抗超强台风“莫兰蒂”和灾后重建，最大限度地保护人民群众的生命财产安全。支队在省政府年度消防工作考核中获评“优秀”，在公安部消防局开展的经济责任审计中被评定为“好”，在全省消防部队比武竞赛中获团体总分第二和 3 个单项第一；指导扶植的南普陀义工宣传队获颁全国“119”消防奖，成为全国首个获此荣誉的消防宣传志愿者团队，登上中央电视台“中国骄傲”舞台；支队所属 1 个集体、1 名个人分别被省委政法委表彰为“优秀基层单位”和“优秀政法干警”，支队团工委被福建团省委评为“五四红旗团委”。全市连续 16 年未发生重特大火灾事故，实现火情、队

11 月 7 日，厦门消防支队在全省消防比武竞赛中取得佳绩　　（曾德猛　摄）

3月11日，大嶝街道专职消防队举行实战演练 （曾德猛 摄）

情双稳定，取得消防工作和部队建设双丰收。

【火灾防控工作取得实效】 2016年，厦门消防支队提请市政府召开3次消防工作联席会议，下达2016年消防工作主要目标，将消防工作纳入政府目标和社会管理综治内容，推动行业主管部门制定常态化消防监管机制，落实消防工作主体责任，形成政府部门各负其责、齐抓共管的工作格局。提请政府挂牌督办的4家重大火灾隐患单位，全部按期整改销案。争取市财政投入专项整改经费3100余万元用于消防基础设施建设，全市6个行政区、38个街（镇）消防安全“网格化”管理和73处区域火灾联防组织全部实体化运转。支队通过创新实践形成的街镇专职消防队建设、微型消防站建设、重点单位消控室管理等工作经验向全省推广。省委常委、市委书记裴金佳，副省长王惠敏，市领导庄稼汉、黄强、李伟华、林锐等多次批示肯定消防工作。

【街镇专职消防队全覆盖】 2016年3月11日，市政府在翔安大嶝镇召开全市“推进街镇专职消防队建设现场会”。海沧、集美、同安、翔安区政府的分管领导，承担建设任务的13个街镇分管领导参加会议，与会人员实地查看大嶝专职消防队硬件设施，观摩实战演练。会议要求，全市岛外各区要加快推进街镇专职消防队伍建设，尽快落实人员、经费、装备等保障措施，形成街镇专职队“建、管、训、用”长效机制。至12月，全市14个街镇专职消防队全部如期按规定建成，全市微型消防站建设任务提前超额完成，实现街镇专职消防队全覆盖。

【抗击台风“莫兰蒂”】 2016年9月15日，超强台风“莫兰蒂”在翔安区正面登陆。市消防支队第一时间全警动员、全力以赴投入抗台和支援灾后重建工作，出警557起，救出被困人员408人，疏散群众1500余人，化解险情500余起，运送生活用水1600多吨，解决数万群众缺水的燃眉之急，最大限度地保护人民群众的生命财产安全。（参见P72【台风】）

【消防宣传月活动】 2016年10月30日，厦门消防支队举办世界城市日定向挑战赛暨厦门市“119”消防宣传月活动，借助腾讯、新浪等互联网龙头营造消防宣传声势。活动期间，全市各区各部门、社会单位持续开展消防宣传“七进”（进机关、学校、社区、企业、农村、家族、网站）活动，南普陀义工消防宣传队走进社区，指导居民查找家庭火灾隐患；全市同步开展福建省“优秀社区消防宣传大使”评选、鹭岛消防小卫士、“消防公益与我同行”、邻里守望、进村入户消防志愿服务活动等。

（魏 博）

边 防

【概 况】 2016年，厦门市公安边防支队（简称厦门边防支队）党代会常任制获评全国边防创建活动“十大品牌”，有关经验做法被公安部边防局、福建省边防总队推介。是年，支队破获系列重

5月26日，公安部授予曾厝垵边防派出所集体一等功授奖大会在厦门边防支队机关举行 （薛剑 摄）

3 月 31 日，厦门边防支队成功破获“2015-1260”公安部毒品目标案件，图为缴获的毒品 （薛剑 摄）

特大毒品案件，毒品缴获量占全市各警种缴获毒品总量的 87%，占全省边防部队缴获总量的 65%，为支队有史以来毒品年缴获量最高年份；辖区三类可防性案件（入室盗窃、入室抢劫、盗窃机动车）、刑事类报警数连续下降，情报侦查工作位列全省第一，半数以上边防所刑事警情降幅高于属地分局平均水平；圆满完成 G20 峰会、“9·8”投洽会安保和防抗超强台风“莫兰蒂”等重大任务，部局相关会议保障工作实现勤务“零差错”。年内，曾厝垵边防派出所被公安部记集体一等功；支队有 3 个支部、15 名个人受到“两优一先”（优秀共产党员、优秀党务工作者、先进基层党组织）表彰，35 个单位、212 名个人受到各类表彰奖励；支队连续 4 年蝉联厦门市绩效考评优秀单位。支队下属机动大队、翔安中队、后井边防派出所新建营房顺利推进，五通、高崎边防派出所用地置换取得重大进展，完成厦门边防疗养所土地证办理、同安大队新征用地 21 亩（1.4 万平方米），支队业务开支纳入地方各级财政预算比上年增长 19%。

【公安部督办特大走私毒品案告破】 2016 年，厦门边防支队破获 2 起公安部督办特大走私毒品要案，摧毁 2 个跨境走私毒品犯罪网络。3 月 31 日，支队侦查队经过近 1 年经营侦查，在福建省边防总队和福建省公安厅禁毒、技侦总队统一指挥及协调下，在福州、厦门、龙岩 3 地同步行动，破获“2015-1260”公安部督办的毒品目标案件，缴获欲走私台湾的冰毒半成品氯麻黄碱 625 千克，查扣毒资 85.6 万元、涉案车辆 6 部，抓获犯罪嫌疑人 15 人（其中台湾籍 6 人）。7 月 22 日，支队侦查队根据线索，在福建省边防总队的组织指挥和相关行动技术部门协助下，成功破获部督“2016-636”毒品目标案件，抓获犯罪嫌疑人 7 人，缴获欲走私日本的冰毒 105 千克，查扣涉案车辆 3 部。目标案件告破得到公安部边防局局长陈定武，厦门市副市长、公安局局长林锐等领导批示肯定。

【首创游艇管理模式】 2016 年，厦门边防支队高崎边防派出所针对厦金海域区位敏感，游艇船体小、航速快、管理难，极易被不法分子利用从事偷越边境等违法犯罪活动的治安难点，以创新理念为先导、科技应用为支撑、人性化服务为根本，探索建立游艇科技管防“1+3”管理新模式（建立 1 本《五缘湾游艇边防管理登记手册》，依托“游艇智能申报比对管理系统”“游艇智能防控管理系统”“游艇智能多目标跟踪监控系统”3 个科技管防系统），运用科技手段加强游艇管理，服务沿海管防工作，开创全国游艇管理新模式，为驻地游艇经济发展和厦金海域安定稳定提供保障。年内，通过“1+3”管理模式，累计审查通关游客 24 万余人，游艇进出港申报船舶 2583 艘，为游客提供各项服务 3000 余次，服务帆船赛、游艇展等重大安保活动 12 次。该经验做法得到国家边海防委和省、市海防办领导充分肯定。

【公安部边防局领导到厦门调研】 2016 年，公安部边防局政委牟玉昌、副局长欧洛布穷等先后到厦门边防支队调研并指导工作。10 月 19 日下午，牟玉昌在福建省公安厅副厅长薛祺安、福建省边防总队政委王洪权、福建省边防总队副总队长许国强和驻地公安机关领导等陪同下，到厦门边防支队嵩屿边防派出所未来海岸警务室调研指导工作。牟玉昌对该所依托科技强警战略，在创新集群型人口管理、打击团伙型违法犯罪和打造智能型勤指枢纽等方面取得的经验和成效给予肯定，勉励官兵要始终牢记使命，忠于本职，持续加强辖区维稳和部队全面建设，实现部队内外“双稳定”。12 月 21 日，公安部边防局副局长欧洛布穷、边管处副处长陆红军在福建省边防总队副总队长许国强等陪同下，到厦门边防支队调研。欧洛布穷对厦门边防支队党委超前谋划、主动对接，树立安保工作围绕岸线核心、近海封控、环海支援“三道防线”的理念，构建立体的海域管控体系的做法给予肯定，对下一步工作提出具体要求。

【第十九届“9·8”投洽会安保工作】 2016 年 9 月 8 日，厦门边防支队出动警力 200 余人次，车辆 30 余台次，遂行第十九届“9·8”投洽会综合武装设卡盘查、第三道治安检查线、驻店执勤、陆地及海岸沿线防控、应急处突等各项勤务。边防执勤官兵坚守岗位，确保辖区会场安全和辖区稳定，完成安保任务。边防官兵文明、规范执勤执法，受到与会人员和社会各界赞誉，得到市委、市政府、市公安局主要领导肯定。

【台风“莫兰蒂”防抗】 2016 年 9 月 15 日凌晨，14 号超强台风“莫兰蒂”在厦门市翔安区沿海登陆。厦门边防支队全警动员、全力以赴投入到高危地区、重点部位的隐患排查，港岙口管理，群众转移安置及灾后重建等各项抢险救灾工作中。期间，支队派出警力 2000 余人次，救助、转移、劝离群众

8000多人；抽调官兵280余人，组建12支“救灾处突小分队”，帮助清理道路32条，清理倒伏树木480余棵，处理坍塌棚屋板房30余间，确保人民群众的生命财产安全。9月20日上午，福建省副省长黄琪玉一行到五缘湾湿地公园附近救灾点，慰问正在一线参与地方救灾清障工作的厦门边防支队官兵，并代表省委、省政府向参与抢险救灾的所有边防官兵表示慰问。黄琪玉指出，面对超强台风，厦门边防支队官兵主动请战、连续奋战、冲锋在前，为保护群众生命财产安全作出重要贡献。（参见P72【台风】）

【孟建柱视察厦门边防基层警务室】 2016年12月21～22日，在福建调研的中央政治局委员、中央政法委书记孟建柱先后到厦门边防支队曾厝垵边防派出所文创村警务室、嵩屿边防派出所未来海岸警务室视察指导。在文创村警务室，孟建柱听取有关情况介绍，对该警务室积极引入“文创”概念，围绕“旅游警务”造精品、创品牌、亮名片做法给予肯定，并在明信片上盖章留念。孟建柱指出，曾厝垵文创村充分发挥群众自治活力，通过文创会把创业者和当地居民融合起来，形成命运共同体，实现社区多元共治、多方共赢，探索出基层社会治理的新路子。在未来海岸警务室，孟建柱观看通过“厦门百姓”APP平台组织居民、志愿者参与社区治理实时演示，对该警务室以大数据为支撑，广泛整合各方力量，不断提高社会综合治理精细化水平的做法给予肯定。孟建柱指出，创新社会治理的智慧在民间，活力在基层；在发挥好党委领导、政府主导作用的同时，对人民群众有能力办好的公共事务，要顺应民意、因势利导，发挥自治公约、市场机制、道德文化等约束激励作用，真正让人民群众的事务由人民群众自己商量着办，推动形成自治共治的生动局面。孟建柱每到一处都与官兵亲切交流，鼓励官兵进一步坚定信念、爱岗敬业、积极奉献，不断提高化解社会矛盾纠纷、防控风险隐患、参与社会治理、服务人民的能力和水平，为推进平安中国、法治中国建设作出新的更大贡献。福建省委书记、省人大常委会主任尤权，福建省委副书记、省长于伟国，中央政法委秘书长汪永清，中央政法委副秘书长侍俊，公安部党委委员、政治部主任夏崇源，以及福建省委、省政府有关领导陪同视察。

（白桦涛）

海　　警

【概　况】 2016年，福建省海警第三支队（简称海警三支队）全面施行“打防管控”四位一体机制，推进“平安海域”建设。发挥“海上110”作用，接处警114起，其中案（事）件类警情36起、救助类警情78起，立案受理各类刑事、行政案件27起，查破率100%，移送案（事）件19起，处置重大、敏感警情3起。先后开展闽粤交界海域联合巡查、“净海2016”海上治安联合整治、军地联合训练等联合行动12次，查处非法捕捞案件5起、海洋环境违法案件1起、海上交通安全违法案件2起，保障翔安大嶝国际机场、海沧海底隧道等国家重点工程推进，创建“平安海域”成效得到厦门市市委书记裴金佳和市委政法委书记李伟华肯定。完成多项重大交流的安全保障任务。开展“两学一做”活动，以全国主题教育示范点建设为契机，推行“定制教育”，打造鹭江讲坛、教育基地、教育示范点“三大品牌”，承办中国海警局主题教育现场会。支队政治处被公安部评为“公安现役部队先进政治机关”。实现拥军路纳入市政管理、舰艇建造纳入地方政府保障，官兵子女入学、转业干部安置两个100%解决，全年争取地方经费支持2500余万元。投入570多万元，完善部队基础设施建设。年内，支队在各级媒体刊发宣传报道1100余篇，培树全国缉私一等功臣林俊杰、防抗“莫兰蒂”先进单位机动中队等先进典型，1个单位立集体三等功，2人分立一、二等功，13人立三等功，另有156人受到各级表彰奖励。

【重大交流安全保障】 2016年，海警三支队先后完成多项重大交流的安全保障任务，分别得到外交部、中国海警局、总队筹备组的致信感谢和通报表扬。主要保障任务：中国—东盟国家海上执法机构中级官员在厦门交流、中日第四次海洋事务高级别磋商及多哥、澳大利亚参访团到支队参观等4场国际性交流保障，中国海警局改革强警主题教育示范点经验交流现场会、全国海警缉私工作座谈会2项全国业务会议保障，营职干部晋升培训班、航海业务骨干培训、特勤队员备勤集训3期全省队伍培训保障任务。

【重大海上勤务任务完成】 2016年，海警三支队先后派出警力5批96人次执行海上维权任务，4批52人次奔赴敏感海域开展渔业执法，完成杭州G20峰会、“两会”、“9·8”投洽会、海峡两岸企业家峰会及中央领导在厦涉海活动海上护航警戒等安保任务15项，各项勤务指挥有力、处置得当，得到上级领导一致肯定。

【打击海上违法犯罪】 2016年，海警三支队坚持内外联动、精确打击，先后开展“国门利剑2016”、打击成品油走私、打击非法采捕红珊瑚等专项行动16次。

5月10日，中国—东盟国家海上执法机构中级官员交流会在厦门召开　（洪晨晖　摄）

查处走私贩私案件24起，比上年增长71.43%，抓获涉案船舶25艘、人员117人。其中，查获走私成品油案件22起，涉案成品油3764.63吨，总案值2197.36万元；查获走私进口货物案2起，涉案进口货物836件，总案值约1.2亿元。查处重点敏感海域违规出海作业船舶24艘、船员105人，罚款4.9万元。组织销毁“2015·04·05”走私制毒物品案涉案毒品麻黄碱493.2千克。

【“2016·06·23”特大走私美容针剂案告破】 2016年6月23日，海警三支队历经2个月缜密侦查，在泉州围头湾大佰西南方向海域查获1起特大走私美容针剂案，现场查获非法入境美容针剂42023支，案值上亿元，抓获台湾籍犯罪嫌疑人3人。该案系近5年全国查获的最大海上偷运走私美容针剂案，成功斩断一条走私美容针剂入境的通道。9月，中央电视台、福建电视台、央广网、《法制日报》等20余家中央及地方媒体对该案进行详细报道。

【数字化“文化中心”建成并启用】 2016年6月，位于海警三支队营区内的数字化“文化中心”建成并启用。该中心投入经费70多万元，运用声、光、电等现代多媒体技术和网络数字化手段，打造集“红色教育、廉政教育、海洋强国教育”为一体育警基地品牌，为全省海警首个数字化“文化中心”。被驻地党委、政府命名为“国防教育基地”“廉政教育基地”“青少年社会实践基地”。

（陆运秋）

司法行政

【概　况】 2016年，厦门市共排查调处矛盾纠纷14634件，调解成功14630件，成功率99.97%；全市医调委化解医患纠纷104件，市医调委参与现场处置群体性医疗纠纷14件。全市律师业务量87550件，收费总额8.3亿元，比上年增长19.16%；办理公证113985件，收费总额9204万元，增长118.5%；办理司法鉴定13266件，收费总额2646万元，增长13.66%；指派办理法律援助案件11316件，增长13.28%。3654名考生在厦门报名参加2016年国家司法考试，增长28.6%，创历年新高，考试圆满结束。各项司法工作取得新进展、新成效，得到到厦考察调研的中共中央政治局委员、中央政法委书记孟建柱和司法部副部长熊选国肯定。

2016年国家司法考试厦门市第六中学考场　　（蔡江彬　摄）

【人民调解】 2016年，厦门市共有人民调解组织905个、人民调解员7849人，排查调处矛盾纠纷14634件，防止群体性上访210件5421人。是年，人民调解案件类型有15类，其中排在前6位的案件类型分别为：邻里纠纷（3383件）、损害赔偿纠纷（3102件）、其他纠纷（2595件）、道路交通事故纠纷（2206件）、婚姻家庭纠纷（771件）、物业纠纷（754件），合计占到总案件数的87.54%。海沧区涉台涉企调委会、新阳司法所在三季度期间成功联合调处一起标的额上亿元的涉台股权纠纷。

【社区矫正】 2016年，厦门市新接收社区服刑人员1814人，解除社区服刑1847人，在册社区服刑人员1804人，其中缓刑1677人、假释65人、暂予监外执行57人、管制5人，港澳台籍15人、外国籍1人。是年，全面启用电子腕带监管措施，对严管、难管及请假外出的社区服刑人员，采用定位手机和电子腕带“双监控”模式，实行全天候动态跟踪。年内，市司法局抽查社区服刑人员6.12万人次，发布抽查情况通报12期。

【刑满释放安置】 2016年，厦门市新衔接刑满释放人员1211人，在册刑满释放人员6484人，安置率99.98%，帮教率100%。新衔接的刑满释放人员比上年下降27.31%，主要原因是从监狱、看守所释放的刑满释放人员数量下降较多。

【律师业】 2016年，厦门市有律师事务所151家，律师2473人，分别比上年增长16.15%和14.70%；律师办案87550件，与上年基本持平；业务收费83040.12万元，增长19.16%。全市律师人数及案件收入稳中有进，主要原因有：以IPO、破产管理业务为代表的新型业务领域不断拓展；律师办案专业性提升，代理案件的平均收费标准提高；在市司法局及市律师协会不断引导之下，制定较为完善收费标准，杜绝低价竞争；行政诉讼法的修改，推动行政诉讼业务的办案件数及收费大幅提高。

【公证业】 2016年，厦门市公证行业共办理各类公证113985件，收费9204万元，为重点项目提供公证服务1469件次，比上年分别增长17.31%、118.5%和22.72%。增长的主要原因是随着厦门市公证法律服务网络信息化推进，网上办证更加便捷，此外受厦门市房地产市场整体上扬影响，涉及不动产交易类公证业务增长显著。

【司法鉴定】 2016年，厦门市共办理各类鉴定13266件，收费2646万元，比上年分别增长5.44%和13.66%。其中，市电子数据鉴定业务发展迅猛，全年办理电子数据鉴定892件，收费639万元，分别增长83.16%和147.12%。全市2016年新增司法鉴定机构4家，鉴定项目13个。

【司法强制隔离戒毒】 2016年，厦门司法强制隔离戒毒所连续17年实现“六无”（无毒品流入、无人员偷逃、无非正常死亡、无所内案件、无生产安全事故、无重大疫情）安全目标。全年组织安检33次，消除安全隐患90多个。组织社会青年、中小学生3500余人次到禁毒戒毒教育基地接受教育。与市关工委等6个单位共建帮教关系，在中山医院等4家医院设立戒毒人员绿色诊疗通道，扩大司法戒毒工作的社会效能。全年新收戒毒人员565人，场所年末有戒毒人员734人。

【医患纠纷调处】 2016年，厦门市医患纠纷调解委员会办公室共接待群众来访来电2615人次，受理医患纠纷案件104起；组织调解102起，调解达成书面协议75起，经调解无错平息2起，调解成功率75.5%；患方索赔金额2739万元，协议赔偿总金额863万元。其他无法调解成功的案件，均引导双方通过再协商、鉴定或起诉等其他法律途径继续解决，取得良好成效，未出现矛盾纠纷激化情况。

【“我最喜爱的‘和事佬’”评选】 2016年，市司法局、市人民调解员协会、海西晨报社联合开展厦门市首届“我最喜爱的‘和事佬’”评选活动，旨在进一步弘扬人民调解员在化解全市社会矛盾纠纷中的时代风采。经群众推荐、各区初选、微信投票、专家评审，评选结果于12月4日揭晓，洪瑞莲、黄金辉、周金源、柯梅香、吴文飚、王吕宏、吴小汉、黄腰治、陈雪、杜朝庭等10位调解员获评厦门市首届“我最喜爱的‘和事佬’”。

【法律援助】 2016年5月9日，厦门市法律援助中心便民服务大厅正式投入使用，大厅总面积256平方米，功能区域布局合理，便民服务设施齐全，开放式服务前台设置咨询、受理、指派等席位，可满足为群众提供“一站式”服务要求，是全省面积最大、条件最好、设施最齐全的服务窗口。2016年，全市受理法律援助案件11316件，比上年增加1327件，增长13.28%。

【两岸调解员联谊】 2016年6月12日，第八届海峡论坛·两岸基层调解员联谊交流会在厦门举行。该届联谊交流会由国台办法规局、司法部基层司等指导，中华全国人民调解员协会、福建省人民调解员协会联合主办，福建省司法厅、厦门市司法局承办。来自台湾的23名基层调解员代表和大陆的30名人民调解员代表，以“交流调解实务·促进融合发展”为主题开展联谊交流活动。

【孟建柱到厦门视察】 2016年12月22日，中央政治局委员、中央政法委书记孟建柱在省委副书记、省长于伟国，省委常委、省政法委书记陈冬，省委常委、厦门市委书记裴金佳，副省长、省公安厅厅长王惠敏等陪同下，到厦门市鹭江公证处位于软件园一期华讯楼的信息化基地视察指导。中央政法委秘书长汪永清随同视察。孟建柱实地视察鹭江公证处与厦门大学合作创办的公证法律与信息化研究中心，听取厦门市公证信息化建设情况介绍，肯定鹭江公证处创新发展取得的成绩，鼓励厦门市公证部门继续探索社会化、市场化改革之路，主动履行职责，创新服务方式方法，更好地为各类市场主体和人民群众提供专业、优质、高效的公证服务。

（蔡江彬）

仲　　裁

【概　况】 2016年，厦门仲裁委员会（简称厦门仲裁委）全年受理案件1194件，比上年增长10.35%；争议总标的额129.89亿元，增长51.16%，争议标的额在全国251家仲裁机构中排名第九。其中，受理案件中双方均为外地当事人的435件，占比36.43%，受理外地案件标的额近90亿元，占比69.29%。办结案件1109件，增长19.63%，办结数量和增长幅度均为历年之最。办结案件从组庭到结案平均时间为70天，比上年增加10天，办案周期较上年略有延长，办案效率在全国仲裁机构中仍保持较高水平。是年，受理外地仲裁案件继续保持快速增长，越来越多外地当事人乃至境外当事人选择厦门仲裁委作为第三地仲裁机构，厦门仲裁委区域性国际商事纠纷解决仲裁中心的地位和作用逐渐显现。

【金融仲裁案件推广见成效】 2016年，厦门仲裁委受理金融仲裁案件614件，比上年增长81.12%，标的总额102.41亿元，增长134.72%，金融仲裁案件成为厦门仲裁委受理的主要案件类型。厦门仲裁委建立银行业金融系统纠纷案件特殊解决机制，针对金融行业特点，在快速立案、送达确认等方面进行创新，与人民法院在异地财产保全等方面进行沟通协调。经过多年业务推广培训，厦门仲裁委的金融仲裁从最初的厦门工商银行推广到省工商银行、省建设银行、省农业银行、兴业银行、华夏银行福州分行、华夏银行泉州分行、厦门银行、厦门农商银行等金融机构。

【自贸区仲裁国际化平台成效初显】 2016年，位于福建自贸试验区厦门片区的厦门国际商事仲裁院受理仲裁案件238件（其中涉自贸区案件99件，涉外案件139件），案件标的28.46亿元（其中涉自贸区案件标的7.08亿元，涉外案件标的21.38亿元）。受理的案件呈现多样化、国际化、区域化特点，案件类型涉及融资租赁合同、仓储合同、运输合同、借款合同、国际贸易合同、股权转让合同、码头建设施工合同等。有139件案件为涉外案件，当事人涉及美国、英国、意大利、加拿大等国家和地区。所受理案件中有59件案件双方当事人均为厦门的，有121件案件双方当事人都不是厦门的，其余案件均有一方当事人为厦门以外的。

【东南国际航运仲裁院运作平稳】 2016年，东南国际航运仲裁院受案355件，标的5.8亿元。东南国际航运仲裁院成立于2012年6月2日，定位为提供专业的航运纠纷仲裁服务，构建两岸航运纠纷解决重要平台，建设有竞争力、有影响力的区域性航运仲裁机构。东南国际航运仲裁院成立后，业务发展平稳，至 2016 年 12 月，共受理各类型航运纠纷案件 569 件，涉案标的额近 16 亿元。

12 月 11 日，第十届“厦门仲裁”倍辩论赛决赛现场　（厦门仲裁委提供）

【中英海事仲裁研讨会】 2016 年 3 月 18 日，厦门仲裁委员会联合中国（福建）自由贸易试验区厦门片区管理委员会、英国驻广州总领事馆在厦门宝龙铂尔曼大酒店共同主办“2016 中英海事仲裁研讨会”，厦门市政府副市长倪超、英国驻广州总领事馆副总领事 Andrew Massey、厦门仲裁委员会主任汪兴裕、伦敦海事仲裁员协会主席 Clive Aston 出席研讨会并致辞。厦门仲裁委员会仲裁员曾辉、伦敦海事仲裁员前秘书长兼仲裁员 Ian Gaunt、厦门海事法院法官陈延忠分别作主题演讲。参加此次研讨会的有中英两国专注于海事海商争议解决的仲裁员、法官，以及来自航运、贸易界的企业家，还有相关领域的律师、专家、学者。该次研讨会旨在加强厦门仲裁委员会与伦敦海事仲裁员协会的合作交流，促进双方海事仲裁业务发展，提升厦门作为东南国际航运中心在国际航运界的话语权、影响力和辐射力。

【厦门仲裁委秘书处改制工作完成】 2016 年 4 月 29 日，厦门市政府办公厅下达《关于同意厦门仲裁委员会秘书处改制实施方案的批复》（厦府办〔2016〕58 号），批准厦门仲裁委秘书处由企业化管理事业单位改为国有经济鉴证类法律服务机构，并对秘书处工作职责、资产管理、行政管理等事作出规定，改制工作基本完成。厦门仲裁委秘书处是厦门仲裁委常设办事机构，为实现仲裁融入市场、服务市场宗旨目标，2014 年 8 月 26 日，市编办下发《关于厦门仲裁委员会秘书处改制的批复》（厦委编办〔2014〕112 号），同意对厦门仲裁委秘书处进行改制。2015 年 4 月 30 日，厦门市人民政府第七十七次常务会议审议通过厦门仲裁委员会提交的《关于仲裁委秘书处改制的方案（送审稿）》，认为厦门仲裁委秘书处改制符合仲裁法相关规定，适应未来仲裁事业改革发展需要，并确定新机构设立方案，明确改制后资产管理、行政管理、法人治理结构等事宜。至 2015 年底，秘书处资产、负债、损益清查审计及秘书处法定代表人任期经济责任审计等工作完成，在报刊上发布《事业单位拟注销登记公告》。

【第十届“厦门仲裁”杯大学生辩论赛】 2016 年，由厦门大学法学院与厦门仲裁委员会共同主办，厦门大学法学院研究生会、厦门大学国际法辩论与交流协会承办的第十届“厦门仲裁”杯大学生辩论赛对众多报名队伍进行筛选，最终确定来自福州大学、福建师范大学，福建农林大学、厦门大学嘉庚学院、华侨大学、集美大学、厦门理工学院以及厦门大学等 36 支代表队参赛。经过初赛，厦门大学财源广进队与厦门大学求问队进入决赛。12 月 11 日，辩论赛决赛在厦门大学法学院模拟法庭举行。决赛双方就“人工智能是人类之福 or 之祸”展开论辩，反方厦门大学求问队获该届“厦门仲裁”杯辩论赛冠军，反方吴泽宇获“最佳辩手”称号。“厦门仲裁”杯大学生辩论赛以辩论为形式，以法学思想交流为主旨，在激发广大学子思辨与才学同时，传递公正、效率、和谐的现代化仲裁理念，连续举办 10 届，成为福建省内高水平的辩论赛。

（黄伟民）

3 月 18 日，伦敦海事仲裁员协会前任秘书长 Ian Gaunt 在 2016 中英海事研讨会上发言（厦门仲裁委提供）

责任编辑：孙志红
审　　稿：程成贵
　　　　　白延蜻
责任校对：林建高

10 国防建设

部队建设

【概　况】 2016年，中国人民解放军福建省厦门警备区（简称厦门警备区）组织改革强军主题教育和主题实践活动，开展形势政策教育，开展强军风采、纪念建党95周年和长征胜利80周年等活动，持续开展尊干爱兵主题实践活动和群众性文化活动。集中组织新任厦门警备区（人武部）党委第一书记任职大会，落实专武干部考评机制，优化民兵组织结构和布局，实施“互联网+整组”工程，全面推广海上民兵“北斗”信息系统使用。深化军民融合，首次组织国防教育讲师集训，开设“厦门国防教育”公众号，推进国防教育展览馆提升改造。9月，组织官兵防抗超强台风“莫兰蒂”，台风过后连续半个月组织官兵支援地方灾后重建，为厦门实现超常规恢复重建发挥主力军、突击队作用。帮助官兵解决实际困难，协调厦门市安置随军随调家属66人，为未婚大龄军官举办军地青年联谊会，协调新“双拥号”交通艇入列使用；“七一”期间，走访慰问生活困难党员、老干部、老党员65人；两次老兵退伍期间，厦门警备区各级拿出慰问困难退伍士兵和伤病人员26.9万元。落实全面停止有偿服务，全年清退住房35套，清理房地产租赁项目43项；厦门警备区党委接待费比上年下降36.4%，连续3年大幅下降。

【安全隐患排查整治】 2016年，厦门警备区加大对部队安全管理力度，坚持每月分析研判安全形势，大项任务预先评估风险、落实防控，把风险管控、事故预防、隐患纠治和作风培养贯穿到指导部队工作全过程。6～7月，厦门警备区通过“逐点过”排查全区各点位，发现和纠正624项短板问题。9月下旬，厦门警备区在全区部队开展“百日安全”活动，各分队挂单列表、定人限时解决安全隐患，各级机关每周组织不打招呼检查，对发现的违规违纪现象和倾向性问题，专题通报并逐单位下发整改通知书，从最末端消除安全隐患。

【政治学习教育】 2016年，厦门警备区开展“学党章党规、学系列讲话，做合格党员”学习教育，着眼推动从严治党、依法治军向基层延伸。坚持正面教育，突出问题导向，引导广大党员自觉按照党员标准规范言行，坚定信仰信念、严守纪律规矩、锤炼党性观念、培塑过硬作风，发挥先锋模范作用，推进作风建设向纵深发展。11月，厦门警备区组织第四季度第一阶段党委中心组，学习《党的十八届六中全会公报》《关于新形势下党内政治生活的若干准则》《中国共产党党内监督条例》和习近平总书记在纪念红军长征胜利80周年大会上的讲话等内容。推进全面从严治党，不断把学习引向深入。

【城市警备工作】 2016年，厦门警备区司令部落实上级有关警备工作指示规定，履行区域性警备工作职能，不断加强警备队伍自身建设和城市警备工作力度，警备区司令部通过警备巡逻、军地联合路检、明查暗访等方法，加强厦门辖区内军人、军车检查督导。全年派出警备官兵1277批，出动警备车辆267台次，临检外出及过往军人734人次，不合格70人次，路检军车471台次，不合格28台次；受理“110”报警及群众求助电话97起。通过严格的执法和监督，使驻厦门部队军人、军车形象和秩序得到良好改善。

【预备提干指挥士官集训】 2016年4～8月，厦门警备区按照统一计划，教导队具体承训模式，采取“个人自学与集中训练、理论辅导与实践锻炼、阶段考评与全程淘汰”相结合方法，全面展开预备提干指挥士官集训。4月15日，按照预备提干指挥士官集训有关要求，清退10名体检和军事复查不合格的人员。6月上旬，完成预备提干指挥士官集训共同阶段考核，按照理论学习、室外授课的形式，全面转入专业阶段训练。8月，在完成战术课目训练的基础上，按照“突出基层需要、突出重点、突出应用”原则，从学员任职角度出发，组织预备提干指挥士官课目考核验收，重点突出组训法、指挥法、专业技能及体能考核。

【部队规范化建设】 2016年5月，厦门警备区以73325部队规范化建设为试点，汇总梳理各级各类人员日、周、月、季、年工作，制定运行《警备区规范化建设指导手册》，组织召开全区基层规范化建设研讨交流会，全面统一履职标准、规范工作运行。重新修订《手机使用管理规定》，提升手机安全保密预防和管控水平。7月，围绕上级下发的关于加强部队安全管理教育新规新令，利用1个月时间组织全区官兵学习贯彻和对照整改。8月，厦门警备区组织召开73322部队岗哨执勤示范观摩会，制定并出台加强警备区部队安全管控和岗哨执勤规范等措施，抓好岗哨执勤规范整治，堵塞盲区漏洞，提升部队正规化建设水平及岗哨执勤标准。

【纪念红军长征胜利80周年文艺晚会】2016年10月，厦门警备区纪念中国工农红军长征胜利80周年，掀起学习弘扬长征精神的热潮，缅怀红军创建的宏伟业绩，追思和弘扬长征精神，充分挖掘文化人才发挥军地资源优势，积极与驻地湖里区文化馆、观音山音乐学校联系。10月28日，厦门警备区在某连营区内举办纪念红军长征胜利80周年文艺晚会。晚会由《红歌联唱》拉开整场晚会序幕，表演《破晓的曙光》《我们的队伍向太阳》《过雪山草地》《追寻》《长征之路》《有我在》《忆秦娥娄山关》《江山》等节目，再现红军长征中的经典战役场面，展现红军将士不怕牺牲、一往无前的英雄气概。晚会邀请军地有关领导、军转干部、拥军模范及部分官兵家属参加。通过晚会进一步凝聚官兵不忘初心、继续前进的信念与力量。

民兵预备役

【概　况】2016年，厦门警备区先后召开全市民兵整组任务对接会和整组工作部署会，下发《民兵整组编制结构表（征求意见稿）》，按要求完成民兵整组任务。落实《民兵军事训练与考核大纲》和省里下达的训练任务指标，按照“边整组、边训练”要求，正规训练秩序，突出干部骨干训练，狠抓训练质量落实。在正规训练秩序上，建立训练计划逐级会审、训练落实逐月逐日报告、训练等级评定和奖励机制。厦门警备区重新调整市国防动员委员会委员及各办公室成员单位，组织国防动员潜力调查和业务骨干培训。厦门市在征兵工作中，采取“早分析、早预测、早宣传、早发动”等措施，完成福建省政府、省军区“三保一降”（保数量、保质量、保廉洁、降低退兵率）和征集高学历青年达到任务数55%的目标，大专以上学历人员占55.4%，实现连续33年无责任退兵。

【民兵训练落实】2016年，厦门警备区在正规训练秩序上，建立训练计划逐级会审、训练落实逐月逐日报告、训练等级评定和奖励机制。3月，警备区参加全省民兵军事训练集中会审，组织民兵年度训练计划会审，训练展开后，各单位逐月上报训练计划安排，每天逐级上报当日训练落实情况，省军区和警备区不定期组织检查抽查。4～6月，按要求完成国防动员潜力调查。5～6月，警备区分别组织全市民兵营（连）长、民兵应急分队骨干集训，牵头组织全省民兵防化专业技术骨干集训，派人参加省军区防空兵、通信兵、对空观察哨等骨干集训。12月，厦门警备区机关对全市民兵分队年度训练情况进行考核，检验民兵训练成果。

【民兵整组】2016年3月，厦门警备区按照“够用、管用、能用”要求，采取“优化方案、分级组建、广域抽组、以网聚兵”等措施办法，深化民兵编组模式，构建“规模适度、精干合成、布局合理、可靠管用”的后备力量体系。3月3日，厦门警备区根据福建省政府、省军区民兵整组动员部署会精神，协调召开全市民兵整组任务对接会，下发《民兵整组编制结构表（征求意见稿）》，对接民兵整组任务优化意见；3月16日，厦门警备区召开整组工作部署会，传达部署2016年厦门市民兵整组和预备役预任预编任务，下发《全市基干民兵组织结构表》，按照整组方案组织各区人武部全面展开整组工作，调整民兵组织建设，规范民兵和国防动员专业队伍，把交战、经济、科技、信息等专业保障队伍纳入基干民兵组织，做到定队伍定任务。厦门警备区机关先后3次到武装部检查民兵整组情况，确保整组各项工作落到实处。

【全区民兵信息员集训】2016年6月5～7日，厦门警备区在厦门市国防园组织全市民兵信息员集训，按照“统一计划、集中组训、座谈交流、考核验收”步骤，组织学习民兵信息队伍“搜情报情”情况讲评、典型案例情况分析和信息员先进典型经验介绍；组织学习福建省军区海上民兵情报信息侦搜处理实施办法、民兵情报信息工作奖惩机制和常用海空目标识别等理论；组织培训北斗报知终端和手机短信编发，以及民兵北斗信息系统、短信报知平台等操作使用。通过集训，摸清民兵整组后全区民兵信息员底数，提高民兵信息员队伍业务素质和情报搜报能力。

4～6月，湖里区人武部组织民兵营连长带信息情报员集训　（林志坚　摄）

国防教育

【概　况】 2016年3月，厦门市国防教育办公室（简称市国教办）召开全体成员单位会议，讲评部署年度工作；6月，市国教办牵头，由厦门市委宣传部、厦门警备区政治部、厦门市建设与管理局、厦门市财政局、厦门市双拥办等成员单位组成联合考察组，赴成都、长沙、广州三地，考察7所优秀国防教育基地建设布展与使用管理情况，为市国防教育展览馆提升改造提供参考。经常性开展地方领导干部过“军事日”活动，邀请国防大学乔良教授为全市党政领导干部授课。严格落实国防教育“进课表、进教案、进课堂、进学分”制度，将国防知识列入中小学升学考试内容，广泛开展“启航明天、争当四好少年”活动，派出700余名官兵军训学生2万多人。落实民兵预备役教育，推进专武干部队伍建设，结合点验整顿、军事训练、执行勤务等时机，为民兵预备役授课20场次。会同市国资委，组织6家市属国有企业开展国防教育主题演讲比赛。围绕纪念中国共产党成立95周年和红军长征胜利80周年，举办大型专题展览、烈士陵园悼念活动、新排长任职授衔仪式等系列活动等。市国教办利用传统传媒，在厦门电视台开设《军情全球眼》栏目；在厦门广播电台开设“国防之声”广播；在《厦门日报》开辟“特区国防”专栏，组织驻厦门部队与市委宣传部轮流组稿，每月1个专版。依托厦门国防教育网站创办“厦门国防教育”微信公众号，每日推送国防知识和驻军动态，组织国防知识竞赛、国防教育演讲比赛、国防知识有奖问答等活动，参与群众40多万人；升级改版厦门国防教育网，开通国防热点论坛，邀请厦门大学专家、教授在线解疑释惑，年访问量100万人次。制作国防教育流动展板，更换“神州行”公益广告牌，协调楼宇电视、公交移动传媒播放宣传短片，形成国防教育宣传常态化、全覆盖的局面。协调厦门市委、市政府一次性核拨2000万元用于国防教育展览馆升级改造。市国教办主动与厦门大学军事教研室建立联系机制，共同会商国防教育难点课题，开展国防教育概论编撰工作。市国教办协调厦门市做好拥军政策落实。

【组织国防教育讲师团集训】 2016年5月6～7日，市国教办在厦门市西山国防园，组织厦门市区两级国防教育讲师团集训。参训讲师团成员86人，集中2天时间分4个阶段组织，安排集训内容11项。集训全程实施准军事化管理，严格落实军营一日生活制度，所有参训人员统一着迷彩服，住排房，按普通一兵的要求整理内务。集训达到预期效果。国防报、福建省教育电视台、省军区政治工作动态、战区政工网、《厦门日报》、厦门电视台、福建省（市）国防教育网等均宣传报道此次活动。

5月6日，厦门市区两级国防教育讲师团集训　　（陈德辉　摄）

【国防教育日活动】 2016年7～9月，由厦门警备区牵头，厦门市围绕“传承红色基因，共建巩固国防”主题，开展国防教育日“五个一”系列活动。市国教办邀请国防大学乔良教授为全市党政领导干部作国防形势专题讲座。举办“纪念红军长征胜利80周年主题演讲和网上知识竞答”，从基层开始层层选拔，在厦门电视台举办决赛并全程直播；组织广场文艺演出暨国防知识有奖竞答晚会；组织国防教育展板巡展，制作国防主题展板26块，到中山路、鼓浪屿等人流量较大的景区巡展；编印《国防知识手册》3万册，发放给广大市民。广泛开展“三讲”进学校、进社区、进企业活动。全年组织“三讲”活动100余场次。10月22日，市国教举行的第十六个全民国防教育日系列活动，宣扬驻厦门部队抗击台风“莫兰蒂”先进事迹，将全市军民的感人事迹融入主题演讲比赛。

双拥共建

【概　况】 2016年，厦门警备区依据《战时群众工作纲要》，结合任务和防区特点，先后3次组织区团及人武部群众工作方案修订对接；分别组织专项工作组深入民政、教育、广电等部门核查政治动员潜力数据，与地方相关部门建立常态化联系机制，及时共享潜力数据动态，确保潜力数据的准确翔实。协调解决转业退伍军人安置、随军家属就业子女就学、伤病残军人和离退休干部移交安置问题，实现正团职任职满3年的干部平职安置比例61.4%、营以下转业干部公务员比例90.7%、帮助解决66名随军随调家属就业问题、落实干部子女中考加12分、驻厦部队官兵子女就近入学100%。推动军用土地确权、战备工程建设、军事设施保护等历史遗留问题解决。厦门警备区作为驻厦牵头部队优势，以打赢脱贫攻坚战开展抓手，并先后3次与市里对接打赢脱贫攻坚战方案计划，厦门警备区本级拿出30万元设立帮扶专项基金，全区团以上干部捐资近20万元支助124名困难学生，协调市农业局等单位定点扶持帮扶单位。

8月，组织全区卫生分队25名优秀医疗骨干，深入同安区和翔安区13个贫困村开展送医送药活动，向“五老”人员、贫困家庭和贫困学生捐赠生活和学习用品。先后5次到同安区莲花镇上陵村实地调研，投入15万元推动“美丽厦门共同缔造”项目军民共建广场建设。厦门警备区开展义务植树活动，组织官兵到龙岩长汀等地开展大规模水土流失治理及植树造林活动。

【龙岩长汀地区植树造林活动】 2016年3月9～16日，厦门警备区组织73325部队部分官兵，赴龙岩长汀县策武镇南坑村区域执行植树施肥的造林活动。按照活动进程，采取边组织、边讲评、边整改的方法，完成施肥任务。部队出动官兵400余人，动用各类车辆29台，行军总里程约575千米，完成施肥106.67万平方米、29吨。

【军地共建“平安厦门”座谈会】 2016年4月下旬，厦门警备区政治部会同厦门市政法委在厦门市海城宾馆召开深化军地共建“平安厦门”座谈会，厦门警备区首长和厦门市政法委、中级人民法院、公安局、国家安全局主要领导出席会议，会议总结回顾2015年军地共建“平安厦门”活动开展情况，研究部署2016年平安创建工作。厦门警备区与市政法委联合出台《深化军地共建“平安厦门”工作意见》，会同厦门市反邪教办公室建立反邪教机制，与辖区19个派出所建立通联关系，推动军地共建活动深入发展。

【参与灾后恢复重建】 2016年9月，台风“莫兰蒂”正面袭击厦门，台风过境后，厦门警备区党委主动向厦门市委、市政府请战，与防汛抗旱指挥部、厦门市园林局等地方防灾救灾牵头单位协调对接，负责厦门市湖滨北路、湖滨南路、莲前路、吕岭路、莲岳路、湖里区主干道以及人民大会堂、厦门大学、双十中学、厦门市第一中学、大同中学等受灾最严重路段和地区的救灾行动，发挥灾后恢复“主力部队”作用。全区出动5800人（其中现役部队2650人、民兵队伍3150人）、车辆160余台，参与清理道路150多条，疏通道路里程500余千米，处理垃圾5000余车次，抢救倒伏树木近8万株，受到市委、市政府和社会各界赞扬，被誉为“最美国防绿、最亲子弟兵”。（参见P72【台风】）

（沈勇军）

武　　警

【概　况】 2016年，武警厦门支队强化政治引领紧跟看齐，狠抓思想政治建设，开展“两学一做”学习教育活动。按照“多能一体、有效维稳”战略要求，狠抓规范化执勤、实战化训练和常态化战备。以全国“两会”、G20峰会和中共十八届六中全会等敏感期反恐维稳为重点，突出抓好暴恐、群体性事件防范应对工作，培训抢险专业骨干，搞好针对性训练演练，确保大险大灾面前能上一线、打胜仗。树立“后勤变前勤”作战保障指导思想，着力完善后勤保障体系、提升服务保障质量。全年支队出动兵力1.6万余人次，完成等级警卫、押解押运、设卡任务和国际马拉松比赛、海峡论坛、“9·8”投洽会、G20峰会系列会议、两岸企业家峰会年会等8起大型活动安保，协助处置100余起上访事件，成功处置犯罪嫌疑人脱逃、精神病人冲击车站、放置疑似爆炸物、汽车强行冲卡事件，截获管制刀具等危险品，抓获全国通缉逃犯等事件20余起，做好应对其它突发事件的处置。组织官兵参加武警部队体工队搏击野战小分队厦门站培训，全方位、多角度探索实战化训练方法，拓展实战化训练途径。在武警部队特战骨干集训暨比武中，支队反劫机中队获得全国9个反劫机中队第二名、全国66个团体中第六名；在福建省武警总队“四会”教练员集训比武中，支队反劫机中队队员刘通名列士官组第一。2016年，省委书记尤权专程到一线看望慰问救灾官兵，厦门市委书记裴金佳、代市长庄稼汉等领导多次对支队官兵的表现予以赞扬。支队被武警部队评为“武警部队维稳工作先进集体”“士官队伍建设先进单位”，二大队五中队党支部获评武警部队“先进基层党组织”，中队长陈池荣立个人二等功，副大队长许永定获评武警部队“优秀教练员”，士官刘存平获评武警部队初级反恐特殊人才。

【大型活动安全保卫】 2016年，武警厦门支队完成多起大型活动安全保卫任务。主要有：（1）1月2日，支队出动官兵完成2016建发厦门国际马拉松赛现场警戒和机动备勤任务。（2）6月，支队出动多名官兵，圆满完成“G20峰会系列会议”期间5处进岛桥隧通道武装设卡、首长住地警卫、专机警卫、3处重要电力设施守卫以及重要活动现场安检、机动备勤、联勤武装巡逻和营区机动备勤等任务。12日，担负设卡的官兵协助公安拦截抓获1名涉毒人员，现场缴获高纯度海洛因、医用注射针管。

9月8日，支队官兵担负“9·8”洽谈会安保勤务　　（林志坚　摄）

25 日，支队配合公安机关拦截抓获 1 名全国网上通缉的信用卡诈骗案逃犯。(3)9 月 5～11 日，支队出动多名官兵，完成第十九届中国国际投资贸易洽谈会活动的机动备勤、联勤武装巡逻和营区机动备勤等任务。期间，官兵分别拦截并抓获 2 名全国网上通缉逃犯和 1 名运载危险物品犯罪嫌疑人，现场缴获警棍 1 把，警用催泪器 2 瓶，管制刀具 2 把，不明药品 1 颗，二氧化碳 19 盒 45 瓶。(4)11 月 7 日，两岸企业家峰会年会多个产业合作推进小组的专题论坛和分论坛及闭幕式在厦门举行，支队出动多名官兵完成峰会期间首长住地警卫、活动现场警戒和机动备勤、进岛桥隧通道武装设卡等任务。(5)11 月 13 日，2016 厦门世界半程铁人三项赛在厦门开赛，该赛事有 57 个国家 2000 多名运动员参加，支队出动多名官兵，完成比赛现场警戒和机动备勤任务。

【抢险救灾】 2016 年 9 月，武警厦门支队在台风“莫兰蒂”登陆前协助厦门市渔港监督局、海洋渔业局安全有序撤离群众 3000 余人、清查进港避风船只 459 艘。15～24 日，支队出动官兵全力以赴展开灾后抢险救援工作，在全市各区转移受困群众 200 余人，抢运物资 300 余吨，切割倒伏树木 9 万余棵，清理断木残枝和杂物 1700 余车，疏通主干道 7 条、其他道路 10 余条，帮助 10 余个街道办、10 余座公园和多所学校清理垃圾杂物，恢复正常的交通和生活秩序。新华社、中央电视台、中国军网、凤凰卫视等主要媒体均发稿报道支队救灾官兵的感人事迹。救灾官兵收到福袋和红鸡蛋的故事，一天之内在互联网上点击率超过 3500 万人次。

（林志坚）

人民防空

【概　况】 2016 年，厦门市人民防空办公室（简称市人防办）履行“战时防空、平时服务、应急支援”使命任务，按照“长期准备、重点建设、平战结合”原则，推进人民防空与城市建设融合发展，人防工程体系、防空防护体系、指挥通信体系、应急疏散体系、宣传教育体系、法规政策体系、人防专业队伍建设等不断推进。全年厦门市人均掩蔽面积与北京、上海处于同等水平，全省领先，位居全国前列。厦门市被评为全国人民防空先进城市；市人防办和海沧区人民防空办公室被评为全国人民防空先进单位；市人防办被国家人防办评为《中国人民防空》杂志通讯报道先进单位；市人防办在全省人防军事斗争准备评估中，获得总分第一。

【通信警报体系建设】 2016 年，市人防办建立完善移动卫星和雷达、电台等通信指挥平台和系统，不断增加防空警报器和警报发放系统建设；市疏散指挥分中心安装防空警报（有、无线控制），短波天线、通信网络等设施，配备军用短波电台，配套完善人防战备值班生活设施、用品。警报音响覆盖率岛内 98%、岛外 95%，逐步加大多功能警报建设力度。新装 2000 瓦特电声警报器 4 台，移装警报器 6 台，更新主机 5 套，改造加装警报电源管理控制器 61 台。采用实地检测、GPS（全球定位系统）地图定位等手段，实时更新全市固定警报的地理信息；建立警报信息数据库，为防空防灾应急行动提供准确、完整的决策依据。制定人口疏散方案，细化区域疏散接收安置方案，配置专项战备物资库，提高综合保障能力。

【国际民防日宣传活动】 2016 年 3 月 1 日是“国际民防日”。是日，市人防办围绕“加强人防建设、共建美丽厦门”主题开展宣传活动。在五一广场开展国际民防日宣传活动，邀请厦门市水利局、市环保局、市红十字会、市地震局、市消防支队、市医疗救护中心、厦门水务集团、厦门供电公司、厦门华润燃气有限公司等单位部门到场，设立咨询演示点进行宣传。现场开展有奖人防应急知识抢答活动，首次引用无人机拍摄宣传活动画面，实时将信号传输到地面大屏幕，增强宣传活动氛围；现场进行心肺复苏术（CPR）、创伤救护演示等活动，向市民普及防空防灾知识和防灾减灾、自救互救的基本技能。据统计，各单位向市民分发有关宣传材料 1.2 万余份，分别在 1300 辆公交车、200 个楼宇、7 处 22 块多功能警报器及多处户外 LED 大屏幕广告，插播民防公益广告。利用市人防办网站开设“国际民防日”专栏，刊登民防知识竞猜题。在《厦门日报》《海西晨报》开辟专版，以“加强人防建设、共建美丽厦门”为题进行国际民防日特别报道；利用“居民应急疏散信息系统”发送 10 万条公益宣传短信息，开设手机“看厦门”APP（手机软件），利用新媒体平台在市民中普及人防知识。厦门电视台新闻频道专题采访市人防办主任陈永茂，专门编辑一期访谈节目宣传报道人防工作。

【“5·10”防空演练】 2016 年 5 月 10 日下午 3 点，厦门市 200 多台防空警报

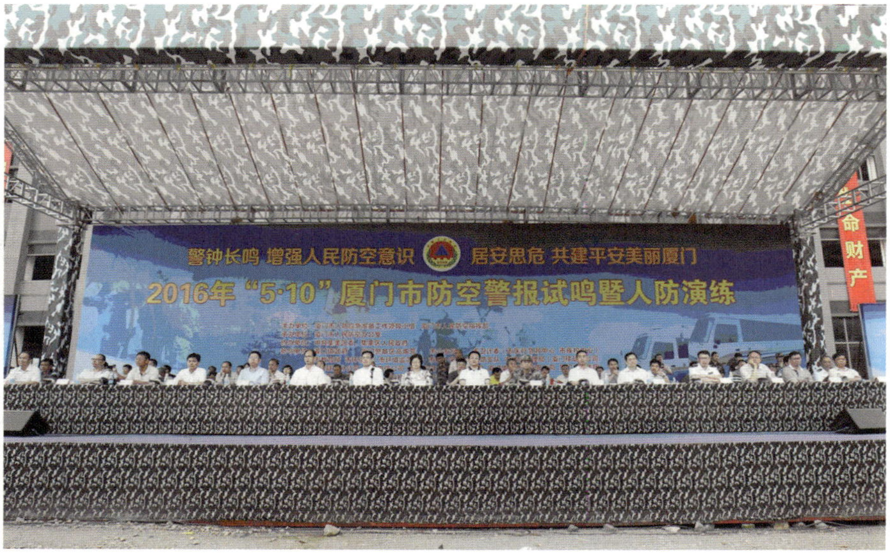

2016 年“5·10”厦门市防空警报试鸣暨人防演练主场　　（市人防办提供）

同时鸣响。市人防办在集美主演练场组织以“重要经济目标防护救援行动”为课题的人防演练，演练主题是：警钟长鸣，增强人民防空意识；居安思危，共建平安美丽厦门。现场设置“供电设施”“化学品仓库”“新闻中心”等目标，模拟战时场景开展模拟演练13项，参演单位18个，参演人数400余人，各种专业车辆40余台。全市大、中、小学在校园内实施防空袭紧急疏散演练，参演学生50多万人；6个区分别组织8个社区开展居民紧急疏散隐蔽演练。通过演练，提高市民防空防灾意识和自救互救能力，达到“实用、有效、安全”目的。

【准军事化训练】 2016年10月13～14日，在厦门警备区指导下，市人防办组织市、区人防相关人员74人，赴角屿、驻小嶝岛连队进行为期2天的人防机关准军事化训练。训练采取理论授课、技能训练、参观学习等形式，熟悉海防第一线军事斗争情况，学习掌握美、日等国家和台湾等地区空中打击力量特点等知识，接受部队优良传统教育，加强作风纪律培养。12月8～10日，市人防办组织市国动委、市人防系统、市人防专业队相关人员75人，到龙岩地区开展跨区域、复杂情况下的应急训练。训练采取人员集中、机动拉练、异地联动的方式，运用讲课实作、学习参观、演练考核等方式方法。训练内容为人民防空信息系统、防护战场环境、固定指挥所信息系统开设、机动指挥所信息系统开设与撤收、人民防空行动等。

（方海通）

海防管理

【概　况】 2016年，厦门市海防委员会办公室（简称市海防办）深化平安海域创建工作，在管控越界作业、保障海上救援、推进海防基础设施建设、维护海上社会治安和安全生产等方面，取得显著成效。组织各海防委成员单位开展厦金海域联合专项行动8次，查扣、处罚各类非法船舶119艘次177人次；组织搜救行动87起，救助遇险人员119人次；劝阻越界作业船舶252艘次、渔船民352人次；组织开展渔船民普法教育活动25场次，受教育渔船民6800多人；组织海防监控系统操作员参加业务培训2次16人，全市海防监控系统操作员全部带证上岗。10月，全国边海防业务培训暨工作研讨会在西安召开，厦门市海防办作经验交流，得到国家边海防办肯定。

【严控越界作业】 2016年，市海防办召集有关单位会商，协调边防支队、海警三支队、海洋综合行政执法支队、海事执法支队等海上执法力量靠前部署，在市安全局的信息支援下，加强对渔船民进行有关政策规定的宣传教育，联系翔安欧厝等重点区域船老大等重点人、综合利用各类信息线索排查越界作业隐患，及时处置集体越界捕捞被台抓扣事件。开展厦金有关部门协同执法等。全年查处敏感海域违法违规船舶36艘次，劝阻越界作业船舶252艘次，处置被台抓扣事件19船、39人。

【海上治安】 2016年，市海防办组织厦门海域非法盗采海砂调研并形成有关调研报告，采取行政处罚和刑事处分方式，全年行政、刑事处罚非法采砂船2艘，当事人被判刑6人，有效遏制盗采海砂的疯狂势头。组织边防支队和海警三支队破获偷私渡案件9起9人次；破获走私案件31起，查获走私成品油3915吨；查获氯麻黄碱1.13吨、冰毒105千克，抓获涉案人员24人。7～9月，市海防办和市海防委成员单位承担厦金泳渡、海峡两岸高校帆船赛等多项海上比赛的安全保障工作，确保各项赛事顺利进行。

【欧厝海监维权基地建设】 2016年，国家海洋局和市政府共同投资建设中国海监六支队欧厝海监维权基地，原建设规模3000吨级和1500吨级海监船泊位各1个，码头总长264.94米，宽12米；改建1栋3398平方米综合楼；新建1栋1005平方米检修车间及综合训练场，总投资约11993万元，其中中央投资1亿元。1月，市海防办根据海监工作实际需要，报经市政府研究同意变更项目规划设计，增设3000吨、1500吨泊位各一个，并协调市发改、财政等部门，调整工程概算，追加投资1842万元，由市级财政统筹安排。该项目年底建成，码头靠泊能力翻1倍，缓解中国海监六支队船舶停泊困难。

【游艇管理模式创新】 2016年4月28日，在省海防办指导下，市海防办组织五缘湾游艇管控智能化系统现场观摩交流活动，市海洋渔业局、市经信局、市体育局、厦门海事局、厦门边检总站、厦门边防支队、各区海防办、厦门游艇协会及游艇公司代表30多人参加，学习推广五缘湾游艇管理经验。市海防办坚持科技引领、管理创新，投入资金近280万元，编制《五缘湾游艇边防管理登记手册》，开发研制出“游艇智能申报比对管理系统”“游艇智能多目标跟踪监控系统”“游艇智能防控管理系统”等游艇智能化服务管理系统，提升进出港人员比对效率，实现游艇港视频全覆盖及船舶实时动态管理，创新海域治安防控模式，实现“人控”“船控”“维稳”“反恐”管理目标，保障厦金海域安全稳定，填补国内游艇休闲旅游业在服务管理上的空白。（参见P215【首创游艇管理模式】）

（陈惠全）

责任编辑：林德全
审　　稿：孙志红
　　　　　白延蜻
责任校对：林建高

11 经济管理与监督

宏观经济管理

【概　况】2016年，厦门市坚持稳中求进工作总基调，抓好稳增长、调结构、促改革、惠民生、防风险各项工作，适应经济新常态，推进供给侧结构性改革，加快培育新动能，引导良好发展预期。应对强台风灾害，推进灾后重建。经济运行总体保持平稳。地区生产总值3784.3亿元，比上年增长7.9%；固定资产投资2159.8亿元，增长14.4%；财政总收入1083.3亿元，增长8.2%，其中地方级财政收入647.9亿元，增长8.6%；城乡居民人均可支配收入增幅与经济增长基本同步；居民消费价格上涨1.7%。规模以上工业企业利润总额增长48.2%，比上年高58.2个百分点。年度节能减排任务全面完成，万元生产总值能耗、主要污染物排放量均达到国家和福建省下达的节能减排降碳年度目标要求，空气质量优良率在全国74个主要城市中排名前列。深化“多规合一”改革（见P81小资料“多规合一”），制定出台建设项目生成管理办法，推动项目落地建设。深化“放管服”改革，全面实施“五证合一、一照一码”（营业执照、组织机构代码证、税务登记证、社会保险登记证和统计登记证五证合一，简化企业登记注册的手续，变成1个营业执照和1个统一社会信用代码）商事登记制度改革，加强网上行政审批服务，市、区行政许可和公共服务事项网上办理率100%。城镇新增就业17万人，城镇登记失业率3.4%，稳岗补贴扩大到不裁员或少裁员企业，2.7万家企业获得稳岗补贴共2.5亿元。

【产业结构】2016年，厦门三次产业结构调整为0.6∶41.2∶58.2。其中，第三产业增加值比上年增长9.8%，高于经济增速1.9个百分点，占地区生产总值比重比上年提高2.5个百分点。规模以上高新技术产业增加值增长7.6%，高于规模以上工业增速2.2个百分点，规模以上高新技术产业增加值占规模以上工业增加值比重59.4%。集成电路、生物医药、软件信息服务、网络零售等新产业、新业态保持20%左右快速增长。软件信息服务业和现代物流业收入均为首次超过1000亿元。至年末，全市有5条规模上1000亿元的产业链。

【创新驱动发展能力增强】2016年，厦门市入选首批海洋经济创新发展示范市、第二批国家科技金融结合试点城市、知识产权综合管理改革试点城市及全国首个科技领军人才创新创业基地。新增国家地方联合工程实验室3家、国家认定企业技术中心2家、国家技术创新示范企业1家。新增国家级工业设计中心3家，累计4家，数量居全省首位。新增国家级小微企业创业创新示范基地2个，新培育成长型中小微企业492家。获得各类专利授权11500件，每万人拥有有效发明专利18.4件，为全国平均水平的2.3倍。软件园二期创新社区建设经验在全市复制推广。福厦泉国家高新区获国务院批准建设国家自主创新示范区。

【供给侧结构性改革】2016年，厦门市以“降成本补短板”为重点，加快推进供给侧结构性改革。实施“降成本优环境”专项行动，出台实施35条降成本措施，累计为企业减负近200亿元，其中落实支持“营改增”、研发费用加计扣除、高新技术企业减免、小微企业优惠等各项税收优惠超过150亿元。4个领域补短板支撑项目550个，总投资约5280亿元，“十三五”期间计划完成投资超过4000亿元；至年末，竣工及开工在建项目291个，完成投资697亿元。省市工程包项目加快实施，15个省级投资工程包完成投资76.9亿元，8个市级投资工程包完成投资416亿元，均超额完成全年投资任务。

【企业发展扶持】2016年，厦门市安排财政帮扶资金46亿元，用于兑现落实省政府、市政府出台的工业稳增长、加快智能制造发展、扶持小微企业等系列稳增长政策，鼓励企业增产多销。《促进工业企业灾后恢复生产实施意见》出台，帮助受灾企业恢复生产。整合设立产业转型升级专项资金1.5亿元，支持三安光电、华联电子等企业实施智能化技术改造、研发创新等项目。规模以上工业实现增加值1264.8亿元，比上年增长5.4%；工业经济综合效益指数225，提高17.9；规模以上工业利税总额增长

24.6%。

【美丽乡村建设】 2016年，厦门市推进农村土地承包经营权确权登记颁证工作，完成省政府下达的任务。市区两级财政下拨以奖代补资金1216万元，完成8个村“旧村改造新村”建设和1个老区山区重点村项目建设。新增美丽乡村示范点60个，其中6个达到省级美丽乡村示范村标准；超过95%行政村的垃圾得到有效处理。同安区汀溪镇入选第一批全国特色小镇名单，集美汽车小镇入选省第一批特色小镇创建名单。

【都市现代农业】 2016年，厦门市修订出台《关于加快都市现代设施农业建设的实施办法》，扶持设施农业项目17个，面积约5300亩（约353.33万平方米）。都市现代农业产业集群实现销售收入670亿元，比上年增长8.9%。新建“菜篮子”基地14个、设施农业项目17个、农业标准化生产基地20个，“菜篮子”保障能力进一步加强。全市休闲农业收入增长18.9%。同安区获批国家农村产业融合发展试点示范县。

【固定资产投资】 2016年，厦门完成固定资产投资2159.8亿元，比上年增长14.4%，增速全省排名前列。基础设施投资拉动作用明显，大嶝、小嶝7.58平方千米造地基本完成，快速路网外环线、杏林湾环湾截污工程基本建成，抽水蓄能电站、福厦高铁先导工程开工建设，石兜、莲花、汀溪水源连通工程加快建设。建成综合管廊33.8千米，海绵城市10.5平方千米。“新城+基地”成为投资重点，占全市固定资产投资约40%，马銮湾大道、翔安南路二期完善工程、开发晶照明LED、九天湖截污工程、市体育训练中心等项目基本建成，现代服务业基地丙洲片区统建区一期、滨海旅游浪漫线示范段、翔安医院等项目加快推进。

【重大重点项目推进】 2016年，厦门市完成省政府下达的重大重点项目开工建成任务。111个在建省重大项目、46个在建省重点项目、276个在建市重点项目完成投资额超年度投资计划20%以上。38个市重大项目中，开工13个、签约落地10个。莲岳隧道、电气硝子、复旦大学中山厦门医院等项目基本建成，国际航运中心、同集路改造提升工程、厦门市心脏中心等项目加快推进。项目总量稳步增长，1亿元以上项目总投资17047亿元，位列全省首位。项目滚动有序推进，年度新增“五个一批”（谋划一批、签约一批、开工一批、投产一批、增资一批）项目505个，总投资约6361亿元，开工转化率41.2%，高于全省平均水平。

【商贸业运行】 2016年，厦门市批发零售贸易业销售额比上年增长10.5%，批发业增速全省排名前列。社会消费品零售总额1283.5亿元，增长9.8%。引进“一达通”等大型外贸综合服务企业，京东电商项目落户厦门。互联网零售实现限额以上零售额127.2亿元（增长19.4%），占消费品零售总额9.9%。健康、信息等新兴消费快速增长，限额以上中西药类、通信器材类商品零售额分别增长36.4%和28.4%。

【双向投资快速增长】 2016年，厦门市招商引资全省领先，合同利用外资75.7亿美元，比上年增长81.8%；实际利用外资22.2亿美元，增长6.2%。合同利用外资和实际利用外资规模居全省首位。对外投资增势强劲，全年累计对外投资项目359个，投资额55.4亿美元；其中，“海丝”（21世纪海上丝绸之路）沿线国家和地区成为投资热点，投资项目53个，投资额10.7亿美元，增长超过1.3倍。

【教育医疗供给加大】 2016年，厦门市基础教育均衡发展，新增中小学和幼儿园学位2.6万个，其中80%以上布局岛外。厦门市第一中学、双十中学、外国语学校、科技中学、实验小学等学校的岛外分校加快建设。医疗资源优化配置，第二医院三期、海沧医院二期及湖里康乐、殿前马垅等一批社区卫生服务站投入使用。复旦大学中山厦门医院、翔安医院、五缘弘爱医院等项目建设加快推进。马銮湾医院、环东海域医院及禾山等社区卫生服务中心新址前期工作全面启动。国家健康医疗大数据中心和产业园挂牌设立。

【社会保障统筹推进】 2016年年末，厦门市基本养老、基本医疗、工伤、失业和生育保险参保人数分别达239万人、336万人、183万人、186万人和175万人，比上年同期增长2.8%、6%、3.7%、4.3%和4.6%。全市各类养老床位数10154张，每1000名老人养老床位数32.8张。获批国家医养结合试点城市，市老年活动中心改扩建等项目加快建设。医药卫生体制改革加快推进，公立医院管理委员会实质性运作，家庭医生签约服务试点方案出台，签约超过48万户。基层医疗机构医保结算总额进一步提高，遴选9个病种作为分级诊疗扩增病种。开工建设保障性住房8154套，建成4538套；开工建设公租房8129套。华铃花园、东方新城、新阳一期等保障性住房项目加快建设，新开工九溪、黎安等保障性住房项目和园博、珩琦、后吴等公租房项目。

【物价保持稳定】 2016年，厦门市居民消费价格指数比上年上涨1.7%，控制在年度预期范围内。《价格机制改革实施意见》出台，推动完成医疗服务价格改革、停车场类别管理、BRT（快速公交）票价调整、管道天然气价格调整、非居民污水处理费调整和农业水价综合改革等工作。《厦门市农副产品平价商店管理实施细则》修订出台，平价商店分两期实施政府差价补贴平价销售猪肉、蔬菜等惠民措施，市场价格平稳运行。

【自贸试验区建设】 至2016年年末，自贸区厦门片区有33项改革举措为全国首创。厦门国际贸易“单一窗口”2.0版加快建设，平台日单证处理量突破11万票，居全国4个自贸试验区首位，被商务部评为最佳实践案例。关检“三互合作”（信息互换、监管互认、执法互助）和“一站式”查验（在海关与检验检疫部门共用的查验场所内，关检双方同步对进出口货物进行联合查验）全面实施，船舶通关效率提高50%以上；跨境直购快速通关模式建立，跨境电商货值比上年增长40%。全球一站式航空维修基地加快打造，航空维修业产值增长23%。

【城市国际化水平提升】 2016年，厦门市国际营商环境第三方机构评估全球排名第四十九位，比上年提升12位，其中开办企业、登记财产、跨境贸易3个方面实现显著提升。厦门市推动“海丝”（21世纪海上丝绸之路）支点城市建设，打造“海丝”互联互通、经贸合作、海洋合作、人文交流4个枢纽，中欧（厦门）班列开行超过100列并延伸到台湾地区，累计货值14.1亿元。推动建设中国—东盟海洋合作中心等重点任务。

【两岸交流合作】 2016年，厦门市合同利用台资16.2亿美元，比上年增长84.7%。厦门市推进大陆唯一的两岸知识产权经济发展试点。获批海峡两岸海关“经认证的经营者（AEO）”互认试点。海峡两岸青年创业基地增至4家，居大陆前列。加快人民币跨境使用，对台跨境人民币贷款4.88亿元，占大陆对台跨境人民币贷款总量70%以上。举办第八届海峡论坛、第九届海峡两岸（厦门）文化产业博览交易会、2016两岸企业家峰会等重要两岸交流活动。

【生态文明建设】 2016年，厦门市出台《厦门市生态文明体制改革实施方案》，提出八大领域重点改革任务34项。研究制定《厦门市推进国家生态文明试验区建设暨厦门市生态文明体制改革行动方案》，提出六大行动和重点改革任务36项，形成改革成果25项，率先全国在绿色金融监管和政策扶持方面实现突破创新。全面推广小流域综合整治试点工作，出台《厦门市地表水水质考核办法》，启动污水截污纳管项目163个，完成238个自然村农村生活污水分散式治理，97个自然村纳入市政污水系统。加大岛内污水截留处置力度，完成厦港避风坞片区、鼓浪屿等37个雨污水截流工程。获批国家蓝色海湾整治行动试点城市，持续推进五缘湾、马銮湾等海域整治，完成海域清淤881万立方米。在全省率先实施《轻微污染天气应对办法》，实施锅炉、扬尘、油烟污染等专项整治。启动生活垃圾分类和减量工作，推进海沧（西部）垃圾焚烧发电厂二期、后坑压缩站升级改造等环卫基础设施建设。在全省率先将“互联网+”应用到危险废物监管。新增园林绿地487万平方米，造林绿化524万平方米。编制推广第十批节能技术和产品15项，六大高耗能工业比应用节能技术和产品前能耗下降18%。获评全国绿色交通城市，增开公交线路38条、快速公交BRT线路2条，启动公共建筑节能改造项目近100万平方米，华电（厦门）分布式能源电站等清洁能源项目加快建设。参与全国、全省碳排放权交易市场建设，启动用能权、排污权交易工作。

【社会信用体系建设】 2016年4月，厦门市获批创建全国社会信用体系建设示范城市。年内，完善信用信息共享平台和信用厦门网站，平台访问量475万人次，信用查询520万人次。建立信用信息数据标准体系，率先实现全国工商系列企业信用信息标准与国家发改系列社会法人信用信息标准“一张表”，完成梳理全市第一批信用信息目录53家单位2997项。加大信用信息归集力度，对数据进行清洗比对，征集71个部门信用信息1.4亿余条。将社会信用体系建设工作纳入各市直部门、各区的考核。推动行政许可和行政处罚信息7个工作日内双公示（行政许可、行政处罚等信用信息作出决定后上网公示），累计公示行政许可信息52.6万余条，行政处罚信息1.4万条。研究提出《厦门市守信激励与失信惩戒办法（试行）》，在诚信春运、出租车非法罢运、建筑、安全生产等领域开展失信联合惩戒。

（吴绍鹏）

国有资产监督管理

【概　况】 2016年，厦门国企国资开拓市场，调整结构，强化管理，改革创新，国有企业生产经营快速增长，经济效益大幅提升，在拉动厦门产业投资、推动转型升级、增加经济总量、带动进出口增长和促进产业发展等方面发挥重要作用。据快报统计，至年末，全市国有企业资产总额9210亿元，比上年同期增长21.1%；净资产3060亿元。全年实现营业收入5118亿元，增长25.1%，其中中央监管国企增长2%，地方监管国企增长5.6%；利润总额153亿元，下降8.1%，其中中央监管国企下降4.7%，地方监管国企增长13.8%；上缴税收204亿元，增长4.0%，其中中央监管国企下降2.5%，地方监管国企增长7.9%。

厦门市人民政府国有资产监督管理委员会（简称市国资委）监管国有企业19家。至年末，市国资委监管的国企资产总额6953亿元，增长25.1%；负债总额4622亿元，增长21.7%；平均资产负债率66.5%，比全省国企平均资产负债率低1.8个百分点，比全国国企平均资产负债率低3.1个百分点；所有者权益总额2331亿元，增长32.2%；在岗职工人数12.2万人，与上年同期持平。全年营业收入4868亿元，增长25.7%；税费总额180亿元，增长4.0%。净资产收益率7.3%，比中央监管国企高2.06个百分点，比全国地方监管国企高4.46个百分点。港口、贸易、物流、市政、信息、房地产等行业营业收入增长较快，工业企业营业收入有所下降。厦门建发集团、国贸集团、象屿集团3家企业营业收入超过1000亿（分别为1400亿元、1310亿元、1239亿元）。厦门国贸控股集团入选“2016世界著名品牌500强”，厦门建发集团（117位）、厦门国贸控股集团（141位）、厦门象屿集团（207位）3家企业入选“2016中国企业500强”，厦门建发股份（45位）、厦门国贸股份（90位）、厦门象屿股份（98位）、厦门信达股份（192位）入选《财富》“中国500强”。

【市场开拓】 2016年，厦门国有企业调整经营策略，优化产品结构，完善销售网络，创新商业模式，开拓传统市场、新兴市场、海外市场，扩大市场份额，不断优化资源配置。厦门建发集团供应链板块实现营业收入1074亿元，规模连续3年保持在1000亿元以上，加快输出“悦华酒店”品牌，莆田悦华酒店正式开业，平潭国宾馆、福建外贸中心酒店启动代建代管。厦门国贸控股集团加大供应链板块归核发展，实现大宗贸易铁矿、钢材、铜、煤炭等核心产品量利双赢，贸易额分别达246亿元、157亿元、219亿元、77亿元。厦门港务控股集团全年完成港口货物吞吐量1.24亿吨、集装箱吞吐量960万标准箱、国际邮轮旅客突破20万人次，增速居全国前列；新辟外贸航线21条，其中海上丝绸之路航线新增2条，集装箱总量比上年增长39.7%。厦门翔业集团致力空港建设服务，厦门机场旅客吞吐量列居全国第十一位，货邮吞吐量列居全国第十二位，境外航线旅客总数排全国第九位；投资的黄山太平湖白鹭宾馆、上海航友宾馆、南京空港宾馆达产达效。海翼集团财务公司获固收类有价证券投资及委托投资业务资质、工程类保函资质。厦门信息集团开发“一路智慧”交通停车、智能公交、智慧出租产品在全国 70 多个城市的 56 家公交企业及 40 家出租企业应用。

【国企供给侧结构性改革】 2016 年，厦门国有企业转方式、调结构，推动供给侧结构性改革。厦门象屿股份构筑农副产品供应链、金属材料及矿产品供应链、能源化工供应链和机电产品、民生物资供应链的“3+X”供应链服务体系。厦门国贸控股集团整合旗下 4 家非上市、非金融类的企业，成立国贸中顺公司，实现资源共享，发挥集约效应和规模效应。厦门建发集团探索城市运营新模式，与湖里区国投合资成立湖里建发城建集团有限公司，搭建市属、区属企业协同发展新平台。厦门海翼集团推进厦工整合瘦身和提质增效，分流人员、去产能、去库存、降成本。厦门路桥集团推进游艇旅游资源、人才、业务整合，逐步向专业化、规模化发展，依托五缘湾游艇母港，聚焦漳州、泉州、金门三角区域开发游艇码头，形成辐射全省及台湾地区的游艇旅游网络。厦门夏商集团以黄金香食品为核心实体，推进生猪供应链整合，做强做大核心主业。厦门公交集团整合维修、检测、汽车销售、综合培训等分散业务资源，打造共享、集成的汽车后服务品牌。厦门市政集团推动内部建材及第三产业业务板块整合重组，促进各业务板块融合发展。

【转型升级发展】 2016 年，厦门市国有企业开创新产业、新市场、新业态、新技术、新模式，优化产业结构、产品结构，提升产业层级。厦门建发集团、国贸控股集团、象屿集团深耕供应链投资运营服务，提供供应链全价值链流通服务。厦门象屿集团发挥供应链服务优势，在黑龙江省开拓业务，提升现代化农业全产业链综合服务能力，得到中央政治局常委刘云山肯定。厦门特房集团推进产业结构调整和资源整合，构建住宅产业、工程设计、建筑施工、物业服务、产融投资、生活服务、园林绿化、资产运营、酒店运营、现代农业、文体产业、健康产业、信息技术和代建业务等“13+1”业务板块，打造全产业链竞争优势。厦门港务集团构建绿色智慧港口升级 2.0 版“单一窗口”，全年报关率 98%、报检率 100%，均为全国最高，被国家质检总局作为先进经验向全国推广。厦门国贸金海峡投资发展分离式保函、消费类金融和科技型担保业务，形成“拓广新产品、拓宽产品线、拓展新区域”服务发展方向。厦门厦工项目进入工业与信息化部 15 个强基项目名录，获得国开行 1.6 亿元扶持资金。厦门轻工集团投入研发资金 5480 万元，支持自主创新和科技研发项目，开发新产品 915 种，可生产率超过 70%；旗下厦门通士达、古龙食品、三圈电池完成国家级科研项目 1 项、市级科研项目 4 项，申请专利创新 65 项。厦门旅游集团推动“旅游 +”跨界融合发展，培育“厦旅”“鹭江”等品牌化特色经营新格局。

【城市发展战略支持服务】 2016 年，厦门国有企业匹配、支持和服务城市发展战略，融入城市发展，营造美丽厦门一流营商环境，提升厦门城市竞争力、影响力，推动厦门“三个转型”（产业转型、城市转型、社会转型）发展。厦门建发集团、国贸控股集团、象屿集团、港务控股集团、翔业集团、金圆集团、海投集团等国有企业加快自贸区厦门片区项目发展。至年末，国企组自贸区厦门片区项目 218 个，投资总额 632 亿元。其中，厦门翔业集团财务公司开业并开展吸收成员单位存款等业务，厦门金控集团基本完成资产重组工作，厦门港务金控与中国华融资产管理公司合资成立华融投资公司。82% 入驻自贸区厦门片区的国企项目开业运营，其中 135 家企业累计营收 188 亿元，开展招商并带动超过 1700 家企业和投资项目入驻。厦门住宅集团、特房集团、路桥集团、市政集团等国有企业加快岛外新城建设，推动产城融合，促进转型发展，重点建设环东海域东部新城、马銮湾新城、翔安南部新城，完善提升集美新城，加快推进同安新城建设。厦门火炬集团、厦门信息集团打造产业聚集智慧发展的园区经济。其中，厦门火炬高新区在发展主导产业、引进高端创新人才等方面成就突出，成为福建省第一个年产值过 1000 亿元开发区。厦门软件园区建成国际化智慧园区，成为软件和信息服务业的产业集聚区，雅马哈、吉比特等众多知名企业入园。厦门轨道集团加快轨道交通建设，轨道交通 1～4 号线年度计划投资 100 亿元，实际完成投资 110.8 亿元，6 号线开工建设。

【社会责任履行】 2016 年，厦门国有企业履行社会责任，依法经营、诚实守信，提高产品质量和服务水平，在城市建设、民生保障、人居环境、公共服务以及维护职工合法权益、带动税收上缴、解决居民就业、捐资教育体育、参与社会公益事业等方面发挥表率、示范和带动作用。国有企业缴纳税收 204 亿元，上缴国有资本经营收益 7.12 亿元，捐赠社会公益 8647.22 万元，创造超过 500 亿元的社会贡献总额。厦门市属国企的重点项目（含代建）投资计划完成 335.5 亿元，实际完成 462.05 亿元。其中，市国资委作为责任单位的 9 个重点项目计划投资 14.65 亿元，实际投资 19.89 亿元。12 家国企承担的 127 个（房建类项目 39 个、市政类项目 40 个、绿化类项目 48 个）金砖项目有序进行，计划总投资 76.86 亿元。在抗击台风“莫兰蒂”中，国有企业做好抗灾、救灾和灾后重建，台风过后第一天大部分企业实现正常生产经营，同时承担全市统筹安排的大量灾后重建工作。

【国有企业监管】 2016 年，厦门市国资委以管资本为重点，加强国有资产监管，加快改革顶层设计，提高监管的科学性、针对性和有效性。《厦门市深化国有企业改革的实施意见》由厦门市委、市政府印发，市国资委推动起草和修订发展混合经济、分类管理、薪酬管理、业绩考核等改革配套文件。推动国有企业改革，指导厦门保安公司、市政工程公司、市政开发建设总公司等企业实施公司制改革；推动路桥信息、杉工智能和同步天成 3 家企业挂牌新三板；牵头起草厦门体育集团组建方案；指导推动厦门建发集团研究旅游会展控股集团的整合组建；成立海翼集团提质增效促进转型升级发展工作领导小组，研究推动海翼转型升级为新兴工业投资平台。指导推进企业加快“走出去”发展步伐，与国家开发银行联合举办“政银企”合作洽谈会并签署“走出去”战略合作协议，与市发改委、市商务局等部门联合推动建立“走出去”发展联盟。鼓励支持企业加大创新创业投资，针对新兴产业投资公司、创业投资公司的对外投资项目以及企业到自贸区新设公司等情况，采取事后报告制度并探索实行综合评价办法。厦门国有控股上市公司实现再融资35亿元，激活现有财政沉默资产和可经营性国有资产，增拨国有企业资本金152.73亿元。市国资委配合市财政局梳理838.5亿元资产，该部分资产可通过适当方式注入企业，增强国有企业投融资能力、支持企业做大做强做优。厦门产权交易中心发挥国有资本流动要素平台功能，实现国有资产流转87.3亿元、国有产权交易19.5亿元，股权托管股数229亿股，实现股权质押融资42亿元。国有企业计划发债684.50亿元，实际发行558.40亿元，节约资金成本超过3亿元。市国资委为企业办理资产评估备案、核准106项，账面净资产值294.59亿元，评估值450.13亿元，增值52.80%；协调处理国有企业重大法律纠纷案件40件，维护企业合法权益。13名国有企业领导人员和3家企业接受审计，收到审计整改通知、审计评议意见书15份，企业经营活动得到规范。

（刘聪斌）

统　计

【统计改革与创新】 2016年，厦门市统计局（简称市统计局）适应经济新常态，推进统计改革创新。建立自贸区统计制度和联络机制，利用原有平台和渠道摸清“四上”企业（规模以上工业企业、资质等级建筑业企业、限额以上批零住餐企业、规模以上服务业企业）情况，组织开展自贸区厦门片区21个村（居）、1.6万家规模以下企业的调查，完成《厦门市统计局关于厦门自贸试验区企业统计调查结果的报告》，得到分管副市长批示。两次到天津调研新型统计体系和信息化平台建设，为厦门“大数据”开发提供新思路、新方法，加强与相关主管部门沟通对接，落实统计大数据系统开发前期准备工作；建设厦门市农村信息服务平台，为完善“三农”统计工作、发展现代都市农业提供即时信息；“厦门统计”微信公众号成为厦门统计局对外宣传和交流的一个重要窗口。推广福建省统计局的“正统网”，该网亮相厦门“9·8”国际投洽会，成为两岸新兴产业信息交流的平台，厦门市入驻“正统网”的企业1178家。推进有利有效统计，在国家统一制度下将各种新型经济业态尽可能纳入统计范畴，全年实现“规（限）下转规（限）上”“新增企业、新增项目”入统企业477家。做好生态文明建设差别化评价指标相关工作，为厦门推进绿色发展、建设生态文明提供数据支持。探索国民经济核算方法，提高地区生产总值核算的协调性、准确性，开展厦门市自然资源资产负债表的相关工作。

【新型经济业态统计探索】 2016年，厦门市统计局探索新型经济业态统计，跟进国家统计局“三新”（新产业、新业态、新商业模式）统计试点工作，征求“三新”统计制度、新经济活动等建议和意见。制定《厦门市四众企业专项调查方案》，组织开展“众创、众包、众扶、众筹”统计调查，做好“四众”企业摸底和核实工作。推进固定资产投资统计改革，5000万元以上投资项目联网直报情况良好，竣工项目结转入库率全省居首。

【统计监测及分析】 2016年，厦门市统计局围绕全年经济发展目标，开展各项统计工作，反映厦门经济发展现状。关注和做好地区生产总值、工业、投资、商贸、服务业、进出口等关键领域的统计工作，预测预判经济走势，跟踪比对企业数据，反映统计数据波动变化。加强与经济主管部门的协调，比对质监、编办、民政、国税、地税、市场监督监管等部门名录库，推动数据共享共用，全市基本单位名录库收录法人单位13.65万家，多产业法人所属产业活动单位2.14万家，平均每季度新增法人单位超过5000家。

【统计服务】 2016年，厦门市统计局按照“以服务换数据，以服务促发展”理念，结合厦门的实际情况，利用数据资源，提供各种统计服务。加强与国家统计局、省统计局联系，收集专业资料、网络资讯，挖掘统计数据价值，为党政领导提供第一手信息资料，完成统计政务信息562条，其中被国家、省、市采用363条。以统计的视角，研究各种经济现象，解读各类统计数据，完成各类统计分析文章74篇，其中4篇获市领导批示，3篇分获全省市级优秀统计分析评比一、二、三等奖；挖掘大型普查的数据价值，完成第三次经济普查后期课题开发27篇；针对各区经济侧重点进行分析，帮助各区发现不足、寻找差距、解决问题。编印《厦门经济特区年鉴2016》，全面反映2015年厦门市国民经济和社会发展概况；编印《厦门市情2016》，反映厦门经济发展情况以及4个经济特区、15个副省级城市、福建省9个设区市的比较情况；编印《厦门统计月报》，为市领导、各部门及各区提供月度主要经济指标；编印出版《2015厦门市社会发展概况》《厦门2015年文化产业发展概况》，配合妇女儿童工作委员会完成《2015年厦门市妇女发展纲要统计监测报告》《2015年厦门市儿童发展纲要统计监测报告》等。在《厦门日报》发布统计公报，解读人口、居民收入、居民消费、教育、卫生、环境保障等经济与民生内容。

【统计执法】 2016年，厦门市统计局落实依法统计工作，制定和印发《厦门市统计局推广随机抽查规范事中事后监管实施方案》，推广建立“双随机”（随机抽取检查对象、随机选派执法检查人员）抽查机制，进行事中事后监管，减轻统计监管对象负担。落实简政放权措施，规范统计执法行为，经过梳理和完善，本级行政权力14项，其中行政处罚9项、行政监督检查5项。开展“数据造假、以数谋私”专项治理，做好统计依法行政工作，组织执法骨干配合省统计局监督检查企业150家，立案6起，结案1起；警告6起，通报2起，罚款1.45万元。

【日常统计调查】 2016年，厦门市统计局组织实施日常统计及调查。按照国家统计局要求以及省统计局的统一部署，做好工业、投资、商贸、社会、核算、综合等统计报表。完成常规的人口、工资、劳动力调查，承接厦门市“城乡居民环境满意状况调查”“国有企业办社会职能情况调查”“龙头企业经营情况调查”“劳动密集型企业情况调查”“水运企业情况调查”“‘营改增’情况调查”“工业企业参与‘一带一路’建设情况调查”“工业稳增长促发展相关政策落实情况调查”等一系列专项调查，为党政领导了解经济、社会、民生实情提供决策参考。

（张绍勇）

审　计

【概　况】2016年，厦门市审计局（简称市审计局）依法履行审计监督职责，加强对政策措施落实、财政资金使用、国有资产、国有资源和领导干部履行经济责任情况、政府重大投资项目等方面审计监督，注重从制度层面反映问题，提出建议，推动整改。完成审计和审计调查项目98个，延伸审计单位450家，审计专项资金总额1240278万元，审计发现违规金额14005万元、损失浪费金额2718万元，促进增收节支7651万元，移送纪检监察等有关单位处理事项19件，移送处理金额31461万元，移送处理人员11人。向市政府报送专报、参阅件等9篇，向市委办、市府办和上级审计机关报送审计信息800余篇。2个审计项目被省审计厅评为全省优秀审计项目。

【政策措施落实情况跟踪审计】2016年，根据国务院决定和国家审计署统一部署，厦门市审计局采取专项审计调查，结合预算执行和经济责任审计，对中央、省、市的稳增长、促改革、调结构、惠民生、防风险政策措施落实情况开展跟踪审计。抽查市直部门22个、区6个、单位155家，抽查资金总量5138715.51万元，其中存量资金235749万元；抽查项目146个，抽查项目总投资额3059451.31万元。审计发现问题49个，发现问题涉及资金5.59亿元。

【财政审计】2016年，厦门市审计局审计市财政局、市体育局等12个部门的预算执行和决算，审计市规划设计院等8个单位的财务收支，重点关注财政支出绩效、存量资金盘活、重大政策落实、“三公”经费使用等方面。审计揭示和查处部分单位非税收入未及时上缴、违规发放奖金补贴、未严格执行政府采购、部分资产管理不到位、违规招租造成损失等问题，移送纪检监察等有关单位处理事项4件。通过审计，进一步推动相关部门单位完善制度、规范管理，促进公共资金安全高效使用。

【经济责任审计】2016年，厦门市审计局对市规划委等42个部门及单位的50名领导干部开展任期经济责任审计，查出的主要问题涉及金额364924万元。重点围绕领导干部应履行的经济责任，揭示和反映重大违法违规、重大失职渎职、重大决策失当以及不作为、慢作为、假作为、乱作为等问题，移送纪检监察等有关单位处理事项2件。

【民生审计】2016年，厦门市审计局对保障性住房、医院、“菜篮子”工程等17个涉及民生领域的项目、资金、单位进行审计。从政策要求、预算安排、资金拨付一直追踪到项目及个人，查处和纠正挤占挪用、损失浪费等损害人民群众利益的突出问题。连续5年开展全市城镇保障性安居工程跟踪审计，在加强工程建设的预决算、招投标、物资采购、征地拆迁等方面不断加大审计力度。对厦门市“十二五”期间“菜篮子”工程建设和蔬菜价格补贴资金管理使用情况进行专项审计调查，围绕政策、资金、项目3条主线，对生成、批发、零售、调控、保障等方面进行链条式调查，报送《我市蔬菜保供稳价机制有待完善》审计专报，得到市委、市政府主要领导的批示。促进《厦门市农副产品平价商店管理实施细则》《厦门市菜篮子工程建设和保障市场供应领导小组办公室关于印发厦门市保障供应预案的通知》等5份文件的出台或修订。对厦门市第二医院等4家医院开展审计，针对审计中发现的医保基金管理使用问题，报送《我市医保基金亟待“堵漏”》审计专报，分别得到市委、市政府主要领导批示，要求相关部门打击相关违法违纪行为、完善监管、堵塞漏洞、推动改革。

【自然资源资产审计】2016年，厦门市审计局对九龙江流域漳州段水污染防治专项资金、同安区自然资源资产、全市生态风景林工程建设情况、厦门坂头国有防护林场林地出租情况、市水利局领导干部经济责任、漳州市诏安县领导干部经济责任6个项目进行审计或审计调查。探索领导干部自然资源资产离任审计方式方法，促进自然资源资产节约集约利用，保障生态环境安全。

【国有企业审计】2016年，厦门市审计局结合经济责任审计，对厦门广电集团、厦门象屿集团等7家市属国有企业进行审计。根据市纪委委托，组织3个区审计局对3家区属企业进行财务收支审计。按照“强化管理、推动改革、反腐倡廉、维护安全、促进发展”审计思路，加大对企业“三重一大”（重大问题决策、重要干部任免、重大项目投资决策、大额资金使用）决策制度落实情况审计力度；加大对企业领导人员经济责任履行情况的审计力度，促进责任追究制度健全和完善；揭示和反映影响企业科学发展的制度性、体制性问题以及企业活动中的潜在风险；关注企业招投标和采购过程、对外投资情况等重点环节，促进反腐倡廉建设；揭示国有资本运行中的风险隐患，为市委、市政府加强对市属国有企业领导和管理提供决策依据。

【“同级审”问题整改】2016年，厦门市审计局加大审计整改跟踪检查力度，制定审计结果整改落实情况跟踪检查管理办法，建立审计整改“挂销号”清单制度，列明问题清单，逐条对照检查，督促被审计单位在规定期限内落实审计意见和建议，按时向市人大、市政府报送审计整改工作报告，“同级审”（在同一个级别政府行政长官领导下，审计机关审计其他行政职能部门）整改工作成效显著。（1）上缴财政资金30315.10万元。相关部门加强财政财务收支管理，根据审计决定上缴各种非税收入。市财政局统筹使用各类上缴的财政资金，调整用于重大建设项目和民生保障等重点支出，完善结余资金管理制度，规范和加强各部门结余结转资金管理。（2）推动建章立制32项。市政府采纳审计建议，修订出台《厦门市临时救助办法》，健全临时救助制度，完善社会救助体系。针对污水处理特许经营权合作运营不规范的问题，从 2016 年 1 月 1 日起污水处理费实施“收支两条线”，采用购买服务方式实施污水处理。各被审计单位针对审计发现的问题，注重从体制机制制度层面分析原因，制定和完善各项规章制度，分别在采购管理、财务管理、固定资产管理、办公用房管理等方面建立健全内控制度，堵塞漏洞，规范管理，避免问题屡查屡犯。（3）强化追责问责力度。市审计局对审计发现的严重违法、违规、违纪问题移送纪检监察等有关单位进一步查处，移送处理事项 19 件。针对审计发现的问题，相关单位追责问责 20 人。

（郭芙榕）

市场监督管理

【概　况】 2016 年，厦门市市场监督管理局（简称市市场监督管理局）推进“放管服”（简政放权、放管结合、优化服务）改革和商事制度改革，营造国际一流营商环境，落实食品药品安全监管，创新市场监管执法方式方法。在创建国家食品安全城市、运用“互联网 +”食品安全监管、先于全国实施“五证合一”、探索市场监管领域综合执法等方面取得成效。立案查处各类违法违章案件 1496 件，结案 1147 件，案值 4182 万元，罚没金额 4898.85 万元，实现年度立案、罚没总额、案均罚没、大案罚没、最高个案“五项并联同增”。全市投资创业制度性成本进一步降低，新增各类商事主体 9.65 万家（户），比上年增长 23.56%。至年末，全市各类商事主体 44.90 万家（户），其中内资 43.85 万家（户）、外资 1.05 万家（户）。市市场监督管理局办理动产抵押登记 56 件，融资金额 11.95 亿元。厦门特宝生物工程股份有限公司“派格宾”注射液（聚乙二醇干扰素 α-2b）获准生产，为中国第一个具有完全自主知识产权的长效干扰素。

【食品药品行政审批】 2016 年，经厦门市政府批准，市市场监督管理局在全市试行食品药品许可监管“证照分离”改革，推出自贸区告知承诺审批制度、简化小餐饮小作坊核准条件以及优化审批环节条件、合并简化申请材料、加强事中事后监管等 5 个方面 16 条改革措施。推动环评审批和餐饮服务许可分别办理工作机制，环评审批不再是餐饮服务许可前置条件。自建开发食品经营许可系统，6 月 1 日在全省范围内率先开展餐饮服务许可证、食品流通许可证、保健食品经营企业卫生条件审核证明“三证合一”工作，至年末发放食品经营许可证 28088 件。出台《厦门市市场监督管理局关于进一步规范食品药品行政审批工作的通知》，确立市、区级食药审批的“一审一核”和“独任备案”（限一人备案）制度，统一行政许可通用文书和行政文书编号规则。全年审批药品类申请 2346 件、食品类申请 31944 件、医疗器械类申请 1935 件、化妆品类申请 3477 件。

【商标战略实施】 2016 年，厦门市持续推进商标战略实施。全市获新认定中国驰名商标 5 件，新认定福建省著名商标 59 件，新认定厦门市著名商标 68 件。至年末，全市累计有中国驰名商标 98 件；福建省著名商标 802 件；厦门市著名商标 939 件，其中台湾地区商标 23 件。

【诚信示范市场建设】 2016 年，厦门市市场监督管理局推荐并公示守合同重信用企业 66 家（国家级）、194 家（省级），公示厦门市 2014～2015 年度守合同重信用企业 694 家。厦门 SM 二期新生活广场获 2014～2015 年度国家级诚信示范市场称号，红星美凯龙五缘湾商场获 2015 年度省级诚信市场示范点称号。

【国家食品安全城市创建】 国家食品安全城市创建位列厦门市政府 2016 年“为民办实事”项目第一项。2016 年，《2016 年全市治理“餐桌污染”建设“食品放心工程”工作方案》《食品安全工作目标管理责任》《创建国家食品安全城市宣传工作方案》等出台。市市场监督管理局联合农业、海洋渔业等相关部门制定《关于印发厦门市食用农产品产地准出与市场准入条件规范的通知》，明确产地准出和市场准入的相关要求及部门监管责任分工。市政府分管副市长先后召开现场推进会 6 场，市市场监督管理局在会前联合媒体记者进行明察暗访，发现的突出问题和主要矛盾以视频形式在会议现场通报。市市场监督管理局开展“回头看”，督促各区针对存在问题举一反三，跟踪问题的落实整改。4 月，迎接全国人大常委会《中华人民共和国食品安全法》执法组执法检查，展现食品安全管理工作成果，得到检查组的肯定。7 月，国务院食安办组织评估组对第二批创建试点城市进行中期评估，厦门市在 15 个创建城市中位居第五，食品安全群众满意率排名第一。

【食品安全追溯体系建设】 2016 年，《厦门市食品和食用农产品经营者食品安全追溯体系建设规范》出台，“两系统”（流通环节食品安全监管系统、生鲜食品安全监管系统）覆盖面持续扩大，实现对在厦门市销售的 18.46 万种食品（含保健食品）进行追溯监管，比上年增长 22.4%。厦门市“互联网 +”食品安全监管工作得到全国人大常委会委员长张德江肯定。市市场监督管理局推动同安区轻工食品工业园 16 家企业试点建立电子可追溯系统，推进近 9000 家餐饮单位建成“明厨亮灶”。

【食品安全常态化监管】 2016 年，厦门市市场监督管理局采取建章立制、梳理清单、典型示范等措施，规范食品生产经营活动。制定食品生产经营者主体责任清单 206 项并督促落实，建设各类示范和试点单位（街）432 家（条），组织开展肉类市场、无证餐饮等专项整治行动 34 次，查处食品安全案件 274 件，无证经营餐饮比率降低到 10% 以下，完成“9・8”投洽会等重大活动食品安全保障 33 项。完善抽检机制，完成监督抽检 5920 批次，合格率 97.1%；完成评价性抽检 2868 批次，合格率 94.0%。

【“三品一械”安全保障】 2016 年，厦门市成立“三品一械”（药品、保健食品、化妆品、医疗器械）企业达标建设领导小组及办公室，制定 2016 年达标评审方案、工作程序、管理办法等系列文件。以政府购买服务方式确定达标评审机构，落实 2016 年度评审经费。组织开展“三品一械”企业达标评审，1512 家小微、60 家三级企业参加，1509 家小微、59 家三级企业评审合格，完成三年行动应达标企业数的116%。药品流通企业达标率：批发100%、零售连锁97.4%、零售88.9%。市市场监督管理局以规范药品GSP（药品经营质量管理规范）实施、药品GMP（生产质量管理规范）实施、医疗器械生产使用环节质量、保健品化妆品生产企业换证等为重点，坚持源头严防、过程严管、风险严控。组织开展药械流通领域综合整治、药品生产第三次“防风行动”、化妆品安全等专项行动9次，规范“三品一械”生产经营秩序。应对“山东疫苗”事件，防控药品经营质量风险。推进“三品一械”安全生产标准化评审工作；结合保健品、化妆品生产许可换证检查与规范权力运行，强化检查全过程监督。深化整治医疗器械高风险领域，规范医疗器械使用行为。

【食品安全社会共治】 2016年，厦门市市场监督管理局充实市食品安全委员会专家库，增聘后的食品安全专家数量翻番。2月，与厦门大学及日本株式会社T&T JAPAN联合主办中日食文化暨食品安全研讨会，搭建食品安全国际交流平台。3月，“食安厦门”志愿者队伍筹建，招募志愿者超过300人。6月13日，市市场监督管理局、市食安办向全市11支“食安厦门”志愿者队伍授旗，宣布成立覆盖全市的志愿者队伍，在日常工作中协助维护食品安全。6月，“食安厦门　共治共享”座谈会在厦门广电集团举办，人大代表、政协委员、技术专家、高校学者、协会、媒体等多方代表参加研讨。

【“双随机”监管】 2016年，厦门市市场监督管理局制定《厦门市市场监督管理局关于开展随机抽查的指导意见》，明确“双随机”抽查（随机抽取检查对象、随机选派执法检查人员）的具体监管措施，合理确定随机抽查的比例和频次、抽查结果的运用、监管信息共享和公开等。建立“两库一清单”（市场主体库、执法人员库、随机抽查事项清单），开发随机抽查业务系统。市场主体库涵盖全市44万家（户）现存商事主体及8个“三品一械”专业库，800余人纳入执法人员库。

【商事主体信用监管】 2016年，厦门市市场监督管理局组织开展年度年报公示工作，企业年报率87.57%、个体工商户年报率93.32%、农专社年报率96.36%，其中个体工商户及农专社年报率均高于上一年度。依托厦门市信息公示平台，推进国家企业信用信息公示系统（福建）建设，开通部门录入账号183个，接收并公示25家许可部门推送的许可信息8.3万条，归集各部门的行政处罚信息1.2万条。完善经营异常名录制度、商事主体信息公示制度，将5563家通过住所无法联系的商事主体以及3万家未按期公示2015年度报告的商事主体载入经营异常名录，对6734家商事主体实施业务锁定。被载入经营异常名录的商事主体，组织机构代码证无法年审，财政资金进行的招投标无法参与，银行不予受理其开户、贷款业务。

【不当竞争行为集中整治】 2016年，厦门市市场监督管理局集中整治公用企业限制竞争行为，行政指导水务集团退还240家企业用水履约保证金3066万元，依法查处电信公司不正当竞争行为、易通卡运营公司限制竞争行为等。集中查办一批全省、全国有影响的大要案件和疑难案件，实现执法效果、社会效应“双提升”。其中，优美四季公司无证生产、伪造产地、伪造生产日期食品案，罚没1408万元，查处罚没金额为全省同类案件中最高。打击传销形势稳定可控，完成创建“无传销社区（村）”和“无传销城区”任务。

【消费热线信息】 2016年，厦门市“12315”“12331”热线登记各类信息128845件，比上年同期增长15.83%。其中，咨询建议98067件，增长10.77%；登记投诉25549件，增长30%。为消费者挽回经济损失7566.83万元；受理举报5229件，增长71.16%。通信（互联网）类投诉、“四品一械”（药品、餐饮食品、保健食品、化妆品、医疗器械）和餐饮类投诉、交通工具类投诉分别居受理量前3位。

【流通领域商品质量抽检】 2016年，厦门市市场监督管理局加大流通领域商品质量“靶向式”抽检力度，先后完成成品油、家用燃气灶具、开关、插座面板、消防产品、学生用品、童装童鞋等12类657批次商品质量抽检，检验552批次，合格率80.98%。首次开展网络商品抽检，以天猫、京东、1号店、名鞋库平台为重点监控对象，抽检成人运动休闲鞋25批次，覆盖10余个知名品牌，初步检验合格率80%。

【银行业调查评议】 2016年，厦门市市场监督管理局走访银监会。与消费者开展座谈，从消费者需求和投诉热点出发，将中国银行等15家银行作为评议对象。调查评议回收、梳理归纳调查问卷2656份，通过厦门大学法学院社会实践队收集格式合同194份、访谈案例24例，依托律师团力量，对格式合同常见的六大问题66个条款进行专业点评，活动全程在《厦门晚报》刊登。经过研讨，向14家银行发出关于反馈格式合同问题条款的函，银行对相关条款进行修订，相关内容在其官网或柜台同步更新。

【网络市场监管】 2016年，厦门市市场监督管理局初步建立线上线下一体化监管工作机制，网络市场监管向各业务全面覆盖和全线推进。依托网监平台建成业务子库12个，初步纳入子库监管范围的网站、网店数据2.42万余条。组织开展2016网络市场监管专项行动、食品药品安全“净网”行动等网络市场专项整治行动，立案查处涉网违法案件88起。先行先试网络订餐监管政企合作模式，推动网络交易行业诚信自律建设。至年末，饿了么、百度外卖、美团外卖3个平台累计下线无证经营厦门餐饮网店2.07万个。

【专项市场监管】 2016年，厦门市市场监督管理局加大媒体广告监管力度。1～11月，累计监测46万条，严重违法率0.07%。其中，五大类（医疗、药品、保健食品、美容、化妆品）广告严重违法率0.25%。开展户外广告清理整治工作，做好户外广告设施设置的审批与监管职能划转的交接准备工作。组织开展合同格式条款侵权行为专项整治，检查指导格式条款400余条。以进口化妆品注册备案为突破，推动大嶝市场转型发展。加强电动自行车销售监督管理，督促销售企业建立健全进货检查验收制度，规范经营行为。配合有关部门开展企业安全生产、旅游景点设施的检查督导、禁止燃放烟花爆竹等专项整治。完成鼓浪屿专项整治以及防控 H7N9 疫情等各项工作。

【家庭失效药品回收机制】 2016 年，《厦门市家庭过期失效药品回收实施方案》出台，选定 11 家零售连锁企业的 292 家门店开展失效药品回收。12 月 27 日，市市场监督管理局主办、11 家零售连锁企业配合的厦门市药品安全暨家庭失效药品回收宣传活动举行，吸引群众 1.5 万人次，发放宣传材料 5000 份，现场回收失效药品 4200 多瓶（盒）。292 家门店家庭失效药品回收工作启动，初步搭建覆盖全市各社区的家庭失效药品回收网点，促进居民及时清理家庭药箱，防止家庭失效药品流入非法渠道或造成环境污染。

【商事登记制度改革】 2016 年 4 月，厦门市市场监督管理局推行个体户“口头申报、当场取照”简易登记模式，作为自贸区创新举措案例上报并推广，至年末有 3.7 万户个体户通过该简易登记模式办理业务。9 月 1 日，实施工商营业执照、组织机构代码证、税务登记证、社保登记证及统计登记证“五证合一”；12 月 1 日，实施个体户营业执照和税务登记证“两证整合”。年内，扩展全程电子化登记覆盖面，实现企业设立电子化登记全市全覆盖。做好电子营业执照的推广和发放工作，发放电子营业执照 11.14 万份。加快推动存量企业换照及统一赋码工作，全部企业（含农民专业合作社）使用统一社会信用代码，赋码率 100%。外资商事主体电子营业执照年报公示系统上线运行，在原有企业联络人公示年报的基础上增加公示途径。

【药品流通领域综合整治专项行动】 2016 年 4～9 月，厦门市市场监督管理局开展药品流通领域综合整治专项行动，打击药品经营中的违法违规行为，规范药品流通秩序。组织药品经营企业 1154 家开展自查，现场检查批发 42 家次、连锁总部 43 家次、零售 595 家次。立案 11 起，移送违法案件线索 4 次，约谈企业 8 家，收回 4 家批发、18 家零售企业 GSP 证书（药品经营质量管理规范认证），限期整改 212 家。

【食品安全宣传周】 2016 年 6 月 13～19 日，厦门市开展食品安全宣传周活动。活动以“尚德守法　共治共享食品安全”为主题，市食安委 19 个成员单位开展“主题日”宣传活动 59 场，6 家主要食品相关协会和夏商集团等主渠道企业响应和参与。市市场监督管理局推出“食安厦门”微信公众号，每天至少发布 1 条信息（至年末发布信息 210 条）。联合《中国食品安全报》开展广场宣传活动 12 场，向市民宣传食品安全常识。依托新媒体面向社会开展《中华人民共和国食品安全法》有奖问答，超过 172 万人次参与。在全市户外广告位等平台进行公益广告集中宣传。开展“食安斗阵行”活动，邀请媒体、监督员、市民代表共同参与食品安全抽检。

【市场监管跨部门综合执法】 厦门市是中央编办确定为全国综合行政执法体制改革的试点城市之一，2016 年 6 月 28 日，市市场监督管理局联合市质量技术监督局、市发改委、市商务局开展市场监管领域酒类批发商事主体跨部门随机抽查联合执法行动，标志着综合执法工作正式启动。至年末，全市各部门组织开展汽车流通市场、重点区域海鲜大排档等全市性跨部门专项联合执法行动 30 余次，达到个案突破、整体推进、全面联查、有效震慑、树立权威的良性互动。初步探索出“建立一套跨部门综合执法机制，开发一个跨部门综合执法平台，打造一支跨部门联动执法队伍”的“1+X”市场监管领域综合执法新路径；建立跨部门综合执法与“双随机”抽查机制相融合的“1+X”事中事后市场监管新模式，实现与综合监管、智能监管、信用监管的“三个联动”，初步构建“一网联动、随机抽查、协同监管、综合执法”工作格局。

（市市场监督管理局）

价格管理

【概　况】 2016 年，厦门市居民消费价格指数 101.7（以上年为 100），商品零售价格指数 100（以上年为 100），总体保持平稳态势（见表 11–1、11–2）。厦门市发改委按照国家和省推进价格机制改革精神，于 10 月 24 日在全国设区市中率先出台《中共厦门市委　厦门市人民政府关于推进价格机制改革的实施意见》。该实施意见对厦门市的价格机制改革进行顶层设计和部署，提出落实国家和省定改革事项 32 项、自身创新改革事项 15 项。配合供给侧降成本改革和打造一流营商环境行动，对机场、港口等出口行业是否达成实施垄断协议、滥用市场支配地位、滥用行政权力排除限制竞争等涉嫌价格垄断行为开展摸底调查，向上级报送调查报告。

表 11–1　**2016 年厦门市居民消费价格指数**

类别	指数（以上年价格为 100）	类别	指数（以上年价格为 100）
服务价格指数	102.5	薯类	112.4
工业品价格指数	98.9	豆类	99.7
消费品价格指数	101.3	食用油	99.7
食品烟酒	104.0	菜	112.8
食品	105.1	畜肉类	111.5
粮食	99.2	禽肉类	101.9

续表 11-1

类别	指数（以上年价格为 100）	类别	指数（以上年价格为 100）
水产品	105.6	交通工具用燃料	97.7
蛋类	100.8	交通工具使用和维修	99.3
奶类	99.3	交通费	103.8
干鲜瓜果类	97.9	通信	97.8
糖果糕点类	100.2	通信工具	91.5
调味品	100.2	通信服务	100
其他食品类	99.4	邮递服务	98.3
茶及饮料	99.9	教育文化和娱乐	101.0
烟酒	101.5	教育	100.3
烟草	102.0	教育用品	100
酒类	100.7	教育服务	100.3
衣着	98.6	文化娱乐	101.8
服装	99.3	文娱耐用消费品	90.7
男式服装	99.8	其他文娱用品	99.7
女式服装	99.2	文化娱乐服务	100.2
儿童服装	98.6	旅游	107.4
服装材料	102.4	医疗保健	101.7
其他衣着及配件	99.6	药品及医疗器具	104.2
衣着加工服务费	101.1	中药	107.0
鞋类	95.5	西药	102.4
居住	102.5	滋补保健品	107.1
租赁房房租	103.5	医疗卫生器具	100.8
住房保养维修及管理	103.0	保健器具	100
水电燃料	98.9	医疗服务	100.4
自有住房	103.8	其他用品和服务	102.9
生活用品及服务	99.7	其他用品类	104.1
家具及室内装饰品	102.6	首饰手表	104.7
家用器具	93.5	其他杂项用品	103.1
家用纺织品	98.0	其他服务类	101.8
家庭日用杂品	100.4	旅馆住宿	100
个人护理用品	100.9	美容美发洗浴	106.4
家庭服务	109.2	养老服务	100
交通和通信	98.6	金融保险	100
交通	99.1	其他服务类	100
交通工具	98.0	城镇低收入居民基本生活费用价格指数	101.9

表 11-2

2016 年厦门市商品零售价格指数

类别	指数（以上年价格为 100）	类别	指数（以上年价格为 100）
商品零售价格指数	100.0	家用电器及音像器材	93.3
食品	104.6	家庭设备	93.5
粮食	99.2	文娱用耐用消费品	91.3
薯类	112.4	专业音像器材	100.4
豆类	99.7	文化办公用品	94.9
食用油	99.8	日用品	99.5
菜	112.8	日用百货	97.9
畜肉类	111.5	厨具餐具茶具	101.4
禽肉类	101.9	清洗用品	98.1
水产品	105.6	其他日用品	102.0
蛋类	100.8	体育娱乐用品	100.5
奶类	99.3	体育户外用品	101.8
干鲜瓜果类	97.9	娱乐用品	99.8
糖果糕点类	100.2	交通、通信用品	96.5
调味品	100.2	交通运输机械	98.4
其他食品类	99.4	通信器材	91.5
在外餐饮	102.3	家具	103.5
饮料、烟酒	101.0	化妆品	101.0
茶及饮料	99.9	金银饰品	105.2
烟草	102.0	中西药品及医疗保健用品	104.2
酒类	100.7	医疗卫生器具	100.8
服装、鞋帽	98.5	中药	107.0
服装	99.3	西药	102.4
男士服装	99.8	保健器具及用品	105.8
女士服装	99.2	书报杂志及电子出版物	100.0
儿童服装	98.5	教材及参考书	100.0
鞋帽袜	96.0	书报杂志	100.0
鞋	95.4	计算机办公软件	100.0
袜子	99.8	燃料	97.4
帽子	101.7	煤炭及制品	100.0
其他衣着配件	95.2	石油及制品	97.1
纺织品	98.4	建筑材料及五金电料	102.3
服装材料	102.4	建筑装潢材料	102.7
床上用品	97.0	五金水暖	100.9

【污水处理收费标准差别化定价实行】 2016年，厦门市发改委结合生态文明建设的需要，按照“污染付费、公平负担、补偿成本、合理盈利”原则，对非居民污水处理费实行差别化定价。根据此次定价，自2017年1月1日起，对其他行业用水污水处理费从每吨1.20元调至1.50元，特种行业用水污水处理收费标准从每吨1.50元调至1.80元。

【管道天然气输配价改革】 2016年，厦门市发改委按照“准许成本加合理收益”原则，管道天然气实行中间环节的配气价格固定、终端销售价与门站价同向同幅度挂钩联动的动态调整机制。全年居民用气价格下调2次；非居民用气价格下调3次，每年可减轻企业负担1.32亿元。其中，8月1日调整后，厦门市的天然气价格按照三档阶梯计价，第一档为年用气量252立方米（含）以下的，由3.6元/立方米下调至3.29元/立方米，降价0.31元/立方米；第二档为年用气量252立方米以上至360立方米（含）部分，价格由4.32元/立方米下调至3.95元/立方米，降价0.37元/立方米；第三档为年用气量360立方米以上的，价格由5.40元/立方米下调至4.94元/立方米，降价0.46元/立方米。非居民用气最高销售价格由原来的3.80元/立方米下调至3.49元/立方米，下降0.31元/立方米。

【停车收费类别定价管理方式创新】 2016年，厦门市发改委出台《厦门市机动车停放服务收费管理办法》《厦门市政府指导价管理停车场分类办法》《关于公布政府指导价停车收费标准的通知》《关于机动车停放服务收费明码标价相关规定的通知》。缩小政府定价范围，将政府指导价管理停车场由个案定价改为分类定价；实行中心城区高于次中心城区、道路高于非道路、地面高于地下、白天高于夜间、特殊区域特殊时段单独区别的差别化停车收费；由经营者登录《厦门市停车收费网上登记公示管理系统》，按分类价格确定收费标准并在经营场所按规定明码标价，公开接受社会查询、监督。政府定价车位减到全市车位总量的12%。

【医疗服务价格调整】 2016年，厦门市发改委推进医疗服务价格调整。根据调整后的价格，全年全市降低药品耗材费用2.22亿元，降低大型医用设备检查治疗、检查检验费用1.35亿元。市发改委用降价腾出的2.35亿元空间，用以提高体现医务人员劳务技术价值的诊疗、手术、护理、康复和中医等医疗服务价格。对三级医疗机构调降检查检验类项目价格849项，调升综合诊疗类和临床诊疗类项目价格1857项，价格调升或调降的项目占全部医疗服务项目41%；对二级医疗部分项目价格下调；对一级及以下医疗项目价格全面下调。规定一级及以上儿科医疗特殊学科项目价格可按本级标准上浮20%，市心血管病医院可按三级医疗服务项目价格最高上浮15%。改革后分级诊疗服务价格体系基本形成。其中，以二级医疗机构价格为基准，三级医疗价格高16%，一级及一级以下医疗价格低15%。

【清费减负】 2016年，厦门市发改委落实国家、省、市相关政策，取消、停征、免征行政事业性收费9批，每年可为企业减负0.06亿元；取消、停征、免征经营服务性收费11批，每年可为企业减负1.38亿元。协调企业供用气价格矛盾，促成对厦顺铝箔公司供气价格下降17%，每年可降低成本0.1亿元。执行国家、省“2016年起一般工商业用电均价每千瓦时下调0.0298元”政策，全市企业每年可减负1.73亿元；18家企业执行省直购电价政策，每年可减负1.6亿元；42家企业执行省龙头高成长企业调峰生产用电奖励政策，每年可减负0.18亿元；66家企业执行市增产增效用电奖励政策，每年可减负0.13亿元。分3批次清理废止市级定价文件20份。

【价格问题检查整治】 2016年，厦门市发改委开展商品房销售市场价格秩序、停车场及物业收费、港口收费、AAAA级以下景区票价等的专项检查，开展本市医药收费抽查。开展鼓浪屿“价格信得过景区”活动，组织为期100天的餐饮市场价格专项整治。应急处置水价调整引发的出租户代收水价矛盾、“高价白玉蚌”宰客事件、台风“莫兰蒂”引发市场价格波动等。完善细化“放心游福建”投诉件办理制度，进行快速处置。参与市场领域综合行政执法改革试点，得到中编办肯定，30多家媒体报道厦门市经验及成果。针对点多面广的价格热点问题，推行行业价格行为规范提醒书、政策提醒会、培训会形式等监管形式。全年受理价格咨询和投诉举报8589件，办理案件872件，经济制裁约857万元，其中退款约467万元、没收违法所得0.3万元、罚款约390万元。国家、福建省有关部门对厦门市指定景区进行价格检查。

【网络价格监管】 2016年，厦门市发改委协调推进各区“12358”价格举报平台硬件配套建设，四级联网建设到位。对投诉举报案件采取大数据分析研判，在旅游餐饮价格秩序整治等多方面发挥突出作用。在6个区13个街道招募150人，组建价格志愿者队伍，开展市场价格监督巡视，在餐饮、旅游、停车场、电商等价格监督方面发挥作用。探索“鹭价通”价格信息化平台、价格移动执法平台与价格举报系统数据实时无缝对接，被列为国家推广经验。

【成本依法监审】 2016年，厦门市发改委引入第三方参与成本监审工作模式，该模式被列为典型经验在全省介绍。全年完成旅游景点、教育、城市公共交通、燃气、污水、医疗、养老7个项目15家企业的成本监审任务，审核企业账面成本总额26.14亿元，核减不应计入定价成本的支出5.53亿元，核减率21.16%。

【市场价格监测稳控】 2016年，厦门市发改委每月、每季度对居民消费价格指数运行特点、存在问题、走势进行定期盘点分析。编报专题信息12篇，被上级采用8篇。修订平价商店管理实施细则，简化启动报批程序，提高启动标准，放宽启动门槛，调控经费改由财政按1000万元纳入部门年度预算。76家平价商店在春节、国庆、中秋、14号强台风期间分别启动农副产品政府差价补贴销售，累计4.5个月，差价补贴615万元。

【价格认定】 2016年，厦门市发改委发挥公共服务职能作用，拓展价格服务领域，在海发、贞庵、祥店、梧村等社区按照高标准、规范化设立价格争议调解处理工作站。在全省率先制定《厦门市机动车价格认定细则》《厦门市需拆解船舶定向处置的价格认定细则》《厦门市贵金属、珠宝玉石首饰及制品的价格认定细则》《厦门市价格认定基准价确定的工作细则》，统一工作原则、工作方法和认定标准。对国家、省、市级价格认定制度性文件进行梳理汇编。厦门市价格认证中心受理完成各类价格认定 2728 件，认定总值约 9000 万元，该中心被国家发改委价格认证中心评为 2015～2016 年度全国价格认定工作先进单位。

（吴绍鹏）

质量技术监督

【概　况】 2016 年，厦门市规模以上制造业质量竞争力指数 88.79。市级产品质量监督抽查合格率 98.29%，特种设备持续保持平稳运行态势，未发生重大或区域性质量安全事故。厦门航空公司获第二届中国质量奖，成为中国服务业首家获评企业，也是全省首家获该奖项的企业。厦门市质量技术监督局（简称市质监局）制定并出台“增品种、提品质、创品牌”18 条举措，该项工作获评 2016 年“全国质量之光”质检工作创新奖。市质监局被评为厦门市“六五”普法先进单位。

【质量强市战略】 2016 年，厦门市市民质量满意度 83.71，创历史新高。厦门市在省政府对各设区市政府的质量工作考核中蝉联第一，在全国率先推行对区政府质量工作差异化考核。市质量强市工作领导小组发挥综合协调和统筹推进作用，推动 10 多项配套政策出台；出台《推进服务业质量提升行动实施方案》，明确六大举措，推动公共服务及旅游等十大重点服务行业领域质量提升。

【品牌带动战略】 2016 年，厦门市新增省名牌产品 60 项、市优质品牌 70 项，各级品牌产品生产企业数占全市规模以上企业总数 10.47%，产值占全市规模以上企业总产值 35.49%。市质监局制定质量名牌滚动培育三年计划，将 247 家企业纳入培育名单。全年兑现各类质量发展扶持资金，其中市级 2478 万元、区级 2111 万元。科华恒盛公司获第五届省政府质量奖，火炬高新区软件园成为第二个全国信息服务产业知名品牌创建示范区。

【标准化战略】 2016 年，厦门市获批成为全国物流标准化试点和全国农产品冷链流通标准化试点城市。2 个国家级标准化试点通过验收，1 个标准化项目成为全省首个国家级服务业标准化示范标杆，4 个旅游标准化项目成为国家级或省级示范单位。新增全国标准化专业技术组织 1 家，历年累计 13 家。全市企事业单位新增制定（修订）国家标准 88 项、行业标准 44 项。2 项标准获中国标准创新贡献奖，9 项标准获省标准贡献奖。市质监局组织制定厦门标准 27 项，涉及工程建设、智慧城市、冷链物流、农业生产等领域。推进企业产品标准备案制度改革，新增 339 家企业、1876 项标准自我声明公开，名列全省各设区市第一。全国物流标准化技术委员会冷链物流分技术委员会两岸食品冷链物流标准化工作组 2016 年年会在厦门召开。

【质量信用体系建设】 2016 年，厦门市新增企业首席质量官 200 多人，250 多家企业参与质量信用报告。市质监局推进产品质量安全责任保险制度建设，保费金额比上年增长 71.8%。发布质量信用企业“红黑榜”，曝光问题企业 8 家，联合发改、国税、地税等部门对 11 家重大税收违法案件企业实施惩戒。累计向质检总局企业信用平台报送市质量信用信息 12754 条；向市社会信用信息平台报送 4198 条，数量位居全市各单位前列。

【质量共治】 2016 年，厦门市质监局举办中国质量奖企业厦航质量主题报告会，全市 1200 余家企事业单位参加。组织开办各类质量知识培训班，1800 余名企业管理人员参加。联合 7 个单位举办“质量月”大型现场咨询服务活动，组织人员参与全国质量、计量科普知识竞答活动。首次举办中小学质量教育社会实践基地夏令营活动，在全市 10 多所高校、25 所中小学开设质量专题讲座。在“品质厦门”微信公众号上发布信息 400 多条，发送短信、彩信和手机报 44 万条次，各类媒体报道质监新闻 577 篇，播放质量公益广告 500 多次。

【产品质量监督】 2016 年，厦门市产品监督抽查合格率：国家级 96.49%、省级 97.49%、市级 98.33%，均高于全国平均水平且逐年提高（见表 11-3）。市质监局开展消费品质量提升专项行动，建立企业质量档案 311 家，责成 38 家企业落实整改措施。开展“质检利剑”专项执法行动，打击“地条钢”(以废钢铁为原料，经过感应炉熔化，在生产中不能有效地进行成分和质量控制的钢及以其为原料轧制的钢材）生产。推广“双随机”抽查方式（随机抽取检查对象、随机选派执法检查人员），抽查企业 117 家，按规定公开发布检查结果 54 次。全年受理质量申（投）诉、举报和咨询

表 11-3　**2016 年厦门市产品质量监督抽查情况**

产品类别	抽查批次（批）	合格批次（批）	批次合格率（%）
农用产品	10	10	100
家用电器	163	163	100
轻工产品	1185	1145	96.62
机电产品	1078	1076	99.81
化工产品	36	36	100
建材产品	116	112	96.55
金属制品	165	165	100
合计	2753	2707	98.33

数 6305 件，申（投）诉办结率 98%，举报办结率 97%。立案 125 起，罚没款 234 余万元，挽回经济损失 440 余万元。

【特种设备安全监管】 2016 年，厦门市没有发生特种设备安全事故。市质监局开展电梯安全攻坚战和游乐设施、客运索道、锅炉压力容器压力管道、液氨制冷企业、油气输送管道隐患等专项整治，特种设备使用登记率 100%、作业人员持证率 100%、定期检验率 95%、隐患检查整改率 99.49%，全部完成省质监局年度目标。推动出台《厦门市电梯安全管理办法》。“厦门市 96196 电梯应急处置服务平台”建成，6 个小区的电梯被纳入首批试点。电梯签约维保单位为一级救援单位，市质监局对全市 78 家维保单位进行电梯应急救援培训；42 个二级电梯应急救援站建立。改进电梯安全物联网公共服务平台，组织开展“电梯安全管理示范小区”创建。推进老旧电梯更新改造，在全省范围内率先试行电梯设备安全责任保险试点，电梯定期检验一次检验合格率稳步提高，全市电梯安全总体状况保持平稳。组织维保人员 5 万多人次，日夜抢工维修“莫兰迪”台风中受灾受损电梯 9354 台。

【计量器监管】 2016 年，厦门市质监局检定强制检定计量器具 46.8 万台（件），其中加油机、眼镜制配、医疗器具、电子秤的合格率分别为 100%、96.4%、99.9%、95.2%。免费检定集贸市场衡器 2.3 万台（件）、基层医疗机构血压计 0.3 万台（件），减免检定费用 110 万元。规范出租车计价器、瓶装液化气计量行为，查获作弊秤 40 台。对 34 家计量器具制造企业实施证后监管，在新闻、出版、电视领域开展法定计量单位的监督检查。监督检查全市机动车安检机构 12 家。调研全市 53 家重点用能企业的能耗数据采集工作。

【质检科技】 2016 年，厦门市“国家物流产品质量监督检验中心（福建）”和 2 个市级实验室获批筹建，市质检院、市计量院获批成为省、市“中小企业公共服务示范平台”，市质检院成为国家能效标识管理中心“普通照明用非定向自镇流 LED 灯能效标识备案检测实验室”，市计量院海洋工程装备检测平台通过验收。新增中国合格评定国家认可委员会（CNAS）实验室认可检测项目 9 项、校准项目 5 项。全市质检部门提供产品检验服务 1 万多批次，检定仪器设备 8 万多台（件），考核通过 22 项企业最高计量标准；新增国家级科研课题 2 项、省部级课题 6 项、市级课题 5 项；新增国际标准化专家 2 人、国家级行业专家 8 人。

【国际和港澳台标准检验认证合作】 2016 年，2 个国际标准化技术组织（楼寓对讲系统、即热热水器）落户厦门。市质检院成为国际半导体设备材料产业协会（SEMI 中国）成员，与德国莱茵检测认证服务（中国）公司签订合作协议，成为其包装运输可靠性认证测试业务在中国大陆的唯一指定实验室；与台湾地区工研院共同开展 1 项科技部港澳台科技合作项目研究；与香港地区标准及检定中心（STC）在公共检测技术服务平台、联合实验室建设等方面签订战略合作协议。市计量院与台湾地区工研院量测中心联合研制曲面、大尺寸平板显示器检测装置。厦门市标准化研究院申请筹建“台湾标准（厦门）研究中心”。

【服务自贸区建设】 2016 年，厦门市质监局推进自贸区质监工作改革创新，对服务自贸区建设的 24 条改革措施开展效果评估，承接自贸区省级行政许可事项，与湖里区人民法院建立涉自贸区产品质量商事纠纷诉讼与非诉讼衔接工作机制，实行产品质量企业自我声明制度。归集报送自贸区厦门片区日常监督检查信息 85 条，行政执法典型案例 1 起，重大监管执法行动备案 7 条。

【行政审批制度改革】 2016 年，厦门市质监局取消行政许可 1 项、行政确认 1 项、委托下放职权 3 项，增加其他权力 2 项，调整行政处罚 78 项。公共服务事项由 9 项调整为 4 项。保留市本级行政权力 350 项、上级委托下放职权 7 项。梳理本部门责任事项 376 项，厘清多部门监管事项 4 项。在入驻市行政服务中心单位中率先设置综合窗口，每个窗口均可受理全部审批服务业务，方便市民办事。

【统一社会信用代码改革】 2016 年，厦门市从登记部门、应用部门、社会公众 3 个层面整合统一社会信用代码信息服务平台资源，搭建信息互联互通、实时共享的服务平台。市质监局实现与市市场监督管理局、市编办、市总工会、市民政局、市公积金管理中心、市税务部门、市财政信息中心、市信息中心、人民银行厦门分行等部门数据双向互动和实时共享。其中，对工会组织实时赋码模式属全国首创。全市纳入统一社会信用代码登记制度改革的法人和其他组织的覆盖率 99.5%，入库数据校核超过 18 万家。

【条码工作】 2016 年，厦门市新增商品条码系统成员 631 家，成员保有量 2689 家。市质监局采集厦门“全球商品同步数据（GDS）”数据超过 21 万条，累计数据总量 58.6 万条。建立市信息惠民工程“厦门市可信二维码公共服务平台”。针对在厦门市流通商品进行商品条码质量市场调查，对 112 家系统成员产品进行免费服务性检验。

【质监行政执法】 2016 年，厦门市质监局办理行政处罚案件 130 件，查处案件覆盖 14 个执法领域，其中大要案 9 件；罚没款 243.3 万元。完成开门审案 4 件。被申请复议案件 11 件，1 件被复议机关责令限期改正，其余案件均维持。在汽车市场等 4 个领域开展市场监管综合行政执法，检查企业 134 家；推进涉企检查综合监管模式试运行。开展行政许可、行政处罚“双公示”，公示行政许可信息 4634 条、处罚信息 159 条，向市商事信用平台和市信用共享平台推送行政处罚数据 94 条、行政许可数据 8038 条。“12365”投诉举报热线受理咨询 5603 件、投诉举报 702 件。

（魏欣倩）

安全生产监督管理

【概　况】 2016 年，厦门市安全生产总体形势平稳。厦门市安全生产监督管理局（简称市安监局）完善安全生产责任体系，紧盯安全生产薄弱环节，集中开展安全生产大检查，完成省安监局下

表 11–4　　2016 年厦门市生产安全事故情况

行业	一般事故		较大事故		重大事故	
	事故起数（起）	死亡人数（人）	事故起数（起）	死亡人数（人）	事故起数（起）	死亡人数（人）
农林牧渔业	2	2	0	0	0	0
采矿业	2	2	0	0	0	0
商贸制造业	7	7	0	0	0	0
建筑业	14	14	0	0	0	0
交通运输和仓储业	206	84	1	3	0	0
其他行业	9	8	1	3	0	0

达的安全生产标准化“提升工程三年行动”目标任务，强化重点行业（领域）监管，探索安全生产领域改革。协调指导开发园区安全监管机制体制建设。市政府针对火炬高新区“一区多园”特点开展专题研究安全生产监管工作，由火炬高新区分别与各区主管部门联合设立园区安监站。按照国家安监总局新统计口径，全市发生生产安全事故 201 起，死亡 113 人。其中，较大事故 2 起、死亡 6 人，未发生重特大生产安全事故（见表 11–4）。

【重点行业领域安全监管】 2016 年，厦门市继续推进重点行业领域安全监管。（1）危险化学品领域。市安监局制定《厦门市遏制危险化学品和烟花爆竹重特大事故工作实施方案》，集中开展危险化学品（储存场所）安全专项整治，组织开展危险化学品监督检查 113 家次，发现问题隐患 176 项并督促整改。推进烟花爆竹领域标准化提升工作，推动烟花爆竹经营布点规划和零售店规范化建设，提高烟花爆竹行业安全管理水平。加强加油站安全生产工作，对全市 123 家加油站进行排查。出台危险化学品（含剧毒、硝酸铵等）、烟花爆竹、散装汽油“一体化”监管工作改革实施意见，推进危险化学品生产、经营、储存、使用等环节的“一体化”监管改革。（2）非煤矿山。市安监局根据“非煤矿山领域采掘型矿山”和“危险性较小矿山”危险特性不同，制定风险分类分级评级办法，开展“专家会诊”，引入第三方机构不定期对矿区边坡安全进行动态监测，严防坍塌事故发生。下发执法文书 50 份，督促企业整改隐患 156 条。（3）职业健康。建立职业病防治工作联席会议制度，落实安全生产与职业卫生一体化监管执法制度，推进用人单位职业健康基础建设。开展陶瓷生产、耐火材料制造、水泥生产和石材加工企业粉尘危害专项治理活动；成立职业健康执法四大队，出动执法人员 1368 人次，检查企业 684 家，发现整改隐患 969 处；推广政府购买职业卫生技术服务，调查摸底厦门市注册和备案的职业卫生技术服务机构 22 家。（4）其他重点行业。协调配合交通运输、消防、建筑施工、燃气、电梯、防汛防涝等重点行业领域监管部门开展综合监管工作。

【安全生产巡查】 2016 年，厦门市安监局研究制定《厦门市安全生产巡查制度》及相关实施方案，明确 9 个方面 95 个巡查要点。9 月上旬，市安监局对集美区开展为期 10 天的巡查，巡查区政府及安监、建设、交通等 19 个单位、8 个工程施工现场，约谈 51 人、问卷调查 66 人，排查收集 6 个镇街 63 个村居 100 个安全风险点。10 月中旬，市安监局对同安区开展巡查，巡查区政府及安监、交通、建设、燃气等相关管理部门以及危险化学品企业、交通运输企业、液化气供应点、餐饮企业和部分镇（街）等，约谈发生较大事故运输企业 4 家，问卷调查 91 人。12 月，市安监局对海沧区、翔安区开展巡查。市安监局计划于 2017 年上半年完成 6 个区、2 个工业园区管委会的巡查，落实安全生产巡查全覆盖。

【应急管理能力建设】 2016 年，厦门市在升级改造厦门市安全生产应急管理平台的基础上，投入 60 万元改善应急管理平台前端重大危险源企业硬件设备，提高重大危险源视频信号和安全参数传输质量和稳定性。全市 16 家重大危险源企业高清设备改造工作完成，实现市级新设备与省级平台的对接，与市级共享平台、市级公共安全管理平台联网工作。安全生产宣传教育远程视频系统建立，实现省、市、县（区）三级安全教育、事故分析、召开会议互联互通。从省级安监部门到市、区安监部门再到市级部门共享平台的应急信息共享网络形成。

【重特大事故预防与遏制】 2016 年，厦门市安监局制定《厦门市防范和遏制重特大生产安全事故工作方案》及各重点行业领域防范重特大事故实施方案，构建安全风险分级管控和隐患排查治理双重预防机制，计划到 2018 年底建成“源头治理、风险管控、隐患整治、社会共治、智慧监管、应急管理、宣传教育”的遏制重特大事故工作体系。非煤矿山、危险化学品及烟花爆竹等重点行业领域安全风险分级管控体系建设工作启动，各区、象屿、火炬管委会以及经信、交通、建设、消防、市政、卫计、市场、国土、水利、气象、粮食等主要行业部门单位均制定防范和遏制重特大生产安全事故工作方案。

【抗御台风“莫兰蒂”】 2016 年，厦门市人民政府安全生产委员会办公室（简称市安委办）在台风“莫兰蒂”登陆前成立 6 个检查组，对 32 家危险化学品、非煤矿山、重大危险源、工矿行业开展防台安全检查，指导重点油库企业成立 5 支应急联动队伍 120 人，配备防火围油栏、油拖网、抽水泵、紧急照明设备等应急物资装备。市经信局和市安监局组成联合应急指挥部，准备随时实施抢险救援。台风过后，市安委办立即组织开展安全生产领域灾后重建工作，成立 6 个专项督查组深入非煤矿山、危险化学品等受灾严重的 18 个重点企业，重点针对风南危险化学品综合仓库遭受台风重创、安全隐患突出等情况，指导企业应急抢险，停止危险化学品入库，妥善处理库区既存危险品，组织灾后修复，加强库区安全巡查。市安委办研究制定推动新建危险化学品综合仓库启用

并做好风南仓库关闭前过渡期安全生产工作强化措施。（参见 P72【台风】）

【企业安全生产标准化建设提升工程】 2016年，厦门市以创建国家级样板区为重点，推进企业安全生产标准化建设提升工程。（1）创建国家级样板区。6月，海沧区被确定为全国7个工贸行业安全生产标准化建设样板县（区）之一，《海沧区企业安全生产标准化样板地区建设工作方案》出台，推进安全生产标准化样板地区建设工作，形成可复制和推广的经验做法。（2）更新信息化管理系统。市安委办结合安全生产标准化创建工作实际，组织各区通过网络、视频学习使用国家安全生产标准化新系统，印发《关于使用企业安全生产标准化信息管理系统的通知》（厦安办〔2016〕41号），更新信息化管理系统，做到新老系统无缝对接。（3）"提升工程三年行动"目标任务完成。2014～2016年，厦门市全面深化安全生产标准化建设工程，保质保量完成省政府"提升工程三年行动"下达的目标任务。至年末，企事业单位达标10687家，达标率100%；个体工商户创建80046户，创建率100%。

【安全生产"党政同责、一岗双责"】 2016年，厦门市6个行政区区委及区政府、38个镇（街道）、504个村（居）全部制定出台安全生产"党政同责、一岗双责"（党委和政府在安全生产上均负有责任，每一个岗位都有本职工作和安全生产双重责任）规定及工作机制，实现"四级五覆盖"。市政府安委会和安委办分别印发《"党政同责、一岗双责"工作机制的通知》和《关于进一步健全落实安全生产"党政同责、一岗双责"工作机制的通知》，推动安全生产监管责任落到实处。

·小资料·

四级五覆盖："党政同责"、"一岗双责"、"三个必须"（管行业必须管安全、管业务必须管安全、管生产经营必须管安全）、政府主要负责人担任安委会主任、各级安监部门向同级组织部门通报安全生产情况5项工作要求在市、县（区）、乡（镇）、村（居）四级全面覆盖。

【安全生产"双随机、一公开"】 2016年，厦门市安监局推进安全生产"双随机、一公开"抽查工作（随机抽取检查对象，随机选派执法检查人员，抽查情况及查处结果向社会公开）。建立"两库一单"（行政执法人员名录库、随机抽查对象名录库、随机抽查事项清单），采用政府购买服务方式，组织专家评审，编制随机"摇号"系统，制定实施细则和统计月报制度。"双随机、一公开"系统平台投入运行后，累计开展"双随机"抽查108家12批次156人次，随机抽查事项9项，完成市场监管执法事项的75%。

【安全生产信用体系建设】 2016年，《厦门市企业安全生产信用体系建设实施方案》和《厦门市生产经营单位安全生产不良记录"黑名单"管理暂行规定》出台。市安监、建设、交通、质监、商务、旅游等部门归集行政执法工作中产生的良好信用记录和不良信用记录和"黑名单"等信息，入库信息3932条。根据归集的不良信用记录和"黑名单"，市安监局联合发改、国土、环保、人行、市场监督监管、证监、保监、银监等部门对相关企业实施惩戒。

【高危行业安全生产责任保险】 2016年，厦门市安监局推进《厦门市安全生产责任保险实施办法》制定工作。至年末，全市安全生产责任险承保危险化学品等试点行业的企业177家，保额31.94亿元；道路运输承运人责任险承保"两客一危"车辆（从事旅游的包车、三类以上班线客车和运输危险化学品、烟花爆竹、民用爆炸物品的道路专用车辆）风险保额514.65亿元；渔工责任险承保渔工2096人，保额8.26亿元；建筑工程意外伤害险承保市管区管工程建筑555项。

【"机械化换人"专项行动】 2016年，厦门市出台鼓励企业"机械化换人"10条措施，通过机械化、自动化建设，提高安全生产水平。对企业研发智能工业、旅游交通、公共安全、城市管理、安全生产等方面的项目给予补助，成立"机器人及数控技术应用研发平台"，对重点产业技术改造"机械化换人"实行专项补贴。2015～2016年，厦门市企业累计投资4.32亿元、财政补助资金3000万元用于技术改造"机器换人"专项工作。其中，2016年有9个智能制造项目获财政补贴1812万元。

【海上交通生产安全事故应急救援综合演练】（见 P255 同名条目）

【安全生产"十三五"专项规划】 2016年10月12日，厦门市政府办公厅印发《厦门市"十三五"安全生产专项规划》。该规划提出9类61项主要任务和9项安全生产重点工程项目，到2020年实现生产安全事故死亡人数比2015年年末下降10%，亿元国内生产总值生产安全事故死亡人数下降30%，10万就业人员生产安全事故死亡人数下降19%，道路交通万车死亡人数下降6%，职业健康检查10万人新发职业病人数下降5%的目标。

【安全生产大检查】 2016年10月20日，厦门市安监局印发《厦门市人民政府安全生产委员会关于集中开展安全生产大检查的通知》（厦安字〔2016〕21号）。10～12月，全市集中开展安全生产大检查。市安委办组成检查组5个，检查非煤矿山、危险化学品和烟花爆竹、重大危险源、职业卫生和工矿行业领域。各级各部门共组织检查组3280个，出动检查人员9351人次，检查企事业单位29804家次，发现整改隐患7589条，打击非法违法行为超过6500起。12月1日，市安委会印发《关于进一步开展安全生产大检查切实做好当前安全生产工作的通知》，进一步开展安全生产大检查，并对前阶段工作成效进行"回头看"。

（吴升涵）

责任编辑：林建高
审　　稿：孙志红
　　　　　白延蜻
责任校对：曲　艺

12 财政·税务

财　政

【概　况】 2016年，厦门市一般公共预算总收入1083.3亿元，比上年增长8.2%。其中，地方级收入647.9亿元，同口径增长8.6%；上划中央收入435.4亿元，同口径增长7.5%。一般公共预算支出758.6亿元，增长16.6%；市本级一般公共预算收入459.9亿元，同口径增长8.7%，市本级一般公共预算支出461.9亿元，增长21.4%。全市政府性基金收入464.1亿元，增长28.8%。全市政府性基金支出448.6亿元，增长46.4%。其中，市本级政府性基金收入271.2亿元，增长15.3%，市本级政府性基金支出301亿元，增长43.7%。全市国有资本经营收入16.7亿元，增长11.3%，全市国有资本经营支出11.2亿元，下降22.7%。其中，市本级国有资本经营收入11.8亿元，增长28.3%；市本级国有资本经营支出9亿元，增长3.4%。全市社会保险基金收入273.6亿元，增长6.4%。其中，保费收入243.6亿元，增长18.8%；财政补贴收入7.2亿元，下降21.7%。全市社会保险基金支出183.8亿元，增长27.1%。

【财政减税降负】 2016年，厦门市财政局（简称市财政局）进一步加大减税降负力度，全年减轻企业负担近200亿元。全面推进“营改增”改革，将“营改增”试点范围扩大至建筑业、房地产业、金融业、生活服务业。26个细分行业中，大多数行业税负减少，个别行业如金融业税负增加。在市财政的协助下，部分集成电路企业获批进口设备、原料增值税、关税等优惠。落实高新技术企业税收优惠、小微企业税费减免、不动产加速折旧、研发费用加计扣除等税收优惠政策。实施降成本综合措施，通过用电奖励等补贴或购买服务手段，降低企业经营成本；支持大通关一体化平台建设，降低企业物流成本；完善政策性担保体系，降低企业融资成本；主动降低基本养老保险、基本医疗保险、工伤保险等社保缴费费率；降低企业进出口环节通关成本，开展企业进出口海运集装箱查验服务收费政府购买政策、新出台企业进出口通关环节收费减免政策；降低港航成本，其中港口伴航费全部由市级财政承担，内贸船舶强制引航费减半收取，进一步优惠拖轮费、码头装卸费和理货费。

·小资料·

营改增：根据国务院要求和财政部、国家税务总局的部署，自2016年5月1日起，在全国范围内全面推开营业税改征增值税（即“营改增”）试点，营业税在试点完成后退出历史舞台。全面“营改增”试点后，单位和个人销售其取得的不动产以及自然人个人出租住房、商业用房等不动产，其应缴的增值税暂由地方税务机关代征。

【“放管服”改革】 2016年，市财政局出台《关于流程简化、优化有关事项的通知》《厦门市财政局关于进一步优化市级政府基建投资项目工作流程的通知》等制度文件，落实资金审核、资金下达、政府采购等重点领域简政放权、优化提升事项82项。市财政局公布厦门市涉及企业行政事业性收费目录清单，包括截至2016年7月27日国家和福建省制定出台、厦门市市属和区属单位执行的涉企行政事业性收费目录（不含未开征和已免征、停征的收费项目），共计14个大类34个小项。市财政局建立与市纪委、市审计局等部门的联合检查机制，开展企事业单位会计信息、扶贫资金、涉农资金等专项检查，强化事中事后监管。出台《厦门市财政局随机抽查工作细则》，对政府采购代理机构等市场主体实行“双随机”（监管过程中随机抽取检查对象，随机选派执法检查人员）检查。出台厦门市财政专项资金信用负面清单管理办法，限制有财政资金使用管理失信、失范行为的单位申请财政资金扶持。推广“互联网+政务服务”，建立产业扶持资金综合管理、非税管理、预算单位会计核算等系统。对多部门审批事项实行网上联审，政务服务事项网上终审率91%。

·小资料·

放管服：简政放权、放管结合、优化服务的简称。“放”中央政府下放行政权，减少没有法律依据和法律授权的行政权；理清多个部门重复管理的行政权。“管”政府部门要创新和加强监管职能，利用新技术新体制加强监管体制创新。“服”转变政府职能减少政府对市场进行干预，将市场的事推向市场来决定，减少对市场主体过多的行政审批等行为，降低市场主体的市场运行的行政成本，促进市场主体的活力和创新能力。“放”即简政放权，降低准入门槛。“管”即公正监管，促进公平竞争。“服”即高效服务，营造便利环境。

【产业发展扶持】 2016年，市财政整合优化产业扶持资金，重点投向智能制造、重大项目技改等关键领域。出台并兑现工业增产增效、鼓励工业投资、发展集成电路产业等扶持政策，投入23.4亿元促进工业转型发展。投入26.5亿元，培育生根型龙头企业，推进联芯一期、电气硝子一期等重大项目建成投产，支持引进华天恒芯等一批配套企业。投入22.4亿元，加快同安、翔安高新技术产业基地和丙洲、美峰现代服务业基地建设，推动现代产业集聚发展。投入13.7亿元，支持自贸区加快发展，出台航空维修国际合作区、中欧（厦门）班列等扶持政策，促进航空维修、融资租赁等新兴产业发展。投入1.6亿元，加快小微企业创业创新示范基地建设，培育成长型中小微企业492家。完善鼓励金融业发展政策，发展绿色金融、互联网金融，扶持金圆集团、厦门银行等当地金融企业。

【科技创新扶持】 2016年，市财政会同市科技局等部门，制定科技“小巨人”扶持政策，投入财政资金5.2亿元，实施企业研发经费补助计划，增强医疗机构及高校院所的科研自主权，建立科研人员双向流动机制，改革科技成果使用、处置和收益权并加大对科研人员个人的分配比例等措施。投入财政资金6.2亿元，用于产学研用合作，建成一批重点实验室、工程技术中心等科创服务平台，国家级工程技术中心财政补助标准翻一番。深化科技金融结合，初步建立以科技担保贷款、科技保证保险贷款、专利质押贷款、科技成果转化基金等直接融资和间接融资相结合，政府引导、市场为主的科技投融资体系。厦门市入选科技部等四部委认定的全国促进科技和金融结合试点城市。市财政清理整合知识产权财政扶持政策，改变专利资金使用“小、散、碎”的状况，集中财力支持知识产权产业化、专利导航等产业转型升级重大项目建设。市财政投入资金4.5亿元，用于支持激励人才创新创业的若干措施落地生效、兑现“双百计划”“海纳百川”等人才补贴、加快建设全国首个科技领军人才创新创业基地等。

·小资料·

双百计划：2010年4月27日，厦门市出台《关于加快建设海西人才创业港，大力引进领军型创业人才的实施意见》，计划用5～10年引进100名海外高层次人才和300名领军型创业人才，这一计划简称双百计划。市财政每年安排1.5亿元人才工作专项资金用于“双百计划”。

“海纳百川”人才计划：厦门市从2013年起到2020年预计引进1700名各类领军型人才和6500名骨干型人才，新集聚的人才总量达23万人，一流创新团队最高可获1亿元资金支持。

【公共服务保障推进】 2016年，市财政投入支持新改扩建中小学校项目58个，开工建设公办幼儿园22所，新增学位2.6万个。提高购买民办义务教育学校学位的补助标准，改善社会资本办学预期，支持多元化办学。投入25亿元，推进复旦大学中山厦门医院、厦大附属心血管病医院等项目建设，新建改造一批社区卫生服务点。投入2.2亿元，支持爱心护理院扩建和爱鹭老年养护中心建设，加大民办养老机构床位建设和运营补助。市财政投入13.7亿元，开工建设保障性住房和公租房1.6万套，建成保障房4538套，完成公租房配租727人。投入2.8亿元，落实各项助残政策，保障困难群众基本生活救助、重点优抚对象补助等支出，加大因病因灾致贫救助力度。投入14.3亿元，推进机关事业单位养老保险并轨，提高城乡低保标准至每人每月610元。多渠道投入6.6亿元，通过灵活就业社保补助、企业稳岗补贴、职业培训补贴等方式，提升就业帮扶精准度。投入12.3亿元，新开公交线路、BRT（快速公交系统）线路40条，新增公共停车位6071个，建成一批人行天桥及公共自行车系统。

【公共资源布局优化】 2016年，市财政制定实施《2016～2018年教育基建三年行动计划》，计划3年内开工建设教育项目134个，其中85%项目分布在岛外，新增义务教育学位约10.6万个、幼儿园学位约1.54万个，预计总投资89亿元。出台《城乡义务教育保障机制贯彻意见》，实施城乡一体、公民办一致的义务教育保障政策，鼓励优质教育资源向岛外拓展。完善公立医疗机构差别化财政补助政策，会同厦门市卫生和计划生育委员会，明确基层医疗卫生机构考核激励机制及医疗及信息化设施设备配置标准，加大对基层医疗机构考核激励，改进基层医疗卫生服务质量。市财政增加对区转移支付25.1亿元，加大对财力薄弱区和生态功能区的补助力度，提升基层财力保障水平，促进基本公共服务均等化。优化中小学、中职院校生均保障机制，制定班主任考核奖励等激励政策，持续提升办学质量。改革高校拨款体系，推动高校内涵式发展。深化医药卫生体制改革，支持分级诊疗制度和家庭医生模式。完善文化事业投入机制，通过政府购买服务、以奖代补等方式，扩大文化惠民覆盖面。推动水价、公交票价动态调整，支持环卫作业市场化运营，加快公用事业体制机制改革创新。

【财政投融资体制完善】 2016年，市财政进一步完善财政投融资体制，补齐城市建设短板。（1）强化重点项目资金保障。强化轨道交通、翔安机场、城市快速路网等重点项目建设资金保障，其中地铁1、2、3、6号线路动工，1号线洞体建设完成，翔安机场填海造地全面实施，“两环八射”（一个“双环＋放射”的快速交通网络，指内外两环串起岛内外，打造环湾区城市带；8条射线辐射闽南金三角区域。让6个区之间和港口、机场、火车站等交通枢纽间能高效顺畅连接，共有22个项目）快速路网建设加快推进，切实做到应保尽保。（2）推动多元化融资。市财政搭建全市政策性贷款统借统贷平台，推动轨道集团、土总城投公司等发行企业债和中期票据，争取国开行、农发行低利率优惠贷款用于棚户改造、旧村改造、水利设施、农村公路等项目。制定厦门市市级政府资产使用管理、处置、对外投资等管理办法，完善政府资产管理制度体系，加快政府资产、资金、资源整合。

推动翔安机场片区地下综合管廊等PPP（政府和社会资本合作）项目落地。（3）利用政府债务杠杆。市财政制定出台厦门市政府置换债券定向承销发行簿记建档规则等4项制度，基本建立“借、用、还、管”相统一的政府举债融资机制，全年共发行地方政府债券349亿元，新增债券额度73亿元，全市政府债务率保持在40%左右。

【预算管理改革】 2016年，市财政拓展中期财政规划编制范围，重点编制基建、产业、民生三大领域的3年支出规划，增强跨年度预算统筹。完善项目库的项目立项程序、编制内容和项目分类，做好项目储备，推进项目全周期滚动管理。加大专项资金的清理整合，对专项支出政策、专项转移支付资金进行梳理并建立清单目录，压缩归并部门支出项目900余项。改进项目支出预算管理，通过限时下达转移支付资金、制定盘活财政存量资金任务清单和时间表、编制分月用款计划等措施，落实预算执行通报、约谈和问责机制等方式，加快预算执行。市财政出台《厦门市财政重点评价管理暂行办法》《厦门市市级部门预算绩效目标管理办法》等制度规范，开展部门整体支出和专项资金绩效评价，试点填报部门整体支出绩效目标，强化绩效评价结果应用，完善预算绩效管理。出台并落实《厦门市委托第三方机构参与预算绩效管理暂行办法》，建立健全第三方机构参与预算绩效评价机制。试点开展权责发生制政府财务报告编制工作，试编市公安局、卫计委和财政局部门财务报告。

【灾后恢复重建支持】 2016年，台风“莫兰蒂”对厦门市造成重大损失，市财政为厦门市灾后恢复重建工作提供资金保障，促进灾后重建工作与城市提升改造、补齐发展短板有机结合。落实工业、农业、商贸业、建筑业、旅游业、农村受损住房重建和恢复生产财政扶持政策，通过资金补助、贷款贴息等多种方式，调动市民、企业灾后重建和恢复生产积极性；参照战时资金保障的原则，最大限度简化资金拨付和政府采购流程手续，加快救灾重建资金审核、拨付和采购进度；推动完善巨灾保险、农业险、房屋险、自然灾害公众责任险等政策，支持构建综合防灾保险体系，提升城市防灾减灾能力。（参见P72【台风】）

【农村建设扶持】 2016年，市财政制定并落实《关于加快都市现代设施农业建设的实施办法》，安排2900万元现代设施农业发展资金支持农业企业、农民专业合作组织、家庭农场集中连片建设温室大棚设施和节水灌溉设施。实施新一轮农民创业园和农民创业示范基地建设财政扶持政策，安排700万元分别用于推进翔安区省级农民创业园、同安区农民示范基地建设。推动农业综合开发工作，同安区和翔安区作为2016～2018年国家农业综合开发县获财政部补助农业综合开发资金共2000万元。市财政发展农业金融，组建厦门市担保有限公司农业担保分公司，继续开展能繁母猪保险、渔业保险等农业保险。出台《厦门市农村青年创业发展资金管理办法》。安排农村妇女创业发展资金200万元用于支持农村妇女创业发展。扶持农村经济发展股份化项目，推进土地流转，安排农业产业化专项资金1500万元扶持家庭农场、专业大户、农民合作社等新型农业经营主体，培育农业产业化龙头企业。推进旧村改造、新村建设和老区山区村建设，开展岛外9条主要溪流及其他小流域的干支流全流域养护，推进建制镇示范试点工作。支持打造南方海洋创业创新基地，2016年厦门市入选“十三五”国家海洋经济创新发展示范市、入围全国第一批蓝色海湾整治行动城市，财政部将分期分批分别拨付补助资金共计7亿元，其中“十三五”国家海洋经济创新发展示范市补助3亿，全国第一批蓝色海湾整治行动城市补助4亿。

【政府财经纪律落实】 2016年，市财政局落实各项制度规定，确保“三公经费”只减不增。出台《厦门市党政机关会议定点管理实施细则》，完善公务经费支出制度体系。控制行政成本，推动实施公车改革，全市“三公”经费支出比上年下降8.2%。市财政局会同市审计局印发《关于全面推进行政事业单位内部控制建设的实施意见》，推进各行政事业单位完成内部控制制度的建立和实施工作，规范行政事业单位内部经济和业务活动，防止内部权力滥用。配合市车改办制定公务用车改革方案，出台《厦门市跨区域临时性公务出行费用管理办法》和《厦门市市直机关公车改革后保留车辆使用管理暂行办法》等改革配套制度。制定关于强化采购人主体责任、简化流程、规范管理的通知，强化对采购人监督管理，对市政园林、教育和公安系统政府采购内控制度建设及采购人主体责任落实情况进行重点监督检查。

【法治财政建设推进】 2016年，市财政局制定《法治财政建设实施纲要》及《“七五”法制宣传教育规划》，启动“七五”法制宣传教育。完善财政制度建设，全年制定、修订制度文件30余份。开展4次文件清理，清理文件近千份，清理后宣布废止、失效的市财政局文件34份，建议市政府废止、失效文件74份。制定政策法律风险防控管理办法，完善政策法律风险控制方法和措施，加强法律风险内控管理。建立健全行政调解机制，调解4件行政争议案件，处理2件行政复议案件且当事人未再提起诉讼，应对6件行政诉讼案件且做到零败诉。制定社会信用体系建设工作意见，落实“双公示”（行政许可、行政处罚等信用信息作出决定后上网公示的制度），加强信用信息共享并通过信用厦门等平台进行公示，推行政府采购信用贷款，加快推进财政信用体系建设。组织开展立法法、行政诉讼法、反恐法等专题法律教育培训，2016年厦门市财政局被财政部评为全国财政“六五”普法先进办公室。

·小资料·

“七五”法制宣传教育：2016年，中共中央、国务院转发《中央宣传部、司法部关于在公民中开展法治宣传教育的第七个五年规划（2016—2020年）》并发出通知，指出全民普法和守法是依法治国的长期基础性工作，要求各地区各部门结合实际贯彻执行。

（李小丽）

国家税务

【概　况】 2016年，厦门市国税局累计完成各项税收收入722.69亿元（含海关代征增值税、消费税，未扣减出口退税）。其中，海关代征完成183.44亿元，比上年增长8.04%；办理出口退税348.23亿元，下降15.52%。市国税局完成税务登记户85652户，其中单位纳税人60910户，个体经营23080户，临时登记1662户。累计新办“三证合一”（工商营业执照、组织机构代码证和税务登记证三证合一）企业户56772户，从10月1日起累计新办、换领使用“三证合一”证照户数204323户，占所有企业纳税人比例92.57%；累计新办“五证合一”（营业执照、组织机构代码证、税务登记证、社会保险登记证和统计登记证合一）企业户15326户。

2016年，厦门市国税局在全国纳税人第三方满意度调查中得分85.41，在全国国税系统中排第八名；保持“全国文明单位”等多项省部级以上称号，获全国税务系统先进集体荣誉。市国税局绩效管理考评综合成绩排名居36个省级及计划单列市国税局第十二名，其中指标完成情况排名居第二十三名，加分减分项目综合排名居第七名，考评指标得分982.09分。考评基层局68个指标、考评196次，11个基层局获得加分项目197项50.319分，9个基层局发生减分事项22项3.8分。市国税局全年中央财政预算执行率96.36%，提高7.15个百分点；推进资产清查，对现有的固定资产等进行逐一核实，突出清查重点；完善财务监督，财务内控平台平稳运行，全年共产生疑点数据585条。

厦门国税局全年办理行政复议案件7件、行政诉讼案件6件。出台《关于加强重大税务案件审理工作的通知》，组织“8·22”出口退税案件“集中阅卷”式审理，共审理出口退税案件9件，涉及税款3.2亿。

【国税收入特点】 2016年，厦门国税收入受到多种因素影响。（1）经济税源因素。经济税收协调发展，2016年完成地区生产总值3784.25亿元，比上年增长7.9%，剔除“营改增”新扩围四大行业增收不可比因素后，全市国税税收直接收入增长4.4%。盈利水平提高拉动所得税增收，规模以上工业企业主营收入4725.4亿元，增长2.83%，增幅比上年高5.41个百分点；实现利润总额88.16亿元，增长11.6%，增幅比上年高27.58个百分点；企业所得税增长7.5%。消费市场稳健带动税收增收，实现社会消费品零售总额1283.46亿元，增长9.8%，增幅比上年高0.9个百分点。其中，限额以上企业实现零售额790.46亿元，增长9.3%。社会消费需求旺盛，为税收收入增收奠定基础，商业增值税完成54.34亿元，增长10.5%。（见表12–1、图12–1）（2）政策增减因素。“营改增”拉动税收增长。营业税改征增值税直接收入入库96.34亿元，增长3.2倍。国税优惠政策助力企业发展，累计减免税额112亿元，增长42.2%。（3）强化征管因素。以清缴欠税为抓手，提升税收收入质量，清缴欠税入库3.67亿元。以科技创新堵漏增收，纳税评估和反避税两项工作增加税收收入9.24亿元。以税务稽查营造公平环境，稽查工作增加税收收入4.4亿元。

表12–1　**2016年厦门国税税收收入情况**

项目	收入（亿元）	增减（亿元）	比上年增长（%）
国内税收收入	722.69	79.36	12.33
国内增值税	483.67	72.06	32
国内消费税	55.48	–2.6	–4.47
企业所得税	161.69	11.29	7.51

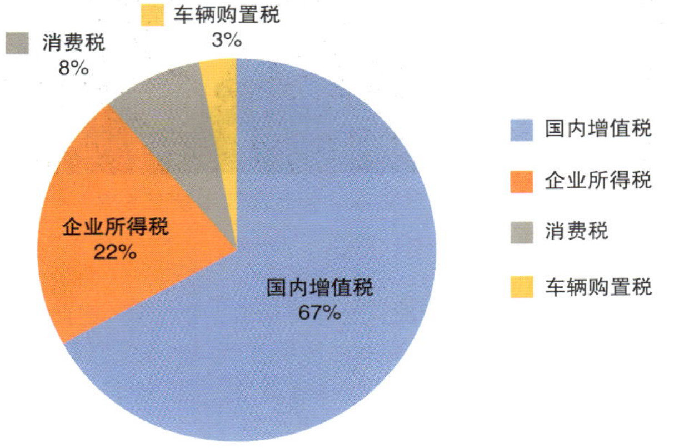

图12–1　2016年厦门国税局国税税收分税种结构

【“营改增”改革】 5月1日起，厦门市“营改增”试点范围全面扩大到全部行业。厦门纳入此次“营改增”纳税人共计12.79万户，其中金融服务业0.051万户，房地产业0.341万户，建筑业1.223万户，服务业11.175万户。5月1日零时，第一张“营改增”生活服务业增值税专用发票开出，四大行业试点纳税人实现发票开具；6月份，3.37万户四大行业一般纳税人完成“营改增”首个征期申报；7月份，9.42万户四大行业小规模纳税人完成首轮“营改增”申报。自5月起，厦门国税局按月开展“营改增”运行分析、税负分析和效应分析工作。全年共编制撰写税负分析报表及报告12份、金融业专项调查报表及报告7份，分析典型案例87个；开展重点行业和税负上升企业专项调研和辅导3545户次，撰写重点专项分析报告5份。2016年年底，全市“营改增”试点纳税人增至18.2万户，与试点初期相比增长42.9%，其中一般纳税人4.6万户、小规模纳税人13.6万户。2016年实现营业税改征增值税收入96.23亿元，试点企业整体税负下降。从减税金额看，总体减税59.83亿元，其中四大行业减税17.85亿元，“3+7”行业减税41.98亿元。从减税覆盖面看，试点企业减税覆盖面98.71%，其中一般纳税人减税覆盖面94.94%，小规模企业减税覆盖面100%。四大行业中，建筑业减税覆盖面97.38%，房地产业减税覆盖面96.74%，金融业减税覆盖面87.74%，生活服务业减税覆盖面98.98%。市国税局“营改增”调研建议得到国务院总理李克强批示肯定，得到各级领导批示133次，其中税务总局局长王军批示3次，市委、市政府主要领导批示38次。厦门市从2012年11月1日起开始实施“营改增”试点，随后逐步扩围，截至2016年年底共实施5批“营改增”试点。

5月1日，厦门国税首张“营改增”增值税发票成功开具　　（黄坚　摄）

·小资料·

营改增“3+7”行业：交通运输业、邮政业、电信业3个大类行业和研发技术、信息技术、文化创意、物流辅助、有形动产租赁、鉴证咨询、广播影视7个现代服务业。

【税收优惠政策落实】 2016年，厦门市国税局落实小微企业增值税优惠，全市享受小微企业增值税免税的企业及个体户共296996家（户），免税额29492.85万元。落实车辆购置税优惠，共办理车购税减免税65273笔，减免税额3.93亿元。落实企业所得税优惠，查账征收企业中，盈利企业26996家，其中享受所得税优惠政策14192家，减免税额491260.78万元。

【纳税服务】 2016年，厦门市国税局开展“春风行动”，分批推出10类31项114条服务举措。利用国、地税现有资源，全系统办税点增加到27个、办税窗口增加到311个，设置服务专区15个、窗口98个、专用通道58个、预审岗49个、辅导队26个。加强“12366”热线平台建设，来电77.8万个，比上年增长78.5%，接通率87.9%，提高3.6个百分点。市国税局与市地税局完成2015年度信用评价，共同评出A级纳税人4368户、B级45551户、C级纳税人30651户、D级纳税人4376户。市国税局推动银税互动项目，共有2731户守信企业通过银税互动项目获得贷款70.66亿元。

·小资料·

春风行动：即“便民办税春风行动”，是国家税务局从2014年开始，连续3年在全国税务系统中开展的活动。目的在于切实解决税收管理和执法服务中存在的突出问题，把该放的权力放掉，把该管的事务管好，最大限度便利纳税人，最大限度规范税务人，提升纳税人的满意度和税法遵从度。

【大企业税收服务与管理】 2016年，市国税局、市地税局分别与68户高税收遵从企业签订税收遵从协议，其中国地税联合签订16户。形成完整准确千户集团组织架构，千户集团合计成员企业（包含总部）共1069户，其中注册地在厦门的户数为591户，注册地不在厦门的户数为478户。市国税局实施重点税源管理，对银鹭集团、厦门银行等2户企业集团开展税收服务与监管试点，查补税款及滞纳金3.50亿元。加强反避税管理，调查新立案8户，结案4户，查补税款及利息10377万元（其中税款9933万元），比上年增长1.94%。

【税务稽查】 2016年，市国税局共查处税收违法案件295件，组织查补收入5.9亿元。其中，查处重大税收违法案件49件，查补收入5.3亿元，占总查补收入89%。联合地税稽查部门开展对57户重点税源企业的立案检查，共查补收入5054万元。根据四部委“打骗打虚”总体工作要求，开展164户出口企业检查、检查77户虚开发票企业，先后开展“6·15”“7·08”“11·07”等专项打击行动，共收回出口退税1.27亿元，不予退税2.72亿元，认定虚开税额2761万元，查补收入总额2551万元，协助公安机关抓捕犯罪嫌疑人29人。

【电子税务管理】 2016年，作为全国第四批上线单位，市国税局成立金税三期工程推广工作领导小组，组织50名业务骨干集中办公，协调市府办、市宣传部、市公安局等18个部门配合应对，于2016年7月8日实现“金税三期”系统平稳上线。在上线准备阶段，市国税局在分析测算数据量和迁移耗时、系统响应时间的基础上，突破迁移年限制，迁移CTAIS（中国税收征管信息）系统全部15年历史数据，并前后3批次清理80项数据，涉及66万余条错误及空缺数据。改造特色软件18个，完成27个基本版本、多个专题测试培训工作，针对纳税人开展金税三期网站办税培训10期。支持“营改增”，成立技术保障工作小组，制定工作方案和应急预案，组织开展模拟演练；完成“营改增”8条外延网点线路接入，解决基层局台式计算机和金税设备需求缺口。

·小资料·

金税三期：国家级信息系统工程，是国家电子政务建设的重要组成部分。该系统融合税收征管变革和技术创新，统一全国国地税征管应用系统版本，搭建统一的纳税服务平台，实现全国税收数据大集中，对于进一步规范全国税收执法、优化纳税服务、实现“降低税务机关纳征成本和执法风险，提高纳税人遵从度和满意度”的税收征管改革目标具有重要的意义。

【税收执法督察】 2016年，市国税局开展执法督察，督察项目13个，发现并已整改不涉及纳税人问题数20个、涉及纳税人问题数393个，涉及纳税人345户次，已追究责任92人次，制定或完善规章制度19条。落实税收执法责任制，发现并已整改执法过错3325条；共进行追究责任512人次，其中批评教育266人次、责令书面检查181人次、通报批评65人次、经济惩戒62人次。

【国地税合作】 2016年，市国税局推动厦门成为全国第二批出台国地税征管体制改革方案的地区，建立4项配套制度，确定“5+1”重点创新项目。截至2016年年底，已实现92项改革工作中的83项，改革工作总体完成率90.3%。（1）服务深度融合。国地税共建办税厅，推动业务全市通办、联合深化各项服务举措，共建纳税人权益保护组织32个；国税地税合作办学121场培训6.1万人次。（2）电子税务联动。国地税联合制定网上办税方案，共建统一的电子税务局联合共建电子税务局，网上办税实现国地税互联互通；联合开展纳税信用等级评定等，实现办税项目一站式办理，审批备案100%实现网上办理。税控发票网上申领被国务院列为全国首批复制推广项目，也是全国税务系统唯一入选项目。（3）信息高度聚合，国地税共同搭建数据传输高速通道，实现纳税人财务报表信息联合网上采集；推进国税地税业务协同与资源融合，实现双方信息共享和对外采集信息共用。（4）税收执法适度整合。国地税相互委托代征和驻点办税，共同确定税务检查方法，联合入户执法，依规共同实施取证，统一执法尺度和处罚标准等。

（王宝进）

·小资料·

5+1：分别指的是加强国外税收咨询服务，建立纳税信用网络公布平台，国地税互认数字证书，“互联网+稽查大数据分析平台”，制定高新技术企业等税收优惠事中事后管理机制，以及建立与司法部门联系协税机制

地方税务

【概　况】 2016年，厦门市地税系统共组织入库各项收入729.21亿元，比上年增长7.34%。分税费看，税收收入454.21亿元，增长3.24%（剔除“营改增”因素，按可比口径增收90.36亿元，增长25.26%）；非税收入275.00亿元，增长14.86%。分级次看，中央级税收收入122.43亿元，增长44.17%；地方级财政收入356.09亿元，下降5.95%（剔除“营改增”因素，按可比口径增长19.04%）。（1）营业税。入库70.63亿元，下降46.37%，下降因素为2016年5月1日起国家实施全面“营改增”政策。其中，1～5月（“营改增”前）入库70.24亿元，增长28.63%；6～12月（“营改增”后）入库0.39亿元，下降99.50%。（2）国内增值税。5月1日全面推开“营改增”试点工作后，地税部门开始代征部分国内增值税，全年入库6.09亿元。其中，代征租赁服务国内增值税0.17亿元，代征销售不动产国内增值税5.92亿元。（3）企业所得税。全年入库91.29亿元，增长28.16%。其中，房地产业入库55.33亿元，增长44.07%；商业企业入库7.34亿元，下降3.66%；建筑业入库6.16亿元，增长8.41%。（4）个人所得税。全年入库107.31亿元，增长53.68%。其中，工资薪金项目入库53.48亿元，增长21.80%；财产转让所得项目入库40.45亿元，增长223.89%，该项目增长受限售股减持所得和房屋转让所得个人所得税分别增长396.45%和41.91%带动；利息股息红利所得项目入库7.27亿元，下降12.02%。（5）土地增值税。全年入库76.39亿元，增长22.53%。（6）契税。全年入库37.35亿元，增长0.38%。其中，土地契税6.87亿元，下降36.53%；房屋契税30.47亿元，增长18.43%。（7）其他税收。城市维护建设税入库30.41亿元，增长3.32%；房产税入库17.60亿元，下降14.49%；城镇土地使用税入库3.03亿元，下降40.78%；车船税入库3.65亿元，增长6.12%；印花税入库10.20亿元，增长13.53%；市地税局开展资源税从价计征改革与水资源税改革试点，资源税入库154万元，增长55.56%；耕地占用税入库2435万元，增长203.24%。（8）社会保险费。全年入库247.60亿元，增长17.23%。其中，养老保险收入159.51亿元，增长34.06%，增收因素主要是2016年8月新开征机关事业养老保险和职业年金共增收36.51亿元（含一次性清算补缴）；医疗保险收入70.39亿元，下降1.91%；失业保险收入9.17亿元，下降12.97%；工伤保险收入3.22亿元，下降23.26%；生育保险收入5.31亿元，下降7.46%。上述4个险种收入下降，主要受2016年厦门市为企业降成本实施减费减负的社保政策影响。（9）其他收入。全年征收教育费附加13.49亿元，增长3.29%；征收地方教育附加9.01亿元，增长3.38%；征收文化事业建设费807万元，下降65.69%；征收残疾人就业保障金1.67亿元，增长7.6%；征收价格调节基金0.37亿元，下降86.6%；征收工会经费2.72亿元，增长47.02%；罚没收入655万元，增长4.97%。

【地税收入特点】 2016年，市地税税收主要特点：（1）中央级税收收入高幅增长。中央级税收收入比上年增长44.17%，主要受益于5月1日起全面“营改增”试点收入级次改变，以及企业所得税、个人所得税的快速增长。（2）个人所得税、企业所得税和土地增值税成为地税收入的三大主力。3个税种入库274.98亿元，占总税收收入的60.54%。全面“营改增”后，土地增值税成为地方税收入的第一大税种。（3）房地产业、金融业和批发零售业占据行业税收前三位。房地产业入库税收收入195.14亿元，占总税收收入的42.96%，增长1.85%；金融业入库67.46亿元，占总税收收入的14.85%，金额增长18.12%；批发和零售业入库28.15亿元，占总税收收入的6.20%，金额下降2.62%。（4）10个征收单位税收同比增减反差较大。市地税局思明区局、湖里区局、同安区局、翔安区局、火炬高新区局5个单位征收税收实现增长，其中思明区局、同安区局、翔安区局3个单位增长超过20%；海沧区局、集美区局、直属分局、涉外分局、象屿保税分局5个单位征收税收下降，其中象屿保税分局降幅超过20%。

【税收征收管理】 2016年，市地税局结合“营改增”试点工作，加强营业税跟踪管理。落实企业所得税预缴管理，做好所得税年度汇算清缴和限售股转让个人所得税征收工作，企业所得税、个人所得税均实现大幅增长。强化土地增值税预征，加大清算审核力度，全年完成土地增值税清算审核项目61个，清算入库税款38.86亿元。深化以地控税工作，调增应税土地面积55.14万平方米。与市保监局合作推进车船税联网征收，实现信息共享和流程对接。深化国际税收管理，开展反避税调查和跟踪管理、非居民税源专项核查、“走出去”

企业境外所得风险应对等，查补税款4967万元。强化税收风险防控，与17个部门建立信息共享合作机制，全年完成风险管理全流程4373户，入库税款15.85亿元，比上年增长130.38%。强化税收征管基础，推行电子签章、CA认证（电子商务认证授权机构）等数字化服务工具，电子签章签约2.43万户；全面推进“五证合一”（营业执照、组织机构代码证、税务登记证、社会保险登记证和统计登记证合一登记制度），国税地税两部门共联合办理设立登记7.80万户、换证19.99万户。

·小资料·

以地控税：2013年，国家税务总局和国土资源部联合推行应用土地管理信息，提高土地税收征管质量与强化税收职能的税收征管手段，是指基于土地不可移动的特点，在定期获取国土部门宗地地籍信息的基础上，以国土部门地理信息系统为依托，通过将国土部门宗地信息与税源数据库税源信息进行关联比对，从而全面、准确、及时地掌握城镇土地使用税信息，实现税源的精细化、动态化、可视化和无缝化管理。

【社保费征缴管理】 2016年，市地税局开展社保费征管质量考核，推行社保费分级管理和精细化管理；强化费金跟踪管理，加大欠费清缴，全年清理社保欠费8.73亿元；加快构建覆盖全民的基本医疗保险体系，加强对用工单位参保缴费情况的监管，推进参保扩面，全年城乡居民医疗参保128.39万人，比上年增长6.9%。市地税局落实厦门市政府决定，启动机关事业单位养老保险和工伤保险征缴工作，分别从8月和10月起正式征收。

【税务稽查】 2016年，市地税局建立税务稽查团队工作机制，提高稽查工作质效，全市地税稽查部门共审结127户，组织稽查收入5.92亿元。成立公安部门派驻税务联络机制办公室，共同开展打防涉税违法犯罪活动工作。全年地税部门查办涉税100万元以上案件20件。开展积案清理工作，清理1年以上积案36件，查补税收及罚款等3.63亿元。

【全面“营改增”试点】 2016年，市地税局按照税务总局的统一部署，与国税部门在时间节奏、工作流程、操作标准和质量控制的“四个统一”，按时完成向国税部门移交全部12.34万户纳税人共441万条基础管征数据，做好代征增值税及代开增值税发票准备、政策征管衔接、地税发票清理缴销等各项工作，实现全面“营改增”试点的衔接过渡。地税部门主管二手房交易和个人出租住房增值税代征工作，并与国税部门建立协调联动、风险防控等工作制度，实现“一个窗口，两套设备，互不干扰，联网并行”模式。

5月1日全面“营改增”试点首日，地税机关顺利代开增值税发票 （黄国强 摄）

【金税三期系统上线】 2016年，厦门地税局按照国家税务总局推进金税工程第三期信息系统上线、统一应用全国税务征管信息系统的工作部署，按时间进度完成差异化分析、数据初始化与迁移、数据清理与补录等工作，于7月8日正式对外单轨运行金税三期系统，厦门地税原用的税收征管信息系统停用。厦门地税因地制宜建设和完善特色软件，经税务总局批准保留原系统中的网上办税厅、社会保险费管理等10个特色软件，并实现业务、技术层面与金税三期系统对接。

【税费惠民政策落实】 2016年，市地税局落实支持结构调整、创新创业、困难帮扶等税费优惠政策，全年共减免税款101.17亿元，减免额比上年增长67.71%；减免社保费及其他地方规费等36.25亿元，减免额增长185.21%。针对超强台风“莫兰蒂”造成的灾害，出台并落实灾后税收帮扶措施，帮助企业渡过难关，受灾企业的土地使用税、房产税困难性减免在申报期内（次年）落实。

【纳税服务】 2016年，市地税局深化“便民办税春风行动”，推出10类26项便民服务措施，合理简并纳税人申报纳税次数，实行附加税费按季申报。推行办税双向预约、错峰办税、二维码一次性告知等服务，扩大免填单服务范围。推出手机缴费服务，从5月份起社保参保人可通过手机APP（手机应用程序）、微信，便捷进行社保费缴纳。10月，市地税局推出涉税（费）事项全流程网上办理系统，纳税人可以通过该系统在网上提交申请事项及资料，税务机关内部流转办结后，通过网上出具涉税文书，实现“线上线下融合、前台后台贯通”的全程电子化、无纸化和透明化办税新模式，达到福建省政府网上办事大厅“五星级服务标准”。全年有140户纳税人运用该系统提交319笔退税退费申请，均办结。

（郑冠林）

责任编辑：胡　恩
审　　稿：林建高
责任校对：曲　艺

13 口岸管理

综　　述

2016年，厦门海港口岸完成货物吞吐量20910.8万吨，比上年下降0.53%；外贸货物吞吐量9795.35万吨，下降4.82%；集装箱吞吐量961.37万标准箱，增长4.69%；厦金出入境旅客162.35万人次，下降1%；靠泊国际邮轮79艘次，接待出入境旅客20.01万人次。至年底，厦门海港口岸共有集装箱班轮航线235条，其中国际航线166条、内贸线47条、内支线22条。

全年，厦门空港口岸安全飞行18.35万架次，增长1.91%。旅客吞吐量2273.76万人次，增长4.23%。其中，出入境旅客299.63万人次，增长10.19%。货邮吞吐量32.84万吨，增长5.73%。其中，出入境货邮10.62万吨，增长18.08%。厦门进出境快件监管中心累计进出境邮政快件717.2万件，计重10961.9吨，分别下降3%和增长161.5%。其中，进口42.94万件，出口674.26万件，均下降3%。

厦门市出台《厦门市落实“三互”推进大通关建设改革方案实施意见》，推进全市跨部门、跨区域通关协作和口岸管理相关部门信息互换、监管互认、执法互助。同时，利用“单一窗口”平台，推动口岸监管与港航物流的融合，实现协同作业和数据共享。海关网上预约查验系统实现海关、码头、企业三方的业务协同和预约查验环节的电子化。仅在东渡海关现场，每年可为企业节省查验环节人工耗时6万小时，查验作业效率提升。集装箱查验统计核销系统在全国率先实现集装箱查验费用补贴电子化核算，通过信息系统精确比对海关查验数据与查验场查验数据，并快速汇总，为有关部门发放查验费用补贴提供依据。推动船舶出口岸联系单无纸化，实现无纸化率100%，节约出口船舶窗口办理时间4小时，减少申报单证257页，每年可产生经济效益数千万元。

厦门海关做好进出口收费清理工作，实行预归类社会化服务和出口商品预化验、知识产权预确认等服务措施。3月1日起，厦门海关减免报关行申报环节代理报检费（5元/票）和进出口企业申报环节自理报检费（3元/票）。厦门市口岸工作办公室（简称市口岸办）出台《厦门口岸减免进出口申报环节报关报检费用办法》，自4月1日起，厦门口岸减免报关行申报环节代理报关的数据传输费（15元/票），全年为进出口企业节省约4000万元。

市口岸办优化航线，整合五通口岸通关环境，做好厦金航线通关保障工作。督促五通码头业主在通关大厅外新建玻璃候船大厅，缓解出境候船大厅旅客拥堵问题。年内，厦金“小三通”（参见P196小资料“小三通”）出入境旅客162.33万人次，下降1%。推动建立两岸通关合作机制，简化两岸进出口货物、人员等通关手续。市口岸办协调查验单位建立农产品、果蔬产品“绿色通道”快速通关机制，实行“快速申报、快速查验、快速放行”，确保台湾农产品“零滞港”。同时，配合做好厦门港中转业务，深化闽台港航合作，便利台湾（金门）货物从厦门过境，对接中欧国际班列，经由“一带一路”辐射中西部地区和欧洲。4月21日，首列台厦蓉欧班列运营，实现台湾货物经由厦门港出口欧洲。

市口岸办推动与海关总署、质检总局报关报检组件对接，实现关检数据进入“单一窗口”平台，建成厦门口岸报关报检信息大数据平台。7月15日，“单一窗口”平台原产地证申报正式上线，推动“厦门制造”走出去，减轻出口企业负担。8月18日，报关报检信息大数据平台对接国家质检总局的中国电子检验检疫主干系统，“单一窗口”报检申报率为100%，报关申报率上升，占口岸一般贸易申报量的20%左右，主要指标居全国第一，国家口岸办称之为“厦门模式”。至年底，厦门国际贸易“单一窗口”平台服务企业近5000家，国际航行船舶进口岸审批实现100%网上办理，申报效率提升50%以上，平台日单证处理量突破11万票，月近300万票，居全国4个自贸试验区首位，被商务部列入全国自贸试验区8个最佳实践案例之一。

·小资料·

“单一窗口”平台：是指参与国际贸易和运输的各方，通过单一的平台提交标准化的信息和单证以满足相关法律、法规及管理的要求。

一带一路："丝绸之路经济带"和"21世纪海上丝绸之路"的简称。

（蔡　璐）

海关监管

【概　况】2016年，厦门关区监管进出口报关单总数245万张，比上年增长1.58%。进出口记录条总数771万条，增长3.74%。监管进出口贸易总值7464.96亿元人民币，货运量10074万吨，集装箱477万标准箱，进出境运输工具58239艘（架）次，进出境人员645万人次，分别增长1.35%、0.53%、1.32%、4.25%和6.31%。年内，全关有959人次和133个集体受到各级表彰奖励。

【关区监管强化】2016年，厦门海关加强监管场所规范管理，开展天津港"8·12"特大生产安全事故警示教育和专项检查，对厦门关区危险化学品仓储、固废查验场所等进行全面检查并督促整改。推动金关二期监管场所管理系统上线运行，完成厦门关区监管场所地理信息空间数据采集工作，关区监管场所全面纳入信息化管理。协调地方有关单位，要求建立涉及危险化学品仓储业务的监管场所规范作业制度。优化随机布控查验机制，"双随机"（随机选择布控、随机派员查验）比例92.75%，"特征索引分层处置"工作法被海关总署作为"双随机"改革经验上报国务院。移动单兵作业模式普及推广，智能化卡口平台上线运行。对台小额贸易分类监管措施持续落实，旅检寄递渠道打击毒品走私和厦金航线"水客"（从境外携带商品进入大陆境，而又没到海关或出入境处报关登记的商贩）治理不断加强，"清源2016"专项行动查获违禁物品数量比上年增长41倍。在全国率先实施"多查合一"，完善集中式稽查、机动稽查和主动披露机制，全年稽核查追补税入库6861万元，比上年增长4.63%。厦门关区税收征管中心顺利运行，实现无纸化报关单集中管理、征管要素集中认证和征管风险集中防控，节约审单人力资源近30%。厦门关区二、三级监控指挥中心实现联动，H986（海关利用"H996"集装箱检查设备对集装箱货物进行扫描成像，通过分析机检图像判断实货与申报是否相符的一种新型查验手段）集中审像实现关区全覆盖，优化复查复验职能，关区现场机动查验查获率达67.4%。

【综合治税】2016年，厦门海关建立关区主要税源企业涉税事宜通报机制，及时掌握动态，帮助企业扩大进口。做好大宗资源性商品涉税要素实时审核和批量复审，重点关注原油、铁矿、粮油等大宗商品价格变化及特殊税率适用情况。加快手册核销，确保原油、计算机设备等重点内销货物及时转税，清理在账保金保函，确保应转尽转。为厦门天马、联芯集成等高新企业项目提供政策指导，协助申请分期纳税优惠政策，打造海关税收新增长点。协助解决火炬科技等企业减免税项目确认等事项，促进重大项目尽快落地。统筹正面监管、保税监管、后续稽查和"以打促税"，发挥海关各部门的职能优势和各隶属海关、办事处的主体作用。年内，"原产地优惠便利措施"税款优惠3.4亿元。全年税收入库302.15亿元，超额完成调整后的报署税收目标。

【打击走私】2016年，厦门海关推行行政"两简"案件（简易程序案件、简单案件）改革，逐步完善全员打私机制。优化"井田式"综治管理机制，建成5个反走私综合治理示范村。年内，先后抓获境外逃犯12名，缉获海关系统"猎狐行动"首犯。全年，刑事立案87起，案值8.92亿元，涉税额1.81亿元；行政立案1417起，案值11.47亿元，涉税额0.31亿元；侦办公安部目标督办案件3起、海关总署缉私局挂牌案件6起。刑事案件立案数、自侦案件数和挂牌督办案件数均创厦门打私历史新高。厦门海关获评2016打击野生动植物非法贸易行动卓越卫士奖。

【关检合作机制深化】2016年，厦门关区关、检合作共识和合作机制持续深化，"三个一"（一次申报、一次查验、一次放行）合作延伸到邮快件和旅检渠道。"一站式查验"场地扩大，货物范围涵盖机电、动物、植物、食品、大宗散货、固体废物六大类产品。关、检"监管互认"拓展至进口大宗散货，落实联合惩戒、激励机制，推动诚信通关体系建设，厦门关区高级认证企业66家。

【"放管服"改革】2016年，厦门海关简政放权、放管结合、优化服务（简称"放管服"），开辟"1+7"（1个高崎办负责受理厦门关区，海沧关、同安办、翔安办、泉州关、漳州关、东山关、龙岩关7个单位负责受理各自辖区）海关行政审批"一个窗口"，实现全部审批事项网上办理。继续简化、优化行政执法领域内部核批，压缩审批环节41个，总体优化65项。"双随机、一公开"机制推广到8个领域涉及13项执法和内部管理项目。全面取消厦门关区涉企收费项目，协助关区各地市免除企业查验服务费用超千万元，并支持将该措施推广到全省口岸。

【"海丝"物流通道拓展延伸】2016年，厦门海关融入"泛珠"和全国通关一体化，启动中欧安智贸航线试点计划，支持中欧（厦门）国际班列双向稳定运行并延伸至台湾，实现"一带"（丝绸之路经济带）和"一路"（21世纪海上丝绸之路）无缝对接。参与国际海关AEO（经认证的经营者）互认合作，指导厦门关区两家企业通过中美海关CTPAT（供应链安全管理）联合验证。落实中央、海关总署降低出口查验率要求，厦门关区出口查验率同比下降1.22个百分点，通关无纸化比例97.18%，进出境货物24小时通关率分别高出全国9.47和1.05个百分点。

·小资料·

泛珠："泛珠三角"包括珠江流域地域相邻、经贸关系密切的福建、江西、广西、海南、湖南、四川、云南、贵州和广东9省区，以及香港、澳门2个特别行政区，简称"9+2"。

【服务地方外贸发展】2016年，厦门海关首创飞机维修"一体化"海关监管模式，率先开展航材区域流转业务，促进厦门航空维修产值突破百亿元大关，比上年增长22%。推广加工贸易联网监管模式，试点"自报自核"和"企业自盘"，引导企业开展"保税+"融资租赁、期货交割、展示交易等业务。首创

"入区加工"监管模式，支持海沧保税港区开展内贸业务。参与外贸综合服务企业试点。针对关区受"莫兰蒂"等台风影响，开辟通关"绿色窗口"，及时处置受灾保税货物，支持企业灾后重建。

【促进跨境电子商务发展】 2016年，厦门海关落实跨境电商新政，优化监管流程，建设通关服务平台，上线零售出口、直购进口系统，创新"前店后仓"业务管理模式，叠加"清单核放、汇总申报""批次进出、集中征税"等便利措施，实现"供应链式"B2B监管。全年，厦门关区跨境电商进出口3013.89万件，比上年增长54.16%。

·小资料·

B2B：企业与企业之间通过专用网络或互联网，进行数据信息的交换、传递，开展交易活动的商业模式。

【关际合作交流】 2016年，厦门海关制定"海丝"沿线重点国家关际交流合作三年规划。组团赴新加坡、印度尼西亚和伊朗开展关务参访，建立联络管道，并就深化关际合作达成共识。完成与台湾地区"海关"的监管互认、AEO（经认证的经营者）互认通关、申报信息互换、对台小额贸易舱单验核和统计数据互换等作业，推动两岸关务合作进入实务阶段，促进两岸经贸文化往来。

【规范对台小额贸易】 2016年，厦门海关首次建立厦台两地海关对台小额贸易信息互换机制，全年报送交换数据11批次。坚持每月开展对台小额贸易监管动态分析。修订下发《厦门海关进一步规范对台小额贸易监管操作指引》，将农水产品、食品、台杂货首次引入分类监管模式，通关效率、规范申报率明显提升。

【知识产权海关保护】 2016年，厦门海关落实国家"知识产权强国"和"创新驱动发展"战略，促成厦门关区海关、工商、法院、公安、检察、仲裁委和自贸区管委会签订《关于建立中国（福建）自由贸易试验区厦门片区知识产权保护协作机制的意见》，建立多方协作的知识产权保护机制。通过参加海关专员俱乐部专题研讨会、中欧海关知识产权合作行动计划会议，加强知识产权边境执法国际间交流研讨，介绍厦门海关知识产权边境保护举措和成果，展示中国海关积极履约的形象。优化海关罚没侵权货物处置方式和流程，实现办管分离，对可用于公益事业的12批次侵权货物提出转交处置，年内累计向公益机构转交6.42万件货物用于公益事业，对21批次计191.47万件无法用于公益事业的侵权货物进行集中销毁处理。全年，厦门海关查扣各类侵权货物279批次，涉及货物19.51万件，案值580万元。

【支持自贸区发展】 2016年，厦门海关支持中国（福建）自贸试验区厦门片区发展，全年有8项创新举措经第三方评估为全国首创，5项入选国务院，4项入选海关总署，12项入选福建省复制推广试点经验，复制推广和拓展创新各类举措13项。"互联网＋政务服务"快速发展。启动"互联网＋自主报关"改革试点。企业注册登记、企业多介质身份认证、全口径业务申报、税费自报自缴、通关业务网上预约、通关状态全流程查询六大模块的设计确立定型。其中，企业多介质身份认证、全口径业务申报、通关全流程状态发布等模块为厦门海关首创。进一步拓展国际贸易"单一窗口"平台功能，12月，一般贸易申报占比突破95%，居全国海关首位，被商务部评为全国最佳实践案例之一。优化升级进出境邮件通关辅助系统，首创全国"电子税单"模块，实现邮件全程无纸化通关。

（吴建华）

出入境检验检疫

【概　况】 2016年，厦门出入境检验检疫局受理报检出入境货物40.7万批264.5亿美元，分别比上年下降4.4%和13.5%。检验检疫出入境货物20.8万批125.9亿美元，分别下降8.7%和19.9%。受理报检集装箱681万标准箱，增长5.8%。检验检疫邮件1121万件、快件310.3万件，分别下降4.4%和增长50.1%。检疫出入境船舶2.2万艘次，下降3.9%；检疫飞机2.4万架次，增长9%；检疫查验出入境人员556.4万人次，增长6.2%；发现有症状1600人次，确诊传染病280人次，分别增长45.5%和40%。截获进境植物疫情727种3.7万种次，分别增长6.8%和103.1%，其中检疫性有害生物73种2762种次，分别增长17.7%和34.9%。检出不合格进出口货物2.2万批25.1亿美元，分别增长45.1%和下降13%。签发各类原产地证22万份84亿美元，增长21.6%和11.8%，获海外关税减免2亿美元。参与地方信用信息共享平台建设，完善监管部门间信息共享、联合奖惩工作机制，对辖区两家重大税收违法企业实施联合惩戒。连续两届获得全国文明单位称号，获质检总局2015年度绩效考核优秀等次，门户网站连续6年获评质检系统优秀网站。

【进出口商品质量管理】 2016年，厦

3月11日，厦门检验检疫局开展"12365"热线"局长接线日"活动

（厦门出入境检验检疫局提供）

门出入境检验检疫局检验进出口商品7.4万批59.3亿美元，检出不合格商品5396批8.53亿美元，分别比上年增长78.7%和下降12.7%，累计退货销毁214批832.4万美元。其中，进口商品检验5.9万批54.1亿美元，检出不合格5309批次、货值8.5亿美元；出口商品检验1.5万批5.2亿美元，检出不合格87批次、货值242.6万美元。法定重量鉴定3746批1782.2万吨、货值32.6亿美元，批次、重量、货值分别增长8.08%、下降15.74%和下降30.74%；超过5‰短重440批，重量短少1.5万吨，短重金额384万美元。年内，厦门出入境检验检疫局开展检验检疫业务分析，定期向质检总局及地方政府报送辖区进出口产品质量状况分析报告，发布业务数据统计分析，提供决策参考。打击假冒检验检疫证书违法行为，移送公安部门假证案件4起，刑拘犯罪嫌疑人4名。开展中国制造海外形象维护“清风”行动，检出不合格输非商品（中国生产或转运往非洲的货物）85批133.7万美元。做好出口商品境外通报、召回及退运追溯调查，监督抽查进口刹车片、空气净化器等商品120批，加强对13家第三方检验鉴定机构事中事后监管。“12365”（集举报投诉处理、咨询服务、信息传递等功能为一体的综合服务平台）信息实现与质检总局互联互通，妥善处置各类来电（函）举报投诉、业务咨询594件。根据举报信息，查获一起擅自运递进境黄豌豆案件。

【技术性贸易措施应对】 2016年，厦门出入境检验检疫局加快中国WTO/TBT-SPS（世界贸易组织《技术性贸易壁垒协议》）厦门研究评议基地和培训基地建设。完成辖区102家企业2015年遭受国外技术性贸易措施影响调查。开展宠物食品输美、印尼新鲜植物源性食品法案等技术性贸易措施影响调查。厦门技术性贸易措施信息网发布预警信息2000多条，600多家进出口企业关注“厦门WTO”微信公众平台。

【口岸卫生检疫】 2016年，厦门口岸累计查验检出重要传染病登革热5例、恶性疟疾1例，传染病监测体检发现传染病病例3558人次。厦门出入境检验检疫局在入境货物中检出病媒生物1812批次，比上年增长36.5%，首次检出鼠体表寄生虫耶氏厉螨。构建三级反恐应急响应机制，建立反恐联络协调合作机制，承办全国口岸核生化反恐专项演练。国际邮轮中心、高崎国际机场口岸核心能力高分通过质检总局复核检查。

【寨卡黄热病等疫情防控】 2016年，厦门出入境检验检疫局部署寨卡、黄热病专项防控，加强口岸检疫查验，严格交通工具蚊类监测。联合卫生、边检、民航等部门建立信息互通、监管互助机制，开展疫情联防联控演练。对来自疫情发生地不能提供有效灭蚊处理证明的，采取有效灭蚊措施。利用LED（发光二极管）、宣传海报等提高出入境人员防范意识。累计排查来自寨卡、黄热病疫区入境飞机421架次、船舶47艘次，排查集装箱3.04万标准箱7754批次，排查人员6.5万人次。

【出入境特殊物品卫生检疫监管】 2016年，厦门出入境检验检疫局启用出入境特殊物品卫生检疫监管系统，实现特殊物品无纸化审批，累计审批出入境特殊物品1415批次，货值2300万美元，比上年增长68.5%和36.4%。协助企业参与世界卫生组织埃博拉VP40抗原检测试剂研发活动，厦门生产的戊型肝炎疫苗、人类APOE基因分型试剂盒等产品首次出口。

【进出境动植物检疫】 2016年，厦门出入境检验检疫局累计检验检疫进出境动植物及其产品4.6万批，货值25.5亿美元，分别比上年增长4.3%和下降19.5%。其中，进境动植物及其产品1.9万批、18.8亿美元，出境动植物及其产品2.7万批、6.7亿美元。检验检疫进出境动植物性包装材料及木质包装3.8万批、143.1万件。组织开展检疫性实蝇、舞毒蛾、水生动物疫病等8项监测，发现刚毛木蓝、美桦毛小蠹等有害生物，其中刚毛木蓝、美桦毛小蠹、棉花曲叶病毒等为全国首次监测发现，白苞猩猩草、齿裂大戟、刺黄花稔为福建省首次监测发现。开展进出境食用农产品与饲料安全风险监控，监控进出境样品1625份、13990项次，其中不合格样品25份、25项次。

【进出口水生动物监管】 2016年，厦门出入境检验检疫局检验检疫进境食用水生动物3594批次，货值1848.8万美元，分别比上年增长12.1%和3.6%，涉及种类为甲壳类、鱼类和爬行类，主要来自菲律宾、印度尼西亚；出境食用水生动物234批，货值1686.6万美元，分别下降17.3%和增长22.8%，涉及种类为软体动物（腹足类）、甲壳类和鱼类，主要出口日本、新加坡及台湾地区。进境非食用水生动物953批次，货值650.6万美元，增长57.5%和19.7%，涉及海豹、海狮、其他观赏鱼等，来自新加坡等12个国家及香港、台湾地区；出境非食用水生动物13批，货值113.8万美元，分别下降51.9%和37.6%，涉及活鲍鱼苗、活日本对虾苗等，出口泰国等国家及台湾地区。

10月18日，厦门检验检疫局举行突发高致病性禽流感应急演练
（厦门出入境检验检疫局提供）

【截获松材线虫】 2016年，厦门出入境检验检疫局连续35批次从美国进口的南方黄松原木中检出松材线虫活体，占全国同类截获的近60%。为严防疫情疫病传入，对所有带松材线虫疫情的原木货柜实施严格检疫除害处理。

·小资料·

松材线虫：属线虫动物门、线虫纲、滑刃目、滑刃科、伞滑刃属。松材线虫病又称松枯萎病，是一种毁灭性虫害。它是通过松墨天牛等媒介昆虫传播于松树体内，引发松树病害。被松材线虫感染后的松树，针叶黄褐色或红褐色，萎蔫下垂，树脂分泌停止，树干可观察到天牛侵入孔或产卵痕迹，病树整株干枯死亡，最终腐烂。

【进出口食品安全监管】 2016年，厦门口岸进口食品化妆品54116批，货值12.3亿美元，分别比上年下降0.33%和增长12.08%，进口金额前5位为酒类、食用植物油、动物水产品类、原糖及制糖原料类、动物内脏及杂碎类，涉及印度尼西亚、巴西、加拿大等99个国家和地区。出口食品化妆品93016批，货值20.66亿美元，分别下降2.57%和5.79%，出口金额前5位为罐头、动物水产品类、蔬菜水果制品类、水产制品、化妆品及化妆品原料，输往日本、美国、马来西亚等170个国家和地区。

【服务两岸贸易便利化】 2016年，厦门检验检疫局实行台湾地区输大陆食品"源头管理、口岸验放"检验监管模式。在自愿申请的基础上，检验检疫部门对台湾地区食品生产企业的质量安全保障体系进行审核评估，将监管链条延伸至源头；符合要求的企业输大陆食品随附相关合格证明材料，检验检疫部门抽查验证后快速验放，优化口岸检验检疫流程，达到"保障安全、快速通关"目的。至年底，台湾地区北田食品、金门酒厂、耐斯企业、三叔公食品、泰山企业、台湾烟酒、名屋食品厂7家生产企业的144种2636吨563万美元的食品、化妆品通过该模式输入大陆。4月8日，厦门出入境检验检疫局出台《中国（福建）自由贸易试验区厦门片区台湾地区输大陆食品优良供应商评定与管理办法》，建立自愿性优良供应商评定机制，引入台湾地区第三方食品卫生检查业务验证机构，发挥第三方验证机构对食品生产企业食品安全、卫生及质量相关的验证和追踪检查作用，使更多符合条件的优良供应商享受口岸快速验放便利。创新台湾水果检验检疫模式，连续8年保持台湾水果进口量大陆第一。实现两岸直航船舶信息和电子原产地证等信息互换。推动台车入闽检疫查验常态化。

【出口食品"即报即放"全面推行】 2016年，厦门出入境检验检疫局全面推行出口食品"即报即放"检验监管模式，将"即报即放"应用范围扩大至出口水产品、化妆品。此模式通过企业备案、原料基地备案、诚信管理等制度对生产企业实施监管，落实企业主体责任，通过监督抽检、不合格管理、风险预警等实施对出口食品监管，实现出口食品"即报即放"。至年底，辖区累计有452家企业的出口食品、化妆品，在自检自控合格的基础上实施"即报即放"，推动贸易便利化，确保出口食品质量安全。2016年，经核实的境外通报6批，比上年下降45%。

【食用燕窝进口创历史新高】 2016年，厦门口岸累计进口马来西亚和印度尼西亚食用燕窝2718千克，货值422.68万美元，比上年增长5.37倍和5.67倍，创历史新高。2011年"血燕"事件爆发后，食用燕窝进口贸易一度停止，2013年恢复食用燕窝进口。厦门为全国重要的燕窝产品进口口岸，厦门检验检疫局严格输华燕窝产品检验检疫监管，开展进口燕窝产品风险监控，实施进口商约谈制度，确保进口燕窝质量安全。

·小资料·

"血燕"事件：2011年8月16日，浙江省工商局抽检发现3万多盏血燕亚硝酸盐含量超标，最高超标350倍，不合格率高达100%。亚硝酸盐具有很强毒性，在一定条件下可转化为致癌物质。此次抽检中，燕窝行业遭遇覆巢之祸。广东的"鹰皇""正基"、厦门的"燕之屋"、北京"庆和堂"与杭州的"李宝赢堂"等知名品牌无一幸免。同一天，国家工商总局部署全国工商系统开展专项执法检查。8月22日，包括"李宝赢堂"和"燕之屋"在内的多家公司证实，血燕在全国范围下架，不再销售。

【"单一窗口"申报】 2016年，厦门出入境检验检疫局率先与质检总局数据平台、中国电子检验检疫主干系统对接，率先实现进出口货物、进出境船舶、跨境电商商品、国际邮件快件、进出境人员等100%通过"单一窗口"申报，重复申报减少30%，效率提高50%以上。

【通关一体化推进】 2016年，厦门出入境检验检疫局在辖区内推行"三通两直"，推进"泛珠三角"检验检疫通关一体化，对负面清单以外的货物实行一次申报、一次检验检疫，节省企业成本20%～30%。福建省范围内货物全部实现"出口直放"，江西省农产品在厦门口岸实现"出口直放"。入境国际邮快件全部"进口直通"晋江陆地港。

·小资料·

检验检疫通关一体化：是指通过优化检验检疫工作流程，以"三通"（通报、通检、通放）为基础，对进出口货物实施"两直"（出口直放、进口直通），促进对外贸易便利化。

泛珠三角：包括珠江流域地域相邻、经贸关系密切的福建、江西、广西、海南、湖南、四川、云南、贵州和广东9省区，以及香港、澳门2个特别行政区，简称"9+2"。

【服务"一带一路"倡议】 2016年，厦门出入境检验检疫局采用中欧（厦门）班列检验检疫便利化措施，节省企业通关成本30%。支持中欧（厦门）班列向台湾延伸，促成台湾产品通过海运进入大陆搭载班列发往欧洲。累计全年开通班列61列1761箱，货值约2亿美元。加强"一带一路"沿线国家技术性贸易措施信息收集和政策宣贯，帮扶辖区企业扩大对沿线国家出口。

【服务跨境电子商务】 2016年，厦门出入境检验检疫局推动跨境电商公共管理平台上线运行，实现跨境电商产品、邮快件一次备案、一次申报、一次查验、一次放行。启动跨境直购"三单比对"（"电子申报＋电子审单＋同屏比对＋即查即放"）四位一体监管模式，关检同台查验、同步放行，实现通关“零等待”。对国际快递或邮寄进境的个人自用物品免予检验。

【服务优势产业发展】 2016年，厦门出入境检验检疫局做好信息采集、信用等级评定、评级结果应用等工作，新增检验检疫信用管理AA级企业15家。优化服务措施，促进厦门生物与新医药产业发展，检疫审批出入境特殊物品1392批次，比上年增长22.4%。推动邮轮母港建设，检疫出入境邮轮151艘次、旅客约33万人次，分别增长22.8%和26%。支持航空维修基地、联芯电子等省市重点项目建设，服务成套设备进口31亿美元。出台促进外贸业发展举措18项，停止收取电子政务平台服务费、企业端软件服务费。加强出口质量安全示范区、示范企业建设，连续7年实现胡萝卜出口零通报。推动建成首个“同线同标同质”综合公共服务平台，推荐37家次食品企业获国外注册批准。

【截获咖啡果小蠹】 2016年2月24日，厦门出入境检验检疫局从来自哥伦比亚的咖啡豆中截获检疫性有害生物咖啡果小蠹。该批货物为哥伦比亚咖啡豆，重19.3吨，货值5.9万美元。质检总局据此向全国发布预警信息。

·小资料·

咖啡果小蠹： 寄生性害虫类，雌成虫在咖啡果实端部钻孔，蛀入果内产卵。卵、幼虫、蛹均在果内完成发育，成虫羽化后钻出果实。该虫主要为害成熟的果实及种子。

【检出印尼褐煤全硫含量不合格】 2016年3月23日，厦门出入境检验检疫局检测两批来自印度尼西亚的褐煤，报检重量分别为3.5万吨、2.4万吨，总货值169.9万美元。经检测，煤炭的全硫项目标值为0.68%，超过合同要求的≤0.6%标准。厦门出入境检验检疫局依法出具索赔证书，帮助企业对外索赔4.83万美元。

·小资料·

硫是煤炭中的有害元素，含硫煤炭用于炼铁会使铁产生热脆性，严重影响生铁质量，燃烧时生成的二氧化硫会腐蚀设备、污染空气、危害人体健康。

【质量月活动】 2016年9月1日，厦门出入境检验检疫局举行“质量月”启动仪式，国家认监委副主任刘卫军出席。围绕质量宣传、质量提升、质量整治、质量服务、群众性质量活动5个方面，开展大型宣传咨询服务、“国门生物安全”、“实验室开放日”、进口食品“清源”行动计划等24项活动。活动期间，累计110个部门和单位15512人次参加，制作宣传画623张、展板619个，发送宣传材料4520份、宣传短信3141条；新闻媒体报道74条次，推送微信阅读量5万余次；发布国外通报查询信息95条、预警信息4条；举办各类培训班、经验交流会16次，涉及企业1200余家；实验室开放日3场，涉及人数600余人次；组织国门生物安全进社区、进校园活动3场，涉及市民千余人及师生600余人。“质量月”活动图文资料在质检总局宣传展板展示。绿树蜥、玳瑁壳、胡萝卜种子3个案例及标本入选国家动物博物馆国门生物安全展厅展出。

【进境空集装箱检出“洋垃圾”】 2016年9月，厦门出入境检验检疫局在对来自韩国的1590个进境空箱查验中，发现1个集装箱内装有大量废旧塑料玩具、童车和生活用具。经清点，所装货物425袋，重13.5吨，大部分为使用过的生活用品、儿童玩具、童车、书包、厨房用具等废旧物品，外包装为塑料编织袋，已经失去原来商品的使用价值，为国家禁止进口固体废物目录内的重点打击对象。根据规定，对发现问题的集装箱实施退运处理。

【世卫组织入境口岸核心能力建设区域会议】 2016年11月2～4日，世界卫生组织加强指定入境口岸核心能力建设区域会议在厦召开。此次会议由世卫组织西太区和质检总局联合举办，厦门出入境检验检疫局承办。来自世卫组织总部及澳大利亚、文莱、柬埔寨、日本等西太区13个成员国及中国香港、澳门地区的30名口岸卫生主管局代表参加会议，国际粮农组织等6个国际机构和25名观察员受邀参会。会议探讨分享各国在加强入境口岸核心能力建设的经验教训，尤其是突发公共卫生事件应急处置经验。与会代表现场观摩高崎国际机场和五通口岸核心能力建设成果，了解厦门市突发事件公共卫生应急管理机制，高度评价厦门口岸核心能力的建设水平。

（林锦斌）

海事监管

【概　况】 2016年，厦门辖区船舶进出港48.6万艘次，比上年下降4.6%，其中国际航行船舶2.6万艘次，下降2.3%。辖区沿海海域发生海上交通事故6起，死亡或失踪1人，沉船1艘，直接经济损失1630万元。接受船舶报告40.6万艘次，提供信息服务22.1万次，避免险情212起。完成航运公司安全管理体系审核43家次、船舶审核96艘次，办理船舶登记678艘次。实施港口国监督检查238艘次，滞留22艘次；实施船旗国（船舶具体悬挂其旗帜的国家）监督检查848艘次，滞留58艘次，其中实施船舶质量监督检查117艘。组织船员理论考试462期13349人次、船员实际操作评估323期9613人次，发放各类船员证书19699本。核准船舶载运危险货物6872艘次，实施船载危险货物集装箱开箱检查53次56箱，查出瞒报、漏报、谎报危险货物集装箱和积载隔离案件16起。开展各类海上应急演练10次，组织海上搜救行动16起，救助船舶14艘次，获救人员130人，人命救助成功率97%。年内，厦门海事局获评福建海事系统年度目标任务考核优秀单位，连续4年获评厦门市绩效评估优秀单位。

【国内航行海船进出港报告制度实施】 2016年，厦门海事局依据《中华人民共和国海上交通安全法》的修改决议，取消国内航行海船进出港签证，实施船舶进出港报告制度。11月22日，中国籍国内航行海船在中国管辖海域内航行正式实施船舶进出港报告制度。厦门海事局加强对船舶进出港报告信息的现场核查，通过AIS（船舶自动识别系统）、VTS（船舶交通管理系统）、CCTV（闭路电视监控系统）、港口调度和客运售票系统等多种手段，掌握船舶航行动态和在船人员信息，与相关单位建立信息共享和联合检查机制，对不按规定进行船舶进出港报告的，将其列为重点跟踪船舶，实施每港必查。

·小资料·

船舶进出港报告：是指船舶或者其经营人通过互联网、传真、短信等方式报告船舶进出港信息的行为，其中进出港信息包括船舶航次动态、在船人员、客货载运信息等。

【国际海事提案通过】 2016年，国际海事组织（IMO）海上安全委员会第九十六届会议通过厦门海事局组织编写的“关于新增下穿通道二氧化碳输送管路布置要求”提案，将其列入下届船舶系统与设备分委会（SSE）研究议程。该提案认为，集装箱船舶下穿通道的二氧化碳管路用法兰连接存在泄漏风险，系船舶设计及构造中存在的安全隐患。提案指出，此通道为船员频繁出入及活动处所，当船舶释放二氧化碳灭火时，若二氧化碳在此管路泄漏，由此通道行走或作业的船员可能因此昏厥致死。建议修改现有国际安全标准，减少下穿通道二氧化碳管路的开口。这是厦门海事局首次代表中国海事局向国际海事组织提交提案并获得通过，标志着厦门海事履约能力和成果得到国际海事组织认可。

【海事行政权力清单】 2016年，厦门海事局建立海事行政权力清单，并在政务外网建立专栏，公示海事权力事项及工作流程、船舶文书签注及核发目录、海事行政备案事项等内容，落实政务公开制度。根据新的执法业务流程调整政务外网办事指南栏目，保证行政相对人的知情权和监督权。

【服务自贸区创新举措】 2016年3月1日起，厦门海事局在厦门自贸片区实行国际航行船舶进口岸和船载危险品“同步申报、同岗审批”办法。申报人可同时提交船舶进口岸和船载危险品申报材料，海事部门同一岗位对提交的船载危险品申报和船舶进口岸申报实施并联审批。至年底，办理船舶审批3733艘次，比原审批方式每船节省时间1小时以上，提高效率50%以上，满足短航程船舶、两岸直航船舶进口岸（港）对审批时限的需求，进一步提高船舶通关效率。8月25日起，厦门海事局实行船舶证书“三合一”并联办理办法，改船舶国籍证书、船舶最低安全配员证书、燃油污染损害民事责任保险或其他财务保证证书分别受理审批为一并受理联办模式，办理时限从原来的21个工作日缩短为7个工作日，压缩工作时限近70%。至年底，接受厦门建发股份有限公司等6家企业申请，对其所属的6艘船舶证书实施“三合一”办理，累计节省办证时间84个工作日，为航运企业节省营运成本240万元。

【海上交通生产安全事故应急救援综合演练】 2016年7月13日，厦门市海上搜救中心和厦门市安委办，在国际邮轮中心码头海域举办海上交通生产安全事故应急救援综合演练。演练模拟一艘由邮轮中心驶往鼓浪屿的客船与一艘进靠东渡港区的失控油船发生碰撞事故，造成客船人员落水受伤、船员被困、客船破损起火以及油船破损燃油泄漏等险情。38家单位（部门）出动船艇21艘、救助直升机1架、救护车2辆、救援及保障车辆30辆、参演人员476名，开展海上模拟救援，以检验海上搜救应急预案的科学性、有效性和可操作性，检验搜救转移遇险人员的能力和搜救手段的科学性、有效性，检验快速消除海域污染能力，提升地方政府、海上搜救机构以及相关职能部门应对类似突发事件的应急能力和水平。

【防抗台风“莫兰蒂”】 2016年9月，台风“莫兰蒂”在厦门翔安登陆，中心附近最大风力15级，登陆点实测最大瞬时风力达17级。防台期间，在厦门海域避风的各类船舶700艘。其中，客渡船186艘，危险船39艘，有动力施工船64艘，无动力施工船25艘，有动力修造船7艘，无动力修造船7艘，游艇帆船237艘，其他商船135艘。厦门海事局出动执法人员326人次、执法车辆101车次、执法船艇17艘次，检查船舶152艘次，提供安全信息2733条、助航信息158条，实现“零船舶沉没、零油污泄漏、零人员伤亡”目标。（参见P72【台风】）

【《海域危化品事故应急处置能力提升意见》出台】 2016年11月25日，厦门市政府办公厅印发由厦门海事局联合厦门市发改委、厦门港口管理局牵头编制的《厦门港及沿海海域危化品事故应急处置能力提升意见（2016～2020）》。意见分为“完善预案，健全体系”“发展队伍，提升专业”“增配设备，有效管养”“落实责任，严格监管”“夯实基础，统筹保障”5个方面。决定建立由市政府统一领导，以《厦门市危险化学品事故灾难应急预案》为基础，以厦门海事局（海上）、厦门港口管理局（港区内）为责任牵头单位，以公安现役消防队、专职消防队为应急救援专业骨干力量，安监、环保、海洋与渔业等部门多方联动，发改委、财政局、规划委等部门重点保障，港区各企业专业技术力量和各类社会综合力量协同参与，统筹利用各方应急资源的危化品事故应急处置

7月13日，厦门市海上交通生产安全应急救援综合演练现场　（市海事局提供）

机制，明确各方港口及海域危化品安全管理工作的责任分工。

【海上客运船舶恶劣天气限制开航】 2016年12月13日，厦门海事局发布《关于海上客运船舶恶劣天气限制开航的通告》，要求所有海上客运船舶遵守限制开航管理办法。通告明确厦门海域能见度、风级等有关限制开航条件，要求港口经营人、客运船舶所属航运公司、所有人及其办事机构，要严格执行客运船舶恶劣天气限制开航的规定，完善管理制度，制定应急预案，做好售票管控、航班调控和旅客疏导工作。

（张　立）

边防检查

【概　况】 2016年，厦门出入境边防检查总站（简称厦门边检总站）查验出入境人员556.7万人次、交通运输工具4.6万架（艘）次，分别比上年增长6.3%和3%。先后完成G20峰会、“9·8”投洽会、两岸企业家峰会、厦金海峡横渡、“海峡杯”帆船赛、厦门国际马拉松赛等重大活动边检安保和服务保障任务。在上半年通报的全省通关便利化测评中，厦门边检总站所属的同益、高崎站分列全省71家口岸查验机构的第一、二名。

【厦门邮轮产业发展保障】 2016年，厦门边检总站针对国际邮轮运营时间跨度更长、航班更加密集、多次出现两三艘邮轮同时靠泊、口岸通关压力不断增大的新情况，进一步优化勤务派遣模式和邮轮查验流程，建立执勤科队与代理公司、邮轮船方和旅行社直接联络机制，简化邮轮、游艇出入境查验手续，提高邮轮通关效率。对经过预申报审核的以厦门为母港的邮轮旅游团队全部采取“零散验放”方式，团队旅客可随到随检，候检时间较以往缩短三分之一以上。为在以厦门为母港的邮轮上服务的外国籍船员和台湾船员签发年度多航次有效登陆证件，船员无需每次入境提交办证申请。对搭乘游艇、帆船出入境人员，采取预先查证、录入资料再现场比对、后台提交检查、现场交还证件的直通放行方式，为“海峡杯”帆船赛、国际游艇展等赛事活动提供便捷通关服务。厦门边检总站全年查验入出境邮轮150余艘次、邮轮入出境人员32万余人次，分别比上年增长20.8%和22.6%。

【对台服务】 2016年，第八届海峡论坛、厦金海峡横渡、两岸企业家峰会相继在厦举办，厦门边检总站加强与市台办、市口岸办等相关单位的沟通联系，及时向主办单位通报边防检查工作要求，做好执行人员通关查验、限定区域管理等工作，完成各项活动边检通关保障任务。为金门航段通航项目开辟“绿色通道”，促成刘五店航道金门航段个案试航，全年查验厦金航线出入境旅客208.8万人次。

【保障高崎机场口岸全天候通关运营】 2016年，在高崎机场成为福建省第一个开放7×24小时过境免签口岸后，厦门边检总站优化通关流程，有25国的230名旅客在高崎机场办理过境免签手续，比上年增长142.7%。启动高崎边检站执勤机构及勤务机制“双调整”、7×24小时不间断轮值轮勤、勤务组跨队联合执勤的警力调配新机制，最大限度提高用警效能。高崎机场新开至悉尼、墨尔本、温哥华等5条洲际、国际航线，夜间航时资源得到释放。

【边检自助查验服务扩大】 2016年，厦门边检总站加大科技资金投入，在高崎国际机场和五通客运码头两个口岸推广使用边检自助通道查验系统。旅客按照系统提示，进行出入境证件自助查验和指纹、面像信息自动比对，即可完成出入境边防检查手续，平均每名旅客通关时间6～8秒，比人工查验快4～5倍，为出入境旅客节省通关时间。全年，厦门边检总站通过自助查验通道系统验放出入境旅客35.4万余人次，比上年增长35%，约占全年出入境人员总数的6.4%。

【警务区管理改革试点】 2016年，厦门边检总站在海沧边检站实行以警务区管理为核心的海港边检管理改革。将6个执勤队整合为2个执勤队，93%警力下沉一线；压缩勤务层级，建立“站队合一”的联动执勤模式和扁平化、智能化指挥体系；将港区13个码头、22家物流堆场、156家登轮单位划分为4个警务区，分别设立警务室，实行“警务室+流动巡查”的网格化管理方式。同时，建立基础信息档案，完善企业内部安保制度，构建应急处突体系，设立“群众接待日”“网上警务室”，打通边检监管和服务“最后一公里”，提高应急处置能力、服务精细水平和港区整体防控能力。

【首创锚地警务服务机制】 2016年，厦门边检总站主动前移服务平台，在全国海港口岸首创锚地警务服务机制，使用边检巡逻艇对信誉级别高、风险等级低的船舶试行“一站式”船员更换服务。边检巡逻艇在出海巡查时，在锚地登轮集中办理更换船员手续，可为每艘次船舶节约时间10余小时，节省资金近万元。以往进出港船舶锚地更换船员，需租用交通船从锚地接驳船员上岸，船员携带资料至边检窗口办理更换手续，如此耗时长、费用高的现象不复再现。

【船舶出入境（港）手续简化】 2016年1月1日起，厦门边检总站对在境内港口间移泊的境外船舶，仅收取在境内港口新登轮及离船入境人员名单，不再收取其他纸质申报单证，不再制作传递纸质“边封”，不再收取出入境船舶船员物品申报单，出入港境外船舶基本实现无纸化通关。平均每船可节省往返边检窗口提交单证、办理手续时间30分钟以上。

【边检“单一窗口”启用】 2016年3月4日，厦门边检总站正式启用“船舶出口岸手续联系单”无纸化申报系统，船舶代理单位一次申报，系统自动向各查验单位发送数据，实现“一个窗口、一次申报、一次办结”（即“单一窗口”）。电子印章、网上审批取代原窗口办理、纸质加盖，大幅缩短船舶滞港时间，为航运企业节省停泊费支出。全年通过“单一窗口”验放入出境船舶2.2万余艘次、入出港船舶4500余艘次，办理出口岸联系单1.2万余份，大幅降低贸易和运输企业成本，提高船舶通关效率。

（朱华煜）

责任编辑：曲　艺
审　　稿：程成贵
白延蜻
责任校对：孙志红

14 开放·开发

对外贸易

【概　况】 2016年，厦门市实现外贸进出口总额5091.55亿元，比上年下降1.5%，全年降幅较上半年扩大1.8个百分点。其中，出口3094.22亿元，下降6.7%；进口1997.33亿元，增长8.0%，全年增幅较上半年扩大0.4个百分点。厦门市出口增幅比全国、全省平均水平分别低4.7个百分点和4.5个百分点；进口增幅比全国、全省平均水平分别高7.4个百分点和7.3个百分点。厦门市进出口下降主要是受上年同期基数较高、税案风险增大、外贸承压、全球贸易低迷等多种因素交叉影响。

【进出口序时进度】 2016年，厦门市一季度实现进出口1137.94亿元，比上年同期增长1.2%；二季度实现进出口1288.34亿元，下降0.6%；三季度实现进出口1328.14亿元，下降7.6%；四季度实现进出口1337.13亿元，增长2.0%。1月为全年进出口累计最高峰值，2月跌入-7.3%的谷底，3月转正至1.2%，4～7月进入平稳期，波动幅度不超过1.8个百分点。8月开始不断下降，10月下降3.3%，11月降幅收窄，12月回升至-1.5%。绝对值最高为8月的485.26亿元，最低为2月的288.80亿元。

出口累计增幅从2月的-11.5%收窄至3月的-1.2%；3～7月呈下降趋势，总体较为平稳，无较大波动；8～10月持续下降，9月后降幅逐渐收窄。月度环比增幅方面，最高为3月的29.4%，最低为2月的-28.6%，10月开始降幅不断收窄，12月实现单月正增长。月度绝对值方面，最高为1月304.66亿元，最低为2月178.98亿元。

进口累计增幅实现全年正增长，1月以来进口累计增幅开始不断扩大，自3月开始一直保持在5%以上的累计增长率，5月为9.5%，后期增幅虽略有下降，但10月开始迅速回升，第四季度增长14.12%。月度增幅方面，最高为11月26.1%，最低为7月-2.21%；绝对值方面，最高为12月202.33亿元。

【出口企业结构】 2016年，厦门市内资企业出口1843.52亿元，比上年下降8.0%，拉低厦门市出口4.83个百分点。其中，国有企业是稳定出口的主力，利用资金及市场优势拉动出口，出口值298.58亿元，增长3.8%，拉动厦门市出口增长0.3个百分点；民营企业出口1503.00亿元，下降10.7%。外资企业出口1250.70亿元，下降4.9%，拉低厦门市出口1.9个百分点。

【进口企业结构】 2016年，厦门市内资企业进口1153.61亿元，比上年增长23.8%，拉动厦门市进口增长12个百分点，对进口增长贡献率149.90%；外资企业进口843.73亿元，下降8.0%，拉低厦门市进口4.0个百分点。内资企业中，国有企业进口652.08亿元，增长36.9%，拉动厦门市进口增长9.5个百分点，对厦门市进口增长贡献率118.80%；民营企业进口489.60亿元，增长11.2%，拉动厦门市进口增长2.7个百分点，对厦门市进口增长贡献率33.3%。

【出口市场结构】 2016年，厦门市累计对前20位主要出口市场完成出口2314.24亿元，占出口总量的74.8%，比上年提高1.58个百分点。对传统市场出口占厦门市出口比重75%。传统市场中，对美国和欧盟出口占厦门市出口比重37.8%，对出口贡献率11.27%。其中，对美国出口591.80亿元，占出口总量的19.1%；对欧盟出口577.23亿元，占出口总量的18.7%。对传统市场和"一带一路"（丝绸之路经济带、21世纪海上丝绸之路）重点国家的出口占厦门市出口比重均有所提高，占比分别为75%和16.7%。前20位出口市场中，增长率前5位的国家拉动厦门市出口增长1.61个百分点。其中，对菲律宾出口186.56亿元，增长26.4%；对沙特阿拉伯出口39.77亿元，增长14.3%；对越南出口61.25亿元，增长12.8%；对意大利出口39.44亿元，增长3.5%；对波兰出口50.85亿元，增长2.0%。

【进口市场结构】 2016年，厦门市主要传统进口市场中，自美国进口255.13亿元，比上年下降14.3%，成为拉低厦门市进口的最主要影响因素。自新兴市场进口503.08亿元，增长20.8%，拉动厦门市进口增长4.7个百分点，对厦门市进口增长贡献率 58.5%。其中，自重点新兴市场进口 264.81 亿元，增长 40.8%。自欧盟进口 162.35 亿元，增长 11.0%，对厦门市进口增长贡献率 10.88%。自“一带一路”重点国家和东盟的进口占厦门市进口比重基本持平；自传统市场进口增长 4.3%，占比下降 2.7 个百分点。

【进出口贸易方式结构】 2016 年，厦门市一般贸易进出口 3259.27 亿元，比上年增长 1.46%，占厦门市进出口比重 64.01%。其中，一般贸易出口 1982.28 亿元，下降 8.4%；一般贸易进口 1276.99 亿元，增长 21.8%，拉动厦门市进口增长 12.36%，对厦门市进口增长贡献率 154.46%。外资企业一般贸易出口增长 4.3%。内资企业一般贸易进口增长 30.1%。加工贸易进出口 1219.50 亿元，下降 12.6%，拉低厦门市外贸进出口 3.4 个百分点。其中，加工贸易出口 788.70 亿元，下降 9.4%，拉低厦门市出口 2.5 个百分点；加工贸易进口 430.80 亿美元，下降 17.8%，拉低厦门市进口 5.1 个百分点。内资企业加工贸易出口增长 18.8%。保税仓储转口贸易对厦门市外贸贡献作用明显，保税仓储进出口 596.36 亿元，增长 10.05%，拉动厦门市进出口 1.0 个百分点。其中，保税仓储出口 322.27 亿元，增长 14.0%，拉动厦门市出口增长 1.2 个百分点；保税仓储进口 274.09 亿元，增长 5.7%，拉动厦门市进口增长 0.8 个百分点。

【进出口商品结构】 2016 年，厦门市 12 类传统商品进出口 1775.24 亿元，比上年下降 15.7%。下降幅度最大的 3 类商品：节能灯及其零件进出口下降 49.1%，鞋类进出口下降 41.1%，石材进出口下降 34.05%。龙头阀门及其零件进出口增长 9.4%。12 类传统商品出口 1489.82 亿元，下降 16.18%。12 类商品进口 285.42 亿元，下降 12.9%。石材、箱包、鞋类、伞进口均有大幅度增长，增幅分别为 55.0%、41.7%、22.3%、7.1%，节能灯、家具、农产品进口下降明显，降幅分别为 66.9%、22.3%、14.7%。

机电产品进出口 2289.91 亿元，增长 0.1%。其中，出口 1400.73 亿元，下降 1.9%，占厦门市出口比重 45.26%，提高 2.2 个百分点；进口 889.17 亿元，增长 3.39%，占厦门市进口比重 44.5%，下降 1.0 个百分点。高新产品进出口 1360.91 亿元，下降 0.3%，占厦门市进出口比重 26.7%，提高 0.6 个百分点。其中，出口 632.34 亿元，下降 5.74%，占厦门市出口比重 20.4%，提高 0.2 个百分点。航空航天技术类出口增长 47.3%。高新产品进口 728.57 亿元，增长 5.02%，占厦门市进口比重 36.4%，拉动厦门市进口增长 1.9 个百分点，其中计算机集成制造技术、生命科学技术类进口增幅分别为 134.4%、52.3%。

厦门市主要进口大宗商品中，镍矿砂进口下降 35.7%；其他矿产类进口需求大幅提升，铁矿砂及其精矿进口增长 104.0%，煤及褐煤进口增长 117.9%，锰矿砂及其精矿进口增长 303.8%，铅矿砂及其精矿进口增长 231.8%，铬矿砂及其精矿进口增长 19.2%，锆矿砂及其精矿进口增长 27.8%。受价格因素影响，粮食进口下降 32.8%，原木进口下降 2.4%，初级形状的塑料进口下降 11.2%，钢材进口下降 31.0%。

【出口瓶颈约束】 2016 年，厦门市出口面临困难局面，主要原因有国际经济形势严峻复杂，国内三期叠加、经济下行，厦门市自身的要素、产业瓶颈制约等。传统商品竞争力下降，纺织服装、鞋类、箱包、石材等传统 12 类商品出口比上年下降 16.2%，拉低厦门市出口增幅 8.7 个百分点。民营企业经营环境恶化，融资难问题凸显，竞争加剧，风险加大，有 75% 的企业新增贷款额增速持续下降；税务稽查力度加大，外贸企业异地揽货趋谨慎，民营企业出口下降 10.7%。地产品出口缺乏新增长点，比重由 2010 年的 66.4% 下降至 2016 年的 60.4%。加工贸易持续下滑，连续 3 年负增长，2016 年出口额比上年下降 9.4%。

【贸易环境提升】 2016 年，厦门市出台促进外贸回稳向好措施 13 条，支持民营企业、重点外贸企业、重点物流企业、重点生产企业扩大出口，强化关贸、检贸、银贸、税贸、险贸协作，开拓市场，提升通关效率，加快退税进度，降低信保费率，减免涉企收费。常态化开展一站式查验等。国际贸易“单一窗口”2.0 版本加快建设，上线系统功能 67 个。推进“降低企业成本，减轻企业负担”工作，调减企业参加广交会、华交会的展位费和综合服务费；对查验没问题的企业免除吊装、移位、仓储等；减免报关行申报环节代理报关 15 元 / 票的数据传输费；实行船舶出口岸联系单无纸化通关。

【外贸结构优化】 2016 年，厦门市进口增幅高出全国 7.4 个百分点，高出全省 7.3 个百分点。顺差率比上年下降 8.8 个百分点。一般贸易比重提高 1.8 个百分点，加工贸易国内增值率提高 5.6 个百分点，服务贸易比重提高 1.7 个百分点，贸易附加值进一步提高。外贸综合服务、跨境电商、融资租赁、保税进口展示等新型贸易方式成为外贸新增长点，新型贸易方式出口增长 14.2%，拉动全市出口增长 1.2 个百分点。嘉晟入选全国首批外贸综合服务试点企业，“一达通”正式落户厦门，跨境电商货值增长 40%，累计开展飞机租赁 31 架，累计开业的进口商品展示交易平台 19 个。

【服务贸易与外包】 2016 年，厦门市出台《厦门市“十三五”期间促进服务贸易和服务外包加快发展工作措施》，成立厦门服务贸易与外包研究中心，首次认定 3 个市级服务外包示范园区。离岸服务外包合同金额 18.4 亿美元，比上年增长 35.0%，增幅比全国平均水平高 13 个百分点，规模占全省比重 93.4%；执行金额 16.0 亿美元，增长 22.3%，增幅比全国平均水平高 8 个百分点，规模占全省比重 93.2%。服务外包企业 427 家，增长 32.6%；从业人员 8.16 万人，增长 49.2%；服务外包企业纳税超过 30 亿元。自贸区厦门片区、软件园等服务外包示范园区进一步做大做强，软件和信息系统运营维护外包、工业研发设计外包、供应链管理外包、专业业务外包、动漫游戏研发和运营外包、金融保险外包等特色服务外包业务加快集聚。

【9 家文化出口企业获省重点培育】 2016 年 11 月 10 日，福建省商务厅、省委宣传部、省财政厅、省文化厅和省新闻出版广电局等部门联合评选出全省 41 家“2016 — 2017 年度福建省文化出口重点培育企业”，厦门市有 9 家企业入选，位

居全省各地市首位，比上期增加4家。其中，厦门外图集团有限公司入选新闻出版类，厦门游力信息科技有限公司、厦门点触信息科技有限公司、四三九九网络股份有限公司、哥们网科技有限公司、厦门大黑科技有限公司、厦门雷霆互动网络有限公司、倍视（厦门）文化发展有限公司和厦门市拙雅科技有限公司8家企业入选综合服务类。

【嘉晟入选全国首批外贸综合服务试点企业】 2016年9月20日，商务部、海关部署、税务总局、质检总局、外汇管理局联合印发《关于开展外贸综合服务企业试点工作的函》(商贸函〔2016〕787号)，确定全国首批4家外贸综合服务试点企业，厦门嘉晟供应链股份有限公司入选。此次全国首批外贸综合服务试点企业评选标准主要有：2015年度出口2.5亿美元以上，服务中小企业超过500家以上，监管资质达到要求并且无不良记录。全国参评企业仅有北京的中建材国际贸易有限公司和厦门嘉晟供应链股份有限公司符合条件。适当放宽条件后，增加宁波世贸通国际有限公司和广东汇富控集团有限公司。开展外贸综合服务企业试点是国家有关部委贯彻落实国务院促进外贸稳增长调结构系列文件精神，促进外贸创新发展，加快新型业态试点的举措。厦门市一直着力促进外贸创新发展，培育外贸综合服务企业发展。

【国家重点文化出口企业和项目】 2016年，商务部、中宣部、财政部、文化部和新闻出版广电总局发布19号公告，确定一批2015～2016年度国家文化出口重点企业和重点项目名单，厦门外图集团有限公司、四三九九网络股份有限公司、厦门大黑科技有限公司、厦门小牛网络科技有限公司、厦门游力信息科技有限公司、厦门雷霆互动网络有限公司6家厦门市企业和“青少年图书简改繁发行”项目入选。商务部等相关部委自2009年起每两年联合认定一批国家文化出口重点企业和重点项目，并给予一定的资金支持，旨在鼓励和支持中国文化企业参与国际竞争、扩大文化产品和服务出口，推动中华文化走出去。至年末，厦门市累计有17家次企业和5个项目入选。

【厦门市入选中国“电商百佳城市”】 2016年7月，阿里研究院发布《2015年中国城市电子商务发展指数报告》，揭晓2015年中国“电商百佳城市”排行榜，厦门市在全国排第八位。福建有8个城市入围，其中泉州排全国第七位。至2015年年末，厦门注册经营范围涉足电商产业的企业2.6万家，2015年通过网络交易的营业额超过2600亿元，比2014年增长72%。

【口岸通关提速增效】 2016年，厦门市国际贸易“单一窗口”2.0版本加快建设，上线67项功能，直接服务企业近5000家，间接服务企业1.5万家，日单证处理量11万票。厦门市成为首个对接质检总局报检申报通道的城市，在全国范围内率先实现检验检疫业务全部通过“单一窗口”申报。厦门市推动海陆空港口岸建设，建成中国第一个全智能、安全、环保的全自动化集装箱码头；外轮首次穿越刘五店航道金门水域航段，靠泊刘五店南部港区散杂货泊位开展生产作业；邮轮母港出入境艘次、人次分别比上年增长19.7%和14.7%；新增墨尔本、温哥华、西雅图等洲际航线，完成对欧洲、大洋洲、北美洲的覆盖。（参见P263【国际贸易“单一窗口”建设】）

（市商务局）

对台贸易

【概　况】 2016年，厦门市对台进出口358.06亿元，比上年下降12.3%。其中，进口267.19亿元，下降14.5%，出口90.86亿元，下降5.2%。台湾地区为厦门的第二大贸易伙伴，第一大进口市场，第八大出口市场。其中，一般贸易出口下降4.27%，进口增长8.1%。厦门市鼓励扩大进口台湾商品规模，增加进口优势台湾商品品种，增强口岸分拨集散能力，打造进口台湾商品分拨集散中心。推进两岸贸易中心二期建设，促进大嶝小镇、台湾水果集散中心、闽台渔港等涉台交易平台发展。探索“台厦蓉新欧”多式联运国际中转模式和两岸物流合作机制；发挥厦金区位优势，支持推动在金门建设跨境电商“海外仓”，利用厦台海运快件便捷通道，打造两岸快件及跨境电商货物集散转运中心。进一步扩大《台湾输大陆食品快速验放促进计划》适用范围，加强与台湾相关商协会对接，探索第三方采信、预检验等监管模式创新，推动双方海关通过第三方实现数据共享。

【对台销售前10类商品】 2016年，厦门市对台销售前10类商品销售总额48.47亿元，占全市对台销售的53.3%。其中，二极管及类似半导体器件对台销售107500.10万元，服装及衣着附件对台销售99026.17万元，自动数据处理设备及其部件对台销售58697.05万元，摩托车及自行车的零件对台销售42908.67万元，水海产品对台销售42295.84万元，石材及制品对台销售38487.42万元，手机零件对台销售37327.39万元，印刷电路对台销售22181.55万元，神纸神香18685.86万元，灯具、照明装置及类似品17601.57万元。

【自台购买前10类商品】 2016年，厦门市自台购买前10类商品购买总额189.72亿元，占全市自台购买的71.1%。其中，液晶显示板自台购买1054906.77万元，集成电路自台购买319736.20万元，初级形状的塑料自台购买167957.50万元，纺织纱线、织物及制品自台购买86333.85万元，二极管及类似半导体器件自台购买66273.81万元，印刷电路自台购买58934.31万元，鲜、干水果及坚果自台购买44033.72万元，自动数据处理设备及其部件自台购买36633.08万元，计量检测分析自控仪器及器具自台购买31498.87万元，钢材自台购买30918.04万元。

【对台销售前10名企业】 2016年，厦门市对台销售前10名企业对台销售总额31.96亿元，占全市对台销售的35.2%。其中，晶宇光电（厦门）有限公司对台销售83906.21万元，戴尔（厦门）有限公司对台销售60236.72万元，厦门天马微电子有限公司对台销售35919.98万元，厦门新凯复材科技有限公司对台销售32230.30万元，厦门太古发动机服务有限公司对台销售23987.04万元，厦门旗胜科技有限公司对台销售22981.46万元，开发晶照明（厦门）有限公司对台销售22552.78万元，厦门中端电器有限公司对台销售13085.26万元，厦门骏威贸易有限公司对台销售12583.41万元，厦门濠嘉贸易有限公司对台销售12071.11万元。

【自台购买前10名企业】2016年，厦门市自台购买前10名企业自台购买总额147.16亿元，占全市自台购买的55.13%。其中，友达光电（厦门）有限公司自台购买775038.94万元，冠捷显示科技（厦门）有限公司自台购买215629.56万元，达运精密工业（厦门）有限公司自台购买146670.18万元，厦门天马微电子有限公司自台购买82236.57万元，联芯集成电路制造（厦门）有限公司自台购买52357.42万元，厦门旗胜科技有限公司自台购买50288.07万元，晶宇光电（厦门）有限公司自台购买42721.85万元，联想移动通信科技有限公司自台购买39311.16万元，联想移动通信科技有限公司自台购买35294.58万元，友达光电（厦门）有限公司自台购买32089.11万元。

【首届“厦台家用工艺品展”在台北举行】2016年4月22～25日，2016厦台家用工艺品展在台北世贸中心展览一馆与首届台湾家用及家饰品展同期举行。厦门市组织13家企业参加，展位30个，参展产品主要有铜制工艺品、陶瓷用品、工艺品包装、家用香薰用品、苏绣装饰画、工艺伞等特色产品。其中，铜制工艺品、苏绣装饰画企业在会场找到代理商，工艺品包装、工艺伞、陶瓷用品等参展企业达成合作意向，部分企业现场零售160万元新台币。

（市商务局）

经济技术合作

【概　况】2016年，厦门市新批境外投资项目359个，比上年同期增长172.0%；投资总额55.35亿美元，增长152.4%，其中中国大陆方面投资额53.38亿美元，增长149.6%；实际投资额29.75亿美元，增长409.9%。新签对外劳务合同额17239万美元，增长41.3%；实现对外劳务营业额19122万美元，增长4.7%；新派对外劳务13032人，增长17.4%；期末在外劳务10885人，增长1.0%。新增中国大陆方面投资额1亿美元以上的投资项目9个，投资总额15亿美元；中国大陆方面新增投资额5000万至1亿美元的投资项目25个，投资总额16.51亿美元；新增中国大陆方面投资额1000万至5000万美元的投资项目78个，投资总额20.38亿美元。投资分布在越南、印度尼西亚、印度、新加坡、泰国、斯里兰卡、孟加拉、蒙古、美国、马来西亚、拉脱维亚柬埔寨、加拿大、韩国、芬兰、菲律宾、巴基斯坦、澳大利亚等国家和中国香港、台湾等地区。厦门对亚洲地区投资项目308个，中国大陆方面投资额43.5亿美元，增长172.7%，占全年对外投资额81.5%。其中，对香港地区投资项目237个，中国大陆方面投资额32.74亿美元，增长228.5%；对台湾地区投资项目14个，中国大陆方面投资额0.29亿美元，增长138.0%。对欧美国家投资项目37个，中国大陆方面投资额6.62亿美元，增长2.2%。对非洲投资项目8个，中国大陆方面投资额2.2亿美元，增长1.9%。对21世纪海上丝绸之路沿线国家投资项目53个，中国大陆方面投资额10.66亿美元，增长133.7%。厦门市完善“走出去”公共服务体系，建立厦门境外投资服务平台、厦门“走出去”服务联盟，在南非设立海外投资贸易服务联络点。全市境外投资额连续突破30亿、40亿、50亿美元大关，跨国并购增长迅速，投资领域多，境外投资规模约占全省的一半。

【对外投资产业结构】2016年，厦门市对外投资项目涉及批发零售业、教育、制造业、租赁和商务服务业、房地产、信息传输、卫生医疗、农林牧渔业等17个行业。其中，批发和零售业项目242个，中国大陆方面投资额32.29亿美元；农、林、牧、渔业项目7个，中国大陆方面投资额2.29亿美元；租赁和商务服务业项目22个，中国大陆方面投资额5.17亿美元；制造业项目29个，中国大陆方面投资额3.70亿美元；信息传输、软件和信息技术服务业18个，中国大陆方面投资额1.84亿美元。厦门眼科中心投资4700万美元设立斯里兰卡国际眼库，成为厦门市首例卫生医疗境外投资项目。

【“海丝”合作】2016年，厦门市融入国家“一带一路”倡议，策划生成一批“海丝”经贸合作项目，在境外投资、开拓市场、跨境电商等扶持政策中突出对“海丝”沿线国家的支持力度。与“海丝”沿线国家双向投资比上年均实现成倍增长，与“海丝”9个重点国家双向贸易增长1.3%。中欧（厦门）班列开行超过百列，总货值12.4亿元，并通过海铁联运延伸至台湾地区。巴厘岛、宿务、胡志明市等“一带一路”航线开通。厦门大学投资1.94亿美元在马来西亚设立厦门大学马来西亚分校，正式办理对外投资备案手续并完成第一年招生，成为中国重点大学设立的首个海外分校及中国高等教育“走出去”第一个项目。

【厦门市境外投资服务平台上线】2016年8月24日，厦门市商务局在厦门市人民会堂举办“厦门境外投资服务平台”发布会暨“厦门走出去服务联盟”成立仪式。厦门境外投资服务平台由专门网站、微信公众平台、微信群构成，由境外投资有关的政府部门、专业机构、商协会、外事机构等共同支撑运行，旨在通过部门机构联动、线上线下互动，为厦门市“走出去”企业提供投资管理、政策解读、招商信息、风险解析，提供金融、财税、法律等“一站式”信息服务。

【厦门“海丝”建设获国家开发银行支持】2016年9月7日，由国家开发银行主办的“开发性金融服务一带一路论坛”开幕，200多名企业代表参加论坛，厦门市副市长卢江出席并致辞。论坛上，市商务局与国家开发银行共同签订支持厦门市打造开放型经济“十三五”开发性金融合作备忘录。根据备忘录，双方将协力引导当地企业“走出去”，引入区外优质企业“走进来”，助力厦门市打造创新驱动引领、市场大统一、开放全方位的商务发展格局。

【南非厦门海外投资贸易服务联络点设立】2016年9月15日，厦门在南非约翰内斯堡设立海外投资贸易服务联络点，厦门市商务局局长陈李升等为该联络点授牌，南非华人华侨工商界代表出席揭牌仪式。该联络点依托万里石南非公司而设立。南非是厦门重点开拓的新兴市场之一，在投资贸易方面有广泛的合作前景，该联络点主要工作是建立与当地官方招商引资和贸易促进部门、民间主要商会、知名展会平台、知名企业常态化联系机制，配合厦门在当地举办的招商引资、贸易促进、旅游推介等活动，协助厦门开拓国际市场和招商引资团组开展工作，推荐当地矿产资源、农业、渔业、制造业等项目与厦门对接。

（市商务局）

招商引资

【概　况】 2016年，厦门市新增外商投资企业1278家，比上年增长76.0%；合同利用外资75.68亿美元，增长81.8%，完成年度计划的334.9%；实际利用外资22.24亿美元，增长6.2%，完成年度计划的100.2%。合同利用外资和实际利用外资占全省比重分别为48.3%和27.1%，均居全省首位。

【服务业招商引资】 2016年，厦门市服务业合同利用外资69.2亿美元，比上年增长1.3倍，占全市合同利用外资的91.4%；实际利用外资13.2亿美元，增长0.2%，占全市实际利用外资的59.2%。现代服务业中，融资租赁企业、投资与资产管理企业合同利用外资占厦门市合同外资比重53%；批零贸易、科研技术推广服务、文化艺术、旅游会展、航运物流、软件信息等现代服务业合同利用外资快速增长，引进邦吉投资管理、富邦证股权投资、美图之家科技（增资）、双祺旅游服务、逊达洪通仓储、太古海投冷链物流等一批大型现代服务业企业。服务业实际利用外资结构进一步优化，信息计算机服务及软件业、金融业、租赁和商务服务业实际利用外资分别增长67.8%、0.5%和81.9%，占厦门市比重分别为16%、11.8%和13.5%，主要到资企业有三快在线、美图之家科技、中国信托商业银行、众擎投资、育哲控股、ABB企业管理等。房地产实际利用外资下降68.3%。

【制造业利用外资到资加快】 2016年，厦门市制造业实际利用外资9.1亿美元，比上年增长16.5%，增幅比全市实际利用外资增幅高10.3个百分点，比上年增幅提高17.3个百分点。实际到资主要集中在先进制造业，其中计算机及其他电子设备制造业增长1.3倍，机械设备制造业增长67.4%，食品制造业增长3.1倍，占全市实际利用外资比重分别为17%、7.5%和2.1%。祥达光学、IOI油脂科技、大博医疗科技、建霖工业、佳格食品等大型企业到资进度加快。

【自贸区厦门片区利用外资】 2016年，自贸区厦门片区新设外资企业862家，合同利用外资65.64亿美元，实际利用外资4.9亿美元，占厦门市比重分别为67.5%、86.7%和22.1%。厦门市发挥联动招商机制优势，其中属于各区联动招商项目756个，合同利用外资62.3亿美元，分别占自贸区厦门片区总量的87.7%和94.9%。

【利用台资大幅增长】 2016年，厦门市新批台资企业（含转第三地）740家，比上年增长105%；合同利用台资16.2亿美元，增长84.7%；实际利用台资4.9亿美元，增长30.8%。台资主要投资领域涉及光电、塑料薄膜、投资管理、科技推广服务、批发业、投资咨询等，主要台资企业有祥达光学、富邦证股权投资、世田光电科技、玛司特电子、明达实业、旭霖生物科技（服务业）、磐中鑫投资咨询等。

【跨国公司厦门对接交流会】 2016年9月8日，由厦门市政府主办、市商务局承办的“美丽厦门·商机无限——跨国公司厦门对接交流会”在厦门国际会展酒店鼓浪宴会厅举行。戴尔、ABB、亚马逊、SK等世界500强跨国企业及跨国商会代表100多人参加。厦门市各区、火炬高新区、自贸区厦门片区及马銮湾新城指挥部、环东海域东部新城指挥部暨现代服务业基地的相关负责人和招商负责人参加对接。厦门市政府副市长倪超出席并介绍厦门发展新情况。会后，厦门市市长裴金佳会见跨国公司代表，听取跨国公司在厦投资发展情况和新计划，向跨国公司介绍厦门经济社会发展新进展。

（市商务局）

区域经济协作

【概　况】 2016年，厦门市进一步推进对口援建与经济协作工作。厦门龙岩山海协作经济区被列入省脱贫攻坚重大工程，视同省级开发区加以推进。厦门泉州（安溪）经济合作区开发建设和招商引资工作按计划进展。临夏州帮扶工作得到甘肃省委书记、省长的批示表扬。《光明日报》、《经济日报》和新华社等中央主要媒体推出厦门市对口支援和帮扶西部工作成果系列宣传。厦门市及闽粤赣相关城市组织召开2016年闽粤赣十三市区域办主任会议、闽西南五市区域办主任会议，研讨确定区域合作工作重点。《闽粤赣十三市对外合作创新意见》发布。市经信局分别协调组织市公安、市市场监督管理局等部门及厦门电视台、厦门广播电台、《厦门日报》等媒体，完成新疆展销会的开幕、展销及宣传等活动。厦门会展中心承接宁夏特色优质农产品（厦门）推介展销系列活动开幕式。市委书记王蒙徽带队考察宁夏海原等对口帮扶地区，厦门市捐赠帮扶资金1200万元用于宁夏海原、泾源两县的基础教育设施建设；市委副书记洪碧玲带队考察甘肃临夏州、西藏米林县，厦门市捐赠帮扶资金500万元用于临夏州交通基础设施建设；市领导孙明忠、黄菱、林文生、国桂荣、陈琛等分别到对口地区检查调研。

【援建项目资金落实】 2016年，厦门市遴选对口援建项目，以村级道路畅通、农村饮水安全、农村危房改造、特色产业增收、乡村旅游发展、扶贫教育工作、公共卫生保障、文化建设工作和贫困村信息化建设为援建重点。全年组织实施援建项目48个。其中，援疆项目15个，拨付资金10084万元；援藏项目4个，拨付资金1096.2万元；援临夏州项目16个，拨付资金4387.2万元；援万州区项目6个，拨付资金525万元；援宁项目6个，拨付资金2030万元。

【厦门泉州（安溪）经济合作区建设】 2016年，《厦门市人民政府办公厅关于进一步推进厦门泉州（安溪）经济合作区共建工作的通知》印发。厦门市完善园区共建利益共享机制，合作区累计完成固定资产投资7.92亿元，其中湖里园完成固定资产投资2.7亿元，思明园完成固定资产投资3.42亿元；11个项目签约入驻，项目总投资14.7亿元。

【山海协作】 2016年，厦门市继续推进山海协作。核拨2016年度厦龙、厦漳山海协作资金各300万元，帮扶建设龙岩市社会公益项目14个、乡镇精神文明项目5个，培训实用人才1800人；帮扶建设漳州市农村贫困地区基础设施和村道硬化项目27个，培训农村创业致富带头人500人。10月15日，厦门市政府与漳州市政府签订《关于开展新时期厦漳山海协作的备忘录》。

【省级扶贫开发】 2016年，厦门市各区共核拨帮扶资金9200万元，支持挂钩帮扶县61个民生项目和产业园区。其中，思明区帮扶龙岩市武平县1200万元，湖里区帮扶南平市蒲城县1200万元，海沧区帮扶宁德市屏南县1300万元，集美区帮扶三明市清流县3000万元，同安区帮扶漳州市诏安县1200万元，翔安区帮扶漳州市云霄县1300万元。各区均与挂钩帮扶县签订山海协作产业园区共建协议，启动产业园区共建工作。同安区与诏安县共建的山海协作产业园区在2016年度福建省山海协作共建产业园区考核评价中进入前五名。

（市经信局）

开发区建设

中国（福建）自由贸易试验区厦门片区

【概　况】 2016年，中国（福建）自由贸易试验区厦门片区（简称自贸区厦门片区）推进制度创新，营造营商环境。完成省试验任务67项、自贸区厦门片区试验任务82项。在投资便利化、贸易便利化、“一带一路”互联互通、对台先行先试、法治化环境、事中事后监管等领域共推出政策措施166项。在福建省通报的99项创新举措中，自贸区厦门片区有46项（其中全国首创18项）。至年末，在福建自贸试验区225项创新举措中，自贸区厦门片区有108项（其中全国首创39项）。年内，自贸区厦门片区引进企业16459家，比上年增长188.5%；注册资本2729亿元，增长252.7%。至年末，累计引进企业22764家，注册资本4050.84亿元，涉及国际贸易、航空维修、融资租赁、航运物流、创新创业、文化旅游、高端制造7个产业。自贸区厦门片区全年国内生产总值434.21亿元，增长12.7%；进出口1323.53亿元（占全市和全省的比重为26%和12.79%），增长8.2%；集装箱吞吐量924.37万标准箱，增长4.6%；财政总收入71.95亿元，增长19.5%，其中地方级收入39.39亿元，增长5.2%。整合邮件、快件、跨境电商平台，建立跨境电商监管中心，在全国范围内率先实现保税备货、一般贸易报关、分送集报的电商运营模式，跨境电商进出口4200多万件，货值30.87亿元，增长40%。接待邮轮79艘次，增长18%，旅客吞吐量首破20万人次，增长14%。海丝艺术品中心与中国雅昌文化集团、英国邦瀚斯拍卖行等34家企业进行战略合作。“海关网上预约查验平台”全面推广。厦门跨境电商公共管理平台上线运行，并入自贸区厦门片区国际贸易“单一窗口”。两岸贸易中心总部等3个项目完成年计划105%，国际创智产业园、邮轮母港综合体等项目加快建设，山姆会员店、夏商国际水产交易中心、红星美凯龙自贸家居广场等开业运营。

【中欧（厦门）班列国家物流新通道构建】 2016年，厦门市成立中欧（厦门）班列国家物流新通道建设工作领导小组，下设市场开拓、物流通道、口岸通关、政策扶持4个工作组，统筹推进宣传推介、市场开拓、物流通道建设、口岸通关服务、政策扶持及争取等工作。4月24日，中欧（厦门）班列通过海铁联运延伸至台湾地区，推进与东盟国家的物流对接，形成一条跨越海峡、横贯亚欧大陆的国家物流新通道。此外，该班列开通德国纽伦堡、荷兰蒂尔堡2个终点站，实现常态化运营。10月，该班列被纳入国家《中欧班列建设发展规划（2016—2020）》，12月成为中欧安全智能贸易航线试点计划的首条铁路线试点。自2015年8月开通至2016年年末，中欧（厦门）班列、中亚班列累计发运103列，共2789大柜（5578标准箱），累计货值14.22亿元。其中，中欧班列77列，共2185大柜（4370标准箱），货值12.4亿元；中亚班列26列，共604大柜（1208标准箱），货值1.82亿元。得益于该班列的发展，2016年厦门市铁路运输首次超过空运，成为厦门第二大出口运输方式。其中，对波兰的铁路运输出口货值比上年增长10倍。

【全球一站式航空维修基地建设】 2016年，中国（厦门）全球一站式航空维修基地建设工作领导小组成立，厦门市市长裴金佳任组长。该领导小组旨在发挥厦门航空维修产业引领全国和体制机制创新的优势，借鉴国际航空维修业管理的先进经验做法，打造“全球一站式航空维修基地”，构建与航空维修业特点和创新发展相适应的国际化、市场化的创新发展模式。厦门市航空维修业产值121.1亿元，比上年增长24.8%，约占全国的1/4，航空维修成为自贸区厦门片区首个超百亿的产业，产业链初步形成。海关总署支持厦门航空维修企业拓展包修合同项下服务外包业务，厦门太古发动机公司承接东航发动机服务外包业务，模式复制推广至其他国内航空公司。厦门海关在全国首创“修理物品+保税仓库”监管模式，建立一体化监管制度。保税维修监管方式试行，选取新科宇航和太古部件开展第一批试点，实施保税电子账册联网监管，解决企业办理海关担保手续问题。厦门检验检疫局采取“进口直放+异常即报+事后监管”检验监管新举措。厦门市出台实施航空维修产业扶持办法，扶持太古飞机、新科宇航、霍尼韦尔等12家企业。对接国产大飞机战略，加强顶层设计与发展研究，自贸区厦门片区航空维修产业发展专家组成立。飞行器健康管理技术研究中心成立，研究航材物流、航空援外服务、人才培训等项目。厦门大学与中国商飞、中国航发共建航空服务研究中心，太古飞机与中国商飞开展培训合作。

【融资租赁业务发展】2016年，厦门市实施出台自贸区厦门片区租赁业发展办法、融资租赁外汇管理操作规程、飞机租赁“一事一议”等优惠政策。至年末，自贸区厦门片区累计引进融资租赁企业218家。厦门成为全国第三大飞机融资租赁聚集区，工银、招银、建信、国银租赁、浦银等租赁公司在自贸区厦门片区开展进口飞机融资租赁和经营性租赁，上述租赁公司开展与东航、南航、川航等异地航空的飞机租赁业务，全年引进飞机12架（累计31架、33亿美元），为成都航空引进全新进口CFM飞机发动机2台（价值2200万美元）。厦门飞机租赁有限公司开展飞机全生命周期处理业务。海信升融资租赁公司以“股+债”模式开展风电设备租赁。自贸区厦门片区通过船舶、医疗器械等融资租赁业务对接会，拓展其他领域的融资租赁业务。

【金融业务创新】2016年，自贸区厦门片区出台并实施自贸试验区人民币跨境使用实施细则、银行业务创新监管互动办法、金融机构统计监测制度以及金融风险管理指导意见。累计引进金融、类金融企业3601家，设立厦门片区产业引导基金，推出周转贷、易速贷、创业贷等特色金融产品，累计服务客户3619户，发放贷款108.47亿元、无还本续贷27.41亿元、循环贷44.8亿元。区域内离岸账户客户6569户，离岸存款、贷款等业务发展迅速。厦门资产管理有限公司设立并获准开展批量收购和处置金融企业不良资产业务，厦门成为全国第二个获此资质的计划单列城市。厦门翔业集团财务公司成立，是中国机场行业领域成立的第二家财务公司。

【信用监管体制建设】2016年，自贸区厦门片区在全省范围内率先启动水路运输企业信用评级试点；在电商行业试行信用承诺制度，引入第三方市场信用监管。守信联合激励和失信联合惩戒意见和经济违法违章行为举报奖励办法出台，财税等18个部门联合对重大税收违法案件当事人采取限制出境、限制部分高消费行为等联合惩戒措施。自贸区厦门片区信用信息平台与市社会信用信息共享平台、商事主体信用公示平台一体化建设运行，提供企业登记信息年报公示情况、信用信息查询以及守信、失信企业信用公示等服务。该平台收录2.5万家企业信息。截至6月30日，企业年报公示率94.21%，累计访问量72万人次，信用信息查询86万人次。

【国际贸易“单一窗口”建设】2016年，厦门在推进自贸试验区建设中，把国际贸易“单一窗口”建设作为营造国际一流营商环境重要抓手，发挥平台集成效应，打造全国口岸通关新标杆。通过不断归整应用系统，持续提升服务功能，厦门口岸主要通关业务均通过该平台实现“一个窗口、一次申报、一次办结”。至年末，进出口一般货物、国际航行船舶、跨境电商商品、国际邮件快件等业务通过平台进行检验检疫申报的比率100%，一般贸易报关通过平台申报的比率97%。平台用户数5000多家，间接服务企业1.5多万家，日单证处理量突破11万票、月均近300万票，覆盖厦门口岸，并推广到泉州、漳州、龙岩等周边地区。与新加坡“单一窗口”实现船舶信息互联互通，与台湾关贸网路实现互联和数据交换。厦门国际贸易“单一窗口”成为海关总署全国口岸“互联网+自主报关”首个试点，被质检总局向质检系统复制推广，国家口岸办称之为“厦门模式”。

【厦门国际金融资产交易中心设立】2016年3月20日，自贸区厦门片区内的厦门国际金融资产交易中心有限公司获福建省政府批准设立。4月27日，获厦门市金融办批复，9月7日开业。该交易中心由厦门金圆投资集团有限公司和厦门国际金融技术有限公司等6家股东发起设立，注册资本1亿元，主要涉及场外固定收益产品创新、募集和流转等业务。至年末，发展机构会员214家，挂牌金融资产项目9个，交易金额25.4亿元。

【知识产权网络侵权预警与存证云服务】2016年3月，自贸区厦门片区管委会以政府购买服务的方式，向片区企业免费提供“知识产权网上侵权预警与存证云服务”，暂试行1年。该“云服务”依托于美亚柏科自主研发的“数字知识产权保护平台”、第三方电子证据服务平台“存证云”等系统平台，运用大数据、云计算、物联网等信息技术，包含知识产权网上侵权行为（包括影音、电子书、动漫等的著作权、商标、服务标识、外观设计、商业秘密等的侵权以及网上假冒伪劣商品等）预警，侵权行为发现，侵权行为阻止，侵权主体调查落地，电子证据保存，知识产权相关知识培训交流宣传6个方面内容。至年末，该“云服务”针对正新轮胎的商标权，联合优创出品的动漫著作权，美图公司产品及软件的外观专利、著作权、商标权，厦门当代集团投资出品《北京遇上西雅图之不二情书》的著作权，“双十一”期间电商平台DELL的商标权等，为相关企业提供搜索、监测、存证、阻断等服务，监测侵权信息31265条。

【外籍人员5年有效期工作类居留许可政策施行】2016年4月1日起，厦门开始审批自贸试验区外籍人员5年有效期工作类居留许可，主要面向在福建自贸试验区内注册企业工作，连续两次办理工作类居留许可，且无违法违规问题的外国人。该政策是国家支持福建自贸试验区建设的优惠政策，也是公安部支持福建自贸试验区企业引进海外人才的一项新举措。在该政策实施前，在自贸试验区工作的外籍人员，每年都需要到出入境管理部门办理有效期1年的许可。4月18日，自贸区厦门片区内的安保公司亚太区副总裁、安保（厦门）塑胶工业有限公司总经理亨利·安克成为厦门警方受理的首个申请5年有效期工作类居留许可外籍人员。

【中央改革办督察自贸区厦门片区】2016年4月27～29日，中央改革办专职副主任陈一新率队到福建督察自贸试验区工作。该督察组调研并肯定自贸区厦门片区中欧（厦门）班列、航空维修、租赁业等工作。督察后，中央改革办督察组形成全国自贸试验区总调研督察报告和中欧（厦门）班列及厦门航空维修基地两个专题报告，呈报中央有关领导。国务院副总理张高丽在中欧（厦门）班列报告上批示：“请国家‘一带一路’办公室抓紧研究”。商务部召开2次专题协调会，把中欧（厦门）班列、航空维修2个专题分解成22个事项并逐项推动，得到国家13个部委支持。

【环评审批制度改革试行】 2016年4月，厦门市环保局与自贸区厦门片区管委会联合印发《中国（福建）自由贸易试验区厦门片区深化环评审批制度改革方案（试行）》，试行环评审批制度改革，建立环保负面清单，突出建设单位环境保护工作的主体责任和环保守信的责任，注重事中事后监管。根据该方案，除按规定应当由环保部或省环保厅审批的建设项目外，自贸区厦门片区内其他建设项目环评审批均适用；属于《厦门市建设项目环保审批准入特别限制措施（负面清单）》禁止类的项目，一律不得准入；审批程序简化，审批时间最多缩短22个工作日。同时，建立环评审批事中事后信用评价机制，发挥社会信用信息在环评审批管理中的惩戒作用。至年末，自贸区厦门片区内有21个环境影响报告表项目和20个环境影响登记表项目通过网络实现环评文件自主备案和申报，累计节约审批时间超过500个工作日。

【自贸区厦门片区知识产权扶持与奖励办法出台】 2016年5月，《中国（福建）自由贸易试验区厦门片区知识产权扶持与奖励办法》出台，是全国自由贸易试验区中首个"全覆盖"的知识产权扶持与奖励政策。在自贸区厦门片区注册、经营的各类商事主体均可申请相关扶持与奖励，扶持范围包括专利、商标、版权、集成电路布图设计、地理标志和植物新品种等知识产权主要领域。根据该办法，厦门市对"获得欧盟、美国、日本、韩国、澳大利亚发明专利授权、商标注册""获得国家工商总局地理标志商标注册或列入国家质监总局地理标志产品保护""金融机构在厦门片区挂牌设立知识产权银行或知识产权金融中心""企业实际获得知识产权质押贷款""知识产权创业投资项目落地""涉外知识产权纠纷维权并取得胜诉"等情况进行扶持。

【自贸区厦门片区第二批金融创新案例发布】 2016年5月，自贸区厦门片区发布第二批11个金融创新案例。案例主要涵盖深化两岸金融合作、增强服务实体经济功能、创新监管与服务3个方面。其中，深化两岸金融合作方面主要有"大陆两岸特色金融机构集聚厦门""农行、建行、中行、平安、邮政储蓄等银行在厦门设立'两岸人民币清算中心'""浦发、招商、交通、平安等银行在厦门设立'离岸银行业务分中心'"等案例；增强服务实体经济功能方面主要有"依托金控公司推进自贸区金融创新""设立厦门首家'三合一'牌照的融资租赁公司""搭建国际金融资产交易平台""完成首笔适用自贸新政的跨境双向人民币资金池业务""推动海丝金融合作"等案例；创新监管与服务方面主要有"创新银行业务监管互动机制""开展异地航空公司飞机租赁业务""持续推进海关事务保证保险创新探索""建立健全厦门自贸区金融信息联合统计制度""探索完善自贸区金融风险管理"等案例。

【全国首个台湾创业馆开馆】（见P197同名条目）

【欧美同学会留学报国基地落户海沧】 2016年6月11日，"欧美同学会留学报国基地"授牌仪式在自贸区厦门片区海沧园区举行。该基地落户海沧园区创业广场，是人才引进、招商引资、科技转化和创新创业的新平台。"欧美同学会·中国留学生人员联谊会"副秘书长、《留学生》杂志社社长许睢宁为该基地授牌，自贸区厦门片区党工委书记、管委会副主任熊衍良与海沧区副书记曹放共同接牌。该基地主要针对留学人员开展引才引智工作，整合留学人员智力资源，帮助留学人员创新创业。

【腾邦欣欣旅游产业园开园】 2016年6月19日，位于自贸区厦门片区海沧园区内的腾邦欣欣旅游产业园开园，是全国首个旅游同业O2O（Online to Offline线上对线下）交易中心、全国最大的观光工厂O2O体验中心。该产业园由腾邦集团、欣欣旅游公司与海投集团合作投资，面积近4万平方米，主要项目有海峡两岸旅游要素交易中心、海峡两岸旅游创业基地、福建省智慧旅游示范基地、观光工厂博览汇。至年末，旅游批发商、旅行社、航空公司、旅游电商、旅游新型创业公司等近50家企业入驻，业务范围涵盖旅游产业链中的各个环节；以孵化器形式建设的厦门海峡两岸旅游创业基地引入"宝岛梦工厂文创乐园"，汇集台湾观光工厂30家、台湾文创品牌50个等；福建省首个"VR（虚拟现实技术）+旅游"体验厅设立。

【厦门象屿保税物流园区入选全国首批国家示范物流园区】 2016年7月8日，由国家发改委、国土资源部、住房城乡建设部联合发起，中国物流与采购联合会组织评审的国家示范物流园区公布（全国入选园区共29家），厦门象屿保税物流园区是福建省唯一入选的物流园区。厦门象屿保税物流园区是DELL、ECCO、台湾金门高粱酒等世界知名品牌的大陆及亚太分拨中心，入驻的世界知名第三方物流企业近50家。

【大宗散货关检"监管互认"试点启动】 2016年7月20日，厦门海关对一票自印尼进口的褐煤实施外形查验后办理担保放行手续，并以此为基础开展厦门关检双方查验、检验检疫结果数据互认，标志着厦门口岸大宗散货关检"监管互认"试点工作正式启动。首票享受关检"监管互认"便利的大宗散货为厦门象屿物流集团有限责任公司申报进口的印尼褐煤，数量5.55万吨。实施关检"监管互认"后，海关对检验检疫部门出具的检验检疫结果予以认可，并根据检验检疫部门发送的检验检疫报告直接进行品质和数量认定，进一步简化大宗散货通关流程，提高货物通关效率。

【"台湾中国信托银行厦门分行"开业】 2016年7月28日，"台湾中国信托银行厦门分行"正式揭牌开业并取得全资人民币的经营资格，成为进驻厦门的第二家台资银行。"中国信托商业银行"是"中国信托金融控股股份有限公司"（台湾最大金融控股公司之一）的子公司。该银行在台湾共有分行150家，并在台湾地区外设分支机构107处。（参见P342【"台湾中国信托商业银行股份有限公司厦门分行"设立】）

【海峡两岸青年创业基地】 2016年8月18日，国台办公布第四批海峡两岸青年创业基地及示范点名单，厦门云创智谷入选。厦门云创智谷是自贸区厦门片区内首个智慧园区，以"移动互联 智慧电商"为定位，以云创业模式运作的移动互联产业、新兴电商产业孵化培育平台为载体。9月，国务院组织开展第三次大督查，督查组对自贸区厦门片区推进海峡两岸创业创新创客基地做法予以肯定，建议作为典型经验向全国推广。至年末，自贸区厦门片区有海峡两岸青年创业基地2个（厦门两岸青年创业创新创客基地、厦门云创智谷）。其中，厦门两岸青年创业创新创客基地有台湾地区的企业或团队42个，台湾青年130人；云创智谷有台湾地区的企业或团队22个，台湾青年67人。

【促进自贸区厦门片区建设若干规定实施】 2016年8月31日，厦门市第十四届人大常委会经第三十七次会议通过《厦门经济特区促进中国（福建）自由贸易试验区厦门片区建设若干规定》，9月1日正式实施。该规定共8章53条，从管理体制、投资开放、贸易便利化、金融服务、两岸经贸合作、法治环境等方面推进自贸区建设。该规定主要内容包括放宽对投资主体、经营场所、经营期限和出资方式的管理；推动关检部门实行国际贸易“单一窗口”；推动人民币跨境使用；发展飞机、医疗器械等融资租赁业；扩大台商投资领域，降低准入门槛，鼓励和支持台湾地区青年在自贸试验区创业就业；推进建设国家自主创新示范区；鼓励企业投资“一带一路”沿线国家和地区，支持台海运快件连接中欧、中亚等国际班列；营造法治化营商环境。

【自贸区厦门片区知识产权保护协作机制建立】 2016年8月，自贸区厦门片区管委会、市中级人民法院、市公安局、市人民检察院、厦门海关、厦门仲裁委等部门联合建立自贸区厦门片区知识产权保护协作机制。该协作机制主要包括建立联络人和联席会议制度，加强执法信息沟通与共享，建立纠纷预警沟通机制和协助调查制度，完善多元化纠纷解决机制，建立行政执法和刑事司法衔接机制等。协作机制有助于提高自贸区知识产权执法与司法效率，加强知识产权保护，化解知识产权纠纷，完善自贸区法治化营商环境。

【渔港新天地投用】 2016年9月6日，渔港新天地投用，该项目是自贸区厦门片区工程建设领域创新模式先行先试的首批项目之一。项目位于自贸区厦门片区两岸贸易中心核心区内，占地面积约5.5万平方米，建筑面积2.73万平方米，由闽台中心渔港组团改造而成，是集休闲旅游、海洋渔业、经贸和农副水产品交易、商业办公、物流配送于一体的现代服务业发展基地。主要包括建发园、国贸园、港务园、象屿园，分别由建发集团、国贸控股、港务集团、象屿集团开发建设。首批多家企业签约入驻，涉及产业包括邮轮旅游、金融投资、平行进口汽车、商务贸易、生态农业、土地综合开发等。

【厦门跨境电商监管中心启用】 2016年9月13日，厦门跨境电商监管中心启用。该中心位于自贸区厦门片区海沧园区，集保税仓储与展示销售功能于一体，旨在建设国际化商品批发、零售体验中心。在互联网与特殊监管区域辅助管理系统、卡口管理系统、仓库管理系统等形成信息链的基础上，企业采用“前店后仓”的监管模式，建立便捷的货物通道，海关、检验检疫等监管部门形成关检“审、验、放”一体化监管，实现商品“存、展、销”一站式经营，降低企业成本、缩短通关时间。

【自贸区厦门片区首个综合性人才激励政策出台】 2016年9月，《中国（福建）自由贸易试验区厦门片区关于进一步激励自贸区人才创新创业的若干措施》出台，是自贸区厦门片区首个综合性人才政策。该政策以薪酬、岗位、贡献等市场化指标评价认定人才，从“奖人才”变为“奖企业”，对企业的引才进行个税补贴和薪酬补贴，按引进人才的个人所得税返还奖励给企业，鼓励企业给人才发高薪；对于柔性引进的高层次人才，直接按人才薪酬的20%补贴给企业；推出“创业人才配套200万元扶持资金，创新人才给予100万元资金补助”等措施；针对台湾知识产权人才，提出按人才薪酬的20%，每月不超过15万元的标准给予企业薪酬补贴；符合规定的台湾创业人才，落户运营1年以上的企业，可申请100万元的创业贷款贴息；支持区内企业与高校、科研机构及创投资本合作建立产业基地公共平台；支持人才在区内开展科研项目；鼓励人才中介、猎头公司、创业服务等机构入驻厦门片区，采取“以奖代补”的形式保障高层次人才创新创业。

【跨境电子商务直购进口“三单比对”模式启动】 2016年10月28日，自贸区厦门片区跨境电子商务直购进口“三单比对”模式正式启动。跨境电商“三单比对”是指支付企业发送的支付单、物流企业发送的物流单、电商企业发送的订单经监管部门比对无误后查验放行的通关模式。厦门检验检疫局配合“三单比对”模式，对跨境电子商务经营主体及跨境电子商务商品实施备案管理，与海关、电商、物流、支付企业、电子口岸公司等共同优化厦门跨境电商通关服务平台，跨境电商直购平台重复申报项目减少30%，申报效率提高50%。“三单比对”的模式缩减跨境直购时间，有助于促进自贸区厦门片区跨境电商产业发展。

【自贸区厦门片区设立产业引导基金】 2016年10月，自贸区厦门片区产业引导基金设立，规模5亿元。该基金是由自贸区厦门片区管委会出资设立的政策性基金，按照“政府引导、市场运作、科学决策、防范风险”的原则进行投资运作。实行“联席会议”制度，“联席会议”为引导基金的最高决策机构，行使决策管理职责。象屿集团旗下的厦门象屿创业投资管理有限公司作为管理人，负责“引导基金”的日常投资运作。主要采取参股投资的方式运作。重点投向片区内航运物流、保税物流、服务外包等现代临港产业，高新技术研发、金融服务、邮轮经济等高端服务业。

【“三合一”巡回审判法庭设立】 2016年11月17日，厦门市中级人民法院自贸区知识产权巡回审判法庭、福建省高级人民法院自贸区（厦门）司法保障研究基地和湖里区人民法院自贸区知识产权法庭（“三合一”巡回审判法庭）揭牌。其中，自贸区厦门片区知识产权巡回法庭是全省首个中级人民法院层级设在自贸区的知识产权审判巡回法庭，也是首个集第一审、第二审知识产权民事、刑事、行政诉讼为一体的巡回法庭。该巡回审判法庭办公场所位于自贸区厦门片区综合服务大厅，其受理范围包括知识产权民事侵权纠纷、涉自贸区知识产权刑事犯罪案件等。

【“互联网＋自主报关”改革试点启动】 2016年12月5日，自贸区厦门片区管委会、厦门海关、厦门市口岸办联合启动“互联网＋自主报关”改革试点，依托自贸区厦门片区国际贸易“单一窗口”，在全国范围内率先实现智能化在线通关。“互联网＋自主报关”改革是以国际贸易“单一窗口”为支撑，综合运用大数据、云计算、物联网和移动办公等新兴技术，为进出口企业和个人提供全方位、全天候的便利通关服务。首批上线多介质身份认证、全口径业务申报、全流程状态发布3个模块。

【厦门港务自贸城投用】 2016年12月8日，占地面积超26万平方米的厦门港务自贸城投入使用。当天，自贸城内的厦门宝象·红星美凯龙全球自贸家居生活广场开业，商场建筑面积6万平方米，入驻国内外知名家居品牌218家，入驻率95%。12月15日，自贸城内的厦门山姆会员店开业，面积约2万平方米，该品牌在中国首次进驻自贸试验区。该店是世界500强沃尔玛旗下的全球高端会员制商店，厦门店是山姆在中国开设的第十五家会员店。

【售电侧改革供电试点】 2016年12月22日，自贸区厦门片区港务电力有限公司获得福建省售电侧改革后颁发的第一本电力业务许可证，成为全省首家售电侧改革供电试点企业。该公司为国家第一批试点、福建省第一批启动配售电业务的单位，为自贸区厦门片区企业提供多元化购电选择权，有助于提升售电服务和供电质量水平。12月28日，厦门集装箱码头集团船舶岸电系统项目正式启用，是福建省首个由港口企业自主投资建设的岸电系统、首个成功并网连船运行的高压船舶岸电项目，港电公司承建项目管线施工和供电设备安装并提供电力服务。

【夏商国际水产交易中心开业】 2016年12月28日，位于自贸区厦门片区两岸贸易中心核心区的夏商国际水产交易中心开业，原夏商（中埔）水产批发市场整体搬迁至该中心。该中心的交易品种200多种，主要有活鲜类、冰鲜类、冻品类、贝壳类、淡水鱼、干货等，产品来自福建、浙江、广西、广东、海南、辽宁等沿海地区以及东南亚、澳大利亚等地，销售到全国各地并出口到日本、美国、欧洲等。该中心由厦门夏商水产集团有限公司投资10.5亿元建设，总建筑面积约20万平方米，包括水产品交易、码头作业、水产品加工进出口及保税、综合配套服务4个平台，业务范围完整覆盖水产品产业链。

（许建民）

海沧台商投资区

【概　况】 2016年，厦门海沧台商投资区（简称海沧投资区）完成地区生产总值543.66亿元，比上年增长7.0%；固定资产投资（不含农户）430.22亿元，增长16.4%；区级财政总收入164.09亿元，增长6.3%；区级财政收入34.2亿元，增长18.2%。审批外商投资项目218个，投资总额20.34亿美元，增长61.9%；合同利用外资9.17亿美元，增长23.1%；实际利用外资2.71亿美元，增长8.1%。完成征地260.7万平方米，交地555.61万平方米，拆迁84.23万平方米，征地量全市第一。与19名海外“千人计划”高层次外专项目专家达成合作意向16项。引进市重点项目紧缺人才、市“双百计划”人才共28人，推出首批青年人才公寓200套。马銮湾生态修复一期工程全面启动。厦门第二西通道（海沧隧道）主体工程完成建安投资8.76亿元，总投资（含征拆）14.98亿元，完成年度投资计划的187%。海沧大桥交通改善工程建成通车，项目总投资概算4183万元，2016年完成建安投资2000万元。马青路高架实现全线高架通车，2016年完成投资5.1亿元，累计完成投资6.6亿元。厦门信息产业创新创业园启动建设。第十二届中国智能系统会议、第二届中国生物医药国际化发展论坛、2016中国（厦门）互联网金融高峰论坛等在海沧投资区举办。

【产业发展】 2016年，海沧投资区完成规模以上工业总产值990.32亿元，比上年增长2.1%（现价）；规模以上工业增加值282.75亿元，增长2.2%（可比价）。区内32家年产值5亿元以上企业累计完成产值727.7亿元，其中正新海燕、通达科技等15家产值增加超过1亿元。厦门瑞尔特卫浴科技股份有限公司和厦门吉宏包装科技股份有限公司在深交所上市。松霖、威迪亚等11家企业完成“机器换人”自动化改造。佳格、厦烟糖香料、贝姆勒等16个项目开工建设。厦钨新能源、宏发电声、雅瑞光学等7个增资扩产项目竣工，厦顺铝箔等新开工项目进展顺利。海沧投资区引进盈趣科技、韩国大宇智能停车系统、融创天下等一批高端智能制造实体项目。生物医药产业实现产值169.67亿元，增长11.6%。69个第三类医疗器械产品获批，占全省84.2%。金达威、大博医疗等龙头企业发展快速。信息产业园建设启动。厦门半导体投资集团公司成立，军民融合产业稳步推进，风能达、易备安等多家企业落户。石油交易中心等大宗商品交易市场逐步规范并稳步发展，东南燕都开工建设。中建海峡、筑信工程等8家企业全年完成产值270亿元，增长62.65%。

【创新创业】 2016年，海沧投资区高新技术企业（资格有效期内）124家，比上年增长20.39%。高新技术规模以上企业完成产值697.3亿元，占海沧投资区规模以上工业总产值的70.41%。自贸园创新社区取得进展，E境·柴火众创空间（福建省首个青少年创客教育基地）和融资合作平台天使汇开业，RQ空间被评为国家级众创空间，自贸园有市级众创空间11家。至年末，有一品创客、3W空间等国内知名众创空间17家，孵化面积3万平方米，在孵企业（团队）426家，涵盖无人机、机器人、大数据、智能硬件、“互联网＋”、工业设计等方面，创客人数2113人，其中台湾企业（团队）42家，台湾创客人数150人。商事登记制度改革推广，海沧自贸园区新增商事主体2338家，注册资本352亿元。厦门电商跨境监管中心设立。中央电视台《创业英雄汇》节目在海沧举办。海沧投资区内企业及个人等专利申请量2224件，增长41.39%；专利授权量1270件，增长4.44%。至年末，有效发明拥有量822件，增长30.89%。海沧投资区主导或参与制修订国家、行业标准14项，标准化战略指数全市各区第一。海沧投资区新增省名牌产品12项、市优质品牌企业10家。

【对台交流】 2016年，海沧投资区两岸青创基地被国务院列为典型经验。全国首个台湾创业馆设立，支持台商转型、创业。海沧投资区引进台湾人才政策落实，新增300余名台湾青年落户海沧创业就业。举办保生慈济文化旅游节、乐活节、赴台共祭“开台王”、民宿设计大赛等两岸特色交流活动。聘请5名台胞担任村（居）主任助理。设立全市首个涉台社区矫正教育安置基地。台湾地区宗亲到厦门56批859人次，海沧宗亲到台7批496人次。

【海峡两岸无人机暨智能机器人孵化基地启动】 2016年1月21日，海峡两岸无人机暨智能机器人孵化基地启动仪式在海沧举行。孵化基地由海沧区政府和一品威客共建，位于海沧自贸园区内，首期启用面积4000平方米，目标是利用3～5年时间，在海沧区建设国家级的无人机、机器人及周边产业孵化基地。至年末，有94个团队签约入驻。其中，主要生产无人机电池的厦门希弗新能源科技有限公司入选厦门市“双百计划”，厦门合众科创科技有限公司的智能儿童语音机器人项目获百万元天使投资，台湾团队“绝地大师”的3D打印机、桌面版激光雕刻机面市。孵化基地对符合条件的入驻者提供“八大免费”服务（免费提供办公空间、提供办公设备、配置订单信息、专家培训辅导、大咖创业分享、协助注册公司、协助人才招聘、协助市场营销），通过线上线下资源帮助两岸创业青年找资本、找市场、对接项目，孵化扶持成长。

【第九届海峡两岸保生慈济文化旅游节】（见P196同名条目）

【“台厦蓉欧”快铁班列】 2016年4月，“厦蓉欧”班列起点延伸至台湾，形成跨越台湾海峡、横贯亚欧大陆的物流大通道，将中国台湾地区与文莱、印度尼西亚、马来西亚等东盟国家，新疆地区，中亚五国、欧洲地区相连接，进一步打通海上丝绸之路与陆上丝绸之路。该班列通过海铁联运的模式，来自台湾的电子产品、机械设备装船运抵厦门口岸后，搭乘中欧（厦门）班列，经成都到新疆阿拉山口出境，途经哈萨克斯坦、俄罗斯等国，送抵欧洲枢纽波兰罗兹，全程耗时18天，比海运的时间节省一半，运输成本为空运的七分之一到八分之一。

【互联网金融园区（海沧创新园）招商】 2016年5月，厦门互联网金融园区（海沧创新园）一期完工，进入招商阶段。厦门互联网金融园区（海沧创新园）是厦门市、海沧区确定的自贸试验区发展金融、投资等现代服务业重点建设项目，定位是发挥金融资源聚集优势，推动科技、金融、产业融合，发展创新金融特别是互联网金融。至年末，吸引金泰隆（厦门）互联网金融技术服务有限公司、中国人寿财产保险股份有限公司海沧区支公司、厦门硅谷火炬投资管理合伙企业（有限合伙）等7家企业签约入驻。园区位于出口加工区6号地块，于2015年9月动工建设，总占地面积约3.5万平方米、总建筑面积约3万平方米，包含8500平方米的创新展示中心和11栋企业办公楼。

【俞正声出席青创先锋汇交流活动】 2016年6月11日，中共中央政治局常委、全国政协主席俞正声到厦门海沧区出席“乐业两岸，创享未来”青创先锋汇交流活动。俞正声视察厦门海沧创业广场、RQ众创空间、台湾创业馆和无人机暨智能机器人孵化基地，与两岸青年创业、就业和实习代表进行交流座谈，鼓励两岸青年共同创业就业。福建厦门两岸青年创业创新创客基地是大陆唯一一个设立在自贸试验区的青创基地，于2015年6月15日设立，同年10月15日获国台办授牌。至2016年年末，入驻企业294家，其中台资企业76家，台湾创业青年及员工200人。

【宏发电子产业园部分投产】 2016年8月，宏发电子产业园部分投产。项目位于生物医药港园区内，用地面积约18.62万平方米，建筑总面积约26.59万平方米，总投资8.5亿元，全部达产后可年产电力磁保持继电器及电表组件8500万只、高压直流继电器130万只、传感器60万只、灭弧室20万只、信号继电器1.8亿只、非标设备400台（套）、绕线设备400台（套）、电力成套设备3.5万台。至年末，宏发电子旗下宏发电器完成产值7856万元，宏发信号电子完成产值19681万元，宏发精密机械完成产值3427万元。

【肝炎新药派格宾上市】 2016年9月，厦门特宝生物工程股份有限公司研发的派格宾®（聚乙二醇干扰素α-2b注射液）正式获得国家食品药品监督管理局批准上市。派格宾®适用于慢性病毒性肝炎的治疗，经临床试验发现，派格宾®治疗中国丙肝患者的疗效、安全性与进口产品相当。派格宾®的研发历时14年，是中国第一个具有全球自主知识产权的长效干扰素产品、2016年第一个获批的国产治疗性生物制品创新药、福建省近十年第一个上市的国家Ⅰ类新药。获得30多个国家专利授权，打破国外同类产品垄断。特宝生物成立于1996年，有1个国家Ⅰ类新生物制品、3个原国家Ⅱ类新生物制品上市，有4个国家Ⅰ类新生物制品处于临床研究阶段，10余个具有重大市场潜力的候选药物在研。

【2016海峡两岸（厦门）乐活节】（见P198同名条目）

【首届两岸国学院长论坛】 2016年11月22～24日，以“耕读在两岸，文明共承传”为主题的首届两岸国学院长论坛在海沧举办。论坛由厦门海沧台商投资区管委会主办。中国社会科学院、复旦大学、武汉大学、中国人民大学、厦门大学、北京中医药大学和台湾大学、台湾奉元书院、台湾海洋大学等两岸名校的国学院院长和国学研究专家，围绕“耕读在两岸，文明共承传”主题，展开6场主题论坛研讨，并到海沧天竺书院、香草园、青礁村院前社、青礁慈济东宫等考察，了解海沧耕读文化。

【《开台王颜思齐》入选全国纪录片“十优”】 2016年11月，大型历史人文纪录片《开台王颜思齐》在第二十二届中国纪录片学术盛典暨第三届深圳青年影像节上，入选电视纪录片长片“十优”作品，并被中央电视台纳入重大纪录片长期备播库。（参见P198【《开台王颜思齐》中央电视台全球首播】）

（蔡秋娟）

火炬高新区

【概　况】 2016年，厦门火炬高新区（简称火炬高新区）完成规模以上工业总产值2145.69亿元，比上年增长8%；规模以上工业增加值461.42亿元，增长8.3%，增幅高于全市增幅2.9个百分点。其中，软件与信息服务、微电子与集成电路等重点产业增幅均超过20%。固定资产投资241亿元，增长19.5%。合同利用外资4.94亿美元，完成计划的165%；实际利用外资3.65亿美元，完成计划的101.5%。引进内资167亿元，完成计划的167%。

【项目建设】 2016年，火炬高新区策划生成产业项目96个，其中在谈项目21个，前期项目15个，新开工项目29个，在建转续建项目16个，新投产项目15个。16个省市重点项目计划总投资174亿元，全年完成投资182亿元，完成年度计划的104%。电气硝子、天马微电子二期、联芯、三安光电等项目正式投产。ABB工业中心一期项目建设进展快速，二期用地完成土地出让。三安LED项目二期进行生产设备调试。清华紫光项目开工建设。火炬高新区派员围绕联芯项目等龙头企业进行产业链招商，签约日本瑞穗银行等第三方招商中介机构，利用集成电路产业专场招商引资推介会等平台生成一批优质项目。

【园区建设】 2016年，火炬高新区遵循“海绵城市、管廊城市、产城融合”等理念，组织编制完成同翔基地发展总体规划和3个起步区的控制性详规。按照“适度超前、滚动发展”的原则，分期分片组织编制规划环评、水系专项规划、综合管廊等专项规划。片区内道路及供水、供电、污水处理等配套设施建设有序推进。其中，同翔基地12个产业项目落地，总投资151亿元。火炬高新区推进火炬（翔安）产业区、软件园三期、科技创新园等园区建设。完善火炬（翔安）产业区基础配套设施，5条道路及一批输配电工程建设实施；污水处理配套设施基本完工。全年软件园（三期）完成固定资产投资12亿元。火炬科技新天地二期完成施工图审查。科技创新园完成1号楼建设工作以及7号、8号楼预验收工作。

【创新创业体系建设】 2016年，火炬高新区新增国家级企业工业设计中心1家、国家级工业设计企业1家、国家级企业技术中心1家；新增高新技术企业120家；优化“厦门市科学仪器设备资源共享平台”功能与服务，新增仪器共享协议单位12家。发挥国家LED技术应用产品质量监督检验中心等平台作用，为中小企业提供公共技术支撑。厦门软件园（三期）实施“调规划、建载体、促产业、推双创、优服务、强配套、共缔造”，社区功能提升。火炬（翔安）产业区育成中心实施提升改造工程，建成线上信息化服务平台、科技金融服务平台。火炬高新区全年完成国家级众创空间备案8家，新增省级众创空间6家，市级众创空间49家。打造具有专业特色的众创空间5个，对接实体经济。至年末，火炬高新区6家市级两岸青年创业基地引进台企26家，入驻的台青创团队71个，孵化项目15个，吸纳台湾青年122人；有一品威客众创空间、宸鸿科技（厦门）有限公司等国台办挂牌的两岸青年创业基地2个。

【企业扶持培育】 2016年，火炬高新区梳理6条支柱产业链缺失环节及重点发展方向，制定《火炬高新区“十三五”重点产业链（群）发展工作方案》。推动出台《厦门市集成电路产业发展规划纲要》《厦门市加快发展集成电路产业实施意见》。制定培育生根型企业工作方案，培育生根型企业15家。实施产业补短板行动，开展助力企业创新创业路演活动超过500场。出台一批减负、技改扶持政策，促进产业稳步增长。兑现增产多销奖励政策资金958万元、增产增效奖励政策资金1328万元。兑现市、区人才政策和高管个税优惠政策资金，激励20多家企业经营团队稳产及增产。兑现市、区技术改造政策资金7847万元，促进企业优化主营业务、技术升级和生产线改造与扩建。指导企业办理技改项目备案44个，累计总投资253亿元。火炬高新区获得国家、省、市各类扶持资金支持超过1.1亿元，兑现高新区扶持资金超过5000万元。做好国家发改委国家专项建设基金企业项目申报工作，18个项目获得专项基金，项目投资总额623亿元，获得基金金额76亿元。高新区企业厦门弘信电子科技股份有限公司的“挠性印制电路板智能工厂建设”项目被列入国家智能制造试点示范项目，为全市首个。

【企业融资】 2016年，火炬高新区上市公司再融资16亿元，2家上市公司申请再融资50亿元。新增上市企业3家，美图秀秀在香港主板上市，清源科技、吉比特在上海上市，新增新三版挂牌企业36家。53家企业入选省重点上市后备企业名单，占全市的33%。9家“新三板”企业定增融资3亿元，23家中小企业融资11亿元。火炬高新区通过授信、抵押，协助41家企业完成融资，总金额25亿元。

【人才队伍建设】 2016年，火炬高新区继续推动人才项目培育。组织召开人才政策宣讲会和人才创业座谈会，覆盖园区人才企业100多家、高层次人才和人才工作者300多人；建立高新区人才服务专员制度，有24家重点企业设立人才服务专员；兑现首批20家人才企业区级配套扶持资金共3780万元，推动“双百计划”创业项目落地。安排高新区人才开发资金1亿元。筹集人才公寓及公租房1698套（间），拟定《高新区人才公寓管理办法》。组织申报国家“千人计划”、省“百人计划”、省“侨界贡献奖”、省“在闽优秀台湾人才”、市“白鹭友谊奖”、市“台湾特聘专家”等人才项目115人次，共有27人入选国家、省、市各类人才计划。其中，2人入选国家第十二批“千人计划”，占全省50%；16个人才项目入选厦门市“双百计划”；9人入选厦门市“台湾特聘专家”。火炬高新区被福建省委人才工作领导小组办公室授予福建省电子信息产业人才聚集基地称号。

（陈智明）

责任编辑：林建高
审　　稿：孙志红
　　　　　白延蜻
责任校对：胡　恩

15 农业·水利

农　业

【概　况】 2016年，厦门市贯彻中央和全省农村工作会议精神，以“机制活、产业优、百姓富、生态美”为目标，加强农业供给侧结构性改革，加快转变农业发展方式，持续推动农业增效农民增收。全市农民人均可支配收入18885元（连续12年位居全省首位），比上年增长7.6%。其中，人均工资性收入12566元，增长5.6%；人均经营净收入4567元，增长10.8%；人均财产净收入739元，增长13.2%；人均转移净收入1014元，增长13.9%。全年农林牧渔业总产值43.7亿元，下降2.7%。其中，农业产值20.95亿元，下降4.3%；林业产值0.19亿元，增长15.4%；牧业产值12.16亿元，增长12.1%；渔业产值6.19亿元，下降22.7%；农林牧渔服务业产值4.21亿元，增长4.3%。

【现代农业持续发展】 2016年，厦门市实施种子种苗工程，加强新品种研发，3家种子企业被评为省级重点农作物种子企业，4个品种通过省级审定。建立农作物新品种示范和展示点6个，面积235亩（15.67万平方米），展示农作物新品种50多个，工厂化培育蔬菜种苗1.6亿株，农作物良种覆盖率96.7%，形成富有地域特色农业产品8个，总面积12.2万亩（8133.33万平方米），占全市耕地面积40%。厦门市农业局（简称市农业局）修订《厦门市农业产业化市级重点龙头企业认定和运行监测管理办法》，完成新一轮45家市级重点龙头企业评定及授牌，新增省级、市级农业产业化龙头企业各4家。全市实现销售收入493亿元，比上年增长2.1%；建设追溯点61个，将283种蔬菜、水果、食用菌等农产品纳入可追溯系统管理，5万亩（3333.33万平方米）胡萝卜、葱、甘蓝等蔬菜出口基地实现溯源管理。厦门市建成农资信息化监管试点单位18家、农资监管协作社11家，在全省率先实现主要涉农镇（街）农产品快速检测室全覆盖。农业部农产品例行监测显示，全年厦门市蔬菜、水果和畜禽产品监测合格率分别97.5%、98.3%和99.8%，位居全国前列。其中，生产基地蔬菜、水果和畜禽产品监测合格率均为100%。

【发展方式逐步转变】 2016年，市农业局制定《厦门市到2020年化肥使用量零增长行动方案》《厦门市到2020年农药使用量零增长行动方案》，推动测土配方施肥16.8万亩（112平方千米），推广绿色防控技术，建立绿色防控示范点8个，减少和控制农业面源污染。编制《畜禽养殖空间布局规划与污染防治规划》《厦门市生猪养殖污染防治专项行动计划》，推进生猪退养和规模化养殖场升级改造，全年退养生猪27.41万头，标准化提升改造规模养殖场25家。建设厦门国家农业科技园区、厦门海峡农业高新技术园，建设农业成果示范应用基地15个，面积8421亩（561.4万平方米），耕种收综合机械化水平39.7%；新建农业标准化生产基地20个，新增无公害、绿色、有机和地理标志农产品认证16个。农业信息化建逐年加快，国寿种猪、塔斯曼、百利种苗等省级农业物联网技术应用示范点建设进展顺利，“12316三农”服务热线满意率78.95%。新型农业经营主体发展电子商务的数量不断增加。厦门市政府出台《关于推进农村一二三产业融合发展的意见》，同安区获批国家农村产业融合发展试点示范县，翔安区新圩镇、同安区汀溪镇获批省农村产业融合发展试点示范镇。6月，市农业局在集美区宝生园召开全市休闲农业现场推进会，推介休闲农业精品线路5次，引导建发、特房等国有企业参与建设休闲农业示范项目。全市休闲农业项目接待游客约470万人次，总收入5.35亿元，比上年增长18.9%。郭山村被农业部新评为“中国美丽休闲乡村”。全市有全国休闲农业与乡村旅游示范点9个、全省休闲农业示范点19个、全省休闲农业示范镇3个、中国美丽休闲乡村5个。各区农林水土统筹发展规划编制完成，流域治理项目加快建设，溪流养护长效机制巩固落实；各区重点打造的示范点基本完成，治理流域水质明显改善，河道生态有效修复，流域沿线景观不断提升，小流域综合治理取得阶段性成果。

【农村改革深入推进】 2016年，厦门市组织各级农业技术员、农民8000多人参加农村实用技术远程培训，农业领域创业大学生30多人，参加2017年新型职业农民专科学历教育的农民49人。新增市级农民专业合作社示范社8家（累计70家），新增市级家庭农场示范场8家。农民合作社2024家，注册成员数3.84万人，带动周边农户8.42万户；家庭农场316家。建设镇级农村土地流转服务平台14个，占全市涉农镇（街）的87.5%，流转到家庭农场、农民专业合作社、农业企业等新型农业经营主体的耕地约12.5万亩（83.33平方千米），耕地流转率39%，开展基层农村土地承包经营纠纷调解体系建设，促进农村土地经营权有序流转。市政府召开全市农村土地承包经营权确权登记颁证试点小结暨全市全面铺开动员部署会、全市农村土地承包经营权确权登记颁证工作推进会。市农业局举办业务培训班，下达确权工作经费，推进确权登记颁证工作，完成省政府下达厦门市2016年权属调查50%、颁证率30%目标任务。厦门市担保有限公司农业担保分公司成立，与各区政府建立风险补偿资金机制，设立农业设施灾后重建的贷款担保新品种。厦门市人保财险公司成立农村保险事业部，在岛外各区设立营销服务部、服务站点，提高保险服务“三农”能力。

【农村环境持续改善】 2016年，厦门市加速推进小城镇和特色小镇建设，出台《关于开展特色小镇规划建设的意见》，持续推进灌口、汀溪、新圩3个省级小城镇综合改革建设试点，其中灌口镇被评为全省首批特色小镇。厦门市区两级投资3亿多元，完成“旧村改造新村”建设143个、老区山区重点村项目建设60个、“美丽乡村”建设项目61个，建设进度、品质均位居全省前列。“村保洁、镇收集、区转运、市处理”的农村环卫保洁体系进一步完善，农村生活垃圾收集处理率超过95%，市级村容考评优良率80%。通村公交线路累计开通146条，投入车辆911台，符合条件建制村通公交率100%（翔安区铆山村、前浯村、村尾村、琼坑村除外）。镇（街）综合文化站设置率和功能完备率均为100%，村（居）文化活动室设置率100%、功能完备率95.4%。

【农村社会和谐稳定】 2016年，厦门市开展全国社区治理和服务创新实验区创建活动，健全农村社区便民服务机制，全市建成农村社区工作站或便民服务代办点297个，农村居民服务覆盖面97%以上。创新农村帮扶工作机制和干部培养机制，深化94个市直单位结对挂钩帮扶村（居），选派第二批36名驻村蹲点。持续深化文明城市创建，深入开展打造全国公共文明行为典范城市创建活动，继续强化文明村镇创建，海沧区洪塘村被评为2016年福建省美丽乡村文明建设示范村。落实农村社会治安综合治理责任制，深入开展矛盾纠纷排查调处工作，深化社会治安防控体系建设，加强对突出治安问题和治安复杂地区的定期排查，健全公共安全和重大突发事件应急管理机制，农村社会呈现和谐稳定良好局面。

【台风灾害抗御】 2016年9月，第十四号超强台风“莫兰蒂”等系列台风对厦门市农村生产造成严重损坏，为加快灾后重建，厦门市政府出台《关于促进农业灾后重建恢复生产的若干意见》，向农业部汇报抗灾救灾情况，争取中央财政农业生产救灾资金1000万元。市农业局下达农业灾后重建市级补助资金7730万元，推动农村灾后重建恢复生产。

（杨凤阁）

种植业

【概　况】 2016年，厦门市农作物播种总面积38.66万亩（257.73平方千米），比上年下降1.36%，其中粮食作物播种面积9.87万亩（65.8平方千米），下降1.56%；粮食总产3.53万吨，下降3.40%。厦门市实施农业基础设施建设项目3批17个（农业基础设施项目7个，现代农业温室、大棚设施项目10个），项目受益面积6055.92亩（403.73万平方米），总投资5457.95万元；市、区财政补贴资金3713.42万元，其中市财政补助2785.06万元。落实惠农补助资金2383.2万元，其中农作物良种补贴74万元、测土配方施肥项目补贴资金60万元、农业支持保护补贴资金（用于支持耕地地力保护补贴部分）1763.2万元、农机购置补贴450万元、农民技术员补助36万元。

【农作物病虫害防控】 2016年，市农业局指导开展蔬菜病虫害防治、科学安全使用农药、农业植物检疫等相关培训10多期（场），参训800多人次；发布病虫情报（信息）21期，指导农民开展防治；现场协调、技术指导50多次，受益的农民200多人次，指导台风“莫兰蒂”的防御和灾后病虫害防治工作，减轻受灾造成的损失。根据监测情况，市农业局发布《灾后农作物病虫害防治意见》，建立绿色防控示范点8个，示范推广生态调控、物理诱避、生物防治等绿色防控单项技术，进一步减少化学农药使用量，推进无公害农产品生产，促进农业可持续发展。

【质量安全监管】 2016年，市农业局推进农产品质量安全监管体系建设，充实基层监管队伍，落实属地管理责任。厦门市农产品监测体系基本形成市、区和镇（街）三级平行监测、企业自检辅助的模式，20个主要涉农镇（街）率先全省完成农产品快速检测室全覆盖。市农业局为市区两级农业部门配备农产品流动监测车6台。全年开展农产品定量检测2000多批次，农产品（种养殖）定性检测3万多批次，农资产品质量监

表15-1　**2016年厦门市主要农作物种植情况**

品　种	播种面积（平方千米）	播种面积比上年增长（%）	产量（万吨）	产量比上年增长（%）
水　稻	33.27	2.25	1.85	3.35
甘　薯	18.27	–5.19	0.92	–14.81
马铃薯	9.93	–5.10	0.58	–4.92
油料作物	25.27	–4.53	0.71	–12.35
蔬　菜	155.6	–0.64	51.93	–7.37

测 274 批次。其中，市级开展种植业产品药物风险监测 966 批次，种植业产品重金属风险监测 213 批次，种植业产品监督抽检 80 批次，畜禽产品质量监测（风险抽检和监督抽检两检合一）421 批次，"瘦肉精"质量监测 11440 头份。市农业局累计开展种植业产品质量安全例行抽检、风险监测、专项抽检等 1295 批次，其中开展农药残留监测 1060 批次，监测农药残留参数 58 项；开展重金属监测 196 批次，监测铅、镉等重金属参数 5 项，豆芽专项抽检 39 批次；开展畜禽产品兽药残留风险监测 365 批次，检测 β－受体激动剂、磺胺类等参数 18 项，风险抽检分析报告 16 份。

【质量安全宣传咨询活动】 2016 年，市农业局组织开展农产品质量安全广场宣传活动，组织参加厦门市食品安全工作办公室等部门举行的食品安全现场宣传咨询活动 3 次，累计发放有关农产品质量安全宣传材料 500 多份。利用报刊、电视、网络、简报等媒介，宣传农产品质量安全工作，各种网站刊发农产品质量安全信息 40 多条，《厦门日报》刊登相关报道 4 次，厦门电视台《新农村视点》栏目中播出"建设追溯监测体系·保障农产品质量安全"专题片。

【农资质量安全执法】 2016 年，厦门市农资打假围绕重点区域、重点企业和重点农业生产时节，针对农资生产、经营、使用环节开展质量安全执法，启动农资双随机抽查。市农业局出动执法人员 3651 人次，检查农资生产经营企业 834 家次，农民专业合作社 125 家次，完成农资执法抽检任务 117 批次，完成种植业农产品监督抽检任务 400 批次，立案查处经营假劣农资案件 17 起，查处罚没款 138640 元，销毁过期、假劣农资 3750 千克。市农业局推进"互联网＋农资监管平台"建设，升级对接省级农资监管平台，全年线上开展网上农资巡查 2985 次，网上巡查监管操作 1.9 万多次，登记备案农资产品 5000 多批次，上传农资销售台账 1.3 万多条。市农业局先后举办农产品质量安全可追溯系统建设培训班 3 期，各区管理人员及各追溯系统企业（合作社）参会 160 多人。市农业局对全市 77 个农产品质量安全监测点（包括镇街检测室 16 个、固定监测点及追溯点 61 个）的检测数据进行汇总、分析，形成 2016 年上、下半年全市农产品质量安全监测预警分析报告。加强运行管理和检查考核，考核农产品质量安全追溯点 28 家，固定监测点 10 家，有关检查考核情况以通报形式反馈各区相关管理部门，针对存在问题加强督促整改。按照有关规定，对连续两年考核不合格的企业（合作社）启动退出机制，关闭 1 家追溯点主体资格，收回领用的设备。

【农机建设】 2016 年，厦门市拖拉机牌证数 3451 台，其中有效在册数 1740 台，拖拉机驾驶人在册数 2758 人。全年拖拉机年检 973 台，农田作业拖拉机注册登记 107 台，拖拉机驾驶员考试 48 人，换发拖拉机驾驶证 83 本。全市上道路行驶的拖拉机上牌率 100%、持证率 100%、年检率 75.3%。市农业局组织农机安全执法、宣传 104 次，出动执法人员 250 人次，查处拖拉机违法行为 57 台次，其中逾期未年检 51 台。发送农机安全宣传短信 7711 条，出动宣传车 12 次，发放各类宣传材料 10510 份，给农机手发放倡议信 3992 份。海沧区申报全国"平安农机"示范区。全市未发生农机事故，连续 10 年保持农机事故"零死亡"。

【农业技术服务】 2016 年，市农业局组织农技人员深入基层，开展科技下乡、科技拥军工作，现场宣传"购机补贴"等强农惠农政策，举办各类培训讲座，接受农民群众、部队官兵的咨询。市农业局开展村级农民技术员、职业农民培训 310 多人次；探索"三位一体"（电脑、电话、APP）服务模式，推广安装"12316"手机软件，共享全省的"三农"信息服务，使农户在第一时间获得省内农业专家的技术指导。"12316 三农"服务热线共接来电 2869 人次，接待群众来访 479 人次，现场指导 1044 次，参加人数 5149 人。举办技术培训 121 场，农技员或农户参加受训 5745 人次，各级农技人员下乡指导 613 次，参加 2759 人次。挽回经济损失 495.2 万元，增创经济效益 272 万元。

【对台农业交流】 2016 年 1 月，市农业局举办第八届厦门名优特农产品展销会，组织厦门市台资企业和台湾企业参展 50 家，将厦门特色、品牌农产品及中国台湾农产品的生产、经营企业进行展销，拓展当地新鲜、优质、特色农产品的销售渠道，增进闽台农产品的交流与合作。市农业局组织厦门农业技术骨干赴中国台湾交流，学习台湾精品小镇、精致农业发展情况等，为两岸一线农产品生产基地与广大市民之间搭建一条购销桥梁，进一步加强两岸农业人员合作交流。6 月，市农业局组织第八届海峡论坛·两岸特色乡镇交流暨智慧农业对接会，邀请中国台湾高雄农友种苗股份有限公司、台南秀明科技有限公司、云林县神农广播股份有限公司、厦

4 月，宁波农业局调研组调研百利种苗生产情况　（李超　摄）

门中厦种子有限公司、百利种苗有限公司、康浩生态有限公司，开展对接签约花菜种子的商业化育种与推广、蔬菜集约化育苗及种植技术交流以及生态农业的活动。

【种子行业】 2016年9月，厦门市在台风“莫兰蒂”灾害后，协调调度全市花椰菜、大白菜、胡萝卜、黄瓜、苦瓜、甜椒、辣椒、番茄等蔬菜种子计6吨，确保灾后恢复生产种子的需要，促进灾后恢复生产。全年市农业局出动开展种子市场监管检查活动90多人次，未发现销售假冒伪劣种子等违法行为。抽查种子企业16家，样品61个，抽检合格率100%。全年举办2次新修订《中华人民共和国种子法》及配套办法宣传培训班，全市各区种子管理站负责人、种子企业经营人员100多人次参加。市农业局下达财政资金172.5万元，扶持种子企业开展研发基础设施建设。厦门中厦蔬菜种籽有限公司、厦门百利种苗有限公司、厦门文兴蔬菜种苗有限公司3个种子企业被评为“2016～2017年度福建省省级重点农作物种子企业”。

（杨凤阁）

畜牧业

【概　况】 2016年，厦门市肉蛋奶总产量6.48万吨，比上年下降33.6%。其中，肉类产量4.89万吨，下降38.5%；禽蛋产量1.54万吨，下降13.0%；奶类产量543吨，增长18.0%。家禽存栏342.04万只，下降15.3%；家禽出栏850.05万只，下降12.5%。家畜存栏26.36万头，其中生猪存栏25.46万头，下降45.3%；能繁母猪存栏2.12万头，下降44.5%；生猪出栏54.19万头，下降43.4%。牛存栏0.61万头，下降12.9%；出栏0.59万头，增长9.3%。羊存栏0.29万头，下降37.0%；出栏0.42万头，与上年持平。

【重大动物疫病防控】 2016年，市农业局举办动物疫病防疫技术和疫病净化专题培训班2期，市、区、镇（街）兽医干部及村级防检员100多人参训，加强种畜场动物疫病净化工作。市农业局开展禽流感、口蹄疫、猪瘟、高致病性猪蓝耳病、新城疫等主要动物疫病抗体监测、病原监测、流行病学调查样品23210批次，组织专项检查2次，强化免疫效果跟踪和防控工作督查，重大动物疫病应免尽免，群体免疫密度常年维持在90%以上，应免畜禽免疫密度全部达100%，重大动物疫病平均免疫抗体合格率均超过农业部规定的70%。

【动物卫生监督】 2016年，厦门市屠宰检疫生猪127.0万头、牛羊4.4万头，检出不合格生猪841头，屠宰检疫家禽179.4万羽；产地检疫生猪46.7万头、牛1.1头、家禽37.6万羽。入岛动物产品检疫申报点受理申报动物产品检疫6.0万吨，未发现不合格动物产品；岛内犬、猫、鸽等动物运输检疫出证226份。厦门市动物卫生监督所查处3起动物卫生监督违法案件，其中查处未经执业兽医注册从事动物诊疗活动案2起，没收违法所得1628元，处4600元罚款；查处未取得动得动物诊疗许可证从事动物诊疗活动案1起，没收违法所得4440元，处6000元罚款；查处未经执业兽医注册从事动物诊疗活动一案被福建省农业厅评为优秀案例。

【病死动物无害化处理】 2016年，市农业局推动、落实病死畜禽无害化处理补助政策，建立政府监管、业主负责、社会力量参与的病死畜禽无害化处理机制。全年下达补助资金237.94万元，用于生猪养殖环节、屠宰环节病死猪无害化处理补助，无害化处理病死畜禽60.39万只。

【“瘦肉精”监管】 2016年，按照厦门市《关于印发厦门市2016年农产品质量安全专项整治方案的通知》精神，市农业局开展51955头份的“瘦肉精”快速检测工作，其中屠宰场抽检32458头份，养殖场19497头份，检测项目包括盐酸克伦特罗、莱克多巴胺及沙丁胺醇3个项目。完成省级下达屠宰场“瘦肉精”监测任务10828头（份）。上述检测监测均未检出“瘦肉精”呈阳性。

【牲畜屠宰监管】 2016年，市农业局不间断、全覆盖日常巡查各私宰易发地段，组织474次4339人次，查处私宰窝点73个次，罚没生猪440头、羊5头，取缔生猪私宰窝点36个。抓获犯罪嫌疑人7人，由公安部门立案3起，逮捕3人；受理有关牲畜私屠滥宰问题的市长专线转办、市纠风办督办及群众反映等举报件113件。

【饲料行业管理】 2016年，市农业局强化饲料生产企业年度备案工作，审核上报预混料备案企业21家，配合料、浓缩料、单一饲料备案企业32家，添加剂企业8家。加强饲料生产企业安全生产宣传和检查，督查同安区、翔安区、海沧区、集美区各2家企业，对发现的问题督促整改，反馈辖区饲料监管部门。开展饲料产品质量抽检72批次，检测重金属、兽药残留及其他参数指标18项。

【规模养殖场提升改造】 2016年，厦门市因地制宜，推广生猪生态养殖模式，加快推进配套环保设施建设，开展“漏缝地面—免冲洗—减排放养殖”模式改造，全面推广微生物发酵床零排放生态养殖模式。完成养殖场升级改造25家，完成备案生猪养殖场的标准化改造提升任务62家。根据《福建省农业厅办公室关于印发2016年福建省畜禽养殖标准化示范创建活动工作方案的通知》精神，市农业局组织开展畜禽养殖标准化示范创建活动，全年有8家生猪规模养殖场达到省定标准化示范场创建标准。

（杨凤阁）

林　业

【概　况】 2016年，厦门市超额完成营造林绿化任务，厦门市林业局（简称市林业局）完成营造林绿化261753亩（17450.2万平方米），占任务数的100.57%。其中，“两沿一环”（沿路、沿江、环城）重点修复完成7282亩（485.47万平方米），占任务数的101.24%；山脚田边生物防火林带建设完成585亩（39.01万平方米），占任务数的106.17%；森林抚育完成13886亩（925.74万平方米），占任务数的110.83%；封山育林完成24万亩（160平方千米），占任务数的100.00%。集美区完成造林绿化和森林经营总面积42321亩（2821.41万平方米），占任务数的100.18%；海沧区完成造林绿化和森林经营总面积23788亩（1585.87

万平方米），占任务数的105.06%；同安区完成造林绿化和森林经营总面积143923亩（9594.87万平方米），占任务数的100.10%；翔安区完成造林绿化和森林经营总面积51721亩（3448.06万平方米），占任务数的100.23%。市林业局建立补充林地储备库，补充林地面积171.62万平方米；开展“清积案会战”（集中清理历史积累涉林违法案件行动）、“严厉打击非法占用农用地等涉林违法犯罪”等专项行动，全年未发生涉林重特大案件，发案率总体呈下降趋势，保持林区社会治安稳定及无森林火灾目标。

【林地资源管理】 2016年，市林业局配合市规划委制定《厦门市生态控制线管理实施细则》《厦门市林地空间布局规划》编制，加强对杏林湾等湿地的日常监管，确保林地总量平衡。3月26日，纪念福建省第三十四届爱鸟周和厦门白鹭确定市鸟30周年，市政园林局联合市环境保护局、市海洋与渔业局、市水利局等多部门在白鹭女神广场举办以“美丽厦门·鹭鸶飞舞”为主题的宣传活动，同步开启白鹭家园调查，保护翔安区张埭桥水库的紫水鸡栖息地。落实采伐限额管理制度，严把伐区规划、伐区调查设计、采伐审批、伐区检查验收4道关口，全市审批采伐面积13959亩（930.60万平方米），采伐蓄积35598立方米（受台风“莫兰蒂”影响，为防止病虫害和次生灾害，超过年度采伐限额）。制定出台《厦门市市级财政林业专项资金管理办法》，规范森林生态效益补偿资金拨付、使用和管理，全市投保森林总面积970257亩（64684万平方米）。开展厦门市第二次全国重点保护野生植物资源调查工作，并通过省级检查验收。

【森林防火】 2016年，厦门市森林防火指挥部利用有线电视宣传70天次，发放宣传单72.5万张，发送微信4条约10万人次接收，制作宣传册及宣传画各3万份，发放宣传纸杯7万个、环保袋1.5万条、宣传饮用水5.42万瓶。坚持“高度戒备、靠前驻防、及时预警”，在重大节日和台风“莫兰蒂”后高森林火险期间，各级落实24小时干部值班、领导带班制度。全市各级召开森林防火专题会议230场次，下发转发文件通知32份，发布高森林火险预警5次，特别提示短信36次，接收短信202万人次，群发警示短信492万条次。围绕重点区域、重点时段、重点人群，启动或增设护林哨卡172处，实行林场、镇（村）干部分片包干“一对一”盯防，加强民俗野外用火、焚烧垃圾、农林用火等管控力度。组织检查组238个，参加检查人员880人次。台风“莫兰蒂”正面袭击后，克服林区产生大量可燃物、设立大量树木残枝堆放场、防火道路因灾受阻、防火监控设施严重受损等不利条件，实现全市全年无森林火灾目标。

【林业有害生物防治】 2016年，市林业局开展林业有害生物普查，完成踏查面积1542.5万亩（10283.33万平方米）、踏查点3043个，设立标准地142个，生产经营场所调查22个。发布全市年度林业有害生物发生趋势预报，监测覆盖率100%；完成春季普查和松枯死木季度调查，全市普查枯死松木50.39万亩（33610.13万平方米），普查覆盖率100%；做好植物检疫行政审批工作，办理“植物检疫证书”1420件，所有行政许可按法定时限及时办结，实现办证“零差错、零投诉”；组织开展“绿盾2016”检疫执法行动，执法检查企业386家，做好全市松材线虫病的防控工作，发布病虫情通报88期。

【林业综合整治】 2016年，厦门市森林公安局协调市委编办落实“三定”（职责、内设机构、人员编制）方案，加挂“厦门市公安局森林警察支队”牌子。开展“林区缉枪治爆”“打击破坏候鸟等野生动物资源”等专项行动，出动警力1620人次，车辆405台次；开展日常巡查360余次，清查森林公园、古玩市场、农贸市场等野生动植物经营加工场所200余处，检查野生动物活动区域150处，收缴非法捕猎野生动物（鸟类）330只；受理案件31起，立案15起，取保19人，刑拘14人，逮捕3人，移诉案件16起，全市林区涉林案件发生数总体下降，林区治安形势稳定。厦门市森林公安局全面落实“党政同责，一岗双责”安全生产责任机制，指导督促林业企业开展标准化达标创建活动；成立安全生产大检查领导小组，对全市展开林业安全生产大检查。开展为期2年的粉尘涉爆林业企业安全生产专项整治工作。

（方　泓）

渔　业

【概　况】 2016年，厦门市海洋渔业局（简称市海渔局）重点发展水产种苗业，推动加工转型升级，促进远洋渔业发展，提升休闲渔业水平，保障渔业安全和水产品质量安全，促进渔业增效、渔民增收和渔业经济的可持续发展。市海渔局推动“产学研”相结合，引导水产加工业转型升级。福建安井食品股份有限公司在上交所A股成功上市，集美大学开展“利用对虾加工副产物制备天然蛋白酶及重组蛋白酶的高效表达与产业化应用”，厦门新颖佳生物科技有限公司开展“循环水高密度石斑鱼养殖及红螯螯虾育苗技术研究”，福星（厦门）生物科技有限公司进行“对虾生物活性饲料的关键技术开发”。全年渔业产值10.88亿元，比上年下降12.62%，其中捕捞产值2.66亿元，养殖产值3.53亿元，苗种产值4.69亿元。水产品总产量4.44万吨，下降14.70%，其中水产养殖2.03万吨，捕捞产量2.40万吨。生产对虾苗2746亿尾，下降0.13%。水产加工量14.20万吨，下降6.26%；产值21.08亿元，下降20.60%；总量2.25万吨，增长0.35%；出口货值22706万美元。中埔水产品批发市场总交易量10.25万吨，增长5.21%；交易额36.64亿元，增长5.65%。全市渔业乡4个，渔业村25个，渔业户20799户，渔业人口64145人，渔业从业人员26585人，专业从业人员14267人，兼业从业人员8933人，临时从业人员3385人。渔业企业通过厦门市海洋经济专项资金扶持，在建渔业转型升级项目7个，其中2016年新增4个，项目总投资7933.5万元。通过项目扶持，渔业企业在关键技术研发、新品种培育等方面取得成效，日本囊对虾“闽海1号”、鲍鱼新品种“西盘鲍”等获批国家水产新品种。

【第九届中国（国际）厦门休闲渔业博览会】 2016年10月28～30日，第九届中国（国际）厦门休闲渔业博览会暨海峡两岸水族·钓具展在厦门会展中心举办。展馆面积1.3万平方米，标准展位757个，其中东盟国家国际展位20个，来自福建、广东、浙江、上海、江苏、河北、山东、湖南等国内20多个省市及台湾地区以及东盟国家近400家企业参展。设置观赏鱼展区、休闲渔业模式展区等6个展区，开展锦鲤评比、水草造景、金鱼评比等活动，台湾荧光鱼展览、台湾休闲渔业、水上体验区成为亮点，增设全国休闲渔业示范基地精品展区，集中展示农业部评选的全国示范基地中较为优秀的、示范和带动作用较为明显的休闲渔业基地60家。展览吸引国内外参观人员6.2万人次。博览会期间，农业部在厦门召开全国休闲渔业工作会和（首届）中国休闲渔业高峰论坛。农业部副部长于康震、福建省副省长黄琪玉、厦门市政府副市长张毅恭和全国各省市渔业主管厅（局）领导120多人出席会议。

【远洋渔业】 2016年，厦门市6家远洋渔业企业、86艘远洋渔船、38艘船网指标的作业海域分布北太平洋以及几内亚、缅甸，拥有印尼、缅甸、几内亚等8个境外远洋渔业基地。市海渔局落实“一带一路”倡议，19艘远洋渔船从印尼转场巴基斯坦、几内亚和马来西亚等新渔场，厦门渔业企业与马来西亚皆富集团合作开发柔佛州对虾养殖综合基地，与印尼万来渔业公司达成合作建设水产加工厂的意向。远洋渔业捕捞总产量1.8万吨、产值2.03亿元，渔获物回运厦门1.43万吨，价值1.61万元，为市民菜篮子提供优质海产品。全市发放部、省补助资金11351万元，发放厦门地方补助资金228.7万元。市海渔局出台《厦门市远洋渔业安全管理规定》等文件，确立应急处置、经营管理、灾害事故、船舶位置等一系列报告制度，确保厦门远洋渔业规范、有序发展。

【水产苗种业】 2016年，市海渔局选择厦门市厦兴龙水产种苗有限公司、厦门市龙程水产科技有限公司企业、厦门市新荣腾水产技术开发有限公司3家苗种生产企业，开展凡纳滨对虾苗种企业标准化试点工作。12月，在福建省标准化平台（企业自我声明平台）进行企业生产标准登记；通过开展苗种企业生产标准化试点推广工作，推动厦门市水产苗种行业从业人员改变“注重产量轻视质量”观念，在品质、效益、生态、环保等方面提高和带动行业经营意识，逐步营造行业自律和诚信经营氛围，促进水产苗种产业健康、可持续发展。

【水产品质量安全监管】 2016年，市海渔局制定并落实创建国家食品安全城市工作方案、治理餐桌污染方案、年度监管工作方案等。成立批发市场水产品质量安全专家组，坚持市区联动、检打结合，以水产苗种场、养殖场为重点，打击产地水产品安全违法行为。依法开展批发市场水产品安全监管，坚持每月夜间执法检查不少于8次，指导督促市场开办者和经营户落实安全主体责任。全年发出整改通知书并督促整改16份，责令暂停经营相关品种的经营户8家，扣押5家经营户137千克的产品并进行下架退市处理，立案查处1起、处罚3500元。开展水产品质量安全各级各类监测600多批次，其中产地药残监测合格率100%，批发市场药残合格率96%，市场例行监测合格率96%；开展水产品风险评估调研和渔业环境水质监测，掌握水产品质量情况和渔业环境现状。

【渔业科技推广】 2016年，市海渔局组织专业技术人员参加研讨会、专业培训和网络远程继续教育培训153人次，聘请具有行业实践经验的专家教授组成专家队伍，推广服务科研和技术工作。围绕水产品安全监管工作，对全市56名村级渔技员按区、镇、村进行分工并实行网格化管理，开展水产养殖质量管理员职业技能鉴定，获职业技能鉴定证书53人。组织编写《对虾苗种繁育技术》（含初、中、高级）职业技能鉴定教材；组织渔民参加新型职业农民大专学历培训55人；开展渔业技术培训25期132场1466人次，有效提升渔民养殖生产技术水平。

【渔业对外合作交流】 2016年，市海渔局以休闲渔业博览会为平台，增进对台休闲渔业合作。2月25日，澳门至善有限公司就厦门与葡语系国家开展远洋渔业捕捞及其他经贸情况进行交流座谈。7月5日，牵线搭桥促成同安区、海沧区对接马来西亚皆富集团养殖“走出去”项目，推动渔民养殖能手到东南亚等“一带一路”沿线投资创业，加强渔业对外合作交流。9月7日，莫桑比克伊尼扬巴内省省长代表团一行7人到市海渔局了解厦门渔业发展情况及渔业加工业的发展情况，并学习相关管理经验，寻找合作机会。

【渔港渔船管理】 2016年，厦门登记在册渔业船舶1739艘，其中捕捞渔船1055艘，总吨位2904.3吨，主机总功率为9049千瓦。捕捞渔船种类多，其中拖网渔船2艘、灯光围网5艘、刺网渔船822艘、张网渔船3艘、钓业渔船16艘，其他杂渔具渔船207艘。渔港4个，其中中心渔港1个、群众渔港3个。市海渔局全年检验渔业船舶1459艘次，办理船舶进出渔港签证1929艘次。

【渔业安全生产】 2016年，厦门市渔业安全生产保持平稳态势，没有发生重大渔业安全生产事故，市海渔局被省海洋与渔业厅评为2016年度安全生产先进单位。闽台高崎中心渔港被农业部、国家安监总局联合复评为全国文明渔港。市海渔局落实“党政同责、一岗双责、失职追责”，层层分解安全生产目标责任。开展安全发展示范城市创建、渔业安全宣传教育、渔业安全生产标准化建设、安全执法专项行动、安全生产大检查和安全生产目标责任考评等工作，全年无发生重特大渔业安全生产事故。

【防抗台风“莫兰蒂”】 2016年，为做好防台风准备工作，市海渔局科学施策，启动各类应急预案，发送预警和提示信息近2万条，发放防台宣传单2000多份，完善防台风工作预案，开展防台风应急演练和物质储备。台风影响厦门前，海洋与渔业系统分成7个工作组分别对渔港、清淤工程、岸线修复工程、各排污口进行检查，排除隐患。各区组织督促渔船进港避风1761艘，渔工撤离上岸4044人次；闽台避风港组织船舶进入高崎渔港避风577艘，组织船上人员到高崎避险中心避风3368人，实现“不死人、少损失”的目标。台风过后，市海渔局联合社区开展道路清理等救灾复产工作，打捞渔港内的沉船，保障灾后水产品市场供应，开展灾后渔船查勘定损理赔，清理鼓浪屿、环岛路沙滩等。市海渔局防台和救灾工作得到国家海洋局、农业部渔业渔政管理局和市委、市政府的肯定，获市委、市政府授予防灾减灾先进单位称号。（参见 P72【台风】）

【渔业资源增殖放流】 2016年，市海渔局开展“6·6”放鱼日和“6·8”全国海洋宣传日等增殖放流活动，与金门在厦金海域联合增殖放流，促进厦金两岸的互动交流。全年举行放流活动7次，放流大黄鱼、黄鳍鲷、真鲷、黑鲷、三疣梭子蟹二期幼蟹苗等海水鱼苗约821万尾（只）。市海渔局协调指导海洋工程业主单位开展增殖放流生态补偿工作，计划6512万尾（粒），实际完成7302万尾（粒）。

（市海渔局）

水　利

【概　况】 2016年，厦门市平均降雨量2313.8毫米，属丰水年。全市地表水资源量24.97亿立方米，地下水资源量3.72亿立方米，水资源总量25.13亿立方米，比历年平均水资源总量高103.57%。全市供水总量63857万立方米，其中地表水供水量占94.44%。城镇居民用水量所占比例占33.06%。全年受理涉水行政审批事项318项，其中公共服务事项144项，承诺时限内办结率100%。征收水资源费、水土保持补偿费10482.61万元。全年涉水项目完成投资超过13亿元，省、市重点水利项目11个。长泰枋洋水利枢纽工程完成大坝浇筑目标，莲花水库主坝、副坝完成，库盆扩挖区完成88%，移民安置点建成。九龙江北溪雨洪利用工程、水源连通工程等有序推进。

【防汛抗旱】 2016年，厦门市降雨偏多，台风偏多偏强，气温低至历史罕见。全年受1次寒潮、5次台风（1号“尼伯特”、4号“妮妲”、14号“莫兰蒂”、17号“鲇鱼”、22号“海马”）和12场暴雨影响，启动28次应急响应。岛内最低温0.1℃，岛外局部山区低至-8.8℃，暴雨早发多发频发，出现罕见冬汛。全年降水天数150天，降水量2167毫米，比常年平均降水量偏多55%，是有气象记录以来最高纪录。

【水土保持】 2016年，厦门市水土保持制度改革创新走在全省前列，市水利局制定《简化水土保持方案审批意见》《建设项目水土保持准入特别限制措施（负面清单）》，明确规定只有在水土流失易发区范围内的生产建设项目才需报批水土保持方案，列入负面清单上的项目一律不予审批，将水土保持方案审批量减少80%，进一步减轻企业负担。在全省率先编制完成《厦门市水土保持规划（2016～2030年）》，复核划分全市水土流失重点防治区，划定水土流失易发区范围，明确生产建设项目重点监管区域，完成水土流失综合治理1.01万亩（673.33万平方米）。

【水利工程建设】 2016年，厦门市水利工程建设按计划推进。长泰枋洋水利枢纽工程完成汛前大坝浇筑至137米高程的目标；莲花水库主坝、副坝完成，库盆扩挖区完成99%，移民安置点建成；九龙江北溪雨洪利用工程完成项目可行性研究阶段前期招标，中标单位进场开展设计工作，争取国家立项；水源连通工程汀溪水库群至翔安原水输水工程有序推进，莲花水库至西山水厂段、莲花泵站至四林泵站段全部完成前期工作，进入建设阶段。全市涉水项目计划完成投资12.68亿元，实际完成投资12.75亿元。莲花水库至西山水厂段、石兜水库至西山水厂段2个水源连通工程项目争取国家专项建设基金1.56亿元。市水利局报送的马銮湾片区生态修复一期等12个项目全部被纳入中国农业发展银行水利建设贷款项目库，项目总投资183.21亿元，可申请贷款额度143.81亿元。

【流域生态保护】 2016年，市水利局推进安全生态水系试点建设，翔安区莲溪安全生态水系建设（列入2016年度省级试点项目）全面完成，同安区造水溪安全生态水系建设（列入2016年度省级科技示范项目）进场施工。持续完善溪流养护机制，全面推进“河长制”。市水利局制定出台《厦门市实施“河长制”工作意见》和《厦门“河长制”管理工作考核办法》等一系列规章制度，根据“一河一策”要求，制定该区实行“河长制”的具体实施方案。市、区、镇三级河长、河段长和村级专管员全部上岗履职，跨行政区域的东西溪由分管副市长担任河长，同安区和翔安区政府各指派1名区领导担任该辖区的区级河长；其他8条溪流，分别由所在区的一名区领导担任河长，流域所经过的镇（街）领导担任河段长；溪流所流经的村（居）设立专管员。制作安装“河长制”公示牌278块，镇（街、场）交

2016年，整治后翔安莲溪安全生态水系　（市水利局提供）

接处设立溪流养护界碑，村与村之间设置河段管理责任牌。3月，市委、市政府制定《厦门市小流域综合治理工作方案》。方案提出，利用3年时间，对全市9条流域按照“安全、生态、河畅、水清、岸绿”的要求进行全面治理，总治理河长465千米。

【水政管理】 2016年，市水利局加大简政放权力度，清理规范前置审批和中介服务事项，实施水土流失易发区外水土保持登记表备案制与告知承诺制，取消水利施工图设计文件审查、水利工程开工和水利旅游项目审批3项行政审批事项。建立“一单两库一细则”，实施“双随机一公开”。持续开展河道非法采砂等专项执法行动，取缔关闭后溪、深青溪等流域洗砂场31家，查处水事事件11件，罚款15.3万元。推行水利建筑企业信息登记网上审批，启用新版办事指南，制定审查工作细则。厦门市接受省水资源办2016年水资源管理目标责任考核，获得优秀等级，综合得分位列全省第一名。

·小资料·

一单两库一细则：即随机抽查事项清单，市场主体名录库、执法检查人员名录库，规范“双随机”抽查工作细则。

双随机一公开：即随机抽取检查对象、随机选派执法人员，抽查情况和查处结果及时向社会公开。

9月14日，市领导召开全市防抗台风“莫兰蒂”工作视频会议　（市水利局提供）

【防抗台风“莫兰蒂”】 2016年9月15日凌晨，台风“莫兰蒂”正面登陆厦门市翔安区。厦门市防汛抗旱指挥部先后发出各类指令48份，首次发布全市“三停一休”（停工、停产、停课、休市）防汛动员令，精准转移危险区域人员47336人（历次台风防御中最多的一次）。水利设施直接经济损失2.24亿元。由于防御措施得力、部署指挥到位，厦门市灾害损失减少到较低限度，得到中央领导和省委、省政府的肯定。国家防总领导评价“厦门防御到位，成效显著，是个奇迹，怎么肯定都不过分”。中央电视台《焦点访谈》宣传厦门市防台风经验。（参见P72【台风】）

（李晓四）

责任编辑：林德全
审　　稿：林建高
责任校对：曲　艺

16 工　业

综　述

2016年，厦门市工业和信息化系统推进供给侧结构性改革，推动主导产业做大做强，培育战略性新兴产业，加快改造传统产业，全市工业总体保持平稳增长，质量效益稳步提升，产业转型升级成效明显，实现“十三五”良好开局。厦门市规模以上工业总产值5198亿元；实现增加值1264.79亿元，比上年增长5.4%。完成工业投资397.72亿元，增长12.16%。其中，技术改造投资253.63亿元，增长21.9%。高新技术企业完成增加值752亿元，增长7.6%，比全市规模工业增加值增速高2.2个百分点。工业实现利润总额272.79亿元，增长48.2%。入选国家产融合作试点城市（区），全面启动国家产融合作试点城市创建，营造产业与金融良性互动、互利共赢的生态环境。首创小微企业服务补贴券，累计扶持小微企业1095家341万元。发放还贷应急资金78笔3.29亿元，发放信用贷款506笔4.66亿元，促进小微企业健康发展。智能制造纵深推进，弘信电子获得国家级智能制造试点示范项目，新增省级智能制造试点企业示范5家、市级智能制造试点示范企业10家，新增市智能制造样板工厂（车间）3个。

重点产业发展趋势良好。电子、机械两大支柱产业总产值占规模以上工业总产值68.4%。软件信息服务业快速发展，软件业务收入突破1000亿元，咪咕动漫、吉比特科技、国网信通、亿力吉奥、兆翔科技、易名科技等龙头企业营业收入增长较快。物联网产业快速发展，物联网经济规模突破300亿元，增长30.4%，涌现出路桥信息等一批物联网领军企业。

创新驱动成效显现。新增国家级企业技术中心2家、国家技术创新示范企业1家、省级企业技术中心4家、市级企业技术中心11家。软件园二期创新社区建设经验在各区复制推广。新培育国家级小微企业创业创新示范基地2家、省级小微企业创业创新示范基地3家、市级小微企业创业创新示范基地12家、专精特新小微企业55家，新增最具成长性及成长型中小微企业492家。品牌质量建设专项资金设立，品牌培育管理体系完善。ABB获全国质量标杆的称号，美亚柏科等3家企业被工业和信息化部评为全国工业企业知识产权标杆示范企业，大博医疗被工业和信息化部评为工业企业品牌培育示范企业。

工业化与信息化融合发展。两化融合（工业化与信息化融合）发展水平总指数90.7，位居全国前列。厦门市获全国“工业稳增长和转型升级成效明显市”称号。新增建霖工业、合兴包装等两化融合贯标试点企业4家，新增通过两化融合贯标企业6家，开展贯标的企业30家。新增省市级两化融合重点项目45个，总投资137亿元。制造业与互联网加速融合，电子商务在工业企业采购和销售环节的应用比例逐步提高，90%以上重点工业企业通过电子商务采购生产资料，75.33%重点工业企业通过电子商务销售产品。“厦门工业互联云服务平台”进入调试验证和推广阶段。服务型制造新模式不断涌现，企业服务收入占比稳步提升，逐步实现从“产品”到“产品与服务融合”转变。松霖科技“创新设计服务”、金牌厨柜“大规模个性化定制服务”、林德叉车“产品全生命周期管理服务”等新模式成为企业利润新增长点。

绿色发展深入推进。节能减排成效全省领先，编制第十批共15项节能技术和产品，实施节能和循环经济改造项目55项，累计安排资金2560万元。完成年耗能1000吨标准煤（耗能1吨标准煤约等于293.07亿焦耳）以上的50个固定资产投资项目节能评审，核减能源消耗51506吨标准煤。

（市经信局）

主要工业行业

【农副食品加工业】 2016年，厦门市农副食品加工业总资产140.09亿元，固定资产原值52.99亿元，全部从业人员年平均人数1.34万人。规模以上工业企业62家，完成工业总产值215.99亿元，实现主营业务收入209.61亿元。其中，谷物磨制业3家，生产小麦粉16.73万吨；饲料加工业8家，生产饲料35.12

万吨；植物油加工业4家，生产精制食用植物油77.83万吨；屠宰及肉类加工企业7家，生产鲜、冷藏肉8.81万吨；水产品加工业14家；蔬菜、水果和坚果加工企业20家；其他农副食品加工业6家。

该行业拥有大中型企业8家，其中大型企业1家，即如意情集团股份有限公司；小型企业51家；微型企业3家。至年末，有产值上亿元的企业34家，实现产值200.13亿元，占该行业工业总产值的92.7%。其中，如意情集团股份有限公司、厦门中盛粮油企业有限公司、厦门中禾实业有限公司、厦门银祥油脂有限公司、厦门银祥肉业有限公司5家企业的工业产值均超过10亿元，为行业的龙头企业。

私营企业是该行业生产的重要力量，共有34家，占该行业企业数的54.8%。完成工业总产值106.88亿元，实现主营业务收入99.73亿元，出口交货值4.79亿元，分别占该行业的48.5%、47.6%、26.5%。

【纺织服装及服饰业】 2016年，厦门市纺织服装、服饰业资产总计115.58亿元，固定资产原值18.7亿元，全部从业人员年平均人数2.79万人。规模以上工业企业86家，完成工业总产值102.21亿元，实现出口交货值16.74亿元，实现主营业务收入87.64亿元，创利税14.99亿元。其中，机织服装制造企业62家，针织或钩针编织服装制造企业14家，服饰制造企业10家。生产各类服装9208.84万件。其中，梭织服装生产3981.66万件，针织服装生产5227.18万件。

该行业有大中型企业19家，其中大型企业3家，分别是厦门安踏实业有限公司、世纪宝姿服装（厦门）有限公司、欣贺股份有限公司。有15家产值上亿元企业，合计完成工业总产值72.3亿元，占该行业的70.7%，其中世纪宝姿服装（厦门）有限公司、欣贺股份有限公司、厦门万杰隆集团有限公司、安踏（厦门）体育用品有限公司、乔丹（厦门）实业有限公司工业总产值排名靠前。

该行业"三资"企业（在中国境内设立的中外合资经营企业、中外合作经营企业、外商独资经营企业）35家。拥有固定资产原值13.16亿元，完成现价工业总产值68.05亿元，实现主营业务收入53.82亿元，分别占该行业的70.3%、66.6%、61.4%。

【有色金属冶炼和压延加工业】 2016年，厦门市有色金属冶炼和压延加工业资产总计214.07亿元，完成主营业务收入126.88亿元，实现利润总额10.04亿元，创利税总额12.89亿元，年平均从业人员8948人。规模以上工业企业18家；完成工业总产值154.63亿元；实现工业销售产值140.87亿元，产销率91.1%；实现出口交货值52.94亿元，出口交货值率37.6%。其中，常用有色金属冶炼制造企业1家，贵金属冶炼制造企业1家；稀有稀土金属冶炼制造企业3家，完成工业产值34.85亿元；有色金属合金制造企业4家，完成工业产值14.49亿元；有色金属压延加工制造企业9家，完成工业产值104.36亿元。

该行业有大中型企业6家，其中大型企业4家，即厦门钨业股份有限公司、厦门厦顺铝箔有限公司、厦门金鹭特种合金有限公司、厦门虹鹭钨钼工业有限公司。产值上亿元的企业有11家，共完成产值150.4亿元，占该行业产值的97.3%。

该行业有"三资"企业9家，共完成产值90.32亿元，占该行业的58.4%；实现出口交货值36.07亿元，占该行业的68.1%。

【金属制品业】 2016年，厦门市金属制品业拥有资产总计253.49亿元，完成主营业务收入231.78亿元，实现利润总额19.2亿元，创利税总额22.83亿元，年平均从业人员4.31万人。规模以上工业企业141家；完成工业总产值252.56亿元；实现工业销售产值238.13亿元，产销率94.3%；实现出口交货值107.4亿元，出口交货值率45.1%。其中，结构性金属制品制造企业56家，完成工业产值56.89亿元；金属工具制造企业8家，完成工业产值4.45亿元；集装箱及金属包装容器制造企业6家，完成工业产值23.17亿元；金属丝绳及其制品制造企业3家，完成工业产值1.92亿元；建筑、安全用金属制品制造企业35家，完成工业产值126.47亿元；金属表面处理及热处理加工业企业6家，完成工业产值2.45亿元；金属制日用品制造企业11家，完成工业产值5.89亿元；其他金属制品制造企业16家，完成工业产值31.32亿元。

该行业有大中型企业28家，其中大型企业5家，即厦门瑞尔特卫浴科技股份有限公司、厦门松霖科技有限公司、路达（厦门）工业有限公司、厦门威迪亚科技有限公司、通达（厦门）科技有限公司和百路达（厦门）工业有限公司。产值上亿元的企业35家，共完成产值203.09亿元，占该行业产值的80.4%。

该行业有"三资"企业57家；共完成产值184.93亿元，占该行业的73.2%；实现出口交货值92.57亿元，占该行业的86.2%。

【通用设备制造业】 2016年，厦门市通用设备制造业资产总计171.92亿元；完成主营业务收入134.31亿元，实现利润总额14.02亿元，创利税总额18.04亿元，年平均从业人员2.4万人。规模以上工业企业71家；完成工业总产值139.87亿元；实现工业销售产值130.54亿元，产销率93.3%；实现出口交货值60.02亿元，出口交货值率46%。其中，金属加工机械制造企业9家，完成工业产值8.7亿元；物料搬运设备制造企业6家，完成工业产值32.79亿元；泵、阀门、压缩机及类似机械制造企业14家，完成工业产值17.18亿元；轴承、齿轮和传动部件制造企业4家，完成工业产值4.33亿元；烘炉、风机、衡器、包装等设备制造企业8家，完成工业产值9.04亿元；文化、办公用机械制造企业8家，完成工业产值46.87亿元；通用零部件制造企业16家，完成工业产值13.5亿元；其他通用设备制造企业6家，完成工业产值7.46亿元。全年生产电动车辆（电动叉车）和内燃叉车1.2万台，金属成形机床723台，泵3814台，金属紧固件571吨，滚动轴承890万套，照相机123.85万台。

该行业有大中型企业12家，其中大型企业4家，即鹏威（厦门）工业有限公司、林德（中国）叉车有限公司、玉晶光电（厦门）有限公司、厦门松下电子信息有限公司。有产值上亿元企业22家，共完成产值117.31亿元，占该行业的83.9%。

该行业有"三资"企业34家，共完成产值107.05亿元，占该行业的76.5%，实现出口交货值51.46亿元，占该行业的85.7%。

【化学原料及化学制品制造业】 2016年，厦门市化学原料及化学制品制造业拥有资产118.07亿元，完成主营业务收入104亿元，实现利润总额2.04亿元，创利税总额3.72亿元，年平均从业人员0.77万人。规模以上工业企业64家；完成工业总产值107.75亿元；实现工业销售产值109.22亿元，产销率101.4%；实现出口交货值22.20亿元，出口交货值率20.3%。其中，基础化学原料制造企业7家，完成工业总产值8.09亿元；肥料制造企业2家，完成工业总产值1.18亿元；涂料、油墨、颜料及类似产品制造企业13家，完成工业总产值10.45亿元；合成材料制造企业12家，完成工业总产值34.09亿元；专用化学产品制造企业15家，完成工业总产值41.45亿元；日用化学产品制造企业15家，完成工业总产值12.49亿元。全年生产合成纤维聚合物29.64万吨，硫酸15.5万吨。

该行业有中型企业8家，合计完成工业总产值57.08亿元，占该行业的53.0%。年产值超亿元的企业17家，超10亿元的企业2家。

该行业有"三资"企业23家。完成工业总产值69.08亿元，占该行业的64.1%；实现出口交货值17.13亿元，占该行业的77.2%。

【橡胶和塑料制品业】 2016年，厦门市橡胶和塑料制品业拥有资产279.08亿元，完成主营业务收入255.72亿元，实现利润总额22.53亿元，创利税总额29.68亿元，年平均从业人员4.93万人。规模以上工业企业149家；完成工业总产值259.31亿元；实现工业销售产值256.41亿元，产销率98.9%；实现出口交货值98.56亿元，出口交货值率38.4%。其中，橡胶制品企业30家，主要以生产橡胶轮胎为主，完成工业总产值87.39亿元，生产橡胶轮胎外胎1772.21万条（子午线轮胎外胎255.88万条）；塑料制品企业119家，完成工业总产值171.92亿元，生产塑料制品22.11万吨，包括户外游戏用品、卫浴零部件、塑料零部件等，厦门市成为全球卫浴产业重要的产业基地。

该行业有大型企业5家，中型企业24家。产值上亿元企业36家，共完成工业总产值210.96亿元，占该行业的81.4%，其中产值超10亿元的企业5家。

该行业有"三资"企业66家；完成工业总产值199.34亿元，占该行业的76.9%；实现出口交货值85.8亿元，占该行业的87.1%。

【汽车制造业】 2016年，厦门市以厦门金龙品牌为首的汽车制造业在大中型客车市场占有率和技术水平居国内领先地位，拥有国家级企业技术中心。该行业拥有资产313.12亿元，完成主营业务收入279.57亿元，实现利润总额20.37亿元，创利税总额27.43亿元，年平均从业人员2.65万人。规模以上工业企业65家；完成工业总产值297.35亿元；实现工业销售产值279.99亿元，产销率94.2%；实现出口交货值48.78亿元，出口交货值率17.4%。其中，汽车整车制造企业2家，完成工业总产值161.13亿元；改装汽车制造企业3家，完成工业总产值3.79亿元；汽车车身、挂车制造企业1家，完成工业总产值3.16亿元；汽车零部件及配件制造企业59家，完成工业总产值129.26亿元。主导产品是大中型客车，生产客车5.4万辆。

该行业有大中型企业19家，其中大型企业4家，即厦门金龙联合汽车工业有限公司、厦门金龙旅行车有限公司、厦门民兴工业有限公司、厦门宏发汽车电子有限公司。产值上亿元企业29家，共完成产值279.39亿元，占该行业的94%，其中产值超10亿元的企业有3家。

该行业有"三资"企业36家；完成产值265.99亿元，占该行业的89.5%，实现出口交货值43.71亿元，占该行业的89.6%。

【电气机械及器材制造业】 2016年，厦门市电气机械及器材制造业拥有资产416.9亿元，完成主营业务收入376.14亿元，实现利润总额45.34亿元，创利税总额56.18亿元，年平均从业人员6.09万人。规模以上工业企业188家；完成工业总产值398.23亿元；实现工业销售产值376.71亿元，产销率94.6%；实现出口交货值136.15亿元，出口交货值率36.1%。其中，电机制造企业11家，完成工业总产值24.6亿元；输配电及控制设备制造企业84家，完成工业总产值221.55亿元；电线、电缆、光缆及电工器材制造企业24家，完成工业总产值24.21亿元；电池制造企业5家，完成工业总产值10.77亿元；家用电力器具制造企业16家，完成工业总产值26.14亿元；非电力家用器具制造1家，完成工业总产值0.54亿元；照明器具制造企业43家，完成工业总产值87.05亿元；其他电气机械及器材制造企业4家，完成工业总产值3.37亿元。全年生产电池5.77亿枚，电光源（灯泡）3.44亿枚，交流电动机26.32万千瓦，低压开关板3.77万面，高压开关板2.35万面，灯具及照明装置2163.45万套。该行业以生产电动机、输变电及控制设备、电池、照明器具等为主。ABB、施耐德在厦门设有全球研发基地。中压配电设备、自动化低压配电设备的产能和市场占有率均居国内同行首位。厦门是全国最大的高端节能灯生产和出口基地，占据全国最大的聚光砷化镓太阳能电池市场。

该行业有大中型企业48家，其中大型企业11家。产值上亿元企业70家，共完成工业总产值341.3亿元，占该行业的85.7%。其中，产值超10亿元的企业9家。

该行业有"三资"企业69家；完成工业总产值236.39亿元，占该行业的59.4%；实现出口交货值85.51亿元，占该行业的62.8%。

【电子设备制造业】 2016年，厦门市计算机、通信和其他电子设备制造业拥有资产1899.21亿元，完成主营业务收入1807.25亿元，创造利润总额74.8亿元，创利税总额82.22亿元，年平均从业人员15.34万人。规模以上工业企业196家；完成工业总产值1970.44亿元，占全市工业总产值的37.9%；实现销售产值1835.97亿元，产销率93.2%；实现出口交货值1009.63亿元，占规模以上工业出口交货值的51.2%，出口交货值率55%，高出全市平均水平14.9个百分点。其中，计算机制造企业13家，完成工业总产值459.61亿元；通信设备制造企业18家，完成工业总产值69.1亿元；广播电视设备制造企业6家，完成工业总产值39.01亿元；视听设备制造企业13家，完成工业总产值187.24亿元；电子器件制造企业64家，完成工业总产值970.18亿元；电子元件制造企业68家，完成工业总产值216.27亿元；其他电子设备制造企业13家，完成工业总产值28.56亿元。全年生产移动通信手持机（手机）216.45万台，光电子器件157.26亿只，电子元件45.66亿只，彩色电视机718万台，电子计算机整机811.25万台，其中笔记本计算机332.25万台。该行业是厦门市的支柱行业之一，是企业最多、产值最高、配套设施最全的一个行业大类，产品结构以计算机、平板显示、手机、数字视听、电器为主导。

该行业有大型企业24家，中型企业51家。产值上亿元企业99家，共完成工业总产值1921.55亿元，占该行业的97.5%。其中，产值1亿至10亿元的企业72家，产值10亿至100亿元的企业22家，产值超100亿元的企业有5家，即戴尔（中国）、宸鸿科技、宸美（厦门）光电、友达光电、冠捷显示科技。

该行业有“三资”企业82家；完成工业总产值1531.4亿元，占该行业的77.7%；实现出口交货值909.52亿元，占该行业的90.1%。

（市统计局）

工业运行与管理

【概　况】 2016年，厦门市工业运行总体平稳。1～8月，规模以上工业增加值增速在7.5%至8.0%之间窄幅波动，增速位居全省中上游水平。9月起，受14号超强台风影响，跌至全年最低的5.4%。剔除台风影响因素，全年增速保持在7%至8%之间，与全省平均增速7.7%基本持平，比全国工业增加值增速6%稍高。工业经济效益综合指数225.03，比上年提高16.41。工业实现利润总额272.79亿元，增长48.2%。工业产销率93.86%，下降0.10个百分点。高新技术企业增加值7518303万元，增长7.6%。台资企业现价工业增加值3627619万元，增长0.1%。工业投资比上年增长12.2%，比全省工业投资增速高4.9个百分点。全市有福建省确定的重大工业投资项目36个，总投资2296.36亿元，年度计划投资199.7亿元，实际完成投资229.10亿元。市工业和信息化重点项目80个，总投资2677.09亿元，年度计划投资243.06亿元，实际完成投资280.50亿元。（见表16-1、图16-1、图16-2）

【高新技术企业增长较快】 2016年，厦门市高新技术企业完成增加值752亿元，比上年增长7.6%，比全市规模工业增加值增速（5.4%）高出2.2个百分点；高新技术产业增加值占全市规模工业增加值的59.4%。一批高成长企业加快发展，其中美图移动、盈趣科技、通达科技、亿联网络、强力巨彩、唯科模塑等15家企业成长较快，产值共净增90.86亿元。

【支柱行业平稳发展】 2016年，厦门市

表16-1　**2016年厦门市工业生产销售情况**

指标	累计金额（万元）	比上年同期增长（%）
现价工业增加值	12647862	5.4
轻工业现价工业增加值	4388942	-5.5
重工业现价工业增加值	8258921	12.0
集体企业现价工业增加值	1200	9.6
股份制企业现价工业增加值	4592374	7.6
外商及港澳台投资企业现价工业增加值	7951238	3.8
其他经济类型企业现价工业增加值	99763	54.4
国有控股企业现价工业增加值	1910857	3.1
私营企业现价工业增加值	1528869	7.7
现价工业总产值	52547096	-
工业销售产值	49321279	3.2
#出口交货值	19881408	-3.4
支柱行业产值	35941103	4.2
#机械	16092898	6.8
电子	19848205	2.2

注：编制单位为厦门市统计局工交处

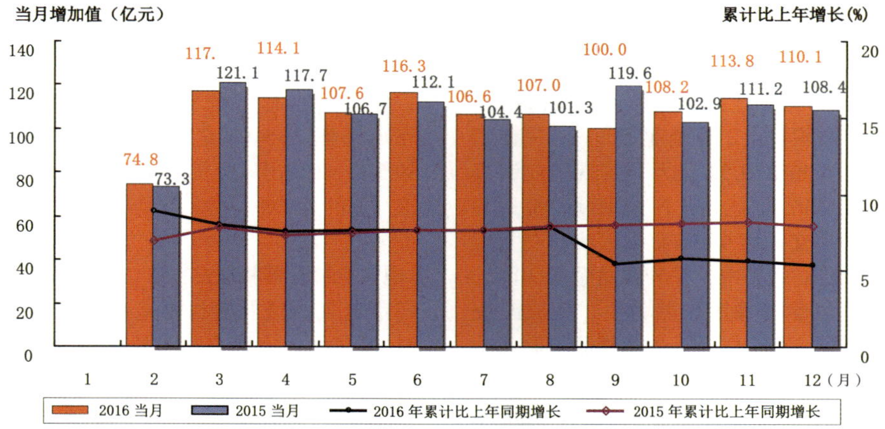

图16-1　2015～2016年厦门市规模以上工业增加值按月完成情况

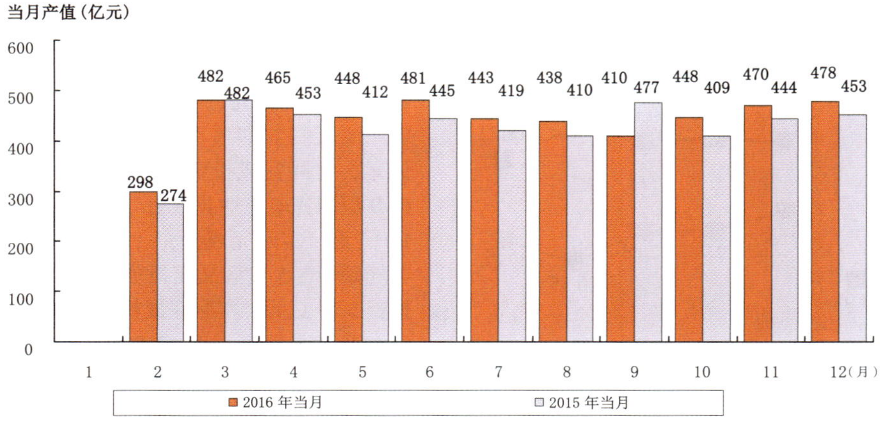

图 16-2　2015～2016 年厦门市规模以上工业产值按月完成情况

比上年增长 21.90%，增幅居全省第一，比全省平均水平高 13.1 个百分点。技术改造升级项目投产拉动作用显现。乾照光电、开发晶、强力巨彩、盈趣科技、天马二期等技术改造项目全面或部分投产，企业产值大幅增加，分别增长 176.8%、96.7%、189.7%、69.7% 和 76.0%。千亿产业链项目投资中，生物与新医药产业完成投资 7.88 亿元，增长 93.14%；机械装备产业完成投资 32.75 亿元，增长 23.12%；计算机通信产业完成投资 133.29 亿元，增长 8.67%；平板显示产业完成投资 78.89 亿元，增长 10.09%。

工业两大支柱行业电子、机械完成产值 3594.10 亿元，占全市产值的 68.4%。其中，电子完成产值 1984.8 亿元，机械完成产值 1609.3 亿元。工业产值超过 100 亿元的产业链 8 条。其中，平板显示产业链完成产值 1118.60 亿元，计算机与通讯设备产业链完成产值 767.30 亿元。工业总产值超过 1 亿元的企业 587 家，合计完成产值 4761.78 亿元，占全市规模以上工业企业总产值近 90%。其中，工业产值超 10 亿元的企业 81 家，合计完成工业产值 3293.00 亿元，占全市规模以上工业企业总产值 69.2%。

【生产要素供应平稳】 2016 年，厦门市煤炭市场供应稳定，但价格上涨较快；成品油库存量充足；天然气工业销售量基本稳定。12 月，全市煤炭企业库存量 21.75 万吨，比 11 月减少 5.41 万吨；全市煤炭消耗量 23.60 万吨，比上年同期增长 29%；购煤均价 589.30 元/吨，比 11 月增长 13.69%，比上年同期增长 23.84%。12 月，全市成品油库存量 10.62 万吨，销售量 7.36 万吨；天然气销售 1948.26 万立方米。其中，天然气工业销售量为 991.11 万立方米，比上年同期增长 25.48%。

【区工业增加值完成情况】 2016 年，厦门市各区工业增加值均比上年有所增长，其中湖里区规模以上工业增加值最高，同安区增速最快。（见表 16-2）

【工业投资】 2016 年，厦门市累计完成工业投资 397.72 亿元，比上年增长 12.16%。其中，制造业完成投资 354.42 亿元，增长 18.21%；电力、燃气及水的生产和供应业完成投资 43.30 亿元，下降 20.96%。全市工业固定资产投资占全市固定资产投资（不含农户）比重 18.41%。（见图 16-3、图 16-4）

【工业投资特点】 2016 年，厦门市工业投资中，技术改造投资和千亿产业链项目投资增长快速。工业技术改造投资

【区工业投资】 2016 年，厦门市完成工业投资 397.72 亿元，其中各区火炬高新区共完成工业投资 234.77 亿元。工业投资占固定资产比重 18.41%。（见表 16-3、16-4）

【省级重大工业项目】 2016 年，厦门市有省级重大工业投资项目 36 个，总投资 2296.36 亿元，2016 年计划投资

表 16-2　**2016 年厦门市各区工业增加值完成情况**

区划	工业增加值（万元）	比上年增长（%）
思明区	595895	1.9
海沧区	2827481	2.2
湖里区	3114410	6.3
集美区	2120189	7.1
同安区	1517626	7.5
翔安区	2472261	6.2

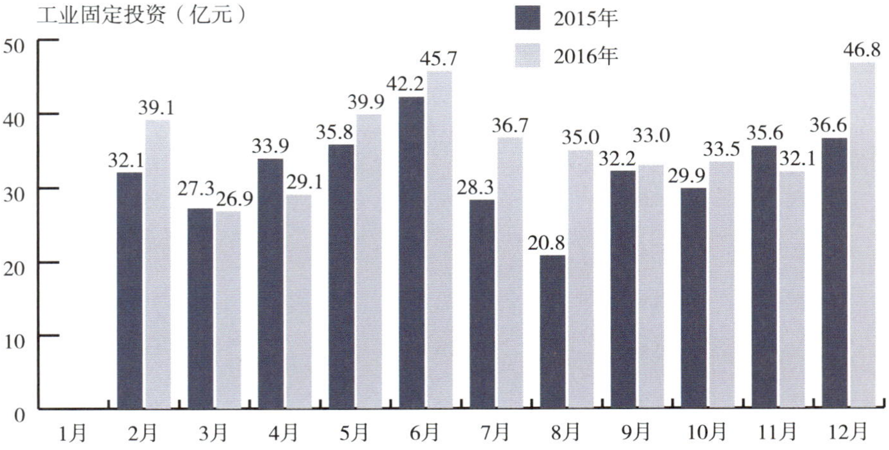

图 16-3　2015～2016 年厦门市工业投资逐月完成情况

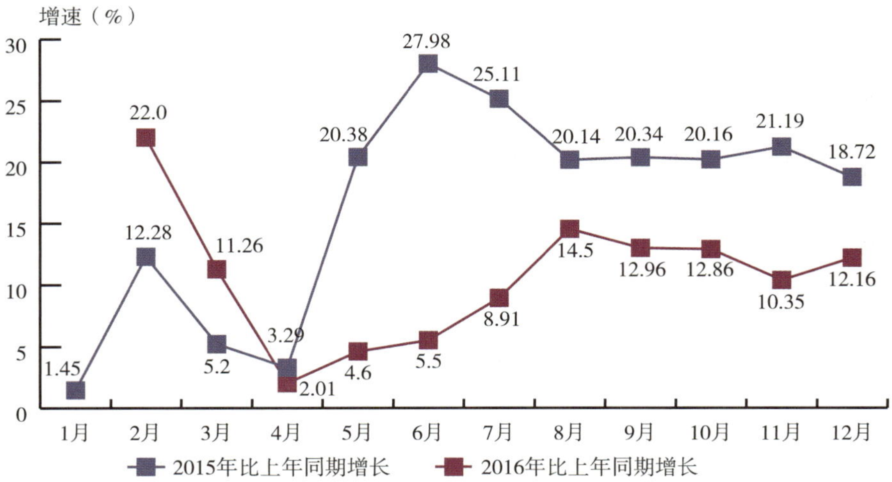

图 16-4　2015～2016 年厦门市工业投资增长率（以上年同期为基准）

表 16-3　**2016 年厦门市各区工业投资完成情况**

区划	工业投资（亿元）	制造业	电力、热力、燃气及水的生产和供应	工业投资比上年增长（%）	完成年度计划百分比（%）
全市	397.72	354.42	43.30	12.16	85.53
思明区	27.17	11.41	15.76	90.93	143
湖里区	5.69	3.03	2.65	-62.34	27.10
海沧区	48.41	38.70	9.70	-1.24	75.64
集美区	23.96	16.38	7.58	-16.46	59.90
同安区	49.83	45.92	3.91	89.47	134.68
翔安区	7.90	4.20	3.70	-65.52	23.24
火炬高新区	234.77	234.77	0	18.37	93.91

注：表中各区工业投资额不含火炬高新区，火炬高新区单独统计

表 16-4　**2016 年厦门市各区工业投资占固定资产比重**

区划	工业投资（亿元）	固定资产投资（亿元）	工业投资占固定资产比重（%）
全市	397.72	2159.8	18.41
思明区	27.17	274.3	9.90
湖里区	5.69	367.0	1.55
海沧区	48.41	430.2	11.25
集美区	23.96	377.9	6.34
同安区	49.83	271.8	18.33
翔安区	7.90	438.6	1.80
火炬高新区	234.77	241.44	97.24

199.71 亿元，累计完成 229.10 亿元，完成年度计划的 114.72%。联芯项目闽台合资 12 英寸集成电路芯片项目年度计划投资 49.8 亿元，实际完成投资 77.5 亿元。天马二期项目年度计划投资 60 亿元，实际完成投资 62.6 亿元。三安 LED 厦门光电产业化项目年度计划投资 15 亿元，实际完成投资 154743 万元。电气硝子 8.5 代液晶面板项目年度计划投资 5.29 亿元，实际完成投资 60093 万元。开发晶超高亮度 LED 蓝光外延片产业化项目年度计划投资 2 亿元，实际完成投资 31074 万元。厦门软件园三期年度计划投资 11 亿元，实际完成投资 120047 万元。三安集成电路项目年度计划投资 8 亿元，实际完成投资 80048 万元。ABB 工业中心项目年度计划投资 77962 万元，实际完成投资 36597 万元。厦门建筑产业化示范园一期年度计划投资 5 亿元，实际完成投资 54927 万元。清华紫光科技园年度计划投资 24426 万元，实际完成投资 2313 万元。中储粮厦门粮库一期项目年度计划投资 1.8 亿元，实际完成投资 12156 万元。厦门台湾佳格集团葵花油项目年度计划投资 3 亿元，实际完成投资 34890 万元。

【工业和信息化重点投资项目】 2016 年，厦门市工业和信息化重点项目 80 个，总投资 2677.09 亿元，年度计划投资 243.06 亿元，实际完成投资 280.50 亿元，完成年度计划的 115.40%。拟竣工项目 9 个，计划投资 8.16 亿元，实际完成投资 12.66 亿元，除华电厦门集美分布式能源站一期外，其余 8 个项目正式投产。拟开工项目 19 个，计划投资 19.14 亿元，实际完成投资 19.27 亿元。续建项目 52 个，年度计划投资 215.76 亿元，实际完成投资 248.57 亿元。

【工业投资项目核准备案】 2016 年，厦门市经济和信息化局（简称市经信局）举办工业项目“多规合一”培训，加快工业项目落地。完成企业不使用政府性资金投资的非重大和限制类项目备案 164 件，国家鼓励内外资项目减免税确认书 17 件。

【《中国制造 2025》贯彻落实】 2016 年，厦门市经信局牵头组织 25 个责任单位报送厦门市贯彻落实《中国制造

2025》情况自查报告，汇总形成书面汇报材料，12 月，该书面汇报材料在推进《中国制造 2025》工作现场会暨国家制造强国建设领导小组第四次会议上印发。市经信局编写完成《厦门市发展智能制造专项行动计划》《厦门市发展服务型制造和生产性服务业专项行动计划》《厦门市发展“互联网 + 制造业”专项行动计划》3 份专项行动计划，作为《厦门市实施〈中国制造 2025〉行动计划》(厦门市委印发）的子计划。

【支持工业企业灾后恢复重建】 2016 年，厦门市政府出台《厦门市人民政府关于促进工业企业灾后恢复生产的意见》，制定给予因灾受损企业固定资产投资补助的政策及灾后重建固定资产投资专项申报指南，出台灾后重建预拨资金办法。至年末，预拨到位资金 550 万元，其中思明区 2 家企业共 250 万元，翔安区 2 家企业共 150 万元，火炬 2 家企业共 150 万元。实施灾后重建固投项目备案，备案固定资产投资项目 619 个，计划投资 43.73 亿元。

【高成长型企业培育】 2016 年，厦门市经信局起草《厦门市鼓励企业增产增效奖励暂行办法（讨论稿）》，报市产业领导小组、市政府常务会研究通过。制定航空维修企业 2016 年奖励政策。兑现 2015 年市财政扶持金龙集团资金 5000 万元，推动落实金龙高端客车项目选址工作。

【工业投资奖励】 2016 年，厦门市经信局和市财政局联合印发《厦门市加大工业投资的若干意见》，决定对厦门市 2016～2017 年新投资的当年完成 5000 万元（含）以上项目给予一次性奖励 20 万元，并从组织领导、要素保障、招商引资等方面提出意见和要求。全年符合要求的项目 55 个，兑现奖励资金 1100 万元。

【减负政策出台】 2016 年，厦门市出台降本减负措施共 35 项。主要有《厦门市人民政府关于进一步减轻企业负担的通知》《厦门市人民政府关于印发第二批减轻企业负担政策的通知》《厦门市人民政府关于港口收费问题专题会议纪要》《厦门市发改委印发〈关于公布厦门市市级定价管理的商品和服务价格目录清单和市级定价管理的涉企经营服务性收费目录清单〉的通知》等。各项减负政策的落实，全年为企业减轻负担近 200 亿元。

【服务企业】 2016 年，厦门市经信局开展局领导走访服务千家企业行动。举办全市企业转型升级推进会、中小企业服务月、经信大讲堂等活动。组织 40 家企业参观厦门市 7 家标杆企业，学习交流企业转型升级成功经验。举办近 50 场惠企政策宣讲，发布惠企政策申报操作简明手册。更新完善《厦门市千亿产业链（群）招商项目库（新材料）》。制定《厦门航空维修制造产业招商方案》。

【产业规划政策】 2016 年，厦门市制定《厦门市新材料十三五发展规划》《厦门市节能环保十三五发展规划》《厦门市先进制造业“十三五”发展规划》《厦门市散装水泥“十三五”发展规划》《厦门市智能制造“十三五”发展规划》等产业规划。出台《关于加快新材料产业创新发展的实施意见》，推动新材料产业发展。

【产业准入审查】 2016 年，厦门市经信局按规定开展产业准入审查，促进工业用地节约集约和高效利用。对华天恒芯 6 英寸碳化硅芯片、瀚天天成 6 英寸碳化硅外延晶片等 19 个项目实施产业准入审查，对厦门金鹭特种合金有限公司二期等 12 个项目实施特殊工艺审查。

【国内工业品市场开拓】 2016 年，厦门市经信局组织 394 家（次）企业，分别参加第十六届中国（上海）国际眼镜业展览会、第九十四届全国春季糖酒会、第三十届中国国际塑料橡胶工业展览会等 20 个展会，展位总面积 21920.53 平方米，成交总额 18.62 亿元。其中，现场交易额 9599 万元；签约订货合同 3227 个，订货协议 1523 个，达成订货意向 4549 个，订货总额 17.67 亿元；签订代理经销商 1207 个、意向代理经销商 2967 个。市经信局举办征集 2017 年度工作计划展会、对接会，根据财政预算编制工作计划安排。

【地产工业品推荐目录发布】 2016 年，厦门市开展第十五批地产工业品推荐目录征集工作，89 家企业进行网上申报，56 家通过初审，33 家不符合申报条件。经现场核查，53 家企业符合推荐条件。（见表 16–5）

表 16–5　**厦门市第十五批地产工业品推荐目录**

序号	企业名称	产品	行业类别
1	厦门维益埃机电科技有限公司	动力柜、动力箱、计量箱、配电箱、密集型母线槽	配电开关控制设备制造
2	厦门厦控电器设备有限公司	XK SAFE–C 金属封闭开关设备和控制设备、XK SAFE–F 金属封闭开关设备和控制设备、XK SAFE–V 金属封闭开关设备和控制设备、XK SAFE–CCF 金属封闭开关设备和控制设备	配电开关控制设备制造
3	厦门芗二开电气有限公司	配电箱（配电板）、电能计量箱、双电源动力柜、动力配电柜、交流低压配电柜、抽出式开关柜	配电开关控制设备制造
4	厦门电力成套设备有限公司	改性聚丙烯平壁波纹管、PEK– 枕型管、电力变压器、非晶合金变压器	配电开关控制设备制造
5	厦门宏发电气有限公司	MDmax（低压抽出式开关柜）、综合配电箱（JP）、高压 / 低压预装式变电站	配电开关控制设备制造
6	厦门霍顿电气有限公司	铠装型移开中置式金属封闭开关设备、高压 / 低压预装式变电站	配电开关控制设备制造

续表 16-5

序号	企业名称	产品	行业类别
7	厦门磐晟电气设备有限公司	KYN28-12 户内交流金属封闭铠装移开式开关设备	配电开关控制设备制造
8	厦门 ABB 开关有限公司	DCGear 直流成套开关设备	配电开关控制设备制造
9	厦门宏发开关设备有限公司	隔离开关（XMG0-100）、万能式断路器（UEW5）、自动转换开关电器（UEQ5）、漏电断路器（UEM5L/UEBL）、塑料外壳式断路器（UEM5）、小型断路器（UEB）	配电开关控制设备制造
10	厦门中信远电气设备有限公司	低压无功功率补偿装置、低压抽出式开关柜、低压配电柜、交流金属封闭式环网开关设备、计量配电箱、移开式金属铠装封闭开关设备、固封极柱式真空断路器、动力柜、电表计量箱、高压预装式变电站、预装景观地埋式箱式变、移开式真空负荷开关、移开式真空负荷开关—熔断器组合电器	其他电力生产
11	厦门腾虎环保科技有限公司	通信用柴油发电机组	其他电力生产
12	厦门明电电气科技有限公司	隔离开关、小型断路器、塑料外壳式断路器、万能式断路器	其他电力生产
13	迪赛尔机电设备有限公司	柴油发电机组	其他电力生产
14	厦门市翼晖新型建材有限公司	蒸压加气混凝土砌块、粉煤灰蒸压多孔砖	其他未列明制造业
15	厦门永华光电科技股份有限公司	热镀锌静电喷塑桥架、母线槽、LED 点光源、LED 路灯、LED 洗墙灯、LED 投光灯	其他未列明制造业
16	厦门乾照照明有限公司	4 寸压铸筒灯、8 寸 24 瓦旋压筒灯、LED 路灯	其他未列明制造业
17	冠军时代（福建）照明股份有限公司	LED 嵌入式灯具及相关元器件	其他未列明制造业
18	厦门路桥信息股份有限公司	基于视频车牌识别智能寻车诱导系统	信息系统集成服务
19	罗普特（厦门）科技集团有限公司	车载视频记录取证设备、人脸抓拍摄像机、便携式高清夜视仪	信息系统集成服务
20	厦门美好出行物联网技术有限公司	机电一体升降柱	信息系统集成服务
21	厦门奥普拓自控科技有限公司	奥普拓中央空调 APC 智控系统	信息系统集成服务
22	吉特利环保科技（厦门）有限公司	纸浆模塑餐具	其他未列明食品制造
23	厦门泰益新洁净科技有限公司	泰益新微晶清洁机	其他专用设备制造
24	庸博（厦门）电气技术有限公司	交流伺服系统、可编程序控制器	其他未列明电气机械及器材制造
25	福建东宝电缆有限公司	电线电缆	电线、电缆制造
26	宸展光电（厦门）有限公司	触摸显示器 TSM-15、TSF-15、TSM-17、TSF-17、TSM-19、TSF-19、TEM-22、TEF-22	计算机零部件制
27	厦门市鹭林食品有限公司	椰丝蛋卷、蛋花酥、方块酥、榴莲饼、优酪果冻	饼干及其他焙烤食品制造
28	厦门闽光电气实业有限公司	充电一体机、室外直流一体机	其他输配电及控制设备制造
29	厦门鑫嘉豪美家具有限公司	班台、浸渍胶膜纸饰面刨花板	木质家具制造
30	厦门市奇宏机电设备有限公司	非晶合金干式电力变压器	变压器、整流器和电感器制造
31	厦门池家装饰工程有限公司	窗帘	纺织品、针织品及原料批发
32	厦门普为光电科技有限公司	内置隔离触发式驱动电路的 LED 照明装置	电子元件及组件制造
33	伊莱斯（厦门）电气有限公司	检查井盖、改性聚丙烯平壁波纹管、电缆夹具、玻璃钢开边管、玻璃钢盖板、玻璃钢防火槽盒、玻璃钢电缆支架、玻璃钢电缆接头保护盒、玻璃钢电缆保护管、PE 地埋电缆保护管、PEK- 枕型管（方型平壁管）、MPP 管、MPP 单壁波纹管	玻璃纤维及制品制造

续表 16-5

序号	企业名称	产品	行业类别
34	厦门浩友建材有限公司	SY-KS 混凝土抗硫酸盐类侵蚀防腐剂、SY-R 防腐蚀阻锈剂、钢筋阻锈剂、SY-G 高性能抗裂膨胀剂、UEA 高效膨胀剂、SY-KS 多功能抗侵蚀防腐剂、高性能膨胀剂	其他水泥类似制品制造
35	厦门日上集团股份有限公司	钢制车轮	汽车零部件及配件制造
36	中环建筑工程有限公司	PP 雨水模块	房屋建筑业
37	厦门鹰厨工贸有限公司	商用燃气灶具、商用电磁灶、单通工作台、简易工作台、双星洗涮池、不锈钢水槽	其他通用设备制造业
38	厦门创万通管业有限公司	改性聚丙烯高压电力平壁波纹管（IFB）、玻璃钢电缆支架	管道和设备安装
39	厦门网拓科技有限公司	网拓移动基站安防信息集中管理系统、灯控情景面板系统软件、智能家居 APP 系统软件、网拓停车场集中监控管理系统、物联网灯控开关	其他互联网服务
40	厦门双瑞船舶涂料有限公司	725-SGN0200 双瑞内墙封闭底漆、725-SGN1000 经济型内墙工程水性漆、725-SGN2000 通用型内墙工程水性漆、7725-SGW0200 优质外墙封闭底漆、725-SGW4011 弹性抗裂外墙漆（中弹）、725-SGX1100 天然真石漆、725-SGW2000 通用型外墙工程水性漆、725-SGN4030 抗污净味全效内墙漆	涂料制造
41	厦门固泽环保科技有限公司	固功透水路面板、彩色透水混凝土	市政道路工程建筑
42	厦门石能建材有限公司	湖南白大理石板材、山西黑花岗岩板材	其他未列明批发业
43	厦门柏事特信息科技有限公司	BMS 智能化综合布线管理平台、网络安全综合管理应用平台软件、BMS 智慧楼宇管理平台	软件开发
44	厦门印天电子科技有限公司	Insyte 智慧校园物联网系统	软件开发
45	厦门昊星电子有限公司	道路交通信号灯、高速公路 LED 可变信息标志、电光标志（紧急电话 / 消防设备）、电光标志（人行横洞 / 车行横洞 / 紧急停车带）、电光标志（疏散标志）、LED 车道控制标志、道路交通信号倒计时显示器	灯用电器附件及其他照明器具制造
46	厦门立达信照明有限公司	固定式 LED 灯具（吊式，LED 模块用电子控制装置，Ⅱ类，IP20，F 标记）、固定式灯具（吊式，LED 模块，LED 电子控制装置，Ⅱ类，IP20，F 标记）、嵌入式灯具（LED 面板灯，嵌天花板式，LED 模块用电子控制装置，Ⅱ类，IP20，F 标记，不能被隔热衬垫或类似材料盖住）	照明灯具制造
47	厦门源利达环保建材有限公司	预制钢筋混凝土方桩、建筑隔墙用轻质条板	其他建筑安装业
48	厦门乾球光电科技有限公司	LED 日光灯管、球泡灯、筒灯、LED 吸顶灯、LED 平板灯等	五金产品批发
49	厦门众芯电气设备有限公司	智能型高频开关电源直流系统	电力电子元器件制
50	厦门中创科工工程科技有限公司	直流充电桩、交流充电桩	电子工业专用设备制造
51	厦门西联电子科技有限公司	图像拼接融合器	其他电子设备制造
52	如意情集团股份有限公司	金针菇、黄秋葵酒	蔬菜种植
53	厦门红相电力设备股份有限公司	局部放电检测仪、绕组变形综合测量分析系统、有载调压故障诊断系统、电力电缆分布式光纤测温系统、电缆护层接地环流在线监测系统、电缆振荡波测试系统等	其他未列明电气机

【市重点工业企业】 2016 年 4 月，厦门市经信局评选出在厦门从事工业产品生产，技术水平较高，经济效益良好，具有产业龙头效应，有发展前景，规模和经营指标达到规定标准的市级重点工业企业 150 家（见表 16-6）。市经信局实行重点工业企业重点监测服务，通过定人定点联系、走访企业，了解市重点工业企业生产经营情况及困难，予以协调，提供服务，在技术改造、要素保障和政府出台扶持政策等方面予以优先支持。

（市经信局）

表 16–6　　**2016 年厦门市重点工业企业**

序号	企业	区属
1	宸鸿系列	
	#宸鸿科技（厦门）有限公司	火炬
	宸美（厦门）光电有限公司	火炬
	祥达光学（厦门）有限公司	火炬
	长鸿光电（厦门）有限公司	海沧
	宸鸿科技（厦门）有限公司	火炬
	宸美（厦门）光电有限公司	火炬
	祥达光学（厦门）有限公司	火炬
	长鸿光电（厦门）有限公司	海沧
	宝宸（厦门）光学科技有限公司	集美
	厦门京嘉光电科技有限公司	火炬
	宸展光电（厦门）有限公司	集美
2	戴尔系列	
	#戴尔（中国）有限公司	火炬
	戴尔（厦门）有限公司	火炬
3	友达系列	
	#友达光电（厦门）有限公司	火炬
	达运精密工业（厦门）有限公司	火炬
4	冠捷系列	
	#冠捷显示科技（厦门）有限公司	火炬
	三捷科技（厦门）有限公司	火炬
5	金龙系列	
	#厦门金龙联合汽车工业有限公司	集美
	厦门金龙旅行车有限公司	海沧
	厦门金龙汽车车身有限公司	集美
6	厦门烟草工业有限责任公司	海沧
7	正新系列	
	#厦门正新橡胶工业有限公司	集美
	厦门正新海燕轮胎有限公司	海沧
	厦门正新实业有限公司	海沧
8	太古系列	
	#厦门太古飞机工程有限公司	湖里
	厦门太古发动机服务有限公司	湖里
9	厦钨系列	
	#厦门钨业股份有限公司	海沧
	厦门金鹭特种合金有限公司	火炬
	厦门虹鹭钨钼工业有限公司	集美
	厦门嘉鹭金属工业有限公司	海沧
	厦门朋鹭金属工业有限公司	海沧

序号	企业	区属
10	ABB 系列	
	#厦门 ABB 开关有限公司	火炬
	厦门 ABB 低压电器设备有限公司	火炬
	厦门 ABB 高压开关有限公司	火炬
	厦门 ABB 电器控制设备有限公司	火炬
11	翔鹭系列	
	#厦门翔鹭化纤股份有限公司	海沧
	腾龙特种树脂（厦门）有限公司	海沧
12	宏发系列	
	#厦门宏发电声股份有限公司	集美
	厦门宏发电力电器有限公司	集美
	厦门宏发开关设备有限公司	集美
	厦门宏发汽车电子有限公司	集美
	厦门金越电器有限公司	集美
13	路达系列	
	#路达（厦门）工业有限公司	集美
	百路达（厦门）工业有限公司	同安
14	捷太格特系列	
	#捷太格特转向系统（厦门）有限公司	海沧
	协富光洋（厦门）机械工业有限公司	海沧
	光洋连接器（厦门）有限公司	海沧
15	厦门银鹭食品集团有限公司	翔安
16	厦门天马微电子有限公司	火炬
17	厦门厦顺铝箔有限公司	海沧
18	厦门中盛粮油集团有限公司	同安
19	联想移动通信科技有限公司	火炬
20	明达系列	
	#明达实业（厦门）有限公司	海沧
	明达玻璃（厦门）有限公司	集美
21	如意情集团股份有限公司	翔安
22	厦门船舶重工股份有限公司	海沧
23	银祥系列	
	#厦门银祥油脂有限公司	同安
	厦门银祥肉业有限公司	同安
24	厦门强力巨彩光电科技有限公司	火炬
25	林德（中国）叉车有限公司	思明
26	锐珂（厦门）医疗器材有限公司	海沧

续表 16-6

序号	企业	区属	序号	企业	区属
27	厦工系列			#春保森拉天时硬质合金（厦门）有限公司	集美
	#厦门厦工机械股份有限公司	集美		春保森拉天时精密钨钢制品（厦门）有限公司	集美
	厦门厦工中铁重型机械有限公司	集美	54	厦门海莱照明有限公司	集美
28	通达（厦门）科技有限公司	海沧	55	来福太（厦门）塑胶制品有限公司	海沧
29	欣贺股份有限公司	湖里	56	施耐德电气华电开关（厦门）有限公司	火炬
30	世纪宝姿服装（厦门）有限公司	集美	57	峻凌电子（厦门）有限公司	火炬
31	厦门松下电子信息有限公司	火炬	58	安费诺电子装配（厦门）有限公司	思明
32	厦门 TDK 有限公司	集美	59	晶宇光电（厦门）有限公司	火炬
33	厦门中禾实业有限公司	同安	60	同致电子科技（厦门）有限公司	湖里
34	玉晶光电（厦门）有限公司	火炬	61	厦门盈趣科技股份有限公司	火炬
35	厦门长塑实业有限公司	海沧	62	蒙发利系列	
36	厦门阳光恩耐照明有限公司	海沧		#厦门蒙发利电子有限公司	同安
37	厦门建霖工业有限公司	集美		厦门蒙发利健康科技有限公司	同安
38	福建安井食品股份有限公司	海沧		厦门蒙发利科技（集团）股份有限公司	同安
39	厦门通士达照明有限公司	同安	63	厦门钢宇工业有限公司	海沧
40	厦门紫翔电子科技有限公司	火炬	64	厦门金牌厨柜股份有限公司	同安
41	厦门建松电器有限公司	火炬	65	厦门市三安光电科技有限公司	思明
42	贝莱胜电子（厦门）有限公司	湖里	66	高时系列	
43	厦门华夏国际电力发展有限公司	海沧		#厦门高时实业有限公司	同安
44	厦门太古可口可乐饮料有限公司	湖里		高时（厦门）石业有限公司	同安
45	厦门松霖科技有限公司	海沧	67	厦门美图移动科技有限公司	火炬
46	东亚电力（厦门）有限公司	翔安	68	厦门新凯复材科技有限公司	集美
47	日上系列		69	际诺思（厦门）轻工制品有限公司	集美
	厦门新长诚钢构浪板有限公司	集美	70	瑞声达听力技术（中国）有限公司	火炬
	厦门日上车轮集团股份有限公司	集美	71	厦门弘信电子科技有限公司	火炬
	厦门日上金属有限公司	同安	72	厦门金德威包装有限公司	火炬
48	厦门科华恒盛股份有限公司	火炬	73	品谱（厦门）工业有限公司	海沧
49	厦门法拉电子股份有限公司	海沧	74	厦门瑞尔特卫浴科技股份有限公司	海沧
50	威迪亚系列		75	厦门华电开关有限公司	火炬
	#厦门威迪亚科技有限公司	海沧	76	厦门华联电子有限公司	火炬
	厦门威迪亚精密模具塑胶有限公司	海沧	77	厦门三圈电池有限公司	集美
	厦门和利多卫浴科技有限公司	海沧	78	朗美（厦门）健身器材有限公司	集美
	厦门优胜卫厨科技有限公司	海沧	79	厦门台松精密电子有限公司	湖里
51	华懋系列		80	柯达（中国）图文影像有限公司	海沧
	#华懋（厦门）新材料科技股份有限公司	集美	81	厦门新科宇航科技有限公司	湖里
	华懋（厦门）织造染整有限公司	集美	82	厦门奥力龙科技有限公司	火炬
52	厦门保沣实业有限公司	同安	83	ECCO（厦门）有限公司	同安
53	春保系列		84	厦门厦杏摩托有限公司	集美

续表 16-6

序号	企业	区属	序号	企业	区属
85	厦门龙胜达照明电器有限公司	翔安	118	厦门万德宏光电科技有限公司	火炬
86	未名生物医药有限公司	火炬	119	厦门康乐佳运动器材有限公司	同安
87	厦门市万杰隆工贸有限公司	同安	120	厦门三航混凝土有限公司	湖里
88	厦门兴盛食品有限公司	翔安	121	厦门市翔宏科技股份有限公司	火炬
89	施耐德电气信息技术（厦门）有限公司	火炬	122	厦门东纶股份有限公司	同安
90	厦门亿联网络技术股份有限公司	火炬	123	厦门泓信特种纤维有限公司	翔安
91	亚美（厦门）皮件有限公司	同安	124	厦门三维丝环保股份有限公司	火炬
92	厦门智欣建材有限公司	集美	125	乔丹（厦门）实业有限公司	湖里
93	厦门乾照光电股份有限公司	火炬	126	赫比（厦门）精密塑胶制品有限公司	海沧
94	诚益光学（厦门）有限公司	思明	127	柯尼卡美能达（厦门）医疗器材有限公司	海沧
95	福建金草生物集团股份有限公司	翔安	128	福建泰琛实业发展有限公司	翔安
96	厦门台和电子有限公司	湖里	129	厦门万久科技有限公司	火炬
97	厦门海嘉面粉有限公司	湖里	130	厦门瑞新热电有限公司	集美
98	厦门惠尔康食品有限公司	同安	131	厦门东亚机械有限公司	同安
99	厦门亨东制动系统有限公司	火炬	132	厦门市信达光电科技有限公司	思明
100	厦门民兴工业有限公司	集美	133	厦门雅迅网络股份有限公司	火炬
101	厦门古龙食品有限公司	同安	134	福建龙净脱硫脱硝工程有限公司	火炬
102	英科新创（厦门）科技有限公司	海沧	135	厦门新技术集成有限公司	同安
103	厦门力隆氨纶有限公司	同安	136	厦门宏达洋伞工业有限公司	同安
104	开发晶照明（厦门）有限公司	火炬	137	厦门好年东米业有限公司	同安
105	厦门路桥翔通股份有限公司	翔安	138	合联胜利光电科技（厦门）有限公司	翔安
106	厦门星际电器有限公司	湖里	139	厦门同恒金属有限公司	同安
107	客贝利（厦门）休闲用品有限公司	集美	140	泰普生物科学（中国）有限公司	思明
108	厦门富士电气化学有限公司	火炬	141	厦门厦晖橡胶金属工业有限公司	集美
109	清源科技（厦门）股份有限公司	火炬	142	鹏威（厦门）工业有限公司	海沧
110	厦门市同安源水水产有限公司	翔安	143	厦门唯科模塑科技有限公司	火炬
111	厦门延江新材料股份有限公司	同安	144	厦门金达威集团股份有限公司	海沧
112	达鸿先进科技（厦门）有限公司	火炬	145	厦门太平货柜制造有限公司	同安
113	厦门华诚实业有限公司	同安	146	利胜电光源（厦门）有限公司	火炬
114	厦门群鑫机械工业有限公司	同安	147	林德气体（厦门）有限公司	海沧
115	信华科技（厦门）有限公司	集美	148	厦门歌乐电子企业有限公司	同安
116	厦门大博颖精医疗器械有限公司	海沧	149	厦门金日制药有限公司	同安
117	沙迪克（厦门）有限公司	海沧	150	厦门中药厂有限公司	同安

技术改造与技术创新

【概　况】 2016 年，厦门市工业技术改造投资 253.63 亿元，比上年增长 21.90%，工业技术改造投资占工业投资比重为 63.77%。新增国家级企业技术中心 2 家、省级企业技术中心 4 家、市级企业技术中心 11 家，新增国家技术创新示范企业 1 家、全国工业企业质量标杆 1 家、省级质量标杆企业 1 家、全国工业品牌培育示范企业 1 家、全国工业企业知识产权运用示范标杆企业 3 家。修订《厦门市认定企业技术中心管理办法》，对认定为市级企业技术中心企业研发费用资助提高到100万元，对国家级企业技术中心经评价为优良等级的给予研发经费支持。厦门宏发电声入选2016年（第三十届）中国电子信息百强企业。

【技术中心认定】 2016年，厦门华联电子被认定为国家技术创新示范企业（全省4家）。华联电子、金达威集团被认定为国家级企业技术中心。雅迅网络、开发晶照明、厦门连科工业和东亚机械被认定为省级企业技术中心，天马微电子、厦迪亚斯、好利来（中国）电子、艾德生物医药、华懋（厦门）新材料、延江新材料、赢晟科技、利德宝电子和立扬光学科技等11家企业技术中心被认定为2016年（第十九批）市级企业技术中心。

【技术创新及产学研项目】 2016年，厦门市确定特克模具工业有限公司“大片宽多排列引线框架模具的研发”等60个项目为年度重点研发创新及产学研合作支持项目，共支持资金1494万元。向通过验收的2012～2015年重点技术创新及产学研项目下发第二次拨款，涉及项目50个，支持资金900万元。

【品牌建设】 2016年，厦门市继续推进品牌建设，新增驰名商标5件（见表16-7）。厦门ABB开关有限公司“ABB中压远程中心云服务的实践经验”获2016年全国质量标杆称号，厦门盈趣科技股份有限公司“以UMS信息系统实现全面质量管理的经验”获2016年福建省质量标杆称号。厦门三安光电、美亚柏科、雅讯网络3家企业被工业和信息化部评为全国工业企业知识产权标杆示范企业，大博医疗被工业和信息化部评为工业企业品牌培育示范企业。市经信局组织厦门长塑实业等9家企业参加工业和信息化部工业企业品牌培育试点，指导试点企业完善品牌培育战略，明确品牌培育目标和职能。

【智能制造试点示范】 2016年，厦门市继续推进智能制造试点示范工作。厦门弘信电子科技股份有限公司被评为2016国家智能制造试点示范企业。根据《福建省经济和信息化委员会关于开展2016年省级智能制造企业试点示范推荐工作的通知》要求，组织推荐申报省级智能制造企业试点示范。强力巨彩、天马微、金龙联合、建霖工业、盈趣科技等5家企业被评为省级智能制造企业试点示范。厦门金龙汽车座椅有限公司、厦门威迪亚精密模具塑胶有限公司、厦门瑞尔特卫浴科技股份有限公司、通达（厦门）科技有限公司、厦门长塑实业有限公司、百路达（厦门）工业有限公司、厦门金越电器有限公司、厦门大千振宇集团有限公司、厦门启尚科技有限公司、厦门永华光电科技股份有限公司被评为市级企业智能制造试点示范，百路达（厦门）工业有限公司、宸美（厦门）光电有限公司、厦门弘信电子科技股份有限公司3家企业项目被评为厦门市智能制造样板工厂（车间）。

【省级首套重大技术装备认定】 2016年，根据《福建省经济和信息化委员会关于公布2016年度福建省首台（套）重大技术装备（含智能制造装备）认定名单的通知》，经省经信委组织专家评审及现场查验，厦门厦工中铁重型机械有限公司申报的“CTE6450复合式土压平衡式”盾构机被认定为福建省内首台（套）智能制造装备，实现厦门市“省首台套”零的突破。该盾构机可按照不同地质地况进行“量体裁衣”式设计制造，有针对性地开展适应福建、厦门地质的盾构装备技术产业化，为地铁施工提供盾构成套装备，是中国战略新兴产业中高端装备制造业的标志性产品之一。按照《厦门市人民政府关于加快发展智能制造十条措施的通知》关于支持智能制造首台（套）与首购突破项目的规定，给予“CTE6450复合式土压平衡式”盾构机不超过销售价格的30%补助，给予“CTE6450复合式土压平衡式”盾构机投保企业实际投保年度保费50%的补贴。

【智能制造专项资金】 2016年，宸美（厦门）光电有限公司等9家企业申报的智能制造技术改造项目，共获得各级补助资金1812万元。以上项目可拉动企业投资2.79亿元，达产后新增年产值35.亿元，项目利税总额4.35亿元，节约工人约1600人，新增就业约440人。

（市经信局）

中小企业发展

【概　况】 2016年，厦门市被纳入统计分析范围的中小企业共计1293家。按三次产业结构划分，第一产业14家，第二产业833家（其中工业企业778家），第三产业446家。按企业规模划分，中型企业241家（占18.6%），小微型企业1052家。纳入监测工业中小企业完成工业总产值579.15亿元，比上年增长4.2%（见图16-5），增幅提高1.3

表16-7　**2016年厦门市新增驰名商标**

商标	注册人或所有人（认定时）	商品（服务）	商标注册证号	认定时间
王者	厦门安妮股份有限公司	热敏纸	3681989	02-03
美图秀秀	厦门美图科技有限公司	已录制的计算机程序（程序）、电脑软件（录制好的）、计算机程序（可下载软件）	7099841	05-12
高时石材	高时（厦门）石业有限公司	石料	6113899	05-12
JORYA	欣贺股份有限公司	裤子、裙子、风衣	7790611	05-12
CTS及图	厦门正新橡胶工业有限公司	车辆轮胎、自行车内胎、三轮车内胎、汽车内胎	9702814	07-29

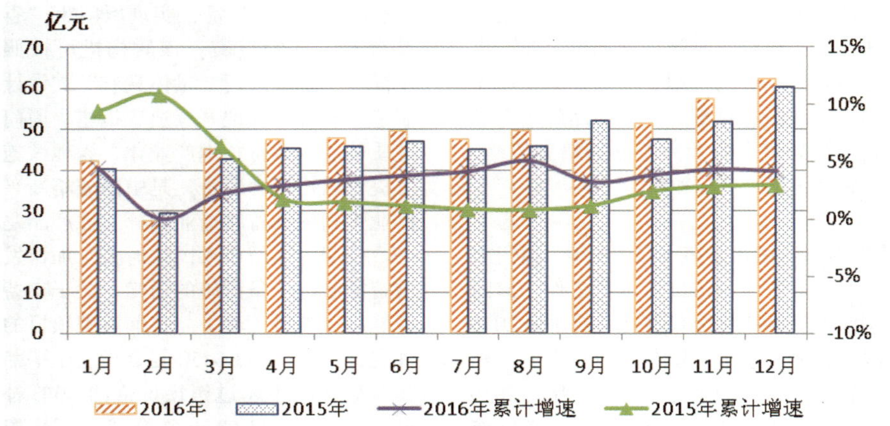

图 16-5　2016 年厦门市纳入监测工业中小企业总产值及累计增速

个百分点；用电 12.54 亿千瓦小时，增长 6.4%。全年实现增产的企业 446 家，共增产值 69.18 亿元；减产 20% 以上的企业 142 家，共减产值 33.68 亿元，占总减产值的 73.9%；减产 50% 以上的企业 38 家，共减产值 11.92 亿元，占总减产值的 26.1%。减产 1000 万元以上的企业 109 家，共减产值 37.64 亿元，占总减产值的 82.5%。纳入监测中小企业实现营业收入 867.26 亿元，增长 4.3%。其中，工业企业实现营业收入 561.96 亿元，增长 5.0%；第三产业实现营业收入 255.46 亿元，增长 2.7%。实现利润总额 60.27 亿元，增长 16.5%。亏损企业 263 家，亏损面 20.3%，扩大 2.0 个百分点；亏损额 6.62 亿元，增长 37.1%。其中，工业企业实现利润总额 42.97 亿元，增长 17.1%，亏损企业 143 家，亏损面 18.4%，扩大 1.8 个百分点，亏损额 4.15 亿元，增长 44.2%；第三产业实现利润总额 14.33 亿元，增长 12.3%，亏损企业 107 家，亏损面 24.0%，扩大 0.9 个百分点，亏损额 2.32 亿元，增长 22.6%。营业成本 697.21 亿元，增长 3.3%。其中，工业企业营业成本 447.03 亿元，增长 4.0%；第三产业营业成本 208.13 亿元，增长 1.5%。每百元营业收入的成本 79.55 元，降低 0.78 元；收入利润率 7.65%，提高 0.79 个百分点。纳入监测工业中小企业完成出口交货值 147.25 亿元，增长 5.0%。出口交货值占销售收入的 26.2%，与上年持平。（见表 16–8）

【企业流动资金】 2016 年年末，厦门市被纳入监测中小企业中，工业企业应收账款 147.95 亿元，比上年同期增长 12.5%，产成品存货 52.36 亿元，增长 2.7%；第三产业企业应收账款 48.58 亿元，增长 13.2%。纳入监测中小企业借款余额 159.33 亿元，下降 4.7%，财务费用 7.07 亿元，下降 15.2%。其中，工业企业借款余额 102.01 亿元，下降 5.1%，财务费用 4.50 亿元，下降 21.1%；第三产业借款余额 51.17 亿元，下降 1.8%，财务费用 2.06 亿元，下降 0.2%。

【固定资产投资】 2016 年，厦门市被纳入监测中小企业完成固定资产投资 29.97 亿元，比上年下降 30.8%。纳入监测工业中小企业完成固定资产投资 23.73 亿元，下降 35.8%，比全市工业投资增幅低 48 个百分点。其中，投资 100 万至 500 万元工业中小企业 305 家（中型企业 87 家，小型企业 218 家），比上年减少 12 家；投资 500 万元至 1000 万元工业中小企业 98 家（中型企业 46

表 16–8　**2016 年厦门市纳入监测中小企业收入、成本、利润**

月份	营业收入		营业成本		利润总额		亏损额	
	累计（亿元）	与上年同期相比（%）	累计（亿元）	与上年同期相比（%）	累计（亿元）	与上年同期相比（%）	累计（亿元）	与上年同期相比（%）
1	59.81	–0.1	48.18	–1.8	3.47	15.1	1.30	8.8
1～2	99.49	–7.1	80.36	–8.8	3.82	4.1	2.65	–1.1
1～3	175.84	–3.6	141.93	–6.1	7.21	13.6	3.89	15.2
1～4	243.56	–2.5	196.57	–4.6	11.84	27.4	4.15	0.2
1～5	310.85	–1.6	250.69	–3.4	17.42	20.8	4.47	2.2
1～6	387.52	–0.4	311.80	–2.3	23.19	21.6	4.43	1.7
1～7	457.27	0	368.30	–1.7	27.32	15.0	5.12	12.7
1～8	531.59	1.7	429.38	0.4	32.74	17.8	5.80	6.9
1～9	604.74	1.7	488.57	0.6	37.47	15.8	6.21	17.9
1～10	677.30	3.5	546.99	2.4	43.83	21.1	6.30	14.1
1～11	762.85	3.6	614.72	2.4	50.33	19.0	6.96	21.9
1～12	867.26	4.3	697.21	3.3	60.27	16.5	6.62	37.1

家，小型企业 52 家），比上年减少 20 家；投资 1000 万元以上工业中小企业 46 家（中型企业 26 家，小型企业 20 家），比上年减少 20 家。第三产业完成固定资产投资 5.95 亿元，增长 10.4%。

【融资渠道拓宽】 2016 年，厦门市通过风险补偿促进风投公司、融资租赁公司、小贷公司等扩展中小微企业投资和融资渠道，改善中小微企业融资环境。市中小企业服务中心受理还贷应急资金申请 78 笔，累计申请金额 3.29 亿元；11 家银行为厦门市中小微企业发放信用贷款 706 笔，发放金额 6.15 亿元。

【中小企业培训咨询】 2016 年，厦门市发挥中小企业公共服务平台作用，整合各种资源，举办厦门市中小企业管理提升系列培训、中小企业高级研修班及各类主题沙龙、公益培训和项目对接等活动，服务广大中小企业。全年举办主题沙龙、培训 82 场，受益学员 6600 人，其中"小微企业管理提升系列培训"17 场，培训学员 1429 人。组织优秀管理咨询机构为 80 家专精特新企业、优秀成长型中小微企业提供经营战略、流程再造、商业模式等各方面咨询服务，企业满意度 97.5%。

【中小企业招聘】 2016 年，厦门市依托"招聘云"平台，开展全国中小企业网上百日招聘高校毕业生活动，累计聚集中小企业 1.22 万家，提供岗位超过 16.9 万个，吸引往届、应届高校毕业生 7400 余人求职。市中小企业服务中心搭建人才服务交流平台，会同相关单位每月在中小企业公共服务大厅举办行业专场招聘会，累计 270 多家招聘企业提供岗位 3000 多个，应聘者 2300 余人。

【小微企业创业创新示范基地】 2016 年，厦门市新增市级小微企业创业创新示范基地 12 家、省级小微企业创业创新示范基地 3 家。其中，"启达 S.O 商务大厦"和"厦门软件园（一期）软件产业孵化基地"被工业和信息化部认定为第二批国家小型微型企业创业创新示范基地。

【公共服务示范平台】 2016 年，厦门市经信局开展国家中小企业公共服务示范平台运营情况检查和省中小企业公共服务示范平台统计等工作。全市新增市级中小企业公共服务示范平台 10 家、省级中小企业公共服务示范平台 5 家。

【企业专精特新成果认定】 2016 年，厦门市经信局认定小微企业专精特新产品（技术），厦门迈斯磁电有限公司的"汽车用双缓冲消音电磁铁的先进工艺的产业化应用"、厦门吉龙德环境工程有限公司的"一种在线监测水质重金属分析仪"等 55 家企业的产品（技术）入选。市经信局在中小企业公共服务大厅设立"专精特新"展示区，展示"专精特新"转型升级技术创新成果。

【小微企业创业创新扶持】 2016 年，厦门市举办 2016 年小微企业创业创新大赛，前十名初创企业共得到市中小企业发展专项资金 300 万元扶持及管理咨询义诊服务，得到厦门银行给予信用贷款（最高 300 万元）。举办 2016 年"双创周"主题活动，各类主题活动 20 场次，吸引 800 多人次参加。开展"创客中国"厦门地区参赛项目组织集中评审推荐工作，推荐参加工业和信息化部评选小微企业组 25 个项目、创客组 12 个项目。

【小微企业服务补贴券】 2016 年，厦门市出台《关于印发厦门市小微企业服务补贴券管理办法的通知》，首次设立小微企业服务补贴券，为小微企业提供购买财税服务、人才服务、信用评级、知识产权、法律服务、质量服务 6 个大类专业服务。全年有 1882 家企业与 32 家签约服务机构签订服务合同并申领使用服务补贴券，1296 家企业通过审核实际受益，受益金额 378 万元。机构申请结算 1095 户，申请结算金额 341 万元。

【中小企业公共服务平台网络体系建成】 2016 年，厦门市经信局完成"厦门市中小企业公共服务平台网络"验收工作。该平台网络以 1 个市级平台为枢纽、11 个窗口平台为支撑的互联网、电话呼叫、现场服务、期刊服务"四位一体"及线上线下相结合的公共服务体系，实现企业与服务机构供需在线对接及评价，为全市中小微型企业及创业者提供一站式、专业化服务。

【中小企业生产经营运行监测】 2016 年，厦门市经信局开展工业和信息化部中小企业生产经营运行监测工作，1350 家申报数据，1300 余家成为运行分析报告样本企业。市经信局加强监测分析，每月形成《厦门市成长型中小微企业生产运行监测样本企业分析报告》。

【成长型企业培育】 2016 年，厦门市认定最具成长性和成长型中小微企业 492 家企业，其中最具成长性中小微企业 96 家、成长性中小微企业 396 家（见表 16-9、16-10）。厦门市中小企业发展专项资金对 270 家企业予以中小企业成长支持资金贷款贴息 2431.9 万元。37 家成长型中小微企业在"新三板"挂牌。

表 16-9　**2016～2017 年度厦门市最具成长性中小微企业**

序号	企业	序号	企业
1	大博医疗科技股份有限公司	7	厦门耐德电气有限公司
2	厦门金龙江申车架有限公司	8	厦门特宝生物工程股份有限公司
3	厦门金腾装饰集团有限公司	9	厦门精研自动化元件有限公司
4	厦门百拓粮油食品有限公司	10	厦门立业卫浴工业有限公司
5	厦门闽光电气实业有限公司	11	厦门市港龙装修工程有限公司
6	厦门电力成套设备有限公司	12	厦门顺峰包装材料有限公司

续表 16-9

序号	企业	序号	企业
13	厦门连科工业有限公司	49	厦门青田食品工业有限公司
14	罗普特（厦门）科技集团有限公司	50	厦门重恒电力设备制造有限公司
15	合联胜利光电科技（厦门）有限公司	51	厦门厦华新技术有限公司
16	厦门姚明织带饰品有限公司	52	厦门倍杰特科技有限公司
17	厦门智能达电控有限公司	53	来奇偏光科技（中国）股份有限公司
18	厦门明翰电气股份有限公司	54	厦门美真香佛具艺品有限公司
19	厦门福泉钢业有限公司	55	厦门超宇环保科技股份有限公司
20	厦门凯浦瑞电子科技有限公司	56	厦门威迪亚精密模具塑胶有限公司
21	厦门厦迪亚斯环保过滤技术有限公司	57	福慧达远东（厦门）实业有限公司
22	古琳达姬（厦门）股份有限公司	58	捷卡（厦门）工业科技有限公司
23	厦门市金汤橡塑有限公司	59	厦门鸿益顺环保科技有限公司
24	厦门宝麦克斯科技有限公司	60	厦门新声科技有限公司
25	厦门三优光电股份有限公司	61	中航太克（厦门）电力技术股份有限公司
26	厦门唯科模塑科技有限公司	62	厦门上特展示系统工程有限公司
27	厦门永裕机械工业有限公司	63	厦门豪帝卫浴工业有限公司
28	厦门汇沣实业有限公司	64	厦门嵩湖环保股份有限公司
29	厦门美益集团有限公司	65	中汽客汽车零部件（厦门）有限公司
30	厦门市科发交通工程有限公司	66	厦门市兴亚泰塑料工业有限公司
31	厦门麦丰密封件有限公司	67	厦门聚富塑胶制品有限公司
32	厦门鹰君药业有限公司	68	厦门市朗星节能照明股份有限公司
33	国安达股份有限公司	69	厦门璞真食品有限公司
34	厦门市达超工贸有限公司	70	福建求实智能股份有限公司
35	厦门求实智能网络设备有限公司	71	厦门嘉康饲料有限公司
36	厦门柏事特信息科技有限公司	72	厦门金龙汽车座椅有限公司
37	厦门钜沣实业有限公司	73	厦门鑫顶品工贸有限公司
38	厦门美驰汽配工业有限公司	74	厦门市瑞胜发塑胶工业有限公司
39	厦门吉宏包装科技股份有限公司	75	厦门斯坦道科学仪器股份有限公司
40	太阳城（厦门）户外用品科技股份有限公司	76	厦门翔通动漫有限公司
41	厦门优尔电器股份有限公司	77	厦门金宝莱整体家居有限公司
42	厦门市鑫洋翔纸塑制品有限公司	78	福建卓知项目投资顾问有限公司
43	厦门市康泰兴运动器材有限公司	79	厦门网中网软件有限公司
44	厦门陆海环保股份有限公司	80	厦门市芯阳科技有限公司
45	欧兰普电子科技（厦门）有限公司	81	厦门宏象物流科技有限公司
46	厦门艾迪建材工业有限公司	82	厦门市爱维达电子有限公司
47	厦门海翼融资租赁有限公司	83	厦门弗瑞特流体控制有限公司
48	厦门赛尔特电子有限公司	84	厦门盛方生态技术有限公司

续表 16-9

序号	企业	序号	企业
85	厦门思巴克运动用品有限公司	91	厦门市开立机电工程有限公司
86	厦门市巨龙软件工程有限公司	92	厦门正浩食品有限公司
87	厦门中田环保片材有限公司	93	厦门四信通信科技有限公司
88	厦门市盈拓商务有限公司	94	厦门宏祥食品有限公司
89	厦门泉舜纸塑容器股份有限公司	95	厦门埃菲铁件有限公司
90	厦门欣众达科技有限公司	96	协成科技股份有限公司

表 16-10　**2016～2017 年度厦门市成长型中小微企业**

序号	企业	序号	企业	序号	企业
1	厦门市巨龙信息科技有限公司	29	厦门智为建筑装饰设计有限公司	57	厦门宏发先科新型建材有限公司
2	德尔斯威（厦门）流体控制设备有限公司	30	厦门鹭康顶品工贸有限公司	58	厦门格瑞斯特环保科技有限公司
3	厦门吉信德宠物用品有限公司	31	厦门龙安盛装修工程有限公司	59	厦门富可汽车配件有限公司
4	厦门晋东集团有限公司	32	厦门恒好旅游用品有限公司	60	厦门荣兴达旅游用品有限公司
5	厦门市华德康塑胶制品有限公司	33	厦门洋江食品有限公司	61	厦门冠宇科技股份有限公司
6	厦门启和电器有限公司	34	厦门福励织造有限公司	62	厦门唐人科技信息技术有限公司
7	厦门特盈自动化科技股份有限公司	35	厦门鹭安顶品家居有限公司	63	厦门市新峰工贸有限公司
8	厦门万仟堂艺术品有限公司	36	厦门市铂联科技股份有限公司	64	厦门兴厦控电气有限公司
9	厦门升正机械有限公司	37	厦门腾云塑胶有限公司	65	厦门晋源钢业有限公司
10	厦门德丰行塑胶工业有限公司	38	厦门正黎明冶金机械有限公司	66	厦门立霖卫浴有限公司
11	厦门鸿基伟业复材科技有限公司	39	嘉立德（厦门）电子科技有限公司	67	厦门华亿昌新兴科技有限公司
12	厦门欧圣斯科技有限公司	40	厦门广成实业有限公司	68	厦门源利达建筑构件工程有限公司
13	厦门万明电子有限公司	41	厦门富承电子有限公司	69	厦门长辉实业有限公司
14	厦门兴联集团有限公司	42	吉特利环保科技（厦门）有限公司	70	厦门夏盛工贸有限公司
15	厦门华盛弘精密模具有限公司	43	厦门市福工动力技术有限公司	71	迈贝特（厦门）新能源有限公司
16	厦门大雅传奇文化传播有限公司	44	厦门弘泰船务有限公司	72	厦门市立方艺品有限公司
17	厦门厦化实业有限公司	45	厦门市榕鑫达实业有限公司	73	威士邦（厦门）环境科技有限公司
18	厦门美时美克空气净化有限公司	46	厦门市松竹精密科技有限公司	74	厦门大千振宇集团有限公司
19	厦门市源香食品工业有限公司	47	厦门韩封参茸有限公司	75	厦门固克涂料集团有限公司
20	厦门优传供应链有限公司	48	厦门市博朗精密工业有限公司	76	厦门澳磊实业有限公司
21	灏景（厦门）文化传媒股份有限公司	49	厦门风云科技股份有限公司	77	厦门欣建雅工贸有限公司
22	厦门高士达科技股份有限公司	50	厦门立宇达科技有限公司	78	厦门市海悦电气设备有限公司
23	厦门瑞德隆汽车有限公司	51	厦门市三利通用机电有限公司	79	厦门旭超石材有限公司
24	来明工业（厦门）有限公司	52	厦门兴恒隆股份有限公司	80	厦门海石景观股份有限公司
25	厦门加美石油集团有限公司	53	厦门马恒达汽车零部件有限公司	81	厦门元谷信息科技有限公司
26	厦门圣利人服装制造有限公司	54	厦门美图网科技有限公司	82	厦门萨格石业有限公司
27	厦门瀚盛游艇有限公司	55	厦门鑫点击网络科技股份有限公司	83	厦门睿客信息科技有限公司
28	福建中科亚创动漫科技股份有限公司	56	厦门市得尔美卫浴有限公司	84	厦门中天旭日投资实业有限公司

续表 16-10

序号	企业	序号	企业	序号	企业
85	厦门市同昌顺印刷包装有限公司	123	厦门市成业辰机械有限公司	161	厦门巨创科技有限公司
86	厦门超凡建材有限公司	124	厦门市海菱电子有限公司	162	厦门市勤贤工贸发展有限公司
87	冠星迦南门业（厦门）有限公司	125	福建俊佑机电设备有限公司	163	厦门美驭汽车服务有限公司
88	厦门市海达日用品有限公司	126	厦门盈发实业有限公司	164	厦门翔英自动化有限公司
89	厦门娜其尔日化有限公司	127	厦门欧替埃电子工业有限公司	165	杉宜化学（厦门）有限公司
90	厦门纳龙科技有限公司	128	厦门绿胜纸塑制品有限公司	166	厦门华丽设计装修工程有限公司
91	厦门良一食品有限公司	129	厦门海天翔硅品有限公司	167	厦门康士达科技发展有限公司
92	厦门房米信息科技有限公司	130	厦门市欣捷龙包装有限公司	168	厦门康帅电子有限公司
93	厦门积硕科技股份有限公司	131	厦门源乾电子科技有限公司	169	厦门市萨珀莱照明技术有限公司
94	松亿实业（厦门）有限公司	132	厦门翰林彩印股份有限责任公司	170	厦门佰欧科技工程有限公司
95	厦门特伦生物药业有限公司	133	厦门烯成石墨烯科技有限公司	171	厦门同锋机械有限公司
96	厦门洪海机械有限公司	134	厦门金耀工贸有限公司	172	蓝海旺有限公司
97	厦门纵横集团置业有限公司	135	厦门通利彩印有限公司	173	厦门市金凯龙印刷有限公司
98	厦门晖隆电气有限公司	136	厦门新洋石油化工有限公司	174	厦门荣裕印刷有限公司
99	厦门跨世机械制造有限公司	137	厦门市宇捷包装机械有限公司	175	厦门绵羊抗疲劳垫有限公司
100	厦门市丰大电气工程有限公司	138	厦门馨龙声工贸有限公司	176	厦门纽优新型工艺有限公司
101	安思通（厦门）制动科技有限公司	139	厦门华致家具有限公司	177	厦门市金合鑫电子科技有限公司
102	睿科仪器（厦门）有限公司	140	厦门市三特兴电子有限公司	178	厦门印天电子科技有限公司
103	厦门奥力龙科技有限公司	141	厦门二五八集团有限公司	179	厦门市旭立欣工贸有限公司
104	环创（厦门）科技股份有限公司	142	厦门市装载机有限公司	180	厦门福第食品有限公司
105	厦门捷视光学有限公司	143	厦门福成兴工贸有限公司	181	厦门谊佳自动化科技有限公司
106	厦门英诺尔信息科技有限公司	144	厦门市源祥塑胶工业有限公司	182	厦门市华泰视通科技有限公司
107	厦门泽宇科技工程有限公司	145	厦门捷信达精密科技股份有限公司	183	厦门聚佳拉链有限公司
108	厦门众志达装修工程有限公司	146	厦门精晶压铸有限公司	184	福建省巨匠科技发展有限公司
109	厦门市固欣康乔进出口有限公司	147	厦门海马化妆品有限公司	185	厦门闽鸿信实业有限公司
110	厦门先科电气技术开发有限公司	148	厦门市吉和香业有限公司	186	厦门复晟复合材料有限公司
111	厦门市锦坤工贸有限公司	149	厦门福鑫耀工贸有限公司	187	厦门诺瑞特实业有限公司
112	厦门美科安防科技有限公司	150	厦门轩妮可商贸有限公司	188	厦门市拙雅科技有限公司
113	厦门泰华工贸有限公司	151	厦门佳好建材有限公司	189	厦门启达创业投资管理有限公司
114	厦门晶欣电子有限公司	152	厦门亿辰科技有限公司	190	厦门市益乐家具有限公司
115	厦门鑫万彩塑胶染料工贸有限公司	153	厦门美益建材有限公司	191	厦门新鸿洲精密科技有限公司
116	厦门奔达可汽车维修用具股份有限公司	154	厦门市云中飞体育用品有限公司	192	厦门鑫利基机电设备有限公司
117	厦门鑫利基工业设备安装有限公司	155	维卡（厦门）智能技术有限公司	193	厦门松元电子有限公司
118	厦门豪盛塑料制品有限公司	156	厦门北泰电气有限公司	194	厦门市麒龙纸业有限公司
119	厦门市新益丰石化经销有限公司	157	厦门德翔机械工业集团有限公司	195	厦门旺墩冷冻仓储有限公司
120	厦门市东方巴厘服饰有限公司	158	厦门市聚力电力设备有限公司	196	厦门立琪电子有限公司
121	厦门飞华环保器材有限公司	159	福建艺景园林工程有限公司	197	厦门市欧立通电子科技开发有限公司
122	厦门凤飞服饰设计有限公司	160	厦门捷昕精密科技股份有限公司	198	厦门大卓品玻璃有限公司

续表 16-10

序号	企业	序号	企业	序号	企业
199	厦门菲达斯服装有限公司	237	厦门能龙工贸有限公司	275	厦门市顶味兴业香料发展有限公司
200	厦门金诚霖建材有限公司	238	厦门星波冶金矿业有限公司	276	厦门雷迅科微电子股份有限公司
201	厦门市尚明达机电工业有限公司	239	厦门皓玥商贸有限公司	277	厦门永华光电科技股份有限公司
202	厦门立圣丰机械有限公司	240	厦门安盟网络股份有限公司	278	厦门广开电子有限公司
203	厦门华净环保技术有限公司	241	厦门佳商食品有限公司	279	福星（厦门）生物饲料有限公司
204	月恒（厦门）纸业有限公司	242	厦门鼎运软件有限公司	280	厦门市华软科技有限公司
205	厦门百度科技开发股份有限公司	243	福建三炬生物科技股份有限公司	281	厦门集恩图造信息科技股份有限公司
206	厦门市胜意龙纺纤有限公司	244	厦门力迪塑胶有限公司	282	厦门飓浪计算机软件有限公司
207	厦门市天泉鑫膜科技股份有限公司	245	厦门澳磊集团有限公司	283	厦门伟屹有限公司
208	厦门韩封工贸有限公司	246	厦门海石进出口有限公司	284	厦门市宝能科技有限公司
209	厦门维尔斯人力资源管理有限公司	247	厦门精达印刷有限公司	285	厦门杉品茶园有限公司
210	厦门康浩科技有限公司	248	厦门麦普电光源有限公司	286	厦门永信隆塑胶包装有限公司
211	厦门尚为科技股份有限公司	249	厦门华旸建筑工程设计有限公司	287	厦门涌腾达电子有限公司
212	厦门开心上校餐饮管理有限公司	250	厦门华派机电工程设备有限公司	288	厦门艺顺金属制造有限公司
213	厦门高瑞特电气自动化有限公司	251	厦门雄耀建筑机械有限公司	289	厦门藤田重工有限公司
214	厦门高比特电子有限公司	252	厦门源龙生物科技有限公司	290	厦门市同安合鑫雨具工艺有限公司
215	厦门羽星科技股份有限公司	253	厦门特骑服饰有限公司	291	厦门市瀛泰包装有限公司
216	福建闽天力机械集团有限公司	254	厦门伊示雅商贸有限公司	292	厦门中同能源科技有限公司
217	厦门朱蒂私语纺织服饰有限公司	255	厦门市翼晖新型建材有限公司	293	厦门怡和泰电缆有限公司
218	厦门海为科技有限公司	256	福建成田科技有限公司	294	厦门伟然科技有限公司
219	厦门彼奥动力科技有限公司	257	厦门鹏远仓储设备制造有限公司	295	厦门巨臣土地房地产评估咨询有限公司
220	厦门加捷税务师事务所有限公司	258	厦门游动网络科技股份有限公司	296	厦门世达膜科技有限公司
221	厦门弘信绿色节能科技有限公司	259	厦门日华科技股份有限公司	297	厦门绿馨物业服务有限公司
222	艾普偏光科技（厦门）有限公司	260	厦门格睿伟业电子科技有限公司	298	厦门顾德益电器有限公司
223	厦门力富电子有限公司	261	厦门市三友和机械有限公司	299	厦门培英塑胶有限公司
224	厦门优倍特橡塑工业有限公司	262	厦门力巨自动化科技有限公司	300	锐骐（厦门）电子科技有限公司
225	厦门嘉琦包装有限公司	263	福建拓尔通软件有限公司	301	福建先海电气设备有限公司
226	厦门荆艺软件有限公司	264	厦门智盛包装有限公司	302	厦门市春之歌园艺开发有限公司
227	厦门力飞工贸有限公司	265	厦门市信孚米业有限公司	303	厦门东方金源商贸有限公司
228	福建省博南集团股份有限公司	266	欧仕达听力科技（厦门）有限公司	304	厦门兴牧威动物保健品有限公司
229	厦门优世商用科技有限公司	267	厦门欧曼琪服饰有限公司	305	厦门和美科盛生物技术有限公司
230	厦门鼎荣电器制造有限公司	268	厦门求特新材料有限公司	306	厦门市杏林祥和针纺有限公司
231	金诚隆（福建）服饰织造有限公司	269	厦门英锐营造设计有限公司	307	厦门热推网络有限公司
232	厦门德益工贸有限公司	270	厦门德众汽车维修有限公司	308	厦门奥泉橡胶有限公司
233	厦门陆海科技工程有限公司	271	厦门卓讯信息技术有限公司	309	厦门市驰杰模具工业有限公司
234	佰鑫源精密机械（厦门）有限公司	272	厦门瑞屏电子科技有限公司	310	厦门海合达电子信息有限公司
235	厦门汉顿贸易有限公司	273	凯斯诺（福建）信息科技股份有限公司	311	厦门绿动力环境治理工程有限公司
236	厦门致力金刚石科技股份有限公司	274	迈杰特科技（厦门）有限公司	312	厦门联创达科技有限公司

续表 16-10

序号	企业	序号	企业	序号	企业
313	飞讯达（厦门）信息技术有限公司	341	厦门康纳威汽车零部件有限公司	369	厦门浩渺网络科技有限公司
314	厦门丽龙彩印刷有限公司	342	厦门超游网络科技有限公司	370	厦门金屿进出口有限公司
315	厦门扬森数控设备有限公司	343	厦门市利创雨具有限公司	371	厦门君立集团有限公司
316	厦门瑞京金属制品有限公司	344	仟佰盾（厦门）科技有限公司	372	厦门雅讯贸易有限公司
317	厦门协兴龙塑胶有限公司	345	盛世网联（厦门）科技有限公司	373	厦门市世合展览服务有限公司
318	厦门磐德金属制品有限公司	346	凯运物流（厦门）有限公司	374	厦门晋博建筑科技有限公司
319	厦门玖阳工贸有限公司	347	厦门鑫创好钢结构有限公司	375	厦门心利合包装工业有限公司
320	佰歌（厦门）进出口有限公司	348	厦门展宇工贸有限公司	376	厦门保绿达塑胶有限公司
321	厦门矽创微电子科技有限公司	349	厦门金名节能科技有限公司	377	厦门鑫沛榕通信技术有限公司
322	厦门福太洋伞有限公司	350	厦门创利园景观工程有限公司	378	福建长潮信息科技股份有限公司
323	微泰科技（厦门）有限公司	351	厦门市南方科宇科技有限公司	379	厦门唯美优格家具有限公司
324	厦门市金玺彩印有限公司	352	厦门市同安威龙设计装修工程有限公司	380	三铁照明（厦门）实业有限公司
325	厦门兴易天公共关系策划管理有限公司	353	晋大纳米科技（厦门）有限公司	381	厦门锘雅进出口有限公司
326	厦门防水博士建筑工程有限公司	354	厦门市尚易科技有限公司	382	厦门湘亿工贸有限公司
327	厦门尚品文化创意有限公司	355	厦门市天宇塑料工业有限公司	383	厦门捷能通光电科技有限公司
328	厦门海润达物流有限公司	356	厦门雅信塑胶有限公司	384	鑫金诚防腐工程（厦门）有限公司
329	厦门康柏机械集团有限公司	357	厦门睿通电子科技有限公司	385	厦门丰林盛商贸有限公司
330	厦门港光塑胶工业有限公司	358	厦门倍恩卫浴有限公司	386	厦门宏鹏发进出口有限公司
331	厦门鼎艺雕塑有限公司	359	厦门三立电子有限公司	387	厦门磊立贸易有限公司
332	厦门诚创网络有限公司	360	厦门新旺新材料科技有限公司	388	厦门安羚粮油工贸有限公司
333	厦门博聪信息技术有限公司	361	厦门广福鑫实业有限公司	389	厦门喜斯登装饰工程有限公司
334	厦门市顶芳食品有限公司	362	厦门蓝沃无纺布工业有限公司	390	厦门龙之山文化创意产业有限公司
335	福建博泷工程建设有限公司	363	厦门市旷盛文化传播有限公司	391	厦门智宇信息技术有限公司
336	厦门旭隆密封件有限公司	364	厦门鲁滨砂业有限公司	392	厦门弘慧网络科技有限公司
337	厦门业盛电气有限公司	365	厦门米特自动化设备有限公司	393	厦门市唐游网络科技有限公司
338	厦门立洲五金弹簧有限公司	366	厦门金隆翔工贸有限公司	394	厦门炫龙包装有限公司
339	厦门三德信电子科技有限公司	367	厦门市源源兴工贸有限公司	395	厦门丽布服饰有限公司
340	厦门鑫科安安全系统工程有限公司	368	厦门宗泰工贸有限公司	396	厦门恒利来实业有限公司

【厦门市中小企业法律服务团成立】 2016年1月，厦门市中小企业服务中心、厦门仲裁委员会联合成立厦门市中小企业法律服务团，20名具有丰富执业经验和较强业务能力的律师成为首批服务团成员。年内，法律服务团依托厦门市中小企业公共服务平台，为多家企业提供法律服务。

【厦门市中小企业服务月】 2016年5月5日至6月6日，厦门市举办2016年中小企业服务月活动。该活动由厦门市政府主办，市经信局、市财政局等承办。以“服务中小企，创新赢未来”为主题，累计举办各类公益活动57场，吸引8500家企业报名参加活动，线上线下活动关注人数超50万人次。

（市经信局）

责任编辑：林建高
审　　稿：程成贵
　　　　　白延蜻
责任校对：孙志红

17 交通·物流·邮政

综　　述

2016年，厦门市交通运输行业累计完成固定资产投资500.09亿元。其中，公路建设136.22亿元、港口建设28.93亿元、航空投资180.58亿元、铁路建设0.39亿元、邮政物流仓储17.75亿元、轨道交通136.05亿元、管道运输0.17亿元，比上年同期（312.85亿元）增长60%，较前3年平均值（249.59亿元）翻一番，占全市固定资产总投资（2159.81亿元）的23.15%。厦门市公路运输总周转量增长7.0%，超过年初制定的2%计划目标，全省排名第二。

2016年，厦门市40个重点交通项目快速推进，完成投资122.38亿元，完成年度计划的187.87%，超额完成投资位居全市第一。推动快速路与普通道路的转换衔接，实施重要通道和节点改造工程，打通断头路，全市道路网络系统承载力和运行效率进一步提升。翔安南路二期工程、海翔大道、演武大桥观景平台工程、马青路、集灌路等项目先后完工通车，第二西通道、同翔大道南段、灌新路、同安大道、同翔大道南段等省市重点工程开工建设，推进厦门北动车运用检修所与迁建普速列车整备所工程（部分建成投产）、“两环八射”（见P516小资料“两环八射”）快速路系统等在建工程建设。

2016年，全市基本形成以常规公交干线和快速公交为骨架、常规公交支线为基础、公交枢纽及换乘站点为依托、出租车为补充的公交发展格局。开通BRT（快速公交）快6路、快7路，新增常规公交线路40条、优化线路111条。公交线路总长7083千米，建成区公交站点500米覆盖率94.7%。1月1日，《厦门市公交运营服务质量考评办法》正式实施，11月20日，厦门市人民政府颁布实施《厦门市网络预约出租汽车经营服务管理实施细则》。

2016年，全市物流产业运行总体平稳，物流产业增加值保持平稳较快发展势头，物流产业总收入首次突破千亿元，增长超过10%。厦门市成功列入国家现代物流创新发展城市和智慧物流城市试点，提速物流创新发展。落实全面融入国家“一带一路”（“丝绸之路经济带”和“21世纪海上丝绸之路”的简称，下同）倡议，打造中欧、中亚国际货运班列国家物流新通道。厦门中欧班列2015年8月开行以来，累计发运103列、货值14.1亿元。其中，中欧（厦蓉欧）班列完成77列、货值12.4亿元人民币，中亚班列完成26列、货值1.7亿元人民币。前场铁路大型货场铁路作业区一期竣工投产，海沧海投临港物流中心等35个在建项目进展顺利。

2016年，全市安全生产形势总体平稳，没有发生生产安全、消防安全和在建交通建设安全重大事故。加强“两客一危”（从事旅游的包车、三类以上班线客车和运输危险化学品、烟花爆竹、民用爆炸物品的道路专用车辆）重点车辆动态监控管理，解决营运车辆上路后“看不到、听不见、管不着”安全监管难题，实现“车子一动，全程管控”。完成3个“平安班站”和一个“平安路段”创建工作。厦门市交通运输局修订《厦门市交通运输局出租汽车行业群体性事件应急预案》，并组织开展应急处置演练。

2016年，厦门市打造高品质公共交通服务体系和可持续绿色低碳现代综合交通运输体系，通过交通运输部绿色交通示范项目考核验收，获得全国绿色交通城市称号，与重庆、杭州一起位列全国前三。全年更新投放新能源公交车300台，清洁能源和新能源车型出租车占全市出租车总数的100%（纯电动出租车661辆），11座隧道照明灯全部改造为LED隧道灯。交通运输行业智能管理框架初步构建，厦门市综合交通运行信息指挥中心建成投用，初步形成资源共享的现代综合交通运输信息网络，建设完成“一个中心、六大体系、21个子系统”，实现七大类60项行业数据汇集接入，出租车、道路客运车、危货车、“四桥一隧”（海沧大桥、集美大桥、厦门大桥、杏林大桥、翔安隧道）等交通路况实时监测，交通拥堵指数实时发布，公众出行效率提高。

（陈颖坚）

港　　口

【概　况】 2016年，厦门港货物吞吐量

12 月 30 日，厦门前场铁路大型货场开通运营　（李霹雳　摄）

完成 2.09 亿吨，比上年下降 0.53%，其中集装箱吞吐量完成 961.37 万标准箱，增长 4.69%，增速在沿海干线港中排名居前列。货运结构进一步优化，内贸集装箱完成 257.3 万标准箱，增长 17.8%，占全港比重 26.76%。中转箱完成 229.41 万标准箱，增长 18.06%，占全港比重 23.86%。其中，国际中转箱完成 40.04 万标准箱，增长 22.12%；内贸中转箱完成 109.06 万标准箱，增长 38.65%；内支线中转箱完成 80.31 万标准箱，下降 3.1%。旅客吞吐量完成 945.6 万人次，下降 3.95%。水运周转量完成 1458.93 亿吨千米，增长 11.8%，增速在全省排名第二位。

截至 12 月底，厦门港有集装箱航线 143 条，其中国际航线 87 条、内支线 15 条、内贸线 41 条，其中“一带一路”航线增加 1 条。厦门市船舶运力总规模 215 万载重吨，增长 2%；船舶平均载重吨 8846 吨，增长 3.7%；集装箱装载能力 58944 标准箱，增长 4.4%；平均船龄 10.6 年，下降 4.5%。全年引航各类中外籍船舶 11188 艘次。其中，船长超过 250 米的大型船舶 4453 艘次，15 万吨级以上超大型船舶 1279 艘次（含 20 万吨级以上船舶 271 艘次），15 万吨级以上船舶占比 11.4%，增长 12.2%。全年，厦门港完成船舶交易量 43 艘次，成交量 37 万载重吨，交易额 9.15 亿元，交易额位居全国沿海港口第三位。

2016 年，厦门港完成水运工程固定资产投资 22.66 亿元，超年度计划 2.16 亿元，新增生产性泊位 4 个，新增货物通过能力 781 万吨。截至年底，全港建成生产性泊位 164 个，其中万吨级以上泊位 75 个，码头货物综合通过能力 1.73 亿吨，其中集装箱通过能力 1033 万标准箱。推进海沧港区 22～24 号泊位工程、刘五店南部港区 5 号集装箱泊位工程、招银港区 21～22 号泊位工程、古雷港区古雷作业区北 1～2 号泊位工程、厦门港刘五店、古雷公务工作船基地等项目。完成东渡港区部分码头搬迁，推进厦门港东渡港区 0～4 号邮轮泊位改建工程、古雷港区古雷作业区南 13～14 号泊位改扩建工程等。完成海沧港区 13 号、14～17 号泊位、18～19 号泊位、20～21 号泊位，鼓浪屿西北部旅游（内厝澳）码头，三丘田码头扩建工程，石码港区一比疆作业区添鸿码头，古雷作业区南 2 号液体化工码头等工程竣工验收。

2016 年，厦门国际航运中心被确定为国家“十三五规划”重点建设项目。通过政府购买服务，港航物流企业降低成本 4000 万元，市属国企让利和省市扶持港航企业的资金分别超过 4 亿元。国内首创、国际一流的厦门港集装箱智慧物流平台上线运行，率先在全省范围内“全覆盖”推行港航市场信用管理，率先在全省成立厦门港航调解中心。厦门港口沿海集装箱港口综合服务排名第四位，比 2015 年度提升两位。厦门港在全球集装箱港口中排名第十六位，是中国第七大集装箱枢纽港。台湾海峡两岸间集装箱运价指数对外发布 139 期，厦门出口集装箱运价指数编制对外发布 5 期，成为厦门集装箱运输行业的风向标。加大与巴生港等友好港交流互访，新增美国迈阿密港为友好港口，厦门港友好港口总数累计为 23 个。

【航道建设与维护】 2016 年，厦门港争取交通运输部航道建设资金补助 2.76 亿元。厦门港口管理局全年投资超 3 亿元。加快航道等基础设施的建设和维护，加快厦门港主航道扩建四期工程建设进度，完成年度疏浚计划的 178%。古雷航道三期和后石航道二期工程的前期工作顺利推进并完成项目招标工作。启动刘五店航道二期工程、海沧航道四期工程、招银航道二期工程、古雷港区应急锚地等项目的前期工作。完成东山港区 3 万吨级进港航道疏浚和抛标工作。刘五店航道金门水域、厦鼓航道二期工程建成并开通使用。

【集装箱业务政策扶持】 2016 年，厦门港口管理局用好省、市港口集装箱业务发展扶持资金 3 亿元，对经厦门港中转的集装箱海铁联运、内支线中转、国际中转等港口集装箱业务进行扶持，对内支线中转业务增量、集装箱吞吐量重大贡献的航运企业给予奖励。开展“降成本、优环境”专项行动，采用政府购买、企业让利等方式减免超限船舶伴航费，降低引航费、拖轮费、码头综合装卸费和理货费；福建自贸区厦门片区减免申报环节报关报检费用，实施政府购买集装箱查验服务费；对全市集装箱车辆在厦门市行政区内的道路车辆通行年费减征 50%。

【港口安全保障能力建设】 2016 年，厦门港口管理局破解危货港口作业限制难题，在过渡期间对 150 家重点企业，采取“一事一议”办法，实现与关检部门联动，保障重点企业需求。推动危险品装卸常态化，海天、海润 2 个临时危货堆场改造通过验收，促进大型航商在厦门港整船换载业务的开展。建立企业安全管理体系，引导企业提升安全管理水平，厦门港的安全标准化达标企业为 51 家。

【环境保护项目建设】2016年，厦门港口管理局建立港口能耗统计信息管理系统，加强对港口企业能耗的实时监测和统计分析。启动空气清洁计划，推动港区作业机械“油改电”(柴油机驱动改为交流电动机驱动)。加强船舶污染防治工作，完成海沧港区海润码头和远海码头高压船舶岸电项目改造工作，国内首个真正意义上的零排放、全电动、全自动码头投入运营。加大对码头及水运在建项目扬尘整治力度，分别在海沧港区、东渡港区建设空气质量监测站，及时评估港区污染对厦门大气污染的影响，并制定相关应对措施，港区空气优良率不断提高，全市扬尘考评中厦门港口管理局排名第三。

【智慧港口信息化建设】2016年，厦门港管理指挥中心主体工程、厦门港数据中心机房以及视频系统“1+5”的布局建设基本完成，提高了全港应急指挥能力，统筹调度人员、车船和社会应急抢险力量。古雷港区和东山港区视频监控系统初步验收完成，漳州地区视频监控分中心建设完成。厦门港口管理局的港口网上行政审批系统从局自建系统迁移到厦门市服务中心统一平台。

【区域性邮轮母港建设】2016年，厦门港接待国际邮轮79艘次，其中母港邮轮65艘次，挂靠港邮轮14艘次。邮轮旅客吞吐量20.07万人次，比上年增长14.27%。其中，母港邮轮旅客吞吐量14.37万人次，挂靠港吞吐量5.7万人次。推动邮轮包租与直销并行并举的营销模式，丽星邮轮“天秤星”号成为首家在厦开展邮轮船票直销模式的邮轮公司。推动旅行社包租邮轮在厦运营母港航线，延续常规航线运营，重点开辟“一带一路”新线路，开通厦门到越南和菲律宾航线。厦门港口管理局规划建设邮轮物供生产基地，全年为邮轮供应7500多万元食材、物料、燃油等。

【两岸航运合作】2016年，厦门市推动金门酒厂采购大陆地区的原材料经厦门港中转至金门，通过签订协议运价，有效降低物流成本。推行厦金居民优惠票价，“I海台”票务系统建成并提供公众服务。推进船舶更新升级，“新五缘轮”和“马可波罗1”号投入使用。建立并实行厦金航线周末及节假日个案加班机制。2016年，台湾航线完成货物吞吐量1264万吨，其中集装箱吞吐量32万标准箱；旅客吞吐量166万人次，其中厦金“小三通”(福建沿海与金门、马祖地区地接往来客运航线)航线完成客运量162.35万人次，比上年下降1.03%，占全省“小三通”比例90%以上。对台客滚航线完成客运量1.98万人次，运载集装箱8886标准箱。

【航运服务和信用软实力提升】2016年，厦门港口管理局促进航运要素集聚，提升海事海商法律服务，吸引知名律师事务所服务厦门，为航运企业提供风险控制、法律咨询、纠纷解决等专业服务。率先在全省范围内启动港航市场信用体系建设，推动福建省水路运输行业信用管理办法出台，试行厦门港港航生产经营人“守信红名单”和“失信黑名单”管理暂行规定，参与制定厦门市建设项目黑名单管理办法，为全省港航系统全面推行信用体系建设积累经验。

【货源腹地拓展】2016年，厦门港口管理局拓展货源腹地，扶持晋江、吉安、赣州、三明、龙岩、武夷山等陆地港的建设，扩大进出口业务辐射范围，各陆地港经厦门港进出口集装箱32.69万标准箱，比上年增长37.8%。完成海铁联运集装箱19609标准箱，增长7.23%。

【国际航行船舶出口岸联系单无纸化实施】2016年3月13日，国际航行船舶出口岸联系单无纸化正式实施。原本需要在海关、国检、边检、海事4家口岸查验单位分别书面签署并人工传递的船舶出口岸联系单将成为历史，取而代之的是更为高效、便捷的网上一次申报、查验单位并联审批、系统自动流转的无纸化办理模式，极大便利国际航行船舶办理出口岸查验手续，1艘船可省4小时，有效提升厦门口岸通关效率。

【厦门港单船作业新纪录】2016年3月31日，厦门集装箱码头集团在“马士基艾佛拉”班轮作业中，以船时效率360移动/小时、泊效率311移动/小时的成绩，完成作业任务，再创厦门港单船作业新纪录。“马士基艾佛拉”31日凌晨00时08分靠泊海润码头，装船2000个自然箱。在靠泊前，集装箱码头集团从泊位计划、作业线配置及人机保障着手，策划组织方案，经过全体人员的努力，该船于31日早晨6时30分完成作业任务后离泊。

【厦蓉欧班列迎来首单台湾货物】2016年4月21日，“中远之星”客货滚装轮靠泊厦门邮轮中心码头，一个装有3.9吨电子产品的集装箱被拖出，接受海关查验。这箱货物从台湾发出，4月24日经厦蓉欧铁路货运班列转赴欧洲，成为搭乘这条物流通道的首单台湾货物。2015年8月16日，厦蓉欧铁路货运班列正式开通，成为厦门市一条全新的西进、赴欧物流通道。2016年3月，厦蓉欧铁路货运班列从开通时的每月4列，提升至每月7列，开始从物流通道向“通道经济”升级。运营首单台湾货物后，厦蓉欧铁路货运班列正式成为台厦蓉欧班列。

【厦鼓航道二期开通投用】2016年6月7日，厦门邮轮中心到鼓浪屿航道二期工程(猴屿航道水域优化调整)通过厦门海事局组织的通航安全核查，7月1日开通投用。2015年8月，此工程正式开工建设，总投资约3000万元。航道从厦门邮轮中心小轮泊位，分别到鼓浪屿三丘田码头和内厝澳码头，其中邮轮中心到三丘田码头全长3.74千米，邮轮中心往内厝澳码头全长4.55千米。航道实际可通航宽度120～445米，设计底高程为-5.0米，能够满足设计船型(船长50米，型宽14米，满载吃水3.0米，主要是厦鼓轮渡船舶)双线不乘潮通航。二期航道开通后，相当于为厦鼓轮渡船舶开辟了一条“专用道”。

【厦门港靠泊最大邮轮】2016年6月19日，皇家加勒比国际游轮量子系列的第三位成员“海洋赞礼”号靠泊厦门，这是靠泊厦门的最大邮轮。5月3日，“海洋赞礼”号从英国南安普顿起航，开启为期53天的“‘海洋赞礼’号环游世界邮轮之旅”，6月24日抵达中国天津。4月8日，“海洋赞礼”号正式交付予皇家加勒比，是“海洋量子”号的姐妹船，吨位16.8万吨，拥16层载客楼层，被誉为“来自未来的邮轮”。

【厦门港与迈阿密签订友好港协议】 2016年8月29日，厦门港与美国迈阿密港签订姐妹港（正式友好港）合作协议，双方将在运输往来、港口研究、信息交流、邮轮母港发展等多个方面展开交流合作。迈阿密港是世界公认的第一大邮轮母港，被称为“世界邮轮之都”。与迈阿密港结成姐妹港后，厦门将在邮轮母港的建设、经营与管理方面，向迈阿密学习，将厦门港打造成为国际一流的邮轮母港。

11月25日，国内首个自动化码头厦门远海码头通过竣工验收（市港口管理局提供）

【厦门港龙海客运站启用】 2016年9月2日，福建省厦门港龙海客运站（码头）正式启用。原锦江道石码段的石码—厦门客运码头（飞翼客运码头和友联客运码头）同时停止运营，锦江道石码段所有客运船舶统一进龙海客运站发船。龙海客运站位于龙海市海澄镇豆巷村。工程总投资5800万元，占用岸线220米，码头后方形成17815平方米的场地，建筑面积为3917平方米，年承载的客运能力120万人次。

【厦门港集装箱智慧物流平台上线】 2016年10月9日，厦门港集装箱智慧物流平台上线运行，标志着厦门港开启“智慧港口”的新时代。平台基于“互联网+”、物联网、云平台等技术，实现集装箱进出口全程信息实时、便捷、准确交互共享，属国内首创。此平台大幅提升港口物流业态系统的运作效率和水平，口岸通关时间缩短40%，国际贸易单一窗口报关率98%，报检率100%，均为全国最高。截至年底，项目已对接12家船代、40个堆场、360家车队、1个码头（海天码头）。

【国内首个全自动化集装箱码头通过竣工验收】 2016年11月25日，厦门港海沧港区14～19号集装箱码头泊位通过竣工验收。该项目建设规模为6个10万吨级集装箱泊位（水工结构按照靠泊15万吨集装船舶设计）及相应配套设施，岸线总长2.26千米，设计年通过能力为390万标准箱。其中，14号泊位及部分15号泊位（长538米、纵深308米）码头为厦门远海全自动化集装箱码头，是国内第一个全智能、零排放、安全、环保的全自动化集装箱码头。该码头配备45台自动化设备，设计能力为78万～91万标准箱/年，相当于在原设计能力的基础上增加20%～40%的吞吐能力。

9月2日，厦门港龙海客运站正式启用（市港口管理局提供）

【福建首个高压船舶岸电项目正式投运】 2016年12月14日，福建省首个高压船舶岸电项目在厦门港远海集装箱码头投入使用。该项目由国网厦门供电公司与厦门远海码头有限公司合作建设，设计供电容量3000千瓦，采用先进的高压智能变频高压技术，可为10万吨级及以下的大型集装箱船舶靠泊时提供正常送电。项目于2016年年初开工建设，11月送电，并完成模拟负载测试。项目投运后，预计每年可实现替代电量150万千瓦小时，减少燃油消耗300吨，减排二氧化碳951吨、硫化物和氮氧化物4.8吨。

（宋建新）

公　　路

【概　况】 截至2016年年底，厦门市公路局专养道路里程651.28千米。按行政等级分，国道140.64千米，省道181.56千米，国省干线占管养总里程的49.47%；县乡道329.08千米，占总里程的50.53%。设施量方面，列入市公路局专业养护的隧道17座，桥梁137座，路灯13.31万盏，大型互通立交22座，人行天桥、地下通道73座，道路面积1508万平方米，绿化面积824万平方米，各类乔木46.11万株。

【公路养护管理】 2016年，厦门市公路局相继完成324国道浦头段路面大修、海翔大道（后浦立交—公铁立交）路面改造、孙坂北路（福厦高铁—324国道）路面改造等6个项目改造建设。实施建港路（兴港路—海沧大桥）路面大修、洪何路路面改造，总投资9286.63万元。实施翔安大道两侧绿化修复、翔安北路及万家春绿化等5条道路的绿化景观提升，增设灌溉系统，完成绿化提升面积10.9万平方米，总投资3067万元。日常小修方面，修复沥青路面6.5万平方米、水泥路面5.5万平方米，补植绿化面积12万平方米，修复人行道砖7000平方米，刷新标新6.05万平方米，更换悬臂标志版面66面，修复、更换单柱标志650套（面）。清理公路边沟、排水沟55万延米，清理检查井、雨水口3.15万处。重视桥隧日常保养，对专养公路范围内的122座桥梁、20座隧道进行专项检查，参与市容考评的9座车行隧道年度考评全优。开展应急抢险专项整治，组织防汛排涝、公路路面抢修、隧道防恐等应急演练。

【公路信息化建设】 2016年，厦门市公路局在岛内9个班站率先推行养护作业管理系统，初步完成路网管理平台与各行业服务热线系统的并轨对接，实现专线互联互通，提升信息接报、处置工作效率。路网中心接报公路事件16951件、信息42839条、话务50150通，总计编发信息快报127期，舆情监测发现相关公路信息409件，微信编发365期，接警处置公路事件1688件。

【路产路权管理】 2016年，厦门市公路局将许可审批事项缩减为5项，并对许可事项名称进行调整，精简办事指南等各类审批材料30项，精简比例44%。全年收取赔（补）偿费2810.66万元。开展监督检查4637车次15384人次，纠正、制止违章3301起，办理路政损坏索赔案件252起。开展联合整治行动141次，重大违法行为函告51起，办结33起，挽回路产损失182.31万元。

【台风“莫兰蒂”灾后应急抢险】 2016年9月15日，超强台风“莫兰蒂”登陆厦门，给厦门市公路造成灾难性损失。绿化损毁倒伏近26万株，路灯损坏7000多盏，公路附属设施损毁严重，造成市公路局直接经济损失4.25亿元。市公路局按“先保畅、再清理”的应急处置原则开展灾后抢通清障工作。台风登陆当日基本抢通岛内外主干道，使灾后无路可走的局面得到根本性改变，为应急抢险设备通行提供快速保障。16日，全市主要公路干道、隧道和下穿通道恢复通车。抢险救灾10日内，累计组织投入抢险人员35713人次，各种抢险设备和大型运输车辆13483台（辆）次。10月1日前，全市各主要干道的路容路貌基本恢复，路树扶正工作基本完成，岛内外所辖道路路灯基本恢复灾前水平。救灾完成后，市公路局快速投入灾后重建工作中。扶正树木近3万株，重建和提升绿化面积37.55万平方米，形成“椰风海韵、生态长廊”两个风格全新景观带。灾后1个月，快速启动全市重要道路绿化景观重建提升，将环岛路“海韵疏林”风格的绿化景观提升模式推广到全市11条重要道路绿化景观重建提升工程中。（参见P72【台风】）

（陈雅婷）

2016年，环岛路“海韵疏林”绿化景观模式　　（市公路局提供）

公共交通

【概　况】 2016年，厦门市城市公交线路388条（常规公交370条、快速公交6条、快速公交配套线路12条）。公交线路总长7083千米，比上年同期增加667千米。全市公交车辆4819台，折合5987.7标台（标台是指不同类型的运营车辆按照统一标准当量折算成的营运车辆数），万人拥有公交车辆15.5标台（按全市常住人口386万计算）。2016年，城市公交客运量8.79亿人次，比上年同期降低3.62%。其中，BRT客运量1.18亿人次，增长5.19%。厦门市出租车企业14家，出租车5962辆（岛内5362辆，岛外600辆），出租车驾驶员1.3万余名。

【公交基础配套设施水平提升】 2016年，厦门市新增公交线路40条，优化线路111条，取消线路25条。新增更新车辆497台，其中新能源车辆299台，清洁能源、新能源比例提升至37.06%。新建公交站点67个，站点更名78个。

【《厦门市公交运营服务质量考评办法》实施】 2016年1月1日，厦门市交通运输局制定的《厦门市公交运营服务质量考评办法》（以下简称《办法》）正式实施。《办法》规定，发生一次及以上重大安全生产责任事故，并且负主责及以上责任的公交企业，当年度总评结果定为不合格。连续两年不合格的国有公交企业基层公司主要负责人及分管领导，或被降职。考评结果还将作为公交企业评优、优先、考虑线路调整的依据。全年，市公路运输管理处（简称市运管处）暗访4036台次公交车辆的行车服务质量，收回满意度有效问卷9920张，发布12期考评通报。通过考评，公交运营服务质量有显著提升，班次准时率从97.58%提升至99.83%，有责投诉如实上报率从28.57%提升至97.14%。

【BRT开通新路线】 2016年1月31日，BRT快6路（前埔枢纽站—厦门北站）投入运营，前埔方向往来厦门北站，无需再到东芳山庄站转乘，对缓解云顶北路段的客流压力发挥重要的作用。3月14日，BRT快7路（洪文站—开禾路口站）投入运营，标志着BRT首条高峰区间线正式开通运营。此线投入12台18米车辆，运营时间为7:00～9:00、17:00～19:00的早晚高峰时段，有效缓解BRT快3路高峰期的客运压力，大幅提升车辆的周转效率。

【2条定制公交线路开通】 2016年7月18日，2条定制公交线路开通，分别是：D1路会展中心（软件园）—思北路口、D2路阿罗海城市广场—软件园，市民可以通过掌上公交系统预订乘坐。定制公交与常规公交不同，车型更为舒适，配备空调，车内覆盖Wi-Fi［允许电子设备连接到一个无线局域网（WLAN）的技术］，并确保1人1座。早上，定制公交从大型居住区开往商务区，晚上则方向相反，实现点对点的直达服务。

【《厦门市网络预约出租汽车经营服务管理实施细则》出台实施】 2016年11月20日，厦门市人民政府颁布实施《厦门市网络预约出租汽车经营服务管理实施细则》(以下简称《实施细则》)。《实施细则》规定，网约车平台公司承担承运人责任，对接入的车辆和驾驶员负有管理责任，不得以任何方式转嫁网约车平台公司应当承担的责任。网约车驾驶员不得巡游揽客和轮排候客，不得进入巡游车专用候客通道；按照合理路线或乘客要求的路线行驶，不得中途甩客或故意绕道行驶，按照网约车平台公司规定的标准及方式向乘客收费，不得违规收费。12月5日，厦门市网约车平台、车辆和驾驶员等3项许可事项进驻市行政服务中心。在网约车驾驶员许可环节，市交通运输局与公安部门共同搭建驾驶员背景联合审查机制，成为全省首个网约车驾驶员背景审查全程信息化的城市，实现驾驶员背景审查即来即办，简化办事流程，方便群众办事，12月5日当日受理97位网约车驾驶员的许可申请，并发出全省首张网约车驾驶员从业资格证。在网约车平台和车辆许可环节，面对省级主管部门尚无法开展平台线上服务能力认定工作的问题，创新采取预受理方式，从12月13日起，提前开展许可材料的接件和审核工作，实现一旦平台公司通过线上能力认定，即可立刻发放许可，既有效缩短许可工作流程，又有利于摸清网约车平台公司和车辆的底数，并推动企业开展不合规车辆的清退。

（樊　蓉）

7月18日，定制公交线路D2路正式运营　　（公交集团提供）

【轮渡运输】 2016年，厦门轮渡有限公司（简称轮渡公司）有各类船舶28艘，码头8座，航线8条。全年，码头客运量2852.36万人次，完成航班16.61万个，安全航行47.37万千米，实现安全生产无事故。

7月，为满足海沧区及岛内乘客的上下班出行需求，轮渡公司在原有航班的基础上，第一码头至嵩屿码头航线增加7:10班次，嵩屿码头至第一码头航线夏季增加18:45班次，冬季增加17:45班次，同时面向嵩鼓码头周边企事业单位免费发放体验船票，让更多的市民了解、搭乘该航线。

10月，为提升旅游服务档次和服务质量，轮渡公司3艘43米客船在浙江舟山凯灵船厂开工建造，计划2017年交付使用。为更好地配合鼓浪屿申遗工作，邮轮码头、嵩鼓码头增设人脸识别系统，加强人、证、票一致核验；邮轮码头、嵩鼓码头和轮渡码头提供临时身份证明打印服务，为未携带证件的游客提供方便，帮助游客顺利购票；BRT码头配套建造的60米钢制趸船成功下水并完成安装，截至年底，BRT码头主体施工等工程完工。

（黄萌欣）

铁　路

【概　况】 2016年，铁路系统在厦门境内主要单位有：厦门火车站、厦门工务段、厦门供电段、厦门铁路公安处、厦门铁路休养院，漳州车务段下属的高崎站、杏林站、海沧站、前场站，福州客运段厦门车间、福州电务段厦门车间、南昌通讯段厦门车间、福州机务段厦门折返段、福州车辆段厦门客技站。

【铁路客运】 2016年，厦门站、厦门北站发送旅客2397.91万人，比上年增加13.52%。全市各区设有36处客票代售点。全年，厦门直属站开行办理客运业务列车图定始发103对（普速15、动车88对），经停动车138趟。其中，厦门站开行图定旅客列车56对（普速15对、动车41对），发送旅客874.47万人。

厦门北站位于厦门市集美区后溪镇，有站台6座，旅客列车到发线12条，站房总建筑面积10.9万平方米，候车厅面积2万平方米，最高聚集人数5000人/小时，出站人行地道2处，南站房设有16个售票窗口、20台自动售票机和10台自助取票机，北站房尚未开通启用。与厦门站实行联网售票，2016年，厦门北站开行办理客运业务动车组列车图定始发47对，经停动车138趟。全年，厦门北站发送旅客1523.44万人。

【铁路货运】 2016年，厦门高崎站、杏林站、前场站和海沧铁路支线的海沧、白礁两大货场发送货物381.54万吨。

厦门高崎站位于厦门市湖里区，属漳州车务段管辖内的二等货运站。该站有专用线3条，仓库9座7912平方米，大型起重机械7台（最大起重能力40吨）。办理整车、集装箱等运输业务。全年装车51220辆，发送货物321.7万吨。

杏林站位于厦门市集美区，属漳州车务段管辖内的二等货运站。该站有专用线3条，仓库12座10千平方米，大型起重机械3台（最大起重能力50吨）。办理整车、集装箱、行包等运输业务。全年装车8390辆，发送货物25万吨。

前场站位于厦门市海沧区，隶属于漳州车务段管辖。该站担负货运和列车到发、会让等工作，主要办理厦工装载机运输业务。全年装车230辆，发送货物0.4万吨。

海沧站位于漳州市角美镇白礁村旁，隶属于南昌铁路局漳州车务段管辖。海沧站Ⅰ场上行方向距东孚站中心里程10.45千米，下行方向距海沧站Ⅱ场5.98千米。海沧Ⅰ场有调车线4条，货物线7条；海沧Ⅱ场有调车线3条，货物线4条。该站有大型起重机械3台（最大起重能力40吨）。办理整车、集装箱、行包等运输业务。全年装车57192辆，发送货物34.44万吨。

【厦门新站投入运营】 2016年1月24日，厦门新站全面投入运营，设有站台5座，旅客列车到发线9条（其中6道兼机走线），站房总建筑面积2.76万平方米，高架候车室建筑面积7400平方米，最高聚集人数4000人/小时，出站人行地道1处。南北站房设有16个售票窗口、29台自动售票机、22台自助取票机。

（段　婧）

城市轨道交通建设

【概　况】 2016年，厦门市轨道交通完成投资136亿元，完成年度计划的136%（年度计划投资100亿元），投资超序时进度。

轨道1号线。全年完成投资54亿元，完成年度计划的129%（年度计划42亿元）。全线24个车站完成22个车站主体结构，25个区间掘进45.2千米（完成计划的99%），铺轨54.9千米（完成计划的85%）。基本实现洞通，提前缩小拆除围挡，机电铺轨交叉进行。6月30日，轨道交通运营控制中心（简称地铁控制中心）主体封顶。10月31日，轨道1号线首列车辆接车仪式在车辆基地举行。

轨道2号线。全年完成投资54亿元，完成年度计划的142%（年度计划38亿元）。工程建设全面铺开，过海盾构已入海，全线32个车站开工30个，33个区间开工11个，8台盾构下井掘进，掘进3.1千米。

轨道3号线。全年完成投资20亿元，完成年度计划的133%（年度计划15亿元）。完成火车站至蔡厝段土建施工招标，岛内开始管线迁改，岛外5个站开始围挡，过海段盾构机下井安装。

轨道4号线。全年完成投资8亿元，完成年度计划的160%（年度计划5亿元），完成可研评审及施工招标图设计，进行土建施工总承包招标工作。

轨道6号线。全年完成全线总体设计和马銮湾片区段招标图设计，马銮湾片区段2016年底正式开工。

【质量安全监管】 2016年，厦门市推进轨道交通安全生产标准化，严格文明施工，住建部对厦门地铁实行免检。厦门市地铁办公室（简称市地铁办）组建质量安全部，负责轨道交通建设工程质量安全监督管理综合协调工作。针对车站主体结构裂缝和盾构管片拼装结构渗水问题，联合轨道交通集团、厦门理工学院、中交一公局开展砼裂缝控制课题专项研究。督促轨道交通集团不定期开展综合应急演练，提高突发事故应急救援能力，做好防台防汛、防地质灾害等专项安全隐患排查工作。定期对工地质量安全、扬尘防治、市容环境保护、管线迁改工程等开展现场检查，及时发现问题督促整改。

【征地拆迁】 2016年，市政府成立轨道交通征地拆迁指挥部。轨道1号线推进土地房屋征收扫尾工作，主体工程征拆工作全部完成。轨道2号线征拆工作全面启动，思明区发布何厝段集体土地上房屋征收公告，已开展房屋征收商谈；海沧区上报征收补偿安置方案，准备发布东孚站等房屋征收公告；湖里区发布湿地公园站、林边站房屋征收公告，已提交一期用地。轨道3号线和4号线穿山段控制性工程的征拆工作全面启动，各区陆续开展调查摸底等前期工作。

【运营筹备】 2016年，市地铁办配合市交通运输局开展《厦门市轨道交通管理条例》、轨道交通监管制度、轨道票制票价方案、轨道1号线公交配套衔接规划编制工作，研究推动运营立法和BRT（快速公交）票制票价改革工作。

截至年底，交付4辆列车，招聘1782人，调度、司机等关键岗位送外培训892人次，开展行车组织、客运服务、设备维护、应急预案等演练。选择运营经验丰富的广州地铁和轨道交通技术咨询领域具有世界一流水平的法国赛斯达公司指导联调联试和试运行，确保

2017 年 9 月 1 日前开通体验式运行和高水平开通。

【城际轨道前期工作】 2016 年，市地铁办开展厦漳城际轨道 R3 线可行性研究报告编制、地质勘查、环境影响评估和涉军事宜协调等工作。R3 线可行性研究报告、R3 线海底隧道（海域段）初勘基本完成，R3 线厦门段已开展环评公参和社会稳定影响分析等工作。同时厦门市地铁部门与漳州角美台商投资区建立工作协调机制，推动轨道 6 号线延伸到角美段工程前期工作，可行性研究报告已在编制中。

【轨道交通综合开发】 2016 年，厦门实现综合开发项目与轨道主体工程同步设计、同步建设。轨道 1、2、3 号线沿线规划建设综合开发面积 500 多万平方米。轨道 1 号线园博苑站温泉南地块（±0.00 以下）配套项目、集美中心站地块（±0.00 以下）配套项目、园博苑站温泉东地块等开工建设，文灶站公交地块等 9 个综合开发项目已在建设，完成投资 8.35 亿。

【第二期轨道交通建设规划获批】 2016 年 10 月初，国家批复厦门第二期轨道交通建设规划，新建轨道 2 号线二期、3 号线二期、4 号线、6 号线一期共 4 个项目，总长 152 千米，新增投资约 1000 亿元，加上第一期批准的建设规划，至 2022 年建成轨道 1、2、3、4、6 号线共 5 条线路，总长 224 千米，形成“中心放射、环湾发展”的轨道交通网络，完成跨越发展。

（吴绍鹏）

航空港

【概　况】 2016 年，厦门机场保障安全飞行 18.35 万架次，比上年增长 1.91%。其中，运输起降 18.13 万架次，增长 2.00%。完成旅客吞吐量 2273.76 万人次，增长 4.23%；完成货邮吞吐量 32.84 万吨，增长 5.73%。与境内外 109 个城市通航，其中国内 89 个（含地区 6 个）、国际 20 个（含 5 个货机通航点）。截至年底，累计开通运营境内外 182 条航线，国内 153 条（其中地区 8 条）、国际 29 条。有 43 家航空公司在厦门机场营运，其中机场代理航空公司 39 家（境内航空公司 24 家、境外航空公司 15 家），厦航及其代理公司 4 家（厦航、南航、江西航、河北航）。

2016 年，厦门翔业集团总收入 108.61 亿元，增长 2.5%，其中航空性收入与非航空性收入比例为 12.8∶87.2；实现利润 12.98 亿元，增长 21.69%。净资产收益率为 12.91%，比上年度提高 1.11 个百分点。年末合并总资产 236.87 亿元，增长 15.89%，净资产 79.66 亿元，增长 13.8%，资产负债率 66.37%。国有资本保值增值率 114.5%，较上年度提高 1.07 个百分点。集团品牌价值持续提升，2016 年品牌价值 148.65 亿元，位列“中国 500 最具价值品牌”排行榜第 220 位，排名提升 2 个位次，同时列“中国服务业企业 500 强”第 268 位。

【翔业集团财务公司成立】 2016 年 7 月，厦门翔业集团财务有限公司正式获批开业，成为厦门市第二家财务公司，也是国内机场行业领域成立的第二家财务公司。公司本着“依托集团、服务集团、产融协同、共同发展”的理念，将协助翔业集团加强投融资管理，提升与产业链发展相结合的金融业务的经营能力，提高资本运作水平和效益。

【元翔快线“元翔专车”平台上线】 2016 年 10 月，元翔快线“元翔专车”平台内测版正式上线，是翔业集团旗下的高端专车平台。“元翔专车”作为机场的地上延伸服务，与航空服务相互补充，以接送机业务为主，以机场、火车站、码头为枢纽节点，主要面向中高端的商务客人、当地居民及游客，具有航班变动提醒、代值机等特色服务。

【厦门机场创新体验空间】 2016 年 10 月，厦门机场全国首创机场艺术文化互动体验空间“厦门印巷”，打造福建首个机场时尚生活街区和展览平台——“闽里闽外”商业街，将人文情怀融入建设规划和运营服务全过程。“厦门印巷”位于厦门机场 T4 航站楼北侧上夹层，占地超过 2000 平方米，汇集大量名家文创作品，融合科技及数字化体验休闲活动，用动静皆宜的多维度展示，辅以原生文化的全面体验，展现城市的人文气息。“闽里闽外”商业街位于厦门机场 T3 航站楼园林广场负一层，通过举办“城市匠人集市”、街区设计大赛等活动，引入“老手艺”小吃等商业项目，打造旅客体验地道闽南文化的窗口。

【通用版国际自助值机设备启用】 2016 年 11 月，厦门机场正式启用通用版国际自助值机设备，成为国内首家采用此设备的机场。该设备具有自动读取和校验护照、选取座位、自动打印登机牌等自助功能，遵循国际当前最先进的 CUSS1.3 标准，可同时兼容各个航空公司的软件。此次启用的通用版国际自助值机设备率先在荷兰航空航班使用，后陆续开通其他航空公司的服务。

【厦门翔安新机场航站区详勘工程启动】 2016 年 11 月，厦门翔安新机场航站区详勘工程启动。通过详细勘察，查明建设区域的地基土层分布、地下原建筑构物基础埋置分布现状及各土层物理力学性质，完成基础工程详细勘察并提交完整报告，为接下来的勘察、测量等各项工作提供重要依据。

（乔晓薇）

航空公司

【概　况】 2016 年，厦门航空有限公司（简称厦航）安全飞行 45.3 万小时，比上年增长 6.9%；完成起落 26 万架次，增长 1.5%；完成运输总周转量 36.2 亿吨千米、旅客运输量 2385 万人次、货邮运输量 25 万吨，分别增长 12.9%、4.7% 和 3.8%；完成主营业务收入 192.2 亿元，增长 7.5%，连续 30 年保持盈利。顺利引进 20 架 B737 飞机和 1 架 B787-9 飞机。

3 月 29 日，厦航凭借“双引擎四系统立体交互”质量管理模式获得国务院授予的中国质量奖。

【航空安全管理】 2016 年，厦航加大对安全隐患的防控力度，加强对重点项目的风险评估，完成 B787-9 飞机引进、航空器追踪监控等13个项目以及64条新开航线的风险评估。优化飞行训练大纲，实行训练分类管理，强化训练质量监控，提高飞行员的训练水平和技术能力，建立飞行实力规划调配机制，机组飞行实力管理取得成效。对标国际通行审计规则，建立安全质量审核员三级管理程序，并以零不合格项通过首次增强型IOSA（国际航空运输协会运行安全审计）复审。持续完善安保管理体系，强化安保能力建设，规范本外站机坪运行流程，开展境外代理专项整治，进一步强化食品、消防、信息、地面车辆等安全管理工作。厦航重视在安全方面的科技创新投入，获得所有机型的EFB（电子飞行包）运行资格，完成所有飞机无线QAR（快速存取记录器）的加装，将5条洲际航线的ETOPS（延程运行）运行能力由120分钟提升至180分钟。针对因厂家设计缺陷导致的空停隐患，在中国民航业率先自主完成B787机队发动机的传动齿轮箱改装和风扇机匣打磨工作，排除3台发动机的空停隐患。

2016年，厦航全新国际航线形象“东方面孔” （厦航提供）

【航线网络优化】 2016年，厦航推进东南门户枢纽建设，新开航线35条，新增航点5个，特别是年内新开厦门至墨尔本、温哥华、西雅图3条洲际航线，实现通达欧美澳的战略目标。截至年底，厦航的航线网络覆盖全球14个国家75个城市，国际和地区航线每周最高达615班。新开通厦门飞往宿务、胡志明，杭州飞往吉隆坡等航线18条，将航线网络拓展到“一带一路”沿线的8个国家和地区，涉及39个城市，航线180条，全年执行航班7.3万班次，运送旅客近835万人次。厦航持续优化中转衔接质量，当日有效中转衔接比例为35%，比上年提升3个百分点；经厦门、福州中转的国际旅客为44.7万人次，比上年增长59.7%。初步建成厦门、福州国际货运中转基地，组织中转货源超过1000吨，增长4倍；开拓洲际市场，实现收入8554万元，增长550%。

【服务品牌提升】 2016年，厦航连续17个季度在旅客服务测评中位列榜首。提升航班运行效率，航班正常率75.52%，比上年提升15个百分点；公司原因延误航班占比0.37%，降低3.36个百分点，继续保持行业最低水平。升级洲际航线服务，汇编40余万字的欧美澳航线客舱作业指导书，配置“鹭翔云端·中国白”两舱餐具，打造“六精六美”（精品、精细、精致、精心、精美、精华，美味、美形、美酒、美器、美食、美景）餐食；推出私人定制服务，打造“三八玫瑰航班”“六一魔法航班”、腾讯全球合作伙伴大会包机、“至善之旅”厦门大学新生包机。推动高崎机场中转休息室落成，实现国际转国际联程行李机坪中转，最快中转衔接时间为75分钟。以信息化、智能化为支撑，推出高端旅客25道网上选餐、机上升舱移动支付、航延自助改期等服务，将自助值机办理率提升至44.13%。冠名澳洲羽毛球公开赛，广告登上德甲联赛直播现场，推出全新国际航线形象“东方面孔”并在纽约时代广场亮相。在天合优享服务测评中，厦航的旅客净推荐值（NPS）为76%，在天合联盟20家航空公司成员中名列第一。

【厦航高崎新生产基地动工】 2016年2月23日，厦航新生产基地一期工程正式开工，工程建成后将成为厦航在高崎国际机场的一个集生产、办公等功能为一体的配套服务基地。新生产基地位于厦门市湖里区环岛干道与枋钟路交叉口东北侧，总建筑面积约23万平方米，总投资超8亿元。工程分两期建设，开建的一期工程建筑面积约7.1万平方米，工期预计两年半，主体建筑为信息技术中心大楼、机务工程大楼及附属整修车间、附件维修车间、职工餐厅，预计2018年投用。

【首架B787-9飞机引进】 2016年12月8日，厦航迎来首架波音787-9客机，是波音787-8的升级型，并将这架飞机命名为“金砖梦想”号。飞机机身上印有的“金砖梦想”号标识，是金砖会晤和787梦想客机概念的结合，两侧5种颜色组成的翅膀，分别代表参加金砖会晤的5个主要国家，在标识中还包含“WELCOME TO XIAMEN”（欢迎到厦门）和“当好东道主，共筑金砖梦”的字样。飞机可搭载287名乘客，属于超远程中型客机，不但可以实现更多点对点不经停直飞，而且飞行更加平稳、安静和环保。

（王　露）

物 流 业

【概　况】 2016年，厦门市物流产业实现总收入1010.08亿元，比上年增长8.03%；实现物流增加值339.1亿元，增长8.63%，对同期全市GDP的贡献率为8.96%。完成货物运输量2.78亿吨，增长 7.99%。其中，公路、铁路（发送）、水运、航空分别完成 1.9 亿吨、691.36 万吨、8100.19 万吨、32.84 万吨，分别增长 7.7%、-4.23%、9.88%、5.73%。完成港口货物吞吐量 20910.78 万吨，减少 0.53%；完成港口集装箱吞吐量 961.37 万标准箱，增长 4.69%；完成空港货邮吞吐量 32.84 万吨，增长 5.73%。完善现代物流产业项目库，在建项目 48 个，总投资 164.07 亿元；在谈、策划项目 23 个，总投资 52.9 亿元。2016 年，项目库内完成投资 16.72 亿元，4 个项目投产。年内，厦门市认定重点物流企业 49 家，完成营收总额 866.87 亿元，增长 6.22%；利润总额 1.46 亿元，减少 3.14%；纳税总额 9.72 亿元，增长 3.21%。

【物流业政策扶持】 2016 年，厦门市财政兑现支持物流企业运行等扶持资金 820 万元。交通运输部门“绿色通道”免征鲜活农副产品货运车辆 42.21 万车次，减征通行费 7576.82 万元。按规定落实市重点物流企业专业货运车辆减征通行年费措施，为 4447 辆专业货运车辆办理减征手续，减征路桥通行年费 733.75 万元。中欧（厦蓉欧）、中亚国际货运班列扶持资金 2925.3 万元。

【物流市场拓展】 2016 年，厦门市物流办加快推进福建三明、龙岩及江西赣州、吉安等“陆地港”建设，启动三明、吉安陆地港二期建设工作。拓展中西部海铁联运业务，2016 年完成海铁联运 19609 标准箱、散货 564.06 万吨。

【厦台海运快件运行推进】 2016 年，厦门市为确立两岸快件中心地位，促进两岸电子商务发展，在原有厦门—金门—台湾本岛航线基础上，推动厦门外轮代理公司整合厦台既有航线、快递服务等资源，4 月起实现“厦门—台湾”点对点运行每日 1 班，发挥海运段时效可靠、成本降低的特点，厦台海运快件运输量逐月上升。

【物流产业运行监测平台建设】 2016 年，厦门市物流办与厦门市现代物流业商会决定依托“第 e 物流”大数据平台建立厦门市物流产业运行检测平台，编制、发布厦门市物流产业运行指数和相关分析报告，以实时掌握物流业发展动态，为产业发展决策提供更有效的依据。此平台实施产业运行动态监控，开展诚信建设、互联网金融等服务，开展物流产业运行成本调查，第一批征集 200 家企业作为示范企业，并于 2016 年第三季度编制、发布厦门市物流产业运行指数。厦门市物流产业运行监测系统列入省交通运输厅 2016 年度科技发展重点项目。

【新物流通道建设】 2016 年 1 月，中亚班列线路、厦蓉欧的厦蓉段路列入铁路运行图。3 月 13 日，从自贸区内海沧铁路货运站开出台资企业冠捷显示科技（厦门）国际货运班列专列，表明厦门中欧（厦蓉欧）班列将由开通初期的每周 1 列的运作逐渐增加至每周 1 到 2 列。4 月 24 日，首票台湾货物通过海铁转运欧洲。5 月，厦蓉欧班列除波兰罗兹外，增设德国杜伊斯堡及荷兰纽伦堡线路，线路终点增加至 3 个。9 月 20 日，厦蓉欧班列公司所运营的中欧（厦门）国际班列获评“福建自贸区十大功能性平台”称号。10 月，中欧（厦门）班列列入国家《中欧班列建设发展规划》（2016～2020 年），厦门市被列为沿海重要港口节点。争取铁路政策支持，10 月起，中铁集装箱公司给予中亚班列最高 15% 的运价下浮，实行量价考核。

（陈水得）

邮　政

【概　况】 2016 年，厦门市担负国家邮政普遍服务业务的邮政企业 1 家，营业场所 91 个，邮筒（箱）333 个，报刊亭 191 个；取得快递业务经营许可证的企业 112 家，备案分支机构 264 家，末端网点 544 个。全年，厦门邮政业累计实现收入 34.26 亿元，比上年增长 23.85%，占全省比重 19.19%，全国排名第二十六位，全省排名第三位；实现业务总量 46.17 亿元，增长 31.33%，占全省比重 15.35%，全国排名第三十四位，全省排名第三位。其中，累计实现快递业务收入 30.74 亿元，增长 26.06%；累计实现快递业务量 2.03 亿件，增长 34.58%。备案智能快件箱箱体 1505 组，格口 8.28 万个。2016 年，厦门市快递企业对快件处理新增投资额 3505 万元。新建、扩建的分拣处理中心面积增加 4.9 万平方米，其中企业自建 1.5 万平方米。新增快递车辆（包括干线和揽投车辆）497 部，新增流水线 1217 米，新增从业人员 2899 名。截至 12 月，厦门智能快件箱覆盖全市 500 多个社区、办公楼等，布点 1505 组（包括主从柜）、82789 个格口。12 月，国家邮政局授予厦门中国快递示范城市称号，厦门成为福建省第二个获评该称号的城市。

【政策扶持寄递企业】 2016 年，厦门市邮政管理局为 238 辆符合条件的快递营运车辆申请通行年费减征 50% 的扶持政策，最终为企业节约运营成本约 40 万元。全年为邮政企业争取减免 2016 年度房产税及 2015～2016 年度土地使用税约 700 万元。将厦门邮政局所纳入地方公建配套项目，并采取相应的建设机制，以保障邮政局所建设工作效率。

【厦门市邮政业安全中心成立】 2016 年，市邮政管理局、市公安局、市国家安全局共同成立厦门市邮政业安全中心，市政府拨款 258 万元专项资金用于市邮政业安全体制机制建设。同时，督促在厦门寄递企业设立安保部 15 个，配置安全员 157 人，保障安全监管及企业主体责任的落实。安全中心主要职责有：宣传、贯彻执行国家通信安全、寄递渠道安全、信息安全的法律法规、规范标准与政策措施；研究拟订、研判督导邮政业安全工作规划、管理机制和综合治理方案；负责安全监控系统的运维应用，整理分析、统计报告邮政业安全生产、应急管理等数据资料，为市邮管局业务部门提供大数据管理支持；保障邮政通信与信息安全，配合公安、国安等部门办理有关案件；负责行业统计、申诉处理等工作。

【快递安全问题举报奖励办法出台】 2016 年，厦门市邮政管理局出台快递安全问题举报奖励办法，明确举报奖励标准，并公布举报方式。被举报对象明确为邮政、快递企业及其从业人员。人民群众举报寄递禁寄物品，危及公共安全的，经查证属实，奖励 500 元；数量巨大或情节严重的奖励1000元至3000元；构成犯罪被依法追究刑事责任的奖励3万元。人民群众举报未严格执行3项措施（收寄验视、实名收寄、过机安检），以及未依法设置安全管理机构、配备专职安全员的，经查证属实，每次（项）奖励200元。

【第三方邮政业安全风险评估监管模式】 2016年，厦门市邮政管理局在全省首创委托第三方进行邮政业安全风险评估监管模式，委托具有安全技术防范资质的专业第三方机构，由消防、电子监控、X光机安检、治安管理等方面的专家组成评估小组，严格对照《邮政行业安全生产设备配置规范》《寄递渠道反恐怖工作标准》等标准，对全市主要寄递企业在安全管理制度、安全操作规范及安全设备配置等方面进行全面检查评估。有效评估全市100多家企业，覆盖率接近100%，排查隐患500多处，各项整改措施基本落实到位。

【厦门大学信报箱暨快递业务接收大厅改扩建竣工】 2016年1月，厦门大学信报箱暨快递业务接收大厅改扩建竣工并在思明校区开业。信报箱暨快递业务接收大厅改扩建是厦门市邮政管理局与厦大重点推进的民生工程。新项目投入使用后，信报箱原来主要承担的报刊、杂志、平信、印刷品投递等功能仍保持不变，而此前挂号信、包裹、快递揽收及投递等给据业务将合并到人工服务区，校园邮政和快递服务水平得到显著提升，有效解决校园快递“最后一千米”问题。

【首家军营邮件及快件综合服务中心启用】 2016年5月，厦门同安区首家军营邮件、快件综合服务中心正式启用。同安区军营邮件、快件服务中心建设在军营后勤服务场所，服务对象包括部队军人和周边的村民。该中心占地100余平方米，设置智能快件箱标准柜1组。中心运作主要以智能快件箱与人工辅助相结合的方式运行，通过智能收取与专人值班制的形式有效保障邮政通信服务优化和安全，并将逐步配备安检机。

5月，翔安局推动快递企业”立标杆树”形象建设标准化示范网点　（市邮政管理局提供）

【翔安首家快递标准化示范网点建成】 2016年5月，厦门中通快递有限公司位于翔安区的首家标准化示范网点建成。该网点就快递服务“硬件”“软件”两方面进行优化提升。“硬件”方面，全面按照安全设施设备配备规范，配置了隔离、消防、监控、安检、报警设备，并结合营业场所情况进行改造；“软件”方面，以“服务至上，创造未来”为创新理念，争先创优，提升服务质量，打造整体形象和品牌文化，为行业网点规范化建设设立标杆。快递标准化示范网点建设进一步推动引导快递企业全面建设标准化网点，以点带面，逐步提升快递行业形象。

【《厦门市邮政业“十三五”发展规划》正式发布】 2016年11月，《厦门市邮政业“十三五”发展规划》（以下简称《规划》）经市府办批复正式发布实施。《规划》立足厦门邮政业发展实际，回顾“十二五”时期的发展和成效，分析“十三五”时期面临的形势，从指导思想与发展理念、发展目标及空间布局、主要任务等方面详细规划了发展方向，以“一核三中心”的空间布局引导企业错位发展、提质发展、融合发展。《规划》还从规划指导、用地保障、车辆通行、资金扶持、监管建设和人才培养等方面提出了保障措施。

·小资料·

一核三中心： 一核，岛内邮政业服务核心区；三中心，海沧跨境邮件快件集散中心、翔安航空邮件快件集散中心、集美—同安陆路邮件快件集散中心。

（陈晶晶）

1月，厦门大学邮政信箱暨快递业务接收大厅改扩建竣工暨开业仪式举行

（耿新　摄）

责任编辑：曲　艺
审　　稿：张　红
责任校对：文治平

18 信息化与通信保障

信息化建设

【概　况】 2016年，厦门市在全国率先建设城市公共安全管理平台。厦门市电子政务外网身份认证服务平台通过“一个ID，一次注册，一次登录”的认证方式，实现全市统一服务、统一访问入口、统一用户管理、统一安全控制。截至年底，平台注册用户近110万户。在2016中国智慧城市推进大会暨第五届中国城市信息化50强发布会上，厦门市再次入选“中国城市信息化50强”，并获得2016“中国智慧城市推进工作十佳城市”称号。至年底，厦门城市地区基本达到家庭宽带100兆比特/秒及以上宽带接入能力（100兆比特/秒家庭宽带端口占比为88.42%）、农村地区基本达到家庭宽带达20兆比特/秒及以上宽带接入能力（20兆比特/秒家庭宽带端口占比为96.27%），固定宽带家庭普及率85.69%，3G移动电话用户普及率为117.61%，提前超额实现“宽带中国”示范城市创建目标。“宽带中国”示范城市创建期间，通信行业加快老旧小区弱电改造提升，完成11个老旧小区、2511户弱电改造提升工作；争取市财政拨付光纤改造奖励和终端补贴资金共计3345.05万元，惠及光纤宽带网络改造奖励用户13.03万户、光纤网关终端补贴用户13.61万户。

【电子证照共享库管理平台初步建成】 2016年，厦门市初步建成电子证照共享库管理平台，完成电子证照共享库管理平台构建、功能开发和系统部署，实现和省电子证照库的对接工作，并完成部分证照和批文的收集、入库工作。各单位的行政审批系统和部门业务系统通过与电子证照库的接口对接，完成各单位存量电子证照元数据的推送，并可利用电子证照库的共享功能获取库中已有的电子证明元数据及电子证照，从而减少公众办事提交的材料，实现电子证照数据的归集与共享，提高政务服务效率。年内，该平台登记部门34家，发布证照430类，其中证书178类，批文252类；录入数据668853笔，制发电子证照37类83263本，电子批文26类1207本。

【网站安全漏洞检测和整改】 2016年，厦门市经济与信息化局（简称市经信局）组织市信息中心对厦门市98个党政机关重点网站及信息系统进行周期性循环安全漏洞检测，对存在高风险安全漏洞的网站责任单位发函督促整改。全年对重点网站完成安全漏洞检测577个次，其中检测出存在高风险安全漏洞网站64个次。通过检测和整改，保障厦门市电子政务系统的安全稳定运行。

【城市公共安全管理平台上线运行】 2016年7月27日，厦门市城市公共安全管理平台正式上线运行。市经信局在统一汇聚全市各单位具有共享价值的公共安全数据基础上，依托“互联网+”和大数据等技术，通过交叉分析、统筹研判、统一调度，建立健全全市统一的动态化安全监管机制、常态化隐患排查机制和全覆盖安全责任体系，构建风险评估、预测预警、应急处置的高效动作体系。平台一期通过整合40多个部门111类有关公共安全的静态数据，并接入社区网格化平台、“110”平台、市长专线等系统的动态数据，实现城市公共安全“一张图”的目标，推动城市公共安全管理由事后处置向事前防范、事前化解、事前管控转变。

【网络空间安全联盟成立】 2016年9月，市经信局联合市科技局等单位成立厦门网络空间安全产业技术创新战略联盟。联盟由厦门市主要的信息安全企事业单位及国内知名信息安全企业驻厦机构组成，成员单位28家。联盟主要作用是：组织相关企业和机构，开展关键技术联合攻关、联合承接项目建设、建设公共技术平台等，并组织开展政策宣讲、网络安全培训等活动。

【市民卡工程建设启动】 2016年10月，为全面提高厦门市公共服务信息化水平，提升政府管理服务效率，实现多卡合一、便民惠民的目标，厦门市政府正式启动市民卡工程建设，成立市民卡领导小组办公室，出台《厦门市市民卡服务体系建设工作方案》，并公开向全国征集规划与建设方案。市民卡集身份识别、公共服务、生活服务和互联网应用等功能于一体，依托社会保障卡加载功能，拟拓展社会保障、交通出行、智慧城市、民政优抚、卫生医疗、教育、文化体育、旅游、生活消费九大应用领域，实现实体卡与虚拟卡紧密结合、无缝衔接，打造智慧城市新名牌。

【《厦门市政务信息共享协同平台技术规范》发布】 2016年11月14日，市经信局发布《厦门市政务信息共享协同平台技术规范》（简称《规范》），推进政务资源共享。厦门市政务信息共享协同平台是各政务部门共享信息服务资源的统一管理平台，《规范》内容包括：平台总体构架、平台资源管理、平台外介入、平台二次开发。《规范》的发布，旨在将厦门市政务资源共享协同平台从原有产品约定行为，提升为遵守地方标准的法定行为，提升厦门市政务信息标准化水平，实现政务信息的"网络互通、数据共享、业务协同、服务融合"，为推动厦门市政务服务、行政审批等工作的规范化、标准化、信息化打下技术基础。

【第十二届海峡两岸信息化论坛】 2016年11月24～26日，由中国信息协会、福建省信息协会、厦门市信息协会、"台湾中华资讯软体协会"等单位共同主办的以"互联网+驱动创新创业增效"为主题的第十二届海峡两岸信息化论坛暨百名台湾青年创新创业对接洽谈会在厦门举办。来自两岸560多名代表出席论坛，其中包括以"台湾中华资讯软体协会"为代表的台湾13个科技社团的理事长率领的120名台湾业界代表和创业青年。此次论坛采取学术研讨、成果展示、对接洽谈、项目签约和参观考察等形式，聚焦新兴信息技术融合与创新发展。论坛组委会编印《第十二届海峡两岸信息化论坛暨闽台新兴信息技术融合与产业合作对接项目指南》，促成阿里云与厦门网盟公司合作等5个签约项目，现场签约项目金额约3亿元。

（市经信局）

软件和信息产业

【概　况】 2016年，厦门市软件和信息产业收入突破千亿元。国网信通亿利科技有限责任公司以20.99亿元首次入选"中国软件业务收入百强"企业名单，位列第六十位。四三九九网络股份有限公司、趣游（厦门）科技有限公司、绿网天下（福建）网络科技股份有限公司等3家企业入选"中国互联网企业100强"。1月15日，文化部、财政部、税务总局联合下文，公布2015年通过认定的动漫企业名单，福建省有7家企业通过，其中厦门市咪咕动漫、傻孢子网络、泰伟数码、花火等4家通过。12月2日，中国证监会正式核准厦门吉比特网络技术股份有限公司首次公开发行股票，该公司成为福建省首家在上交所主板上市的游戏企业。厦门市组建厦门市物联网产业研究院，安排专项资金1062万元支持一批物联网典型应用项目和关键技术攻关。动漫企业利用厦门市咪咕手机动漫平台，跟进IP授权交易的步骤，找到变现渠道。

【推进"两化"融合管理体系贯标】 2016年，厦门市新增弘信电子、建霖工业、蒙发利科技、合兴包装4家国家级"两化"（工业化、信息化）融合管理体系贯标试点企业，国家级"两化"融合管理体系贯标试点企业19家；通过贯标企业11家，累计开展贯标企业30家。实施"两化"融合重点项目入库管理。新增45个市级、省级"两化"融合重点项目，总投资额137亿元。安排财政资金691万元，择优支持"两化"融合重点项目7个、兑现"两化"融合贯标奖励6个。美图网科技有限公司入选2015～2016年度国家电子商务示范企业。

【工业设计中心建设】 2016年，厦门市新增冠捷、松霖、拙雅3家国家级工业设计中心，金牌橱柜通过复核，国家级工业设计中心数（4家）居全省之冠。新增省级工业设计中心3家、市级工业设计中心4家，省级工业设计中心累计10家，市级工业设计中心累计18家。安排财政资金954.5万元支持工业设计中心建设、知名工业设计企业到厦门落户。

【软件和游戏企业移动化服务转型】 2016年，厦门市软件和游戏企业实行移动化服务转型。其中，厦门市智业软件工程有限公司推出智业互联网医院和艾嘉健康服务产品；4月，吉比特《问道》手游上线，首月活跃用户超600万，月流水超4亿元；四三九九"4399游戏盒"上线，目标是完成客户端游戏到手机游戏转型，成为国内最大移动小游戏平台。

【服务型制造新模式培育】 2016年，厦门服务型制造试点企业8家。松霖科技以"ID（工业设计）+KT（核心技术研发）"为公司核心战略，实现从OEM（原始设备制造商）向IDM（创新设计制造商）转变。林德叉车提供系统解决方案和全方位服务价值链，服务成为该企业主要的产品之一。盈趣科技UMS系统提供智能化工厂解决方案取得初步成效。

【重点软件企业参加第二十届中国国际软件博览会】 2016年，5月26～28日，第二十届中国国际软件博览会在北京展览馆举行。此届软博会以"促进两化深度融合，服务制造强国建设"为主题，来自全国各省、市、自治区的39个组团参展。厦门市经济与信息化局（简称市经信局）组织美亚柏科、国网信通亿力科技、信息集团、咪咕动漫、飞鱼科技、亿联网络、雅迅、蓝斯通信、卫星定位、路桥信息、绿网天下、智业软件和启尚科技13家重点软件企业参展。展会上，国网信通和蓝斯通信的3件参展作品获得"创新奖"。

【2016年中国（厦门）国际物联网博览会及高峰论坛】 2016年6月3～5日，由市经信局主办、市物联网行业协会承办的2016年中国（厦门）国际物联网博览会及高峰论坛在厦门国际会展中心开幕。此届博览会设有香港展区、韩国展区、无锡展区、物联中国成果展示区等，200多家企业参展，展位数500余个，展览面积超13000平方米，参观人数6万多人次。博览会通过成果展示、洽谈交易、现场体验、高峰论坛等方式搭建物联网技术交流、成果对接和推广应用平台。

【第二届海峡两岸大学生优秀工业设计作品展暨"冠捷杯"新视界工业设计大赛】 2016年6月4～8日，由市经信局、厦门火炬高新区管委会、翔安区人民政府、市教育局、台湾优良设计协会、台湾工艺发展协会联合主办，市工业设计协会、冠捷显示科技国家级工业设计中心承办的第二届海峡两岸大学生优秀工业设计作品展暨“冠捷杯”新视界工业设计大赛在厦门火炬高新技术园区举办。此届展赛首次提出定制设计理念，共展出海峡两岸工业设计优秀作品664件。其中，福建省参赛院校13所，参展作品452件；台湾地区参赛院校42所，参展作品159件。此外，清华大学等5所大学、53件作品首次参展。“冠捷杯”新视界工业设计大赛获奖作品230件。展会上，有30名设计者被评为“未来设计之星”。

【第九届厦门国际动漫节】 2016年8月12～15日，由厦门市人民政府主办、厦门国际动漫节组委会承办的第九届厦门国际动漫节在厦门国际会展中心举办。此届动漫节分为会展、商务、赛事、论坛、活动五大板块，特设新技术展区和境外展区。其中，新技术展区集中展示动画捕捉、3D人像打印等全新技术；境外展区汇聚来自新加坡、加拿大、韩国等国家的41家企业，以特装形式集中展现境外展商风采。开幕式上举行第九届厦门国际动漫节“金海豚奖”颁奖仪式。此届“金海豚”奖共收到2425部作品，最终评选出10项大奖，每个奖项分别设置1个金奖、2个银奖，奖金总额近300万元。动漫节期间举办动漫游戏与技术展示会、CG艺术大师论坛、动画放映周、Cosplay（动漫角色扮演）大赛、电子竞技赛、省动漫游戏领域产学研对接会等活动，参观人数8万多人次。

【虚拟与增强现实产业协会成立】 2016年8月19日，厦门市虚拟与增强现实产业协会成立大会在厦门凯宾斯基大酒店多功能厅举行，该协会是福建省首个虚拟与增强现实产业协会。市经信会、民政局、信息协会、华侨大学、厦门理工学院等单位及60多家从事AR/VR（增强现实/虚拟现实）相关企业应邀参加。任我游（厦门）科技发展有限公司董事长林绍青担任首届会长。会议先后通过《厦门市虚拟与增强现实产业协会章程》《厦门市虚拟与增强现实产业协会会费收取标准》等文件，并以无记名投票的方式选举产生协会第一届理事会领导机构成员。全市60余家VR/AR企业成为首批会员，协会将通过整合产业资源，鼓励资源共享，促进产业科技创新。

【民办非企业厦门市海峡工业设计促进中心成立】 2016年11月8日，厦门市工业设计协会成立民办非企业厦门市海峡工业设计促进中心。该中心致力于打造生产企业与设计机构、设计从业人员开展项目对接、成果转化的公共服务平台。围绕工业自主创新能力提升，增强创新驱动力，推动工业设计在各个领域应用，提升厦门市工业产品的“品种、品牌和品质”。

（市经信局）

通信管理

【概　况】 2016年，厦门市基础电信企业完成电信业务总量209.9亿元，比上年增长47.54%；完成电信业务收入70亿元，增长8.12%；实现利润总额17.63亿元，增长7.1%。截至12月底，全市固定电话用户数为129.53万户，减少1.69万户；全市移动电话用户数571.27万户，减少12.39万户，其中3G移动电话用户数61.7万户、4G移动电话用户数392.29万户。全市互联网用户数649.23万户。其中，（固定）互联网宽带接入用户数168.81万户，增加24.36万户；移动互联网用户数480.42万户，增加20.59万户。截至12月底，全市固定电话用户普及率33.56%，移动电话用户普及率148%，互联网用户普及率168.19%。12月，厦门移动与厦门市反诈骗中心共同开发的防诈骗电话筛查系统获得全国公安机关改革创新大赛金奖。2016中国福建互联网大会暨国家网络安全宣传周福建专场启动仪式于9月19日在厦门市举行。

【防范和打击通信信息诈骗】 2016年，厦门市通信管理局配合公安机关关停本地码号1007个，发送空号音4023次，拦截虚拟码号3168个，处置成功率100%。督促企业从严做好用户实名制工作。建立电信企业自查、市通信管理局抽查的多层次巡查机制，提高实名率。要求相关各企业抓好薄弱环节，做好老用户补登记工作，严查各种违规行为。截至11月底，3家基础电信运营企业电话用户实名率100%，未完成实名登记的用户，一律予以停机。全面清理整顿语音专线和400等重点业务。截至年底，电信企业关停清退400号码2800余户，关停语音专线用户300余户。强化语音专线主叫号码鉴权机制，确保100%主叫鉴权及鉴权准确性。推进宽带装机地址核查。要求相关各企业严格按照用户实际安装地址对新增固定宽带用户进行受理，对存量固定宽带用户受理地址与装机地址的数据进行全面匹配清查，确保受理的业务地址与实际装机地址一致。截至年底，全市固定宽带用户近170万户，宽带地址规范率逾九成。市通信管理局要求相关各企业与市反诈骗中心实时联动。

【鼓浪屿申遗通信设施迁移改造】 2016年2月1日，经国务院批准，鼓浪屿作为中国唯一推荐项目，正式参与2017年申报世界文化遗产角逐。根据鼓浪屿申遗工作部署，市通信管理局负责组织开展全岛通信缆线下地与规整、相关通信设施迁移改造等工作。成立厦门市通信业支持鼓浪屿申遗工作领导小组，并下设专业工作小组3个，专门抽调4人入驻市申遗办，配合鼓浪屿管委会实施岛上通信设施迁移改造及新建工作。申遗改造期间，累计完成1座铁塔的拆除、机房搬迁、2处基站搬迁、10处基站建设、10千米缆线下地以及2千米通信管线建设的改造提升工作。

【通信保障联合应急演练首次开展】 2016年5月28日，厦门市通信业首次联合开展通信保障联合应急演练，厦门铁塔、厦门电信、厦门移动、厦门联通以及各通信基站代维单位参加此次演练。演练以“平时服务、急时应急”为指导方针，以关键时刻应急保障队伍“拿得出、用得上”为目标，各参演单位协同指挥、分级管理，出动保障车辆72辆、油机180台、抢修人员200人次。演练包括安全发电和光缆熔接大练兵、防汛抗台基站停电保障现场演练以

8 月 6 日，厦金两岸首艘 4G 网络全覆盖海景观光客轮正式投入使用

（厦门移动公司提供）

及机房水浸抢修现场演练。

【厦金两岸首艘 4G 网络全覆盖海景观光客轮投入使用】 2016 年 8 月 6 日，厦门移动与厦门远洋运输公司联合打造的厦金两岸首艘 4G 网络全覆盖海景观光客轮——“新五缘”轮正式投入使用，在全程 30 分钟的厦金海上观光旅程中，市民可在客轮上随时随地免费体验 4G 高速网络。“新五缘”客轮总长 42.3 米，船宽 10.0 米，载客 322 人。厦门移动采用双上行线路模式，在客舱布放 10 个高性能“X-sense”智能天线 AP（无线接入点）提升覆盖性能，通过 4G 路由转 Wi-Fi（允许电子设备连接到一个无线局域网的技术）方式，可同时满足 300 名以上用户使用，全船 4G 上网速率 60 兆比特 / 秒至 120 兆比特 / 秒。

· 小资料 ·

X-sense 灵动天线：是采用多组呈 X 型的多向天线阵列，该天线阵列根据无线信号的空间特性或移动终端的类型、距离，能够自适应调整加权值，以调整其方向圆图，形成多个自适应定向波束，达到抑制干扰，提升信号接收强度等效果。

【校园电信业务市场联合检查】 2016 年 8 月 24 日至 9 月 19 日，市通信管理局和各基础电信运营企业组成的联合检查组，对厦门地区校园电信业务市场进行检查。检查组对厦门大学、集美大学、厦门理工学院等 17 所高校的校园营销现场进行巡查，检查内容涵盖校园营销的各个方面，包括：是否存在排他、诋毁竞争对手的行为，是否违规夹寄号码卡及宣传材料，是否存在虚假宣传、误导用户消费的现象，是否存在非法收集、泄露用户个人信息的行为，是否和学校签署排他性协议等不正当竞争行为。从检查情况看，现场营销秩序良好，未有明显违规行为。

【战略合作框架协议签署】 2016 年 8 月 30 日，中国电信集团公司与厦门航空有限公司在厦门金雁酒店举行战略合作框架协议签约仪式，厦航成为全国首家与电信签署机载通信业务的航空公司。通过战略合作框架协议的签署，双方将建立长期战略合作关系，秉持“互利互惠、友好协商、相互促进、共同发展”的原则，在基础通信及航空服务、产品提供、市场营销、资源利用、“互联网 +”等领域展开合作，实现优势互补、合作共赢。

【“十三五”智慧城市建设战略合作框架协议签署】 2016 年 8 月 30 日下午，厦门市人民政府与中国电信福建公司在厦门签署“十三五”智慧城市建设战略合作框架协议。根据协议，“十三五”期间，中国电信福建公司将主动对接厦门市重大项目建设，做好重点项目信息化服务支撑。此后 5 年，中国电信福建公司将在厦门市加大直接投资，确保“信息基础设施全面提升”“全城 WiFi 建设”“区域物联网产业发展”“智慧家庭生态构建”“互联网 + 金融生态圈”“互联网 + 政务服务”“互联网 + 产业”等七大工程实现。5 年内，中国电信福建公司在厦门市投入和采购金额将超 80 亿元，其中直接投资超 20 亿元，贡献通信业务收入总计超 120 亿元。预计“十三五”末，厦门市城区全面实现家庭 100 兆比特宽带接入并部分具备 1000 兆比特宽带接入能力，乡镇全面实现 30 兆比特宽带接入，互联网出口带宽将达 10T（10 兆兆比特 / 秒），城域网出口带

8 月 30 日，厦门市人民政府与中国电信福建公司签署“十三五”智慧城市建设战略合作框架协议

（厦门电信公司提供）

宽将达 4T。

【台风“莫兰蒂”抢险救灾】 2016 年 9 月 15 日，台风“莫兰蒂”重创厦门市，造成全市 4033 个基站受灾，其中 3285 个基站供电中断，暂停服务的基站数占比最高达 36.17%。51 个主要机房（其中 16 个为核心机房）供电中断，通信线路中断 4234 皮长千米（即皮长公里，是光缆的长度计量方式，按光缆的护套（外皮）长度来进行统计计算），倒断杆 2604 根，中断 171 个模块局，影响固定电话用户合计 19.63 万户、专线 1520 条，造成直接经济损失 7.35 亿元。灾情发生后，通信行业累计投入抢修资金 2.57 亿元，出动抢险人员 15565 人次、抢险车辆 8285 辆次、油机 8845 台次，启动应急设备 618 台。经连续奋战，全市通信于 9 月 19 日基本恢复。（参见 P72【台风】）

【“智慧门卫与平安眼”系统】 2016 年 10 月，厦门移动与海沧区派出所、厦门信息集团等共同打造“智慧门卫与平安眼”综合信息化管理平台，在新阳街道、洪塘村等流动人口集中区域试点安装 100 余套智能门禁系统，实现出租屋流动人口信息采集自动化。该系统综合使用智能加密 IC 卡、4G 无线通信、物联网与互联网等高新技术搭建大型综合性便民服务云平台，在居民必经门户安装具有二代身份证识别、移动号码采集等高科技信息元素的门禁系统，实现出租屋 / 流动居住人员信息登记、居住人群信息预警等功能。同时，该系统将市、区、街道、社区、小区等多级数据进行联网共享，集流动人口信息采集、申报、门控、视频监控、预警综合管理于一体，改变传统“簿本式”管理方式，营造新型“以房管人”双向互查的“四位（房东、民警、街道、居委会）一体”综合管理方式，大幅提升出租屋安全技防水平和城中村出租屋综治管理水平。

【《厦门市通信基础设施专项规划（2016～2030）》通过评审】 2016 年 11 月 23 日，市通信管理局组织各基础电信运营企业、厦门广电、厦门铁塔等企业制定的《厦门市通信基础设施专项规划（2016～2030）》（简称《规划》）通过市规划委组织的部门评审。《规划》包含智慧城市规划、“三网融合”发展、大数据城市规划、宽带光网城市规划研究 4 个研究专题和重要通信基础设施规划和无线城市规划 2 个基础设施布局规划。在充分考虑“三网融合”、大数据、智慧城市、无线城市建设对通信基础设施建设需求的基础上，《规划》采取“多部门、多单位全面合作”组织方式，从技术上保障各基础电信运营商、铁塔公司的建设需求，从管理者的角度确保《规划》的可操作性和可实施性。同时，《规划》对应急通信指挥基站建设原则、建设标准以及建设地点进行详细研究，将通信管道规划与城市地下综合管廊规划紧密结合。在城市规划基础上实施通信规划，有利于通信设施布点及通信管线布置与城市发展密切结合，对实现智慧城市建设具有重大意义。

·小资料·

三网融合：是指电信网、广播电视网、互联网在向宽带通信网、数字电视网、下一代互联网演进过程中，通过技术改造，三大网络技术功能趋于一致，业务范围趋于相同，网络实现互联互通、资源共享的目标，能为用户提供语音、数据和广播电视等多种服务。

（张建辉　杨　扬　吴　磊　陈奕珣）

无线电管理

【概　况】 2016 年，厦门市无线电管理局办理频率台站审批业务，强化监督检查，规范设台秩序。受理申请 238 件，其中频率台站申请 170 件，生产、进口、销售设备申请 68 件。审批超短波频率 118 个，审批对讲机 1276 部。初审并转报型号核准申请 15 份，进口无线电设备 13636 台，为 5 家单位办理销售备案。收回 29 个模拟超短波频率，新指配 39 个数字超短波频率。新增数字超短波电台 471 部，注销模拟电台 373 部。全年开展无线电行政执法 25 次，与相关单位无线电联合执法 9 次，出动联合执法人员 65 人次，监督检查设台单位 19 家，依法扣留各类无线电发射设备 21 台（套），警告、责令整改单位 6 家，立案 7 起。处罚人民币 25000 元，受理举报和干扰投诉 19 起，其中黑广播相关 5 起，直放站及干扰器 4 起，行政处罚 11 起，没收伪基站 3 套。全年执行重大活动无线电安全保障 6 次，完成高职招考入学考试、福建省春季公务员考试、专升本考试、医师资格考试、国家公务员考试、2016 年高考考试等 15 场考试无线电安全保障任务。全年累计无线电监测时间 19000 小时，其中涉及重大活动保障监测、重点时段监测保障、重大考试防作弊监测保障、日常监测、专项监测、边境地区电磁环境测试等。厦门市无线电管理局全年检测“伪基站”24 个、“黑广播”5 台，检测新设台 88 台。完成 7 处电磁环境测试，每月完成对厦门市区 14 个监测点电磁辐射测试工作。

【“伪基站”“黑广播”查处】 2016 年，厦门市无线电管理局查获“伪基站”25 起，黑广播 5 起，其中 3 起立案处理。1 月初，接到群众举报称在岛外灌口、东孚区域收听到频率为 93.5 兆赫的广播全天播放男性药品广告，市无线电管理局立即组织监测力量进行排查，最后锁定“黑广播”发射点位于集美区灌口镇深青村一出租民房内，市无线电管理局协同当地公安部门缴获“黑广播”发射设备一套。2 月初，市无线电管理局在监测时，发现 93.6 兆赫的监测数据异常，经监听比对后发现该频率为播放低俗男性药品的“黑广播”电台违法占用。针对“黑广播”的播出规律，4 月 7 日晚间利用移动监测设备定位该“黑广播”电台位于集美区浦林村。4 月 20 日，市无线电管理局联合集美公安取缔该“黑广播”电台。5 月中旬，市无线电管理局在对全市广播频率进行监测时，发现 92.1 兆赫的监测数据异常，经监听比对后发现该频率为播放低俗男性药品的“黑广播”电台违法占用。在对该信号进行前期摸排期间，该信号消失。

【国际马拉松赛无线电保障】 2016 年 1 月 2 日，2016 厦门国际马拉松赛在厦门举行，比赛组委会申请央视航拍频率、电视直播视频传输频率、对讲机使用频率等。市无线电管理局赛前开启近 30 个固定监测站，派人携带便携设备到赛道沿线监测，根据监测情况及时向厦门广电反馈并指导其调整并申请适宜的频率，指配空中航拍高清直播、图像传输等用频 30 多对（个）。在比赛期间开启赛道沿途小型站，出动监测车到赛道周边对这些频率进行监测，确保马拉松比赛用频安全。

【火车站客运调度通信系统受干扰排查】 2016 年 3 月底，厦门火车站投诉其某频段客运调度通信系统受到干扰。市无线电管理局执法处与监测分站共同行动，在火车站附近一带展开干扰排查。确定中建三局工地对讲机违法设台对火车站客运调度通信系统产生干扰，执法处没收非法设台并处罚款。火车站客运调度通信系统恢复正常。

【民防日的无线电保障】 2016 年 5 月 10 日是厦门民防日，厦门市政府民防办组织市民进行防空演习，其中包括鸣放防空警报环节。市无线电管理局在活动前，利用“五一”小长假民防设备调试间歇期，用警示仪在民防活动 4 组频率上连续播放警示音，清理频率，为民防办演练提供可靠频率。同时，警示压制与信号监测交替进行，及时分析监测数据。与民防办保持密切联系，随时掌握民防活动 4 组频率的工作状况。在 5 月 10 日防空演练期间，市无线电管理局的各固定监测站点持续监测，民防活动 4 组频率正常工作。活动后，民防办反馈：分布在全市的民防各处警报器均正常接收指令、发布警报，演练圆满完成。

【移动通信运营商基站受干扰排查】 2016 年 6 月，海沧区某城中村村民违法使用无线电直放站，造成移动通信运营商基站受到严重干扰。市无线电管理局进行周密的排查与监测定位，6 月 22 日，执法人员协同运营商对该城中村擅自使用的直放站依法进行拆除，基站信号恢复正常。

【第八届海峡论坛无线电保障】 2016 年 6 月 12 日，第八届海峡论坛在厦门开幕。市无线电管理局按照市政府统一部署，制定保障方案，明确分工，落实到位。会前，启用 30 个固定监测站点进行连续监测。会议期间，派出技术人员和保障车辆到现场，对公安、广播电视、电力、移动等在用频率进行重点保护性监测，监测时间长 260 小时，保障各会场的通信安全。至 6 月 18 日论坛结束，实现无线电干扰事件“零报案、零发现、零处置”的目标。

【G20 峰会第三次协调人会议及财政和央行副手会无线电保障】 2016 年 6 月 19～27 日，G20 峰会第三次协调人会议及财政和央行副手会议在厦门召开。为确保 G20 领导人峰会配套会期间无线电频率的安全和通信畅通，市无线电管理局启用多个固定监测站点，出动保障人员 33 人次、保障车辆 11 车次，监测时间近 680 小时，完成 G20 峰会期间无线电安全保障任务。

【GPS 屏蔽器干扰用户通信排查】 2016 年 7 月初，市民投诉在下湖社有人私自安装 GPS 屏蔽器，影响电信用户通信。7 月 7 日，市无线电管理局执法人员和技术人员到湖边菜市场附近监测，将干扰信号定位于下湖社 489 号 1 楼，发现 GPS 屏蔽器，执法人员进行查处，责令对方自行拆除。

【国家无线电频谱使用情况评估专项活动】 根据《国家无线电办公室关于开展全国无线电频谱使用评估专项活动的通知》，2016 年 8 月 15 日至 9 月 11 日，市无线电管理局在厦门市辖各区分别利用固定站点和移动监测车对公众移动通信相关频段开展监测工作。此次厦门片区的专项活动监测工作，启用固定监测站点 23 个，固定监测站累计监测时长 2880 小时，原始有效数据合计 881GB（10 亿字节）；移动监测车对厦门市所辖 6 个区实现全覆盖监测，移动监测车监测时长 80 小时，有效监测时长 50 个小时，合计出动 42 人次，移动监测里程数 1200 千米，移动监测有效原始数据合计 102.9GB。

【世界铁人三项赛无线电保障】 2016 年 11 月 13 日，2016 厦门世界半程铁人三项赛暨铁人世锦赛资格赛厦门站比赛在厦门国际会展中心附近海域和环岛路举行。市无线电管理局为做好保障工作，组织技术人员利用赛道上周围小型站对使用中的通信频率和电视直播频率进行监测，并派出技术人员到数字微波传输点进行实地测试，对调试过程中出现的情况给予用频建议，更换 1 组频率。在比赛当天，两辆监测车和 6 名监测人员全程现场进行监测保障，完成该赛事期间无线电安全保障任务。（参见 P474【世界铁人三项赛】）

（朱　明）

责任编辑：曲　艺
审　　稿：孙志红
　　　　　白延蜻
责任校对：曾一一

19 商贸·会展

商业贸易

国内贸易

【概　况】 2016年，厦门市居民人均可支配收入43143元，比上年同期增长8.7%，居民人均消费支出29211元，增长6.8%。社会消费品零售总额1283.46亿元，增长9.8%。其中，限额以上企业实现零售额891.00亿元，增长9.8%；限额以下实现零售额392.46亿元，增长9.9%。生活必需品类商品消费累计实现零售额68.79亿元，增长7.4%。金银珠宝销售额累计实现销售额10.09亿元，下降11.5%。中西药品类商品累计实现销售额49.42亿元，增长36.3%。石油及制品类累计实现零售额96.09亿元，下降3.4%。汽车销售实现零售额292.99亿元，增长12%。通信器材累计实现零售额36.06亿元，增长23.4%。家电音像产品累计实现零售额32.47亿元，下降0.4%。互联网零售增长较快，限额以上企业通过互联网累计实现销售额127.15亿元，增长19.4%。

【区社会消费品零售总额】 2016年，厦门市思明区累计实现零售额486.40亿元，比上年增长11.1%。湖里区累计实现零售额364.49亿元，增长5.0%。集美区累计实现零售额124.11亿元，增长12%。海沧区累计实现零售额153.11亿元，增长6.2%。同安区零售额首次突破百亿，全年零售额101.50亿元，增长23.1%。翔安区累计实现零售额53.84亿元，增长17.4%。

【消费价格总指数保持稳定】 2016年，厦门市居民消费价格比上年同期上涨1.7%，其中服务项目和消费品价格分别上涨2.5%和1.3%。九大类居民消费品呈现“六升三降”态势。其中，食品类上涨5.1%，其他用品和服务类上涨2.9%，居住类上涨2.5%，医疗保健类上涨1.7%，烟酒及用品类上涨1.5%，教育文化和娱乐类上涨1.0%，生活用品及服务类下降0.3%，交通和通信类下降1.4%，衣着类下降1.4%。

【消费结构优化】 2016年，厦门市跨境电商、保税展示销售、进口商品直销、市内离境退税店等新型商业形态快速发展，磐基中心二期、建发湾悦城、山姆会员店等高端商贸项目开业，供给水平不断提升。13家企业获评福建省家政服务示范站，家政服务企业规模化、网络化、规范化水平提高，生活服务业供需有效对接。厦门市推进9574辆黄标车提前报废，开展新能源汽车促销活动，引导绿色消费。出台全国首部老字号法规，新增厦门三圈电池有限公司（注册商标三圈）、厦门市鼓浪屿食品厂有限公司（注册商标鼓浪屿）、厦门市同英百货有限公司（注册商标同英布店）3个省级老字号品牌，加强流通企业品牌建设。

【内贸流通体制改革试点】 2016年，厦门市完成国内贸易流通体制改革发展综合试点工作，在创新开放共享、内外联通的流通发展机制方面形成一批可复制推广的试点经验。完成城市共同配送试点工作，城市共同配送覆盖率超过70%，比试点前提高约30个百分点。获批全国商贸物流标准化示范试点城市。入选全国重要产品追溯体系建设示范试点城市。

【商品流通水平提升】 2016年，厦门市位列全国“电商百佳城市”第八位。推动京东在同安落户物流区域中心、谷歌在厦门设立体验中心。万翔商城、柒牌电子商务等6家厦门企业入选福建省电子商务示范企业（平台）。“互联网＋回收”新模式不断发展，厦门建成“废品大叔”再生资源交易平台，率先统一回收门店建设标准。《厦门食品冷链物流系列标准》在全市推广并被列入全国试点城市区域联盟首批标准立项。推广“社区智能便利店＋末端智能配送柜”社区商业模式。

【便利店发展指数居全国第二位】 2016年，中国连锁经营协会发布“2016中国城市便利店发展指数”，厦门市以87分居全国第二位（比福州靠前33位），仅次于深圳。该调查覆盖城市36个，基本涵盖全国重点一、二线城市，包括除拉萨市以外的30个省会城市、直辖市和除宁波以外的4个计划单列市以及东莞、温州两个城市。指数的核心数据为连锁品牌化的便利店数量、便利店数量增速、24 小时便利店的比例及政策支持力度。厦门政策支持指数位居第一，24 小时便利店比例指数位居第二。

【电子商务】 2016 年，厦门市出台《厦门市电子商务发展三年行动计划》，引导各区规划出专门的网络零售企业办公、物流产业园区，形成产业集聚效应。培育电商主体，特步、安踏、匹克等一批网络零售企业逐步成长壮大，美团、美柚、又一城等一批垂直型电商平台稳步快速发展，35 互联、258 集团、浪淘沙等一批电商专业服务平台服务范围快速拓展。鼓励创新发展，信达电商公司建设冷藏自助配送终端 200 多个，“逛了么”独创“消费分红”模式，“云创智谷”成为中小企业应用互联网创新创业园区。厦门市拓展电商领域，引入风信子、海捣网、沃洋优品等跨境电商线上线下体验中心，“蚂蚁金服”首创农村淘宝店，美团网订餐平台发展迅速。强化电商招商，京东区域物流中心、谷歌体验中心相继在厦落户。全年电子商务交易额超过 2400 亿元，比上年增长 25%；B2C（Business to Customer，直接面向消费者销售产品和服务商业零售模式）网络零售额 414 亿元，增长 20%，其中限额以上电商企业零售额 127.2 亿元，增长 19.4%。

【《政府鼓励的流通设施目录（2016～2017）》发布】 为进一步深化国内流通贸易体制改革发展综合试点工作，加强对流通设施建设的宏观指导和管理，2016 年，厦门市商务局（简称市商务局）、市发改委、市规划委、市国土房管局、市环保局、市建设局等部门联合印发厦门市《政府鼓励的流通设施目录（2016～2017）》。包括批发业设施、物流仓库业设施、零售（服务）业设施、循环经济设施、其他设施在内的 5 个大类 27 项流通设施被列入该目录。该目录有助于引导社会资金投向，调整流通设施结构，改善流通产业发展环境，提高流通效率。

【物流标准化试点工作实施方案印发】 2016 年 7 月，厦门市获批国家物流标准化试点城市。11 月 23 日，市商务局、市财政局、市质量技术监督局联合印发《厦门市开展物流标准化试点工作实施方案》，明确试点工作的总体目标和方案、主要任务、试点企业绩效考核要求、财政资金支持范围、财政支持方式和标准、保障措施和进度安排。

（市商务局）

副食品供应

【概　况】 2016 年，厦门市主要副食品市场供应总体充足。蔬菜交易量 176.29 万吨，比上年增长 6.35%；生猪交易量 126.4 万头，下降 6.54%；水产品 8.9 万吨，增长 9.52%。受年初寒害天气、9 月份台风影响，蔬菜、生猪价格区间波动较大，全年价格总体仍较平稳。

【市场供应保障】 2016 年，厦门市加强“菜篮子”工程建设和管理，制定《厦门市主要副食品（肉、菜）供应保障资金管理办法》，应对蔬菜、猪肉等主要副食品价格波动，确保市场平稳运行。出台《厦门市蔬菜保供稳价工作方案》《厦门市蔬菜应急保障供应预案》，建立蔬菜供应应急保障三级响应机制，应对蔬菜市场供应过程中的各种突发事件，提高对蔬菜市场的调控能力。应对全国性强寒潮和强台风“莫兰蒂”，做好保供稳价工作，市场价格总体稳定、供应充足。出台商贸业灾后重建扶持政策，121 家企业申报，申报扶持资金超过 8000 万元。重要产品追溯体系建设加快推进，酒类流通领域溯源监管机制基本形成。

【厦门酒类商品二维码溯源平台正式上线】 2016 年 6 月 15 日，由厦门市商务局（市酒类流通管理局）开发的厦门酒类商品二维码溯源平台（厦门市酒类流通监管系统 2.0 版本）投入使用，市民通过手机微信“扫一扫”便能查询酒的真假。市商务局对酒类流通随附单溯源平台和酒类流通管理微信服务平台进行优化和升级，开发和完善 13 块 46 项功能，创新“互联网＋酒类管理”模式。

【《厦门市蔬菜应急保障供应预案》出台】 2016 年 10 月 27 日，厦门市菜篮子工程建设和保障市场供应领导小组办公室印发《厦门市蔬菜应急保障供应预案》，旨在应对厦门市蔬菜市场供应过程中的各种突发事件，提高对蔬菜市场的调控能力，有序开展蔬菜市场应急保障供应工作，维护城乡居民正常生活秩序和社会稳定。预案明确提出厦门市蔬菜应急保障供应的工作原则、职责分工、应急响应措施以及责任追究等要求，正式建立厦门市蔬菜供应应急保障响应机制。响应机制确定响应级别为三级、二级、一级，触发条件主要依据气象、价格和供应量 3 个指标，达到其中任一触发条件立即启动响应机制。

【厦门市入选全国重要商品追溯体系建设试点城市】 2016 年，厦门市入选全国重要商品追溯体系建设试点城市。10 月 28 日，《厦门市加快推进重要产品追溯体系建设实施方案》正式出台。根据该方案，厦门市以食用农产品、食品、药品、农业生产资料、特种设备、危险品等为重点，推动生产经营企业加快建设追溯体系，年内确定追溯体系建设的重要产品名录、建设目标、工作任务和具体措施；在 2018 年 6 月前，建立部门重要产品追溯系统子平台；在 2020 年底前，建立厦门市重要产品追溯数据统一平台，统一数据采集指标、传输格式、接口规范及编码规则，实现政府和社会追溯数据融合，并面向社会公众提供追溯信息一站式查询服务。

（市商务局）

【供销合作】 2016 年，厦门市供销系统完成营业收入 2.8 亿元，实现利润 3524 万元。通过检查、打假查劣，确保农资产品质量。落实冬储化肥 1.5 万吨。销售化肥 3.5 万吨。继续打造社区综合服务中心，做好生鲜食品安全监管，落实持证经营，按时报送市场物价。整合盘活废旧物资回收、报废汽车、集美集散中心运营等资源。厦门市旧货市场引进公办社区卫生服务中心入驻，实现净利润 268.60 万元。收购各类废旧物资 377.24 吨，销售收入 6977.46 万元。市供销系统安全有序经营液化气，供应液化气 1.43 万吨，经营利润 1099.46 万元。巩固提升农村社区综合维修体系，维修站、点及维修项目的覆盖面进一步扩大。

（林世平）

粮食储备与供应

【概　况】 2016年年末，厦门市粮食系统在岗干部职工333人。其中，行政管理部门37人，事业单位37人，厦门市储备粮集团公司259人。全市具有粮食收购资格企业56家，中央及地方粮食储备企业6家。厦门市粮食局（简称市粮食局）围绕国家粮食安全新战略，推进引粮入厦保供应、强化监管保质量、出台扶持政策保发展等措施，构建厦门粮食安全保障体系，粮油供应量足质优价稳。举办纪念第三十六个“世界粮食日”、粮食科技周、爱粮节粮等系列宣传活动，实现全系统安全生产“十三连冠”。市政府出台实施《贯彻落实粮食安全行政首长责任制的实施意见》及其考核办法、实施方案、评分细则等相应文件，成立市考核工作领导小组和办公室等机构，建立考核工作联席会议、联络员工作、对口协调、信息报送等工作机制。

【粮油购销】 2016年，厦门市全社会粮食总供给539.76万吨（原粮口径），比上年同期下降3.83%。其中，粮食自产3.53万吨，下降3.29%；国内购进量372.78万吨，下降5.69%；进口量163.45万吨，下降0.68%。粮食总需求524.32万吨，下降2.81%。其中，本地消费145.1万吨（口粮消费71.93万吨、工业用粮消费73.17万吨），增长0.24%。国有和国有控股粮食企业粮食总购进量166.91万吨，下降8.6%，占全市总供给30.92%；销售量148.69万吨，下降19%，占全市总需求量28.36%。食用植物油总供给量115.26万吨，下降2.25%；总需求量119.16万吨，与上年同期持平，其中总消费9.14万吨，增长0.77%（口油消费8.31万吨、工业用油0.83万吨）。年末粮食库存量141.85万吨，增长13.88%；食用植物油库存量7.93万吨，下降34.41%。

【粮油价格】 2016年，受国家实行粮食最低收购价调高政策和厦门市民消费高端粮食等因素影响，全年粮价涨幅明显，其中籼米和粳米均涨幅较大。食用植物油价格受国际油价影响，散装大豆油涨幅较大，菜籽油价格平稳。年末主要粮油品种零售价（每500克）：晚籼米2.69元，比上年同期上涨5.08%；粳米2.83元，上涨9.69%；早籼米2.24元，上涨7.18%；面粉2.13元，与上年同期持平；散装大豆油4.75元，上涨18.75%；调和油6.49元，上涨6.56%；菜籽油4.79元，与上年同期持平。

【粮食应急体系重点企业认定与管理】
2016年，厦门市粮食局制定实施粮食应急体系重点企业认定与管理暂行办法，在全省范围内率先将粮食应急体系支撑企业分成4个类型，审核重新确认应急定点粮油加工企业15家（新增1家）、应急定点供应粮店131家（新增64家，原69家删除2家），新增重点粮油商贸企业5家、重点粮油仓储配送企业1家。

【粮企扶持奖励政策实施】 2016年，厦门市继续实施《厦门市粮食应急体系建设专项资金管理暂行办法》和《厦门市引粮入厦奖励实施方案》，给予符合条件要求的13家粮企奖励或补贴经费890.98万元（引粮入厦奖励404.77万元、骨干企业投资补贴486.21万元），比上年增长14.4%。奖励或补贴经费在9月份兑现划拨。市粮食局协助厦门市4家企业申报获得“引粮入闽”奖励资金330万元。

【现代粮库建设】 2016年，厦门市按计划推进翔安中心储备库二期、军粮仓储配送应急保障中心两个工程项目建设，年底前完成工程验收并进行设备安装调试等收尾工作。投资782万元维修改造“危仓老库”，率先完成省政府下达的7个“危仓老库”项目维修改造任务。完成同安储备粮公司仓房改造工程及充氮配套设备的安装调试，对新轮入的储备粮进行充氮储粮。初步建成厦门储备粮集团储备粮管理信息系统，进一步推广运用科技保粮、绿色储粮新技术。

【市级储备粮年度轮换】 2016年，厦门市粮食局完成市级储备粮年度轮换8.4万吨。其中，公开招标采购5.6万吨，订单采购2.8万吨。通过网上竞价拍卖轮出储备粮8.4万吨。至年末，市级储备粮规模27.5万吨。

【粮油质量检查检测】 2016年，厦门市加强市粮油质量监督站软硬件建设，投资326万元，购置新增电杆耦合等离子体质谱仪、液质联用仪、形态分析仪等11台检测仪器设备并陆续投入使用；招聘引进一批博士、硕士等专业技术人才，协调增设检测科、质管科等内设机构，配齐配强技术骨干。组织参与国家、省粮油检验比对考核，获得多项检测资质，进一步提升检验检测能力。全年完成粮油抽检1263批次，其中抽样检测储备粮594批次、军供粮125批次，监督抽检粮油企业125批次，委托检测419批次。

【厦门储备粮集团好年东有限公司成立】
为落实鼓励发展混合所有制经济政策，经委托第三方可行性研究，2016年，厦门储备粮集团好年东有限公司（合资）成立，合营注册资本300万元，其中市储备粮集团（政策性国有粮企）出资153万元，并派任董事长（法定代表人）；好年东米业公司（民营粮企）出资30万元；自然人洪垂利出资117万元。合营公司租用好年东米业公司现有厂房及设备，主要经营大米加工销售、应急成品粮轮换等业务；利用好年东公司品牌、商标、销售渠道，改变储备粮集团仅靠储备粮保管收入和粮食贸易比较单一的经营业态和盈利模式，拓展新的发展空间；延长企业产业链条，实现粮食采购、储存、加工、销售等环节的一体化，增强应急储备大米自行轮换能力。

【粮油加工业】 2016年，厦门市42家规模以上粮油加工业实现工业总产值136.1亿元，比上年减少7.6亿元。其中，大米加工业产值15.7亿元，小麦粉加工业产值6.8亿元，油脂加工业产值76.2亿元，饲料加工业产值9.8亿元，粮油食品加工业产值27.6亿元。销售收入125.9亿元，减少13.7亿元。大米日加工能力2420吨，小麦粉日加工能力1050吨，食用油日加工（压榨或浸出）能力5000吨，毛油日精炼能力2240吨。大米加工产能可满足全市口粮消费需求，面粉和食用植物油加工能力充裕有余，可大量供应周边地区及省外。

【厦门市军粮建设发展有限公司成立】
2016年3月，厦门市军粮建设发展有

限公司成立，注册资金1200万元，系厦门市军粮供应站下属全资子公司（国企性质）。该公司以市军粮仓储配送应急保障中心一期和豆仔尾军供门市部为经营载体，主营粮食仓储、军供粮油配送服务及随军供应保障、粮油贸易经营等。公司坚持军民融合式发展和多元化经营，既为驻厦门部队提供粮油和主副食服务，又面向社会开展市场化粮油贸易经营。

【粮食库存检查】 2016年，厦门市粮食局继续做好粮食库存检查。4月，组织对12个库点、119个仓廒的27.5万吨市级储备粮进行春季粮食库存大检查，随机抽查检测粮油样品27份；9月，采用“双随机”（随机抽取检查对象、随机选派执法检查人员）办法，从106家符合条件待检企业中摇号确定检查人员和24家被检对象，组织对辖区5家国有粮食购销企业和2家承担政策性粮食代储任务的骨干粮食加工企业37个仓廒、10.6万吨储备粮库存进行抽查，督导整改发现的问题。根据检查结果，厦门市粮食库存账实相符，仓储管理规范，质量良好，无超期储备粮。厦门市粮食库通过省粮食局检查组复查，得到好评。

【粮食产销协作】 2016年6月18日，厦门市粮食局协调组织全市16家粮企46位代表，组团到福州参加中国海峡项目科技成果展暨粮食产销协作洽谈会，发布粮食需求68.5万吨，签订38.5万吨粮食购销意向协议。其中，与省内5家企业签订粮食采购合同19.5万吨。厦门市两家大米龙头企业展销名优产品，海嘉面粉发布两项科技成果。

【“厦门十大好米暨首届米王”评选活动】 2016年9～10月，在厦门市食品安全办公室、市粮食局指导下，市粮食行业协会、厦门日报社联合发起“厦门十大好米暨首届米王”评选活动，省内外27家粮企、37个大米知名品牌参赛，通过微信参与评选的市民超过100万人次。该活动采取公众投票与专家评审、理化检测与现场试吃、粮业实力与综合评估相结合等办法，先后举办现场宣传和专家鉴定3场，通过海选、初赛、决赛揭晓评选结果。福建海峡粮油购销公司参展的维维汤旺河原种香米夺得米王，厦门古龙梧桐河米业有限公司、厦门禾满家粮油食品有限公司、厦门好年东米业有限公司、厦门市金香穗米业有限公司等入围20强。

（李金团）

会 展 业

会展建设与管理

【概　况】 2016年，厦门市会展业共实现经济效益365.45亿元，比上年增加47.41亿元，其中直接经济效益171.67亿元，增加38.05亿元。直接经济效益中，直接收入15.08亿元，增加1.41亿元；间接收入156.59亿元，增加36.63亿元。带动经济效益193.78亿元，增加9.36亿元。《厦门市大力推动会展改革创新发展的实施意见》实施。在会展行业组织亚洲展览会议协会联盟（AFECA）评选中，中国国际投资贸易洽谈会获得年度“最佳贸易类展览”第二名，中国厦门国际石材展览会获“最佳贸易类展览”第三名。在2016中国城市会展协会联盟年会评选中，中国国际投资贸易洽谈会、中国厦门国际石材展览会、厦门国际佛事用品（秋季）展览会3个展览项目获“中国品牌展会”称号，厦门工业博览会、海峡两岸（厦门）文化博览交易会2个展览项目获“中国区域性品牌展览会”称号。在第十三届会展行业年会上，厦门市获得“2016中国十大会展名城”称号。在中国会展行业年会上，中国国际投资贸易洽谈会获“2016年度中国十大影响力品牌展会”称号。厦门国际会展中心被亚洲会展协会联盟评为最佳场馆奖；厦门工博会、海峡两岸文博会被评为中国区域性品牌展览会；厦门市被《中外会展》杂志社评为“2016年度金五星优秀会展城市”，被《中国会展》杂志社评为“2016年度最具幸福感办展城市”，被中国会展经济研究会评为“中国最具竞争力会展城市”。由国家商务部与上海市政府合作共建的上海会展研究院（SMI）发布的《中外会展业动态评估研究报告2016》中，厦门市位居“世界会展城市实力排行榜”第五十四位，在国内排名第十位。制约厦门会展业发展的一些瓶颈依然存在，困难和压力依然较大。大型展览项目偏少，产业基础薄弱，小型展会成长缓慢，引进大型展览的力度不够；国际性会议特别是知名会议活动少，会议活动自主研发能力弱；硬件体系建设重视不够，硬件设施依然不配套，会展中心周边的交通拥堵、停车难问题依然存在；大型会议活动的场所建设不足；会展人才的培养、高端人士的引进力度不够；境内外营销力度不够。

【展览业】 2016年，厦门市举办展览项目230场，比上年增长19.17%，其中经贸类展览会157场（增长33.05%），书画艺术类展览会73场（下降2.67%）；展览总面积215万平方米，增长12.57%。全年展览会共吸引来自全球150多个国家和地区的境外客商89356人，国内客商370294人，观众总人次498.80万人·天，境内外客商在厦142.49万人·天。展览数量、面积、境内外参展和参会参观人数等3项指标再创新高。展览业共实现经济效益162.42亿元，增长6.4%。其中，直接经济效益77.66亿元，增长17.2%。直接经济效益中，直接收入14.71亿元，增长10.2%；间接收入62.95亿元，增长19.0%。自主研发的专业展会培育成效显著，举办新专业展览会20场。国际收藏投资博览会、中国厦门国际乐器展览会、中国（厦门）数字互动娱乐博览会、两性健康暨成人产业博览会、首届中国马拉松博览会等6场展览首次举办规模即超过1万平方米。

2016年，厦门举办经贸专业展览会68场，专业化率100%的52场，专业化率90%的10场，专业化率在80%左右的6场，专业化水平比上年度均有提升。从参展企业、机构情况看，经贸专业展中，具有国际性的展会24场（境外参加国家及地区5个以上），具有两岸性的展会17场（台湾展位比例占总展位数5%以上），具有全国性的展会25场（15个省、自治区、直辖市以上企业参展）。会议主题展和公司品牌展64场，专业化水平均为100%。商品展销会25场，主要是面向市民的日用品，专业化布展水平较低。

【会议业】 2016年，厦门市会议产业继续调结构、转方向、拓渠道、促营销、提质量，会议产业稳步快速增长。会议业经济效益203.03亿元，比上年增加37.71亿元，其中会议业直接经济效益94.01亿元，增加26.65亿元。直接经济效益中，直接收入0.37亿元，增加0.05亿元；间接收入93.64亿元，增加26.60亿元。会议业带动经济效益109.02亿元，增加11.06亿元。全市各饭店和会议中心接待50人以上的商业性会议7350场，比上年增加1022场；达到奖励标准的规模以上会议247场，增加59场。境内外到厦参会总人数162万人，增长20%。会议活动客商在厦停留约777.6万人·天，增长44%。在国际大会及会议协会（ICCA）发布的2015年度全球会议目的地城市排行榜中，厦门位列城市排名全国第十名。纳入统计的承接会议饭店117家（五星级19家、四星级26家、三星级3家、未评星级酒店41家），与上年基本持平。其中，思明区78家，湖里区20家，集美区11家，海沧区3家，同安区3家，翔安区2家。19家五星级饭店共承接各类会议1708场次，每家饭店年平均承办各类会议90场次，月平均承接会议7.49场次；26家四星级饭店年承接会议1862场次，每家饭店年平均承接会议72场次，月平均承接会议6场次；31家三星级饭店承接会议195场次，每家饭店年平均承接会议6场次，月平均承接会议0.5场次；41家未评星的高等级饭店承接3585场次，每家饭店年平均承接会议87场次，月平均承接会议7.28场次。思明区承接各类会议5209场次，占全市会议总量的70.87%；湖里区承接各类会议1005场次，占全市会议总量的13.67%；集美区承接各类会议695场次，占全市会议总量的9.45%；同安区承接会议184场次，占全市会议总量的2.50%；海沧区承接各类会议179场次，占全市会议总量的2.45%；翔安区承接各类会议78场次，占全市会议总量的1.06%。

【政府办展减少】 2016年，厦门落实中央减少政府办展政策。厦门的展览会全部引入市场化运营机制，完全通过市场化运营方式运营的展会占96%。政府支持展会7场，包括投洽会、工博会、人居展、图书交易会、文博会、动漫节、休闲渔业展，全部引入市场化运营机制，工博会实现100%的市场化，投洽会市场化率超过50%。

【展览规范化运营】 2016年，厦门市经贸专业展的规范化运营水平大幅提升，规范化运营要求基本落实。各展览主办方能按时向相关机构报备核准，无虚假宣传问题；对知识产权保护普遍重视，项目侵权和产品假冒伪劣现象少；68场展会中，55场建立官方网站，超过30家设立APP（手机应用程序）服务；场内管理和服务得到加强，控制噪音，维持秩序；普遍推广绿色展装。

【会展环境满意度调查】 2016年，厦门会展协会对68场展览会的主承办单位进行厦门会展环境问卷调查。从17项调查内容来看，厦门的会展环境大部分项目得到展客商和观众的认可。厦门会展奖励政策科学性和合理性、厦门入境通关效率和厦门展会评估工作的公正性及服务质量等项目满意度均超过91%；厦门国际交通环境、厦门市内公共交通（公交、BRT、出租车）便利性等项目的满意度均超过85%。厦门会展（软硬）环境还有进一步加强和完善的空间，厦门餐饮、旅游服务质量和价格、停车配套设施和厦门展馆内部设施、展具的完善等不满意度均在23%左右，厦门展馆周边交通不满意度40%，厦门展馆收费不满意度35%。

【会展设施建设】 2016年，厦门市国际会展中心在完成四期建设后，进一步完善和优化功能、拓展和挖掘潜力，扩大使用面积，室内承接能力16万平方米。市文化艺术中心在承接科技、文化艺术类展会中发挥重要作用；集美市民广场1万多平方米的展厅投入使用，成为岛外新的展馆场所；湖里五通佰翔展馆和海沧沧江会展中心正在建设之中。全市可供举办各类展览活动的场所28处，室内展览面积29.19万平方米，比上年增长19.1%。室内展馆面积增量部分主要来自海沧创新展示中心、海沧体育中心、集美新城市民广场展览馆、三影堂厦门摄影艺术中心、东盟（集美）文化艺术中心、兑山美术馆、宝荣通美术馆等单位。全市高等级饭店119家，饭店会议室总量784间，会议室总面积15.89万平方米。饭店会议室面积300～499平方米73间，面积500～999平方米41间，面积1000平方米以上15间。全市大型会议设施12个，有国际会展中心、国际会议中心、人民会堂、文化艺术中心、会计学院与各高校会议设施10余处，基本满足境内外各类会议的需求。

【饭店会议承揽】 2016年，厦门市有14家五星级酒店设立会议承揽部，占五星级酒店总数的73.68%，业务人员共95人。22家四星级酒店设立会议承揽部，占四星级酒店总数的84.62%，业务人员共130人。23家三星级酒店设立会议承揽部，占三星级酒店总数的74.19%，业务人员共84人。35家未评星酒店设立会议承揽部，占未评星酒店总数的81.4%，业务人员共224人。3家其他会议场所设立会议承揽部，占其他会议场所总数的75%，业务人员共22人。

【会展营销】 2016年，厦门市会展局（简称市会展局）与市会展业协会加强与国际展览业机构UFI（国际展览联盟）、ICCA（国际大会及会议协会）、AFECA（亚洲会展协会联盟）及国内各会展组织机构的合作，多次组织企业到北京、上海及境外开展会展交流、营销活动。厦门市会展业公共信息服务平台功能进一步拓展，中文网站年点击率突破400万次，英文网站点击率破9万次，访问者来自60个国家和地区。在市会展局的指导下，市会展业协会创办《海峡会展》杂志。《厦门会展动态》全年发行纸质版1260份，电子版16359份。年初，市会展局在境内外征集厦门会展业全球营销解决方案。5月，市会展局举办国际营销论坛，邀请国际大会及会议协会ICCA亚太区总监努尔·哈米德（Noor Ahmad Hamid）等境内外资深专家到厦演讲。9月，市会展局与SITE（国际奖励旅游精英协会）、ICCA、ICESAP（亚太会奖及活动协会）等联合举办2016中国（厦门）会奖旅游全球论坛。11月，市会展局与香港贸易发展局、澳门贸易投资促进局、台湾展览暨会议商业同业公会联合主办，市会展业协会承办2017两岸四地（厦门）会展合作高峰论坛暨国际会展周，来自亚洲20个国家和地区的1200多位会展业相关人员参加。

【会展产业链建设】 2016年，厦门市推进会展产业链建设，社会化服务保障能力增强。在厦门市登记注册的会展机构和企业400多家。常年开展会展业务的会展机构和企业350多家，直接从业人员1.45万人。加入会展协会的会展企业由2015年的299家增加到350家，业务范围涵盖展览场馆、会议中心、组展企业、会议企业、饭店、旅行社、展装设计搭建、通关运输、会展教育、翻译、餐饮服务等近20个行业门类，形成完整的会展产业链。厦门展览企业（机构）50多家，其中主承办本地经贸类展企业（机构）42家，组织境外展11家。2016年度在工商局注册的专业会议公司新增20多家，比上年增长20%。厦门建发旅游集团股份有限公司、厦门会展集团股份有限公司、厦门建旅商务会展有限公司、厦门多喜鹏程会议展览有限公司、厦门子海会议服务有限公司等单位年承接各种会议数十场。厦门地区从事会展设计搭建的企业约200家，加入会展协会的企业有124家。获得市会展协会资质认证的会展机构和企业26家（AAA级企业12家、AA级企业7家、A级企业7家）。获得市会展协会资质认证的设计搭建企业123家。盈拓网站被商务部外贸促进事务局确定为中国境外展览信息服务平台。

【会展交流合作】 2016年，厦门市会展局举办国际营销活动，在境内外征集国际营销方案，并举办“国际营销论坛”；参加国际会议与展览组织（ICCA），加强与国际展览联盟（UFI）的交流。市会展协会再次当选为亚洲会展协会联盟（AFECA）理事单位，承办AFECA的年会与相关活动，邀请20多个国家和地区的200多会展业内相关人员到厦门考察、竞赛。市会展局与会展协会举办“2016两岸四地（厦门）会展合作高峰论坛”，加强与香港地区、澳门地区和台湾地区在会展业的合作。市会展协会当选为中国城市会展协会联盟主席单位。市会展局年内与国内30多个城市建立合作交流关系，接待20多个城市的考察。市会展协会依托中国城市会展协会联盟与《海峡会展》杂志社，与境内60多个城市建立合作关系，接待30多个城市会展协会的考察。

【会展教学】 2016年，厦门理工学院、厦门华厦学院、厦门城市职业学院、厦门东海职业技术学院、厦门华天涉外职业技术学院5所高等院校开设会展经济与管理、会展策划与管理、会展展示艺术设计等会展专业。其中，厦门理工学院、厦门华厦学院是开设四年制本科专业的学校，其他3所为三年制专科学校。年内，5所高校145人获得会展策划师职业资格证书。至年末，5所高校共有会展相关专业在校生586人，其中本科生289人、高职生297人。年内，厦门市会展协会以专业培训和以会代培的方式举办会展从业人员在职素质教育6场，邀请国内外专家进行授课，参加培训人员共970人次。厦门市会展局、北京雅士传媒有限公司、厦门理工学院共同颁发“mice china”奖学金。厦门理工学院启动新一轮会展实践基地遴选和建设工作，设立会展协会、厦门汽车流通协会等8个展览实习实践基地；厦门东海职业技术学院与多喜鹏程会议展览有限公司等企业建立合作关系；厦门华天涉外职业技术学院与厦门会展局、厦门会展协会、厦门国际会展中心等机构合作，学生通过担任志愿者、组委会工作人员和场馆工作人员进行实习培训。厦门城市职业学院会展策划管理专业与厦门会展协会等8家机构签订校企合作协议，建立专业指导委员会，搭建校企产学结合平台。

（市会展局）

【会展集团股份有限公司】 2016年，厦门市会展集团股份有限公司（简称会展集团）主营业务为会展场馆租赁、展会策划组织、会议接待服务、展台设计搭建与展会配套服务等，是国有大型综合性会展企业，下属全资、控股企业13家，经营管理厦门国际会展中心、福州海峡国际会展中心、厦门国际会议中心3个大型会展场馆及厦门国际会议中心音乐厅，场馆总建筑面积91万平方米，展厅净面积27万平方米，各类中高档会议室80余间。全年举办各类展览活动222场，比上年增长20.6%，总展览面积首次突破300万平方米，达到324.8万平方米，增长16%。其中，厦门展馆全年举办展览活动180场，增长28%；总展览面积首次突破200万平方米，达到212万平方米，增长19%。福州展馆全年举办展览活动42场；总展览面积112.8万平方米，增长11%。会展集团举办会议692场，下降8%。其中，厦门场馆369场，减少6场；福州场馆323场，下降15%。安全生产保持良好状态，全年实现无重大人身伤害事故、无重大设备事故、无重大消防安全事故，无重大治安案件的目标。厦门场馆较好地抗御超强台风“莫兰蒂”。

石材展、佛事展等自办展总面积48万平方米，增长6.67%。其中，石材展进一步巩固全球第一大石材专业展地位，佛事用品展春秋两届规模继续扩大。出国出境展业务快速增长，参加德国杜塞尔多夫游艇展、慕尼黑体育用品博览会、土耳其伊兹密尔石材展、中东迪拜石材展、意大利维罗纳石材展、波兰波兹南石材展、厦台家用工艺品展、两岸建筑建材展等境外展，出展面积超过2000平方米。

会展集团获中外会展金五星奖“2016年度金五星优秀会展管理输出奖”，中国会展金海豚奖“2015～2016年度中国会展标志性展馆”，被中国会展行业年会（CCEIM）评为“2016年度中国十大影响力会展企业”，被亚洲财富论坛评为“2016中国会展产业年度金手指奖·十大影响力会展企业”。市会展协会入选2014～2015年度厦门市、福建省、国家工商总局“守合同重信用企业”。会展中心获亚洲会展协会联盟（AFECA）“2016年度最佳场馆奖”，中外会展金五星奖“2016年度金五星优秀会展场馆奖”，被亚洲财富论坛评为“2016中国会展产业年度金手指奖·最佳经营管理会展中心”。福州海峡会展中心获中外会展金五星奖“2016年度金五星优秀会展场馆奖”，被亚洲财富论坛评为“2016中国会展产业年度金手指奖·品牌会展中心”。金泓信展览公司获中外会展金五星奖“2016年度金五星优秀组展单位奖”。会展集团董事长潘子万获中国会展行业年会（CCEIM）“2016年度中国会展经济产业贡献奖”，总经理魏观宇获“2016年度全国会展业金五星优秀会展人物奖”。

（市会展集团）

展会选介

【第十六届中国厦门国际石材展览会】 2016年3月6～9日，由厦门市商务局、中国国际贸易促进委员会厦门市委员会共同主办，厦门市石材商会协办，厦门会展金泓信展览有限公司承办的第十六届中国厦门国际石材展览会在厦门国际会展中心举行。展览面积17.5万平方米，来自全球56个国家和地区的2050家企业参展，其中包括来自意大利、土耳其、希腊、巴西、西班牙、埃及、法国、芬兰、葡萄牙、印度、伊朗、墨西哥12个国家的展商团。吸引来自148个国家和地区的专业石材客商148573人，其中境外专业采购商人数28690人。展品内容覆盖"石矿—加工—设计—建筑工程"全产业链，主要有各类花岗石、大理石、板材、异型石材、板岩、石雕工艺品、墓石制品、园林风景石及人造石制品，石材矿山开采设备、石材加工机械、金刚石锯片、磨具、磨料、石材化学防护用品、各类石材监测仪器、科研设计成果、杂志资料等。

【厦门工业博览会暨海峡两岸机械电子商品交易会】 2016年4月12～15日，由商务部特别授权中国机电产品进出口商会、中国机械工业联合会、台湾区电机电子工业同业公会、厦门市对台贸易促进中心主办，厦门市会议展览事务局承办的2016厦门工业博览会暨第二十届海峡两岸机械电子商品交易会在厦门会展中心举办。总展览面积10万平方米（含加盟展），设置国际标准展位4300个，创下历届新高，其中台湾地区及台资企业参展展位超过800个。吸引来自10个国家和地区的4万多名专业客商参会。境外客商主要来自中国台湾地区、中国香港地区和东南亚、南亚和中东等地。同期举办2016海峡两岸经贸论坛、海峡商业论坛、两岸电商大讲堂、海峡两岸广告发展论坛、海峡两岸印刷界交流会、第五届海西（厦门）国际新能源产业博览会暨高峰论坛等。美国、德国、日本和境内工业制造业领域知名品牌和龙头企业推出业内高新技术、各类机器人等前沿产品，集中展示"工业4.0"、智能制造等。部分参展企业签订销售订单或者达成初步的合作意向。其中，大族激光小功率市场总部现场成交光纤激光打标机15台和紫外激光打标机3台，意向成交飞行激光打标机8台、紫外激光打标机10台、柔性电路板、超快激光打标机等，预期带来的合同总价值超过6000万元；厦门世纪通快激光（鑫富弘）成交金额600万元，意向交易金额3000万元；厦门华富隆机电设备有限公司成交力劲注塑机20台，金额1088万元；明鑫现场成交1000多万元。

【第八届海峡论坛】 2016年6月11～17日，第八届海峡论坛在福建举办。其中，第八届海峡论坛大会于6月12日在厦门举行，中共中央政治局常委、全国政协主席俞正声出席论坛开幕式并致辞。出席海峡论坛大会的两岸嘉宾约1700人，其中台湾嘉宾约1100人。该届海峡论坛由两岸77家主办单位联合举办，以"扩大民间交流，促进融合发展"为主题，突出"民间性、草根性、广泛性"特点，设论坛大会、青年交流、基层交流、经贸交流4个板块19项活动。论坛上，两岸专家学者倡议设立两岸智库论坛，邀请近100位专家、学者参会，围绕深化两岸交流合作、推动"一带一路"建设、推进区域合作闽台先行先试、探索建立开放的智库合作机制等议题进行交流。（参见P115【第八届海峡论坛开幕式】）

【2016海峡两岸（厦门）老龄产业博览会】（见P181【海峡两岸老龄产业博览会首次举办】）

【G20财政和央行副手会议】 2016年6月22～23日，二十国集团（G20）财政和央行副手会议在厦门举行。会议就全球经济形势、投资和基础设施、国际金融架构、金融部门改革、国际税收合作以及绿色金融、气候资金和反恐融资等议题进行讨论，在2016年G20财金渠道主要预期成果达成基本共识。G20成员国、嘉宾国以及相关国际组织的400余名代表参会。2016年，中国接任G20主席国，该会议是中国主办的第三次财政和央行副手会。

【2016海峡西岸汽车博览会】 2016年7月1～4日，由中国机械工业联合会主办，厦门市贸促会、厦门市人民政府台湾事务办公室、台湾区车辆工业同业公会协办，厦门市汽车流通协会承办的第十一届海峡西岸汽车博览会在厦门国际会展中心举办。展会主题为"低碳·美丽·车生活"，展览面积8万平方米，吸引118家企业、79个品牌参展，其中自主合资品牌48个、进口豪车品牌31个。展会现场销售新车6469辆，销售额10.85亿元。

【第十九届中国国际投资贸易洽谈会】 2016年9月8～11日，商务部联合联合国贸发会议（UNCTAD）、联合国工发组织（UNIDO）、世界贸易组织（WTO）、经济合作与发展组织（OECD）、世界银行国际金融公司（IFC）、世界投资促进机构协会（WAIPA）等主办，福建省政府、厦门市政府、商务部投资促进事务局等承办的2016第十九届中国国际投

6月12日，海峡论坛现场　　（市会展局提供）

资贸易洽谈会（简称投洽会）在厦门举行。展览总面积13.8万平方米（含加盟展），来自100多个国家（地区）近12万名境内外客商、5000多家企业参加。中共中央政治局委员、国务院副总理汪洋启动金钥匙为投洽会开馆，在“2016国际投资论坛”主旨论坛上发表主旨演讲。津巴布韦副总统皮莱凯泽拉·穆波科，拉脱维亚副总理阿尔维尔斯·阿舍拉登斯，全国政协副主席、全国工商联主席王钦敏，中共福建省委书记尤权、福建省政府省长于伟国、海南省政府省长刘赐贵、商务部国际贸易谈判代表兼副部长钟山、国家发改委副主任张勇、商务部副部长王受文等国家有关部门、全国性机构、商协会及各省、市、自治区的境内66位副部（省）级以上领导，境外46位副部级（含）以上重量级嘉宾出席相关活动。

投洽会贯彻落实创新、协调、绿色、开放、共享发展理念，以“聚焦‘一带一路’、推动双向投资”为主题，坚持国际化、专业化、市场化发展方向，建设全球投资促进、政策信息发布和投资趋势研讨“三大平台”。投洽会推出有效投资项目3万个，其中新增项目8000多个，包括近1000个境外精品投资项目。签订各类投资项目1502个，总投资金额5073亿元。其中，利用外资2210亿元，对外投资573亿元，区域合作2290亿元。举办2016国际投资论坛以及“引进来”、“走出去”专题论坛等会议论坛活动100多场，来自40个国家和地区的576名嘉宾发表演讲，听众3.6万人次。

【国际投资论坛】 2016年9月8日，由商务部、中央电视台等联合主办的2016国际投资论坛在厦门举行。该论坛与2016厦门国际贸易投资洽谈会同期举行，以“新理念　新发展　构建开放型经济新格局”为主题。来自中国、美国、拉脱维亚、津巴布韦等国家的政府高级官员、国际组织的代表，经济学家、企业家代表在论坛上发表演讲，其中包括拉脱维亚副总理兼经济部长阿尔维尔斯·阿舍拉登斯、津巴布韦副总统皮莱凯泽拉·穆波科等。100多个国家和地区的政府官员、工商界人士和有关国际组织的代表等800余人参加。中共中央政治局委员、国务院副总理汪洋发表主旨演讲。汪洋表示，中国将顺应中国经济深度融入世界经济的趋势，奉行“互利共赢”的开放战略，坚持内外需协调，进出口平衡，“引进来”和“走出去”并重，发展更高层次的开放型经济。

【第十九届全国临床肿瘤学大会暨2016年CSCO学术年会】 2016年9月21～25日，由中国临床肿瘤学会（CSCO）主办的第十九届全国临床肿瘤学大会暨2016年CSCO学术年会在厦门国际会议中心举行，1.2万名医学专业人士参会。大会以“精细管理，精准医治”为主题，开展继续教育和学术交流活动，促进国际、国内临床肿瘤学领域的交流与合作；鼓励和支持临床研究与创新，推动多学科、规范化综合治疗进程和学科发展；举办肺癌、乳腺癌、血液肿瘤、恶性淋巴瘤、黑色素瘤、前列腺癌、肾癌与膀胱癌、妇科肿瘤、抗癌新药临床研究等一系列专题学术论坛。同期举办肿瘤免疫专场（全英语交流国际专场）、“大数据时代”学术专场以及抗癌新药、仪器设备和新书刊展览。

【第十一届中国厦门国际佛事用品（秋季）展览会】 2016年10月20～24日，由厦门会展集团股份有限公司、厦门会展金泓信展览有限公司共同主办，中华佛教文化院、台北佛具商业同业公会协办，厦门会展金泓信展览有限公司承办的第十一届中国厦门国际佛事用品（秋季）展览会在厦门国际会展中心举办。展览面积12万平方米，比上届增加1万平方米，国际标准展位数6500个。来自全国各省区市，中国台湾、香港地区，日本、韩国、马来西亚等国家的1136家企业参展，其中首次参展的企业141家。展览分为佛像与寺庙建筑展区、香品香具展区、法器法物及工艺礼品展区、僧服绣品展区、禅艺空间及佛堂摆件展区、蜡烛灯具及音像制品展区6个展区，展示佛教用品行业各类产品。

【2016厦门国际茶产业博览会】 2016年10月20～24日，由中国茶文化国际交流协会、厦门市总商会等主办，厦门会展金泓信展览有限公司承办的2016厦门国际茶产业博览会在厦门国际会展中心举办。展览面积6万平方米，国际标准展位数3000个，设置品牌茶企展区、茶器展区、茶叶包装设计展区、台湾展区和国际展区5个展区。境内外参展企业超过1000家，专业客商超过8000人。配套举办2016世界茶商大会、国际茶器论坛、中国茶馆营销论坛、国际茶艺表演等，共享茶叶、茶具、包装等茶行业全产业链资讯，构建专业性、国际性、实效性交流平台。

【第九届海峡两岸（厦门）文化产业博览交易会】 2016年11月4～6日，由中共中央台办、文化部、国家新闻出版广电总局、福建省政府主办，厦门市政府与台湾亚太文创产业协会承办的第九届海峡两岸（厦门）文化产业博览交易会在厦门国际会展中心举办。展览面积6.5万平方米，设展位3250个，吸引来自境内外参展文化企业和机构1708家。其中，台湾地区参展商741家，展位数936个。山西、河南、海南等19个省份的29个城市参展。展会设置主会场1个、分会场30个，举办专项活动107个。其中，主会场设置工艺艺术品、创意设计、数字内容、文创旅游4个板块。配套举办各类论坛、对接会、推介、签约等活动30项。

【国际海洋周】 2016年11月4～10日，由国家海洋局、厦门市政府、东亚海域环境管理区域项目组织（PEMSEA）、联合国开发计划署驻华代表处（UNDP China）、厦门大学、福建省海洋与渔业厅等主办的2016厦门国际海洋周在厦门举行。该届海洋周由国际海洋论坛、海洋展览洽谈活动和海洋文化活动3部分组成，包括南南合作海洋论坛、海洋防灾减灾论坛、国民海洋意识发展指数研讨暨海洋意识宣传专题会、第九届全国大学生海洋知识竞赛电视总决赛、海洋科学开放日、第九届中国（厦门）国际游艇展等多项活动。来自柬埔寨、缅甸、泰国等30多个国家和地区的政府机构官员、企业代表及海洋领域专家学者参加。海洋周以提升与“海丝”（海上丝绸之路）沿线国家的海洋合作、蓝色经济发展、海洋文化传播为重点，突出“海丝”主题和“东盟”元素，配套举办“中国—东盟国家海洋公园生态系统管理国际研讨会”等活动。（参见P85【2016厦门国际海洋周】）

【两岸企业家峰会年会】（见 P117 同名条目）

【第九届中国（厦门）国际游艇展览会】

2016 年 11 月 6～9 日，由厦门市人民政府、中国船舶工业行业协会主办，福建省游艇产业发展协会、厦门市湖里区人民政府、厦门路桥游艇旅游集团有限公司承办的第九届中国（厦门）国际游艇展览会在五缘湾游艇港举办。展会总面积 5.6 万平方米，吸引观众 1.8 万人次，其中专业客商超过 3000 人，现场成交船艇订单近 30 艘，意向成交额 2 亿元。展商来自世界各地的 20 多个国家和地区，包括 100 多个国际知名品牌，其中有 Azimut、Ferretti、Beneteau、Marquis、Jeanneau 等进口豪华游艇品牌，瀚盛、毅宏、航通等国产知名品牌。展会首次采取“互联网 + 游艇行业”模式，举办线上新闻发布会，推广“艇进厦门岛”线上手游，引进 VR（虚拟现实）全景互动、现场 VR 游戏等形式。

【2016 两岸四地（厦门）会展合作高峰论坛】（见 P199 同名条目）

【2016 厦门国际铁人三项装备展】 2016 年 11 月 11～13 日，由厦门赛鑫国际展览有限公司主办，厦门赛鑫国际展览有限公司承办的 2016 厦门国际铁人三项装备展在厦门国际会展中心举办。展览面积 8162 平方米，展位数 245 个，主要展出跟铁人三项运动有关的头盔、自行车、自行车锁鞋、跑步鞋、泳镜等专业装备，观众总人数超过 2 万人次。厦门是中国大陆第二个举办世界铁人三项赛事的城市，2016 年，该赛事吸引 57 个国家和地区的参赛选手 2179 人，其中境外选手 654 人。

【2016 中国厦门国际乐器展】 2016 年 11 月 11～13 日，由厦门市文化改革发展工作领导小组办公室、厦门市文学艺术界联合会、厦门日报社、厦门会展集团股份有限公司等主办，厦门报业传媒集团有限公司、厦门会展金泓信展览有限公司承办的 2016 中国厦门国际乐器展在厦门国际会展中心举办。展览面积 9924 平方米，展位数 407 个。展会设钢琴与提琴展区、民族乐器展区、打击乐器与电声乐器展区、相关服务机构展区等 5 个主题展区。江苏黄桥、浙江洛舍、河北肃宁、福建漳州四大展团与珠江、乐海、鹦鹉、凤灵等 200 多个国内外精选乐器品牌参展。观众总人数 3.2 万人次，包含全国各地的乐器经销商、零售商、琴行、音乐艺术院校师生等专业观众。配套举办百年珍藏乐器分享、音乐教育课堂等活动。

【2016 中国国际日化产品原料及设备包装展览会】 2016 年 11 月 23～25 日，由中国洗涤用品工业协会主办，轻工业展览中心承办的 2016（第九届）中国国际日化产品原料及设备包装展览会在厦门国际会议展览中心举办。展出面积 1.6 万平方米，超过 10 个国家和地区供应商参展，专业观众 6000 余人。展览会以“绿色创新、清洁健康”为主题，为国内外日化行业原料及设备、包装材料供应商和化妆品、洗涤用品、口腔清洁用品生产商搭建一站式交流平台。

【2016 中国（厦门）两性健康暨成人产业博览会】 2016 年 12 月 23～25 日，由中国两性健康暨成人产业博览会组委会主办，厦门怡东环球展览有限公司承办的 2016 中国（厦门）两性健康暨成人产业博览会（首届）在厦门会展中心举办。展览面积 1.5 万平方米，设置生殖健康产品、情趣生活成人用品、生殖健康医疗机构、家用生活医疗器械、互联网产业性教育产品、音像制品、海峡成人产业、性文化艺术品 8 个展区，全球 100 余家两性品牌参展，观众 10 万人次。现场交易额超过 500 万元，达成签约意向 3000 万元。展会通过“展会 + 两性 + 直播”模式，提升观众对两性健康行业的认知。

（市会展局）

责任编辑：林建高
审　　稿：曲　艺
　　　　　白延蜻
责任校对：胡　恩

20 旅游业

综　　述

2016年，厦门市接待国内外游客6770.16万人次，比上年增长12.17%。接待国内游客6412.35万人次，占接待总人数的94.71%，增长12.13%。其中，过夜国内游客2869.81万人次，增长10.03%；一日游国内游客3542.54万人次，增长13.90%。接待入境游客357.81万人次，占接待总人数的5.29%，增长12.78%。其中，入境过夜游客228.51万人次，增长12.77%；入境一日游游客129.30万人次，增长12.80%。接待过夜的国内外游客3098.32万人次，占接待总人数的45.76%，增长10.22%；接待一日游的国内外游客3671.84万人次，占接待总人数的54.24%，增长13.86%。全年旅游总收入968.26亿元，增长16.33%。其中，国内旅游收入788.33亿元，占总收入的81.42%，增长11.25%；入境旅游创汇27.69亿美元，增长38.73%。

春节期间，厦门市接待国内外游客225.22万人次，增长15.52%；旅游总收入24亿元，增长17.69%。其中，接待过夜游客65.32万人次，占接待总人数的29%；一日游游客159.9万人次，占接待总人数的71%。国庆期间，受台风“莫兰蒂”影响，接待国内外游客150.8万人次，下降7.52%；旅游总收入17.34亿元，下降6.41%。其中，接待过夜游客40.65万人次，占接待总人数的26.96%，下降6.56%；一日游游客110.15万人次，占接待总人数的73.04%，下降7.87%。

2016年，全市星级饭店营收总额30.28亿元，下降5.33%。其中，客房收入16.49亿元，下降1.83%，客房收入占营收总额的54.46%；餐饮收入11.83亿元，下降2.97%，餐饮收入占营收总额39.08%；健身、温泉等其他部分收入1.96亿元，下降35%，占营收总额6.46%。全市星级饭店平均房价469元/间·天，比上年减少10元/间·天；平均出租率63.33%，下降0.77个百分点；客房平均出租收益为297元/间·天，减少10元/间·天。其中，五星级饭店平均房价647元/间·天，减少16元/间·天，平均出租率68.8%，与上年基本持平；四星级饭店平均房价366元/间·天，减少27元/间·天，平均出租率61.97%，下降0.16个百分点；三星级饭店平均房价233元/间·天，增加16元/间·天，平均出租率55.34%，下降3.68个百分点；二星级饭店平均房价138元/间·天，减少36元/间·天，平均出租率44.34%，下降8.89个百分点。

全年市、区两级旅游质监机构接受各类旅游投诉及咨询6714件，其中受理旅游咨询、工作建议和情况反映5934件，转办相关部门投诉537件。办理正式投诉243件，比上年减少31件，为游客挽回经济损失103.98万元，投诉案件办结率和游客满意率均达100%。市旅游质监执法机关立案调查违法违规案件18起，作出行政处罚决定17件，其中旅行社7家、无证导游4名、旅游从业人员4名、导游人员2名，涉案金额11.9万元。对违反旅游法规导游实施行政处分，有25人次导游受到扣分处理，累计扣分94分，导游违规率0.16%。全市导游员受检数量名列全国重点旅游城市第一位。年内，厦门旅游质监部门启用“游客满意度调查系统”，运用现代信息技术，对到厦门旅游团队进行游客满意度调查，全年游客满意度调查样板涉及旅行社156家、游客56233人次。根据调查结果，2016年旅游团队游客满意度指数为99.75，比上年上升0.09个百分点。

（刘留辉）

旅游规划与项目建设

【概　况】2016年，厦门市推进建设福建省“旅游六大工程”的20个重点旅游项目，总投资380.87亿元，年度计划投资60.25亿元；全年完成投资93.08亿元，占投资计划的154.49%。文化旅游、生态旅游、滨海休闲、旅游设施提升成为投资热点，一批重点项目建设取得阶段性成效。新增诚毅科技探索中心和厦门老院子景区2个国家AAAA级景区。太古可口可乐饮料观光工厂、鼓浪屿食品厂、三圈电池有限公司、香道文化传播有限公司、蓝湾科技有限公司5

家企业获评福建省观光工厂。7月，厦门市政府办公厅印发《厦门市人民政府办公厅关于促进旅游投资和消费的实施意见》。11月，厦门市旅游局编制完成《厦门市旅游业发展“十三五”规划纲要暨全域旅游发展规划》和《厦门市邮轮旅游发展规划》。年内，公安部、国家旅游局先后出台支持福建自贸区赴台团队旅游便利化政策，其中省外游客经厦赴金游和经厦搭乘邮轮赴台游全面启用“一次有效往来台湾通行证”措施，促进厦台旅游融合发展。

【特色村和星级乡村旅游经营单位创建】 2016年，集美区灌口镇田头村，同安区汀溪镇隘头村、褒美村、古坑村、西源村、莲花镇军营村、洪塘镇郭山村，翔安内厝镇锄山村、新圩镇东寮社区岩后自然村、新店镇澳头村10个村被评为福建省乡村旅游特色村。海沧区青礁院前社被评为四星级乡村旅游经营单位，集美区集志农庄、龙谷山庄、前垵湾休闲农庄，海沧区天竺山香草园4家单位被评为福建省三星级乡村旅游经营单位。

【邮轮旅游发展】 2016年，厦门港接待国际邮轮79艘次，比上年增长19.7%；邮轮旅客吞吐量200876人次，增长14.3%。其中，厦门母港始发邮轮66艘次，增长36.3%，邮轮旅客吞吐量143735人次，增长31.2%。按照市港口管理局、市旅游局、市财政局联合出台的《关于进一步促进邮轮经济发展的通知》，市旅游局对邮轮公司、邮轮经营人、租赁（或包租）邮轮的企业、招徕游客在厦门登轮出游的大陆地区组团旅行社等给予资金扶持，分两批拨付2015年度邮轮经济发展财政扶持资金2537.42万元，扶持措施：（1）邮轮公司在厦注册补助，（2）邮轮航次补助，（3）邮轮航次保险费补助，（4）招徕邮轮旅客补助，（5）给予引航和拖轮附加费优惠，（6）广告及宣传推广补助，（7）鼓励邮轮产业人才引进。5月，市旅游局参加在青岛市举办的世界旅游城市联合会邮轮分会成立大会，当选世界旅游城市联合会邮轮分会理事单位。

【旅游新业态建设】 2016年，厦门市推动旅游新业态建设，建成大云房车露营地、豪威莱斯房车露营公园等项目。市旅游局组织编制《厦门市露营地布局规划》，以特色景区或重点乡镇为依托，规划建设一批自驾车、房车营地，推动完善自驾车、房车旅游服务体系。年内，组织3艘游艇直航金门，首次实现游艇直航。全市初步形成以游艇制造业为“龙头”，以游艇俱乐部、游艇码头等配套基础设施为支撑，以游艇行业协会为保证、相关服务业跟进发展的游艇产业链。

·小资料·

旅游新业态： 是指旅游围绕市场的发展和消费需求，与其他行业不断融合创造而产生的新的旅游产品及消费运营形式。旅游新业态主要包括新的旅游组织形态、新的旅游产品形态、新的旅游经营形态三大类型。新的旅游组织形态，是旅游市场中涌现出的新的组织形式。新的旅游产品形态，是根据市场需求开发出来的新的旅游产品。新的旅游经营形态，是企业销售旅游产品所表现出来的新经营形式。

【厦门市入选首批中国旅游休闲示范城市】 2016年1月15日，厦门市通过国家旅游局中国旅游休闲示范城市认定工作组验收。9月，经国家旅游示范工作评定委员会认定及公示，在首批10个中国旅游休闲示范城市名单中，厦门名列其中。作为首批旅游休闲示范城市，厦门市旅游休闲功能突出，旅游休闲产业完善，旅游休闲环境和谐，能同时满足旅游者和当地居民旅游休闲需求，在全国具有典型示范意义。

【旅游厕所建设】 2016年4月，市旅游局召开旅游厕所建设推进工作会，与各区旅游行政管理部门签订旅游厕所建设任务责任书。执行旅游厕所项目进度月报制度，将进展情况报送分管副市长和各区政府。按照《厦门市旅游厕所建设奖励办法》，采取“以奖代补”形式，对新建改建厕所进行奖励。成立检查小组，对2015年改建的51座旅游厕所进行检查，发现问题立即督促整改。完成第二批旅游厕所等级评定工作，评出AA级旅游厕所10座，A级旅游厕所4座。

【厦门市入选全国第二批全域旅游示范区创建名单】 2016年11月，国家旅游局公布全国第二批全域旅游示范区创建名单，厦门市入选，也是全省唯一一个入选国家全域旅游示范区创建名单的地级市。凡列入国家全域旅游示范区名录的，享受“八优先”：优先纳入中央和地方预算内投资支持对象；优先支持旅游基础设施建设；优先纳入旅游投资优选项目名录；优先安排旅游外交、宣传推广重点活动，纳入国家旅游宣传推广重点支持范围；优先纳入国家旅游改革创新试点示范领域；优先支持A级景区等国家重点旅游品牌创建；优先安排旅游人才培训；优先列入国家旅游局重点联系区域。

1月15日，国家旅游局“中国旅游休闲示范城市”工作认定组到厦门开展认定工作（市旅游局提供）

·小资料·

全域旅游：全域旅游是指在一定区域内，以旅游业为优势产业，通过对区域内经济社会资源尤其是旅游资源、相关产业、生态环境、公共服务、体制机制、政策法规、文明素质等进行全方位、系统化的优化提升，实现区域资源有机整合、产业融合发展、社会共建共享，以旅游业带动和促进经济社会协调发展的一种新的区域协调发展理念和模式。

（刘留辉）

对台旅游

【概　况】 2016年，中国大陆居民经厦门口岸赴台团队游客人数257657人次，比上年下降29.96%，其中赴金澎游179501人次，下降19.22%。省外到厦门暂住人员赴金澎游77518人次，下降6.82%。同期，接待台胞到厦门入境过夜846646人次，增长12.97%，占全市接待入境过夜游客总数的37.05%。全年，厦金“小三通”出入境旅客人数162.35万人次，下降1.03%。

【两岸旅游人才交流融合】 2016年，市旅游局落实《国家旅游局关于支持中国（福建）自由贸易试验区旅游业开放意见的函》有关要求，开展台湾导游在福建自贸区厦门片区换证执业培训工作。12月，市旅游局举办首期台湾导游执业换证培训班，90多名台湾导游参训，62名通过考核，培训结合省市旅游发展实际，有较强的针对性及可操作性。12月31日，2016年海峡两岸（厦门）导游之星大赛在厦门空港佰翔花园酒店举行，大赛以“彩虹跨两岸，导游架心桥”为主题，由厦门市旅游局主办，厦门市导游协会、厦门旅游培训中心承办，两岸24名选手参赛。其中厦门选手12人，台湾选手12人。比赛设置人文内涵奖、创新精神奖、团队合作奖、幽默风趣奖、风度气质奖、亲和互动奖6个团体奖，鼓励两岸导游提升人文内涵，创新导游服务方式，倡导合作。比赛期间，主办单位将比赛与培训相融合，组织开展业务学习，深化两岸业界交流。

【厦金旅游合作】 2016年3月5日，由市旅游局和金门县政府交通旅游局联合编纂的《七彩两门·厦门金门旅游手册》在厦门五通码头举行首发仪式，手册以全新的“旅游＋互联网”思维进行编辑，以图文并茂的方式体现两门的特色景点和风土人情。在5月6日厦金两门旅游节启动仪式上，厦金旅游部门共同建设的“发现金门”专题网站（www.visitxm.com/kinmen）上线，此专题网站是依托厦门旅游官网平台建设的子网站，是厦金探索旅游宣传合作新模式、新途径的又一项成果，网站及时发布金门旅游资讯，加大对金门旅游产品的推介宣传力度，游客可以通过“发现金门”网站了解金门旅游第一手资讯。8月12日，厦金两地旅游业者座谈会在厦门宾馆举行，厦金两地旅游局业务部门负责人、厦金两地旅游业者50多人参会，厦金双方在提升厦金旅游品质、共同营销旅游线路、扩大客源互送、推动双向旅游和推动金门导游领队在厦执业等议题上形成共识。双方还商定共同建立两地旅游部门常态化沟通联系机制，推进厦金旅游协同一体化发展。

【两岸旅游集市开市】 2016年4月23日，以市旅游局、海沧区政府为支持单位，厦门欣欣信息有限公司主办，厦门智旅海通科技有限公司承办的厦门海峡两岸旅游集市开市暨腾邦欣欣旅游产业园二期项目启动仪式在厦门自贸片区海沧港区——腾邦欣欣旅游产业园举行。集市现场分为目的地体验区和旅游产品展示区，目的地体验区分设热情泰国、神秘马祖、浪漫澎湖等主题馆，通过多媒体、图文、模型等方式向市民展示丰富多彩的目的地资源。该次活动首次引进台湾观光工厂“蛋糕毛巾”“气球博物馆”“安平小铺”等项目，采用寓教于乐的形式，还原真实的台湾观光工厂，数千名厦门市民到现场参观体验。旅游产品展示区中，各主题馆向市民推出多种多样旅游产品、纪念品以及旅游大促销活动等受到市民欢迎。此次活动突出两岸交流，旨在结合寻亲之旅、游览之旅、购物之旅，将腾邦欣欣旅游产业园打造为厦门旅游新地标。腾邦欣欣旅游产业园是厦门自贸片区重点建设项目，一期工程已完成，在两岸旅游集市举办的同时，产业园二期项目正式启动，福建省旅游局在腾邦欣欣产业园设立的海峡两岸旅游要素交易中心和海峡两岸旅游创业基地正式揭牌。

【首届厦金两门旅游节】 2016年5月至9月，厦门市旅游局、金门县政府交通旅游局首次联合举办2016厦金两门旅游节。5月6日，旅游节启动仪式暨366位大陆旅游业者赴金门考察踩线

5月6日，2016厦金两门旅游节启动仪式暨366位大陆旅游业者赴金考察踩线活动在厦门五通码头举行

（市旅游局提供）

活动在厦门五通码头举行，福建省旅游局、厦门市旅游局、金门县政府交通旅游局、台湾海峡两岸观光协会的相关负责人，海峡两岸及香港的旅行社、旅游协会等业界400多位代表参加启动仪式。该次旅游节以“厦金门对门，两岸一家亲”为主题，举办第二届两岸成年礼、2016海峡两岸（金门）健步旅游公益活动、2016海峡两岸美丽金门马拉松（秋季）、2016首届金门半程马拉松赛、2016两岸千人铁马骑迹逍遥游、两岸亲子拼图大赛、浯岛（金门）城隍观光季、金门金湖海滩花蛤季等系列活动。

【厦金联手强化行业自律】 2016年7月14日，市旅游协会召开“魅力厦金，品质之旅”专题会议，厦门春辉国旅、观光国旅、港中旅（厦门）国贸等10家有组织省外居民赴金澎旅游资质的旅行社负责人参会。会议通过《“魅力厦金，品质之旅”诚信自律公约》，旨在进一步推动厦门市旅行社行业自律与诚信建设，促进业内的合作与发展，积极构建健康和谐的旅游市场秩序。8月26日，市旅游协会牵头组织36家赴金马澎游旅行社代表签署《“魅力厦金，品质之旅”诚信自律公约》。为配合厦门开展诚信经营、行业自律活动，金门县枫莲旅行社有限公司金门总公司、长伶国际旅行社有限公司、金环球旅行社股份有限公司金门分公司等32家具接待大陆旅客资质的旅行社签署《金门县旅行商业同业公会接待大陆观光团旅行社自律公约》，该公约自2016年9月1日起生效。厦金双方就实施厦金专线游诚信指导价，对游览景点、游览时间、用餐标准、住宿酒店、购物场所等作出详细明确的规定。

【赴台参展】 2016年8月5～8日市旅游局组织代表队赴台北参加“2016台湾美食展”。厦门代表队在展台现场制作完成12道具有闽南地方风味的菜肴，展示厦门传统饮食文化特色。11月2～8日，市旅游局组团参加第十一届海峡两岸台北旅展，该展会是国家旅游局重点对台交流项目，大陆方面有28个省（区、市）、新疆生产建设兵团以及东航、南航台湾分公司等31个单位、约600人参展，厦门市组织18位代表赴台参展，是全省参展人数最多的单位。参展期间，厦门市展台发放各类宣传品和小纪念品1万多份，吸引众多参展旅行商及游客，推介效果明显，仅“中远之星”就售出产品近100份。

（刘留辉）

旅游宣传营销

【国内市场营销】 2016年，厦门市旅游局举办中国厦门中秋博饼旅游嘉年华、2016中国（厦门）国际休闲旅游博览会等多项重大旅游活动。中央电视台到厦门市拍摄的《我家住在鼓浪屿》《咖啡溢香花满城》《古法有传承》《百年渔港艺术村》《沧江古墅碧海新舟》等系列节目，先后在央视中文国际频道《远方的家》栏目播出。市旅游局联合漳（州）、泉（州）、龙（岩）、金（门）等地旅游部门赴东北三省开展旅游推介活动。组织市旅游各相关单位赴新疆、甘肃、山东、江苏、上海等5省7地开展旅游推介活动。以“新厦门”为主题的厦门旅游推介走进龙岩、泉州。联合全市6个区开展“新厦门、新体验”巡回推介和踩线采风活动。加大乡村旅游营销宣传力度，3月，市旅游局把海沧东孚街道过坂社区、洪塘村、寨后社区、院前社，大嶝街道小嶝社区，同安顶村村、莲畲村、造水村、五峰村、溪林村、云洋村、美埔村等12个美丽乡村、特色村的文字、图片资料上报省旅游局；8月，出资邀请厦门电视台策划拍摄4集乡村旅游专题宣传片，深度宣传乡村旅游。

【境外营销】 2016年，市旅游局邀请德国、奥地利、澳大利亚和澳门等15个国家和地区的旅行商和媒体记者18批次202人到厦门踩线采风。加大“走出去”营销力度，分别组织到香港和澳门参展和观展，全面推介“美丽厦门”。联合厦航到丹麦、芬兰、瑞典、澳大利亚和新西兰等国家开展“冬天来厦门”旅游推介活动。指导厦门旅游美国咨询中心开展主题营销推广活动，拓展境外市场。依托厦门航空公司驻外办事处，设立厦门旅游会展代表处，科学布局海外营销网络。与法国尼斯市签署《厦门尼斯旅游合作备忘录》，探讨引进世界三大狂欢节之一的“尼斯嘉年华”在厦门举办。

【第十二届海峡旅游博览会】 2016年5月6～8日，由国家旅游局与福建省人民政府联合主办，福建省旅游局、厦门市人民政府承办，台湾、香港、澳门旅游机构联合协办的第十二届海峡旅游博览会在厦门举行。3000多名海内外旅游业界人士受邀参展参会，100多家主流媒体、500多名记者参与宣传报道，举办各项演艺、推介活动近百场，吸引市民和游客近10万人次观展。该届旅博会活动内容包括两岸乡村旅游圆桌会议、两岸及港澳地区摄影大展、两岸及港澳地区名导论剑、两岸旅游文创商品大赛及讲评大会、“旅游+VR”高峰论坛、“清新福建之夜”旅游推介会、中国海上丝绸之路旅游推广联盟年度工作会议、“厦金两门旅游节”。（参见P197【第十二届海峡旅游博览会】）

【2016中国厦门中秋博饼旅游嘉年华活动】 2016年9月3～24日，由厦门市人民政府、福建省旅游局主办，市旅游局、市商务局支持，市各区政府、市旅游协会、厦门航空有限公司、漳州市旅游局、泉州市旅游局和龙岩市旅游局协办的2016中国厦门中秋博饼旅游嘉年华活动在集美区集美新城举办。该届中秋博饼旅游嘉年华活动以“欢乐中秋，好运厦门”为主题，先后举办嘉年华开幕式、百名旅行商考察踩线、“全球游客乐厦门”博饼、中秋线上线下特卖惠、嘉年华闭幕式5项主体活动，厦门6个区分别举办民宿设计高峰论坛、美食节、世界气球艺术节等系列配套活动。活动吸引市民和游客近10万人次参与。

【2016中国（厦门）国际休闲旅游博览会】 9月23～25日，由福建省旅游局指导，市旅游局、市人民政府外事侨务办公室、市会议展览事务局支持，厦门建发国际旅行社集团有限公司主办的2016中国（厦门）国际休闲旅游博览会在厦门举行。博览会以“休闲旅游”为主题，旨在打造专业性、产业化国际休闲旅游展销平台。博览会展出面积2.4万平方米，932个展位，来自31

9月23日，2016中国（厦门）国际休闲旅游博览会在厦门会展中心开幕

（市旅游局提供）

个国家和地区的273个参展企业、展团参加，观展客流超过11万人次。展会与论坛展商总消费及交易额近亿元，其中现场销售额2200万元。博览会同期举办2016中国（厦门）国际休闲旅游论坛、2016中国（厦门）会奖旅游全球论坛、全球知名旅行商（厦门）旅游产品采购大会、"一对一"买卖家对接会、福建及周边自驾旅游沙龙、厦门及周边特色旅游线路买家考察活动、"清新福建·美丽厦门"旅游推介会、首届"华厦工匠"精神论坛等各类专业活动。博览会在延续境外旅游展区、台港澳旅游展区、非遗文创展区、休闲度假展区、主题文化展区、区域形象展区以及旅游热卖展区等七大展区的基础上，根据休闲旅游的热点，首次展出自驾旅游综合专区、福建美丽乡村游专区、台湾伴手礼专区等，并以举办"福建及周边自驾旅游沙龙"的形式，将这些休闲旅游的上下游产业链有效整合在一起，扩大展商的参展效应。博览会期间，还举办乐园大巡游、特色文化节庆秀、"行摄之旅，大美中国"主题摄影展、"跟着休闲旅博会环游世界"征文大赛、首届IRONKIDS世界小铁人赛·厦门站报名等配套活动。中央、省、市共200多家各级媒体对博览会进行报道。

【厦门全域推广联盟成立】 11月14日，厦门市旅游局发起成立的厦门全域推广联盟成立，厦门市委宣传部、市发改委、市文广新局等50家单位成为联盟的首批成员。联盟将整合厦门市各部门、协会、企业、园区、媒体等宣传资源和平台，达到信息大整合、产业大融合，形成宣传合力，共同宣传营销，实现共赢。成立推广联盟旨在推动厦门市旅游业与相关行业的跨界融合，是顺应厦门市发展"全域旅游"和"旅游+"的创新之举，有助于厦门市各行业、各单位的资源整合和合作共赢。

（刘留辉）

旅游行业管理

【概　况】 2016年，厦门市有独立法人旅行社261家，外地在厦分社66家，出境游组团社40家，赴台游组团社5家，外资旅行社1家。至年末，有A级旅行社74家（不含在厦分社），其中AAAAA级旅行社15家，AAAA级旅行社10家，AAA级旅行社49家。厦门市五星级饭店19家，数量、品质居全省首位。市旅游局开通第一批4条联营旅游景点直通车，在主要交通节点和游客热点布设"自助＋半自助"模式的旅游咨询服务网点，实现线上、线下经营一体化。建成中山路、和平码头、邮轮中心、嵩屿码头等10个配套咨询服务点。

【旅游市场秩序综合整治】 2016年，厦门市旅游局制定职责任务分工和考核办法，统筹全市旅游市场秩序综合整治工作，先后开展海鲜大排档、"海上游"市场秩序百日专项整治以及问题芒果摊专项整治等多项行动。厦门市旅游市场质监部门开展检查行动28380次，检查涉旅企业5675家次，整治期间立案查处案件316件，下达整改通知书315份，纠正劝导跨点经营商户1067家、流动摊贩2000余起，行政处罚6万余元，罚没金额65万元。

【鼓浪屿游区综合整治】 2016年，市旅游局联合鼓浪屿派出所旅游警务队、思明区旅游质监所开展专项治理行动，打击"黄牛"贩票、"假导"揽客、非法"海上游"等违法行为，组织执法行动220次，出动执法人员1320人次，抽查旅游团队4776团组，查验导游人员5431人次，现场劝离涉嫌"假冒导游"人员4000多人次，收缴涉旅虚假宣传单3000多份，对不服从管理或不听劝离者进行法制学习教育96人次，查获伪造证件20余本，移送派出所处理32人。开展"我为鼓浪屿申遗做贡献"系列活动，举办鼓浪屿申遗知识专题培训班，编制鼓浪屿申遗版手绘地图册3万册，在码头、景点等游客集中区域进行派发，介绍申遗核心要素，发布温馨出行提示，宣传文明旅游公约，营造良好环境，助力景区申遗。

【旅游综合监管】 2016年，市旅游局受理旅游投诉226件，总投诉件数比上年减少41件，下降15.36%，为游客挽回经济损失101.4万余元，投诉案件办结率和游客满意率均达100%，未发生群体性旅游投诉及重大旅游服务质量案件。贯彻厦门市政府办公厅《关于进一步加强旅游市场综合监管的实施意见》，健全旅游联勤联动机制，联合公安、港口、城管、交通、市场监管等部门，共同开展大排档综治、"一日游"治理、暑期旅游市场整治等执法检查623次，出动检查人员3738人次，检查旅游企业193家次，检查旅游团队14251个，检查导游人员16985人次，导游员受检率344.7%，厦门导游IC卡检查总量继续保持全国重点旅游城市第一名。

【旅游产业全要素大数据平台创建】 2016年，市旅游局依托厦门市“智慧城市”建设优势，通过共享相关涉旅数据进行开发，并运用互联网大数据技术，创建国内首个旅游产业全要素大数据平台。旨在利用旅游大数据，优化以游客体验为中心的旅游环境，加强产业发展研判分析，促进旅游产业全面升级。5月，该平台上线试运行。该平台集成开发一系列旅游数据监测系统，包括厦门市景区酒店信息、游客手机采样、行业管理、宿客数据、舆情监测、智慧网评、来厦游客消费刷卡、从业人员、旅游气象和空气质量、自驾游、旅游大巴、公共交通等，涵盖“吃住行游购娱”旅游产业全要素。同时，平台还拥有数据挖掘的解析功能，可自动运算、挖掘、直观动态展示旅游产业运行情况和分析结果。平台通过自建和共享集成全市200多路景区和道路的实时视频信号，并基于GIS地图等数据可视化的基础上实现全市智慧旅游的便捷服务、高效监管、联动指挥。该平台是国内数据最为丰富的旅游管理平台之一，其中旅店宿客分析、自驾游车辆、智慧网评、银联刷卡、从业人员分析5个系统为国内旅游行业首创。

【厦门旅游服务中心项目规划】 2016年，厦门旅游服务中心系列项目被列入全市重点预备项目。项目将打造成为具有全国示范效应的旅游公共服务平台，规划有旅游咨询服务、旅游投诉受理、旅游交通服务、旅游营销推广、旅游培训服务、智慧旅游建设、旅游产业发展、旅游综合行政管理、旅游信息发布与预警指挥等公共服务职能，兼有旅游餐饮、自驾服务、精品酒店、跨界旅游体验等其他配套功能。其主要功能定位包括：游客集散服务中心、旅游交通自驾中心、旅游营销推广中心、智慧旅游数据中心、旅游产业发展中心、旅游行业管理中心等。该项目将补齐厦门市旅游公共服务体系的短板，对完善全域旅游公共服务体系，提升厦门市整体城市形象，加快厦门市旅游产业发展具有重大意义。

【“守望相助 行业互救”活动】 2016年，台风“莫兰蒂”重创厦门市旅游行业。台风过后，市旅游局在全系统发起“守望相助 行业互救”活动。发动局机关、旅游质监所、行业协会、旅行社、景区、导游等开展减灾救援活动。局机关和协会党员带头，除参加市里统一布置的社区清障外，组织累计2万人次到鼓浪屿、鳌园、植物园、灵玲马戏城等景区开展灾后互助重建。

（刘留辉）

鼓浪屿—万石山风景区管委会

【概　况】 2016年，鼓浪屿—万石山风景区名胜区管理委员会（以下简称鼓浪屿管委会）坚持“文化社区＋文化景区”定位，按照“规划统筹、文化引领、法治保障、发展共享”思路，推进鼓浪屿整治提升和申遗工作，完成联合国教科文组织世界遗产委员会专家现场考察评估和文本审查。鼓浪屿景区全年累计接待游客893.76万人，比上年下降12.48%。日光岩、菽庄花园、皓月园、风琴博物馆、国际刻字艺术馆等五大国有核心景点接待游客312.38万人次，下降10.77%。景区游客总量得到一定控制，客流分布更为均匀，旅游环境回归宁静有序。

【鼓浪屿申遗核心要素修缮保护】 2016年，鼓浪屿管委会完成汇丰银行公馆旧址、天主堂、会审公堂旧址、护士学校旧址4处申遗核心要素修缮设计方案，安献楼、厦门海关副税务司公馆旧址、厦门海关验税员公寓旧址、田尾女学、英国领事公馆旧址、黄荣远堂、海天堂构7处保养维护方案设计，廖宅、博爱医院旧址、毓德女中旧址、美国领事馆旧址、三落姑娘楼、延平戏院旧址、万国俱乐部旧址、大夫第、四落大厝9处临时处置方案设计。瞰青别墅庭院、英商亚细亚火油公司办公楼庭院、菽庄花园、种德宫周边环境4处环境整治方案设计（含设计变更）获国家文物局、省文化厅、市文物局等部门批复。按照申遗要求完成53处申遗核心要素（涵盖鼓浪屿主要历史遗存类型51组建筑物和构筑物，另2处为历史遗址）的修缮保养工程。

【鼓浪屿文化展示体系建设】 2016年，鼓浪屿管委会落实《鼓浪屿文化遗产阐释与展示实施规划》，推进鼓浪屿文化遗产展示体系建设。原英国领事馆旧址建成遗产地综合展示中心。会审公堂旧址作为博物馆，专题阐释鼓浪屿近代化国际社区的立法系统和法制管理模式。中南银行旧址开辟为中南银行专题展示馆和招商银行社区银行。工部局遗址、和记洋行仓库遗址、燕尾山午炮台遗址、电话公司旧址、毓德女学校旧址、延平戏院、春草堂、黄氏小宗等30处申遗核心要素建成展示场馆。安装覆盖所有遗产核心要素的展示说明牌，形成标识性、阐释性、体验式、智能化导览和展示体系。

【历史风貌建筑修缮保护】 2016年，鼓浪屿管委会完成历史风貌建筑修缮22栋。其中，永春路71号、鼓新路44号、中华路21号等10幢完成整体修缮；龙头路102号、45号、147号，福建路51号、52号、54号等12栋完成立面修缮。截至年底，完成178栋历史风貌建筑的保护修缮工作。扩大历史风貌建筑保护范围，对鼓浪屿岛上的建筑进行第三次筛选，提出535栋建筑拟作为第三批历史风貌建筑加以认定。对岛上391栋已认定风貌建筑（前2批）和535栋拟增加列入风貌的建筑开展信息采集工作，对其建筑的年代、面积、质量情况、园林景观进行登记并拍照存档。

【公房管理】 2016年，鼓浪屿管委会继续推进鼓浪屿公房清理整顿工作，做好第一批党政企事业单位承租的直管非住宅公房清退工作。党政企事业单位承租的直管非住宅公房61户，2016年收回20户，经研究同意保留夏商集团使用9户、带租户移交19户、收回后因情况特殊继续租赁1户，其余12户不配合主动整体移交的，分别由鼓浪屿房屋管理所或党政企事业单位承租人提起诉讼，将通过诉讼程序依法解决。鼓浪屿管委会与思明区政府联合发布公告，将鼓浪屿房管所管理的2284处直管公房，由鼓浪屿管委会直接委托厦门市开元国有投资集团有限公司成立的鼓浪屿资产管理有限公司统一管理运营，以促进鼓浪屿产业转型提升，确保国有资产保值增值。

【"以奖代补"暂行规定实施】 2016年，鼓浪屿管委会制定《鼓浪屿"申遗路上，你我同行"活动项目"以奖代补"暂行规定》，6月1日实施，试行两年。对文化体育团队、文化体育活动、"最美庭院"、"最美阳台"以及居民、商家为游客设立"爱心驿站"、社区博物馆等项目，根据申报情况，采取"以奖代补"方式，对条件达标、审核通过的对象，由鼓浪屿管委会安排资金给予一定奖励。至年底，有文化体育团体11个、文化体育活动22场、"花海行动之最美庭院"14家和民办博物馆2家共获奖励金额23万元。

【景区环境整治】 2016年，鼓浪屿管委会先后完成龙头路街心公园、中华路1号街心公园、笔山公园等8处公共空间提升工程，完成龙头路等14个路段、天主堂等26个重要节点的景观提升和管线规整。优化全岛水电管网配置，实行"三线下地"(电线、电话线、有线电视线)。取消清洁楼，实现垃圾"直运"。拆除违法建筑383处，约1.3万平方米，整治"第五立面"(即建筑顶面)81处，改造核心商业街区建筑外立面53栋，完成全岛范围雨棚、碰窗、空调等"微"改造工程4700处，优化提升轮渡码头和国际邮轮中心码头，拆除缓冲区不和谐构筑物28处。

【音乐之岛文化品牌打造】 2016年，鼓浪屿管委会举办春季欧洲音乐周、夏季希腊音乐周、秋季捷克音乐周、冬季格鲁吉亚音乐周4场活动。3～10月，每周五晚举办申遗专场音乐会。7月29至8月3日，在中国合唱协会的指导下，举办"2016鼓浪屿合唱节"，邀请内蒙古少年合唱团、武汉天空合唱团、台湾拉纤人男声合唱团、深圳中学金钟少年合唱团以及厦门当地合唱团队到鼓浪屿献唱。鼓浪屿音乐厅"中外名曲天天演"演出200余场。10月21～24日，鼓浪屿管委会与凤凰网、厦门市文联联合主办"2016凤凰·鼓浪屿诗歌节"，舒婷、北岛、郑愁予、余秀华、水田宗子、维雅·库普里扬诺夫、胡安·卡洛斯·梅斯特等海内外近百位诗人参加，举办多场不同主题的诗歌论坛、研讨和讲座以及多种形式的诗歌朗诵。11月9日，由鼓浪屿管委会主办，鼓浪屿钢琴研究会承办的第八届鼓浪屿钢琴节在鼓浪屿音乐厅举行，举办5场音乐会，分别邀请钢琴家殷承宗、许兴艾、陈曼春、张志玮等演奏。

【智慧旅游建设】 2016年，鼓浪屿国有核心景点门票实现电子化。游客通过"微信摇一摇"功能登录后可免费观看鼓浪屿AR地图(增强现实技术Augmented Reality，简称AR)，720度全景照片和全岛航拍照片。游览区管理处微信公众号语音导览功能上线，实现"音频+文字+照片"的全方位介绍，游客可以通过手机欣赏鼓浪屿钢琴博物馆和风琴博物馆的藏品。增加三大码头(钢琴码头、三丘田码头和内厝澳码头)、日光岩、菽庄花园、观海园六大区域无线Wi-Fi覆盖。

7月29日至8月3日，"2016年鼓浪屿合唱节"在鼓浪屿举办(鼓浪屿管委会提供)

【旅游公共服务】 2016年，鼓浪屿管委会结合鼓浪屿申遗完善全岛路牌指引标识，设置自动售货机9个，新增或翻修公厕11座，完善三丘田、内厝澳游客服务中心服务功能。创新文化特色纪念品，开发风琴博物馆金箔乐器书签、手绘八音盒等音乐主题文创产品，以马约翰纪念馆设计明信片、邮资封、纪念章等旅游文化产品，出版鼓浪屿文化地图、旅游服务手册、藏品介绍手册等，在向广大游客宣传推介鼓浪屿的同时，为其提供良好的旅游体验。

【鼓浪屿市民服务中心成立】 2016年1月，鼓浪屿管委会筹建市民服务中心，对涉及服务企业和居民的相关职能及资源进行有效整合，让企业和居民"进一家门、办多件事"，旨在推动行政审批事项的集中化、规划化和高效化。3月21日，市民服务中心成立，有关入驻审批项目的办事指南、审批表格和内部办事流程均在窗口及网上公示。至年底，该服务中心12个窗口共接收办件47567件，其中待办件103件，办结件47464件，审批过渡人员91047人。

【鼓浪屿申遗工作】 2016年1月29日，国务院正式向联合国教科文组织递交申请，推荐鼓浪屿代表中国申报2017年世界文化遗产项目。1月30日，鼓浪屿管委会向世界遗产委员会递交申遗正式文本。10月16～21日，联合国教科文组织世界遗产委员会国际古迹遗址理事会专家莉谷勇雅到鼓浪屿现场考察评估，对鼓浪屿的申遗条件与资格及厦门市为鼓浪屿申遗所做的各项工作给予高度评价。11月26日，国家文物局召集鼓浪屿管委会与国际古迹遗址理事会专家委员会举行缔约国视频交流会议，会议基本认可鼓浪屿文化遗产的核心价值。12月20日，国际古迹遗址理事会发来临时报告，在肯定鼓浪屿文化价值的基础上，就园林保护、旅游管理等问题提出意见。鼓浪屿管委会充分吸纳国内专家建议，就国际古迹遗址理事会提出的意见做出答复。

【鼓浪屿申遗志愿者队伍组建】 2016年3月，鼓浪屿管委会出台《鼓浪屿申遗志愿者管理制度（试行）》，面向全社会招募志愿者。经过2批次面谈及政审，聘任热心人士350人为鼓浪屿申遗志愿者。4月，申遗志愿者开始到申遗核心要素点和景点内开展志愿服务行动，为游客提供咨询、讲解、翻译、文艺演出等公益活动。10月，鼓浪屿申遗志愿服务队参与台风“莫兰蒂”灾后恢复工作，被市委、市政府授予厦门市防抗台风“莫兰蒂”及灾后恢复重建工作先进集体称号。

【鼓浪屿公共议事会成立】 2016年4月27日，鼓浪屿公共议事会成立大会在鼓浪屿召开，来自岛上各个行业、各个领域的27名议事会成员参会，会议通过《鼓浪屿公共议事会章程》和《鼓浪屿公共议事会选举办法》，选出鼓浪屿公共议事会主席、副主席及秘书长。鼓浪屿公共议事会是在鼓浪屿管委会、鼓浪屿街道办、厦门大学社会治理与软法研究中心的指导下，由鼓浪屿驻岛单位、居民、商事主体和社会组织、人民团体等多方主体搭建，共同参与鼓浪屿治理的公共协商平台，主要职责是围绕鼓浪屿治理的相关事项进行协商讨论，致力于倾听民声，汇集民智，反映民情，依托平台向政府部门反映实际情况，提出具体建议，促进政府实现科学决策；同时，协助政府部门做好群众思想工作，推动利岛利民政策的贯彻实施。该议事会成立对促进政府科学决策，实现公共治理，探索社区自治，以及保护和传承鼓浪屿历史文化具有积极意义。

【增设文化遗产保护处】 2016年6月，中共厦门市委机构编制委员会正式批复，同意鼓浪屿管委会增设文化遗产保护处，机构规格为正处级。文化遗产保护处的工作职责为：负责宣传、贯彻和执行世界文化遗产保护有关法律、法规；负责组织编制实施鼓浪屿文化遗产保护规划，对鼓浪屿文化遗产出具有关规划审查意见；按照《世界文化与自然遗产公约》要求，负责鼓浪屿文化遗产的日常维护、修缮利用和监督管理工作，并定期向联合国教科文组织提交有关报告；负责鼓浪屿文化遗产的调查、研究，建立健全鼓浪屿文化遗产数据库；负责研究制定鼓浪屿文化遗产保护利用相关的政策法规。

【鼓浪屿综合管理中心成立】 2016年8月，鼓浪屿管委会整合岛上有关社会管理、景区管理、治安环境、综合执法、遗产监测、安全监控、码头管理、海域管理等信息化管理模块，在福州路18号鼓浪屿游客中心2楼成立鼓浪屿综合管理中心，旨在进一步提升鼓浪屿的依法管理及服务水平。该中心由鼓浪屿游客中心、鼓浪屿呼叫中心和鼓浪屿综合管理中心平台3部分组成，分别承担旅游服务咨询、旅游综合执法协调、旅游质量监督、市容环境卫生、安全管控联动等事项投诉（诉求）的统一处理和及时联动、转交岛上相关部门处理意见。综合管理中心自成立起至年底，受理咨询6441起，处理各类投诉57件，其中消费纠纷37件、轮渡投诉4件、景区投诉7件、环境设施3件、其他投诉6件，均及时妥善解决。

【景区灾后修复】 2016年9月15日，台风“莫兰蒂”重创厦门，对鼓浪屿造成较大影响。15日凌晨，鼓浪屿供水中断，龙头片区停电，大量树木倒伏（其中古树名木19株），部分房屋受损、围墙倒塌。鼓浪屿管委会牵头协调景区各相关单位开展物资调度和灾后重建工作，及时发布《鼓浪屿旅游和交通临时管控措施》，实行游客量调控和参观游览线路管控。10月1日起，日光岩、皓月园恢复迎客。11月1日起，鼓浪屿5个核心景点恢复迎客，灾后恢复工作基本结束。（参见P72【台风】）

（张春甜　林旭虹）

责任编辑：文治平
审　　稿：曲　艺
责任校对：孙志红

21 金融业

综述

至2016年年末，厦门市共有各类银行业金融机构（以下简称金融机构）主体41家，其中中资银行25家，外资银行13家，信托公司1家，财务公司2家。资产总额16754.53亿元，比上年同期增长18.6%；负债总额16073.40亿元，增长18.7%；不良贷款余额160.73亿元，不良贷款率1.87%。全年实现税后利润107.71亿元，下降29.1%。

金融业贡献度稳步提高，全年金融业实现增加值422.36亿元，增长12.8%，金融业增加值占GDP（地区生产总值）比重为11.2%，比重提高0.5个百分点；金融业对GDP的贡献率17.4%，拉动GDP增长1.4个百分点。厦门市金融业支持实体经济去杠杆、去库存、降成本、补短板；人民币跨境结算业务发展稳中趋缓，对台金融合作取得新进展。

证券期货市场。2016年年末，厦门市共有法人证券公司1家、证券公司分公司16家、证券营业部84家；全年实现营业收入14.47亿元，下降59.7%；税后利润5.25亿元，下降72.4%。至年末，厦门市有法人期货公司2家，期货分公司3家，期货营业部29家；全年实现营业收入5.24亿元，下降7.2%；税后利润2.54亿元，下降8.8%。

保险公司业务。2016年年末，厦门有保险业金融机构主体37家，其中财险公司20家、寿险公司17家；保险公司资产合计426亿元，较年初增加73亿元。全年实现保费收入162.60亿元，增长11.1%；保险赔偿支出74.72亿元，增长41.7%。全市保险深度4.30%，高于全国0.14个百分点。保险密度4148元，是全国平均水平的1.9倍。

社会融资业务。在表外融资和直接融资大幅增加等因素拉动下，厦门市社会融资规模快速增长。至年末，厦门市社会融资规模存量13037.16亿元，增长29.2%，增速高于同期GDP（地区生产总值）增速21.3个百分点。全年融资增加2924.35亿元，比上年融资增加值高1739.60亿元。其中，表外融资增加1194.56亿元，比上年表外融资增加值高996.52亿元；直接融资增加675.77亿元，比上年直接融资增加值高286.75亿元。厦门市非金融企业全年发行各类债券融资工具1455.20亿元，债券净融资589.90亿元。至年末，厦门市43家非金融企业累计发行各类债券融资工具3189.45亿元，增长83.9%，债券存量余额1431.20亿元，增长70.1%。（见表21–1）

金融机构专项建设基金投放情况。由国家开发银行、中国农业发展银行分别设立“国开发展基金”“农发重点建设基金”两个专项建设基金。专项建设基金自2015年8月实施，累计实施7批次。至2016年年末，厦门国开行专项建设基金投放余额110.79亿元，项目58项，厦门农发行专项建设基金投放余额9.86亿元，项目19项。项目投资

表21–1　**2016年厦门市各类债券发行情况**

单位：亿元

债券类型	发行额	兑付额	净发行
超短期融资券	829.80	718.00	111.80
短期融资券	89.50	105.00	–15.50
非公开定向融资工具	0.00	0.00	0.00
中期票据	180.90	28.00	152.90
企业债	0.00	12.30	–12.30
公司债	162.00	2.00	160.00
私募债	165.00	0.00	165.00
可转债	28.00	0.00	28.00
债券发行合计	1455.20	865.30	589.90

方向主要为易地扶贫搬迁等“三农”建设、棚户区改造等民生改善建设、轨道交通等城市基础设施建设、中西部铁路等重大基础设施建设、增强制造业核心竞争力等转型升级项目五大领域；项目运作方式由各县、市、省级发展改革委逐级申报、汇总、上报项目，经国家发展改革委汇总，上报国务院同意，由国家开发银行、中国农业发展银行执行注入资本，国家开发银行最多注入项目资本金的50%，中国农业发展银行最多注入项目资本金的70%。专项建设基金支持项目建设的方式为股权投资而非贷款，不参与项目管理，不要求按项目浮动收益分红，在约定期限（10～30年）内充当项目资本金，要求较低固定回报（3%至5%），约定期满后通过投资主体回购、股权转让、资产证券化等方式收回资金，退出股权。

其他业务。（1）本外币贷款业务。至年末，厦门市金融机构本外币贷款余额8617.24亿元，增长13.9%，增速与上年持平，增速分别高于全国、福建省（12.2%）平均增速1.1个百分点、1.7个百分点，位居计划单列市第二位。本外币贷款余额增加1050.24亿元，比上年本外币贷款余额增加值高127.22亿元。金融机构人民币贷款余额7744.99亿元，增长15.3%，增速与2015年末持平，全年增加1030.33亿元，增加值比上年高139.79亿元。外币贷款余额125.74亿美元，下降4.2%，降幅比2015年末扩大2.2个百分点，全年减少5.52亿美元，减少值比上年高2.79亿美元。（2）本外币存款。人民币存款增速回落，外币存款增速回升。至2016年末，厦门市金融机构本外币存款余额9788.27亿元，增长10.3%，增速比上年末回落5.7个百分点，落后全国平均增速1.0个百分点，高于福建省平均增速0.4个百分点，位居计划单列市第三位；全年增加912.02亿元，少增355.50亿元。至2016年末，厦门市金融机构人民币存款余额9188.49亿元，增长9.8%，增速比上年回落6.6个百分点，全年增加822.12亿元，少增402.61亿元。厦门市金融机构外币存款余额86.46亿美元，增长10.1%，增速比上年回升7.3个百分点，全年增加7.94亿美元，多增5.75亿美元。

（邓雪春）

银 行 业

银行业监管

【概　况】 2016年年末，厦门市有中外资银行业金融机构44家，其中政策性银行3家、国有大型银行5家、股份制银行8家、城市商业银行4家、农村中小金融机构5家、非银行业金融机构3家、邮储银行1家、外资金融机构15家（含3家外资银行代表处）。按机构类别划分，法人机构9家、分行32家、代表处3家。银行业金融机构营业网点621个，比上年增加2个，其中岛内402个、岛外219个。资产总额16755亿元，增长18.6%；负债总额16073亿元，增长18.8%。

银行业金融机构本外币各项贷款余额8617.24亿元。第三、四季度个人住房贷款在厦门市限购限贷政策调节下增幅放缓，但仍为新增贷款的增长主力，个人住房贷款增量占全年新增贷款的71%。房地产相关贷款增长31.9%，增速较放缓。银行业票据融资余额426亿元，增加100亿元，增加值减少31亿元。其中，买断式转贴现余额226亿元，增长84.1%，高于票据融资增速53.3个百分点，占票据融资余额53.1%。上半年贸易融资余额持续增加，增速不断上升；下半年余额有所减少，增速放缓。贸易融资余额457亿元，增长16.7%。

至年末，银行业金融机构本外币各项存款余额9788亿元。其中，非银行业金融机构存款余额1190亿元。全辖银行业境内住户存款余额2246亿元，增长7.2%，低于各项存款增速3.1个百分点。住户存款占各项存款22.9%，占比下降0.7个百分点。境外存款余额388.6亿元，增长9.65%。

银行业不良贷款余额160.73亿元，增长44.3%；不良贷款率1.87%，增加0.39个百分点。关注类贷款（指借款人有能力偿还贷款本息，但存在一些可能对偿还产生不利影响因素的贷款）余额332亿元，下降2.58%；关注类贷款率3.86%，下降0.67个百分点。逾期贷款余额214亿元，增长40.4%。

银行业金融机构税后利润110亿元，下降29.1%；利息净收入297.21亿元，增长4.3%，占营业净收入比重77.55%，上升2.35个百分点；非利息收入下降8.38%，占营业收入比重22.45%，下降2.34个百分点。净息差2.01%，收窄0.3个百分点；存贷利差2.97%，收窄0.54个百分点。资产减值准备累计计提123.63亿元，增长85.5%。

·小资料·

买断式转贴现： 指金融机构（卖出方）将其合法持有的未到期已贴现的银行承兑汇票转让于另一家金融机构（买入方），买入方金融机构按照票面金额扣除贴现利息后将余额付给卖出方金融机构的票据行为。票据到期后由买入方直接向承兑人收款。

【债权人委员会成立】 2016年3月15日，中国银行业监督管理委员会厦门监管局（简称厦门银监局）组织辖区29家中外资银行机构签订《厦门市银行业债权银行委员会机制公约》，由125户大额贷款企业组建债权人委员会，涉及贷款约占全辖同期贷款总额的15%。债权人委员会建立后，银行对16家治理良好、产品有市场，但投入不足的企业增加授信142.44亿元；为15家经营困难及存在风险的企业办理贷款展期、续期，涉及贷款332.06亿元，对其中2家现有资金仅能维持生产经营的企业，采取无还本续贷的方式（每次到期付清利息即可继续将本金贷下去）办理转贷；推进1家风险企业债务重组，涉及贷款余额9100万元。

【绿色金融发展推动】 2016年，厦门银监局联合厦门市金融办、财政局制定《关于促进厦门市银行业金融机构发展绿色金融的意见》，并以厦门市政府名义印发，明确财政激励政策、监管引领措施等内容。该意见从贷款增量奖励、贷款贴息、风险分担、挂钩财政存款奖励4个方面细化对银行机构绿色信贷业务的量化考评标准及风险共担细则，并由厦门银监局对绿色信贷项目进行认定。厦门银监局召开全辖绿色金融培训暨银企资金需求对接会，召开发展绿色金融政策宣讲与推动会议、业务培训会、合同能源银企对接会等，搭建银企交流平台。

【银行业交流合作】 2016年，厦门银监局引导银行业从机构、业务、人员3个层面打造两岸交流合作平台。台湾地区的第一商业银行、“中国信托商业银行”已在厦门设立分行，厦门国际信托与台湾永丰证券共同设立两岸合资基金公司。新台币现钞清算、对台跨境人民币贷款、跨海峡人民币代理清算业务不断深化发展。至10月末，清算金额累计738亿元，19家境内企业融入台湾地区离岸人民币资金4.62亿元。辖区内共有银行业机构31家，多家银行业机构设立离岸银行中心、跨境联动服务中心、对台服务中心等。

【房地产金融风险防控】 2016年，厦门银监局出台《关于加强辖区房地产金融工作的通知》，引导银行业机构落实宏观调控政策，采取差别化的房地产信贷政策，防范信贷风险。厦门银监局与厦门市国土房产局、人行联合开展厦门市房地产经纪市场专项调查，联合市金融办对土地拍卖竞得开发企业的资金来源情况进行调查。开展房地产业务专项检查。11月，辖区房地产贷款环比（比上月）增量和增幅分别为8.41亿元和0.26%，与7、8、9月份相比，环比增量分别减少99.08亿元、72.74亿元、16.53亿元，环比增幅分别减少4.65个百分点、3.27个百分点、2.63个百分点。

【消费者权益保护】 2016年，厦门银监局重点推进理财及代销“双录”及专区销售工作，辖区25家开展理财及代销业务的机构，6月30日全部实现“双录”，11月末全部实现专区销售。厦门银监局制定出台《辖内商业银行开展代理销售业务二十禁令》，规范机构经营行为，规范信访工作流程，对于不涉及违法违规的消费者申诉，落实7个工作日快速处理模式；对于涉及违法违规的信访举报，根据《关于明确银行业金融机构违法违规行为举报核查工作有关事项的通知》，规范信访核查处理。截至11月末，共接收处理各类信访和消费者投诉事项561件，已办结559件，办结率99.6%。

·小资料·

双录：即录音、录像。主要针对客户办理业务的过程，特别是风险揭示的过程进行留痕，规范金融企业的销售行为，同时也为事后产生争议时提供依据。

【台风灾后重建支持】 2016年，针对台风“莫兰蒂”正面袭击厦门的情况，厦门银监局指导银行业机构立即启动应急预案，研究出台《关于进一步做好台风“莫兰蒂”灾后金融支持和服务工作的指导意见》，要求相关机构开通灾后金融服务绿色通道，做好受灾企业和个人金融服务。辖区银行业专列60.11亿元信贷资金用于支持灾后重建，累计为45户受灾客户下调利率或变更计息方式，通过灾后金融服务绿色通道为104户受灾户办理贷款8.67亿元。

【电信网络新型诈骗防范查处】 2016年，厦门市辖区内银行中，工商银行、农业银行、中国银行、建设银行、邮储银行5家银行进驻厦门市公安局反诈骗中心，13家银行签订协议，参与搭建查询、止付绿色通道，快速拦截诈骗资金流。至年末，厦门市反诈骗中心共拦截电信诈骗案件1234起，冻结涉案资金5218.5万元。

（廖燕晖）

银行卡产业

【概　况】 2016年，厦门市银行卡产业市场成熟度及各项人均指标继续保持全国领先水平。银行卡发行总量超过5500万张，人均持卡量14.17张（按厦门392万常住人口计算），全年银行卡刷卡消费额（剔除信托、购房、批发、典当、政府服务类、投资性交易等）占同期社会消费品零售总额（银行卡渗透率）比例超过84%。银行卡ATM（自动取款机）跨行交易笔数3200多万笔，交易金额超577亿元，全市ATM终端机5294台，每万人拥有量13.50台。POS（销售终端）终端跨行交易笔数1.34亿笔，比上年增长28.07%；交易金额3800多亿元，增长51.09%；活动商户16.76万户，活动终端20.92万台，每万人拥有POS终端533台。公共支付联网银行17家，服务商单位涉及15个行业近200家单位；非传统渠道（含公共支付业务）实现4.8亿笔，增长94.76%，交易金额7.8万亿元，增长109.17%。

银行卡业务发展。厦门缴费一卡通业务全面实现账户验证、实名代收、自助缴费、无卡委托、无卡转账、非卡交易等功能，开通对异地银行卡的支持，在通过银行柜面和POS机等传统方式办理的基础上，新增通过网站、微信公众号和手机APP（手机应用程序）等移动互联网方式进行办理的渠道。银联（银行卡联合组织）推动非金机构开展便民支付点布放工作，银联便民支付点进入岛外各村及岛内各重点社区，开通缴费业务、小额取现、信用卡还款、转账等便民金融服务。10家银行开通公积金跨行委托收款业务，标志着厦门缴费一卡通对公账户代收业务体系建立。厦门银联（厦门银行卡联合组织）联合厦门卫计委及各医院开展医疗就诊卡预缴金通用合作项目，全市14家公立医院全部接入“银医通”平台，同时开通自助终端、互联网、手机APP、微信公众号等充值缴费渠道。厦门银联开设“银联厦门U生活”微信公众号，市民可直接通过微信公众号了解用卡优惠资讯，办理银联卡交易查询、在线办卡、医疗就诊金余额查询与充值、一卡通缴费与委托、在线观影选座等业务。

【云闪付示范城市建设】 2016年，厦门银联联合产业各方，加快云闪付示范城市建设。（1）通过“非接终端改造补贴+营销合作”模式，撬动收单机构配套资源的投入，完成全市近8万台终端的非接改造，厦门非接受理面达80%以上，非接活动终端率达54%以上，开通“双免”商户近1万家，重点打造罗宾森、SM、机场等多个知名云闪付精品商圈以及小额高频商超连锁受理环境；（2）加强IC卡（Integrated Circuit Card，集成电路卡）行业合作，针对停车场、菜场、自助售货机、校园、食堂等行业提供综合支付解决方案，推广IC卡的快速支付应用；（3）发挥产业中心作用，与各银行联合开展云闪付营销，并在云闪付基础上将银联高端卡权益及银联钱包营销进行组合。2016年，厦门地区非接交易（非接触交易指银行卡/客户终端通过内置芯片与受理端机具产生无线信号连接，受理端机具读出客户信息，处理支付交易）笔数3000多万笔，手机云闪付交易230多万笔，手机云闪付示范城市建设初见成效，为进一步将厦门打造成创新支付城市奠定良好的基础。

·小资料·

云闪付：是中国银联联合各商业银行推出的一项产品，它采用基于NFC（近距离通信）的HCE（主机卡模拟）和Token（计算机身份认证令牌）技术，同时具备实体商店POS（销售终端）机"闪付"能力、移动互联网远程支付能力的创新移动支付产品。

双免：在指定商户进行一定金额（境内300元人民币，境外以当地限额为准）及以下的交易时，只需将银联芯片卡或移动设备靠近终端"闪付"感应区即可完成支付，免输入密码和免签名。

（曾　蓁）

银行和银行金融机构

【工商银行厦门市分行】 2016年，中国工商银行股份有限公司厦门市分行（简称厦门工行）本外币各项存款966亿元，比年初增加125亿元，本外币各项贷款1014亿元，增加96亿元。全年实现拨备前利润27.07亿元，净利润16.95亿元，分别增长2.94%和3.65%（可比口径）。中间业务收入10.07亿元。上缴各类税收近10亿元，是厦门市纳税大户和福建省纳税百强。共有员工2300多人，辖内共有财富管理中心17家、理财中心44家、金融便利店6家，投入使用的智能网点64家、智能设备150多台，有自助银行135家、自助设备1100多台，网点及设备遍布厦门主要区域。累计投放表内外融资近1250亿元。厦门工行作为厦门市政府债券主承销商和定向承销发行簿记管理人，全年承销政府债券52亿元，累计为居民百姓提供各类投资产品3000余种。有中国银行业文明规范服务百佳网点1家、千佳网点1家，中国银行业文明规范服务五星级网点3家、四星级网点1家、三星级网点1家，厦门市银行业协会文明规范服务五星级营业网点10家、四星级网点2家。（1）二维码支付业务。7月，工商银行在全国首推银行业二维码支付，通过"扫一扫"覆盖线上线下和O2O（是指将线下的商务机会与互联网结合，让互联网成为线下交易的平台）支付全场景，提高支付效率和便利程度。厦门地区有近1.5万家商户加入工银二维码受理商圈。（2）互联网金融体验店。7月31日，厦门工行投产全市首家互联网金融体验店，该网点位于"SM城市广场"二期，是全市首家以智能、跨界、互联、年轻为主题的体验式银行，该网点通过轻型化、智能化运营模式，具有"自助＋理财＋智能＋融e购"特色。（3）智能网点全覆盖。至年末，厦门工行投产智能设备150多台，实现智能网点全覆盖。通过智能设备办理借记卡、开通网银、领取U盾等业务仅需3分钟。智能设备实现服务方式由柜员操作向客户参与的转变。通过智能服务的推广，实现智能设备替代柜面高频、高耗时的个人非现金类业务，包括开立银行卡、开通电子银行、大额转账汇款、密码重置等245项柜面常用个人非现金业务。（4）工会卡发卡突破100万张。厦门工行是厦门市工会会员服务卡唯一的发卡银行，2016年，全年新增工会卡发卡23.8万张，累计发卡总量突破100万张，涉及工会单位1万多家，工会卡成为厦门区域发卡量最大的银行联名卡。累计为会员减免各项金融服务费用3000多万元。（5）办理象屿农业产业基金业务，是工行系统内首笔农业产业基金业务。该基金设立于自贸区厦门片区内，注册总规模13.5亿元，其中工行投资金额10亿元，重点投资农产品领域。（6）应对台风"莫兰蒂"灾后重建，厦门工行在最短时间内恢复营业网点正常运作，满足市民金融服务需求；分支行高效联动、统筹调度，为各项救灾提供金融服务，保证部队救灾战备金及时支取、市区财政应急救灾资金划拨入账。台风过后，厦门工行启动金融支持工作方案，综合采取利率优惠、调整付息周期、调整还款计划、新增贷款投放等针对性措施，累计为100多户受灾企业发放贷款共10.8亿元，支持受灾企业灾后重建和生产复工。厦门工行收到厦门市政府的感谢信，员工郑虹获评厦门市防抗台风"莫兰蒂"及灾后恢复重建工作先进个人，是全市银行系统中唯一获得表彰的个人。（7）厦门工行遴选业务骨干派驻市110反诈骗中心工作，完善制度流程，提高系统权限，加强内外部联动。厦门工行全年累计查询嫌疑账户3925个，查询1.57万次，冻结涉案账户202个，冻结涉案金额1846万元。12月29日，全国公安机关改革创新大赛中，由厦门反诈骗中心选送，厦门公安民警、厦门工商银行和移动公司派驻反诈骗中心专员组成的团队展示的《反诈骗跨界联动数据反制机制》获得金奖。

（陈剑辉）

【农业银行厦门市分行】 2016年，中国农业银行股份有限公司厦门市分行（简称厦门农行）下辖自贸试验区分行1家，一级支行10家，营业机构70个。至年末，本外币各项存款余额707亿元，比上年同期增加60.6亿元；本外币各项贷款余额931亿元，增加72亿元。全年实现中间业务收入8.63亿元，拨备后利润24.8亿元，不良贷款总额和比例持续保持"双降"。中国农业银行厦门市分行营业部获2016年度中国银行业文明规范服务百佳示范单位称号，成为农行系统直属分行首家获此荣誉的网点。另外，厦门农行获评2016年度厦门金融理财节标杆金融机构，推出的"农行金融服务站支持农村青年创业"项目获全国2015～2016年度"银团合作优秀项目"。（1）台风"莫兰蒂"灾后重建，农行厦门分行召开全行抗灾抢险恢复生产专题工作会议，研究部署全行抗灾抢险恢复生产工作。9月16日，农行厦门分行组织11支抢险突击队进驻40家受灾网点开展抢修工作。9月17日，50家网点恢复对外营业，占全部营业网点的72%，608台自助设备正常对外服务，占全部自助设备的76%。9月17日，厦门农行工作人员走访慰问企业450余家，之后一周内走访千家企业，发放贷款10亿元支持地方恢复生产和灾后重建。针对受灾企业制定灾后重建金融服务方案，开辟受灾企业融资需求"绿色通道"，对受灾企业信贷业务优先处理，在授信额度、贷款期限上予以倾斜。同时，对还款可能出现困难的企业，不抽贷、不压贷，通过贷款展期等方式，帮助企业恢复生产。（2）厦门农行与厦门市知识产权局签署《两岸知识产权金融试点银政合作协议》，辖属自贸试验区分行成为两岸知识产权试点单位。根据协议，自贸试验区分行将开展以专利质押贷款为主的知识产权特色业务，并创新知识产权金融服务模式，探索知识产权质押担保贷款、知识产权股权投资/投贷联动、知识产权收储与运营、知识产权证券化、知识产权期权专利许可收益权质押融资等新模式。（3）厦门农行与厦门市旅游局签署战略合作协议，在5年内为厦门旅游行业提供总额不超过300亿元的意向性信用额度。

（李亚丽）

【中国银行厦门市分行】 2016年年末，中国银行股份有限公司厦门市分行（简称厦门中行）资产总额563.46亿元，比上年同期增长11%。负债总额551.89亿元，增长11%。本外币存款余额604.01亿元，增长14.89%。本外币贷款余额509.67亿元，增长23.25%。存、贷款增速均居四大行第一。实现净收入19.91亿元，拨备前利润13.85亿元，净利润7.7亿元，增幅分别为4.15%、5.3%、7.04%。国际结算、跨境人民币结算业务均保持市场第一，市场份额分别提升0.48个百分点、1.81个百分点。不良余额3.56亿元，不良率0.69%，低于全市平均水平1.18个百分点。2016年，厦门中行优化岛内网点管理方式，推动人员、产品、服务下沉网点。新设网点1家、离行自助银行2家，完成网点迁址2家。新挂牌成立财富管理中心3家、财富管理与私人银行中心1家。实现永续债、标类业务零的突破；续做城市发展基金业务9笔，投放金额36.96亿元；联动中银国际累计发行公司债36亿元。投行收入突破1亿元，增长67%。集美支行以厦门地区综合评分第一名的成绩获"2016年度中国银行业文明规范服务千佳示范单位"称号。

4月14日，厦门中行开办全市首笔跨境双向人民币资金池业务。4月15日，办理全市首笔个人经常项下跨境人民币业务。8月26日，由厦门中行牵头，厦门市银行外汇和跨境人民币业务自律机制成立暨公约签约大会召开，全市36家外汇指定银行签署《厦门市银行外汇业务展业公约》和《厦门市银行跨境人民币业务自律公约》。9月15日，台风"莫兰蒂"正面袭击厦门后，厦门中行实现无人员伤亡、无重大财产损失，率先在同业中恢复对外营业，建立"绿色通道"为受灾企业用款简化流程，并为受损严重的厦门大学、华侨大学及某部队共捐赠70万元专项救灾资金。12月2日，厦门市国家奖助学金集中支付签约仪式在厦门中行举行，厦门中行分别与市教育局、市教育事务受理中心签订集中支付委托书、合作协议书，标志着厦门市国家奖助学金集中支付工作正式启航，厦门中行为唯一合作银行，全市各高校、普通高中、中职学校国家奖助学金和义务教育、学前教育资助资金由厦门中行直接发放到学生个人账户。

（陈婧怡）

8月26日，由厦门中行牵头，厦门市银行外汇和跨境人民币业务自律机制成立暨公约签约大会召开
（厦门中行提供）

【建设银行厦门市分行】 2016年年末，建设银行厦门市分行（简称厦门建行）一般性存款余额1290亿元。各类贷款余额1195亿元。年内，累计信贷投放1300亿元，实现税前利润37.2亿元，实现中间业务收入14.8亿元。五级分类不良贷款率0.64%。推出以智慧柜员机（STM）为核心的新一代智能机具200多台，设备覆盖岛内外全部71家营业网点，月交易量超过20万笔，占网点总交易量的36%，STM机服务功能超过150个，可办理绝大部分对私对公业务，办理业务速度比传统柜台快3倍以上。厦门建行手机银行客户突破200万人，分行手机银行全年交易量近5000万笔，交易金额超过7000亿元。厦门建行为2000多家小微企业提供信贷支持，每年贷款投放额超过100亿元。连续8年获评市政府颁发的"厦门市银行业金融机构小微企业金融服务优秀机构"称号。

厦门建行服务"三去一降一补"（去产能、去库存、去杠杆、降成本、补短板）。签约全市首单地方国企市场化债转股；提供财务顾问，帮助象屿等上市公司优化财务报表，降低财务杠杆；新发放非贴公司类贷款利率比上年下降0.84个百分点，降低企业成本；为造价约80亿元的"厦门路桥集团大小嶝工程"提供咨询服务，刷新厦门史上最大单体咨询项目纪录。与市、区两级政府签订"十三五"战略合作协议；总行级跨境同业金融服务中心、对公业务创新中心落户厦门。

厦门建行调动全球建行机构及业务等方面资源，打通境内外直接融资和间接融资通道。建信租赁在福建自贸试验区厦门片区设立SPV（特殊目的机构或公司），为厦门航空签约提供23架飞机的融资租赁业务，已交付18架，金额约60亿元。办理自贸区厦门片区首笔"租融保"业务，为新成立的厦门陇能融资租赁有限公司投放3.5亿元融资租赁保理预付款。建信信托与厦门建行合作发行54.8亿元保本理财。与建行新加坡分行联动，支持中国首个走出去的教育行业"一带一路"项目，累计对厦门大学马来西亚分校授信1亿美元。厦门建行为自贸区区内企业办理金额1亿元人民币的跨境融资。为16家跨国企业集团办理跨境双向人民币资金池业务，累计跨境收支45亿元；为5家跨国企业集团办理外币资金池业务，累计境内资金归集6.3亿美元。

厦门建行在行业中率先成立大数据应用团队，通过大数据技术，对原有的一、二手房贷流程全面升级优化，创新推出"住房贷款限时服务"。全口径个人贷款余额首家超800亿元。为累计超过50万名厦门市民提供购房、购车、装修、车位、大宗消费等方面的支持。利用"大数据"推出的全自动化审批"快贷"产品，建行代发工资客户、公积金缴交客户、优质个人客户和存量房贷客户共10多万个分别获得最高30万元的快贷额度，"快贷"优惠期间利率4.78%。推出新款个人房产抵押贷款产品，额度最高500万元，一次签约、循环使用、自助网上支付。建成养老、旅游、智慧停车、智慧菜场4个支付结算生态圈。其中，养老支付结算生态圈完成全市2.8万名80岁以上户籍老人发卡；旅游支付结算生态圈实现旅游年卡发卡21.1万张；智慧停车生态圈实现全市道路停车交易笔数555万笔，总交易金额3513万元，占全市道路停车费交易份额近85%。

（陈勇鹏）

【交通银行厦门分行】 2016年年末，交通银行股份有限公司厦门分行（简称厦门交行）人民币存款余额289.07亿元，比上年同期增长6.97%。人民币各项贷款余额281.61亿元，增长9.63%。其中，个人贷款规模突破百亿元大关，余额102.34亿元，增加23.74亿元。不良贷款余额1.7亿元，减少1.09亿元，不良贷款占比0.59%，下降0.46个百分点。实现经营利润5.82亿元，增长14.68%；实现经济利润2.24亿元，增长14.95%。有支行26家，其中包含自贸试验区分行及8家普惠型特色网点，24小时自助银行23家，离行ATM（自动取款机）129个。升平支行获中国银行业协会"千佳"网点称号。

2016年，交通银行厦门自贸试验区分行成为厦门市金融办与厦门市知识产权局联合举办的首批"两岸知识产权金融试点单位"，进一步推动市知识产权与金融的融合，金融试点单位将探索知识产权股权投资与投贷联动、知识产权收储与运营、知识产权证券化以及知识产权期权等知识产权金融服务新模式。该分行以跨境人民币业务持续创新、先行先试对台金融多项突破、离岸金融实现跨境一站式服务、综合化金融牌照助力本地企业走出去。

5月，厦门交行与市科技局、市担保有限公司等合作，结合科技型小微企业的财务状况、经营特点，提供产品创新、产品设计等金融服务，提供低门槛、低成本、高效率的金融服务。厦门交行通过科技金融政策宣讲会，邀请厦门中小企业服务中心、市科技局、市担保有限公司负责人为重点客户宣讲最新科技金融政策以及交行的创新金融产品。加大对余热利用、资源综合利用、主力装备技术改造等重点节能工程信贷扶持力度，支持节能减排技术创新、技术改造和产品推广，增加对清洁能源和可再生能源开发利用的信贷投放。

（黄　蜜）

【国家开发银行厦门市分行】 2016年，国家开发银行股份有限公司厦门市分行（简称厦门国开行）融资总量2372亿元，表内外贷款余额1183亿元，表内贷款余额1012亿元，其中非个人人民币中长期贷款余额281亿元、国际业务贷款余额82亿美元、棚改贷款余额20亿元。境内本外币贷款连续63个季度本息回收100%。厦门国开行获厦门人行支付结算综合评价先进单位、连续3年获厦门人行金融统计工作年度考核一等奖、连续4年被厦门外管局评为外汇考核A类行。年内，厦门国开行与厦门市属主要国企、所辖6个区、重点非公企业签署合作协议，实现境内"三个全覆盖"（覆盖厦门市属主要国企、覆盖所辖6个区、覆盖主要非公企业）目标，全年共签署银政、银企、银校、同业合作协议51份，涉及融资需求超过3400亿元。重点支持产业发展和转型升级。与台联电、三安集团等集成电路龙头企业签订开发性金融合作协议，涉及融资需求500亿元。与碳化硅行业代表厦门芯光润泽签订财务顾问协议。发放产业转型升级贷款210亿元，支持联芯集成电路、三安光电、天马微电子、清华紫光项目，覆盖十大千亿元产业链（平板显示、计算机与通信设备、机械装备、生物医药、新材料、旅游会展、航运物流、软件和信息服务、金融、文化创意）。支持新型城镇化建设，为厦航飞机购置、厦成高速、前场铁路大型货场、东南航运中心等发放贷款84亿元，为长泰枋洋水利、抽水蓄能电站、翔安机场综合管廊（厦门市首个政府和社会资本合作项目）新增授信共92亿元并发放贷款。服务社会民生领域发展，发放医疗卫生、健康养老、城市停车场、小微企业等贷款70亿元；为湖里区发放抗台风应急贷款2亿元。提供全方位综合金融服务，发挥投资、贷款、债券、租赁、证券全牌照优势，配合市政府完成债务置换63亿元，并主承销政府置换债券发行工作；为厦门企业争取低成本国家专项基金160亿元；发行债券15只，总额121亿元，平均发行利率3.32%，显著低于同业同期发行水平；开立首笔2.2亿欧元外汇付款保函，助力福建宏芯收购全球领先半导体设备商；设立厦门自贸区内首只股权投资基金。推进对台业务，厦门国开行支持台资企业到大陆投资，为两岸产业合作重大项目联芯集成电路生产（一期）牵头组建10亿美元银团，银团贷款份额最大，该台资企业年末贷款余额68亿元人民币。落实国家"一带一路"倡议，厦门国开行作为国家开发银行对口负责印度尼西亚国际业务的分行，确立覆盖印尼主要中资企业、覆盖各省企业开拓印尼业务、覆盖印尼当地重点客户的境外"三个全覆盖"目标，覆盖企业276家；落实中印尼两国领导人高访成果，推动OKI纸浆厂、青山集团30万吨镍铁、爪哇7号等重大项目落地，全年发放外币贷款16.89亿美元，外币贷款余额新增10.07亿美元。至年末，厦门国开行境外贷款余额折合人民币599亿元，占分行表内贷款余额的59%，是国开行系统内37家一级分行中唯一境外贷款超过境内贷款的分行。

（陈晓冬）

【进出口银行厦门市分行】 2016年，中国进出口银行厦门分行（简称厦门进出口银行）表内信贷资产余额折合人民币294.54亿元，表外资产合计7.47亿美元，本外币存款余额折合人民币16.60亿元。（1）2016年，中国进出口银行厦门分行提供13.8亿元的船舶出口卖方贷款，支持厦门船舶重工股份有限公司为挪威礼诺航运公司建造的6艘8500PCTC（汽车滚装船）全部交付使用，该汽车滚装船是世界上最大的超巴拿马型汽车滚装船。（2）厦门进出口银行为联芯集成电路制造（厦门）有限公司提供等值7.5亿元人民币进口信贷固定资产类贷款银团贷款，所支持项目为台资企业首次在大陆投资建设12英寸晶圆芯片生产厂家。（3）中国进出口银行厦门分行对接国家“一带一路”倡议实施。支持企业发挥自身优势，深化与“一带一路”沿线国家的投资及贸易合作。全年为13家涉及“一带一路”沿线企业发放贷款共63.01亿元，涉及农业、光电、船舶等行业，对接印度尼西亚、蒙古、马来西亚、泰国、新加坡等“一带一路”沿线国家。（4）依托厦门市海洋经济优势产业，加大对远洋渔业的支持，为8家企业提供沿海沿江船舶贷款、服务贸易贷款等信贷产品的支持，加强金融支持海上战略支点建设，推进海洋经济合作。（5）支持对外贸易发展。全年为5家企业发放走出去及跨境投资贷款共5.22亿元；支持厦门企业扩大船舶、汽车、农产品、纺织品、服装鞋帽、工程机械设备零部件、高新技术产品、机电产品出口规模，支持厦门企业进口国外先进机电和非机电设备、通信设备、零部件、有色金属、矿产品等资源类商品。至年末，支持进出口贸易贷款余额234.16亿元。

（陈秀婷）

·小资料·

一带一路：是“丝绸之路经济带”和“21世纪海上丝绸之路”的简称。它将充分依靠中国与有关国家既有的双多边机制，借助既有的、行之有效的区域合作平台，一带一路旨在借用古代丝绸之路的历史符号，高举和平发展的旗帜，发展与沿线国家的经济合作伙伴关系，共同打造政治互信、经济融合、文化包容的利益共同体、命运共同体和责任共同体。

【农业发展银行厦门市分行】 2016年，中国农业发展银行厦门市分行（简称厦门农发行）内设部门5个，下设机构1个（同安支行）；各项贷款余额29.67亿元；对公存款余额6.91亿元；实现账面利润3515.8万元；办理专项建设基金项目6个，累计投资金额2.9亿元；累计代理总行存出资金1851亿元，实现手续费收入6118万元。未发生各类案件事故，继续实现“六无”（作业无事故，作业无违章指挥、违章作业、违反劳动纪律，设备无故障，环境无隐患，制度无缺陷，教育无遗漏）创建目标。（1）厦门农发行支持粮食安全体系建设，全年累计投放储备粮油贷款2.66亿元，轮入、增储各级储备粮9.9万吨；支持中储粮厦门直属库配合国家“去库存”战略，轮出粮食3.92万吨，收回贷款0.58亿元。至年末，厦门农发行政策性储备调控类贷款余额9.17亿元。支持象屿物流集团等国有大型企业转型现代农业“引粮入厦”，发放贷款1.5亿元，调入玉米11.5万吨。（2）厦门农发行支持整体城镇化建设、棚户区改造、农村流通体系等项目，累计投放农业农村基础设施项目4个，金额23.52亿元，相当于此前7年此类贷款投放金额之和。至年末，农业农村基础设施建设贷款余额19亿元，比上年同期增长73.04%，占全部贷款的64.04%；全年累计审批新项目9个，金额79.9亿元；梳理重点片区项目37个，总金额超500亿元，并选择符合条件的22个项目进入PSL（抵押补充贷款）项目库，融资需求249.63亿元。

（夏晋华）

【中信银行厦门分行】 2016年年末，中信银行厦门分行（简称厦门中信银行）表内外综合融资余额595.02亿元，比上年同期增长27.98%。各项贷款余额274.26亿元，增长18.2%。“房抵贷”大单品、住房按揭成增长亮点，个贷业务市场竞位排名提升，个贷规模首破百亿元，年末余额121.3亿元，个贷发放增量在厦门可比同业中排名前三。客户、大项目营销不断突破，综合融资服务能力不断增强，获2016年度外汇管理评级“A类银行”，得分仅次中行、建行，创历史最好名次。中信银行厦门分行有员工600余人，内设管理部门17个，管辖同城支行（含营业部）16家，二级分行（龙岩分行、自贸区分行）2家。于5月设第一家社区支行（厦门五缘社区支行）。

9月13日，中信银行股份有限公司福建自贸试验区厦门片区分行开业。这是中信银行厦门分行在自贸区设立的第一家机构，也是在厦门国有商业银行的第一家楼宇银行。中信银行股份有限公司福建自贸试验区厦门片区分行定位于抓自贸区发展机遇，发挥政策先行先试和创新优势，开展跨境结算、跨境融资等，同时发挥区内外联动营销作用，提供全方位金融服务，支持实体经济发展。中信银行厦门分行围绕国家和总行战略发展要求，依托自贸、外贸、对台、金砖会议等区位优势，力争实现效益、质量、规模协调发展。

（侯林烨）

【民生银行厦门分行】 2016年年末，中国民生银行股份有限公司厦门分行（简称厦门民生银行）各项存款余额565.8亿元，比上年同期增长3.92%，市场占有率6.85%，位列厦门同业第五。人民银行新口径存款余额832.3亿元，市场占有率8.59%，位列厦门同业第四。不良贷款余额0.78亿元，不良率0.31%，远低于厦门同业平均水平，并实现不良余额和不良率“双降”目标，其中对公不良余额和不良率连续3年实现“双降”。（1）2016年，该行按照零售业务定位于“小微金融+消费金融+互联网金融”，逐步形成以互联网化应用、小微生态圈、消费生活圈为支撑的大零售体系，支持实体经济发展。至年末，小微贷款余额92.95亿元，小微贷款户数4646户，小微申贷获得率92.22%，小微贷款户数及申贷获得率达到小微金融工作“三个不低于”（小微企业贷款增速不低于各项贷款平均增速，小微企业贷款户数不低于上年同期户数，小微企业申贷获得率不低于上年同期水平）的监管要求；推广2天批复、即刻通知的“房易贷”等特色产品。（2）支付清算平台上线满2年，整体实现对非银支付清结算业务的全渠道、全产品线布局，平台日均交易量350亿元，总交易笔数6.7亿笔，总交易量突破12万亿元。（3）厦门民生银行聚焦节能环保、物流、医药流通、医疗器械、食品和公共事业等高新行业，对符合国家政策、具有区域特色的重点客户、重点项目提供授信支持。至年末，对公贷款汇总人民币余额112亿元，新增25亿元。

（林嘉希）

【兴业银行厦门分行】 2016年年末，兴业银行股份有限公司厦门分行（简称厦门兴业银行）本外币各项存款余额850.35亿元，比上年同期增长18.20%；银行同业存款余额159.80亿元，增加134.99亿元。其中，公司存款余额546.85亿元，增加45.47亿元；对公日均存款524.80亿元，增加43.27亿元。本外币各项贷款余额578.77亿元，增长16.36%。其中，零售个贷余额321.98亿元，增加80.75亿元，非按揭贷款余额居全市第一位。按照人行口径（人民银行全口径存款），厦门兴业银行各项存款市场占比8.69%，上升0.58个百分点，排第三名，上升1位；各项贷款占比6.72%，上升0.14个百分点，排第四名，与上年持平。下设综合性支行3家、零售支行21家、社区支行3家、对公经营机构25家，在册员工900多人。(1)厦门兴业银行开展离境退税业务。1月1日，厦门兴业银行在高崎机场设立离境退税业务窗口正式营业，成为首家在高崎机场设立退税窗口的银行。厦门兴业银行作为离境退税代理机构的两家金融机构之一，完成机场退税柜台建设、国税系统接入、人员业务培训等工作。同时与国税部门签订代理服务协议，约定由厦门兴业银行先行垫付退税资金，再与国税按月结算，确保旅客可快速办理退税。(2)4月25日，厦门兴业银行作为主要牵头组织银行及主承销商，协助厦门航空注册100亿元超短期融资券并发行首期20亿元债券。“十二五”期间，厦门兴业银行债券业务累计承销额近600亿元，累计发行额近400亿元，连续4年成为厦门地区债券承销家数、只数及发行量最大的银行。(3)厦门兴业银行5亿元授信额度支持厦门抽水蓄能电站项目建设。8月底，该业务获兴业银行总行审批通过。11月28日，首笔1700万元的放款完成。(4)厦门兴业银行独家牵头180亿元30年期银团贷款支持厦门轨道3号线建设，在金额、价格、宽限期上都做到最优化，满足项目融资需求。轨道3号线全长36.72千米，为省、市两级重点项目。

（郑　静）

【光大银行厦门分行】 2016年年末，中国光大银行厦门分行（简称厦门光大银行）本外币资产总额506.17亿元，比上年同期增长13.01%；本外币一般存款余额308.58亿元，增长11.84%；本外币各项贷款余额221.66亿元，增长22.76%；不良贷款余额（五级分类）2.72亿元，增加0.79亿元；不良贷款率1.87%，上升0.39个百分点；实现考核利润5.71亿元，增长19%。厦门光大分行获得2016年厦门市银行业金融机构小微企业金融服务优秀机构的称号。(1)7月，光大银行厦门分行与厦门建发集团有限公司正式签约，牵头主承销厦门地区首笔统一注册多品种债务融资工具（DFI）。该项目由总行、分行、支行三级机构联动配合，以债券承销业务为基础，各类资本市场产品组合为依托，为企业提供“贷债股资四位一体”服务方案。注册完成后，建发集团根据资金需求启动首期债券发行工作，预计发行中长期及短期债券70亿元。(2)年末，福建漳龙集团有限公司境外债券于香港簿记建档发行。该项目系福建省内国有企业首笔境外债券发行，光大银行厦门分行作为牵头人，光银国际作为全球协调人，发行5亿美元，期限3年。(3)10月18日，中国光大银行福建自贸试验区厦门片区分行正式开业，为区内企业提供全流程、立体化、“一站式”的综合金融服务。(4)光大银行厦门分行为厦门钢宇生活科技（厦门）有限公司办理中国光大银行系统内首笔跨国公司跨境双向人民币现金池业务，交易金额1.24亿元。

（王智鹏）

·小资料·

DFI：是银行间市场交易商协会根据债务融资工具分类管理机制，推出的债务融资工具，发行人可以将多个公募债券品种统一注册，进一步便利企业直接融资，降低融资成本。

【华夏银行厦门分行】 2016年，华夏银行厦门分行先后获厦门市标杆金融机构、市民最满意小微企业服务银行、年度最具价值理财服务品牌、年度最佳人气电子银行、思明区文明单位、支付结算业务评价先进单位等称号。(1)以华彩人生卡为载体，整合各项资源，为老年客户搭建特色专属金融服务体系；针对出境留学旅游的市民，提供出国保证金贷款、资金证明、外币兑换、环球精英信用卡等特色产品；针对市民不断增加的融资需求，推出房产抵押贷、车位贷、菁英贷、出国留学贷。(2)推进中小企业金融服务商品牌建设，在完成“三个不低于”（小微企业贷款增速不低于各项贷款平均增速，小微企业贷款户数不低于上年同期户数，小微企业申贷获得率不低于上年同期水平）方面位居厦门全辖中资银行中前列。6月，设立对台跨境人民币清算中心，代理台湾银行同业的跨境人民币清算业务。(3)从担保方式、贷款期限、利率定价、还款方式4个方面加大创新，为小企业客户提供个性化金融解决方案。2016年，推出的“年审制”贷款、基于数据分析解决担保难题的POS（销售终端）网贷、最长可达10年期的房抵贷、适合商圈市场的租金贷、线上线下均可操作的循环贷、无需质押资产的电商贷等产品。(4)围绕“华夏龙网+”品牌打造互联网生态圈。华夏直销银行推出开放式理财平台，一端对接各类理财产品提供方，另一端对接第三方销售渠道。(5)加强与证券、基金、保险等非银行业金融机构的战略合作，提供融资理财、财务咨询、投资顾问、债券发行等“投—融—顾—信”链式金融服务，通过不同金融市场主体的资源与优势互补，满足厦门企业的多元化金融服务需求。(6)应对台风“莫兰蒂”灾害，本着“急事快办”的原则，开辟金融支持重建绿色通道，对受灾严重的授信客户“一户一策”制定灾后重建帮扶金融措施。

（郭　旭）

【平安银行厦门分行】 2016年年末，平安银行股份有限公司厦门分行（简称厦门平安银行）本外币各项存款余额折合人民币266.75亿元，增长28.97%。存款余额占全市的2.78%，增加0.08个百分点。表内外授信余额273.80亿元（其中表内96.67亿元，表外177.13亿元）。贷款不良率1.09%，低于当地同业平均水平。账面利润2.30亿元，非利息净收入1.40亿元。传统支行网点10个、福建自贸试验区厦门片区分行1家，离行式自助银行5家，社区支行12家，员工总数404人。2016年，厦门平安银行获市人民银行支付结算考核项目先进单位、支付结算综合管理先进单位、人民币银行结算账户及联网核查管理先进单位、改善农村地区支付服务环境先进单位、支付结算动态及事项报告先进单位等称号。(1)厦门平安银行推进智能化零售银行转型工程。与厦门骏诺信息科技有限公司携手开展“近帮 APP+ 平安银行互联网账户”项目市场推广会，以“近帮战略合作发布盛典暨平安银行携手近帮 3.0 版本上线”为主题，展示“移动互联网 + 自主创新”前沿理念。(2)与厦门市咕啦电子商务有限责任公司签署银企合作协议。根据协议，平安银行将为咕啦电商提供“见证宝”电商平台服务体系、“橙 e 付”银行二类电子账户体系、“橙 e 收银台”线上线下收银体系、“橙 E 联盟”公私联动批量获客资源方案。

（李　敏）

【厦门银行】 2016 年年末，厦门银行股份有限公司（简称厦门银行）集团总资产 1889.72 亿元，总负债 1797.17 亿，所有者权益 92.55 亿元，其中归属于母公司所有者权益 90.16 亿元。银行单家总资产 1886.96 亿元，比上年同期增加 283.76 亿元。各项本外币存款余额 1025 亿元，增加 154 亿元；一般贷款余额 477 亿元，增加 118 亿元。集团报表归属于母公司净利润 10.32 亿元，银行单家报表实现税后利润 10.29 亿元，增长 15.6%。银行不良贷款率 1.53%。拨备覆盖率 218.98%，拨备覆盖总体充足；资本充足率 11.69%。拥有 55 个现代化经营网点（含重庆、福州、泉州、漳州、南平、莆田、宁德、三明、龙岩 9 家分行及辖属支行），员工 2000 多人；在重庆市和福建省内九个设区市设立分行。

支持小微企业的发展，全年完成小微金融“三个不低于”监管指标。厦门银行对在台风“莫兰蒂”中受灾的小企业标准化产品客户和展业宝客户分别出台 50 万元和 30 万元的增贷帮扶政策。推广流动性贷款品种“接力贷”，“接力贷”产品累计发放 1902 笔，累计发放金额 56.46 亿元。针对轻资产的成长型中小企业，推广“信用贷”“银保贷”“税 e 贷”产品；针对有资产的成长型中小企业推出标准抵押贷、厂房超值贷；针对科技型成长型中小企业推出科技担保贷款等。对信用记录良好的优质小微企业相继推出展业宝的子产品“流水宝”“增信宝”“助园宝”“农贷宝”，新兴金融贷款余额 5.7 亿元，贷款客户数 2336 户。与市科技局、市担保公司合作推出“科技担保贷”产品，由合作担保公司提供专项担保，累计承做科技担保贷款 39 户，金额 19785 万元。与市科技局、保险公司合作推出“科技银保贷”，由科技型中小企业向保险公司投保以本行为受益人的贷款保证保险，以此保险作为主要担保方式向企业发放流动资金贷款，该行累计承做科技银保贷 18 户，金额 3380 万元。

整合两岸资源，服务台商企业。厦门银行为台商企业及个人提供贸易、现金管理、资本及项目融资、财富管理等金融产品和服务。在厦门五通码头专门设点，为往来厦门金门人士开展相关离境退税业务。和台湾最大的免税店集团昇恒昌共推两岸主题联名银行卡，与台湾土地开发集团、最大的旅行社雄狮旅游等台湾各产业龙头开展长期战略合作。以“凤凰花卡”为载体，以厦门银行微平台为渠道，其中台湾金融服务功能拓展成为含代办证件、代订交通、代订民宿、在台服务和在台消费为一体的全产业链态平台。

3 月 23 日，厦门银行携手昇恒昌共推两岸首张联名借记卡　（厦门银行提供）

推进综合化经营，增强综合金融服务能力。厦门银行获银行间本币市场最佳城市商业银行奖。作为中债估值优秀成员，位列全市场第二位。获得非金融企业债务融资工具 B 类主承销业务资格，继续拥有同业存单、大额存单发行资格。7 月，厦门银行在厦门自贸试验区创设资金营运中心。9 月，厦门银行控股子公司福建海西金融租赁有限责任公司开业，是福建省首家法人金融租赁公司。

（林荣宗）

【邮储银行厦门分行】 2016 年，厦门邮政金融累计实现收入 6.11 亿元，其中银行自营收入 4.84 亿元。厦门邮储银行融入地方经济，服务城乡百姓，累计投放贷款 276.13 亿元。其中，支持地方经济建设的批发贷款投放总量 65.1 亿元，环比增长 150%，支持“三农”和再就业的小额贷款投放总量 6883 万元，环比增长 50.15%，再就业小额担保贷款余额连续 6 年蝉联全市第一。厦门邮储银行分行正式挂牌成立全国“两岸金融研发中心”和“两岸人民币业务中心”。(1)厦门邮储银行推动电子银行渠道建设与完善，实现电子交易渠道与物理网点协同发展，分行手机银行结存客户激活率（62.4%）、电子银行交易替代率（88.4%）、个人客户电子银行渗透率（54.0%）均位居全国邮储系统前列。(2)厦门邮储银行推进网点经营管理转型工作，制定服务质量考核标准，持续推动网点服务水平提升。至年末，全辖 55 个网点实现零投诉，客户投诉处理及时率和满意率继续保持 100%。湖里区机场支行获评“中国银行业协会文明规范服务五星级示范网点”，湖里区金尚支行、集美区杏北支行、同安区支行营业部获评 2016 年度厦门市民满意银行网点，李心等 2

6月15日，中国邮政储蓄银行“两岸金融研发中心”和“两岸人民币业务中心”在第八届海峡两岸自贸金融论坛正式揭牌成立 （中国邮储银行厦门分行提供）

名员工获中国银行业“明星大堂经理”称号。

（李俊毅）

【厦门国际银行】 2016年年末，厦门国际银行股份有限公司（简称厦门国际银行）贷款余额2141亿元，比上年同期增长39%，小微企业贷款余额占总贷款的41%；境内外并表资产余额5633亿元，增长23%；客户存款4040亿元，增长30%；实现净利润40.88亿元，增长23%；不良贷款率0.7%。年内，厦门国际银行在省内缴纳税费超15亿元，增长25%，连续3年被评为福建省纳税百强。发行20亿元股新股，募集资金96亿元，创厦门国际银行增资规模的历史最高纪录。3月15日，在全国银行间债券市场发行70亿元二级资本债，创厦门国际银行历年最大发行规模。厦门国际银行跻身全球银行300强和中国金融机构50强行列，位列中国城市商业银行十强，在英国《银行家》杂志公布的2016年全球银行1000强最新排名中，总资产排名上升39位至215位；按一级资本排名242位，上升114位。厦门国际银行以65.35%的一级资本增速位列全球第十二位，中国境内第三位；在中国银行业协会2016年商业银行稳健发展能力“陀螺”评价体系中，综合能力位列全国第十位（城商行组别），在中国《银行家》杂志2016年城市商业银行竞争力评价中位列第四名（资产规模3000亿元以上组别）；获得由联合资信评估有限公司授予的“AAA”最高主体信用评级。获得多项新业务新牌照。电子商业汇票系统上线，并获取电子账户、证券投资基金销售业务资格。9月7日，采用招标方式在全国银行间市场发行首期同业存单，该期同业存单年末票面余额247.5亿元。厦门国际银行推出“汇爱行动”公益平台，持续举办“厦一站·汇团圆”关爱留守儿童公益活动。依托博士后科研工作站开展高层次人才培养和学术研究。厦门国际银行获第六届中国公益节2016特别致敬奖、2016年度责任品牌奖、中国广告协会2016年中国广告长城奖广告主奖之年度品牌塑造案例奖。

4月28日，厦门国际银行思明支行正式升级为厦门国际银行厦门分行。至年末，该行厦门分行的单位存款在厦门地区银行业中排名第六位，客户存款余额在厦门地区银行业中排名第五位；2016年的客户存款增量和增速在厦门地区银行同业中分别位列第一位和第三位。莆田分行、三明分行和福州自贸区分行开业，南平分行获批筹建，省内分行网点布局基本实现全覆盖。

12月22日，厦门国际银行与中国银行（香港）有限公司签署收购集友银行64.31%股份的协议，成为集友银行的控股股东。2016年，厦门国际银行附属机构澳门国际银行总资产突破1000亿元，主要经营指标跻身澳门地区前三。中国银监会同意澳门国际银行筹建广州分行，是澳门银行首次在广东省设立营业性网点。

（谢渊泉）

【厦门农村商业银行】 2016年年末，厦门农村商业银行股份有限公司（简称厦门农商行）总资产1122.36亿元，比上年同期增长22.13%，其中贷款余额351.32亿元，增长30.52%。实现总收入54.78亿元，增长7.72%。利润总额13.86亿元，增长15.57%；税后利润9.25亿元，增长4.21%。不良贷款率1.39%，下降0.01个百分点。年内，厦门农商行发行二级资本债券9.5亿元。实施第三期股权激励600万股和2015年度股金分红。通过定向增发引入新投资者，募资8亿元。首款投资理财APP（手机应用软件）“富宝包”系统上线，至12月末，富宝包APP注册人数4083户，绑定银行卡3826张，规模约1.5亿元。厦门农商行连续两年进入国际权威金融媒体英国《银行家》杂志2016年全球银行1000强榜单，2016年一级资本全球排名第700位，较2015年上升85位。特色小微产品“绿荫计划”“绿荫计划2.0”获中银协2015年服务小微五十佳金融产品称号。厦门农商行申报的《农村商业银行资产负债管理与定价的探索与实践》调研课题获2016年度银行业信息科技风险管理课题研究四类成果奖。（1）由厦门农商行作为主发起行设立的郑州金水、河南西华、河南商水厦农商村镇银行于2016年上半年开业。厦门自贸试验区同业业务中心获得银监局批复同意筹建。首家省内异地分支机构闽侯支行获筹建批复。北京、上海、深圳、成都事业部在筹建进程中。（2）持续拓展青年创业、“农保贷”、农村妇女创业、“金包银”贷款、农村“幸福工程”计生户小额贴息贷款、小额担保贷款、“老无忧”社保贷款、助学贷款等民生类贷款。从贷款期限、额度、利率等方面加大对“长大贷”、免还续贷“马上贷”、“创业贷”等小微产品的优化升级。涉农贷款余额54.59亿元，增加15.6亿元；小微贷款余额144.9亿元，小微企业贷款户数8017户，增加1430户，连续9年实现监管下达的“不低于”指标。与厦门市担保公司共同合作推出农业担保贷款，审批业务3笔，金额700万元。（3）累计发行大额存单12期，销售12.84亿元。加大非保本理财销售，形成丰泰、丰裕、丰盈等理财产品体系，法人理财规模从2013年的19亿元增加到2016年411.64亿元。推出林权贷、海洋渔业贷、医疗产业基金等系列创新产品，出台专利权质押贷款业务办法。（4）开展慈善公益活动。1月，厦门农商行与厦门国际信托有限公司、厦门市慈善总会三方共同发起设立“乐善有恒公益信托”，标志着福建省首个具有向公众募款资格的公益信托产品产生。“乐善有恒”公益信托资金资助“牛牛音乐会”慈善项目以及资助厦门市第六中学触电女孩、厦门市特教学校学生、翔安区特困户等社会弱势群体。该公益项目在第六届中国公益节公益宣传及颁奖活动中获2016年度公益践行奖和公益项目奖。厦门农商行推进福万通慈善捐助工作，向100名考取本科院校的家庭困难学生提供助学金，合计50万元。

（魏文佳）

【翔安民生村镇银行】 2016年年末，厦门翔安民生村镇银行股份有限公司（简称翔安民生村镇银行）存款余额10.49亿元，比上年同期增长16.48%；年日均存款100714.22万元，增长16%。各项贷款余额44219.24万元，增长26.15%；年日均贷款39758.31万元，增长51.55%；户均贷款余额36.10万元；不良贷款295.4万元，不良率0.67%。资产总额116282.97万元，实现税后净利润873.07万元。连续两年被评为全国“百强村镇银行”。

年内，翔安民生村镇银行支持翔安“三农”经济发展，推动被征地农民与退养渔民转产就业，增加扶贫信贷投入，累计发放各项贷款99079.5万元，惠及1542户，其中涉农贷款累计发放80348.9万元。与翔安团区委及妇联合作提供政府贴息贷款，与新店镇政府创设“创业达人贷”政府贴息贷款，与马巷镇政府合作“青年创业贷”。累计发放创业类贷款5681万元，其中享受政策性贷款贴息近4700万元。“创业达人贷”获中国银行业协会授予的2015～2016年度全国“送金融知识下乡”优秀项目称号。12月23日，与翔安区青年企业家协会签订合作协议，授予其2亿元信贷额度。降低小微企业融资成本，至年末，累计发放“续贷宝”贷款3279万元，惠及客户86户。台风“莫兰蒂”后，根据客户受损情况形成扶持受灾贷款客户恢复生产指导意见，开辟灾后重建贷款绿色审批通道，专列支持灾后重建信贷资金规模5000万元，从利率优惠、贷款延期、增加额度及免还本续贷业务等方面给予受灾企业、个人客户信贷支持。

（黄　云）

【厦门同安农银村镇银行】 2016年年末，厦门同安农银村镇银行资产总额88794万元，负债总额75834万元，所有者权益12960万元；存款余额74820万元，贷款余额48150万元。员工总数32人，内设营业部、客户拓展部、风险管理部、综合管理部、内控合规部5个部门。全年实现营业收入3334万元，净利润788万元，缴纳各项税收427万元。获评“2016年度厦门金融青年五四奖章”集体称号，被中央金融团工委、中国银行业协会授予2015～2016年度全国“送金融知识下乡”工作先进单位称号。

年内，同安农银村镇银行支持产业化龙头企业、种养殖专业户、家庭农场、小微企业等约655户，累计投放贷款约10.8亿元。累计支持农村住宅建设贷款约1573万元，支持农户45户。为丽田园、五峰土楼等乡村旅游项目提供信贷支持，累计投放贷款2214万元，“农家乐经营贷款项目”被中国银行业协会授予“2015年度服务三农五十佳金融产品”称号。开展精准扶贫，为被征地农民开办基本养老保险贷款，发放贷款1219万元，惠及农户288户。针对中小企业遇到的临时性转贷资金周转需求，配合同安区政府开办企业应急还贷资金业务，提供应急资金贷款4笔共3000万元，撬动区域内企业近1.1亿元银行贷款的转贷工作，“应急贷”项目获厦门金融服务创新创效“金点子”大赛二等奖、第四届全国“双提升”活动金点子方案优秀奖。

（王　熔）

【海峡银行厦门分行】 2016年，福建海峡银行厦门分行各项存款合计37.88亿元，各项贷款8.3亿元，银行承兑汇票11.25亿元。分行有正式员工91人，暂无自助银行、支行。分行主要以厦门地区国有企业及其上下游链式融资业务、政府融资项目、中小企业以及特色金融业务，如文化旅游、医疗医药等作为分行资产业务发展的主要方向。主要零售业务品种有“助业贷”“优房贷”“车位贷”等信贷业务，并针对优质客户群推出信用类贷款“诚信贷”业务。

（丁　萌）

【泉州银行厦门分行】 2016年3月29日，泉州银行股份有限公司厦门分行获中国银行业监督管理委员会厦门监管局批复准予开业，4月18日对外试营业，6月28日正式开业。拥有在职员工84人，其中正式员工75人、劳务派遣制员工9人。至年末，泉州银行厦门分行资产规模23亿元，各项存款合计22.17

3月29日，泉州银行厦门分行开业庆典　（钟海鸿　摄）

亿元（其中对公存款 20.35 亿元、储蓄存款 1.82 亿元），各项贷款合计 20.05 亿元（其中公司贷款 10.29 亿元、零售贷款 3.61 亿元、小微贷款 6.15 亿元），开立对公存款账户 366 户、储蓄存款账户 2543 户。

（丘秀珍）

【“台湾中国信托商业银行股份有限公司厦门分行”设立】 2016 年 6 月 6 日，“台湾中国信托商业银行厦门分行”取得厦门银监局的批准函，正式批准厦门分行开立，营运资金 8 亿元人民币，可经营对各类客户的外汇业务及对除中国境内公民以外的人民币业务，翁世雄为行长。至年末，有员工 31 人，资产总额 103619.06 万元，负债总额 21703.52 万元，净利润 1915.54 万元。“台湾中国信托商业银行厦门分行”是设立在厦门自贸区中唯一的台资银行。

（方惠燕）

【厦门翔业集团财务有限公司】 2016 年 6 月 28 日，经中国银监会厦门银监局批准，翔业财务公司正式成立，成为厦门市第二家财务公司。翔业财务公司注册资本 10 亿元，由厦门翔业集团有限公司全额出资。8 月 11 日起营业，正式人员编制 21 人。至年末，资产总额 34.1 亿元，所有者权益 101650 万元，营业收入 2920 万元，利润总额 2367 万元。资本充足率 68.59%，年平均流动性比例 84.16%，吸收存款 23.85 亿元，发放各类贷款 10.14 亿元。开展投资咨询、委托贷款、保函等中间业务。累计发放小微企业贷款 17650 万元，占全部贷款总量的 16.56%，小微企业贷款利率比基准利率平价下浮 0.05 个百分点 %。

（陈艺雯）

【新联商业银行】 2016 年 4 月 12 日，新联商业银行（Allied Commercial Bank）初次申请对除中国境内公民以外客户的人民币业务获得中国银行业监督管理委员会厦门监管局的验收通过。至此，新联商业银行作为厦门辖内唯一一家外资法人金融机构正式获准经营人民币业务。新联商业银行是由菲律宾陈永栽财团旗下的菲律宾联盟银行（Allied Banking Corp）控股，于 1993 年 10 月经中国人民银行总行批准，在厦门市成立的外商独资银行。

（沈　雪）

【华侨永亨银行】 2016 年 7 月 18 日，原华侨银行（中国）有限公司厦门分行更名为华侨永亨银行（中国）有限公司厦门分行。至年末，华侨永亨银行（中国）有限公司厦门分行有员工 23 人，资产规模 14.76 亿元人民币，业务范围以企业银行业务展开，即利用华侨银行集团在 18 个国家和地区分布的网络，为中外资企业客户提供存贷款、贸易融资、现金管理、国际结算、投资理财、跨境贸易人民币结算、供应链融资和企业网上银行等优秀金融产品及服务。

（吴小英）

证券 · 期货业

【上市公司】 2016 年，厦门新增 4 家境内上市公司，分别是鹭燕医药股份有限公司、厦门瑞尔特卫浴科技股份有限公司、合诚工程咨询集团股份有限公司、厦门吉宏包装科技股份有限公司。至年末，厦门市有境内上市公司 37 家，其中主板上市公司 17 家、中小板上市公司 13 家、创业板上市公司 7 家。上市公司总股本 213.83 亿股，总市值 3013.08 亿元。年内，上市公司从资本市场融资 134.86 亿元，从银行间市场融资 336.50 亿元，合计融资 471.36 亿元，增长 102.72%（见表 21–2）。其中，首发融资 17.09 亿元，非公开发行股票募集资金 51.3 亿元，重大资产重组发行股份募集配套资金 17.47 亿元，发行可转换公司债 28 亿元，发行公司债 11 亿元，发行私募债 10 亿元。37 家上市公司共实现营业收入 5015.84 亿元，比上年增长 35.6%，归属母公司股东的净利润 51.11 亿元，增长 7.99%。

2016 年，5 家上市公司完成重大资产重组，涉及交易金额 90.98 亿元（包含发行股份购买资产涉及金额 62.25 亿元）。其中，新华都收购酒类电商谋求转型升级，安妮股份开启数字版权服务增厚业绩，三维丝通过并购重组向产业链前端的散物料输送领域延伸，紫光学

表 21–2　**2016 年厦门上市公司筹资情况**

筹资渠道类别	企业名称	融资方式	发行日期	融资金额（亿元）
资本市场融资	鹭燕医药	首发	2 月 18 日	5.98
	瑞尔特	首发	3 月 8 日	6.63
	合诚股份	首发	6 月 28 日	2.64
	吉宏股份	首发	7 月 12 日	1.85
	象屿股份	定向增发	1 月 4 日	15.00
	厦门国贸	可转换公司债	1 月 12 日	28.00
	厦门信达	定向增发	1 月 29 日	13.00
	新华都	定向增发	2 月 18 日	5.47
	科华恒盛	定向增发	4 月 22 日	16.58
	厦门港务	公司债	6 月 27 日	6.00
	盛屯矿业	公司债（私募债）	8 月 15 日	5.00
	金达威	定向增发	9 月 9 日	6.72
	厦门港务	公司债	10 月 21 日	5.00
	安妮股份	定向增发	11 月 17 日	10.00
	盛屯矿业	公司债（私募债）	11 月 14 日	5.00
	三维丝	定向增发	11 月 26 日	2.00

大转型为教育产业。

【非上市公司债券融资】 2016年，厦门市非上市公司参与公司债券市场，通过发行公司债券筹资291.00亿元（见表21-3），筹资规模创历年新高。

【证券业】 2016年年末，厦门有证券公司1家、证券公司分公司16家、证券营业部84家、台资背景的证券代表处1家、证券投资基金公司1家、证券投资基金分公司1家、独立基金销售机构分公司1家、证券投资咨询公司4家。融资融券余额120.10亿元，股票质押回购余额165.56亿元。全市投资者开立证券账户数313.71万户，比上年增加59.75万户；资金账户152.18万户，增加21.32万户；从业人员2156人。全年全市证券交易总额4.09万亿元，比上年下降43.67%；证券经营机构利润总额5.63亿元，下降71.98%。厦门新增证券分公司5家，分别是九州证券厦门分公司、长江证券厦门分公司、太平洋证券厦门分公司、浙商证券厦门分公司、申万宏源证券厦门分公司。新增证券营业部10家，分别是国融证券、财通证券、华金证券、联储证券、西藏东方财富证券、中山证券、东北证券、兴业证券、首创证券、长江证券10家证券公司新

续表21-2

筹资渠道类别	企业名称	融资方式	发行日期	融资金额（亿元）
银行间市场融资	建发股份	超短期融资券	2月19日、3月14日、5月3日、5月24日、6月1日、11月9日、11月16日	65.00
	金龙汽车	短期融资券	5月19日、4月19日、8月3日、8月3日	20.00
	厦门港务	超短期融资券	7月8日	1.00
	厦门国贸	超短期融资券	1月20日、2月24日、3月14日、3月15日、4月12日、5月17日、5月25日、6月27日、7月6日、7月11日、9月20日、9月26日	133.00
	厦门国贸	中期票据	12月26日	20.00
	厦门钨业	超短期融资券	1月7日、6月3日	11.00
	厦门钨业	中期票据	1月13日、8月8日	12.00
	厦门信达	超短期融资券	1月8日、2月22日、2月25日、6月24日、7月7日、7月11日、7月21日、11月15日、12月16日	55.00
	盛屯矿业	短期融资券	12月5日	2.50
	象屿股份	超短期融资券	11月14日、12月1日、12月6日	17.00

表21-3 **2016年厦门非上市公司公司债券筹资情况**

企业名称	发行方式	发行日期	融资金额（亿元）
厦门建发集团有限公司	公开发行	1月19日	15.00
厦门国贸控股有限公司	面向合格投资者公开发行	3月8日	17.00
厦门住宅建设集团有限公司	非公开发行	3月10日	5.00
厦门建发集团有限公司	公开发行	3月16日	15.00
厦门经济特区房地产开发集团有限公司	公开发行	3月21日	21.00
厦门象屿集团有限公司	公开发行	4月7日	5.00
厦门路桥建设集团有限公司	公开发行	4月22日	4.00
厦门金圆投资集团有限公司	公开发行	5月24日	10.00
厦门路桥建设集团有限公司	公开发行	6月3日	3.00
厦门禹洲鸿图地产开发有限公司	非公开发行	6月8日	20.00
厦门金圆投资集团有限公司	公开发行	7月12日	10.00
建发房地产集团有限公司	非公开发行	7月15日	15.00
联发集团有限公司	非公开发行	7月28日	7.00
厦门住宅建设集团有限公司	非公开发行	8月2日	20.00

续表 21-3

企业名称	发行方式	发行日期	融资金额（亿元）
联发集团有限公司	非公开发行	8月29日	8.00
厦门海沧投资集团有限公司	面向合格投资者公开发行	9月2日	16.00
恒安（中国）投资有限公司	公开发行	9月5日	10.00
建发房地产集团有限公司	非公开发行	9月6日	15.00
厦门经济特区房地产开发集团有限公司	非公开发行	9月7日	20.00
厦门港务控股集团有限公司	公开发行	9月20日	15.00
禹洲地产股份有限公司	非公开发行	9月23日	15.00
联发集团有限公司	非公开发行	9月26日	15.00
厦门港务控股集团有限公司	公开发行	11月16日	10.00

设或增设的厦门营业部，筹建中的证券营业部8家。富邦综合证券厦门代表处注销，长城国瑞证券有限公司（原厦门证券有限公司）新设深圳、上海、北京分公司3家、营业部2家，营业网点增至30个。

2016年，长城国瑞证券有限公司资产管理业务净收入1.13亿元，增长320.48%；投资收益6128.99万元，增长111.81%；债券业务收入3574.49万元，增长65.09%。1月20日，长城国瑞证券有限公司成立全资子公司长城资本管理有限公司，开展股权投资、债券投资等业务，子公司2016年实现净利润1965.43万元。

【期货业】 2016年年末，厦门有期货公司2家、期货分公司3家、期货营业部29家。全市期货交易额2.91万亿元（由于2016年期货相关指标统计口径调整，数据包括厦门期货公司总部和异地期货公司在厦营业部，不包括厦门期货公司设在异地的营业部），比上年同期下降76.85%；期货经营机构实现利润总额3.33亿元，下降10.58%。全市期货投资者开户数4.27万户，增加1.40万户；期货经营机构总资产107.38亿元，下降6.50%；期货从业人员511人。新增瑞达期货厦门嘉禾路营业部，中粮期货厦门营业部升格为分公司。瑞达期货在异地新设分公司2家、营业部1家，关闭营业部1家，年末营业网点数量为38个；国贸期货在异地新设营业部1家，关闭营业部3家，年末营业网点数量11个。

2016年11月，瑞达期货的香港子公司瑞达国际金融控股有限公司开业。至年末，两家期货公司资产管理业务账户数175户，管理资产规模170.3亿元，增加332.45%。国贸期货资管业务收入2935.84万元，瑞达期货资管业务收入3996.94万元。

【"新三板"挂牌公司】 2016年，厦门市新增"新三板"挂牌公司88家，共有141家挂牌公司，占全省数量的40%。年内，"新三板"挂牌公司新增融资10.91亿元，增长60%。为促进"新三板"市场健康发展，中国证券监督管理委员会厦门监管局（简称厦门证监局）开展"监管第一课"系列培训活动，引导"新三板"公司加强自律，规范运作。

·小资料·

"新三板"市场：原指中关村科技园区非上市股份有限公司进入代办股份系统进行转让试点，因挂牌企业均为高科技企业而不同于原转让系统内的退市企业及原STAQ（全国证券交易自动报价系统）、NET（中证交）系统挂牌公司，故称为"新三板"。之后，"新三板"不再局限于中关村科技园区非上市股份有限公司，而是全国性的非上市股份有限公司股权交易平台，主要针对的是中小微型企业。

【证券期货业监管】 2016年，厦门证监局实施上市公司、证券期货经营机构等现场检查共187家次，采取行政监管措施21家次，发出监管意见告知书等42份，书面问责120余人次，开展案件调查10件，完成行政处罚3件，收缴罚没款128万元。根据最高人民法院、中国证监会《关于在全国部分地区开展证券期货纠纷多元化解机制试点工作的通知》要求，配合福建省高院、福建证监局推动制定配套贯彻落实意见，并与厦门市中级人民法院会商，确定厦门证券期货协会调解委员会为证券期货纠纷调解机构。厦门证监局、辖区证券期货公司及行业协会与中证中小投资者服务中心签署合作备忘录，完善小额快速调解机制，辖区证券期货纠纷多元化解机制进一步健全。中国证券投资基金业协会在全国范围开展不合格私募机构清理整顿，厦门登记备案的私募机构由年初291家减少到219家。厦门私募机构管理基金345只，比上年增加162只；基金实缴规模358.28亿元，增加176.25亿元。

（厦门证监局）

保 险 业

保险业监管

【概　况】 2016年，厦门保险市场实现保费收入162.60亿元，比上年增长11.1%，增幅低于全国16.4个百分点。保险公司资产426亿元，增长20.6%；全年赔付支出74.72亿元，增长41.7%。全市保险深度4.30%，高于全国0.14个百分点；保险密度4148元，高于全国平均水平1909元。全市保险主体共有37家（包含台资保险法人机构2家），其中产险20家、寿险公司17家。经营机构227家，专业中介机构46家，兼业代理机构228家，保险从业人员4.9万人。

全年财产险保费收入63.18亿元，增长3.0%。车险保费49.61亿元，增长7.3%；非车险保费13.57亿元，下降10.2%。车险、非车险保费结构比为78.5∶21.5，非车险占比低于全国0.2个百分点。人身险保费99.42亿元，增长17.0%。其中，寿险保费收入76.52亿元，增长19.7%；健康险保费收入17.43亿元，增长8.9%；意外险保费收入5.46亿元，增长8.0%。（见表21-4）

财产险公司保费65.55亿元，增长3.6%；人身险公司保费97.04亿元，增长16.8%。主要风险指标低于全国水平，剔除保证保险后的产险公司应收保费率4.76%，上升2.3个百分点，应收保费率低于全国平均水平1.7个百分点；寿险公司综合退保率3.1%，下降1.3个百分点，综合退保率低于全国平均水平2.5个百分点。

保险业全年提供风险保障共13.19万亿元。自然灾害公众责任险覆盖360.6万人，农房保险承保1.6万户，均实现应保尽保。计生家庭保险累计为54.1万户次、158.1万人次提供意外保障；失独家庭意外险覆盖269户，总赔付29.1万元；政策性补充工伤保险覆盖全市182万职工；“老年人幸福安康险”继续为厦门60岁以上户籍老人提供保险保障，涉及30万人。出口信用险为企业提供108.7亿美元风险保障，增长10.2%；支持出口险项下融资3亿美元，一般贸易渗透率35.6%。

【保险业参与自贸区厦门片区建设】 2016年，小微企业出口信用保险服务平台为厦门自贸试验区内的174家小微企业提供投保服务，累计保额1.96亿美元；航运保险支持政策落实后，船舶险保费增速超过50%。厦门保监会推动自贸区保险产品创新，探索开展建设工程保险试点，运用保险机制对工程管理制度进行全面改革；飞机维修人责任险、海外租赁保险、海外投资保险等保险产品先后落地。至年末，自贸区厦门片区有保险机构31家，实现保费收入3.3亿元。

【商业车险条款费率改革】 2016年6月，厦门保险业完成新旧商业车险条款费率体系切换，实现厦门试点方案与全国方案的平稳衔接。改革后，厦门保监局加大市场监测和窗口指导力度，确保

表21-4

2016年厦门市保险公司经营情况

	公司名称	保费收入（万元）	市场占比（%）
厦门产险公司	富邦财产保险有限公司	19077	2.9
	中国人民财产保险股份有限公司厦门市分公司	267588	40.8
	中国出口信用保险公司厦门分公司	22623	3.5
	中国太平洋财产保险股份有限公司厦门分公司	80147	12.2
	中国平安财产保险股份有限公司厦门分公司	146586	22.4
	天安保险股份有限公司厦门分公司	8459	1.3
	中国大地财产保险股份有限公司厦门分公司	13378	2.0
	安邦财产保险股份有限公司厦门分公司	1251	0.2
	都邦财产保险股份有限公司厦门分公司	3100	0.5
	太平财产保险有限公司厦门分公司	9688	1.5
	中国人寿财产保险股份有限公司厦门市分公司	30716	4.7
	阳光财产保险股份有限公司厦门市分公司	18472	2.8
	长安责任保险股份有限公司厦门分公司	4587	0.7
	中华联合财产保险股份有限公司厦门分公司	9289	1.4
	紫金财产保险股份有限公司厦门分公司	5175	0.8
	华泰财产保险股份有限公司厦门分公司	2043	0.3
	英大泰和财产保险股份有限公司厦门分公司	6894	1.1
	中银保险有限公司厦门分公司	2550	0.4
	永诚财产保险股份有限公司厦门中心支公司	598	0.1
	国泰财产保险有限责任公司厦门中心支公司	2537	0.4
	互联网保险公司（虚拟）	763	0.1
	厦门产险公司合计	655522	100.0

续表 21-4

	公司名称	保费收入（万元）	市场占比（%）
厦门寿险公司	君龙人寿保险有限公司	27847	2.9
	中国人寿保险股份有限公司厦门市分公司	238486	24.6
	中国平安人寿保险股份有限公司厦门分公司	325279	33.5
	中国太平洋人寿保险股份有限公司厦门分公司	52498	5.4
	新华人寿保险股份有限公司厦门分公司	54010	5.6
	泰康人寿保险有限责任公司厦门分公司	78507	8.1
	中英人寿保险有限公司厦门分公司	7538	0.8
	太平人寿保险有限公司厦门分公司	34376	3.5
	平安养老保险股份有限公司厦门分公司	32994	3.4
	中宏人寿保险有限公司厦门分公司	2303	0.2
	中国人民人寿保险股份有限公司厦门市分公司	35370	3.6
	国泰人寿保险有限责任公司厦门分公司	2511	0.3
	生命人寿保险股份有限公司厦门分公司	42276	4.4
	民生人寿保险股份有限公司厦门分公司	9678	1.0
	信泰人寿保险股份有限公司厦门分公司	793	0.1
	农银人寿保险股份有限公司厦门分公司	12935	1.3
	阳光人寿保险股份有限公司厦门中心支公司	13029	1.3
	厦门寿险公司合计	970431	100.0

注：1. 人身险业务包括寿险业务、健康险业务和意外险业务，所以产险公司产生的健康险业务及意外险业务计入人身险业务统计范围内

2. 泰康人寿保险股份有限公司厦门分公司于 2016 年 12 月变更名称为泰康人寿保险有限责任公司厦门分公司

3. 互联网保险公司（虚拟）保费指众安在线财产保险股份有限公司、安心财产保险有限责任公司、易安财产保险股份有限公司归属厦门的互联网保险业务保费

车险市场运行平稳。根据新条款，车险保障范围更广，新条款将冰雹、台风、热带风暴等自然灾害、驾驶证失效或审验不合格、未上牌照新车、被保险机动车所载货物等情形纳入保险保障范围。索赔方式更加明确，车辆受损后车主既可以向责任方索赔，也可以向责任方保险公司索赔，还可以向自己的保险公司申请先行赔付并授权公司向责任方追偿。基础保费与车型挂钩，新方案按车型确定基准纯风险保费，出险频率高、维修成本大的车型将匹配更高的基准纯风险保费。保费调整与多因素挂钩，改革后，保费调整将与包括出险次数、自主核保系数、渠道系数等多个系数相挂钩。

【保险业应对台风“莫兰蒂”】 2016 年 9 月，台风“莫兰蒂”灾害发生后，厦门保险业全面开展理赔工作。厦门保监局下发《厦门保监局关于进一步做好台风“莫兰蒂”灾害理赔服务工作的紧急通知》，联合市金融办、人行、银监、证监等部门下发《关于金融机构支持灾后重建工作有关事项的通知》，要求行业根据特事特办、急事先办的原则，设立专门的理赔绿色通道。厦门市保险行业协会、各保险公司相继推出一系列应急服务举措。赔付超强台风“莫兰蒂”灾害损失，行业累计赔付支出 16.60 亿元。

【巨灾保险保障体系建设】 2016 年 12 月，《厦门市巨灾保险方案》经市政府常务会议审议通过，《巨灾基金管理办法》出台，厦门市巨灾风险基金设立。初步形成包含基本巨灾保险制度、巨灾再保险制度、巨灾基金制度 3 个层次的巨灾保险保障体系。此次厦门市巨灾保险对原有政府投保险种进行整合，在现有自然灾害公众责任保险和农房保险基础上扩展保障对象、保障灾种以及保障责任。巨灾保险责任范围广，责任限额高。承保事故灾害范围除囊括暴雨、台风、地震、火灾、爆炸等灾因外，还将突发性公共安全事故包含在内，扩大承保的损失范围，提高保障项目的赔付标准。市财政局预算安排每年所需保费约 3000 万元（以中标价为准）用于巨灾保险项目，试行 3 年，同时设立巨灾风险准备金，专户管理，独立核算，逐年滚存，累积应对巨灾风险的能力。

【“智慧医保信息管理平台”成效明显】 2016 年，由厦门保险业率先开发的“智慧医保信息管理平台”推广至全国 144

个地市，防范264万人次超量取药等违规行为，破解医保基金风控难题。厦门市门诊重点关注药品费在全市医保定点医疗机构减少4545万元。2016年进一步开发“投保单位监控模型”，防止外地患者通过挂靠厦门投保单位的方式，违规套取厦门医保基金。

【电梯安全责任保险及诉讼保全保险试点】 2016年，厦门保监局、市质监局、市财政局联合出台《关于推行电梯安全责任保险试点工作的通知》，明确电梯责任险推行范围、投保方、投保方案、财政补贴方式等细则，电梯安全责任保险试点落地。根据最高院及福建省高院文件精神，推动诉讼保全保险落地厦门，实施范围覆盖厦门各级法院及海事法院，保费规模500余万元。

（徐淋琳）

保险机构

【富邦产险公司】 2016年，富邦财产保险有限公司实现保费收入1.91亿元，比上年下降1.4%，累计赔款支出2.15亿元，增长96.9%。4月，2016年度非车险损防讲堂邀请台湾专家就地铁风险防灾减损等内容向行业做演讲交流。5月，在保险业第八个防灾减灾日主题活动中，作为保险公司代表进行防灾减灾知识的宣导及相关仪器的应用展示。至年末，针对台风“莫兰蒂”受灾企业的建筑物、机器设备及存货等损毁情况，支付赔款1.03亿元。

【君龙人寿公司】 2016年，君龙人寿保险有限公司实现保费收入2.78亿元，比上年下降23.1%。赔付支出0.57亿元，下降33.1%。其中，赔款支出0.10亿元，下降2.5%。1月，承保2016厦门国际马拉松赛运动员与工作人员人身保险，累计风险保障金额630多亿元人民币。

【出口信保厦门分公司】 2016年，中国出口信用保险公司厦门分公司实现保费收入2.26亿元，比上年增长0.1%；赔款支出2.31亿元，下降37.5%。服务支持出口企业数1470家。9月，出口信保厦门分公司与国家开发银行厦门分行、中非发展基金等机构联合举办首届开发性金融服务“一带一路”论坛。

【人保财险厦门市分公司】 2016年，中国人民财产保险股份有限公司厦门市分公司实现保费收入26.76亿元，比上年增长8.2%；赔款支出22.38亿元，增长50.3%。1月，首席承保全市道路运输承运人责任保险。5月，人保财险厦门市分公司被中国金融工会授予全国金融五一劳动奖状。11月，承保2016～2019年度公安民警（职工）、公安文职、非在编及警辅人员意外险。12月，首席承保厦门市电梯安全责任保险试点项目。至年末，人保财险厦门市分公司累计支付台风“莫兰蒂”相关赔款7.18亿元。

【太平洋产险厦门分公司】 2016年，中国太平洋财产保险股份有限公司厦门分公司实现保费收入8.01亿元，比上年增长7.1%；赔款支出6.83亿元，增长52.9%。8月，推出“车损无虑”和“人伤无忧”极速理赔服务，最快案件赔付从单证收集、理算、核赔至赔款支付，用时仅为18秒，人伤案件从协议签订到赔款最快到账时间15分钟。至年末，太平洋产险厦门分公司累计支付台风“莫兰蒂”相关赔款1.63亿元。

【平安产险厦门分公司】 2016年，中国平安财产保险股份有限公司厦门分公司实现保费收入14.66亿元，比上年下降7.8%；累计赔款支出10.31亿元，增长47.1%。7月，首席承保厦门市轨道交通3号线工程和厦门北站至同安食品工业园市政隧道工程建筑安装工程一切险及第三者责任险，总保额159.3亿元。8月，独家承保2016年厦门市“老年人幸福安康险”项目。至年末，支付台风“莫兰蒂”灾害赔款金额2.76亿元。

【中国人寿厦门市分公司】 2016年，中国人寿保险股份有限公司厦门市分公司实现保费收入23.85亿元，比上年增长18.1%。赔付支出8.88亿元，增长101.2%。其中，赔款支出1.10亿元，增长31.7%。7月，中国人寿厦门市分公司携手厦门市妇联启动“关爱妇女儿童健康”活动，承保1.48万名女性安康客户，保费148万元。至年末，为台风“莫兰蒂”受灾客户赔付身故金、医疗金等共计149.9万元。

【平安人寿厦门分公司】 2016年，中国平安人寿保险股份有限公司厦门分公司实现保费收入32.53亿元，比上年增长27.5%。赔付支出4.36亿元，增长34.2%。其中，赔款支出0.12亿元，增长84.6%。“重疾先赔、特案预赔”项目为厦门12名客户提前给付148万元的赔款。7月，推出“安e赔”项目，平均理赔时效0.86天，全年累计4184名客户通过手机在线申请获得赔款2647万余元。

【太平洋人寿厦门分公司】 2016年，中国太平洋人寿保险股份有限公司厦门分公司实现保费收入5.25亿元，比上年增长21.4%。赔付支出0.93亿元，增长28.7%。其中，赔款支出0.09亿元，下降0.8%。台风“莫兰蒂”灾害期间，启动最高级别应急预案，建立“理赔绿色通道”，出台10项应对措施，参与抗灾理赔。

【新华人寿厦门分公司】 2016年，新华人寿保险股份有限公司厦门分公司实现保费收入5.40亿元，比上年增长18.0%。赔付支出1.61亿元，增长26.6%。其中，赔款支出0.07亿元，增长23.2%。8月，作为共保体（共保体是由各保险公司组成，统一销售管理保单、统一支付手续费、并按照统一的份额比例分担收入和支出）成员首次入围第二轮厦门市补充工伤保险项目。

【泰康人寿厦门分公司】 2016年，泰康人寿保险股份有限公司厦门分公司实现保费收入7.85亿元，比上年增长23.5%。赔付支出1.69亿元，增长5.1%。其中，赔款支出0.15亿元，增长21.3%。全国保险公众宣传日期间，开展微信讲授理赔案例、空中嘉年华、总经理访谈日及公众开放日等活动。台风“莫兰蒂”灾后启动突发事件应急预案，推出“主动理赔服务”“无保单理赔服务”等应急服务举措6项。

（徐淋琳）

责任编辑：胡　恩
审　　稿：林建高
责任校对：孙志红

22 民营经济

综　述

2016年年末，厦门市民营企业224258家，比上年同期净增46265家，其中分支机构10258家，净增1427家；注册资金总额11687.16亿元，净增3656.28亿元。个体工商户200027户，净增27501户；注册资金总额134.87亿元，净增34.28亿元。

民营企业投资者434138人，净增81242人。民营企业雇工1272211人，净增266496人。个体工商户从业人员423703人，净增64713人。全市民营企业和个体工商户从业人员占全市城镇就业登记在职人数的81.92%。年内新增就业人数15.55万人，占全市新增就业人数的91.36%。民营经济实现增加值1207.24亿元，净增228.31亿元，民营经济增加值占全市GDP（地区生产总值）比重31.9%。其中，第一产业实现增加值23.45亿元，下降2.05%，占全市第一产业增加值100%；第二产业实现增加值523.17亿元，增长18.55%，占全市第二产业增加值33.57%；第三产业实现增加值660.62亿元，增长28.61%，占全市第三产业增加值30.00%。民营经济增加值产业比重依次为1.94∶43.34∶54.72。民营经济完成民间投资626.21亿元（不包含外商及港澳台商投资），减少242.09亿元，占全社会固定资产投资29.00%。其中，项目投资完成251.29亿元，房地产开发投资完成374.92亿元。较大的民间投资项目有厦门光电产业化项目（三安光电）、厦门海西国际商贸物流城（首泰置业）、华强文化创意产业园。民营企业和个体工商户缴纳各项税收总额176.28亿元，净增17.75亿元，缴纳各项税收总额占全市财税收入16.27%。其中，民营企业纳税额156.25亿元，净增16.78亿元；个体工商户纳税额20.03亿元，净增0.97亿元。

（严　旭）

经济构成

【民营企业产业构成】 至2016年年末，厦门市从事第一产业民营企业数量占全市民营企业总数0.59%，比上年同期净增284家；注册资金占全市民营企业注册资金总额0.65%，净增25.4亿元。从事第二产业民营企业数量占全市民营企业总数16.85%，净增5532家；注册资金占全市民营企业注册资金总额15.63%，净增381.08亿元。其中，从事制造业民营企业占全市民营企业总数10.12%，注册资金占总额7.86%。从事第三产业民营企业数量占全市民营企业总数82.57%，净增40449家；注册资金占全市民营企业注册资金总额83.71%，净增3249.8亿元。各行各业中，从事批零商贸业民营企业最多，占全市民营企业总数39.49%，注册资金占总额26.85%；从事租赁和商务服务业民营企

表22-1　**2016年厦门市民营企业产业构成**

产业	行业	数量（家）	#分支机构	投资者人数（人）	雇工人数（人）	注册资金（万元）
第一产业	农林牧渔业	1313	28	2549	8973	762262.11
第二产业	采矿业	101	2	230	691	80868.50
	制造业	25715	740	50235	186847	11003812.58
	电力、燃气及水的生产和供应业	236	77	391	1436	268785.54
	建筑业	11726	1106	20559	64909	6917352.02

续表 22-1

产业	行业	数量（家）	#分支机构	投资者人数（人）	雇工人数（人）	注册资金（万元）
第三产业	批零商贸业	88562	3699	159071	466612	31384470.09
	交通运输、仓储和邮政业	5950	584	10406	35131	2418581.75
	住宿和餐饮业	3389	490	5683	19778	602381.57
	信息传输、计算机服务和软件业	15722	410	32732	83975	6554801.55
	金融业	470	94	883	2776	969773.56
	房地产业	4337	763	7514	24398	4082746.99
	租赁和商务服务业	37232	1401	85653	211980	37983710.40
	科学研究和技术服务业	16506	338	34246	95639	10304498.12
	水利、环境和公共设施管理业	812	47	1627	4837	453044.50
	居民服务、修理和其他服务业	5169	346	8958	26522	696195.66
	教育	632	24	1200	3393	139300.70
	卫生、社会保障和社会福利业	121	3	210	1169	206697.78
	文化、体育和娱乐业	6265	106	11991	33145	2042366.23
	其他	0	0	0	0	0.00

业数次之，占总数 16.6%，注册资金占总额 32.5%。（见表 22-1）

【个体工商户产业构成】 至 2016 年年末，厦门市从事第一产业个体工商户占全市个体工商户总数 1.59%，比上年净增 340 户；注册资金占全市个体工商户注册资金总额的 7.37%，净增 1.74 亿元。从事第二产业的个体工商户占全市个体工商户总户数 5.53%，净增 993 户；注册资金占全市个体工商户注册资金总额的 6.76%，增加 1.58 亿元。从事第三产业的个体工商户占全市个体工商户总数 92.88%，净增 26168 户；注册资金占全市个体工商户注册资金总额 85.87%，净增 30.95 亿元。其中，从事批零商贸业个体工商户占总户数 56.75%，注册资金占总额 51.83%；从事住宿和餐饮业个体工商户占总户数 20.27%，注册资金占总额 21.23%；居民服务、修理和其他服务业个体工商户占总户数 10.33%，注册资金占总额 7.8%。（见表 22-2）

【民营企业新开业和注销情况】 2016 年，厦门市民营企业新开业 48194 家，比上年净增 6545 家；投资者 87428 人，净增 9682 人；雇工 278023 人，净增 69026 人；新增注册资本 3045.38 亿元，净增 803.28 亿元。民营企业注销 2246 家，注销注册资金 129.49 亿元。从事第一产业新开业民营企业的数量、注册资金占全市新开业民营企业总数（额）分别为 0.59%、0.66%；从事第二产业新开业民营企业的户数、注册资金占全市新开业民营企业总数（额）分别为 11.87%、8.15%；从事第三产业新开业民营企业的户数、注册资金占全市新开业民营企业总数（额）分别为 87.54%、91.19%。（见表 22-3）

表 22-2　**2016 年厦门市个体工商户产业构成**

产业	行业	户数（户）	#城镇	从业人员（人）	#城镇	注册资金（万元）	#城镇
第一产业	农林牧渔业	3189	348	9944	1031	99365.8	9854.93
第二产业	采矿业	40	8	115	23	512.6	142.5
	制造业	10659	5587	31964	15451	84950.24	36707.68
	电力、燃气及水的生产和供应业	16	3	36	8	124	25
	建筑业	344	141	1119	455	5633.61	2184.8
	合计	11059	5739	33234	15937	91220.45	39059.98
第三产业	批零商贸业	113517	83255	204443	150907	699011.8	492146.6
	交通运输、仓储和邮政业	4672	2393	7992	4104	18077.12	9356.44

续表 22-2

产业	行业	户数（户）	# 城镇	从业人员（人）	# 城镇	注册资金（万元）	# 城镇
第三产业	住宿和餐饮业	40537	32022	105314	84978	286254.5	228894.4
	信息传输、计算机服务和软件业	386	282	814	589	1888.3	1408.85
	金融业	18	13	45	35	204.6	181
	房地产业	921	787	3296	2783	7207.52	5817.82
	租赁和商务服务业	2163	1527	4528	3212	17227.47	12064.29
	科学研究和技术服务业	895	706	2134	1745	5217.46	4144.28
	水利、环境和公共设施管理业	66	31	209	92	2285.2	1065.2
	居民服务、修理和其他服务业	20656	14220	47531	33321	105130.7	72733.43
	教育	105	84	287	242	1180.8	916.8
	卫生、社会保障和社会福利业	15	12	63	54	426	409
	文化、体育和娱乐业	1828	1229	3869	2595	13972.09	8792.72
	其他	0	0	0	0	0	0
	合计	185779	136561	380525	284657	1158083.6	837930.83

表 22-3 **2016 年厦门市民营企业新开业和注销情况**

产业	行业	新开业				2016 年注销	
		新开业数（家）	投资者（人）	雇工（人）	新增注册资金（万元）	企业数（家）	注册资金（万元）
第一产业	农林牧渔业	282	551	1590	200160.00	9	2451.00
第二产业	采矿业	5	10	25	3150.00	3	2055.00
	制造业	3176	5426	20048	1252610.74	213	37585.00
	电力、燃气及水的生产和供应业	43	93	259	99374.00	3	1516.00
	建筑业	2497	3814	13289	1126827.86	127	15413.00
第三产业	批零商贸业	16952	27876	86627	5470206.92	767	210072.00
	交通运输、仓储和邮政业	889	1355	5037	436808.00	61	11833.00
	住宿和餐饮业	815	1358	5201	153918.77	115	6310.00
	信息传输、计算机服务和软件业	3789	7367	22385	1624864.09	169	58000.00
	金融业	275	468	1707	472590.70	8	253000.00
	房地产业	1026	1216	7073	535433.21	79	84243.00
	租赁和商务服务业	9300	20491	61238	14200138.37	414	521120.00
	科学研究和技术服务业	5524	10631	32521	3742601.68	105	76517.00
	水利、环境和公共设施管理业	144	265	829	69371.50	6	300.00
	居民服务、修理和其他服务业	875	1518	4953	149924.00	91	4268.00
	教育	267	507	1533	61493.80	7	81.00
	卫生、社会保障和社会福利业	58	82	848	65706.00	4	300.00
	文化、体育和娱乐业	2277	4400	12860	788618.96	65	9828.00
	其他	0	0	0	0.00	0	0.00

【个体工商户新开业情况】 2016年，厦门市个体工商户新开业45491户，比上年净增9701；从业人员107316人，净增21034人；新增注册资本47.56亿元，净增12.91亿元。从事第一产业新开业个体工商户的户数、注册资金占全市新开业个体工商户总数（额）分别为0.93%、3.98%；从事第二产业新开业个体工商户的户数、注册资金占全市新开业个体工商户总数（额）分别为3.66%、4.7%；从事第三产业新开业个体工商户的户数、注册资金占全市新开业个体工商户总数（额）分别为95.41%、91.32%。（见表22-4）

【民营企业组织形式构成】 2016年，厦门市民营企业组织形式以有限责任公司为主，有部分个人独资企业、合伙企业、股份有限公司。合伙企业中，普通合伙企业301家，合伙人数798人，雇工2312人，认缴出资金额54.76亿元；特殊的普通合伙企业12家，均为租赁与商务服务行业，雇工人数465人；有限合伙企业2016家，有限合伙人数13265人，普通合伙人数2070人，雇工31571人，认缴出资金额1049.82亿元。有限责任公司中，自然人独资48429家，投资者人数47807人，雇工人数240121人，注册资本1595.41亿元；法人独资4089家，投资者人数3317人，雇工人数29557人，注册资本714.19亿元。（见表22-5、22-6、22-7、22-8、22-9）

表22-4　**2016年厦门市个体工商户新开业情况**

产业	行业	新开业户数（户）	从业人员（人）	新增注册资金（万元）
第一产业	农林牧渔业	423	1306	18941.31
第二产业	采矿业	0	0	0
	制造业	1518	4956	19313.37
	电力、燃气及水的生产和供应业	1	3	10
	建筑业	147	516	3017.81
第三产业	批零商贸业	20798	41179	224220.5
	交通运输、仓储和邮政业	225	596	2460.1
	住宿和餐饮业	16265	41729	147400.4
	信息传输、计算机服务和软件业	113	260	641.2
	金融业	18	45	204.6
	房地产业	361	1601	4293.3
	租赁和商务服务业	847	1989	9516.06
	科学研究和技术服务业	192	551	2153.1
	水利、环境和公共设施管理业	32	98	1250
	居民服务、修理和其他服务业	3984	11079	35445.99
	教育	57	144	835.3
	卫生、社会保障和社会福利业	13	63	567
	文化、体育和娱乐业	497	1201	5326.62
	其他	0	0	0
	合计	43402	100535	434314.17

表22-5　**2016年厦门市民营企业组织形式构成**

企业类型	企业数（家）	#分支机构	投资者人数（人）	雇工人数（人）	注册资金（万元）		实收资本（万元）
独资企业	4127	145	3982	19882	出资额	126187.67	
合伙企业	2374	24	16133	34348	认缴出资金额	11045756.53	
有限责任	216894	9906	410328	1206705	注册资本	102862341.34	46547407.18
股份公司	863	183	3695	11276	注册资本	2837364.11	1383504.60

表22-6　**2016年厦门市民营独资企业情况**

产业	行业	企业数（家）	#分支机构	投资者人数（人）	雇工人数（人）	出资额（万元）
第一产业	农、林、牧、渔业	52	0	52	383	2321.50
第二产业	采矿业	16	1	15	133	366.00
	制造业	491	5	486	4021	10200.05
	电力、热力、燃气及水生产和供应业	1	0	1	9	20.00

续表 22-6

产业	行业	企业数（家）	# 分支机构	投资者人数（人）	雇工人数（人）	出资额（万元）
第二产业	建筑业	203	2	201	553	1392.21
第三产业	批发和零售业	1279	33	1246	4335	28440.16
	交通运输、仓储和邮政业	20	1	19	74	199.30
	住宿和餐饮业	574	60	514	3772	23022.48
	信息传输、软件和信息技术服务业	107	1	106	321	1087.20
	金融业	1	0	1	4	3.00
	房地产业	51	8	43	173	217.20
	租赁和商务服务业	245	2	243	845	2191.67
	科学研究和技术服务业	111	3	108	308	3432.60
	水利、环境和公共设施管理业	7	0	7	56	1143.00
	居民服务、修理和其他服务业	452	23	429	2167	5983.95
	教育	3	0	3	12	33.00
	卫生和社会工作	24	0	24	330	5257.00
	文化、体育和娱乐业	490	6	484	2386	40877.35
	其他	0	0	0	0	0.00

表 22-7 **2016 年厦门市民营合伙企业情况**

产业	行业	企业数（家）	# 分支机构	投资者人数（人）	雇工人数（人）	认缴出资金额（万元）
第一产业	农、林、牧、渔业	3	0	9	33	700.00
第二产业	采矿业	0	0	0	0	0.00
	制造业	113	2	270	1003	9513.80
	电力、热力、燃气及水生产和供应业	0	0	0	0	0.00
	建筑业	6	0	17	35	408.80
第三产业	批发和零售业	51	4	112	315	11952.64
	交通运输、仓储和邮政业	1	0	3	6	50.00
	住宿和餐饮业	18	0	46	156	1149.00
	信息传输、软件和信息技术服务业	33	0	207	471	26426.20
	金融业	2	0	34	87	42030.00
	房地产业	4	0	9	20	3305.00
	租赁和商务服务业	2087	17	15204	31659	10924794.83
	科学研究和技术服务业	17	1	67	155	19309.26
	水利、环境和公共设施管理业	2	0	4	10	515.00
	居民服务、修理和其他服务业	20	0	67	180	391.00
	教育	3	0	11	33	560.00
	卫生和社会工作	1	0	3	12	200.00
	文化、体育和娱乐业	13	0	70	173	4451.00
	其他	0	0	0	0	0.00

表 22-8

2016 年厦门市民营有限责任公司情况

产业	行业	家数（家）	#分支机构	投资者人数（人）	雇工人数（人）	认缴出资金额（万元）	实收资本（万元）
第一产业	农、林、牧、渔业	1250	28	2459	8464	717189.61	323172.61
第二产业	采矿业	84	1	213	540	80202.50	54694.50
	制造业	25003	725	48872	180105	10487191.25	6358660.17
	电力、热力、燃气及水生产和供应业	233	77	386	1402	267265.54	97505.54
	建筑业	11475	1077	20280	64006	6864927.10	3767042.53
第三产业	批发和零售业	87081	3610	157290	460297	31018656.28	15354083.20
	交通运输、仓储和邮政业	5919	582	10338	34907	2400032.45	1383737.95
	住宿和餐饮业	2796	429	5123	15848	578210.09	267557.03
	信息传输、软件和信息技术服务业	15445	380	31827	81413	6149485.13	2133983.67
	金融业	441	71	837	2572	919340.56	430178.86
	房地产业	4273	753	7415	24104	3982454.79	3001376.88
	租赁和商务服务业	34767	1362	69405	177450	26470700.63	9757384.33
	科学研究和技术服务业	16182	319	33200	92418	9555168.41	2664124.79
	水利、环境和公共设施管理业	795	47	1552	4653	414575.10	226495.60
	居民服务、修理和其他服务业	4693	323	8440	24124	681896.21	311918.40
	教育	624	23	1181	3339	137627.70	14660.20
	卫生和社会工作	96	3	183	827	201240.78	30263.88
	文化、体育和娱乐业	5737	96	11327	30236	1936177.21	370567.04
	其他	0	0	0	0	0.00	0.00

表 22-9

2016 年厦门市民营股份有限公司情况

产业	行业	企业数（家）	#分支机构	投资者人数（人）	雇工人数（人）	认缴出资金额（万元）	实收资本（万元）
第一产业	农、林、牧、渔业	8	0	29	93	42051.00	10250.00
第二产业	采矿业	1	0	2	18	300.00	0.00
	制造业	108	8	607	1718	496907.48	417174.88
	电力、热力、燃气及水生产和供应业	2	0	4	25	1500.00	1500.00
	建筑业	42	27	61	315	50623.91	41670.91
第三产业	批发和零售业	151	52	423	1665	325421.01	155014.45
	交通运输、仓储和邮政业	10	1	46	144	18300.00	10830.00
	住宿和餐饮业	1	1	0	2	0.00	0.00
	信息传输、软件和信息技术服务业	137	29	592	1770	377803.02	215552.67
	金融业	26	23	11	113	8400.00	5400.00
	房地产业	9	2	47	101	96770.00	31500.00
	租赁和商务服务业	133	20	801	2026	586023.27	211815.27
	科学研究和技术服务业	196	15	871	2758	726587.85	220232.85
	水利、环境和公共设施管理业	8	0	64	118	36811.40	17811.40

续表 22-9

产业	行业	企业数（家）	# 分支机构	投资者人数（人）	雇工人数（人）	认缴出资金额（万元）	实收资本（万元）
第三产业	居民服务、修理和其他服务业	4	0	22	51	7924.50	5924.50
	教育	2	1	5	9	1080.00	1080.00
	卫生和社会工作	0	0	0	0	0.00	0.00
	文化、体育和娱乐业	25	4	110	350	60860.67	37747.67
	其他	0	0	0	0	0.00	0.00

【民营企业投资规模构成】 2016 年，厦门市民营企业平均注册资金 521.15 万元，比上年增加 69.96 万元。投资者人均出资 269.2 万元，净增 41.63 万元。新开业民营企业平均注册资金 631.9 万元，比上年净增 93.57 万元。第一产业民营企业平均注册资金 580.55 万元，投资者人均出资 299.04 万元；第二产业民营企业平均注册资金 483.64 万元，投资者人均出资 255.84 万元；民营企业第三产业平均注册资金 528.38 万元，投资者人均出资 271.64 万元。民营独资企业平均出资额 30.58 万元，投资者人均出资额 31.69 万元。民营合伙企业平均认缴出资金额 4652.8 万元，投资者人均认缴出资金额 684.67 万元。民营有限责任公司平均注册资本 474.25 万元，平均实收资本 214.61 万元；投资者人均注册资本 250.68 万元，人均实收资本 113.44 万元。民营股份有限公司平均注册资金 3287.79 万元，平均实收资本 1603.13 万元；投资者人均注册资本 767.89 万元，人均实收资本 374.43 万元。民营企业集团 562 家，占民营企业总数 0.25%，净增 86 家。注册资金 500 万元以上的民营企业 54614 家，占民营企业总数 24.35%，净增 16616 家。其中，注册资金 1 亿元以上的 1750 家，占民营企业总数 0.78%，增加 578 家；注册资金 1000 万至 1 亿元的 26452 家，占民营企业总数 11.79%，增加 7814 家；注册资金 500 万至 1000 万元的 26412 家，占民营企业总数 11.78%，增加 8224 家。注册资金 100 万至 500 万元的民营企业 91960 家，占民营企业总数 41.01%，增加 21957 家，增长 31.37%。注册资金 100 万元以下的民营企业 77684 家，占民营企业总数 34.64%，净增 7692 家。

【个体工商户投资规模构成】 2016 年，厦门市个体工商户户均注册资金 6.74 万元，比上年净增 0.91 万元。其中，城镇个体工商户户均注册资金 6.22 万元，净增 1.02 万元。新开业个体工商户户均注册资金 10.45 万元。第一产业个体工商户户均注册资金 44.78 万元，第二产业个体工商户户均注册资金 13.41 万元，第三产业个体工商户户均注册资金 10.01 万元。

（严　旭）

生产经营

【概　况】 2016 年，厦门市民营企业和个体工商户共创产值 1718.65 亿元，比上年净增 264.96 亿元；实现营收总额 3429.64 亿元，净增 612.22 亿元；社会消费品零售额总计 1120.44 亿元，占全市社会消费品零售总额的 87.3%，净增 124.17 亿元。（见表 22-10）

表 22-10　**2016 年厦门市民营企业和个体工商户生产经营状况**

单位：万元

行业	民营企业			个体工商户		
	总产值	销售总额（营业收入）	社会消费品零售额	总产值	销售总额（营业收入）	社会消费品零售额
农、林、牧、渔业	510771.03	261532.23	2391.72	51778.35	55921.53	4523.81
采矿业	6763.13	0	0	1567.32	0	0
制造业	10215469.78	0	732801.71	942273.03	0	123359.23
电力、燃气及水的生产和供应业	46627.17	0	41239.28	2497.39	0	42.75
建筑业	5405997.76	0	0	2756.18	0	0
批发和零售业	0	22024763.57	4536736.55	0	1859470.23	1057120.89
交通运输、仓储和邮政业	0	442140.59	215263.39	0	3461.54	3296.76
住宿和餐饮业	0	669500.42	498271.22	0	412339.72	453820.07

续表 22-10

行业	民营企业			个体工商户		
	总产值	销售总额（营业收入）	社会消费品零售额	总产值	销售总额（营业收入）	社会消费品零售额
信息传输、计算机服务和软件业	0	811907.79	162325.46	0	6313.56	2875.79
金融业	0	67428.75	1258.53	0	0	0
房地产业	0	3703619.03	96785.67	0	140160.02	30095.78
租赁和商务服务业	0	2260678.12	1720623.58	0	15431.47	1785.37
科学研究、技术服务和地质勘查业	0	122445.38	21362.71	0	4730.19	0
水利、环境和公共设施管理业	0	109278.62	8176.24	0	0	0
居民服务和其他服务业	0	279346.85	61273.56	0	167895.92	252593.27
教育	0	61851.32	3617.43	0	0	0
卫生、社会保障和社会福利业	0	6053.87	163.67	0	1641.52	37.41
文化、体育和娱乐业	0	784801.93	1156097.05	0	23718.48	16506.33
其他	0	0	0	0	0	0

【民营境内 A 股上市公司】 2016 年，厦门市鹭燕（福建）医药股份有限公司、厦门瑞尔特卫浴科技股份有限公司和厦门吉宏包装科技股份有限公司 3 家民营企业 A 股上市，占全市年内上市 A 股的 75%（见表 22-11）。至年末，厦门市境内 A 股上市民营企业 21 家（不含借壳上市 3 家），占全市上市 A 股的 56.76%。其中，营业收入超过 100 亿元的民营企业 1 家（盛屯矿业，营收 127 亿元，比上年增长 90.78%），占全市境内 A 股上市公司的 16.67%。吉比特、三五互联、金达威、乾照光电、新华都 5 家民营企业净利润增幅超过 100%。三安光电、亿联网络、吉比特、盛屯矿业 4 家民营企业市值突破 100 亿元。

【民营“新三板”企业】 2016 年，厦门市 85 家民营企业在全国中小企业股份转让系统（“新三板”）挂牌上市，占全市挂牌企业的 96.59%（见表 22-12）。至年末，厦门市有“新三板”民营企业 132 家，占全市“新三板”企业的 93.62%。

表 22-11　**2016 年厦门市新增境内 A 股上市民营企业**

股票名称	发行股数（万股）	总股数（万股）	发行价（元）	募集资金总额（万元）	拟投项目	上市时间	上市地
鹭燕医药	3205	12816.88	18.65	59773.25	现代医药物流中心、零售连锁门店的建设及补充流动资金	02-18	深交所中小板
瑞尔特	4000	16000	16.58	66320	新建年产 1120 万套卫浴配件生产基地及阳明路卫浴配件生产基地改扩建项目	03-08	深交所中小板
吉宏股份	2900	11600	6.37	18473	胶印改扩建项目、塑料软包装扩建项目、创意设计项目	07-12	深交所中小板

表 22-12　**2016 年在“新三板”挂牌上市的厦门市民营企业**

序号	股票简称	股票代码	挂牌日期	企业
1	众志达	870336.OC	12-30	厦门众志达互联网装修工程股份公司
2	维信科技	870290.OC	12-21	厦门维信创联信息科技股份有限公司
3	诺瑞特	870244.OC	12-20	厦门诺瑞特实业股份有限公司
4	达达股份	870131.OC	12-20	厦门达达股份有限公司
5	二五八	870241.OC	12-19	厦门二五八网络科技集团股份有限公司
6	大顺股份	870129.OC	12-12	厦门大顺集团股份有限公司

续表 22-12

序号	股票简称	股票代码	挂牌日期	企业
7	倍杰科技	870087.OC	12-09	厦门倍杰特科技股份公司
8	唐人科技	839271.OC	11-30	厦门唐人科技股份有限公司
9	万久科技	839809.OC	11-16	厦门万久科技股份有限公司
10	信昇达	839905.OC	11-15	厦门信昇达物联科技股份有限公司
11	恒利来	839773.OC	11-15	厦门恒利来实业股份有限公司
12	中构新材	839777.OC	11-14	厦门中构新材料科技股份有限公司
13	海合达	839531.OC	11-09	厦门海合达电子信息股份有限公司
14	思泰克	839448.OC	11-01	厦门思泰克智能科技股份有限公司
15	同步天成	839489.OC	10-31	厦门同步天成软件股份有限公司
16	碧驰股份	839509.OC	10-24	厦门碧驰信息科技股份有限公司
17	富通股份	839427.OC	10-20	福建富通汽车服务股份有限公司
18	悠度股份	839387.OC	10-20	厦门悠度休闲用品股份有限公司
19	芯阳科技	839413.OC	10-19	厦门芯阳科技股份有限公司
20	利德宝	839291.OC	10-14	厦门利德宝电子科技股份有限公司
21	古琳达姬	839230.OC	09-26	古琳达姬（厦门）股份有限公司
22	普普文化	839170.OC	09-22	厦门普普文化股份有限公司
23	羽星股份	839152.OC	09-05	厦门羽星科技股份有限公司
24	久泽电力	838488.OC	08-24	厦门久泽电力股份有限公司
25	九龙宝典	838074.OC	08-16	福建九龙宝典传媒股份有限公司
26	梦加网络	839039.OC	08-15	厦门梦加网络科技股份有限公司
27	精深科技	838993.OC	08-15	厦门精深联合科技股份有限公司
28	东方远景	838667.OC	08-15	厦门东方远景科技股份有限公司
29	易名科技	838413.OC	08-15	厦门易名科技股份有限公司
30	准信消防	838621.OC	08-11	准信智慧消防股份有限公司
31	快商通	839014.OC	08-11	厦门快商通科技股份有限公司
32	天锐股份	838408.OC	08-08	厦门天锐科技股份有限公司
33	新泰阳	838422.OC	08-04	厦门新泰阳股份有限公司
34	中闽环保	838245.OC	08-02	厦门中闽全球环保股份有限公司
35	铂联科技	838192.OC	08-01	厦门市铂联科技股份有限公司
36	尚为科技	838070.OC	07-21	厦门尚为科技股份有限公司
37	兴康信	837960.OC	07-21	厦门兴康信科技股份有限公司
38	安盟网络	837846.OC	07-19	厦门安盟网络股份有限公司
39	多科莫	837830.OC	06-30	厦门多科莫新能源股份有限公司
40	嘉戎技术	837722.OC	06-29	厦门嘉戎技术股份有限公司
41	淘金互动	837685.OC	06-15	厦门淘金互动网络股份有限公司
42	仙侠网络	837726.OC	06-13	厦门仙侠网络股份有限公司
43	海豹信息	837472.OC	05-25	厦门海豹信息技术股份有限公司
44	元初食品	837428.OC	05-19	厦门元初食品股份有限公司

续表 22-12

序号	股票简称	股票代码	挂牌日期	企业
45	海普锐	837408.OC	05-16	厦门海普锐科技股份有限公司
46	蓝帽互动	837395.OC	05-16	福建蓝帽子互动娱乐科技股份有限公司
47	集恩图造	837227.OC	05-12	厦门集恩图造信息科技股份有限公司
48	小鱼股份	837299.OC	05-10	福建小鱼网络科技股份有限公司
49	特力通	837272.OC	05-09	厦门特力通信息技术股份有限公司
50	国海中森	837190.OC	05-09	厦门国海中森航电科技股份有限公司
51	神州聚海	837036.OC	05-05	厦门神州聚海国际物流股份有限公司
52	极致互动	837011.OC	05-04	厦门极致互动网络技术股份有限公司
53	合立道	836897.OC	05-03	厦门合立道工程设计集团股份有限公司
54	迈信物联	836872.OC	04-29	厦门迈信物联科技股份有限公司
55	帝恩思	837018.OC	04-26	厦门帝恩思科技股份有限公司
56	中健网农	836875.OC	04-26	厦门中健网农股份有限公司
57	创业人	837132.OC	04-21	厦门创业人环保科技股份有限公司
58	扬德股份	836684.OC	04-15	厦门扬德股份有限公司
59	铠甲网络	836610.OC	04-15	厦门铠甲网络股份有限公司
60	豪尔新材	836404.OC	04-15	厦门市豪尔新材料股份有限公司
61	新诺航科	836189.OC	04-14	新诺北斗航科信息技术（厦门）股份有限公司
62	凯纳股份	836410.OC	04-13	厦门凯纳石墨烯技术股份有限公司
63	东帝士	836648.OC	04-12	厦门东帝士广告股份有限公司
64	茶人岭	836369.OC	04-12	厦门茶人岭电子商务股份有限公司
65	中迅德	836768.OC	04-08	厦门中迅德检测技术股份有限公司
66	风云科技	836460.OC	04-06	厦门风云科技股份有限公司
67	西岐网络	836327.OC	04-06	厦门西岐网络股份有限公司
68	美家帮	836509.OC	03-25	厦门美家帮科技股份有限公司
69	美润股份	836267.OC	03-18	厦门美润无纺布股份有限公司
70	泉舜纸塑	836508.OC	03-14	厦门泉舜纸塑容器股份有限公司
71	美易在线	835894.OC	03-08	厦门美易在线科技股份有限公司
72	协成科技	835991.OC	03-02	协成科技股份有限公司
73	成信股份	835884.OC	02-25	成信绿集成股份有限公司
74	太阳城	835838.OC	02-25	太阳城（厦门）户外用品科技股份有限公司
75	中联环	835750.OC	02-17	中联环股份有限公司
76	中恒信	835814.OC	02-15	厦门中恒信净化科技股份有限公司
77	乐麦技术	835722.OC	02-05	厦门乐麦网络技术股份有限公司
78	国安达	835486.OC	02-01	国安达股份有限公司
79	砺德光电	835639.OC	01-15	厦门砺德光电高科技股份有限公司
80	嵩湖环保	835603.OC	01-19	厦门嵩湖环保股份有限公司
81	思尔特	835532.OC	01-15	厦门航天思尔特机器人系统股份公司
82	灏景传媒	835478.OC	01-13	灏景（厦门）文化传媒股份有限公司

续表 22-12

序号	股票简称	股票代码	挂牌日期	企业
83	艾美森	835343.OC	01-14	厦门艾美森新材料科技股份有限公司
84	华亿传媒	835278.OC	01-06	厦门华亿传媒集团股份有限公司
85	日华科技	835216.OC	01-04	厦门日华科技股份有限公司

【民营企业新增的省著名商标】 2016年，厦门市民营企业新增福建省著名商标49件，占全市新增省著名商标83.05%（见表22-13）。至年末，全市民营企业有福建省著名商标505件，占全市省级著名商标62.97%。

【民营企业新增省名牌产品】 2016年，福建省政府公布2016年福建名牌产品及生产企业名单（236个），有效期3年。厦门市民营企业23个产品入选，占全市入选产品的85.19%。（见表22-14）

【民营农业产业化龙头企业】 2016年，厦门市民营农业产业化龙头企业35家，占全市农业产业化龙头企业总数85.37%；创产值402亿元，占全市农业产业化龙头企业总产值78.21%；缴纳税收10.35亿元，占全市农业产业化龙头企业纳税总额87.27%；实现利润14.46亿元，占全市农业产业化龙头企业利润总额81.2%；出口创汇4.99亿美元，占全市农业产业化龙头企业出口创汇总额95.05%。

表22-13 **2016年厦门民营企业新增福建省著名商标**

申请人	商标	商品（服务）项目	商标注册证号
厦门舒菲娅化妆品有限公司	安贝儿及图形	洗发液、浴液、化妆品	12428192
厦门加美石油集团有限公司（被许可企业：江苏加美润滑油有限公司）	Jama 及图形	润滑油、工业用油、齿轮油	7448824
福建金草生物集团股份有限公司	草之典	药用植物根、药用草药茶	8683458
厦门美科安防科技有限公司	第7795704号图形	五金器具（小）、金属锁（非电）、钥匙	7795704
厦门市李氏工贸有限公司	好周到	电缆桥架、离心机、阀（机器零件）	5305805、8277106
福建双延兴业传动科技股份有限公司	OMEGA	传送带、机器传动带、发动机和引擎用传动带	5803075
厦门南讯软件科技有限公司	客道 Nascent 及图形	计算机软件（已录制）、计算机程序（可下载软件）	14715124
厦门中同能源科技有限公司	中锐	热水器	5610444
厦门金诚霖建材有限公司	厦牌卫浴	水龙头、淋浴用设备、抽水马桶	8738020
厦门长塑实业有限公司	长塑 CHANGSU	包装用塑料膜	8633965
厦门富鑫塑胶制品有限公司	第6450666号图形	包装用塑料膜、垃圾袋（纸或塑料制）、包装用纸袋或塑料袋（信封、小袋）	6450666
福建省欧米投资有限公司（被许可企业：厦门市思明区欧米科贸有限公司）	OMI	仿皮、背包、公文包	9427771
厦门超凡建材有限公司（被许可企业：厦门艾迪建材工业有限公司）	SAGA 及图形	玻璃马赛克、人造石、大理石	14153333
厦门固克涂料集团有限公司	KUCK 固克	涂层（建筑材料）、非金属建筑涂面材料	1928835
厦门纽优新型工艺有限公司	第7136989号图形	镶饰表面的薄板、非金属建筑材料、人造石	7136989
厦门创万通管业有限公司	CWT 创万通	非金属管道、非金属排水管、玻璃钢建筑构件	7437195
厦门萨格石业有限公司	萨格 SAGE	玻璃马赛克、人造石、大理石	10173495
厦门金牌厨柜股份有限公司	金牌厨柜及图形	餐具柜、有抽屉的橱	6191334、8608821
陈金禄（被许可企业：厦门市益乐家具有限公司）	第5060905号图形	家具	5060905
厦门东港环美家居有限公司	东港环美及图形	学校用家具、办公家具、家具	7521464
厦门鑫活力工贸有限公司	鑫活力及图形	办公家具	7722770

续表 22-13

申请人	商标	商品（服务）项目	商标注册证号
厦门豪盛塑料制品有限公司	第 849757 号图形	凳子、椅子、塑料周转箱	849757
厦门金三角特种织物有限公司	第 12341309 号图形	网、遮篷	12341309
厦门三维丝环保股份有限公司	SAVINGS	过滤布、纺织品过滤材料、毡	7812242
厦门超宇环保科技股份有限公司	赛宇	毡、过滤布、纺织品过滤材料	8225238
厦门恒好旅游用品有限公司（厦门悠度休闲用品股份有限公司）	yodo 及图形	服装、裤子、鞋（脚上的穿着物）	13412203
厦门悠派无纺布制品有限公司	Freego 及图形	内裤	3524365
福建世联达服装辅料有限公司（厦门旭联达服装辅料有限公司）	SLD	线带、尼龙搭扣、钮扣	7131677
厦门博特运动器材有限公司	第 7581196 号图形	护肘（体育用品）、护身	7581196
厦门市云中飞体育用品有限公司	Longstyle 朗斯柏	锻炼身体器械、锻炼身体肌肉器械、健身摇摆机（器）	7586404
厦门亦坤果蔬专业合作社	亦坤	干荔枝	10179293
厦门同泉水产食品有限公司	同泉 TQ	鱼片、鱼（非活的）、鱼肉干	7096819
厦门市绿惠园果蔬专业合作社	厦楼	干桂圆	10451851
厦门中盛粮油集团有限公司	盛洲	食用油	5943873
厦门燕之屋生物工程发展有限公司（被许可企业：厦门市双丹马实业发展有限公司、厦门市丝浓食品有限公司、厦门燕之屋燕窝科技发展有限公司）	碗燕	食用燕窝	11241517
厦门珍新食品有限公司	第 5373277 号图形	猪肉、猪肉食品、肉	5373277
厦门集万利食品有限公司	第 1314375 号图形	调味品	1314375
厦门鹭岩茶业有限公司	第 11117045 号图形	茶、冰茶、茶饮料	11117045
厦门惠盈动物科技有限公司	惠盈动保 HUIYING ANIMAL HEALTH 及图形	饲料、宠物食品、动物食品	10882013
厦门满钇财务管理有限公司	满钇财务及图形	会计、税款准备、绘制账单、账目报表	12098510
厦门恒利来实业股份有限公司（被许可企业：厦门市瑞恒伟业信息科技有限公司）	heniva	替他人推销、为零售目的在通讯媒体上展示商品	8993918
鹭燕（福建）药业股份有限公司	LUYAN 及图形	药品零售或批发服务、药用制剂零售或批发服务、医疗用品零售或批发服务	11993077
厦门市东万晟贸易有限公司	东万晟	进出口代理、替他人推销、替他人采购（替其他企业购买商品或服务）	10315869
厦门纵横集团股份有限公司	第 1309964 号图形	建筑、电器设备的安装与修理、计算机硬件安装	1309964
厦门市颖艺景观工程有限公司	颖艺 YINGYI 及图形	建筑	12480404、12482666
准信智慧消防股份有限公司	准信企业 RELIANCE 及图形	管道铺设和维护、火警器的安装与修理、电器设备的安装与修理	7068919、7068882
厦门元程装饰工程有限公司	第 9546801 号图形	建筑、室内装潢	9546801
厦门倾国倾城婚纱摄影有限公司	倾国倾城及图形	录像带制作、数字成像服务、摄影	6507146
厦门鲁班环境艺术工程有限公司	第 11614161 号图形	风景设计	11614161

表 22-14　　**入选 2016 年福建名牌产品目录的厦门市民营企业**

序号	企业	商标及产品
1	厦门特宝生物工程股份有限公司	特宝 +AMOYTOP+ 图形牌蛋白质药物
2	厦门三维丝环保股份有限公司	三维丝 + 图形、龙泰斯 + 图形、savings+ 图形牌聚苯硫醚水刺毡滤料
3	厦门悠度休闲用品股份有限公司	yodo+ 图形牌户外运动鞋服
4	厦门市得尔美卫浴有限公司	DELMEI+Delmei sanitary ware+ 图形牌花洒
5	厦门奥斯福电力系统有限公司	奥斯福 + 图形、AOSIF+ 图形牌发电机组
6	厦门市逸超实业有限公司	图形牌汽车配件
7	厦门多彩光电子科技有限公司	dacol+ 图形、多彩 + 图形牌 LED 贴片光源
8	厦门雅瑞光学有限公司	Bolon+ 图形牌眼镜
9	厦门凯欣达体育用品有限公司	PRO-CUSHION+ 图形、凯欣达 + 图形、图形牌跑步机
10	如意情集团股份有限公司	图形、如意情 + 图形牌梅子
11	如意情集团股份有限公司	图形、如意情 + 图形牌金针菇
12	福建金草生物集团股份有限公司	草之典牌金线莲
13	如意情集团股份有限公司	图形、如意情 + 图形牌蔬菜嫁接苗
14	易联众信息技术股份有限公司	图形牌医疗自助服务平台（银医通自助服务平台）
15	易联众信息技术股份有限公司	图形牌民生公共服务平台
16	厦门科拓通讯技术股份有限公司	KEYTOP+ 图形牌全视频智慧停车系统
17	厦门市南方科宇科技有限公司	南方科宇 + 图形牌“四品一械”电子监管平台
18	厦门网中网软件有限公司	图形牌会计专业实训软件
19	厦门四信通信科技有限公司	图形、Four-Faith+ 图形牌工业物联网终端嵌入式软件（软件产品）
20	厦门柏事特信息科技有限公司	图形 + 柏事特 + 图形牌安全网关系统
21	厦门市中资源网络服务有限公司	中资源 + 图形牌企业邮箱
22	厦门高士达科技股份有限公司	GSD SciTech+ 图形、高士达科技 + 图形牌企业业务流程管理系统
23	厦门南讯软件科技有限公司	雁书牌网络营销系统

【民营外贸进出口】 2016 年，厦门市新增民营外贸企业 2238 家。至年末，厦门市实际从事进出口业务民营企业 9050 家，占全市实际从事进出口业务企业总数 81.66%。全年民营企业完成进出口总值 1992.5 亿元（比上年同期下降 6.2%），占全市进出口总值 39.13%。其中，完成出口值 1502.7 亿元（下降 10.7%），占全市出口总值的 48.56%；完成进口值 489.8 亿元（增长 11.2%），占全市进口总值的 24.52%。实现贸易顺差 1012.9 亿元。出口值 500 万至 1000 万美元的民营外贸企业 3230 家，超过 1000 万美元 2368 家；进口值 500 万至 1000 万美元的民营外贸企业 645 家，超过 1000 万美元 439 家。

【列入市重点项目的民营企业项目】 2016 年 2 月 27 日，厦门市政府公布市重点在建项目（276 个），民营企业占 40 个。其中，工业项目 8 个，服务业项目 30 个，社会事业项目 2 个。（见表 22-15）

表 22-15　　**2016 年厦门市重点在建民营企业项目**

项目类别	项　　目
工业	亿联研发大楼
	三安 LED 项目
	三安集成电路
	乾照 LED 蓝绿光外延片

续表 22-15

项目类别	项　　目
工业	芯片和照明产业
	宏发汽车电子车用电磁控制继电器产业化及技术改造
	宏发海沧工业园一期
	强力巨彩 LED 显示屏产业园项目
	福建金草生物集团金线莲产业化项目
服务业	吉比特动漫创意中心平台
	中马冷链物流园
	嘉晟供应链物流园
	江苏淹城野生动物世界有限公司投资的灵玲国际马戏城
	中航紫金广场（民资、国资各 50%）
	海峡明珠广场
	宝龙国际中心
	世茂海峡大厦
	鼎丰国际广场
	鼎泰和国际金融中心
	厦门宝呈众华置业有限责任公司开发的海西金融广场
	凌云玉石总部大楼
	融信海上城
	福建裕华集团投建的海之星国际营运中心
	汇景集团投建的海峡现代城
	磐基莲花
	恒禾置地（厦门）股份有限公司投建的璞尚酒店
	厦门正元置业有限公司投建的正元内湖酒店
	青年阳光酒店
	华强文化科技产业基地二期
	佳逸酒店
	首泰国际广场
	泰地海西中心
	创冠国际中心
	东源集团大厦
	嘉晟总部大厦
	特伦众创空间
	英蓝国际金融中心
	厦门电商谷项目
	恒大帝景
社会事业	即眼科中心扩建
	福建西山教育集团投资的安防科技职业学院

【民营物流企业获评全国AAA级】 2016年2月和8月，中国物流与采购联合会分别发布第二十一、二十二批全国A级物流企业名单，共634家，厦门市上榜AAA级企业3家，均为民营企业，即厦门硕航物流有限公司、厦门优创思特供应链管理有限公司、厦门中迪物流有限公司。至年末，全国A级物流企业累计评选22批，厦门市入选企业共83家，民营企业占32家，其中AAAA级11家、AAA级19家。

【民营市重点工业企业】 2016年3月12日，厦门市政府、市经信局联合公布150家具有产业龙头效应、规模和经营指标达到规定标准的2016年厦门市重点工业企业名单，其中民营企业38家。（见表22-16）

【宝龙地产入选中国房地产百强】 2016年3月24日，由国务院发展研究中心企业所、清华大学房地产研究所和中国指数研究院3家单位联合主办的2016中国房地产百强企业研究成果发布会暨第十三届中国房地产百强企业家峰会在北京召开，厦门2家企业上百强榜单，其中民营企业1家，即宝龙地产控股有限公司，排第三十四名。

【列为省重点上市后备企业的市民营企业】 2016年4月7日，福建省发改委公布2016年省重点上市后备企业名单（628家），厦门市132家民营企业入选，占全市入选企业的82.5%。（见表22-17）

表22-16　**入选2016年度厦门市重点工业企业的民营企业**

排名	企业	排名	企业
4	联想移动通信科技有限公司	76	厦门瑞尔特卫浴科技股份有限公司
10	厦门银鹭食品集团有限公司	83	厦门威迪亚科技有限公司
20	厦门中禾实业有限公司	89	厦门市东林电子有限公司
21	厦门中盛粮油集团有限公司	90	厦门市三安光电科技有限公司
27	银祥系列	91	厦门阳光恩耐照明有限公司
	厦门银祥肉业有限公司	100	惠尔康系列
	厦门银祥油脂有限公司		惠尔康东方（厦门）食品有限公司
	厦门银祥饲料有限公司		厦门惠尔康食品有限公司
	厦门银祥肉制品有限公司	105	厦门天能电子有限公司
29	宏发系列	107	厦门弘信电子科技有限公司
	厦门宏发电声股份有限公司	108	厦门好年东米业有限公司
	厦门宏发电力电器有限公司	111	乔丹（厦门）实业有限公司
	厦门宏发开关设备有限公司	113	安踏（厦门）体育用品有限公司
	厦门宏发汽车电子有限公司	119	厦门康乐佳运动器材有限公司
	厦门金越电器有限公司	125	如意情集团股份有限公司
35	蒙发利系列	126	厦门金牌厨柜股份有限公司
	厦门蒙发利科技（集团）股份有限公司	128	厦门夏纺纺织有限公司
	厦门蒙发利电子有限公司	130	厦门三维丝环保股份有限公司
41	福建安井食品股份有限公司	135	厦门华纶印染有限公司
51	厦门百穗行科技股份有限公司	139	厦门姚明织带饰品有限公司
52	厦门长塑实业有限公司	141	厦门智欣建材有限公司
55	厦门科华恒盛股份有限公司	142	厦门市育明机械工程有限公司
65	厦门金达威集团股份有限公司	147	麦克奥迪系列
70	厦门市同安源水水产有限公司		麦克奥迪（厦门）电气股份有限公司
40	厦门美图移动科技有限公司		麦克奥迪实业集团有限公司
46	厦门强力巨彩光电科技有限公司	149	厦门金桐合成洗涤剂有限公司
74	厦门兴盛食品有限公司		

表 22-17　**2016 年厦门市入选省重点上市后备企业名单的民营企业**

序号	企业	序号	企业
1	厦门金牌厨柜股份有限公司	39	厦门乐麦网络技术股份有限公司
2	厦门亿联网络技术股份有限公司	40	灏景（厦门）文化传媒股份有限公司
3	四三九九网络股份有限公司	41	国安达股份有限公司
4	三达膜环境技术股份有限公司	42	厦门超宇环保科技股份有限公司
5	厦门延江新材料股份有限公司	43	协成科技股份有限公司
6	智业软件股份有限公司	44	厦门光莆电子股份有限公司
7	厦门光莆电子股份有限公司	45	厦门英诺尔电子科技股份有限公司
8	福建安井食品股份有限公司	46	厦门思尔特机器人系统股份公司
9	厦门弘信电子科技股份有限公司	47	厦门美易在线科技股份有限公司
10	厦门吉宏包装科技股份有限公司	48	成信绿集成股份有限公司
11	厦门吉比特网络技术股份有限公司	49	厦门兴恒隆股份有限公司
12	大博医疗科技股份有限公司	50	厦门高士达科技股份有限公司
13	厦门科拓通讯技术股份有限公司	51	瑞科际再生能源股份有限公司
14	厦门盈趣科技股份有限公司	52	厦门永华光电科技股份有限公司
15	厦门新泰阳股份有限公司	53	厦门骐俊物联科技股份有限公司
16	厦门日华科技股份有限公司	54	厦门立思科技股份有限公司
17	厦门本捷网络股份有限公司	55	厦门福慧达果蔬股份有限公司
18	厦门多想互动文化传播股份有限公司	56	绿网天下（福建）网络科技股份有限公司
19	厦门欢乐逛科技股份有限公司	57	厦门佳创科技股份有限公司
20	厦门商中在线科技股份有限公司	58	厦门恒坤新材料科技股份有限公司
21	福建三炬生物科技股份有限公司	59	厦门捷昕精密科技股份有限公司
22	厦门艾美森新材料科技股份有限公司	60	厦门冠宇科技股份有限公司
23	厦门房米网络股份有限公司	61	厦门鑫点击网络科技股份有限公司
24	厦门海迈科技股份有限公司	62	厦门致善生物科技股份有限公司
25	爱芯环保科技（厦门）股份有限公司	63	福建求实智能股份有限公司
26	厦门易法通法务信息管理股份有限公司	64	厦门琥珀日化科技股份有限公司
27	厦门泉舜纸塑容器股份有限公司	65	福建画龙点睛园林集团股份有限公司
28	厦门蓝斯通信股份有限公司	66	厦门市天泉鑫膜科技股份有限公司
29	厦门市佳音在线股份有限公司	67	厦门市朗星节能照明股份有限公司
30	厦门鑫森海电子股份有限公司	68	厦门金邦科技股份有限公司
31	厦门市海德龙电子股份有限公司	69	厦门三优光电股份有限公司
32	福建长潮信息科技股份有限公司	70	厦门威尔圣电气股份有限公司
33	厦门嵩湖环保股份有限公司	71	厦门市江平生物基质技术股份有限公司
34	厦门致力金刚石科技股份有限公司	72	厦门陆海环保股份有限公司
35	厦门中恒信净化科技股份有限公司	73	厦门飞博共创网络科技股份有限公司
36	中联环股份有限公司	74	厦门市天视文化传媒股份有限公司
37	厦门小羽佳家政股份有限公司	75	宇鑫（厦门）货币兑换股份有限公司
38	厦门砺德光电高科技股份有限公司	76	晋华和佐（厦门）食品股份有限公司

续表 22-17

序号	企业	序号	企业
77	环创（厦门）科技股份有限公司	105	厦门市拙雅科技有限公司
78	厦门惠和股份有限公司	106	厦门嘉戎技术股份有限公司
79	厦门市天艺传媒股份有限公司	107	厦门唯科模塑科技有限公司
80	厦门新游网络股份有限公司	108	厦门悠度休闲用品股份有限公司
81	厦门美家帮科技股份有限公司	109	福建联冠物流有限公司
82	厦门西岐网络股份有限公司	110	厦门富堡复合材料有限公司
83	厦门市豪尔新材料股份有限公司	111	波鹰（厦门）科技有限公司
84	厦门美润无纺布股份有限公司	112	厦门兴厦控电气有限公司
85	厦门茶人岭电子商务股份有限公司	113	厦门利德宝电子科技有限公司
86	厦门风云科技股份有限公司	114	厦门智顶互动传媒股份有限公司
87	厦门东帝士广告股份有限公司	115	厦门海豹信息技术股份有限公司
88	厦门铠甲网络股份有限公司	116	厦门极致互动网络技术股份有限公司
89	厦门市铂联科技股份有限公司	117	福建蓝帽子互动娱乐科技股份有限公司
90	厦门唐人科技股份有限公司	118	准信智慧消防股份有限公司
91	厦门市安越非开挖工程技术有限公司	119	隆领投资股份有限公司
92	厦门特宝生物工程股份有限公司	120	厦门古琳达姬鞋业有限公司
93	厦门象兴国际物流服务有限公司	121	厦门创业人环保科技股份有限公司
94	厦门二五八集团有限公司	122	厦门海普锐科技股份有限公司
95	厦门优胜卫厨科技有限公司	123	厦门睿康科技有限公司
96	厦门鲁班环境艺术工程有限公司	124	厦门华锂能源股份有限公司
97	厦门安港建设集团有限公司	125	厦门易名科技股份有限公司
98	厦门恒隆兴信息技术有限公司	126	天下行租车有限公司
99	厦门洪视科宏眼科集团有限公司	127	厦门食博汇餐饮有限公司
100	罗普特（厦门）科技集团有限公司	128	盈众汽车集团有限公司
101	厦门市巨龙信息科技有限公司	129	厦门南讯软件科技股份有限公司
102	福建小鱼网络科技股份有限公司	130	厦门游动网络科技有限公司
103	瑞之路（厦门）眼镜科技有限公司	131	厦门智为建筑装饰设计有限公司
104	厦门信昇达物联科技股份有限公司	132	厦门湖头食品有限公司

【嘉晟对外贸易有限公司获 AEO 高级认证】 2016 年 4 月 20 日，厦门 AEO 高级认证企业颁证仪式在厦门海关高崎关举行，中国大陆海关与欧盟、新加坡、韩国等国家和香港等地区（共 31 个）实现 AEO（经认证的经营者）互认。厦门市获认证企业 2 家，其中民营企业 1 家，即厦门市嘉晟对外贸易有限公司。至年末，厦门市 4 家企业通过 AEO 高级认证，其中民营企业 1 家。

【民营企业入选中国餐饮百强企业】 2016 年 5 月 18 日，中国烹饪协会发布“2016 中国餐饮百强企业”榜单，厦门 2 家民营企业上榜。其中，厦门市舒友海鲜大酒楼有限公司排名第七十七，厦门豪享来餐饮娱乐有限公司排名第八十九。

【3 家民营企业入围中国互联网企业百强】 2016 年 7 月 12 日，中国互联网协会、工业和信息化部信息中心在北京联合发布 2016 年“中国互联网企业 100 强”榜单，厦门 3 家民营企业上榜。其中，四三九九网络股份有限公司排名第二十二，主要品牌 4399 小游戏；趣游（厦门）科技有限公司排名第七十五，主要品牌哥们网、牛 A 网页游戏；绿网天下（福建）网络科技股份有限公司排名第九十四，主要品牌绿网天下。

【民营市级工业设计中心】 2016 年 7 月 21 日，厦门市经信局公布市级工业设计中心（第三批）名单，4家企业入选，均为民营企业，即厦门雅瑞光学有限公司、厦门悠度休闲用品股份有限公司、大博医疗科技股份有限公司、厦门强力巨彩光电科技有限公司。至年末，厦门市有市级工业设计中心15家，其中民营企业10家。

【民营省级工业设计中心】 2016年7月，福建省经信局公布2016年省级工业设计中心（第四批）名单，共11家，厦门市上榜3家，其中民营企业2家，即厦门瑞尔特卫浴科技股份有限公司、厦门蒙发利科技（集团）股份有限公司。至年末，厦门市有省级工业设计中心9家，其中民营企业4家。

【银鹭上榜中国制造业500强】 2016年8月27日，中国企业和企业家联合会、中国企业家协会联合发布2016年中国制造业500强名单。厦门市3家企业上榜，其中民营企业1家，即厦门银鹭集团有限公司，排名438，营业收入964709万元。

【民营企业上榜中国服务业500强】 2016年8月27日，中国企业和企业家联合会、中国企业家协会联合发布2016年中国服务业500强名单，厦门市17家企业上榜，其中民营企业7家。（见表22-18）

【厦门企业百强的民营企业】 2016年8月，厦门企业和企业家联合会公布2016年度厦门企业100强名单，46家民营企业上榜。（见表22-19）

表22-18 **上榜2016年中国服务业企业500强的厦门民营企业**

排名	企业	营业收入（万元）
327	厦门恒兴集团有限公司	704842
339	鹭燕（福建）药业股份有限公司	662572
350	厦门市嘉晟对外贸易有限公司	625446
407	厦门海澳集团有限公司	478347
424	厦门明穗粮油贸易有限公司	442123
457	厦门嘉联恒进出口有限公司	367122
489	厦门育哲进出口有限公司	307840

表22-19 **上榜2016年度厦门企业100强的民营企业**

排名	企业	排名	企业
5	均和（厦门）控股有限公司	47	厦门蒙发利科技（集团）股份有限公司
9	厦门中骏集团有限公司	49	厦门源昌集团有限公司
13	厦门禹洲集团股份有限公司	50	鑫泰建设集团有限公司
15	厦门银鹭集团有限公司	51	厦门盛元集团
19	厦门恒兴集团有限公司	52	福建安井食品股份有限公司
21	盛屯集团矿业股份有限公司	56	顺通达集团有限公司
22	鹭燕（福建）药业股份有限公司	57	厦门源昌城建集团有限公司
23	厦门市万科房地产有限公司	63	厦门中禾实业有限公司
24	厦门市嘉晟对外贸易有限公司	65	厦门新景地集团有限公司
27	厦门华特投资控股集团有限公司	70	东琦（厦门）石化有限公司
28	厦门海澳集团有限公司	71	四三九九网络股份有限公司
30	厦门市明穗粮油贸易有限公司	72	厦门思总建设有限公司
31	厦门宏发电声股份有限公司	73	福建三建工程有限公司
33	厦门航空开发股份有限公司	75	厦门市建安集团有限公司
34	厦门中盛粮油集团有限公司	82	厦门市建筑科学研究院集团股份有限公司
35	厦门银祥集团有限公司	84	厦门海润进出口有限公司
36	厦门嘉联恒进出口有限公司	85	厦门中宸集团有限公司
38	恒晟集团有限公司	86	福建同发食品集团有限公司
41	福建联美建设集团有限公司	87	厦门金达威股份有限公司
45	厦门育哲进出口有限公司	90	厦门强力巨彩光电科技有限公司

续表 22-19

排名	企业	排名	企业
93	厦门永佳和塑胶有限公司	97	厦门安能建设有限公司
94	厦门成易集团有限公司	98	厦门金华南进出口有限公司
95	厦门洛矶山石油集团有限公司	99	厦门中鹭达进出口贸易有限公司

【民营企业获评全国建筑业AAA级信用】 2016年10月10日，中国建筑业协会公布2016年度“全国建筑业AAA级信用企业”名单（总第七批），共110家。厦门市4家企业上榜，其中民营企业3家，即厦门思总建设有限公司、福建省九龙建设集团有限公司、厦门建安集团有限公司。

【合兴包装入选中国印刷企业百强】 2016年10月，《印刷经理人》杂志社公布2016年中国印刷企业百强榜单，福建省上榜企业6家，厦门市占1家，即民营企业厦门合兴包装印刷股份有限公司，排名第三。合兴包装印刷股份有限公司2016年度营收总额35.42亿元，比上年增长24%，利润总额1.03亿元。

【民营国家级农业产业化重点龙头企业】 2016年10月，农业部公布新增的111家国家级农业产业化重点龙头企业，厦门1家民营企业上榜，即厦门福慧达果蔬股份有限公司。至年末，厦门市有国家级农业产业化重点龙头企业13家，其中民营企业11家。

【华特集团入选中国石化民营企业百强】 2016年11月26日，由中国石油和化学工业联合会、山东省临沂市政府主办的2016中国石油和化工民营企业百强发布会暨民营企业国际化发展论坛在山东临沂召开，厦门华特集团入围“中国石油和化工民营企业百强”榜单，排第五十三名。

【民营上市公司入围深港通】 2016年12月5日，深港通正式启动，厦门科华恒盛、蒙发利、金达威、三五互联、易联众、美亚柏科、禹洲地产、中骏置业8家民营上市公司入围，占全市入围企业的88.89%。深港通是深港股票市场交易互联互通机制的简称，指深圳证券交易所和香港联合交易所有限公司建立技术连接，使中国大陆和香港地区投资者可以通过当地证券公司或经纪商买卖入围的对方交易所上市股票。

【民营企业新增市级著名商标】 2016年12月6日，厦门市著名商标认定委员会公布67件2016年厦门市著名商标，有效期3年，其中民营企业占51件（见表22-20）。至年末，厦门市民营企业有市级著名商标640件，占全市的63.62%。

表 22-20 **2016年厦门民营企业新增市级著名商标**

企业名称	申请认定商标名称	申请认定的商品（或服务）	商标注册证号
福建三炬生物科技股份有限公司	三炬及图形	微生物肥料	1252872
厦门加美石油集团有限公司	jama 及图形	润滑油、工业用油、齿轮油	7448824
福建金草生物集团股份有限公司	草之典	药用植物根、药用草药茶	8683458
厦门市鹰君药业有限公司	鹰君	西洋参胶囊、西洋参口服液	1973908
厦门致善生物科技股份有限公司	ZEEOAN（图形）	医用诊断制剂、医用化学制剂	13609701
厦门美科安防科技有限公司	MAKE	五金器具（小）、金属锁（非电）、钥匙	7795704
福建双延兴业传动科技股份有限公司	OMEGA	传送带、机器传动带、发动机和引擎用传动带	5803075
厦门佳创科技股份有限公司	GACHN 及图形	包装机、造纸机（纸业机器）、食品包装机	10596822、10596794
厦门南讯软件科技有限公司	客道 Nascent 及图形	计算机软件（已录制）、计算机程序（可下载软件）	14715124
绿网天下（福建）网络科技股份有限公司	绿网天下	计算机软件（已录制）、网络通信设备	9171109
厦门大恒科技有限公司	TAIHANG 及图形	电涌保护器、断路器	4357007
厦门信昇达物联科技股份有限公司	信昇达物联科技 XIN SHENG DA 及图形	计算机周边设备、数据处理设备	9677467
厦门市朗星节能照明股份有限公司	朗星照明 LED 光源 RAYSHINE 及图形	灯	9714890、11163901

续表 22-20

企业名称	申请认定商标名称	申请认定的商品（或服务）	商标注册证号
厦门唐昱电材有限公司	TEMTAPE	非文具、非医用、非家用自粘胶带、非包装用塑料膜、绝缘胶带	10835768
福建省欧米投资有限公司（独占被许可人：厦门市思明区欧米科贸有限公司）	OMI	仿皮、背包、公文包	9427771
厦门超凡建材有限公司	SAGA 及图形	玻璃马赛克、人造石、大理石	14153333
厦门德家和实验室设备工程有限公司	DJH 及图形	学校用家具、家具	9207434
（江山荣）福建科荣家具有限公司	KRONG 科荣	办公家具、家具、椅子	1705005
厦门玖阳工贸有限公司	宇多	家具、衣服罩（衣柜）、家具门	8176651
厦门金牌厨柜股份有限公司	G GOLDENHOME 及图形	餐具柜、有抽屉的橱	6191334、8608821
厦门金三角特种织物有限公司	第 12341309 号图形	网、遮篷	12341309
厦门三维丝环保股份有限公司	窑之星 K-STAR	毡	7708437
厦门超宇环保科技股份有限公司	赛宇	毡、过滤布、纺织品过滤材料	8225238
厦门市育新工贸有限公司	第 743239 号图形	服装、鞋、帽	743239
卓影（厦门）服饰有限公司	JOEM	服装、鞋、帽	7204841
厦门恒好旅游用品有限公司	yodo 及图形	服装、裤子、鞋（脚上的穿着物）	13412203
厦门悠派无纺布制品有限公司	Freego 及图形	内裤	3524365
厦门绵羊抗疲劳垫有限公司	软羊羊	地垫、防滑垫、乙烯地板覆盖物	10043268
厦门宙隆运动器材有限公司	图形、宙隆 +ZHOU LONG	锻炼身体器械、健身摇摆机（器）或运动摇摆机（器）	5923155、10837706
厦门市鹭建发水产冻品有限公司	第 12259024 号图形	肉、鱼制食品、鱼（非活）	12259024
厦门同泉水产食品有限公司	同泉 TQ	鱼片、鱼（非活的）、鱼肉干	7096819
厦门中盛粮油集团有限公司	盛洲	食用油	5943873
厦门市绿惠园果蔬专业合作社	厦楼	干桂圆	10451851
厦门珍新食品有限公司	第 5373277 号图形	猪肉、猪肉食品、肉	5373277
厦门集万利食品有限公司	万利及图形	调味品	1314375
厦门市奇奇保健食品有限公司	顽固老爹及图形	糖果、糕点、馅饼	10703908
厦门湖头食品有限公司	湖之头村 Hu Zi Tou Cun 及图形	米粉、面条、面粉制品	4135629
厦门惠盈动物科技有限公司	惠盈动保 HUIYING ANIMAL HEALTH 及图形	饲料、宠物食品、动物食品	10882013
厦门市青云岭生态农业有限公司	天岩山	新鲜蔬菜、新鲜水果	12336837
厦门全富贸易有限公司	宏金富	水果饮料（不含酒精）、植物饮料	7692292
厦门恒利来实业有限公司	heniva	替他人推销、为零售目的在通讯媒体上展示商品	8993918
厦门旭初税务师事务所有限公司	旭初	会计、审计	7021057
厦门常春藤物业管理有限公司	第 9043697 号图形	不动产管理、公寓管理、不动产出租	9043697
准信智慧消防股份有限公司	准信企业 RELIANCE 及图形	管道铺设和维护、火警器的安装与修理、电器设备的安装与修理	7068919、7068882
厦门洁尔保洁服务有限公司	洁尔保及图形	清洁建筑物（内部）、清洁建筑物（外表面）	9840933、9840929

续表 22-20

企业名称	申请认定商标名称	申请认定的商品（或服务）	商标注册证号
厦门市颖艺景观工程有限公司	颖艺 YINGYI 及图形	建筑	12480404、12482666
厦门佳迅装饰建筑工程有限公司	第 7849994 号图形	安装门窗	7849994
厦门纵横集团股份有限公司	第 1309964 号图形	建筑、电器设备的安装与修理、计算机硬件安装	1309964
厦门市鑫力胜印刷包装有限公司	第 9054747 号图形	印刷	9054747
马宗湘（厦门味道空间餐饮管理有限公司）	老知青	餐厅、饭店、餐馆	5029236
厦门鲁班环境艺术工程有限公司	第 11614161 号图形	风景设计	11614161

【美图秀秀香港上市】 2016 年 12 月 15 日，厦门民营企业美图公司在香港联合交易所上市，股票代码为 1357，发行价 8.5 港元，发售 5.74 亿股，融资额 48.8 亿港元。美图成为继腾讯之后在香港上市的第二大互联网企业，市值 371 亿港元。至年末，厦门市有民营境外上市公司 11 家。

【民营企业入选中国民营外贸 500 强】 2016 年 12 月，中国经济信息社发布 2016 年中国民营外贸企业 500 强排名榜单，厦门市 5 家企业上榜。（见表 22-21）

【民营企业新增市优质品牌】 2016 年 12 月，厦门市政府公布 2016 年厦门市优质品牌名单（88 个），其中 58 个属于民营企业。（见表 22-22）

【民营企业入选中国企业信用榜单】 2016 年年末，中国合作贸易企业协会、中国企业改革与发展研究会在北京联合发布“2016 年中国企业信用 500 强”名单和“2016 年中国民营企业信用百强”名单。其中，厦门市民营企业厦门恒兴集团有限公司入选“2016 年中国企业信用 500 强”，排名 184，信用指数 93.964；三安光电股份有限公司入选“2016 年中国民营企业信用百强”，排名 76，信用指数 91.926。

【4 家民营企业入选福建省纳税百强企业】 2016 年年末，福建省国税局和福建省地税局联合公布“福建省 2016 年纳税百强企业”，厦门市 4 家民营企业上榜（全市共 19 家）。其中，福建三安集团有限公司排名第二十五，厦门禹洲海景城房地产有限公司排名第四十四，厦门禹洲鸿图地产开发有限公司排名第七十，厦门富铭杏博置业有限公司排名第九十一。

（严　旭）

表 22-21　**上榜 2016 年中国民营外贸企业 500 强的厦门民营企业**

单位：美元

排名	企业	进出口额	出口额	进口额
39	厦门市嘉晟对外贸易有限公司	935741037	922072334	13668703
80	厦门嘉联恒进出口有限公司	642925731	634933416	7992315
168	福建三钢国贸有限公司	458337635	0	458337635
295	厦门中禾实业有限公司	305481236	0	305481236
355	厦门蒙发利科技（集团）股份有限公司	265426506	265257806	168700

表 22-22　**2016 年民营厦门市优质品牌**

序号	企业	商标	产品
1	厦门中盛粮油集团有限公司	图形 + 盛洲 +shengzhou 牌	食用植物油
2	厦门立林科技有限公司	图形 + 立林牌	楼宇对讲（可视）系统
3	厦门厦化实业有限公司	图形 + 鹭岛牌	复混肥料
4	厦门宏发电声股份有限公司	图形 + 宏发牌	继电器
5	厦门正黎明冶金机械有限公司	图形牌	辊式冷轧成型成套设备
6	大博医疗科技股份有限公司	图形牌	骨科植（介）入物
7	厦门升明电子有限公司	THERMASTER 牌	温控器

续表 22-22

序号	企业	商标	产品
8	厦门威迪亚科技有限公司	威迪亞 +WDI 牌	马桶盖板
9	厦门威迪亚科技有限公司	威迪亞 +WDI 牌	水箱配件
10	厦门安妮股份有限公司	王者 + 安妮 + 小战神牌	办公用纸
11	厦门市台亚塑胶有限公司	东纶牌	塑料管材管件
12	厦门市同安区恒利茶叶有限公司	雅豪 + 图形牌	乌龙茶
13	厦门吉宏包装科技股份有限公司	吉宏 + 图形牌	包装盒
14	厦门嘉康饲料有限公司	图形 + 嘉盛牌	水产饲料
15	伟士（厦门）体育用品有限公司	WISH 牌	球拍
16	厦门市康泰兴运动器材有限公司	COMTAISING SPORTS+ 图形牌	健身器材
17	厦门市南方科宇科技有限公司	南方科宇牌	四品一械电子监管平台（软件产品）
18	厦门瀚盛游艇有限公司	HANSHENG+ 瀚盛牌	游艇
19	厦门艾思欧标准砂有限公司	图形牌	标准砂
20	厦门银祥肉制品有限公司	图形 + 银祥牌	姜母鸭
21	厦门耐德电气有限公司	图形 + 耐德牌	环氧树脂绝缘件
22	厦门智中精密研磨科技有限公司	JOHNCERA 牌	陶瓷刀具
23	厦门万明电子有限公司	WMEC 牌	电容器
24	厦门市翔安区庄家宝蔬菜专业合作社	五珍牌	蔬菜
25	厦门柏事特信息科技有限公司	图形 + 柏事特牌	安全网关系统（软件产品）
26	厦门大手控制技术有限公司	大手 + 大手控制 + 图形牌	停车管理系统（软件产品）
27	厦门网中网软件有限公司	图形牌	会计专业实训软件（软件产品）
28	厦门科拓通讯技术股份有限公司	KEYTOP 牌	全视频智慧停车系统（软件产品）
29	厦门南讯软件科技有限公司	雁书牌	网络营销系统（软件产品）
30	厦门四信通信科技有限公司	四信 +Four-Faith+ 图形牌	工业物联网终端嵌入式软件（软件产品）
31	厦门天锐科技股份有限公司	图形 + 天锐 +TapRay 牌	信息安全管理软件（软件产品）
32	厦门市中资源网络服务有限公司	图形 + 中资源牌	企业邮箱（软件产品）
33	厦门恒隆兴信息技术有限公司	图形 +HylandTEC 牌	外汇支付清算系统（软件产品）
34	厦门高士达科技股份有限公司	GSD SciTech+ 图形 + 高士达科技牌	企业业务流程管理系统（软件产品）
35	厦门三维丝环保股份有限公司	图形 + 普耐 + 三维丝牌	针刺毡滤料
36	厦门悠度休闲用品股份有限公司	图形 +yodo 牌	户外运动鞋服
37	莱尔斯特（厦门）幕墙科技有限公司	图形牌	铝合金窗
38	厦门嘉戎技术股份有限公司	嘉戎牌	膜处理系统
39	厦门宝麦克斯科技有限公司	图形 +BOAMAX+ 宝馨科技牌	精密钣金结构件
40	厦门奥斯福电力系统有限公司	图形 + 奥斯福牌	发电机组
41	厦门格绿能光电股份有限公司	图形 + 格绿能牌	LED 照明灯具
42	厦门瑞比精密机械有限公司	Rapid+ECO 牌	试色机
43	厦门多彩光电子科技有限公司	多彩 +Dacol 牌	LED 贴片光源
44	厦门蓝斯通信股份有限公司	图形牌	公交车载终端
45	厦门印天电子科技有限公司	图形牌	交互式电子白板

续表 22-22

序号	企业	商标	产品
46	厦门英诺尔充源电子有限公司	图形 + 开关电源牌	开关电源
47	厦门科拓通讯技术股份有限公司	KEYTOP 牌	停车场车位综合信息系统（软件产品）
48	厦门市装载机有限公司	OOK 牌	装载机
49	厦门创业人环保科技股份有限公司	cyr 牌	纸袋
50	厦门吉信德宠物用品有限公司	图形 +sunnypet 牌	宠物生活用品
51	环创（厦门）科技股份有限公司	环创 +HC 牌	破碎机
52	厦门市爱维达电子有限公司	EVADA 牌	不间断电源（UPS）
53	福建金草生物集团股份有限公司	草之典牌	金线莲
54	厦门大黑科技有限公司	大黑游戏 + 图形牌	网页游戏（软件产品）
55	如意情集团股份有限公司	图形 + 如意情牌	腌制果蔬
56	易联众信息技术股份有限公司	图形牌	民生公共服务平台（软件产品）
57	易联众信息技术股份有限公司	图形牌	医疗自助服务平台（软件产品）
58	如意情集团股份有限公司	图形 + 如意情牌	金针菇

科技创新

【市科技成果转化与产业化基金拟投资企业】 2016 年，厦门市科技局分两批公布 2016 年厦门市科技成果转化与产业化基金拟投资企业名单，共 21 家，均为民营企业。（见表 22-23）

【民营企业获国家计算机信息系统集成资质】 2016 年，厦门市经济和信息化局分两批分布 2016 年软件和信息服务业发展专项资金拟扶持项目及经费安排。3 家民营企业入选“首次获得国家级、省级荣誉及资质奖励项目名单”，占全市的 75%。其中，厦门柏事特信息科技有限公司获得国家计算机信息系统集成资质一级，获得奖励 50 万元；厦门市巨龙信息科技有限公司、厦门融通信息技术有限责任公司获得国家计算机信息系统集成资质二级，分别获得奖励 10 万元。

【民营企业专利获市专利奖】 2016 年，厦门市专利奖励委员会评审 2016 年厦门市专利奖。民营企业 30 项专利入选，占全市的 68.18%。其中，特等奖 1 项，一等奖 1 项，二等奖 5 项，三等奖 22 项，外观设计金奖 1 项。（见表 22-24）

表 22-23 **2016 年入选厦门市科技成果转化与产业化基金拟投资企业的民营企业**

序号	企业	序号	企业
1	厦门百利种苗有限公司	12	厦门速煜信息技术有限公司
2	厦门鑫康顺医疗科技有限公司	13	厦门市东港智能科技有限公司
3	厦门农丰园大棚开发有限公司	14	厦门市致创能源技术有限公司
4	厦门和美科盛生物技术有限公司	15	意度思信息科技（厦门）有限公司
5	厦门陨石科技股份有限公司	16	厦门科宁沃特水处理科技有限公司
6	厦门市傲凡软件科技有限公司	17	厦门新页科技有限公司
7	福建青原嘉禾股份有限公司	18	厦门百美特生物材料科技有限公司
8	厦门联掌网络有限公司	19	厦门市蔚嘉化学科技有限公司
9	简极科技有限公司	20	韦士肯（厦门）检测技术有限公司
10	厦门市荣佳生物科技有限公司	21	厦门西湖良田科技有限公司
11	厦门超游网络科技有限公司		

表 22-24　　**2016 年获厦门市专利奖的民营企业专利**

申报人	专利名称	专利号	发明人	获奖等次
三达膜科技（厦门）有限公司	一种涂层复合陶瓷滤芯的制备方法	201410188171.1	洪昱斌、陈金发、蓝伟光	特奖奖
科之杰新材料集团有限公司	一种交联型聚羧酸专用保坍剂的制备方法及该方法制备的保坍剂	201210485911.9	蒋卓君、郭鑫祺、方云辉、官梦芹、李英祥	一等奖
厦门优迅高速芯片有限公司	一种信号检测装置	201010607020.7	林少衡	二等奖
厦门市三安光电科技有限公司	一种覆晶式半导体发光器件结构与其制造方法	201210182009.X	钟志白、杨建健、陈文欣、梁兆煊	二等奖
厦门格绿能光电股份有限公司	散热器与电路板的连接结构	201220420840.X	廖良斌、卓元全	二等奖
厦门英诺尔电子科技股份有限公司	具有防转移功能高频易碎 RFID 电子标签及其制备方法	201210278303.0	李文忠	二等奖
福建安井食品股份有限公司	一种基于巯基蛋白酶巯基氧化改善鱼糜制品凝胶的方法	201310377017.4	黄建联、张清苗、周文果、张文海、连惠章、张　婷、巫朝华、朱礼艳	二等奖
厦门致力金刚石科技股份有限公司	一种钎焊金刚石软磨片及其制造方法	201110043804.6	吕永安	三等奖
瑞之路（厦门）眼镜科技有限公司	一种镜片成型模具、公模仁及镜片加工办法	201210400672.2	周贤建	三等奖
厦门力嘉诚防水工程有限公司	柔韧型防水涂料	201310221846.3	刘力嘉	三等奖
厦门金牌厨柜股份有限公司	一种带有装饰贴面的烤漆门板及其制作方法	201410468692.2	潘孝贞	三等奖
厦门三维丝环保股份有限公司	非热塑性化纤滤料覆膜前的改性处理方法	201210565133.4	蔡伟龙、乐世平、郑锦森、方国阳、胡恭任	三等奖
厦门创凯工贸有限公司	一种医用标本袋	201410008616.3	陈旭端	三等奖
成信绿集成股份有限公司	电厂锅炉烟气余热的深度回收利用及减排系统	201310534820.4	常海青、袁　朝、郑木辉、张　燕	三等奖
厦门立业卫浴工业有限公司	一种进水阀	201210187723.8	刘永茂、张子鹏	三等奖
厦门盈趣科技股份有限公司	自动点胶组装机	201110278873.5	林松华、叶小亮	三等奖
厦门上特展示系统工程有限公司	一种快速安装和拆解的锁固机构和展台	201410110617.9	李宏泽	三等奖
厦门真冈热处理有限公司	汽车变速箱齿轮渗碳淬火的热处理方法	201210526213.9	胡大维、张雪梅、胡敬华	三等奖
厦门优胜卫厨科技有限公司	座便器的清洗烘干装置	201210159433.2	兰志铭、熊海斌	三等奖
厦门宏发电声股份有限公司	L 形动簧引出片与静簧片快连接电磁继电器	03152741.8	谭忠华	三等奖
厦门科华恒盛股份有限公司	一种三相并网逆变器空间矢量控制的改进方法	201210274992.8	陈四雄、甘泉、曾春保	三等奖
厦门红相电力设备股份有限公司	小电流雷电冲击接地阻抗测试方法及其装置	201310693777.6	郭　翔、陈耀高、林阳坡、包志翔、陈如洲	三等奖
厦门狄耐克电子科技有限公司	一种故障隔离的安防型楼宇可视对讲系统	201310352853.7	缪国栋	三等奖
厦门美图网科技有限公司	一种数字图像的快速美容方法	201310255825.3	张　伟、傅松林、胡瑞鑫、张长定	三等奖
福建三炬生物科技股份有限公司	一种用微生物发酵生产甲壳低聚糖的方法	201010212749.4	尤越、林克明、林明煌	三等奖
大博医疗科技股份有限公司	小儿截骨锁定板	201310277271.7	张喜贵	三等奖
麦克奥迪（厦门）医疗诊断系统有限公司	一种液基细胞制片系统及其制片方法	201310368996.7	唐剑、黄荣祥	三等奖
厦门欧凯科技有限公司	谷物牛奶用食品添加剂	201010176698.4	管显兴、孙金玉、赵娟	三等奖
华祥苑茶业股份有限公司	一种低发酵红茶的加工方法	201410220717.7	郭栓喜、蔡森源、叶聿浏、刘华峰、谢基雄、吴国清	三等奖
厦门蒙发利科技（集团）股份有限公司	足部按摩器（0G-3005）	201430329418.8	邹剑寒、蓝志伟	外观设计金奖

【民营企业项目获市科技计划立项】 2016年，厦门市科技局分两批下达2016年市科技计划产业科技创新拟立项项目清单（共343个），民营企业占176个。其中，重大项目6个，成长创新项目34个，初创期企业技术创新项目88个，中国创新创业大赛（厦门赛区）暨“白鹭之星”创新创业大赛项目34个，台港澳地区和国际科技合作项目14个。（见表22-25）

表22-25　**2016年入选厦门市科技计划产业科技创新项目拟立项项目的民营企业**

类别	项目	企业
重大项目	LED高光效及高导热基板关键技术研究与产业化	厦门汇耕电子工业有限公司
	功率型倒装LED芯片产业化技术及应用	厦门市三安光电科技有限公司
	节能型纯平智能坐便器技术产业化	厦门优胜卫厨科技有限公司
	高强度汽车专用紧固件的研制与产业化	厦门同恒金属有限公司
	超精细聚苯硫醚过滤材料关键技术开发及产业化（研究院政策兑现）	厦门三维丝环保股份有限公司
	全氟丙烷人血白蛋白微球注射剂研发及产业化项目	厦门福满药业有限公司
成长创新项目	太阳能定向光谱杀虫器及杀虫方法的研发	厦门永华光电科技股份有限公司
	基于APP控制的智能照明系统研发及产业化	厦门兴恒隆股份有限公司
	十点书写红外交互式电子白板（“硬件＋白板软件”）	厦门印天电子科技有限公司
	智能手表连接线的研发及产业化	厦门立琪电子有限公司
	4G基站用交直流一体化电源的研制及产业化	厦门市爱维达电子有限公司
	大容量高电压小型化箱式变电站技术创新研究	厦门智能达电控有限公司
	中高压输配电产品关键元器件的研发与产业化	厦门市榕鑫达实业有限公司
	电压等级可达40.5千伏的固体绝缘开关柜	协成科技股份有限公司
	节能、便拆装式、高清洁型食物垃圾处理器	厦门鼎荣电器制造有限公司
	中高压导电配件表面自动喷铜处理技术的研发及产业化	厦门市协同兴机械制造有限公司
	太阳能智能切换充电器及生产技术研发	厦门高比特电子有限公司
	汽车滤清器壳自动化设备的研发及应用	厦门市欣成业工贸有限公司
	MINI FOAM现场发泡系统的研发与中试	厦门艾美森新材料科技股份有限公司
	新型可折叠健腹器材的研发及产业化	厦门市康泰兴运动器材有限公司
	可靠、耐用微型电磁气控阀及其气密性测试装置的研发	厦门微能电子科技有限公司
	复眼全景三维成像系统	罗普特（厦门）科技集团有限公司
	隧道智能化“三合一”系统的研发与产业化	厦门升光信息科技有限公司
	基于物联网的SI食品可视还源管理系统	凯斯诺（福建）信息科技股份有限公司
	FPC灌锡接地设计结构	厦门源乾电子科技有限公司
	智慧消防服务管理平台的研发设计	厦门准信机电工程有限公司
	基于新型环保高固色技术的高档服装面料产业化项目	厦门华纶印染有限公司
	抗结晶高耐磨工业滤网研发与产业化	厦门厦迪亚斯环保过滤技术有限公司
	CTA残渣中苯甲酸的提取及其在UPR生产中的应用	厦门海湾化工有限公司
	一级精炼油高效、低耗制造技术及产业化	厦门中禾实业有限公司
	车载太阳能发电系统的研发与应用	厦门冠宇科技股份有限公司
	地下及隧道工程注浆封水高新技术应用研究	厦门安能建设有限公司
	新型环保过滤毡技术的研究与开发	厦门超宇环保科技股份有限公司
	高膨胀、低熔点、高电阻率、无铅封接玻璃的研发及产业化	厦门百嘉祥微晶材料科技股份有限公司

续表 22-25

类别	项目	企业
初创期企业技术创新项目	高品质橱柜生产装备与工艺技术研究及应用	好来屋厨柜（厦门）有限公司
	抗腐可压铸可阳极氧化可着色的铝合金材料	厦门鑫雄辉金属制品有限公司
	全自动核酸提纯及荧光 PCR 分析系统	厦门安普利生物工程有限公司
	食用菌栽培废弃物基质化应用技术及产业化研究	厦门市江平生物基质技术股份有限公司
	保健型精制工艺在铁观音茶中的研究及产业化	厦门市同安区恒利茶叶有限公司
	新型阿胶通经茶的研究开发	厦门特伦生物药业有限公司
	用于屏蔽杂音的骨导拾音蓝牙耳机	厦门瑞听听力科技有限公司
	陨石科技夏洛克智能门锁	厦门陨石科技股份有限公司
	24 小时连续打印电子面单 668 打印机	厦门汉芯电子科技有限公司
	高速高精度模拟数字转换电路的研发	厦门市迅芯电子科技有限公司
	基于高速脉冲放大技术的掺铒光纤放大器（EDFA）的研发	厦门彼格科技有限公司
	适用于滚镀的新型集成电路引线框架散热片的研发与产业化	厦门鸿凯电子科技有限公司
	零电费零排放的光能路灯头	厦门立贤新能源科技有限公司
	5～28 瓦特高性能 LED 系列灯管开发	厦门闳照光电有限公司
	农村污水治理技术及精细化管理平台	厦门福润源环保科技有限公司
	3D 打印个性化定制平台系统	厦门斯玛特物联科技有限公司
	基于云计算的车联网云平台关键技术研发及应用	厦门零图科技有限公司
	基于互联网云端的地产虚拟现实互动及家装 O2O 服务系统	厦门布格信息科技有限公司
	基于云计算技术的公证在线受理平台	厦门法信公证云科技有限公司
	基于大数据环境下的中小微企业金融服务平台的研发及应用	厦门弘信宝金融技术服务有限公司
	采用智能无线网络的智慧乡镇平台的研发及应用	厦门市傲凡软件科技有限公司
	帕金森综合症医疗诊断系统电路设计及软件开发	厦门明波通信技术有限公司
	基于大数据分析技术的高考升学服务平台	厦门小蜜蜂大数据科技有限公司
	商用智能环保型电动车	厦门尚好捷电动车有限公司
	600I 多功能可调节智能电动床的研发与产业化	厦门福泽万家工贸有限公司
	新型健身车的研发及产业化	厦门康百福体育用品有限公司
	基于 Mems 惯性传感技术的叉装车智能装卸系统	厦门海普智能科技有限公司
	一种压缩机车载冰箱	厦门领夏智能科技有限公司
	用于快速电热水器的低成本置物平台恒温龙头的技术研究及产业化	厦门中家院生态科技有限公司
	模组化即热式智能马桶集成技术研发与应用	厦门佳普乐电子科技有限公司
	耐高压耐腐蚀组合式泛塞密封件的研发和产业化	凯氟隆（厦门）密封件有限公司
	多功能人性化显示器支撑臂的研发及产业化	厦门铮利五金制品有限公司
	基于多目标优化的高速道闸研发	吉大联合精密机械（厦门）有限公司
	适用于人体头戴开放式防雾霾负氧离子空气净化器	厦门鼎飞环境科技有限公司
	双排型理疗电极片模切机	厦门均晟精密机械设备有限公司
	数控线性导轨磨床研发及产业化	厦门安达兴精密机械有限公司
	集装箱制造智能机器人开发	厦门睿动智能科技有限公司
	冷源蒸发器成套设备产业化项目	厦门诺迪膜科技有限公司

续表 22-25

类别	项目	企业
初创期企业技术创新项目	高效全自动复合包装袋成型工艺及其产业化应用	厦门金德威包装有限公司
	全自动精密打磨抛光工业机器人集成系统	厦门嘉柯德自动化科技有限公司
	移动支付平台综合解决方案——中金汇通 APP 的研究与开发	厦门中金汇通金融技术服务有限公司
	收益乐互联网支付系统	厦门收益乐支付技术有限公司
	一种基于“互联网 +”茶产业电子商务运营平台	厦门茶信科技有限公司
	百兆智能云服务平台项目	厦门市淘淘谷信息技术有限公司
	社区网格化管理平台	厦门龙谛信息系统有限公司
	集成身份验证的影像采集及内容管理系统	厦门哲林软件科技有限公司
	“V-ZONE 微地带”智慧社区服务平台	厦门速煜信息技术有限公司
	基于移动互联网络的设备智能巡检与诊断系统的研发与产业化	厦门全向物联网科技有限公司
	纯配置式用户设计软件平台	厦门偕行软件科技有限公司
	宙斯眼安卓手机恶意程序调查系统	厦门安胜网络科技有限公司
	基于关节空间位置数据的 3D 手势识别、语音识别的智能家居控制系统	指挥家（厦门）智能科技有限公司
	金融信息数据智能搜索引擎和分析平台	意度思信息科技（厦门）有限公司
	基于网页摘要抽取和云分词技术的企业大数据分析平台	优索信息科技（厦门）有限公司
	快云 DMP 大数据分析管理平台	厦门快云信息科技有限公司
	面向互联网金融的实时交易欺诈检测系统的研发	厦门快商通信息技术有限公司
	智能电网与互联网双网合一的智能家居及需求响应系统	厦门欧万智能科技有限公司
	城市轨道交通健康监测系统	厦门物之联信息技术有限公司
	IOT 物联网系统的研发及产业化	厦门南鹏电子科技有限公司
	智能燃气主动控制物联系统研发	厦门昶瑞信息技术有限责任公司
	开发肺癌靶向治疗伴随诊断试剂盒—— ALK 基因重排 FISH 检测试剂盒的计划	厦门龙进生物科技有限公司
	抗癌原创靶向 RAD51 的小分子抑制剂的研发	厦门史帝福生物医药科技有限公司
	乙型肝炎病毒表面抗原中高值定量检测试剂（化学发光微粒子免疫检测法）	厦门万泰凯瑞生物技术有限公司
	帕金森病相关基因的突变检测试剂盒开发	厦门人瑞生物医药科技有限公司
	制备针对一种新型的肿瘤标志物 DLL4 的单克隆抗体及检测试剂盒	厦门益百奥生物医药科技有限公司
	胰岛素样生长因子结合蛋白— 1 / 胎儿纤维连接蛋白测定试剂盒	厦门信德科创生物科技有限公司
	新型食用工业原料酶解燕麦粉及生产技术的研发	厦门格兰贝尔生物科技有限公司
	益生菌制剂在泥鳅绿色微生态养殖中的应用技术开发和产业化	远睿生物科技有限公司
	畜禽养殖废水生物处理技术研究与应用示范	厦门史帝福环保科技有限公司
	污泥与园林垃圾混合堆肥技术及生物有机肥产品的开发	厦门三维丝环境修复有限公司
	城市污泥等有机废弃物兼氧发酵无害化处置及资源化利用	厦门中环能科技有限公司
	一种返天然成活率高的金线莲栽培方法的研发及产业化	厦门市天草农业科技有限公司
	一种特殊芳樟醇精油的开发和利用	厦门阿胜生态科技有限公司
	天然虾青素“浓缩品”——雨生红球藻高效培养项目	厦门博露环保科技有限公司
	新型耐污真石漆的研发	厦门富思特新材料科技有限公司
	智能多级控制的超临界流体萃取精馏装置	厦门昊琦科学仪器有限公司
	霾的形成机理、治理及产品研发和市场推广	昭仕（厦门）新材料有限公司

续表 22-25

类别	项目	企业
初创期企业技术创新项目	铝箔用环保快干型水性油墨的研发	厦门格林泰新材料科技有限公司
	市政污泥热解炭化过程中的重金属固化技术研究	厦门中科城环新能源有限公司
	化妆品用富勒醇的开发及产业化	厦门福慈医药科技有限公司
	一种新型 PVDF 中空纤维超滤膜的开发及应用	厦门智蓝环保科技有限公司
	新型高效止滑橡胶材料	厦门宝的橡塑制品有限公司
	高饱和光学变色防伪颜料开发与产业化	厦门汉盾光学科技有限公司
	GaYAG 黄绿色荧光粉的一步高温固相合成法工艺开发及量产	厦门科煜光电有限公司
	轮胎用高性能纳米硅酸铝钾粉	厦门博大东方新材料有限公司
	高效安全粪便引流装置的研发	腾科宝迪（厦门）生物科技有限公司
	一种无菌导管鞘的研发	厦门鑫康顺医疗科技有限公司
	便携式智能呼吸训练器的研发	赛客（厦门）医疗器械有限公司
	O-ACE-Sys 伤口治疗系统	合疗（厦门）医疗器械有限公司
	自助体检智能一体机	厦门弈拓医疗科技有限公司
	高精度燃烧激光诊断系统的研发与推广	厦门市恺韵信息科技有限公司
	新型实时海水营养盐监测传感器开发	厦门美林特仪器设备有限公司
	N 末端脑钠肽前体（NT-proBNP）检测试剂及相应检测仪器的研发与产业化	厦门为正生物科技有限公司
	POCT 样本前处理系统的研究及开发	厦门市恒太宏业生物科技有限公司
	微型生物光谱重金属快速检测系统	厦门盘天生物科技有限公司
中国创新创业大赛（厦门赛区）暨“白鹭之星”创新创业大赛项目	多功能云端健康检测仪研发和产业化	厦门市凌拓通信科技有限公司
	云宝商盟	厦门云宝商盟网络科技有限公司
	视觉引导环保清洗机器人	厦门汉博科机电自动化设备有限公司
	用于难愈性伤口修复的生物基功能敷料	厦门凝赋生物科技有限公司
	伺服系统	庸博（厦门）电气技术有限公司
	安全狗——云安全与解决方案提供商	厦门服云信息科技有限公司
	非激酶靶点抗癌小分子创新药物 TX803	特莱科生物医药技术（厦门）有限公司
	神州鹰掌通家园视频管理软件	厦门神州鹰软件科技有限公司
	基于 NLG 自然语言生成技术的智能推广系统	厦门二五八集团有限公司
	小型化免疫荧光医疗检测系统	厦门奥德生物科技有限公司
	厦门市净屋环保科技有限公司	厦门市净屋环保科技有限公司
	快先森互联网同城配送	厦门快先森科技有限公司
	WHUS 系统新型余热利用脱硫废水零排放	盛发环保科技（厦门）有限公司
	全网营销落地大数据系统	科技谷（厦门）信息技术有限公司
	全球首创 web3D 创客服务平台	十一维度（厦门）网络科技有限公司
	Saihu 师父——新形态的知识电商平台	厦门十方智汇信息技术有限公司
	Greentruss 工业冷却循环水节能环保处理系统	厦门绿信环保科技有限公司
	“小狗在家”宠物家庭寄养平台	厦门尾巴信息科技有限公司
	中功率（25～100 瓦特）谐振无线传能系统研发及产业化	厦门新页科技有限公司
	高效纳流液相色谱柱产业化	厦门宜柱科技有限公司

续表 22-25

类别	项目	企业
中国创新创业大赛（厦门赛区）暨“白鹭之星”创新创业大赛项目	DataExa KaaS 平台	厦门渊亭信息科技有限公司
	一种含乳型果冻布丁的制备及产业化	晋华和佐（厦门）食品股份有限公司
	一种茶器和一种用于陶制艺术品装饰的锈斑窑变釉及其制备方法研发项目	厦门万仟堂艺术品有限公司
	生物质冲压拉伸润滑材料的研发生产	厦门中正邦生物科技有限公司
	巨汇次世代分布式网络移动信使	厦门肃天行信息科技有限公司
	带远红外纳米涂层的燃气定时节能阀	盛齐（厦门）电子科技有限公司
	抗暂时过电压浪涌保护器研发项目	厦门赛尔特电子有限公司
	舌尖上的安全——食品安全追溯系统	厦门市点石电子商务有限公司
	低压涡流悬浮气力输送技术及其装备产业化	美甘齐动（厦门）物料输送工程股份有限公司
	新型工程车辆强制循环制动系统产业化	厦门金利业科技有限公司
	GUTS MUSIC M2 爱唱音箱	厦门臻万电子科技有限公司
	城市餐厨垃圾制肥一体机 4.0 系统	格林维尔（厦门）环保科技有限公司
	高端海水淡化反渗透膜和多功能分离膜的产业化	厦门江天智能仿生科技有限公司
	兴趣自媒体专业化运营轻 APP 平台	厦门唐盾网络科技有限公司
台港澳和国际科技合作	新型磷酸铁锂电池储能联合设计及产业化	厦门乾芯能源科技有限公司
	智能定位手表嵌入式系统的研发与产业化	厦门美拓通信技术有限公司
	高分辨微型 18 针 82 列针式打印机的研发及产业化	厦门容大合众电子科技有限公司
	CO2 气体保护焊接机器的智能化控制	厦门市乐立润安科技有限公司
	电动汽车高性能驱动控制器及高效牵引电机的研发	厦门市福工动力技术有限公司
	NGAL 测定试剂盒（时间分辨荧光免疫层析法）的研究与开发	厦门依柯利斯医疗科技有限公司
	乳酸菌生物技术在益生蔬果酵素系列产品中的产业化应用	厦门和美科盛生物技术有限公司
	乳化纳米级液态维生素预混料产品的研发及其应用	厦门惠盈动物科技有限公司
	拟光环控金线莲室内种植技术的研发	厦门鸿仁泰农业科技有限公司
	使用高性能导热胶膜的金属基板研发及产业化	厦门利德宝电子科技有限公司
	稀土卤化物闪烁晶体及其探测器件的制备	厦门中烁光电科技有限公司
	外科器械穿刺器系列产品技术攻关与产业化	施爱德（厦门）医疗器材有限公司
	超滑抗菌双效医疗涂层技术的开发	厦门杰美特涂层科技有限公司
	全自动固相萃取仪在塑化剂等食品安全领域的应用开发及产业化技术	睿科仪器（厦门）有限公司

【民营企业新增 8 家省级知识产权优势企业】 2016 年 1 月，福建省知识产权局公布“2016 年福建省知识产权优势企业”名单，厦门宏发开关设备有限公司、厦门绿邦膜技术有限公司、厦门美图网科技有限公司、厦门蓝斯通信股份有限公司、厦门日华科技股份有限公司、厦门凯浦瑞电子科技有限公司、厦门明翰电气股份有限公司、厦门力鼎光电技术有限公司 8 家厦门市民营企业入选，占全市入选企业的 50%。

【民营省级创新型企业】 2016 年 2 月和 10 月，福建省科技厅、省经信委、省国资委、省总工会联合发文，公布第七批、第八批“福建省创新型企业”名单，厦门市 11 家民营企业上榜，占全市入选企业的 78.57%。其中，第七批中有厦门大博颖精医疗器械有限公司、罗普特（厦门）科技集团有限公司、厦门强力巨彩光电科技有限公司、厦门思尔特机器人系统有限公司、厦门致力金刚石科技股份有限公司、厦门三优光电股份有限公司、绿网天下（福建）网络科技股份有限公司、厦门吉比特网络技术股份有限公司，第八批中有厦门亿联网络技术股份有限公司、厦门恒坤材料科技股份有限公司、厦门瑞尔特卫浴科技股份有限公司。至年末，厦门市有省级创新型企业 45 家，其中民营企业 28 家。

【市级动漫企业认定】 2016 年 4 月 6 日，厦门市经信局公布 2016 年厦门市

动漫企业认定名单，共42家，均为民营企业。（见表22-26）

【民营科技企业】 2016年4月和12月，厦门市科技局分两批公布经审核确认的189家2016年度民营科技企业，瑞之路眼镜、南讯软件、康众畅想信息、亿力天龙科技、英诺尔充源电子、三虎网络等民营企业入选。厦门市民营科技企业从2001年开始认定，至2016年年末共认定36批，确认民营科技企业1015家。

【民营企业新增17家市级知识产权试点企业】 2016年6月，厦门市知识产权局公布第十三批（2016年）厦门市知识产权试点企业名单（25家），民营企业占17家。分别为四三九九网络股份有限公司、福建求实智能股份有限公司、

表22-26　**2016年厦门市市级动漫企业**

序号	企业	序号	企业
1	厦门美图之家科技有限公司	22	厦门掌易通信息技术有限公司
2	厦门中天启航电子科技有限公司	23	甚妙动漫（厦门）有限公司
3	厦门游动网络科技股份有限公司	24	厦门智悦信息技术有限公司
4	厦门漫视游心网络科技有限公司	25	厦门思倍旭文化传播有限公司
5	福建省巨匠科技发展有限公司	26	厦门手游时代信息科技有限公司
6	厦门卡酷动漫有限公司	27	厦门影动文化传播有限公司
7	哥们网科技有限公司	28	厦门市意杰文化传媒有限公司
8	厦门方零网络科技有限公司	29	厦门市妖猫网络有限公司
9	厦门梦天多网络科技有限公司	30	厦门地源网络科技有限公司
10	厦门傻狍子网络科技有限公司	31	厦门创云科技有限公司
11	厦门顽客网络科技有限公司	32	厦门星瞳网络科技有限公司
12	厦门云阅信息科技有限公司	33	厦门乐展信息技术有限公司
13	海思比科技（厦门）有限公司	34	厦门千时科技有限公司
14	厦门豆玩互动信息科技有限公司	35	厦门小龙人动漫有限公司
15	厦门蓝海行文化传播有限公司	36	厦门鸟窝动漫有限公司
16	厦门图特网络科技有限公司	37	厦门玩虾米网络科技有限公司
17	厦门欢乐园信息科技有限公司	38	厦门砖块网络文化有限公司
18	厦门易玩网络有限公司	39	厦门喜鱼网络科技有限公司
19	铂石软件科技（厦门）有限公司	40	厦门风檣网络科技有限公司
20	厦门市火之辉文化创意有限公司	41	厦门飞畅信息科技有限公司
21	厦门掌上跃动信息技术有限公司	42	厦门口袋工场信息科技有限公司

表22-27　**2016年入选厦门市循环经济财政补助拟支持的民营企业项目**

企业	项目
厦门卓越生物质能源有限公司	新增分馏重蒸系统
厦门美益集团有限公司	绿色高性能混凝土生产改造项目
厦门天润锦龙建材有限公司	预拌混凝土生产废弃物资源化利用
厦门金达威集团股份有限公司	维生素A中间体戊烯炔醇的无污染炔化生产
厦门兴重环保化工有限公司	餐厨废弃物回收利用资源化项目
厦门翡联塑胶科技有限公司	聚乙烯废碎料环保再生颗粒生产线技术改造
厦门市环康环保科技有限公司	工业废水、废气循环再利用项目
厦门泓松塑料制品有限公司	废旧塑料回收再生生产线技术改造项目

易联众信息技术股份有限公司、厦门烯成石墨烯科技有限公司、厦门和健卫生技术服务有限公司、厦门兴厦控电气有限公司、科之杰新材料集团有限公司、厦门市豪尔新材料股份有限公司、麦克奥迪（厦门）电气股份有限公司、厦门唯科模塑科技有限公司、厦门弘信电子科技股份有限公司、厦门兴恒隆股份有限公司、厦门立业卫浴工业有限公司、厦门倍杰特科技有限公司、厦门闽光电气实业有限公司、厦门麦丰密封件有限公司、厦门绵羊抗疲劳垫有限公司。

【民营企业8个项目获市循环经济财政补助】 2016年6月，厦门市经信局公布2016年厦门市循环经济财政补助拟支持项目（11个），其中民营企业占8个。（见表22–27）

【民营市小微企业专精特新产品（技术）】 2016年7月1日，厦门市经信局公布2016年度厦门市小微企业专精特新产品（技术）名单（55个），其中民营企业占47个。（见表22–28）

表22–28 **入选2016年度厦门市小微企业专精特新产品（技术）的民营企业**

序号	企业	产品（技术）
1	厦门市吉龙德环境工程有限公司	一种在线监测水质重金属分析仪
2	福建分享网络科技有限公司	基于F2B（Factory to Business）电商全境分销交易服务平台
3	厦门市豪尔新材料股份有限公司	耐高温型可剥胶的研发及产业化
4	厦门求特新材料有限公司	多用途防红外线军迷系列织带的研发及产业化
5	厦门翰普电子有限公司	磁控管驱动高效变频开关电源（HEEPE.WBD–1500）
6	厦门莱肯照明科技有限公司	液冷式LED灯
7	厦门博美达照明有限公司	新型多角度便捷式LED三防灯
8	厦门倍司特电子有限公司	LED数码显示模块的产业化
9	厦门米讯网络科技有限公司	凌云云平台
10	厦门翼歌软件科技有限公司	车牌识别停车场管理系统
11	厦门纽优新型工艺有限公司	改性PU（聚氨酯）装饰保温板
12	厦门加岩高分子材料有限公司	分子级石英/功能高分子复合材料的合成和应用
13	厦门市康保无尘科技有限公司	新型防静电无尘布
14	厦门立德欣自动化机械制造有限公司	数控万向抛光机器人系统
15	厦门法博科技有限公司	高精密YAG激光焊接机
16	厦门慧源自动化科技有限公司	带自感应预警系统的四轴冲压机器人
17	厦门永鸿润光电科技有限公司	智能LED三防灯
18	厦门谱思达科技有限公司	手持式多功能食品检测仪
19	厦门可睿特信息科技有限公司	足部三维扫描仪系统
20	厦门呈源信息科技有限公司	校园微网云平台
21	沁浩膜技术（厦门）有限公司	新型高效普鲁兰多糖提取工艺及装置
22	厦门琥珀日化科技股份有限公司	一种重组依兰油的加工方法
23	厦门基科生物科技有限公司	基因检测技术服务
24	厦门博诺热流道科技有限公司	开放式热流道系统
25	厦门格睿伟业电子科技有限公司	智能卫浴用陶瓷加热组件
26	厦门智宇信息技术有限公司	智能养老终端系统
27	厦门惠尔洁卫浴科技有限公司	智能马桶芯
28	厦门万仟堂艺术品有限公司	一种用于陶制装饰品的古绿开片釉及其制备方法
29	厦门佳普乐电子科技有限公司	止逆排水式IC智能控制智能马桶
30	厦门微能电子科技有限公司	微型气泵、微型气阀

续表 22-28

序号	企业	产品（技术）
31	圆兴（厦门）精密工具有限公司	高速深孔丝锥
32	福建省绿标生物科技有限公司	城镇污泥等有机废弃物无害化处置及资源化利用技术
33	爱芯环保科技（厦门）股份有限公司	动态驻极模式电子空气净化器（AirFC-1100）
34	厦门快商通科技股份有限公司	快商通智能营销服务机器人平台
35	福建凯斯诺信息科技有限公司	企业生产管理智能化控制平台集成系统
36	厦门硅田系统工程有限公司	“物灵通”准无源 RFID 系统
37	厦门锋联信息技术有限公司	基于 3G/4G 的无线传真移动办公系统
38	厦门市三特兴电子有限公司	具有优化结构和稳定性能的柔性薄膜开关
39	厦门优利得科技有限公司	一种智能环保圣诞工艺品
40	厦门保视丽无尘科技有限公司	高洁净高吸附超细纤维无尘布
41	厦门大恒科技有限公司	SPD 后备保护装置（SCB）
42	厦门市福工动力技术有限公司	高效节能型电动汽车驱动系统总成
43	厦门宝太生物科技有限公司	孕酮测定试剂盒（荧光免疫层析法）
44	厦门三优光电股份有限公司	高速 VCSEL 激光器组件自动耦合技术及设备
45	厦门信昇达物联科技股份有限公司	城市街区 24 小时自助图书馆
46	厦门和丰利干冰除污设备有限公司	高效干冰除污设备
47	厦门市海菱电子有限公司	纯触摸中控显示屏

【高新技术企业认定中介机构】 2016 年 8 月 3 日，厦门市科技局公布 2016 年度高新技术企业认定中介机构名单，全市 59 家企业入选，均为民营企业。（见表 22-29）

【民营市级软件骨干企业】 2016 年 8 月 25 日，厦门市经信局发布 2016 年度厦门市软件骨干企业评选和销售增长奖励项目，14 家民营企业入选市级软件骨干企业并获奖励，占全市入选企业的 70%。（见表 22-30）

【6 家民营众创空间获省级认定】 2016 年 8 月 26 日，福建省科技厅公布 2016 年省级众创空间名单（64 家），厦门市 9 家入选。其中，民营企业占 6 家，分别为厦门大拇哥动漫股份有限公司的大拇哥众创空间、厦门特伦生物药业有限公司的厦门特伦众创空间、厦门光彩创世纪商业管理有限公司的光彩众创空间、厦门市百付通软件开发有限公司的百度开发者创业中心、面对面创新驿站（厦门）科技有限公司的“思明互联网 + 创新极第”、两河（厦门）信息技术有限公司的嘉禾众创。

表 22-29　**2016 年度厦门市高新技术企业认定中介机构**

序号	企业	企业性质	序号	企业	企业性质
1	致同会计师事务所厦门分所	特殊普通合伙	10	厦门怡盟联合会计师事务所	普通合伙
2	天健会计师事务所厦门分所	特殊普通合伙	11	厦门义华信会计师事务所	普通合伙
3	希格玛会计师事务所厦门分所	特殊普通合伙	12	厦门永和会计师事务所有限公司	有限公司
4	中兴财光华会计师事务所厦门分所	特殊普通合伙	13	厦门欣洲会计师事务所有限公司	有限公司
5	北京兴华会计师事务所福建分所	特殊普通合伙	14	厦门中永旭会计师事务所有限公司	有限公司
6	中兴华会计师事务所福建分所	特殊普通合伙	15	厦门华诚会计师事务所有限公司	有限公司
7	大信会计师事务所福建分所	特殊普通合伙	16	厦门中会建会计师事务所有限公司	有限公司
8	利安达会计师事务所福建分所	特殊普通合伙	17	厦门中圣会计师事务所有限公司	有限公司
9	厦门加捷慧景联合会计师事务所	普通合伙	18	厦门市天茂会计师事务所有限公司	有限公司

续表 22-29

序号	企业	企业性质	序号	企业	企业性质
19	厦门永大会计师事务所有限公司	有限公司	40	厦门中友会计师事务所有限公司	有限公司
20	厦门安德信会计师事务所有限公司	有限公司	41	厦门方华会计师事务所有限公司	有限公司
21	厦门和裕会计师事务所有限公司	有限公司	42	厦门正誉会计师事务所有限公司	有限公司
22	厦门信贤会计师事务所有限公司	有限公司	43	厦门和正会计师事务所有限公司	有限公司
23	厦门润资会计师事务所有限公司	有限公司	44	厦门市中韬华益税务师事务所有限公司	有限公司
24	厦门普和会计师事务所有限公司	有限公司	45	厦门红大税务师事务所有限公司	有限公司
25	厦门利汇会计师事务所有限公司	有限公司	46	厦门中企税务师事务所有限责任公司	有限公司
26	福建中浩会计师事务所有限公司	有限公司	47	厦门旭初税务师事务所有限公司	有限公司
27	厦门中联兴会计师事务所有限公司	有限公司	48	厦门润川税务师事务所有限公司	有限公司
28	厦门业华会计师事务所有限公司	有限公司	49	厦门欣地税务师事务所有限公司	有限公司
29	厦门瑞晟会计师事务所有限公司	有限公司	50	中汇百邦（厦门）税务师事务所有限公司	有限公司
30	厦门中汇瑞丰会计师事务所有限公司	有限公司	51	厦门加捷正大税务师事务所有限责任公司	有限公司
31	厦门中威敬贤会计师事务所有限公司	有限公司	52	厦门天舜税务师事务所有限公司	有限公司
32	厦门良诚会计师事务所有限公司	有限公司	53	厦门程健税务师事务所有限公司	有限公司
33	厦门中兴会计师事务所有限公司	有限公司	54	立信税务师事务所有限公司厦门分所	有限公司
34	厦门均强会计师事务所有限公司	有限公司	55	厦门正誉税务师事务所有限公司	有限公司
35	厦门德诚会计师事务所有限公司	有限公司	56	厦门市中兴税务师事务所有限公司	有限公司
36	厦门东友会计师事务所有限公司	有限公司	57	厦门诚圣税务师事务所有限公司	有限公司
37	福建欣隆源会计师事务所有限公司	有限公司	58	北京永大税务师事务所有限公司厦门分公司	有限公司
38	厦门银皓会计师事务所有限公司	有限公司	59	厦门介亭税务师事务所有限公司	有限公司
39	厦门市和祥会计师事务所有限公司	有限公司			

表 22-30　**入选 2016 年厦门市软件骨干企业的民营企业**

企业	入选依据	拟扶持金额（万元）
四三九九网络股份有限公司	上年销售收入大于 10 亿元，增长率 10% 至 20%	55.9
厦门市美亚柏科信息股份有限公司	上年销售收入大于 5 亿元，增长率 10% 至 20%	48.9
智业软件股份有限公司	上年销售收入 1 亿至 3 亿元，增长率 20% 至 25%	41.9
趣游（厦门）科技有限公司	上年销售收入 3 亿至 5 亿元，增长率大于 25%	52.4
厦门狄耐克电子科技有限公司	上年销售收入 1 亿至 3 亿元，增长率大于 25%	41.9
厦门用友烟草软件有限责任公司	上年销售收入 1 亿至 3 亿元，增长率大于 25%	41.9
厦门翼逗网络科技有限公司	上年销售收入 1 亿至 3 亿元，增长率大于 25%	41.9
厦门科拓通讯技术股份有限公司	上年销售收入 1 亿至 3 亿元，增长率大于 25%	41.9
厦门美图移动科技有限公司	上年销售收入大于 5 亿元，增长率大于 25%	62.9
厦门翔通动漫有限公司	上年销售收入 1 亿至 3 亿元，增长率 10% 至 20%	34.9
厦门南讯软件科技有限公司	上年销售收入 1 亿至 3 亿元，增长率大于 25%	41.9
厦门商中在线科技股份有限公司	上年销售收入 1 亿至 3 亿元，增长率大于 25%	41.9
厦门易名科技股份有限公司	上年销售收入 1 亿至 3 亿元，增长率大于 25%	41.9
厦门亿联网络技术股份有限公司	上年销售收入大于 5 亿元，增长率大于 25%	62.9

【市级众创空间】 2016年8月和12月，厦门市科技局分两批公布厦门市众创空间名单。天使海湾（厦门）文化产业有限公司的天使海湾摄影创客空间、厦门触控爱普软件有限公司的厦门游戏创新中心、厦门舒同网络科技有限公司的创业树等130家民营企业创业空间入选，占全市100%。

【市级民营企业技术中心】 2016年10月，厦门市经信局公布第十九批市级企业技术中心名单，共11家，其中民营企业厦门厦迪亚斯环保过滤技术有限公司、厦门延江新材料股份有限公司、厦门赢晟科技有限公司、厦门利德宝电子科技股份有限公司、协成科技股份有限公司入选。

【民营企业4项发明获中国专利奖】 2016年10月，国家知识产权局公布第十八届中国专利奖获奖名单，厦门市6家企业的发明上榜（4项中国专利优秀奖，2项中国外观设计优秀奖）。民营企业占4项，其中获中国专利优秀奖3项，获中国外观设计优秀奖1项。（见表22-31）

【民营高新技术企业】 2016年10月和12月，厦门市科技局、市财政局、市国税局、市地税局联合认定市级高新技术企业2批共387家，其中厦门市三安集成电路有限公司、厦门奕宝互联科技有限公司等民营企业占321家。至年末，厦门市累计认定高新技术企业19批1966家，其中民营企业1435家。

【民营市级工程技术研究中心获评优秀】 2016年11月9日，厦门市科技局公布2016年厦门市民营工程技术研究中心评估情况，共评估69家。其中，3家民营企业被评为优秀等次，即厦门市美亚柏科信息股份有限公司的厦门市信息安全工程技术研究中心、厦门立林科技有限公司的厦门市楼宇智能系统工程技术研究中心、厦门精图信息技术有限公司的厦门市数字城市工程技术研究中心。

【列入市小微企业专利技术实施项目的民营企业项目】 2016年11月23日，厦门市知识产权局发布厦门市小微企业专利技术实施项目，共25个，其中民营企业22个。（见表22-32）

表22-31 **获第十八届中国专利奖的厦门民营企业**

获奖类别	专利号	专利名称	专利权人	发明人
中国专利优秀奖	ZL200810072025.7	具有反射层的三结太阳电池及其制造方法	厦门乾照光电股份有限公司	张银桥、蔡建九、张双翔、王向武
	ZL201110343281.7	维生素A棕榈酸酯的合成方法	厦门金达威维生素有限公司，厦门金达威集团股份有限公司	范桂香、李　丹、魏初权
	ZL201420660584.0	一种新型除尘器	厦门市海林生物科技有限公司	袁国炜、洪赐和、洪尊敬、洪仁德、洪上赞
外观设计优秀奖	ZL201530087384.0	按摩椅（OG-7558C）	厦门蒙发利科技（集团）股份有限公司	邹剑寒、万志新

表22-32 **被列入2016年厦门市小微企业专利技术实施项目的民营企业**

企业	项目	补贴金额（万元）
厦门纳龙科技有限公司	心电及电生理软件	10
厦门捷信达模具塑胶有限公司	扣位脱模辅助系统注塑模具技术开发与应用	10
厦门米特自动化设备有限公司	包胶一体机的研发及生产	10
厦门牡丹香化实业有限公司	一种能消除甲醛危害的香精组合物及其制备方法	10
厦门宝太生物科技有限公司	液基细胞处理试剂盒（TCT/LCT）产业化	10
福建方明环保科技股份有限公司	Hydro系列净水机项目	10
厦门隆力德环境技术开发有限公司	高锰酸盐指数水质分析仪的计量参数修正方法的研发及应用	10
厦门市豪尔新材料股份有限公司	用于纤维复材热自膨胀（HSM）成型工艺的研发及产业化	10
厦门新旺新材料科技有限公司	自行车成型3D构造离型膜技术的研发与应用	10
厦门博聪信息技术有限公司	智能多目标跟踪系统	10
厦门博美达照明有限公司	长寿命智能可更换电源式LED照明装置	10
厦门首能科技有限公司	锂离子二次电池电解液的生产技术实施	10
厦门求特新材料有限公司	防红外线迷彩印花军警用腰带的技术实施	10

续表 22-32

企业	项目	补贴金额（万元）
厦门联创达科技有限公司	垃圾处理站卸料大厅整体式除尘除臭装置的产业化项目	10
厦门信道生物技术有限公司	落地式多功能粪便分析工作站的研发及产业化	10
厦门市福新源卫浴有限公司	节能环保双联水龙头的研发及产业化	10
厦门锐思特软件科技有限公司	一种业务安全防护系统的技术实施	10
厦门施米德智能科技有限公司	智能型多功能窗的产业化	10
安田信邦（厦门）电子科技有限公司	低温固化高强度塑封胶的研发	10
厦门天力源光电科技有限公司	T-L2A21，L3A21 系列	10
厦门创凯工贸有限公司	一种医用标本袋	10
厦门金泷自动化设备有限公司	全自动极耳成型机	10

【民营市级创新型及试点企业】 2016 年 11 月 28 日，厦门市科技局、市国资委、市总工会、市财政局、市经信局联合公布“2016 年度厦门市创新型、试点企业”名单（总第十一批）。该名单新认定市级创新型企业 41 家，其中民营企业 30 家（见表 22-33）；新认定市级创新型试点企业 201 家，其中民营企业 175 家。至年末，厦门市有市级创新型企业 159 家，其中民营企业 105 家；市级创新型试点企业 449 家，其中民营企业 331 家。

【国家级民营企业技术中心】 2016 年 12 月 15 日，国家发改委、科技部、财政部、税务总局、海关总署联合发出公告，确认 2016 年（第二十三批）国家企业技术中心名单，厦门市上榜 2 家，其中民营企业 1 家，即厦门金达威集团股份有限公司企业技术中心。至年末，厦门市有国家级企业技术中心 17 家，其中民营企业 7 家。

【民营技术先进服务企业】 2016 年 12 月 23 日，厦门市科技局、市财政局、市商务局、市国税局、市地税局、市发改委联合发文，认定厦门市 2016 年技术先进型服务企业 10 家，其中民营企业 3 家，即哥们网科技有限公司、厦门呈源信息科技有限公司、厦门吉联科技有限公司。

【5 家民营企业上榜国家知识产权示范和优势企业】 2016 年 12 月 26 日，国家知识产权局公布第三批国家知识产权示范企业和优势企业名单，厦门上榜 8 家（示范企业 2 家、优势企业 6 家）。其

表 22-33　**被认定为 2016 年厦门市级创新型企业的民营企业**

序号	企业	序号	企业
1	厦门立林科技有限公司	16	厦门海普锐科技股份有公司
2	厦门芯阳科技股份有限公司	17	厦门亿力天龙科技有限公司
3	厦门优迅高速芯片有限公司	18	厦门鹰君药业有限公司
4	厦门四信通信科技有限公司	19	睿科仪器（厦门）有限公司
5	厦门柏润氟材料科技有限公司	20	厦门福信光电集成有限公司
6	厦门锐特信息技术有限公司	21	厦门鑫烨盛能源科技有限公司
7	厦门乃尔电子有限公司	22	厦门多彩光电子科技有限公司
8	厦门网中网软件有限公司	23	厦门锋联信息技术有限公司
9	汉纳森（厦门）数据股份有限公司	24	厦门宝麦克斯科技有限公司
10	厦门琥珀日化科技股份有限公司	25	厦门威迪亚精密模具塑胶有限公司
11	厦门倍杰特科技股份公司	26	厦门拓宝科技有限公司
12	厦门市智联信通物联网科技有限公司	27	厦门用友烟草软件有限责任公司
13	厦门神州鹰软件科技有限公司	28	厦门宇龙机械有限公司
14	厦门美图网科技有限公司	29	厦门和健卫生技术服务有限公司
15	厦门畅享信息技术有限公司	30	厦门安盟网络股份有限公司

中，上榜国家知识产权示范企业的民营企业1家，即厦门麦克奥迪实业集团有限公司；上榜国家知识产权优势企业的民营企业有4家，分别为厦门市三安光电科技有限公司、厦门市美亚柏科信息股份有限公司、福建安井食品股份有限公司、厦门致力金刚石科技股份有限公司。至年末，厦门市有国家级知识产权示范企业6家，民营企业占3家；国家级知识产权优势企业22家，民营企业占14家。

【民营企业成果获市科学技术奖】2016年12月29日，厦门市政府公布2016年厦门市科学技术奖获奖名单，全市共55项成果获奖（一等奖5个、二等奖20个、三等奖30个）。民营企业26个成果上榜，其中二等奖9个、三等奖17个。（见表22-34）

【中科亚创入选省级文化产业示范基地】2016年12月，福建省文化厅公布第十批省级文化产业示范基地名单（17个），厦门2家企业上榜，其中1家民营企业，即福建中科亚创动漫科技股份有限公司。至年末，厦门市有省级文化产业示范基地43个，其中民营企业占17个。

表22-34　**获2016年厦门市科技进步奖的民营企业项目**

获奖项目	企业	等次	主要研究人员
全网通北斗智能手机研发和产业化	联想移动通信科技有限公司、联想移动互联科技（厦门）有限公司	二等奖	林　楠、肖荣彬、刘　瑾、胡建锋、李　丛、夏　仑、杨　宇
并联非对称永磁磁路的研究及其在智能家居控制用继电器的应用	厦门宏发电声股份有限公司	二等奖	蔡文智、刘金枪、曹宏江、郑砬玮、巫可军、陈文榜
电厂锅炉烟气余热的深度回收利用及减排系统的研发与产业化	成信绿集成股份有限公司	二等奖	常海青、郑启山、张　燕、唐海平、袁　朝、张　灿、郑木辉、赖庆梧
金属脊柱接骨板系统	大博医疗科技股份有限公司	二等奖	林志雄、张喜贵、李其兴、张二来
超大功率（>100瓦特）单芯片LED光源技术开发及产业化	厦门市三安光电科技有限公司	二等奖	梁兴华、张　洁、时军朋、杨力勋
天锐绿盾基于全闭环式信息安全管理平台的研发与产业化	厦门天锐科技股份有限公司、厦门大学	二等奖	郑茜冰、张仲楠、涂高元、邱志斌、郭永兴、陈雅贤
青梗花椰菜新品种引进、选育与产业化推广	厦门市文兴蔬菜种苗有限公司	二等奖	孙国坤、叶明鑫、黄永修、李文北、陈龙杰、陈艺婷、肖显超、吴海榕
低值水产蛋白高值化利用及其制品高效清洁生产	福建安井食品股份有限公司、江南大学	二等奖	黄建联、周文果、张清苗、余腾晖、叶伟建、阮东娜、陈　超、范大明
高清智能的舞台用LED移动显示屏的技术研发及产业化	厦门强力巨彩光电科技有限公司、厦门理工学院	二等奖	徐惠能、朱文章、王素彬、许英朝、徐代升、朱卫平、熊飞兵、李　硕
手机动漫播放关键技术应用与研究	华侨大学、厦门卓讯信息技术有限公司	三等奖	陈叶旺、王　成、邹培利、汤盛宇、杜吉祥、钟必能、柳　欣、李海波
巨龙公安信息资源服务平台	厦门市巨龙信息科技有限公司	三等奖	何志昭、叶志强、郑美旺、张邵恒、李　炜、杨继超、张艳兵、李天明
2D雕刻机研发及应用	厦门盈趣科技股份有限公司	三等奖	钟扬贵、詹国锋、蔡锦山、张国忠、陈永新
适合自动化装配的高可靠导电汽车继电器的研发及产业化	厦门宏发汽车电子有限公司	三等奖	吴子明、彭文超、池礼贤
用于一次性卫生制品的无纺布舒适性结构技术研发及产业化	厦门延江新材料股份有限公司	三等奖	谢继华、蔡吉祥、罗杰龙
重型有轨自由穿梭物流系统	厦门思尔特机器人系统股份公司	三等奖	陈成芳、杨冬云、冯清华、廖　强、蒋炳翔、陆祖攀、洪开垦、陈成华
铁皮石斛资源引进扩繁及驯化推广	厦门塔斯曼生物工程有限公司	三等奖	卢绍基、郭顺财、谢加木、林文亮、潘大仁、张亚楠、林一心、黄育民
集成模块化大功率LED照明灯具研发与产业化	厦门格绿能光电股份有限公司	三等奖	廖良斌、卓元全、陈元闪、陈运华、郑桂莲、廖宝娟
超高层泵送混凝土性能优化技术及配套超塑化剂的研究	厦门市建筑科学研究院集团股份有限公司、科之杰新材料集团有限公司	三等奖	徐仁崇、陈　茜、蒋卓君、郭鑫祺、桂苗苗

续表 22-34

获奖项目	企业	等次	主要研究人员
液体菌种规模化生产关键技术研究及食用菌工业化生产示范项目	如意情集团股份有限公司	三等奖	陈珠凉、冯毅斌、曾丽平
超静音、模块化、自适应智能按摩控制系统技术研发及产业化	厦门蒙发利科技（集团）股份有限公司、厦门蒙发利电子有限公司	三等奖	张　镐、陈国华、黄金辉、林佳福、王柄国、魏建议
转能源高效相变冷链技术	厦门浩添冷链科技有限公司	三等奖	孟绍东、林德标、骆向东
农田土壤重金属污染微生物修复关键技术与应用	福建三炬生物科技股份有限公司	三等奖	林克玥、余劲聪、尤　越、侯昌萍、何舒雅
雁书电子商务多渠道网络营销系统开发及应用示范	厦门南讯软件科技有限公司	三等奖	吕　晔、陈碧勇、方　敏
游戏人物编辑系统与方法的产业化推广与应用	厦门雷霆互动网络有限公司	三等奖	付　强、叶毅宏、李亚辉、胡兆彬、刘莉萍、林　笋、张清辉
城市路网智能运控平台	厦门柏事特信息科技有限公司	三等奖	高东伟、王旭昕、陈京鹭、肖碧强、罗伟亮
汽车变速箱齿轮渗碳淬火的热处理方法	厦门真冈热处理有限公司、厦门理工学院	三等奖	胡大维、张雪梅、葛晓宏、李　辉

【民营企业科技成果获福建省科技进步奖】 2016年年末，福建省政府公布2016年福建省科学技术奖获奖名单，厦门民营企业16项科技成果上榜16项。其中，获技术发明奖1项，获科技进步奖15项（二等奖6项、三等奖9项）。（见表22-35）

【3家民营企业获省标准贡献奖】 2016年年末，福建省政府发出关于2016年福建省标准贡献奖的通报，共30个项目，其中厦门民营企业占3个。（见表22-36）

（严　旭）

表 22-35　**2016年获福建省科学技术奖的厦门民营企业项目**

获奖类别	获奖项目	企业名称	等次	主要研究人员
技术发明奖	杂交水稻——两系“光温敏不育系”可控制繁育系统	厦门永华光电科技股份有限公司	三等奖	夏庆国、李新奇、夏　爽、袁定阳
科学技术进步奖	高品质LED照明与显示关键技术的研发及产业化	厦门大学、厦门华联电子有限公司、厦门强力巨彩光电科技有限公司、厦门烯成石墨烯科技有限公司	二等奖	陈　忠、沈亚锋、蔡伟伟、陈　朝、吕毅军、陈　杰、朱志强
	零待机功耗继电器高效、清洁制造技术的创新	厦门宏发电声股份有限公司	二等奖	谭忠华、吴京洧、林　晶、刘金枪、林正极、林景煌、樊孝华
	全网通北斗智能手机研发和产业化	联想移动通信科技有限公司、联想移动互联科技（厦门）有限公司	二等奖	林　楠、肖荣彬、刘　璉、胡建锋、李　丛、夏　仓、杨　宇
	现代泵送混凝土控制技术及新型保坍保水新材料的研究开发	科之杰新材料集团有限公司、厦门天润锦龙建材有限公司、福建省混凝土工程技术研究中心	二等奖	方云辉、柯余良、蒋卓君、张小芳、赖广兴、官梦芹、刘君秀
	食品快检预处理技术与应用	福州大学、睿科仪器（厦门）有限公司、厦门斯坦道科学仪器股份有限公司	二等奖	张　兰、林志杰、汤新华、陈国南、刘　薇、童　萍、卢巧梅
	骨科高值耗材技术创新平台建设	大博医疗科技股份有限公司	二等奖	研究团队
	智慧家庭人机交互平台关键技术及应用	厦门盈趣科技股份有限公司、福州大学、厦门出入境检验检疫局检验检疫技术中心、厦门盈点科技有限公司	三等奖	韩崇山、陈建成、郑相涵、钟扬贵、吴新坤
	三维非对称氟醚复合滤料关键技术及应用	厦门三环丝环保股份有限公司	三等奖	蔡伟龙、郑智宏、郑锦森、罗祥波、王　巍
	重型有轨自由穿梭物流系统	厦门思尔特机器人系统股份公司	三等奖	陈成芳、杨冬云、冯清华、廖　强、蒋炳翔

续表 22-35

获奖类别	获奖项目	企业名称	等次	主要研究人员
科学技术进步奖	航标远程监控信息化管理与综合服务一体技术研究	集美大学、交通运输部东海航海保障中心厦门航标处、厦门海源盛航标科技有限公司	三等奖	张杏谷、项　鹭、郑佳春、黄鹏飞、邵进兴
	绿色阻燃工程塑料产业化关键技术集成与推广应用	福建师范大学、福建工程学院、福建奥峰科技有限公司、厦门德丰行塑胶工业有限公司	三等奖	肖荔人、陈荣国、钱庆荣、刘希荣、陈庆华
	废弃软饮料包装材料及铝塑复合膜边废料的综合回收开发利用	漳州市陆海环保产业开发有限公司、厦门陆海环保股份有限公司	三等奖	谢奕斌、江凤凤、王　华、王智峰、陈建发
	高清智能的舞台用 LED 移动显示屏的技术研发及产业化	厦门强力巨彩光电科技有限公司、厦门理工学院、厦门市产品质量监督检验院	三等奖	王素彬、朱文章、史　园、徐慧能、许英朝
	肉食品（猪肉）质量安全检测与控制关键技术及设备的研发应用	福州大学、厦门银祥集团有限公司、厦门斯坦道科学仪器股份有限公司	三等奖	林旭聪、谢增鸿、张志刚、吕海霞、汤新华
	融合多源数据的区域卫生信息综合平台关键技术研究与应用	厦门理工学院、厦门市卫生信息中心、智业软件股份有限公司	三等奖	朱顺痣、孙中海、陈　坚、王　琰、林开标

表 22-36　**2016 年获福建省标准贡献奖的厦门市民营企业**

标准项目名称	主要完成单位	主要完成人	奖励等级
辊式轧（弯）成型机械通用技术标准（JB/T 11352-2013）	厦门正黎明冶金机械有限公司	黄溢忠、王一峰、卢长耿	二等奖
乌龙茶第一部分：基本要求（GB/T 30357.1-2016），乌龙茶第 2 部分：铁观音（GB/T 30357.2-2016）	国家茶叶质量监督检验中心（福建）、福建农林大学、福建八马茶叶有限公司、安溪茶厂有限公司、厦门华祥苑实业有限公司、福建省感德龙馨茶业有限公司、福建日春茶叶有限公司	杨乙强、林锻炼、孙威江、林宗曦、李宗垣、林先滨、陈　文、陈文钦、黄伙水、杨松伟	二等奖
LED 道路智能照明探制统技术规范（DB35/T 1494-2015）	厦门格绿能光电股份有限公司	廖良斌、陈元闪、卓元全、葛莉菈	三等奖

社会活动

【厦门慈善家入选 2016 胡润慈善榜】 2016 年 6 月 7 日，胡润研究院发布“大城小爱慈尚会 2016 胡润慈善榜”，100 位中国最慷慨的慈善家上榜。厦门市有 2 人入选，其中民营企业华夏眼科医院集团股份有限公司董事长苏庆灿（以集团名义向厦门大学捐款 2000 万元）排名第七十七位。

【民营企业家入选胡润百富榜】 2016 年 10 月 13 日，胡润研究院发布“2015 胡润百富榜”，民营企业厦门三安集团董事长林秀成、林志强父子以 240 亿元的财富排名第七十七位。该榜单评选依据是公开数据和胡润研究院调查结果。

【民营企业家获评 2016 厦门十大新经济领军人物】 2016 年 11 月 1 日，在厦门总商会举办的第二届中国商人节开幕式上，由厦门总商会、厦门市经信局、厦门火炬高新区管委会、厦门晚报社共同主办的 2016“寻找厦门新经济领军人物”活动揭晓，该活动旨在寻找活跃在智能制造、电子商务、信息消费、互联网金融和文化传媒等领域对厦门经济发展有示范作用的领军人物和领军企业。全市 10 名民营企业家入选，分别为福建省三安集团有限公司董事长林秀成、厦门蒙发利科技（集团）股份有限公司董事长邹剑寒、厦门房米网络股份有限公司董事长黄建戎、厦门云创智谷（厦门旗山云创业园区管理有限公司）董事长李震、中联环股份有限公司董事长俞义泉、厦门安妮股份有限公司创始人林旭曦、厦门市简极科技有限公司董事长韩步勇、厦门美图网科技有限公司 CEO 吴欣鸿、厦门市美亚柏科信息股份有限公司总经理申强、厦门英诺尔电子科技股份有限公司总经理李金华。

【2 名民营企业人才获市科技创新杰出人才奖】 2016 年 12 月 29 日，厦门市政府公布“2016 年度厦门市科技创新杰出人才奖获奖名单”，共 10 名。其中，厦门优迅高速芯片有限公司技术总监林永辉、罗普特（厦门）科技集团有限公司董事长陈延行 2 名民营企业人才入选。

（严　旭）

责任编辑：林建高
审　　稿：孙志红
责任校对：郑　欣

23 科学技术

综　述

2016年，根据中国城市创新指数，厦门市居全国第十三位；区域综合创新指数居全国第十六位。福建省九大科技创新指标，厦门8项指标居全省第一。全年投入市级科技资金21.27亿元，比上年增长16.9%；争取国家科技资金6.94亿元。新培育高新技术企业281家，全市高新技术企业1225家，占全省48.32%；新培育创新型（试点）企业242家，全市创新型（试点）企业531家。每万人有效发明专利拥有量18.75件，增加4.2件；3项科技成果获2016年度国家科技大奖，47项科技成果获得省科学技术奖，55项科技成果获厦门市科技进步奖；新登记科技成果370项，78项企业科技成果经认定为高新技术成果转化项目。全年实现技术合同交易额45.16亿元，增长33.6%。新增13人入选国家“千人计划”青年人才和创业人才、10人2个团队入选国家创新创业人才推进计划，市“双百计划”新引进高层次创新创业人才151人。至年底，全市有91人入选国家“千人计划”人才、31人和6个团队入选国家创新创业人才推进计划、183人入选省“百人计划”人才、787人入选市“双百计划”人才，另有各类创业导师1191人，全市各类人才总量突破70万人。

2016年，厦门市新获批建设福厦泉国家自主创新示范区，入选国家促进科技与金融结合试点城市、国家知识产权综合管理改革试点城市和科技服务业区域发展试点，全国首家国家级科技领军人才创新创业基地落户厦门。厦门市出台“科技创新二十五条”，提出一批突破现行体制机制的措施，激发全社会各类创新主体的活力和动力。创立8家两岸知识产权试点银行，新增科技担保贷款11.24亿元，新增科技保证保险贷款1.15亿元，开发专利权质押贷款，试点科技保险、专利保险等业务。科技成果转化与产业化基金支持初创期科技企业效果明显，有43家企业获得投资1.22亿元。新增4家科技企业上市，90家科技企业挂牌“新三板”，全市上市及挂牌“新三板”企业191家。科技项目与资本对接会路演项目126个，促成24个项目融资签约3.324亿元。至年底，全市有各类基金管理人211家，管理基金400支，规模490.22亿元。年内，1355家次科技企业享受高新技术企业所得税减免额和研发费用加计扣除税收减免额共22.15亿元；厦门市实施企业研发费用财政补助计划，当年补助资金2.65亿元。发放“科创红包”、科技政策定额扶持资金、众创空间运营补助、小微企业引才补贴等超过1.5亿元。

2016年，厦门市新增国家级工程实验室3家，新培育市级工程中心、重点实验室、科技创新公共服务平台、企业技术中心39家。至年底，全市有各类研发平台机构500家（国家级重点实验室5家、工程中心2家、工程实验室6家、企业技术中心17家），布点建设各类公共技术服务平台81个；市级众创空间达165家（国家级14家、省级23家），拥有场地面积34.2万平方米，创业团队2250个，创客11956人；科技企业孵化器13个（国家级4个）、加速器2个，孵化场地面积200多万平方米。中国科学院大学厦门微电子工程学院正式落地，与华为共建“国家示范性微电子学院”。有50多所高校、院所在厦门设立研究或技术转移机构，其中厦门稀土材料研究所、清华海峡研究院、厦门材料院等5家机构已在厦门转化成果91项，新注册企业39家。

2016年，厦门市诞生全球首个ROS1靶向药物伴随诊断试剂、全国首款柔性AMOLED屏幕。肝炎治疗国家Ⅰ类新药“派格宾”获批上市，成为福建省近10年首个国家Ⅰ类新药；新增国家Ⅲ类医疗器械产品83个，占全国8.93%。生物医药与大健康产业实现年主营业务收入568亿元，其中生产性企业实现产值421亿元，增长25%。清华紫光集成电路产业园开工建设，联芯、三安集成电路项目正式投产。两岸集成电路自贸区产业基地已入驻科技企业87家，翔安微电子育成中心已进驻科技企业59家，引进华硕集团等知名企业。意行半导体、英麦科分别获评工业和信息化部“中国芯”最具潜质产品奖和新锐设计企业奖。光电产业年产值超过1200亿元，占全省一半多；平板显示产业链实现产值1118.6亿元，LED产业链实现增长20%。软件与信息服务业总收入首次突破千亿元。吉比特、美图移动成功上市，亿力科技入围中国软件业务收入百强，四三九九、趣游、绿网3家企业入选中国互联网企业百强。中科院厦门稀土材料研究所、厦门大学石墨烯工程与产业研究院项目加快建设，国内首家单层石墨烯工业化量产基地落户厦门。

（郭燕妮）

高新技术及新兴产业

【概　况】2016年，厦门市高新技术产业健康发展，全市规上高新技术产业工业产值3429.7亿元，占全市规模以上工业产值65.3%；完成工业增加值751.8亿元，占全市规模以上工业增加值59.4%，累计增速7.6%，高出全市工业增加值增速2.2个百分点。高新技术企业1225家，比上年增长22.5%。光电产业年产值超过1200亿元，占全省一半多；平板显示产业链实现产值1118.6亿元；LED产业持续在智慧灯具和照明系统以及智能智造方向进行创新驱动和转型升级，推动LED照明在多领域跨界应用整合，直接产值318亿元，带动全产业链形成780亿元的产业规模，产业链增长20%。生物医药与大健康产业年主营业务收入568亿元。厦门市生物医药战略性新兴产业区域集聚发展试点工作于4月通过国家发改委和财政部的中期评估，第一批支持资金1.5亿元已到位，厦门市组织申报第二批支持资金的17个重点项目报国家发改委。2016年国家食药总局批准Ⅲ类医疗器械产品927个，厦门市共获批Ⅲ类医疗器械产品83个，为福建省全部，占全国新获批总数的8.93%。软件与信息服务业总收入首次突破千亿元。新材料产业发展迎来新契机。集成电路产业初步形成覆盖材料、设计、制造、封装和测试环节的全产业链。

·小资料·

Ⅲ类医疗器械：国家对于医疗器械有着严格的分类，三类医疗器械是最高级别的医疗器械，是指植入人体，用于支持、维持生命，对人体具有潜在危险，对其安全性、有效性必须严格控制的医疗器械。

【科技小巨人企业培育】2016年，厦门市遴选推荐110家企业入选“福建省科技小巨人领军企业培育发展库”。为培育发展市科技小巨人企业，市政府办公厅印发《厦门市培育科技小巨人企业行动计划（2016～2020年）》和《厦门市科技小巨人领军企业遴选办法》，建立厦门市科技小巨人企业培育工作联席会议制度，成立联席会议办公室，挂靠市科技局。联席会议的成员单位包括市科技局、市发改委、市财政局、市经信局和厦门火炬高新区管委会。厦门市科技小巨人企业及领军企业认定工作启动，2016年共受理366家企业申报，经专家评审和联审会讨论，认定科技小巨人企业346家、科技小巨人领军企业175家。

【集成电路产业取得进展】2016年，厦门市“IC平台滚动支持”和“集成电路产品测试认证服务平台”重大项目获得立项，资助金额分别为1600万元和2000万元。厦门市科技局与湖里区共建“厦门两岸集成电路自贸区产业基地”，着手打造区域性集成电路设计与芯片交易中心，至年底，累计接洽企业400家次，拟入驻产业基地企业124家。市科技局加快推动翔安微电子育成中心建设，至年底，签订孵化协议的入驻项目60家，入驻率超过95%，初步形成微电子产业集群。育成中心引进诚华翔投资基金、运通星投资公司等服务机构，为企业提供创新创业服务。同时建设翔安创新创业服务平台，形成线上线下创新创业服务体系。市科技局向集成电路设计企业兑现2016年度集成电路设计流片补贴621万元。

【生物与新医药产业快速增长】2016年，厦门市生物医药产业继续保持快速增长，据初步统计，实现年产值421亿元，比上年增长25%，税收继续保持40%以上的增长率。到年底，厦门市生物医药企业数量649家，其中规模以上企业174家，产值上亿元企业67家，高新技术企业154家，已上市和上市后备企业各12家，科技小巨人企业31家、小巨人领军企业15家。

【《厦门市加快生物与新医药产业发展的若干措施》兑现】2016年，厦门市兑现《厦门市加快生物与新医药产业发展的若干措施》，拨付扶持资金2018.9万元，对37个新产品的研发和产业化以及企业开展的8项认证予以扶持，包括支持特宝公司“Y型PEG化重组人干扰素α2b注射液”Ⅲ类临床研究。

【一类新药“派格宾”获批上市】（见P267【肝炎新药派格宾上市】）

【生物医药企业开拓国际市场】2016年，厦门万泰沧海生物技术有限公司生产的戊肝疫苗和宫颈癌疫苗赢得世界卫生组织、盖茨基金会、国际疫苗研究所等国际机构支持，在开展世界卫生组织预认证（PQ认证）工作，开拓国际市场。5月，万泰沧海与设在孟加拉国的国际腹泻病研究中心正式确定就戊肝疫苗进行临床合作，并签订合同；9月，万泰沧海的戊肝疫苗在巴基斯坦注册通过技术审评并获专家推荐。6月，厦门艾德生物医药科技有限公司与德国默克启动“精确检测，精准治疗”全球结直肠癌RAS检测项目。厦门特宝生物的派格宾启动“一带一路”沿线国家市场拓展，旨在实现高新技术产品在这些国家的输出。

【生物与新医药产业经济运行报告发布】2016年7月，厦门市科技局编写的《2015年度厦门市生物与新医药产业经济运动报告》正式对外发布。报告显示，2015年厦门市生物与新医药全产业实现销售470亿元（含流通领域），其中生产性企业（589家）实现工业总产值341.98亿元，现价产值累计增速19.54%，占全市规模以上工业总产值5030.84亿元的6.80%，实现销售收入340.29亿元，出口创汇11.37亿美元，总产值及销售收入上亿元企业67家，比2014年增加15家，产业总体保持稳步增长态势。

【《厦门市“十三五”生物医药与健康产业发展规划》发布】2016年8月，厦门市科技局牵头编制的《厦门市“十三五”生物医药与健康产业发展规划》正式发布，其中重点发展生物医药、生物制造、生物农业、海洋生物、生物服务、功能性食品、化妆品等护理产品、健康器材、健康服务、医药电子商务10个方向；提出七大任务和7项保障措施，并面向产业征集 122 个重大项目，预计总投入 157 亿元。

（许　敏　方舒玫）

科技计划项目与经费

【概　况】 2016 年，厦门市获国家、省科技资金立项项目 894 项，比上年增长 14.9%；获资金支持 6.94 亿元，增长 3%。全年在厦门市的部属、省属及市属相关科研单位和科技企业从国家科技部等部门获立项项目 562 项，获资金 6.48 亿元，项目数增长 30.4%。其中，获科技部项目 89 项 3.7 亿元，增长 0.9%；国家自然科学基金委项目 442 项 2.5 亿元，增长 25%；省科技计划项目 380 项 4175 万元，增长 9.5%。厦门市科技局投入市科学技术创新与研发资金 5.25 亿元。全年受理网上申报项目 731 项。市科技计划项目立项 350 项。其中，科技企业孵化器 1 项，科技创新公共技术服务平台项目 5 项，现有科技创新公共服务平台提升改造项目 2 项，企业重大技术攻关项目 3 项，重大科技成果产业化项目 6 项，初创期企业技术创新项目 90 项，成长期企业技术创新项目 43 项，中国创新创业大赛（厦门赛区）暨“白鹭之星”创新创业大赛项目 35 项，产学研协同创新项目 43 项，港澳台和国际科技合作项目 34 项，科技惠民项目 88 项。实际安排经费 5.25 亿元。其中，资助当年立项市重大科技项目 5229.6 万元，占比 9.95%；资助历年重大项目 3557.6 万元，占比 6.77%；资助企业技术创新项目 4995 万元，占比 9.51%；资助港澳台和国际科技合作项目 986.4 万元，占比 1.88%；滚动资助历年创新项目 3660.18 万元，占比 6.97%；资助产学研协同创新项目 900 万元，占比 1.71%；资助科技惠民项目 559.45 万元，占比 1.06%；补助企业研发经费 18832.34 万元，占比 35.84%；资助生物临床研究扶持和产业化奖励 2000 万元，占比 3.81%；科技担保贷款保费补贴、科技保证保险贷款利息补贴、科技保险补贴 2251.76 万元，占比 4.29%；流片补贴、科创红包补贴、科技小巨人补贴 1904.09 万元，占比 3.62%；资助技术交易奖励金 829.35 万元，占比 1.58%；2015 年市科学技术奖资金 550 万元，占比 1.05%；科技政策定额扶持资金 5398.66 万元，占比 10.27%；项目管理费 600 万元，占比 1.14%；其他资金 291.23 万元，占比 0.55%。

【6 个项目获 2016 年度国家重点研发计划立项】 2016 年，厦门银祥集团有限公司的“猪重要疫病的诊断与检测新技术研究”、厦门大学的“代谢感应蛋白质机器与相关重大疾病”“闽三角城市群生态安全保障及海岸带生态修复技术”“高效纳米储能材料与器件的基础研究”“海洋生态系统储碳过程的多尺度调控及其对全球变化的响应”“近海生态系统碳汇过程”等 6 个项目获 2016 年度国家重点研发计划立项，厦门银祥集团有限公司、厦门大学作为国家重点研发计划牵头单位。同时，厦门大学、厦门三安科技有限公司、厦门法拉电子股份有限公司等 9 家单位承担 2016 年度国家重点研发计划 66 个课题的研究开发。这标志着厦门市部分产业领域的科技研发水平跻身国家队行列。

· 小资料 ·

国家重点研发计划： 是根据国务院印发的《关于深化中央财政科技计划（专项、基金等）管理改革方案》（国发〔2014〕64 号）精神，优化整合形成的国家 5 类科技计划之一，是针对事关国计民生需要长期演进的重大社会公益性研究，以及事关产业核心竞争力、整体自主创新能力和国家安全的重大科学问题、重大共性关键技术和产品、重大国际科技合作，按照国民经济和社会发展重大需求及科技发展优先领域，凝练形成若干目标明确、边界清晰的重点专项进行组织实施的，将为国民经济和社会发展主要领域提供持续性的支撑和引领。

【厦门同安国家农业科技园区通过科技部验收】 2016 年 10 月，同安国家农业科技园区顺利通过科技部验收，经过 5 年（2011～2015 年）建设，园区全面完成总体规划各项指标，建成“一园五区一院”格局，园区总规模 37.01 平方千米，比规划面积超出 10.5%；完成投资 36.91 亿元，超出计划 30.4%。2016 年，园区内企业实现产值 166.74 亿元，比规划高 17.84%，其中核心区企业产值 159.91 亿元。至园区验收时，入驻企业 366 家，农业合作社 565 个。

· 小资料 ·

一园五区一院： 五区指国家现代农业示范区、粮食生产功能区、重要农产品生产保护区、特色农产品优势区、农业可持续发展试验示范区，一园指现代农业产业园，四平台指农产品质量安全追溯平台、农兽药基础数据平台、重点农产品市场信息平台、新型农业经营主体信息直报平台。

【“猪重要疫病的诊断与检测新技术研究”启动】 2016 年 10 月，由厦门市科技局组织申报并获科技部批准立项的国家重点研发专项“猪重要疫病的诊断与检测新技术研究”启动会在厦门召开。项目牵头单位为厦门银祥集团有限公司。此项目是厦门市首个以企业牵头组织实施的国家重点研发专项，获国家科技经费资助 1705 万元。该专项从养殖源头解决猪病的诊断与检测关键技术难题，确保养殖环节食品安全。

（陈卫锋）

科技成果与奖励

【概　况】 2016 年，厦门市登记技术合同 3635 项，比上年增长 41.5%；技术合同成交总额 45.14 亿元，增长 33.63%。技术合同登记量及成交总额仍居全省首位，分别占全省 69.6%、42.7%。登记科技成果 370 项。拥有国家技术转移示范机构 3 家，国家科技成果转化服务示范基地、中国创新驿站区域站点和基层站点各 1 个，培训技术经纪人员 202 人。年内，厦门市有 2 项成果获得国家科学技术奖（见表 23-1）。《福建省人民政府关于 2015 年度福建省科学技术奖励和专利奖励的决定》于 2016 年 6 月 8 日公布，其中厦门大学的韩家淮教授获省科学技术重大贡献奖，厦门市有 46 项科技成果获 2015 年度省科学技术奖（见表 23-2）。福建省第二批特支人才“双百计划”6 类 187 名入选人员名单中厦门市有 56 名人才入选，占总入选人数的30%，其中厦门市入选科技创新领军人才27人，科技创业领军人才4人，哲学社会科学领军人才9人，百千万工程领军人才6人，青年拔尖人才8人，企业高级经营管理人才2人。林永辉等10人获2016年度厦门市科技创新杰出人才奖。“北斗/GNSS多模导航关键技术研究与应用”等55项成果获2016年度市科学技术进步奖，其中一等奖5项，二等奖20项，三等奖30项。55项成果中，企业牵头或参与完成的有45项，占比81.8%；产生明显经济效益和社会效益的有45项；实现产值上亿元的项目有24项，占获奖总数的43.6%。

表 23-1 **2016年厦门市获得的国家科学技术奖项目目录**

项目名称和类别	主要完成单位	主要完成人
技术发明奖二等奖（1项）		
基于羟基自由基高级氧化快速杀灭海洋有害生物的新技术及应用	厦门大学、大连海事大学	白敏冬、张芝涛、黄凌风、白敏菂、田一平、张均东
科技进步二等奖（1项）		
基于磁共振成像的多模态分子影像与功能影像的研究与应用	东南大学、香港中文大学、厦门大学	腾皋军、居胜红、王毅翔、顾　宁、焦　蕴、刘　刚、张洪英、张　宇、柳东芳

表 23-2 **2015年厦门市获福建省科学技术奖项目目录**

项目名称和类别	主要完成单位	主要完成人
自然科学奖		
一等奖（1项）		
化学键本质中的理论方法与应用	厦门大学	吴　玮、曹泽星、苏培峰、陈振华、应富鸣
二等奖（1项）		
代谢关键酶调控甲壳动物免疫的信号通路和分子机理	集美大学、中国科学院海洋研究所、华南师范大学	姚翠鸾、相建海、吴长功、冀培丰、王安利
三等奖（1项）		
环境砷污染过程及其控制原理	中国科学院城市环境研究所、中国科学院生态环境研究中心	朱永官、叶　军、郑茂钟、颜昌宙、李　刚
技术发明奖		
二等奖（1项）		
海洋微藻DHA藻油的物理提取及其微胶囊粉产业化生产	厦门汇盛生物有限公司	钟惠昌、陈礼毅、陈水荣、王文平、刘陶钧
科学技术进步奖		
一等奖（2项）		
复杂装备复合材料声学电磁集成网络检测与评价技术及应用	爱德森（厦门）电子有限公司、空军飞行事故和失效分析中心、南昌航空大学、中国科学院声学研究所、国电科学技术研究院	林俊明、雷　洪、卢　超、张碧星、胡先龙、林发炳、景　鹏、沈建中、张开良、宋　凯
自清洁汽车面漆的关键技术研发及产业化推广	厦门大学、福建鑫展旺集团有限公司	戴李宗、谢平展、许一婷、谢永立、何凯斌、张信露、罗伟昂、袁丛辉、何明峰、曾碧榕
二等奖（12项）		
弹力棉织物热定型工艺计算机辅助设计系统研究与应用	华侨大学	周丽春、金福江、黄彩虹、王　飞、梅小华
高光效垂直薄膜结构氮化镓基LED芯片产业化	厦门市三安光电科技有限公司	徐宸科、李佳恩、潘群峰、蔡伟智、李水清、林素慧、叶孟欣

续表 23-2

项目名称和类别	主要完成单位	主要完成人
XG845EL 大型液压挖掘机	厦门厦工机械股份有限公司	苏振毅、崔洪光、郑初源、陈　凌、陈先武、胡　静、洪　青
高分辨率全彩 LED 显示屏技术创新项目	厦门强力巨彩光电科技有限公司、厦门大学	杨树军、刘宝林、高玉琳、周国华、吕毅军、朱卫平、朱丽虹
循环流化床锅炉清洁燃烧福建无烟煤的技术开发及应用	集美大学、福建省石狮热电有限责任公司	何宏舟、俞金树、吴剑恒、邹　峥、洪方明、俞建洪、饶庆平
爆破振动特性和结构效应预测及其控制理论与技术	华侨大学、山东科技大学	陈士海、俞　缙、林从谋、段宝福、逄焕东、魏海霞、燕永峰
LED 用高导热石墨 / 金属铝复合材料散热器制备工艺	厦门海莱照明有限公司、华侨大学	连宗山、李四中、陈建煌、陈赞锋、林明春、李晓伟、李成桂
客车火灾早期预警及自动灭火系统	中汽客汽车零部件（厦门）有限公司	洪伟艺、洪清泉、吴添林、熊孝新、童　超、郑宪兴
油茶籽加工关键技术及产业化应用	厦门中盛粮油集团有限公司、武汉轻工大学、长沙理工大学、湖北天星粮油股份有限公司、湖北黄袍山绿色产品有限公司、安徽新世界绿洲茶油有限公司	何东平、黄金安、吴苏喜、胡传荣、姚行权、胡健华、方大兵
钢筋混凝土结构加固技术创新与应用	华侨大学、福建省第一公路工程公司、厦门特房建设工程集团有限公司	郭子雄、刘　阳、黄群贤、陈建华、柴振岭、陈庆猛、赖有泉
海洋红藻高值化加工关键技术及琼胶升级产品开发	华侨大学、福建省金燕海洋生物科技股份有限公司	肖美添、叶　静、张学勤、黄雅燕、陈振祥、王士斌、赵　鹏
原发性肝癌的创新研究及关键技术的转化应用	厦门大学附属中山医院、厦门强本科技有限公司、厦门大学	尹震宇、王效民、赵文秀、王博亮、高锦豪、刘平果、池小琴
三等奖（28 项）		
面向复杂煤层的煤矿综合自动化系统研制与应用	厦门大学、福建煤电股份有限公司	罗　键、谢俊钢、曹浪财、陈昭行、俞新芳
新型家电用继电器研发及可靠性提升	厦门宏发电声股份有限公司	刘金枪、谭忠华、吴京洧、朱艺青、林　晶
超高亮正装四元系 LED 芯片	厦门乾照光电股份有限公司	陈凯轩、李　涛、林志伟、彭绍文、王新华
基于智能制造的高精度检测机器人	厦门华天涉外职业技术学院、厦门理工学院、厦门特盈自动化科技股份有限公司	周　迪、韩　旻、黄清文、林建燕、杨大鹏
基于复杂工况的智能焊接机器人工作站	厦门思尔特机器人系统股份公司	林彦锋、叶煌城、郑陈艺、吴长庚、吴荣军
铁锰酸盐的制备及其在水处理中的应用	华侨大学、中国科学院城市环境研究所、厦门水务集团有限公司、福州市水务投资发展有限公司	苑宝玲、周真明、付明来、李清华、费霞丽
IP DECT 统一通信无线终端先进技术	厦门亿联网络技术股份有限公司	廖　昀、史玉柱、张联昌、艾志敏、郑兴炜
低熔点聚酯复合短纤维技术与产业化	厦门翔鹭化纤股份有限公司	刘龙敏、刘志麟、郑　铮
基于物联网的智慧交通云平台	厦门信息集团有限公司、厦门卫星定位应用有限公司、厦门市路桥信息工程有限公司、厦门信息港建设发展股份有限公司	张恒江、江培舟、周松奕、苏敏威、林剑锋
电网生产调度一体化信息平台研究与开发	国网福建省电力有限公司厦门供电公司	黄春红、黄坚明、林　恒、陈进忠、郑　舜
融合 GIS 技术的城市配电网协同设计服务平台	厦门理工学院、国网福建省电力有限公司、厦门亿力吉奥信息科技有限公司	朱顺痣、刘永清、吴克寿、郑佩祥、陈石川

续表 23-2

项目名称和类别	主要完成单位	主要完成人
商用车驾驶室关键零部件研发及产业化	厦门理工学院、 厦门金龙汽车座椅有限公司	唐友名、薛　清、周水庭、陈国雨、孙贵斌
美图秀秀 iPhone 版智能美化图片处理软件	厦门美图网科技有限公司、 厦门美图之家科技有限公司	吴泽源、张　伟、傅松林、王黎凌、张长定
客车车身轻量化关键技术研究与应用	厦门金龙联合汽车工业有限公司	周方明、苏　亮、吴长凤、林银聚、洪贵阳
进口种牛两种重点传染病快速检测方法的研究与应用	厦门出入境检验检疫局检验检疫技术中心、 厦门市农产品质量安全检验测试中心、 福建出入境检验检疫局检验检疫技术中心、 江苏出入境检验检疫局动植物与食品检测中心	孔繁德、陈　琼、徐淑菲、王武军、唐泰山
黄瓜绿斑驳花叶病毒等重要种传病毒检测技术与应用	厦门出入境检验检疫局检验检疫技术中心、 中国检验检疫科学研究院、 中国农业科学院郑州果树研究所	陈红运、陈　青、廖富荣、古勤生、陈　岩
重要进出境转基因产品精准检测技术及应用	厦门出入境检验检疫局检验检疫技术中心、 上海出入境检验检疫局动植物与食品检验检疫技术中心、 福建出入境检验检疫局检验检疫技术中心	陈双雅、李　想、邵碧英、许秋贝、陈　彬
泥东风螺规模化人工繁育和增殖放流关键技术研究与应用	福建省水产研究所、 福建省水产技术推广总站、湖南农业大学	曾志南、叶泉土、林国清、王晓清、郑雅友
海洋大型藻类高值化利用产业化关键技术研究与应用	福建省水产研究所、福建农林大学	刘智禹、吴成业、许永安、叶金聪、陈丽娇
B 族链球菌核酸检测试剂盒（荧光 PCR 法）	泰普生物科学（中国）有限公司	何东华、蔡晓沂、吴秉铨、谢佐福、赵　娜
防治产后出血新技术的基础研究及临床应用	中国人民解放军第一七四医院	郑剑兰、张小琼、汪文雁、马钦玲、余水兰
原发性肝癌个体化精准 TACE 治疗	中国人民解放军第一七四医院	邱国钦、陈玉强、许丽贞、刘昌华、高春玲
全麻唤醒技术在功能性神经外科中的应用	中国人民解放军第一七四医院	高　鹏、蔡铁良、姚　一、张小斌、张正迪
多模态 MR 成像技术对宫颈癌的临床应用	中国人民解放军第一七四医院、 中国人民解放军南京军区福州总医院	邝　菲、林宇宁、陈自谦、颜志平、冯　浩
肝癌早期疗效糖代谢分子影像评价及 FDG 摄取差异性相关机制研究	厦门大学附属第一医院、 四川大学华西医院、厦门大学	孙　龙、吴　华、官泳松、方　亚、俞　浩
中药大复方制剂质量评价及风险评估体系的探索与应用	厦门市药品检验所	李玲玲、黄惠琼、黄　澜、陈惠玲、汪建君
节能砌块隐形密框复合墙体关键技术研究与应用	华侨大学、福建省第五建筑工程公司、 厦门安能建设有限公司、厦门理工学院	李升才、郭定国、陈新泉、陈潮沛、陈志彬
城市人居环境中的功能湿地技术应用	华侨大学	刘　埗、郑　志、姚敏峰、洪　毅、洪俊明

【技术合同交易情况特点】 2016 年，厦门市技术交易活动呈现如下特点：（1）技术服务活动日益活跃。自 2015 年底厦门市出台有关技术交易奖励政策后，2016 年全市登记的 3635 份技术合同中涉及技术机构 548 家，比上年度增加 96 家，增长 21.2%；认定登记技术服务合同 1315 份，合同登记额 11.66 亿元，是上年度 5 倍多。国网信通亿力科技有限责任公司、厦门用友烟草软件有限责任公司、厦门亿力吉奥信息科技有限公司 3 家单位合计比上年度新增登记技术交易约 2 亿元。（2）1000 万元以上重大技术合同登记量 28 份、增长 12%，交易总额 23.09 亿元、增长 23.76%，占全市技术成交总额的 51.15%。28 份重大合同中，有 8 份为技术引进合同，总金额 13.91 亿元，占重大合同总额的 60%。（3）全市技术合同涉及技术机构 548 家，其中交易额上千万的技术贸易机构 49 家，较上年增加 9 家。该 49 家技术贸易机构登记技术合同 1470 份，占总登记量 40.4%；合同成交额 37.47 亿，占全市合同成交总额的 83%，比上年增加 5 个百分点，单份合同平均成交额约 250 万元。上亿元的技术输出单位有厦门兆翔智能科技有限公司、厦门歌乐电子企业有限公司、厦门精图信息技术有限公司、中联环股份有限公司、厦门象屿工程咨询管理有限公司、国网信通亿力科技有限责任公司、厦门用友烟草软件有限责任公司及厦门大学 8 家机构。其中，国网

信通亿力科技有限责任公司合同登记额1.43亿元，增长2.5倍；厦门大学签订技术合同123份，合同额1.05亿元，增长近2倍；（4）企业输出技术成交额41.33亿元，占技术成交总额91.56；吸纳技术额为36.92亿元，占技术成交总额84.78%；（5）登记的3635项技术合同，落地厦门市1864项，占登记合同总量的51%，基本和上年持平。其中，引进境外技术有42项，金额14.42亿元，为历年之最。

【技成果转化网络交易平台打造】 2016年，针对国内科技成果转化模式陈旧的状况，国家科技成果转化服务（厦门）示范基地成立国内第一个专注于科技成果转化新模式、新产品、新业态研究的产品研发中心。针对企业技术创新服务产品匮乏的问题，示范基地孵化科技服务新产品，一站式提供企业技术创新方案，包括政策应用、产学研合作、知识产权、人才服务、问题咨询等。针对院所技术转移和专家能力释放，示范基地研发出技术转移全流程服务平台、科研管理系统、校内双创服务、学生就业服务、技术评估服务等5类服务产品，帮助院所一键对接市场。针对城市科技创新服务，示范基地形成包括服务平台类、科易智库类、活动帮及个性化定制类4类完善的产品矩阵，其中以科易区域技术市场为最典型服务产品。科易技术市场模式以“有效果、可持续”为核心指标，一经推出得到广泛认可，并在国内快速推广。至年底，示范基地为全国各地建设技术市场63个、运营36个。“科易宝”线上技术交易从无到有、快速增长，单月在线技术交易额突破1亿元，累计实现在线技术交易额突破13.5亿元。

（姜艳红　唐燕婷）

科技与金融结合

【概　况】 2016年，厦门市获批科技部、人民银行、银监会、证监会和保监会联合认定的全国促进科技和金融结合试点城市。初步建立以科技担保贷款、科技保证保险贷款，专利质押贷款、科技成果转化与产业化基金、科技保险补贴、科技资本对接会等直接融资与间接融资相结合，政府引导，社会资本为主的科技投融资体系，累计为市科技型中小企业提供超过30亿元融资，并将科技企业平均融资成本降低40%。

【科技成果转化与产业化基金到位】 2016年，厦门市科技成果转化与产业化基金到位资金1.5亿元，为战略性新兴产业和高新技术领域开展科技成果转化的初创期企业提供股权融资。基金分5批完成对34家科技初创企业投资9300多万元，第六批投资10家企业在公示中，拟投资金额3060万元。投项目实现“四个100%”，即100%投向科技型企业、100%投向实体经济，项目100%落户厦门、所投项目实现超过100%的增长。其中，有6家企业实现回购，1家企业市值增长11倍，财政资金对初创期科技型中小企业的扶持效果初步显现。

【科技担保贷款】 2016年，厦门市新增科技担保贷款11.24亿元，新增发放担保费及利息补贴2788万元；实际发放科技担保贷款26.37亿元，发放担保费及利息补贴6834万元。在科技担保贷款的支持下，科技型中小企业可获最高1500万元的银行贷款，综合融资成本比市场价格低40%。

【科技保证保险贷款】 2016年，厦门市新增科技保证保险贷款11498万元。科技型中小企业通过购买贷款保证保险，即可获无固定资产抵押的纯信用贷款，单个企业最高300万元。

【科技保险专项资金设立】 2016年，厦门市设立科技保险专项资金，补贴市科技型中小企业参加科技保险的保费，覆盖险种12种，其中关键研发设备保险、首套（台）产品责任保险、关键研发人员团体健康险和意外保险等得到科技型企业的欢迎。年内，厦门市拨付科技保险补贴411.5万元。

【知识产权质押贷款】 2016年，厦门市的知识产权质押获贷款授信超10亿元，并对知识产权质押贷款进行利息补贴，最高可达利息支出的60%。年内，厦门市发放知识产权质押贷款3946万元，利息补贴132.5万元。

【全市首笔科技信托完成】 2016年，厦门市科技局和市担保公司科技担保分公司、厦门国际信托紧密合作，由市科技局提供风险补偿和担保补贴，由厦门市担保有限公司科技担保分公司提供科技担保增信，由厦门国际信托募集社会资金，成功完成全市首笔科技信托，为两家科技型中小企业募集资金3000万元。

【18场科技资本对接会成功举办】 2016年，厦门市科技局举办厦门科技资本对接会18场，包括主题专场4场和行业专场14场，合计路演项目126个，参与对接的创投机构近200家次，金融机构60家次，参会科技型企业累计230家次，完成项目合作签约金额超过1亿元。

（李　根）

区域创新体系建设

【概　况】 2016年，厦门市有国家级重点实验室4家，省部共建实验室2家，省级重点实验室10家，市级重点实验室55家。有国家级工程技术研究中心2家，省级33家，市级79家。有市级以上企业技术中心135家，其中国家级企业技术中心17家，省级企业技术中心40家；博士后工作站25个。有市级以上创新型企业531家。其中，国家级创新型企业7家、试点企业7家，省级创新型企业58家、试点企业17家，市级创新型企业156家、试点企业357家。国家火炬计划特色产业基地、产业化基地和示范基地共7个。有光电子、两岸RFID（射频识别）等13个产业创新联盟。厦门市已建设8家涉农“众创空间”，面积17293平方米，在孵创业团队140个（其中台湾青年创业团队4个），创业人员965人。10月，由厦门特伦生物药业有限公司建设的厦门特伦创新创业“星创天地”被科技部批准为第一批“星创天地”。年内，中共厦门市委、厦门市政府出台《关于贯彻〈中

共福建省委　福建省人民政府关于实施创新驱动发展战略建设创新型省份的决定〉的实施意见》（“科技创新二十五条”），在改革科技经费管理制度、扩大项目单位研发自主权、提高科研人员成果转化收益等方面提出突破现行体制机制的措施，试点实施企业研发经费补助政策。

【企业享受研发费用税前加计扣除政策】 2016年，厦门市申报研发费用加计扣除备案企业871家，备案额25.93亿元，涉及减免税额6.48亿元。市科技局完成67家企业282个研发项目鉴定，其中65家企业的231个项目通过鉴定。2008～2016年，全市共有2811家次企业享受该政策，研发费用加计扣除额116.2亿元，涉及减免税额28.08亿元。

【市产业技术创新战略联盟】 2016年9月，厦门市批复成立“厦门市网络空间安全产业技术创新战略联盟”。联盟理事长单位为厦门市美亚柏科信息股份有限公司，秘书长单位为厦门市技术创新协会，成员包括厦门纳网科技股份有限公司、厦门卓网信息技术有限公司、厦门大学信息学院等25家涉及网络安全的企事业单位。至年底，全市有光电子、两岸三地RFID、电子元器件、船舶、水暖卫生洁具及橱柜、车辆、工程机械、运动器材、绿色食品、卫星导航、智能输配电设备、生物医药、网络空间安全13个产业技术创新战略联盟。

【科学仪器共享优惠政策落实】 至2016年年底，厦门市科学仪器共享平台有79家成员单位，仪器设备共6775台（套），价值共计2.977亿元。其中，50万元以上的仪器设备478台（套）。近3年累计为52家次企事业单位提供测试服务共计492.14万核小时。2009～2016年，厦门市总计下达9批科学仪器设备资源共享优惠补贴743.06万元。2016年，6家单位提供服务测试3742次和187.51万核小时，获得补贴共计273.65万元，补贴金额是上年（131.65万元）的两倍多，其中高层次人才服务补贴218.7万元。该项优惠政策实施，降低中小企业的研发创新成本，促进第三方检测机构的发展。

（高爱线　王维贤）

社会科技与科普宣传

【概　况】 2016年，厦门市科技局实施科技惠民工程，以科技创新支撑厦门市开展低碳城市试点、生态文明先行示范区和海洋生态文明城市的建设，实施厦门市水污染防治行动计划、厦门市最严格水资源管理制度，开展大气污染防治等工作。厦门市共支持污水污泥处理、智能电网、清洁能源、节能减排等环保科技项目29项，资助资金1010万元。举办以“创新引领　共享发展”为主题的科技活动周，启动仪式现场设立摊点75个，摊位数为历年最多。组织厦门市3位选手参加“2016年全国科普讲解大赛”；组织参加厦门市文化科技卫生“三下乡”活动。年内，厦门大学牵头的“闽三角城市群生态安全保障及海岸带生态修复技术”等9个项目获国家立项，共获国家资助资金12868万元支持，其中海洋领域共立项3项，获得资助资金7600万元。厦门大学牵头承担国家科技支撑计划“高藻水源地供水卫生保障羟基自由基氧化技术研发与示范”，相关技术成果获国家技术发明二等奖；由厦门江天智能仿生科技有限公司承担的“全国产化新能源海水淡化系统集成技术及一体化设备”通过中期评估。厦门市心血管病医院成为全国4家胸痛中心认证中心之一。

【文化科技卫生“三下乡”活动】 2016年1月15日，由市委宣传部等16家单位主办、51家单位联办的2016年厦门市文化科技卫生“三下乡”现场服务活动在同安区新民镇溪林村举行。市科技局作为主办单位之一，围绕“实施脱贫攻坚”主题，发挥科技扶持优势，组织科技局机关及6个直属单位参加活动，以项目形式扶持当地企业157万元，现场设立咨询台，发放食品安全、消防安全、防震减灾等科普宣传资料，普及蔬菜嫁接苗、果苗及栽培等技术。

【科技活动周】 2016年5月，厦门市科学技术局、市委宣传部、市科学技术协会共同举办以“创新引领　共享发展”为主题的科技活动周。该活动周在厦门五一文化广场举行开幕式，现场设立摊点75个，摊位数为历年最多，包括大众创业万众创新和市科技企业创新成果展示、科普知识宣传及产品体验等内容。在全市范围内开展群众性科技活动，如把亚热带引种园等科普教育基地免费或优惠向未成年人开放，开放厦门大学、中科院城环所、集美大学等高校、科研院所的实验室。

【“科普讲解大赛”举行】 2016年5月5日，全国科普讲解大赛厦门预选赛在厦门科技培训中心举行。比赛以“创新引领·共享发展”为主题，旨在为全国科普讲解大赛全国总决赛选拔优秀选手，同时为厦门市创新创业人员、科技人员、

5月，厦门市科技活动周启动仪式现场　（市科技局提供）

科普传播、讲解和科普志愿者搭建学习交流的平台，提升科普传播能力，推动科普事业发展。比赛最终选拔出3位选手参加全国科普讲解大赛，其中华侨大学胡梓良、厦门大学傅育繁获一等奖及“全国十佳科普使者”荣誉称号，厦门理工学院刘晓晨获优秀奖，市科技局获得“优秀组织奖”，是全国唯一有两名选手同时获得一等奖及“全国十佳科普使者”荣誉称号的市级组织单位。

（蒋海洋　张锦榕）

科技交流与合作

【概　况】 2016年，厦门市获科技部国际科技合作（政府间合作）项目3项，资助金额742.85万元；市科技计划共立项支持对台科技合作项目26项1177万元。市科技工作围绕市校、院地科技合作及国际与港澳台科技合作，促进产学研合作和科技成果转化。重点推进和支持与清华大学、国防科技大学、北京化工大学等国内重点高校开展合作。推进中科院海西研究院厦门稀土材料研究所（简称厦门稀土所）工程建设，至年底，该所工程项目7栋建筑楼的主体结构全部封顶，提前完成工程进度。推动两岸清华大学在厦建设“清华海峡研究院”。“两岸集成电路自贸区产业基地”建设取得重大进展。举办海峡两岸青年创业交流研讨会。

【厦门稀土材料研究所科研取得进展】 2016年，厦门稀土所在稀土清洁分离领域取得突破。该所加强与科研机构、企业的科技合作，与台北科技大学签署战略合作协议，双方在项目研发和人员交流等领域开展合作；到厦门钨业股份有限公司、福建金龙稀土有限公司、赣州稀土集团、金旸集团、包头稀土集团、三达膜（厦门）科技有限公司等多家重点企业进行调研，挖掘企业技术难题和技术需求。推动稀土所科研成果转化，该所依托在厦注册成立的7家产业化公司，继续推动南方离子型稀土分离新工艺、稀土高效清洁回收、稀土光电功能材料、新能源材料氟化石墨稀等科研成果逐渐实现产业化。

【市新材料产业发展促进】 2016年，厦门市科技局依托龙头单位发展新材料产业，市科技计划资金资助市新材料相关科研项目17个，重点资助稀土材料研究所、725材料研究所与厦钨、虹鹭等龙头单位研究，资助总金额935万元，拉动社会投资近1亿元，提升企业产品核心竞争力。将石墨烯关键技术研究列入厦门市2017年度重点研发计划指南，在石墨烯制备到产品应用各产业链环节上支持石墨烯科技研发。支持恒力盛泰公司在厦投资建立百吨级单层石墨烯量产线，预计2017年产能300吨，鼓励其在厦设立石墨烯应用研究所。

【“清华海峡研究院”建设】 2016年，“清华海峡研究院”经过1年多建设与发展，初步形成大数据、半导体、大健康、新能源、大文化5个重点发展领域。在大数据领域，该院与厦门市象屿集团、厦门市建发集团、厦门市国贸集团、厦门市海投集团联合发起成立厦门市物联网产业研究院，构建区域物流大通道和物流网络体系，强化厦门在对台交流合作和海上丝绸之路中心枢纽城市中的战略地位。在半导体领域，该院引进台湾半导体检测行业的龙头企业“闳康科技”，共同筹建半导体测试中心（实验室）；该院与清华紫光、台湾新竹“清华大学自强工业基金会”合作，结合其在集成电路人才培训方面的丰厚经验，建立集成电路人才培养体系，为厦门市和福建省培养集成电路领域专业人才。在新能源领域，该院邀请两岸核能领域专家学者参加“海峡核能发展与环境安全论坛”，促进清华大学核研院、清华大学工程物理系、部分相关企业代表与新竹“清华大学工科系”、台湾核能科技协进会、台湾核能学会、台湾电力公司以及台湾“清华大学自强工业基金会”等单位展开合作交流；与台湾新竹“清华原子科学院”就核安全方面签订合作备忘录，加强两岸核能领域的交流与合作，共同培养核能人才，共享核能发展经验。

【军民融合协同创新研究院建设】 2016年，军民融合协同创新研究院建设进展顺利，研究院内设军民融合产业协会，协会发展会员单位52家。协会协助厦门康众畅想有限公司对接某集团军装备部开展合作。项目方面，在研究院前期梳理汇总军民融合类38项项目基础上，有军民融合协同创新研究院、赛宝工研院、中国信息安全南方研究院等16个项目完成注册，新增厦门戎堃科技有限公司、厦门君行智能科技有限公司、厦门日华能源科技股份有限公司3家企业在办理入驻研究院事宜。军民融合研发中心、军民融合高技术产业园的规划建设工作逐步推进中。

【北京化工大学厦门生物产业研究院科研成果丰硕】 2016年，北京化工大学厦门生物产业研究院承担科研项目14项，其中国家重点研发课题1项，科技部港澳台专项课题1项，厦门市科技计划项目3项，横向课题8项。全年申请发明专利4项；发表文章25篇，其中SCI论文11篇。该院与中国工程院院士谭天伟共建的院士专家工作站成为福建省的省级院士专家工作站。该院在厦召开北京化工大学科技成果推介会，并在厦门、泰州两地联合举办北京化工大学项目视频对接活动。组织两场次“科学家大讲堂”活动，服务地方经济。

【对台科技合作】 2016年，厦门市“两岸集成电路自贸区产业基地”接洽涉台企业150余家次，3家台企入驻，另有意向入驻台企15家，共计投资总额1300万元。“清华海峡研究院”在台湾新竹“清华大学”校内设立“清华海峡研究院新竹办公室”，旨在整合并发挥两岸清华的学科、人才、研发优势，将研究院建设成为两岸合作发展的独特纽带、重要智库及强力引擎，同时该院在2016年引入4个台湾新竹“清华大学”校友企业在厦门落地，标志着两岸清华优质资源的共享与融合。市科技局、翔安区政府与华硕云端股份有限公司、台湾圆境生态绿能股份有限公司、中国国王科技集团有限公司、中国兆丰科技集团有限公司签订6方合作协议，4家台企业投资1.5亿美元在厦成立战略合作公司，开展智慧城市建设。“台湾生技产业园”策划建设“海峡两岸保健品和化妆品研发公共服务平台”，为园区企业提供科技服务。

【国际科技合作】 2016年，厦门市3个国际合作项目列入政府间科技合作项目，科技部给予厦门市项目承担单位742.85万元资助。厦门市向科技部推荐申报19个政府间国际合作项目，合作国别涉及欧美10多个国家，推荐项目数超往年。是年，科技部对2009～2011年间认定的131家国家国际科技合作基地（简称“国合基地”）进行评估，共14家获得优秀，优秀率仅为10.67%。厦门市有4个国合基地参加评估，其中厦门大学“国家传染病诊断试剂与疫苗工程技术研究中心”获评优秀，是厦门市继厦门大学“物理化学国家级国际联合研究中心”获评优秀后又一优秀国合基地，其余3个国合基地为良好。依托泰普生物科学（中国）有限公司建设的“厦门国家健康产业国际创新园”通过认定，成为全国2016年度新认定的4家国家级“国际创新园”之一。“国际创新园”是依据国家创新体系或区域创新体系建设目标，为有效利用寰球创新资源，依托大型科技产业基地或园区，由科技部与省级政府共建的国际科技合作基地。

【组织参加第十二届重庆高交会】2016年4月，厦门市科技局组织厦门市四维时代网络科技有限公司等19家高新技术企业参加第十二届重庆高交会暨第八届军博会，展示厦门市电子信息技术、生物医药以及农业领域的科技创新成果，其中厦门市四维时代网络科技有限公司的参展项目被组委会评为“亮点项目”。该次展会厦门市企业与各省市的63家单位进行合作意向洽谈，其中与28家签订合作协议，与7家商定后续合作交流行程。

【组织参加第十九届北京科博会】2016年5月，厦门市科技局组织厦门奥普天成、厦门特伦生物药业有限公司等14家企业参加第十九届北京科博会，展示、推介厦门市高新技术企业在新材料技术、资源与环境技术、生物医药和电子信息等领域的最新科技创新成果。展会期间，厦门市参展企业与各省市的59家单位进行合作意向洽谈，其中签订合作协议21份，达成合作意向38个。此外，厦门市代表团走访中国航天工业集团公司北京航空材料研究院和中国中医药大学，推动厦门市院地科技合作和市校科技合作的开展。

11月16～21日，深圳高交会其间的厦门展馆（市科技局提供）

【组织参加第十一届西安科博会】2016年8月12～14日，第十一届中国西安国际科学技术产业博览会在西安举办。厦门展团组织绿网天下（福建）网络科技股份有限公司、厦门微科格瑞生物科技有限公司等10家企业首次参展，集中展示厦门市在信息、生物医药，节能环保等领域的自主创新成果，成为该次科博会的新亮点。展会期间各省市有13家单位与厦门市企业进行合作意向洽谈。此外，厦门代表团获组委会颁发的“最佳展示奖”。

【组织参加第十八届深圳高交会】2016年11月16～21日，第十八届中国国际高新技术成果交易会（简称高交会）在深圳举行，厦门市组织18家企业的23个科技创新成果参展。创新成果涵盖电子信息技术、集成电路、新材料、智能制造、生物医药等领域。展览期间，厦门市参展企业与国内外73家单位进行洽谈，达成26项合作意向。厦门匠客信息科技有限公司的“Iron Bot儿童机器人启蒙教育套件”项目获“最佳创新创意奖”；艺特家（厦门）科技有限公司的“三屏虚拟赛车”、厦门三维天空信息科技有限公司的“3D Pandoras全彩3D粉末打印机”获组委会颁发的“亮点项目”。厦门代表团获组委会颁发的“优秀组织奖”和“优秀展示奖”，深圳卫视等多家新闻媒体专门到厦门团展位进行采访报道。

【海峡两岸青年创业交流研讨会举办】2016年11月8日，科技部海峡两岸科学技术交流中心、厦门市科学技术局、台湾亚太产业分析专业协进会共同在厦门金雁酒店主办“两岸青年创业交流研讨会”。该次会议旨在推动两岸创新创业的合作，促进两岸的青年创业者的交流与合作。会议邀请13位两岸演讲嘉宾，吸引来自海峡两岸的企业家、创业青年及团队、各高校、孵化园区等企业界和学术界的200余人参会。研讨会后，两岸嘉宾走访厦门市“一品威客台湾青年创业基地”和“华美空间文创园”两家众创空间，双方就产业环境、金融资本、两岸优势互补、台湾青年到厦创业优惠政策及如何推动两岸青年携手合作等议题进行深入探讨。

（马冬菊）

知识产权工作

【概　况】2016年，厦门市知识产权工作围绕创新驱动发展和经济转型升级的迫切需求，深入实施知识产权战略，在知识产权“创造、运用、保护、管理服务、人才”全链条重点取得突破，在全国知识产权局局长会上，厦门市知识产权局代表向大会作先进典型发言。年内，全市国内专利申请量20439件，其中发明专利申请5503件，比上年增长27.50%；国内专利授权量12109件，其中发明专利授权2028件，增长19.96%；PCT国际专利申请量229件，居福建省首位，占全省申请量的42.2%；全市有效发明专利拥有量7292件，增长31.34%，每万人口发明专利拥有量18.75件（福建省6.17件，全国8.03件），较上年增加4.27件。是年，厦门市启动申报国家知识产权综合管理改革试点城市工作，并成为全国首家上报试点方案的城市；正式启动首批国家知识产权强市创建市申报工作，为福建省唯一申报城市；厦门市首届“知识产权杯”创意设计大赛启动。

【专利奖评奖落实】2016年，厦门市6家企业获第十八届中国专利奖，其中4家企业专利项目获中国专利优秀奖，2家企业专利项目获中国外观设计优秀奖。全年兑现厦门市第四届专利奖获奖金249万元。完成厦门市第五届专利奖初评工作，评选出拟获奖项目45项，报市政府，拟组织终审。

【知识产权重点企业壮大】2016年，厦门市新增国家知识产权示范企业2家、优势企业6家，福建省知识产权优势企业8家，福建省专利导航试点企业2家，市知识产权试点企业25家，工业设计优势企业10家。知识产权重点企业累计384家。企业知识产权贯彻标准工作实现零突破，宏发股份、松霖科技、雅迅网络、蒙发利科技4家企业首次通过认证。

【知识产权教育培训见成效】2016年，厦门市举办7期知识产权远程教育培训班，参训人数14555人次；厦门分站因成绩突出，连续3年在全国知识产权远程教育年会上作典型发言。首次举办“专利分析中级实战班”，全市有30多名专利工作人员参加培训并通过考核，获由国家局专利管理司授予的中级专利分析证书，该项工作属全国领先。厦门市第六中学被评为全国首批中小学知识产权教育试点学校，演武小学等5所中小学被评为厦门市首批中小学知识产权教育示范学校。

【专利执法维权工作成绩提高】2016年，厦门市查处假冒案件数221件，比上年增长12%；立案专利侵权纠纷案件61件，增长32%；结案60件，结案率98%。年初，厦门市知识产权局被国家知识产权局和公安部表彰为知识产权执法工作成绩突出集体。专利执法工作在全国145个副省级城市及地级市中排第七名，较上年提升17名，知识产权维权援助举报投诉工作在全国76个维权工作站中排第十六名，提升13名。维权援助中心被国家知识产权局评为全国专利系统先进集体。

【商标行政保护】2016年，厦门市市场监督管理系统在网络市场监管（红盾网剑）、保护“迪士尼”、“清风行动”3个重点领域开展专项整治行动，均取得成效。全年立案查处“双打”（即打击侵犯商标专用权和制售假冒伪劣商品工作）案件497件，办结511件，结案案值1848.3万元，移送司法机关3件，案件信息公开509件。

【版权行政保护】2016年，厦门市文化市场综合执法机构持续保持高压态势，加大版权执法力度，开展文化市场专项整治打击网络侵权盗版“剑网2016”专项行动。全年出动执法人员2851人（次），车辆956台（次），检查各类文化市场经营场所565家（次）。查办涉及侵权盗版案件4起。集中销毁各类盗版图书、盗版音像制品、盗版电子出版物及非法报刊共68636件。

【质监部门执法】2016年，厦门市质监部门加强与检验检疫、公安、市场监管等部门合作，将日常监管与打击侵权假冒及“质检利剑”行动有机结合起来，加大行政执法力度。全年出动执法人员1432人次，检查生产建材、酒类产品、日用品、低压电器等产品的432家企业。立案查处侵犯知识产权案件3件。

【知识产权刑事保护】2016年，厦门市公安机关突出打击重点，强化战役攻坚，严厉打击侵权假冒犯罪取得实质成效。全年共立侵权假冒案件453起，破案428起，抓获犯罪嫌疑人228人，查处涉案总价值4057.5万元，缴获一大批假药、假酒、假烟、毒豆芽等侵害民生的侵权伪劣商品。

【知识产权司法保护】2016年，厦门市两级法院加强审判管理，优化资源配置，提升审判质效。全年共受理民事、刑事、行政各类知识产权案件1303件，比上年增加77件，审结各类案件1006件，法定审限内结案率100%。全年知识产权受理案件数量稳步上升，法律争议大、社会关注度高的知识产权案件增多，案件标的金额创历史新高。市检察机关明确打击重点，强化执法协作。全年受理审查的侵犯知识产权类案件27件67人，案件数下降25%，其中思明区人民检察院办理的骆某某等销售假冒注册商标案入选高检院“2015年度检察机关保护知识产权十大典型案例”。

【知识产权海关保护】2016年，厦门海关开展“清风行动”和互联网及邮递渠道专项执法。全年对293批次货物启动知识产权保护程序，涉及货物40万件，案值883.5万元。其中，查扣各类侵权货物279批次，查扣货物19.51万件，案值580万元。为69家国内外权利人维护品牌权利，挽回企业商誉损失。

【展会知识产权保护加强】2016年1月1日，《厦门市展会知识产权保护办法》正式实施。年内，市知识产权局组织85人次进驻投洽会、文博会等展会执法，检查涉及专利的展位576个，查处涉嫌专利假冒行为案件112件，受理专利侵权纠纷8件，对32个参展商进行调查询问，责令14个采取遮盖方式的展位进行现场整改，接受咨询52件，发放宣传资料800多份。

【国家知识产权局领导到厦门调研】2016年4月15日，国家知识产权局局长、党组书记申长雨一行到厦门调研知识产权工作。申长雨一行先后走访市知识产权局、自贸区厦门片区、雅迅网络股份有限公司，听取有关知识产权工作汇报，并进行座谈。申长雨认为厦门知识产权工作体现“三强两好”：班子强，队伍强，能力强；工作环境好，工作做得好，许多工作走在全国前列。申长雨对厦门知识产权工作提出3点要求：（1）要继续探索自贸区知识产权工作新模式，加强知识产权保护，努力营造更加国际化、市场化、法治化的营商环境；（2）要积极稳妥

4 月 15 日，国家知识产权局局长申长雨（右二）到厦门调研　　（陈金琼　摄）

推进知识产权综合管理改革，在创新知识产权管理体制机制方面取得可借鉴、可复制、可推广的厦门经验；（3）要积极探索“一带一路”和对台知识产权工作新思路，努力形成知识产权工作方面的厦门特色。在厦门期间，市长裴金佳会见申长雨一行，双方就深化知识产权领域改革等问题进行深入交流。福建省知识产权局局长林伯德、厦门市常务副市长、厦门市知识产权局局长卢琳兵，以及自贸区厦门片区管委会相关负责人等陪同调研。

【两岸知识产权金融试点单位选定】 2016 年 5 月，两岸知识产权银行选定中行海沧支行、农行自贸区分行、建行科技支行、交行自贸区分行、厦门银行松柏支行、厦门农商行营业部、兴业银行自贸区支行、浦发银行自贸区分行 8 家银行作为两岸知识产权金融试点单位，率先开展知识产权特色业务，标志知识产权金融合作取得新进展。

【知识产权运营投资基金获批】 2016 年 7 月，厦门市被财政部和国家知识产权局共同确定为全国 10 个 2016 年重点产业知识产权运营服务工作试点城市之一，并获引导资金 4000 万元，市重点产业知识产权运营服务工作取得关键性突破。市知识产权局制定《厦门市“一带一路”知识产权运营投资基金方案》经市政府研究同意上报国家知识产权局。基金的筹备在开展中。

【中国（厦门）知识产权快速维权中心获批】 2016 年 7 月，国家知识产权局批复同意在自贸区厦门片区设立中国厦门（厨卫）知识产权快速维权中心。该中心为全国第九家知识产权快速维权中心，为福建省内首家及全国自贸区内的首家国家级快速维权中心，为厦门厨卫产业提供一个集知识产权快速审查、快速确权和快速维权功能的“一站式”知识产权服务平台。

【专利资助政策优化】 2016 年 7 月，厦门市根据发展需要修订《厦门市专利发展专项资金管理办法》，进一步推进专利的增量提质。全年厦门市发明专利资助占比由上年的 28.3% 提高至 53.5%，小微企业申请人占比由上年的 18% 提高至 40%。全年资助 6268 件专利申请，资助金额 2375.92 万元。其中，资助小微企业专利申请 2511 件，资助金额 159.42 万元。全年补贴 45 个专利产业化项目 650 万元，带动社会投资超过 1 亿元。为 7 家企业专利权质押贷款贴息 132.53 万元。

（曹　亮）

气象事业

【概　况】 2016 年，受超强厄尔尼诺事件影响，厦门市天气气候极为异常。1 月出现强寒潮、罕见冬季暴雨，厦门观测站观测气温突破自 1952 年建站历史极端最低气温；全市年降雨量为 2167.1 毫米，较常年偏多 62.2%，首次突破 2000 毫米，为有气象观测记录历史最高纪录；年大雾天气 85 天，较常年同期偏多 104%，创有气象观测记录历史最多纪录。影响厦门市热带气旋 5 个，其中 14 号台风“莫兰蒂”登陆厦门时近中心最大风力 15 级，阵风 17 级以上（66.1 米 / 秒），10 级以上平均风持续影响时间 5 个小时，带来强风暴雨大潮，全市直接经济损失 102 亿元。此外“尼伯特”“鲇鱼”“马勒卡”“艾利”也给厦门市带来风雨影响。

全市气象部门把好防御极端灾害性天气第一道防线，全年向市委、市政府等相关部门报送决策气象服务材料 682 期，发布预警信号 438 次，发送决策气象服务短信 522 条（受众约 66 万人次），增加专家直播连线 52 次。通过电视广播、微博微信、“12121”、网站、手机短信、LED 显示屏、触摸屏、电子公交显示屏、门禁通等多种发布手段广泛发布气象预警信息。启动或调整防御气象灾害应急响应命令 52 次，应急时长 1051.5 小时，是 2015 年应急时长的 2.72 倍。创新性开展灾害性天气网络、微博、微信实况直播、视频直播等内容。2016 年微博关注人数数量上升至 22 万，微信关注人数 5.3 万。2016 年第三季度厦门官方气象微博入选《人民日报》“全国二十大气象系统微博”，并进入福建十大政务机构微博第七名。在做好灾害性天气气象服务保障的同时，市气象部门完成马拉松赛、春运、海峡论坛、两岸企业家峰会、铁人三项赛、厦金横渡、G20 协调会、“9 · 8”投洽会、中招体育考试、中高考预报服务、节假日期间天气预报等 20 多项次重要专题气象服务，得到各级各部门肯定。厦门市气象局落实全面从严治党主体责任，组织“新气象心服务”党建品牌实践活动，深化“比服务”“马上就办”和“四下基层”工作。全市气象部门三公经费保持逐年下降趋势。开展全国文明单位及文明行业创建活动，市气象局蝉联 3 届全国文明单位，市气象局党总支获得市直机关先进基层党组织表彰。全局有人员 99 人，本科以上比例 81.81%（博士占比 8.08%，硕士占比 41.41%），获高级职称占比 31.31%。事业单位绩效管理试点工作稳步实施。

【气象现代化工程实施】 2016 年，厦门市气象局执行项目资金 0.87 亿元，新一代天气雷达项目主体工程基本建成，雷达在台风季开机运行，台风科技馆完成施工招标，同安辅助阵地开工，翔安辅助阵地通过用地规划许可。《厦漳泉区域气象中心（厦门一期工程）》完成地方资金设备采购，部分设备完成安装调试；市突发事件预警信息发布中心获立项。《厦门市国民经济和社会发展第十三个五年规划纲要》明确 7 个方面气象重点工作和 6 项工程性建设项目，其中 2 项工程列入“十三五”城市公共安全重大工程。《厦门市气象发展“十三五”规划》获市政府批复，明确五大工程，建设资金 3.4 亿元。

【气象防灾减灾机制完善】 2016 年，厦门市气象局成立市级预警信息发布中心，明确人员和运行经费预算。气象防灾减灾工作纳入市政府绩效考核察访核验环节；新设气象机构的海沧区、集美区出台《气象灾害防御规划》；完成大雾应急预案和 4 个镇的气象灾害应急预案修订；建立重点防御单位气象预警信息接收、处置等工作机制，推动精细化气象预报服务产品分别纳入城市网格化管理系统、鼓浪屿旅游服务系统、海沧公交系统、集美门禁系统、腾讯钱包城市服务、厦门交通指挥系统、厦门广电 APP 等工作，加强与环保、交警、水利、航运、旅游等部门信息共享；组织开展科普宣传活动，气象科普宣传受广大市民喜爱。

【现代气象业务能力提升】 2016 年，厦门市完成双偏振天气雷达、大气成分站、风廓线雷达、移动应急观测车等的安装及建设，新探测资料在业务中逐步得到应用，强对流天气预警提前量和暴雨预警准确率等指标总体上升。岛内基本实现气象监测到街道，气象信息发布终端到社区，气象信息服务从文字到视频的提升。新增海沧重点项目工程气象服务、城市排水气象服务，商务局蔬菜运输等气象保障工作，气象服务行业覆盖国土、交通、市政、能源、安全、旅游、海洋渔业、城市运行、重要工程建设等厦门重要部门和单位。

【气象科技发展】 2016 年，海峡气象开放实验室建设成效初显，出台一系列科技创新管理办法，组织申报国家自然科学基金 2 项，其中 1 项获得立项。《台风多普勒雷达风场反演方法研究与应用》获福建省气象局科学技术成果奖一等奖。加强强降水机理研究和雷达资料分析应用创新团队建设，优选预报员脱班入驻实验室集中开展科研和技术总结工作；发表国内核心期刊论文 5 篇；颁布实施的行标 1 个；获软件著作权 3 项。

【气象交流深化】 2016 年，厦门市气象局协办第八届海峡论坛·第五届海峡两岸民生气象论坛。继续做好金门地区天气预报和灾害性天气预警服务，全年为金门提供 49 期重要天气预警报告（重要气象信息服务）、66 期台风快讯、30 期短时强天气报告、49 期一周气象。与台湾大学大气科学系中尺度气象实验室签订科技合作备忘录，邀请台湾教授学者对业务人员进行授课，聘任台湾知名教授担任实验室特聘专家。建立厦漳泉气象同城化发展联席会议制度，联合推进“厦漳泉区域气象中心项目”建设，完善区域综合气象观测布局和灾害天气联防机制，设立厦漳泉联合开放基金。厦漳泉人工影响天气同城化标准作业基地运行日趋规范，获得 2016 年度福建省气象局创新项目表彰。

【气象改革】 2016 年，厦门市气象局深化行政审批制度改革，落实“放、管、服”各项措施，气象行政审批依托市“多规合一”协同平台规范运作；落实行政许可和行政处罚信用信息双公示制度，融入“信用厦门”体系建设。稳妥推进防雷减灾体制改革，贯彻落实《国务院关于优化建设工程防雷许可的决定》，提请市政府出台《优化调整建设工程防雷许可工作的通知》，确保防雷安全监管职责平稳过渡。优化调整防雷机构，做好防雷科技服务编外人员全员辞退工作，与省华茂公司签署战略合作协议，提升防雷检测市场竞争力。借助人大执法检查，推动《厦门经济特区气象灾害防御条例》贯彻落实；出台《厦门市气象局标准化工作改革实施方案》，落实职责分工，推进标准应用监督检查，开展国标及地标的制定、修订工作。

【防抗台风“莫兰蒂”气象保障】 9 月 15 日，超强台风“莫兰蒂”在翔安区正面登陆，对厦门市造成严重影响。在抗御台风“莫兰蒂”中，市区两级气象部门及早布防，加密监测，共发布各类决策服务材料 173 份，联合市国土房产局发布地质灾害气象风险预警 3 份；发布预警短信 142 条，电视气象节目播出 20 次、共约 55 分钟，专家连线直播节目

9 月 14 日，厦门市气象局领导在市防汛抗旱指挥部办公室向市长裴金佳（前左二）汇报台风“莫兰蒂”动态 （焦阳 摄）

19次、共约64分钟；微博更新282条、点击数476.7万次，微信75条，微博视频直播6次。联合水利专家对全市水库后续雨量做出准确预报，为水库科学调度赢得主动权。11月15日，在防抗台风“莫兰蒂”暨灾后恢复重建工作总结推进会上，市委书记裴金佳多次表扬市气象工作者在防抗台风所做出的优异表现，指出“气象部门的干部职工，在台风影响期间，密切关注台风发展趋势，及时准确做好分析预报，为科学抗御发挥了重要技术指导作用”。市防汛抗旱指挥部副总指挥、市水利局局长郭金炼表示，“市气象局对台风精准预报对市里提前发布厦门有史以来第一次的‘三停一休［即停工（业）、停产、停课、休市］’动员令起到关键作用”。（参见P72【台风】）

（曾文慧）

2016年，高崎观测点观测潮汐的雷达　（厦门海洋环境预报台提供）

海洋环境预报

【概　况】2016年，厦门海洋环境预报台继续开展厦门沿海各项日常海洋预报、中长期预报、海洋灾害预警报、专项保障预报工作，为60多家单位部门发送日常海洋预报单6.3万份、手机短信11.2万条；为32家单位发布中长期预报单170多份；制作发布专项预报服务产品142份；制作海洋灾害预警报单360余份、传真8700份、手机短信2.4万条，为政府防汛部门防灾减灾决策提供科学有力的参考。邀请政府相关部门、涉海企事业单位首次召开海洋预报需求座谈会，听取对于海洋预报的意见及需求，为更加及时有效、有针对性发布预警报产品提供依据。海峡两岸客轮航线预报合作项目相关预报工作平稳运行，通过国家海洋局东海分局验收。厦门海洋环境预报台开展第八届厦金海峡横渡、第六届海峡两岸高校帆船赛、厦门世界铁人三项赛等体育赛事保障的海洋环境预报工作。继续为厦门海事局提供未来3天台湾海峡海洋环境预报保障服务。

【海洋观测】2016年，厦门海洋环境预报台在厦门海域新建高崎观测点（潮汐、风），升级改造五通码头、海投码头和马銮码头3个简易验潮点以及五通测风点；在厦门湾南口和北口分别布设2套3米浮标，改造厦门东部海域和南部海域2套3米浮标；新建或改造4个LED预警信息发布显示屏。完成鼓浪屿测点海洋水文气象观测工作，获取数据量2365083个，实现实时数据采集率99.2%，资料传输率99.9%。分别获取五通码头测点数据183501个、现代码头测点数据195143个、海投码头测点数据197706个、马銮码头测点数据197723个、厦门南部浮标数据8509个、厦门东部浮标数据7384个、厦门湾南口浮标数据7833个、厦门湾北口浮标数据8505个，并通过数据专线向市防汛办发送防汛验潮点实时观测数据。继续利用高清摄像设备对厦门白海豚保护区实时监视。完成远程视频会商系统、省级数据传输网升级改造和中心站机房改造。

【预警报能力提升】2016年，厦门海洋预报台依托国家和地方专项，完成《厦门市海洋防灾减灾预警报能力建设》项目，厦门海域海洋观测网络布局更加科学合理，拓展预警信息发布手段，提升数据共享及海洋信息服务保障能力。完成《厦门海洋风暴潮漫堤风险预警系统》项目开发，在台风“莫兰蒂”预警报中进行试运行；启动《厦门市海洋灾害风险评估和区划基础数据系统》开发建设，实施并完成《精细化和专项预报业务系统》《预报产品质量评估与业务讲评系统》，系统运行后，可提供一套基于数值预报技术可定制、可推广的精细化业务预报系统，提高海洋预报的服务水平。

【海洋监视监测】2016年，厦门海洋环境预报台开展对椰风寨、黄厝、海韵台、太阳湾、珍珠湾、白城、大德记、港仔后海水浴场及环岛路东部、鼓浪屿滨海旅游度假区海洋环境的监测。4月底至10月底完成浴场24个站位每周2次（周二和周六）和滨海旅游度假区12个站位每周1次监测工作，编写评价报告19份；完成厦门海域海漂垃圾评价工作，提交评价报告14份；完成东碇临时海洋倾倒区跟踪监测16站位两个季节的监测工作，提交跟踪监测报告4份；完成厦门市海洋资源承载能力监测12个站位的补充监测工作，提交报告1份。

（袁方超）

地震监测

【地震活动】2016年，福建省及其沿海地区地震活动水平和上年度相比较高，厦门市数字化遥测台网记录到福建及其沿海地区≥2.0级地震81次。其中，最大地震为6月18日漳浦海域M4.0级；厦门市境内最大地震为12月11日发生在海沧区海域的M3.2级地震，对厦门市的影响烈度为Ⅱ～Ⅲ度，大部分静止的人有感。台湾及其沿海地区发生M5.0级以上地震15次，其中，2月6日发生在台湾高雄市M6.7级震对厦门市造成轻微震感。（见表23-3、表23-4）

【地震监测研究】 2016年，厦门市地震局（简称市地震局）记录M≥2.0级地震事件196次，提供地震社会服务信息143条。根据中国地震局有关要求及《2016年度福建省震情跟踪工作方案》，结合福建省2016年度地震趋势会商会结论和省地震局党组对做好福建省地震跟踪工作的具体部署，制定《2016年度厦门市震情跟踪工作方案》，做好厦门市地震短临跟踪工作。

坚持周、月震情会商，年度震情会商和紧急震情会商制度，强化动态会商研判。加强毗邻区地震部门联合会商，开展跨区域地震联防。4月18日，专题组织召开“近期全球大地震频发震情讨论会”，重点讨论频发大地震的构造背景、特点及其关联性、灾情和影响等，形成共同认识。5月10日，组织厦门地区地震系统年中地震趋势会商会，编写完成《闽台地区2016年下半年地震趋势会商报告》。7月29日，专题召开纪念唐山大地震40周年研讨会，深入分析研究唐山大地震的发震原理，增强做好防震减灾工作的忧患意识和责任意识。9月12日，组织召开厦门地震趋势会商会，编写完成《闽台地区2017年度地震趋势研究报告》。

【震害防御】 2016年，厦门市地震局强化防震减灾法制意识，提升城市灾害预防能力。编制完成市地震局行政权力清单、责任清单，制作权力运行流程图。全面梳理部门主要职责，提出加强事中事后监管措施，明确公共服务事项，依法向社会公布。编制完成“十三五”防震减灾规划，确定“十三五”期间厦门市防震减灾事业发展的总体思路、奋斗目标、发展战略和主要任务。落实第五代《中国地震动参数区划图》（GB 18306—2015），加强抗震设防监管，依法开展抗震设防要求执行情况和地震安全性评价工作的监督检查，为社会经济发展和工程建设提供地震安全保障。

表23-3　**2016年福建及其沿海地区各月份地震频次和最大震级**

月份	频次（ML≥2.0）	最大震级（ML）	月份	频次（ML≥2.0）	最大震级（ML）
1	8	2.5	7	9	2.9
2	7	3.0	8	1	2.2
3	5	3.0	9	6	3.0
4	7	3.5	10	11	3.5
5	6	3.1	11	10	3.2
6	5	4.0	12	6	3.2

表23-4　**2001～2016年福建及其沿海地区ML≥2.0级地震情况**

年份	频次	最大地震（ML）	年份	频次	最大地震（ML）
2001	82	4.4	2009	71	4.3
2002	92	3.8	2010	56	3.2
2003	82	3.6	2011	78	3.7
2004	109	4.6	2012	117	4.1
2005	66	3.6	2013	103	5.0
2006	71	3.6	2014	80	3.8
2007	107	4.9	2015	67	3.6
2008	161	4.6	2016	81	4.0

【防震知识宣传】 2016年，厦门市地震局引进智力和购买服务，拓展防震减灾宣传平台；改版厦门市地震局网页，优化版面结构和模块设计，突出新闻动态的时效性。针对不同受众，制作群众喜闻乐见的宣传资料、专题片和实用工作手册，增强宣传实效。坚持开展经常性、科学性、针对性和多样化的地震科普知识宣传。4月28日，市地震局与市委宣传部联合召开厦门市防震减灾宣传工作会议，总结2015年防震减灾宣传工作，部署2016年宣传工作要点。全国防灾减灾日期间，深入同安区新民镇溪林村、五一广场、诚毅科技探索中心、巷东中学、中山公园、中央美地社区、兴园社区等中小学校、农村、社区广场开展防震减灾知识的宣传。联合诚毅科技探索中心开展为期一周的“小鬼当家”防震减灾科普活动周，深入社区和学校，密集展开防震减灾科普宣传。5月9～16日，市地震局在微信平台开展“减轻地震灾害风险，美丽厦门共同缔造”地震微信科普知识竞答，近千人参与竞答活动。7月，市委宣传部和市地震局联合组织全市防震减灾宣传专栏制作活动，举办“纪念唐山地震40周年征文活动”。厦门市地球科普教育基地全年免费对外开放，共接待1000余名学生和市民参观。厦门市地震局微信公众平台快速、权威地发布震后应急信息，广泛宣传防震减灾知识，全年累计服务民众300万人次。

【地震应急救援准备】 2016年，厦门市地震局强化震情观念，提升地震应急救援能力。（1）有感地震发生后，市地震局立即启动地震应急响应，值班人员迅速将地震震情专报市委、市政府和上级部门，及时通过地震局网页、微信公众号等向社会发布，同时密切关注震情发展并及时做好灾情信息收集工作；新闻发言人及时接受厦门市电视台、《厦门日报》等新闻媒体采访，回答社会各界和市民问讯，妥善处理和应对地震对厦门市影响。（2）根据武警水电第六支队申请和市政府批复，专题召开地震应急救援装备维护保养及训练场地建设必要性、可行性论证会，追加经费 198.59 万元专项用于地震应急救援装备保养经费补助。（3）开展地震应急救援演练，确保设备、人员随时待命。5 月 6 日，市地震局与市公安局消防支队在海沧联合开展地震救援演练；5 月 12～13 日，参加在宁德举行的福建省县级地震灾害紧急救援队地震应急救援联合演练（代号“闽动 -2016”）；5 月 12 日，联合湖里区政府开展“湖里区禾山社区 2016 年‘5·12’防震减灾疏散演练”。（4）加强地震应急避难场所管理。14 号台风“莫兰蒂”后，市地震局及时了解并统计各地震应急避难场所受影响情况，成立专项检查组对地震应急避难场所逐一进行检查，确保避难场所标识牌悬挂到位，应急供水供电设备运行正常，日常设备维护及时、记录完整，档案资料齐全。

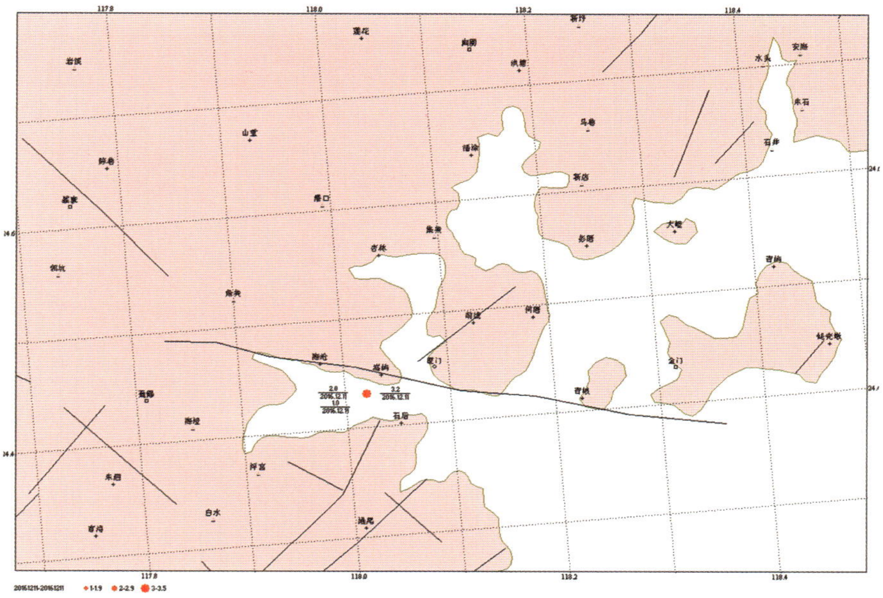

图 23-1　厦门市海沧区海域 3.2 级地震震中图

【地震突发事件处置】 2016 年 12 月 11 日上午 11 时 40 分 33 秒，在厦门市海沧区海域（北纬 24.43 度，东经 118.02 度）发生 ML3.2 级地震，震源深度 14 千米（图 23-1）。地震发生时，厦门思明、海沧、湖里区和漳州部分片区有明显震感，部分群众还听到很响的似“岩石裂爆”的地声。

震后市地震局迅速向市委、市政府上报第一份震情专报，由于地震震级和地震烈度未达到《厦门市破坏性地震应急预案》要求，未启动厦门市地震应急预案，按照有感地震工作程序展开应急工作。地震发生后，市地震局和地勘中心立即安排 3 组地震现场应急队到震中附近现场开展震情调查：一组到海沧嵩屿、海门岛、漳州客运码头一带开展震情调查，二组主要在岛内仙岳公园一带开展调查，三组从第一医院经轮渡码头至华侨博物馆展开走访调查（表 23-5）。根据调查受灾情况绘制地震烈度图（图 23-2）。调查结果显示震中周围民众普遍有感，持续约 2 秒，海沧、湖里、思明等地民众还听见“地声”，根据地震烈度表可划为Ⅲ度区，局部区域（漳州港客运中心周围）出现门窗、办公桌摇晃情况，为本次地震灾情最为严重区

表 23-5　**2016 年厦门市海沧区海域 3.2 级有感地震现场调查表**

区域	地点	访问对象	现场调查情况
思明区	石泉路育盛食杂店	陈先生	有听到响声，货品没有晃动
思明区	思明南路施普康药店大生里	黄先生	有听到响声，以为是附近修地铁，未注意，货品没有晃动
思明区	巡司顶红领巾路阿海食杂店	蔡先生	正在干活，没有听到响声
思明区	思明南路百果园华侨博物馆站	李小姐（售货员）	没有听到响声，有感觉震了一下
思明区	中山路夏商百货轮渡店	陈小姐（售货员）	没有听到响声，有感觉上下震了一下
思明区	中山路盖璞中华城店	张先生（售货员）	有听到响声，以为是附近修地铁，未注意，货品没有晃动
思明区	鹭江道特香包烘焙咖啡店	谢小姐（售货员）	正在干活，没有注意
海沧区	海沧嵩屿码头	门岗	震时没有感觉
海沧区	海沧嵩屿码头	旁边店铺老板	有感觉，震了一下，没惊慌
海沧区	海沧贞庵村老年活动中心	路人（干活）	没有注意到地震
海沧区	海沧贞庵村老年活动中心	活动中心里的人	多数有感觉，地震时摇了一下，有听到响声

续表 23-5

区域	地点	访问对象	现场调查情况
漳州	海门岛海山村	许师傅	在家里睡觉，被吓了一跳，床摇了一下，没听见响声，在室外没感觉
漳州	海门岛	海门第一家招牌前的店家	楼上房东有感觉，晃得厉害，有摇； 楼下没有感觉，货架商品没有晃动
漳州	浮宫镇石坑海峡两岸影视制作基地	门岗	没听见响声，象载重汽车经过一样，多数人有感觉到地震，没惊慌
漳州	漳州客运码头公共服务中心	工作人员	地震时有响声，门窗有摇晃，办公桌也摇晃， 大多数都感觉到地震，有地声，象炸山， 人感觉有水平方向的摇晃（一层建筑，软基回填处理基础，较空旷）
湖里区	仙岳山的观音寺		建筑结构无明显破坏，外墙也没有掉灰的现象， 现场的群众反映普遍有震感，寺庙内的灯有轻微的摇摆的现象
湖里区	观音寺旁的单层建筑		建筑结构无明显破坏
湖里区	仙岳山顶单层的建筑		单层的砖混结构，结构有明显的横向裂缝， 经仔细调查应为结构本身的旧裂缝，不是这次地震产生的裂痕
湖里区	仙岳山的半山腰单层建筑	张先生（屋主）	建筑结构完好，本次地震有震感，持续时间不长
湖里区	南山路附近的框架结构		建筑结构完好
湖里区	翔鹭花城一带多层住宅一楼		房屋有振动，听到“嘭”的一声响，声音挺大的， 房间里的人都有感觉

域，烈度最高可达Ⅳ度。12 月 12 日上午，市地震局邀请福建省地震局厦门地震勘测研究中心、厦门地震台和漳州市地震局部分专家，在市地震局召开 12 月 11 日海沧区海域 3.2 级地震深度分析会，从地震序列、震源参数、地震地质条件、闽台地应力方向、地面运动 GPS 监测结果、地形变以及流动地磁、重力观测数据，结合历史地震资料，深度分析地震产生条件及其特点，重点分析了后续地震发展趋势，参照相关科学依据，得出“根据本次地震发生的地质构造性质以及发生在这条断裂构造上的历史地震特点，本次地震属于孤立型地震，后续不大可能发生更强的地震或余震”分析结果。市地震局与厦门电视台、厦门晚报、厦门日报等新闻媒体合作，及时做好震情、地震应急避险相关信息、地震知识以及地震谣言识别等报道，解释地震三要素（时间、地点、震级）和民众可能提出的问题，以维护社会稳定。

（蔡欣欣）

图 23-2　厦门海沧区海域 3.2 级地震烈度图

科研院所

国家海洋局第三海洋研究所

【概　况】 2016 年，国家海洋局第三海洋研究所（简称海洋三所）实现各类科研总经费收入 4.4 亿元。其中，基本支出到款 0.89 亿元，纵向和指令性课题收入 2.69 亿元，横向和技术开发项目等收入 0.84 亿元。完成 6 个项目的验收工作，其中 2 项优秀。执行水体、底质、声学、游泳动物调查各 1 项。其中，声学调查任务由海洋三所“向阳红 03”船执行，系首航航次，依托船上先进的科考设备，全面超额完成调查任务。是年，获海洋科学技术奖一等奖 1 项；“海洋生物活性物质高效利用技术国家地方联合工程实验室”获国家发展改革委批准；国家海洋局重点实验室年度评估中，“国家海洋局海洋生物遗传资源重点实验室”获优秀（排名第二）、“国家海洋局海洋大气化学与全球变化重点实验室”获良好的成绩。入选省级人才3人，其中获选福建省“双百”的科技创新领军人才2人，获选福建省百千万工程领军人才1人。1人进入中组部“万人计划—青年拔尖人才”人选。

【极地大洋专项考察】 2016年，海洋三所组织9人次分别参加中国大洋37、39及40航次科学考察。组织10人次参加第三十二次南极科学考察及中智联合第二航次工作，4人次参加第三十三次南极科学考察，实施“一船四站”环南极航行计划。6人次参与开展南大洋调查和中智联合第三航次工作。3人次参加黄河站夏季考察。12人次参加第七次北极考察，首次在北极海域开展海洋微塑料污染状况及其生物效应研究，填补国际相关研究领域空白。1人次参加中俄东西伯利亚海联合调查。主持的大洋“十二五”深海生物勘探重大项目通过验收。编著出版《北极海域海洋生物和生态考察》《北极常见海洋生物图鉴和物种名录》。

【海洋公益性专项进展】 2016年，海洋三所申报的海洋公益性专项2个项目通过验收，5个项目完成自验收，1项标准进入征求意见阶段，完成《海洋生态文明区建设的理论研究与定位分析》《指标体系构建之“海洋污染防治与防灾减灾指标体系”》《指标体系构建之“海洋管理指标体系”》等研究报告。

【西太平洋海洋环境监测预警体系建设】 2016年，海洋三所完成2个监测航次任务工作，牵头编制《西太平洋海洋放射性监测预警工作评估报告》《西太平洋监测预警工作方案优化建议》等报告。开展浮游生物、虾类、鲍鱼、大黄鱼等海洋生物的放射生态实验，初步建立起具备海洋放射生态研究的专业实验室；开展海洋放射性风险评估技术研究，进一步开发海洋放射性监测技术支持平台，为海洋核安全监管提供关键技术支撑。

【项目申报】 2016年，海洋三所参与国家重点研发计划“海洋环境安全保障”“蓝色粮仓”“海洋生物资源开发利用”等前期材料编制，组织申报课题15项，参与的8个课题获得立项。参与申报科技基础资源调查专项课题2项，其中1项获支持。申报国家基金96项、资助21项，并从福建省和厦门市获经费资助；开展两批基科费项目申报，29个项目获得资助。

【科技兴海平台建设】 2016年，海洋三所漳州科技兴海研发基地及北海基地独栋科研用楼开展室内装修；“厦门海洋功能生物分子活性筛选平台”建设完成，将开展深海、药源特色研究；“海洋药源生物种质资源库建设”“海洋生物产业化中试技术研发公共服务平台”基本建成，准备验收，将投入试运行；“海洋微生物制剂产业开发平台”“海洋中药材和海洋中药研发技术平台”“海洋生物天然产物化合物库”等建设继续推进。

【海洋生态环境保护】 2016年，海洋三所围绕“蓝色海湾”“南红北柳”“生态岛礁”三大生态修复整治工程主题，与沿海省、市政府联系，为地方政府开展海域、海岛和海洋生态整治修复开展海湾综合治理和整治修复做好技术支撑工作。组织完成福建省海洋生态红线划定工作；完成厦门、东山国家级海洋生态文明示范区建设规划，提交《福建省推进海洋生态文明建设基础任务和对策》《福建省加快海洋生态文明示范区建设实施方案》《福建省海洋生态文明建设行动计划（2015～2020年）》等文件。

【海洋生态环境保护文件编制】 2016年，海洋三所参与完成《有关海域生态环境保护规划纲要》编制工作，国家发改委联合相关部门于3月正式印发。编制《关于落实有关海域生态环境保护任务初步方案》、《三沙市海洋生物多样性战略行动计划》、《南澎列岛国家级海洋自然保护区总体规划》、《海洋生态保护补偿办法》（草案）及编制说明、《海洋生态损害评估技术导则第1部分：总则》报批稿。完成《红树林植被恢复技术指南》（报批稿），同时在厦门湾下潭尾等红树林修复区域开展跟踪监测与评估。开展珊瑚礁室内移植培养、珊瑚礁生态修复监测与评估等研究，编制行业标准《珊瑚礁生态修复监测评价技术指南》征求意见稿。完成《近岸海域海洋生物多样性评价技术指南》（报批稿）。开展海洋生态敏感性评价方法的研究，在厦门市等进行运用和验证。

【海洋工程项目科技服务】 2016年，海洋三所做好核电、火电、风电等国家重大能源及航道、机场等重大基础交通建设工程用海项目前期咨询服务。承接福建福清万安核电、广东百安核电、大亚湾核电、广西白龙核电、浙江苍南核电厂、海南昌江核电、福建平潭海上风电、福建兴化湾海上风电、莆田平海湾风电以及厦门大嶝航空城综合配套工程、厦门港后石航道二期工程等项目的涉海调查和咨询工作。继续推进宁德核电5、6号机组工程、中核宁德霞浦600兆瓦示范快堆工程、漳州核电、泉惠石化工业区2×600兆瓦超超临界热电联产等重大电力工程，厦门新机场二期填海工程、厦门市轨道交通2～4号线工程、厦门第二东通道涉海专题等重大基础交通工程以及石狮污水处理厂尾水深海排放工程等项目前期咨询工作。启动海口国家级海洋公园选划论证和总体规划编制工作。开展《福建省海洋功能区划（2011～2020年）》莆田市石门澳海域修改方案，宁德核电厂5、6号机组海洋功能区划调整，霞浦核电示范快堆近岸海域环境功能区划调整等工作。完成晋江滨海新区填海造地一期工程海洋环评、海籍调查及海域价值评估工作内容。

【海岛保护利用技术支持】 2016年，海洋三所参加国家海岛保护与管理的顶层设计工作。承接“全国海岛保护‘十三五’规划”编制中海岛生态本底调查专题研究，以及规划主要任务中海岛典型生态系统保护方案设计；参与《国家海岛监视监测系统建设与运行总体方案》和《无居民海岛开发利用方案及海岛使用项目论证编写大纲》修订研讨工作。承担省内外多个开发利用海岛的单岛规划、海岛利用具体方案、海岛使用论证、海岛使用金评估项目等工作，涉及多种用岛类型，包括中核霞浦长表岛使用、中广核宁德核电二期工程用岛、长乐东洛岛保护与开发利用等项目。推进城洲岛海岛生态修复整治项目。

【海洋学术国际交流】 2016年，海洋三所派出60批次213人次出国（境）参加各类国际学术会议，开展访问考察、各类合作研究和科学考察。接待境外专家来访29批70人次。选派1名青年专家到PICES（北太平洋海洋科学组织）秘书处工作。组织申报2016中国APEC基金项目1项、科技部“国际大科学计划和大科学工程”项目2项、2017亚专资项目1项、商务部2017年援外培训项目1项。与泰国朱拉隆功大学、孟加拉达卡大学、澳门海洋学会、加拿大不列颠哥伦比亚大学等签署科技合作与交流意向书。

【“向阳红03”科考船入列国家海洋调查船队】 2016年3月26日，海洋三所4500吨级海洋综合科考船——“向阳红03”船在厦门交付使用并正式入列国家海洋调查船队。“向阳红03”船是国家海洋局负责建造的第一艘达到世界先进水平的科考船，标志着中国海洋装备保障能力取得重大突破，向“能力强海”又迈出重要一步。9月23日至10月31日期间，该船顺利完成首航任务。该船由国家海洋局第三海洋研究所建设并进行运行管理，由国家投资5.8亿元，武昌造船厂负责承建，于2013年6月28日开工建造，2015年7月31日船体完工下水，随后进行设备安装和实验室装修、试航，历时3年零3个月。该船总长99.6米，型宽17.8米，型深8.9米，设计吃水5.6米，设计排水量4800吨，续航力1.5万海里（27780千米），自持力60天，载员能力80人。该船具备进行高精度、长周期的动力环境、地质环境、生态环境、大气环境等综合海洋环境观测、探测及保真取样和现场分析能力。

【海洋海漂垃圾防治研究】 2016年3月，海洋三所协助厦门市政府编制厦门市海洋垃圾防治工作方案。5月和9月，分别派员参加APEC海洋与渔业工作组会议和APEC克服融资壁垒减少海洋垃圾高级别会议，形成政策建议。6月，协助厦门市进行蓝色海湾整治项目“海洋垃圾监测、评估与防治技术业务化研究及示范应用”申报并获资助。开展厦门市海洋微塑料垃圾调查和微塑料生态效应研究。

【海洋沉积物再悬浮的替代指标研究】 2016年6月2日，海洋三所与清华大学联合培养的林武辉博士在Nature子刊《Scientific Reports》发表题为《残余颗粒234Th的β活度——一种示踪海洋沉积物再悬浮的新替代指标》文章。研究首次提出Residual β activity of particulate234Th（残余234Th），作为一个全新的参数示踪海洋沉积物再悬浮过程，而且相对于浊度、总悬浮物、铝等传统的物理/化学参数更具优势。该研究建立残余234Th概念模型，成功指示东亚季风影响下的不同季节南海沉积物再悬浮强度差异，可进一步应用于流域—河口—陆架—大洋体系中的陆源物质输运过程研究，台风影响下的大气—海水—沉积物相互作用研究。

【气候变化研究领域取得进展】 2016年6月10日，海洋三所副研究员汪建君在Nature子刊《Scientific Reports》发表题为《4400年前考古遗址尉迟寺的古气候和古文明突变及其全球响应》文章。这是继研究组2014年9月30日在该刊发表题为《正构烷烃比值C31/C17对古洪水记录重建的初探及其与全球气候变化的潜在关联》论文，在重建古洪水记录方面取得重要进展，气候变化研究领域又一力作。尉迟寺考古遗址的古气候记录及考古记录的结合证明古气候变化与古文明更替是同步的，古气候变化是导致古文明更替的重要原因。

【海洋生物活性物质高效利用技术国家地方联合工程实验室挂牌】 2016年12月8日，海洋生物活性物质高效利用技术国家地方联合工程实验室在国家海洋局第三海洋研究所挂牌，是国家海洋局系统成立的首个国家地方工程实验室。该实验室依托于海洋三所所属的海洋生物资源综合利用技术研究中心，由海洋三所申报，于10月获国家发改委批准。国家地方联合工程实验室是国家发改委为进一步加强区域产业创新基础能力建设而实施的一项重要举措。实验室主要围绕厦门市及周边地区生物医药产业发展中的技术研发及成果转化瓶颈问题，针对海洋生物功能产物开发利用技术的迫切需求，重点开展海洋生物活性产物高通量筛选、分离纯化中试、化学修饰与结构改造以及功效检测验证等方面的技术研发工作，构建海洋生物资源综合利用共性关键技术的研发体系。

（陈惠菁）

中国科学院城市环境研究所

【概　况】 2016年，中国科学院城市环境研究所（简称城市环境所）获科研项目127项，其中国家自然基金20项，到账合同经费9512万元。发表论文340余篇，其中272篇论文被SCI（科学引文索引）收录，67篇被CSCD（中国科学引文数据库）收录。2人入选国家万人计划科技创新领军人才，1人获国家杰出青年科学基金项目资助，1人入选百千万人才工程国家级人选，1人入选中国科学院“百人计划”，2人入选厦门市双百计划人才。在读外国留学生16人。因公出访125人次，涉及28个国家和地区。共接待来自美国、日本、英国等22个国家和地区的科研人员101人次。是年，依托于城市环境所的“厦门市水环境安全与水质保障工程技术研究中心”在厦门市科技局和厦门市财政局联合公布的厦门市工程技术研究中心评估结果中，被评估为优秀，名列第三，在厦门市的高校和科研院所类工程中心中位列第一。

【服务地方生态文明建设】 2016年，研究所投入地方生态文明建设。8月，受厦门市海沧区人民政府委托，承担的“海沧区大气污染物源解析及调控策略研究项目”结题，获与会评审专家认可，项目综合利用外场调研、地基站位观测、实验室分析、空气模式、源解析模型等多种手段与方法，系统地研究海沧区大气环境中主要污染物（$PM_{2.5}$、PM_{10}、NO_2、O_3和VOCs等）分布规律与主要来源，阐明影响海沧区环境空气质量的关键因素。在此基础上，结合海沧区的产业分布与地理条件，提出海沧区空气质量的调控策略与大气污染减排方向。根据该项目研究结果，海沧区确定空气质量调控的原则和策略。明确优先治理关键污染物、铁腕治污与科学管理、短期成效与长期规划相结合的调控原则；确定协同控制、综合控制和网格监控的策略。通过该项目的实施及相关治理措施的开展，海沧区环境空气质量在全市的排名从中下游水平上升到上游水平，在厦门6个行政区中实现“保三争二”的空气质量排名目标。

12月，研究所受厦门市发改委委托编写的《厦门市“十三五”碳减排目标与实现路径研究》通过专家组评审。专家组一致认为，该研究通过建立模型和情景分析，对厦门市的碳减排潜力进行深入分析，所确定的减排目标和指标体系合理可行；该研究提出的厦门市“十三五”碳减排的重点工作任务覆盖面广，提出的实现路径明确具体，并与具体的碳减排目标相结合，可为厦门市实现碳减排目标提供重要的依据；该研究所列出的重点工程项目与厦门市的实际情况结合紧密，针对性强，所提出的保障措施体系切实可行，课题研究成果可作为厦门市低碳城市建设的重要依据。

【《$PM_{2.5}$防护口罩》团体标准发布】 2016年1月18日，城市环境所作为第一起草单位牵头编制的《$PM_{2.5}$防护口罩》团体标准（TAJ 1001—2015）在北京正式发布。该标准是中国第一个正式向社会发布的防雾霾口罩标准，于3月1日起正式施行。城市环境所与中科贝思达（厦门）环保科技股份有限公司共同开发的“中科贝思达$PM_{2.5}$防护口罩”首先通过该标准全项性能测试，并获得编号为“FA201601001”的首张授权证书。《环球时报》《京华时报》《东方早报》等各大报刊对该标准的实施进行报道。该团体标准的制定是贯彻落实国务院《深化标准化工作改革方案》具体行动，为有效保护人民群众身体健康、规范混乱的“防雾霾口罩”市场，发挥重要作用。新闻发布会上，城市环境所研究员郑煜铭代表标准起草小组详细介绍该标准制定的背景意义、制定原则、制定过程，以及标准的主要技术指标等。此后，消费者只需认准授权企业和$PM_{2.5}$口罩特定标识即可购买到可靠有效的防雾霾口罩，口罩生产企业有具体的民用口罩生产标准执行，质检机构可根据民用口罩标准抽检执行团体标准的$PM_{2.5}$防护口罩。

【“我国活性氮源及其对空气质量与气候变化的影响机理研究”项目推进会】 2016年3月25～28日，城市环境所召开全球变化研究国家重大科学研究计划“我国活性氮源及其对空气质量与气候变化的影响机理研究”项目推进会。会议参加人员包括南京师范大学、中国科学院大气物理所和中国农业大学的项目组成员以及来自中国气象局、南京师范大学、中国科学院大气物理研究所、中国农业大学、中国科学院南京地理湖泊所、中国科学院南京土壤所、中国科学院生态环境研究中心、中国科学院遗传所等单位。科技部的项目跟踪专家秦大河院士、朱兆良院士、丁一汇院士和王苏民研究员等参加会议，各课题组对课题研究进展及成果、下一步研究计划进行内部讨论，汇总后进行项目组讨论，并对讨论结果进行整合；之后由项目首席科学家蔡祖聪教授介绍项目的总体进展、取得的成果、后3年研究计划等情况，接着各课题负责人分别向专家组做课题汇报，专家组在对项目组前两年成果给予积极评价基础上，对后3年研究计划提出意见，并希望项目组聚焦关键科学问题，取得更加丰硕的成果。

【城市健康与福祉模型与政策国际研讨会】 2016年4月28～29日，由位于城市环境所内的“城市健康与福祉，系统的研究方法”国际项目的国际办公室承办的“城市健康与福祉模型与政策国际研讨会”在厦门举行。会议由20多名来自中国、英国、美国、法国、德国、瑞士、澳大利亚、新西兰、日本等国的科学家、政府官员、非政府组织管理者、投资家、公益组织、媒体的代表参加，研讨会主题是探讨如何将科学模型的研究成果转换解决城市健康的政府政策，要在科学家和政策制定者之间搭建一个沟通的桥梁。通过研讨，科学家和政策制定者们意识到，城市健康问题需要每一个人的参与，在科学家建立模型的过程中，政策制定者和普通大众的参与是至关重要的。会议对在中国建立示范城市达成共识，示范城市将采用利益相关方参与式的建模方式，让科学家、政策制定者、普通大众都参与到发现问题、理解问题和解决问题的过程中，共同应对城市健康所面临的挑战。

【公众科学日活动】 2016年5月13日，城市环境所举办主题“认识环境功能材料”的公众科学日活动。来自厦门大学嘉庚学院环境科学与工程系师生、闽南师范大学化学与环境学院师生以及厦门市湖里区绿水守护者生态环保中心相关人员近100人参与活动。师生们首先听取了《$PM_{2.5}$防护纳米纤维口罩》《膜科学与工程应用简介》《光催化纳米材料的制备及其在环境中的应用》3个科普讲座。报告结束后，师生们先后参观危险废弃物处置技术研发中心、贝思达纳米纤维口罩生产流水线、膜技术与应用实验室和水处理中试基地。科研人员详细介绍环境材料的应用设备、工艺流程和中试功效，回答师生们提出的各种问题，活动取得较好效果。

（聂　璇　卢　新）

福建省水产研究所

【概　况】 2016年，福建省水产研究所（简称省水产研究所）新增各级各类项目32项，其中福建省自然科学基金1项，省发改委种业工程研究中心建设项目1项，省农业五新工程建设项目1项，省海洋高新产业发展专项2项，省属公益类科研院所基本专项15项，省水产品质量安全专项1项，厦门市海洋经济发展专项资金项目1项，另有多项涉及资源、环境、病害、水产品检测等专项任务，实现新增科研经费3425.86万元。承接科技服务项目52项，实现新增项目经费2225万元，全年累计完成项目24项，到位经费1722.7万元。全年全所发表科技论文59篇，其中SCI（科学引文索引）收入5篇，EI（工程索引）收入2篇；申请专利8项，授权专利5项。在“6·18”中国·海峡项目成果交易会上，推荐10项对接项目参会，现场签约2项。组织科技人员参加“渔博会”60人次，展出“金蛎1号”“石斑鱼种业创新与产业化工程”“凡纳滨对虾选育”等多项科技成果及其转化应用结果。承办2016年水产科技活动周启动仪式、第六届闽台水产学术研讨会、第七届“全国石斑鱼类繁育与养殖产业化”论坛、省水产学会八届二次常务理事会、省海洋学会2016年学术年会等重要学术交流活动，鼓励和支持科研人员参与学术交流活动，组织举办科技学术专题讲座。组织科技人员深入全省渔业乡镇和渔村开展海水健康养殖技术、病害防治、水产品质量安全等方面的技术培训、咨询和科普宣传。

【福建省海洋渔业种业工程研究中心设立】 2016年，经福建省发展和改革委员会批复同意，福建省水产研究所设立福建省海洋渔业种业工程研究中心，建成鱼类、虾类、贝类、藻类4个分中心和良种繁育中试车间。其中，海洋鱼类种业分中心位于厦门小嶝水产科技有限公司厂区内，中试实验室建设面积300平方米，良种繁育中试车间新建2800平方米；海洋虾类种业分中心位于厦门市厦兴龙水产种苗有限公司厂区内，中试实验室建设面积300平方米，良种繁育中试车间新建1700平方米；海洋贝类种业分中心位于中海东壁岛（福建）投资实业有限公司，中试实验室建设面积200平方米，良种繁育中试车间新建1000平方米；海洋藻类种业分中心位于连江县官坞海产开发有限公司内，中试实验室建设面积约200平方米，良种繁育中试车间改造2500平方米。该中心的设立加强了水产研究所与海洋渔业种业领域生产企业的产学研合作，提升海洋渔业科研创新能力和服务水平。

【水产品安全监测与评估】 2016年，福建省水产研究所承担农业部及省海洋与渔业厅下达的水产品质量安全监督抽查、例行监测、专项监测、风险监测、风险评估、贝类产品卫生监测和生产区域划型、水产苗种质量安全监督抽查、无公害产地产品认证检测及监督、织纹螺毒素检测及预警等11项专项任务，并承接生产企业和社会的多项委托检验，共检测样品1522批次，出具检测数据6300多个、检验报告700多份。在风险监测和监督抽查领域范围方面，首次参与福建省食品安全风险监测任务，承担福建省产地藻类、甲壳类、贝类、头足类、养殖鱼类等水产品中主要污染因子的残留水平和趋势风险监测；根据国家级水产苗种监督抽查和市场例行监测发现的问题，开展超标案件的应急专项监督抽查任务。

【省政府种业工程建设项目年度任务完成】 2016年，福建省水产研究所主持的福建省政府种业工程建设项目“福建重要经济贝类品种创新与种苗繁育产业化工程”完成年度任务目标，收集保存牡蛎良种和种质资源500份以上，保有鲍家系200个、选育群15个，收集和保存各种类鲍精子超过25份。按照《福建省水产苗种场认定管理办法》标准要求建立省级牡蛎良种场1个，鲍鱼良种场2个，菲律宾蛤仔良种场1个。为省牡蛎、鲍鱼种苗生产企业提供牡蛎、鲍鱼良种亲贝20万粒。培育优质牡蛎苗种115亩（7.67万平方米），生产优质健康鲍苗3000余万粒，生产优质健康菲律宾蛤仔沙粒苗2582.6亿粒。制定牡蛎、鲍和菲律宾蛤仔种苗繁育技术规范3项。在全省辐射推广牡蛎种苗繁育6000亩（4平方千米），鲍鱼种苗繁育2亿粒，菲律宾蛤仔种苗繁育面积55000亩（36.67平方千米）。示范养殖牡蛎良种115亩（7.67万平方米）、鲍良种3000万粒。在全省辐射推广牡蛎高效健康养殖6000亩（4平方千米），鲍鱼健康养殖3800万粒。举办技术培训班3次，编制和发放相关技术手册与视频光盘200份，培训贝类产业相关从业人员200人次。

【科技创新平台建设】 2016年，福建省水产研究所完善科研条件设施，拓展科技创新平台。由福建省水产研究所牵头在厦门重点建设的闽台重要海洋生物资源高值化开发技术公共服务平台完成建设石斑鱼活体保存库2000平方米、凡纳滨对虾活体保存库2000平方米及海上活体保存库1000平方米、牡蛎等贝类种贝培育及苗种繁育车间1000平方米、海洋生物精子库及大型藻类配子库100平方米、大型藻类活体保存库200平方米、闽台标本库300平方米、闽台重要海洋经济生物种质资源信息库100平方米；建设海洋生物精深加工产业化开发技术工程中心实验室，完成基本设施安装及相关设备调试；建设质量安全评价实验室、活性评价实验室、生态毒理实验室的基础改造，并完成相关仪器设备采购与安装调试；全面建成科研成果展示和信息化服务平台，正式运行并对外开放。由福建省水产研究所为主承担的福建省远洋渔业资源调查与信息技术服务重大研发平台完成信息系统硬件和软件的安装、调试，包括远洋渔船北斗定位、专家在线、渔业数据库，完成1个航次探捕调查，探捕网次178网，渔场范围48000平方千米，生物学测定1250尾。

【承办第六届闽台水产学术研讨会】 2016年6月11日，福建省水产研究所在厦门承办由福建省水产学会与台湾水产学会联合主办的第六届闽台水产学术研讨会暨2016海峡两岸水产增养殖与病害学术研讨会。该届研讨会作为第八届海峡论坛·2016海峡科技专家论坛的分会场，系第八届海峡论坛之“两岸科教交流活动”的重要内容之一，来自海峡两岸的水产科技专家60多人参会，共同探讨水产增养殖难题的破解之道。活动期间，福建省水产研究所和台湾海

6月11日，福建省水产研究所和台湾海洋大学签署技术合作意向书（宫照庆 摄）

洋大学还共同签署“石斑鱼抗病选育分子基础及 NNV 免疫防治基础研究”技术合作意向书，双方将在石斑鱼抗病选育分子基础及 NNV 免疫防治基础研究方面展开合作，构建两岸科技合作创新平台以及两岸水产科技合作人才的培育与科技交流平台，带动两岸石斑鱼科技研发，从而实现两岸石斑鱼产业的优势互补。

【福建海洋生物繁殖科技研发中心成立】2016 年 6 月 25 日，福建海洋生物繁殖科技研发中心在福建天柱山欢乐海洋大世界开发有限公司挂牌，福建省水产研究所与福建天柱山欢乐海洋大世界开发有限公司及日本名古屋港水族馆签署成立“福建海洋生物繁殖科技研发中心”战略合作协议。福建海洋生物繁殖科技研发中心依托福建省水产研究所丰富的科研资源、日本名古屋水族馆的管理经验科研成果和福建天柱山欢乐海洋大世界开发有限公司在海洋文化旅游推广平台的优势，旨在搭建海洋渔业生物研发、繁殖训养、渔业展示、文化传播、科普教育、专业培训、管理经验、科研成果及文化旅游产业链的交流互动平台，实现政府主管部门与旅游运营企业，以及文化旅游产业链上下游之间的深入交流与合作，推动世界海洋文化主题旅游的快速、健康发展。

（郭书悦）

福建省亚热带植物研究所

【概　况】2016 年，福建省亚热带植物研究所（简称省亚植所）承担运行各类研发项目 43 项，其中国家级科研项目 7 项、市级重大科技创新平台项目 1 项、市级研发项目 25 项、其他单位委托项目 2 项、自选课题 8 项。全年新增研发项目 13 项，新增项目经费 560 万元。申请发明专利 3 项，获发明专利授权 6 项，完成结题验收项目 8 项，发表研究论文 28 篇。年内，省亚植所承担的“拟南芥保卫细胞质体醌介导气孔关闭的叶绿体基质 pH 相关胁迫应激启动机制”项目获国家自然科学基金资助，累计获资助的基础理论研究项目 10 个；承担厦门市重大科技创新平台项目“海西植物天然产物提取纯化中试基地”的建设，取得阶段性进展。围绕“有效利用植物资源，致力人类美好生活”主题开展科普工作，接待大中小学到省亚植所开展科普活动近 5000 人次。

【产学研合作】2016 年，省亚植所与华侨大学和福建农林大学联合培养硕士研究生 6 人，联合华侨大学培养硕士研究生 1 人、博士生研究生 1 人。承接华侨大学生物技术专业 45 人、集美大学 15 人到所生产实习。与厦门大学嘉庚学院合作建立校外本科实习基地。研究生科研方向与进驻所内企业相结合，与台湾丰山生态园、益生（台湾）种苗有限公司等企业联合研发项目，在金线莲、牛樟等组织培养与细胞培养领域取得研发成果。

【技术服务】2016 年，省亚植所继续完善实验室计量计证管理体系，建立标准化分析测试实验室。全年为福建三炬生物科技股份公司、厦门市集美区市政园林有限公司、厦门市绿化管理中心等 30 家公司或单位提供测试服务，完成检测数据 380 个；为省亚植所课题组提供检测服务 527 份，提供有效数据 1686 个。在翔安区进行火龙果、胡萝卜优质品种栽培管理技术推广，在厦门同安区和漳州东山进行莲雾产期调节技术推广，在厦门同安区、漳州进行葡萄一年两季避雨栽培技术推广，在平潭岛进行造林保水袋在风口沙地造林技术推广。

【“葡萄一年两季高效栽培新模式研究”通过验收】2016 年 7 月，省亚植所谢志南主持的葡萄一年两季高效栽培新模式研究通过厦门市科技局验收。此项目引进巨玫瑰、夏黑、阳光玫瑰、巨峰等葡萄优良品种，建立葡萄栽培试验园及应用示范基地。项目完成一年两季葡萄生产的示范栽培，两季平均株产总和超过该研究 10 千克，可溶性固形物含量超过 18%。建立了厦门地区大棚葡萄一年两季栽培新模式。

【“新资源食品——辣木种苗繁育及栽培技术示范推广”通过验收】2016 年 12 月，省亚植所高级工程师张庆美主持的国家星火项目“新资源食品——辣木种苗繁育及栽培技术示范推广”项目通过厦门市科技局验收。该项目开展辣木种子贮存温度、实生苗猝倒病防治、苗木扦插繁育技术及无公害栽培技术的研究，形成一套完整的辣木实生苗、扦插苗培育及无公害栽培技术，共培育实生苗 5.8 万株，扦插育苗 1.62 万株，营建辣木（PKM2）采穗圃 5 亩（3333 平方米）及改良辣木（PKM2）示范林 400 亩（约 26.67 万平方米）；在福建及广东等地共推广种植辣木林 5200 亩（约 3.47 平方千米）。项目的顺利验收为辣木产业发展提供种苗技术支撑及种苗供给服务。

（李　影）

责任编辑：曾一一
审　　稿：孙志红
　　　　　白延蜻
责任校对：林建高

24 社会科学

学术活动

【苏颂及芦山堂家风家训研讨会】 2016年2月24日，厦门市同安区委宣传部、同安区社科联组织召开苏颂及芦山堂家风家训研讨会，旨在进一步弘扬苏颂文化及芦山堂家风家训，传承中华传统文化。同安区委宣传部、区社科联等单位的领导以及同安芦山堂苏颂史绩研究会会员共40多人参会。同安区委常委、宣传部部长何玺等区领导出席会议。会议主要研讨苏颂事迹挖掘，苏颂文化节以及苏缄、苏颂诞辰千年纪念活动筹办等事宜，研究如何弘扬芦山堂家风家训，研讨名人旅游、钟表及相关产业发展思路。中国苏颂学术研究会常务副会长、北京大学资源美术学院文物系教授管成学，厦门大学教授周济，市文化局原局长、市闽南文化研究会原会长、芦山堂首席顾问彭一万等发言。

【海峡西岸经济区第八届才智战略HR论坛】 2016年3月25～26日，由市科协、市社科联、厦门总商会为指导单位，全国行为科学联席会、中国产业海外发展与规划协会福建分会和厦门市行为科学学会主办，厦门同博企业管理咨询有限公司等单位承办的海峡西岸经济区第八届才智战略HR（human resource的缩写，指人力资源）论坛在厦门京闽中心酒店举行。中共厦门市委原常委、秘书长徐模，市科协、市社科联、市工商联领导，辽宁、山东、安徽、重庆、河南、广西等各省市及台湾地区专家、学者，宏泰、恒安、陶氏化学、复星集团等企业HR经理以及海峡西岸经济区企业界人士500多人参会。论坛开幕式上，举行“全国行为科学联席会2016年会优秀论文”与“海西区第四届（2016）优秀人力资源管理案例”颁奖典礼，发布《海峡西岸经济区企业人力资源管理竞争力指数研究报告》。

会议围绕“中国特色行为科学的发展与创新”与“人力资本时代如何提升人的价值贡献”两个主题展开研讨，全国行为科学常务副会长杨光作《行为科学变与企业家精神》的报告。

【厦门大学金圆研究院揭牌仪式暨2016“凤凰花”金融论坛】 2016年4月9日，由厦门大学、厦门金圆投资集团有限公司主办，厦门大学金圆研究院承办的厦门大学金圆研究院揭牌仪式暨2016“凤凰花”金融论坛在厦门大学科学艺术中心3楼报告厅举行。厦门大学金圆研究院是厦门大学管理学院和厦门金圆投资集团有限公司共建的合作平台，旨在发挥厦门大学管理学院和金圆集团双方各自优势，致力于金融管理和金融创新的前沿学术研究，打造具有中国特色和世界影响力的一流高校智库、国际学术交流平台和高端人才培养基地。厦门大学校长朱崇实、台湾青年发展基金会董事长连胜文以及大陆、台湾、香港金融业界专家、学者100多人出席揭牌仪式。2016“凤凰花”金融论坛是厦门大学金圆研究院成立后首场金融领域高端论坛。论坛以“金融创新与监管：供给侧改革与直接融资”为主题，中国人民银行研究局局长陆磊、深圳证券交易所副总经理金立扬分别对金融要素供给侧结构性改革、经济转型中的并购市场等作主题演讲。100多位与会金融业专业人士围绕新常态下银行经营模式创新、资本市场的监管与创新等专题进行专题对话。

【“一带一路”视角下的中国外交学术研讨会】 2016年4月21～22日，由华侨大学与外交学院共同主办的第十四届全国外交学学科建设年会暨“一带一路”视角下的中国外交学术研讨会在华侨大学厦门校区举行。国务院侨办原副主任、华侨大学国际关系研究院院长何亚非，华侨大学校长贾益民，外交学院党委书记袁南生等出席开幕式并讲话。中国社会科学院、中国人民大学、外交学院、国际关系学院、国防科技大学、解放军国际关系学院、厦门大学、暨南大学等高校50多名专家、学者参会。会上，专家学者围绕外交学研究和学科建设的新动向与新理念、“一带一路”的效果评估、“一带一路”面临的机遇与挑战、“一带一路”的发展方向与外交学研究4个主题展开研讨。

【海峡两岸家事司法实务研讨会】 2016年4月22～23日，厦门大学法学院和厦门市海沧区人民法院联合主办、厦门大学法学院民商法研究所协办的海峡两岸家事司法实务研讨会在厦门举行。海峡两岸法学界、司法界的56位专家、学者出席此次研讨会。会议围绕“家事审判机制的建设与完善”“未成年人权利保护与监护责任”“涉及家庭暴力案件审理中的疑难问题”“婚姻家庭财产分割与债务问题”4个议题展开研讨。台湾大学法律学院教授及民事法中心召集人沈冠伶，厦门大学法学院博士研究生冯源，厦门大学法学院教授兼中国婚姻家庭法学研究会副会长蒋月，南京市玄武区法院少年与家事审判庭庭长王萍，北京大学法学院教授、中国婚姻家庭法学研究会副会长马忆南教授先后作《台湾家事程序之新变革——以抚养请求权事件为例》《从家庭监护到国家监护——以儿童为中心》《反家庭暴力法中“家庭成员以外共同生活的人”之认定》《未成年人及家事案件审判中如何全面维权》《离婚时财产分割》专题演讲。会议征集到22篇论文。

【海峡两岸端午文化论坛】 2016年5月28日，第十二届海峡两岸（集美）端午文化论坛在集美大学召开。此次论坛是2016海峡两岸（集美）龙舟文化节的重要活动之一，由市社科联、市台办、市政协科教文卫委和集美区委宣传部联合主办。海峡两岸专家、学者和传统文化爱好者100多人参会。论坛以“中华传统民俗文化的继承与创新”为主题，就“传统文化的传承”“创新及如何适应现代社会”等方面展开讨论。厦门大学人类学研究中心教授石奕龙、金门县采风文化协会荣誉理事长黄振良、集美大学文学院研究生余道仁先后发表演讲。论坛收到论文28篇，选取9篇作大会发言。

【市物联网发展创新创业研讨会】 2016年5月28日，由厦门理工学院和厦门市物联网协会主办，全国高校移动互联网应用开发创新大赛组委会、厦门天擎网络科技有限公司以及广州飞瑞敖电子科技有限公司联合协办的2016年厦门市物联网发展创新创业研讨会在厦门理工学院信息中心报告厅举行。来自福建省教育厅，厦门理工学院、福建农林大学、泉州信息工程学院等省内30多所院校的教师、物联网领域近百位专家学者参会。与会专家、学者从专业和科学的角度出发，探讨物联网的热点、难点问题，剖析物联网领域产业发展现状与机遇，对厦门市物联网产业如何与现代制造业相结合提出意见和建议。并针对物联网实践教学存在的问题，探索高校物联网实践教学未来发展新路径，为物联网实践教学发展献计献策。

【第八届海峡论坛·两岸智库论坛】 2016年6月12日，第八届海峡论坛·两岸智库论坛在厦门举行，这是海峡论坛首次设立智库论坛。此次论坛以“共谋发展、共创未来”为主题，由福建省人民政府发展研究中心、福建社会科学院和台湾竞争力论坛学会共同主办。来自海峡两岸的100多名专家学者和各界人士参会，共议新形势下两岸的智库合作交流。参加论坛的专家、学者围绕“新形势下深化两岸交流合作”“推动‘一带一路’建设”“推进区域合作闽台先行先试”“探索建立开放的智库合作机制”等议题进行交流研讨。台湾中华大学企业管理系讲座教授尹启铭、台湾竞争力论坛学会理事长彭锦鹏、中国社会科学院台湾研究所副所长张冠华等在论坛发言。与会专家认为，随着未来两岸交流形势的变化，包括智库交流在内的民间交流将为两岸交流开辟新的渠道。

【海峡两岸新兴信息技术融合与产业合作研讨会】 2016年6月13日，由福建省信息协会、厦门市信息协会、台湾云端服务协会、台湾嵌入式暨单晶片系统发展协会等单位联合举办的海峡两岸新兴信息技术融合与产业合作研讨会在厦门举行。福建省科协副主席史斌、厦门市经信局副局长邓建华和台湾云端服务协会理事长朱延平在开幕式上致辞。两岸云计算、大数据、3D打印技术产业的专家、学者130余人参会，其中台湾代表30多位。此次研讨会由开幕式、项目签约、大会主报告、专题分享、项目对接和参观交流等活动组成。台湾云端服务协会理事长朱延平、厦门理工学院计算机与信息工程学院院长朱顺痣、台湾修平科技大学副研发长谢志明、台湾嵌入式暨单晶片系统发展协会秘书长陈宏升等专家学者围绕“云时代3D技术应用与创新”主题，作《工业设计、文化创意与3D打印机》《3D打印技术及行业应用》《工匠精神——培养高层次国际化应用型人才》《三维打印创客云服务平台》专题演讲。

【纪念苏缄诞辰1000周年暨弘扬芦山堂家风家训学术研讨会】 2016年6月21日，由同安区社科联主办、同安芦山堂苏颂研究会承办的纪念苏缄诞辰1000周年暨弘扬芦山堂家风家训学术研讨会在同安芦山堂举行，150多位海内外专家、学者及苏氏宗亲代表参会。同安区委常委、宣传部长何玺开幕式上致辞，世界苏姓宗亲部会创会理事长苏世庆等发言，彭一万、郭坤聪、王兴文等厦门

6月21日，纪念苏缄诞辰1000周年暨弘扬芦山堂家风家训学术研讨会在同安芦山堂举行
（何东方 摄）

文史专家从不同角度介绍苏缄抗敌的英勇事迹及芦山堂家风家训的精神内涵与时代价值。21日下午，弘扬芦山堂家风家训的研讨会在同安宾馆召开。中国苏颂研究会常务副会长、北京大学资源美术学院文物系教授管成学，宝鸡文理学院哲学研究所所长苏振武，北京师范大学“985”特聘教授葛金芳等专家、学者，从苏缄的人格风范和精神实质、芦山堂家风家训的本质内涵及意义启示等方面进行交流研讨，对新时期下如何发扬和传承芦山堂精神提出意见建议。活动期间，同安区政协、同安芦山堂苏颂研究会共同编印纪念苏缄诞辰1000周年专辑《同安文史资料》。《同安文史资料》收集专家学者学术论文19篇，较为系统和全面地阐发了苏缄精神的内涵价值和时代意义。

【21世纪中国马克思主义理论的创新与发展学术研讨会】 2016年6月25～26日，由全国高校马克思主义理论学科研究会、厦门大学马克思主义学院等单位共同主办的全国高校马克思主义理论学科研究会第二十四次学科论坛暨21世纪中国马克思主义理论的创新与发展学术研讨会在厦门大学召开。来自全国近60所高校和有关杂志社的120多位马克思主义理论学科专家、学者参会。论坛主题为“21世纪中国马克思主义理论的创新与发展”。研讨会设置大会主题发言、分论坛自由交流等环节。与会专家、学者结合学习习近平总书记系列重要讲话中有关马克思主义理论学科建设的重要论述，围绕“21世纪中国马克思主义的科学内涵和最新成果研究”“21世纪中国马克思主义理论创新与实践创新的关系研究”“发展21世纪中国马克思主义的方法论研究”“‘四个全面’与‘五大发展理念’研究”“中国道路与马克思主义中国化研究”“真学真懂真信真用马克思主义研究”等多个议题，探讨新形势下马克思主义理论学科建设的新定位、新发展。

【中国人口学会2016年年会】 2016年7月21～22日，中国人口学会2016年年会在厦门宾馆举行。此次会议主题为“新形势、新挑战、新机遇”，由中国人口学会主办，厦门大学社会学与社会工作系、厦门大学人口研究所共同承办。会议邀请中国人口学会第八届理事、各省人口学会领导参加，全国各地的500余位人口学专家、学者参会，其中包括来自香港、台湾地区的专家、学者。国家卫计委副主任王培安，福建省计划生育协会常务副会长、卫生与计生委员会副主任阮诗玮、厦门大学副校长詹心丽等领导出席开幕式并讲话，中国人口学会会长、教授翟振武、中国人口学会秘书长兼副会长姜卫平等10位专家、学者，围绕人口均衡增长、生育政策、人口流动、老龄化等问题发言。此次大会设置“人口与经济”“人口与社会”“人口与健康”“两孩生育政策与社会支持”“人口老龄化”“人口迁移与城市化”“家庭发展与公共政策”“社会性别平等与出生性别比”“民族人口与国防人口”“计划生育服务管理改革”“人口分析方法与其他”11个议题进行分组讨论。

【中国海外发展国际学术研讨会】 2016年8月26日，华侨大学在厦门校区举办中国海外发展国际研讨会，来自马来西亚、菲律宾、中国等海内外20余位专家、学者与会。华侨大学校长贾益民，中国社会科学院欧洲所所长、华侨大学中国海外发展研究中心学术委员会主任黄平，中国社会科学院欧洲所副所长江时学，马来西亚大学中国研究所副所长饶兆斌，菲律宾中华和平发展促进会创会会长李玉明等出席。会议围绕华侨大学中国海外发展研究中心等承担的2011年度国家社科基金重大项目“海外华侨生存安全预警与救护机制研究”的相关课题及成果展开研讨交流。该项目首席专家、华侨大学中国海外发展研究中心主任骆克任从课题的概述、研究路径与方法、研究结论等方面作总课题汇报，并向与会代表介绍了中国海外发展研究中心2016年立项课题。

【21世纪海上丝绸之路建设暨国际产能合作研讨会】 2016年9月7日，由“一带一路”国际智库合作联盟及中国国际投资贸易洽谈会组委会主办，复旦大学、华侨大学协办的21世纪海上丝绸之路建设暨国际产能合作研讨会在厦门举行。来自海上丝绸之路沿线国家的政要、前政要、知名智库、世界500强企业代表，国内相关部委，福建省及厦门市有关部门，媒体代表等200余人参加。开幕式上举行“一带一路”专项活动基金启动仪式，该基金由中国友好和平发展基金会成立，为“一带一路”国际智库合作联盟有关研究和交流研讨活动提供支持。此次研讨会主题为“海上丝绸之路建设：互鉴、联动、共赢”。会议期间，与会代表围绕“扩大持续共享的发展机遇”“推进务实共赢的产业合作”“增进友好互信的人文交流”3个议题展开讨论。外交部前部长、中国公共外交协会会长、中国人民外交学会名誉会长李肇星，斯里兰卡石油资源开发部部长、前国会副议长查迪玛·维拉科迪，澳大利亚前外长鲍勃·卡尔，汤加司法大臣武纳，香港恒安国际集团有限公司总裁许连捷，土耳其爱国党副主席伊尔德勒姆·科杰等中外嘉宾在大会发言。

【航运监控与海洋大数据研讨会】 2016年9月20日，由集美大学主办的“一带一路”视野下的航运监控与海洋大数据研讨会在集美大学召开，来自厦门大学、大连海事大学、上海海事大学、中科院所属研究所（计算技术研究所、自动化研究所、遥感与数字地球研究研究所）、集美大学的专家、学者100多人参会，集美大学副校长于洪亮致辞。有8位专家学者在研讨会上作学术报告，并同与会专家、学者、师生们进行互动交流。此次研讨会旨在更好地服务国家的“一带一路”倡议，推进中国航运大数据发展和应用，发挥集美大学在海事、海洋科技方面的学科专业特色和优势，促进交通运输工程学科及船舶助导航技术国家地方联合工程研究中心的建设。

【中国（厦门）全域旅游发展高峰论坛】 2016年9月24～25日，中国（厦门）全域旅游发展高峰论坛在厦门翔鹭国际大酒店举行，此次论坛由全国首席旅游规划师联盟、市社科联、市社科院主办，厦门理工学院文化产业与旅游学院承办。教育部旅游管理教学指导委员会主任田里、副主任马勇，福建省旅游局处长鄢震凌，厦门市社科联党组书记、常务副主席周旻，厦门理工学院副校长赵振祥，厦门市旅游局副局长陈桂林等出席会议。全国旅游规划企业、旅

9月24～25日，中国（厦门）全域旅游发展高峰论坛在厦门翔鹭国际大酒店举行
（市社科联提供）

游主管部门和旅游院校200余名代表出席会议。来自暨南大学、中南财经政法大学、重庆师范大学、福建师范大学、陕西旅游研究院、长安大学等的旅游规划专家围绕“全域旅游发展创新与规划实践”主题发言，从宏观层面和战略发展的角度探讨全域旅游发展创新中的模式选择、目的地建设、战略保障、发展方向等前沿性并带有理论性的问题，为全域旅游创新发展提供新的视角及研究视域。

【“创新创业与知识产权”学术论坛】 2016年10月9日，厦门大学知识产权研究院与国家知识产权培训（福建）基地联合厦门市知识产权协会共同举办“创新创业与知识产权”学术论坛。市知识产权局，海尔集团，厦门大学法学院、知识产权研究院、经济学院、王亚南经济研究院等单位、企业、学院的领导、专家出席。市知识产权协会的30余位企业代表及厦门大学100多位来自不同院系的师生参加。市知识产权局局长卢琳兵、海尔集团知识产权总监王建国分别作专题演讲，从不同的角度，阐述知识产权与创新创业、“一带一路”的关系，并通过大量的案例，结合厦门市的实际，对知识产权经济协作区的建设作详细阐述。

【“自贸区与‘一带一路’”高端论坛】 2016年10月15日，由厦门大学、中国（福建）自由贸易试验区厦门片区管理委员会、市金融工作办公室联合主办，厦门大学经济学院与王亚南经济研究院等承办，台湾富邦金控协办的“自贸区与‘一带一路’”高端论坛在厦门大学经济楼报告厅举行。来自香港、台湾地区、大陆以及东南亚的政商界人士100多人，围绕自贸试验区与“一带一路”融合发展主题，提出具有前瞻性、创新性、可操作性的政策建议，为多方经贸合作提供智力支撑。此次论坛议题涵盖“‘一带一路’与自贸区展望”“‘一带一路’建设”“金融改革与合作”“投资机遇与成效评估”等四大专题，中国银行业协会首席经济学家、香港交易所首席中国经济学家巴曙松，国家发改委国际合作中心主任、中国经济体制改革研究会副会长曹文炼，高雄市南台湾文化及经济产业联盟协会理事长、台湾黄埔军校原校长陈良沛，台湾“中投”股份有限公司董事长、台湾“财政部”原常务次长陈树，中国工商银行越南河内分行行长陈志彪等12位专家、学者先后发表演讲。

【马克思主义社会建设理论与实践论坛】 2016年10月15日，由福建省社科联、福建省委讲师团、福建省社会建设研究会共同主办，华侨大学哲学与社会发展学院和华侨大学马克思主义学院承办的福建省社科界2016年学术年会马克思主义社会建设理论与实践论坛在华侨大学厦门校区举行。福建社科院、省委党校、厦门大学、华侨大学等省内高校、科研院所专家、学者，以及各设区市讲师团代表等100多人参会。此次学术年会收到省内高校40多篇学术论文。全国党的建设研究会特约研究员、省党的建设研究会副秘书长李新生，华侨大学哲学与社会发展学院院长许斗斗，厦门大学马克思主义学院副院长张有奎，福建社科院研究员曲鸿亮，集美大学教授杨贵华，华侨大学马克思主义学院教授曾文婷等分别在大会发言。此次论坛探讨了马克思主义社会建设理论与实践的内在关系，展示了新时期马克思主义学者的理论水平和学术担当，彰显了马克思主义的深厚底蕴和当代价值。

【“传统中国政治思想与国家治理”学术研讨会】 2016年10月29～30日，由

10月15日，自贸区与“一带一路”高端论坛在厦门举行　（市社科联提供）

中国政治思想史研究会主办、厦门大学公共事务学院承办的第五届中国政治思想史论坛——“传统中国政治思想与国家治理”学术研讨会在厦门大学举行。来自中国人民大学、南京大学、山东大学、南开大学、武汉大学、中国政法大学等10多所院校的60余位专家、学者参会。此次论坛的主题是“传统中国政治思想与国家治理”，与会专家围绕“中国古代政治哲学与政治文化”“传统政治思想与治国理念”“传统政治思想与现代中国治理变革”“近代以来政治思想与国家治理”“传统政治思想流派的价值结构与政治理念”“传统政治思想与古代中国的社会治理”等议题，从各自的视角对中国传统政治思想的哲学基础、价值结构、治国理念，以及与古往今来国家治理的关系进行交流探讨，发掘其中有益于现代国家治理的思想资源。

【首届华人宗教国际学术研讨会】 2016年10月30日，由华侨大学海外华人宗教与闽台宗教研究中心主办，泰国法政大学东亚研究所、马来西亚拉曼大学中华研究中心协办的首届华人宗教国际学术研讨会在华侨大学厦门校区举行，会议主题为“华人移民与宗教文化”，旨在进一步推进华人宗教研究领域的学术增长和国际合作交流，深入探讨宗教文化在国家发展、社会进步、文化传承中的特殊作用。来自10个国家和地区的57个研究机构近百名专家学者与会，这是近年来专门以华人宗教为主题的较大规模的国际学术研讨会。全国人大常委、中国宗教学会会长、中国社会科学院学部委员、世界宗教研究所所长卓新平、福建省民族与宗教事务厅副厅长林致知、华侨大学副校长曾路分别致辞。会上，专家学者围绕“华人宗教传统的历史演变与文化适应”“海外华人宗教与族群建构”“闽台宗教与地方社会变迁”“港澳台地区宗教与中国认同”“华人宗教与‘一带一路’”等5个分议题展开研讨。

【第六届东亚学术论坛】 2016年11月4日，由华侨大学主办的以“国际市场与中小企业”为主题的第六届东亚学术论坛暨华侨大学研究生学术论坛在华侨大学厦门校区王源兴国际会议中心举行。华侨大学、日本长崎大学、韩国东亚大学、越南东亚大学的77名专家、学者以及研究生参加。论坛期间，4所大学共同签署共建学术交流平台合作协议。韩国东亚大学国际学院院长Suk-Jun Lim，日本长崎大学国际管理系教授、东亚研究中心主任Yutaka Yamamoto分别作“从政治—经济关系转向文化合作”“九州制造业与中小型企业”演讲。与会专家学者以《越南的中小型企业与政府支持》《跨文化理解和权力距离对工作参与度的调节作用：以印度尼西亚的韩国中小企业为例》《基于企业家行动的私营部门研究》等为题发表16篇学术研究报告，交流各国企业创新与发展、人力资源管理等方面的研究成果。

【“五大发展理念语境下文化产业的机遇与挑战”学术研讨会】 2016年11月5日，由厦门理工学院与福建省社会科学界联合会、福建省文化产业学会联合主办，厦门理工学院文化产业与旅游学院、福建省文化产业研究策划基地承办的“五大发展理念语境下文化产业的机遇与挑战”学术研讨会在厦门举行。此次论坛为福建省社会科学界2016年学术年会分论坛之一，来自两岸政界、学界和业界的领导、专家、学者近100人参会，围绕“五大发展理念与文化产业”和“‘十三五’时期的福建文化产业”两大主题进行探讨交流。市委宣传部副部长戴志望、福建省社科联学会部主任李道兴等出席并致辞。北京大学教授陈少峰、南京大学教授顾江、中国社会科学院研究员贾旭东等9位专家、学者作主题演讲，从不同角度探讨五大发展理念以及新常态背景下文化产业面临的新机遇与新挑战，为“十三五”时期福建省文化产业如何加快发展、稳步提升提供思路与对策。

【福建省社科界“信任与社会治理”分论坛】 2016年11月5日，福建省社会学2016年会暨省社科界年会“信任与社会治理”分论坛在厦门大学公共事务学院举行，此次会议由福建省社会学会主办，厦门大学社会学与社会工作系承办。来自天津市委党校、浙江省社科院、贵州大学以及省内的厦门大学、福州大学、福建师范大学、华侨大学、集美大学、闽南师范大学等高校80多名师生参会。此次年会主题是“信任与社会治理”，分“社会工作”“城乡社区建设”“性别·婚姻与社会治理”“教育·族群与社会治理”等议题展开。论坛共收到论文48篇，其中11篇学生论文获优秀论文奖。

【中国东南亚研究60年回顾与展望国际学术研讨会】 2016年11月5日，由厦门大学南洋研究院主办的厦门大学南洋研究院60周年院庆暨“中国东南亚研究60年：回顾与展望”国际学术研讨会在厦门大学召开。来自荷兰、印尼、新加坡、泰国、越南、马来西亚的国外学者，中国社科院、北京大学、南京大学、复旦大学、中山大学、吉林大学、厦门大学等20所大学专家、学者以及世界图书出版公司、香港生活文化基金会的代表，厦门大学南洋研究院的院友共200多人参会。厦门大学校长朱崇实，教育部社科司综合研究学部委员、上海外国语大学中东研究中心教授朱威烈，荷兰莱顿大学历史系著名汉学家包乐史，厦门大学南洋研究院院长李一平在开幕式致辞。会上，由厦门大学南洋研究院教授庄国土、泰国法政大学教授张锡镇、北京大学教授吴杰伟分别以“中国东南亚研究六十年回顾与展望”“中国东南亚政治研究六十年回顾”“中国东南亚语言文化研究与人才培养六十年回顾”为题发表演讲。大会分“‘一带一路’与东南亚认知、反应与挑战”“南海问题与地区安全”“中国与东南亚国际关系”3组进行讨论。

【华侨大学两岸关系论坛（2016）】 2016年11月9日，以“两岸关系走向何处”为主题的华侨大学两岸关系论坛（2016）在华侨大学厦门校区举行，来自两岸的30余位专家、学者参加。此次研讨会由华侨大学主办，华侨大学台湾经济研究所、国际关系学院、海上丝绸之路研究院、经济与金融学院及泉州泉台民间交流协会承办。2016年，台湾岛内政党轮替，民进党开始新一轮执政，两岸关系会走向何方，是岛内外民众、学界十分关注的问题。两岸与会代表围绕“从民进党执政对两岸关系发展走向的影响”“面临严峻形势下的大陆对台政策与策略”“两岸经贸关系面临的严峻形势及其对两岸关系的影响”等议题展开研讨。台湾政治大学财政学系特聘教授黄智聪、中国文化大学国家发展与中国大陆研究所教授庞建国、华侨大学台湾经济研究所所长陈克明等发言。

【“全球化与互联网时代的财务转型”论坛】 2016年11月19日，厦门国家会计学院举办“云顶讲坛”第三期——“全球化与互联网时代的财务转型”论坛。论坛邀请北京国家会计学院党委书记、院长秦荣生，中兴通讯副总裁陈虎分别以“‘互联网+’时代会计行业的发展趋势”“全球化的财务管理”为题发表演讲。厦门国家会计学院教研中心老师、研究生校外导师、研究生在校学生及部分校友、企业界代表约200人参会，共同探讨全球化与互联网时代的财务转型。

【2016中国宏观经济学术研讨会】 2016年11月20日，由中国宏观经济研究中心（华侨大学与中国社会科学院财经战略研究院共建）、《经济研究》杂志社、《财贸经济》杂志社联合主办，华侨大学经济与金融学院承办，中国银河证券股份有限公司和华侨大学数量经济研究院协办的中国宏观经济学术研讨会在华侨大学厦门校区召开。来自中国社会科学院、银河证券有限公司、北京大学、北京师范大学、上海交通大学、上海财经大学、华中科技大学、东南大学、中山大学、厦门大学、华侨大学等高等院校和研究机构近70位专家学者参会。中国社会科学院经济研究所所长裴长洪、中国社会科学院财经战略研究院院长高培勇、银河证券首席经济学家潘向东、中国社会科学院财经战略研究院研究员兼中国宏观经济研究中心执行主任汪红驹、华侨大学经济与金融学院院长兼中国宏观经济研究中心主任郭克莎先后发表演讲。此次研讨会收到投稿论文80多篇，入选论文40余篇，与会专家学者以分组讨论的形式，就“新常态下经济转型与政策选择”“城乡发展与绿色经济”“自贸区建设与贸易转型升级”“金融运行风险与应对策略”“人口问题与收入分配”等宏观经济热点问题发表学术见解，展开研讨。

【2016两岸社会保障学术研讨会】 2016年11月26～27日，由中国社会保障学会主办、厦门大学两岸关系和平发展协同创新中心承办的2016两岸社会保障学术研讨会在厦门举行。来自海峡两岸70多所高校和社会保障机构约170名代表参会。会议以“共享·和谐”为主题。中国社会保障学会会长郑功成、台湾政治大学常务副校长张昌吉、中国社会保障学会副会长林义等专家学者在开幕式上发表演讲。在分论坛阶段，两岸专家学者围绕“两岸养老保障”“两岸医疗保障”“社会福利与社会救助”“医疗保障与健康中国”“精准扶贫与福利建设”等11个专题会议展开研讨并发表研究成果。

【第二届华侨华人与中国周边公共外交研讨会】 2016年11月26～27日，由国务院侨办侨务理论研究福建基地、华侨大学国际关系学院/华侨华人研究院、华侨大学海上丝绸之路研究院主办的第二届华侨华人与中国周边公共外交研讨会在华侨大学厦门校区举行。来自中国社会科学院、北京师范大学、国防大学、复旦大学、厦门大学、暨南大学、华侨大学等近30家研究机构、高校及政府部门、社会组织的60余位专家、学者参会。国务院侨办侨务干部学校副校长赵健，福建省侨办巡视员叶康勇，福建省侨联副主席谢小建，福建社科院副院长李鸿阶，华侨大学副校长吴季怀等出席开幕式。会上，专家学者围绕“华侨华人与中国周边公共外交”的主题，就“侨务与公共外交”“‘南海仲裁案’后的中国周边外交”“周边国家华侨华人的历史与现状”“‘一带一路’与周边外交”等议题展开探讨。

【“朱子学的当代传承”学术研讨会】 2016年12月3～4日，由朱子学会主办的“朱子学的当代传承”学术研讨会暨朱子学会换届大会在厦门大学举行。来自北京大学、清华大学、中国社会科学院、德国海德堡大学、香港理工大学、台湾东海大学、华东师范大学、湖南大学、厦门大学等高校的120多名朱子学研究专家参会。厦门大学校长、朱子学会会长朱崇实，香港理工大学人文学院院长朱鸿林，厦门大学国学院院长、教授陈支平等出席开幕式。大会期间，学者们围绕朱子学的当代传承问题展开讨论，发表论文70余篇。厦门大学哲学系教授高令印、岳麓书院教授朱汉民、香港理工大学人文学院院长朱鸿林、四川师范大学政教学院教授蔡方鹿、杭州师范大学副校长何俊、北京大学哲学系教授杨立华发言。会议全面展现了朱子学研究的最新成果，为朱子学研究的进一步发展奠定了基础。4日上午，朱子学会换届大会在厦门大学科艺中心一楼多功能厅举行，厦门大学校长、朱子学会会长朱崇实作题为《不忘初心，继续前进》的朱子学会第一届理事会工作报告。全体与会代表选举产生新一届理事会理事、常务理事。朱子学会是经教育部和民政部报请国务院常务会议批准的国家一级学会、全国群众性学术团体，挂靠厦门大学，由教育部主管。学会自2011年成立以来，已经成为全球朱子学者交流与研究的重要平台，在推进全球朱子学研究、传播与普及方面发挥着作用。

【首届中华书院教育发展论坛】 2016年12月5日，由中国书院学会、厦门大学教育研究院和厦门筼筜书院联合主办的首届中华书院教育发展论坛暨第三届中国书院学会年会在筼筜书院开幕。来自中国书院学会会员单位、部分高校的专家教授、大陆及台湾的书院文化研究学者等近百人出席。岳麓书院、嵩阳书院、白鹿洞书院以及中国书院学会副会长单位江西鹅湖书院、陕西白鹿书院等派代表参会。大会围绕“文以化人、文以载道：中华书院教育与文化传承”主题，共同探讨如何进一步推动中国书院历史和现状的研究，传承中华书院优良传统，促进现代书院建设与良性发展，加强中华书院团体的文化交流与合作。湖南大学岳麓书院院长肖永明、湖南大学岳麓书院中国书院研究中心主任邓洪波、厦门大学教育研究院教育史研究所所长张亚群，以及来自厦门大学、温州大学、闽南师范大学、江西大学等高校的10多位专家、学者作主题发言。

【“哲学创新与时代精神”高端学术论坛】 2016年12月10日，由华侨大学哲学与社会发展学院和生活哲学研究中心主办的“哲学创新与时代精神”高端学术论坛在厦门举行。中国社会科学院学部委员李景源、中国政法大学教授李德顺、东北大学教授陈凡、北京大学教授靳希平、中国人民大学教授郭湛、南开大学教授王南湜、中央党校教授庞元正、中国人民大学教授姚新中、北京师范大学教授吴向东、华东师范大学教授陈立新、复旦大学教授王金林、中山大学教授徐长福、华中科技大学教授王晓升等知名专家，以及华侨大学教授张禹东、许斗斗、薛秀军、刘荣军、王阳等出席论坛。与会专家、学者围绕“哲学创新与时代精神”主题进行演讲。华侨大学校长贾益民出席开幕式并讲话。

【2016 中国财政学论坛】 2016 年 12 月 10～11 日，2016 年中国财政学论坛在厦门大学举行。此届论坛由厦门大学经济学院、厦门大学王亚南经济研究院、北京大学、中国人民大学、上海财经大学等 10 多所高校共同主办，厦门大学经济学院财政系承办。来自全国各高校 200 多位师生以及各科研院所、杂志社的专家、学者代表参会，围绕“‘十三五’期间深化财税体制改革研究”主题展开交流研讨。厦门大学副校长杨斌，中国社会科学院学部委员、财经战略研究院院长高培勇，中国财经科学研究院院长刘尚希，中央财经大学副校长李俊生等在论坛开幕式发表主题演讲。开幕式后，举行“中国财税改革进展评估”和“中国财政学科建设与发展”为主题的圆桌会议。会议期间，举行 5 场平行分论坛、2 场博士生论坛，共 34 个分会场进行专题研讨，110 位专家、学者，39 位博士生作研究论文的学术报告。研讨会的内容涉及“十三五”期间深化财税体制改革的各个方面，包括财政基础理论与政府间财政关系、财政分权与财政激励、财政与宏观经济、财政支出、收入分配、税制改革、税收征管等热点问题。

【当代中国马克思主义史学理论高峰论坛】 2016 年 12 月 17 日，由中国史学会、福建省社科联等单位主办，厦门市委党校承办的当代中国马克思主义史学理论高峰论坛在厦门市委党校举行。来自中国史学会的专家、学者，部分高校史学专家，厦门市委党校领导和相关教师 80 多人参加会议。论坛以习近平总书记关于马克思主义史学理论的一系列重要论述为指导，围绕新形势下进一步繁荣发展中国历史学研究展开研讨。中国史学会会长、《求是》杂志社社长李捷，福建省委常委、宣传部部长高翔，省政协副主席、省社科院院长张帆，厦门市委常委、秘书长黄文辉出席论坛开幕式。中国社科院学部委员张海鹏、历史研究所所长卜宪群、近代史研究所党委书记周溯源、世界历史研究所所长张顺洪、福建师范大学教授汪征鲁、厦门大学教授杨国桢等高校专家学者在论坛发言。

【第二届 21 世纪海上丝绸之路高端论坛】 2016 年 12 月 17 日，由华侨大学、中共中央对外联络部当代世界研究中心、中国社会科学院亚太与全球战略研究院、中国与全球化智库共同主办的第二届 21 世纪海上丝绸之路高端论坛在华侨大学厦门校区举行。论坛主题为“东盟与 21 世纪海上丝绸之路”。来自马来西亚、印度尼西亚、泰国、新加坡、越南、缅甸、斯里兰卡、印度、土耳其、澳大利亚等海上丝绸之路沿线国家的政要、前政要、知名学者，中国相关部委、学者、专家、企业家、智库、媒体代表等 50 余人参会。参会人员围绕“东盟与海丝建设”“国别参与海丝建设”“海丝合作、机遇与挑战”“南亚、南海与海丝建设”4 个议题进行研讨和交流。泰国前国会主席、泰中文化经济协会会长颇欣·蓬拉军，中国社会科学院亚太与全球战略研究院院长李向阳，新加坡国立大学李光耀，公共政策学院亚洲与全球化研究所所长黄靖，清华大学国家战略研究院副院长赵可金等作主题演讲。

【第四届中华文化发展论坛】 2016 年 12 月 18 日，由中国华艺广播公司、两岸关系和平发展协同创新中心共同主办的第四届中华文化发展论坛在厦门大学举行，全国政协委员、海峡两岸关系协会副会长叶克冬，台湾新党主席郁慕明，中华全国台湾同胞联谊会副会长杨毅周等海峡两岸和海外专家及学者、文化人士、青年代表等近 200 人参会，此次论坛主题为“中华文化传承与当代青年担当”，旨在为中华文化传承发展、两岸文化交流合作凝聚智慧、积攒力量。论坛设主旨发言、青年互动、主题发言、论坛总结等环节，各环节之间穿插有汉服射礼、中国书画、民族音乐等传统文化展示项目。各界优秀青年代表与厦门大学学生就“两岸青年认知中华文化基本现状”“两岸青年传承中华文化现实意义”“两岸青年弘扬中华文化时代责任”“两岸青年创新中华文化可行路径”4 个议题进行互动交流与讨论。

【“校企深度融合　产教协同发展”物流人才培养高峰论坛】 2016 年 12 月 24 日，由厦门华厦学院、市物流协会等联合主办，以“校企深度融合　产教协同发展”为主题的物流人才培养高峰论坛在华厦学院明德厅举行。此次论坛旨在优化院校人才培养结构，提高人才培养质量，与企业共同推进产教融合协同育人机制，增强校企双方在物流专业教育教学改革与创新方面的对话和交流。来自福州外语外贸学院、福州商学院及厦门相关院校专家学者和华厦学院师生 300 余人参会。厦门华厦学院副校长陈民伟、台湾修平科技大学博士林宗亮在论坛作题为“产教融合的认知与实践”“智能绿色创新的实践”主题报告。厦门大学嘉庚学院管理分院副院长许敬秋、北京络捷斯特科技发展股份有限公司副总经理连志涛、厦门志捷国际物流有限公司总经理林晓霖分别从不同角度，围绕“应用型”人才培养、校企联合育人等议题发言。

（文治平）

立项研究课题

【概　况】 2016 年，厦门市社科界开展社会科学研究，围绕厦门经济、文化和社会发展的重点、难点问题，组织重点课题调研。其中，完成厦门市重点研究课题 32 项（见表 24–1），市社会科学界立项课题 300 多项。

学术成果

【概　况】 2016 年，厦门市社会科学工作者开展社会科学研究，有 46 项成果获得省部级优秀社会科学奖（见表 24–2），160 项成果获厦门市第十次社会科学优秀成果奖（见表 24–3）。全市社会科学工作者出版学术著作、教材 261 项（见表 24–4）。

表 24-1

2016 年厦门市重点调研课题

序号	调研题目	调研负责人 / 牵头单位
1	加快厦门供给侧结构性改革研究	裴金佳 / 市政府办公厅
2	加快厦门市信用体系建设对策研究	郑道溪 / 市人大办公厅
3	发挥政协界别作用　服务美丽厦门建设	张　健 / 市政协办公厅
4	厦门与金门深度合作研究	洪碧玲 / 市台办
5	厦门市民主党派成员思想现状调查及加强思想政治引领的思考	黄　菱 / 市委统战部
6	如何加强新形势下意识形态工作	叶重耕 / 市委宣传部
7	创新厦门人才管理使用工作机制问题研究	陈秋雄 / 市委组织部
8	厦门加快发展双创载体平台的对策研究	市发改委
9	推进军民融合深度发展的几点思考	蔡建新 / 厦门警备区
10	厦门海漂垃圾治理研究	林文生 / 市海洋与渔业局
11	厦门建设“五大发展”示范市重大举措研究	张灿民 / 市委办公厅、政研室
12	把“四种形态”贯穿监督执纪全过程研究	孙明忠 / 市纪委
13	打造城乡一体化典范城区研究	黄　强 / 海沧区委办
14	以“互联网 +”为引领　打造社会治理新模式	李伟华 / 市委政法委
15	厦门市人口发展趋势与教育资源布局	国桂荣 / 市发改委、教育局
16	进一步推进厦门自贸试验区制度创新研究	倪　超 / 自贸区管委会
17	厦门存量工业用地建设和经营情况	黄文辉 / 市国土房产局
18	厦门社会治安的善治模式及实现路径的研究	林　锐 / 市公安局
19	关于进一步健全完善行政后勤工作的若干思考	市委办公厅
20	破解一把手监督难题研究	市纪委监察局
21	厦门市发展新经济业态　培育增长新动能研究	市发改委
22	推进厦门市电子政务系统信息安全保障体系建设的调研报告	市经信局
23	进一步完善我市分级诊疗制度研究	市卫计委
24	厦门市非户籍人口就学调查报告	市教育局
25	财政构建产业扶持政策功能性体系研究	市财政局
26	厦门市安全生态水系建设对策研究	市水利局
27	自贸区建设背景下的两岸经贸合作与口岸治理	市商务局
28	基于供给侧发力厦门服务业优质高效发展研究	市统计局
29	厦门市法治化营商环境指标体系建设研究	市法制局
30	构筑“阳光政务”品牌建设研究	市行政服务中心管委会
31	我市基层社会治理中的多元参与和协商民主实践探索研究	市社科联
32	加快发展我市科技服务业对策研究	致公党市委

（文治平）

表 24-2 **2016 年厦门市获省部级优秀社会科学成果奖项目**

序号	获奖者	获奖成果名称	成果形式	获奖等级	颁奖单位
1	潘懋元　车如山	做强地方本科院校的理论与实践研究	编著或教材	第五届全国教育科学优秀成果奖三等奖	中华人民共和国教育部
2	史秋衡　汪雅霜	大学生学习情况调查研究	论文	第五届全国教育科学优秀成果奖三等奖	中华人民共和国教育部
3	张亚群	中国近代大学通识教育与创新人才培养	专著	第五届全国教育科学优秀成果奖三等奖	中华人民共和国教育部
4	陈兴德	晚清科举评价的负面化倾向	论文	第五届全国教育科学优秀成果奖三等奖	中华人民共和国教育部
5	吴　薇　谢作栩 Nico Verloop	中荷研究型大学教师信念类型与取向之比较——基于厦门大学与莱顿大学教师的问卷调查	论文	第五届全国教育科学优秀成果奖三等奖	中华人民共和国教育部
6	彭水军　张文城 孙传旺	中国生产侧和消费侧碳排放量及其影响因素	论文	第十九届安子介国际贸易研究奖二等奖	安子介国际贸易研究奖励金委员会
7	张少军	全球价值链降低了劳动收入份额吗——来自中国行业面板数据的实证研究	论文	第十九届安子介国际贸易研究奖三等奖	安子介国际贸易研究奖励金委员会
8	刘啟仁　黄建忠	异质出口倾向、学习效应与“低加成率陷阱	论文	第十九届安子介国际贸易研究奖学术鼓励奖	安子介国际贸易研究奖励金委员会
9	张进福	作为仪式的旅游	论文	国家旅游局优秀研究成果奖三等奖	国家旅游局
10	林璧属　林文凯 周春波	旅游景区经营权价值评估——基于实物期权视角的研究	论文	国家旅游局优秀研究成果奖优秀奖	国家旅游局
11	陈历明	新诗的生成：作为翻译的现代性	专著	一等奖	福建省人民政府
12	周世兴	个人的历史与历史的个人——马克思个人理论研究	专著	二等奖	福建省人民政府
13	李忠伟	回到现象学的意向性理论——胡塞尔与弗雷格分道而行	专著	二等奖	福建省人民政府
14	叶麒麟	社会分裂、弱政党政治与民主巩固——以乌克兰和泰国为例	专著	二等奖	福建省人民政府
15	侯志阳	兰村福利：资产建设与农村社区福利研究	专著	二等奖	福建省人民政府
16	蒋晓光　许　结	宾祭之礼与赋体文本的构建及演变	论文	二等奖	福建省人民政府
17	邢尊明	大型体育赛事管理理论与实践	专著	二等奖	福建省人民政府
18	陈鸿儒	陈第袭用吴棫音证考	论文	三等奖	福建省人民政府
19	林壮青	卢梭的共和构想与宗教	论文	三等奖	福建省人民政府
20	李志强	论马克思自由观的生态意蕴	论文	三等奖	福建省人民政府
21	王福民	马克思历史主观的辩证旨趣	论文	三等奖	福建省人民政府
22	吴苑华	世界体系的马克思主义研究——以乔万尼·阿瑞吉的理论为例	专著	三等奖	福建省人民政府
23	苏梽芳　陈昌楠	我国居民消费价格粘性及其与部门通货膨胀惯性关系	论文	三等奖	福建省人民政府
24	王绍仁　马祖军	震害紧急响应阶段应急物流系统中的 LRP	论文	三等奖	福建省人民政府
25	谢朝武	旅游应急管理	专著	三等奖	福建省人民政府
26	赖诗攀	问责、惯性与公开：基于 97 个公共危机事件的地方政府行为研究	论文	三等奖	福建省人民政府
27	汤　丹	中国核心通货膨胀度量研究	专著	三等奖	福建省人民政府
28	游国龙	许烺光的大规模文明社会比较理论研究	专著	三等奖	福建省人民政府
29	朱晓雪	包山楚简综述	专著	三等奖	福建省人民政府

续表 24-2

序号	获奖者	获奖成果名称	成果形式	获奖等级	颁奖单位
30	郑亚捷	1930 年代前的新疆游记及其文化想象	论文	三等奖	福建省人民政府
31	黄文溥	由汉文训读传下来的日语语法	译著	三等奖	福建省人民政府
32	王四达　董成雄	法家“治世”思想的二重性与“儒法互补”的新视角	论文	三等奖	福建省人民政府
33	薛秀军	分工与自由：马克思分工理论的逻辑进路初探	论文	青年佳作奖	福建省人民政府
34	谢朝武	旅游应急管理	著作	优秀奖	国家旅游局
35	陈曼君	惠安闽南方言动词谓语句研究	专著	福建省第十届社会科学优秀成果奖专著二等奖	福建省人民政府
36	李友华	福建省自由贸易区建设研究	决策咨询报告、研究报告	福建省第十届社会科学优秀成果奖专著二等奖	福建省人民政府
37	黄静如　黄世忠	资产负债表视角下的公允价值会计顺周期效应研究	论文	福建省第十届社会科学优秀成果奖专著三等奖	福建省人民政府
38	叶　梅	晚明嘉兴项氏法书鉴藏研究	专著	福建省第十届社会科学优秀成果奖专著三等奖	福建省人民政府
39	谢　军	中华体育文化在台湾地区的传承及影响研究	专著	福建省第十届社会科学优秀成果奖专著三等奖	福建省人民政府
40	杨贵华	转型与创生：“村改居”社区组织建设	专著	福建省第十届社会科学优秀成果奖专著三等奖	福建省人民政府
41	刘芝凤	闽台历史民俗文化遗产资源调查	专著	三等奖	福建省社科联
42	董立平	高等教育管理价值通论	专著	三等奖	福建省社科联
43	王育烽	生态批评视阈下的美国现当代文学	专著	青年佳作奖	福建省社科联
44	陈世明　等	儿童戏剧的多元透视	专著	二等奖	福建省人民政府
45	尹　彦	党内高层民主的设计——列宁晚年政治思想研究	专著	中共中央党校第十一届优秀科研成果三等奖	中共中央党校
46	牛　君	多党合作的制度效能及其提升路径研究	论文	中共中央党校第十一届优秀科研成果三等奖	中共中央党校

表 24-3　**厦门市第十次社会科学优秀成果奖获奖名单**

成果名称	作者	单位	奖项
一、理论类经济与管理			
著作部分			
顾客服务体系的界面管理研究	谢朝武	华侨大学	一等奖
公共经济学	黄新华　黄君洁　李德国　严金海　朱芳芳　漆亮亮	厦门大学	二等奖
国际投资学	胡朝霞	厦门大学	三等奖
IT 企业文化	编　著：邱仲潘　朱智杰　叶文强　傅剑波	厦门大学	三等奖
论文部分			
环境治理约束下的中国能源结构转变：基于煤炭和二氧化碳峰值的分析	林伯强　李江龙	厦门大学	一等奖
中国经济周期的混频数据测度及实时分析	郑挺国　王　霞	厦门大学	一等奖
中国式分税制、中央税收征管权集中与税收竞争	谢贞发　范子英	厦门大学	二等奖

续表 24-3

成果名称	作者	单位	奖项
人民币汇率变动的政治诱因——基于美国政治周期外溢效应的考察	朱孟楠　赵　茜　刘宇光	厦门大学	二等奖
公司诉讼风险、司法地方保护主义与企业创新	潘　越　潘健平　戴亦一	厦门大学	二等奖
基于空间计量模型的中国县级政府间税收竞争的实证分析	龙小宁　朱艳丽　蔡伟贤　李少民	厦门大学	二等奖
铁路、口岸与中国近代工业化	梁若冰	厦门大学	三等奖
“发审委”联系、潜规则与 IPO 市场的资源配置效率	杜兴强　赖少娟　杜颖洁	厦门大学	三等奖
消除股息所得经济性重复课税的若干方案研究	杨默如　李　平	华侨大学	三等奖
企业创新、生命周期与聚集经济	董晓芳　袁　燕	厦门大学	三等奖
汇改后的人民币汇率传递、出口商品价格与依市定价（PTM）行为研究	项后军　许　磊	华侨大学	三等奖
独立董事辞职、政治关系与公司治理缺陷	戴亦一　陈冠霖　潘健平	厦门大学	三等奖
股指期货交易会降低股市跳跃风险吗?	陈海强　张传海	厦门大学	三等奖
产业关联效应测度理论辨析	杨　灿　郑正喜	厦门大学	三等奖
国内外环境规制对中国出口贸易的影响	任　力　黄崇杰	厦门大学	三等奖
家族企业研究：一个文献计量分析	魏志华　林亚清　吴育辉　李常青	厦门大学	青年奖
知识产权保护、经济发展与服务贸易出口技术复杂度	代中强　梁俊伟　孙　琪	集美大学	青年奖
二、理论类文史哲			
著作部分			
韩偓集系年校注	吴在庆	厦门大学	一等奖
秦汉财政史	杨际平	厦门大学	一等奖
作为第一哲学的美学——存在、现象与审美	杨春时	厦门大学	二等奖
台湾女性文学史	林丹娅　王　宇　周海琳　桂　蔚　王　烨　钱建状　洪迎华　胡　旭　苏　琼　郑国庆	厦门大学	二等奖
中国稻作文化概论	刘芝凤　郭肖华　徐　苏　林江珠　黄金洪　蔡清毅	厦门理工学院	二等奖
中庸原论：儒家情感形上学之创发与潜变	杨少涵	华侨大学	三等奖
实验哲学	曹剑波　郑伟平　楼　巍	厦门大学	三等奖
传媒语境与 20 世纪 90 年代文学转向	刘文辉	华侨大学	三等奖
众神喧哗中的十字架——基督教与福建民间信仰共处关系研究	范正义	华侨大学	三等奖
社会的平民化变迁与儒学变化——对汉初儒学的一种审视	肖仕平	集美大学	三等奖
宋代帖子词辑释	张晓红	集美大学	三等奖
人性与价值	陈海明　仲　霞　乐爱国	厦门理工学院	青年奖
报刊传媒与清末立宪思潮	李卫华	厦门大学	青年奖
论文部分			
泾渭清浊：乾隆朝的考察辨析及其功用意义	钞晓鸿	厦门大学	一等奖
让·迪多内及其学派的数学哲学	陈　玲	厦门大学	一等奖
20 世纪 70 年代台湾当局对西沙、南沙群岛主权维护的应对	王　静	华侨大学	一等奖
管治、民治规范下村民的“自在生活”：宋朝村民生活世界初探	刁培俊	厦门大学	二等奖

续表 24-3

成果名称	作者	单位	奖项
论信念的知识规范	郑伟平	厦门大学	二等奖
关于汉语特征的研究	李如龙	厦门大学	二等奖
南海九小岛事件与中法日之间的交涉	郭　渊	华侨大学	二等奖
环境美德伦理视域中“雾霾”的道德责任考量	陈庆超	华侨大学	二等奖
性危说：荀子人性论新探	谢晓东	厦门大学	二等奖
家庭：作为生活主体存在空间之价值论旨趣	王福民	华侨大学	三等奖
新媒体时代艺术研究新视野	黄鸣奋	厦门大学	三等奖
礼乐哲学论纲	冯　兵	华侨大学	三等奖
从经典诠释到秩序建构——以王莽依经改制为中心	曹婉丰	华侨大学	三等奖
从本体真实到照片真实感——论数字影像的真实性	李　天	厦门大学	三等奖
论马克思的生产、技术与生态思想	许斗斗	华侨大学	三等奖
战后国民政府对南沙群岛主权的再认识与维护	黄俊凌	厦门大学	三等奖
近代“自我拯救”政治的困境与神学复活	林壮青	华侨大学	三等奖
李清照《金石录后序》释疑	钱建状	厦门大学	三等奖
新发现的茅盾《红学札记》述论	王人恩	集美大学	三等奖
科学与人文之间的抉择—— 1920 年代的“国学”研究取向及其文化意味	贺昌盛	厦门大学	三等奖
讲述林徽因的意义：妇女与中国现代性个案研究	王　宇	厦门大学	三等奖
当代西方文本阐释理论研究的现状与限度	董丽云	集美大学	青年奖
荷兰东印度公司中国委员会与中荷茶叶贸易	刘　勇	厦门大学	青年奖
寻根与遗忘——试论莫迪亚诺《暗店街》的文学主题	翁冰莹　冯寿农	厦门大学	青年奖
三、理论类政治与法律			
著作部分			
20 世纪婚姻家庭法：从传统到现代化	蒋　月	厦门大学	一等奖
法理学	周　赟	厦门大学	二等奖
法官事实认定的心理学分析	陆而启	厦门大学	三等奖
区域治理中政府间协作的法律制度：美国州际协议研究	吕志奎	厦门大学	三等奖
欧洲人权体制下的公正审判权制度研究	刘学敏	厦门大学	三等奖
二战后东南亚华人的海外移民	康晓丽	中共厦门市委党校	青年奖
论文部分			
法治中国历程——组织生态学视角下的法学教育（1949–2012）	刘子曦	厦门大学	一等奖
无效与可撤销婚姻中诚信当事人的保护	徐国栋	厦门大学	一等奖
改革后我国城镇退休金制度的变迁及比较	黄　冠	厦门大学 嘉庚学院	二等奖
中国人的政治效能感、政治参与和警察信任	胡　荣	厦门大学	二等奖
“美国梦”衰落了吗？——奥巴马政府重建中产阶级基石的动因与举措	张兴祥	厦门大学	二等奖
从在线到离线：基于互联网的集体行动的形成及其影响因素	卜玉梅	厦门大学	三等奖
中国政策科学的话语指向	陈振明	厦门大学	三等奖
政府创新的前沿路向：从目标考核走向绩效评估	卓　萍　卓　越	厦门理工学院	三等奖
从政策过程解读政治体系：基于中西的比较	贺东航	厦门大学	三等奖

续表 24-3

成果名称	作者	单位	奖项
新理念、新模式：中国参与国际发展的贡献	李　丹	厦门大学	三等奖
行政权下的公民权利之辩	孙丽岩	厦门大学	三等奖
两岸不对称安全认知及对双方安全关系的影响	沈惠平	厦门大学	青年奖
试析政治生态治理与重构的路径	牛　君　季正聚	中共厦门市委党校	青年奖
四、理论类教育			
专著部分			
大学生学习满意度实证研究	文　静	厦门大学	一等奖
中国“十三五”适应创新驱动的科技人才发展机制研究	张向前	华侨大学	二等奖
高等教育学制比较研究	姚加惠	厦门理工学院	三等奖
我国专业学位研究生培养模式的系统结构研究	廖文婕	厦门理工学院	三等奖
英语课堂学习共同体——新型的师生交互学习场	杨延从	厦门市翔安区教师进修学校	青年奖
论文部分			
论高等教育“适应论”及其超越——对高等教育“理性视角”的理性再审视	王洪才	厦门大学	一等奖
教育率先现代化：实现国家现代化的必然选择——纪念邓小平“三个面向”题词30周年	史秋衡	厦门大学	二等奖
大学生课堂体验对学习方式影响的实证研究——基于多水平分析的结果	郭建鹏　杨凌燕　史秋衡	厦门大学	二等奖
大规模高利害考试之负面后效——以科举、高考为例	郑若玲　陈为峰	厦门大学	三等奖
历史计量方法在西方大学史研究中的应用——基于《大学史》杂志的分析	王　璞　于书娟	厦门大学	三等奖
晚清科举评价的负面化倾向	陈兴德	厦门大学	三等奖
中荷研究型大学教师教学环境观比较研究——基于莱顿大学与厦门大学的调查	吴　薇	厦门大学	三等奖
五、理论类综合			
著作部分			
两岸创意经济研究报告（2014、2015）	主　编：罗昌智　林咏能　董泽平　宋西顺等	厦门理工学院	一等奖
网络原创视频艺术研究	王桂亭	华侨大学	二等奖
中国古代梦戏研究	庄清华	厦门大学嘉庚学院	三等奖
论文部分			
我国地方体育产业引导资金政策实践、配置风险及效率改进——基于8个省、自治区、直辖市的实证调查及分析	邢尊明　周良君	华侨大学	一等奖
两岸政治互信中的传媒角色、功能及前景	谢清果　王　昀	厦门大学	二等奖
海洋人类学：概念、范畴与意义	张先清　王利兵	厦门大学	二等奖
印尼华人家庭语言使用与文化认同分析——印尼雅加达500余名新生代华裔的调查研究	沈　玲	华侨大学	三等奖
中国青少年社交媒体使用与沉迷现状：亲和动机、印象管理与社会资本	黄含韵	厦门大学	三等奖
美国华文传媒：多元文化主义背景下的发展状况	殷　琦	厦门大学	三等奖
解析国际传播研究的若干“迷思”——兼议中国媒体国际传播能力的提升机制	熊　慧	厦门大学	三等奖
我国自贸区发展策略选择与税收政策构想	张　毅　李栋文　赵　宇　黄秀萍　汤镇国	厦门市地方税务局	三等奖
景观人类学的概念、范畴与意义	葛荣玲	厦门大学	青年奖

续表 24-3

成果名称	作者	单位	奖项
六、对策研究类经济			
论文部分			
台湾海峡西岸沿海产业带（走廊）的构建和发展对策	戴淑庚 曾维翰 郭富霞 陈善昂 廖家玲 林 乐 林揭泉	厦门大学	一等奖
福建自贸区厦门文化保税区建设存在的主要问题与对策建议	赵振祥 刘松先 朱 丹 林 竞	厦门理工学院	一等奖
基于厦门前沿的福建自贸区对台合作新探索	彭海阳 詹圣泽 郭英远	莆田市城市金融学会 / 厦门市经济师协会	一等奖
自贸试验区背景下厦门航空维修产业发展研究	陈宜荣 邓力平 叶超俊 林昆阅 刘杨武 陈 明 林 伟 邢 东 刘金华 原 洁 方志远 陈吉祥 管 翔 张小彬 黄小萍 魏淑遐 孙 立	厦门海关	二等奖
厦门市生产性服务业发展研究	黄阳平 黄 浩 林运杰 王曼贞	集美大学	二等奖
厦门市制造业发展方向、重点和对策研究	戴松若 谢 强 李 婷 陈菲妮 涂聪智	厦门市发展研究中心	二等奖
福州市、泉州市、厦门市区域空间经济影响力的比较分析	梁新潮 胡志勇 陈彼得	集美大学	二等奖
我市新三板市场运作现状及对策研究	欧长胜 江曙霞 胡政兴 郑幸红 金季昆 蔡 宏 罗征洪	中国致公党厦门市委	二等奖
厦门市国际集装箱场站发展报告	潘福斌 伊俊敏 张茹秀 杨名炎 倪永壮 王惠军 张 莉 刘寿峥 季晓明	厦门理工学院	三等奖
厦门市“十三五”主要发展指标预测	徐祥清 许 林 张五六 彭梅芳 欧阳元生 涂聪智 方 昕 汪 勇	厦门市发展研究中心	三等奖
加快先进制造业产业集聚发展、推进厦门制造 2025 行动	傅晓兵 马明炬 简裕卿 游秀凤 许龙山	民革厦门市委	三等奖
产业集群内优势对民营企业总部迁移的影响——基于泉州产业集群的实证研究	林必越 叶小杰 余建平	集美大学	三等奖
“营商环境”国际比较研究报告	彭朝明 陈顺龙 戴松若 许 林 黄光增 陈燕霞 李 婷 林 智 陈国清 方 昕	厦门市发展研究中心	三等奖
当前我市征地拆迁遇到的问题及其建议	魏 刚 徐 艳 傅兴星	厦门市政协	三等奖
集美区产业发展选择研究	谢 强 许 林 李 婷 张振佳	厦门市发展研究中心	三等奖
在探索实践中破解“村改居”社区改制发展的难题——厦门市社区股份合作制调研	杨贵华	集美大学	三等奖
厦门生物医药产业集群发展与对策研究	傅晓兵 马明炬 简裕卿 游秀凤 周文勇 陈 菁 兰 岚	民革厦门市委	三等奖
当前厦台旅游面临的挑战及对策	欧长胜 江曙霞 卢士钢 胡政兴 郑幸红 金季昆	中国致公党厦门市委	三等奖

续表 24-3

成果名称	作者	单位	奖项
关于厦门市加快推进都市型现代农业发展的建议	兰　岚　江国强　马明炬	民革厦门市委	三等奖
厦门自贸试验区推进两岸电子商务发展的战略研究	陈宜荣　陈　明　孙雅玲 原　洁　陈从毅　王志福	厦门海关	三等奖
厦门经济先行指数研究	许　林　彭梅芳　欧阳元生 翟晨晨　陈燕霞	厦门市 发展研究中心	青年奖
厦门市规模以上工业企业创新调查报告（2014）	林　智　戴松若　郭灿虹 纪　新　谢　强	厦门市 发展研究中心	青年奖
七、对策研究类社会文化			
论文部分			
厦门市拆迁安置问题研究——基于集美区的实证调查	李友华　丁加生　吴　萍 雷　宏　黄阳平　苏俊华 郑建阳　吴丹洁　陈少华 杨贵华　白凤丹	集美大学	一等奖
关于进一步推进岛内外义务教育均衡发展的若干对策建议	吴丽冰　黄　菱　魏　刚 曾庆军　郭献文　李明辉 章立早	民进厦门市委	二等奖
新形势下厦门对台社科宣传交流对策研究	市社科院课题组	厦门市 社会科学院	二等奖
两岸文教交流的台湾民众满意度调查研究	王　华	厦门大学	三等奖
当前厦门公共医疗面临的难题与对策建议	郑幸红　江曙霞　卢士钢 胡政兴　吴明哲　金季昆 欧长胜	中国致公党 厦门市委	三等奖
社会工作视角下残疾人抗逆力生成研究——基于厦门市福乐家园的个案剖析	姚进忠　郭云云	集美大学	三等奖
学习共同体与教师自主发展的实践研究	段艳霞　潘品瑛　杜文斌 刘胜峰　李玲玲　戴慧萍 王艳霞　罗旭丽　游　清 李玉影　许小妮　吕珈臻 谢淑美	厦门市 教育科学研究院	三等奖
近代鼓浪屿的体育文化	邢尊明　詹朝霞	华侨大学	三等奖
法轮功练习者回归社会评价指标研究	祝婧媛　陈永光　余莉莉 戴小力　汪　斌　曾明花 陈咏兵	厦门大学	青年奖
八、对策研究类综合			
论文部分			
园博会对城市区域环境经济影响的综合评价——以厦门园博园为例	陈松河　王伟军　黄全能 张万旗　张洪英　包宇航 罗　祺	厦门市 园林植物园	一等奖
“十三五”福建省服务业发展研究	黄阳平　黄　浩	集美大学	一等奖
翔安区经济社会发展战略研究	徐祥清　彭梅芳　姚厚忠 许　林　欧阳元生	厦门市 发展研究中心	二等奖
厦门市被征地农民出路和发展问题研究	中共厦门市委统战部课题组	民革厦门市委	二等奖
厦门老城区更新和保护问题及对策研究	徐　艳　傅兴星　魏　刚 吴丽冰　郑　东	厦门市政协	二等奖

续表 24-3

成果名称	作者	单位	奖项
厦门与台湾文化创意产业链对接问题研究	林媛媛　林朝晖	集美大学	二等奖
厦门市社会化养老机构的建设现状、问题及对策研究	刘明辉　林　刚　陈雅清 黄力生　刘英杰　柯雅婷	集美大学	二等奖
厦门打造国际化城市研究	彭梅芳　戴松若　方　昕	厦门市 发展研究中心	三等奖
厦门创新型城市建设实效研究报告	覃红霞　李　波　黄慧玲 杨　槐　谢益民　张锦辉 倪英伟	厦门大学	三等奖
厦门经济特区社区网格化建设的成就经验、存在问题与对策建议	岳世平	中共厦门市委党校	三等奖
厦门城市转型指标体系研究	林汝辉　谢绵陛　刘飞龙 黄榆舒　黄光增	厦门市 发展研究中心	三等奖
弘扬嘉庚精神，发挥华侨优势，助推 21 世纪“海丝”战略支点城市建设	傅兴星　高和荣　魏　刚 徐　艳	厦门市政协	三等奖
厦门人口承载力研究及建议	张思鹭　朱奖思　蔡加培 姜建群　杨　琪　关琰珠 康　斌	厦门市政协	三等奖
提升厦门产业国际竞争力研究	张振佳　戴松若　林汝辉 谢　强　黄榆舒	厦门市 发展研究中心	三等奖
厦门城市转型发展中历史名镇名村名街保护的现状与对策	民革厦门市委课题组	民革厦门市委	三等奖
厦门与新加坡发展远景的预测及比较	王　勤　闫　森	厦门大学	三等奖
关于构建厦门“海西服装时尚中心”的研究	李灵芬　刘冠彬　陈　宇 端木文　李玲玲　蔡心瑀	厦门理工学院	三等奖
厦门经济特区生态文明建设的成就经验、面临挑战与对策建议	岳世平	中共厦门市委党校	三等奖
高等院校依法治校的现状与对策研究	郑贤宇	集美大学	青年奖
厦门自贸试验区建设研究	杨俊宏　钟锐辉　黄晨颖	市委政研室	青年奖
九、对策研究科普读物类			
闽台历史名人画传	周　旻	厦门市社会 科学界联合会	一等奖
地震安全岛	毛松林　蔡欣欣　徐　辉 陈江驰　卓　群	厦门市地震局	二等奖
厦门疍民习俗	陈复授	厦门市闽南文化 研究会	三等奖
十、对策研究类			
著作部分			
厦门市集美区志	厦门市集美区地方志编纂委员会	厦门市集美区 人民政府办公室	一等奖
推动转型发展、建设美丽厦门——厦门市“十三五”经济社会发展战略思考	厦门市发展研究中心	厦门市 发展研究中心	二等奖
闽台科技资源整合战略研究	陈喜乐　贺　威　郑宇冰 朱本用　王　刚	厦门大学	三等奖
当文化遇上经济：福建文化产业发展思维与路径	林朝霞	厦门理工学院	三等奖
厦门普惠金融发展考察报告	杜朝运	厦门大学	青年奖

表 24–4　**2016 年厦门市社科界公开出版专著**

序号	著作名称	出版社	作者
1	一般反避税条款研究	法律出版社	王宗涛
2	婚姻家庭法前沿导论（第二版）	法律出版社	蒋　月
3	海商法：案例与材料	法律出版社	何丽新
4	刑法：案例与材料	法律出版社	李兰英　汪东升
5	国际组织宪政论	法律出版社	陈喜峰
6	国际金融监管法制现代化研究	法律出版社	李国安　罗传钰　吴永辉 陈　欣　钟付和　周振春 张晓凌　庄玉友　陈斌彬 石桐灵　方添智
7	比较法视野下的民法典重构研究：聚焦法典编纂的最新趋势	法律出版社	魏磊杰
8	知识产权法（第四版）	厦门大学出版社	丁丽瑛
9	意见裁判主义导论	法律出版社	陆而启
10	外国 ADR 制度新发展	厦门大学出版社	齐树洁
11	网络民意表达的行政法管制	法律出版社	孙丽岩
12	物权法的理论与实务	厦门大学出版社	薛夷风
13	民事诉讼法（第十版）	厦门大学出版社	齐树洁　陈慰星　张　榕 卢正敏　林毅坚　陈恭健 丁兆增　张旭东　郑贤宇 梁开斌
14	刑法	法律出版社	李兰英　等
15	世界各国刑事诉讼法－大洋洲卷－所罗门群岛刑事诉讼程序法典	中国检察出版社	陆而启
16	经济法理论热点与实践	厦门大学出版社	李晓辉
17	中国企业海外知识产权保护法律体系研究	厦门大学出版社	韩秀丽　衣淑玲
18	地方论研究——从西塞罗到当代	北京大学出版社	徐国栋
19	罗马的第三次征服：罗马法规则对现代公私法的影响	中国法制出版社	徐国栋
20	公害犯罪研究	法律出版社	李兰英
21	土库曼斯坦民法典	厦门大学出版社	魏磊杰　朱　淼　杨秋颜
22	福建自贸区重大法律问题研究	厦门大学出版社	刘志云　阳建勋　杨春娇
23	儒法合流与中国传统法思想阐释	法律出版社	马　腾
24	道德的法律强制	中国法制出版社	马　腾
25	法律东方主义	中国政法大学出版社	魏磊杰
26	民法总论（第三版）	厦门大学出版社	蒋　月　等
27	涉台民商事案件法律适用问题研究	法律出版社	于　飞
28	台湾地区民事诉讼制度	厦门大学出版社	齐树洁　罗发兴　丁启明 熊云辉　邹郁卓　刘君博 林毅坚　黄忠顺　许林波 詹爱萍
29	高绩效工作系统、工会与管理层关系氛围以及雇佣关系氛围的实证研究	南京大学出版社	林亚清
30	西方民主理论：古典与现代	中国社会科学出版社	陈炳辉
31	国家治理转型的逻辑——公共管理前沿探索	厦门大学出版社 （“南强丛书”）	陈振明

续表 24-4

序号	著作名称	出版社	作者
32	地方治理中的公民参与——中国与加拿大比较研究视角	中国人民大学出版社	陈振明　安德鲁·桑克顿
33	公共管理名著译丛	商务印书馆	陈振明
34	公共服务标准化创新机制研究	社会科学文献出版社	卓　越
35	他者中的华人	江苏人民出版社	李明欢
36	公共选择与政策变迁——发展中国家改革的政治经济学	商务印书馆	黄新华　陈天慈
37	公共事业管理概论（第三版）	中国人民大学出版社	朱仁显
38	公共关系理论与实务	高等教育出版社	朱仁显
39	制度变迁中的地方政府自主性	中国社会科学出版社	李　剑
40	中国企业跨国经营中的员工关系研究	清华大学出版社	何燕珍　王玉梅
41	旅行社经营管理	清华大学出版社	林德荣
42	企业集团风险管控会计内部报告	厦门大学出版社	陈少华　陈　菡　赵文超
43	实证会计理论（第四版）	东北财经大学出版社	陈少华　黄世忠　陈　光　陈箭深
44	管理会计（第三版）	北京师范大学出版社	郭晓梅　王　放　苏卿云　陈之涛　陈伟琳
45	高级管理会计理论与实务（第 2 版）	东北财经大学出版社	郭晓梅　苏　颖　张　蓉
46	大学生创业教育和创业意向关系研究	清华大学出版社	木志荣
47	衍生品定价中的风险与风险溢酬	厦门大学出版社	刘杨树
48	大明疑案 2	电子工业出版社	傅小凡
49	应用多元统计分析（第三版）	科学出版社	朱建平　朱平辉　刘云霞　辛　华　任晓萍
50	清洁能源的世界	科学出版社	林伯强
51	史学水龙头集	福建人民出版社	陈支平
52	虚室止止集	人民出版社	陈支平
53	陈支平台湾史研究名家论集	台湾兰台出版社	陈支平
54	朱熹及其后学的历史学考察	商务印书馆	陈支平
55	两岸华文教育与文化传播协同创新研究	世界图书出版公司	郑通涛　陈荣岚　方环海
56	汉语国际传播热点透视第 1 辑	世界图书出版公司	郑通涛　方环海　陈荣岚
57	汉语国际传播热点透视第 2 辑	世界图书出版公司	郑通涛　方环海　陈荣岚
58	汉语国际传播热点透视第 3 辑	世界图书出版公司	郑通涛　方环海　陈荣岚
59	汉语国际传播热点透视第 4 辑	世界图书出版公司	郑通涛　方环海　陈荣岚
60	汉语国际传播热点透视第 5 辑	世界图书出版公司	郑通涛　方环海　陈荣岚
61	西方汉学与汉语特征研究	世界图书出版公司	方环海
62	汉语特征与国际汉语教育	世界图书出版公司	李如龙
63	现代汉语常用介词语块研究	世界图书出版公司	马杜娟
64	二语语汇宏微观双向教学对比研究	世界图书出版公司	蒋国武
65	汉语及其方言轻动词边缘地貌图	世界图书出版公司	钟叡逸
66	中国高等教育自主发展路径研究	高等教育出版社	潘懋元　陈兴德
67	中国高等教育评论	教育科学出版社	潘懋元　史秋衡

续表 24-4

序号	著作名称	出版社	作者
68	考试历史的现实观照：融汇古今的教育研究	北京师范大学出版社	刘海峰
69	高考改革的理论与历史	华中师范大学出版社	刘海峰
70	中国大学校史研究的回顾与前瞻	厦门大学出版社	刘海峰　欧七斤
71	科举学的历史价值与现实意义	华中师范大学出版社	刘海峰　胡宏伟
72	科举学的系统化与国际化	华中师范大学出版社	刘海峰　郑若玲
73	中国高等教育质量报告（2014 年度）	教育科学出版社	邬大光
74	国家高校分类体系及其设置标准实证研究	科学出版社	史秋衡
75	世界一流大学教育理念	厦门大学出版社	别敦荣
76	高素质创新人才培养模式研究	厦门大学出版社	林金辉　刘梦今　李　阳
77	中外合作办学发展报告（2010—2015）	厦门大学出版社	林金辉
78	虚拟经济：马克思经济危机理论新释	厦门大学出版社	杨继国
79	人口老龄化进程中的中国劳动力市场研究	经济科学出版社	陈贵富
80	政治经济学常识（上）	复旦大学出版社	李文溥
81	政治经济学常识（下）	复旦大学出版社	李文溥
82	中国宏观经济分析与预测（2016）	经济科学出版社	李文溥　陈贵富　等
83	China's Macroeconomic Outlook, Quarterly Forecast and Analysis Report, February 2016	施普林格出版社（Springer）	李文溥　王燕武　等
84	China's Macroeconomic Outlook, Quarterly Forecast and Analysis Report, September 2016	施普林格出版社（Springer）	李文溥　林致远　等
85	农田水利基础设施合作治理的制度安排	中国社会科学出版社	蔡晶晶
86	经济全球化态势下的两岸四地金融合作	经济管理出版社	戴淑庚
87	经济增长与外商投资的优化研究	中国财政经济出版社	武力超
88	虚拟经济学	厦门大学出版社	杜　云
89	现代经济学大典［世界经济与国际经济学分册］	经济科学出版社	庄宗明　主编
90	金融工程（第四版）	高等教育出版社	郑振龙　陈　蓉　主编
91	产业转移与区域协调发展：全球价值链视角下的对策研究	经济科学出版社	张少军
92	时间序列数据分析——R 软件应用	清华大学出版社	赵　华
93	马克思无产阶级专政与民主之关系新论	中国社会科学出版社	刘洪刚
94	意识形态、日常生活与空间	中国社会科学出版社	林　密
95	文化发展成果共享研究	中国社会科学出版社	苗瑞丹
96	劳动价值论时代化研究	中国社会科学出版社	庄三红
97	农业治理转型与土地流转模式绩效分析	中国社会科学出版社	朱冬亮
98	旧范式的扬弃与新规范的确立——洪谦与中国哲学的现代转向	厦门大学出版社	蒋昭阳
99	海上执法比例原则研究	上海交通大学出版社	徐　鹏
100	Climate Change and International Shipping: The Regulatory Framework for the Reduction of Greenhouse Gas Emissions	Brill Nijhoff	施余兵
101	缅甸华侨华人史	中国华侨出版社	范宏伟
102	中国与中南半岛国家地缘文化关系研究	厦门大学出版社	陈　锴

续表 24-4

序号	著作名称	出版社	作者
103	东南亚蓝皮书：东南亚发展报告（2015–2016）	社会科学文献出版社	王　勤
104	吧城华人公馆（吧国公堂）档案丛书：公案簿第十四辑	厦门大学出版社	吴凤斌　聂德宁　包乐史
105	槟榔屿志略（点校整理）	国家图书馆籍出版社	聂德宁
106	南洋明珠　侨教典范——雅加达中华中学校史	生活文化基金有限公司香港	施雪琴　居玛丽
107	《黄帝内经》注释研究	花木兰文化出版社	彭达池
108	巴里巴尔政治哲学研究	厦门大学出版社	唐　瑭
109	百年东亚朱子学	商务印书馆	朱人求　乐爱国
110	滨海史考	江苏凤凰科学技术出版社	周运中
111	朝堂之外：北宋东京士人交游	中国社会科学出版社	梁建国
112	从仪式到艺术：中西戏剧发生学	广西师范大学大学出版社	汪晓云
113	东南地区的村寨景观：历史、想象与实践	厦门大学出版社	葛荣玲
114	顾亭林先生年谱	北京大学出版社	王传龙
115	红头屿土俗调查报告	唐山出版社	林　琦
116	简明中国现代史	九州出版社	陈　瑶
117	跨文化接触	中国社会科学出版社	张先清
118	跨语境中的女性戏剧	学苑出版社	苏　琼
119	美学的位置：文学与当代中国	海峡文艺出版社	郑国庆
120	闽南蔡坂人的社会与文化	厦门大学出版社	余光弘　冯　莎
121	闽商发展史（香港卷）	厦门大学出版社	王日根　林　枫
122	明清河海盗的生成及其治理研究	厦门大学出版社	王日根　曹　斌
123	明清江南望族和昆曲艺术	厦门大学出版社	杨惠玲
124	全闽词	广陵书社	刘荣平
125	台湾语言文字问题对策研究	厦门大学出版社	苏新春
126	太姥石刻文书	厦门大学出版社	张先清　董思思
127	太姥文化：文明进程与乡土记忆	商务印书馆	张先清
128	叙事策略与文本细读：莫言中短篇小说研究	厦门大学出版社	史　言
129	中国海洋文明专题研究	人民出版社	杨国桢（主编） 分著作者： 杨国祯　周志明　张雅娟 王　昌　余　丰　史　伟 李　冰　陈　思　涂　丹 王　潞
130	中国人的思想源泉：儒释道	北京语言大学出版社	王传龙
131	朱子学年鉴（2015 年卷）	商务印书馆	朱人求
132	福建文化产业年鉴	厦门大学出版社	黄鸣奋
133	美丽厦门百景千联——滨海文化旅游札记	中国文联出版社	黄鸣奋
134	CG 影像艺术：虚拟与现实的界限	学林出版社	李　天
135	越境的力量－历史与思想论集	厦门大学出版社	盛　嘉

续表 24-4

序号	著作名称	出版社	作者
136	美国革命读本	北京大学出版社	盛　嘉
137	沉船、瓷器与海上丝绸之路	社会科学文献出版社	刘　淼　胡舒扬
138	仪式文献研究	社会科学文献出版社	郑振满　总编 刘永华　主编
139	环境史研究的理论与实践	人民出版社	钞晓鸿
140	朱熹〈中庸〉学阐释	北京师范大学出版社	乐爱国
141	正说台湾古史	厦门大学出版社	周运中
142	神农炎帝从山西走向世界	厦门大学出版社	周运中
143	简明台湾史	九州出版社	陈孔立
144	台湾传统海洋文化与大陆	人民出版社	陈　思
145	行间纪遇・清威略将军吴英事略	厦门大学出版社	李祖基
146	社会转型、抗击外侮与近代化建设——晚清台湾历史映像（1840—1895）	厦门大学出版社	李祖基　陈忠纯
147	空间经济：城市及城市体系模型——兼论中国城市化道路选择	经济日报出版社	黄燕萍
148	诗人革命家：抗战时期的郭沫若	台湾花木兰出版社	刘　奎
149	余光中精选集	北京燕山出版社	徐　学
150	余光中传	厦门大学出版社	徐　学
151	张晓风精选集	北京燕山出版社	徐　学
152	理性主义与大学发展	厦门大学出版社	彭荣础
153	中国体育赛会志愿服务研究	北京出版社	黄桑波
154	永春白鹤拳大观	厦门大学出版社	林建华
155	勇争第二名：威廉加迪斯随笔	译林出版社	蔡春露
156	面纱	长江文艺出版社	蔡春露
157	美国历史上的总统（上、下册）	吉林人民出版社	陈　奔
158	口译研究：新视野新跨越	外语教学与研究出版社	陈　菁　杨柳燕（主编）
159	大学英语阅读与思辨 3	厦门大学出版社	丁燕蓉
160	邂逅流年	厦门大学出版社	李美华
161	全景福建	厦门大学出版社	连哲彧　杨士焯
162	感觉・主题・意识——里夏尔主题批评探索	知识产权出版社	鲁京明
163	英语戏剧教材	厦门大学出版社	宋佳样　关　欣　许庆欣 杨　琨　周琳宏
164	天路历程	广西师大出版社	苏欲晓
165	口语—书面语连续统：基于语料库的口译体研究	厦门大学出版社	肖晓燕
166	俄汉、汉俄常用石材贸易手册	Спутник	卜云燕　马　亮
167	跨文化视野下：晚清中国人欧美游记研究	广陵书社	汪文娟
168	梦的解析	浙江文艺出版社	方厚升
169	口译基础（第二版）	上海外语教育出版社	邓　轶　刘　莹
170	交替传译学习者英语口译产出的流利度发展研究	厦门大学出版社	杨柳燕
171	像疯子一样思考，像天才一样行动	重庆出版集团	叶　塑

续表 24-4

序号	著作名称	出版社	作者
172	小海蒂	时代出版社	孙晓峰
173	音声知覚と生成の実験的研究	大新书局	任　星
174	布宁小说的记忆诗学特色	厦门大学出版社	王文毓
175	Recherches sur les traductions françaises et chinoises des classiques grecs, Étude comparative, linguistique et traductologique de versions françaises et chinoises d'Antigone de Sophocle	Pulim	沈　澍
176	中国企业跨国并购的特征研究	吉林大学出版社	赖雅琼
177	海峡西岸经济区发展报告 2016	北京大学出版社	洪永淼　刘　晔　蔡伟毅　郑若娟　郑鸣等
178	华夏传播学读本	世界道联出版社	谢清果　等
179	跨文化传播研究文集（第一辑）	厦门大学出版社	林升栋
180	大道上的老子——《道德经与大众传播学》	九州出版社	谢清果　等
181	小团体传播	厦门大学出版社	熊　慧
182	中国宣传战役研究	施普林格	陈嬿如
183	台湾传媒与台湾文化研究	九州出版社	阎立峰　等
184	当代台湾财经杂志发展研究	厦门大学出版社	吴琳琳
185	手机媒体与社会文化	中国出版集团　世界图书出版公司	孙慧英
186	广告中的两性研究	厦门大学出版社	周　雨　郭珮玲　伍叶瑶　韩　庆　郎虹晨　吴　凡　陆宇航　柳　荷　袁　菲　殷毅雄　丁月婷　卢静芳
187	早期中国新闻学的历史面相：从知识史的路径	厦门大学出版社	朱至刚
188	海峡两岸音乐名词	科学出版社	陈言放
189	1990 拉萨纪实——信仰　希望　慈悲	四川美术出版社	袁　敏
190	大提琴学习指南	厦门大学出版社	刘　洋
191	“风向标”	中国文史出版社	张立平
192	财产话语与商标法的演进——普通法系商标财产化的历史考察	知识产权出版社	朱　冬
193	反侵权假冒联盟年度工作报告	中国商务出版社	林秀芹
194	音乐与语言的共生机制研究	世界图书出版广东有限公司	臧胜楠
195	中欧关系视角下的新侨研究	社会科学文献出版社	谢婷婷
196	探索与奋进中的社会主义	社会科学文献出版社	林怀艺
197	我国高等体育院校组织自我评价指标体系研究	北京体育大学出版社	刘　鎏
198	海峡两岸行业协会的比较与合作	社会科学文献出版社	徐　晞
199	世界体系视野中的中国道路研究	天津人民出版社	吴苑华
200	认知语言学理论与语言实例	社会科学文献出版社	陈道明
201	内生增长模型理论分析与实证研究	吉林大学出版社	徐小飞
202	怎样现代，如何文学：中国现代文学研究论集	复旦大学出版社	王晓平
203	牟宗三新儒家政治思想研究	吉林大学出版社	汤忠钢

续表 24-4

序号	著作名称	出版社	作者
204	基于协调发展的区域产业转移实现机制研究	吉林大学出版社	郭　丽
205	问道大学——承继与建构中的中国大学文化	厦门大学出版社	黄建烽
206	语言的流播和变异：以东南亚为观察点	社会科学文献出版社	陈恒汉
207	英汉使役动词研究	社会科学文献出版社	黄小苹
208	酒店管理之道	西南财经大学出版社	陈雪琼
209	当代世界与中国经济	吉林大学出版社	姜泽华
210	裴松之《三国志注》研究	山东大学出版社	张　宇
211	协同商务链设计与应用研究	江西科学技术出版社	谭观音　蔡林峰
212	世界体系视野中的中国道路：以沃勒斯坦、阿瑞吉、弗兰克、阿明为例	天津人民出版社	吴苑华
213	卢梭的公意及其形成	社会科学文献出版社	林壮青
214	故土与他乡：槟城潮人社会研究	社会科学文献出版社	陈景熙
215	海外华人文献与中华文化传承：新马德教紫系研究	社会科学文献出版社	陈景熙
216	会计信息价值相关性的评论理论与方法	东北财经大学出版社	刘金雄
217	底层现实的守望与期盼	中国社会科学出版社	张　瑗
218	金融衍生工具交易所得课税问题研究	法律出版社	杨春娇
219	中国新生代农民工的语言使用与社会认同	中国社会科学出版社	付义荣
220	会计信息定价功能研究	经济科学出版社	陈　旻
221	夫妻权力关系研究	厦门大学出版社	李静雅
222	闽台北管研究	厦门大学出版社	杨丽霞
223	英汉语义韵探索	厦门大学出版社	韩存新
224	对外汉语语用教学研究	中国社会科学出版社	董于雯
225	公允价值会计的顺周期效应研究	经济科学出版社	黄静如
226	闽南民间信仰仪式用“乐”研究	吉林大学出版社	许国红
227	大学翻译教学及翻译能力的培养研究	吉林大学出版社	杨国颖
228	语文教学艺术研究	福建教育出版社	施茂枝
229	酒店经营管理新论	中国旅游出版社	陈岩英
230	闽台暨体育教育训练研究若干热点探究	厦门大学出版社	陈少坚
231	转型期中国企业社会责任研究	西南财经大学出版社	胡永红
232	2016 闽台文化发展报告	厦门大学出版社	丁智才
233	两岸创意经济研究报告	社会科学文献出版社	罗昌智
234	政府绩效合同评估体系构建与制度安排研究	知识产权出版社	卓　萍
235	基于 CAT 及语料库技术的电子商务翻译研究	厦门大学出版社	王朝晖
236	人民币区域化制约因素研究	中国社会科学出版社	王珊珊
237	创新力提升的横向研究	清华大学出版社	眭　平
238	农村集体林权制度改革中的金融支持制度实施及绩效评估	中国社会科学出版社	程　玥
239	福建应用技术型本科高校内部治理结构优化研究	厦门大学出版社	姚加惠

续表 24-4

序号	著作名称	出版社	作者
240	天黑前的夏天（2016）	译林出版社	邱益鸿
241	闽台文化发展报告（2015）	厦门大学出版社	丁智才
242	《独角兽》(2016)	上海译文出版社	邱益鸿
243	中国智慧社区发展报告（2015）	厦门大学出版社	罗昌智
244	鼓浪屿研究第四辑	厦门大学出版社	周　旻
245	鼓浪屿研究第五辑	厦门大学出版社	周　旻
246	厦门陶瓷之路	海峡文艺出版社	郑　东
247	鼓浪屿历史名人画传	厦门大学出版社	周　旻
248	鼓浪屿故人与往事	厦门大学出版社	詹朝霞
249	管理实践纵论	西安交通大学出版社	詹圣泽
250	口述历史：厦门老街岁月（二）	厦门大学出版社	中共厦门市委宣传部 厦门市社会科学界联合会
251	邮说厦门	鹭江出版社	厦门市集邮协会
252	小兰雪堂诗集	厦门大学出版社	中共厦门市委宣传部 厦门市社会科学界联合会
253	固哉叟诗集　寄傲山房诗钞	厦门大学出版社	中共厦门市委宣传部 厦门市社会科学界联合会
254	红兰馆诗钞	厦门大学出版社	中共厦门市委宣传部 厦门市社会科学界联合会
255	寄傲山馆词稿　壶天吟	厦门大学出版社	中共厦门市委宣传部 厦门市社会科学界联合会
256	林菽庄先生诗稿	厦门大学出版社	中共厦门市委宣传部 厦门市社会科学界联合会
257	梦梅花馆诗钞	厦门大学出版社	中共厦门市委宣传部 厦门市社会科学界联合会
258	宝瓠斋杂稿（外三种）	厦门大学出版社	中共厦门市委宣传部 厦门市社会科学界联合会
259	甲子杂诗合刊　菲岛杂诗　海外集	厦门大学出版社	中共厦门市委宣传部 厦门市社会科学界联合会
260	稚华诗稿（附：稚华诗稿续编）	厦门大学出版社	中共厦门市委宣传部 厦门市社会科学界联合会
261	同声集	厦门大学出版社	中共厦门市委宣传部 厦门市社会科学界联合会

（文治平）

责任编辑：曾一一
审　　稿：曲　艺
责任校对：文治平

25 教育

教育改革与管理

【概　况】2016年，厦门市有各级各类学校（含成人教育、社会办学）1284所，学年初招生数233068人，毕业生数491689人，在校学生数936336人，各级各类学校专任教师49493人。全市投入教育经费147.9亿元，比上年增长7.56%，其中国家财政性教育经费120.46亿元，增长4.08%，占地区生产总值3.18%，比上年降低0.15个百分点。全市一般公共预算教育支出108.53亿元。争取中央、省补助资金5.3亿元，其中义务教育阶段获中央补助1.44亿元，高职、中职获中央专业建设、实训基地补助资金2300万元。对公办寄宿制学校按寄宿生每生每年300元标准增加公用经费补助，按普通初中8倍执行特教学校和特教班生均公用经费定额标准，对未经统筹进入民办义务教育学校学生免除学杂费，扩大免费教科书、学生字典和校本作业受益学生范围，对城乡义务教育公办学校经济困难寄宿生给予每年1500元生活补助。实施乡村教师支持计划，建立乡村教师生活补助制度。（见表25-1、表25-2、表25-3）

【教育基础设施建设】2016年，厦门市新改、扩建中小学项目58个，竣工20个，在建26个，推进前期工作12个，完成投资10.33亿元，新增学位2万个。新开工建设22所公办幼儿园，竣工16

表25-1　**2016年厦门市各级各类学历教育学生情况**

	毕业生数（人）	招生数（人）	在校学生数（人）
全市合计	491689	233068	936336
一、普通学校合计	179349	229032	793276
（一）研究生	4132	4939	15940
（二）普通高等学校本专科	37844	40074	142948
1. 本科院校	21725	23063	91808
2. 专科院校	16119	17011	51140
# 市属	20407	23416	75327
（三）普通中等学校	55767	68575	189854
1. 中等职业学校	9767	13546	37694
调整后的中等职业学校	8880	12283	33884
附设中职班	887	1263	3810
2. 技工学校	1894	2622	6468
3. 普通中学	44106	52407	145692
高中	14736	16464	46512
初中	29370	35943	99180
（四）小学	37250	53758	296143
（五）特殊教育学校	62	58	467
（六）幼儿园	44294	61628	147924
二、成人学校合计	312340	4036	314558
（一）成人高等学校	5611	4036	12780
普通高等学院举办	5611	4036	12780
（二）成人中等学校	302503	—	297718
1. 成人中学	10	—	24
职工中学（高中）	10	—	24

续表 25-1

	毕业生数（人）	招生数（人）	在校学生数（人）
2. 成人技术培训学校	302493	—	126196
职工技术培训学校	182019	—	10521
农民技术培训学校	1621	—	1422
其他培训机构	118853	—	114253
（三）成人初等学校	4226	—	4060
成人小学	4226	—	4060
# 扫盲班	4226	—	4060

注：1. 本表取自 2016～2017 学年初教育事业统计数据
2. 由于 2016 年统计指标中未设置成人小学、成人中学、成人技术培训学校的招生数指标、毕业班学生指标以及特殊教育学校的毕业班学生数指标，因此全市招生数合计、毕业班学生数合计不包含相应学校数据
3. 本表中研究生不包含厦门国家会计学院的研究生数：毕业生数 49 人、招生数 65 人、在校生数 125 人；国家海洋局第三研究所的研究生数：毕业生数 18 人、招生数 20 人、在校生数 60 人

表 25-2　**2016 年厦门市各级各类学校及教职工、专任教师情况**

	学校数（所）	教职工（人）	专任教师（人）
全市合计	1284	67518	49493
一、普通学校合计	1127	63867	47285
（一）研究生	0	0	0
（二）普通高等学校本专科	16	15765	9284
1. 本科院校	6	11440	6292
2. 专科院校	10	4325	2992
其中：市属	12	5919	3775
（三）普通中等学校	114	15133	12882
1. 中等职业学校	18	2288	1844
调整后的中等职业学校	18	2288	1844
附设中职班	16	—	—
2. 技工学校	3	377	253
3. 普通中学	93	12468	10785
高中	32	—	3598
初中	61	—	7187
（四）小学	300	16363	15405
（五）特殊教育学校	4	203	163
（六）幼儿园	690	16403	9551
二、成人学校合计	157	3651	2208
（一）成人高等学校	0	—	—
（二）成人中等学校	157	3592	2171
1. 成人中学	1	3	0
职工中学（高中）	1	3	0

所，在建 6 所，完成投资 2.68 亿元，新增幼儿园学位 6000 个。推进厦门实验小学改扩建、五缘实验学校扩建、新建教科院附属小学等市属义务教育学校项目前期工作。推进厦门市第一中学、双十中学、市实验小学、外国语学校、科技中学等优质学校岛外实质性校区建设，一中岛外校区初中部封顶，科技中学岛外校区南校区封顶，其他学校岛外校区确定选址。接收翔安第一中学、新翔小学为市属学校，在岛外新开办实验中学小学部等市属学校。思明区、湖里区、集美区、海沧区完成中小学布局规划修编，同安区、翔安区的中小学布局规划完成初稿。加强人口发展与基础教育布局研究，预测新增学位需求。继续开展民办幼儿园定级评估，提高接受限价管理的民办幼儿园的参与率。出台《厦门市教育信息化 2016～2018 三年行动计划》，评选“智慧校园”试点学校，完成教育骨干网升级改造、市在线教与学公共服务平台项目建设。

【中考中招改革】 2016 年，厦门市中考体育分值从 25 分提高到 30 分，增加 7 个可选项目，推广使用智能测试设备。取消厦门市第一中学、双十中学、外国语学校、集美中学 4 所学校中外合作课程实验班招生。将优质高中校面向初中校招生的定向生比例调整为 50%。取消录取批次，完善特长生招生办法，实行网上志愿填报。

【对台教育交流合作】 2016 年，厦门市与台湾的教育新增交流平台，厦台学前教育研讨会成为新的品牌。厦台现代化职业技术教育论坛在厦门举办。厦门市督学考察团首次赴台交流，开启两岸教育督导方面的交流工作。第六届海峡两岸中学生闽南文化夏令营在厦门举办，海峡两岸 12 所中学的 112 名师生共同开展了寻找闽南文化系列活动。第十届海峡两岸百名中小学校长论坛在台湾举办。第二批中职骨干教师赴台培训。闽台“校校企”项目有序进行，厦门 6 所高校的 23 个专业与 6 所台湾高校开展“校校企”合作项目。第三届厦台高校物流案例分析邀请赛暨首届龙洲行杯供应链沙盘技能竞赛在厦门举办。

【教育国际化】 2016 年，厦门市启动外

续表 25-2

	学校数（所）	教职工（人）	专任教师（人）
2. 成人技术培训学校	156	3589	2171
职工技术培训学校	7	42	42
农民技术培训学校	16	39	28
其他培训机构	133	3508	2101
（三）成人初等学校	—	59	37
成人小学	—	59	37
# 扫盲班	—	59	37

注：1. 普通高中包含 12 年一贯制学校专任教师数
2. 普通初中包含 9 年一贯制学校教职工数、专任教师数
3. 普通小学不含 9 年一贯制、12 年一贯制学校教职工数、专任教师数
4. 部分学校为完全中学，初高中教职工数量无法分开统计
5. 成人高等学校没有专门的学校，故没有教职工数和专任教师数
6. 成人初等学校不统计学校数，只有班级数
7. 附设中职班不计校数，教职工数已包含在相应主体校中

表 25-3　**2016 年厦门市民办各级各类学校基本情况**

	学校（所）	毕业生数（人）	招生数（人）	在校学生数（人）	教职工数（人）	
					教职工	专任教师
研究生	0	0	0	0	0	0
普通高等学校本专科	10	15880	18049	58118	4444	3023
中等职业学校	6	1383	2917	7694	188	121
高中	2	470	530	1588	—	193
初中	10	1414	1356	3802	3417	287
小学	31	5642	9040	48689	—	2175
幼儿园	380	24796	32309	79389	10031	5433

注：1. 由于系统数据的统计口径，民办小学、中学的教职工数无法具体分出
2. 由于民办普通高中 1 所为完全中学、1 所为 12 年一贯制学校的高中部，教职工数初高中无法划分，因此，民办完全中学、12 年一贯制学校的教职工数全部计入民办普通初中

7 月 22 日，厦门友城新西兰惠灵顿市政府代表团访问厦门市教育局　（王靖群　摄）

籍人员子女学校建设，确定 2 家符合条件的候选举办者。厦门市教育局与新加坡南洋理工大学国立教育学院、日本佐世保市政府、新西兰惠灵顿市政府签定加强教育交流与合作备忘录。市教育局组织农村小学教学管理骨干赴新加坡培训和高职专业（机械制造）带头人赴德国培训。全市新增 8 对海外姐妹校。接待境外到访师生 19 批次近千人，组织市教育直属系统 14 个团组 150 人因公赴境外开展教育交流。

【教师招聘与培养】 2016 年，厦门市中小学幼儿园招聘新教师 1482 人。创新市级学科带头人的培养模式，拓展优质师范大学的培训基地，认定市专家型教师中学 23 人、小学 21 人；市学科带头人中学 43 人、小学 46 人；市骨干教师中学 217 人、小学 122 人、幼儿园教师 18 人。评选表彰杰出教师、优秀校长、优秀班主任和优秀教育工作者。设立班主任岗位考核奖励金、学生晚自习辅导和午托管理专项经费，提高教师节慰问金标准。全市 6 个区均制定和完善教师交流政策，直属校实现教师交流工作的全覆盖。印发《厦门市乡村教师支持计划实施意见》，对乡村教师实行差别化认定和补助，加大乡村教师培训力度。职称评聘政策向乡村教师倾斜，建立城镇教师到乡村学校走教交流制度。加强青年教师基本功训练，提升教师专业技能。

【教育督导体系完善】 2016 年，厦门市成立市、区两级教育督导委员会。市教育督导委员会开展对集美区对县督导、对湖里区责任督学挂牌督导工作市级复查，开展春、秋季开学工作等专项督导，编制第十轮中小学素质教育督导评估指标。持续推进责任督学挂牌督导工作。湖里区、海沧区通过全国责任督学挂牌督导工作创新县省级评估。厦门市承办省中小学素质教育督导评估研讨会。市教育督导委员会组织全市督学研训，评选 2016 年全市责任督学挂牌督导工作优秀案例。区教育督导委员会组织、协调、监督辖区内实施国家、省、市三级义务教育质量监测的各项工作。

【社会主义核心价值观教育】 2016 年，厦门市出版《社会主义核心价值观学科

教育指导丛书》。市教育局举办闽南地区中小学生微拍大赛、两岸青少年征文比赛。增强“三爱”（爱劳动、爱学习、爱祖国）情感和思想认同，组织国家公祭日、国庆节等重要事件和纪念日教育活动。组织开展2016厦门市中小学生纪念中国工农红军长征胜利80周年系列活动，组织全市中小学开展抗击台风“莫兰蒂”主题教育活动，开展“四个一”（一次国旗下讲话、一节主题班会课、一期主题宣传栏、一次防灾救灾教育）活动。启动职业生涯教育行动，培养学生职业认知和职业意识。

【语言文字工作】 2016年，市教育局组织第四届中国汉字听写大会市选拔赛，承办福建省选拔赛。推进闽南方言与文化进校园工作，编制《闽南话水平测试大纲》，组织首批闽南话水平测试员资格培训班，改版升级普通话水平测试网站和测试办法。开展第十九届全国推广普通话宣传周厦门市宣传活动。举办2016年厦门市中小学生规范汉字书写大赛、中小学生语言文字和闽南文化夏令营、厦门市首届少儿语言艺术表演大赛、纪念中国共产党成立95周年暨红军长征胜利80周年诵读大赛。

【“放管服”改革深化】 2016年，市教育局深化“放管服”（见P242小资料“放管服”）改革，公布教育领域通过法定途径分类处理信访投诉请求清单，健全完善信访工作制度。组织开展学校章程建设工作，完成第一批5所试点学校章程初审工作。市教育局自2007年连续被厦门市政协评为提案办理工作先进单位，2016年被市人大市政协评为优秀建议提案办理单位。市教育局精简审批事项，优化审批流程，规范各类收费工作，调整行政权力清单、责任清单、公共服务事项清单，做好3张清单的动态管理工作。制定“一单两库一细则”，公布《社会信用体系建设工作随机抽查实施方案》、厦门市教育局随机抽查事项清单、监管对象名录库和执法检查人员名录库，加强事中事后监管。（参见P242【“放管服”改革】）

【社区教育】 2016年，厦门市推进国家级、省级社区教育实验区和国家级、省级社区教育实验项目建设，湖里区获全国社区教育示范区称号。厦门推动社区书院建设，开设社区书院总部和41个社区级书院。举办全市全民终身学习活动周，拓展终身教育活动领域。

【校园安全治理】 2016年，厦门市召开教育系统安全稳定工作会议，签订学校综治安全目标管理责任书。市教育局组织验收“平安校园”等级创建和学校安全标准化建设工作。全市开展烟花爆竹禁放查非专项行动，落实反恐防暴措施。市教育局开展防溺水工作，落实校车安全管理月报制度，举办公共安全课程教师、保卫干部等培训班。开展“综治安全宣传月”等活动，累计开展专题教育讲座485场，制作专题展板、板报、专栏1702起，悬挂横幅、张贴大量标语及宣传画789条，发放致家长一封信502322封，发送安全短信412423条，受教育师生130万人次。排查整治消防安全“四个能力”建设情况。组织开展校园及周边治安综合治理督查工作暨校车安全管理督查工作及校园欺凌专项治理工作。加强学校安全技防、物防和人防建设。组织应急疏散演练。

·小资料·

消防安全“四个能力”：是公安部构筑社会消防安全“防火墙”工程提出的，即提高社会单位检查消除火灾隐患的能力、提高社会单位组织扑救初起火灾的能力、提高社会单位组织人员疏散逃生的能力、提高社会单位消防宣传教育培训的能力。

（庞东海）

基础教育

【概　况】 2016年，厦门市出台《厦门市教育局关于进一步加强省市示范性幼儿园评估管理的通知》，实行示范性幼儿园定期复查、专项督察、动态管理机制。市教育局出台《厦门市教育局关于在普通中小学开展职业生涯教育的通知》，加强学生职业生涯教育。全市共有26803名随迁子女参加小学一年级入学报名，其中派位到公办小学16768人，比上年增加4398人。普通高中录取考生16464人，就读普通高中和职业学校的考生比例相当。

【学前教育】 2016年，市教育局开展普惠性幼儿园办园成本核算调研。开展以“幼小协同，科学衔接”为主题的幼儿园科学保教宣传月活动，引导幼儿园和小学共同开展“幼小协同、科学衔接”活动。落实民办幼儿园分级收费管理和财政补助制度，提高接受限价管理的民办幼儿园的参与率。厦门市金福缘幼儿园、湖里区钟宅民族幼儿园、五缘第一幼儿园等7所幼儿园创建市示范性幼儿园。

【义务教育均衡发展】 2016年，市教育局完善随迁子女招生入学机制，入学基本条件中取消有关符合计划生育的要求。优化积分入学在线申请服务系统，增加微信报名系统、手机信息确认功能，提高服务水平。建立质量监测机制，出台《厦门市义务教育质量监测实施意见（试行）》，开展50所小学质量监测工作。开展义务教育学校标准管理创建活动，完成首批50所学校创建工作。提高民办义务教育学校补助标准，评估达标的每所学校增加40万元补助，对符合条件的民办学校提高生均财政补助标准。采取以奖代补的方式，促进民办义务教育学校发展。加大市属优质校与薄弱校的对口帮扶力度，外国语学校对瑞景中学进行托管，五缘实验学校对新圩学校进行托管。在市特殊教育学校设立市级资源中心，完成思明特殊教学标准化学校创建工作，在3所幼儿园开展融合教育试点，提高特殊教育学生补助。

【高中教育】 2016年，市教育局推进普通高中国际化教育，出台《厦门市教育局关于推进普通高中教育国际化的实施意见》，确认9所普通高中开展国际化教育实验。出台《厦门市普通高中教学质量评价与奖励方案（试行）》，设立高考成绩奖、高考进步奖、学科竞赛奖，对各普通高中教学质量进行评价。开展普通高中综合素质改革试点工作，制定《厦门市普通高中学生综合素质评价实验工作方案》，确认10所中学为全市普通高中学生综合素质评价改革实验校，开展普通高中综合素质改革省级试点工作。杏南中学通过省一级达标高中验收。厦门市高考成绩创历史新高，全市文科、理科考生6科平均总分超过全省40多分。本科上线率75%以上，专科上线率99%以上。全市46名考生进入福建省理科前100名，全市21名考生进入福建省文科前50名。北大、清华在闽招生数超过40%来自厦门，香港5所知名学校在闽招生约60%来自厦门。

【教育教学质量提高】 2016年，市教育局开展初中物理、化学、生物的实验能力竞赛，培养学生动手实验能力。开展中小学生阅读竞赛，提高学生阅读能力。继续开展科技创新大赛、电脑制作、机器人比赛等活动，提高学生的科学素质和创新能力。继续实施中学生英才计划，遴选25名优秀高中生由厦门大学进行帮带培养。推荐40名优秀学生参加全国青少年高校科学营活动。开展初中数学物理生物夏令营和化学冬令营活动，培养初中学生对数学、物理、化学、生物等学科的兴趣，增长学科知识，提高学科素养。继续开展"一师一优课，一课一名师"活动，推荐1800节优课参加晒课比赛活动。加强微课资源开发与建设。

·小资料·

微课：是指运用信息技术按照认知规律，呈现碎片化学习内容、过程及扩展素材的结构化数字资源。微课的核心组成内容是课堂教学视频（课例片段），同时还包含与该教学主题相关的教学设计、素材课件、教学反思、练习测试及学生反馈、教师点评等辅助性教学资源，以一定的组织关系和呈现方式共同营造了一个半结构化、主题式的资源单元应用小环境。

【学生体育素养】 2016年，厦门市做好国家级校园足球改革试验区工作，分步骤有效推动实施方案。新增10所全国校园足球特色学校，17所学校被确认为省首批青少年校园足球特色示范学校。厦门市举办青少年校园足球小学、初中、高中、大学4级联赛。厦门市第二中学获2016年中国初中男子校园足球联赛总决赛冠军。厦门市举办国际青少年校园足球邀请赛，国内外12支中学生代表队参赛。市教育局启动2016年厦门市体育传统项目学校申报与评估工作，组织对47所申报校进行现场核查。推动厦门校园足球大赛数据平台建设。

【学校美育工作】 2016年，厦门市参加全国第五届中小学生艺术展演活动，7个中学组艺术表演类节目代表福建省参加现场展演，占比近80%，7个节目均获得一等奖；小学组艺术表演类节目获得2个一等奖，艺术作品获得1个一等奖。厦门市组织开展"校园好声音"中小学生电视歌手赛活动、"校园金话筒"中小学生主持人比赛、行进管乐打击乐比赛、第十届海峡两岸"读册歌"广播电视大赛、为2017厦门国际马拉松喝彩拉拉操比赛等。举办第二期学校管乐指挥培训班。

（庞东海）

8月13日，厦门市青少年足球邀请赛闭幕式举办　　（王靖群　摄）

职业教育与成人教育

【概　况】 2016年，厦门市中等职业学校招生13546人，其中调整后的中等职业学校招生12283人，附设中职班招生1263人。厦门市开展职业教育活动周活动，举办活动90场，参与人数约4.5万人次。举办职业院校优秀学生就业创业专题报告会，《厦门日报》专题报道8位优秀学生就业创业事迹。各职业院校开展"校园开放日进社区""进社区、进社会"等志愿服务活动。联合相关企业开展校园招聘会、招生就业咨询、专业知识推广、职业展示等为民服务活动。

【中职专业布局优化】 2016年，厦门市引导中职学校面向先进制造业、战略性新兴产业、现代服务业等产业需求，加快建设软件与信息服务、轨道交通等产业急需的专业群。工商旅游学校的"互联网+"文化创意专业群、信息学校的文化创意专业群、化工学校的现代加工制造专业群、集美职校的数字化设计与快速制造专业群、海沧职校的电商物流专业群等被确定为福建省职业院校服务产业特色专业群建设项目。市教育局组织编制2016年全市中职学校招生计划，组织中等职业学校新专业评估与审核。

【产教融合】 2016年，厦门市21所中职学校与185家企业建立校企合作实训平台，10所中职学校与39个企业共同开展订单培养，订单培养班级63个（其中冠名班27个），学生2587人。校企合作规划建设厦门微软技术实践中心、金龙整车培训中心、夏商班实践基地、万杰隆实践基地。厦门工商旅游学校等4所学校与企业共识合作举办厦门特色小吃等9个现代学徒制班，招收学生209人。

【中职学校规范管理】 2016年，市教育局开展诚信招生承诺活动，指导各职业学校主要领导与招生工作相关人员签订责任书，在学校网站、招生宣传册等公开发布招生信息，全面规范录取管理。执行教育部《中等职业学历教育学生学籍电子注册办法》，进行学籍信息核查，确保学籍电子档案数据准确、更新及时、程序规范。开展学籍电子注册管理和学生资助工作专项检查工作，促进有关学校对问题学籍及时处理，有效防范虚假学籍、重复注册和套取、冒领资助资金行为的发生。引导各职业学校按照《中等职业学校专业教学标准（试行）》等文件要求，结合学校的专业特色，开展有关专业的教学标准方案编制工作，完善学校专业人才培养方案。引导中等职业学校建立教学常规检查、重点专业建设评估、文化基础课抽考、专业技能抽查等教育教学管理的基本制度，强化教学过程管理，注重教学效果的反馈与改进。启动专业课程题库建设和教学资源库建设工作。引导各职业学校强化以育人为目标的实习过程管理和考核评价，完善学生实习责任保险、信息通报等安全制度。推进职业学校根据《福建省教育厅关于进一步加强全省中小学校章程建设的指导意见》，制定具有各自特色的学校章程。完善学校管理制度标准，建立和完善学校行政、教学、德育、后勤等教育教学管理制度，实现“一校一手册”。

【专业技能大赛】 2016年，厦门市联合漳州、泉州举办2016年厦、漳、泉三市职业学校学生技能竞赛。在全省职业院校技能大赛中，厦门代表队获一等奖24个、二等奖35个、三等奖33个。在全国职业院校技能大赛中，厦门代表队获一等奖3个、二等奖21个、三等奖55个，获奖总积分排在全省各设区市代表队的第一名，厦门市4所中职学校获奖总积分位列全省参赛中职学校前4名。厦门市在2016年全国职业院校信息化教学大赛中获一等奖3项、二等奖5项、三等奖9项，团体总分排名全国第六，获该届大赛最佳组织奖。

（庞东海）

高等教育

【概 况】 2016年，厦门地区有高等院校和高等教育机构21所，其中部委院校3所（厦门大学、华侨大学、厦门国家会计学院），省属院校3所（集美大学、集美大学诚毅学院、厦门海洋职业技术学院），市属院校12所（公办3所，民办9所），公办本科高校二级学院1所，民办专修学院2所。市属高校招生总数23416人，市属高校2016届毕业生总数20407人。厦门华厦学院、厦门工学院分别升格和转设为普通本科民办高校，厦门医学高等专科学校申报设置本科层次医学院通过全国高等学校设置评议委员会表决评议。市教育局组织实施厦门市第二批高职重点专业遴选工作，以对接服务地方产业和提升留厦就业率为重点，开发运行全市高校专业建设评估系统。医高专升格为本科院校，更名为厦门医学院。演艺学院通过高职院校人才培养工作首轮评估，华天学院接受福建省第二轮高职院校人才培养工作评估。市教育局规范民办高校办学行为，审核安防、东海、软件、兴才、华天学院新增或调整专业学费的收费标准，审核办理演艺学院举办者变更。组织开展第三批厦门市高职重点专业评选工作，推进人才培养模式和专业教学模式的改革，不断提高高职教育的办学水平。（见表25-4、表25-5）

表25-4 **2016～2017学年在厦门普通高等学校基本情况**

	2016年毕业生数（人）	2016年招生数（人）	在校学生数（人）					毕业班学生数（人）	教职工数（人）							校舍情况（平方米）			占地面积（平方米）
			合计	其中					合计	专任教师	行政人员	教辅人员	工勤人员	科研机构人员	其他	合计	学校产权	非学校产权	
				女	在校研究生	本科生	专科生												
总　　计	41976	45013	158888	75818	15940	91808	51140	28970	15765	9284	2427	2106	432	322	1194	5640082.67	4386059.85	1254022.82	13016900.7
厦门大学	8147	9064	34041	17482	14817	19224	0	11076	5819	2712	812	1071	34	321	869	1938082.26	1938082.26	0	5908092
集美大学	6376	6295	26899	12432	886	26013	0	6923	2412	1498	412	332	91	0	79	941424.48	941424.48	0	1554059
集美大学诚毅学院	4437	3508	14276	7934	0	14276	0	3330	1144	926	161	53	4	0	0	401563	0	401563	368346
厦门理工学院	5553	5198	20946	9284	237	20686	23	5065	1689	1060	280	205	96	0	48	456564	412316	44248	851633
厦门医学院	1499	1551	5040	3847	0	310	4730	1780	407	302	46	52	7	0	0	205481.42	205481.42	0	461427.07
厦门工学院	1999	2659	9876	4118	0	9876	0	2599	735	417	91	51	0	0	176	365132	178341	186791	469425
厦门华厦学院	1573	2064	5290	2880	0	1423	3867	881	378	303	32	37	6	0	0	163474	148669	14805	372715
厦门海洋职业技术学院	2609	2730	8108	3305	0	0	8108	2633	471	373	63	24	11	0	0	188949	175217	13732	487564
厦门城市职业学院	1912	2126	5736	3023	0	0	5736	1604	523	316	102	75	30	0	0	182413.42	182413.42	0	470598.63
厦门演艺职业学院	204	419	1211	669	0	0	1211	413	164	95	42	4	22	1	0	48648	30278	18370	161043
厦门华天涉外职业技术学院	907	2000	5427	2333	0	0	5427	1533	439	284	85	45	25	0	0	147082	0	147082	349543
厦门兴才职业技术学院	1661	1728	4880	1867	0	0	4880	1607	353	226	85	27	15	0	0	107926.09	40701.27	67224.82	140007
厦门软件职业技术学院	1592	1459	4612	1844	0	0	4612	1723	258	179	31	26	22	0	0	118873	60052	58821	533333

续表 25-4

	2016年毕业生数（人）	2016年招生数（人）	在校学生数（人）					毕业班学生数（人）	教职工数（人）							校舍情况（平方米）			占地面积（平方米）
			合计	其中					合计	专任教师	行政人员	教辅人员	工勤人员	科研机构人员	其他	合计	学校产权	非学校产权	
				女	在校研究生	本科生	专科生												
厦门南洋职业学院	2065	2133	6932	2766	0	0	6932	2356	510	331	60	77	42	0	0	165506	0	165506	391198
厦门东海职业技术学院	639	1049	3101	1136	0	0	3101	910	232	146	52	19	15	0	0	67154	0	67154	172858
厦门安防科技职业学院	803	1030	2513	898	0	0	2513	651	231	116	73	8	12	0	22	141810	73084	68726	325059

表 25-5

2016 年在厦成人高等教育学校基本情况

	2016年毕业生（人）	2016年招生数（人）	在校学生数（人）				毕业班学生数（人）
			合计	成人本专科		其中：女	
				本科	专科		
总　　计	4914	4036	12780	7484	5296	6130	5336
1. 厦门大学	325	123	635	635	0	497	331
# 函授	0	0	0	0	0	0	0
业余	325	123	635	635	0	—	331
脱产	0	0	0	0	0	0	0
2. 集美大学	951	296	2658	2658	0	1598	1282
# 函授	813	279	2403	2403	0	—	811
业余	138	17	255	255	0	—	1116
脱产	0	0	0	0	0	0	166
3. 厦门理工学院	2492	1239	4191	4191	0	1774	1723
# 函授	1763	1124	3703	3703	0	—	1469
业余	729	115	488	488	0	—	254
脱产	0	0	0	0	0	0	0
4. 厦门医学院	0	70	748	0	748	690	350
# 函授	0	0	0	0	0	0	0
业余	0	70	748	0	748	—	350
脱产	0	0	0	0	0	0	0
5. 厦门工学院	0	0	0	0	0	0	0
# 函授	0	0	0	0	0	0	0
业余	0	0	0	0	0	0	0
脱产	0	0	0	0	0	0	0
6. 厦门海洋学院	72	317	1299	0	1299	253	651
# 函授	51	317	1287	0	1287	—	639
业余	21	0	12	0	12	—	12
脱产	0	0	0	0	0	0	0
7. 厦门城市职业学院	407	463	1167	0	1167	407	415
# 函授	14	371	536	0	536	—	0

续表 25-5

	2016年毕业生（人）	2016年招生数（人）	在校学生数（人）				毕业班学生数（人）
			合计	成人本专科		其中：女	
				本科	专科		
业余	393	92	631	0	631	—	415
脱产	0	0	0	0	0	0	0
8. 厦门华天涉外职业技术学院	40	764	139	0	139	72	0
# 函授	40	764	139	0	139	—	0
业余	0	0	0	0	0	0	0
脱产	0	0	0	0	0	0	0
9. 厦门兴才职业技术学院	310	120	542	0	542	207	294
# 函授	310	120	542	0	542	—	294
业余	0	0	0	0	0	0	0
脱产	0	0	0	0	0	0	0
10. 厦门软件职业技术学院	58	392	834	0	834	434	196
# 函授	58	392	834	0	834	—	196
业余	0	0	0	0	0	0	0
脱产	0	0	0	0	0	0	0
11. 厦门南洋职业学院	73	231	514	0	514	171	73
# 函授	73	231	514	0	514	—	73
业余	0	0	0	0	0	0	0
脱产	0	0	0	0	0	0	0
12. 厦门东海职业技术学院	151	21	42	0	42	17	21
# 函授	151	21	42	0	42	—	21
业余	0	0	0	0	0	0	0
脱产	0	0	0	0	0	0	0
13. 厦门市广播电视大学	35	0	11	0	11	10	0
# 函授	0	0	0	0	0	0	0
业余	34	0	10	0	10	—	0
脱产	1	0	1	0	1	—	0

注：没有数据的项目为未统计项目

【校企合作】 2016年，市教育局完善校企合作服务中心运行机制，与厦门市软件（服务外包）校企合作中心、厦门火炬高新区管委会软件园管理处共同主办2016年厦门市软件行业校企合作交流会。市物流校企合作服务中心与市物流协会共同主办厦门市第三届厦台物流邀请赛暨首届供应链沙盘竞赛。7所市属高校9个项目被列为福建省第二批现代学徒制项目建设学校暨首批“二元制”技术技能人才培养模式改革试点项目。厦门市组织市属高校申报职业教育公共实训基地，城市学院申报厦门轨道交通公共实训基地项目，软件学院申报信息与服务公共实训基地。

【高职院校技能竞赛】 2016年，厦门市属10所高职院校参加福建省高职院校技能竞赛，获得一等奖29项（城市学院6项，演艺学院5项，华天学院、兴才学院和软件学院各4项，南洋学院3项，医学院2项，东海学院1项）、二等奖59项、三等奖82项。6所学校的16个项目获得代表福建省参加全国赛资格，获二等奖2项、三等奖7项。厦门市首次举办厦门市高等职业院校技能竞赛，竞赛分财经、电子信息、交通运输、旅游和农林牧渔5个专业大类11个赛项，由厦门城市职业学院、厦门兴才职业技术学院、厦门软件职业技术学院、厦门华天涉外职业技术学院、厦门南洋职业学5个高职院校共同主办，为各校提供备战省赛和国赛实战训练平台。

【高职教师培训】 2016年，市教育局组织高职专业（机械制造）带头人赴德国培训班，经选拔确定9名机械制造相关教师参训。委托国家示范高职广东番禺职业技术学院举办2016年厦门市高职骨干教师暑期培训班，包括高职骨干教师科研能力提升班、颠倒课堂与微课程开发运用培训班、职业院校中层领导力与执行力培训班、高职电商骨干教师培训班、移动电商与网店美工专项技能提升培训班，培训教师116人。组织35名物流专业教师参加现代物流与供应链管理高级研修班。组织40名软件（服务外包）教师参加软件（服务外包）及相关专业骨干教师研修班。组织30名高职院校教学管理人员参加职业院校与跨国公司合作交流研讨会和中德职业教育交流会。

【厦台高校合作】 2016年，厦门市举办第三届厦台高校物流案例分析邀请赛暨厦门市首届供应链沙盘技能竞赛。厦门市8所高等院校与台湾景文科技大学、台湾修平科技大学、台中科技大学、台湾“建国科技大学”、台湾大华科技大学等5所台湾高校，共21支队伍63位选手参加。同时举办厦台高校物流专业建设论坛暨厦门华厦学院物流工程专业培养方案论证会。厦门市举办2016海峡两岸高校设计展、文化创意设计展，邀请福建省内高校、台湾地区高校及省外高校参展，征集到两岸40所高校的近千件作品。举办两岸高校产学研项目对接会、海峡两岸文创移动课堂等活动。

【高校就业创业指导】 2016年，市教育局组织各区教育局、各职业院校开展职业教育宣传周活动。组织开展两场职业教育专题报告会，邀请8名中高职院校优秀毕业生对创业就业进行宣讲，引导毕业生留厦就业创业。市教育局与福建省委、省妇联、市人社局等部门联合主办第二届中国（厦门）大学生创新创业大赛。参与承办首届中国（福建）女大学生创新创业大赛，提升女大学生创新创业水平。

【高校学生奖助政策】 2016年，市教育局指导市属各高校开展奖助学金评审，向财政局申请2016年春季学期和2016～2017学年本科和高等职业学校国家助学金预算和五年制高职学生资助资金1419.78万元。完成与资助中心移交资助高校学生的相关工作。

（庞东海）

厦门大学

【概　况】 2016年，厦门大学设有研究生院、6个学部以及28个学院（含76个系）和14个研究院。有10个学科进入ESI（基本科学指标数据库）全球前1%，拥有5个一级学科国家重点学科和9个二级学科国家重点学科（涵盖38个二级国家重点学科），46个福建省一级学科重点学科，9个国家基础科学人才培养基地。拥有31个博士后流动站，31个博士学位授权一级学科，50个硕士学位授权一级学科，9个交叉学科专业授权点，24个专业学位授权点。专任教师2718人，其中教授、副教授1826人，占专任教师总数的67.0%，拥有博士学位的2078人，占76.5%。两院院士21人（含双聘院士9人），文科资深教授2人，国家重点基础研究发展计划（简称“973计划”，含重大科学研究计划）首席科学家10人，国家级有突出贡献的专家18人，海外高层次人才引进计划（“千人计划”）入选者69人（含“千人计划”青年人才34人），“长江学者”特聘教授21人、讲座教授16人、青年学者1人，国家杰出青年科学基金获得者40人，国家级教学名师6人，国家高层次人才特殊支持计划（“万人计划”）科技创新领军人才8人、哲学社会科学领军人才3人、教学名师1人、“百千万工程”领军人才1人、青年拔尖人才6人，国家“百千万人才工程”入选者19人，国家优秀青年科学基金获得者26人，教育部“新（跨）世纪优秀人才培养计划”入选者140人。国家基金委创新研究群体6个，教育部创新团队9个，高等学校学科创新引智基地（“111计划”）7个。

在校学生4万余人（含外国学历留学生1196人），其中本科生19782人，硕士研究生16390人，博士研究生3229人，本研比约为1：1。设有研究机构200多个，其中国家级协同创新中心2个（牵头单位），国家重点实验室4个，国家工程实验室1个，国家工程技术研究中心1个，国家地方联合工程实验室3个，教育部重点实验室5个，教育部工程研究中心3个，教育部人文社科重点研究基地5个。2016年，理工医科领域获1217项科研立项，其中国家自然科学基金项目306项，国家重点研发计划项目6项，国家其他部委项目79项；人文社科领域获574项科研立项，其中国家社科基金重大项目3项、国家社科基金重点项目1项、年度项目30项，教育部重大课题攻关项目2项，教育部人文社科一般项目15项。理工医科在JCR（《期刊引用报告》）一区刊物上发表高水平论文共137篇，以第一作者在《Science》《Nature》上发表文章3篇、在《Science》《Nature》子刊上发表文章8篇。人文社科发表SSCI论文105篇，出版著作167部，1本专著入选《国家哲学社会科学成果文库》。专利授权总数480项，其中发明专利392项，实用新型专利87项。计算机软件著作权获批79项。主持或参与的3项科研成果获国家科学技术奖，其中国家技术发明奖二等奖1项，科学技术进步奖一等奖、二等奖各1项。学校与境外300多所高校签署校际合作协议，与47所世界排名前200名的高校开展实质性交流合作，与北美洲、欧洲、亚洲、非洲等地区的大学合作建立16所孔子学院。厦门大学海洋与地球学院院士焦念志课题组完成的成果《微型生物在海洋碳储库及气候变化中的作用》、化学化工学院教授谢素原课题组完成的成果《新型富勒烯的合成》获得国家自然科学奖二等奖。2月，厦门大学马来西亚分校举行首批新生开学典礼，有在校生1340人、教职员工120多人。

12月，科技部公布2016年度国家国际科技合作基地评估评审结果，厦门大学国家传染病诊断试剂与疫苗工程技术研究中心国家国际科技合作基地获评优秀。年内，厦门大学获全国网络文明进校园主题教育活动特等奖和最佳组织奖以及“全国十佳易班工作站”称号。连续3年获中国教育政务“新媒体综合力十强”称号。2项成果分获教育部、福建省高校校园文化建设优秀成果一等奖。1 项成果入选教育部“礼敬中华优秀传统文化”特色展示项目。

【海洋生物制备技术国家地方联合工程实验室启动建设】 2016 年，由厦门大学海洋与地球学院院长王克坚牵头申报的海洋生物制备技术国家地方联合工程实验室获国家发改委批准启动建设。实验室重点围绕福建省海洋生物科技发展战略目标，针对学科发展前沿和福建省海洋生物产业发展的突出科技问题，以高效开发与利用福建省丰富的海洋生物资源为导向，以突破海洋生物活性物质开发利用的关键技术及海洋生物制品的产业化为目的，打造高水平的海洋生物功能肽开发利用平台、海洋防污活性物质的研发及应用平台、海洋生物药用资源开发利用平台、海洋生物能源开发利用平台和海洋健康产品研发与制剂技术平台，建立海洋生物活性物质安全性和有效性科学评价的技术方法，建设海洋生物制品中试试验基地，形成完备的海洋生物活性物质开发利用技术体系，为福建省海洋生物制品研发及产业化提供技术支撑。

【学生竞赛成果】 2016 年，厦门大学在“创青春”全国大学生创业大赛中获 2 金 3 银 1 铜，总成绩位居全国前列，获得大赛优胜杯。在全国志愿服务项目大赛中夺得 3 金 2 银。2 名本科生分获中国大学生自强之星称号和提名奖。厦门大学学生在美国大学生数学建模大赛中获特等奖 1 项。在中美青年创客大赛总决赛中获唯一的一等奖和最佳人气奖。在全国高校学生“斯维尔杯”建筑信息模型应用技能大赛中获两个专项一等奖、全能二等奖。在全国大学生机械创新设计大赛慧鱼赛区竞赛中获一等奖 2 项。在 TI 杯全国大学生物联网设计竞赛全国总决赛中获一、二等奖各 1 项、“百度创新奖”1 项。在全国大学生“恩智浦”杯智能汽车竞赛总决赛中获一等奖 4 项。在中国智能制造挑战赛中获特等奖、一等奖各 1 项，列总成绩第一。在第六届海峡两岸（英语）口译大赛中获一等奖 1 项。在第六届海峡两岸高校帆船赛暨第三届泛太平洋大学生帆船邀请赛中蝉联冠军。在中国大学生棒球联赛总决赛中夺得冠军。

【九市一区校地战略合作工作会议召开】

2016 年 1 月 9 日，厦门大学与福建省九市一区校地战略合作工作会议在厦大科学艺术中心召开。来自福建省人民政府、发改委、经信委、海洋与渔业厅、教育厅、科技厅，省各地市、区及其对接部门，厦门大学对口合作帮扶高校领导，以及学校领导、专家学者近 200 人与会，探讨新形势下校地战略合作的新思路、新举措，共谋服务福建科学发展、跨越发展。继 2007 年厦门大学率先与厦门市签订战略合作协议后，学校不断拓展战略合作区域，加大服务贡献力度，先后与漳州市、泉州市、龙岩市、福州市、平潭综合实验区、莆田市、宁德市、三明市、南平市等省内各市、区签订战略合作协议，形成厦门大学与福建省九市一区战略合作全覆盖的布局。

【科考船“嘉庚”号正式下水】 2016 年 5 月 8 日，厦门大学“嘉庚”号科考船下水暨命名仪式在广州广船国际有限公司举行。“嘉庚”号是中国第一艘采用国外方案设计、国内转化详细设计，并由船东（厦大）拥有完全知识产权的海洋科学综合考察船。船长 77.7 米，型宽 16.24 米，设计吃水 5.2 米，约 3500 总吨，经济航速 11 节，最高航速大于 14 节，续航力 10000 海里（18520 千米），自持力 50 天，定员 54 名。

【首部厦门大学年鉴编纂出版】 2016 年 6 月，厦门大学首部年鉴《厦门大学年鉴（2016）》由厦门大学出版社正式出版，全书正 16 开本，112 万字。年鉴收编事项起自 2015 年 1 月 1 日，讫于 2015 年 12 月 31 日，由图片、特载、专文、学校概况、机构与干部、学院（研究院）及国家级科研平台、党建与思想政治工作、教育教学与学科建设、科学研究与社会服务等部分组成。

【福建省石墨烯产业技术创新战略联盟揭牌】 2016 年 12 月 30 日，福建省石墨烯产业技术创新战略联盟在厦门大学揭牌。该联盟是一个以产业的发展需求和各方的共同利益为基础，以提升产业技术创新能力为目标，具有联合开发、优势互补、利益共享、风险共担特点的行业联盟组织。厦门大学担任联盟首届理事长单位，首届副理事长单位包括永安市石墨与石墨烯产业园管委会、厦门市火炬高新区管委会、中船重工 725 所厦门材料研究院，首届理事单位包括厦门信达股份有限公司等 19 家企事业单位、高校、科研院所。

（黄宝秋　钟书库）

集美大学

【概　况】 2016 年，集美大学设有 20 个学院和 1 个教研部，68 个本科专业，涵盖经济学、法学、教育学、文学、理学、工学、农学、管理学及艺术学等 9 个学科门类。有 8 个福建省一级重点学科（其中 2 个特色重点学科），1 个水产学科博士后科研流动站，水产、船舶与海洋工程 2 个一级学科博士点，9 个硕士学位授权一级学科点（覆盖 56 个硕士二级点），有 30 个硕士专业学位领域，分布在农业、工程、教育、税务 4 个类别。有教职工 2300 余人，其中专任教师 1500 余人。享受国务院特殊津贴专家 8 人，百千万人才工程国家级人选 1 人，闽江学者特聘教授 1 人，讲座教授 6 人。集大教师入选福建省优秀人才、杰出科技人才、高层次创新人才、科技创新领军人才、哲学社会科学领军人才、青年科技奖等高层次人才项目 85 人次，福建省高校科技创新团队 4 个。学校在校生 2.7 万余人，其中全日制本科生 2.6 万余人、各类研究生 1200 余人。学校拥有 3 个国家级专业综合改革试点项目，6 个国家级“卓越”人才培养计划专业，4 个国家级特色专业、1 个国家级教学团队、2 个国家级实验教学示范中心、1 个国家级虚拟仿真实验教学中心、1 个国家级大学生校外实践教育基地。集美大学另有省级特色专业建设点和省级专业综合改革试点各 11 个，省服务产业特色专业 8 个，省创新创业教育改革试点专业 4 个，省级教学团队 7 个，省级实验教学示范中心 15 个，省级虚拟仿真实验教学中心 1 个。有 2 个国家地方联合工程研究中心，11 个省（部）级科研创新平台。已与美国、英国、澳大利亚等国家和港澳台地区的 100 多所高校、科研机构及国际海事组织（IMO）、国际航标协会（IALA）、国际海事大学联合会（IAMU）等建立合作交流关系。

学校占地面积2300多亩（约153.33万平方米），校舍面积近100万平方米，有8栋嘉庚建筑为国家重点保护文物，新校区建筑群获得新中国成立60周年百项经典暨精品工程称号。图书馆现有馆藏纸质文献283.8万册，中外文纸质现刊2000余种，引进中外文数据库37个，自建特色数据库6个。

6月，集美大学通过教育部专家组本科教学工作审核评估。现代物流专业群、电子信息专业群等3个专业群入选福建省本科高校应用型人才培养专业群试点项目，物流管理等8个专业获批福建省服务产业特色专业。集大进一步扩大工学、农学专业规模，工学、农学在校生比例提高到53.50%。加强创新创业教育，学校获批立项33项国家级、52项省级大学生创新创业训练计划项目。推进校务微博、班级微博、校园微信公众号建设，获评为中国大学新媒体百强之优胜高校。开展社会主义核心价值观教育，"青马工程"项目获2016年福建省高校校园文化建设优秀成果一等奖，校团委获全国大中专学生暑期"三下乡"社会实践活动优秀单位。学生参加各类竞赛，获美国大学生数学建模竞赛国际一等奖、全国大学生智能汽车竞赛全国总决赛一等奖等99项国际和国家级奖项。

2016年，集美大学新增水产品深加工技术国家地方联合工程研究中心国家级科研平台，水产学人才高地入选福建省首批企事业人才高地建设单位。集美大学海洋食品加工与安全研究生实践教育示范基地被授予全国首批农业专业学位研究生实践教育示范基地称号。新增国家级科研项目20项，获得省、市科研成果奖29项，其中省部级科技奖3项，省社科优秀成果奖6项，新增授权专利64项。参与"十三五"国家交通运输领域重点项目申报策划工作和"十三五"国家海洋可再生能源领域重点项目申报指南研讨制定工作。

集美大学承办2016年国际航标管理人员培训班，来自亚洲8个国家的高层次航标管理人员参加培训。招收印尼、塞内加尔、伊朗等"一带一路"（"丝绸之路经济带"和"21世纪海上丝绸之路"）沿线国家留学生到校学习。开展第二届香港—内地青年双向交流计划。与教育部留学服务中心签订战略合作协议，共建出国留学培训基地。与英国哈德斯菲尔德大学等8所高校签订校际协议，开展实质性合作，其中4所院校成为集美大学留学基地项目。

【高层次人才引进】 2016年，集美大学修订《集美大学师资引进管理办法》，建立高层次人才引进快速通道，提高引进人才的待遇，对杰出人才试行协议年薪制。2016年，新增一批人才项目人选，其中享受国务院政府特殊津贴人选1人，"闽江学者"讲座教授4人，第二批福建特殊支持计划人才"双百计划"科技创新领军人才2人、哲学社会科学领军人才1人。2016年引进专任教师35人，专任教师具有博士学位比例为30%。

【参与修订国际海事示范课程】 2016年2月1～5日，集美大学航海学院教师参与的交通部海事局专家团队，在英国伦敦召开的国际海事组织（IMO）"人的因素、培训和值班分委会"（HTW3）会议上，承担修订的《IMO示范课程1.07雷达导航（操作级）》获得一次性通过，这成为新的航海雷达适任教学、培训和评估的国际海事标准。这是中国首次独立承担IMO示范课程开发修订工作，该课程由IMO正式出版发行，在全球应用。

【共建出国留学培训基地】 2016年5月6日，教育部（中国）留学服务中心与集美大学在北京签订战略合作协议，共建出国留学培训基地。集美大学成为福建省继厦门大学之后，和教育部（中国）留学服务中心签订战略合作协议的高校，成为其在全国的10个战略合作伙伴高校和17个出国留学培训共建基地院校之一。根据协议，教育部（中国）留学服务中心将推动集美大学留学培训基地项目的规范化运作，为其对接引进境外优质资源、提供政策咨询和业务指导，参与出国留学培训项目设计，为培训基地学生提供学历学位认证、档案存放、落户派遣、回国工作信息等服务。

【集美学村入选首批中国20世纪建筑遗产名录】 2016年9月29日，由中国文物学会、中国建筑学会联合公布的首批中国20世纪建筑遗产名录在北京公布。以嘉庚式建筑为主体的集美学村入选首批中国20世纪建筑遗产名录。集美大学有13栋建于20世纪初的嘉庚式建筑，其中8栋嘉庚建筑被国务院列为第六批全国重点文物保护单位。

【防抗台风"莫兰蒂"】 2016年9月15日，集美大学正面遭受台风"莫兰蒂"的重创，全校90%的建筑不同程度受损，大量树木倒伏，直接经济损失1.06亿元。"莫兰蒂"抵达前夕，校党委书记辜芳昭主持召开防范第十四号强台风"莫兰蒂"工作部署会议，启动防台风应急预案，加强安全隐患排查和安全教育。灾后，校领导及相关部门负责人到校园察看灾情，并成立抢险救灾指挥部，部署抢险救灾工作，防止次生灾害发生。全校各级党组织、校内各单位和全体师生员工迅速投入灾后自救及恢复重建工作，救灾排险、清障防疫、"扶绿行动"、垃圾清运和恢复教学秩序等工作有序推进，在较短时间内恢复正常的教学和生活秩序。19日，所有食堂全面恢复供电。23日，全校各个责任区基本完成卫生清理和道路清障。清运垃圾327车次，运送垃圾3700多立方米，扶正倒伏树木6000多株。（参见P72【台风】）

（周龙飞）

华侨大学（厦门校区）

【概　况】 2016年，华侨大学厦门校区有学院19个，在校生16799人，其中博士及硕士生2738人、本科生（含港澳台学生）12473人，外国留学生949人；有教职工1371人，其中专业教师935人。专业教师中，高级职称524人，双聘院士5人。总占地面积133.93万平方米，建筑面积54.8万平方米。

华侨大学教师3人入选国家高层次人才特殊支持计划（万人计划）、1人入选教育部"思想政治教育中青年杰出人才支持计划"培育对象、1人入选省高校领军人才、1人入选省外专百人计划、1团队入选省"高端外国专家团队引进计划"，12人入选"闽江学者"、7人入选桐江学者特聘教授。

华侨大学与加拿大、日本、英国等

7 个国家和地区的 17 所高校签署合作协议，聘请专家及外籍教师 134 人次。接待各类外事活动团组 20 余个，700 余人。举办了第四期“世界杰出华人科学家讲堂”，成立全英文教学专家委员会，制定《国际学院中长期发展规划》，稳步推进《中美人才培养计划》121 双学位项目、英国名校硕士预备项目、台湾高校交流生项目等核心合作项目，20 名学生被英国名校硕士预备项目（MPP）录取。华侨大学选拔 167 名学生赴台交流学习，《中美人才培养计划》121 项目获 2015～2016 年度中方院校唯一“特别贡献奖”，厦门校区举办 2016 世界大学生三对三篮球联赛和锦标赛。

华侨大学厦门校区举办高级别学术会议或讲座 300 多场。其中，主办或承办科技类学术会议 10 余场，包括第七届国际表示论会议、中国电子学会第二十三届信息论学术年会、颗粒流物理研讨会、2016 年应用统计与数据挖掘研讨会等；主办或承办社科类学术会议 30 余场，包括“互联网＋华文教育暨汉语”国际教学研讨会、经典诠释与政治哲学——2016 年全国博士后论坛、第三届中国语用学专题论坛、中国海外发展国际学术研讨会、21 世纪海上丝绸之路建设暨国际产能合作研讨会、首届“一带一路：海上丝绸之路”国际学术研讨会等。高级别学术会议参会人数 3500 多人。邀请院士许智宏、郝吉明、杨华勇、刘加平、吴硕贤等校外专家、学者到校做报告 260 余场次。

【新一轮共建华侨大学工作启动】 3 月 11 日，国务院侨务办公室与福建省人民政府、泉州市人民政府和厦门市人民政府分别签署协议，开始新一轮共建华侨大学工作。根据协议，国务院侨办、福建省、泉州市和厦门市 4 方将总计向华侨大学投入 15.25 亿元，支持华侨大学 2016～2020 年的建设与发展，其中厦门市投入 7500 万元。2016～2020 年共建期间，国务院侨办每年安排不少于 3000 万元专项经费、厦门市每年安排 1500 万元专项经费，用于支持华侨大学厦门校区建设。共建期间，厦门市将华侨大学的发展列入厦门市高等教育发展规划，在改善办学条件、校园建设与规划、教职工福利待遇等方面给予支持，在相关科研技术平台与学科建设给予重点支持，同时支持华侨大学与厦门市企事业单位、社会团体开展联合办学。华侨大学将面向厦门产业发展，培养厦门急需的各类专业人才。双方将共建华侨大学海上丝绸之路研究院、厦航学院、厦门工程技术研究院、城市建设与经济发展研究院等机构。

【校长特别奖设立】 2016 年，华侨大学设立校长特别奖，奖励在专业学习、科技创新、学术研究、社会工作、文体活动、社会实践、志愿服务、道德品行等方面表现突出或有其他特殊贡献的学生个人或团队。9 月 4 日，该奖项首度颁奖，里约奥运会羽毛球男子单打冠军谌龙、女子单打第四名李雪芮、男子双打第四名洪炜等 12 名同学，“舒愈”液体创可贴创业团队等 8 个学生团队获奖，厦门校区多个团队及学生获奖。

【侨务研究成果发布】 2016 年，由华侨大学厦门校区国际关系学院等学院编撰的《泰国蓝皮书（2016）》《华侨华人研究报告（2016）》《搭桥引路：华侨华人与“一带一路”》正式出版。《海外华侨在中国软实力建设中的作用研究》被列入教育部重大成果出版计划。华侨大学出版《华侨华人 / 中外关系书系》《世界华文教育年鉴（2015）》等；推进“海外华文教育情况普查及动态数据库”建设，完成缅甸、韩国等国调研工作；举办第五届中泰战略研讨会、中国国际关系期刊研究会成立大会、第二届华侨华人与中国周边公共外交研讨会。华侨大学与马来西亚马华公会中央党校签署友好合作协议，设立“华侨大学华侨华人文献中心——马华专柜”，聘请外交部前部长李肇星担任国际关系学院名誉院长，组织学生参加第十五届全国大学生外交外事礼仪大赛，获优秀团队奖，《华侨华人文献学刊》获社科文献 2016 年度优秀新创集刊奖。

【省高校创新创业教育联盟成立】 2016 年，华侨大学发起成立省高校创新创业教育联盟，设立 200 万元大学生创新创业扶持基金，出台《创新创业学院 / 学生就业指导中心建设方案》。制定《华侨大学大学生就业创业导师管理办法》，建立就业创业导师库，首聘 121 位导师。设立就业创业共建单位 13 个、实践基地 17 个开工建设。获省级创新创业教育改革试点专业 1 个、服务产业特色专业 10 个、精品资源共享课程 3 门。校长贾益民为陈方毅等 121 位就业创业导师颁授聘书，并授予“百度（厦门）创新中心”等 13 家企事业单位作为“华侨大学就业创业共建单位”，授予“戴尔（中国）有限公司”等 17 家企业作为“华侨大学就业创业实践基地”。

【科研能力提升】 2016 年，华侨大学厦门校区组织申报各类纵向科技项目 408 项，获各类各级科技项目 318 项，经费 7123.7 万元。其中，纵向项目 229 项，经费 5602.93 万元；横向项目 89 项，经费 1520.77 万元。校内项目立项 74 项，经费 5639 万元。获国家级科技项目 60 项，其中国家自然科学基金资助项目 52 项，参与国家支撑计划项目 2 项，国家科技基础条件平台教学标本子平台子课题 1 项，国家级重点实验室开放课题 5 项；获省部级科技项目 100 项，获市级项目 18 项，其他类别科研项目 51 项。市级以上科学技术奖 25 项，其中 2015 年度福建省科学技术奖二等奖 5 项、三等奖 3 项；2016 年度厦门市科学技术进步奖三等奖 1 项；市级以上自然科学优秀学术论文 49 篇。被 SCI、EI（工程索引）、CPCI–S（科技会议录索引）三大检索收录科技论文 698 篇，其中 SCI 收录 290 篇，EI 收录 372 篇，CPCI–S 收录 36 篇。吴季怀教授入选 2015 年中国高被引学者“材料科学”领域榜单。化学、工程学 2 个学科进入 ESI 全球前 1%，材料学科被引频次为阈值的 97.5%。全年申请国内专利 510 项，其中发明专利 353 件，实用新型专利 156 件，外观设计专利 1 件；获专利授权 277 件，其中发明专利 146 件，实用新型专利 104 件，外观设计专利 27 件。取得软件著作权备案登记 9 件。华侨大学新增福建省石墨烯粉体及复合材料工程技术研究中心，获批组建厦门市城市水环境生态规划与修复工程技术研究中心。

【校企及校地合作】 2016 年，在第十四届“6·18”海峡项目成果交易会上，华侨大学生物医学学院与福建银丰干细胞工程有限公司合作开发的福建省细胞组织资源库项目、工学院与湖南长海现代实验室设备有限公司合作开发的实验室大数据智能测控系统平台项目实现对接。在“6·18”第三届福建海洋生物医药产业峰会上，华侨大学化工学院与福建绿麒食品胶体有限公司就海藻多糖植物胶囊系列产品及规模化制备关键技术研发项目签署合作协议。在龙岩市第十四届“6·18”项目对接会暨签约仪式上，华侨大学建筑学院与福建天利高新材料有限公司就建筑用相变储能材料应用及评价技术项目签署合作协议。在第九届厦门文博会上，华侨大学展示全国美展获奖作品、IF 获奖作品、视传、数媒、微电影、VR（虚拟现实技术）作品共计 45 件。在两岸高校产学研项目对接会上，机电学院和计算机学院 3 个项目入围十强，并进行项目路演和推介。学校先后与面对面创新驿站科技有限公司联合主办华侨大学专场对接会 5 期。与厦门中开信息技术有限公司（科易网）联合主办华侨大学生物医药领域专场对接交流会。与厦门市集美区科技局共同举办智能制造专场产学研与科技成果转化对接会。华侨大学先后组织教师参加德国工业 4.0 人才项目对接会、厦门工博会首届海峡两岸智能可穿戴产业论坛、福建省科技成果转化现场交流会、软件园三期校企对接交流会、知识产权管理体系内审员培训、软件园三期 2016 年高新技术企业政策培训会等活动。

·小资料·

华侨大学：华侨大学共有 34 个学院，140 个研究院、所、中心；有 21 个博士学位授权点；111 个硕士学位授权点，20 个硕士专业学位授权点；94 个本科专业。学校拥有哲学、经济学、法学、教育学、文学、历史学、理学、工学、农学、医学、管理学、艺术学 12 个学科门类，形成了文理渗透、理工结合、工管相济、协调发展的学科体系。学校有 2 个学科进入 ESI 世界排名前 1%，位居全国高校第七十五名；2015 年国家社会科学基金项目立项结果中，学校有 21 个项目获得资助立项，立项数在全国高校排名第三十四位。有国家重点学科、省部级重点学科共 41 个；有国家级实验教学示范中心、教育部工程研究中心、国务院侨办侨务理论研究基地、中国旅游研究院旅游安全研究基地、福建省“2011 协同创新中心”、福建省社会科学研究基地、福建省高校人文社会科学研究基地、博士后流动站、福建省商务研究基地、省级重点实验室、省级工程技术研究中心、省高校重点实验室、省级实验教学示范中心、省研究生教育创新基地等国家级和省部级教学科研平台 55 个。

华侨大学师资力量雄厚。教职工 2654 人，其中专任教师 1541 人，高级职称人员 736 人，占专任教师总数的 47.76%；具有博士学位教师 885 人，占专任教师总数的 57.43%。专任教师队伍中，有双聘院士 5 人；华侨大学现有博士生、硕士生 5567 人，全日制普通本科生 24704 人，全日制普通专科生 911 人，其他成教学生 13320 人，其中有来自 50 多个国家和地区的华侨华人、港澳台和外国学生 4405 人，是国内拥有境外学生最多的大学之一。学校总占地面积 226.8 万平方米，建筑面积 97.6 万平方米，现有各类图书资料共 400 万册。

【《华侨大学哲学社会科学文库》首发】 11 月 15 日，由社会科学文献出版社出版与华侨大学学者合作打造的《华侨大学哲学社会科学文库》在厦门校区首发。《文库》由华侨大学校长贾益民担任主编，已出版著作 25 部，有 23 部著作处于出版程序中。同时，社会科学文献出版社首家学术资源建设基地在华侨大学厦门校区揭牌。

【服务“一带一路”建设】 2016 年 12 月 17 日，由华侨大学发起，中联部当代世界研究中心、中国社会科学院亚太与全球战略研究院、中国与全球化智库共同主办的第二届 21 世纪海上丝绸之路高端论坛在华侨大学厦门校区召开。来自海上丝绸之路沿线多个国家和地区的政府官员、学者参加研讨和交流。华侨大学加入“一带一路”智库合作联盟，并于 9 月 7 日在厦门召开 21 世纪海上丝绸之路建设暨国际产能合作研讨会，与当研中心签署合作协议，共同打造服务国家“一带一路”倡议的高水平智库、高端培训基地和国际化研究平台。华侨大学与多家海外学术研究机构在马来西亚、澳大利亚等地开办学术研究会和交流论坛，搭建“海丝”研究新平台。

（庄　蕾）

厦门理工学院

【概　况】 2016 年，厦门理工学院有学院（部）20 个，省级重点学科 5 个，工程硕士领域 2 个，本科专业 56 个，单独招生的专业方向 72 个。全日制在校生 2.1 万余人（含研究生、留学生），专任教师 1000 余人，其中硕、博士学历教师占 92%，高级职称教师占 49%。“双聘院士”和长江学者 9 人，获得全国优秀教师称号 3 人，获得国务院政府特殊津贴人员 7 人。有省级教学名师 12 人，省级教学团队 2 个，省级教学改革试点项目 9 个。有国家级特色专业 1 个，国家级综合改革试点专业 1 个，省级综合改革试点专业 7 个，省级特色专业 9 个，省级高等学校服务产业特色专业 8 个，国家“卓越工程师教育培养计划”实施专业 5 个，省级“卓越工程师教育培养计划”实施专业 6 个，省级人才培养模式创新实验区 9 个，省级精品课程 39 门，国家级大学生创新创业训练项目 144 项，省级大学生创新创业训练项目 265 项。省级教学名师 12 人，省级教学团队 2 个，省级教学改革试点项目 9 项。有国家级实验教学示范中心 1 个，省级实验教学示范中心 10 个，省级虚拟仿真实验教学中心 1 个。2016 年，获批国家自然科学基金 26 项，国家社会科学基金 3 项，省部级项目 75 项。新增省部级科技奖及人文社科奖励 8 项，市级科技奖励 15 项。新获批建设福建省新能源汽车与安全技术研究院省级科研平台 1 个，环境生物技术福建省高校重点实验室、两岸创意经济研究中心福建省高校人文社会科学研究基地等省教育厅科研平台 2 个，厦门市 3D 创意设计与打印公共服务平台、市重大项目厦门市风工程公共技术服务平台 2 个市级平台。

【产学研融合】 2016 年，厦门理工学院与联芯集成电路制造（厦门）有限公司合作成立微电子学院，与冠捷科技共同建设全球 Android 系统开发中心，与宸鸿科技共建触控产品检测中心，强化对龙岩地区厦龙工程技术研究院、泉州地区泉州厦理工智能技术有限公司和漳州地区厦门理工学院技术转移中心的主体作用，年度外驻机构涉及的立项项目总金额近 1000 万元。重点培育校企、校地合作平台及项目，为思明区提供鼓浪屿、海港及沙坡尾等老城区文化建设服务，在湖里区设立3D打印研发中心，与集美区政府共建集美区工业设计公共服务平台，与海沧区政府合作筹建厦门卫浴行业智能制造公共服务平台，与中国（福建）自由贸易试验区厦门片区共建中国厦门（厨卫）知识产权快速维权中心。组织自主研发的科研成果与科技产品参加“6·18”中国·海峡项目成果交易会、文博会、工业博览会、深交会等，累计宣传科技成果200余项。2016年，获得专利授权402件，其中发明专利授权51件，实用新型及外观设计专利授权351件，软件著作权授权12件。

【国际交流合作】 2016年，厦门理工学院先后与美国约翰·霍普金斯大学、美国叶史瓦大学、澳大利亚西澳大学、加拿大不列颠哥伦比亚大学、爱尔兰科克大学、澳大利亚莫纳什大学等高校在机械工程、车辆工程、应用数学、商务管理、电气电子、数字媒体、翻译、艺术设计等20多个专业上开展本硕联合培养项目。与德国特里尔应用科技大学、台北科技大学开展创新硕士项目。开展与美国德克萨斯大学奥斯汀分校、澳大利亚西澳大学、澳大利亚莫纳什大学、泰国清迈大学、韩国全北大学等高校的校际交换生、交流生和短期跨文化学术交流项目，全年共组织近120名学生参加各项学术交流和实习实践活动。2016年，厦门理工学院聘请50多名外籍专家，加拿大籍教授戴黎明、日本籍教授坂井猛等带领的5个团队获评国家外专局高端外国专家团队项目，日本籍专家水野幸治、英国籍专家Mark Robinson、加拿大籍专家Edward 3人获评福建省“外专百人”。厦门理工学院扩大招收中国政府奖学金生，全年招收留学生86人，其中学历生45人（含本科留学生31人，硕士生14人）。

【闽台交流合作】 2016年，厦门理工学院接待到访台湾师生45批次340人。出访台湾65批次784人，其中学生697人，含13个专业的652名闽台合作联合培养人才“3+1”项目学生，赴台湾13所合作高校进行课程学习。与台湾科技大学、中原大学签署合作协议。举办两岸金融科技研讨会、第二届海峡两岸电视主持人高峰论坛、第四届中国文化遗产高峰论坛暨两岸文化遗产资源保护与产业开发问题专题研讨会等大型研讨会及25场两岸专业学术讲座。年内，成功申报微电子科学与工程专业、文化产业管理专业（媒体创意）为闽台“4+0”（学生四年都在大陆读书，但将充分吸收台湾优质教育资源和办学经验，植入台方课程体系）特色专业。联合台北科技大学、元智大学培训福建省理工类师资118人。聘请台湾科技大学教授魏荣宗为“闽江学者”。

8月6日，厦门理工学院健美操队在2016年世界健美操冠军赛中获佳绩

（王玉敏　摄）

【学生竞赛成果】 2016年，厦门理工学院学生参加省级及以上各类学科竞赛获得奖项550项，获奖1100余人次。获得2016年中国汽车工程学会巴哈大赛一等奖、中国大学生方程式汽车大赛一等奖、全国大学生结构设计竞赛中一等奖、第二十八届韩素音青年翻译奖竞赛最高奖项——英译汉一等奖等。获第九届（2016）全国大学生网络商务创新应用大赛全国总决赛特等奖、2016中国工程机器人大赛暨国际公开赛一等奖、第七届全国大学生机械创新设计大赛一等奖、三门青年大学生创业计划书总决赛金奖、第五届中国创新创业大赛新能源与节能环保行业赛团队组第一名。获第二十四届新丝路中国模特大赛全国总决赛男、女模总冠军、2016年世界健美操冠军赛三项亚军和一项季军等。

（钟　然）

厦门国家会计学院

【概　况】 2016年，厦门国家会计学院在校会计（MPACC）、税务（MT）硕士专业学位研究生299人，其中全日制研究生145人，毕业研究生68人。厦门国家会计学院举办培训班493期，培训学员46445人次。其中，承担全国会计领军（后备）人才培训项目行政事业类、学术类6次集训，参训学员234人次，完成行政事业类6期的笔试面试工作，注册会计类笔试命题工作；承办山东、浙江、天津、新疆、陕西、福建等省、市地方会计领军人才培训项目26期，培训学员1804人次；举办大中型企事业单位总会计师素质提升工程培训班31期，参训学员3063人次，其中国有企事业类13期，培训学员1215人次；承担注册会计师类培训班30期，培训学员4594人次，其中中注协委托培训16期，培训学员2649人次；举办地方人大系列培训班37期，培训人大代表及工作人员3286人次；举办全国财税系统人员远程教育，参训单位10家，参训学员近9000人次。

2016年，厦门国家会计学院2015级研究生张诚、王佳妮、杜智强合作完成的论文《粮食最低收购价格政策问题研究》获得“华为杯”第十三届全国研究生数学建模竞赛三等奖。副教授杨熠指导的2015级研究生游建都获第十六届福建省研究生自然辩证法论文演讲比赛三等奖，厦门国家会计学院获优秀组织奖，杨熠获优秀论文指导老师称号。

【科研成果】 2016年，厦门国家会计学院承担12项科研课题，其中省部级科研课题9项。在学术刊物上发表论文39篇，其中权威期刊6篇。教授邓力平的专著《中国特色社会主义财税思考》、博士陈菡（第二作者）的专著《企业集团风险管控会计内部报告》由厦门大学出版社出版。8项教学案例入选MPAcc教指委（教育指导委员会）的教学案例库名录。教授黄世忠撰写的论文《资产负债表视角下的公允价值会计顺周期效应研究》获福建省第十一届社会科学优秀成果三等奖。2015届硕士研究生崔攀攀的毕业论文《优先股会计问题研究》入选2015年全国MPACC（会计硕士专业学位）优秀论文。

【国际会计准则理事会主席到访】 2016年8月8～10日，国际会计准则理事会（IASB）主席汉斯·胡格沃斯特（Hans Hoogervorst）应邀访问厦门国家会计学院。访问期间，汉斯·胡格沃斯特发表题为《IASB最新进展和未来工作重点》学术报告并出席圆桌讨论会议。双方就如何进一步加强厦门国家会计学院与IASB学术交流合作进行深入探讨，并就厦门国家会计学院选派青年教师赴IASB实习和学术访问事宜进行初步交流。

【"云顶讲坛"启动】 2016年9月25日，厦门国家会计学院大型财经系列讲座"云顶讲坛"正式启动。"云顶讲坛"面向在校师生、参训学员、校友及社会大众，每月至少举办1期讲座。讲坛将邀请行业领军人物、会计名家工程入选者、研究生校外导师、知名高校和研究机构的专家学者共同探讨当前的政策热点难点、学科前沿动态、业界理念实务。

【首届"致同杯"厦门国家会计学院财税案例大赛举办】 2016年12月29日，厦门国家会计学院主办、致同会计师事务所赞助举办了"致同杯"厦门国家会计学院财税案例大赛。全校有18支队伍报名，6支队伍进入复赛，再从中评选出两队进入最终决赛。比赛设有核心观点陈述、自由辩论和评委提问等环节。大赛旨在通过分析、研究、撰写、展示高度模拟实际的财税案例，提高研究生运用理论知识分析问题、解决问题的实践能力，培养研究生的管理能力和沟通技巧，帮助研究生构建成熟的商业思维。同时，大赛也是对学院案例教学的一种创新尝试，对于培养实践型人才起到积极作用。

（王丽娜）

厦门工学院

【概　况】 2016年，厦门工学院内设校长办公室、教务处、人力资源处、学生工作处、计划与财务处、后勤保障处、安全处、图书馆、科研处、工程坊、事务服务中心、大数据中心、科学与技术研究院、教师发展与教学研究中心、创客坊。成立物业服务公司、资产经营有限公司、餐饮管理有限公司、厦门工学院附属中学，设置机械与材料工程学院、电子信息与电气工程学院、建筑与土木工程学院、文化与传播学院、商学院、国际教育学院、理学院、继续教育学院、体育系9个二级学院和直属系。

2016年，厦门工学院设26个本科专业，其中信息与计算科学、机械电子工程、物联网工程为2016年新增设招生专业。厦门工学院录取新生2659人，毕业1999人，在校学生9876人。2016届毕业生的总体就业率为97.09%，签约率为53.4%。至年底，学院有专任教师417人，其中拥有副高以上职称的占23.02%，硕士以上学位的占69.06%，聘任院士1人、长江学者1人。5月15日，经中共厦门市委批准，成立中共厦门工学院委员会，隶属中共厦门市委教育工作委员会领导和管理，林建华担任学院首任党委书记；成立厦门工学院工会，隶属厦门市教育工会领导和管理。

【教改科研成果】 2016年，厦门工学院完成各类科研项目申报17项。其中，福建省中青年教师教育科研项目社科A类立项8项，福建省中青年教师教育科研项目科技A类立项6项，福建省教育科学"十三五"规划2016年度海峡两岸职业教育专项研究课题立项1项。2位教师入选福建省高校杰出青年科研人才培育计划。学校有获省级高校服务产业特色专业4项、省级本科高校教育教学改革研究项目3项，获批省级实验教学示范中心项目1项、省级高校向应用型转变专业群试点项目2项。探索SPOC（小规模限制性在线课程）教学模式，试点翻转课堂等新兴教学方法，应用两门省高校在线教育联盟跨校互选课程——机电传动控制、外经贸英语函电。学校教师发表论文15篇，其中SCI（美国《科学引文索引》）收录3篇，EI（工程索引）收录3篇。完成信息管理与信息系统、工程管理、光电子技术科学、新能源材料与器件4个专业的学士学位授权审核评估，建筑学、传播学、工程造价、工程管理、市场营销、动画、音乐表演、信息管理与信息系统8个专业增列学士学位授权完成专家组实地考察评审，自动化和汽车服务工程2个新专业完成申报材料报送。

【台风"莫兰蒂"灾后修复】 2016年，厦门工学院在台风"莫兰蒂"的突袭中受灾严重，直接经济损失为5087万元，其中校园绿化损毁造成直接经济损失约1580万元，建筑物及附属设施损毁造成直接经济损失约1864万元，教学设备损毁造成直接经济损失约1643万元。台风过后，学校师生主动参与灾后重建，学校灾后迅速恢复供电、供水、通信、交通等主要设施保障，维护校园稳定有序，保证如期开学。同时，厦门工学院学工处（团委）响应厦门集美团区委家园重建行动的号召，集结各书院青年志愿者加入集美区街道社区的救援清理行动。（参见P72【台风】）

【与西安交通大学签订战略合作协议】 2016年3月17日，厦门工学院与西安交通大学签订西安交通大学与厦门工学院深化战略合作协议书，在研究生教育、师资队伍建设、本科生联合培养等方面开展深度合作。9月，厦门工学院与西安交通大学第一批29名联培生正式前往西安，就读西安交通大学。这批学生将在西安交大学习两年，学习经历将在国家教育部备案确认，两年期满后将返回厦门工学院继续接下去两年的学习。厦门工学院学生报考西安交通大学硕士研究生，在满足条件的情况下，可以优先录取。厦门工学院亦将进一步拓展西安交大在东南沿海地区的教学和创新基地。两校未来亦将在创新研究院、

9月1日，厦门市委教育工委副书记林佳添（右二）向厦门工学院附属学校赵继容校长（左二）授校牌　　（厦门工学院提供）

大学生创新创业培养等方面开展深度合作。厦门工学院在教师和行政队伍培养方面与西安交通大学加强战略合作交流，取得阶段性的成果。年内，西交大选派包括1名院士、1名长江学者在内的5名专家、教授以“双聘”的形式到厦门工学院工作，厦门工学院派遣3名教师前往西安交通大学访学。

【厦门工学院附属学校成立】 2016年9月1日，厦门工学院附属学校成立暨授牌仪式在厦门工学院音乐厅举行。厦门市委教育工委常务副书记林佳添，厦门市教育局基础教育处副处长姜金灿，集美区教育局副局长、教育工委委员陈晓辉等领导出席授牌仪式。副处长姜金灿宣读厦门市教育局关于同意开办厦门工学院附属学校的批复文件，副书记林佳添向附属学校校长赵继容授厦门工学院附属学校校牌。厦门工学院附属学校是厦门市教育局直属民办非营利性全日制寄宿学校，该校由金帝集团董事长李德文创办，学校的校舍建筑面积6万平方米，设有幼儿园、小学部、初中部、高中部和国际高中部。

（林建森）

厦门华厦学院

【概　况】 厦门华厦学院（简称华厦学院）前身厦门华厦职业学院，于1993年由厦门市政协原主席蔡望怀等人集社会力量捐资创办，是厦门市首家民办高校。2015年，教育部批准在厦门华厦职业学院基础上设立应用技术型本科院校——厦门华厦学院，2016年5月，学校加入应用技术大学（学院）联盟。2016年，学校设6个系、10个本科专业、38个专科专业。在校生5290人，年内招收新生2064人，招生计划录取完成率100%，毕业生初次就业率92.32%。全校教职员工378人，正高职称31人，副高职称95人。

2016年，华厦学院首次参加国家A类学科竞赛——全国大学生数学建模竞赛，获省级一等奖和二等奖。在税友衡信杯全国税务技能大赛（本科组）中获福建省赛三等奖和厦门市赛三等奖，在2016年全国金融与证券投资模拟实训大赛中获本科组二等奖1项、三等奖2项，在2016年福建省高职院校技能竞赛中获二等奖4项、三等奖9项、优秀奖12项，在全国职业院校技能大赛“4G全网建设技术”赛项中获三等奖。2016年，学校在福建省15个高校科研平台的遴选中，环境监测福建省高校重点实验室和新一代信息通信技术与智慧教育福建省高校工程研究中心2个项目通过。获2015年度国家星火计划项目立项，入选福建省普通本科高校向应用型转变专业群试点项目名单，食品质量与安全、物流工程两个专业获福建省教育厅服务产业特色专业立项建设。承担的厦门市科学技术局高校科技创新项目《功能化石墨烯修饰天然材料在重金属离子富集与水体净化中的研究与应用》通过验收，并申报发明专利1项、实用新型专利1项。理化分析实验教学中心成为学校首个成功获批的省级实验教学示范中心。入选2016年第一批厦门市众创空间项目，25个大学生创新创业计划获省级立项，其中校园ICT孵化工厂、室内车内空气污染物快速检测技术服务、营养海带丸的制作开发、非营利性民办高校基层团组织活力提升创新研究、华厦大学生电商创孵中心等5个项目获推国家级大学生创新创业训练计划项目。12月5日，华厦学院校长王小如携项目成果参加“一带一路”产教融合与企业国际化发展论坛暨国际校企合作成果展，是福建省唯一入选进行项目经验分享的高校。

【第三届厦台高校物流案例分析邀请赛】 2016年6月7日，华厦学院承办第三届厦台高校物流案例分析邀请赛暨厦门市首届供应链沙盘技能竞赛。华厦学院等8所厦门地区应用技术学院和高等职业教育学院与台湾景文科技大学、大华科技大学、壹中科技大学、修平科技大学、“建国科技大学”5所台湾科技大学参赛。此次比赛共有21支队伍63位选手参加，经过评委组从选题内容、文字结构、团队协作、案例演示与解说、现场问答等方面对参赛选手的综合考查与评定，台中科技大学获厦台高校物流案例分析邀请赛一等奖。供应链沙盘技能竞赛是此次大赛新增项目，采用厦门易木科技有限公司研发的SCMT供应链管理实训平台，以团队方式进行，3人一组，各自运营管理一家虚拟企业的供应链过程，通过对真实供应链运营管理的逼真模拟，展示参赛选手对物流供应链上综合物流活动的实际操作水平。厦门华厦学院代表队在供应链沙盘赛项中取得综合最高分，获一等奖。

【防抗台风“莫兰蒂”】 2016年9月15日，台风“莫兰蒂”对厦门造成严重影响，华夏学院受灾严重。教学楼、实验楼、体育场馆、学生宿舍、校园绿化等均受到不同程度的破坏，初步估算造成经济损失约1053万元。9月14日，学校党委书记张剑辉紧急组织召开防御第十四号台风“莫兰蒂”的校办公会议，对全校防台抗台工作做重要部署。台风过后，学校动员全校师生开展自救。学校各个部门协同合作，为2600余名留校学生提供饮用水及食物；教务处负责检查教室受损情况，组织各系部详细核查；后勤处及时清点受损设施设备情况，安排校内垃圾清理工作；保卫处落实灾后安全防护措施，二次排查安全隐患；学生处、团委组织留校生参与到校园灾后重建工作中，配合其他部门对教学区、宿舍区公共区域进行清扫。21日，学校基本恢复教学秩序和环境。（参见P72【台风】）

【华厦学院“教育部—中兴通讯ICT产教融合创新基地”通过教育部评估】 2016年11月18日，由应用技术大学（学院）联盟秘书长闫舒静、中兴通讯教育合作中心总经理姜善永、教育部学校规划建设发展中心徐梦阳等组成的专家组到华厦学院，开展“教育部—中兴通讯ICT产教融合创新基地”项目的验收评估。专家组在基地的制度管理、混编师资队伍建设、校企融合深度、科研教改、“六位一体”多元育人模式等方面给予肯定，基地顺利通过评估。

·小资料·

教育部—中兴通讯ICT产教融合创新基地： 2014年12月6日，在产教融合发展战略国际论坛2014年秋季分论坛上，教育部副部长鲁昕与中兴通讯高级副总裁朱进云就在本科高校共同建设“ICT（信息通信技术）产教融合创新基地”签订战略合作协议。根据协议，2015～2020年期间，教育部将支持地方教育行政部门组织推荐地方本科高校参加合作，与中兴通讯共同选择、认定“ICT（信息通信技术）产教融合创新基地”20个项目合作高校，中兴通讯将为每个创新基地平均捐赠价值500万元设备，总价值1亿元。基地将由中兴通讯派专家团队与合作院校联合制定人才培养方案、联合开发教材、共建实践教学平台、联合教学、联合开发教学资源库、提供就业支持，同时中兴通讯将市场需求转化而来的企业研发项目引入基地，为基地提供研发与服务需求，提升合作院校参与行业科研的能力，推动应用科研反哺专业建设。教育部将联合中兴通讯组织专家对“ICT产教融合创新基地”进行指导。

【加入德国SAP大学联盟全球计划】 2016年11月25日，华厦学院举行SAP大学联盟项目成员院校揭牌暨AHK（德国工商会）中德职业教育合作意向书签字仪式。SAP大学联盟大中华区项目总监杨焜与华厦学院校长王小如共同为SAP大学联盟项目成员院校揭牌，AHK大中华区职业教育总监白丽塔（Britta Buschfeld）与校长王小如签订中德职业教育合作意向书，厦门华厦学院正式成为SAP大学联盟项目成员院校，并与AHK达成中德职业教育合作共识。

11月25日，“SAP大学联盟项目成员院校”揭牌仪式举行　（厦门华厦学院提供）

·小资料·

SAP： 是System Applications and Products公司的简称，也是SAP公司的产品——企业管理解决方案的软件名称，SAP公司总部位于德国沃尔多夫市，在全球拥有6万多名员工，遍布全球130个国家，并拥有覆盖全球500家企业的合作伙伴网络。作为全球领先的企业管理软件解决方案提供商。SAP大学联盟是一项全球性计划，汇集来自103个国家和地区的2900多所教育机构，旨在塑造未来的高等教育模式。通过该计划，广大学子和教师有机会接触SAP的最新技术；各大学府和职业院校能够与SAP合作，将SAP软件集成到教学系统中，培养学生和教师的技术技能。

【中德合作创新中心成立】 2016年11月25日，华厦学院与德国工商会、SAP大学联盟合作成立中德合作创新中心。该中心聘请SAP、厦门弘信精密技术、林德叉车等企业的工程师（专家）担任专项课程讲师，对骨干教师进行专项培训，推动中德合作项目的持续开拓和具体落实。在人才培养方面，华厦学院与德国SAP公司合作，致力推广全球最前沿、最具实战性的企业信息管理商业系统，打造“课程—平台—服务—社区”四位一体的生态圈。该生态圈全面建成后，将面向在校生、德企员工及相关领域从业者，进行食品安全和老人健康护理方向的职业教育培训，受训者通过考试后，可取得由德国工商联颁发的职业认证资格证书。

【第三届食品药品、环境分析测试学术研讨会】 2016年11月26日，由厦门华厦学院主办、复旦大学与厦门斯坦道科学仪器股份有限公司协办的第三届食品药品、环境分析测试学术研讨会在华厦学院召开。会议邀请中国科学院地球环境研究所、复旦大学、厦门大学等国内40余个单位、150位学者及专家参会。会议以“健康安全的食品与环境”为主题，就现代食品与环境分析测试技术的研究进展及其在食品与环境科学基础研究、食品与环境产品质量控制和的检验监测等食品与环境相关领域中的应用进行学术研讨和交流。

（苏文雅）

厦门城市职业学院

【概　况】 2016年，厦门城市职业学院（简称城市学院）设有高职专业36个，全日制在校生5736人；开放教育设置专业17个，在籍生3977人；成人教育设置14个专业，在校生1317人。组织各类继续教育培训1966人次，组织各类行业考试、职业技能鉴定考试15项4171人次。全校教职工515人，其中专任教师305人，正高职称教师14人，副高职称教师87人，副高职称以上教师占33%，“双师”（同时拥有教师资格证书和专业技术职务证书的教师）素质教师220人，占72%。馆藏纸质图书44.18万册，电子图书68万册，中外文数据库16个。建有校内实训室128个，校外实习实训基地114个，中央和省级财政支持实训基地7个。2016年，有8个专业的录取最低分超过福建省本科二批次投档分，学校计划招生数2310人，实际录取数2284人，录取率98.87%，实际报到数2126人，报到率94.53%。

2016年，城市学院完成科研课题41项，新立项院以上科研课题34项，其中社会养老服务体系的模式构建及其实现路径研究、闽台联合培养社会养老服务人才的机制与路径研究获省部级立项。学生获全国技能竞赛奖5项（二等奖1项，三等奖4项），获福建省技能竞赛奖32项（一等奖7项、二等奖12项），获福建省职业院校技能大赛团体一等奖。学校协办2016年厦门市高等职业院校学生技能竞赛，获奖25项（一等奖5项，二等奖9项）。在“挑战杯—彩虹人生”全国职业学校创新创效创业大赛决赛中，获1个二等奖，2个三等奖。在“创青春”福建省大学生创业大赛中，获4个金奖，4个银奖，4个铜奖，学校获优秀组织奖，各类奖牌总数位居全省高职之首。在教育部举办的第四届全国高校廉政文化作品活动中，获一等奖2个，二等奖1个。校大帆船队夺得抚仙湖国际高原帆船赛专业组等3项赛事冠军。

2016年，原厦门医学高等专科学校校区（合0.13平方千米）移交成为厦门城市职业学院前埔南校区。学校完成对前埔南、北校区军衔路、扬帆路、云顶大道、匠心楼等19处楼宇道路的命名。11月，城市学院获评2016市民最喜爱的厦门职业院校。

【产学研合作】 2016年，城市学院新办飞机机电设备维修（省内首个）等4个专业，新申报云计算技术与应用等5个专业，停招金融保险专业。启动实施“三高”（高地位、高稳定、高收入）专业遴选立项培育建设工程，立项建设13个“三高专业”。确定数控技术等9个专业试点探索职业技能与职业精神深度融合。与厦门特房集团合作开展多元投资主体职教集团的探索。与厦门轨道交通集团、厦门太古飞机工程有限公司等合作，推动筹建轨道交通学院、创新创业学院、国际学院等5个二级学院。新增现代学徒制试点专业数控技术专业和“二元制”试点专业电子信息工程技术。新增20门校企合作开发课程，总数58门，有30门建为自主学习型网络课程。数字媒体艺术设计专业群、电子信息云计算专业群入选省职业院校对接产业发展特色专业群建设项目。建筑工程技术专业获省2016年高等学校创新创业教育改革试点专业。《嵌入式Linux系统应用》和《产品开发设计》获立项省2016年高等学校精品资源共享课。学校组建志愿者服务团队，对口挂钩服务25家街（镇）社区书院。新增轨道员工培训中心、非公党建人才培训基地2个培训平台，为厦门轨道集团培训员工230人，为厦门市培训非公党建组织员240人，为云南等省市培训非公党建组织员246人。

【《儿童戏剧的多元透视》获福建省第十一届社会科学优秀成果奖】 2016年6月，城市学院闽台儿童文化福建省高校文科应用研究中心的陈世明、彭怡玢、戴力芳、朱湘云合著的《儿童戏剧的多元透视》一书获福建省人民政府颁发的福建省第十一届社会科学优秀成果奖二等奖证书。《儿童戏剧的多元透视》是研究中心承担教育部重点课题闽台儿童戏剧教育比较研究的成果之一。该书致力于小学、幼儿园的儿童戏剧教育课程实践研究，以厦门市梧村小学、何厝小学、槟榔小学、艺术幼儿园、西林幼儿园等为实验研究基地，进行闽台儿童戏剧教育发展背景比较研究，通过海峡两岸合作性的比较研究，交流闽台儿童戏剧创作与儿童戏剧教育的经验，探讨“戏剧进校园”等应用模式。

【《厦门城市职业学院章程》核准生效】 2016年6月6日，省教育厅第四次厅长办公会议审议通过《厦门城市职业学院章程》，并于6月8日核准生效。《厦门城市职业学院章程》分为序言和正文两部分，正文部分包括总则、举办者与学校、管理体制和机构、二级教学单位、学生、教职员工、财务与资产管理、社会服务与外部关系、学校标识、附则10章，共计74条。该章程是学校依法自主办学、实施管理和履行公共职能的基本准则和依据，对建设和完善现代大学制度具有重要意义。

【入选首批省大学生思政教育创新示范项目】 2016年10月，中共福建省委教育工委、福建省教育厅公布首批福建省大学生思想政治教育创新示范项目入选名单，城市学院书记蒋先立主持的《探索“1145”模式，匠心化育铸人才》项目入选。该项目旨在以城市学院高职学生成长成才为1个中心，以职业精神培养和践行为1条主线，探索建立“明德、强技、笃行、致用”4位联动的职业精神培养机制，通过推动思政课改、弘扬盖军衔精神、实施晨点晨练、开展志愿服务、促进课内外学做一体化5大举措，努力培养以德为先、职业精神与职业技能并重的准职业人。

【省内首个飞机机电设备维修专业正式开班】 2016年10月9日，城市学院和厦门太古飞机工程有限公司共同创办的2016级福建省首个高职飞机机电设备维修专业举行开班仪式。该专业学制3年，首批共招收27名学生。学校和厦门太古飞机工程有限公司将通过构造政校行企协同、课证一体化的人才培养模式，面向海内外培养高层次的飞机维修人才，助力厦门市打造全球一站式航空维修基地。

（王朝阳）

责任编辑：胡　恩
审　　稿：曲　艺
责任校对：林建高

26 文 化

社会文化

【概　况】2016年，厦门市实施《厦门市闽南文化生态保护区建设办法》《厦门市繁荣商业演出市场实施办法》。出台《市属文艺院团（中心）文化惠民公益性低票价演出考核办法（试行）》。有公共文化馆7座，博物馆、纪念馆28座，公共图书馆10座，大型剧院6个。农村、社区公益广场电影放映7348场次，文化惠民公益演出618场次。厦门市图书馆新增新圩分馆和职工服务中心分馆，全年接待读者438万人次。全年市、区公共文化场馆免费服务市民群众1000万余人次。

【现代公共文化服务体系建设】2016年，厦门市文化广电新闻出版局（简称市文广新局）承办的“国家公共文化服务标准化试点”和“国家基层综合性文化服务中心试点”项目通过文化部评审验收。联合市规划委编制《厦门市公共文化设施布局规划（2016～2030）》，构建全域基层公共文化设施“15分钟文化圈”。落实厦门市《关于加快构建现代公共文化服务体系的实施意见》，将“基层综合性文化服务中心建设考评”纳入区级政府绩效考评体系。开展基层综合性文化服务中心建设考核验收，达到优秀水平的镇（街）综合文化站17家（占42.5%）；148个村居综合文化服务中心100%达标，其中达到优秀的67个（占45.3%）。加强基层文化协管员队伍建设，举办2016年厦门市基层群众文化骨干培训班，基层文化协管员500多人参训。市图书馆、文化馆、少儿图书馆、博物馆等推进资源共建共享和数字服务建设，公共文化场馆的服务水平继续保持全国先进行列。完善全市广播电视公共服务网络覆盖，农村有线电视总入户数186591户、入户率99.9%，有线数字电视整转用户数675885户、整转率94.9%。全市有广播节目7套、电视节目7套，广播电视节目无线数字化覆盖工程免费为城乡居民提供12套中央电视台数字电视节目，环岛干道隧道群无线广播覆盖工程及软件园3期、洋塘居住区等社区“三网融合”NGB（中国下一代广播电视网）网络工程建设完成。

【文化惠民服务】2016年，市文广新局不断创新文化惠民方式，基层群众文化活动丰富多彩。各级各类公共文化服务机构采取“点单式”送服务方式，广泛开展广场文艺演出、讲座培训、美术展览、文化下乡等文化惠民活动，增强群众对公共文化服务的选择权、评价权，不断提高市民群众的文化获得感。创新群众文化办赛、办展模式，尝试共办共享，联合市卫计委组织“做有人情味的医者·文化暖心暨群星风采文艺演出”系列文化活动，联合多部门共同举办2016厦门市全民广场舞大赛，联合海沧区及厦门广电集团举办2016闽南语原创歌曲歌手大赛。市图书馆、文化馆、博物馆等市属公共文化场馆全年接待市民游客554.5万人次，市、区两级公共文化场馆服务市民群众1000万余人次，市、区两级公共文化场馆举办的“鹭江讲坛”、“故事妈妈”、“闽南文化走透透”、2016全国工笔画展、南音唱腔比赛等文化活动受到群众欢迎。市属文艺院团广泛开展送戏下基层、送戏下乡活动，全年组织开展各类公益惠民及低票价演出618场次。农村公益电影放映及城市社区“温馨家园”公益电影放映7348场次。

（郑　锐）

文化艺术

【概　况】2016年，厦门市印发《厦门市传承发展地方戏曲实施意见》（厦委办发〔2016〕10号），实施厦门地方戏曲振兴工程。完成地方戏曲普查工作，编辑出版《南音古曲选集》《南音指谱全集——二弦演奏法》《蓝波里作品选》等闽南戏曲专著。启动“闽南戏曲艺术中心”及厦门艺校4期工程项目前期筹建工作。高甲戏《大稻埕》（由厦门市金莲陞高甲剧团创作完成，于2015年9月4日晚首度公演）入选文化部2016年度国家舞台艺术精品创作工程，系全省唯一入选剧目。年内，厦门市群众文化类获各类奖项9个。其中厦门艺校小白鹭群舞《厝里艺人》获全国舞蹈比赛优秀节目奖、第七届华东专业舞蹈展演表演

两岸合作抗日题材高甲戏《大稻埕》剧照　　（市文广新局提供）

一等奖、福建省“百合花”专业舞蹈比赛表演创作一等奖，并受邀参加第十一届中国艺术节全国优秀舞蹈节目展演。小品《花开有声》参加第十三届华东六省一市戏剧小品大赛获银奖。答嘴鼓《安童哥卖菜》获福建省“丹桂奖”少儿曲艺大赛一等奖并入选第六届全国少儿曲艺展演。

【文艺演出】 2016年，厦门市举办2016“百花迎春”——慰问厦门建设者大型综艺晚会，市专业艺术表演团体和机关企事业单位等22个演出团体900多人参加演出，市领导及特区建设者代表1400多人观看表演。厦门市文广新局联合市委宣传部、市文联等到北京举办“美丽厦门当代美术作品展”，展出180余幅优秀美术作品，受到首都媒体及观展群众好评。厦门歌舞剧院原创音乐话剧《老宅》通过“保利院线”（是指由保利剧院管理有限公司在全国经营管理的总计54家剧院组成的剧院院线联盟）到全国各大城市巡演。为纪念中国共产党成立95周年及长征胜利80周年，厦门歌舞剧院复排展演原创音乐话剧《雁叫长空》。厦门市文广新局组织文艺工作者创作抵御台风“莫兰蒂”系列文艺小品，讴歌抗灾重建中体现出的“厦门精神”。厦门闽南大戏院与台湾音乐时代剧场联合制作首部原创音乐剧《微·信》。厦门闽南大戏院与“中演院线”（由中国对外文化集团公司旗下中演演出院线发展有限责任公司发起、运营、管理的现代化、综合性全国文艺演出院线，是在中国国家工商行政管理总局正式注册的首家文艺演出院线）、Chickenshed Theatre（英国雄鸡之屋剧社）共同创作环保主题原创儿童音乐剧《寻找绿洲》，上映后市场反应良好。

（郑　锐）

文化遗产保护

【概　况】 2016年，厦门市有文物保护单位315处，其中国家级7处、省级39处、市级110处、县（区）级71处，厦门市涉台文物保护单位88处。有非物质文化遗产项目64个，其中世界级人类口头与非物质文化遗产1个（南音）、国家级11个、省级16个、市级36个；有非物质文化遗产代表传承人121人，其中国家级10人、省级45人、市级66人。在省文物局登记的博物馆、纪念馆共10家（2016年新增1家民办博物馆：福建省鼓浪屿盘古文化博物馆），收藏各类文物3.3万件（套）。厦门市制定加强厦门市闽南文化生态保护区建设工作方案，开展《厦门市闽南文化生态保护区建设办法》实施一周年检查，闽南文化生态保护区建设成效受到文化部文化生态保护区建设检查评估专家肯定。2月，鼓浪屿正式确定代表中国申报2017年世界文化遗产项目。年内，厦门市全力推进鼓浪屿历史环境整治、文化遗产修缮、建立遗产地监测中心等。

【文物保护】 2016年，厦门市在全省首创不可移动文物纳入全市“多规合一”（参见P81小资料“多规合一”）一张图工程，从城市规划源头划定文物保护“红线”。完成思明、集美两区保护规划落图，推进海沧、湖里、同安、翔安保护规划落图。完成第四至第七批国家级文物保护单位保护范围及省级以上文物保护单位建设控制地带划定工作。编制闽南红砖建筑保护规划，编印《闽南红砖建筑》。完成“8·23”炮战遗址群保护规划及中山路、集美学村、厦港、同安旧城等历史文化街区保护规划编制，确定中山路、集美学村为2016年历史文化街区申报项目。全面完成第一次全国可移动文物普查各项工作，普查登录可移动文物32442件（套），实际登录87903件（套），举办厦门市第一次全国可移动文物普查成果展。强化文物保护“属地管理”和安全生产主体责任，抓好文物安全监管。思明区开展“寻根厦门之旅、守护思明文物”文物保护认领活动，125个区级以下文物保护单位被爱心企业和热心市民认领。

【博物馆服务社会】 2016年，厦门市博物馆（含各下属分馆）接待参观者100万余人次，其中未成年人16万余人，接待的团体数量和参观人数比上年略有增加。举办2016国际博物馆日系列主题活动、专家义务鉴宝活动、流动展览进社区活动等。举办《耀州窑瓷器展》《厦门市第一次全国可移动文物普查成果展》《陶烟五色永乐瓷——景德镇御窑出土明永乐瓷器特展》等精品临时展览24场次。做好清代圣旨、闽台字画、瞰青别墅、鹭江号等文物修复工作；征集文物19件套，接收字画、陶瓷等捐赠资料35件套。完成鼓浪屿工部局、曾山遗址、水下文物、“地铁3号、6号线”、黄其晟墓调查等多项考古调查工作。市博物馆进行民间文物鉴定40多次200多件。出版《唐厦门陈元通夫妇墓》《厦门陶瓷之路》《厦门历史文物精粹》等专著。厦门文物店专场拍卖455件（组）拍品，厦门文物店所属机构厦门文物鉴定中心接受各地民众委托鉴定51起、387件（套）。

【非物质文化遗产保护】 2016年，厦门市完善非遗传承名录，构建国家—省—市—区4级非遗传承体系，全市有各级

6月11日，厦门市2016年“文化遗产日”宣传活动　（市文广新局提供）

非物质文化遗产项目64个、非物质文化遗产代表传承人121人。开展2016年“文化遗产日”系列宣传活动，举办振兴传统工艺技艺成果展示、市非物质文化遗产展演团鼓浪屿展演、《厦门市闽南话测试大纲》首发式、鼓浪屿与土楼建筑图片展、闽南天然香灯谜竞猜等活动。推动中国（厦门）、马来西亚（马六甲）“送王船”习俗联合申报人类非物质文化遗产代表项目。与民盟中央文化委员会联合举办全国文化生态保护区建设工作研讨会，同期举办同安吕厝“送王船”文化节。组织非遗展示团到筼筜书院进行闽南非遗文化展示表演，深化闽南方言与文化进校园、进社区工作，筹划开展闽南话水平测试工作。

【鼓浪屿申报世界文化遗产】 2016年2月，鼓浪屿正式确定代表中国申报2017年世界文化遗产项目。年内，厦门市开展鼓浪屿申报2017世遗工作，建立与国家文物局、省文物局和相关专业机构的高效沟通协作机制，先后报审各类维护、保养、环境整治、道路景观改造、展示和安全消防方案70余个，协调各类专家实地检查指导300余人次，组织代建、监理、施工等单位业务培训5批500多人次，完成工程质量、安全监督检查情况报告19份。做好53个文化遗产核心要素的本体修缮、环境整治、价值阐释、展示宣传与监测等工作，编制《鼓浪屿申遗核心文化价值阐释与展示规划》，开展申遗文物征集、文史资料整理、过程档案梳理等工作，完成遗产地综合展示馆、主题馆及专题馆等各类展示场馆建设36处。（参见P329【鼓浪屿申遗工作】）

（郑　锐）

文化产业

【概　况】 2016年，厦门市有国家级文化产业园区和基地4个，省级文化园区和示范基地22个，市级重点文化企业50家，文化产业总收入1155亿元，比上年增长15%，成为支柱型产业。

【文化市场经营】 2016年，市文广新局强化文化行业服务及文化企业辅导，培育文化消费市场，推动文化产业良性发展。推进《艺术品经营管理办法》贯彻实施，开展艺术品经营单位普查及备案工作，建立健全艺术品经营管理制度。编印发行《厦门演艺资讯》6期12万册，落实2015年度10家单位49场次商业演出奖励资金95.75万元。全年有国内135个、境外230个演出团体和个人（指文艺团体及艺人，如音乐会、话剧、演唱会等商业演出）到厦门开展商演。闽南大戏院、嘉庚剧院分别举办高端商业演出128场、125场，平均上座率在7成以上。民营实体书店行业发展呈转型升级态势，有28家实体书店的35个项目获扶持资金292万元。推动互联网上网服务场所拓展“互联网+咖啡”“互联网+电竞”“互联网+书店”等经营模式，全市50%以上互联网上网服务场所实现高端化、多业态发展。下发《进一步加强游戏游艺场所监管　促进行业健康发展的通知》，引导游戏游艺行业实现转型升级和规范有序发展。第九届海峡两岸文博会有1708家文化企业和机构参展，其中台湾参展商741家。第十二届图交会参展出版商及机构300多家，参展图书近10万种30万册，总码洋2800万元，现场零售和征订图书总码洋3260万人民币。

【文化产业基础建设】 2016年，厦门市重点推进闽台（厦门）文化产业园二期（湖里老工业厂房文创园）改造建设和招商运营。海峡两岸建筑设计文创园和联发华美空间文创园完成基建投资约1.7亿元，改造老厂房建筑面积8.3万平方米，入驻企业约180家；在建的海西工业设计中心、两岸客家文化创意产业基地、五洲汇跨境文化创意产业园等项目，完成改造建筑面积18万平方米，总投资约20亿元。加强政策和保障服务，7家企业获中央财政专项资金补助2000万元，84家动漫游戏类企业申报补贴和奖励项目总金额1754.1万元，11家企业申报国家文化出口重点企业。吉宏股份、吉比特、美图科技等公司实现上市，新增省级文化产业示范基地2家。厦门华强2期“东方神画”、神游华夏2期等重点项目建设进展顺利。厦门自贸片区与中国雅昌文化集团、英国邦瀚斯拍卖行等34家企业合作。加快建设海丝艺术品中心，累计投资2.19亿元，该中心项目主体楼完成施工。

（郑　锐）

文化交流

【概　况】 2016年，厦门市进一步深化对外对台文化交流，市文化行政部门办理对外出访项目3批次、74人次，到访项目5批次、32人次；对台出访项目14批次、416人次，到访项目1批次、4人次。做好涉台文物保护修缮，市政府公布第三批涉台文物古迹25处，市级涉台文物古迹总数增至88处；市文广新局推进大嶝金门县政府旧址2期、江夏堂宗亲会馆、薛岭龙源宫、同安施氏大厝维修工程，启动陈化成祠堂、陈胜元故居、台湾公会旧址等保护修缮工程。

【对台文化交流】 2016年，市文广新局组织市属文艺院团赴金门开展2016海峡两岸民间艺术节暨“乡音之旅”巡演活动。厦门闽南大戏院与台湾音乐时代剧场联合制作的首部原创音乐剧《微·信》，到台北商演12场。福建省新闻出版广电局、市文广新局组织举办海峡论坛重要活动之一的“第八届海峡影视季——台湾电影展”系列活动。市文广新局指导各区举办海峡两岸乐活节、慈济文化节、郑成功文化节、福德文化节等活动。厦门广电集团继续办好《两岸新新闻》《闽南话听讲大会》等对台电视栏目。

【对外文化交流】 2016年，市文广新局组织市文艺代表团赴新西兰惠灵顿市开展2016“欢乐春节”交流演出活动。组织专业艺术院团做好二十国集团（G20）财政和央行副手会文艺演出。加强与海丝沿线国家地区文化交流合作，重点拓展与东南亚文化交流。配合市外侨办举办第五届南洋文化节配套活动南洋电影节展映以及文艺演出等文化交流活动。组织市文艺代表团赴马来西亚马六甲参加2016世界闽南文化节活动。启动2017年“厦门会晤”筹备工作，重点抓好文艺表演场馆改造、专场文艺晚会及系列文化交流活动等工作。

【区级文化项目开展】 2016年，思明区举办2016年海峡两岸郑成功文化节，湖里区举办第九届世界（湖里）福德文化节，海沧区举办第九届海峡两岸（厦门海沧）保生慈济文化旅游节、2016海峡两岸（厦门）乐活节、2016海峡两岸汉字节，集美区举办2016海峡两岸（集美）龙舟文化节暨“嘉庚杯”“敬贤杯”海峡两岸龙舟赛、2016集美·阿尔勒国际摄影季、2016厦门（集美）草莓音乐节，同安区举办2016同安孔子文化节、同安“闽台送王船”民俗活动、第三届北辰山闽王民俗文化节、银城珠光禅瓷

11月7日，国务院原副总理曾培炎参观第九届海峡两岸文博会（市文广新局提供）

文化节、厦门（同安）首届国际朱子文化节、2016苏颂国际文化节，翔安区举办翔安好声音、翔安仲夏夜等活动。

【2016海峡两岸民间艺术节暨“乡音之旅”巡演】 2016年10月21～25日，海峡两岸民间艺术节暨“乡音之旅”巡演在金门举办。该次活动由中华文化联谊会、金门县政府指导，厦门市中华文化联谊会、福建省闽台文化交流中心、厦门市两岸交流协会和金门县文化局主办。两岸艺术表演团队及专家学者470人参加各项活动。活动以“乡音唱和”为主题，通过歌戏畅和、舞动欢和、箫弦鸣和、莲锦璧合、亲子乐和、慈爱亲和、雅乐清和等板块呈现。围绕主题，主办方举办交流演出16场，两岸艺术薪传与普及研讨会2场，高甲戏研习营、舞蹈研习营各1场，以及“美丽厦门”摄影作品展。“乡音之旅”展演是由厦门市文广新局和厦门市中华文化联谊会组织并常年举办的对台文化交流活动，此次将海峡两岸民间艺术节与“乡音之旅”巡演合办，旨在让两岸文化交流成果更多地惠及民众。此次“乡音之旅”组织《大稻埕》《渡台曲》《风神宝宝之火焰山》等突出两岸题材的优秀原创剧目进中小学校展演、教学和互动交流6场，广场演出3场，受到各界的欢迎。

【第九届海峡两岸文博会】 2016年11月4～7日，第九届海峡两岸文博会在厦门举行。该届海峡两岸文博会由中共中央台办、文化部、国家新闻出版广电总局主办，福建省人民政府、厦门市人民政府、台湾亚太文化创意产业协会承办，主题为“一脉传承·创意未来”，旨在突出两岸、突出产业、突出投资、突出交易。文化部副部长丁伟，全国台联副会长杨毅周，福建省委常委、宣传部部长高翔，省政协副主席薛卫民等领导参观展览。展会重点打造工艺艺术品、创意设计、数字内容、文创旅游4板块，同时举办各类论坛、对接会、推介、签约等30项配套活动。遍布厦门各区的30个分会场和107个专项活动同步登场，数量为历届之最。该届海峡两岸文博会主会场展览面积6.5万平方米，设置展位3000多个，观展人数36万人次，参展企业1708家，其中台湾地区参展企业741家。该届文博会签约项目103个，金额303.9亿元，现场交易额10.43亿，交易合作项目涵盖创意设计、工艺美术、影视演艺、文创旅游等文化产业核心内容。

（郑　锐）

文化管理

【概　况】 2016年，厦门市文化广电新闻出版局（简称市文广新局）提高文化市场监管信息化水平，完成全国文化

市场技术监管与服务平台建设，实现市场准入、动态监管、公共服务和市场决策等功能。加强文化市场日常监管和专项整治，对重点场所、重点领域、重点时期开展文化市场集中专项整治。开展文化市场执法检查、专项整治及文化市场安全生产标准化建设提升工程3年行动，确保文化市场健康、安全、有序。加强文化市场领域工商登记制度改革后续监管。市文广新局受理行政审批及公共服务事项498件，处理商事平台来件16800件，全部及时流转办结。市文化市场综合执法支队获国家版权局查处侵权盗版案件有功单位三等奖，查办的1起案件获评“剑网2016”专项行动典型网络侵权盗版案。

【文化市场管理与执法】 2016年，市文广新局创新文化市场监管模式，加强事中事后监管。全国文化市场技术监管与服务平台录有文化经营单位信息数据843家，全市文化经营单位在平台激活率99.3%；市、区两级通过平台办理准入审批业务1970件，综合执法业务11688件，基本实现网上审批及监管。全年市、区两级文化市场综合执法机构出动执法人员12152人次，检查文化市场经营场所4391家次，网络巡查互联网文化经营单位415家次；市文化市场综合执法支队开展“双随机”（在监管过程中随机抽取检查对象、随机选派执法监察人员）抽查文化经营单位89家，立案查处行政处罚案件39件。市文广新局组织开展2016年整治“黑网吧”专项行动，协调市通信管理局对87家无证网吧实施断网，查处“黑网吧”82家，取缔204家，收缴电脑2161台，没收违法所得3.18万元，罚款57.4万元。开展“扫黄打非”活动，组织“打击利用云盘传播淫秽色情信息专项整治行动”“高校及其周边复印店专项治理行动”等20余个专项行动，集中销毁各类侵权盗版及非法出版物6.863万件。

【文化体制机制改革】 2016年，市文广新局做好承办国家公共文化服务标准化试点和国家基层综合性文化服务中心试点两项全国试点项目工作，该两项试点工作被列入福建省、厦门市文化体制和社会事业体制改革年度重点项目加以推进。制定并颁布《厦门市基层公共文化设施建设标准（试行）》《厦门市基层公共文化设施服务标准（试行）》，对基层公共文化设施和机构的建设、运营、管理提出明确要求。指导全市各行政区政府制定出台区级《关于加快构建现代公共文化服务体系的实施方案》及标准，各镇（街）文化站和村（居）综合文化活动室配套出台“文化活动室管理使用办法”，公共文化服务标准化建设在全市整体铺开。创新公共文化服务供给机制，制定出台厦门市《政府向社会力量购买公共文化服务实施办法》。进一步深化国有文艺院团惠民演出供给机制改革，联合市财政局出台《市属文艺院团（中心）文化惠民公益性低票价演出考核办法（试行）》，鼓励和支持国有文艺院团向社会提供优质文化产品与服务。促进国有文化企业改革，研究制定3家国有电影企业整体划转改革方案。

4月21日，厦门市“扫黄打非”集中销毁仪式现场 （市文广新局提供）

【自贸试验片区文化功能拓展】 2016年，市文广新局推动《中国（福建）自由贸易试验区文化市场开放项目实施细则》落实取得实质进展，落实“设立外资经营的演出场所经营单位、设立外资经营的演出经纪机构、设立外资经营的娱乐场所”3项文化市场开放政策。支持文化企业入驻厦门自贸片区，年内入驻文化企业610家（其中外资37家），注册资本30亿元。向文化部申报文化出口重点企业11家。探索建设文化保税区，在艺术品保税拍卖方面取得成效，厦门博乐德平台拍卖有限公司举办“无底价保税拍卖”，成交320件拍品（其中保税拍品73件），总成交额507万。

【文化行政管理建设】 2016年，市文广新局制定《厦门市文化广电新闻出版局权责清单动态管理办法》，梳理规范并公开权责清单322项，其中行政权力清单250项（含上级委托下放12项）、公共服务事项清单8项、责任清单60项、其他事项清单4项，取消11项中介服务事项。做好规范性文件审查，完成36件规范性文件的系统性清理工作。加强文广新领域社会信用体系建设，完善实施细则及系列配套措施，形成较为完善的文化市场信用体系建设制度。加强文化综合执法资格证件管理，组织执法资格专业考试及法律考试，换发新证51人次。

（郑　锐）

广播影视与新闻出版

【概　况】 2016年，厦门市有广播节目7套、电视节目7套，广播电视节目制作单位108家。全市有线电视覆盖率100%，数字电视整转率94.9%。全市商业电影院38家，其中新增10家；银幕228块，其中新增61块。全年商业电影票房收入3.99亿元。农村、社区公益广场电影共放映7348场次。印刷企业667家，出版物批发企业29家，出版物零售单位329家，新闻媒体驻厦门记者站22家，出版发行各类报纸7种、期刊25种、侨刊乡讯13种，连续性内部资料性出版物37种。市文广新局组织开展影视制作、出版、印刷、发行企业年度核验工作，审核企业1118家次。指导协调市属媒体结合各方面实际做好正面舆论宣传，优选《做有人情味的医者》《小城记忆》《魏徵·廉洁奉公俭为先》等9部作品网上展播，以“弘扬社会主义核心价值观·共筑中国梦”为主题。

【市属主流媒体正面舆论宣传】 2016年，市文广新局指导协调市属媒体做好正面舆论宣传，深入学习贯彻习近平在党的新闻舆论工作座谈会上的重要讲话精神，落实《党委（党组）意识形态工作责任制实施办法》，提高做好新闻舆论工作的能力和水平。围绕中共十八届六中全会、社会主义核心价值观、建党95周年、红军长征胜利80周年、“中国梦”“美丽厦门”、福建省第十次党代会、厦门市第十二次党代会、防抗台风“莫兰蒂”等宣传重心和省市中心工作，指导协调厦门报业集团、厦门广电集团等市属主流媒体加强正面和主流宣传。协调市属主流媒体配合各部门各行业开展“安全生产月”“全国低碳日”“质量月”“全民禁毒宣传月”“全国生态文明城市评选”、法治宣传、公益广告刊播等主题宣传。

【新闻出版广播电视业管理】 2016年，市文广新局依法依规履行文化传播阵地、内容导向和节目播出管理等各项管理职能，开展审听、审看、审读工作，编印《厦门报刊阅评》12期、《厦门视听评议》17期，刊登稿件110篇，及时发现各种苗头性、倾向性问题，及时纠偏和整改，确保正确舆论导向。完成25家新闻媒体966名新闻记者证的年度核验初审，配合福建省新闻出版广电局完成中央驻厦门记者站清理整顿后重新登记工作，完成申领新闻记者证初审77件，对厦门卫视播音员主持人持证上岗情况摸底排查。对全市新闻出版企业开展集中年度核验，印刷企业715家、出版物批发企业32家、出版物零售企业281家通过核验。督促厦门卫视调整闽南语节目播出比例，整改后实现比例达标。把好商业广告播出“三审关”（初审、复审、终审），纠正超时播放广告短片、挂角广告3条。全年组织开展安全播出应急演练33次，358人次参与；播发“三电”设施（指电力、电信和广播电视设施）保护公益广告2015条次，发放宣传品6655份。全市未发生广播电视非法插播事件、人为事故和重大技术事故，市级广播播控前端台内停播率为0秒/百小时，市级电视播控前端台内停播率为0.2秒/百小时，均优于广电总局下达的指标任务。开展整治非法卫星地面接收设施专项行动，打击非法广播电台，先后3次配合公安部门鉴定非法境外卫星地面接收设施62件，查处卫星电视地面接收设施行政案件2起，检查持证卫星电视接收单位24家次，处理涉嫌非法安装卫星地面接收设施举报12起，拆除卫星地面接收天线14面、收缴卫星地面接收天线1面、高频头2个、接收天线9面。

【项目扶持推优】 2016年，市文广新局开展项目扶持和推优工作，推荐厦门安妮股份、厦门日报社、厦门大学出版社等8家企业申报福建省印刷企业转型升级扶持资金、国家新闻出版广播影视重大项目、国家出版融合发展重点实验室项目。开展网络视听节目品牌栏目和优秀节目征集和推优活动，先后向福建省新闻出版广电局推荐公益广告扶持项目9个、网络视听节目内容建设扶持项目2个、省广播电视文艺评奖作品14件、广播影视剧本扶持项目9个。微电影《逆流》获全国“弘扬社会主义核心价值观共筑中国梦”主题原创优秀网络视听作品，《致我们终将逝去的爱情》获全国优秀网络视听作品。厦门广电“互联网思维下的广播电视媒体融合发展”入选2016国家网络视听节目内容建设专项资金扶持项目“年度优秀案例”。

【第十二届海峡两岸图书交易会】 2016年8月12～18日，第十二届海峡两岸图书交易会在台北举行，此届海峡两岸图书交易会由厦门市人民政府、福建省新闻出版广电局、中国出版协会、台北市出版商业同业公会、台湾图书出版事业协会、台湾图书发行协进会主办。展场总面积约1.1万平方米，主会场设在台北世贸一馆，在台中市、南投县设立两个分会场。台北主会场面积8000平方米、展位390个，设有大陆图书展销区、台湾图书展销区、山东主宾省展区、两岸版权贸易区、畅销书区、台湾综合销售区、交流洽谈区、签售活动区、主舞台区9个展区。此届海峡两岸图书交易会举办对接交流活动48项，除两岸出版物展示、订货、销售等常规活动之外，还举办第二十一届华文出版年会暨两岸出版高峰论坛、两岸电子书产销合作论坛暨两岸图书馆资源建设研讨会、两岸合作项目签约等活动。两岸参展出版商及机构有300多家，参展图书近10万种30万册，总码洋2800万元人民币。现场零售和征订图书总码洋3260万人民币（其中大陆图书2196万元，台湾图书1064万元），交易额比上届增长23%；两岸版权贸易意向签约308项，签约数比上届增长8%；现场签订两岸出版合作项目17项，比上届增长12%，涵盖两岸版权合作、图书代理发行、数字内容发行、影音产品授权、书屋共建、国学教育、出版业务培训等多个领域。

（郑　锐）

【广电集团】 2016年，厦门广播电视集团（简称厦门广电集团）总体收视份额26%，比上年提高6个百分点，在全国15个副省级中位居第二；广播总体收听份额82.15%，在全国15个副省级城市中保持第一。有41件新闻作品获省级以上奖项，其中14件获省级一等奖。纪录片《开台王颜思齐》获第二十二届中国电视纪录片长片“十优”作品。纪录片《汀溪青瓷》获2016中国“一带一路”微纪录展优秀作品奖。广播消息《珍贵“国礼”眼角膜让中国患者重见光明》获第二十五届中国新闻奖三等奖，《鼓浪屿往事》和《厦门1938》分别获第十届“纪录·中国”创优评析活动一等奖和二等奖。截至2016年底，“看厦门”APP（手机软件）注册用户累计53万人次，比上年增长12.7%。广电集团的官微“粉丝”21万人，官博“粉丝”4.6万人。在2月26日发布的2015年度“中国电视满意度博雅榜”评比中，厦门电视台获全国城市电视台10强的第五名，是博雅榜自发布（已6届）之后，厦门电视台第一次上榜。

2016年，广电集团电视推出中共

十八届六中全会、省市党代会、纪念建党 95 周年、长征胜利 80 周年、特区建设 35 周年等系列报道。围绕“践行社会主义核心价值观”“两学一做”“开局十三五”“深化改革看厦门”等主题进行报道，反映厦门市在全面深化改革等方面取得的新进展、新成效。做好 2016 厦门两会、2016 厦门工业博览会、第十九届中国国际投资贸易洽谈会、第九届海峡两岸（厦门）文博会、第八届海峡论坛等重大活动的宣传报道。“特区新闻广场”“厦广早新闻”等栏目通过关注社会热点、追踪突发事件，制作一批颇具社会影响力的舆论监督报道，在引导社会和民生热点、反映百姓多元心声方面取得实效。举办“音乐厦门”“高考爱心车”“我为厦门种棵树”等活动以及策划“暖城行动”大型直播、“城市民生地图”报道等，受到社会各界好评。承接第八届海峡论坛文艺演出、抗御台风“莫兰蒂”重建家园特别节目、厦门经济特区建设 35 周年文艺晚会等重要文艺演出活动。完成 2016 海峡两岸（厦门海沧）女子半程马拉松赛、2016 厦门（海沧）国际半程马拉松赛电视直播。完成巴西里约奥运会转播、2015～2016 中国羽毛球俱乐部超级联赛厦门主场赛等国际国内赛事的公用信号制作和电视直播。完善安全播出制度建设，自办电视频道总播出 62318 小时、广播节目总播出 35019 小时，无线发射总播出 297588 小时，总控传输机房总播出 184806 小时，各项技术指标均优于上级规定的要求。完成环岛干道隧道群和云顶隧道、文兴隧道无线广播覆盖以及大帽山调频广播覆盖等项目。完成 90 平方米虚拟演播室系统高清化改造、广播制播网络音频存储系统等设备更新升级。与央视联合直播 2016 厦门国际马拉松赛。厦门卫视东南亚演播室投入使用。派出记者报道 G20 杭州峰会、第二十八届和第二十九届东盟峰会。10 月，组织“闽南读册歌·唱响新丝路”展演交流团赴马来西亚巡演，在吉隆坡、马六甲、槟城 3 地举办 4 场演出。做好向中央电视台、省台传送新闻工作，有 10 多条新闻被中央电视台《新闻联播》采用，40 多条在中央电视台新闻频道各时段播出；200 多条在省台播出；传送 CPTN（全国城市台协作网）新闻 700 多条，被下载 1000 多次。厦广在央广中国之声发稿 40 余条；闽南之声广播通过国际台，每月面向新加坡、马来西亚、菲律宾、泰国等东南亚国家和地区的闽南语听众播出 1800 分钟以上的自制节目。召开新闻协作会议，加强省内各台的新闻交流与协作。利用驻台记者及台湾合作媒体的优势，紧密关注台湾政局变化，推出《认同促发展》系列专题报道，升级改版“两岸新新闻”“两岸直航”“新闻斗阵讲”和“两岸共同新闻”等栏目，突出“九二共识”主题宣传。其中，“两岸新新闻”推出新板块“东南亚观察”，关注东南亚国家参与“一带一路”建设和当地人文、经济、旅游等方面发展，以及华人华侨在当地的故事，成为密切闽台交流、促进福建与东南亚各国友谊与合作的新窗口和新平台。4 月，厦门卫视全频道登陆台湾全华行动电视网（在手机上安装的新媒体网络播出平台）“掌心视界”（手机 APP 移动终端），向台湾岛内手机用户实时输送厦门卫视节目，这是大陆媒体在台湾移动终端网的首次登陆。厦门卫视促进两岸交流合作，并主动融入国家“一带一路”倡议、把新闻触角延伸到东南亚的做法，及厦门广电集团的融媒体建设和防抗台风宣传报道工作，得到分别到厦门广电集团调研的省委常委、宣传部部长高翔和省委常委、厦门市委书记裴金佳的肯定。

【建党 95 周年宣传报道】 2016 年，厦门广电集团“厦视新闻”栏目推出系列报道《红色记忆》和《鹭岛党旗飘》，厦门卫视“两岸秘密档案”栏目连续推出《开天辟地》《时代先锋》两组系列片。新闻广播从 6 月下旬开始，在“厦广早新闻”及“厦广新闻”栏目中开设《两学一做·我为什么入党》《红色记忆》《学习两史　践行三爱》等多个专栏。厦门广电官方微信于 7 月 1 日推出头条微信《没有互联网，没有手机，他们却靠“这”成为了中国最伟大的创客！》。推出《那时候我们南下》《重生》《高原上的鹭江人》等纪录片。6 月 7 日，由厦门文广影音有限公司与西安海润影视制作有限公司共同投资制作，作为建党 95 周年系列献礼之作的电视连续剧《我们的纯真年代》在中央电视台电视剧频道上映。该剧自 4 月 20 日在河南都市频道首播以来，收视持续高位，稳居南京、济南、成都等地的收视率榜首。

【纪念长征胜利 80 周年活动】 2016 年，厦门广电集团参与主办“风展红旗山海行”大型主题采访活动，此次活动于 9 月 3 日在龙岩长汀举行启动仪式，市委常委、宣传部部长叶重耕出席启动仪式并向栏目组授旗。该次采访活动的系列节目分别到福建革命老区以及江西、甘肃、宁夏等地拍摄，并在《厦视新闻》和《军情全球眼》栏目，以系列报道和专题片的形式，分两个阶段推出。9 月，厦门广电集团参与由省委宣传部和厦门大学、福建师范大学联合主办的“青年新闻人　重走长征路”大型联合采访活动。10 月，厦门经济交通广播联合赣州交通广播、龙岩人民广播电台、三明广播电视台、漳州交通广播等闽赣 5 市广播电台举办“小康路上新长征”大型联合采访活动。9 月 19 日，厦门经济交通广播通过 FM107、AM1278 播出 80 集系列广播节目《解码长征八十问》，共计 40 天，每天 2 集，此系列节目邀请国内知名军事专家讲述、解读、审视伟大的长征。

【里约奥运会转播】 2016 年 8 月 4 日，由 27 名成员组成的厦门广电集团里约奥运会羽毛球国际公用信号制作团队赴巴西里约奥运赛场。半个月时间里独立完成 3 号场地小组赛至四分之一决赛共计 55 场、60 多个小时的比赛信号制作，并派出 4 名摄像和慢动作操作员协助完成了 1、2 号场地直至金牌决赛的近 70 场比赛的信号制作。

【省领导肯定厦门防抗台风宣传报道】 2016 年 9 月 27 日，福建省委副书记、省长于伟国到厦门市检查指导防抗台风“鲇鱼”工作时，实时观看厦门广电集团“直击台风‘鲇鱼’”直播报道，对结合电视直播连线和利用微信微博等新媒体实时与网民互动的报道形式给予肯定，认为该形式有创新，不仅及时传递党委和政府的声音和信息，而且滚动播出普通网民的意见和声音，让群众共同参与到防御台风中来，厦门的做法值得推广。防抗台风“鲇鱼”期间，厦门电视台进行 11 个小时的不间断直播，广播连续 13.5 个小时并机直播，“看厦门”APP 持续 19 个小时启动图文直播；

“厦门广电”官微官博持续37个小时图文直播，厦门广电网与电视同步视频直播。

【厦门卫视东南亚演播室启用】2016年10月25日，厦门卫视东南亚演播室启用仪式在厦门卫视东南亚演播室和厦门广电中心400平方米演播室同步连线举行。该演播室的成立是厦门卫视因应国家“一带一路”倡议布局及厦门广电集团向区域性传媒转型发展的一项重大举措，及厦门市对外宣传工作的重大拓展。该演播室位于厦门大学马来西亚分校内，面积140平方米，由厦门广电集团和厦门大学马来西亚分校合作建设。未来该演播室除用于新闻制作外，还将成为厦门大学马来西亚分校新闻专业学生的实践基地。厦门卫视于8月派出记者驻点马来西亚，并在“两岸新新闻”中开辟“东南亚观察”板块，每周六21:30播出。此后，厦门卫视东南亚演播室将作为“东南亚观察”专栏的主要制作基地。启动仪式上，厦门卫视与泰国东盟卫视及云南广播电视台签署新闻交流与合作协议。

【省领导到厦门广电集团调研】2016年11月4日上午，福建省委常委、宣传部部长高翔到厦门广电集团调研，市委常委、宣传部部长叶重耕陪同调研。高翔肯定厦门广电集团的融媒体建设和防抗台风宣传报道工作，勉励新闻工作者再接再厉，围绕省委、省政府中心工作和重大决策部署，创新报道形式，多出精品力作，为再上新台阶、建设新福建提供更加有力的舆论支持。11月15日上午，省委常委、厦门市委书记裴金佳到厦门广电集团调研。裴金佳对厦门卫视在促进两岸交流合作、主动融入国家“一带一路”倡议的做法以及厦门广电集团加快推动媒体融合发展所取得的成效给予肯定。在当天上午与市属新闻媒体以及中央和省驻厦新闻单位负责人座谈会上，裴金佳对如何进一步加强厦门市新闻舆论工作提出具体要求：（1）认真学习领会习近平总书记关于新闻舆论工作的重要讲话精神，始终坚持正确的政治方向和舆论导向；（2）为金砖会晤的成功举办营造良好的宣传舆论氛围；（3）切实加强对新闻媒体工作的领导和保障。

【陈清洲先进事迹宣传报道】“厦视新闻”于2016年12月20日起推出3集系列报道《不忘初心的好民警陈清洲》，并特别报道中央媒体密集报道陈清洲先进事迹情况。《十分关注》栏目于12月23日播出《陈清洲：点亮平凡的人民警察》。广电官微连续推出《陈清洲入选央视年度法治人物候选人！牵动一座城的他，现在好点了吗？》《不忘初心，大爱暖城！清洲，让我们陪你跑一场生命的马拉松！》等推文，并创新报道形式，推出H5动画《清洲，让我们陪你跑一场生命的马拉松》，在微信朋友圈形成接力式传播。厦门广电网及“看厦门”APP推出《时代楷模“不忘初心的好民警”陈清洲》专题，综合中央电视台等电视新闻以及新华社、《人民日报》等主流媒体的报道，宣传展现陈清洲先进事迹。12月21日，由中共中央宣传部主办的“时代楷模发布厅”活动在厦门嘉庚剧院举行，中宣部、公安部和省、市领导出席活动，为好警察陈清洲颁发“时代楷模”荣誉证书，并授予公安“一级英模”荣誉称号。厦门广电集团作为发布活动的具体执行单位，以高效的工作效率、专业的工作能力得到了中宣部的肯定。12月26日晚，中央电视台综合频道播出“时代楷模发布厅”活动。（参见P213【陈清洲获“时代楷模”称号】）

·小资料·

H5：一种新的移动媒体传播形式，就是把内容做成一个手机场景，通过二维码或者转发链接，让用户更直观地体验互动，场景可以包括：文字、图片、视频、音频等。

（郭晓明）

【厦门文广影音有限公司】2016年，厦门文广影音有限公司（简称文广影音有限公司）营业收入11120万元，实现利润1215万元。主要开展影视剧创作与发行、视频内容制作与发行、文化出版及少儿文创产业运营和影视产业园区运营等业务。全年拍摄发行电视剧《雪白血红》《双枪》《最后的战士》《希望使命》《我们的爱》《幸福的脚步》，策划筹备《听见你的心跳》《鼓浪风云》等多部影视剧，制作完成《船承》《我们村》《新机场建设纪录片》《不忘初心　逐梦前行》《高原上的鹭江人》等70余个纪录片、专题片、宣传片。公益广告片《懂你》获2016年全国税收公益广告作品征集活动电视类优秀奖。2016年，承制厦门卫视、厦门电视台闽南话节目共7档，完成92297分钟。其中，自制节目《斗阵来讲古》249期；《闽南通》75期；《斗阵来看戏》365期；《看戏》365期；译制《喜羊羊与灰太狼之懒羊羊当大厨》《梦想总动员》等动画片10部，共594集；译制《五星红旗迎风飘扬》《钱塘传奇》等电视剧10部，共424集；译制专栏《印象中国》277期；译制专栏《两岸秘密档案》236期。录制播出《双面红颜》《世间情》《多情人间》等戏曲节目。2016年7月，首届“福建省广播电视艺术奖”颁布，由该公司于2014年6月拍摄制作的电视剧《神医大道公前传》获2014年度电视剧二等奖，2015年12月制作的电视专题片《节气雅集——冬至》获2014～2015年度播音与主持类作品一等奖，与中共集美区委宣传部联合制作的动画片《陈嘉庚的故事》获2014年度动画片三等奖并入选文化部2016年弘扬社会主义核心价值观动漫扶持项目。

2016年，文广影音有限公司完成出版选题24个。承接教育局语言文字工作委员会办公室《闽南话水平测试大纲》和爱说闽南话APP的内容制作及出版发行业务，配合鼓浪屿管委会申遗办制作宣传折页、鼓浪屿文化地图、申遗专家纪念册等。全年完成厦门小白鹭艺校六一专场晚会、2016美丽校园海峡少儿六一晚会、厦门儿童公园庆六一文艺汇演、7月《花儿朵朵》迎中秋文艺晚会、《海娃看海沧》儿童系列节目、10月“豪享来”少儿美食征文大奖赛、11月《花儿朵朵》迎新春文艺晚会等活动。

年内，文广影音有限公司协助集美区落实《集美区鼓励扶持影视产业总部园区发展若干办法》等扶持政策。以集美集影视总部园区为核心，逐步在全市范围内布局建设“外景拍摄”区、“摄影棚”区、“演员公寓”区、“后期制作”区等综合配套园区。构建和完善影视综合服务平台，促进剧组服务标准化与规范化，在总部园区设立“一站式”服务窗口，为企业提供工商注册、税务代理、法律咨询、奖励与补贴申请服务，以及剧本审查、拍摄与发行许可、版权保护等的专业协作及服务。至年底，已有超过60家影视机构、个人工作室入驻总部园区。全年为《一路繁花相送》《夏至未至》《超少年密码》等30多部影视剧组提供服务。完成集美集影视文创园一期改造建设，园区策划和举办影视剧《我们的爱》杀青仪式、厦门影视2016新春交流会、《谁的青春不迷茫》集大首映见面会、第八届海峡影视季——台湾电影展、万圣节狂欢节活动等10余场影视文创主题活动。

（詹朝晖　蔡嘉奖）

【厦门日报社】 2016年，厦门日报社总营业收入5亿元，与上年基本持平。做好重大时政报道，围绕习近平总书记系列考察活动和重要讲话、中共十八届六中全会、省第十次党代会及市第十二次党代会等重大时政，策划“美丽厦门　党旗飘扬——纪念建党95周年特别报道”“不忘初心　重返长征出发地——纪念红军长征胜利80周年特别策划”系列报道，开辟“认真学习贯彻党的十八届六中全会精神”“再上新台阶，建设新福建，厦门新作为”“建设新福建，喜迎党代会——以五大发展理念引领厦门全面深化改革发展”“新机遇　新使命——中国共产党厦门市十二次代表大会特别报道”等专栏。围绕厦门建设“五大发展”（中共十八届五中全会提出的创新发展、协调发展、绿色发展、开放发展、共享发展五大发展理念）示范市、全面深化改革、深化全国文明城市创建、“两学一做”学习教育、城市建设管理再提升等中心工作，策划系列报道。开辟《以“五大发展”为引领，率先全面建成小康社会》专栏，深入解读以习近平为核心的党中央治国理政新理念、新思想、新战略，以及厦门市贯彻落实的具体举措、发展成就，每周见报频率3～5次。开展“深化改革看厦门”大型走转改活动，先后推出“聚焦全国领先的厦门样本”“厦门自贸片区揭牌一周年巡礼”“聚焦厦门生态文明建设亮点”“讲述美丽厦门共同缔造新故事”4个阶段系列报道，累计发表报道和评论40多篇。围绕推进供给侧结构性改革、贯彻“五大发展”理念，在重要版面刊发《厦门财政总收入首破千亿》《创新驱动下的逆势飘红》《经济运行稳健向好　转型发展亮点频现——2015年厦门经济发展回顾》等文章，集中报道厦门市经济工作成就。开辟“学党章党规、学系列讲话，做合格党员”专栏，开展“两学一做”学习教育征文选登活动。围绕深化全国文明城市创建工作开辟专栏，总结文明城市创建经验，推动文明城市创建工作。加强典型人物报道，刊登相关稿件数百篇、宣传版面40多个、相关公益广告60多个，大力弘扬社会主义核心价值观。加强法治厦门宣传，与相关职能部门合作推出“平安创建在行动”“法治厦门”等专栏和“反诈骗厦门行动”系列报道。策划推出“鼓浪屿往事”“鼓浪屿经典100”“爱岛行动”等系列报道，助推鼓浪屿申遗工作。开辟“聚焦城市建设管理再提升”专栏，对以违法建筑拆除、广告牌匾整治、城市绿化提升、城市色彩协调、城市亮化改造、城市天际线和街道立面改造提升为主要内容的一系列“城市修补”和“生态修复”工作进行大规模连续报道，推动城市建设管理再提升。厦门日报社获（2015～2017年度）省级文明单位称号，《厦门日报》获2015～2016中国报刊经营价值排行榜“全国城市日报十强”第一名，厦门日报官方微信获2016最具影响力城市新媒奖，厦门日报社企鹅号获腾讯优秀区域媒体号二十强，被腾讯大闽网授予“2016年度福建创新企鹅号”称号。

【推进媒体融合】 2016年，厦门日报社加快推进媒体融合发展，加强报纸、网络、两微一端（微博、微信及新闻客户端）等新媒体和户外媒体的整合融合，融媒体中央厨房二期工程投入使用，“百家村之声”网络电台、网络视频台开播，厦门日报社构建形成涵盖报纸、网站、微博、微信、新闻客户端、户外LED、网络电台、网络视频台等多媒体形态的现代传媒体系，传播力、影响力进一步提升。厦门大学校庆期间，《厦门日报》相关微信阅读过百万。在抗击台风“莫兰蒂”“鲇鱼”期间，厦门日报社融媒体直播超过100小时，融媒体直播点击超过3000万次，其中“紧急通知：厦门中小学幼儿园明天下午停课半天！今夜莫兰蒂开始带来风+雨+浪！”“紧急动员令！15:30起厦门停工、停产、停课、休市！史上首次！早点下班！”“权威发布：莫兰蒂3时05分登陆厦门翔安！史上最强17级阵风晃动高楼，多处停水停电！所有大桥封闭！”3条微信的阅读量均超过100万人次，《厦门日报》官方微博阅读量超过2000万人次，“百家村之声”网络视频台每条视频的总播放量均突破50万人次（其中有两条突破100万人次，两条H5点击量共突破600万人次）。2016年，《厦门日报》微信公众号位居全国纸媒公号前20名，成为许多厦门市民乃至全国其他地区网友必看微信号之一。3月，人民网研究院发布2015中国媒体移动传播指数报告，并公布中国报纸移动传播百强榜，《厦门日报》名列全国第四十六名、全国城市党报第二名、福建省第一名。

【厦门报业传媒集团有限公司成立】 2016年，厦门日报社根据中央深化文化体制改革总体部署和厦门市委、市政府全面深化改革工作要求，按照事企分

6月18日，厦门报业传媒集团揭牌成立　（厦门日报社提供）

明、宣传经营相对分开的基本思路，将符合政策导向、具有明显产业经营特征的非新闻类业务以及其他经营性业务从事业体制中剥离出来，连同报社投资成立的全资企业、控股企业的整体业务和资产，组建厦门报业传媒集团有限公司。6月18日，报业传媒集团正式揭牌成立，由厦门日报社全额投资，注册资本12758万元，有员工616人，内设办公室、财务管理部、投资管理部、晚报运营部和全媒体运营中心及其房产、汽车、会展、综合拓展、设计制作等事业部，下辖厦门鹭江广告公司、厦门晚报传媒发展有限公司、厦门海峡生活报社有限公司、厦门日报书画院有限公司、厦门报业国际旅行社有限公司、厦门海峡视界传媒有限公司、厦门报业印务中心、厦门报业发行有限公司，以及控股企业厦门华亿传媒集团股份有限公司等。业务范围涵盖媒体运营、整合营销、会展旅游、文化创意、媒体电商、教育培训、股权投资等领域，截至年底，营业收入14318万元。

【报业跨界产业拓展】 2016年，厦门日报社在坚持做好党媒的前提下，依托媒体品牌、资源和人才优势，以厦门报业传媒集团有限公司挂牌为契机，拓展报业跨界产业。厦门日报书画院有限公司打造集培训、展览、出版、拍卖及文化衍生品开发等服务于一体的“媒体＋文化＋经济”平台，举办第二届海峡书画艺术产业博览会、21世纪海上丝绸之路美术精品展、两岸书法名家提名展、两岸油画作品展等主题展览。5月，厦门报业国际旅行社有限公司份取得出境资质，借助报业国际旅行社跨界介入旅游行业，开展旅游产品策划、包装、推广、旅游活动策划等业务。在纪念红军长征80周年，报社特别策划“重返长征出发地”的主题宣传报道，报业国旅同步推出“重走长征路，瑞金（长汀）再出发”的红色旅游线路。利用《厦门日报》小记者、《厦门晚报》小记者、厦门书画院小院士、老人客群、美食爱好群、“好摄旅图”俱乐部等群体，报业国旅开发出符合群体特征的线路，并与其他媒体联合在全国范围内共售邮轮卡、美国西部线路等产品。年内，报业跨界产业重点拓展会展业，打造集展示内容、要素交易和信息交流于一体的平台，先后举办车展、房展、投资理财展、书画艺术产业展、婚庆展、首届厦门国际乐器展等，承接2016厦门人居展的策划执行。厦门日报社推动媒体电商取得进展，“晨报超市”“晚报放心购”“阿福快来”等项目成为报业经济新增长点。由厦门日报社负责开发的深田国际大厦交付使用，截至年底，出租签约率70%。

【抗御台风“莫兰蒂”宣传报道】 2016年9月15日，超强台风“莫兰蒂”登陆厦门。电视台启动整点直播13档，广播分别以连续16.5个小时和4.5个小时启动两次特别报道，“看厦门”APP连续100多个小时持续不间断进行图文直播。厦门日报社严格执行突发事件应对预案，运用报纸、网络、“两微一端”、网络电台和视频台等融媒体，全方位、多角度、大规模、高频率地宣传报道抗灾救灾工作中最美的人和事，迅速准确传播党委、政府和主流人群的声音，及时澄清网络不实传言。厦门日报社主办的厦门网实行24小时值班，通过多平台发布、多渠道整合、立体式报道，对台风动态、灾情舆情、灾后重建工作等进行全方位、实时滚动报道，共刊发各类消息、通讯近千篇。厦门网联合厦门市文明办发起“寻找抗御台风最美的人和事”“防抗莫拉蒂思明好镜头”征集活动，从社会各界投稿中征集到最美人和事等稿件100多条。厦门网突发事件宣传报道应急小组被市委宣传部评为防抗台风“莫兰蒂”宣传工作先进集体。9月20日，省委常委、市委书记（时任市长）裴金佳作出批示：《厦门日报》为防御和抗击台风“莫兰蒂”做大量有效报道宣传，为抗灾救灾工作营造良好的舆论氛围；迅速准确传达市委、市政府的决策部署，坚持正面宣传为主的方针，牢牢把握正确的舆论导向；关键时刻起到安定人心、稳定社会的作用。

（李　薇）

【厦门晚报社】 2016年，厦门晚报社开设“新春走基层”“深化改革看厦门·走转改大型主题采访活动”“美丽厦门　红色足迹——纪念中国共产党建党95周年特别报道”“情怀鼓浪屿——琴岛人文叙事特别报道”等专栏。抗击台风“莫兰蒂”和灾后重建期间，开辟“全力防抗超强台风莫兰蒂”“众志成城·重建家园”等专栏，刊发版面150多个，反映全市齐心协力防抗台风和灾后重建的精神风貌。国庆节期间，每日推出两个版“我的国庆我的家”特别策划。与市委文明办联合主办“寻找身边好人”栏目，并分别与市交通局、市公路局、市残联、阿里巴巴天天正能量公益基金会等合作，开辟相应子栏目“最美司机”“最美公路人”“助残好心人”“最美家乡人”等，多角度挖掘各类型的好人，宣传他们的鲜活事迹和正能量故事，带动更多人争当好人，在社会上形成互助互帮的道德体系，推动社会主义核心价值观体系的建设；“厦门好人”“福建好人”“中国好人”候选人都从该栏目中产生，其中翔安德孝研究会会长陈青松、集美大学航海学院学生李溢新、思明区孝子陈亚辉、厦门“亮灯警察”陈清洲登上2016年度“中国好人榜”。厦门市翔安区新圩学校校长、“爱心爸爸”林东荣，获评第二届（2016年度）全国“十大最美家乡人”。针对市民反映的城市环境与管理等方面问题，推出“大水管破裂”系列报道，促使水务集团决定3年内更新全市老旧水管。推出驾考科目三舞弊内幕调查系列报道，督促市车管所推出4项防范措施。12月，配合交警部门即将推出的新规，策划“零记分达人”系列报道，以正面典型引领市民遵守交规、安全行车。承办首届思明区美食节、翔安区第二届咖啡文化节，与集美区联合主办首届人文集美悦读季活动，与翔安区新店镇联合举办“澳头文化艺术季”，与湖里街道联合开展“寻找特区记忆”系列活动，与同安区文明办联合举办“同安文明引力波”活动；与厦港街道开展“厦港骑透透”骑行活动，与厦门总商会联合举办“厦门新经济领军人物评选”及新经济高峰论坛。厦门晚报社推进媒体融合和报业转型，构建立体化传播模式，初步探索出“微信＋报纸＋活动”的运作方式。“厦门晚报健康周报”“厦门银龄”“厦门驾训”等微信平台与报纸版面联动，引发广泛关注，其中老年团队“领头雁”评选、82家驾校合格率完整排名等微信推送，点击和转发率3万多次。

（谢　磊）

【海西晨报社】 2016年，海西晨报社完成福建自贸试验区挂牌一周年、厦门深化改革新经验新亮点、鼓浪屿申遗等重大报道任务。台风“莫兰蒂”登陆期间，进行近百小时不间断的新媒体直播，《海西晨报》先后推出“红色警戒”“红色力量”“红色密码”“红色暖流”“红鸡蛋的秘密”5个版面，并与市委文明办发起文明倡议，寻找最美志愿者。年内，海西晨报社组织开展“深化发展看特区”大型采访活动；举办2016两岸自贸金融论坛，开展纪念红军长征胜利80周年系列报道，结合厦门小记者培训、采访活动开展培育和践行社会主义核心价值观宣传报道。与台湾旺旺中时媒体集团创办的《旺报》等媒体联合开展海峡两岸年度汉字评选活动，评出2016年海峡两岸年度汉字“变”，国台办新闻发言人认为评选结果反映两岸民众对两岸关系发展的切身感受。举办厦门首届社区志愿服务节、首届公益社区行、重阳敬老博饼等活动。参与举办“厦门十佳歌手选拔赛”“市民最喜爱的职校”“市民最喜爱的教育机构”“音乐厦门”年度十佳歌曲等评选活动。《海西晨报》开辟“思明人大之窗”“寻找禾山大咖”“美丽筼筜幸福安康”“鼓浪屿新故事”“梧家女汉子”“同安新工匠”“翔安打拼人”等面向基层的专栏。

2016年，海西晨报社完成新一轮版面改革，推出公益周刊。其中，名师周刊、名医周刊、台商周刊、两岸文创周刊等栏目取得较好的社会社会效益。加快媒体融合发展进程，新媒体竞争力进入全国百强（位列第九十一位）。海西晨报官方微信、微博点击率排名居福建省前5名。与广州坚合科技有限公司、厦门日报新媒体中心合作开辟“ZAKER厦门”频道，启动报纸和移动新闻客户端“双品牌、双支点”的融媒体模式。加强广告经营的活动策划，通过“音乐厦门”“少儿好声音”“社区志愿节”“小记者嘉年华”等活动载体，以及磐基闽韵时尚节、JFC国庆嘉年华、厦门和双鱼岛国际风筝节、同安食品年货旅游节、传嘉风·说嘉训、2016海峡两岸汉字节、两岸自贸金融论坛、厦门市五人制足球赛等大型活动，争取到一定规模的广告投放；年末通过策划举办厦门市、思明区、湖里区、翔安区和晋江市的购物节系列，争取近1000万元广告投放。晨报超市营业额大幅度增长，全年媒体电商实现收入1307万元，比上年增长33.9%，其中“西域春牛奶”总代理项目年收入近700万元。

·小资料·

ZAKER：是国内最受欢迎的互动分享和个性化定制的移动阅读平台。拥有Android、iPhone、iPad等六大移动平台版本。它将资讯、微博、博客、报纸、杂志、图片等众多内容，按照用户意愿聚合到一起，实现深度个性化定制。ZAKER具有强大的互动分享功能，可将任何内容通过微信、微博、邮件、短信等转发分享。这里还有最TOP的话题社区，每个人都可以轻松地找到“话筒”，尽情表现自己。

（张玲芳）

【海峡导报社】 2016年，海峡导报社完成机构撤并及新一轮中层干部竞聘。《海峡导报》完成改版，获2015～2016中国报刊经营价值排行榜“全国都市报三十强”，海峡导报社获中国报刊广告经营“金推手”奖优秀单位奖，官方微信获“金推手”奖优秀品牌新媒体奖，主办的“海峡两岸中秋博饼王中王大赛”获“金推手”奖经典案例奖。在2015年度福建新闻奖评选中，《台北复兴空难》获一等奖，《专访李敖大师：“中国能富国强兵，是共产党的功劳”》《别让他跪着走完人生》获三等奖；在2015年度厦门新闻奖评选中，《海峡导报》分别获新闻、版面、图片、网页设计、名专栏等奖项28个；海峡导报社记者吴勇义获2016年福建省“新春走基层”活动先进个人。

2016年，海峡导报社推出“走向繁荣——厦门自贸片区一周年特别报道”，“十大平民英雄”评选活动，“我是共产党员”系列报道。主办两岸中华儿女交流座谈会，邀请台湾新党主席郁慕明等参加并发表演讲，就坚持“九二共识”、坚决反对和遏制“台独”分裂活动发声。参与举办2016年海峡两岸七夕牵手会，组织50多位大陆青年到高雄，开启6天5夜的寻爱之旅。参与主办“2016海峡两岸中秋博饼状元王中王大赛”活动，大陆赛区举办37场，台湾赛区举办35场，有两万多人参加。联合漳平台湾农民创业园管委会组织永福镇台湾茶商举办“大陆阿里山漳平永福高山茶赈灾义卖活动”，为受台风“尼伯特”袭击的漳平象湖、溪南等乡镇筹集善款约10万元。参与举办2016年第五届海峡两岸茶文化季活动，活动设有海峡两岸茶三擂台赛、“厦门百姓喜爱的十佳茶叶店评选”“两岸十大领军茶品牌与领军茶人评选”、两岸茶产业论坛等项目。

7月16日，海峡导报社“动新闻”工作室承接台湾《民众日报》3D动新闻

6月13日，台湾新党主席郁慕明参加海峡导报社主办的两岸中华儿女交流座谈会

（海峡导报社提供）

3月9日，2015年度厦门“十大平民英雄”颁奖仪式在海峡导报社举行

（海峡导报社提供）

制作，制作出首部两岸合作汉语与英语双语版3D动新闻《达摩气韵方瑞丰》，在微信和Facebook（一个联系朋友的社交工具）两大平台同步推送。7月25日，海峡导报社制作的奥运网红剧《二傻闯奥运》，上传腾讯后，点击率30多万。海峡导报社官方微信每日发布5～8条新闻推送，覆盖面进一步扩大，粉丝量突破48万，持续4年保持全省官微榜首。委托海峡导报社管理的厦门发改委官微进入全省政务微信十强。年内，海峡导报社构建以“大漳州”微信号为核心的漳州微信矩阵，有11个微信号，粉丝量超过30万，其中“大华安”“大长泰”“大角美”“大龙海”“大平和”“大漳浦”“大南靖”等成为当地县（市）具有较强优势的微信公众号。年内，海峡导报社举办10多项活动。（见表26–1）

·小资料·

动新闻：是《海峡导报》推动平面媒体转型升级于2015年推出的融媒体出版项目，包含有即时新闻制作与发布、跨媒体平台互动与传播、3D动画制图、图像智能识别、数据库应用、移动互联网营销等诸部分，旨在打造横跨平面阅读和多媒体数字阅读的新一代新闻产品生产与发布的平台，并形成数字内容出版产业。

（吴丹鹃）

表26–1　**2016年海峡导报社举办的其他主要活动**

时间	活动内容
1月	“关爱贫困户爱心慈善跑”活动，100多名爱心读者参与活动，捐出爱心款15456元
2月	2015～2016年度“送暖进社区”活动，爱心企业和爱心人士通过海峡导报社以及自己汇款到贫困户账号的爱心款80多万元。爱心大篷车7次走进社区，给近2000户贫困家庭送去爱心礼
3月9日	2015年度厦门“十大平民英雄”颁奖仪式在海峡导报社举办，厦门市委宣传部副部长上官军、福建日报报业集团副总编辑潘贤强为10位获奖者颁奖。该项活动由海峡导报社于1月5日发起，旨在面向社会，寻找2015年度厦门百姓身边的凡人善事，2月24日启动票选，参与票选的人数达1万多人，获得10万多名市民包括网民的点赞
3月25～28日	与福建日报社（报业集团）联合举办2016厦门节能汽车暨生态人居博览会，吸引5万多人次观展，汽车成交3017台
8月21日	海峡导报社发起的2016爱心助学活动结束，此次活动实收社会各界爱心款84.68万元，资助学生39人，其中根据捐资人的意愿74.1万元用于资助《海峡导报》报道的25名学生，其余未指定捐助对象的捐款用于资助14名贫困大学生
10月20日	联合海沧区委宣传部、海沧区文明办举办“欢乐小袋鼠　环保自贸区”活动
11月8日	海峡导报社、海峡商业杂志社联合举办“2016厦门经济十大风云人物暨十大金字招牌评选”活动
11月26～27日	海峡导报社第三届漳州婚博会在漳州碧湖万达广场举办
12月7日	2016～2017年度海峡导报社“送暖进社区”活动启动，通过爱心资助和送爱心礼两种方式深入社区，帮助贫困户

【《海峡生活报》】 2016年，《海峡生活报》独家策划“高考支招系列”“轻工特刊”“书画特刊”“一日禅”等栏目，重点打造的“首席评论”栏目获2015年度“新闻名专栏”称号。台风“莫兰蒂”影响厦门期间，推出《史上最强的台风吹出空前凝聚力！厦门爱心无处不在》《台风过后的厦门，有意想不到的美丽在身边绽放》等专题报道，转发量1万多次。组织举办第七届“六一圆梦天使”爱心行动、第十一届“母亲节孝顺之旅”“开学第一课，文明游同安”“闽南语古诗词吟唱保护推广”“名家写春联进社区”等活动。其中，“开学第一课，文明游同安”活动通过网络在同安区97所中小学同步直播，6万多人收看。年内，举办海峡两岸万人祈福佛乐大合唱、“无上清凉”禅音乐会、海峡两岸禅文化艺术节、2016三平祖师文化民俗活动等禅文化活动，在弘扬禅文化的同时，拓展禅文化创意产业。组织编写《莲花书院》、同安旅游系列丛书（《同安名景》《同安名人》《同安名食》《朱子文化手册》《同安非遗典藏》）等图书。承包格林美提子观光园、同安文明办、同安文体局等多家企业和政府单位微信公众号的编辑运营，在推动传统媒体与新媒体融合发展方面积累经验、探索新路。

（陈剑秋）

【厦门网】 2016年，厦门网把内容建设作为网站发展的重点，先后策划“治国理政进行时（这三年）”“深化改革看厦门”“厦门两会”“全国两会”“厦门市第十二次党代会”“厦门‘9·8’投

洽会”“两岸文博会”“两岸企业家峰会”“厦门国际时尚周”“厦门国际海洋周”等10多项重大主题宣传报道。在福建综合性网站及社区网站综合影响力评估中，厦门网的综合影响力排名前列。年内，“无线厦门”客户端用户下载超过10万人次，官方微博粉丝数超过13万个，微信粉丝数超过10万个。由中共福建省委和厦门市委文明办指导，依托厦门网组建的福建文明小博客省级平台实名注册的学生、家长和老师总用户数超过150万人，全省文明小博客校园圈子2072个。在第六届“中国互联网品牌大奖”评选中，厦门网获“中国新闻网站十佳创新品牌奖”；在2016年度中国城市新闻网站联盟奖评选中，厦门网获优秀网站奖、厦门网栏目“厦门人的一天”获品牌栏目奖。厦门英文网配合鼓浪屿申遗、厦门地铁建设、公共自行车系统建设以及厦门“9·8”投洽会、海峡论坛等重大活动开设专题，以图、文、视频等多种形式集中、立体推送相关英文报道，提升厦门网的国际形象，其中《软件园三期年底将创新变身（Xiamen Software Park phase Ⅲ to set up Innovative Area）》《中国厦门国际乐器展览会年末上演（First Xiamen International Instrument Expo to be held）》等文章被《中国日报（China Daily）》等主流英文媒体转载。厦门英文网发挥互联网媒体优势，每月以中国书法、中国编制等为主题，不定期组织外国友人线下聚会，同时结合中秋节、端午节等传统民俗节庆，组织外国友人参与博饼、包粽子等民俗特色活动，让外国友人进一步解中国文化。

【《海峡手机报》创刊发行】 2016年10月29日，《海峡手机报》创刊发行仪式在厦门日报社第十六届读者节现场举行。《海峡手机报》由中国移动集团福建公司与厦门网共同合办，以“跟踪海峡热点，传递两岸亲情”为主旨，将重点报道两岸重要新闻、深入解读两岸关系，力争打造成为新的两岸交流平台，是福建第一个台海手机报品牌，促进海峡两岸文化交流。

（骆志强）

【厦门大学出版社】 2016年，厦门大学出版社（简称厦大出版社）出书757种，其中新版图书430种，重版重印图书327种，图书销售码洋9176万元。被国家新闻出版广电局评为2016年度新闻出版统计工作先进单位。在第二十三届北京国际图书博览会上，厦大出版社获“中国图书世界影响力出版100强”称号，自2012年《中国出版传媒商报》首次发布《中国图书海外馆藏影响力研究报告》以来，厦大出版社连续4年进入中国图书世界影响力出版百强。年内，厦大出版社获省部级以上立项项目64个，图书获省部级以上奖励29项，论文获省部级以上奖励2项，集体、个人获省部级以上奖励5项。其中，策划的融合出版项目“基于媒体融合的数字出版云端协同平台及产业应用”获2016年度中央文化产业发展专项资金资助，《菲律宾华人通史（英译本）》等6个项目列入“十三五”国家重点图书、音像、电子出版物出版规划，《海上丝绸之路研究丛书》等3个项目列入2016年度国家出版基金资助项目，《解读新福建》等10个项目列入2016年福建省新闻出版广电局重点图书出版项目，《金砖国家法律报告》等21个项目被列入“十三五”福建省重点图书、音像、电子出版物出版规划。《菲律宾华人通史》《在世俗与宗教之间走钢丝：析近代传教士对儒家经典的翻译与诠释》获福建省第十一届社会科学优秀成果奖一等奖。《萨本栋传》获中国高等教育学会校史研究分会第五届优秀研究成果奖一等奖。《全景福建（汉英双语版）》等6种书入选福建省第十届“书香八闽”全民读书月活动百种优秀读物推荐目录。2016年，厦大出版社参与厦门大学工会“悦读书屋”建设活动、厦门大学走进同安工业社区捐书活动、厦大—长汀乡村学社公益捐书活动、安徽阜阳第九中学图书漂流活动等。出版《有一种爱叫永远》《“厦门大学南强丛书”（第六辑）》《天南地北厦大人》等图书庆祝厦门大学建校95周年。

【《全景福建》出版】 2016年3月，《全景福建》由厦门大学出版社公开出版发行，该书61万字，首印2000册，由《全景福建》编写组编著。该书以中英文双语的形式介绍福建的山川地理、人文历史、民俗风情概貌，彰显福建省改革开放以来的发展和建设成就。全书分7篇，分别介绍福建省省情，包括地理环境、历史沿革、人口变迁和区位优势；福建改革进程和经济、社会发展面貌；福建开放进程、开放区域和对外贸易、外商投资、对外交流；福建的人文历史，包括特色文化、宗教信仰、民俗风情、人类遗产及“非遗”瑰宝；福建的历史人物，包括从古代到现代涌现出的一批为国家和民族做出巨大贡献、彪炳史册的杰出人物；福建的基础设施建设、城乡建设和生态建设，包括港口、桥梁、公路、铁路、机场建设和宜居城市、美丽乡村、绿色山川；福建的旅游资源、旅游特色，包括“山、海、江、湖、岛”风光以及名胜古迹、古村名镇、风味特产。全书文字清新、活泼，文笔优美，图文并茂，融知识性、实用性和可读性于一体，是海内外人士了解福建以及来闽投资兴业和生活、旅游的理想参考读物。

【《有一种爱叫永远》首发】 2016年3月30日，归侨女作家陈慧瑛创作的《有一种爱叫永远》新书首发式暨作品座谈会在京举办。首发式由厦门大学校友总会和厦门市作家协会共同主办，厦门大学出版社、厦门日报社、华亿传媒承办。中华全国归国华侨联合会原主席庄炎林、现任主席林军，全国港澳研究会会长陈佐洱，国务院港澳事务办公室副主任王志民，中国作家协会副主席何建明，厦门大学校长朱崇实、副校长詹心丽，厦门市文联党组书记林起等100余人参会。作者陈慧瑛、厦门日报社总编辑江曙曜、厦门大学出版社社长蒋东明在会上分别从创作、组稿、策划再到出版的各个环节介绍该书诞生经历。作者陈慧瑛是厦门大学校友、归侨女作家，擅长散文、报告文学和诗歌的创作，该书以乡缘、乡魂、乡愁为线，串起陈慧瑛爱国、爱乡、爱校的情怀和精神，体现归侨侨眷和海外侨胞是中国改革开放和现代化建设的宝贵资源和独特优势，是实现中华民族伟大复兴中国梦的重要力量这一思想。时值厦门大学95周年校庆，《有一种爱叫永远》首发式是校庆系列活动之一。新华社、《人民日报》、凤凰卫视等多家媒体参会报道。

【“悦读书屋”建设活动启动】 2016年4月26日，厦大出版社联合厦门大学工会启动“悦读书屋”建设活动，旨在为教职工增加一个阅读平台，营造“爱读书、读好书”良好氛围，丰富教职工的精神文化生活。书屋按照《中华全国总工会关于全国工会“职工书屋”建设的实施意见》，结合厦门大学实际情况建设。年内由厦门大学工会牵头，出资购买图书，共建设“悦读书屋”10个，厦大出版社提供有关中华传统文化、厦门大学历史文化、地方文化等近600册书籍。

【“闽商发展史”丛书首发】 2016年6月17日，“闽商发展史”丛书在福州举行首发式。省委常委、省政府常务副省长张志南，省政协副主席杨根生，省政协原副主席李祖可，省委统战部、省政府办公厅、省工商联，各设区市委统战部、市工商联，福州大学，世纪金源集团等单位、学校和企业代表160余人参会。全书共15卷，全景式记叙海内外闽商的形成与发展过程，再现闽商在中国海洋文明和促进所在地经济社会发展中的重大作用，展示闽商的辉煌历史，是研究中国区域经济社会发展史、区域商人精神史等方面的重要成果之一。该丛书由厦门大学出版社公开出版发行，总主编苏文菁，620万字，首印2000套。

【日本侵华战争珍稀档案汇编与翻译获国家出版基金立项资助】 2016年7月19日，《耶鲁大学图书馆馆藏日本侵华战争珍稀档案汇编与翻译》获国家出版基金主题出版项目立项，获资助10万元。该书以耶鲁大学神学院图书馆的原始珍稀档案为基础，向世人展示抗战期间，美国在华外交官、传教士、旅行者与商人的有关日记、信件、照片及其他档案资料，客观地再现日军的侵华暴行，批驳日本右翼势力否认和美化侵华战争谬论。该书首次披露日军入侵福州的有关档案资料，为史学研究提供新史料。该书由厦大出版社出版。

【国内首份中外合作办学发展报告发布】 2016年7月21日，《人民日报》文教版头条位置，用近半版篇幅，从多个视角，对厦门大学中外合作办学研究中心主任林金辉主编的《中外合作办学发展报告（2010～2015）》作专题介绍，标志着全国第一份中外合作办学发展报告正式发布。《中外合作办学发展报告（2010～2015）》由厦大出版社出版，全书45万字，以翔实的数据客观全面反映国家教育规划纲要实施5年全国中外合作办学发展基本情况，为中外合作办学持续健康有序发展提供理论支撑和专业支持。

（王洪春）

【鹭江出版社】 2016年，鹭江出版社出版图书429种，其中一般图书316种，教辅图书113种。举办《邮说厦门》《新世纪海外华文女作家丛书》首发式。出版“十二五”国家重点图书出版规划项目《妈祖文献整理与研究丛刊》，福建省“十二五”规划重点项目《闽南方言韵书》。出版《晋江文库》《妈祖的足迹——海峡两岸特色妈祖宫庙掠影》《赋咏平潭》《厦门吃海记》等一批反映地方文化的图书；出版一批适合大众阅读畅销图书，其中销量在10万册以上的有《人本教练模式》，销量在5万册以上的有《八卦医学史》，销量近万册的有《花开十年》与《画在人心的苦闷上》等。出版的常销书有夏昆的《在唐诗中孤独漫步》《温和地走进宋词的凉夜》《中国最美的语文》，季羡林的诗意人生精选散文系列《莫问他乡与故乡》《月下清荷檐下猫》《寸草丹心万里程》《忆着烟村旧风景》等。鹭江出版社数字出版工作围绕中国移动手机阅读基地“伊人必读”女性阅读专区和“宅男日报”听书阅读专区运营，以及省内相关数字教育产品营销推广来开展，推动出版转型与升级。其中，《来者不惧，去者不留》《权力巅峰的女人》《三城记》《为你藏一座城的温暖》《好好做自己》《摆渡人》《黑石之墓》等重点引入书籍成为“伊人必读”包月业务的重点书籍。上架听书网有声作品57部，时长566小时，销量持续稳定增长。鹭江出版社加强与国内外的版贸、出版公司的合作。从日本引进《和服织染百科》《穿在身上的祝福：和式纹样的爱与美》《人生动物园》等作品。组织参加全国图书交易会、北京国际图书博览会以及在台湾举办的海峡两岸城市出版交流暨版权交易展。组织参加全国各级图书评奖，其中《八卦医学史：不生病，历史也会不一样》获全国城市出版社优秀图书一等奖，《每个人的故乡都在沦陷》《财富的孩子》获全国城市出版社优秀图书二等奖；《中国梦：经济社会均衡探索》获华东地区优秀哲学社会科学图书评选一等奖，《档案》《说案》《儒家国学课》《道家国学课》获华东地区优秀哲学社会科学图书评选二等奖。《八卦医学史：不生病，历史也会不一样》《想象的另一种可能》入选海峡出版发行集团2015年度“10本好书”。《二泉映月——一个城市的人文精神》《鹭铭》获第九届华东“书籍设

5月23日，鹭江出版社举办“海外知性女性作家新书首发暨主题研讨会”

（鹭江出版社提供）

计双年展”整体设计奖，《古月今尘万里路》获 2016 海峡两岸书籍设计邀请赛优秀奖。

2016 年，鹭江出版社向农家书屋推荐图书 28 种。其中，《八卦医学史：不生病，历史也会不一样》《抗癌：第一时间的抉择》入选国家新闻出版广电总局《2016 年农家书屋重点出版物推荐目录》，《弦歌不辍》《陈嘉庚故事》《历代家训家书选粹》等 23 种入选福建省新闻出版广电局《2016 年福建省农家书屋重点出版物推荐目录》。

（鹭江出版社）

【福建新华发行（集团）有限责任公司厦门分公司】 2016 年，福建新华发行（集团）有限责任公司厦门分公司（简称厦门分公司）实现销售 1.7 亿元，比上年增加 56.37 万元，增长 0.33%。全年发行《习近平总书记系列重要讲话读本（2016 版）》《胡锦涛文选》等各类政治理论读物和重点图书 21 万多册。6 月中旬，厦门分公司结合鼓浪屿申遗工作及集团公司卖场升级改造要求，将原鼓浪屿门店打造成拥有琴岛特色、海岛风情元素的旅游音乐主题书店，成为鼓浪屿一个新的文化阅读休闲场所。8 月 21 日，厦门分公司江头“少儿主题书店”开业，由于该书店在满足读者个性化需求，实现卖场转型升级取得较好效果，年底被中国出版传媒商报评为全国书业 2016 年度十大“最美基层店”。8 月 21 日，厦门分公司承办主题为“大手牵小手，阅读更快乐”的 2016 福建首届亲子阅读季启动仪式，此届活动时间 1 个月，厦门分公司开展亲子故事会、周末主题等系列活动。通过开设不同类型主题书店，推动转型发展，教育主题书店、少儿主题书店、佛教主题书店等先后开业。其中，教育书店位于厦门市思明区厦禾路 BRT 二市站旁，经营面积 1200 平方米，图书品种 3 万多种，主要经营中小学课本以及各类教育类图书、电教产品，是全市文化教育类品种最齐全的书店，满足学生一站式购买课本和教辅需求。1 月起，厦门分公司与厦门市图书馆联合推出“挑心仪好书，让厦图买单”图书借阅新模式，读者持厦门市图书借阅证到当地新华书店，可以借到最新出版的图书，由图书馆为读者买单，这种“图书馆 + 书店”的新模式让读者能在书店第一时间借阅新书，受到读者欢迎，带动书店销售、全民阅读。（表 26–2）

表 26–2

2016 年厦门市新华书店各类畅销书排行榜

排名	书　号	书　名	出版社	编著者	定价（元）
政治类					
1	9787514706291	习近平总书记系列重要讲话读本（2016 年版）	学习出版社	编者：中共中央宣传部	16
1	9787010114026	中国共产党章程	人民出版社	作者：人民出版社	3.5
2	9787010164564	在庆祝中国共产党成立 95 周年大会上的讲话（2016 年 7 月 1 日）	人民出版社	作者：习近平	3
3	9787211018826	摆脱贫困	福建人民出版社	作者：习近平	36
4	9787517402374	中国共产党廉洁自律准则中国共产党纪律处分条例	中国方正出版社	编者：中国方正出版社	6
5	9787517402718	习近平关于严明党的纪律和规矩论述摘编	中国方正出版社	编者：中共中央纪律检查委员会、中共中央文献研究室	13.6
6	9787514705881	全面小康热点面对面（理论热点面对面 2016）	学习出版社	作者：中共中央宣传部理论局	18
7	9787509907283	领航中国（五大发展理念案例选）	党建读物出版社	编者：中共中央组织部干部教育局	39
8	9787010160733	总体国家安全观干部读本	人民出版社	编者：总体国家安全观干部读本编委会	45
9	9787010167169	胡锦涛文选（第 1–3 卷）	人民出版社	作者：胡锦涛	43
文学类					
1	9787539633305	诺贝尔文学奖得主小小说精选 / 精品文学书系	安徽文艺出版社	作者：李　超	16.9
2	9787553454665	叶圣陶集 / 中国杂文	吉林出版集团	作者：叶圣陶 总主编：刘成信	23.8
3	9787532767373	夏洛的网	上海译文出版社	作者：[美]E·B· 怀特 译者：任溶溶	26
4	9787544270878	解忧杂货店（精）	南海出版社	作者：[日] 东野圭吾 译者：李盈春	39.5
5	9787544729048	朝花夕拾（精）/ 经典译林	译林出版社	作者：鲁　迅	15

续表 26-2

排名	书　号	书　名	出版社	编著者	定价（元）
6	9787208061644	追风筝的人	上海人民出版社	作者：[美] 卡勒德·胡赛尼 译者：李继宏	29
7	9787530209622	城南旧事（精）	北京十月文艺出版社	作者：林海音	25
8	9787536692930	三体（地球往事三部曲之一）/ 中国科幻基石丛书	重庆出版社	作者：刘慈欣	23
9	9787108042453	我们仨	三联书店出版社	作者：杨　绛	23
10	9787550013247	摆渡人	百花洲文艺出版社	作者：[英] 克莱儿·麦克福尔 译者：付　强	36
社科类					
1	9787514705881	全面小康热点面对面（理论热点面对面 2016）	学习出版社	作者：中共中央宣传部理论局	18
1	9787550263932	天才在左疯子在右（完整版）	北京联合出版社	作者：高　铭	39.8
2	9787505735361	你只是看起来很努力	中国友谊出版社	作者：李尚龙	35
3	7504344281	这是我们的船	中国广播电视出版社	作者：大象编	16.8
4	9787514208788	自控力（斯坦福大学最受欢迎心理学课程纪念版）（精）	文化发展出版社	作者：[美] 凯利·麦格尼格尔 译者：王岑卉	49.8
5	9787508645056	你的孤独虽败犹荣 / 谁的青春不迷茫系列	中信出版社	作者：刘　同	39.8
6	9787020070510	论语通译（增订版）/ 语文新课标必读丛书	人民文学出版社	作者：徐志刚	14
7	9787508659442	向着光亮那方 / 谁的青春不迷茫系列	中信出版社	作者：刘　同	42
8	9787508650890	谁动了我的奶酪（精）	中信出版社	作者：[美] 斯宾塞·约翰逊 译者：魏　平	25
9	9787514205039	自控力（斯坦福大学最受欢迎心理学课程）	文化发展出版社	作者：[美] 凯利·麦格尼格尔 译者：王岑卉	39.8
少儿类					
1	9787534292491	查理九世（26 雪山巨魔）/ 墨多多谜境冒险系列	浙江少儿出版社	作者：雷欧幻像	15
2	9787533288198	转动时光的伞 / 笑猫日记	明天出版社	作者：杨红樱	15
3	9787534290497	孔雀屎咖啡（典藏版）/ 淘气包马小跳系列	浙江少儿出版社	作者：杨红樱	16
4	9787544250580	窗边的小豆豆	南海出版社	作者：[日] 黑柳彻子 译者：赵玉皎	25
5	9787534256301	狼王梦 / 动物小说大王沈石溪品藏书系	浙江少儿出版社	作者：沈石溪	18
6	7532446670	三毛流浪记全集（彩图注音读物）	少年儿童出版社	作者：张乐平著	30
7	9787534294303	奔跑的放牛班（典藏版）/ 淘气包马小跳系列	浙江少儿出版社	作者：杨红樱	16
8	9787531349723	非常小子马鸣加（1 竞选大队长）/ 马鸣加系列	春风文艺出版社	作者：郑春华	15
9	9787534618727	草房子 / 曹文轩纯美小说系列	江苏少儿出版社	作者：曹文轩	18
10	9787531349747	非常小子马鸣加（3 旋风足球队）/ 马鸣加系列	春风文艺出版社	作者：郑春华	15
生活类					
1	9787510133190	国学胎教经典故事（附光盘）	中国人口出版社	编者：艾贝母婴研究中心	32.8
2	9787538194753	家常菜（餐桌上的幸福味）/ 码上好食光系列	辽宁科技出版社	编者：甘智荣	29.8
3	9787547720059	妈妈育儿热线（最新修订本 0–3 岁宝宝家长的经典育儿指南）	北京日报出版社	作者：[美] 唐娅·雷默·阿尔特曼 译者：周　利	28
4	9787512711266	张思莱育儿手记（下 1–4 岁宝宝养育及早教专家指导全新修订版）	中国妇女出版社	作者：张思莱	49.8

续表 26-2

排名	书　号	书　名	出版社	编著者	定价（元）
5	9787111498766	所有的妈妈都是音乐家（0–13 岁的幸福音乐育儿法）/ 好妈妈书架	机械工业出版社	作者 :［ 韩 ］金成恩 译者 : 韩　晓、张园园	29.8
6	9787512711273	张思莱育儿手记（上孕产期保健 0–1 岁宝宝养育专家指导全新修订版）	中国妇女出版社	作者 : 张思莱	49.8
7	9787512711969	鲍秀兰谈婴幼儿潜能开发和早期教育 / 鲍秀兰家庭育儿丛书	中国妇女出版社	作者 : 鲍秀兰、孙淑英	29.8
8	9787122219848	一学就会的 100 个小魔术（全彩色印刷便携超值版）(精）	化学工业出版社	作者 : 宁　平	19.8
9	9787553731100	怀孕一天一页 / 亲亲乐读系列	江苏科技出版社	作者 : 王　琪 主编 : 汉　竹	49.8
10	9787513575553	解答之书（精）	外语教学与研究出版社	作者 :［ 美 ］卡罗尔 · 博尔特 译者 : 何　静	59

旅游类

排名	书　号	书　名	出版社	编著者	定价（元）
1	9787546701028	厦门市交通旅游图（最新版）/ 福建省九设区市交通旅游图系列图	福建省地图出版社	编者 : 福建省制图院	8
2	9787546701165	迷失鼓浪屿 / 福建手绘图系列	福建省地图出版社	作者 : 胡本光、程维新、洪　辉	12
3	7539412577	到鼓浪屿看老别墅 / 老别墅丛书	湖北美术出版社	作者 : 龚洁著	25
4	9787503181214	中国地图册	中国地图出版社	编者 : 中国地图出版社	12
5	9787563729067	厦门导游词选编	旅游教育出版社	作者 : 黄国彬	30
6	9787546702513	游走厦门（手绘厦门地图）	福建省地图出版社	编者 : 朱艳霞、程维兴	10
7	9787546702834	福建省交通图（1 : 700000）	福建省地图出版社	编者 : 福建省制图院	10
8	9787503173097	世界地图册（地形版）	中国地图出版社	作者 : 马金祥	35
9	9787546701875	厦门市地图册 / 福建省设区市系列地图册	福建省地图出版社	作者 : 福建省制图院	20
10	125467008	福建自驾游指南	福建省地图出版社	作者 : 福建省制图院	6

（苏素湖）

责任编辑：文治平
审　　稿：孙志红
责任校对：曲　艺

27 卫生·人口计生·体育

卫　生

【概　况】2016年，厦门全市卫生机构总数1578个（不含部队医院）。其中，医院47家（含综合性医院、专科医院、护理院等），基层医疗卫生机构1499个（其中社区卫生服务中心25个，镇卫生院13个，村卫生室278个，门诊部230个，诊所、卫生室、医务室953个），专业公共卫生机构28个（含疾病预防控制中心、专科疾病防治机构、妇幼保健机构、卫生监督所、采供血机构、急救中心、计生技术服务机构等），其他卫生机构4个。与上年比较，卫生机构增加141个，增加的机构主要是门诊部、诊所等。按经济类型分类：全市公立医疗卫生机构539个，民营医疗卫生机构1039个。（见表27–1）

全市实有床位总数14939张，其中医院床位13694张、基层医疗机构床位307张、公共卫生机构床位数775张、其他医疗卫生机构床位163张。公立医疗机构床位12405张，占总床位的83.04%；民营医疗机构床位2534张，占总床位的16.96%。与上年相比，卫生机构床位增加636张，千人均床位3.81张（按照常住人口392万人计算），比上年增加0.10张。全市有卫生人员34443人，其中卫生技术人员27497人。平均每千人拥有卫生技术人员7.01人、执业（助理）医师2.84人、注册护士3.05人（按照常住人口392万人计算）（见表27–2）。

表27–1　　**2016年厦门市卫生机构分类情况表**

类　别	机构数（个）
总计	1578
医院	47
其中：综合医院	28
中医医院	4
专科医院	14
护理院	1
基层医疗卫生机构	1499
其中：社区卫生服务中心（站）	25
卫生院	13
村卫生室	278
门诊部	230
诊所、卫生所、医务室	953
专业公共卫生机构	28
其中：疾病预防控制中心	7
专科疾病防治院（所、站）	1
妇幼保健院（所、站）	7
急救中心（站）	2
采供血机构	1
卫生监督所（中心）	7
计划生育技术服务机构	3
其他卫生机构	4
其中：疗养院	1
医学科学研究机构	1
其他	2

表 27–2 **2016 年厦门市医疗卫生人员情况表**

类　别	合计（人）	医院（人）	基层医疗卫生机构（人）	专业公共卫生机构（人）	其他卫生机构（人）
卫生人员数	34443	20662	10776	2792	213
其中：卫生技术人员	27497	16641	8637	2174	45
其中：执业（助理）医师	11119	5688	4627	786	18
执业医师	10405	5573	4045	769	18
注册护士	11975	8529	2711	720	15
药师（士）	1635	893	664	74	4
技师（士）	1524	887	385	245	7
其他卫生技术人员	1244	644	250	349	1
其他技术人员	1202	874	180	127	21
管理人员	1313	935	237	106	35
工勤技能人员	3634	2212	925	385	112
乡村医生和卫生员			797		

【医疗机构业务量】 2016 年，厦门市医疗卫生机构总诊疗人数 3393.89 万人次，比上年增加 298.18 万人次，增长 9.63%。按机构类别分：医院诊疗人次数 1716.87 万人次，基层医疗卫生机构 1439.77 万人次，专业公共卫生 237.09 万人次，其他卫生机构 0.15 万人次。按经济类型分：公立医疗卫生机构总诊疗人次数 2472.62 万人次，民营医疗卫生机构 921.27 万人次。

全市医疗卫生机构出院人数 53.36 万人，比上年增加 5.16 万人。按机构类别分：医院 48.3 万人，基层医疗卫生机构 900 人；专业公共卫生机构 46396 人；其他医疗机构 3312 人。按经济类型分：公立医疗卫生机构出院人数 42.89 万人，民营医疗卫生机构出院人数 10.47 万人。全市医院病床使用率 86.31%，其中公立医院 92.28%，民营医院 58.54%。全年医院出院者平均住院日为 8.4 日，比上年平均住院日缩短 0.5 日，其中公立医院 9.6 日，民营医院 4.4 日。

【医疗体制改革】 2016 年，厦门市制定《厦门市属公立医院绩效考评办法》《厦门市市属公立医院院长目标年薪制管理办法》《厦门市属公立医院工资总额管理暂行办法》《厦门市公立医院薪酬制度改革指导意见》，建立与公立医院功能定位相适应的绩效考核指标体系和薪酬分配制度。创新公立医院编制管理方式，按编制标准核定各公立医院人员控制数，实行备案制管理。启动第二阶段医疗服务价格改革工作。按照“两降两升”（降低耗材价格，实行耗材零差率；降低部分大型医疗设备检查治疗价格；上调部分使用耗材较多的手术类价格；上调部分体现技术能力的诊察费价格）要求，推进建立以成本为基础的医疗服务价格动态调整机制。3 月 1 日起，正式执行新一轮药品集中采购，全市确标条目 2539 条，通过带量议价，药品采购价在省级入围平均降幅（15.17%）基础上平均下降 10.61%。1～12 月，药品收入占医疗收入比重（不含中药饮片）26.17%，比上年下降 4.4%，减少 9059 万元（该数据为市属、区属公立医院数据）。建立公示机制，加强医用耗材、检验试剂采购监管。推行临床路径管理，采取处方负面清单管理，落实处方点评、抗生素使用、辅助用药、耗材使用管理等制度，减轻群众医药费用个人负担。开展医用耗材联合限价采购试点工作，10 月，启动厦门市公立医疗机构第一批医用耗材（超声刀系统中的耗材）联合采购工作，全市公立医疗机构一年超声刀头（进口）采购金额节约 100 万元以上，国产超声刀头节约 800 万元以上。第二批医用耗材联合采购扩展至 7 大类 2500 个品规，平均降幅 19.13%。

年内，加速公立大医院转型发展，继续推进远程会诊、院士指导平台、“双主任”聘任制。新签约“双主任制”特聘主任 4 人。创新公立医院托管民营医院新模式，与复旦大学附属儿科医院签订厦门市儿童医院委托管理协议。推进厦门市医学领先学科建设计划和在三级甲等综合性医院内设立非独立法人的专科医院计划。制定《厦门市医学领先学科遴选办法》，启动第二轮市医学领先学科建设项目 6 个，分别为第一医院脑科中心、中山医院胃肠外科、市中医院中西医结合儿科、心血管病医院心内科、眼科中心眼表科、市妇幼保健院产前诊断科。制定《厦门市“综合性医院内设专科医院”建设标准（试行）》，成立厦门大学附属第一医院肿瘤医院、糖尿病医院；厦门大学附属中山医院消化病医院、肝胆医院；厦门市中医院肛肠病医院；厦门市第二医院呼吸病医院 6 个内设专科医院。

年内，厦门市卫生和计划生育委员会（简称市卫计委）建立与基层帮扶协作长效机制，全市两大类医联体并举，岛内建构“院办院管”紧密型的医联体模式，岛外 23 家基层医疗卫生机构在

7月29日，厦门大学附属第一医院糖尿病医院、厦门市中医院肛肠病医院、厦门市第二医院呼吸病医院揭牌（市卫计委提供）

“区办区管”基础上，辅以区域性三级医院的对口帮扶制度。成立“JCI国际医院标准认证工作推进小组”，全市12家三级医院启动JCI认证。委托JCI总部及华润医疗集团参与区域协同创建，完成为期半年的《基于JCI理念的医疗质量安全思维与做法》实训项目，累计培训2090人次。提升基层医疗卫生服务能力，完善社区卫生服务网点建设，湖里康乐、殿前马垅、禾山围里、东孚天竺、国营厦门市第一农场、江头街道园山等6个社区卫生服务站建成并投入使用。继续完善基层医疗卫生机构用药目录及诊疗项目，允许基层使用国家基药目录和基本医保药物目录的常见病、慢性病药品，延长一次性处方用量。调整分级转诊的诊查费，健全基层诊疗规范，制定基层病种目录，明确临床路径和转诊标准。实行差别化价格和医保支付政策，由过去的“定额结算”调整为“据实结算”。开展“百名专家进社区”义诊活动。探索设立“健康管理师”专岗，职数单列，举办健康管理师培训班6期，培训人数341人，举办健康管理员培训班10期，培训人数743人。

·小资料·

“双主任”聘任制：是一种人才政策，厦门的公立医院、驻厦门部队医院和社会办医院的重点专科和规划建设的重点专科，聘请国内外知名专家担任特聘主任，赋予其全面管理受聘科室的权力，包括人事安排和经济开支。同时，为配合特聘主任开展工作，医院选聘本院专家担任“执行主任”，负责管理日常工作。

【家庭医生签约服务】 2016年，厦门市全面开展基于“三师共管”（大医院专科医师、基层全科医师和健康管理师）模式的家庭医生签约服务，将家庭医生签约服务工作纳入市对区绩效考核指标体系和市委对区级领导班子政绩考核体系。家庭医生签约服务收费标准每人每年120元，主要由基本公共卫生服务经费、医保基金和签约居民付费等分担，旨在鼓励家庭医生通过提供优质签约服务等合理提高收入水平。

参加签约的普通人群可以享受国家规定的12大类基本公共卫生服务以及双向转诊服务、专家门诊预约、大型设备检查预约、团队健康管理和康复训练指导等免费服务。参加签约的65岁以上老人，除享受上述基本签约服务外，每年可享受一次免费健康体检。80岁以上老人可以享受每年一次上门出诊服务和健康指导。糖尿病、高血压等慢性病签约人群除享受基本签约服务外，还可以享受包括针对性的医疗服务、健康检查和慢性病强化管理服务等个性化服务。年内，全市签约48万人，签约覆盖率23%。其中，签约的高血压病人12.47万人，签约覆盖率39.3%；签约的糖尿病病人5.65万人，签约覆盖率34.51%；签约的65岁以上老年人10.15万人，签约覆盖率51.65%。“三师共管”慢病病人续签率超过87%，高危家人签约率80.42%。11月，厦门市委托第三方对全市38家基层医疗机构家庭医生签约服务进行的调查显示，居民在签约基层医疗机构的首诊意愿达91.12%，签约居民对签约机构的总体满意度达92.33%。

【慢病分级诊疗改革】 2016年，厦门市强化“医防融合”，成立厦门市慢性病防治中心，建立分诊转诊总监和慢病防治总监派驻基层医疗卫生机构制度，促进临床医疗与公共卫生机构的合作，提升基层慢病防治能力。6月1日起，慢性阻塞性肺病、冠心病、慢性胃肠病、脂肪肝、精神疾病与心理卫生、肺癌等9个病种纳入首批扩增分级诊疗实施病种，并开展肺癌社区早期筛查工作。11月，厦门市6个区全部通过省级慢性病综合防控示范区考核评估，成为福建省唯一一个全市所辖各区均为省级慢性病综合防控示范区的市。海沧区、湖里区被授予国家级慢病综合防控示范区。加大医养结合工作力度，全市有养老床位10154张，千名老人养老床位数32.8张。在养老机构中试行医养结合，有20家养老机构内设有医疗机构，其中纳入医保定点的养老机构19家，有护理型床位5780张，占养老服务机构总床位67.84%。6月，国家卫计委确定厦门市为国家级医养结合试点城市。

【医疗基础设施建设】 2016年，厦门市推进岛外厦门市第三医院、第五医院和海沧医院创建三级甲等综合性医院工作。4月，启动厦门市第一医院马銮湾院区、中山医院环东海域医院院区建设。加快建设厦门医学院（医高专）集美校区二期、厦门市第一医院内科综合楼及院区综合改造、翔安医院、厦门市心脏中心新址建设、厦门中山医院门急诊楼、建发弘爱医院、复旦中山厦门医院等一批重点卫生建设项目。厦门医学院（医高专）集美校区一期、海沧医院二期扩建完成并投入使用。厦门大学附属第一医院成为福建省首家互联网医院。

全市医疗卫生机构拥有房屋建筑面积198.37万平方米，比上年增加4.91万平方米。其中，业务用房面积146.11万平方米，比上年增加0.53万平方米。

全市医院房屋建筑面积 141.0 万平方米，比上年增加 2.08 万平方米。其中，业务用房面积 116.37 万平方米，比上年增加 0.39 万平方米。

【公共卫生】 2016 年，厦门市有效应对埃博拉出血热、人感染 H7N9 禽流感、中东呼吸综合征、台风“莫兰蒂”灾后防疫等一系列重大突发公共卫生事件，法定传染病报告发病率继续控制在历史较低水平，无重点传染病暴发疫情。肠道、呼吸道、自然疫源性传染病监测，霍乱、手足口病、流感、人禽流感等急性传染病监测工作任务完成率 100%。全市无甲类传染病报告。免疫规划接种全预约管理平台的微信及网页预约功能在全市 39 家预防接种门诊投入运行。儿童常规免疫接种率常年保持在 99% 以上。全市一类疫苗覆盖 7 个年龄组儿童，接种率均保持在 95% 以上。完成结核病分级诊疗管理系统建设。开展全民健康生活方式行动示范单元的创建，在 6 个区群众密集场所设置健康指标自助检测点 137 个，实现群众免费自我检测健康指标和检测数据上传市民健康信息系统。持续开展地方病防控，碘缺乏病保持在国家消除标准内，地氟病巩固在国家基本控制标准内。癌症早诊早治、心脑血管疾病筛查干预和口腔疾病综合干预工作不断扩展。完善市—区—街（镇）三级精神卫生防治体系。推进严重精神障碍患者定点收治医院精神科门诊设置，实现全市 38 家社区卫生服务中心、卫生院精神科门诊全覆盖。配合综治、公安等部门落实严重精神障碍患者肇事肇祸问题专项治理工作，实现公安与卫生计生系统易肇事肇祸严重精神障碍患者信息共享。开展病媒生物防制工作，有效控制病媒生物孳生，预防和减少流行性出血热、疟疾、登革热等病媒生物传播疾病的发生和流行。开展城乡环境卫生整洁行动，创建一批“省级卫生村”和“省级卫生社区”，重点申报省级健康村建设试点 4 个。开展“清洁家园、除害防病、促进健康”为主题的爱国卫生月活动。继续开展“中美合作中国控烟伙伴——无烟城市”项目，新增鼓浪屿、南普陀寺无吸烟景区，轮渡码头、东渡邮轮码头、五通码头、枋湖长途汽车站无烟交通场站等“无吸烟单位”60 家，启动全市范围内的“无烟酒店”创建工作。厦门市成为 38 个全国健康城市建设首批试点城市之一。厦门市疾控预防中心被福建省疾病预防控制中心授予“福建省‘十二五’地方病防治先进集体”。

年内，厦门市妇幼健康水平不断提高，孕产妇死亡率、婴儿死亡率、5 岁以下儿童死亡率达到发达国家和地区中高水平。实施三级预防措施，实现低出生缺陷的控制目标，儿童精神疾患得到及时筛查与干预。继续实施农村孕产妇住院分娩补助、妇女“两癌”（宫颈癌、乳腺癌）筛查、增补叶酸预防神经管缺陷等妇幼重大公共卫生项目，促进妇幼健康服务均等化。关注儿童早期发展，厦门市妇幼保健院成为福建省第二家国家级儿童早期发展示范基地。加强“全面两孩”政策实施后全市孕产期保健动态监测，实行妊娠风险预警评估，强化分级分类管理，加强孕产期保健与医疗服务健康教育。推进婚检孕前优检项目整合，落实免费孕前优生健康检查，推动妇女儿童重大健康问题逐步解决，影响人群健康的妇科疾病、儿童慢病危险因素等得到系统监测和有效控制。开展妇幼健康优质服务示范工程创建活动，全市 6 个区获评福建省妇幼健康优质服务示范区，其中，思明区、湖里区、海沧区获评全国妇幼健康优质服务示范区。厦门市妇幼保健院、解放军 174 医院获全国首批母婴友好医院称号。

年内，市卫计委完成 2016 年厦门市“两会”、厦门国际马拉松比赛、第八届海峡论坛、第十九届中国国际投资贸易洽谈会、中国羽毛球俱乐部超级联赛厦门主场赛、第九届海峡两岸（厦门）文化产业博览会、2016 年世界城市日论坛、2016 两岸企业家峰会年会、2016 厦门世界半程铁人三项赛暨铁人世锦赛资格赛厦门站等重大活动的医疗保障任务。推进职业健康检查机构和职业病诊断鉴定机构建设，完成厦门市放射与职业卫生智能信息化监管与服务平台（一期）及职业健康体检系统建设。提高水质在线监测能力，扩大在线监测面，增加在线监测点，在水源水、二次供水和末梢水监测点推行在线监测，在原有监测点的基础上进行升级改造，增加铁锰、六价铬等重金属离子监测项目。沐浴、游泳、住宿、美容美发、电影院五大公共场所量化分级管理覆盖率达 100%。推进食品安全风险监测机制建设和食源性疾病监测哨点医院建设，将全市二级以上医院纳入哨点医院范畴。哨点医院从 7 家增加到 15 家。制定《2016 年厦门市卫生计生系统食品污染及有害因素监测方案》和《2016 年厦门市食源性疾病监测方案》。全年完成监测 8 类食品 669 份食品样品监测，上报有效监测数据 3580 个。全市办结“两非”案件（非医学需要的胎儿性别鉴定和非医学需要的人工终止妊娠行为）101 件，其中重点案件 8 件，一般案件 93 件。

2016 年，市卫计委加强医疗急救体系和医疗急救能力建设。举办厦门市航

11 月 11 日，厦门市省级卫生应急队伍综合演练暨航空医疗救援合作签约仪式举行
（市卫计委提供）

空医疗救援暨海峡论坛保障应急演练，在海沧区公共场所配置可抢救突发心脏骤停病人的“救命神器”AED（自动体外除颤器）20台。与交通运输部东海第二救助飞行队和上海金汇通航股份有限公司福建公司签订“厦门航空医疗救援战略合作协议”，建立全国第一个紧密型航空医疗急救站。“120”指挥平台、突发公共卫生平台与厦门市城市公共安全管理平台无缝对接，实现急救中心的调度和“110”警情同步联动，微信急救公众平台正式上线使用。组建省级卫生应急队伍——紧急医学救援队和心理干预队，紧急医学救援队由厦门市急救中心、市疾控中心、市第二医院组成，心理干预队由市仙岳医院组成。紧急医学救援队有队员42名，心理干预队有队员20名。抗击超强台风“莫兰蒂”期间，厦门市医疗急救中心接警3876次，接入处置求助电话1691次，调派救护车401次；全市各医疗机构收治急诊9662人，收治住院969人，急诊手术466台，无院内死亡病例；有效实施灾后防疫消杀工作，实现全市大灾之后无大疫。完善全市覆盖区域协同胸痛急救网络。市心血管医院获批成为全国4家国家胸痛中心区域认证中心之一，承担华东区域胸痛中心认证和培训工作。厦门模式区域协同胸痛急救网络获2016年胸痛中心建设杰出贡献奖。

【中医药工作】2016年，市卫计委完善中医药补偿机制，恢复公立医疗机构中药饮片（不含颗粒剂）加成率13%。推动大型药企和全市医疗机构开展中药代煎工作。鹭燕医药公司建成中药代煎中心，与包括社区卫生服务中心在内的20多家医疗机构签订合作协议，市中医院、金山街道社区卫生服务中心、瑞来春诊所试运行中药饮片代煎代送业务。编制《厦门市中医药健康服务发展规划（2016～2020年）》。开展首届“西学中”班培训和第一批市级中医专家基层师带徒年度考核，完成第三批市中医后备人才验收及名老中医工作室中期验收。推广中医药社区适宜技术，指导社区开展“预防、保健、医疗”工作。全市100%的社区卫生服务中心、100%的镇卫生院、89.48%的社区卫生服务站、78.93%的村卫生所能够提供中医药服务。翔安区通过全国基层中医工作先进单位省级评审。市第一医院通过全国综合医院中医药工作示范单位复审。6月11日，市卫计委举办以“创新医养结合模式，共谋两岸民众福祉”为主题的海峡两岸中医药发展与合作研讨会，两岸中医药领域的专家学者、行业协会负责人、企业界人士等600多人参会，就两岸“医养模式”进行学术研讨。

【医疗科研教育】2016年，全市卫生系统获国家自然科学基金项目立项27项，立项数创历年最高水平，比上年增长12.5%。临床教学基地建设取得成效，获批新建“厦门市脑科中心重点实验室”、“厦门市胸部疾病重点实验室”等8个厦门市重点实验室。非直属附属医院新增2家，市仙岳医院成为厦门医高专的非直属附属医院，市心血管医院成为厦门大学非直属附属医院；教学医院新增2家，厦门长庚医院成为厦门大学教学医院，市儿童医院成为厦门医高专的教学医院。厦门大学附属第一医院、厦门大学附属中山医院、厦门市第二医院、厦门市第三医院通过福建医科大学教学医院复评，厦门市第二医院通过福建中医药大学教学医院复评。市卫计委启动厦门市全科医生线上继续教育平台项目，建设全科医师师资库，成立全科医学教研室。主办国家级全科医生师资培训班1期，参训学员1206人，省级全科医生师资培训班1期，参训学员841名。厦门医学高等专科学校获教育部同意升格为厦门医学院。厦门市中山医院获得4项2016年度厦门市医学创新奖。

【卫生信息化建设】2016年，厦门与福州、南京、常州等4个城市被国家卫计委确定为国家首批健康医疗大数据中心和产业园建设试点城市。厦门市民健康信息系统实现健康信息互联互通，各医疗机构可通过区域卫生信息平台调阅和共享病人健康档案，至12月底，全市建立市民健康档案4479298份。管理高血压191451人，规范化管理率75.77%；管理糖尿病81652人，规范化管理率65.08%。以双向转诊为基础的分级诊疗区域协同平台共接入全市9所公立医院及38家社区卫生服务中心及卫生院。推动“互联网+”应用，建立“三师共管”、家庭签约、随访管理、双向转诊、预约咨询等功能为一体的统一社区APP：微信公众号。28个社区完成“厦门i健康”安装及培训，完成签约46余万人。慢性病全程关照网增加病种模块功能，搭建糖友网、高友网平台，方便医疗机构、患者共同促进健康管理。建立全市门诊预约统一平台、厦门市卫生信息微信平台、健康医疗云平台等，拓宽健康信息应用服务领域。实现市民门诊、住院、检查检验、体检信息、妇幼保健、儿童计划免疫等数据共享。推进“互联网+医疗”，加快智慧医院建设。推进全市远程病理平台建设，厦门

11月29日，市委常委、宣传部部长叶重耕（左一）与副市长卢江（右一）为国家健康医疗大数据中心与产业园建设试点工程厦门园区揭牌 （市卫计委提供）

市第五医院、第一医院杏林分院、第一医院（病理质控中心）、儿童医院、口腔医院、海沧医院等12家医院纳入首期建设，厦门市第一医院、厦门市第五医院、厦门市海沧医院、厦门市儿童医院4家医院启动远程病理业务。推进区域心电网络及区域影像云平台建设，区域心电网络平台接入13家三级医院、2家二级医院及38家社区卫生服务中心、卫生院，区域影像云平台接入14家公立医院，实现心电、影像信息共享调阅。厦门大学附属第一医院通过HIMSS EMRAM（美国医疗卫生信息与管理系统协会电子病历应用成熟度模型）6级现场评审，成为福建省首家、中国大陆地区第十二家通过HIMSS EMRAM六级的医院，成为全国第五家同时通过全球最高等级的国际医院标准（JCI）认证和HIMSS（美国医疗信息与管理系统学会）6级认证的综合性医院。整合卫生计生信息资源，推进全市人口信息库建设。11月，厦门市实现公安人口户籍迁入、迁出、出生、死亡4项变动实时共享。

【首个精神卫生产学联合研实验室成立】 2016年4月26日下午，厦门市仙岳医院与厦门大学生命科学学院合作成立的福建省内首个精神卫生产学联合研实验室在厦门市精神卫生中心、厦门市仙岳医院正式挂牌。该实验室旨在通过对精神疾病日常诊疗数据的分析，探索精神疾病的遗传机理，评估不同人群的患病风险，从而开展精神疾病的精准医疗，为患者的精确诊断和个体化药物治疗提供科学、准确的依据。

（余秀琴　张逍宇）

人口计生

【概　况】 2016年，厦门市级计划生育经费投入9715.89万元，比上年增长5.49%；落实计划生育各项奖励经费6908.84万元，增长27.25%；计划生育奖励兑现率100%。实行生育登记服务制度，在全市推广应用“i厦门”一站式便民服务平台，全面推行网上办证，实现部门间信息互联共享，人口计生信息准确率98%以上。依法实施“全面两孩”政策，综合治理出生人口性别比工作取得成效。思明区、湖里区被国家卫生和计划生育委员会评为新一轮全国计划生育优质服务先进单位；集美区、海沧区、同安区、翔安区被福建省人口计生领导小组授予全省计划生育工作先进单位称号。

【计划生育利益导向机制完善】 2016年，厦门市出台《关于进一步加强计划生育特殊家庭扶助工作的意见》，对计划生育特别扶助金进行动态调整，对2013年9月29日之前发生独生子女三级以上伤残或死亡、尚未获得一次性紧急救助的计划生育家庭发放一次性紧急救助金，2017年底落实到位。开通“就医绿色通道”，为计划生育特殊家庭在门诊挂号、取药、住院和结算等提供便捷服务。开展计划生育困难家庭春节慰问，对计划生育特殊家庭每户慰问1000元，对计划生育困难家庭每户慰问500元，市级财政投入资金15万元，慰问239户。市级下拨计划生育困难女孩家庭帮扶资金100万元，对遵守计划生育政策的困难女孩家庭孤儿（女孩）在义务教育学习期间，一年补助3000元；对孤儿（女孩）在普通高中和大学学习期间，一年补助5000元。完善计划生育特殊家庭档案、联系人干部挂钩制度，解决特殊家庭在生活照料、养老保障、精神慰藉等方面的困难和问题。推进幸福家庭创建活动，开展营养科学和健康宣传进万家活动，健全完善生育支持、幼儿养育、青少年发展、老人赡养、病残照料等家庭发展政策。健全计生困难家庭救助机制，继续打造一批深受群众欢迎的农村帮扶、金秋助学、“爱之屋”基金、计生家庭意外伤害保险等特色生育关怀精品项目。

【人口和计划生育数据】 据厦门市统计局人口抽样调查数据，截至2016年年底，全市常住人口392万人，比上年增长6%；出生率15.1‰，增长1.1%；死亡率3.2‰，降低0.1%；自然增长率11.9‰，增长1.2%；城镇化率89%，增长0.1%。据2016计生统计年度报表，厦门市人口出生政策符合率94.38%，出生人口性别比111.16。政策外多孩率2.15%，免费孕前优生健康检查覆盖率146.07%。户籍人口平均期望寿命80.45岁（比上年提高0.28岁），其中男性77.89岁（比上年提高0.35岁），女性83.27岁（比上年提高0.07岁）。孕产妇死亡率9.43/10万，婴儿死亡率2.55‰，5岁以下儿童死亡率3.87‰。

【流动人口管理】 2016年，厦门市流动人口196.05万人（据2016计生统计年度报表，该数据为计生流动人口数）。流动育龄夫妻凭《流动人口已婚育妇服务手册》到指定的计划生育服务站（所）或定点单位可享受国家规定的基本项目的免费计生技术服务。全市流动人口在流入地接受免费服务率100%。市卫计委开展免费孕前优生健康检查及咨询服务工作，为流动人口育龄人员提供与户籍人口同等的避孕药具服务，流动人口免费药具获得率100%。落实流动已婚育龄妇女生殖健康档案管理，落实住院分娩、B超检查、计划生育手术实名登记制度，实行网络化管理。推进“阳光计生行动”，提供流动人口“一站式”计生便民服务。落实一次性告知、首问责任制，维护和保障流动人口计生合法权益。

市卫计委创建“幸福小铺”“幸福彩虹幼儿园”“幸福工作室”等系列爱心示范点。开展“服务均等健康情　你我融合在厦门”关怀关爱活动以及“健康家庭”促进行动、“幸福工程——救助贫困母亲”捐赠活动等公益项目。开展并提升“爱心园愿”“爱心超市”“爱心网校”“爱心课堂”等服务流动人口的品牌项目，推进流动人口“四个融合”（成人融入单位、子女融入学校，家庭融入社区、群体融入社会）。

年内，厦门市创建培育流动人口卫生计生基本公共服务均等化示范点12个、流动人口社会融合示范试点示范社区10个。海沧区2个流动人口社会融合成功实践案例入选国家示范案例。流动人口动态监测数据质量提高，数据准确率95%以上。市卫计委完善流动人口计生免费技术服务网络的“绿色通道”，实行“定点服务，统一记账，半年结算”。确定厦门市妇幼保健院为“婚前健康检查”定点单位，厦门市计划生育服务站为“免费出生缺陷干预”和“落实政策外补救措施”定点单位。

（余秀琴　张逍宇）

体　育

【概　况】2016年，厦门市市级体育社会组织96个，区级体育社会组织107个，老年体育协会组织网络实现全覆盖，基层健身站点和纳凉点2292个。社会体育指导员8526名，广泛服务于社区、乡村等群众健身点。厦门市体育局（简称市体育局）修订印发《厦门市彩票公益金支持区级体育事业专项资金管理办法》，优化区级体育彩票公益金申请使用的程序，加大事后监管力度，提高资金使用效益。

【群众体育】2016年，厦门市根据国务院《全民健身计划（2016～2020年）》和《福建省全民健身实施计划（2016～2020年）》，编制《厦门市全民健身实施计划（2016～2020年）》。整合现有群众体育赛事活动资源，升级群众体育联赛为全民健身运动会，设置群众运动项目26项，比赛时间6～12月。市体育局与广电集团联举办村居篮球赛，比赛于4月20日至12月4日，赛事分两个阶段，第一阶段是“住宅·莲花杯“特区新闻广场”厦门市村居篮球赛”，全市6个行政区119支队伍参赛。第二阶段是“建发杯·泉厦篮球双城会”，参赛球队分别为“住宅·莲花杯“特区新闻广场”厦门市村居篮球赛”的冠亚军和泉州“新闻广角”篮球嘉年华的冠亚军。两个阶段比赛场次共213场，观看人数近10万人次，手机直播在线观看约30万人次，各渠道关注比赛人数超100万人次。与《海西晨报》联合举办2016年迎新春体育大游园活动，设置16个具体项目，参加人数5000多人次。年内，厦门市举办“全国冬泳日”系列活动（厦门站）暨第十八届迎新春海峡两岸冬泳活动、体育“三下乡”活动、第三十届奥林匹克日（厦门站）长跑活动、万名老年人新春健步行和重阳节登山活动等全民健身活动。市体育局联合市委文明办、市老龄办和市老体协制定下发《关于推荐老年人健身康乐家园的通知》，评审出市级“康乐家园”87个。建立市级国民体质监测中心，制作健身科普宣传资料3000余册向市民发放。

【体育设施规划与建设】2016年，市体育局推进体育设施进公园、进社区，配合市规划委、市市政园林局制定《体育设施进公园标准》，投入50多万元为植物园、忠仑公园、筼筜湖及南湖公园等建设健身路径。配合市发改委、市教育局推动14所学校体育设施向社会开放工作。改善基层群众健身场地设施，下拨区级体彩公益金6837.66万元到各区，建设多功能运动场20个。其中，思明区建设莲云社区多功能运动场，海沧区建设海沧街道文体中心、体育公园二期、区老年人活动中心，同安区建设新民镇后宅村和湖安社区多功能笼式综合训练场等，湖里区、翔安区建设及改造提升一批街道、社区的健身设施。

8月6日，2016年厦门市全民仪式暨全民健身运动会开幕式举办　（市体育局提供）

【厦门市运动员里约奥运会获佳绩】2016年，厦门市7名体育运动员参加里约奥运会，获金牌2枚（谌龙获羽毛球男子单打金牌，邓薇获举重女子63公斤金牌）、银牌1枚（张彬彬获射击女子50米步枪三姿银牌）、铜牌1枚（段静莉获赛艇女子单人双桨铜牌），打破世界纪录2项（邓薇以总成绩262公斤打破挺举和总成绩两项世界纪录），创厦门运动员参加奥运会历史最好成绩。市体育局被省体育局授予福建省参加第三十一届里约奥运会突出贡献奖单位，被市政府记二等功。

【竞技体育人才队伍建设】2016年，市体育局做好2018年省运会备战队伍及梯队建设，加强体育后备人才的选材测试工作，完成2537名运动员的年度注册。做好厦门市参加年度全省青少年锦标赛的参赛工作。市体育局与市财政局联合向各区下拨2016年度竞技体育后备人才基地建设扶持经费45万元。制定《厦门市体育竞赛裁判员管理办法（试行）》，进一步规范体育竞赛裁判员监督管理工作，保证体育竞赛公平、公正、有序进行。

【“三大球”发展】2016年，市体育局创建市青少年“三大球”（足球、篮球、排球）联赛竞赛制度，赛事于10月份开始举行，有16个组别88个队1530人参加188场比赛，以竞赛为杠杆，促进全市“三大球”运动的普及发展，培养和输送“三大球”后备人才。以足球项目为突破口，探索实施“市队校办”模式，由市竞技体育运动项目管理中心与厦门市第二中学签订合作协议，成立厦门二中男子足球队，队伍代表厦门市参加全国和全省各级各类的青少年足球比赛，该足球队获2016年全国初中男子校园足球联赛总决赛冠军。

【青少年体育】2016年，市体育局联合市教育局完成修订《厦门市体育传统项目学校管理办法》和《厦门市体育传统项目学校评估细则》，并对全市中小学重新评估，评定市级体育传统项目学校

46所，以评促建，推动学校体育工作发展。市体育局指导健雄青少年体育俱乐部获评国家示范性青少年体育俱乐部称号。组织健雄青少年体育俱乐部、乐安中学参加2016年全国青少年未来之星阳光体育大会，获足球初中男子组一等奖、乒乓球项目混合团体赛二等奖、长绳项目一等奖。组织思明区松柏二小、同安区业余体校参“阳光体育”福建省青少年儿童3项体育活动，松柏二小获得团体冠军。年内，市体育局联合市教育局举办全市中小学生乒乓球、羽毛球、篮球、排球、跆拳道、田径等10个单项锦标赛。联合市教育局组织24所学校、61支队伍共547人，参加省级中学生体育联赛。其中，厦门市第一中学获游泳项目比赛初中组第二名和高中组第一名；在足球项目比赛中，厦门市第二中学和厦门市第一中学分别获初中男子组第一名和第三名；厦门市第二中学和厦门市湖滨中学分别获高中男子组第一名和第二名；厦门市竹坝学校获排球项目比赛初中男子组第一名；厦门市第十中学获得篮球项目比赛初中男子组第二名。在田径项目比赛中，厦门市新店中学和厦门市第一中学分别获初中组第二名和第五名，厦门市集美中学和厦门市第十中学分别获高中组第二名和第六名。

【体育产业】2016年，市体育局与市发改委联合制定三年工作计划，推动国家体育产业工作联系点工作。组织申报国家体育产业示范单位和项目，厦门国际马拉松赛和厦门路桥帆船游艇有限公司被国家体育总局分别评为国家体育产业示范项目和国家体育产业示范基地。向国家体育总局和财政部申报大型体育场馆补助资金，市体育中心体育场和海沧区体育中心综合馆获补助资金68万元。2016年，厦门市体育用品制造业总产值约120亿元（不含运动鞋服），其中出口96亿元人民币，内销24亿人民币。体育彩票销售额15.52亿元。至年底，体育健身俱乐部400多家，各类体育培训机构上千家，体育健身休闲业发展较快。

【区承办品牌赛事】2016年，思明区举办2016年全国沙滩排球大满贯赛和世界沙滩排球巡回赛厦门公开赛。湖里区举办第十二届中国俱乐部杯帆船挑战赛。集美区举办第十一届“嘉庚杯”“敬贤杯”海峡两岸龙舟赛、第五届海峡自行车公开赛、2016厦门杏林湾半程马拉松及全国汽车场地越野锦标赛。海沧区举办女子高尔夫公开赛、厦门国际武术大赛、海峡两岸（厦门海沧）女子半程马拉松赛。翔安区举办2016厦门围棋大会。

【体育交流合作】2016年，厦门市赴台湾地区开展马拉松、游泳等项目交流2批121人次。国际田联副主席、非洲田联主席卡尔卡巴·马尔布姆应邀到厦门参加第十四届厦门国际马拉松赛，并在开幕式上向厦门国际马拉松赛组委会颁发国际田联路跑金牌赛事牌匾。市体育局与到访的韩国木浦、平泽，马来西亚槟城等国外体育组织和马拉松组委会交流办赛经验，商谈赛事合作。厦门市组织厦门国际马拉松赛配套赛事——2016海峡两岸城市马拉松邀请赛，80个地级城市代表队和台湾地区30个代表队440名选手参赛。举办2016年“全国冬泳日”系列活动（厦门站）暨第十八届迎新春海峡两岸冬泳活动，海峡两岸37支冬泳代表队的近千名冬泳爱好者参赛，该项赛事成为海峡两岸体育交流的重要赛事之一。

【第十四届厦门国际马拉松赛】2016年1月2日，由中国田径协会、厦门市人民政府主办，厦门市体育局、厦门广电集团等承办的第十四届厦门国际马拉松赛在厦门举行，45个国家和地区的48642名选手参赛，其中参加全程马拉松27816人、5公里马拉松18826人，绿跑2000人。全程马拉松比赛中，肯尼亚选手文森特·奇普鲁托以2小时10分18秒的成绩获男子组冠军，埃塞俄比亚选手沃克尼斯·伊得萨以2小时24分04秒成绩获女子组冠军。此届马拉松赛再次获评“国际田联路跑金标赛事”。

【第八届厦金海峡横渡活动】（见P198【第八届厦金海峡横渡活动】）

【世界铁人三项赛】2016年11月13日，由市体育局与万达集团联合举办的2016厦门世界半程铁人三项赛暨铁人世锦赛资格赛厦门站比赛在厦门举行。这是厦门市首次举办世界半程铁人三项赛，57个国家和地区的2179名运动员参赛。其中，境外选手650多人，中国大陆地区选手1525人（厦门当地选手236人）。参赛选手需完成游泳、自行车骑行、长跑3项比赛，全程113千米。澳大利亚的选手乔西·安贝格以3小时56分50秒的成绩获得冠军。

【市体育运动训练中心启用】2016年11月21日，厦门市体育运动学校和厦门市竞技体育运动项目管理中心入驻新校区揭牌仪式在厦门市体育运动训练中心举行，这标志着市体育运动训练中心正式启用。截至年底，厦门竞技体育运动项目管理中心、厦门市运动学校的16个项目运动队全部搬迁至中心。2011年，市体育运动训练中心开始建设，总投资5.5亿元，位于同安新城西柯镇辖区，总占地面积19.6万平方米，总建筑面积8.41万平方米。该体育运动训练中心是厦门市规模最大、配套最齐全的体育运动训练中心，能容纳1000名运动员及300名教练员的训练、学习，可以承担全国及地区性单项比赛。其中的田径场、游泳馆、篮排球馆、乒乓球羽毛球馆等场馆将逐步对市民开放。

（陈　晨）

责任编辑：文治平
审　　稿：曲　艺
责任校对：曾一一

28 社会·民生

劳动就业

【概　况】 2016年，厦门市城镇新增就业17.02万人，城镇失业人员再就业6.44万人，就业困难人员就业1.26万人，农村富余劳动力转移就业1.12万人。截至12月末，城镇登记失业率3.36%。全市年末登记在岗职工数165.08万人，较上年同期增加4.72万人，比上年增长2.94%，其中本市员工52.31万人，到厦门务工人员112.77万人。市劳动就业部门兑现就业扶持政策，全年累计向27363家企业发放稳岗补贴2.47亿元，发放就业补贴、补助、奖励金7.71亿元，惠及1.69万家（次）单位、26.79万人次。

全年，厦门市人力资源和社会保障局（简称市人社局）提供免费培训10.73万人次，为34家企业381人发放职业培训直补经费37.40万元；开展职业技能鉴定60015人次，核发职业资格证书41051本。举办线下各类大中专毕业生专场交流会27场，5123家次企事业单位参加，提供岗位需求6300个次。举办线上交流会2场，2218家次企事业单位参加，提供岗位需求18600个次。全年审核职业见习岗位1232个，推动近820名毕业生见习上岗，发放见习补贴940万元。

全年，市人社局发放创业场地补贴394人次、260.26万元，自主创业奖励246人次、87万元，创业带动就业奖励12万人次、2.4万元，创业项目奖励188个、37.6万元，创业扶持小额担保贷款125笔、7313万元。12月，市人才服务中心被人力资源和社会保障部正式授予“2014～2016年度优质服务窗口”称号。

【企业工资总额申报事项全程网上办理】 2016年1月起，市人社局启用《厦门市企业工资总额使用手册》备案网上申报系统，实现该事项全程网上办理。企业可不受工商注册地或经营地限制，自主选择全市各区就近申报，无需提供纸质材料。企业的登记信息、开户行信息、用工报备信息等相关基础数据皆由就业管理系统直接读取。企业全程网上申报，办理结果全市通取。该系统对企业在工资指导线内申报的工资额度实时备案，无需人工审核，加强国有企业的工资额度管理，而对经营范围中涉及劳务派遣和建筑劳务企业则纳入重点管理。

【稳岗补贴新政出台】 2016年2月，市人社局和市财政局下发《关于做好失业保险支持企业稳定工作有关问题的通知》。规定自2016年1月1日起，凡在厦门市行政区域内，按照《厦门市失业保险条例》规定参加失业保险并缴纳失业保险费，且上年度未裁员或净裁员率低于厦门市上年度12月份城镇登记失业率的企业，可以申请领取稳定岗位补贴。符合申请条件的企业，每年可申领一次上年度的稳岗补贴。申领受理时间截止到每年的11月30日。给予稳岗补贴以企业及其职工上年度实际缴纳失业保险费总额的50%，所需资金从失业保险基金列支，用于职工生活补助、缴纳社会保险费、转岗培训、技能提升培训等相关支出。

【全市人力资源和社会保障工作会议】 2016年2月16日，市政府召开全市人力资源和社会保障工作会议。市委常委、副市长林文生出席会议并讲话。会议回顾总结2015年工作和“十二五”时期人社工作主要目标的完成情况，安排部署2016年工作，要求做到“就业稳、人才兴、社保安、人事顺、劳动和、分配增”，实现“十三五”时期人社事业发展的良好开局。

会议提出“十三五”时期做好7个方面工作：以充分就业为目标，更加注重解决结构性就业矛盾；以迈向人才强市为目标，更加注重高层次和高技能人才队伍建设；以更加公平更可持续为目标，更加注重深化社会保障制度改革；以提高人事管理科学化水平为目标，更加注重深化人事制度改革；以构建和谐劳动关系为目标，更加注重维护职工和企业合法权益；以增加城乡居民收入为目标，更加注重健全收入分配机制；以提供更加方便快捷、优质高效的公共服务为目标，更加注重加强基层基础建设。

【春风送岗女性专场招聘会】 2016年3月19日，市人社局和市妇联在市劳动力市场1楼联合主办2016年春风送岗

3 月 27 日，厦漳泉第五届暨厦门市第十三届校企合作对接会举行　（唐光峰　摄）

女性专场招聘会。厦门海莱照明有限公司、泰康人寿保险股份有限公司厦门分公司、厦门市天虹商场有限公司、厦门国际大酒店有限公司等 70 家企业到场招聘，涉及行政主管、项目经理、外贸营销及一线生产技术人员、服务员、厨师等普通工种等多型类职位 2364 个，吸引 800 多人入场对接，现场约 300 人与用人单位初步达成就业意向。

【厦漳泉第五届暨厦门市第十三届校企合作对接会】 2016 年 3 月 27 日，厦漳泉第五届暨厦门市第十三届校企合作对接会在海沧体育中心举行。此次对接会由厦门市人民政府主办，厦漳泉三市人社局和海沧区人民政府承办。来自全国 19 个省市 170 所职业院校和厦漳泉三地 600 多家企业参会，参会人员 1500 多人，达成合作协议近 100 份，促成 6402 名职业院校毕业与企业用工对接。对接会组织院校代表参观通达（厦门）科技有限公司和长鸿光电（厦门）有限公司。

【人力资源服务机构领取新许可证】 2016 年 4 月，市人社局结合 2015 年全市人力资源服务机构年度验证，完成统一换发许可证的工作任务。市、区两级人社行政部门分别对 2015 年 6 月 30 日前在厦设立并持有厦门市人才中介服务许可证、福建省人才中介机构服务许可证、厦门市职业介绍许可证的 130 家人才中介机构、职业介绍机构进行年度验证，并将以上 3 种许可证换发为全国统一的人力资源服务许可证，加上 2015 年 6 月 30 日后在厦设立的 17 家人力资源机构，全市 147 家人力资源服务机构取得新的人力资源服务许可证。人才中介机构、职业介绍机构也统一改称为人力资源服务机构。

【泰国高级人才技工培训班在厦门开班】 2016 年 4 月 18 日，泰国高级人才技工培训班开班仪式在厦门技师学院举行。泰国国防部御卫厅瓦披龙上将、东盟加六国贸易促进会主席罗宗正、泰王国驻厦门总领事馆总领事等出席开班仪式。该培训班由泰国国王御卫厅、泰王国驻厦门总领事馆、东盟加六国贸易促进委员会、泰国吉拉达学校主办，华侨大学和厦门技师学院承办。这是中泰双方首次在工业方面的技术交流与合作。参加此次培训的 19 名学生、7 名教师均来自泰国吉拉运学校。他们将在厦门技师学院进行为期半个月的电子商务、汽车维修和电子技术培训，学习中国在工业技术领域方面的先进技术和制造工艺。

【第二批优秀高技能人才名单公布】 2016 年 5 月，市政府公布厦门第二批 25 名优秀高技能人才名单，李永林等 16 名技师、高级技师以及杨成祥等 9 名优秀技术能手上榜。根据有关规定，有突出贡献的技师、高级技师继续在岗工作的，5 年内每人每月可享受 1200 元（累计 7.2 万元）的政府津贴；优秀技术能手继续在岗工作的，5 年内每人每月可享受 800 元（累计 4.8 万元）的政府津贴。

【厦门代表队在世选赛中获佳绩】 2016 年 7 月，第四十四届世界技能大赛福建省选拔赛（简称世选赛）数控车工、数控铣工、电焊技术 3 个项目在福州第一技师学院落幕，全省 9 支设区市代表队参加比赛。厦门代表队焊接项目包揽前 3 名，数控铣工项目分获第二和第四名，数控车工项目获得第八和第十名。

【创业项目推介活动】 2016 年，厦门市为实现创业带动就业的目的，分别于夏

7 月，厦门代表队在第四十四届世界技能大赛福建省选拔赛中获佳绩（唐光峰　摄）

7 月，夏季创业项目推介会在海沧举办　（唐光峰　摄）

季和冬季召开创业项目推介会。

夏季创业项目推介会于 7 月 15 日在海沧自由贸易创新展示中心举办。此次推介会由市人社局和海沧区政府联合主办，参展的推介项目 78 个，吸引近 4000 人参加，近 1000 人次和 78 家参展商达成共识，表达合作意向。推介会还邀请经营、管理、政策、法律、融资等方面的创业指导专家现场开展创业咨询服务活动，解读创业新政策，指导如何寻求政策支持，开展创业补贴、奖励金及小额担保贷款申请。

冬季创业项目推介会于 12 月 16 日上午在集美区后溪镇厦门北站南广场创业大街举办。此次推介会由市人社局和集美区政府联合主办，参展的推介项目 109 个，吸引 4000 多人参加，有近 1100 人次和 109 家参展商达成项目共识，表达合作意向。此届推介会首次采用项目路演与实地考察相结合的项目评审方式，相关项目贴近生活，项目合作采取独立经营、加盟连锁、众筹投资、入股合作等方式。对一些暂时还不想创业的人员，与创业培训机构对接，参加政府提供的免费创业培训。

【2016 年急需（紧缺）技术工种】 2016 年 8 月，市人社局根据人力资源市场用工信息，企业用工需求，确定厦门市 2016 年急需（紧缺）技术工种目录，涉及机电服务、信息服务、电子通讯、能源动力、交通运输、化工环保、纺织服装、建筑工程、创意设计、会展服务、商贸服务、旅游服务、社会服务、农林牧渔类的通用工种 89 个，铁路专有工种 35 个，轨道专有工种 4 个，飞机维修专有工种 4 个（见表 28-1、28-2、28-3、28-4）。

表 28-1　**厦门市 2016 年急需（紧缺）技术工种目录**

序号	职业（工种）名称	序号	职业（工种）名称	序号	职业（工种）名称
一、机电服务类					
1	机修钳工	2	装配钳工	3	工具钳工
4	车工	5	数控车工	6	数控铣工
7	组合机床操作工	8	加工中心操作工	9	可编程序控制系统设计师
10	镗工	11	铣工	12	磨工
13	冷作钣金工	14	模具设计师	15	数控机床装调维修工
16	电切削工	17	抛（磨）光工	18	维修电工
19	电工	20	焊工	21	涂装工
22	电梯安装维修工	23	电气设备安装工	24	内燃装卸机械修理工
25	电动装卸机械修理工	26	船舶管系工	27	船体装配工
28	船舶电工	29	变配室值班电工	30	机械检查工
31	铸造工				
二、信息服务类					
32	计算机网络管理员	33	计算机程序设计员		
三、电子通信类					
34	家用电子产品维修工	35	电子元器件检验员	36	用户通信终端维修员
四、能源动力类					
37	中央空调系统操作工	38	制冷设备维修工	39	制冷工

续表 28-1

序号	职业（工种）名称	序号	职业（工种）名称	序号	职业（工种）名称
40	锅炉操作工				
五、交通运输类					
41	汽车驾驶员（公交）	42	汽车修理工（汽车维修工）	43	汽车维修漆工
44	汽车维修钣金工	45	起重工	46	船舶起重工
47	叉车司机	48	挖掘机驾驶员	49	装载机司机
50	物流师	51	二手车鉴定评估师		
六、化工环保类					
52	化学分析工	53	化学检验工	54	水环境监测工
55	污水处理工				
七、纺织服装类					
56	服装缝纫工	57	服装设计定制工		
八、建筑工程类					
58	智能楼宇管理师	59	钢筋工	60	架子工
61	电气设备安装工	62	大气环境监测工	63	砌筑工
九、创意设计类					
64	室内装饰设计员	65	动画绘制员		
十、会展服务类					
66	会展策划师	67	陈列展览设计员		
十一、商贸服务类					
68	医药商品购销员	69	中药调剂师	70	中药购销员
十二、旅游服务类					
71	中式烹调师	72	西式烹调师	73	中式面点师
74	西式面点师	75	餐厅服务员	76	前厅服务员
77	烘焙工				
十三、社会服务类					
78	眼镜定配工	79	眼镜验光员	80	食品检验工
81	养老护理员	82	劳动关系协调员（师）	83	保安员
84	家政服务员	85	口腔修复工	86	音响调音师
87	美发师				
十四、农林牧渔类					
88	花卉园艺师	89	有害生物防制员		

表 28-2　　**厦门市 2016 年急需（紧缺）铁路专有工种目录**

序号	职业（工种）名称	序号	职业（工种）名称	序号	职业（工种）名称
1	车站值班员	2	助理值班员	3	信号员（长）
4	车号员（长）	5	车站调度员	6	调车长　调车区长
7	联结员	8	制动员（长）	9	铁路客运员
10	铁路售票员	11	客运值班员	12	列车员

续表 28-2

序号	职业（工种）名称	序号	职业（工种）名称	序号	职业（工种）名称
13	列车值班员	14	餐车长	15	货运检查员
16	货运员　铁路货运员	17	动车组司机	18	叉车司机
19	内燃机车司机	20	电力机车司机	21	电力机车钳工
22	机车调度员	23	电力线路工　铁路电力线路工	24	内燃机车钳工
25	客车检车员	26	货车检车员	27	发电车乘务员
28	铁路线路工	29	桥隧工	30	信号工　铁路信号工
31	轨道车司机	32	车辆钳工　铁路车辆钳工	33	铁路通信工（维护）
34	机车电工　铁路机车电工	35	制动钳工	36	轮轴装修工
37	驼峰作业员	38	驼峰值班员	39	机车整备工（员）
40	铁路行李员	41	调车指导	42	客车计划员　客运计划员
43	售票值班员	44	扳道员（长）	45	救援起复工
46	救援机械司机				

表 28-3　**厦门市 2016 年急需（紧缺）轨道专有工种目录**

序号	职业（工种）名称	序号	职业（工种）名称	序号	职业（工种）名称
1	车站行车作业员	2	机车乘务员	3	其他铁路、地铁运输机构设备操作及
4	机车整备员				

表 28-4　**厦门市 2016 年急需（紧缺）飞机维修专有工种目录**

序号	职业（工种）名称	序号	职业（工种）名称	序号	职业（工种）名称
1	民用航空器部件修理工	2	航空器结构部件维修工	3	航空器机械附件部件维修工
4	压力空气设备操作工				

【厦门代表队在全国数控技能大赛选拔赛中获佳绩】 2016 年 9 月 21～24 日，第七届全国数控技能大赛福建省选拔赛在龙岩举行，厦门代表队在数控铣工、加工中心（四轴）、数控机床装调维修工等项目上取得好成绩。其中，学生组获得数控铣工项目一、二名，数控机床装调维修工项目第二名；教工组取得加工中心（四轴）项目二、三名。此外，厦门学生组和教工组在数控车工项目中同时取得第四名。

【《厦门市劳务输入基地运营管理实施办法》出台】 2016 年 11 月 24 日，市人社局与市财政局联合印发《厦门市劳务输入基地运营管理实施办法》。该《办法》要求相关职能部门在劳动力资源丰富的地区设立劳务输入基地，加强与劳务输出地人社部门的联系，重点联系福建省及厦门市对口帮扶协作地区、到厦务工人员较为集中和全国建档立卡农村贫困劳动力较为集中的设区市、自治州，经双方协商一致，由市人社局或受其委托的市劳动就业管理中心与其相关单位签订劳务输入基地协议，设立劳务输入基地。

为更好地实施该《办法》，市人社局与 30 多个城市的劳务服务机构合作，建成全市的用工资源储备库。劳务服务机构为厦门每引进 1 名务工人员，最高可获 2000 元奖励。

【陈国信获中华技能大奖】 2016 年 12 月 8 日，第十三届高技能人才表彰大会

12 月，国网厦门供电公司职工陈国信获得中国高技能人才最高荣誉——中华技能大奖　（陈理杰　摄）

在北京举行，此次全国有 30 人获得中国高技能人才最高荣誉——中华技能大奖，国网厦门供电公司输电运检室职工陈国信是此次福建省唯一的获奖者。陈国信凭借专业理论功底和技能，多次解决带电作业技术难题，获得 5 项省部级科技成果奖，取得 39 项国家专利、27 项实用新型专利，填补国内空白，为国家创造近 1 个亿的经济效益。

·小资料·

中华技能大奖由人力资源和社会保障部颁发，每 2 年评选 1 次，是中国高技能人才的最高荣誉，获得者被誉为“工人院士”。从 1995 年该奖项设立以来，全国仅有 230 人获此称号。

（胡晓牧）

2016 年，秋季厦门市事业单位市、区联合招聘编内工作人员考试工作完成

（吴斯婷　摄）

人事管理

【概　况】 2016 年，厦门市人社局办理毕业生就业审批 29901 人，其中本科以上学历 26713 人。厦门市从外地调入和重新录用各类人才 2887 人，其中博士 88 人，硕士 372 人，本科生 1207 人。引进重点人才 30 人，海外留学人员 756 人，柔性引进人才 177 人。厦门市评审确认高、中级职称 5380 人，其中高级职称 1446 人，中级职称 3934 人。办理高、中级专业技术人员任职资格委托评审 128 件。

2016 年，全市享受国务院特殊津贴专家 171（市本级）人，入选国家“千人计划”（国家海外高层次人才引进计划）、国家级“百千万人才工程”2（市本级）人，年内办理 57 位博士后进博士后科研工作站工作。厦门市发放政府特殊津贴 65.64 万元、福建省高层次人才生活津贴 32.4 万元，审核发放各类人才住房补贴 1163 人次、30655.8 万元。办理专业技术人员继续教育学时验证 12523 人次，办理继续教育单位内训报备 634 家。

2016 年，国家外专局批准厦门市引进国外技术、管理人才项目 8 项，其中重点项目 6 项、高端外国专家项目（经济技术类）2 项，获得国家外专局引智经费支持 200 万元，引进专家 94 人次。实施出国（境）培训项目 5 项，派出专业技术人员和管理人员 35 人赴外培训。办理外国专家到中国工作许可证 131 份、外国专家证 500 本。

2016 年公务员省考厦门考录工作完成　　（唐光峰　摄）

【公务员省考厦门考录完成】 2016 年，公务员省考厦门考录工作完成。厦门市政府系统拟招考 84 个职位 93 人。全市 11140 人报名，录用报到 92 人、1 人待递补体检。考录工作坚持基层导向，除公安 11 个市级机关单位招考 29 人外，全部要求具有两年以上基层工作经历，设置专门职位招考“大学生村官”等基层服务人员 9 人。面试采用全新升级的面试电子评分系统，取消用人单位选派的主考官，公正性进一步提升。

【事业单位编内工作人员招聘】 2016 年秋季，厦门市市、区两级事业单位联合招聘编内工作人员。全市有 138 家事业单位推出 283 个岗位，计划招聘 332 人。其中，专门岗位 9 个，计划招聘 9 人；普通岗位 274 个，计划招聘 323 人。有 31624 人次报名，20129 人通过网上资格初审，17188 人缴费。6 个岗位申请免笔试，15 个岗位因无人报考取消招聘，10 个岗位因报名人数与岗位拟聘人数比例达不到 3∶1 而取消招聘，1 个岗位因报名人数不足相应减少拟聘人数，1 个岗位因报名人数不足申请降低报考比例开考。实际258个岗位，计划招聘333人。其中，专门岗位8个，计划招聘8人；普通岗位250个，计划招聘325人。

招聘人数与报名人数比例（简称招考比）平均57.1。其中，专门岗位招考比14.6，普通岗位最高招考比302。报考人员中，服务基层项目人员153名，军人随军随调家属123名，退役士兵99名。

【公务员申诉公正委员会成立】 截至2016年11月，厦门市的市、区两级公务员主管部门的公务员申诉公正委员会全部成立。公务员申诉公正委员会由市委组织部、市人社局、市统战部、市人大、市法院、市检察院、市审计局、市法制局等单位组成，人社部门主要领导任委员会主任。委员会下设办公室作为办事机构，按照法定的权限、条件和程序受理公务员申诉或再申诉案件，并邀请有关部门组成案件审理委员会，依法办理公务员申诉控告案件，维护全市广大公务员的合法权益。

（胡晓牧）

社会保障

【概　况】 2016年，厦门市企业退休人员月平均养老金达3291元，继续保持福建省第一、全国前列。城乡居民基础养老金上调至260元/月。建立城乡居民丧葬补助金制度，待遇标准2500元/人。被征地退养人员月人均退养金上调至1412元。

全年新增医保定点医疗机构90家、零售药店274家、养老服务机构3家。全年核定工伤保险待遇1.35万起，涉及工伤职工5082人，其中死亡124人，支付各类工伤保险待遇及专项费用162万元。“12333”人力资源社会保障热线受理市民咨询电话207.51万人次，其中社会保险咨询164.16万人次，47.69%的咨询电话选择人工服务，平均接通率82.7%。1月22日，人力资源和社会保障部社会保险管理中心、人力资源和社会保障部研究所在厦门联合召开课题调研会，并组织人员到市人社局就厦门市智慧医保工作情况进行专题调研。厦门智慧医保的做法在全国推广

截至年底，全市基本养老、基本医疗、工伤、失业和生育保险参保人数分别达到242.31万人、341.96万人、188.87万人、189.14万人和176.6万人，分别比上年增长3.53%、6.34%、6.20%、5.12%、4.25%。社保基金收支平衡，各类社会保险基金收入145.59亿元，支出107.23亿元，分别增长4.39%、19.97%。

【社保卡实现自助制取】 2016年1月起，市社保中心在市行政服务中心社会保障综合服务厅设置2台社保卡自助制卡机。参保人员因卡丢失需要补换社保卡的，可凭本人身份证和银行卡到自助制卡机前办理，五分钟就可办理完毕。此举为全省首创，解决过去制卡周期长达3天、窗口办卡和缴费需要排队等候等问题，便利群众办事。

【机关事业单位养老保险制度改革全面启动】 2016年6月，原由市区两级财政统发的机关事业单位退休人员退休费和单位发放的退休费改由市社保中心社会化发放，涉及904家机关事业单位、14535名机关事业单位退休人员，共计9355万元养老金，标志着厦门市机关事业单位养老保险制度改革全面启动。8月起，机关事业单位在职人员正式参保缴费入库社保中心。截至年底，全市有2.1万名退休人员实行养老金社会化发放，占2016年度全市退休人员总数的99%，6.5万名机关事业单位在职人员正式参保缴费入库社保中心。

【《厦门市职工因病或非因工伤残劳动能力鉴定管理办法》实施】 2016年6月1日，由市人社局、市卫计委、市劳动能力鉴定委员会联合印发的《厦门市职工因病或非因工伤残劳动能力鉴定管理办法》正式实施。该办法有4个突出特点：（1）规范申请环节，用人单位和社区劳动保障工作站对有因病鉴定需求的职工先行进行申请条件确认，再向市劳动能力鉴定经办机构办理申请手续；（2）完善鉴定程序，因病鉴定根据医疗科目和鉴定受理量情况实行定期申请和鉴定，肿瘤科每月鉴定一次，精神科每半年鉴定一次，其余科目每季度鉴定一次；（3）突出人性化措施，劳动能力鉴定经办机构可为重度伤病残、行动不便的职工提供上门鉴定服务，为需进行妇科或精神科等有特殊鉴定需求的职工提供保护措施；（4）加强监督管理，劳动能力鉴定经办机构制定并明确公开原则、回避原则、鉴定场所封闭管理、参与鉴定各方的义务等，工作流程进一步规范，自觉接受内外部监督。

【工伤伤情与病情实行关联性鉴定】 2016年6月27日，市人社局和市劳动能力鉴定委员会联合下发《关于开展工伤伤情与病情关联性鉴定的通知》。根据该通知精神，凡是伤病因果关系存有疑虑的工伤认定案件，可由市、区工

1月起，两台省内首创、国内领先的社保卡自助制卡机在市行政服务中心投入使用

（唐光峰　摄）

伤认定部门提请市劳鉴经办机构协助鉴定。

在工伤认定中，工伤职工伤病同检、伤病同治、伤病混淆和以病报伤的现象逐年增多，给工伤认定、劳动能力鉴定以及工伤待遇支付工作带来一系列困扰。为从源头上杜绝此类现象再次发生，解决工伤认定行政人员医疗知识方面不专业的问题，市人社局、市劳鉴委决定推行该机制，发挥工伤认定与劳动能力鉴定两个环节的联动性，依靠劳动能力鉴定专家提出的专业意见，提高工伤认定鉴定的客观性和准确性。

【新增医保异地结算地区和机构】 2016年7月起，厦门市医保省外一站式结算地区新增南昌、杭州、南京3个试点城市，结算机构新增首都医科大学附属北京儿童医院、北京协和医院、中国人民解放军总医院（301医院）、上海交通大学医学院附属仁济医院、上海交通大学附属第一人民医院、上海市第十人民医院、中山大学附属第三医院、中山大学附属肿瘤医院8家试点医院。至此，厦门市医保异地结算覆盖6个城市、32家医院，为近8000名参保人员解决跨省就医垫付资金压力大、报销周期长等一系列问题，累计报销金额1000余万元。

【劳动能力鉴定费停止收取】 2016年7月起，厦门市全面实施停止收取劳动能力鉴定费政策。此次停止收费的劳鉴项目包括工伤职工劳动能力等级鉴定、因病或非因工伤职工办理退休（退职）劳动能力鉴定、工伤职工劳动能力复查鉴定、工伤职工旧伤复发确认、工伤职工配置辅助器具确认、工伤职工生活护理等级鉴定等由市劳鉴委承担的所有公共服务事项。

【“参保人员办理退休”公共服务事项实行部分属地管理】 2016年7月起，市人社局对“参保人员办理退休”的公共服务事项实行部分属地管理。按照属地原则受理到龄正常退休人员和因病提前退休（退职）人员的退休手续。其中，市社保中心负责受理市属企业在职职工及2003年7月1日以前以个人身份参保（且一直以此身份参保）的人员的退休手续；各区社保中心负责受理区属企业在职职工及自2003年7月1日起以个人身份参保人员的退休手续。此外，特殊工种、女干部按照女工人身份、困难企业军转干部几类人员的提前退休手续由市社保中心进行受理，各区社保中心不再予以受理。

【城乡居民基础养老金调整】 从2016年7月起，厦门城乡居民基础养老金月标准上调15元，即由此前的245元调整到260元，养老保险待遇水平继续保持全省第一，全国前列。此次调整有5万多人直接受益，其中具有厦门户籍但不满5年的参保人员，月基础养老金调整100元，自具有本市户籍满5年的次月起，改按具有本市户籍满5年以上同类人员的月基础养老金标准执行。

【《厦门市补充工伤保险实施办法》实施】 2016年7月1日起，《厦门市补充工伤保险实施办法》正式实施。该办法在保留原《试行办法》主体制度结构的基础上作修订，主要有：建立社商合作机制，拓宽商业保险机构的服务范围，更好地利用商业保险公司在保险事故查勘理赔、工伤事故预防、医疗费用审核结算、全国众多网点分布等优势，满足工伤保险实际工作需求；加大企业减负力度，向全额支付一次性伤残就业补助金的用人单位补助其支付总额的50%，防止企业因职工重级工伤而增加负担；建立风险调节机制，投保人对保险人保险期间的盈利或亏损实行限高保底，盈利超过4%的部分，要返还工伤保险基金，亏损超过4%的部分，由投保人从工伤保险基金中予以补偿；简化办事环节，工伤职工不再需要专门申请2人生活护理确认即可直接增加生活护理费待遇。

【生育保险新政策实施】 2016年7月1日，市政府办公厅印发的《厦门市人民政府办公厅关于进一步加强生育保险工作有关意见的通知》正式实施。生育保险新政策实施后，生育保险的受惠人群、申领条件、待遇计发等均发生变化：实施计划生育手术的参保男职工本人可享受生育津贴；参保人因正常工作调动或劳动关系改变需将生育保险关系转入厦门或转出厦门的，符合规定的月份可连续计算，省内转移更便利；生育津贴计发的时间标准由按月发放，改为以每月30天进行折算，按日计发；生育保险费率由0.8%降低到0.7%，用人单位可按其工资总额的0.7%按月缴纳生育保险费；现单位参保人员只要符合计划生育政策，且缴费年限的计算由原来的累计12个月变为连续12个月，均可申领生育津贴，生育当月未参保缴纳生育保险的人员将无法享受生育保险待遇。

【台风抢险救灾工伤认定开辟绿色通道】 2016年9月，市人社局启动抗击台风“莫兰蒂”抢险救灾工伤认定临时绿色通道，对在抢险救灾中发生的工伤优先受理，及时启动调查认定程序。参加厦门工伤保险的职工，如果在政府或单位组织的抢险救灾活动中发生伤害事故，工伤职工或单位可以在1个月内向工伤认定行政部门申请工伤认定赔付。

【机关和参公事业单位、社会团体纳入工伤保险】 2016年10月，厦门市出台工伤保险新政策，自2016年1月1日起，全市机关和参照公务员法管理的事业单位、社会团体纳入厦门市工伤保险。上述单位和团体的职工遭受工伤后，能够享受与企业等参保职工同等的工伤保险待遇。省部属驻厦机关和参公事业单位、社会团体可参照文件精神参加厦门市工伤保险。该项政策的出台，进一步健全厦门市的社会保障体系，保障机关、单位和团体的在职工作人员因工作原因受到事故伤害或者患职业病后依法享受工伤保险的权益。

（胡晓牧）

劳动关系

【概　况】 2016年，厦门市劳动保障监察机构监察用人单位5966户次，书面审查2993户，受理群众举报投诉案件7028件，出警处置“110”社会联动突发劳动纠纷1168件。督促用人单位补签、续签劳动合同1545人次，处理工资纠纷案件补发金额1.41元，清退押金18.8万元。行政处罚1家用人单位的劳动保障违反行为，处罚金额800元。

将2家涉嫌拒不支付劳动报酬犯罪的案件及时移交给公安机关。办理各类劳动争议案件9481件，其中仲裁机构办案7907件，镇街基层调解1374件，企业调解委员会调解200件，审限结案率100%。

【2015年厦门市企业人工成本水平及构成情况】 2016年9月30日，市人社局发布2015年厦门市企业人工成本水平及构成情况（见表28-5）。其中，最高是金融业，从业人员的人工成本19.24万元；最低是居民服务、修理和其他服务业，从业人员的人工成本5.56万元。

【劳动力市场部分工种（职位）工资指导价位】 2016年10月，市人社局发布2016年厦门市部分工种（职位）工资指导价位，涵盖国民经济各行业通用性、流动性较强的396个工种，并按照制造业、批发零售业、建筑业等不同行业，发布15个行业部分工种的工资指导价位。综合考虑厦门2015年经济发展状况和2016年经济社会发展预期目标，以及厦门的经济发展情况、物价水平、就业状况和工资增长幅度等因素，市人社局建议：以工资增长率8%作为企业工资增长基准线，工资合理增长区间5%～10%；以工资增长率13%作为企业工资增长预警线；以工资增长率3%作为工资增长下线。与上年相比，厦门的企业工资增长指导线和全省企业工资增长指导线的基准线和上线均有下调。

市人社局同时发布2016年制造业、金融业、交通运输业和仓储邮政业的行业工资指导线。制造业行业工资指导线基准线10%，交通运输、仓储和邮政业的行业工资指导线基准线9%，金融业的行业工资指导线基准线7.5%。3个行业工资指导线的下线均3%。（见表28-6、表28-7）

（胡晓牧）

表28-5 **2015年厦门市企业人工成本水平及构成情况**

项目 / 行业	从业人员人均人工成本（元）	人工成本占总成本比重（%）	人事费用率（%）	人工成本利润率（%）	人工成本构成（%）						
					从业人员劳动报酬	社会保险费用	福利费用	教育经费	劳动保护费用	住房费用	其他人工成本
总　　计	71000	17.00	15.00	71.41	70.90	15.70	3.80	1.20	2.40	5.10	0.90
一、制造业	62600	16.00	15.00	35.60	73.88	14.33	2.90	0.30	0.50	2.39	5.70
二、电力、热力、燃气及水生产和供应业	88500	13.00	11.50	94.33	69.24	13.77	10.30	0.60	0.70	1.89	3.50
三、建筑业	67400	15.00	12.00	147.71	78.38	14.79	1.00	0.20	0.30	2.13	3.20
四、批发和零售业	64000	7.00	6.00	217.99	72.13	15.77	5.00	0.48	3.40	2.64	0.58
五、交通运输、仓储和邮政业	85800	25.00	24.50	9.31	72.37	15.33	2.50	0.50	0.30	3.20	5.80
六、住宿和餐饮业	61400	31.00	30.20	10.08	72.93	15.70	4.40	0.50	0.60	2.57	3.30
七、信息传输、软件和信息技术服务业	103400	35.50	34.50	9.74	73.99	14.11	2.70	0.30	0.30	5.70	2.90
八、金融业	192400	21.50	11.50	383.94	73.06	13.24	4.60	1.20	0.20	5.00	2.70
九、房地产业	74000	39.00	38.00	7.56	78.64	14.76	1.70	0.40	0.30	3.70	0.50
十、租赁和商务服务业	74400	44.50	40.00	21.85	75.67	14.43	2.10	0.70	0.40	3.00	3.70
十一、科学研究和技术服务业	100200	51.00	50.30	3.05	75.39	14.51	4.30	0.50	0.50	4.10	0.70
十二、水利环境和公共设施管理业	92400	39.00	37.00	15.74	72.40	15.80	3.10	0.20	0.00	7.00	1.50
十三、居民服务、修理和其他服务业	55600	55.00	52.50	10.28	71.77	14.80	6.80	0.30	1.80	2.43	2.10
十四、卫生和社会工作	103200	52.50	48.00	15.50	78.28	14.49	4.36	0.33	0.52	1.50	0.52
十五、文化、体育和娱乐业	60700	20.00	18.90	33.86	75.63	15.50	4.10	0.30	0.40	2.07	2.00

表28-6 **2016年厦门市劳动力市场部分工种（职位）工资指导价位**

单位：元/人·月

序号	职业编码	职位名称	高位数	中位数	低位数	平均数
1	1060100	企业董事	55311	21238	8880	21942
2	1060200	企业总经理	51184	24273	10487	27908
3	1060300	国有企业中国共产党组织负责人	40418	30155	14864	30351

续表 28-6

序号	职业编码	职位名称	高位数	中位数	低位数	平均数
4	1060400	生产经营部门经理	27107	9720	4900	13239
5	1060500	财务部门经理	38122	14458	5387	13528
6	1060600	行政部门经理	40000	8870	4020	13563
7	1060700	人事部门经理	28350	7833	3894	13002
8	1060800	销售和营销部门经理	31286	9032	3715	12912
9	1060900	广告和公关部门经理	30874	7680	5387	9939
10	1061000	采购部门经理	23727	8455	4975	10144
11	1061100	计算机服务部门经理	26322	13472	5230	18004
12	1061200	研究和开发部门经理	34418	10559	4838	16606
13	1061300	餐厅部门经理	16045	6096	3856	8142
14	1061400	客房部门经理	12167	4383	3364	8064
15	1069800	其他职能部门经理	33237	17992	6277	15374
16	1069900	其他企业中高级管理人员	30217	7942	4239	11285
17	2010800	医学研究人员	10651	5641	3897	6481
18	2020202	工程测量工程技术人员	7189	5107	4435	6159
19	2020501	冶炼工程技术人员	11063	6167	4888	7265
20	2020502	轧制工程技术人员	10458	7020	4414	7936
21	2020504	金属材料工程技术人员	11555	6477	4592	7388
22	2020601	化工实验工程技术人员	12540	7245	5510	6340
23	2020602	化工设计工程技术人员	12530	7425	5685	7177
24	2020603	化工生产工程技术人员	12808	7481	5460	7166
25	2020701	机械设计工程技术人员	13971	7377	4317	6440
26	2020702	机械制造工程技术人员	6676	5354	3866	5390
27	2020703	仪器仪表工程技术人员	16510	6949	4005	6228
28	2020704	设备工程技术人员	12680	6383	3357	5922
29	2020705	医学设备管理工程技术人员	10428	7986	4675	8533
30	2020706	模具设计工程技术人员	8744	6577	5255	6265
31	2020707	自动控制工程技术人员	8719	4813	3897	5548
32	2020708	材料成形与改性工程技术人员	12269	7331	4761	7817
33	2020709	焊接工程技术人员	9292	4833	3900	5368
34	2020710	特种设备管理和应用工程技术人员	7098	5423	4304	5553
35	2020711	汽车工程技术人员	12603	6127	3642	8467
36	2020712	船舶工程技术人员	6865	4638	3137	6102
37	2020901	电子材料工程技术人员	9076	5575	3907	6601
38	2020902	电子元器件工程技术人员	7390	5520	3459	7056
39	2020904	电子仪器与电子测量工程技术人员	9606	7724	3433	8904
40	2020905	广播视听设备工程技术人员	7403	5092	4165	4685
41	2021001	通信工程技术人员	10852	5886	4459	7086

续表 28-6

序号	职业编码	职位名称	高位数	中位数	低位数	平均数
42	2021002	计算机硬件工程技术人员	11916	5435	4040	6306
43	2021003	计算机软件工程技术人员	14529	6517	3903	8154
44	2021004	计算机网络工程技术人员	15857	5370	3818	6904
45	2021005	信息系统分析工程技术人员	17606	13722	5868	12767
46	2021006	嵌入式系统设计工程技术人员	—	12847	—	11965
47	2021007	信息安全工程技术人员	12352	7121	5403	7774
48	2021008	信息系统运行维护工程技术人员	14937	9834	5368	10006
49	2021101	电工电器工程技术人员	12362	5330	4844	8861
50	2021102	电缆光缆工程技术人员	10298	5830	3669	5918
51	2021103	光源与照明工程技术人员	11046	6200	3383	5753
52	2021201	发电工程技术人员	14040	10954	7080	10278
53	2021202	供用电工程技术人员	9968	6889	4896	7915
54	2021203	变电工程技术人员	14439	8992	6495	7875
55	2021204	输电工程技术人员	15111	9673	6680	10901
56	2021205	电力工程安装工程技术人员	14876	7410	5349	7748
57	2021301	邮政工程技术人员	—	5531	—	5627
58	2021402	广播电视传输覆盖工程技术人员	5873	4640	3827	4720
59	2021501	汽车运用工程技术人员	4974	3449	2853	3660
60	2021502	船舶运用工程技术人员	5139	4103	3089	4096
61	2021503	水上交通工程技术人员	7010	5490	4111	5148
62	2021508	道路交通工程技术人员	6661	5472	3898	5152
63	2021601	民用航空器维修与适航工程技术人员	20501	16963	13443	16870
64	2021801	城乡规划工程技术人员	—	6745	—	8080
65	2021802	建筑和市政设计工程技术人员	8966	6115	5072	7294
66	2021803	土木建筑工程技术人员	12174	5750	2970	7483
67	2021804	风景园林工程技术人员	7772	5025	4372	5649
68	2021805	供水排水工程技术人员	14060	6030	2000	6738
69	2021806	工程勘察与岩土工程技术人员	—	6740	—	7071
70	2021807	城镇燃气供热工程技术人员	15005	7688	4419	8054
71	2021808	环境卫生工程技术人员	—	7120	—	6981
72	2021809	道路与桥梁工程技术人员	13747	6992	4401	7837
73	2021810	港口与航道工程技术人员	12554	6947	4815	7131
74	2021811	民航机场工程技术人员	13711	6411	5146	7502
75	2021812	铁路建筑工程技术人员	14325	6259	4756	7718
76	2021813	水利水电建筑工程技术人员	14219	4840	3358	6882
77	2022003	园林绿化工程技术人员	5717	4766	4412	4474
78	2022301	纺织工程技术人员	4980	4245	3907	4257
79	2022302	染整工程技术人员	—	4827	—	5429

续表 28-6

序号	职业编码	职位名称	高位数	中位数	低位数	平均数
80	2022303	化学纤维工程技术人员	7499	5593	4248	5409
81	2022304	非织造工程技术人员	—	4527	—	4763
82	2022305	服装工程技术人员	6054	4794	3786	4811
83	2022400	食品工程技术人员	6276	5809	4649	5092
84	2022706	健康安全环境工程技术人员	5101	4072	3393	4335
85	2022801	安全防范设计评估工程技术人员	—	6150	—	6129
86	2022802	消防工程技术人员	—	6826	—	7189
87	2022803	安全生产管理工程技术人员	7096	4741	3561	5374
88	2022804	安全评价工程技术人员	6504	4959	3893	5895
89	2022901	标准化工程技术人员	12255	9192	5502	7357
90	2022902	计量工程技术人员	11521	9458	7659	7923
91	2022903	质量管理工程技术人员	10484	8290	7490	7553
92	2022904	质量认证认可工程技术人员	10633	8228	7583	8311
93	2022905	可靠性工程技术人员	—	6960	—	6270
94	2023001	工业工程技术人员	9653	6156	4271	6496
95	2023002	物流工程技术人员	6893	4816	4132	5166
96	2023004	项目管理工程技术人员	6264	4923	4280	5031
97	2023008	信息管理工程技术人员	5470	4429	3386	4900
98	2023009	数据分析处理工程技术人员	5843	4838	3682	4869
99	2023010	工程造价工程技术人员	12493	9158	4373	8559
100	2023101	产品质量检验工程技术人员	7646	5092	3929	5412
101	2023200	制药工程技术人员	8026	4846	3779	5495
102	2023300	印刷复制工程技术人员	—	4327	—	4671
103	2023401	产品设计工程技术人员	9055	7012	3975	6750
104	2023402	工业设计工程技术人员	9723	6026	3611	6124
105	2023601	制浆造纸工程技术人员	7652	4322	3327	4789
106	2023602	皮革化学工程技术人员	8124	4673	3016	4932
107	2023605	塑料加工工程技术人员	8852	4231	3127	4517
108	2030200	农业技术指导人员	8687	6628	3199	6247
109	2030400	园艺技术人员	7302	4959	2973	4921
110	2030801	水产养殖技术人员	5687	5079	4565	4664
111	2030900	农业工程技术人员	5702	4597	4126	4723
112	2049900	其他飞机和船舶技术人员	6678	5315	4100	5278
113	2050101	内科医师	—	5062	—	5170
114	2050102	外科医师	—	5263	—	5374
115	2059900	其他卫生专业技术人员	—	4497	—	4698
116	2060101	经济规划专业人员	12324	7899	3867	9186
117	2060103	价格专业人员	6020	3142	2528	3941

续表 28-6

序号	职业编码	职位名称	高位数	中位数	低位数	平均数
118	2060200	统计专业人员	12602	5118	2916	5589
119	2060300	会计专业人员	15246	5549	3075	6728
120	2060400	审计专业人员	19019	8128	4941	8290
121	2060500	税务专业人员	11453	6224	3446	6980
122	2060601	资产评估人员	5963	4815	3325	4724
123	2060602	房地产估价专业人员	20256	7834	5350	7607
124	2060701	国际商务专业人员	9394	5520	3969	6023
125	2060702	市场营销专业人员	17100	7142	4153	8906
126	2060703	商务策划专业人员	15058	12147	7905	10843
127	2060704	品牌专业人员	11687	7598	5600	8016
128	2060705	会展策划专业人员	5730	5038	4487	5466
129	2060706	房地产开发专业人员	20867	8247	5506	12853
130	2060707	医药代表	18229	7034	4428	11344
131	2060708	管理咨询专业人员	—	8089	—	9113
132	2060710	物业经营管理专业人员	—	6791	—	6643
133	2060711	经纪与代理专业人员	10355	7460	5168	6958
134	2060712	报关专业人员	9200	4272	3001	5331
135	2060713	报检专业人员	—	4757	—	5689
136	2060801	人力资源管理专业人员	14131	5334	3027	7023
137	2060802	人力资源服务专业人员	8396	4434	2780	5160
138	2060903	银行外汇市场业务专业人员	21171	18250	7421	17414
139	2060904	银行清算专业人员	—	14012	—	17452
140	2060905	信贷审核专业人员	38831	15053	7001	12799
141	2060906	银行国外业务专业人员	25254	10390	5556	17039
142	2061002	保险核保专业人员	11012	6527	3763	7482
143	2061003	保险理赔专业人员	9219	6565	4509	6810
144	2061101	证券发行专业人员	—	8891	—	9634
145	2061102	证券交易专业人员	15327	9214	4637	9851
146	2061103	证券投资专业人员	—	12980	—	9351
147	2061104	理财专业人员	16518	11327	6317	10324
148	2061203	专利管理专业人员	—	6590	—	6241
149	2069900	其他经济和金融专业人员	15944	7223	4985	9386
150	2070300	律师	—	8009	—	7119
151	2070700	法律顾问	14594	8217	5052	11418
152	2070900	社会工作专业人员	—	7648	—	7014
153	2070903	心理咨询师	10658	8778	5167	8068
154	2079900	其他法律、社会和宗教专业人员	18481	7033	3964	8305
155	2080400	幼儿教育教师	4117	2583	1623	2658

续表 28-6

序号	职业编码	职位名称	高位数	中位数	低位数	平均数
156	2089900	其他教学人员	11390	1867	1699	4062
157	2090107	舞蹈编导	8191	6109	3784	6551
158	2090201	音乐指挥	7304	5492	3214	4975
159	2090401	灯光师	—	5531	—	5816
160	2090403	美工师	—	5483	—	4879
161	2090404	化妆师	5456	4911	4329	4882
162	2090601	视觉传达设计人员	9290	4475	3035	5609
163	2090602	服装设计人员	6904	5429	3955	5957
164	2090603	动画设计人员	8004	5034	3214	5277
165	2090604	环境设计人员	—	5627	—	5834
166	2090605	染织艺术设计人员	7568	4867	3625	5036
167	2090606	工艺美术专业人员	9500	6417	4697	7298
168	2090607	数字媒体艺术专业人员	—	4317	—	4254
169	2090609	陈列展览设计人员	—	6640	—	6163
170	2099900	其他文学艺术、体育专业人员	—	3322	—	4131
171	2100101	文字记者	7588	6294	5085	6164
172	2100102	摄影记者	8866	7318	6297	6646
173	2100201	文字编辑	—	5519	—	4939
174	2100202	美术编辑	—	4574	—	4391
175	2100203	技术编辑	13002	6319	4425	6314
176	2100204	音像电子出版物编辑	8016	6433	6130	6810
177	2100205	网络编辑	8261	5486	4327	5376
178	2100300	校对员	5949	5228	4752	5404
179	2100402	节目主持人	—	5671	—	5214
180	2100501	翻译	8581	5461	4334	5618
181	2100601	图书资料专业人员	—	4953	—	4002
182	2100700	档案专业人员	6130	5498	4867	5783
183	2109900	其他新闻出版、文化专业人员	—	3851	—	4408
184	3010101	行政办事员	7388	5111	3183	5965
185	3010201	机要员	11182	5181	3781	6950
186	3010202	秘书	14602	5601	3079	5660
187	3010203	公关员	8397	5527	3187	5005
188	3010204	收发员	5672	3172	2554	3791
189	3010205	打字员	4647	3161	1830	3254
190	3010206	速录师	5047	3585	2863	3972
191	3010207	制图员	8926	5022	3422	4863
192	3010208	后勤管理员	11794	5145	2646	6147
193	3019900	其他办事人员	13969	5475	3333	5116

续表 28-6

序号	职业编码	职位名称	高位数	中位数	低位数	平均数
194	3020200	保卫管理员	7348	4946	2864	3662
195	3020301	消防员	6514	4033	2728	4321
196	3020304	消防安全管理员	7443	5158	2924	4591
197	3029900	其他安全和消防人员	7725	5175	2941	4812
198	3990000	其他办事人员和有关人员	7659	5348	2343	5062
199	4010100	采购员	5558	4203	3820	4507
200	4010201	营销员	7786	5237	3708	7157
201	4010202	电子商务师	7675	4047	2812	4709
202	4010203	商品营业员	8245	4326	3509	3913
203	4010204	收银员	3596	2869	2131	2833
204	4019900	其他批发与零售服务人员	7560	3430	2353	4168
205	4020201	道路客运汽车驾驶员	9337	5396	2793	5679
206	4020202	道路货运汽车驾驶员	7543	5275	3183	5345
207	4020203	道路客运服务员	4544	3969	3848	4281
208	4020204	道路货运业务员	6596	5843	2842	5570
209	4020205	道路运输调度员	10127	5552	4358	6257
210	4020207	机动车驾驶教练员	7446	5914	3266	5645
211	4020501	装卸搬运工	5284	3480	3017	3811
212	4020503	运输代理服务员	14016	9450	5572	9577
213	4020504	危险货物运输作业员	10277	8957	4650	8276
214	4020601	仓储管理员	7525	4302	2986	4948
215	4020602	理货员	8049	4776	2645	5082
216	4020603	物流服务师	4729	3572	3118	3888
217	4020702	邮件分拣员	7165	5826	4170	5696
218	4020703	邮件转运员	7404	5673	4901	5753
219	4020704	邮政投递员	4891	3643	3041	4325
220	4020708	快递员	4937	2572	1884	3051
221	4029900	其他交通运输、仓储和邮政业服务人员	11663	5642	2485	6622
222	4030101	前厅服务员	5152	3239	2270	3372
223	4030102	客房服务员	5065	3282	2261	3228
224	4030103	旅店服务员	—	2932	—	3235
225	4030201	中式烹调师	8302	4711	3218	4388
226	4030202	中式面点师	5881	3736	2771	4531
227	4030203	西式烹调师	10334	4916	3234	3722
228	4030204	西式面点师	6264	4663	4179	4937
229	4030205	餐厅服务员	5172	3216	2249	3415
230	4030206	营养配餐员	—	3336	—	3808
231	4039900	其他住宿和餐饮服务人员	4895	3238	2003	3593

续表 28-6

序号	职业编码	职位名称	高位数	中位数	低位数	平均数
232	4040201	信息通信网络机务员	11149	7201	2103	7467
233	4040204	信息通信网络测量员	—	7536	—	7483
234	4040401	信息通信网络运行管理员	15165	4650	3326	6497
235	4040402	网络与信息安全管理员	—	5000	—	5332
236	4040403	信息通信信息化系统管理员	—	5333	—	5052
237	4040501	计算机程序设计员	11059	7761	4910	9013
238	4040502	计算机软件测试员	12668	9592	3847	9100
239	4040503	呼叫中心服务员	5417	4174	2529	4022
240	4049900	其他信息传输、软件和信息技术服务人员	8511	4075	2792	4810
241	4050101	银行综合柜员	15024	9921	6308	10238
242	4050102	银行信贷员	37958	15698	7053	17390
243	4050103	银行客户业务员	21943	12248	7767	13504
244	4050401	保险代理人	23431	8937	3391	11196
245	4050402	保险保全员	14833	5009	4917	7412
246	4059900	其他金融服务人员	16345	8379	3980	9455
247	4060101	物业管理员	4849	3467	1694	3405
248	4060103	停车管理员	3060	2257	1875	2321
249	4069900	其他房地产服务人员	4067	2800	2400	3042
250	4070100	租赁业务员	6696	4875	4023	5197
251	4070201	风险管理师	14792	12288	4023	10446
252	4070203	客户服务管理员	9827	4167	2233	4969
253	4070302	劳动关系协调员	7334	5334	3390	5010
254	4070401	导游	5392	4035	2368	2718
255	4070403	旅行社计调	7202	2528	1500	3155
256	4070501	保安员	6134	3226	2351	3734
257	4070502	安检员	—	3809	—	4337
258	4070504	消防设施操作员	6347	4498	3398	4734
259	4070601	商品监督员	—	4432	—	4364
260	4070602	商品防损员	2638	2292	1818	2255
261	4070603	市场管理员	5945	5009	3515	4767
262	4070702	装饰美工	7864	4013	3020	4698
263	4079900	其他租赁和商务服务人员	9758	4191	2067	4822
264	4080505	机动车检测工	5043	3616	3357	3811
265	4080506	计量员	5517	4503	2980	3862
266	4080808	广告设计师	21574	8726	4939	10382
267	4080809	包装设计师	9348	5744	1774	5719
268	4080901	商业摄影师	6191	4232	3083	4108
269	4089900	其他技术辅助服务人员	9191	3350	3067	4611

续表 28-6

序号	职业编码	职位名称	高位数	中位数	低位数	平均数
270	4090701	污水处理工	3972	2784	2568	3378
271	4090801	保洁员	4337	2421	2165	2723
272	4090802	生活垃圾清运工	2830	2459	2194	2633
273	4091001	园林绿化工	4692	3794	2712	3249
274	4099900	其他水利、环境和公共设施管理服务人员	7606	5383	3730	5469
275	4100106	家政服务员	3637	3068	2355	3106
276	4109900	其他居民服务人员	4425	2119	2011	2553
277	4110100	供电服务员	6454	5960	3997	5596
278	4120101	汽车维修工	10261	5437	2628	5926
279	4120201	计算机维修工	—	4513	—	4569
280	4120202	办公设备维修工	—	4122	—	4072
281	4120203	信息通信网络终端维修员	—	6258	—	4972
282	4120301	家用电器产品维修工	4337	3471	2589	3586
283	4129900	其他修理及制作服务人员	5282	3440	3400	3714
284	4130205	电影放映员	—	2602	—	2565
285	4130404	康乐服务员	—	3589	—	3185
286	4139900	其他文化、体育和娱乐服务人员	5063	3482	2463	3673
287	4149900	其他健康服务人员	4417	2548	2369	2937
288	4990000	其他社会生产和生活服务人员	4850	4293	3227	4358
289	6010103	制油工	4867	3927	3399	4002
290	6010401	畜禽屠宰加工工	5424	3795	2803	3966
291	6010600	果蔬坚果加工工	—	3504	—	3610
292	6019900	其他农副产品加工人员	4347	3390	2467	3367
293	6020101	糕点面包烘焙工	4858	3743	2852	3620
294	6020610	茶叶加工工	7247	4602	3984	4292
295	6029900	其他食品、饮料生产加工人员	5259	4144	2487	4046
296	6040500	非织造布制造工	—	4444	—	3544
297	6049900	其他纺织、针织、印染人员	6581	4794	3388	5253
298	6050101	服装制版师	7523	5931	4266	5855
299	6050102	裁剪工	6263	4495	3187	4265
300	6050103	缝纫工	6274	4342	3310	4130
301	6050104	缝纫品整型工	6057	4499	3224	3727
302	6050105	服装水洗工	—	3396	—	3365
303	6050401	制鞋工	5197	3980	2826	3790
304	6059900	其他纺织品、服装和皮革、毛皮制品加工制作人员	5274	3521	1500	3349
305	6060101	制材工	3843	3514	2742	3428
306	6060301	手工木工	9107	4969	3733	5538
307	6060302	机械木工	5469	4278	2997	4203

续表 28-6

序号	职业编码	职位名称	高位数	中位数	低位数	平均数
308	6069900	其他木材加工、家具与木制品制作人员	5500	4335	3425	4499
309	6079900	其他纸及纸制品生产加工人员	4691	3235	2771	3576
310	6080101	印前处理和制作员	—	3248	—	3098
311	6080102	印刷操作员	4533	3368	2681	3424
312	6089900	其他印刷和记录媒介复制人员	—	3315	—	3927
313	6090302	雕塑翻制工	3944	3460	3150	3502
314	6090403	健身器材制作工	5353	3736	3334	4025
315	6099900	其他文教、工美、体育和娱乐用品制造人员	5571	3903	3465	4110
316	6109900	其他石油加工和炼焦、煤化工生产人员	5819	5392	5007	5273
317	6110700	合成橡胶生产工	7119	5656	4107	5650
318	6119900	其他化学原料和化学制品制造人员	6386	5553	3189	4987
319	6130201	纺丝工	5663	4252	3529	4356
320	6140101	橡胶制品生产工	6021	4583	3438	4689
321	6140200	塑料制品成型制作工	5567	3853	2604	3871
322	6149900	其他橡胶和塑料制品制造人员	5116	3760	3363	3934
323	6179900	其他金属冶炼和压延加工人员	5890	4828	4209	4934
324	6180101	车工	6006	4921	2917	4739
325	6180102	铣工	6027	4748	3591	4709
326	6180104	磨工	6793	4670	3606	4901
327	6180106	钻床工	4761	4254	3764	4241
328	6180107	多工序数控机床操作调整工	6767	5067	3479	5180
329	6180108	电切削工	4547	3643	2824	3896
330	6180110	下料工	6620	5114	3994	5071
331	6180112	冲压工	4643	3761	3554	4030
332	6180201	铸造工	4618	3940	3689	4130
333	6180202	锻造工	4764	4056	3639	4181
334	6180203	金属热处理工	6383	5254	2888	4986
335	6180204	焊工	4647	3973	3520	3894
336	6180205	机械加工材料切割工	5692	3889	2908	4126
337	6180206	粉末冶金制品制造工	7052	4922	3803	5076
338	6180303	涂装工	6151	4891	3108	4771
339	6180304	喷涂喷焊工	7377	5649	4180	5696
340	6180401	模具工	6661	4863	3639	5016
341	6180402	模型制作工	7210	5295	3486	5365
342	6180406	工具钳工	7317	6165	4187	5911
343	6189900	其他机械制造基础加工人员	7093	4190	2904	4536
344	6190102	建筑五金制品制作工	6090	4538	3423	4604
345	6190105	日用五金制品制作工	5549	4228	3223	4361

续表 28-6

序号	职业编码	职位名称	高位数	中位数	低位数	平均数
346	6199900	其他金属制品制造人员	5398	4132	1852	3954
347	6200101	装配钳工	6099	4531	3868	4728
348	6200302	焊接设备装配调试工	—	4242	—	4560
349	6200507	制冷空调设备装配工	—	3026	—	4321
350	6219900	其他专用设备制造人员	6399	4829	3769	4954
351	6220103	汽车零部件再制造工	6896	5273	3107	5198
352	6230202	船舶机械装配工	6321	4181	3028	4457
353	6230204	船舶附件制造工	9185	6656	4211	6708
354	6230401	摩托车装调工	5056	3583	3119	3775
355	6240202	高低压电器及成套设备装配工	5470	5040	4728	5089
356	6240702	灯具制造工	5255	3710	3276	3943
357	6250109	继电器制造工	4851	3702	2963	3838
358	6250110	高频电感器制造工	4007	3537	2996	3576
359	6250201	真空电子器件零件制造及装调工	4025	3673	3438	3697
360	6250203	液晶显示器件制造工	4885	4121	3196	4091
361	6250206	半导体分立器件和集成电路装调工	4344	3709	3213	3711
362	6259900	其他计算机、通信和其他电子设备制造人员	5243	3538	2879	3842
363	6260101	仪器仪表制造工	4525	3553	3054	3628
364	6280101	锅炉运行值班员	5688	4810	3837	4265
365	6280102	燃料值班员	3925	3591	3050	3585
366	6280106	电气值班员	10607	3322	2846	4779
367	6280111	锅炉操作工	6026	4709	3517	4645
368	6280114	变配电运行值班员	5028	3618	3494	3883
369	6280301	水生产处理工	4867	3464	2699	3804
370	6280303	工业废水处理工	7021	4343	2721	4527
371	6289900	其他电力、热力、气体、水生产和输配人员	9694	5478	3445	5890
372	6290101	砌筑工	3555	3527	3491	3509
373	6290103	混凝土工	6876	4754	3284	4687
374	6290104	钢筋工	—	3800	—	5350
375	6290105	架子工	3935	3527	3418	3525
376	6299900	其他建筑施工人员	7931	4428	3114	4050
377	6300100	专用车辆驾驶员	7582	4874	3051	5049
378	6300501	起重装卸机械操作工	8485	5339	4030	5055
379	6309900	其他运输设备和通用工程机械操作人员及有关人员	6012	4963	3318	5020
380	6310101	设备点检员	7777	5832	3461	5824
381	6310102	机修钳工	7404	5318	3725	5494
382	6310103	电工	6797	4990	3693	5144
383	6310104	仪器仪表维修工	5651	4350	3005	4998

续表 28-6

序号	职业编码	职位名称	高位数	中位数	低位数	平均数
384	6310108	变电设备检修工	5855	4384	2976	4596
385	6310109	工程机械维修工	5677	4538	3039	5062
386	6310301	化学检验员	6772	4575	3236	4552
387	6310302	物理性能检验员	6599	4733	3118	4455
388	6310303	生化检验员	—	4852	—	4794
389	6310304	无损检测员	6771	5088	3368	4884
390	6310305	质检员	6867	4814	3253	4825
391	6310306	试验员	9562	5155	3216	6340
392	6310400	称重计量工	—	4493	—	3341
393	6310500	包装工	4846	3225	2191	3369
394	6310600	安全员	13417	5561	3721	6684
395	6319900	其他生产辅助人员	6527	4600	3222	4701
396	6990000	其他生产制造及有关人员	6409	4535	3274	4343

表 28-7

2016 年厦门市劳动力市场分技术等级工种工资指导价位

单位：元 / 人 · 月

序号	职业编码	职位名称	技能等级	高位数	中位数	低位数	平均数
1	4010100	采购员	初级技能	4542	4127	2246	4101
			中级技能	5295	4444	2914	4394
			高级技能	6129	4784	3459	4923
			技师	9146	5804	4624	5866
			高级技师	—	7672	—	7832
2	4010201	营销员	初级技能	4560	3145	2173	3132
			中级技能	4849	3891	2751	3774
			高级技能	5735	4861	4399	4545
			技师	13516	5486	4494	5623
3	4010202	电子商务师	初级技能	—	3924	—	3594
			高级技能	—	4725	—	4793
4	4010203	商品营业员	初级技能	4651	3861	2271	3583
5	4010204	收银员	初级技能	—	3016	—	2996
6	4019900	其他批发与零售服务人员	初级技能	7309	5135	3176	4953
			中级技能	8076	5259	4190	5768
			高级技能	—	6614	—	6774
			技师	—	6959	—	7076
7	4020201	道路客运汽车驾驶员	初级技能	5507	4104	2660	4209
			中级技能	5742	4817	3343	4453
			高级技能	7757	5893	3689	5982
			技师	—	6139	—	6370

续表 28-7

序号	职业编码	职位名称	技能等级	高位数	中位数	低位数	平均数
8	4020202	道路货运汽车驾驶员	初级技能	6332	5400	3240	5354
			中级技能	7396	5633	3368	5705
			高级技能	7696	6332	5786	6033
9	4020203	道路客运服务员	初级技能	6689	4221	3299	3850
10	4020204	道路货运业务员	初级技能	6238	5573	4999	5871
			中级技能	6728	5913	5289	5905
			高级技能	—	6104	—	5972
11	4020205	道路运输调度员	初级技能	8087	6742	3715	6265
			中级技能	—	9320	—	8739
12	4020207	机动车驾驶教练员	中级技能	7461	6137	3010	5862
13	4020501	装卸搬运工	初级技能	5519	3719	3109	4001
			中级技能	—	4410	—	4204
14	4020503	运输代理服务员	初级技能	—	9568	—	10462
15	4020601	仓储管理员	初级技能	4901	3586	2544	3470
			中级技能	5018	3748	2924	3669
			高级技能	—	3815	—	4055
			技师	—	4261	—	4610
16	4020602	理货员	初级技能	8365	4814	2568	4992
17	4020702	邮件分拣员	初级技能	6044	5157	4815	4939
			中级技能	6951	5652	5059	5668
			高级技能	7113	6220	5527	6199
			技师	7476	6548	5856	6288
18	4020703	邮件转运员	初级技能	6063	5242	4773	5115
			中级技能	7420	5590	4883	5397
			高级技能	7917	5956	5198	5846
			技师	—	6296	—	6811
19	4020704	邮政投递员	初级技能	7695	6433	5606	6828
			中级技能	7900	6549	5751	7123
			高级技能	10029	7628	5936	8042
20	4029900	其他交通运输、仓储和邮政业服务人员	初级技能	6881	5089	3274	5497
			中级技能	7050	5743	3713	5903
			高级技能	8522	6561	5136	6291
			技师	—	6800	—	6401
			高级技师	—	6903	—	6838
21	4030101	前厅服务员	初级技能	2426	2408	2100	2345
22	4030102	客房服务员	中级技能	—	2936	—	3135
			高级技能	—	3384	—	3439

续表 28-7

序号	职业编码	职位名称	技能等级	高位数	中位数	低位数	平均数
23	4030201	中式烹调师	初级技能	7244	4050	2587	4177
			中级技能	7290	5263	4755	4793
			高级技能	—	5774	—	6211
24	4030202	中式面点师	初级技能	—	4329	—	4041
25	4030203	西式烹调师	初级技能	5928	3493	2636	3293
			中级技能	—	3759	—	3942
26	4030204	西式面点师	初级技能	—	3100	—	3005
27	4030205	餐厅服务员	初级技能	—	2293	—	2440
28	4039900	其他住宿和餐饮服务人员	初级技能	15510	3130	2310	3069
			中级技能	—	4293	—	4330
29	4040201	信息通信网络机务员	初级技能	9308	6879	3550	6482
			中级技能	9312	7469	5709	8010
			高级技能	11910	8965	5960	8153
			技师	—	9004	—	9336
30	4040204	信息通信网络测量员	初级技能	—	8296	—	8286
31	4040501	计算机程序设计员	初级技能	13744	7409	4608	6961
			中级技能	18717	14950	11017	13636
			高级技能	—	15205	—	14074
			高级技师	—	15492	—	14231
32	4049900	其他信息传输、软件和信息技术服务人员	高级技能	—	7905	—	8073
			技师	—	12823	—	12804
33	4050101	银行综合柜员	初级技能	10238	7923	5748	7882
			中级技能	14509	8230	6863	8976
			高级技能	14808	10307	7257	11086
			技师	—	11186	—	12007
34	4050102	银行信贷员	初级技能	25874	13780	8824	14435
			中级技能	36310	23277	17002	21931
35	4050103	银行客户业务员	初级技能	18457	9560	7289	10096
			中级技能	22986	12780	8207	11604
			高级技能	24134	14933	13885	15001
36	4050401	保险代理人	中级技能	—	8947	—	8317
37	4050402	保险保全员	初级技能	14864	5917	4917	5401
38	4059900	其他金融服务人员	初级技能	16653	9232	4931	10017
			中级技能	16731	11202	7713	10232
			高级技能	18285	13130	8754	14174
39	4060101	物业管理员	初级技能	4000	2896	2257	2685
			中级技能	4468	3213	2309	3425
			技师	—	9438	—	10094

续表 28-7

序号	职业编码	职位名称	技能等级	高位数	中位数	低位数	平均数
40	4070201	风险管理师	初级技能	15227	12765	7488	13139
41	4070203	客户服务管理员	初级技能	7725	4605	3041	4446
			中级技能	—	7748	—	7009
			高级技能	—	9047	—	9738
42	4070401	导游	初级技能	3500	2471	1695	2367
			中级技能	3574	2864	1754	2920
			高级技能	—	3928	—	4221
43	4070403	旅行社计调	初级技能	—	3128	—	3062
44	4070501	保安员	初级技能	5470	3648	3012	3938
45	4070502	安检员	初级技能	—	3766	—	3607
46	4070504	消防设施操作员	初级技能	—	5709	—	5676
47	4070603	市场管理员	初级技能	9937	7150	4031	6541
			中级技能	11851	9229	8793	9630
			高级技能	17742	9833	8809	9660
			技师	—	10685	—	11152
48	4079900	其他租赁和商务服务人员	初级技能	9577	4088	2804	4345
			中级技能	9781	6263	3242	6688
49	4080505	机动车检测工	初级技能	—	3608	—	3679
			技师	—	3937	—	3876
50	4080809	包装设计师	初级技能	—	6534	—	6562
51	4089900	其他技术辅助服务人员	初级技能	5214	3465	3077	3247
			中级技能	—	4412	—	4306
52	4090701	污水处理工	初级技能	—	5085	—	4699
53	4090801	保洁员	初级技能	3809	2555	2193	2659
54	4090802	生活垃圾清运工	初级技能	—	3830	—	3993
55	4091001	园林绿化工	初级技能	—	3283	—	3420
56	4099900	其他水利、环境和公共设施管理服务人员	初级技能	5834	4546	4143	4602
			高级技能	—	6136	—	6129
57	4109900	其他居民服务人员	初级技能	—	4400	—	4276
58	4120101	汽车维修工	初级技能	4630	3427	2721	3444
			中级技能	6300	4636	3250	4811
			高级技能	7666	5431	3656	5439
			技师	8202	5820	4258	6130
			高级技师	8548	7066	4491	7315
59	4120201	计算机维修工	初级技能	—	5000	—	4513
60	4120202	办公设备维修工	初级技能	—	4982	—	4548

续表 28-7

序号	职业编码	职位名称	技能等级	高位数	中位数	低位数	平均数
61	4129900	其他修理及制作服务人员	初级技能	5179	3489	3361	3541
			中级技能	5380	3900	3400	3858
			高级技能	—	3913	—	3895
62	4130205	电影放映员	初级技能	—	2634	—	2600
63	4139900	其他文化、体育和娱乐服务人员	初级技能	—	4100	—	4055
64	4149900	其他健康服务人员	技师	6858	4013	2343	4389
65	4990000	其他社会生产和生活服务人员	初级技能	6813	4360	3306	4356
			中级技能	9253	5861	3586	5999
66	6020610	茶叶加工工	初级技能	—	7262	—	7476
67	6040500	非织造布制造工	初级技能	—	3317	—	3185
68	6050103	缝纫工	初级技能	3292	2778	2192	2869
69	6050104	缝纫品整型工	初级技能	—	4477	—	4468
70	6059900	其他纺织品、服装和皮革、毛皮制品加工制作人员	初级技能	4851	3750	3417	4062
71	6060302	机械木工	初级技能	—	4199	—	4210
72	6069900	其他木材加工、家具与木制品制作人员	初级技能	—	4435	—	4599
73	6079900	其他纸及纸制品生产加工人员	初级技能	—	5343	—	5278
			中级技能	—	5574	—	5571
74	6080101	印前处理和制作员	初级技能	—	3286	—	3213
75	6080102	印刷操作员	初级技能	3827	3148	2258	3246
			中级技能	5989	4469	2573	4276
			高级技能	8169	4787	3483	5064
76	6140101	橡胶制品生产工	初级技能	4094	3000	2335	2962
			技师	4365	4097	3436	4188
			高级技师	4797	4312	3790	4611
77	6140200	塑料制品成型制作工	初级技能	5796	4281	3287	4069
			中级技能	6273	4988	4553	4643
78	6149900	其他橡胶和塑料制品制造人员	初级技能	5166	4377	3492	4623
79	6180101	车工	初级技能	5042	3940	2671	4075
			中级技能	6133	4307	3271	4368
			高级技能	6459	4501	3490	4564
80	6180102	铣工	初级技能	—	3730	—	4030
81	6180104	磨工	初级技能	4114	3690	2618	3564
			中级技能	5078	4213	2983	3900
			技师	—	7026	—	6766
82	6180106	钻床工	初级技能	4291	3608	3073	3930

续表 28-7

序号	职业编码	职位名称	技能等级	高位数	中位数	低位数	平均数
83	6180107	多工序数控机床操作调整工	初级技能	6177	5057	3602	5182
			中级技能	6800	5070	4582	5265
			高级技能	7126	5603	4824	5382
84	6180110	下料工	中级技能	—	5043	—	5145
			高级技能	6787	5449	4419	5427
85	6180112	冲压工	初级技能	3893	3316	2348	3477
			中级技能	—	3856	—	4187
86	6180201	铸造工	初级技能	—	4170	—	3822
87	6180203	金属热处理工	初级技能	4139	3684	2358	3580
			中级技能	—	3888	—	3736
88	6180204	焊工	初级技能	4836	4385	2442	4310
			中级技能	5264	4963	3024	4832
			高级技能	6692	5379	3652	5049
			技师	—	6065	—	6198
			高级技师	—	6205	—	6709
89	6180205	机械加工材料切割工	初级技能	5398	3807	3083	4140
			中级技能	5688	4625	3202	4484
			高级技能	6027	4975	3228	4837
			技师	—	5325	—	5159
90	6180206	粉末冶金制品制造工	技师	—	6620	—	6090
91	6180303	涂装工	初级技能	4373	2846	2506	2747
			中级技能	—	4574	—	4866
92	6180304	喷涂喷焊工	初级技能	—	5264	—	5445
			中级技能	7436	5645	4720	5546
93	6180401	模具工	初级技能	6564	4730	3634	4791
			中级技能	6635	4961	4202	5022
			技师	—	7552	—	7867
94	6180402	模型制作工	初级技能	5852	5341	3655	4880
			中级技能	7093	5385	4552	5100
			高级技能	7124	5912	4834	5471
			高级技师	11812	7244	6044	6950
95	6180406	工具钳工	初级技能	—	4053	—	3963
96	6189900	其他机械制造基础加工人员	初级技能	5286	4517	3378	4420
			中级技能	—	4942	—	5053
97	6190102	建筑五金制品制作工	初级技能	5869	4607	3826	5039
98	6199900	其他金属制品制造人员	中级技能	—	4946	—	4568

续表 28-7

序号	职业编码	职位名称	技能等级	高位数	中位数	低位数	平均数
99	6200101	装配钳工	初级技能	4219	3456	2463	3623
			中级技能	6835	5132	3042	4872
			高级技能	7032	5309	3359	5010
100	6219900	其他专用设备制造人员	中级技能	6193	4904	4386	5121
			高级技能	6349	5638	4707	5288
101	6220103	汽车零部件再制造工	初级技能	7022	5276	3480	5584
102	6230204	船舶附件制造工	初级技能	7982	5267	3971	5044
			中级技能	8419	6150	5551	6065
			高级技能	8811	6518	5673	6582
			技师	8985	6992	5860	6792
			高级技师	—	7537	—	7225
103	6230401	摩托车装调工	初级技能	5235	4802	3890	4566
104	6240202	高低压电器及成套设备装配工	中级技能	5477	5044	4776	5262
105	6240702	灯具制造工	初级技能	6461	3921	3488	4007
106	6250203	液晶显示器件制造工	初级技能	4992	4151	3623	4294
107	6250206	半导体分立器件和集成电路装调工	初级技能	4369	3718	3430	3467
108	6259900	其他计算机、通信和其他电子设备制造人员	初级技能	5282	3833	2880	3641
109	6280101	锅炉运行值班员	初级技能	—	4749	—	4328
110	6280106	电气值班员	中级技能	—	9397	—	9827
111	6280111	锅炉操作工	初级技能	4358	2997	2432	2790
			中级技能	—	4497	—	4326
112	6280114	变配电运行值班员	初级技能	—	3610	—	3643
			中级技能	5091	3655	3555	3987
113	6280303	工业废水处理工	初级技能	—	4571	—	4465
114	6289900	其他电力、热力、气体、水生产和输配人员	初级技能	—	5542	—	6043
115	6290103	混凝土工	初级技能	3456	2723	2191	2525
116	6290104	钢筋工	初级技能	—	2178	—	2300
117	6300100	专用车辆驾驶员	初级技能	6250	4400	2939	4748
			中级技能	—	4756	—	4825
			高级技能	—	4950	—	5204
			技师	—	5109	—	5245
118	6300501	起重装卸机械操作工	中级技能	5324	3718	2978	3821
			高级技能	6167	4218	3712	4002
119	6309900	其他运输设备和通用工程机械操作人员及有关人员	初级技能	6243	5226	4796	5332

续表 28-7

序号	职业编码	职位名称	技能等级	高位数	中位数	低位数	平均数
120	6310101	设备点检员	初级技能	8020	6348	4459	6512
121	6310102	机修钳工	初级技能	5788	3519	2738	3596
			中级技能	6396	4395	3374	4432
			高级技能	6548	4748	3602	4880
			技师	8315	6435	4336	5963
			高级技师	—	6842	—	6642
122	6310103	电工	初级技能	6564	5095	3764	5026
			中级技能	6710	5104	3949	5079
			高级技能	8168	5385	4000	5222
			技师	9399	6160	4729	6592
123	6310108	变电设备检修工	初级技能	8083	6753	4001	7261
124	6310109	工程机械维修工	初级技能	6693	5087	4408	4707
			中级技能	—	5649	—	5581
125	6310302	物理性能检验员	高级技能	—	4637	—	4296
126	6310304	无损检测员	初级技能	—	5503	—	5646
127	6310305	质检员	初级技能	5976	4279	3140	4027
			中级技能	6031	4307	3622	4116
			高级技能	7024	4345	3928	4545
			技师	8656	4410	3982	4703
			高级技师	—	4862	—	5236
128	6310306	试验员	初级技能	—	4897	—	4504
			中级技能	9742	9174	7579	9741
129	6310500	包装工	初级技能	3533	2833	2185	2738
130	6310600	安全员	初级技能	6504	5409	4375	5308
			高级技能	—	5664	—	5759
			技师	—	5695	—	5839
			高级技师	—	14622	—	14094
131	6319900	其他生产辅助人员	初级技能	6524	4602	3083	4621
			中级技能	7052	5531	4397	5886
132	6990000	其他生产制造及有关人员	初级技能	6624	4816	3008	4975
			中级技能	6753	5279	4262	5041
			技师	—	5852	—	6231

救灾救济和城乡低保

【概　况】 2016年，厦门市民政局进一步规范自然灾害救助应急响应的工作，修订出台《厦门市自然灾害救助应急预案》《厦门市民政局自然灾害应急救助工作规程》，成立救灾应急指挥部，下设8个工作组，明确人员组成和职责分工。起草《厦门市“十三五”综合防灾减灾规划》。落实救灾预备金制度，市、区财政预算安排救灾预备资金453万元。规范自然灾害避灾点管理建设，对避灾点进行分类管理，全市有自然灾害避灾点714个，其中Ⅰ类避灾点202个、Ⅱ类避灾点331个、Ⅲ类避灾点181个，并全部达标。开展“5·12防灾减灾日”

5月12日，厦门市2016年防灾减灾日现场宣传活动（市民政局提供）

宣传活动，下发《厦门市民政局关于做好2016年防灾减灾日有关工作的通知》，举办厦门市2016年防灾减灾日大型现场宣传活动，全市发放防灾减灾宣传挂图、手册5万余份，悬挂横幅900余条，制作宣传橱窗280余个，制作宣传展板50余块，开展科普宣教活动190余场，组织街头咨询80多场，发送手机公益短信30万余条，受教育人数100余万人次。组织60万人参加各种防灾减灾应急演练活动。思明区前埔南社区、育秀社区，海沧区青礁村，湖里区江头社区、金山社区，集美区铁山社区、康城社区，同安区城西社区，翔安区三乡社区、大帽山农场10个社区被国家减灾委、民政部命名“2016年度全国综合减灾示范社区”。市减灾委办针对1号台风“尼伯特”、14号台风“莫兰蒂”、17号台风“鲇鱼”3次启动救灾预案。出台《厦门市困难群众精准帮扶工作实施意见》《厦门市特困人员救助供养办法》，修订完善《厦门市医疗救助办法》《厦门市临时救助办法》，健全社会救助制度。全面推进社会救助对象精准识别，进一步完善申请社会救助居民家庭经济状况核对信息平台，新接入房产等12个数据接口，对接相关数据接口24个。全年为全市95527户次、167902人次低保对象发放低保金8575.12万元，人均补差510.7元；医疗救助累计243041人次，支出医疗救助资金5268.92万元；临时救助6914人次，支出临时救助资金1370.2万元；其他各项补助补贴政策全部落实到位。

【社会救助对象实现精准识别】 2016年，市民政局加快完善居民家庭经济状况核对信息平台，与人民银行厦门分行、厦门银监局、厦门市中级人民法院协调，通过比对专线，与20家银行形成存款等金融资产信息核对机制，新增土房部门公积金、房产等12类信息的对接。至年末，与民政、公安、人社、工商、地税、证券等8个部门24类数据实现对接。全年受理委托低保18531户次、45578人次，核检出3130户次、9040人次，检出率16.9%；低收入认定核对3888户次、11735人次，核检出1232户次、3896人次，检出率31.7%。

【流浪人员救助】 2016年，厦门市救助管理站救助生活无着的流浪人员6764人次，其中未成年人227次，成年人6537人次；护送返乡196人次。年内，救助管理站工作人员多次上街主动救助和劝导流浪人员，开展未成年人社会保护试点、“救助开放日”和“炎热送清凉”等系列活动，救助符合条件人员2244人次，送医救治危重病人和精神病人132人次，护送未成年人返乡25人，累计安置智障人员257人。11月，市救助管理站开展“寒冬送温暖”集中救助行动，出动车辆241台次，分发衣被197件，救助流浪乞讨人员1303人，提供简易救助21260人次，劝导进站43人次。

【DNA比对启用】 2016年，市救助管理站启用DNA（脱氧核糖核酸）比对，联合公安机关先后为全市255名流浪乞讨人员（未成年人17名）采集DNA血样，帮助这些身份不明、长期滞站的流浪乞讨人员进一步确认身份，早日找到亲人。所有采集的血样将送到市公安部门进行DNA检测分析，并录入全国走失人口信息库、全国打拐DNA信息库进行检索匹配。

【慰问困难群众】 2016年元旦、春节期间，市、区财政安排专项经费1206.37万元，慰问城乡低保、“三无”（无生活来源、无劳动能力又无法定赡养、抚养、扶养义务人）“五保”（保吃、保穿、保医、保住、保葬或保教）、革命“五老”（老地下党员、老游击队员、老接头户、老交通员、老苏区区乡干部）等困难群众26024人（户）次。为全市17646名城乡低保对象、特困供养对象、重点优抚对象、革命“五老”人员共计发放2016年度一次性临时价格补贴211.73万元。

【救助保障标准提高】 从2016年1月1日起，厦门市城乡低保标准由每人每月550元调整610元；孤儿标准由分散供养每人每月900元、集中供养每人每月1200元统一调整每人每月1525元；城市“三无”、农村“五保”分散供养标准由每人每月770元调整860元，集中供养标准由每人每月1100元调整1220元；革命“五老”人员生活补助标准从每人每月1130元提高到1225元，“五老”遗孀生活补助标准从每人每月600元提高到650元；其他民政救灾对象定期生活补助标准相应提高。

【低温寒潮民政救助工作】 2016年1月下旬，厦门气温骤降，市民政局召开防范低温寒潮天气工作部署会，要求做好“五个一”，即对低保户、困难群众、孤寡老人等民政对象做一次入户看望；给每一位孤寡老人送一床毛毯；将每一位流浪乞讨人员送救助站救助，确实不愿进站的，要送上防寒衣物；对全市各级各类养老机构进行一次巡查，落实老人御寒工作和用气、用火、用电取暖安全等情况。期间，全市走访民政对象1579户，发放棉被（毛毯）3959床、睡袋

248床、保暖衣40套、大米31包、方便面52箱，劝导救助流浪乞讨人员49人，避免因冻造成伤亡现象的发生。

【困难群众情况摸底调查】 2016年3月，市民政部门对全市困难群众情况进行摸底调查。调查结果显示，全市特困人员949人，其中城市“三无”697人、农村“五保”252人；低保对象7979户、14130人，致贫原因分别为残疾43.0%、缺乏劳动力24.9%、疾病11.9%、失业4.2%、灾害0.1%、其他15.3%；低收入家庭（经申请认定的）1433户、4175人，致贫原因分别为残疾14.5%、缺乏劳动力23.3%、疾病11.2%、失业9.5%、其他41.5%，还有因子女上学、家庭成员疾病等原因导致支出加大而致贫的支出型贫困家庭。市民政局根据不同致贫原因，提出困难家庭精准帮扶工作实施意见，对未纳入救助范围，或经救助仍生活困难的对象开展主动救助54户、17.5万元。

【医疗救助新政策出台】 2016年5月15日，厦门市政府发布《厦门市医疗救助办法》。重新修订的医疗救助办法新增因病支出型贫困家庭成员（含非厦门市户籍人员），并将救助对象由以前的两类调整为四类：特困人员划为第一类；低保对象、重点优抚对象、革命“五老”人员、享受40%救济的60年代精简老职工、矽肺病救济对象、重度残疾人（含精神、智力三级）、计生特殊家庭成员划为第二类；低收入家庭成员划为第三类；新增的因病支出型贫困家庭成员划为第四类。第一、第二、第三类救助对象均为厦门市户籍人员。提高医疗救助标准，与厦门市基本医疗保险制度相衔接，医保范围内门诊、住院医疗费用，扣除基本医疗保险、大病补充医疗保险报销金额后，救助比例：第一类对象100%；第二类对象85%；第三类对象80%；新增的第四类对象75%。优化医疗救助服务，全面实施医疗救助费用“一站式”即时结算服务。新的医疗救助政策实施后，厦门市医疗救助资金每年将增加约1100万元。

【开放日宣传活动举办】 2016年6月19日是全国第四个救助管理机构开放日，市救助管理站以此为契机，开展以“传递温暖，关爱救助”为主题的宣传活动。活动当天，市救助管理站与思明区民政局、滨海街道、沁心泉社工在南普陀寺东门口开展宣传活动，现场分发1000多份宣传单、300多张救助指引卡、600多份宣传纪念品。同时，邀请20多位市民、社会爱心人士到市救助管理站参观，向群众宣传救助管理工作中主动救助、保护性救助、人性化救助等工作理念和做法，以及救助管理的法规政策、救助程序及救助管理工作中的典型事例，引导广大市民积极参与救助管理工作，营造全社会关心关爱流浪乞讨人员的良好氛围。

【临时救助办法重新修订】 2016年6月29日，厦门市政府办公厅重修订的《厦门市临时救助办法》出台。新办法主要内容是：（1）扩大临时救助范围。新增个人对象（指因遭遇火灾、交通事故、突发重大疾病或其他特殊困难，暂时无法得到家庭支持，导致基本生活陷入困境的个人）。非厦门市户籍居民享受救助的条件由“本市居住并办理暂住证（居住证）满1年的居民家庭”调整为“在本市办理居住证（或办理暂住证且居住半年以上）、有固定住所且在本市缴纳社会保险费的”。（2）优化申请审批程序。审批程序由村（居）委会、镇（街）、区民政部门三级审批调整为镇（街）、区民政部门两级审批；新增救助金额较小的，区民政部门可以委托镇（街）审批。（3）提高临时救助标准。救助方式由“现金与实物相结合，以现金救助为主”调整为“发放临时救助金、发放实物、提供转介服务3种，全面推行临时救助金社会化发放”。（4）健全临时救助工作机制。建立健全社会救助工作协调机制、“一门受理、协同办理”机制、社会救助信息共享机制、社会力量参与机制，完善临时救助组织与实施工作机制。

【台风“莫兰蒂”灾害救助】 2016年9月15日凌晨，超强台风“莫兰蒂”在厦门登陆，给厦门带来重大灾害。厦门市于当日启动自然灾害救助应急预案，成立救灾应急指挥部，下发《关于启动救灾预警响应做好超强台风“莫兰蒂”防范应对工作的紧急通知》。全市开放避灾点694个，紧急转移安置50278人，集中安置受灾群众16153人。市救助管理站主动劝导救助51名生活无着的流浪人员。协调部队出动官兵11740人、民兵预备役人员3050人，出动车辆和各类工程机械1176台（套）支援抢险救灾。累计加固堤坝3000余米，扶正倒伏和清除毁损树木32.1万余棵，搬运垃圾2.7万余吨，清理疏通道路1018千米。市民政部门在3个月的过度期内，给予受灾民众每人每天30元的生活救助。市民政局配合做好各项保险出险理赔工作，市民自然灾害公众责任保险理赔33起80.38万元；农村住房保险理赔14575起756.33万余元。农村受损住房灾后重建工作有序开展。（参见

9月，武警部队官兵参加防抗台风“莫兰蒂”救灾行动　（市民政局提供）

P72【台风】)

【《厦门市困难群众精准帮扶工作实施意见》颁布】 2016年10月10日，厦门市委、市政府下发《厦门市困难群众精准帮扶工作实施意见》(简称《意见》)。《意见》明确要求区别不同困难类型，特别是针对因患重大疾病、身体残疾、灾难事故、子女上学、失业等原因致贫的困难群众，进一步做好精准帮扶工作。《意见》规定帮扶对象主要困难群众大体分为四大类：(1)特困供养人员(城市“三无”、农村“五保”)；(2)最低生活保障对象；(3)低收入家庭。指家庭人均收入在全市低保标准1～2倍之间，且家庭财产符合规定条件的家庭；(4)支出型贫困家庭。指因子女上学、家庭成员疾病等原因导致支出加大而致贫的家庭。《意见》明确从发展产业帮扶、促进就业帮扶、资助参保帮扶、医疗救助帮扶、教育救助帮扶、住房救助帮扶、基本生活救助兜底、社会互助提升等八个方面对困难群众进行帮扶。《意见》施行后，厦门市每年帮扶和社会救助资金预计增加1280万元，其中教育救助640万元，住房救助325万元，特困人员救助315万元。

【台风“莫兰蒂”捐赠接受和发放】 截至2016年10月17日，市民政局收到台风“莫兰蒂”赈灾捐款401.33万元，其中河仁慈善基金会定向捐款鼓浪屿万石山风景区灾后重建300万元，国家开发银行厦门分行定向捐款同安区莲花镇白交祠村、军营村灾后恢复重建100万元，其他非定向捐款1.33万元，所捐款项按捐赠者意愿拨付到位。接收捐赠物资价值约801.16万元。其中，南平市捐赠物资893.3吨，价值约794.32万元；漳州片仔癀药业股份有限公司捐赠藿香正气水6万支、片仔癀清解茶2400罐，价值6.84万元。捐赠物资分配给在厦参加救灾的部队，市市政园林局所属单位，市疾病预防控制中心，市救助管理站，全市31家养老机构和各区受灾严重家庭及特困、低保、低收入家庭，重点优抚对象，革命“五老”及其遗孀，残疾人等困难群众。(参见P72【台风】)

【特困人员救助供养办法出台】 2016年12月30日，厦门市政府办公厅出台《厦门市特困人员救助供养办法》。该《办法》将城市“三无”人员、农村“五保”对象统一纳入特困人员救助供养制度适用范围，在政策目标、资金筹集、对象范围、供养标准、经办服务等方面实现城乡一体化。主要特点：(1)认定条件更严。认定条件在低保基础上，限定救助供养对象为老年人、残疾人以及未成年人，并同时具备无劳动能力、无生活来源、无法定赡养抚养扶养义务人或者其法定义务人无履行义务能力条件。还对其家庭财产和拥有住房提出限定性要求。(2)供养内容更优。在低保的基础上，增加“对生活不能自理的给予照料”，且区分供养对象生活自理能力情况有相应的照料护理标准；丧葬费按不超过当地当年6个月的基本生活标准；疾病治疗救助比例由低保的85%提高到100%，且医疗费用按照基本医疗保险、大病保险和医疗救助等医疗保障制度规定支付后仍不足的，由救助供养经费予以支持。(3)供养标准更高。基本生活标准由省政策规定的按照不低于当地城乡低保标准的130%调整140%；照料护理标准分为全自理、半护理、全护理三档，由分别参照当地最低工资标准不低于“10%、25%、40%”确定调整“15%、30%、50%”；并增加“各区可结合当地实际适当提高住院期间照料护理标准”。

(张贤日)

社会福利和社会事务

【概　况】 截至2016年底，厦门市共有养老服务机构32个、床位8520张，收养老人3220人，入住率约57.8%，每千名老人的养老床位占有率32.8%。市福利中心在院“三无”老人120人、儿童364人。市区两级财政投入1.18亿元支持养老事业发展。其中，5497.07万元用于发放老人高龄补贴和发放90周岁以上老人重阳节慰问经费，459万元用于支持农村幸福院（老年活动中心）场所建设，600万元用于支持社会老年人日间照料中心建设，705.38万元用于2016年度民办非营利性养老机构的床位建设、床位运营、特定服务对象补贴经费，2788.82万元用于养老补贴，1707.65万元用于购买服务。对建成的居家养老服务站不分城市或农村给予每个每年不低于2万元的运营补贴。全年收养弃婴29人，其中弃婴安全岛收弃婴6人，几乎全部患有不同程度疾病。全年送养儿童40人，其中国内送养7人，国外送养33人。市社会福利中心2名残疾儿童接受上海医学中心免费治疗；与爱佑基金会合作，为9名儿童进行免费手术治疗；与厦门市未来希望儿童康复中心合作，为23名脑瘫、智障、肢残儿童开展矫正康复工作。全年，婚姻登记结婚、收养登记合格率100%，尸体火化率继续保持100%。

【福利彩票发行再创新高】 2016年，厦门市福利彩票总销量10.52亿元，比上年增长0.57亿元，增幅5.78%，占全省市场份额20.99%。其中，福利彩票电脑票销售7.35亿元，增量0.71亿元，增长10.66%，占全省市场份额21.99%；福利彩票刮刮乐销售1.38亿元，减少0.15亿元，降低10.27%，占全省市场份额33.21%；福利彩票中福在线销售1.79亿元，增量0.02亿元，增长1.36%，占全省市场份额14.26%。至年末，全市有900个福彩销售站点，投注站比上年净增40家。

【海葬活动】 2016年3月31日，厦门市为168名逝者举行骨灰集体海葬活动，其中厦门市亡故居民骨灰141具，省内其他城市和外省市亡故居民骨灰27具。此次活动由市民政局、市殡葬管理处和市殡葬行业协会主办，是厦门市自2008年开展海葬以来规模最大、参与人数最多的一次。为倡导文明殡葬、绿色殡葬，鼓励群众将故人骨灰撒入大海，厦门市从2014年起对骨灰撒海实行免费，厦门市常住户籍死亡居民骨灰撒海费用每具1600元由市财政统一承担。

【首个中华慈善日宣传启动仪式举办】 2016年9月5日，由市委宣传部、市委文明办、市民政局、市直机关党工委、团市委主办，市慈善总会承办，全市各慈善公益组织协办的慈善法实施暨首个“中华慈善日”宣传启动仪式在五一文化广场举行，号召全市机关企事业单位、爱心企业和个人积极参与。全市各界 30 多家主要慈善公益组织参加活动，摆放展板，发放公益宣传材料、倡议书和举行义卖、义诊、义展、义演等活动。市民政局在现场设置《中华人民共和国慈善法》法律咨询处，向广大市民宣传《中华人民共和国慈善法》的重要意义和内涵，普及慈善理念。同时，16 家爱心单位、慈善公益组织现场举牌捐赠，合计捐出善款 2.66 亿元，这批善款将主要用于养老、助学、助孤、大病救助等。

11 月 25 日，厦门市敬老卡首发仪式举行　（市民政局提供）

【第四届海峡两岸婚恋旅游文化节开幕】2016 年 11 月 12 日，第四届海峡两岸婚恋旅游文化节在厦门开幕。文化节由厦门市民政局、市台办、市旅游局、市文广新局、同安区政府以及金门县民政局指导，厦门市海峡两岸婚姻家庭协会、厦门市女企业家协会主办。

开幕式上，来自厦门、漳州、泉州、龙岩、台北以及金门的 51 对新人举行汉式集体婚礼。婚礼仪式结束后，新人们前往同安区参加汉式六艺游园活动。

【市民养老服务卡首发】2016 年 11 月 25 日，厦门市举办市民养老服务卡首发仪式，金安社区 700 多位老人首批领取该服务卡。市民养老服务卡由厦门建行与市民养老服务中心联合发行，以金融 IC 借记卡为载体，具备市民养老服务中心“12349”养老服务平台的会员卡、政策性补贴资金发放使用管理、社区养老服务商圈专享卡、老年人专属金融理财服务等功能，可满足持卡人支付结算、金融理财、居家养老等全方位的生活需要。办卡免收年费、开卡工本费和小额账户管理费。各项养老政策性补贴资金、社会公益资金、爱心善款等补贴金爱心款都能自动发放到卡里。

【“新春慈善快车”活动启动】2016 年 12 月 8 日，由市慈善总会联合各区慈善会、各冠名慈善基金、同仁机构及爱心企业、爱心人士共同开展的 2017 年“新春慈善快车”活动启动。在春节前预计发放款物价值 586.94 万元（不含区级），向全市 8000 多户困难家庭 1.6 万人送去温暖。其中，向思明区、集美区 962 户 1788 名低保户发放大米、食用油、棉衣裤等冬令物资；慰问全市 3000 户特困户，每户 1000 元；向全市 3000 户行动不便的低收入家庭赠送慈善年夜饭，价值约 114 万元；开展其他慰问活动，发放款物价值约 119.3 万元。“新春慈善快车”活动从 2007 年首次开展以来，连续开展 10 年，累计募集款物 8340 多万元，受惠群众超 26 万人次，是厦门家喻户晓的慈善品牌项目之一。

（张贤日）

11 月 12 日，第四届两岸婚恋旅游文化节举行　（市民政局提供）

基层政权和社区建设

【概　况】2016 年，厦门市顺利通过全国社区治理和服务创新实验区结项验收。思明区“社区参与式工作坊”参评民政部组织开展的“2015 年度中国社区治理十大创新成果”，并获得第三名的成绩，成为全国唯一连续三年获此荣誉的城市。市民政局配合民政部政策研究中心，在多次调研、座谈的基础上，不断修改完善《厦门经济特区社区治理条例（草案）》。组织近 40 名社区负责人赴台参加社区主干培训。推动两岸 6 个社区签订交流协议，并协助 6 个台湾村（里）与福建省其他地市村（居）签约结对。印发《加快城乡社区网格化服务管理信息平台创新应用的工作方案》，组织召开全市深化网格化服务管理工作会议，提升社区网格化平台的创新运用能力。推动社区减负工作，印发厦门市村（居）民委员会依法履行职责事项一览表、厦门市村（居）民委员会依法协助基层政府工作事项一览表等7张清单，确定全市村（居）准入事项180项，减除事项30%以上。做好全国社区建设部际联席会议开展的全国城乡社区治理督查的准备和接待工作，受到督察组的肯定。年内，全市694人通过全国社会工作者职业水平考试，获得证书人数累计2763名；组织5期800名社区工作者进行社工知识和技能培训。全市4人被评为省级优秀社会工作人才。

【第三届海峡两岸社区治理论坛举行】2016年6月11日，第三届海峡两岸社区治理论坛在厦门开幕。此届论坛主题为“共建、共享、共融”，由中国社区发展协会、中国社会工作联合会和中国社会治理研究会主办，福建省社区建设促进会、厦门市两岸社会组织交流促进会、厦门市社会工作者协会承办。298位两岸高层、专家学者，社区及社会组织负责人齐聚厦门，交流社区治理经验。民政部副部长顾朝曦，中国国民党中央评议委员会主席团主席赵守博，福建省人大常委会副主任、省文化经济交流中心理事长陈桦，台湾“中华救助总会”理事长张正中等出席论坛开幕式。论坛举办期间，两岸有12对村里签订社区治理合作协议。

【社区治理和服务创新实验区通过验收】2016年11月4日，民政部委托第三方成立实地验收组，对厦门市创建第二批全国社区治理和服务创新实验区工作进行结项验收。自2014年1月厦门市获批“全国社区治理和服务创新实验区”以来，厦门市构建起多元共治初步完善、体制机制基本健全、城乡服务全面覆盖、社区营造差序并进、区域特色较为显著、治理能力明显提高的社区治理体系。验收组专家对厦门的实验区创建成效表示肯定，将理论和实操结合，为全国城市治理提供有效的范本。

（张贤日）

优抚安置和拥军优属

【概　况】2016年，厦门市落实重点优抚对象定期抚恤金和补助金标准自然增长机制。全市有重点优抚对象2243人，重点优抚对象定期抚恤金和补助金平均标准每人每月约1850元，居全省之首，平均高于全国标准近1/3。全年发放抚恤补助金、慰问金总额4873.8万元，其中补助金3700万元、慰问金580万元、60岁以上农村籍退役士兵老年生活补助金447万元、医疗补助金146.8万元。向1333户义务兵家属发放优待金2100多万元。做好复退军人稳定工作，保持赴省进京“零上访”。组织中小学生在市烈士陵园开展“启航明天、争当四好少年”活动30场次，完成有全市党政军和社会各界代表参加的全市烈士公祭活动。全年接收安置军队离退休干部36人（含伤病残军人5名）；接收退役士兵637名，其中符合政府安排工作条件的19人，选择自主就业、自谋职业的618人。为618名选择自主就业退役士兵发放地方经济补助3353.01万元，组织389名退役士兵参加职业教育和技能培训。地方一次性经济补助金100%发放，职业教育和技能培训优惠政策100%知晓，符合政府安排工作条件退役士兵100%安排工作，无历史遗留问题。全年接待过往部队94批次、18637人次。在抗击超强台风“莫兰蒂”的救灾行动中，市双拥办、市支前办协调部队出动官兵11750人、民兵预备役人员3050人、车辆和各类工程机械1176台（套）支援地方抢险救灾和恢复重建工作。协调有关部门和社会各界群众开展抗台救灾期间的拥军支前活动。做好市四套班子主要领导走访慰问参加抗台救灾部队的协调保障工作，落实安排700多万元专项经费慰问救灾部队官兵。市财政安排1746万元用于春节、“八一”期间走访慰问驻厦门部队、军休干部和优抚对象。筹集3600多万元财政资金支持部队建设。在全市机关和国有企事业单位调剂近100个工作岗位，一次性集中安排80名随军家属就业上岗。“八一”期间举办随军家属就业专场招聘会，帮助35名随军家属实现就业。全年累计协调解决364名军人子女入学入托问题。截至年末，协调市国土资源与房产管理局完成部队提交申请的地籍调查报件166宗、不动产登记办证15宗，办证面积31.51万平方米。年内，厦门市再次获得“全国双拥模范城”称号，实现“九连冠”目标，思明区中华街道、厦门警备区“鼓浪屿好八连”分别获得爱国拥军模范单位、拥政爱民模范单位称号。

【冬季退役士兵补助标准调整】2016年，市民政局、市财政局出台《关于调整2016年秋冬季城镇退役士兵自主就业、自谋职业经济补助和待安排工作期间生活补助标准的通知》（简称《通知》）。《通知》规定退役士兵自主就业地方经济补助的标准是：在部队领取退役金的，义务兵补助标准4.27万元；符合政府安排工作条件的义务兵，在部队选择自主就业的，补助金按原标准的2倍发放。士官补助标准计算公式：4.27

6月11日，第三届海峡两岸社区治理论坛两岸村里签约结对仪式举行

（市民政局提供）

万元 ×（1+ 士官年限 ×10%）；符合政府安排工作条件的士官，在部队选择自主就业的，补助金按原标准的 2 倍发放。进藏退役士兵补助标准，按其相对应的补助金标准的 2 倍发放。城镇退役士兵自谋职业一次性补助标准以义务兵 49600 元补助金为基准，其他各档均增加 4500 元。符合政府安排工作条件待安排工作期间生活补助每月 610 元。

【义务兵家属优待金标准调整】 2016 年，厦门市财政局、厦门市民政局联合下发《关于下达 2016 年度义务兵家属优待金的通知》。《通知》明确厦门市义务兵家属优待金标准调整为：城镇义务兵家属优待金标准按上年度城镇居民人均可支配收入 42607 元的 40% 计算，每户每年 17043 元；农村义务兵家属优待金标准按上年度农村人均纯收入 17558 元的 100% 计算，每户每年 17558 元。另对应征入伍的普通高等院校毕业生增发一次性奖励金，本科毕业生 5000 元，专科毕业生 3000 元。年内，市民政局向全市 1434 户义务兵家属发放优待金 2508.3 万元。

【公祭烈士活动】 2016 年 9 月 30 日，厦门市举行公祭烈士活动，市党政军领导和社会各界代表在市烈士陵园向人民英雄敬献花篮，深切缅怀烈士的不朽功绩，表示继往开来、继续奋斗的坚定信心。省委常委、市委书记裴金佳，市人大主任郑道溪，市政协主席张健等市各套班子领导，李泽华、蔡建新等驻厦部队领导，各民主党派、工商联、无党派人士、人民团体代表，烈士家属、驻厦部队官兵、老战士、参加退役人员、少先队员和各界群众代表等 300 多人参加公祭烈士活动。

（张贤日）

社会组织管理

【概　况】 2016 年，厦门市加快推进社会组织登记管理改革创新，推进社会组织去行政化改革，出台《关于印发厦门市行业协会与行政机关脱钩工作方案的通知》，全市核定列入脱钩范围的行业协会商会 172 家，第一批脱钩试点商协会 57 家。做好社会组织信用体系建设，出台《厦门市社会组织信用信息管理办法》，建立社会组织“红名单”“黑名单”制度。落实全国社会组织统一社会信用代码工作，全市社会组织转码或新赋码 2380 家，赋码率 100%。年内，全市新增社会组织 822 家，登记备案管理的社会组织 4497 个，比上年增长 22%。厦门市每万人平均拥有社会组织 11 家，位居全国前列。

【社会组织年检】 2016 年，市民政局采取多渠道发通告、上门集中年检、“一站式服务”和网上预审等方式开展社会组织年检工作，提高年检工作效率。全年检市级社会组织 945 家，完成年检 851 家，年检率 90%。

【社会组织评估】 2016 年，市民政局组织市本级社会组织评估 51 家，其中获得 AAAAA 级社会组织 5 家、AAAA 级社会组织 16 家、AAA 级社会组织 27 家、AA 级社会组织 3 家。全市历年累计完成 543 家社会组织评估工作，占应参加评估的登记总数的 60%。

【《厦门市社会组织信用信息管理实施办法》出台】 2016 年 4 月 20 日，厦门市民政局出台《厦门市社会组织信用信息管理实施办法》（以下简称《办法》）在全省率先出台，《办法》内容包括：（1）建立社会组织信用信息归集机制，明确由民政部门汇总归集社会组织信用情况，包括基本信息、良好信息、不良信息（提示信息和警示信息），及时推送到市信用平台，供群众查阅。（2）建立社会组织诚信“黑名单”制度，对信用不良的社会组织列入“黑名单”，向社会公布并予以惩戒。（3）建立社会组织诚信“红名单”制度，对遵纪守法，诚实守信的社会组织列入“红名单”，并给予奖励和激励。（4）建立社会组织信用修复制度，对社会组织发生失信行为的，经整改落实到位的，可以对其信用情况进行修复。

【社会组织注销清算及法人离任审计】 2016 年 5 月 3 日，市民政局制定的《厦门市民政局关于委托会计师事务所对社会组织进行财务审计、清算的工作方案》出台。该《方案》确定 6 家会计师事务所作为社会组织审计机构，对申请进行法人离任审计、清算审计的社会组织，随机抽取会计师事务所委托审计。全年抽查审计 51 家，其中注销审计 6 家，法人离任审计 45 家。被审计的社会组织普遍存在报支票据不规范、固定资产管理不规范、会计核算不规范等问题。对存在问题较为明显的社会组织，下发整改通知书，督促其限期整改，全年下发整改通知书 29 件。

（张贤日）

区划和地名管理

【概　况】 2016 年，厦门市民政局按时完成市内区级界线 1 条和 14 条镇级界线联检工作任务，全市边界地区无矛盾纠纷发生，确保群众生产生活及边界秩序的安全稳定。组织开展地名文化遗产保护清理整治不规范地名工作，对一批不规范地名进行标准化处理，新命名地名 200 条。加强标准地名标志设置工作，全年累计审核发放设置路名牌、楼门牌 115685 块（座）。支持配合鼓浪屿申报世界文化遗产，在规定时间内完成鼓浪屿广告式路名牌拆除及新路名牌的设置工作。

【命名 200 个新地名】 2016 年 9 月，厦门市政府命名 200 个地名，其中道路 189 条、居民点 11 个。6 区道路名称分布依次为：思明区 4 条、湖里区 29 条、集美区 71 条、同安区 69 条、翔安区 1 条；居民点名称分布依次为：思明区 1 个、集美区 3 个、海沧区 3 个、同安区 1 个、翔安区 3 个。（详见本书附录《2016 厦门市命名的新地名》）

（张贤日）

民族与宗教事务

【概　况】 2016 年，厦门市民族与宗教事务局（简称市民宗局）组织开展第九个民族团结进步宣传月系列活动，举

10 月 15 日，厦门市第九个民族团结进步宣传月广场演出活动举行（市民宗局提供）

办以“民族团结一家亲，同心共筑中国梦”为主题的广场文艺活动，开展形式多样的民族团结进步宣传教育活动。推进试点社区民族工作，下发《关于试点社区加强民族工作促进各民族交往交流交融的通知》，召开社区民族工作经验交流会，总结交流社区民族工作经验。促进少数民族经济社会发展，引导钟宅畲族社区、陈塘回民社区抓住机遇、加快发展，全国人大常委会副委员长向巴平措到厦调研时充分肯定厦门市城市民族工作取得的成效。组织清真食品生产企业参加省伊协举办的全省清真食品生产企业管理人员培训班。联系各区做好民族乡帮扶和高山族帮扶工作。

市民宗局组织各级领导干部，统战、民宗系统干部和广大宗教界人士，学习传达全国宗教工作会议精神。开展宗教工作调研，掌握全市宗教基本情况。指导市佛协、道协、基督教两会召开代表会议并完成换届，优化班子的年龄和文化结构。指导宗教团体班子成员细化分工，完善和落实议事制度，进一步促进规范管理。加强宗教人士培训，举办全市宗教界人士培训班，近 50 名宗教界代表人士参加培训。举办宗教界财务知识培训班，全市宗教团体、宗教活动场所、闽南佛学院财务人员 130 多人参加培训。指导宗教界配合鼓浪屿申遗工作，协调做好三一堂、姑娘楼、圣教书局等项目的改造工作。指导相关单位做好“9·8”投资贸易洽谈会、厦门国际马拉松赛等重大活动的宗教服务工作，优化厦门投资旅游环境。6 月，中共中央政治局委员、统战部部长孙春兰到厦门调研，充分肯定南普陀寺在规范寺院管理、去商业化、参与公共文明创建等做法。

【民族团结进校园活动开展】 2016 年，厦门部分高校和中小学开展形式多样的“民族团结进校园”活动。集美大学诚毅学院体育与艺术系举办“唱民族旋律，舞和谐篇章”民族团结进高校专题文艺晚会，通过少数民族非物质文化遗产展演、民族风俗歌舞表演、诗朗诵、合唱等方式，展现各民族特色艺术形式和风土人情，营造高校民族团结进步良好氛围。集美中学开展“民族团结进步迎新年”活动，组织新疆内高班学生和本地学生积极参与民族团结宣传演讲比赛、敬老活动等。厦门外国语学校组织新疆内高班学生到校外参观考察，了解闽南风土人情。钟宅民族小学举办首届“弘扬民族文化、培育文明之花——中华情·我为祖国添光彩”民族嘉年华活动，设置民族美食、服装、体育、文艺的 4 个体验区和毽球、陀螺、跳绳、拔河等民族特色竞技项目，通过寓教于乐的形式，奠定民族团结进步教育的基础。

【宗教界慈善公益活动】 2016 年，厦门市宗教界用于慈善公益事业资金超过 2500 万元。其中，春节期间，宗教界开展“新年画慈善行”“迎新春、送温暖”活动，捐款捐物价值 396 万元；宗教慈善周活动期间，市民宗局引导各宗教团体依托所在社区就近开展帮扶工作，参与金秋助学，走访慰问受灾贫困户，参与助老敬老活动，捐款捐物价值 250 多万元；全市宗教界参与省内外贫困村基建、台风灾后重建、校园设施捐助、因病致贫户帮扶、义诊施药、特殊儿童群体关爱等慈善项目，累计资金近 2000 余万元。

【“情暖厦门·五教同行”活动开展】 2016 年 3 月，市民宗局开展“情暖厦门·五教同行”活动，引导佛教、道教、伊斯兰教、天主教、基督教五大宗教组织充分发挥爱国爱教、济世利人、服务社会的优良传统，参与慈善公益、社会服务和公共文明创建，践行

12 月 10 日，民族团结进步进高校文艺演出在集美举行（市民宗局提供）

6月6日，向巴平措（右三）在钟宅调研厦门城市民族工作　　（市民宗局提供）

社会主义核心价值观。市民宗局在《厦门日报》开设“弘扬美德凝心聚力　助推美丽厦门建设”专版，营造“温馨鹭岛·情暖厦门”的良好舆论氛围。该项活动得到各宗教团体的响应，宗教界人士和广大信教群众投身台风“莫兰蒂”灾后重建、社区帮扶、参与志愿服务，在促进邻里和谐、倡导公共文明、服务社会等方面发挥重要作用。

【市佛协与市青联组团赴台交流】 2016年3月16～21日，以中国佛教协会副会长、厦门佛协会长、闽南佛学院院长、南普陀寺方丈则悟大和尚为团长，厦门市青联副主席吴申宇为顾问的厦门佛教禅文化交流团一行27人，赴台开展为期6天的交流访问。在台期间，交流团一行参访佛光山寺、玄奘寺、金光明寺、龙山寺、圆光寺等寺院和佛学院，与各寺院住持、方丈就僧伽教育、寺院管理、佛教文化传播等交流座谈，拜会世界佛教华僧会会长净心长老、台湾“中国佛教会”名誉理事长净良长老和理事长圆宗长老、佛光山开山宗长星云长老，共同推动两岸佛教的交流和两岸青年的交往，以佛教文化助力两岸关系的和平发展。

【第九届保生慈济文化旅游节举办】
2016年4月8～18日，由市民宗局、市台办、市文广新局、海沧区指导，海沧旅游投资集团、青礁慈济宫理事会主办的第九届海峡两岸保生慈济文化旅游节在海沧区青礁慈济祖宫举办。此届保生慈济文化旅游节，继续以“两岸一家亲，共建新家园”为主旨，邀请台湾各界嘉宾及新加坡等地知名人士、专家、学者、信众共同参与。文化旅游节期间，开展的两岸信众共祭保生大帝、闽台非物质文化展演、保生慈济义诊、海峡两岸“乞龟祈福”庙会等一系列配套活动，展示闽台丰富多彩的民俗精粹和闽台一衣带水的文化血脉。保生慈济文化旅游节自2006年在青礁慈济祖宫举办以来连续举办9届，前来进香朝拜、参与文化节的台湾同胞超过5万人次。

【全国人大常委会领导到厦门调研民族工作】 2016年6月6～7日，全国人大常委会副委员长向巴平措一行到厦门调研城镇化进程中的民族工作。调研组在实地考察厦门清真寺、钟宅民族幼儿园、钟宅畲族社区，听取厦门市关于开展民族工作的汇报后，对厦门近年来依法深入开展民族工作所取得成效给予充分肯定。调研组认为，厦门市多年来坚定不移贯彻落实中央民族工作政策，依法保障各民族群众权益，在城市民族工作中探索积累不少好经验、好做法，这些经验，对于别的城市有很好的借鉴意义。

【市佛教协会第九次代表大会召开】
2016年8月28日，厦门市佛教协会召开第九次代表大会，来自全市佛教界的205名代表参加大会。大会审议通过理事会工作报告和理事会财务工作报告和协会章程修订案，选举产生新一届理事，释则悟连任市佛教协会会长。

【市基督教第十次代表大会召开】 （见P129【市基督教第十次代表大会】）

【市道教协会第三次会员代表大会召开】
2016年9月8日，厦门市道教协会召开第三次会员代表大会，来自全市道教界的91名代表参加大会。会议审议通过理事会工作报告，修订协会章程，选举产生新一届领导班子，郭汉文当选为市道教协会会长。

【宗教界参与台风“莫兰蒂”灾后重建】
2016年9月15日，超强台风“莫兰蒂”在厦门登陆，给厦门造成重大损

9月，市民宗局发动全市民族宗教界团结凝聚参与台风“莫兰蒂”灾后重建
（市民宗局提供）

失。台风过境后，市佛教界、基督教界、伊斯兰教界响应市政府动员令，在做好自救的基础上，参与城市灾后恢复重建。先后组织信众、义工和志愿者1万多人次走进社区、走上街道，清理环境道路，加固受损房屋，修整受灾树木。各宗教团体筹款筹物，慰问受灾群众，实践善心善行、慈爱奉献的理念。

【第十届“四海同歌”联合音乐会举办】 2016年10月22日，由厦门市基督教青年会主办的第十届“四海同歌”海峡两岸YMCA联合音乐会在厦门宏泰音乐厅举行。来自台北、台中、香港、成都、西安和厦门的8个演出团队的130余位演员，相聚鹭岛厦门，以“促进两岸民间文化和社会服务事工交流”为宗旨，用音乐和歌声密切两岸文脉联系。北京、上海、天津、南京、杭州、成都、西安、武汉、广州、香港、台北、台中、南投、京都等城市的基督教青年会总干事、副总干事和代表，中华基督教青年会全国协会总干事，国家宗教事务局代表约120人参加音乐会系列交流活动。

（李　泽）

社情民意调查

【常住人口发展情况分析】 2016年，市统计局发布《2016年厦门市常住人口发展情况分析》。至2016年末，厦门市常住人口392万人，比上年增加6万人，增长1.6%；常住人口出生率15.1‰，比上年提高1.1个千分点；死亡率3.2‰，比上年下降0.1个千分点；自然增长率11.9‰，比上年提高1.2个千分点。常住人口发展呈现以下特点：

出生率和自然增长率增速提高。2016年，受全面放开二胎的政策因素影响，厦门市人口出生率大幅提高，死亡率略微下降，带动自然增长率迅速提升。调查数据显示，2016年，全市育龄妇女生育二孩率50.3%，超过一孩生育率，比上年提高6.3个百分点。受此政策影响，以后几年厦门的人口出生率还会保持较高水平。

人口空间分布继续呈现岛内增长放缓，岛外增长加快趋势。从空间分布来看，厦门本岛的人口增长继续放缓，比重下降；而岛外人口增长加快，比重上升。调查数据显示，2016年末，全市各区常住人口从多到少依次排列是：湖里区102.4万人，占全市总人口的26.1%；思明区99.9万人，占25.5%；集美区65.6万人，占16.7%；同安区55.5万人，占14.2%；翔安区34.4万人，占8.8%；海沧区34.2万人，占8.7%。厦门岛内的湖里区和思明区人口规模最大，分别超过和接近百万级别，两区常住人口合计占全市常住人口51.6%，但人口规模趋于饱和状态，与上年相比，占比下降0.4个百分点。岛外4个区常住人口比重比上年提高0.4个百分点，人口空间分布呈现向岛外扩展趋势，人口布局更加合理。从增长速度来看，岛外4个区人口增长速度明显高于岛内2个区。各区人口增速从高到低分别是：海沧区3%，翔安区3%，同安区2%，集美区1.9%，湖里区0.9%，思明区0.8%。虽然岛外各区人口增长速度均在全市增速之上，但是岛外人口密度偏低，仅有1231人/平方千米，每平方千米仅比上年增加28人；岛内人口密度达到12823人/平方千米，每平方千米比上年增加108人，人口密度是岛外的10.4倍。岛外地域面积广阔，随着重大功能性项目向岛外新城配置，新城综合功能不断提升，承载力和吸引力将显著增强，岛外人口规模还将有很大的增长空间。

人口流入存在区域间差异。2016年，全市五成以上常住人口的户口登记地为其他地市，人户分离现象普遍存在，流入人口（户口登记地为外地的厦门常住人口）规模庞大。各区流入人口所占比重由高到低依次是：湖里区65.3%，集美区63.7%，思明区49.2%，海沧区46.6%，同安区39.1%，翔安区34.9%。从流入人口在厦居住时间来看，居住半年至一年的占14.8%，其中翔安区比重最高占29.7%；两至四年的占35.3%，其中翔安区比重最高占46.8%；五年及以上的占49.9%，其中思明区比重最高占57.7%。

抚养比进一步提高。2016年，全市常住人口总抚养比31.3%，其中少儿抚养比23.2%，老年抚养比8.1%，分别比上年提高2.3、1.9和0.4个百分点。虽然厦门人口年龄结构仍然处于劳动力供给充足、人口社会负担较轻的“人口红利”时期，但随着近年来人口抚养比逐年提高，反映出劳动力资源供给出现减少趋势，这将对厦门未来经济发展带来一定影响。

城镇化推进速度保持平稳。2016年，厦门市城镇人口348.9万人，比上年增长1.7%；全市常住人口城镇化率89.0%，比上年提高0.1个百分点，城镇化水平处于平稳发展阶段。分区域来看，思明、湖里两区城镇化率均达到100%，其他区城镇化水平由高到低依次是：海沧区91%、集美区87%、同安区69.5%、翔安区57.7%。随着中央对新型城镇化政策的调整，在加速推进城镇化的同时将更加关注城镇化的存量、质量以及转移至城市人口的市民化，厦门城镇化的进程将继续保持缓慢增长的态势，但岛外同安区和翔安区的城镇化率随着岛外新城的加快建设则将会得到较快提升。

（厦门市政府网）

【接待国内外游客情况】 2016年，厦门市旅游部门统计，厦门市接待国内外游客6770.16万人次，比上年增长12.17%，旅游总收入968.26亿元，增长16.33%。

接待国内游客6412.35万人次，占接待总人数的94.71%，增长12.13%。其中，过夜国内游客2869.81万人次，增长10.03%；一日游国内游客3542.54万人次，增长13.90%。

接待入境游客357.81万人次，占接待总人数的5.29%，增长12.78%。其中，入境过夜游客228.51万人次，增长12.77%；入境一日游游客129.30万人次，增长12.8%。

接待过夜的国内外游客3098.32万人次，占接待总人数的45.76%，增长10.22%；接待一日游的国内外游客3671.84万人次，占接待总人数的54.24%，增长13.86%。国内旅游收入788.33亿元，占总收入的81.42%，增长11.25%；入境旅游创汇27.69亿美元，外汇增长38.73%。

（厦门网）

【就业形势分析】 2016年，由厦门市社科联、厦门市社科院编纂的

《2016～2017年厦门市经济社会发展与预测蓝皮书》出版。据该书资料显示，2016年厦门市经济总体保持平稳增长态势，地区生产总值比上年增长7.9%，就业形势也有改善，2016年厦门市就业总体情况主要体现在以下几个方面：

在职人数平稳增加，失业率处于较低水平。截至9月底，厦门市就业登记在岗职工数162.7万人，比上年增长2.6%。1～9月新增就业13.53万人，与上年同期基本持平。新办理境外人员就业证866人，增长36.6%，其中港澳台人员587人，增长41.4%。9月底，厦门市登记失业人员期末实有人数2.83万人，城镇登记失业率3.55%。比上年同期减少0.04个百分点，失业率处于较低水平。

劳动力市场供求总量企稳回升。1～9月份，厦门市劳动力市场需求登记236.46万人次，增长7.66%；求职登记210.13万人次，增长7.74%；求人倍率（劳动力市场在一个统计周期内有效需求人数与有效求职人数之比）1.13，其中求职成功57.67万人次，增长0.66%。与2015年厦门市劳动力市场供求总量较大幅度下降比较，2016年厦门市劳动力市场回稳，并有小幅增长。

人力资源市场的结构性矛盾成为主要问题。厦门劳动力市场行业需求前三位是制造业、居民服务和其他服务业、住宿和餐饮业，其需求总量占全部需求人数的65.59%。这几个重点用工行业的劳动力需求量变化对厦门市劳动力市场的缺工情况有较大影响。其中，制造业用工需求居各行业之首，但制造业用工需求波动较大，当部分制造业用工需求增加时，企业出现缺工现象。部分企业“招工难”问题依然存在。由于国内新增劳动力总量开始负增长，产业结构的变化造成部分企业招工难。此外，与2015年相比，2016年高学历人才的求人倍率下降，大学毕业生求人倍率从1.35减少到0.96。厦门市是全国各地大学生青睐的就业城市，随着大学毕业生人数高峰时期到来，大学生就业难的问题将更加突出。从结构上看，无论是个人择业还是企业择人均存在一定的差距，反映出市场上“求职难、招聘也难”的现状。产业结构与人才结构的矛盾导致就业市场的结构性问题。

厦门市劳动报酬水平偏低，缺乏竞争力。厦门市的工资水平低于长三角、珠三角等国内发达地区。2016年，厦门市的最低工资标准1500元/月，低于上海的2020元/月、广东的1895元/月、北京的1890元/月、浙江的1860元/月、江苏的1770元/月。近年来厦门市企业工资增长速度也低于其他地区。由于厦门企业工资待遇低，工资水平不具备竞争优势，直接影响外出招工的效果。

（厦门网）

【厦门城市资本竞争力排行第十六位】 2016年11月19日，《价值线》杂志与新浪网、中国经济网以及《中国改革报》联合发布2016中国城市资本暨资金竞争力排行榜，厦门在这份由国内50个大城市入围评比的榜单中位列第十六名。

该榜单的排名与评判指标，是综合考量上市A股家数、拟上市家数、上市与拟上市公司总数、2016上半年GDP总量以及GDP总量名次。其中，厦门市上市A股公司36家，拟上市公司20家，上市与拟上市公司合计56家，2016年上半年GDP总量1641.65亿元，GDP总量位列第四十一。综合排名厦门市居总榜单的第十六位。

（台海网）

【厦门艾滋病流行特征】 2016年12月1日是第二十九个“世界艾滋病日”，厦门市疾控中心发布2016年厦门艾滋病流行特征：（1）全市艾滋病疫情总体处于中低水平流行态势，病例分布呈现地区差异。按《中国艾滋病流行水平分类标准（试行）》，全市6个区中有4个区达到二类县（市、区）的艾滋病流行水平，即辖区内报告现存活的艾滋病病毒感染者的（HIV）和艾滋病病人（AIDS）总数进入100～500人区间。（2）现住址为厦门的艾滋病病毒感染者和艾滋病病人中，男女性别比9.7∶1，青壮年人群（20～49岁）占87.9%。（3）男男同性性传播感染艾滋病病毒的比例逐渐上升。从2014年起，厦门新报告现住址为厦门的艾滋病病毒感染者和艾滋病病人中，同性性传播占比首次超过异性性传播；2016年1～10月份，同性性传播占54.2%，异性性传播占41.3%。数年来，厦门未发现通过输供血感染HIV的病例。（4）青年学生病例的占比呈现上升趋势。2010～2013年，厦门报告的青年学生病例占新报告病例数的4.44%，而2014～2016年10月，厦门报告的青年学生病例占新报告病例数的6.00%。

（厦门网）

责任编辑：郑　欣
审　　稿：曲　艺
责任校对：林德全

29 市辖区

思明区

【概　况】 思明区是厦门市的经济、政治、文化、金融中心，位于厦门市南部（含鼓浪屿全岛），三面临海，与小金门诸岛和漳州大陆隔海相望，面积 75.33 平方千米。2016 年，全区常住人口 99.9 万人，其中户籍人口 75.24 万人。下辖鼓浪屿、鹭江、中华、厦港、开元、筼筜、梧村、嘉莲、莲前、滨海 10 条街道，设有 98 个社区居委会。2016 年，全区完成地区生产总值 1174.35 亿元，比上年增长 8.3%。区财政总收入 210.08 亿元，增长 7.1%。其中，地方级收入 122 亿元，增长 5%；区级财政收入 51.2 亿元，增长 4.3%。合同利用外资 19.65 亿美元，实际利用外资 5.11 亿美元、内资 933 亿元，固定资产投资 274.3 亿元。城镇居民人均可支配收入 55840 元，城镇登记失业率 3.5%。年度节能减排任务完成。2016 年，思明区获得第二批全国社会工作服务示范地区、国家级妇幼健康优质服务示范区、“中国社区治理十大创新成果”（社区参与式治理工作坊）等称号。（见表 29–1）

【产业发展】 2016 年，思明区持续推进“1+6”现代产业体系发展。三次产业比例为 0.1∶12.6∶87.3。其中，第二产业增加值 147.22 亿元，比上年下降 1.7%；第三产业增加值 1025.62 亿元，增长 9.8%，第三产业占地区生产总值比重 87%。新建波特曼财富中心等一批商务楼宇，共有商务楼宇 140 幢，亿元楼增至 22 幢。引进中建八局、九牧厨卫等优质总部企业，总部经济税收 25.80 亿元，占财政总收入 12.3%。商贸业累计完成营业额 5428.30 亿元，增长 8.7%。完成社会消费品零售总额 486.40 亿元，增长 11.1%，占全市的 37.9%。全年接待国内外游客 4758.20 万人次，增长 10.7%；旅游总收入 678.32 亿元，增长 30.4%。新增金融项目 351 个，金融业实现增加值 300 亿元，增长 13%。网络零售额增长 40%。引进软件信息企业 472 家，软件信息业营业额增长 24%。“清一家舍”等优质项目相继落户。举办 2016 华人时装设计大赛等厦门国际时尚周系列活动，推动时尚产业与国际接轨。吉祥温德姆等一批高星级酒店开业。溪头下“浪漫婚纱村”特色小镇逐步形成，聚集近 90 家婚纱摄影机构、近 50 家特色主题民宿和咖啡厅，形成以婚纱摄影为主导、上下游产值超 10 亿元的文化创意产业链，被誉为“中国最浪漫婚纱村”。

加大产业扶持力度，思明区兑现科技创新与研发资金 8126 万元，支持三安光电等企业打造国家级技术创新平台。成立区软件信息产业协同创新中心，推进产学研常态化对接。思明网上知识产权交易平台签约 251 个项目，合同金额超亿元。开展龙山文创园创新社区建设，园区创意设计类企业增长

表 29–1　**2016 年思明区各街道基本情况**

名称	面积（平方千米）	户籍人口（人）	财政总收入（万元）	社区居委会（个）
鼓浪屿街道	1.91	12935	15586	2
鹭江街道	3.63	60366	189189	7
中华街道	1.60	41482	225886	6
厦港街道	1.76	37112	100823	7
开元街道	5.70	86968	185767	12
筼筜街道	9.50	156468	222733	15
梧村街道	6.20	97338	238906	11
嘉莲街道	4.48	91585	282731	10
莲前街道	23.15	128793	284203	23
滨海街道	17.38	39839	151781	5

48%。引进和培育北京大学创业训练营等7家国家级众创空间。“新三板”企业总数45家。建成思明青年人才公寓，出台台湾青年创业就业扶持政策，新增“千人计划”人才1名、“双百计划”人才8名。

思明区引进自贸试验区项目2089个、台资项目127个，国电电力、斯潘迪等一批大型央企、民企项目落地。才子集团大厦等项目开工建设，世茂海峡等项目竣工并投用。优化整合成立滨海片区、莲前片区和老城区3个土地房屋征收指挥部，负责相关区域土地房屋征收等工作，完成征收土地面积205.3亩（13.69万平方米）、房屋面积6.3万平方米，为产业升级开拓空间。启动岭兜旧村改造前期工作，轨道交通1号线思明段和火车站南广场征收工作全面完成。继同安工业集中区、环东海域思明工业园后，又一个跨市域“飞地”工业园区（行政区域外的政府或者企业，打破行政区划限制，把资金和项目放到在该行政区域内设立的工业园）——安溪工业园思明园建设及招商工作进展顺利，以“低碳、智慧、宜居、宜业、宜游”为定位，重点培育信息科技、电子设备、商贸物流、休闲旅游的产业。

【城区治理】 2016年，思明区围绕“申遗”重心，完成鼓浪屿违建拆除383处、立面整治4716处，提升绿化景观及配套设施，生活垃圾直运模式覆盖全岛，鼓浪屿面貌焕然一新。创新房屋征收、安置、置换、周转、使用相结合的综合手段，打造房屋搬迁“鼓浪屿模式”，再现摩崖石刻等经典景观。成立鼓浪屿公共议事会，举办鼓浪屿诗歌节等特色活动，引导群众、社会组织共同参与提升全岛风情风貌。

为迎接2017年9月在厦门举办的第九次金砖会晤，思明区全面启动市政园林、环卫保洁、夜景工程、街区立面综合整治，老旧小区改造、在建工程景观整治、“两违”重点整治、市容环境秩序整治以及公共安全、文明素质“十大提升行动”。有序推进老城区有机更新，推动镇邦路、大同路等骑楼景观综合整治项目，全面铺开特区苑等71个老旧小区改造提升，完成横竹路等4条老城区道路改造。加大“两违”整治力度，全区发动居民自拆违建。筹建思明城建集团，推行市政环卫国企化改革。改造提升软件园二期、槟榔路等绿化景观，演武大桥观景平台启用。新增公共停车位1161个，缓解停车难题。空气质量优良率99.3%，保持全市第一。

思明区深化重点行业领域隐患排查整治，安全生产标准化建设100%达标。试点消防物联网管理服务，运用现代物联网技术，建立人防、物防和技防相结合的火灾防范新机制，建成64个微型消防站。通过国家食品安全城市中期绩效评估。推广“互联网+群防群治”，提升平安“三率”（群众对当地的安全感满意率、对平安建设的知晓率和参与率）。完善多元化纠纷解决机制，成立思明区涉台调解委员会。从源头上解决影响社会稳定的重点热点难点问题，全区刑事警情数比上年下降28%。

【社会事业】 2016年，思明区发放灵活就业社保等补贴1.25亿元，惠及8万人次。继续实施“安康计划”（中国少年儿童安康成长计划），发放各类救助保障金5067万元。率先在全市启动困难人群精准帮扶工作，实现社区居家养老服务站全覆盖，滨海、梧村、筼筜等家庭综合服务中心建设加快。提高社区工作者待遇，调动基层人员工作积极性。提升“爱心餐桌”质量，为低保低收入“三无”老人免费提供夏商营养餐、智能居家宝服务。

10月13日，思明区通过义务教育发展基本均衡县国家复检。教育投入19亿元，建成曾厝垵幼儿园等6个项目，新增学位3495个。提高区属公办学校优秀教师待遇，吸引更多优质人才加入思明教师队伍。开展智慧校园、电子书包等试点，推动教育内涵发展和数字化进程。深化文体惠民，投入40万元，对15个社区进行文化设施建设。改造塔铺篮球场、洪文篮球场，建设仓里社和莲云社区多功能运动场。承办“纪录·中国”、第八届郑成功文化节、“中华情·中国梦”、2016年全国沙滩排球大满贯和世界沙滩排球赛巡回赛厦门公开赛等活动。

思明区改造升级区大学生创业孵化基地，协办第二届中国（厦门）大学生创新创业大赛。深化医药卫生体制改革，持续推动“名医下基层”。全面推行家庭医生签约服务，重点人群签约覆盖率超30%。推进开元、梧村、厦港等社区卫生服务中心的建设。实施全面“两孩政策”，实行网上办证，有5789对夫妇获得便捷服务。

思明区在全市首创价值观论坛“动漫课堂”，根据少年儿童心理特点和成长规律，运用动漫元素，将社会主义核心价值观有机融入中小学校园，在传授知识中传播美德。深化共同缔造理念，组建区“社工伙伴”，营造社区共同精神。城市义工、“善心善行365”等品牌活动持续发展，搭建“随手拍”微信群工作平台，连续四届获评全省文明城区。陈亚辉、许志仁、陈素珍分别获“中国好人榜”孝老爱亲好人、全国“优秀农民工”、全国“最美志愿者”称号。

（林慧君　罗　瑾）

湖里区

【概　况】 湖里区位于厦门岛北部，南与思明区交界，总面积73.23平方千米。辖区设5条街道、53个社区，常住人口102.4万人，户籍人口30.05万人。2016年实现地区生产总值819.73亿元，比上年增长7.5%；区财政总收入171.5亿元，增长10.3%，其中区级财政收入39.23亿元，下降3.4%；规模以上工业增加值311.4亿元，增长6.3%；批发零售贸易业销售额2569.28亿元，增长7.4%；固定资产投资366.97亿元，增长16.4%；合同利用外资完成29.11亿美元，增长3.4倍；实际利用外资3.29亿美元，增长1.4%；城镇居民人均可支配收入45850元，增长8.4%；城镇居民人均消费支出29607元，增长6.5%。（见表29–2）

【产业发展】 2016年，厦门自贸区湖里片区新引进企业7000多家，成为全国第二大飞机融资租赁聚集区。以太古飞机为龙头的航空维修业产值比上年增长23.3%，约占全国航空维修产值的1/4。建发湾悦城等城市商业综合体开业，香港潮福城等一批品牌项目入驻。引进谷歌体验中心等企业，飞鱼科技总部顺利落地，软件信息服务业加快发展。台湾

表 29-2 2016 年湖里区各街道基本情况

名称	面积（平方千米）	户籍人口（人）	财政收入（万元）	社区（个）
湖里街道	12	92432	308813	18
殿前街道	24.92	36818	373902	7
江头街道	10.41	63812	231259	9
禾山街道	14.1	43993	310075	10
金山街道	11.8	52519	231730	9

中信银行厦门自贸区分行等一批金融项目落户。鹭燕医药、合诚工程等 2 家企业在主板上市，合立道、成信绿等 14 家企业在新三板挂牌，区级总部企业增至 64 家。培育专业性强、集聚效应明显的产业基地，云创智谷被国台办定为海峡两岸青年创业基地，华美文创园被评为福建省现代服务业集聚示范区，湖里创新园、厦门航空工业服务园区获评厦门市首批服务外包示范园区。湖里区出台促进工业、信息业、商贸业、会展业发展和支持工业、商业、建筑、旅游业灾后恢复重建等一系列政策措施，兑现各项企业和人才扶持奖励资金 2.86 亿元。举办第五届中国创新创业（厦门赛区）大赛、首届厦门大数据大赛，吸引全国各地 884 个团队和企业参加。培育建成一批特色众创空间，青瓦、派美特获评国家级众创空间，光彩创业园获评省级众创空间，蝌蚪生态空间等 28 家获评市级众创空间。举办北京创业板董事长俱乐部招商对接会，加大对央企、总部企业、新兴金融及文化创意产业的引进力度，中建四局、中国华融、蓝色光标、中国文化传媒以及总规模为 100 亿元的金圆清科母基金等一批大项目签约落户湖里。

【重点项目建设】 2016 年，湖里区加快 131 个省市区重点项目建设，总投资 100 亿元的英蓝国际金融中心、总投资 160 亿元的西海湾邮轮城等 21 个项目按时开工，海峡旅游服务中心、海丝艺术品交易中心等 84 个项目快速推进，闽南古镇二期、鼎泰和（万科中心）等 26 个项目竣工。完成征地 2862 亩（190.8 万平方米），拆迁 80 万平方米，省市重点项目征地序时进度、拆迁序时进度和拆迁总量均居全市各区第一。推进轨道交通、第二西通道等 57 个征地拆迁项目，打通环湾路（高林段），后埔—枋湖旧村改造征地拆迁全面提速。加快安置房建设和返迁工作，金林湾花园 A 区安置房实施验收，集鑫 A、马山安置小区提升改造工程基本完工，蔡塘古地石安置房一期配套工程顺利推进，福厦铁路暨公铁大桥项目返迁签约率 98%，成功大道二期、县黄路、安墩路返迁安置历史遗留问题得到解决。自贸试验区虹吸效应持续扩大，两岸集成电路产业园入驻企业 89 家，沃尔玛山姆会员店、红星美凯龙家居名品直营店、风信子和跑街跨境直购商城开业运营。湖里创新园完成创新社区试点建设，建成创新驿站和创享天地。五通金融商务区建设加速，联手金圆集团成立合资公司负责园区开发建设和招商引资，国贸金融中心、海西金融广场、天地金融港等 5 个项目封顶并进行招商，中国人寿、致同会计师事务所等一批优质项目落户。改造建成联发文创口岸，华美文创园、海峡文创园、海西工业设计中心累计引进企业 280 家。投入 1.6 亿元改造提升枋湖东路、悦华路、兴隆路等 19 条道路，充分利用地下空间、边角地策划推动停车场建设，主动承接自贸区道路管养、改建及港叉回填。建设云顶路空中自行车道，新建 88 个公共自行车站点。实施五缘湾市政设施修缮工程，启动建设大件垃圾处理厂，建成五缘湾、湖边水库、机场北片区和湖里创新园夜景工程。

【城区治理】 2016 年，湖里区携手建发集团合资成立厦门湖里建发城建集团公司，负责实施城市管理相关工作。围绕“两线四片区五节点”“四桥一隧”（海沧大桥、集美大桥、厦门大桥、杏林大桥、翔安隧道）进岛部位及其连接道路、金山路等 9 条交通干道等三大重点，推进“两违”拆除、立面改造、绿化提升等工作。开展“门前三包”（包卫生、包绿化、包秩序），创建海天路、金湖路等示范街。强化“村改居”（村委会改居委会）社区环卫保洁，常态化开展占道经营、违章停车等城市顽疾联合整治。投入 1.2 亿元提升五缘湾片区、自贸区、火炬片区绿化景观，对钟宅路进行海绵城市试验改造，对火炬公园进行海绵公园改造提升。接管五缘湾湿地公园、忠仑公园，薛岭山公园、虎头山公园，完成拆迁并动工建设。开展扬尘和餐饮油烟污染防治，推进环岛路岸线、五缘湾截污及内湾水体综合整治工程建设，环境空气质量优良率为 97.6%。

·小资料·

两线四片区五节点： 两线，枋钟路至环岛路沿线、环岛干道沿线；四片区，飞机航线下片区、机场片区、五缘湾片区、国际邮轮中心片区；五节点，艾美酒店、悦华酒店、五缘水乡酒店、万达朗豪酒店、希尔顿酒店。

【社会事业】 2016 年，湖里区投入教育经费 11 亿元，新扩建蔡塘学校、教师进修学校二附小，建成五缘第二实验幼儿园，开办康乐幼儿园塘边分园，中考学业质量居全市各区第一。完成 22 个基层综合文化服务中心达标建设，编制实施全民健身 5 年计划，举办中国俱乐部杯帆船挑战赛等大型赛事，全区开展文体活动上千场次。完成全市首家二甲妇幼保健医院创建，建成康乐、马垅、围里、园山等社区卫生服务站，推行家庭医生签约，落实全面“二孩政策”，在全市率先出台计生特殊家庭扶助政策，创新实施计生服务员兼任健康管理师。

2016 年，湖里区改造提升盐业宿舍小区等 5 个老旧小区，加快枋湖社区发展中心等“富民工程”建设。深化“112”就业服务，失业人员再就业、城镇困难对象再就业均超额完成市下达任务数。社会保险 5 个基本险种参保人数均突破 34 万人。发展养老服务，开展全省首批医养结合试点工作，在全市率先试点“智慧健康养老”，启动区社会福利中心建设，筹建区新老年活动中心。开展精准帮扶，提高社会救助比例和标准，发放各类救助金 2572 万元。

·小资料·

“112”就业服务：对全区失业人员、高校毕业生每年上门走访 1 次以上，对有培训意愿的人员每年安排 1 种以上技能培训，对有就业创业意愿的人员进行 2 次以上岗位推荐及创业扶持。

【社会治理】 2016 年，湖里区完善“一核多元·共治共享”社区治理体系，全面推广社区书院建设，金安社区被评为全国最美志愿服务社区，江头、金山社区获评全国综合减灾示范社区，金安、金尚、禾山社区获评全国社会工作服务示范社区。成立全市首家社区公共法律服务站，在各街道推广设立矛盾纠纷多元化解决服务中心，全区排查调处纠纷 4669 件，调解成功率 99.7%。“互联网＋群防群治”经验做法被全省推广，刑事案件发案数比上年下降 23.1%，刑事案件破案率增长 6.3%。

【台风“莫兰蒂”灾后重建】 2016 年 9 月 15 日，台风“莫兰蒂”登陆厦门，湖里区台风灾害受损约 8.9 亿元。灾后，湖里区第一时间成立恢复重建工作领导小组，由区委书记林建任组长，区长徐国庆任第一副组长，以街道为主，全面铺开灾后恢复重建。各街道成立多支由“部队官兵＋街道社区一线干部＋城管队员＋各类专业队员”组成的联合工作队，逐条道路加快推进，确保 3 天内全面完成道路清障、清理及绿化扶正工作。区、街、社区组织 14 支部队共 2650 名官兵、47 支绿化队伍共 2363 名专业人员、20 家市直机关单位共 470 人、区直机关单位 1530 人、企业单位 205 家 8515 人、6 万多名志愿者、30 万名居民群众参与到抢险救灾工作中。全区紧急转移海岸边、低洼地带、危房、简易工棚群以及易滑坡地带等地的群众 12941 人。区财政拨付 5 条街道、区市政园林局救灾先期经费各 100 万元，合计 600 万元，专门用于道路清障、清理和绿化扶正工作。区领导密集走访受灾企业，积极兑现市政府关于工业、商贸、旅游等企业灾后恢复生产的扶持政策，帮助企业全面恢复灾前产能。（参见 P72【台风】）

（蔡培育）

集美区

【概　况】 集美区位于厦门西北部，东北与同安区接壤，西北与漳州市长泰县交界，西南毗邻海沧区，东南由高集海堤、厦门大桥、集美大桥和杏林大桥连接至厦门岛，辖区总面积 275.79 平方千米（含农林场），海岸线长约 60 千米。下辖 2 镇 4 街，21 个行政村，42 个社区居委会。全区常住人口 65.6 万人，其中户籍人口 26.47 万人。全年实现地区生产总值 547.50 亿元，比上年增长 8.7%；规模以上工业总产值 785.63 亿元，增长 5.1%；固定资产投资 377.92 亿元；区财政总收入 106.64 亿元，增长 11.5%，其中区级财政收入 30.82 亿元，增长 14.9%；社会消费品零售总额 124.11 亿元，增长 12%；城镇居民人均可支配收入 41110 元，增长 8.7%；农村居民人均可支配收入 22999 元，增长 7.8%。三次产业结构调整为 0.33∶47.99∶51.68。年内，集美区获评国家级生态区、中国人居环境范例奖、全省法治宣传教育先进县（市、区）等称号。（见表 29–3）

【工　业】 2016 年，集美区引进国家“千人计划”人才 7 人、省“百人计划”22 人、市“双百计划”64 人。引入台湾中国生产力中心辅导 21 家企业转型升级，建成全市首个机器人及数控技术应用研发平台。全市首创精准施策扶持成长型企业，在 400 家规模以上工业企业中，挑选 81 家企业进行精准扶持。区域性产业扶持政策“洼地”初步成型，出台惠企政策 64 项。集美区获评省级智能制造试点示范基地。

【农村建设】 2016 年，集美区建成 10 个美丽村庄，集美汽车小镇入选全省首批特色小镇。全区 208 个村庄污水治理全面展开。推进农业面源整治，推广测土配方施肥的应用，完成生猪退养。实施杏林湾环湾截污工程，在全省率先试点对初雨污染进行截流处理，在全市率先建设截污工程智能化监控系统，改扩建、新建一批污水处理设施，区域水质明显改善。水环境治理达到省内领先水平，村庄生活污水处理项目获评全国生态环境最高荣誉—— 2016 年中国人居环境范例奖。

【第三产业】 2016 年，集美区杏林湾商务营运中心、北站营运中心入驻办公企业 382 家。软件园三期起步区及 A01 地块研发楼竣工交付，233 家企业入驻园区。全年，旅游人次首次突破 1000 万人次，比上年增长 58.41%；旅游收入 50.4 亿元，增长 38.8%。住宿餐饮业实现营业额 25.26 亿元，增长 11.6%。灵玲国际马戏城、厦门老院子等一批文化演艺场馆投入运营，诚毅科技探索中心、厦门老院子获评国家 AAAA 级旅游景区，全区 AAAA 级旅游景区增加到 4 家。区产业引导基金参股设立子基金 14 支，总规模 40.9 亿元，数量及规模位居全市第一。

【城乡建设】 2016 年，集美区“一心四片”（集美新城为核心，集美片区、杏林片区、灌口片区和后溪片区四大片区共同发展）的城市框架基本形成。全年，集美区完成征地 1098.01 万平方米，完成拆迁 72.16 万平方米，推动集美新

表 29–3　**2016 年集美区各镇（街）基本情况**

名称	面积（平方千米）	总人口 / 流动人口（人）	地方级财政收入（万元）	村委会（个）	社区居委会（个）
灌口镇	70.2	121214 / 69120	15000	12	6
后溪镇	44.1	59338 / 21475	15205	9	4
杏林街道	24.7	100361 / 44424	27793	—	10
集美街道	4.6	37552 / 7836	10905	—	5
侨英街道	18.4	231027 / 186324	18754	—	9
杏滨街道	21.6	226388 / 183547	14000	—	8

城、机械工业集中区等重大片区开发。同集路、集灌路、杏滨路等8个“两环八射”市级城市快速路改造项目进入收尾阶段，地铁1号线集美段11个站点站房基本建成，6号线启动建设。高标准建设20千米环杏林湾绿道，集美大道地下综合管廊启用并列入国家试点项目，集美北部新城区中央公园等一批公共停车场建设有序推进。在全省首创基层环境保护目标责任制考核机制，完成年度节能减排任务。

·小资料·

“两环八射”快速路：“外环”为海翔大道—翔安大道—翔安隧道—仙岳路—海沧大桥—马青路—灌新路，“内环”为马青路—新阳大桥—杏滨路—集杏海堤—跨东海域通道—滨海东大道—第二东西通道，“八射”包括马青路、厦沙高速、同集路、海翔大道东段等。

【社会事业】 2016年，集美区教育固定资产投入3.74亿元，新办中小学、公办幼儿园4所，新增义务教育学位1400个，学前教育学位1440个。杏南中学以高分成为省一级达标高中，厦门医学院建成招生。举办首届嘉庚论坛等系列活动。集美学村入选首批中国20世纪建筑遗产名录。首部《集美区志》获评厦门市第十届社会科学优秀成果一等奖。编制全省首部县级文化业态布局规划。举办海峡两岸龙舟文化节、国际气球艺术节、草莓音乐节、集美·阿尔勒国际摄影季、中国汽车场地越野锦标赛、全国大学生篮球联赛总决赛、中国赛艇大师赛和“中国杯”赛艇多人艇公开赛等活动，集美新城荧光夜跑获评中国“十佳节庆活动奖”。集美区“基层首诊、双向转诊”的分级诊疗模式逐步推进，提前完成2016年家庭医生签约覆盖率目标。全面落实“两孩政策”，在全省率先实现对特殊家庭奖励帮扶全覆盖。

集美区核发各类就业补贴234.35万元，新增就业6663人（次），失业人员再就业9498人（次），转移农村富余劳动力1958人，基本建成全民社保城区。探索推进社区居委会与社区工作站职能剥离，推行“就近办、马上办”便民服务改革，构筑社区居民“10分钟公共服务圈”。推进社会养老服务业发展，依托区社会组织孵化园等载体，培育能承接政府购买服务的社会组织11家，向社会组织购买社工服务17项。办理安置房个人产权证1475套。

集美区立体化治安防控体系基本建成，全区安全生产形势持续稳定。社会治理综合平台被授予全国社会治理创新优秀案例奖。

（张燕红）

海 沧 区

【概　况】 海沧位于厦门西部，东与厦门本岛隔海相望，西与漳州接壤，是岛外4个行政区中离市中心最近的区。辖区面积186.46平方千米，下辖海沧、新阳、东孚、嵩屿4条街道，23个社区，15个建制村，厦门市第一农场、海沧农场和天竺山林场3个农（林）场。常住人口51.25万人，其中户籍人口18.04万人，流动人口33.21万人。

2016年，海沧区完成地区生产总值530.04亿元，比上年增长7.0%；实现规模以上工业总产值990.32亿元，增长2.1%（现价）。固定资产投资（不含农户）430.22亿元，增长16.4%；区财政总收入164.09亿元，增长6.3%，其中区级财政收入34.20亿元，增长18.2%；全年合同利用外资9.17亿美元，增长23.1%；实际利用外资2.71亿美元，增长8.1%。城镇居民人均可支配收入42146元，增长8.7%；农民人均可支配收入23551元，增长7.0%。（见表29–4）

【农林业】 2016年，海沧区现有国家级农业化龙头企业1家，休闲农业示范点国家级1个、省级4个、市级1个。推出2条农业观光旅游精品路线，启动建设集田园风光、美丽乡村于一体的休闲旅游农业公园，6家休闲农业示范点年接待游客约38万人，实现营业收入约1200万元。全区蔬菜常年种植面积约600万平方米，以鲜切花及草花为主的花卉种植面积近166.7万平方米，粮食作物近133.3万平方米。引导开发海沧院前济生缘城市菜地项目，扶持壮大农民合作社，特色农业呈现专业化和规模化发展态势。全年，全区完成造林面积110.8万平方米，占任务的107.1%；完成幼林抚育249.1万平方米，封山育林1225.9万平方米，新建生物防火林带7.8千米，全面完成省、市下达的造林任务。

【第三产业】 2016年，海沧区社会消费品零售总额153.11亿元，比上年增长6.2%；批发零售贸易业销售总额1109.21亿元，增长19.5%。海沧区接待游客621.15万人次，增长15.99%；实现旅游收入53.7亿元，增长11.41%。全区有规模以上服务业经营机构129家，营业收入115.06亿元，年均从业人员17986人。全年实现第三产业增加值213.58亿元，增长10.3%。完成港口货物吞吐量9695.71万吨，增长20.9%；集装箱吞吐量695.28万标准箱，增长16.6%。

加大招商引资力度，推进商贸流通业发展，大润发、福建豪华邮轮投资股份有限公司等项目落户海沧。兑现各类企业扶持资金近610万元，支持鼓励商贸企业做大做强。发展物流产业，推行“多式联运”模式，加快推动远海码头自动化二期海铁联运项目，推动“中欧

表29–4　**2016年海沧区各街道基本情况**

名称	面积（平方千米）	人口（人）			财政收入（万元）	行政村（个）	社区（个）
		户籍人口	流动人口	小计			
海沧街道	40	42787	35572	78359	3261	6	3
新阳街道	27.6	18933	187203	206136	5714	1	3
东孚街道	81.50	36974	33774	70748	9089	6	7
嵩屿街道	37.36	81589	75632	157221	3997	2	10

注：人口数据由海沧公安分局提供

（台厦蓉欧）、中亚”班列发展。临港物流产业继续壮大，宇培（东南）电子商务综合产业园、丹麦皇冠冷链物流、华夏电力冷链物流等一批项目推进，太古冷链物流项目一期冷库主体以及临港国际物流中心一期主体完工。全市互联网金融园区落户海沧，新增金融项目360个。岛外首家五星级标准国际酒店温德姆至尊酒店开业，腾邦欣欣旅游产业园正式运营，沧江会展中心加快建设。

【城乡建设】 2016年，海沧区拓展完善提升海沧湾新城，全面启动马銮湾新城建设，启动以天竺山为核心的东孚新城规划，推进蔡尖尾山山体公园建设。开展海沧湾岸线整治，启动古楼等特色小镇建设。完成52个老旧小区提升改造工程。市容考评全市第一。在全省率先颁布《防汛要素分布图》。开展“两违”整治，拆除“两违”119.5万平方米，拆后利用土地290.8万平方米。

2016年，气象路、过芸溪路、海景西二路等18条道路建成竣工，轨道2号线、海沧隧道主线段等主干道及后祥北路等市政道路开工建设。启动建设停车智能化监控中心，建成路外公共停车场11个，新增车位1621个。新开和优化22条公交线路，增开厦嵩航线早晚高峰期班次。新建电力管线17.3千米、供水管道25千米，新增燃气用户9000多家。

2016年，海沧区出台农村集体经济发展系列扶持政策，建成霞阳阳云外口公寓等3个集体经济项目，启动新垵正顺公寓项目，制定后井商业广场等9个后备项目。建成鑫龙谷国家级休闲农业示范点，开辟4条观光农业精品线路。推进古楼农场、嵩屿等6个美丽乡村建设。

【社会事业】 2016年，海沧区全面完成24个省、市、区为民办实事项目。举办各类招聘会400余场次，新增农民转产就业1200余人次。构建多层次住房保障体系，全市首推“限地价竞配建”招拍挂模式，建成安置房901套、14.4万平方米，在建8005套、130万平方米。推进“救急难”（指对遭受各种急难情形致使基本生活暂时出现严重困难的居民救助和帮扶的工作机制）平台部级试点。落实困难群众医疗救助，城乡低保标准提高至每人每月610元。

2016年，海沧区通过全国义务教育基本均衡区国家复检，完成11个学校项目建设，新增学位5340个，未成年人思想道德测评全省“五连冠”。实施“二孩政策”，分级诊疗取得新进展，新增病床400张，获评首批全国妇幼健康优质服务示范区称号，居民健康档案建档率超过90%，基本公共卫生服务考核、基层卫生技能竞赛均获全省第一。石塘社区卫生服务中心获评全国百强社区卫生服务中心。健全养老服务体系，建成1个日间照料中心、6个农村幸福院。举办女子高尔夫国际公开赛、半程马拉松赛等国际赛事。

海沧区举办两岸国学院长论坛，累计建成芦塘等14个社区书院，开办118门特色课程。沧江剧院投入使用，启动首届海丝艺术节。两岸义工联盟、“我是小袋鼠垃圾不落地”分获全国最佳志愿服务组织和项目，“悦读福袋·传递爱”获中国青年志愿者服务大赛银奖。

【社会治理】 2016年，海沧区通过国家级社区网格化管理服务标准化评审，获评全国社会工作服务综合示范地区。完善立体化治安防控体系和治安监控系统建设，获评全国法治宣传教育先进区。推动法治信访建设，积案化解率100%。成立26个行业性专业性调委会，构建一站式纠纷解决服务平台。安全生产态势平稳，获评全国工贸行业安全生产标准化样板地区。

【生态环境建设】 2016年，海沧区率先完成年度造林绿化任务，新增绿地面积1.41平方千米，绿地总量全市第一，海沧自贸公园等6处街心公园建成开放。编制大气污染防治方案，推进南部片区集中供热，完成高污染锅炉整治、黄标车淘汰等任务，空气质量综合指数全市第二。过芸溪小流域治理成为全市示范，农村污水治理基本完成。海绵城市试点通过国家三部委年度考核验收，推进马銮湾生态修复等60个海绵城市项目。2016年，单位地区生产总值综合能耗、综合地耗分别下降28.6%、5%。1月25日，环保部授予海沧区国家生态区的称号。8月，东孚街道被全国绿化委员会、人力资源和社会保障部、国家林业局授予全国绿化先进集体称号，为厦门市唯一。

【发展休闲农业】 2016年，海沧区引导发展以东孚街道休闲农业公园和青礁院前城市菜地为重点区域的休闲农业，改造提升西坂菜地、香草园、困翔菜地等农业项目，发展农家乐、民宿等休闲农业项目。以海沧院前济生缘城市菜地和东孚西坂菜地两个合作社为主，设立厦门市农业“五新”成果示范推广基地，并在西坂菜地建立多彩蔬菜示范推广基地。截至年底，海沧区有6个休闲农业示范点，其中鑫龙谷休闲农庄为国

2016年，海沧海底隧道施工现场 （洪崇渊 摄）

家级，京口岩休闲人家、大曦山薰衣草公园、西坂菜地、院前济生缘果蔬专业合作社4家为省级，雷公山农业科技有限公司为市级。年接待游客约38万人，实现营业收入1200万元。

·小资料·

五新：努力在提高粮食生产能力上挖掘新潜力，在优化农业结构上开辟新途径，在转变农业发展方式上寻求新突破，在促进农民增收上获得新成效，在建设新农村上迈出新步伐。

【餐厨垃圾收运】 2016年1月，海沧区在全市率先启动餐厨垃圾统一收运。截至年底，全区配备餐厨收运车辆17部，开通收运线路8条，发放餐厨垃圾收集容器2000多个，覆盖餐饮企业145家，收运30000余桶次，累计转运1800多吨餐厨垃圾，日平均转运量20吨。同时，依托网络平台构建海沧“餐厨云体系”，设立微信公众号，开设多种线上线下便民申报渠道，解决体系建设过程中餐饮单位点多面广申报难的问题，并方便服务对象及市民全程监督。

【过芸溪流域中下游治理启动】 2016年3月，海沧区启动过芸溪流域中下游治理工作。以“恢复生态系统，打造河道景观，构筑滨水游憩系统，建设美丽乡村景观带”为目标，采取河道岸壁软化，建设滚水坝，增加绿道、观景平台、艺术小品等设施配套措施，治理干流总长10.2千米，其中主干流8.5千米，支干流1.7千米，流域面积1915万平方米，涉及12个自然村、1.8万名村民。至年底，过芸溪中游整治工程基本完成，水质达到V类以上。过芸溪发源于天竺山，从西北流向东南，最后汇入马銮湾。流域干流全长15.12千米，流域总面积4346万平方米。

【海沧自贸公园开园】 2016年5月，全国自贸试验区最大滨水带状公园——海沧自贸公园开园。该园位于厦门自贸试验区海沧园区，总面积约27.8万平方米，总投资4500万元。项目由深圳北林苑设计，经对原有绿地进行梳理改造，形成疏林草地开放空间，并以“孕育生命的绿脉”为主题，设置滩林野趣、亲水活动区、休闲景观区、丛林探险区4个特色区域。在水面上种植水生植物，搭建浮岛，吸引白鹭栖息。设置大尺度弧形观景挑台，方便市民游客一览公园美景。设置观鸟屋、观鸟平台、茶舍和咖啡馆，以及全长3千米的滨水步道、3.8千米的自行车道。

【《海沧旅游志》出版】 2016年5月，《海沧旅游志》正式出版发行，是厦门市首部旅游专业志。此书由《海沧旅游志》编纂委员会编纂，中华书局出版。2014年启动编纂，时间上限追溯至有史料可考之时，时间下限至2014年年底，行政区划调整、组织机构、个别重要事项和图照等为保持资料的完整性而适当延伸至2015年。全书共50余万字，设8章，按海沧地理、旅游资源、旅游规划与建设、旅游市场、旅游服务、旅游管理、旅游题咏、旅游丛谈的顺序排列，详细介绍海沧旅游的自然资源和人文底蕴及海沧旅游的建设成就，是海沧旅游的重要展示窗口，为海沧旅游事业、产业的发展提供重要借鉴与指导。

【智慧健康养老试点】 2016年6月28日，海沧区出台《海沧区智慧健康养老试点工作实施方案》，确定海沧街道院前社和嵩屿街道海翔社区为试点单位。两个试点单位均在居家养老机构设立智慧健康养老服务室，建立社区巡诊、健康教育等工作制度，由社区卫生服务中心医生定期义诊，免费为辖区特殊家庭提供健康体检和家庭医生签约服务。按照“预防为主、保健为主、关心为主”的管理思路，为辖区内60周岁以上老年人建立健康信息档案。采购1600多套移动智能可穿戴设备，实时跟踪监测慢性病老年人健康信息。石塘社区卫生服务中心每月安排2个半天到海翔社区开展定点服务，全年累计服务居民1000多人次。嵩屿社区卫生服务中心多次组织海沧医院专家到青礁村院前社为“三高”（血压高，血脂高，血糖高）患者免费体检。

【《防汛要素分布图》颁布】 2016年8月初，海沧区组织开展《防汛要素分布图》编制工作，并于9月初完成初稿。《防汛要素分布图》包含全区25支抢险队伍、2个区级抢险物资仓库、4个街道抢险物资仓库、38个物资存放点、67个避灾点等基本要素及全区重要防汛决策有关信息，直观展现全区山、水、城、路与防汛设施的分布情况。海沧区将结合每次对海沧具有影响的台风、暴雨等自然灾害特点，进一步完善各种要素标识、内容，并开发防汛要素矢量分布图软件系统，实现实时更新、实时查看，提高《防汛要素分布图》的实战性，为防汛决策提供更充分的参考依据。

【防抗台风“莫兰蒂”】 2016年9月15日凌晨3:05，台风“莫兰蒂”登陆厦门。海沧区直接经济损失18亿多元，海沧区做好防抗台风“莫兰蒂”和灾后重建工作。台风登陆前，陆续关闭全区所有景点，取消所有大型户外活动，有序组织停课、停工等，落实抢险队伍25支514人在岗备勤，安全转移人员10022人，实现无一伤亡的目标。灾后96个小时全区恢复生活、生产供水；35个有燃气的小区5天全部恢复供气；7天修复小区电梯800多台，占比90%以上；7天无线网络覆盖面97.2%，固定电话恢复100%；7天累计完成乔木扶正10.59万株，占比96%；率先全市实现1天内主次干道基本恢复通行，3天内所有中小学校按时复课，7天内生产生活秩序全面恢复。（参见P72【台风】）

【第三届厦门女子高尔夫国际公开赛】 2016年10月13~16日，第三届厦门女子高尔夫国际公开赛在东方（厦门）高尔夫乡村俱乐部举办。此赛事由国家体育总局小球运动管理中心、中国高尔夫协会、厦门市体育局、厦门市海沧区人民政府主办，列入2016年国家体育总局高尔夫国际职业赛事计划，得到中国女子职业高尔夫球巡回赛（CLPGT）和欧洲女子职业高尔夫球巡回赛（LET）组委会认证，并获得世界积分。

有中国、美国、法国、荷兰、韩国等29个国家和地区的126位选手参赛，其中海外运动员比例为70%。荷兰选手安妮·范丹姆夺得冠军，中国选手石昱婷、泰国选手潘纳拉特分获得第二、三名。

【2016厦门国际海洋周】 2016年11月4~10日，2016厦门国际海洋周在海沧

12 月 9 日，芦塘书院揭牌仪式举行　　（海沧街道提供）

区举办。该活动由商务部、国家海洋局、厦门市人民政府等主办，以“共建海上丝绸之路：新愿景新格局”为主题，包括国际海洋论坛、海洋展览洽谈活动和海洋文化活动 3 部分。其中，在海沧区主要活动有：国际海洋论坛、海洋科技成果转换展览、“风起海丝”中国—东盟国家风筝文化主题展等。活动吸引来自 38 个国家以及 12 个国际组织的 120 多位部级、司局级官员以及科研机构专家学者、企业代表 2000 多人参加。此届海洋周展现厦门市海洋生态环境保护、海洋经济创新发展等方面取得的成就和海洋城市魅力，推动厦门市与东盟及海丝沿线国家的海洋合作，带动厦门市海洋文化和会展旅游业发展，并提升海沧国际影响力。

【芦塘书院成立】 2016 年 12 月 9 日，芦塘书院揭牌仪式在海沧街道青礁村芦塘书院举行。学院师资包括厦大教授、讲古专家、古厝达人、退休教师等。书院对接青礁小学，整合双方资源，通过形式多样的书院课程传承耕读文化。自成立以来，芦塘书院举办“我爱我家芦塘社冬令营”，主要设置家风家训、书法研习（写春联）、剪纸研习（春节窗花）等生动有趣、集村居民俗、动手参与于一体的课程，广受学生喜爱。

·小资料·

芦塘书院： 前身为海沧陈氏家族的芦塘祖祠光裕堂，最早的用途是芦塘学堂，设立于清朝嘉庆年间。芦塘学堂是陈氏家族的独办学堂，聘请教师，设立音乐教室，学习四书五经的同时也教授英文，不只是陈姓家族上课，邻近村社子弟也可免费上学。抗战时期，青礁小学移至芦塘学堂办学，至土地改革期间止。

【厦门（海沧）国际半程马拉松赛】 2016 年 12 月 10 日，厦门（海沧）国际半程马拉松赛在海沧大道开跑。此赛事由中国田径协会、厦门市人民政府主办，是国内第一个纯半程马拉松赛，也是国内规模最大的半程马拉松赛之一。吸引来自 28 个国家和地区以及全国各地约 1.8 万人参赛。肯尼亚选手约书亚基·普科里以 1 小时 24 秒的成绩夺得男子组冠军，肯尼亚选手萨拉·切普奇奇尔以 1 小时 7 分 52 秒的成绩获得女子组冠军。此赛事原为厦门马拉松配套赛，2015 年首次移师海沧，2016 年申报为中国田协注册的独立赛事。

（蔡秋娟）

同安区

【概　况】 同安区位于厦门市北部，东与翔安区相连，南与湖里区隔海相望，西南与集美区相连，北与泉州南安市、安溪县交界，西北与漳州长泰县接壤。2016 年，全区土地面积 657.59 平方千米，其中山地面积 422 平方千米，耕

表 29-5　**2016 年同安区各镇（街道、农林场）基本情况**

名称	面积（平方千米）	户籍人口（人）	财政收入（万元）	行政村（个）	社区（个）
大同街道	19.51	63443	2511	6	14
祥平街道	29.00	59045	2978	3	14
洪塘镇	35.94	37134	2207	13	3
五显镇	73.80	42112	1137	15	1
汀溪镇	114.30	23168	766	13	—
莲花镇	196.42	41256	1006	19	—
新民镇	50.74	39490	2927	6	8
西柯镇	39.70	48854	2517	2	15
竹坝农场	7.84	2511	—	—	—
凤南农场	23.90	8845	—	4	—
白沙仑农场	7.30	2054	—	—	—
祥溪林场	20.01	—	—	—	—
汀溪林场	38.92	94	—	—	—
北山农场	0.30	—	—	—	—
良种农场	—	—	—	—	—

地 13.35 万亩（89 平方千米），海岸线长 11 千米，森林覆盖率 59.41%。辖 2 个街道、6 个镇、7 个农林场、81 个村、55 个社区。年末，全区常住人口 55.5 万人，其中户籍人口 36.8 万人，人口自然增长率 14.5‰。

2016 年，同安区实现地区生产总值 328.84 亿元，比上年增长 8.1%。三次产业结构 3.0∶60.2∶36.8。固定资产投资 271.76 亿元，增长 19.8%；区财政总收入 60.86 亿元，增长 24.0%，其中区级财政收入 16.64 亿元，增长 18.3%；合同利用外资 2.9 亿美元，增长 27.2%；实际利用外资 3.27 亿美元，下降 9.5%；社会消费品零售总额 101.5 亿元，增长 23.1%；城镇居民人均可支配收入 38688 元，增长 8.3%；农村居民人均可支配收入 17439 元，增长 7.2%。（见表 29–5）

【工　业】 2016 年，同安区规模以上工业企业 464 家（含 18 家火炬企业），完成规模以上工业增加值 167.2 亿元，比上年增长 7.5%。四大传统产业食品医药、现代照明、水暖厨卫、机械制造的集群产业实现工业产值 354.09 亿元，占全区规模以上工业产值 53.9%。18 家区级以上农业产业化龙头企业实现产值 186.8 亿元。引进国网新源、中粮、今典集团、嘉捷集团等 13 个世界 500 百强（央企）投资项目。太阳城洋伞等 7 家企业挂牌上市，上市企业（公司）增至 11 家。规模以上高新技术企业 95 家，实现增加值 51 亿。日清食品、双桥淀粉企业建成投产，青岛啤酒企业、力隆氨纶企业增资扩产。

【农　业】 2016 年，同安区农林牧渔业总产值 18.85 亿元，比上年下降 4.1%。同安区列入国家级农村产业融合发展试点示范区。建设种植业标准化示范区 6 个，带动 2.6 万亩（1733 万平方米）以上标准化生产；食用菌标准化示范区 1 个，带动标准化生产 300 万袋；畜禽标准化规模养殖场 3 个，带动标准化生产出栏 1 万头（羽）。农产品监测合格率 98.8%，镇级检测合格率 95.1%，不定期抽检合格率 100%。建设农产品质量安全可追溯体系，确保农产品质量稳定。培育新型农业经营主体，新成立农民专业合作社 17 家，注册登记家庭农场 147 家，新定市级示范社 6 家。五显镇农村土地完成土地确权登记工作。投入生猪退养专项资金 6 亿元，生猪退养面积 267 万平方米、10635 户。

【第三产业】 2016 年，同安区社会消费品零售总额完成 101.5 亿元，比上年增长 23.1%；批发零售贸易业销售额完成 348.58 亿元，增长 20.7%，其中限上批发零售业销售额 272.18 亿元。6 家农业龙头企业、50 多家农业专业合作社上线京东、阿里村淘等电商交易。同安区有国家 AAAA 级旅游景区 4 个、AAA 级 1 个、省级 AAAA 级与 AAA 级旅游景区各 1 个。举办竹坝旅游嘉年华、朱子文化旅游节等活动。褒美村、军营村等 6 个村创建省级特色旅游村，郭山村入选中国美丽休闲乡村。全年接待境内外游客 1000 万人次，游客量增长 26%；旅游收入 30.01 亿元，增长 39%。同安区入选“全国百佳生态文明城市与景区”，获评中国最美休闲胜地。

【重点项目建设】 2016 年，同安区完成固定资产投资 271.76 亿元，完成计划投资 135%。53 个省、市、区重点项目开工。官浔立交、珠厝互通、林瑶路跨线桥、厦安高速莲花互通工程通车。中洲城配套实验中小学（一期）、埭头变电站、美达复材等项目建成。同集路提升改造、同莲路改造、北动车运营所、西气东输三线工程同安段、BRT（快速公交）同安枢纽站、同翔大道南段等工程启动建设。厦门抽水蓄能电站工程签订施工合同。投资 20 亿元的京东厦门电子商务产业园签约同安。位于五显镇的同翔高新技术产业基地完成“三通”（通水、通电、通路），首期片区有弘益进、法睿科技等 6 家企业开工建设。

【城乡建设】 2016 年，同安区建设老城区慢行系统一期 6.5 千米示范段。完善老城区交通，环城西路改造、环城北路改造、同莲路改造、银湖桥南侧下穿工程、商会人行天桥、必达环形天桥基本完工。基本完成老县衙旧址环境整治，完成老城区 3 条道路配套污水管网工程，开展 10 项环境与交通秩序整治。提高溪流生态养护建设与管理，完成莲花溪、西源溪、西洋溪、乌涂溪水系河道治理工程，治理官浔溪中上游、桃花溪水系。260 个自然村污水治理项目开工。投入 3085 万元进行 2 个旧村改造、9 个老区山区建设，建成 9 个村级综合服务心。投入 4679 万元建成 11 条、19.7 千米农村公路。

全年，同安新城片区完成投资 123 亿元。现代服务业基地丙洲统建区一期 59 万平方米开工建设，3466 套后吴公租房工程动工建设，美峰生态公园等绿化和市政配套提升工程、同安新城公交首末站等公建工程动工建设，美峰片区中船重工 725 所、火炬科技研发楼动工建设。17 所小学建成并投入使用，同安

5 月，同安区环城西路改造工程竣工　　（郭红梅　摄）

一中滨海校区（一期）、滨城小学建成并启用。厦门市体育运动训练中心建成并投入使用。5000 套滨海保障性安居工程交付使用。

【社会事业】 2016 年，同安区投入教育事业发展经费 12.09 亿元，其中投资 5.3 亿元实施新辉小学、东山中学等 20 个新（扩）建设项目，新增学位 11150 个。开展远程同步互动教学建设，教育信息化交流面拓宽。区少儿图书馆完成改造，提升 4 个镇（街道）和 38 个村（居）综合文化站和文化服务中心标准，朱子书院等 9 家社区书院对外开放，9 个村级综合服务中心和 8 个 24 小时街区自助图书馆开放。举办庆祝建国 67 周年文艺活动，举办区级篮球、羽毛球等赛事。“三师两网”家庭医生签约覆盖率 24.1%，居全市第一。4 所村卫生所完成标准化建设，3 所村卫生所完成改造提升，111 个村卫生所开通医保刷卡服务。全区出生人口政策符合率 92.3%，获得省级妇幼健康优质服务示范区称号。

2016 年，同安区投入社会保障事业 8.63 亿元，城乡低保标准提高到每人每月 610 元。2025 套棚户完成改造，城北保障房二期工程启动建设。完成农村劳动力转移 3555 人，培训 1274 人，指导失业人员再就业 5142 人、城镇困难对象再就业 1325 人。发放被征地人员和退养渔民养老保障等补助 1.07 亿元。14 家农村幸福院投入使用，4 个居家养老信息化服务体系启动建设。清理环保违规项目 1024 个，淘汰黄标车 2266 辆，新增 65 辆公交车，淡溪村实现公交线路通达。公众对环境质量满意度居全市首位。

·小资料·

三师两网： 由专科医师、全科医师、健康管理师组成的“三师”服务团队，建立“糖友网”和“高友网”，对慢性病患者进行精细化管理。

【创新产业发展】 2016 年，同安区实施“银城 113”（引进产业强区人才 100 名、银城特色人才 100 名、社会民生人才 300 名）人才引进扶持政策，为创新发展提供智力支持。投入各类惠企技改资金 5400 万元，引导区域产业形态向技术密集型发展。受理 90 件区级专利，发放资助款 114 万元。认定市级以上众创空间 2 家，其中特伦众创空间被认定为省级空间，新增 1 家市级工程技术中心，1 家公共服务平台列入市级重点项目。全区有厦门出入境检验检疫局检验检疫技术中心、百路达国家企业技术中心等 7 家国家级技术创新机构，新成立厦门大学国家级“中小企业孵化基地”分基地、厦门理工学院“工业设计研究所”分所。全年规模以上高新技术产业企业实现工业增加值 51 亿，比上年增长 25%，占全区规模以上工业增加值的 33.8%。

【社会综合治理】 2016 年，同安区投入公共安全事务 2.15 亿元，建设社会治安防控体系。治安视频监控一期、梧侣社区“互联网 + 群防群治”智慧警务室完成建设。化解官浔金包银小区周边违章整治等信访积案，建立首个律师专业机构商事调委会、环保警务室。调解处理各类纠纷 1259 件，调处成功率 99.9%，平安建设“三率”（群众对当地的安全感满意率、对平安建设的知晓率、参与率）居全市第二。区检察院受理逮捕案件 610 件，批捕 512 件；受理审查起诉案件 881 件，起诉案件 793 件。区法院案件受理 11440 件，办结 8255 件，审理执结案件标的额 10.08 亿元，其中执结案中民商事案件占比 50%，职务犯罪立案案件受贿案占 50%。

【防抗台风“莫兰蒂”】 2016 年 9 月 15 日晚，台风“莫兰蒂”横扫同安区。同安区受灾人口 36.3 万人，紧急转移 4475 人，受伤住院 31 人，无人员死亡，需紧急生活救助人口 155 人。房屋倒损 15866 间，种植业受灾面积 9.55 万亩（6366.67 万平方米），灾难直接损失 36.17 亿元。全区 10 个变电站全部瘫痪，3891 家企业和 34.2 万居民户全部停电，通讯大面积中断。同安林业受灾 95660 亩（6377.33 万平方米），绿化苗木苗圃受灾 10000 亩（666.67 万平方米），古树名木 624 株受损。灾害发生后，区委、区政府动用部队、武警官兵 1700 多人，组织电力、通信、公路、交通、市政和环卫等专业抢修队伍，采用购买服务方式引进专业队伍，动员群众、志愿者等多方力量投入抗灾抢险。出动挖掘机、吊车、装载车等机械与车辆 3424 台（驾）次，清理、畅通道路 800 多千米。组织以村（居）为单位拉网式排查地质灾害点、危房户、水库、池塘、溪流等安全隐患，海港船只回港人员上岸，转移安置 2364 人（老人居多）到安全处避险。组织灾后卫生防疫消杀，清理垃圾 2228 吨，无害化处理病死畜禽上万羽（用补助金方式帮助就地填埋消毒）。灾后企业供电第一时间恢复，3 天后城区基本恢复供电，5 天后基本恢复供水，部分乡镇边远村 7 天后供电恢复。区政府 10 月 27 日发布灾后重建扶持政策，划拨资金 1.4 亿元资助首批 14 项公共设施类、13 项民政类、10 项园林绿化类、2 项学校类、2 项水利地质灾害类、4 个等级鼓励企业稳增长类等项目。（参见 P72【台风】）

（郭红梅）

翔 安 区

【概　况】 翔安区位于厦门市东北部，地处厦（门）、漳（州）、泉（州）、金（门）闽南“金四角”中心地带，东、北与泉州市交界，西与同安区接壤，南与厦门岛、金门岛隔海相望，经海底公路隧道——翔安隧道可直通厦门本岛。全区陆域总面积 386.18 平方千米（包括滩涂面积），海岸线长 75 千米，占厦门市海岸线总长的 32%。辖 4 镇 1 街 1 场，有 30 个村、89 个社区。2016 年年末，全区常住人口 34.4 万人，户籍人口 33.95 万人，暂住人口 24.31 万人，人口出生率 16.81‰，人口自然增长率 11.15‰。

2016 年，翔安区实现地区生产总值 383.82 亿元，比上年增长 7.5%；规模以上工业增加值 236.76 亿元，增长 6.2%；固定资产投资 438.64 亿元，增长 23.1%；区级财政总收入 50.61 亿元，增长 16.2%，其中区级财政收入 15.88 亿元，增长 14.4%；社会消费品零售总额 53.84 亿元，增长 17.4%；批发零售贸易业销售额 191.12 亿元，增长 30.0%。城镇居民人均可支配收入 32988 元，增长 10.3%；农村居民人均可支配收入 16991 元，增长 8.0%。固定资产投资、限额以

表 29-6 **2016 年翔安区各镇（街、场）基本情况**

项目	土地面积（平方千米）	年末户籍人口数（人）			暂住人口（人）	财政收入（万元）	行政村（个）	社区（个）
		合计	男	女				
合计	386.18	339537	170011	169526	243065	386679	30	89
大嶝街道	13.2	25318	12181	13137	1776	15838	—	9
新店镇	135	114707	56484	58223	57222	144556	—	41
马巷镇	66.87	102666	51695	50971	173280	198300	—	36
内厝镇	70.15	46042	23264	22778	6796	21500	16	1
新圩镇	77.03	47462	24677	22785	3985	6362	14	2
大帽山农场	23.93	3342	1710	1632	6	123	—	—

上批发零售额等 6 项经济指标增幅稳居厦门市各区前列。（见表 29-6）

【工　业】 2016 年，翔安区确定“1+2+1”主导产业集群，光电、电子等支柱产业迅速发展，规模以上工业企业增至 231 家。厦门大学国家大学科技园启动建设，芯光润泽、华天恒芯落户翔安高新技术产业基地市头片区。天马微第六代 LTPS 生产线实现量产，联芯集成电路、开发晶蓝光外延片等项目建成投产，ABB 工业中心等一批重大产业项目进展顺利。9 家传统重点工业企业完成资产重组，储备产能 35 亿元。国家健康医疗大数据研究院及智能制造基地正式落地。

2016 年，翔安区供给侧结构性改革全面推进，规模以上工业企业盈利面为 73.6%。中国证监会正式受理延江新材料、日懋城建工 IPO（首次公开募股）申请。创新驱动发展加快，新增市级重点实验室 16 家，各类专利授权 1037 件，规模以上高新技术产业产值 711.6 亿元。AR/VR 厦门总部、基金小镇等一批新兴产业入驻创新孵化中心。69 个省市重点项目完成投资 410 亿元。

·小资料·

“1+2+1”主导产业集群：“1”指借助资源优势，主动配合火炬（翔安）产业区发展电子信息及配套产业；“2”指立足翔安实际，在“十三五”期间加快发展现代商贸物流产业、海洋新兴及现代农业等两大主导产业集群；“1”指着力面向未来，围绕翔安机场建设，在“十三五”期间重点谋划推动临空产业。

【农　业】 2016 年，翔安区划定永久基本农田 3.85 万亩（约合 2567 万平方米），全面启动农村土地经营权确权登记颁证。第二批 12 个现代都市农业项目按时推进，岩谷咖啡、荣杰园等获评市级休闲农业示范点，新店镇吕塘、内厝镇锄山等入选省级最美休闲乡村。6 个农业科技推广示范项目建成投产，庄家宝蔬菜专业合作社建立全市首家远程电子监控可追溯蔬菜种植生产基地，省级农业龙头企业增至 7 家。开展新型职业农民专科学历培训，农民专业合作社 986 家。

【第三产业】 2016 年，翔安区总部经济规模初显，新城 CBD 建设稳步推进，中经汇通、中国建筑等 47 家企业入驻总部会馆，盛屯矿业、铂爵婚纱等开业运营。普洛斯（翔安）物流园通过五星级评定。香山景观提升工作加快推进。翔安区举办大地艺术旅游节、翔安美食节、首届购物节，全年接待游客 380 万人次，收入 9.6 亿元。完成商业网点布局规划，限上批发零售企业增至 34 家，汽车园区年销售额超过 20 亿元。

【招商引资】 2016 年，翔安区优化营商环境，加大对央企、外企、民企的招商力度，引进中铁市政、中环宏岸等建筑业龙头企业。完善产业社区配套，厦门海关翔安办事处挂牌成立，翔安产业园邻里中心投入运营。提高行政审批速度，推进区级网上审批系统与省级网上办事大厅对接，全面清理前置审批及中介服务事项，推广“片区 + 社区”便民服务新模式。与建设银行、国家开发银行分别签订“十三五”战略合作协议，获得金融机构重大项目融资额度 500 多亿元。

【城乡建设】 2016 年，翔安区环东海域东部新城起步区启动公建配套。翔安南部新城建设提速，洋唐居住区三期、市级城建档案馆立项建设，科技中学高中部主体封顶，“五横五纵”（即翔安新城核心区的东山路、石厝路、城场路、翔安西路、肖厝南路 5 条横向路，纵二路、新城中路、洪钟大道、海投路、双浦路 5 条纵向路）路网加快构建。海绵城市试点完成投资 3 亿元，综合管廊建成 9.3 千米。翔安中心区的洪钟大道景

2016 年，翔安新城一隅　（朱毅力　摄）

观工程按时推进，新店路等一批“断头路”改造完成。

翔安区策划建成渔港小镇、食尚小镇等一批特色小镇，加快推进新圩国家级建制镇示范试点及24个美丽乡村建设。完成莲溪段等小流域综合治理，清退生猪养殖圈舍43万平方米，启动22个自然村分散式污水治理及18个自然村截污纳管工程。实施65条道路及3个镇小街巷路灯灾后修复，推进10个村（居）自来水管网改造，试点开展生活垃圾分类减量、城乡垃圾直运，投入2000万元更新环卫设施。

建成国家生态区，实施清洁空气行动计划，空气质量自动检测站点实现镇（街）全覆盖。开展城乡环境综合整治，延长21条重点道路保洁时限，对10条重点道路实施定期清洗。推进15条主要道路绿化提升，新增园林绿地50万平方米，完成山上造林2026亩（约合135万平方米）。收储火炬（翔安）产业区边角地634亩（约合42万平方米）。启动后山岩公园一期建设，建成舫山、祥福2座儿童公园。

【基础设施建设】 2016年，翔安区完成土地征收12000亩（约800万平方米）、房屋征收66万平方米。翔安机场实施吹填造地1058万平方米，片区地下综合管廊作为厦门首个PPP（政府与私人组织合作）项目正式动工。海翔大道、翔安南路二期全线通车，国道324复线、翔安西路、滨海东大道取得进展，轨道交通3、4号线启动建设。开展畅通城市3年行动计划，建成南部新城公交首末站及马巷客运站，优化增加13条公交线路，新增13对公交候车亭、500个户外公共停车泊位。

【社会事业】 2016年，翔安区的福建省教育科研基地建成挂牌，翔安第一中学、新翔小学划为市直属学校。投入2亿元新建、扩建、改造18所中小学、幼儿园，双十中学、市实验小学翔安校区立项获批，新增2所市级示范性幼儿园。在全市率先实现符合条件的随迁子女100%就读公办校。新圩学校被教育部认定为第一批全国教育工作示范校。区教育基金会募集基金2亿元，实现对翔安籍困难在校大学生资助全覆盖。4月5日，厦门大学国家大学科技园主园区奠基开工典礼在厦门大学翔安校区举行。此园区将建成厦门大学师生创新创业基地、厦门市科技成果转化基地以及新兴科技企业孵化基地、高层次人才创新创业基地、海峡两岸科技创新创业基地等。

翔安区家庭医生签约服务完成年度任务，分级诊疗试点加快推进。厦门大学附属翔安医院主体封顶，第五医院门急诊楼投用，新店中心卫生院启动改造。首个省级院士专家工作站挂牌成立，108家村（居）卫生所全部纳入医保定点。

翔安区文体促进会注册成立，池王爷习俗项目申报省级非物质文化遗产。人民体育广场等一批公共体育设施完成改造。举办“翔安杯”象棋国际邀请赛、围棋赛、武林大会等赛事，张彬彬获得世界杯女子50米步枪三姿冠军、里约奥运会女子50米步枪三姿银牌。

翔安区启动九溪小区、黎安居住区等保障性住房建设，回购存量安置房转为公共租赁房，完成农村危房改造年度任务。举办首届创新创业大赛。翔安区制定实施“新民生十五条”，被征地人员基本养老保险新增参保3056人，46周岁以上城乡居民养老保险参保率连续7年保持在99%以上。投入转产就业资金6500万元，开发公益性岗位1041个，完成转产就业7089人。发放各类社会救助、高龄老人津贴等5000多万元。开展医养结合，建成19家村（居）幸福院。

·小资料·

新民生十五条：指大力推动被征地人员基本养老保险；实施68周岁及以上老人养老补助；大力打造众创平台，服务农渔民创业；实施保障性就业补贴；加强技能培训，创造就业机会；鼓励辖区内各类企业招用被征地人员和退养渔民；扶持产业发展，引导手工加工业；完善基地管理，促进农渔民转产就业；政府开发的市场、公寓、店面等优先照顾本地失业人员承包、承租，实现自主创业；实施创业补贴，加大创业扶持力度；扶持大学毕业生及4050名人员发展休闲农业，促进休闲农业发展；扶助就学，减轻困难家庭负担；保障困难群体的生活救助及就医需求；加强基层就业和社会保障服务；加大创业宣传，树立创业典型。

【社会治理】 2016年，翔安区开展职业健康、道路交通、燃气安全等专项整治，推广大嶝街道基层安全监管职能整合模式，4镇1街（新店镇、马巷镇、内厝镇、新圩镇、大嶝街道）“安全社区”考评全部通过省级验收。翔安区国家食品安全城市创建完成中期评估。推行“阳光信访”新模式，实现村（居）法律顾问全覆盖。在全市率先建成人防疏散基地指挥所，开展“两违”综合治理，拆除“两违”面积145.26万平方米。

【抗灾抢险】 2016年9月15日凌晨，“莫兰蒂”登陆翔安，中心风力达15级，阵风达17级，全区电网设施遭到毁灭性重创，大面积停水、停电、通信中断，大量行道树木倒伏，城区交通基本瘫痪，工农业生产受损严重，直接经济损失接近30亿元。台风“莫兰蒂”灾害发生后，翔安区第一时间清理235条主次干道各类路障8万多吨，扶正回种倒伏树木12万多棵，拆除危险铁皮屋1.9万平方米，抢修变电站14座、10千伏电力线路199条，恢复工业企业产能超过90%，城乡居民生活恢复正常，社会治安稳定。（参见P72【台风】）

（吴铿锵）

责任编辑：曲　艺
审　　稿：张　红
责任校对：文治平

30 人物·名录

新任市领导简历

裴金佳 1963年8月出生，福建安溪人。1984年8月参加工作，1990年12月加入中国共产党，中央党校大学学历。现任福建省委常委、厦门市委书记。

1982年9月至1984年7月在福建省集美财经学校财会专业学习。1984年8月至1990年12月为厦门市财政局干部，先后兼任团总支副书记、书记。1990年12月至1994年1月任厦门市开元区财政局副局长、局长（1992.5起）。1994年1月至1996年11月任厦门市开元区政府副区长，兼区财政局局长（1994.2确定为副局级）。1996年11月至1999年1月任厦门市开元区委常委、区政府副区长，兼区财政局局长。1999年1月至2003年9月任厦门市开元区委副书记、区政府区长。2003年9月至2006年5月任厦门市思明区委书记。2006年5月至2007年1月任厦门市政府副市长、思明区委书记。2007年1月至2010年4月任厦门市政府党组成员、副市长。2010年4月至2011年12月任南平市委副书记、市政府党组书记、副市长、代理市长、市长（2010.10起）。2011年12月至2012年1月任南平市委书记，市政府党组书记、市长。2012年1月至2015年2月任南平市委书记。2015年2月至2016年9月任厦门市委副书记，市政府党组书记、市长。2016年9月至11月任厦门市委书记，2016年11月起任福建省委常委、厦门市委书记。中共十八大代表，九届、十届省委委员，第八、九、十次省党代会代表，十一届、十二届省人大代表，十届、十一届、十二届厦门市委委员。

模范人物

吕炳车 1981年11月出生，厦门同安人。2008年厦门大学硕士毕业，同年8月进入同安第一中学工作，担任高中语文教师、班主任，现为中学一级教师。2012年当选厦门市残联第六次代表大会代表、厦门市残联第六届主席团委员，先后兼任厦门市肢残协会副主席、厦门市残疾人文学艺术协会副主席兼文学专业委员会主任委员。吕炳车出生于一个普通农民家庭，曾患小儿麻痹，右下肢残疾。在职期间，他教学成绩突出，所任教班级成绩列年级前茅。他创新性地管理班级，关爱学生，除了个人资助学生，还联合校友成立助学基金会，并积极参与社会工作。他先后获评“厦门市自强模范”“福建省自强模范”“厦门市劳动模范”和厦门市最美基层人物之“最美教师”。2016年，吕炳车获得“全国五一劳动奖章”。

叶杉民 1970年5月出生，厦门同安人，初中文化。1988年7月参加工作，1992年加入厦门惠尔康食品有限公司工作，历任车间工人、生产组长、科长、总裁办公室科员，现任厦门惠尔康食品有限公司工会主席、行政处处长。叶杉民关心员工，特别是外地员工，帮助他们解决生活上和工作上的困难。他和员工打成一片，及时倾听一线员工的心声，把公司领导的管理理念及时和员工进行有效沟通。他还积极向公司建言献策，更新供热及污水处理系统，协调环保部门指导企业的环保改造工作，促使企业先后投资1000多万元对供热系统和污水处理系统进行科学改造，使各项指标大幅降低。2016年，叶杉民获得“全国五一劳动奖章”。

曾武艺 1975年1月出生，福建厦门人。1997年，厦门大学自动化系系统工程专业毕业，获工学士学位。同年，进入厦门港务集团海天港务分公司机械一队工作。2002年，任厦门国际港务股份有限公司信息开发部项目主管。2013

年，任福建电子口岸有限公司港口事业部经理。现任厦门自贸试验区电子口岸有限公司港口业务总监兼港口事业部经理。他从事港务集团成员企业信息化建设及信息保障工作，参与港务集团信息化战略研究和总体信息规划，开发、提升集装箱码头生产信息系统，使系统适应集装箱码头不断增长的业务需求，提高码头作业效率。2003年，他与团队成员一道自主开发海天码头管理系统，该系统是集船舶作业、堆场管理、闸口管理、装卸作业、edi（电子数据交换）、计费作业等管理系统为一体的专业集装箱码头操作管理软件系统。2014年，他继续带领团队开发出新一代的码头智能化管理信息系统，之后应用于福州海盈码头和厦门海通码头，为企业节约信息化的投入并带来很好的社会效益。2002年，曾武艺获中国海员工会全国委员会“金锚奖”；2008年，获厦门市“2005～2007年度厦门市劳动模范”称号；2016年，获得“全国五一劳动奖章”。

新闻人物

赵金保 1963年4月出生，1985年4月入党，现任厦门大学电化学技术教育部工程研究中心主任。1984年7月，哈尔滨工业大学应用化学系电化学专业毕业，获学士学位。1987年6月，哈尔滨工业大学应用化学系高分子材料专业毕业，获硕士学位。1996年3月，日本国京都大学工学研究科高分子化学专业毕业，获工学博士学位。1998年12月，任日本株式会社日立麦克赛尔开发本部电池研发中心副参事研究员。2009年4月，任日本株式会社日立制作所日立研究所电池开发部主任研究员（课长）。2011年，赵金保回国，任厦门大学化学化工学院闽江学者特聘教授、博导，当年入选国家第六批“千人计划”。至2016年，赵金保主持或承担科研和科研平台项目10多项，包括国家“863计划”重大计划2项、国家自然科学基金面上项目1项等。他的课题组已申请国家发明专利39件，获授权专利57件，12项专利成果成功实现转让。赵金保与国内最大的动力电池生产企业之一——中航锂电公司合作开发的“高安全性锂离子动力电池用功能隔膜”项目获国家“863计划”支持。不到一年，年产300万平方米功能隔膜示范线建设完成，打破该领域关键技术长期由日韩掌控的局面，被称为产学研合作典范。

邓　薇（女）1993年2月出生，福建闽西人，中国女子举重队员。邓薇是由厦门和三明联合培养的女子举重选手，也是福建省首位参加奥运会的女子举重选手。2006年，在福建省运会上邓薇获得女子举重53公斤级冠军。2008年，在全国冠军赛中获得58公斤级抓举和总成绩冠军。2009年1月，邓薇进入国家队，在当年5月全国举重锦标赛上，邓薇获得抓举、挺举和总成绩3个冠军。2010年，在新加坡青少年奥林匹克运动会中，获得女子58公斤级举重金牌。2011年，获得国际举重超级大奖赛女子58公斤级冠军。2012年，获得全国女子举重锦标赛58公斤级亚军。2015年11月26日，在举重世锦赛女子63公斤级比赛中，邓薇以抓举113公斤、挺举146公斤的总成绩259公斤包揽该级别全部3枚金牌，其中挺举打破世界纪录。2016年8月10日，在里约奥运会女子63公斤级举重决赛中，邓薇夺得冠军。

逝世人物

李永裕 1926年2月出生，福建同安人。1946年毕业于第一侨民师范学校。

年轻时思想进步，追随革命，1949年加入中共地下党。新中国成立后，历任中共厦门市学校区委副书记、厦门市双十中学校长、厦门市第一中学校长。任双十中学校长期间，把这所原来的私立学校办成省重点中学，并获得“全国高考红旗”称号。1980年，任厦门市教委主任、教育局局长等职，兼任全国中小学教育基金会理事、福建省职业教育学会副理事长、福建省督学、福建陶知行研究会副会长。主持教育局工作期间，积极推广普通中学与职业中学并重的两条腿走路的办学方针，面向特区建设，注重实际，调整学校布局。参与创办鹭江职业大学并发展各种中等职业教育，同时为厦门的教育发展、教育改革打下良好的基础，开创了厦门市许多教育改革的先河。离休后，带头创办厦门市教育基金会，为厦门市教育界在海内外筹集基金几千万元。2016年1月10日，因病去世，享年90岁。

何鼓生 1935年出生，厦门鼓浪屿人。1952年，在大连工学院化学工程系学习。1956年，在中国科学院力学研究所工作。1957年9月至1968年12月，在北京中国科学院力学研究所，担任研究组长、分部副主任，从事火箭发动机及541导弹试验研究。在钱学森、郭永怀等国家功勋科学家的直接领导下工作，参与“两弹一星”的研制任务，为国家航天和国防事业做出重大贡献。“一生做航天人”是何鼓生对自己人生的规划。1969年，受文化大革命影响，何鼓生回到福建工作。1979年5月，到中国科学院福建物质结构研究所工作。1986年4月，被派到厦门感光材料公司工作，直到退休。2016年1月26日凌晨因病去世，享年81岁。

宋忠贤 1923年10月4日出生，山东省荣成市黄山镇奄里村人。1940年4月入伍，8月加入中国共产党。入伍后，

历任胶东军区西海军分区司令部作战参谋、特务营营长、胶东军区司令部一科参谋，华东野战军第十三纵队39师115团副参谋长、参谋长，31军93师团参谋长、副团长、团长、副师长，31军副军长、军长、军党委副书记、福州军区党委委员。抗日战争时期，宋忠贤参加了胶东昆嵛山战役、于山会战等战役战斗。解放战争中，他参加了济南战役、淮海战役、渡江战役、福厦战役。曾获得三级独立自由勋章、三级解放勋章和独立功勋荣誉章。2015年，宋忠贤获得“中国人民抗日战争胜利70周年”纪念章。他是中国共产党第十一次全国代表大会代表、中华人民共和国第六届全国人民代表大会代表。1986年，宋忠贤离职定居厦门市休养。2016年7月12日在厦门辞世，享年93岁。

莫　也　（女）1958年3月出生，四川宜宾人。油画家、美术教育家、中国美术家协会会员、中国立竿见影书画院特邀画家。1982年，毕业于四川美术学院绘画系。1989年，在厦门大学艺术学院美术系油画专业任教。1995～1997年，就读于中央美术学院油画系研究生班。2013年3月，退休。她擅长油画，把某种心理情境和某种物象形态进行超然于视觉经验的艺术组构，虽不符合客观世界中事物存在的基本规律，但却能应合主观心象与心理视象的完形与整合。20世纪80年代后，其作品先后参加第六届、第七届、第八届、第九届全国美术作品展览及其他各项全国性油画展览20余次，四川省及福建省美展7次，参加亚洲美展，美国、日本、阿尔及利亚、刚果等国际美展，多次获得金牌奖、一等奖、铜奖、优秀奖。2003年1月，她在天津人民美术出版社出版个人集。2007年，在厦门举办“滩与船”画展，展出她近年来以福建晋江崇武一带海边风景为主题的油画新作10余件。2016年7月23日凌晨因病去世，享年59岁。

蔡启瑞　1914年1月7日出生，厦门同安人。蔡启瑞是化学家、教育家，中国催化化学的重要开拓者和奠基人，中国科学院院士。他出生于同安县马巷镇一个华侨家庭。1933～1937年，在厦门大学化学系就读。1947年3月，被选派赴美留学。1950年，在俄亥俄州立大学获化学哲学博士学位。1956年，回国任教厦门大学。先后担任中国科学院化学部学部委员、中国化学会理事、福建省化学会名誉理事长、厦门市科协主席、厦门大学一级教授，历任厦门大学副校长、校学术委员会主任和国际催化大会理事会理事。蔡启瑞长期从事催化理论、酶催化和非酶催化固氮成氨、碳一化学、轻质烷烃化学和结构化学等方面的研究。较早提出络合活化催化作用的理论概念，总结出络合催化可能产生的“四种效应”，提出固氮酶促反应中ATP驱动的电子传递机理，N2、CO的氢助活化和甲烷等轻质烷烃的氧助活化机理，对我国大化工发展战略提出了有指导意义的见解。当选第二届全国政治协商会议特邀代表，第三、四、五届全国人民代表大会代表，获得厦门市劳动模范、福建省劳动模范和全国劳动模范等称号。2016年10月3日，因病去世，享年102岁。

任焕彩　1932年4月出生，山东莱州人。1948年11月入伍，1949年7月加入中国共产党。曾任步兵第九十三师政治委员、陆军第三十一军副政治委员、陆军第三十一集团军政治委员等职。参加过渡江战役、上海战役、“9·3炮战”“8·23炮战”等，是中国共产党第十三次全国代表大会代表，1988年被授予少将军衔，先后荣立三等功2次、四等功3次。2016年10月31日，因病在厦门逝世，享年85岁。

组织机构及干部名录

（以2016年12月31日在职者为准）

中共厦门市委员会

书　记　裴金佳
副书记　庄稼汉　陈秋雄
常　委　叶重耕　蔡建新　林文生　张灿民　孙明忠　黄　强　李伟华　倪　超　黄文辉　陈沈阳
秘书长　黄文辉
副秘书长　赖建州　洪春火　李京文（挂职）　蔡蔚获　林跃锋　李　刚

中共厦门市纪律检查委员会

书　记　孙明忠
副书记　黄聪敏　周　进　柯　军
常　委　颜文聪　莫建鹰　张美彪　邓英志　林志明
秘书长　颜文聪
室主任　张永才　黄绿青　谢国辉　王少萍　薛　芬　洪全艺　缪太生　钟少伟　张汝君　张建春　刘丽仙

市委工作部门及直属单位

办公厅
主　任　赖建州
副主任　张亚良　庄荣良　张善斌　陈江波

机关效能督查办公室
主　任　黄文辉
常务副主任　赖建州
副主任　蒋仕东　郑尚定

组织部
部　长　陈沈阳
副部长　黄学惠　郑岳林　陈秀蕊（兼）　赖祖辉
非公企业工委书记　张鸿平
市委副厅级组织员　石牵助
部务委员　颜云蔚
非公企业工委副书记　曾丽娟

宣传部
部　长　叶重耕
副部长　张　萍　李泉佃（兼）
　　　　黄鹤麟　吴子东（兼）
　　　　上官军　戴志望　唐向阳

统一战线工作部
部　长　张灿民
副部长　何秀珍　王　沁（兼）
　　　　曾庆军　蔡林娜

政法委员会
书　记　李伟华
副书记　刘炳泉　姚新民
政治部主任　彭剑平

社会管理综合治理委员会办公室
主　任　刘炳泉
副主任　王　强　杨长明

政策研究室
主　任
副主任　何培昆　温金辉

台湾工作办公室（市政府台湾事务办公室）
主　任　黄河明
副主任　林延勋　谢永福

机构编制委员会办公室（市政府机构编制办公室）
主　任　刘绍清
副主任　吴毅飚　杨土墩

市直机关工作委员会
书　记　黄文辉
常务副书记　苏培雄
副书记　黄永源
纪工委书记　马海陆
专职委员　郑一清　陈瑞芬

610 办公室
主　任　李建福

市委（市政府）信访局
局　长　刘金柱
副局长　吕曙辉（兼）　杨　辉

老干部局
局　长　陈秀蕊
副局长　吴启成

精神文明建设办公室（市精神文明建设指导委员会办公室）
主　任　黄鹤麟
副主任　林勇鹏

党校（行政学院、社会主义学院）
校（院）长　陈沈阳（兼）
常务副校（院）长　林朝晖
副校（院）长　彭心安　潘永明
　　　　　　　林玉梅　陈顺龙

档案局（馆）
局（馆）长　柯献星
副局（馆）长　林金煌　曹　丽

接待办公室
主任、党组书记

保密委办公室（保密局）
主任（局长）

机要局
局　长　周德南

市人大常委会

主　任　郑道溪
副主任　陈昭扬　陈紫萱　陈　津
　　　　黄锦坤　刘育生　陈　琛
秘书长　胡家榕
副秘书长　王伟文　郑慧丽　齐晓玲
　　　　　邹炳明　陈泰生　陈进春
委　员　王伟文　则　悟　王　中
　　　　朱奖怀　刘炳泉　许晓斌
　　　　巫　斌　李　虹　杨立茂
　　　　吴小敏　吴亚汝　吴丽冰
　　　　陈永红　陈灿煌　陈鸿萍
　　　　宋方青　王耀辉　林金水
　　　　林　起　周海萍　郑幸红
　　　　郑岳林　郑慧丽　郭星达
　　　　郭晓芳　黄华松　黄如欣
　　　　曾庆军　梁美丽　燕苏闽

市人大常委会工作部门

办公厅
主　任　王伟文
副主任　邱拱东　谭志明

人事代表工作室
主　任　许晓斌
副主任　孙桂艳

研究与宣传工作室
主　任　邹庆键

市人大常委会各专门委员会

法制委员会
主任委员　郭晓芳
副主任委员　李本年　宋方青（兼）

财政经济委员会
主任委员　陈鸿萍
副主任委员　张凌云　黄丽玲（兼）
　　　　　　江孔雀（兼）

内务司法委员会
主任委员　陈灿煌
副主任委员　曾毓琪（兼）
　　　　　　张玉生（兼）

城市建设环境资源委员会
主任委员　王耀辉
副主任委员　杨贤平（兼）
　　　　　　王唯山（兼）
　　　　　　朱永官（兼）

教育科学文化卫生委员会
主任委员　李　虹
副主任委员　陈维加（兼）

侨务外事委员会（台胞工作委员会）
主任委员　郭星达
副主任委员　洪春凤（兼）
　　　　　　杨清泉（兼）

市人民政府

代市长　庄稼汉
副市长　黄　强　国桂荣　林锐卢
　　　　江孟芊　张毅恭　李辉跃
　　　　韩景义
秘书长　廖华生
副秘书长　黄　杰　胡亮信（兼）
　　　　　刘金柱（兼）　阮敦梁
　　　　　檀庄龙　张　权　王　伟

市政府工作部门及直属单位

办公厅
党组书记　廖华生

主任、党组副书记　黄　杰
副主任　沈顺文　洪耀发　王跃平

发展和改革委员会
党组书记　潘力方
主　任　张志红
党组副书记、纪检组长
副主任　孔曙光　林晓辉　罗咚玲
傅如荣　王文格　郑宝华

经济和信息化局
局长、党组书记　柯继安
党组副书记　陈锋列
副局长　邓建华　张世照　张潘正
叶　健　阮燕山　李建明
纪检组长　陈波澜
总工程师　童平平

卫生和计划生育委员会
主任、党组书记　杨叔禹
副主任　吴再阳　姚冠华　孙　卫
黄安杰　陈文锋　洪丰颖
王挹青
纪检组长　郭小岩
市计生协常务专职副会长　魏晓萌
刘光忠

教育局（市委教育工委）
局长、工委书记　赖　菡
工委常务副书记　林佳添
副局长　任　勇　郭献文　吴亿年
纪工委书记　张国兴

科学技术局
局长、党组书记　沈灿煌
副局长　白国华　卢琳兵　李　波

民族与宗教事务局
局长、党组书记　黄娇灵
副局长　陈国荣

公安局
局长、党委书记　林　锐
副局长、党委副书记　李晓彬
纪委书记　汪成旺
副局长　姜建群　邓海鹰
政治部主任　刘　峰
政治部副主任　白惠敏
机关党委专职副书记　陈克俭
办公室主任　严玉官
指挥中心政委　纪边强
警务保障部主任　于晓强
警务保障部政委　周鲁江
支队长　黄嘉雄　程亚雄　陈　煌
王海提　陈清钳　王学宁
薛　慧　李智国
支队政委　叶出宗　陈国全　陈瑞芬
蔡跃鸣　汤南海　管智贤
郑勇胜　王福建
分局局长　林少强　曹卫国　许标旗
兰贵兴　黄卫东　杨江忠
梁鹭生
分局政委　吴孝国　肖苏建　白鸿辉
林志强

监察局
局　长　黄聪敏
副局长　郑智敏　莫建鹰　张美彪

民政局
局长、党组书记　李玉辉
副局长　傅一民　李　龙　李丽红

司法局
局长、党组书记　叶勇义
纪检组长　白世伟
副局长　蔡永华　贺菊英　唐　乾
政治部主任　张国威

司法强制隔离戒毒所
第一政委　叶勇义（兼）
所长、党委书记　唐　乾

财政局
局长、党组书记　韩景义
党组副书记　栾光进
副局长　叶茂伟　黄珠龙　陈向光
纪检组长　王章荣
总会计师　林志成

人力资源和社会保障局（公务员局）
党组书记、局长　吴新奎
副局长　许加坤　陈国栋　林权水
洪向新　蒋娇容
总会计师　陈国荣
纪检组长　林志明

规划委员会
主任、党组书记　由　欣
纪检组长　傅新发
副主任　吴振志　任国岩　陈　勇

国土资源与房产管理局
局长、党组书记　余江河
副局长　郭俊胜　代　敏　吴志坚
总规划师　卢海林
纪检组长　王星旦

环境保护局
局长、党组书记　王文杰
副局长　周海萍　张　宇　胡　军
纪检组长　师　强
总工程师　陈瑞珍

建设局
局长、党组书记　林德志
党组副书记、纪检组长　蔡顺华
副局长、总工程师　林树枝
副局长　魏晓荣　许勇铁　詹艳清
总建筑师　陈锦良

交通运输局（市委交通运输工委）
局长、工委书记　阮跃国
副局长　林鸿荣　龚建阳
总工程师　吴洪钦
工委副书记　张　松

市农业局、市委农办
局长、党组书记、主任　吕参军
副局长、副主任　许心凌　邱武伟
郑振兴
纪检组长　侯卫群

水利局
局长、党组书记　郭金炼
副局长　陈世真　欧卫国
党组副书记　郭小清
总工程师　杨文和
纪检组长　周　斌

海洋与渔业局
局长、党组书记　王春生
副局长　吴国梁　孙建国
总工程师　林怀远
纪检组长　陈善志

商务局
局长、党组书记　陈李升
党组副书记　周山华
副局长　洪本祝　傅建洪　张风清
郑　耀
纪检组长　李少安

文化广电新闻出版局（版权局、文物局）
局长、党组书记　林进川
副局长　李云丽　张剑辉　陈章志
　　傅国强
纪检组长　黄继红

审计局
局长、党组书记　林起核
副局长　陈爱忠　花育明
总审计师　洪再福
纪检组长　贾兆营

市人民政府外事侨务办公室
主任、党组书记，市对外友好协会常务副会长　李啸萍
副主任　黄新英　邵育秦　姚建洪
纪检组长　丘勇才
市对外友好协会专职副会长　孔速婷

市场监督局（市工商局、市食品药品监督局）
局长、党组书记　郭勇毅
党组副书记　周加荣
副局长　叶飞云　洪龙泉　饶满华
　　牛天禄　张治祥
总会计师　吴惠芬
食品安全总监　陈秀新
药品安全总监　杨学勇

国有资产监督管理委员会
主任、党工委副书记　王龙雏
党工委书记　蔡良涯
党工委副书记、纪工委书记　詹天才
副主任　缪鲁萍

质量技术监督局
局长、党组书记　邱太厦
党组副书记　陈燕飞
副局长　曾　琳　张金龙　黄立红
纪检组长　李金玉

体育局
局　长　傅晓春
党组书记　王　刚
副局长　李丽娜　吴明显
纪检组长　占从林

安全生产监督管理局
局长、党组书记　林　建
副局长　庄少生　梁向阳

统计局
局　长　张志红
党组书记　孔曙光
党组副书记　杨德成
副局长　林永明
纪检组长　舒斯华
总统计师　彭　勇

旅游局
局长、党组书记　杨　琪
副局长　张国良　王琼文　陈桂林
纪检组长　林育周

粮食局
局长、党组书记　卢晓东
副局长　张伟生　段小红　田承洋
纪检组长　章高祥

人民防空办公室（民防局）
主任（局长）、党组书记　陈永茂
副主任（副局长）　胡宜生　李　华
　　万国辉
纪检组长　王合水

市政园林局（林业局）
局长、党组书记　吴明哲
副局长　张剑鸣　王伟军　黄志华
　　王亚平
纪检组长　包远忠

法制局
局长、党组书记　黄　杰
副局长　丁贤志

港口管理局
局长、党组书记　吴顺彬
副局长　陈一端　李祎超　洪里专
　　朱建良
总工程师　张丽炜

城市管理行政执法局
副局长　陈　水　叶恒忠
纪检组长　蔡山田

市金融工作办公室
主任、党组书记　张全军
副主任　丘筱文
总经济师　姚志萍

机关事务管理局
局长、党组书记　林培森
副局长　石　景　童育才
纪检组长　薛钟寿

市政府驻北京办事处
主任、党组书记　王　飞
副主任　郑永泓　谢少慧　曾加伟（兼）

市政府驻福州办事处
主任　吕曙辉

政协厦门市委员会

主　席　张　健
副主席　钟兴国　詹沧洲　江曙霞
　　魏　刚　陈昌生（兼）
　　黄世忠（兼）　高玉顺
　　黄培强（兼）　黄学惠
　　陈永裕
秘书长　张仁苇
副秘书长　徐文东　徐楚炫　王丘克
　　陈文坑　苏清臻
常　委　丁丽瑛　丁学辉　马明炬
　　王　平　王　沁　王　焱
　　王　强　王少华　王丘克
　　王丽玲　王德贤　方荣松
　　石牵助　吕　鑫　吕庆端
　　朱奖思　刘奇光　孙　黎
　　苏　力　李　波　李友华
　　杨　槐　杨中华　杨毅融
　　吴亿年　吴申宇　吴在权
　　吴丽雪　吴秋北　吴泉水
　　何秀珍　张　咏　张　颖
　　曾志龙　徐文东　陈育斌
　　陈荣旋　陈俊泳　陈铁铭
　　陈爱钦　陈海疆　陈清渊
　　林龙安　周　进　郑金泉
　　赵燕菁　胡政兴　柯希平
　　施立华　施佳汶　姚木中
　　徐　迪　徐平东　徐楚炫
　　黄文传　黄秀惠　黄河明
　　黄咸铮　黄娇灵　傅兴星
　　释定恒　张　萍　曾招文
　　蓝　萍　蔡良平　蔡炳瑞
　　廖明宏　滕　达

市政协工作部门

办公厅
主　任　徐文东
副主任　杜　亮

提案委员会
主　任　陈海疆
副主任　马明炬（兼）　周　进（兼）
　　　　黄格成（兼）　董仁生（兼）
　　　　蓝　萍（兼）

文史和学习宣传委员会
主　任　傅兴星
副主任　李　虹　陈怀群（兼）
　　　　林朝晖（兼）　彭心安（兼）

经济城建委员会（人口资源环境委员会）
主　任　朱奖思
副主任　蔡加培　王伟军（兼）
　　　　许勇铁（兼）　张世照（兼）
　　　　黄娇灵（兼）

教科文卫委员会
主　任　徐楚炫
副主任　苏清臻　王效民（兼）
　　　　孔曙光（兼）　吴亿年（兼）
　　　　张　萍（兼）　张剑辉（兼）
　　　　傅晓春（兼）　蔡建春（兼）

社会法制委员会（民族宗教委员会）
主　任　王丽玲
副主任　吕庆端　王　强（兼）
　　　　杨中华（兼）　吴申宇（兼）
　　　　吴丽雪（兼）　张尚清（兼）
　　　　陈俊泳（兼）　姜建群（兼）
　　　　黄小民（兼）

港澳台侨和外事委员会
主　任　胡政兴
副主任　邓　飚（兼）　陈永东（兼）

研究室
主　任　何瑞福

法检机关

中级人民法院
院长、党组书记　王成全
副院长　郝　勇　黄小民　李志远
　　　　吴丽雪
纪检组长　黄作晶
政治部主任　陈平狮
执行局局长　李增祥
审判委员会专职委员　刘福山　洪志坚
　　　　　　　　　　王灵石

人民检察院
检察长、党组书记　黄延强
副检察长　林丽玲　丁丽贞　张尚清
　　　　　曾文生
纪检组长　陈　辉
政治部主任　郑国钦
检察委员会专职委员　洪智勇　杨季隆
　　　　　　　　　　郭有评

海事法院
党组书记　邱志雄
院　长　夏先鹏
副院长　张希舟　周内金　周红岩
纪检组长　陈建南
政治部主任　黄素丽

群团组织

总工会
主　席　倪　超
党组书记、副主席　许毅青
党组副书记　陈永红
副主席　杨中华　陈幼萍　陈超英
　　　　朱福志　陈俊泳（兼）
　　　　洪向新（兼）
经审委主任、党组纪检组长　蔡志凯

共青团厦门市委员会（市团委）
书　记　王　中

妇女联合会
主席、党组书记　吴亚汝
副主席　陈俊泳　朱秀敏　谢立武
党组纪检组长　洪允治

工商业联合会（总商会）
主　席　柯希平（兼）
党组书记、常务副主席　王　沁
专职副主席　蓝　萍　邱加海

老龄工作委员会办公室
主　任　李玉辉
副主任　林进春　林　刚

科学技术协会
主　席　余兴光（兼）
党组书记、副主席　徐爱聪
副主席　郑颖聪　余熙鸣

文学艺术界联合会
主　席　舒　婷（兼）
党组书记、副主席　林　起
副主席　林汝勋　陈　影

台湾同胞联谊会
会　长　廖明宏（兼）
党组书记、副会长　陈永东
副会长　张劲秋

归国华侨联合会
党组书记、主席　王德贤
副主席　洪春凤　邓　飚

社会科学界联合会
主　席　朱崇实（兼）
党组书记、常务副主席　周　旻
副主席　陈怀群　庄志辉

残疾人联合会
理事长、党组书记
副理事长　蒋　鸣　陈艺真

国际贸易促进委员会
会长、党组书记　苏育群
副会长　颜志平　陈　忠

红十字会
会　长　国桂荣（兼）
党组书记、常务副会长　苏　甦
专职副会长　周　敏　俞　娟

中华职业教育社
主　任　黄世忠（兼）
专职副主任　翁玉华

民主党派

中国国民党革命委员会厦门市委员会
主　委　国桂荣
副主委　涂崇禹（兼）　黄向阳（兼）
　　　　周立新（兼）　骆　阳（兼）
专职副主委兼秘书长　周文勇

中国民主同盟厦门市委员会
主　委　陈昌生（兼）
副主委　胡　荣（兼）　李　波（兼）
　　　　齐晓玲（兼）　黄敏沁
　　　　陈希梅（兼）
秘书长　王东良

中国民主建国会厦门市委员会
主　委　黄世忠（兼）

副主委　朱奖思（兼）　杨清泉（兼）
　　　　薛雄志（兼）　曾文生（兼）
　　　　吴　迪（兼）
专职副主委兼秘书长　柯明哲

中国民主促进会厦门市委员会
主　委　吴丽冰
副主委　许黎明（兼）　赖妙宽（兼）
　　　　林升栋（兼）　陈佩玲（兼）
　　　　黄继义（兼）

中国农工民主党厦门市委员会
主　委　王　焱（兼）
副主委　陈育斌　万文蓉（兼）
　　　　吴崇伯（兼）　李友华（兼）
　　　　谢　强（兼）
专职副主委兼秘书长　黄格成

中国致公党厦门市委员会
主　委　徐平东
副主委　郑幸红　曾招文（兼）
　　　　张志红（兼）　关琰珠（兼）
　　　　滕　达（兼）　施雪琴（兼）

九三学社厦门市委员会
主　委　黄培强（兼）
副主委　林金水　刘家俊（兼）
　　　　张玉生（兼）　杨　槐（兼）
　　　　林少芬（兼）　吕　鑫（兼）

台湾民主自治同盟厦门市委员会
主　委　陈紫萱
专职副主委兼秘书长　陈敏伟
副主委　郑　直（兼）　许勇铁（兼）
　　　　郭海峰（兼）

各区、开发区

思明区

中共思明区委员会
书　记　游文昌
副书记　夏长文
常　委　陈高润　陈添友　苏德本
　　　　卢秀萍　胡延洵　姜旺贵
　　　　吴旗荣　黄　峰　黄碧珊

思明区人大常委会
主　任　许跃生
副主任　董仁生　程　欣　傅秀菊
　　　　李　伟　柯友谊　朱润虹

思明区人民政府
区　长　夏长文
副区长　陈添友　许　霖　吴申宇
　　　　卢　彬　姚玉萍　洪　亮
　　　　颜跃喜

政协思明区委员会
主　席　陈炳良
副主席　郭勇鹏　黄嘉斌　郑尤男
　　　　陈向忠

思明区法院
院　长　傅远平

思明区检察院
检察长　李永军

湖里区

中共湖里区委员会
书　记　林　建
副书记　徐国庆　林重阳
常　委　林充贺　潘少銮　庄海英
　　　　陈甦帆　钟伟东　陈　岚
　　　　张家伟　刘仁宇

湖里区人大常委会
主　任　黄　炜
副主任　戴宗垒　曾国建　梁国富
　　　　方文群

湖里区人民政府
区　长　徐国庆
副区长　林充贺　丁红斌　刘云标
　　　　黄平南　洪耀同　李伟宏
　　　　陈颢颖

政协湖里区委员会
主　席　林　凡
副主席　黄向阳　林世裕　陈雄辉
　　　　谢国勇　谭苏建

湖里区法院
院　长　高碧青

湖里区检察院
检察长　吴华峰

集美区

中共集美区委员会
书　记　李钦辉
副书记　何东宁　胡旭彬
常　委　赖朝晖　杜　刚　范启德
　　　　蔡冬梅　刘琦龙　孙建辉
　　　　陈向辉　肖　峰

集美区人大常委会
主　任　陈建荣
副主任　陈清苗　陈来福　李梅英
　　　　邱晓晖　丁加生

集美区人民政府
区　长　何东宁
副区长　孙建辉　叶德传　石　扬
　　　　黄　颖　吴金平　李宗泽
　　　　林声群

政协集美区委员会
主　席　胡亚才
副主席　陈小强　纪永强　陈友谊

集美区法院
院　长　温文华

集美区检察院
检察长　彭明武

海沧区

中共海沧区委员会
书　记　林文生
副书记　孟　芊　曹　放
常　委　黄炳文　李培祥　许国华
　　　　章春杰　张　谷　廖　凡
　　　　欧阳丽娟　王树强

海沧区人大常委会
主　任　江根云
副主任　陈延年　王明德　王常忠
　　　　王斌元

海沧区人民政府
区　长　孟　芊
副区长　许国华　吴伟平　苏亮文
　　　　周桂良　赵雪晖　林天德
　　　　柯碧如

政协海沧区委员会
主　席　吕永辉
副主席　林丽卿　乐智强　陆晓红
　　　　郭素芬

海沧区法院
院　长　黄冬阳

海沧区检察院
检察长　陈子龙

同安区

中共同安区委员会
书　记　黄燕添
副书记　王雪敏　蔡伟中
常　委　何　玺　洪朝墙　柯玉宗
　　　　王军荣　王秀珠　林国财
　　　　樊荣兵　冯国敏

同安区人大常委会
主　任　毛立臻
副主任　朱永辉　王　松　吴进华
　　　　许巩固（兼）　林中英

同安区人民政府
区　长　王雪敏
副区长　柯玉宗　曾繁振　许珠明
　　　　林进柱　康自展　陈艺萍

政协同安区委员会
主　席　黄小林
副主席　洪祖溢　赵建明　李水龙
　　　　叶文雅

同安区法院
院　长　刘新平

同安区检察院
检察长　郑祥发

翔安区

中共翔安区委员会
书　记　黄奋强
副书记　胡　盛　何伯星
常　委　康江良　曾东生　胡鹏程
　　　　洪国平　陈明夫　林久新
　　　　陈佳锻　施耿瑶

翔安区人大常委会
主　任　林进胜
副主任　许生强　董振力　林大树
　　　　沈金德

翔安区人民政府
区　长　胡　盛
副区长　林久新　黄　运　叶晓东
　　　　程　明　许永良　李德才
　　　　李　毅

政协翔安区委员会
主　席　周鲁闽
副主席　蔡清发　傅亚林　徐得志

翔安区法院
院　长　刘友国

翔安区检察院
检察长　洪庆福

海沧台商投资区

党工委
书　记　林文生
副书记　孟　芊
纪委书记　黄炳文

管理委员会
主　任　孟　芊
副主任　周威榕　张善美　曹　放

自贸区厦门片区管委会
（海沧保税港区管委会）

党工委
书　记　熊衍良
副书记　林树溪
纪工委书记　薛　坚
纪工委副书记　蒋东红

管理委员会
主　任　倪　超
副主任　熊衍良　林树溪（兼）
　　　　孟　芊（兼）　赵晓波
　　　　徐国庆（兼）　陈　敏
　　　　李清栋（挂职）　叶超俊（挂职）
　　　　张冬冬（挂职）
内设局局长　赖祖辉　黄劲松　林江帆
　　　　　　代　斌　林珍雅　练更生
　　　　　　曹征宇

象屿保税区管理委员会

主任、党工委书记　林树溪
副主任　马自力

火炬高技术产业开发区管理委员会

主任、党工委书记　黄晓舟
副主任　谢　松　郭清贤　施立华
纪工委书记　吕舰艇
总经济师　程　明

鼓浪屿—万石山风景名胜区管理委员会

党工委书记　游文昌
主　任　郑一琳
副主任　梁怡新　李云丽（兼）
　　　　陈高润（兼）　张顺彬
　　　　王唯山
纪工委书记　王少瑜

市政府行政服务中心管委会

主任、党组书记　胡亮信
纪检组长　曾文生
副主任　张朱及　陈玉辉

大嶝对台小额商品交易市场管理委员会

主　任　陈青峰

部分市管事业单位

厦门理工学院
党委书记　黄如欣
院长、党委副书记　陈文哲
党委副书记　李泽彧　林志成
副院长　朱文章　赵振祥　吴克寿
　　　　尤国顺
纪委书记　林春才

厦门城市职业学院、厦门市广播电视大学
厦门城市职业学院党委书记　蒋先立
厦门城市职业学院院（校）长、党委副书记、厦门市广播电视大学校长　唐　宁

厦门医学高等专科学校
党委书记　王巧萍
校　长　吴小南

厦门日报社
党委书记、社长　李泉佃
党委副书记、总编辑　江曙曜
副总编辑　蔡廷谦　汪金铭
纪委书记　郭红燕

厦门广播电视集团
党委书记、董事长　吴子东
总裁、党委副书记　沈艺奇
纪委书记　魏振宗
总工程师　林晓尧
副总裁　薄鲁军

公立医院发展管理中心
党组书记　杨叔禹
主任、党组副书记　姚冠华

高层次人才发展中心
主　任　陈燕彬

市委讲师团
团　长　苏秋华

文化市场综合执法支队
支队长　李智国

会议展览事务局
局　长　王琼文
党组书记　江美月

知识产权局
局　长　卢琳兵

地震局
局　长　毛松林

市委党史研究室
主　任　庄平勇

市政府地方志办公室
主　任

厦门大学附属第一医院
院长、党委副书记　姜　杰
党委书记、副院长　童绥君

厦门大学附属中山医院
院长、党委副书记　蔡建春
党委书记　王效民

厦门市第一中学
校　长　周君力
党委书记　陈　珍

双十中学
校长、党委书记　陈文强

集美中学
校长、党委书记　庄小荣

厦门市第六中学
校　长　刘卫平

福建省亚热带植物研究所所长
所长、党委书记　邱晓晖

社会保险管理中心
主　任　关庆勇

市土地开发总公司
总经理　卢海林

人才服务中心
主　任　程常建

市属国有企业

厦门建发集团有限公司
党委书记、董事长　吴小敏
党委副书记、总经理　黄文洲
党委副书记、纪委书记
副总经理　张勇峰　庄跃凯　叶衍榴
　　　　　陈　飞

厦门港务控股集团有限公司
党委书记、董事长　陈鼎瑜
党委副书记、总经理　陈志平
党委副书记、副董事长　方祖辉
副董事长　曹承滨
副总经理、总会计师　傅承景
副总经理　林开标　蔡思伟　蔡立群
　　　　　白雪卿
纪委书记　苏永忠
总工程师　黄子榕

厦门翔业集团有限公司
党委书记、董事长　王倜傥
党委副书记、总经理　钱进群
副总经理　刘晓明　陈　斌　汪晓林
　　　　　蔡明理
党委副书记、纪委书记、
工会主席　方弘哲

厦门夏商集团有限公司
党委书记、董事长　陈希方
党委副书记、总经理　杨小健
纪委书记、工会主席　林美德
副总经理　谢　垠　林韶坚　陈亨溉
　　　　　欧鹭红

厦门路桥建设集团有限公司
党委书记、董事长　林小雄
党委副书记、总经理　吴灿东
党委副书记、纪委书记、
工会主席　徐雅言
副总经理、总工程师　曾　超
副总经理　陈卫文　文　杰　李春龙

厦门国贸控股有限公司
党委书记、董事长　何福龙
党委副书记、总经理　白　浪
副董事长　陈金铭
副总经理　王燕惠　郑家辉　郭聪明
　　　　　杜少华
纪委书记、工会主席　张运明

厦门海翼集团有限公司
党委书记、董事长　郭清泉
副总经理　余绍洲　谷　涛
纪委书记、工会主席　邱曙平
总会计师　刘艺虹

厦门轻工集团有限公司
党委书记、董事长　杨庆伟
党委副书记、总经理　黄聪海
党委副书记、董事长　张伟忠
副董事长　沈　沂
副总经理　黄东文　郭青峰
纪委书记、工会主席　杨全发

厦门住宅建设集团有限公司
党委书记、董事长　杨贤平
党委副书记、总经理　苏玉荣
副董事长　张希沛　甄　宁
纪委书记、工会主席　陈　明
副总经理　王水育　叶海水
总会计师　邱怀东
总工程师　韩玉文

厦门经济特区房地产开发集团有限公司
党委书记、董事长　吴鹭生
党委副书记、总经理　黄偏明
党委副书记、纪委书记、
工会主席　陈上族
副总经理　卢荣度　阮悦欣
副总经理、总工程师　许文杰
总会计师　徐金臻

厦门信息集团有限公司
党委书记、董事长　江孔雀
党委副书记、总经理　刘冬林
党委副书记、纪委书记、
工会主席　郭晓芳
副总经理　高友弟　黄中祥

厦门金圆投资集团有限公司
党委书记、董事长　许晓曦
副总经理　黄昆明　洪文瑾
　　　　　薛　荷
纪委书记、工会主席　黄威飘
总会计师　杨清榕

厦门轨道交通集团有限公司
党委书记、董事长　黄灵强
党委副书记、总经理　程正明
党委副书记、纪委书记　黄雀喧
副总经理　许黎明　徐建平
　　　　　张大成　蔡　波
总会计师　方耀民
工会主席　郭景云
总工程师　李少波

厦门市政集团有限公司
党委书记、董事长　陈飞铭
党委副书记、总经理　王良睦
副董事长　铁志毅
党委副书记　张水木
副总经理　陈志成
工会主席　苗金美

厦门公交集团有限公司
党委书记、董事长　韩鲁闽
党委副书记、总经理　林荣生

厦门市粮食购销有限责任公司
党委书记、董事长　陈友贺
党委副书记、总经理、
副董事长　赵康成

厦门市供销社集团公司
党委书记、董事长、
副总经理

厦门保障性安居工程建设投资公司
党委书记、董事长　钟兴弘

厦门火炬集团有限公司
党委书记、董事长　马洪斌
党委副书记、总经理　陈炎村

厦门象屿集团有限公司
董事长、党委副书记　张水利

厦门海沧投资集团有限公司
党委书记、董事长　李　丹
党委副书记、总经理　侯广利

厦门银行
党委书记、董事长　吴世群
监事长、党委副书记、纪委书记、
工会主席　张永欢

厦门农村商业银行股份公司
党委书记、董事长　王晓健

责任编辑：曲　艺
　　　　　王　岩
审　　稿：白延婧
责任校对：林德全

31 附 录

统计资料

表 31-1 **2016 厦门市社会经济主要指标完成情况**

指标	单位	2016 年	2015 年	比 2015 年增长（%）
一、城市基本情况				
全年供水量	万吨	43282	43223	0.1
# 居民家庭用水	万吨	16158	15612	3.5
全年用电总量	亿千瓦小时	229.96	211.29	8.8
# 居民生活用量	亿千瓦小时	51.21	45.38	12.8
年末实有公交营运车辆	辆	4819	4691	2.7
全年公交客运总量	万人次	88492	91614	-3.4
年末实有出租汽车数	辆	5860	5892	-0.5
轮渡客运总量	万人次	2830	3114	-9.1
二、人口情况				
全市总人口	万人	392	386	1.6
户籍总人口	人	2205489	2111465	4.5
# 城镇人口	人	1868833	1681758	11.1
自然净增人口数	人	35589	26592	33.8
人口自然净增率	‰	16.49	12.83	28.5
年平均户籍总人口	人	2158477	2072929	4.1
三、劳动就业和工资				
城镇非私营单位从业人员数	人	1391506	1367698	1.7
职工平均工资	元	69218	64319	7.6

续表 31-1

指标	单位	2016 年	2015 年	比 2015 年增长（%）
四、经济总量指标				
地区生产总值（当年价）	万元	37842662	34660288	7.9
第一产业	万元	231850	239295	–5.1
第二产业	万元	15445916	15112759	5.7
第三产业	万元	22164896	19308234	9.8
人均生产总值（按户籍人口计算）	元	175321	167204	3.6
人均生产总值（按常住人口计算）	元	97282	90379	6.4
五、工业				
规模以上工业增加值	万元	12663802	12196979	5.4
# 国有控股企业	万元	1824741	1795181	3.1
# 外商及港、澳、台商投资企业	万元	7906442	7997921	–1.1
# 轻工业	万元	4581097	4686583	–5.5
# 重工业	万元	8082706	7510396	12.0
# 大中型工业企业	万元	9931231	9500945	4.1
规模以上工业销售产值（当年价）	万元	49152784	47591589	3.2
# 出口交货值	万元	19706285	20461029	–3.4
六、农业				
农林牧渔业总产值（现价含农林牧渔服务业产值）	万元	437047	449354	–4.9
农业	万元	209535	218830	–7.1
林业	万元	1930	1673	20.1
牧业	万元	121622	108503	9.6
渔业	万元	61910	80048	–22.8
农林牧渔服务业	万元	42050	40300	2.6
七、运输、邮电（系统内）				
客运量	万人	9602	9039	6.2
铁路（发送量）	万人	2398	2122	13.0
公路	万人	4139	3956	4.6
水路	万人	791	779	1.5
航空	万人	2274	2181	4.2
货运量	万吨	27832	25774	8.0
铁路（发送量）	万吨	691	722	–4.2
公路	万吨	19008	17650	7.7
水路	万吨	8100	7372	9.9
航空	万吨	33	31	5.7
港口货物吞吐量	万吨	20910.78	21022.52	–0.5
集装箱吞吐量	万标箱	961.37	918.28	4.7

续表 31-1

指标	单位	2016 年	2015 年	比 2015 年增长（%）
邮电业务总量（可比价）	亿元	256.07	177.41	44.3
# 邮政业务总量	亿元	46.17	35.15	31.3
电信（移动通信、无线寻呼）业务总量	亿元	209.90	142.26	47.5
八、固定资产投资				
# 固定资产投资（不含农户）	万元	21598097	18876528	14.4
# 岛外固定资产投资额	万元	15187415	13360600	13.7
# 基础设施投资	万元	7923531	5903611	34.2
# 房地产开发投资	万元	7657970	7740727	-1.1
当年新增固定资产	万元	5936411	5810570	2.2
商品房竣工面积	万平方米	486	490.47	-0.9
# 住宅	万平方米	240	274.17	-12.5
九、商业、物价				
社会消费品零售总额	万元	12834596	11684228	9.8
居民消费价格指数（以上年为基数）	%	101.7	101.7	持平
十、对外经济				
利用外资：项目个数	个	1278	726	76.0
合同外资金额	万美元	756797	403303	87.6
实际利用外资	万美元	222401	209373	6.2
外贸进出口总额（海关数）	万美元	7717681	8320211	-7.2
出口总额	万美元	4694291	5347405	-12.2
进口总额	万美元	3023390	2972806	1.7
国家银行结汇收入	万美元	2952121	3530109	-16.4
国家银行售汇支出	万美元	2954920	3922331	-24.7
十一、财政				
财政总收入（含上划中央税收）	万元	10833443	10017556	8.2
# 地方级财政收入	万元	6479366	6060967	8.6
当年财政支出	万元	7586381	6511705	16.5
十二、金融				
中资金融机构各项人民币存款余额	万元	90566075	81949939	10.5
# 境内住户存款余额	万元	21720007	20502746	5.9
中资金融机构各项人民币贷款余额	万元	76573796	66198639	15.7
十三、教育				
各级学校专任教师数	人	49493	46467	6.5
# 普通学校合计	人	47285	44630	5.9
普通高等学校本专科	人	9284	9303	-0.2
普通中等学校	人	12882	12471	3.3

续表 31-1

指标	单位	2016年	2015年	比2015年增长（%）
中等职业学校（机构）	人	1844	1773	4.0
技工学校	人	253	253	持平
普通中学	人	10785	10445	3.3
小学	人	15405	14399	7.0
特殊教育学校	人	163	155	5.2
幼儿园	人	9551	8302	15.0
成人学校合计	人	2208	1837	20.2
各级学校在校学员	人	936336	891668	5.0
# 普通学校合计	人	793276	758005	4.7
研究生	人	15940	15587	2.3
普通高等学校本专科	人	142948	143992	–0.7
普通中等学校	人	189854	182974	3.8
中等职业学校（机构）	人	37694	36148	4.3
技工学校	人	6468	6520	–0.8
普通中学	人	145692	140306	3.8
小学	人	296143	278931	6.2
特殊教育学校	人	467	451	3.5
幼儿园	人	147924	136070	8.7
成人学校合计	人	143060	133663	7.0
十四、文化、教育				
公共图书馆数	个	10	10	持平
公共图书馆藏书量	万册	587.43	544.05	8.0
图书流通册次	万册次	893.07	881.12	1.4
十五、卫生、福利				
卫生机构数	个	1578	1437	9.8
# 医院	个	47	45	4.4
卫生机构床位数	张	14939	14303	4.4
# 医院	张	13694	13071	4.8
工作人员数	人	34443	31424	9.6
# 卫生技术人员	人	27497	25099	9.6
# 医生（含助理医生）	人	11119	9953	11.7
十六、人民生活				
城镇居民人均可支配收入	元	46254	42607	8.6
城镇居民人均消费性支出	元	30867	28929	6.7
农村居民人均可支配收入	元	18885	17558	7.6

注：表中地区生产总值、农业总产值等总量指标绝对数以当年价标出，相对数则以可比价计算

表 31–2　**2016 年全国副省级城市主要经济指标（快报数）**

主要经济指标	厦门	沈阳	大连	长春	哈尔滨	南京	杭州	宁波	济南	青岛	武汉	广州	深圳	成都	西安
地区生产总值（亿元）	3784.25			5928.50	6101.60	10503.02	11050.49	8541.10	6536.12	10011.29	11912.61	19610.94	19492.60	12170.20	6257.18
比上年增长（±%）	7.9		6.5	7.8	7.3	8	9.5	7.1	7.8	7.9	7.8	8.2	9	7.7	8.5
规模以上工业增加值（亿元）	1264.79			2332.20	1001.60	3050.55	2983.91	2799.10				4877.85	7199.47		1178.39
比上年增长（±%）	5.4	–19.7	7.6	8.3	5	4.8	5.6	7.3	7.3	7.5	5	6.5	7	7.4	9.9
全社会固定资产投资（亿元）	2159.81	1631.60	1436.36	4659.00	5040.10	5533.56	5842.42	4961.40	3974.30	7454.70	7093.17	5703.59	4078.16	8370.50	5191.36
比上年增长（±%）	14.4	–69.4	–68.5	10.5	9.7	2	5.1	10.1	13.7	13.7	–2.6	8	23.6	14.3	2
社会消费品零售总额（亿元）	1283.46	3985.90	3410.12	2650.30	3744.20	5088.20	5176.20	3667.60	3764.80	4104.90	5610.59	8706.49	5512.76	5647.40	3730.70
比上年增长（±%）	9.8	2.5	10.4	9.8	10.3	10.9	10.5	10.3	10.4	10.5	10	9	8.1	10.4	9.6
进出口总额（海关口径）（亿美元）	5091.55（亿元）	113.30	514.70	141.60	39.70	502.12	679.92	948.70	639.7（亿元）	4350.67（亿元）	237.81	1297.06	3984.39	410.10	1828.46（亿元）
比上年增长（±%）	–1.4	–19.3	–6.6	1.4	–17.2	–5.7	2.2	–5.1	13	–0.2	–15.2	–3.1	–9.9	4	3.8
外商直接投资实际到位金额（亿美元）	22.24	8.20	30.02	12.90	32.10	34.79	72.09	45.10	112.30	70.02	85.23	57.01	67.32	86.17	45.10
比上年增长（±%）	6.2	–23.1	11.1	8	7.1	4.3	1.4	6.6	14.7	11.3	16.1	5.3	3.6	14.5	14
地方财政一般预算收入（亿元）	647.94	620.90	611.90	415.50	376.20	1142.60	1402.38	1114.50	641.20	1100.00	1322.10	1393.85	3136.42	1175.40	641.10
比上年增长（±%）	8.6	2.4	5.5	7	7.5	12	13.2	10.5	9.9	10.3	10.1	5.2	15	7	11.1
地方财政一般预算支出（亿元）	758.64	829.40	870.30	770.60	876.90	1173.79	1404.31	1289.30	741.00	1352.80		1943.68	4178.04	1597.20	942.50
比上年增长（±%）	16.5	2.6	–4.4	0.6	6.3	12.3	16.4	2.8	12.5	10.6		12.5	18.6	9.5	2.8
城镇居民人均可支配收入（元）	46254	39135	38050	31069	33190	49997	52185	51560	43052	43598	39737	50941	48695	35902	35630
比上年增长（±%）	8.6	6.8	6	6.8	7.1	8.4	8	7.7	7.9	8	9.1	9	9.1	8.1	7.4
城镇居民人均消费性支出（元）	30867	27655	27119	24096	24340	29772	35686	31584		28285	26535	38398	36481	23514	23799
比上年增长（±%）	6.7	6.9	5	3.8	6	7.1	5.5	6.5		8.6	10.8	7.4	12.7	8.6	6.2

表 31–3　**2016 年福建省设区市主要经济指标（快报数）**

	单位	厦门市	福州市	莆田市	三明市	泉州市	漳州市	南平市	龙岩市	宁德市
地区生产总值	亿元	3784.25	6197.77	1823.43	1860.82	6646.63	3125.34	1457.74	1895.67	1623.22
比上年增长	%	7.9	8.5	8.9	7.8	8	9.3	6.8	8.1	7.5
规模以上工业增加值	亿元	1264.79	1983.02	842.32	845.78	3052.59	1396.33	476.19	579.62	702.71
比上年增长	%	5.4	7.7	8.2	7.5	7.7	8.1	7.2	7.4	8.2
工业产品产销率	%	93.86	96.69	98.86	98.7	95.66	97.56	96.41	97.81	96.8
比上年增长	%	–0.1	–0.24	0.2	0.23	–0.77	–0.93	0.41	–0.12	1.06
社会消费品零售总额	亿元	1283.46	3763.14	623.13	480.63	2724.65	875.59	556.68	729.00	512.35
比上年增长	%	9.8	11.6	11.5	9.6	10.8	12.7	10.5	14	10.1
固定资产投资额（不含农户）	亿元	2159.81	5184.36	1938.08	2141.72	3748.01	2827.93	1694.40	2188.04	1225.15
比上年增长	%	14.4	6.8	11.8	12	10	12.4	–4.5	15.2	–2.6
进出口总额	亿元	5091.55	2082.17	298.96	141.82	1540.99	580.27	83.21	248.51	254.69
比上年增长	%	–1.4	1.8	0.7	8.8	–8	0.2	8.7	8	–3.1
财政一般预算收入	亿元	647.94	572.46	115.73	94.70	424.08	187.64	82.97	131.41	100.97
比上年增长	%	8.6	10.3	–0.3	1.9	6.7	5.7	–1.5	3	–3.4
财政支出（不含基金）	亿元	758.64	739.93	207.54	253.15	601.59	369.40	253.01	274.22	268.87
比上年增长	%	16.5	16.7	9.9	5.2	11.4	3.8	5.4	6.3	8.4
金融机构本外币存款余额	亿元	9788.27	12432.31	1712.39	1500.45	6790.41	2558.26	1577.90	1763.93	1364.33
比上年增长	%	10.3	10.3	6.5	11.7	2.7	9	11.4	11.6	11.9
金融机构本外币贷款余额	亿元	8617.24	12538.24	1654.16	1264.91	5865.47	2167.30	1172.09	1454.14	1493.69
比上年增长	%	13.9	12.8	12.8	4.7	8	13.7	7	5.6	6.6
城镇居民人均可支配收入	元	46254	37833	31818	29677	39656	30726	27818	30408	28164
比上年增长	%	8.6	8.2	8.7	8.3	6.4	9.4	6.5	7.8	8.2
城镇居民人均消费性支出	元	30867	26392	21584	21183	25210	21467	18503	20784	19982
比上年增长	%	6.7	6.3	6.8	6.4	5	7.5	4.6	5.9	6.5
农村居民人均可支配收入	元	18885	16346	15131	13918	17179	15320	13331	14429	13516
比上年增长	%	7.6	7.5	9	8.7	8.3	10.5	8.7	8.7	9.1
农村居民人均消费性支出	元	16300	14033	12932	10598	13480	11006	10087	10748	10646
比上年增长	%	6.8	6.7	8.2	7.8	6.9	9.5	7.9	7.9	8.4

厦门市2016年国民经济和社会发展统计公报

（2017年3月21日）

厦门市统计局　国家统计局厦门调查队

2016年，在市委、市政府的正确领导下，全市认真落实五大发展理念，积极适应经济发展新常态，深入推进供给侧结构性改革，实施创新驱动发展战略，有效应对经济下行压力和台风灾害等不利因素影响，经济发展的质量和效益不断提高，经济和社会保持稳定发展态势，较好实现了“十三五”良好开局。

一、综合

经济总量

初步核算，全年地区生产总值（GDP）3784.25亿元，按可比价格计算，比上年增长7.9%。其中，第一产业增加值23.45亿元，下降5.5%；第二产业增加值1558.62亿元，增长5.7%；第三产业增加值2202.18亿元，增长9.8%。三次产业结构为0.6∶41.2∶58.2。按常住人口计算的人均地区生产总值97282元，增长6.3%，折合14646美元。全市万元地区生产总值耗电607.68千瓦小时，比上年减少1.94千瓦小时；万元地区生产总值耗水9.92吨，减少0.56吨。

财政收支

全市实现公共财政预算总收入1083.34亿元，比上年增长8.2%，其中地方级财政收入647.94亿元，增长8.6%。在地方级财政收入中，实现税收收入527.95亿元，增长9.6%，其中增值税、改征增值税和营业税206.97亿元，增长4.8%；企业所得税101.23亿元，增长13.5%；个人所得税40.89亿元，增长46.4%；土地增值税76.38亿元，增长22.5%。

全年财政支出758.64亿元，增长16.5%。其中教育支出109.06亿元，增长9.9%；科学技术支出21.27亿元，增长16.9%；城乡社区事务支出141.14亿元，增长68.9%；社会保障和就业支出49.04亿元，增长4.2%；医疗卫生与计划生育支出49.75亿元，增长19.4%。

价格

全年居民消费价格比上年上涨1.7%（见表31-4），其中，服务项目价格上涨2.5%，消费品价格上涨1.3%。

工业生产者出厂价格指数为97.1。其中，轻工业产品出厂价格上涨0.1%，重工业产品出厂价格下降4.2%。从两大部类来看，生产资料产品出厂价格下降3.6%，其中原料、加工出厂价格分别下降5.3%和3.4%；生活资料产品出厂价格下降1.4%，其中食品、衣着、一般日用品出厂价格分别上涨1.8%、1.4%和1.3%，耐用消费品出厂价格下降7.0%。

表31-4　**2016年居民消费价格总指数**

项目名称	指数（以上年为100）
居民消费价格总指数	101.7
一、食品烟酒	104.0
1. 食品	105.1
粮食	99.2
食用油	99.7
菜	112.8
畜肉类	111.5
禽肉类	101.9
水产品	105.6
蛋类	100.8
干鲜瓜果类	97.9
2. 烟酒	101.5
3. 在外餐饮	102.3
二、衣着	98.6
三、居住	102.5
四、生活用品及服务	99.7
五、交通和通信	98.6
六、教育文化和娱乐	101.0
七、医疗保健	101.7
八、其他用品和服务	102.9

各区经济

各区实现地区生产总值分别为：思明区 1161.38 亿元，比上年增长 8.4%；湖里区 820.61 亿元，增长 7.5%；海沧区 543.66 亿元，增长 7.0%；集美区 551.04 亿元，增长 8.7%；同安区 313.72 亿元，增长 7.9%；翔安区 393.85 亿元，增长 7.5%。

其中，各区实现工业增加值分别为：思明区 66.57 亿元，比上年增长 2.4%；湖里区 322.10 亿元，增长 6.3%；海沧区 290.07 亿元，增长 2.3%；集美区 222.63 亿元，增长 7.1%；同安区 162.69 亿元，增长 7.5%；翔安区 254.29 亿元，增长 6.2%。

各区实现社会消费品零售总额分别为：思明区 486.40 亿元，比上年增长 11.1%；湖里区 364.49 亿元，增长 5.0%；海沧区 153.11 亿元，增长 6.2%；集美区 124.11 亿元，增长 12.0%；同安区 101.50 亿元，增长 23.1%；翔安区 53.84 亿元，增长 17.4%。

各区实现固定资产投资（不含农户）分别为：思明区 274.30 亿元，比上年增长 16.1%；湖里区 366.97 亿元，增长 16.4%；海沧区 430.22 亿元，增长 16.4%；集美区 377.92 亿元，下降 1.4%；同安区 271.76 亿元，增长 19.8%；翔安区 438.64 亿元，增长 23.1%。

全年区级公共财政预算收入 188.00 亿元，比上年增长 8.4%，其中思明区 51.20 亿元，增长 4.3%；湖里区 39.23 亿元，下降 3.4%；海沧区 34.20 亿元，增长 18.2%；集美区 30.82 亿元，增长 14.9%；同安区 16.64 亿元，增长 18.3%；翔安区 15.90 亿元，增长 14.4%。

二、农村经济

全年农林牧渔业总产值 43.70 亿元，比上年下降 4.9%。其中，农业产值 20.95 亿元，下降 7.1%；林业产值 0.19 亿元，增长 20.1%；牧业产值 12.16 亿元，增长 9.6%；渔业产值 6.19 亿元，下降 22.8%；农林牧渔服务业产值 4.21 亿元，增长 2.6%。

全年农作物总播种面积 38.66 万亩，比上年下降 1.3%。粮食播种面积 9.87 万亩，下降 1.6%，粮食总产量 3.53 万吨，下降 3.4%；蔬菜播种面积 23.57 万亩，与上年持平，蔬菜总产量 52.30 万吨，下降 7.5%；水果播种面积 8.35 万亩，下降 9.7%，水果总产量 1.6 万吨，下降 16.2%。肉类总产量 4.97 万吨，增长 13.1%；蛋品总产量 4111 吨，下降 2.9%；乳品总产量 792 吨，下降 7.7%。至年末，全市生猪存栏数 20.43 万头，下降 6.8%，生猪累计出栏 53.68 万头，增长 9.5%；年末家禽存栏数 152.97 万只，增长 24.7%，家禽累计出栏数 460.8 万只，增长 42.7%；水产品产量 4.44 万吨，下降 14.7%。

三、工业和建筑业

工业

全年实现规模以上工业增加值 1264.79 亿元，增长 5.4%，占全市地区生产总值的 33.4%。

至年末，全市规模以上工业企业 1699 家，实现工业总产值 5254.71 亿元。其中产值超亿元的企业 587 家，实现产值 4761.78 亿元，占全市规模以上工业总产值的 90.6%。

规模以上工业中，重工业完成增加值 825.89 亿元，比上年增长 12%；轻工业完成增加值 438.89 亿元，下降 5.5%，重工业与轻工业之比为 1.88：1。

电子、机械两大支柱行业共有规模以上工业企业 826 家，占全市规模以上工业企业数的 48.6%，完成工业总产值 3594.11 亿元，占全市规模以上工业的 68.4%。电子行业实现总产值 1984.82 亿元，增长 2.2%；机械行业实现总产值 1609.29 亿元，增长 6.8%。

全市规模以上工业企业实现销售产值 4932.13 亿元，产销率为 93.9%。出口交货值 1988.14 亿元，比上年下降 3.4%，出口交货值率 40.3%。全年出口交货值超亿元的企业 215 家，出口交货值 1773.6 亿元，占全市规模以上工业出口交货值的 89.2%。全年出口交货值增量超亿元的企业 48 家，实现出口交货值增量 162.91 亿元，其中出口交货值增量超十亿元的企业 2 家。

规模以上工业经济效益综合指数为 225.03，比上年提高 17.9 个点。其中，总资产贡献率 9.56%，提高 1.31 个百分点；资本保值增值率 105.97%，提高 0.17 个百分点；资产负债率 50.25%，降低 0.36 个百分点；流动资产周转率 1.63 次，减慢 0.03 次；成本费用利润率 6.16%，提高 1.93 个百分点；全员劳动生产率为 21.28 万元 / 人，净增 1.39 万元 / 人。实现利润总额 272.79 亿元，增长 48.2%。

主要工业产品生产情况：全市规模以上工业企业生产液晶显示屏 12669 万片，下降 13.5%；集成电路 12176 万块，增长 23.2%；彩色电视机 718 万台，下降 32.4%；液晶显示模组 1169 万套，增长 38.8%（见表 31–5）。

表 31–5　**2016 年主要工业产品产量**

产品名称	单位	2016 年	比上年增长（%）
液晶显示屏	万片	12669	–13.5
集成电路	万块	12176	23.2
轮胎外胎	万条	1772	6.5
彩色电视机	万台	718	–32.4
液晶显示模组	万套	1169	38.8
微型电子计算机	万台	729	–0.1
移动电话	万台	216	–48.7
印制电路板	万平方米	370	–3.8
笔记本计算机	万台	332	1.0
数码相机	万台	124	–9.5
民用钢质船舶	万载重吨	6.34	–51.6
路由器	万台	12	3.9
摩托车	万辆	11	–0.8
客车	万辆	5	–13.7

建筑业

建筑业增加值254.81亿元，比上年增长6.7%。全市具有资质等级的建筑业企业共完成建筑业总产值1456.14亿元，增长31.6%，其中建筑工程产值1378.14亿元，增长33.3%；安装工程产值62.98亿元，增长13.3%；当年建筑企业新签合同价款1655.60亿元，增长54.5%。

四、固定资产投资

固定资产投资（不含农户）2159.81亿元，比上年增长14.4%。分产业看，第一产业投资增长16.4%，第二产业投资增长12.2%，第三产业投资增长14.9%，三次产业投资比例为0.1：18.6：81.3。

基础设施投资792.35亿元，增长34.2%，其中交通运输业投资500.08亿元，增长59.8%。工业投资397.72亿元，增长12.2%，其中制造业投资354.42亿元，增长18.2%。社会事业投资83.80亿元，下降15.5%。

房地产开发投资765.80亿元，下降1.1%，占固定资产投资（不含农户）的35.5%。其中土地购置费268.02亿元，下降9.8%，占房地产投资的35.0%。全市商品房施工面积4312.20万平方米，下降0.5%；商品房新开工面积548.46万平方米，下降7.4%。

五、交通、邮电、旅游和会展

交通

交通运输、仓储和邮政业增加值282.58亿元，比上年增长8.8%。旅客运输量0.96亿人次，增长6.2%；旅客周转量394.88亿人公里，增长9.8%；货物运输量2.78亿吨，增长8.0%；货物周转量1636.44亿吨公里，增长11.4%。至年末，厦门港现有生产性泊位164个（含漳州），其中万吨级以上泊位75个；全年港口货物吞吐量2.09亿吨，下降0.5%；港口集装箱吞吐量961.37万标箱，增长4.7%。

厦门空港现开通运营城市航线182条，在厦门机场通航运营的外国（地区）航空公司15家，与26个国际及境外城市（含香港、澳门、台北、高雄）通航。空港旅客吞吐量2273.76万人次，比上年增长4.2%，其中，国际及地区航线旅客吞吐量299.62万人次，增长10.2%；空港货邮吞吐量32.84万吨，增长5.7%。

邮电

全年邮电业务总量256.07亿元，比上年增长44.3%，其中邮政业务总量46.17亿元，增长31.3%；电信业务总量209.90亿元，增长47.5%。至年末，全市固定电话用户129.53万户，减少1.69万户；移动电话用户571.27万户，减少12.39万户，其中3G移动电话用户61.70万户，4G移动电话用户392.29万户；固定互联网宽带接入用户168.81万户，增加24.36万户；移动互联网用户480.42万户，增加20.59万户。

旅游

全年接待国内外游客6770.16万人次，比上年增长12.2%，旅游总收入968.26亿元，增长16.3%。其中接待入境游客357.81万人次，增长12.8%，入境过夜游客228.50万人次，增长12.8%，旅游创汇27.69亿美元，增长38.7%。接待国内游客6412.35万人次，增长12.1%，过夜国内游客2869.80万人次，增长10.0%，国内旅游收入788.33亿元，增长11.3%。至年末，全市共有旅游住宿单位2503家，其中星级酒店73家，五星级酒店18家。

会展

全年举办各类展览活动230场，展览总面积215万平方米，增长12.6%。举办50人以上的商业性会议7350场，参会总人数162万人。会展经济总体效益365.45亿元，增长14.9%。

六、国内贸易

社会消费品零售总额1283.46亿元，比上年增长9.8%。其中商品零售1143.20亿元，增长10.4%；餐饮收入140.26亿元，增长5.2%。

限额以上企业实现零售额891亿元，增长9.8%，占全市社会消费品零售总额的69.4%；限额以下单位实现零售额392.46亿元，增长9.9%。全年零售额超亿元的批发零售贸易企业有174家，实现零售额727.54亿元，净增99.82亿元，增长15.9%；零售额超千万元的住宿餐饮企业有95家，实现零售额52.54亿元，净增2.66亿元，增长5.3%。

在限额以上批发零售贸易企业商品零售额中，汽车类零售额292.99亿元，增长12.0%；服装、鞋帽、针纺织品类零售额123.98亿元，增长31.1%；石油及制品类零售额96.09亿元，下降3.4%；粮油食品烟酒饮料类零售额94.12亿元，增长7.0%；通讯器材类零售额36.06亿元，增长23.4%；日用品类零售额28.29亿元，下降3.1%；金银珠宝类零售额10.09亿元，下降11.5%；化妆品类零售额6.81亿元，增长12.1%。

七、对外经济

对外贸易

全年实现外贸进出口总值5091.55亿元，比上年下降1.5%，其中出口3094.22亿元，下降6.7%；进口1997.33亿元，增长8.0%；贸易顺差1096.89亿元，下降25.3%。

民营企业进出口总值1992.60亿元，下降6.2%，其中出口1503.0亿元，下降10.7%，进口489.60亿元，增长11.2%；外资企业进出口总值2094.42亿元，下降6.2%，其中出口1250.70亿元，下降4.9%。

一般贸易进出口总值3259.27亿元，增长1.5%，其中出口1982.28亿元，下降8.4%；进口1276.99亿元，增长21.8%。

对台进出口贸易总值358.06亿元，下降12.3%，其中对台出口90.86亿元，下降5.2%；进口267.19亿元，下降14.5%。

利用外资

全年新批外商投资项目1278个，合同利用外资75.68亿美元，比上年增长81.8%；实际利用外资22.24亿美元，增长6.2%。

全年引进千万美元项目211个，合同外资66.70亿美元，比上年增长93.2%，其中新批项目189个，合同外资59.90亿美元，增资项目22个，合同外资6.80亿美元。至年末，历年累计共有60个全球500强公司在厦投资109个项目，合同利用外资33.20亿美元，实际利用外资25.20亿美元。

对外劳务与投资

全年对外协议投资项目359个，投资额55.35亿美元，增长1.5倍，其中中方投资总额53.38亿美元，增长1.5倍，实际投资总额29.75亿美元，增长4.1倍。实现对外承包劳务合同总金额1.72亿美元，增长41.3%；实现营业额1.9亿美元，增长4.7%；派出各类劳务人员13032人，增长17.4%；至年末，在外劳务人数10885人，比上年末增加112人。

八、金融、保险和证券

金融

至年末，全市各类银行业金融机构主体44家，其中法人银行业金融机构9家，比上年末增加1家。至年末，中外资金融机构本外币各项存款余额9788.27亿元，比上年末增长10.3%；中资金融机构人民币各项存款余额9056.61亿元，增长10.5%，其中住户存款余额2172.00亿元，增长5.9%，非金融企业存款余额3575.85亿元，增长9.3%。

至年末，中外资金融机构本外币各项贷款余额8617.24亿元，增长13.9%；中资金融机构人民币各项贷款余额7657.38亿元，增长15.7%，其中短期贷款余额2169.76亿元，增长4.0%，中长期贷款余额4961.12亿元，增长20.7%。

保险

全市保险公司37家，其中财产保险公司20家、人身保险公司17家；保险专业中介机构42家。全年实现保费收入162.60亿元，增长11.1%，其中财产险实现保费收入63.18亿元，增长3.0%，人身险实现保费收入99.42亿元，增长17.0%。赔付支出74.72亿元，增长41.7%，其中财产险赔付支出51.12亿元，增长42.8%，人身险赔付支出23.61亿元，增长39.3%。

证券

全市法人证券公司1家，证券公司分公司16家，比上年增加5家，证券营业部84家，比上年增加7家；法人期货公司2家，期货分公司3家，比上年增加1家，期货营业部29家。至年末，全市证券投资者开立资金账户数152.18万户，增长16.3%，客户交易结算资金余额129.90亿元，下降30.9%，全年证券交易额4.09万亿元，下降43.6%。至年末，期货投资者开立资金账户数4.27万户，增长48.9%，客户交易结算资金余额60.57亿元，下降6.2%，全年期货交易额2.91万亿元，下降76.8%。

九、教育、科学技术和城市信息化

教育

全市拥有各级学校（含成人教育、社会办学）1294所，学年初招生数23.31万人，在校学生数110.78万人。其中普通高等学校16所，学年初招生数4.50万人，在校学生数15.89万人；普通中等学校114所，学年初招生数6.86万人，在校学生数18.99万人；小学300所，学年初招生数5.38万人，在校学生数29.61万人；幼儿园690所，学年初在园人数14.79万人；成人学校170所，学年初招生数4036人，在校学生数31.46万人；特殊教育学校4所，学年初在校学生467人。在各级各类学校中任职的专任教师4.98万人，平均每一教师负担学生22人。

科学技术

福厦泉国家自主创新示范区获批建设，入选国家促进科技与金融结合试点城市、国家知识产权综合管理改革试点城市。全市高新技术企业1225家，其中国家火炬计划重点高新技术企业31家。创新型（试点）企业531家，其中国家级14家。建设科技企业孵化器13个、国家、省市级重点实验室81个、工程技术研究中心114个、企业技术中心135个、企业博士后工作站25个。国内专利授权量12109件，其中发明专利授权量2028件。PCT国际专利申请量229件。肝炎治疗国家Ⅰ类新药“派格宾”获批上市。3项科技成果获国家科技奖。全国首家国家级科技领军人才创新创业基地落户厦门。新建130个市级众创空间和12个市级小微企业创业示范基地，一品威客创客空间、两岸青年创业创新创客基地、云创智谷等4家单位被国家认定为“海峡两岸青年创业基地”。

城市信息化

2016年入选“中国城市信息化50强（第十名）”；获评“2016中国智慧城市领军城市”。建成电子证照共享库管理平台；建成城市公共安全管理平台一期，“厦门市城市公共安全平台”获得2016智慧城市优秀案例奖；“厦门市统一实名认证服务平台”获得十二五中国智慧城市创新应用奖；启动市民卡工程建设。厦门软件园获评“2016中国优秀软件园区”、“2016中国最具发展潜力园区”。1家企业入选中国软件业务收入百强；3家企业入选中国互联网企业百强。成功举办第九届厦门国际动漫节。

十、文化、卫生和体育

文化

成功举办第九届海峡两岸文博会、第十二届海峡两岸图书交易会、2016海峡两岸民间艺术节暨“乡音之旅”赴金门巡演活动、2016海峡影视季、2016全国工笔画展等文化品牌活动。

高甲戏《大稻埕》入选文化部“2016年度国家舞台艺术精品创作工程”。厦门艺校小白鹭群舞《厝里艺人》荣获全国舞蹈比赛优秀节目奖、第七届华东专业舞蹈展演表演一等奖、福建省“百合花”专业舞蹈比赛表演创作一等奖，并受邀参加第十一届中国艺术节全国优秀舞蹈节目展演。小品《花开有声》参加第十三届华东戏剧小品大赛获银奖。

全市文物保护单位国家级7处、省级39处、市级110处、区级71处，涉台文物古迹88处；非物质文化遗产项目64个，其中世界级人类口头与非物质文化遗产1个（南音）、国家级11个、省级16个；非物质文化遗产代表传承人121人，其中国家级10人、省级45人。

全市共有公共文化馆7个；博物馆、纪念馆24家；公共图书馆10个。出版发行各类报纸7种，期刊25种，侨刊乡讯13种。共有广播节目7套、电视节目7套。全市商业影院38家、银幕228块，票房收入4.0亿元。农村、社区公益广场电影共放映 7348 场次。

卫生

全市共有各级各类医疗卫生机构 1578 个，其中医院 47 家，社区卫生服务中心 25 个，卫生院 13 个，门诊部 230 个，妇幼保健机构 7 个，疾控预防控制中心 7 个，专科防治院 1 个，疗养院 1 个。专业卫生技术人员 2.75 万人，其中执业医师 10405 人，执业助理医师 714 人，注册护士 11975 人。医疗机构实有床位 14939 张，其中医院 13694 张，疗养院 163 张，卫生服务中心、卫生院 307 张，公共卫生机构床位数 775 张。全市人口平均期望寿命 80.45 岁，其中男性 77.89 岁，女性 83.27 岁。

体育

2016 年厦门国际马拉松赛于 1 月 2 日举行，来自 31 个国家和地区的 30000 名选手参赛。厦门市 7 名运动员参加里约奥运会共获得 2 枚金牌、1 枚银牌、1 枚铜牌和 1 个第四名，并打破 2 项世界纪录的优异成绩，创造了厦门运动员参加奥运会的历史最好成绩。成功举办了 2016 厦门世界半程铁人三项赛暨铁人世锦赛资格赛厦门站比赛、世界杯攀岩赛、世界大学生“三对三”篮球联赛和锦标赛、全国电子竞技总决赛、第八届厦金海峡横渡活动、第六届海峡两岸大学生帆船赛、第十二届中国俱乐部杯帆船挑战赛、厦门国际武术大赛等多项大型赛事活动。至年末，全市共有各类市级体育社会组织 97 个、区级体育社会组织 113 个。

十一、人口、人民生活、就业和社会保障

人口

全市常住人口 392 万人，全市人口出生率 15.1‰，人口死亡率 3.2‰，人口自然增长率 11.9‰，比上年增加 1.2 个千分点。

全市户籍人口 220.55 万人，户籍人口中，城镇人口 186.88 万人，思明、湖里两区合计 105.30 万人，占 56.3%。户籍人口中，男性人口和女性人口分别为 109.21 万人、111.34 万人，性别比为 98.1（女性为 100）。

人民生活

全体居民人均可支配收入 43143 元，比上年增长 8.7%。其中人均工资性收入 30411 元，增长 7.9%；人均经营净收入 4224 元，增长 8.3%；人均财产净收入 4927 元，增长 10.0%；人均转移净收入 3582 元，增长 14.0%。全体居民人均生活消费支出 29211 元，增长 6.8%。

城镇居民人均可支配收入 46254 元，比上年增长 8.6%。其中人均工资性收入 32699 元，增长 7.9%；人均经营净收入 4180 元，增长 7.9%；人均财产净收入 5464 元，增长 9.7%；人均转移净收入 3911 元，增长 13.8%。城镇居民人均生活消费支出 30867 元，增长 6.7%。

农村居民人均可支配收入 18885 元，比上年增长 7.6%。其中人均工资性收入 12566 元，增长 5.6%；人均经营净收入 4567 元，增长 10.8%；人均财产净收入 739 元，增长 13.2%；人均转移净收入 1014 元，增长 13.9%。农村居民人均生活消费支出 16300 元，增长 6.8%。

就业

全市城镇新增就业 17.02 万人，本市农村富余劳动力实现转移就业 1.12 万人；至年末，实有登记失业人数 2.71 万人，城镇登记失业率为 3.36%。

社会保障

至年末，基本养老、基本医疗、工伤、失业和生育保险参保人数分别达到 245.88 万人、351.37 万人、192.30 万人、192.46 万人和 181.88 万人，分别比上年末增长 3.7%、5.8%、4.6%、5.5%、5.9%。其中外来从业人员参加基本养老、基本医疗、工伤、失业和生育保险的人数分别达到 121.11 万人、121.63 万人、121.93 万人、121.01 万人和 121.36 万人，分别增长 5.3%、5.8%、1.4%、5.3% 和 5.8%。各类社会保险基金收入 279.41 亿元、支出 183.27 亿元，各类社会保险基金历年累计结余 759.99 亿元。

全市有医疗保险定点医疗机构 351 家，医疗保险定点零售药店 1226 家，纳入医疗保险定点服务管理的养老服务机构医务室 19 家、村卫生所 297 家，工伤保险协议医疗机构 34 家，工伤保险协议辅助器具配置机构 5 家，工伤保险协议康复机构 2 家。共给本市 3.94 万失业人员发放失业保险金 2.89 亿元。24.34 万名退休人员移交社会化管理服务，全市社会化管理率为 99.33%，社区管理率达到 100%。企业退休职工月平均养老金 3291 元，城乡居民月人均基础养老金 260 元，被征地人员月人均退养金 1457 元。

社会福利与救助

共发放低保金 8575.12 万元，其中城市低保金 6383.16 万元，发放低保对象 11.38 万人次；农村低保金 2191.96 万元，发放低保对象 5.41 万人次。发放医疗救助资金 5268.92 万元，救助 24.30 万人次。发放临时救助资金 1370.20 万元，救助 6914 人次。救助流浪乞讨人员 6659 人次，其中未成年人 211 人次。全市共有养老服务机构 32 家、床位 8520 张。其中公办养老机构 6 家、床位 1828 张；民办养老机构 26 家、床位 6692 张。

十二、环境保护和安全生产

环境保护和治理

2016 年，我市在全省党政领导生态环保目标责任书考核中排名第一；率先于全省获得“国家生态市”命名。全年空气优良天数 362 天，优良率为 98.9%，环境空气质量在全国 74 个重点城市中排名第四。集中式饮用水源地水质达标率 100%。昼间区域环境噪声平均等效声级 55.5dB（A），昼间道路交通噪声平均等效声级 67.8dB（A）。顺利完成 2016 年主要污染物总量减排年度目标，二氧化硫、氮氧化物、化学需氧量和氨氮分别削减 6.57%、12.22%、9.87% 和 5.02%。

城市绿化

城市建成区面积扩大到 334.64 平方公里，拥有公园 120 个，占地面积 2593 公顷；人均公园绿地面积（不含暂住人口）19.98 平方米；建成区绿化覆盖面积 14367 公顷，绿化覆盖率为 42.93%；污水集中处理率 100%；生活垃圾无害化处理率 98%。

公用事业

全年全市自来水供水总量为 4.32 亿吨，其中生产运营用水 1.09 亿吨，居民家庭用水 1.62 亿吨，公共服务用水 0.50 亿吨。全市用电总量 229.96 亿千瓦小时，其中工业用电 117.82

亿千瓦小时，城乡居民生活用电 51.21 亿千瓦小时。全市天然气供气总量 25923 万立方米，其中居民家庭用量 3662 万立方米，用气户数 48.11 万户。

安全生产

全市共发生生产经营性事故 201 起、死亡 113 人。其中，发生 2 起较大事故，未发生重大及以上事故；生产经营性道路交通事故 160 起、死亡 70 人；工矿商贸事故 36 起、死亡 37 人；农业机械、渔业船舶未发生生产安全事故。亿元 GDP 生产安全事故死亡率为 0.024；十万人生产安全事故死亡率为 2.365。

注：

1. 本公报为初步统计数，部分合计数或相对数由于单位取舍不同而产生的计算误差，均不做机械调整。

2. 本公报地区生产总值、各行业增加值、农林牧渔业及工业总产值绝对数按现价计算，增长速度按可比价计算。

3. 本公报万元 GDP 耗电、万元 GDP 耗水指标 GDP 按现价计算，耗水、耗电以全社会口径计算。

2016年厦门市水资源公报（节选）

综　述

厦门市土地总面积1699.39平方公里，当年底户籍人口220.55万人，其中城镇人口186.88万人，农村人口33.67万人，常住人口392万人。全年实现生产总值（GDP）3784.25亿元，其中第一产业增加值23.45亿元，第二产业增加值1558.62亿元（工业增加值1318.35亿元，建筑业增加值254.81亿元），第三产业增加值2202.18亿元。工业总产值5254.71亿元。当年财政总收入1083.34亿元，其中地方级财政收入647.94亿元，城镇居民人均可支配收入46254元，农民人均纯收入18885元。全年粮食播种面积9.87万亩，产量3.53万吨；蔬菜播种面积23.57万亩，产量52.30万吨；全市生猪存栏数20.43万头，家禽存栏数152.97万只。

当年全市平均降水量2313.8毫米，比多年平均值（1956年至2015年，下同）1513.3毫米增加52.90%，属丰水年。全市地表水资源量24.968亿立方米，地下水资源量3.725亿立方米，扣除重复计算量后水资源总量为25.129亿立方米。

当年末中型及主要小（1）型水库蓄水量与上年末比较，增加501.2万立方米，其中中型水库的蓄水量增加219.6万立方米，主要小（1）型水库的蓄水量增加281.6万立方米。

全市年供用水量63857万立方米，其中地表水供应量最大为60305万立方米，占供水总量的94.44%。城镇居民用水量最多，为21114万立方米，占用水总量的33.06%。

从全市水质监测点监测结果显示：我市饮用水源地及大部分重要水体水质达标，除少数河段外，大部分河段都受到不同程度的污染。

1. 水资源量

1.1 降水量

当年全市平均降水量2313.8毫米，比上年增加42.64%，比多年平均值增加52.90%，折合年降水总量39.321亿立方米，属丰水年。全市按照行政区域分成思明区、湖里区、海沧区、集美区、同安区、翔安区六个单元。其中年降水量最大的是同安区，最小的是翔安区。与多年平均值比较，各单元均有不同程度的增加。当年降水量与上年及多年平均值比较情况见表31-6、图31-1。

选定思明区前埔站、湖里区马垄站、海沧区海沧站、集美区杏林湾水库站、同安区汀溪水库站、翔安区马巷站作为各单元的月降水量代表站。各代表站降水量年内分配不均匀，5～9月份降水量约占全年降水量的66.4%～79.5%，每月降水量过程线见图31-2。

表31-6　　各单元降水量情况

项目	思明区	湖里区	海沧区	集美区	同安区	翔安区	全市
年降水量（毫米）	1966.6	1934.2	2336.5	2270.6	2701.4	1840.7	2313.8
折合水量（亿立方米）	1.652	1.427	4.357	6.228	18.082	7.575	39.321
上年降水量（毫米）	1286.5	1300.7	1419.5	1681.2	1873.3	1391.6	1622.1
多年平均降水量（毫米）	1235.4	1210.5	1406.9	1478.8	1793.9	1239.1	1513.3
与上年比较（±%）	+52.86	+48.70	+64.60	+35.06	+44.21	+32.27	+42.64
与多年比较（±%）	+59.19	+59.79	+66.07	+53.54	+50.59	+48.55	+52.90

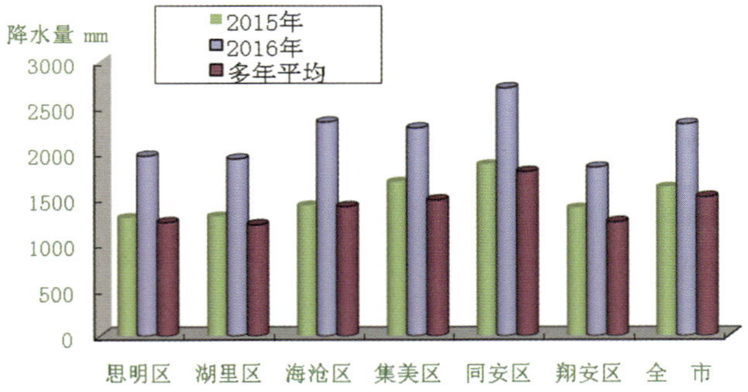

图31-1　2016年各单元降水量与上年及多年平均值比较图

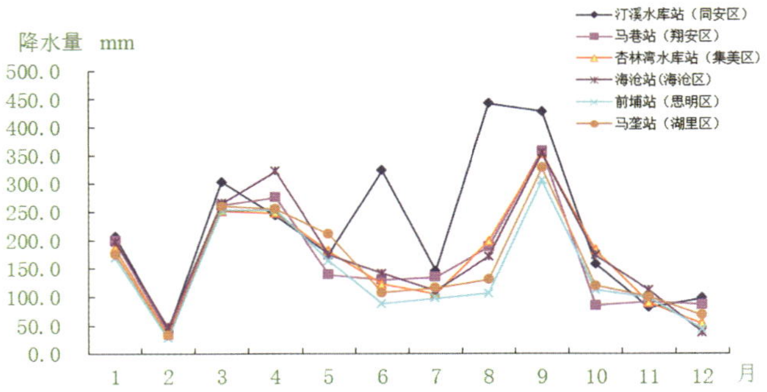

图31-2　2016年代表站月降水量过程线

东西溪流域年降水量 2382.4 毫米，比多年平均值增加 38.95%，属丰水年；后溪流域年降水量 2249.5 毫米，比多年平均值增加 52.84%，属丰水年；九溪流域年降水量 1924.0 毫米，比多年平均值增加 54.33%，属丰水年；官浔溪流域年降水量 2035.5 毫米，比多年平均值增加 45.64%，属丰水年；过芸溪流域年降水量 2492.1 毫米，比多年平均值增加 67.54%，属丰水年。主要河流降水量与上年及多年平均值比较见图 31-3。

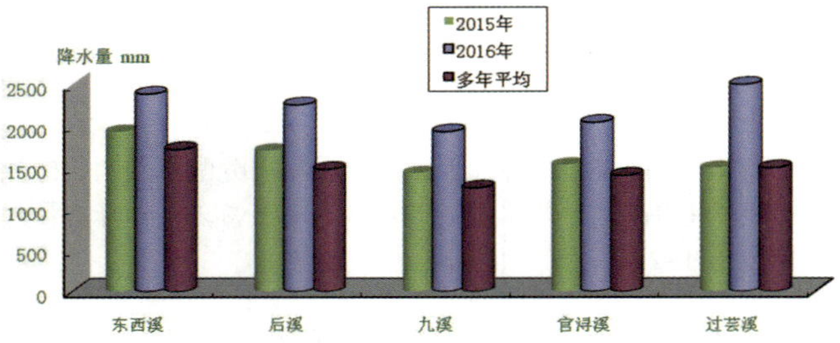

图 31-3　2016 年主要河流降水量与上年及多年平均值比较图

厦门市降水在空间上分布不均匀，同安北部山区为降水高值区，中部平原及沿海一带为低值区。从当年降水等值线图上可以看出，降水区域的分布与多年平均值大体一致。降水量由西北向东南沿海递减，汀溪水库以北山区年降水量在 2600.0 毫米以上。全市最大年降水量发生在同安区汀溪镇荇后村 3663.5 毫米，最小年降水量发生在翔安区新店镇张埭桥水库站 1159.0 毫米。当年厦门市降水量变化和距平等值线见图 31-4 和图 31-5。

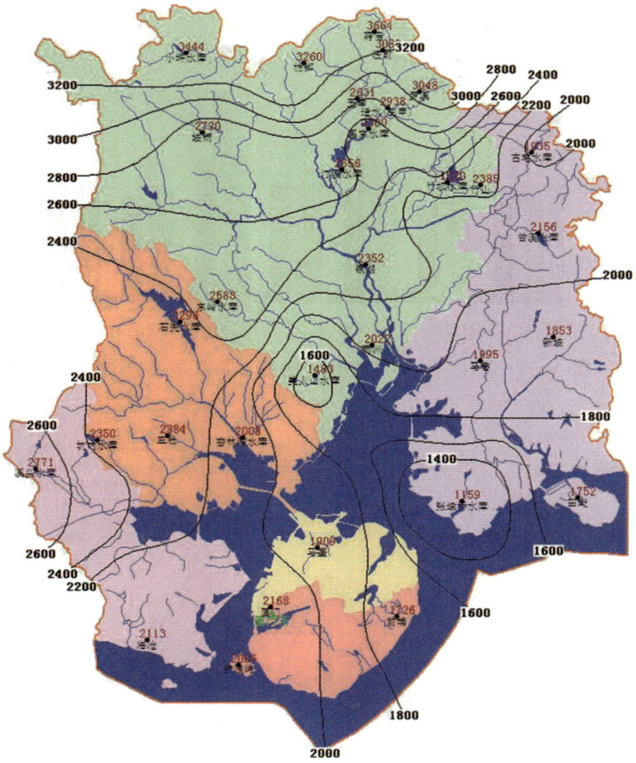

图 31-4　2016 年厦门市年降水量等值线图

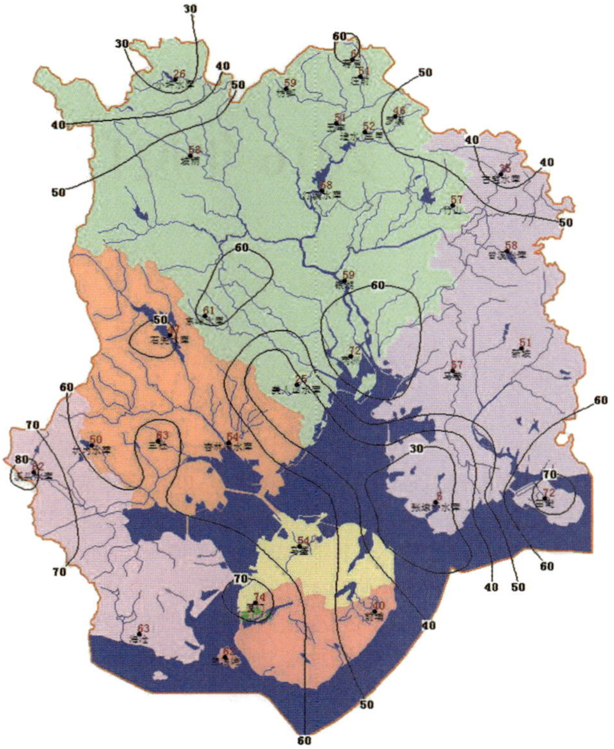

图 31-5　2016 年厦门市降水量距平等值线图

1.2 地表水资源量

全市地表水资源量 24.968 亿立方米，比上年增加 81.27%，比多年平均值增加 93.58%，折合径流深 1469.3 毫米。同安区地表水资源量为 12.079 亿立方米，占全市地表水资源量 48.38%，比上年增加 66.08%，比多年平均值增加 73.42%；思明区、湖里区、海沧区、集美区和翔安区地表水资源量分别为 0.994 亿立方米、0.856 亿立方米、2.771 亿立方米、3.799 亿立方米、4.469 亿立方米，比上年分别增加 124.38%、117.81%、127.50%、71.59%、100.13%，比多年平均值分别增加 133.88%、133.88%、129.58%、95.12%、124.80%。各单元地表水资源量与上年及多年平均值比较见图 31-6。

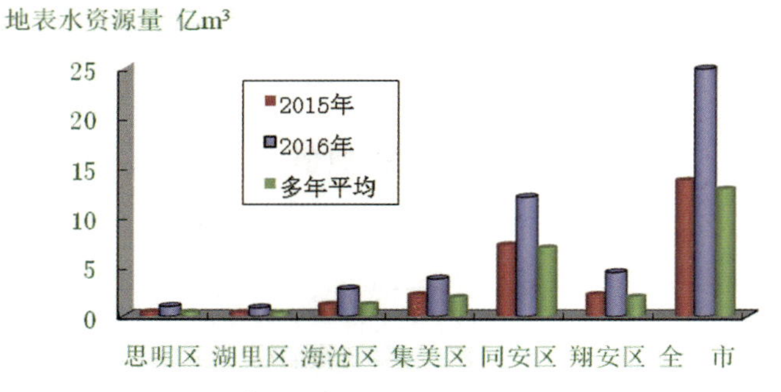

图 31-6　2016 年各单位地表水资源量与上年及多年平均值比较图

全市主要河流东西溪、后溪、九溪、官浔溪、过芸溪的地表水资源量分别为 7.962 亿立方米、3.155 亿立方米、1.105 亿立方米、0.745 亿立方米和 0.758 亿立方米，其中东西溪的地表水资源量最大，占全市的 40.42%，东西溪的地表水资源量比上年增加 37.75%，与多年平均值比较，增加 65.77%；后溪、九溪、官浔溪、过芸溪的地表水资源量比上年分别增加 55.57%、67.17%、58.51% 和 122.94%，与多年平均值比较，分别增加 96.94%、145.56%、87.19% 和 125.60%。主要河流地表水资源量与上年及多年平均值比较见图 31-7。

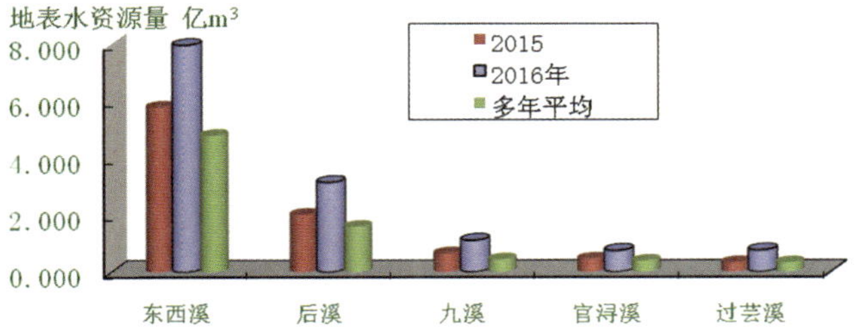

图 31-7 2016 年主要河流地表水资源量与上年及多年平均值比较图

1.3 地下水资源量

全市地下水资源量 3.725 亿立方米，比上年增加 42.78%，其中思明区、湖里区、海沧区、集美区、同安区和翔安区分别为 0.133 亿立方米、0.115 亿立方米、0.415 亿立方米、0.591 亿立方米、1.763 亿立方米和 0.708 亿立方米，各单元与上年同比，分别增加 52.87%、49.35%、65.34%、35.55%、44.15% 和 32.34%。地下水资源量最多的是同安区，占全市地下水资源量的 47.33%，最少的是湖里区，仅占全市地下水资源量的 3.09%。

1.4 水资源总量

水资源总量是由地表水资源量和地下水资源量相加扣除重复计算量而得。当年全市水资源总量 25.129 亿立方米，比上年增加 80.95%，比多年平均值增加 103.57%。全市平均产水系数 0.635，平均产水模数 147.9 万立方米 / 平方公里。各单元中水资源量最多的是同安区，占全市的 48.23%；最少的是湖里区，占全市的 3.45%。各单元水资源总量见表 31-7，各单元水资源量与上年及多年平均值比较见图 31-8。

表 31-7 **各单元水资源量**

单位：亿立方米

项目	思明区	湖里区	海沧区	集美区	同安区	翔安区	合计
地表水资源量	0.994	0.856	2.771	3.799	12.079	4.469	24.968
地下水资源量	0.133	0.115	0.415	0.591	1.763	0.708	3.725
重复计算量	0.120	0.104	0.393	0.561	1.723	0.663	3.562
水资源总量	1.007	0.867	2.793	3.829	12.119	4.514	25.129

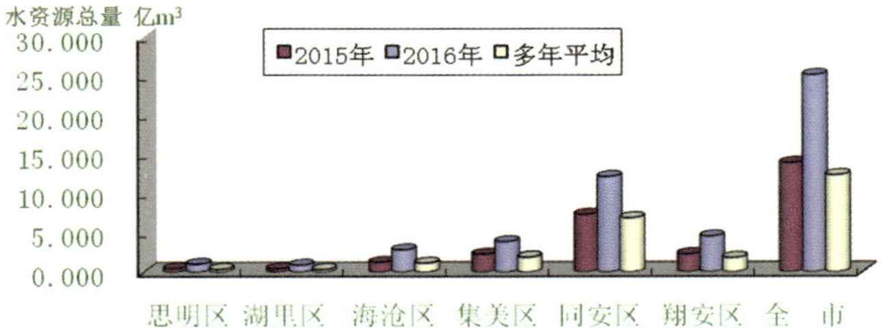

图 31-8 2016 年各单元水资源总量与上年及多年平均值比较图

1.5 九龙江流域地表水资源概况

根据福建省水文水资源勘测局提供的资料，九龙江流域当年降水量 2585.3 毫米，折合降水总量 381.10 亿立方米，与上年比较增加 69.70%，比多年平均值增加 53.50%。地表水资源量 263.24 亿立方米，比上年增加 86.10%，比多年平均值增加 69.90%。

2. 蓄水动态

全市现有中型水库 5 座，小型水库 90 座，总库容 23716.0 万立方米。根据统计，当年末中型及主要小（1）型水库蓄水量与上年末比较，增加 501.2 万立方米，其中中型水库的蓄水量增加 219.6 万立方米，主要小（1）型水库的蓄水量增加 281.6 万立方米。中型及主要小（1）型水库蓄水动态见表 31-8。

表 31-8 **中型及主要小（1）型水库蓄水动态**

单位：万立方米

水库类别	水库名称	所属区域	总库容	正常水位库容	上年末蓄水量	当年末蓄水量	年末蓄水变量
中型水库	石兜水库	集美区	6654.0	6143.0	2949.3	3263.5	314.2
	汀溪水库	同安区	4445.0	3797.0	3372.8	3664.7	291.9
	杏林湾水库	集美区	2465.0	1201.0	888.5	1069.0	180.5
	溪东水库	同安区	1383.0	1128.0	1042.5	300.2	-742.3
	竹坝水库	同安区	1165.0	850.0	整治放空	175.3	
	小计		16112.0	13119.0	8253.1	8472.7	219.6
主要小（1）型水库	坂头水库	集美区	744.6	435.8	368.7	386.5	17.8
	湖边水库	湖里区	609.0	539.0	344.6	189.2	-155.4
	曾溪水库	翔安区	589.0	505.0	219.3	415.0	195.7
	河溪水库	同安区	556.3	485.0	262.5	277.9	15.4
	小坪水库	同安区	440.0	408.0	130.6	177.4	46.8

续表 31-8

水库类别	水库名称	所属区域	总库容	正常水位库容	上年末蓄水量	当年末蓄水量	年末蓄水变量
	坑内水库	集美区	383.8	342.0	277.7	291.1	13.4
	溪美水库	翔安区	373.5	298.6	170.0	173.3	3.3
	溪头水库	海沧区	366.2	300.0	147.2	273.3	126.1
	古宅水库	翔安区	313.9	300.0	246.0	264.5	18.5
	小计		4376.3	3613.4	2166.6	2448.2	281.6
合计			20986.5	16319.6	10419.7	10920.9	501.2

注：当年末蓄水量以 2017 年 1 月 1 日 8:00 水量为准，各水库主要特征参数采用新一轮除险加固后的数据，溪东水库由于整治放空，导致蓄水量下降明显

3. 供水量与用水量

3.1 供水情况

当年全市供水量 63857 万立方米（不含海水供应量），比上年增加 1.24%。其中地表水供应量为 60305 万立方米，占 94.44%，地下水源供应量为 2872 万立方米，占 4.50%，其他水源供应量 680 万立方米，占 1.06%；当地水资源供应量为 27099 万立方米，占 42.44%，区域外调入水量为 36758 万立方米，占 57.56%。全市供水情况见表 31-9。

表 31-9　　**全市供水情况表**

单位：万立方米

年份	地表水源供水量						地下水源供水量	其他水源供水量	供水总量			海水利用量
	小计	蓄水	调水	引水	提水	其他			合计	其中当地水资源	其中区域外调入水	
2016	60305	18139	36758	3000	1806	602	2872	680	63857	27099	36758	112013
2015	59342	13970	38878	4150	1758	586	3061	670	63073	24195	38878	121778
与上年比较（±%）	1.62	29.84	-5.45	-27.71	2.73	2.73	-6.17	1.49	1.24	12.00	-5.45	-8.02

注：海水供应均未经淡化等处理直接使用，故不计入供水总量中

此外，当年海水主要用于火电厂冷却和湖泊冲污等，均未经淡化等处理直接利用，供应量为 112013 万立方米，与上年相比略有下降。

3.2 用水情况

当年全市用水总量为 63857 万立方米，比上年增加 1.24%。其中城镇居民用水量最大，为 21114 万立方米，占 33.06%；其次是第二产业用水量（包括建筑业用水 1830 万立方米）为 14575 万立方米，占 22.83%；第一产业用水量为 12961 万立方米，占 20.30%；第三产业用水量为 11071 万立方米，占 17.34%；农村居民用水量为 2633 万立方米，占 4.12%；生态环境补水量为 1503 万立方米，占 2.35%。全市用水情况见表 31-10 和图 31-9。生产、生活、生态用水量比例分别为 60.47%、37.18%、2.35%。

表 31-10　　**全市用水情况表**

单位：万立方米

年份	生活用水			生产用水				生态环境补水	用水总量	
	农村	城镇	其中地下水	第一产业	第二产业	第三产业	其中地下水		用水量	其中地下水
2016	2633	21114	1227	12961	14575	11071	1645	1503	63857	2872
2015	2448	18157	774	13034	15967	11933	2287	1534	63073	3061
与上年比较（±%）	7.56	16.29	58.53	-0.56	-8.72	-7.22	-28.07	-2.02	1.24	-6.17

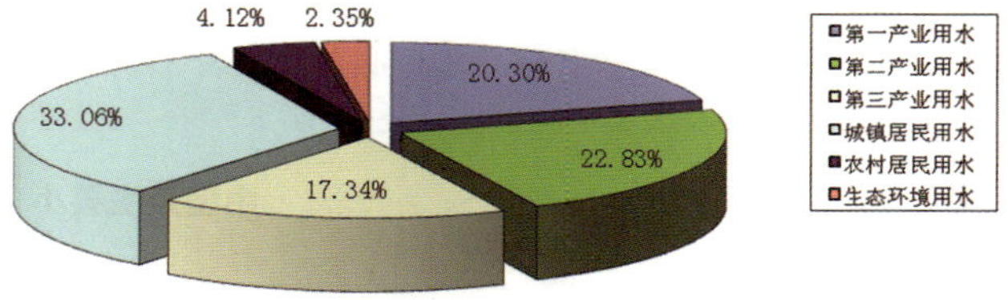

图 31-9　行业用水比例图

全市总用水量按行政区统计，思明区总用水量 11961 万立方米，湖里区总用水量 10219 万立方米，集美区总用水量 9915 万立方米，海沧区总用水量 6933 万立方米，同安区总用水量 13440 万立方米，翔安区总用水量 11389 万立方米。

4. 用水指标分析

据统计，当年本地水资源供应量为 27099 万立方米，水资源总量为 25.129 亿立方米，水资源利用率为 10.78%。以户籍人口计算，当年人均水资源量为 1139 立方米，比上年增加 73.10%；以常住人口计算，当年人均水资源量为 641 立方米，比上年增加 78.06%。

根据用水情况，比照社会经济发展水平，万元生产总值

表 31-11　**用水指标分析情况表**

年份	万元 GDP 用水量（立方米）	万元工业产值用水量（立方米）	万元工业增加值用水量（立方米）	第三产业万元增加值用水量（立方米）	农业亩均用水量（立方米）	人均水资源量（立方米）	人均综合用水量（立方米）	城镇人均生活日用水量（L）	农村人均生活日用水量（L）
2016	16.9	2.4	9.7	5.0	491.6	1139（641）	290（163）	310（166）	214（167）
2015	18.2	2.8	11.3	6.2	530.4	658（360）	299（163）	296（147）	156（144）
与上年比较（±%）	-7.14	-14.29	-14.16	-19.35	-7.32	73.10（78.06）	-3.01（0）	4.73（12.93）	37.18（15.97）

注：表中所示人均指标括号前数据以户籍人口数计算，括号内数据以常住人口数计算

（GDP）用水量（包括农林牧渔用水）为 16.9 立方米，比上年减少 7.14%；万元工业产值用水量为 2.4 立方米，比上年减少 14.29%；万元工业增加值用水量为 9.7 立方米，比上年减少 14.16%；第三产业万元增加值用水量为 5.0 立方米，比上年减少 19.35%；农业亩均用水量为 491.6 立方米，比上年减少 7.32%。

以户籍人口计算，人均综合用水量为 290 立方米，比上年减少 3.01%；城镇人均生活日用水量为 310L，比上年增加 4.73%；农村人均生活日用水量为 214L，比上年增加 37.18%。以常住人口计算，人均综合用水量为 163 立方米，与上年持平；城镇人均生活日用水量为 166L，比上年增加 12.93%；农村人均生活日用水量为 167L，比上年增加 15.97%。全市用水指标分析情况见表 31-11。

5. 水体水质

5.1 水质概况

5.1.1 主要河流

2016 年度对全市 9 条主要河流的 20 个断面的水质进行了监测，采用《地表水环境质量标准》（GB3838-2002）进行评价。当年全市主要河流总体水质状况与 2015 年相比略有好转。在 160.7 公里评价河长中，符合水功能区水质目标要求河长为 42.2 公里，其中情况较好的河长（Ⅲ类以上）为 25.8 公里，与 2015 年相比增加 6.6 公里，其余河长均受到不同程度的污染。水体的主要超标项目为总磷、溶解氧、五日生化需氧量、氨氮、高锰酸盐指数等（见表 31-12）。

（1）东西溪　水质状况与 2015 年相比有一定好转。水吼

表 31-12　**厦门市主要河流水质状况**

河长单位：公里

名称	总河长	评价河长	时段	Ⅰ、Ⅱ类	Ⅲ类	Ⅳ类	Ⅴ类	劣Ⅴ类	主要超标项目
				河长	河长	河长	河长	河长	
东西溪	185.4	59.2	枯水期	6.1	13.1	6.6	24.3	9.1	总磷、氨氮、五日生化需氧量
			丰水期	6.1	19.7	5.2	7.2	21.0	
			全年期	6.1	19.7		24.3	9.1	
后溪	67.8	18.9	枯水期					18.9	总磷、氨氮、五日生化需氧量
			丰水期					18.9	
			全年期					18.9	
九溪	62.9	19.0	枯水期					19.0	总磷、氨氮、五日生化需氧量
			丰水期					19.0	
			全年期					19.0	
官浔溪	24.5	12.3	枯水期					12.3	总磷、氨氮、五日生化需氧量
			丰水期					12.3	
			全年期					12.3	
龙东溪	22.4	9.4	枯水期					9.4	总磷、氨氮、五日生化需氧量、高锰酸盐指数
			丰水期					9.4	
			全年期					9.4	

续表 31-12

名称	总河长	评价河长	时段	Ⅰ、Ⅱ类	Ⅲ类	Ⅳ类	Ⅴ类	劣Ⅴ类	主要超标项目
				河长	河长	河长	河长	河长	
埭头溪	35.0	13.3	枯水期					13.3	溶解氧、总磷、氨氮、五日生化需氧量、高锰酸盐指数
			丰水期					13.3	
			全年期					13.3	
过芸溪	44.9	6.4	枯水期					6.4	氨氮
			丰水期					6.4	
			全年期					6.4	
瑶山溪	10.4	10.4	枯水期					10.4	总磷、氨氮
			丰水期					10.4	
			全年期					10.4	
深青溪	11.8	11.8	枯水期			11.8			
			丰水期				11.8		
			全年期				11.8		
全市	465.1	160.7	枯水期	6.1	13.1	18.4	24.3	98.8	
			丰水期	6.1	19.7	5.2	19.0	110.7	
			全年期	6.1	19.7		36.1	98.8	

断面为Ⅲ类标准；崎坑大桥断面水质为Ⅴ类；造水郑宅断面水质达到Ⅱ类标准；新西桥断面为Ⅴ类，符合水功能区保护目标；隘头潭断面水质达到Ⅲ类标准；板头桥断面水质达到Ⅲ类标准；东溪五显桥断面水质为劣Ⅴ类；中洲大桥断面水质为Ⅴ类，符合水功能区保护目标。主要超标项目为总磷、氨氮和五日生化需氧量等，其中氨氮数值与2015年相比普遍有一定程度的降低，五显桥断面及新西桥断面氨氮数值下降幅度约为50%。

（2）后溪　后溪水闸断面、后溪大桥断面及军民团结桥断面水质均为劣Ⅴ类。受污染河长为18.9公里。主要超标项目为总磷、氨氮、五日生化需氧量等，指标数值与2015年相比，均有较大程度的改善，其中，总磷指标分别下降49.5%，14.5%和10.1%；氨氮指标分别下降59.6%，70.7%和72.0%；五日生化需氧量分别下降66.9%，40.0%和44.1%。

（3）九溪　西林桥断面及斗门水闸断面水质均为劣Ⅴ类。受污染河长为19.0公里。主要超标项目为总磷、五日生化需氧量、氨氮等，其中，西林桥断面氨氮和总磷指标与2015年相比略有好转，斗门水闸断面则基本相当。

（4）官浔溪　官浔桥断面及赤松桥断面水质均为劣Ⅴ类。受污染河长为12.3公里，与2015年相同。主要超标项目为总磷、高锰酸盐指数、氨氮、溶解氧、五日生化需氧量等，大部分超标项目数值与2015年相比有明显下降，其中高锰酸盐指数下降10.4%～23.5%，氨氮下降23.7%～36.2%，总磷下降3.11%～59.6%。

（5）龙东溪　乐安路桥断面水质为劣Ⅴ类。受污染河长为9.4公里。主要超标项目为总磷、氨氮、高锰酸盐指数、五日生化需氧量等，与2015年相比，各指标数值均有下降，高锰酸盐指数下降72.1%，氨氮及总磷数值分别下降11.8%及30.2%。

（6）埭头溪　埭头溪桥断面水质为劣Ⅴ类。受污染河长为13.3公里。主要超标项目为溶解氧、总磷、氨氮、高锰酸盐指数、五日生化需氧量等，与2015年相比，各指标数值都有明显降低，高锰酸盐指数降低81.3%，五日生化需氧量、氨氮及总磷数值分别下降64.9%、25.3%及45.3%。

（7）过芸溪　下尾溪桥断面水质为劣Ⅴ类，差于2015年。受污染河长为6.4公里，主要超标项目为氨氮等，氨氮指标数值与2015年相比上升50.7%。

（8）瑶山溪　金龙桥断面水质为劣Ⅴ类。受污染河长为10.4公里。主要超标项目为总磷和氨氮等，与2015年相比，氨氮指标下降36.2%，总磷指标基本持平。

（9）深青溪　深青桥断面水质为Ⅴ类。符合水功能区水质保护目标要求。

5.1.2 饮用水源地

2016年度对全市11个饮用水水源地及备用水源地的水质进行了监测，评价项目为《地表水环境质量标准》（GB3838-2002）中表1规定的基本项目和表2水源地补充项目，其中总磷、总氮不参加评价。根据单指标评价法，并根据Ⅲ类水质标准进行水质合格评价。

在评价的饮用水水源地中，石兜水库水质符合Ⅱ类标准，保持稳定；汀溪水库水质符合Ⅰ类标准，优于2015年；溪东水库水质符合Ⅰ类标准，与2015年保持一致；竹坝水库前三季度库区放空整治，第四季度水质符合Ⅰ类标准；备用水源地湖边水库水质符合Ⅱ类标准，略优于2015年；坂头水库水质符合Ⅱ类标准，保持稳定；溪头水库水质均符合Ⅱ类标准，保持稳定；古宅水库水质符合Ⅱ类标准，保持稳定，个别月份（5 月）水质较差；石垅水库水质符合Ⅰ类标准，保持稳定；茂口水库水质符合Ⅱ类标准，保持稳定。九龙江北溪引水集美水池，水质符合Ⅱ类标准，保持稳定（见表 31–13）。

表 31–13 厦门市饮用水源地水质状况

名称	时段	水质类型	备注
石兜水库	枯水期	Ⅱ类	
	丰水期	Ⅱ类	
	全年期	Ⅱ类	
汀溪水库	枯水期	Ⅰ类	Ⅱ类（2/10/12 月）
	丰水期	Ⅱ类	Ⅰ类（6/7 月）
	全年期	Ⅰ类	Ⅱ类（2/4/5/8/9/10/12 月）
溪东水库	枯水期	Ⅰ类	Ⅱ类（3/10 月）
	丰水期	Ⅰ类	Ⅱ类（6/7/8/9 月）
	全年期	Ⅰ类	Ⅱ类（3/6/7/8/9/10 月）
竹坝水库	枯水期	Ⅰ类	Ⅱ类（10 月）
	丰水期		放空整治
	全年期	Ⅰ类	Ⅱ类（10 月）
湖边水库	枯水期	Ⅱ类	Ⅲ类（2/10 月）
	丰水期	Ⅱ类	Ⅲ类（7/8/9 月）
	全年期	Ⅱ类	Ⅲ类（2/7/8/9/10 月）
坂头水库	枯水期	Ⅱ类	Ⅰ类（2/11 月）
	丰水期	Ⅱ类	
	全年期	Ⅱ类	Ⅰ类（2/11 月）
溪头水库	枯水期	Ⅱ类	
	丰水期	Ⅱ类	Ⅰ类（5 月）
	全年期	Ⅱ类	Ⅰ类（5 月）
古宅水库	枯水期	Ⅱ类	Ⅰ类（3/11/12 月）Ⅲ类（1/2 月）
	丰水期	Ⅱ类	Ⅲ类（4/7/9 月）劣Ⅴ（5 月）
	全年期	Ⅱ类	Ⅰ类（3/11/12 月） Ⅲ类（1/2/4/7/9 月）劣Ⅴ（5 月）
石垅水库	枯水期	Ⅰ类	Ⅱ类（10 月）
	丰水期	Ⅱ类	Ⅰ类（4/5 月）
	全年期	Ⅰ类	Ⅱ类（10 月）
茂口水库	枯水期	Ⅱ类	
	丰水期	Ⅱ类	
	全年期	Ⅱ类	
集美水池	枯水期	Ⅱ类	Ⅲ类（10/11/12 月）
	丰水期	Ⅱ类	Ⅲ类（4/8/9 月）
	全年期	Ⅱ类	Ⅲ类（4/8/9/10/11/12 月）

5.1.3 重要水体

对全市 4 个重要水体：杏林湾水库、小坪水库、曾溪水库及东山水库采用《地表水环境质量标准》（GB 3838–2002）按照河道标准进行评价（见表 31–14）。

表 31–14 厦门市重要水体和工业用水水源地水质状况

名称	时段	水质类型
杏林湾水库	枯水期	Ⅴ类
	丰水期	劣Ⅴ类
	全年期	Ⅴ类
曾溪水库	枯水期	Ⅲ类
	丰水期	Ⅲ类
	全年期	Ⅲ类
小坪水库	枯水期	Ⅱ类
	丰水期	Ⅱ类
	全年期	Ⅱ类
东山水库	枯水期	Ⅳ类
	丰水期	Ⅳ类
	全年期	Ⅳ类

（1）杏林湾水库 杏林湾水库坝上断面水质为Ⅴ类。

（2）曾溪水库 曾溪水库坝上断面水质符合Ⅲ类标准。

（3）小坪水库 小坪水库坝上断面水质符合Ⅱ类标准。

（4）东山水库 东山水库坝上断面水质为Ⅳ类，与 2015 年持平，符合水功能区水质保护目标要求。

5.2 农药化肥使用情况

全市农用化肥施用折纯量为 13124 吨（比 2015 年减少 9.23%），其中氮肥 3089 吨，磷肥 1524 吨，钾肥 2554 吨，复合肥 5957 吨；农药施用量 417 吨，比 2015 年减少 1.88%。

5.3 废污水排放量及处理量

全市 2016 年度废污水排放量为 32797 万立方米，比 2015 年增加 13.54%；年废污水处理量为 31304 万立方米，比 2015 年增加 15.29%；年废污水处理率为 95.4%，比 2015 年增加 1.49%。

6. 重要水事

6.1 取得抗击强台风“莫兰蒂”全面胜利

9 月 15 日凌晨 3:05，第 14 号强台风“莫兰蒂”正面登陆翔安区，登陆时中心附近最大风力达 17 级（70 米 / 秒），这是 2016 年全球最强台风之一，是 1949 年以来登陆闽南地区最大台风，也是继 1999 年第 14 号台风正面登陆厦门后，相隔 17 年再次正面袭击的台风。“莫兰蒂”台风给我市造成重创，直接经济损失达 102 亿元，给电网带来毁灭性创伤，导致岛内外大面积停电、停水，大部分地区通信中断，不少路灯、广告牌受损，路面严重积水，行道树倒伏 65 万棵，房屋倒塌 17907 间，农作物受灾面积 10.97 万亩，受灾企业 566 家。

由于超前部署、精准指挥，史上首次发布全市停工、停产、停课、休市“三停一休”防汛动员令，将台风造成的灾害损失减少到最低限度，全市仅有1死2重伤，创造了厦门防抗台风史上的“奇迹”，得到了中央领导和省委、省政府的充分肯定。台风登陆后，省、市出动各类救援抢险队伍24834人、另有驻厦驻闽部队官兵10870人投入抢险救灾，并动员企事业单位、全体市民、志愿者队伍等社会各界力量进行灾后自救、互帮互助，台风登陆当天全市主干道就恢复通车、机场正常运行，三天内基本恢复供电，五天内供水和通信基本恢复，十天内完成树木扶正植活，被誉为“厦门速度”。

6.2 落实最严格水资源管理制度

市水资源办牵头，从水利、环保、市政等部门抽调工作人员，对各区2015年度实行最严格水资源管理制度落实情况考核，其中海沧区、集美区、翔安区考核等级为优秀，同安区、思明区、湖里区考核等级为良好。根据省水资源委办反馈，我市2015年度和“十二五”期间实行最严格水资源管理制度落实情况考核等级都为优秀，其中2015年考核分值排名全省第一。

6.3 第二水源工程建设全面提速

长泰枋洋水利枢纽工程中上存水库大坝浇筑至137米高程，溪口闸坝工程基本完工，引水隧洞全线贯通，隧洞衬砌施工全面完成，完成投资3.48亿元。莲花水库主坝、副坝建成，库盆扩挖完成99%，建成移民安置点。水源连通工程中的汀溪水库群至翔安原水输水工程、莲花水库至西山水厂段、莲花泵站至四林泵站段全部完成前期工作，进入建设阶段。市重大项目——九龙江北溪雨洪利用工程项目可研及5个专题报告已完成编制。

6.4《厦门市水利发展“十三五”规划》印发实施

《厦门市水利发展“十三五”规划》于4月15日印发实施。“十三五”期间，我市水利发展围绕“供水安全、防洪安全、生态安全”三大保障目标，构建“两线六源九带”的水利空间发展布局，水利建设重点项目共51个，总投资估算202.18亿元，“十三五”期间计划投资145.18亿元，比“十二五”实际完成投资95亿元增加53%。

6.5 简化水土保持方案审批

为项目建设提速增效，方便企事业办事，市水利局采取五大举措推进水土保持方案审批改革。一是负面清单，明确准入。制定审批负面清单，明确禁止、鼓励项目和分区域水土保持准入要求，进行清晰引导。二是编制规划，划分重点。编制出台《厦门市水土保持规划》(2016–2030年)，划定水土流失易发区范围，实施精准审批，管住该管的，放开能放的。三是分类管理，简政放权。在水土流失易发区且占地面积在3公顷以上或者挖填土石方总量在三万立方米以上的，要求编制报告书，明确水土保持措施，进行严格管控；其余项目从简、从快办理审批手续，采用承诺制审批模式，即来即办。四是分级审批，便民惠民。区属项目和报告表、登记表审批或备案下放到项目所在区，方便就近办事。五是宽进严管、失信惩戒。推行法人承诺审批模式，实现管理重心从事前审批向事中、事后监管转变，在不降低监管标准的前提下，实现行政审批项目的“快准入”。

6.6 持续深化“放管服”改革

按照“简政放权、放管结合、优化服务”要求，市水利局深化审批制度改革和简化优化审批服务，荣获厦门市行政服务中心2016年度“红旗窗口”称号。一是全面实施水土流失易发区外水土保持登记表备案制与告知承诺制，加大简政放权的力度；二是取消水利施工图设计文件审查、水利工程开工和水利旅游项目审批等3项审批事项；三是全面清理规范前置审批和中介服务事项，及时对外公布清理结果；四是启用2017年新版办事指南，取消一批无谓证明、证照和申报材料；五是开辟绿色通道，服务重建项目，从简、从快办理灾后重建项目涉水审批。六是加强事中事后监管。建立“一单两库一细则”，全面实施“双随机一公开”，加强事中事后监管，发现问题及时督促整改。

（厦门市水利局）

2016 年厦门市环境质量公报

1. 综述

2016 年，厦门市环境保护工作在市委、市政府的坚强领导和省环保厅的精心指导下，以建设国家生态文明试验区为抓手，积极践行绿色发展理念，认真贯彻《环境保护法》，深化生态文明体制机制改革，大力抓好大气、水、土壤等重点领域污染治理，有效克服"莫兰蒂"台风带来的不利影响，促进环境质量不断改善，推动全市环境保护和生态文明建设取得新成效。2016 年，党政领导生态环保目标责任书考核排名全省第一；环境空气质量优良率 98.9%，环境空气质量综合指数 3.29，在全国 74 个重点城市排名第四，六项主要指标均低于评价标准值；率先全省获"国家生态市"命名，海沧区、翔安区、集美区、同安区被授予"国家生态区"称号。

2. 环境空气

2016 年，全市环境空气质量优良率 98.9%，环境空气质量综合指数 3.29，在全国 74 个重点城市中排名第四位。

环境质量

环境空气质量状况

按照空气质量指数（AQI）进行评价，2016 年全市空气质量优的天数为 197 天，良的天数为 165 天，轻度污染的天数 4 天（首要污染物为 $PM_{2.5}$3 天、$O_3$1 天），中度及以上污染天数为 0 天。空气质量优良率和优级率分别为 98.9% 和 53.8%，与 2015 年相比分别下降 0.3 和 1.5 个百分点。环境空气质量综合指数 3.29，较 2015 年上升 0.01。

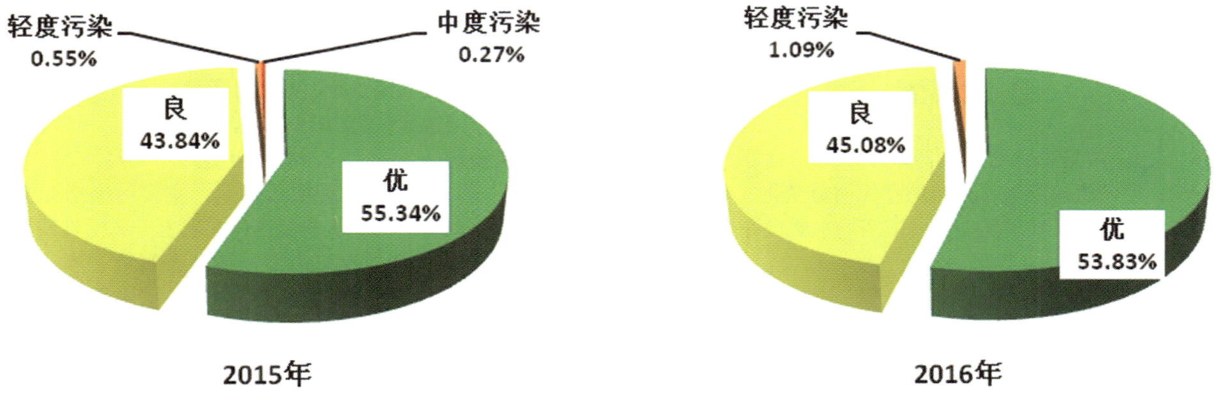

图 31-10　2015 与 2016 年厦门市空气质量指数 AQI 级别比例分布

六项污染物年际变化

全市国控评价点位的二氧化硫（SO_2）、二氧化氮（NO_2）、可吸入颗粒物（PM_{10}）、细颗粒物（$PM_{2.5}$）年平均浓度值分别为 0.011mg/m^3、0.031mg/m^3、0.047mg/m^3、0.028mg/m^3，一氧化碳（CO）95 百分位浓度值、臭氧（O_3）90 百分位浓度值分别为 0.9mg/m^3、0.103mg/m^3。按照《环境空气质量标准》（GB3095-2012）评价，SO_2、NO_2、CO 符合一级标准要求；O_3、PM_{10}、$PM_{2.5}$ 符合二级标准要求。

与 2015 年相比，SO_2 和 O_3 浓度上升，NO_2 和 CO 浓度持平，PM_{10} 和 $PM_{2.5}$ 浓度下降。

酸雨

全市降水 pH 范围为 3.81～6.71，pH 加权平均值为 4.77，酸雨发生率为 84.0%，降水总离子浓度平均值为 216μeq/L。与 2015 年相比，全市降水 pH 加权平均值略有下降，酸雨发生率、降水总离子浓度略有上升。

表 31-15 **2012～2016 年厦门市主要大气污染物年均浓度统计表**

年度指标		污染物（单位 mg/m^3）					
		SO_2	NO_2	PM_{10}	$PM_{2.5}$	CO	O_3
2012 年		0.021	0.046	0.056	—	—	—
2013 年		0.020	0.044	0.062	0.036	1.2	0.137
2014 年		0.016	0.037	0.059	0.037	1.0	0.128
2015 年		0.010	0.031	0.048	0.029	0.9	0.095
2016 年		0.011	0.031	0.047	0.028	0.9	0.103
新标准	一级	0.020	0.040	0.040	0.015	4*	0.1**
	二级	0.060	0.040	0.070	0.035	4*	0.16**

备注：*24 小时平均浓度限值，** 日最大 8 小时平均浓度限值

措施与行动

实施《厦门市清洁空气行动计划（2014—2017）》、《进一步提升环境空气质量工作方案》和《轻微污染天气应对办法》，实行各部门、各区联防联控。推进高污染燃料锅炉整治，完成年度燃煤小锅炉整治改造；推行建筑工地绿色文明施工，在全市推广绿化养护喷雾和“吸、扫、冲、收”一体化道路保洁作业模式，开展城市扬尘污染专项考评；出台《厦门市环境保护局关于加强挥发性有机物污染防治（第一阶段）的通告》，推进远海、海润码头船舶高压岸电项目试点和港口机械“油改电”项目建设，推进高崎机场场内特种车辆“油改电”、T3 航站楼桥载电源改造工程；实行环保前置审核，符合国家第五阶段排放标准的机动车方可上牌，全面实施机动车排气简易工况法检测，全年累计淘汰黄标车 14746 辆。

3. 水环境

2016 年，全市集中式饮用水源地水质总体良好；主要湖库水质一般；厦门近岸海域水环境质量无明显变化，主要污染指标依然是无机氮与活性磷酸盐；海滨浴场水质良好。

环境质量

集中式饮用水源

全市集中式饮用水源地坂头石兜水库和汀溪水库饮用水源达标率 100%，全年均符合《地表水环境质量标准》（GB3838-2002）Ⅲ类水质标准，九龙江北溪引水水质有待进一步改善。

地表水

湖边水库水质优，符合Ⅱ类标准；新丰水库水质类别为Ⅲ类，营养状态为中营养。

杏林湾水库水质类别为劣Ⅴ类，营养状态为中度富营养，其主要污染指标为总磷、化学需氧量。

上李水库水质良好，符合Ⅲ类标准，营养状态为中营养。

地下水

同安区大同东山北门地下水 5 月和 11 月水质均符合地下水Ⅲ类标准。全年水质达标率为 100%。

九龙江河口

九龙江河口高、低平潮的水质类别均为Ⅳ类。按照Ⅲ类标准评价，高、低平潮的功能区达标率分别为 60.0%、29.3%，河口出现的主要污染指标有总磷、氨氮、五日生化需氧量、粪大肠菌群、溶解氧。与 2015 年相比，功能区达标率有所上升。

近岸海域

厦门近岸海域水质无明显变化，主要污染指标仍为无机氮与活性磷酸盐。同比无机氮浓度有所上升，活性磷酸盐浓度有所下降。海域其他无机污染物化学需氧量、溶解氧、石油类、重金属等指标基本符合一、二类海水水质标准，有机物［六六六、滴滴涕、马拉硫磷、甲基对硫磷、苯并（a）芘］指标均未检出。

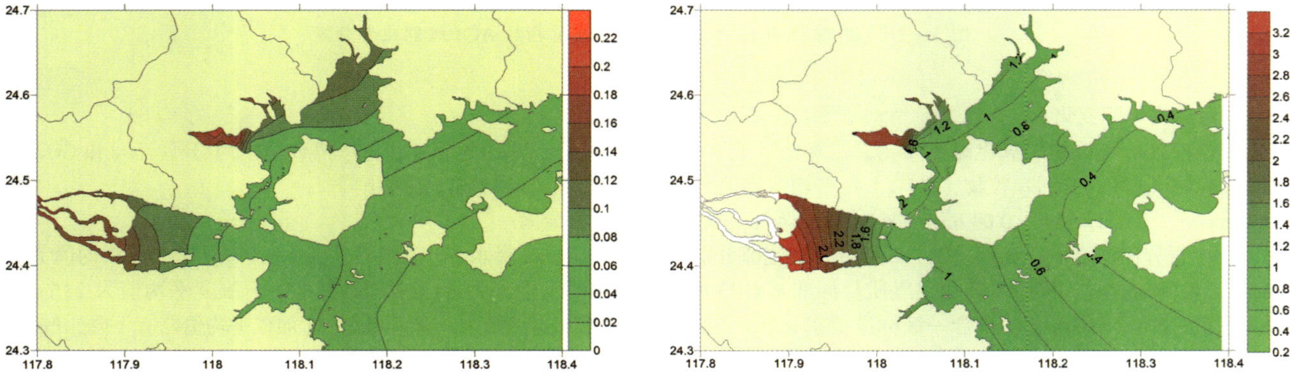

图 31-11 2016 年厦门海域各监测点无机氮、活性磷盐酸浓度平面分布图

筼筜湖

筼筜湖水质营养级别为中营养，营养状态指数为50.0。主要污染物无机氮与活性磷酸盐浓度年均值分别为1.92mg/L、0.128mg/L。

海滨浴场

2016年厦门8个海滨浴场中公主园海鲜酒店外浴场（Z1）、黄厝华天学院外浴场（H1）、椰风寨外浴场（H2）、明丽山庄外浴场（H3）、水产研究所外浴场（G1）、水质总体良好，适宜游泳；鼓浪屿别墅美华浴场（G2）、港仔后菽庄花园外浴场（G3）和厦大白城浴场（Z2）水质一般，浴场水体中的主要污染物为粪大肠菌群。

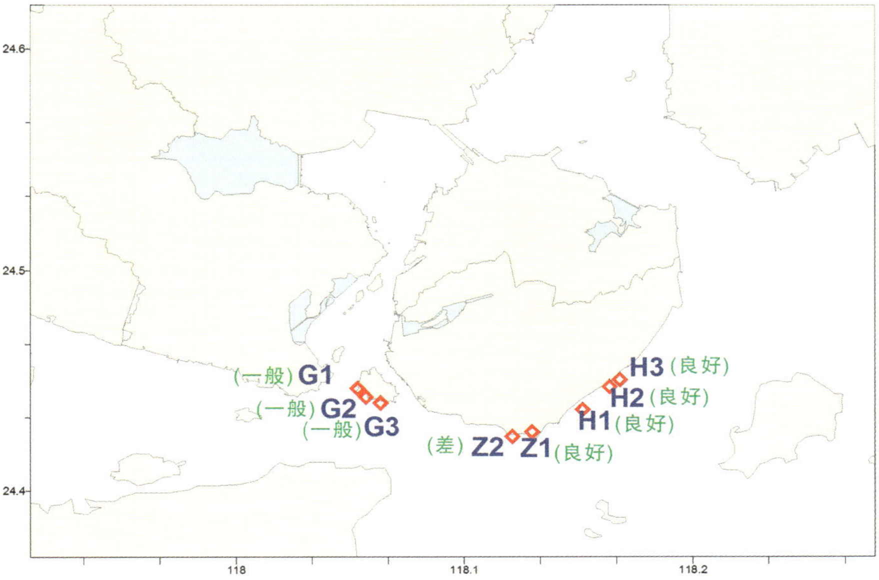

图31-12　2016年厦门8个海滨浴场水质状况图

措施与行动

建立完善水污染防治行动计划工作机制，落实水污染防治行动计划，推动年度各项工作任务的落实。出台《厦门市地表水水质考核办法》，建立地表水水质监测体系，定期对饮用水源地、溪流断面和污水处理设施进行监测考核。汀溪水库、坂头石兜水库饮用水源达标率100%，流域地表水水质明显改善。开展生猪养殖标准化提升改造工程，出台《厦门市生猪养殖空间布局与污染防治规划》，持续推进63场生猪养殖污染治理标准化提升改造，已全部完成改造并通过验收（其中：2016年完成改造27场），截至目前累计下拨到各区以奖代补资金累计9660万元。推进农村水环境治理，编印《厦门市农村环境综合整治实用技术汇编》，为小流域和农村水环境治理提供技术指导。加快推进市政管网建设，累计完成污水管道新建改造长度100.78公里；加强城镇节水，通过查堵漏和节水改造措施实现日均节水7000多吨；发展农业节水灌溉，完成农田水利建设工程，受益农田1966亩；推进海洋生态整治修复，基本完成厦门长尾礁至五通的沙滩修复工程。

4. 声环境

2016年，全市区域环境噪声、道路交通噪声总体水平较好，区域环境噪声污染程度同比略有下降，道路交通噪声同比趋于稳定。

环境质量

区域环境噪声

昼间区域环境噪声质量一般，声级范围在49.1～64.6dB（A），平均等效声级为55.5dB（A），同比污染程度略有下降。

道路交通噪声

昼间道路交通噪声质量良好，平均等效声级为67.9dB（A），其中等效声级超过70dB（A）路段长为32.4千米，同比增加0.8千米。与2015年相比，城市昼间道路交通噪声污染程度趋于稳定。

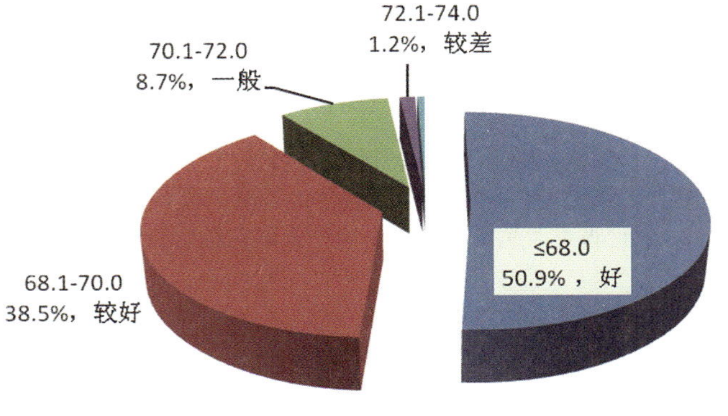

图31-13　2016年厦门市昼间道路交通噪声暴露在不同等效声级下的路段分布图

表 31-16　**2012～2016 年厦门市昼间区域环境、道路交通噪声等效声级统计表**

项目	单位	2012 年	2013 年	2014 年	2015 年	2016 年
区域环境噪声平均值	dB（A）	56.1	55.6	56.5	56.0	55.5
道路交通噪声平均值	dB（A）	67.8	67.8	65.6	66.3	67.9

表 31-17　**2015 年～2016 年各类功能区监测点次达标率情况表**

年度	功能区达标率（%）									
	全年		1 类		2 类		3 类		4a 类	
	昼	夜	昼	夜	昼	夜	昼	夜	昼	夜
2015	95.0	70.0	93.8	68.8	100	75	100	80.0	81.2	50.0
2016	95.0	70.0	100	75.0	100	64.3	100	90.0	75	50.0
增幅	0.0	0.0	6.2	6.2	0.0	-10.7	0.0	10.0	-6.2	0.0

备注：声环境功能区类别引用《声环境质量标准》(GB3096—2008)

功能区噪声

城市功能区噪声质量总体良好，昼、夜间达标率分别为 95.0%、70.0%。同比昼、夜间达标率持平。

措施与行动

积极主动解决噪声扰民投诉问题，保障居民享有舒适的居住环境。实行严格施工审批，除因生产工艺或特殊工期要求外，一律不允许夜间施工。强化工业企业厂界噪声达标管理，要求工业企业妥善布置噪声辐射方向，合理布置建筑结构，加强厂界的立体绿化、工程降噪等措施的落实，减小噪声对周边环境的影响。合力做好绿色护考工作，考试期间加强噪声监测及执法巡查，确保考生有一个安静的考试环境。

5. 辐射环境

环境质量

2016 年，全市辐射环境质量保持良好，核辐射与电磁辐射环境处于正常水平。

措施与行动

注重加强核辐射与电磁辐射的监督管理，对全市 110 余家涉核技术利用单位进行验收和监督性监测，验收监测 31 家企业 50 余台Ⅲ类 X 射线装置，解决全市电磁辐射投诉问题 20 多起。

6. 固体废物

2016 年，全市工业固体废物综合利用率为 99.22%；医疗废物处置率 100%；生活垃圾无害化处理率 100%。

状况

一般工业固体废物

全市一般工业固体废物产生量 85.67 万吨，综合利用量 76.27 万吨（其中综合利用往年贮存量 0.26 万吨），处置量为 9.31 万吨（其中处置往年贮存量 0.23 万吨），当年贮存量 0.31 万吨。一般工业固体废物产生量主要集中在电力、热力的生产和供应业 49.16 万吨（占 57.38%），农副食品加工业 4.73 万吨（5.52%），非金属矿物制品业 3.77 万吨（4.40%），，有色金属冶炼和压延加工业 2.99 万吨（3.49%），汽车制造业 2.62 万吨（3.06%）。

危险废物

根据统计，2016 年全市危险废物产生量 6.45 万吨，年处理处置利用 6.30 万吨，贮存 0.34 万吨。危险废物产生量主要集中在计算机、通信及其他电子设备制造业 1.54 万吨（占 23.88%），电力、热力的生产和供应业 1.49 万吨（占 23.10%），废弃资源综合利用业 0.64 万吨（占 9.92%）金属制品业 0.57 万吨（占 8.84%），通用设备制造业 0.40 万吨（占 6.20%）等行业。

2016 年，全市医疗废物产生量吨，集中焚烧处理量 4777 吨，医疗废物处置率达 100%。

生活垃圾

垃圾处理总量为 173.93 万吨，其中，焚烧发电 58.67 万吨，卫生填埋处理 106.07 万吨，分捡回收利用 6.87 万吨，瑞科技餐厨垃圾 2.32 万吨，生活垃圾无害化处理率为 100%。

措施与行动

提前出台《厦门市土壤污染防治行动计划实施方案》，强化空间布局管理，对化工、电镀、制革等行业实施严格准入。加强危险废物监管，率先全省建设“互联网 +”危险废物电子信息化监管平台，实现对危险废物的产生、运输和处置全过程监管。目前，全市已有 499 家产废企业、26 家处置单位和 12

家运输单位纳入平台管理。全年共办理危险废物转移审批 248 家次。加快推进市工业废物处置中心项目建设，2016 年完成投资 9899 万元，完成年度计划投资的 123.74%。推广省危险废物规范化管理“达标升级”试点经验，开展潜在污染地块排查，落实土壤环境监测任务。目前，已完成省下达的农村土壤和东部固废附近 7 个国控点位土壤环境质量监测以及新增国控点位的现场勘察。

7. 生态环境

2016 年，全市生态环境质量总体保持良好。新增园林绿地 487 公顷，造林绿化 524 公顷。获批国家蓝色海湾整治行动试点城市，率先全省获“国家生态市”命名。

状况

自然保护区

国家级自然保护区 1 个（厦门海洋珍稀物种国家级自然保护区），水源保护区 3 个（石兜—坂头水库、汀溪水库、九龙江北溪），建制镇水源保护区 1 个（新圩镇古宅水库），森林公园 6 个（莲花国家森林公园、天竺山森林公园、同安郭山村森林公园、集美灌口镇越尾山森林公园、翔安吕塘村森林公园、同安洋麻山森林公园），国家重点风景名胜区 1 个（鼓浪屿—万石山风景名胜区），省级风景名胜区 2 个（香山风景名胜区、北辰山风景名胜区），市级自然保护区 1 个（厦门五缘湾栗喉蜂虎自然保护区）。

城市绿化

全市建成区绿化覆盖面积 14367 公顷，绿化覆盖率 40.89%。拥有公园 120 个，公园绿地面积 3734 公顷，人均公园绿地面积 11.46 平方米。

表 31-18 **2012～2016 年厦门城市绿化指标统计表**

项目	单位	2012 年	2013 年	2014 年	2015 年	2016 年
建成区绿化覆盖面积	平方公里	110.36	117.83	126.04	132．8	143.7
建成区面积	平方公里	264.3	281.62	301.0	317.1	351.3
建成区绿化覆盖率	%	41.7	41.8	41.9	41.9	40.9

措施与行动

坚持城市修补与生态修复并重，努力建设人与自然和谐发展的典范城市。优化城市生态空间，实施岛内外一体化、差异化发展，对重点生态功能区给予生态补偿，修缮保护具有闽南特色的古建筑村落、自然生态村落和闽南风情村，推进鼓浪屿申遗工作。白鹭自然保护区和栗喉蜂虎自然保护区骑马山片区实行封闭式管理，杜绝违法人为活动和建设项目，营造适合保护物种繁殖和栖息的生态环境。落实《厦门森林城市建设总体规划》，不断提升森林资源开发质量。推动“四边”绿化建设及公园绿地建设，加快“莫兰蒂”台风灾后城市绿化重建提升工作，提升城市绿化景观水平，建设宜居厦门。全面实施《美丽厦门环境保护总体规划（2014–2030 年）》和《美丽厦门生态文明建设示范市规划（2014–2030 年）》，实现生态创建全覆盖。在“一张蓝图”的 981 平方公里生态控制线范围内，初步划定 481.01 平方公里陆域生态红线，并纳入“多规合一”平台，实现从生态空间的整合到建设项目前期决策的无缝对接，使环境监管从末端管理真正走到了前端决策。

8. 环境监管

一是坚持督企与督政两手抓。出台《关于进一步加强环境保护工作实施意见》，制定《厦门市生态文明建设目标评价考核办法（试行）》，全面落实“党政同责”、“一岗双责”，生态文明建设政绩和绩效考核权重提高到 25%，位于全国前列。坚持每季在市经济运行分析会上通报各区突出环境问题，通过问题督政、目标督政、合力督政、制度督政，督促各区、各部门更加重视环保。2016 年，省通报我市 13 个突出环境问题，其中 9 个完成整改、4 个取得积极进展；市通报各区突出环境问题 23 个，其中 6 个完成整改、15 个取得积极进展。

二是坚持单方执法与联动执法相结合。率先完成省赋予的联动执法先行试点任务，市环保局与法院、检察院和公安局联合印发了《关于建立办理环境违法犯罪案件协作联动机制的意见》（厦环联〔2016〕4 号），成立全省第一家环保警务室，利用行政执法和司法联动平台，开展“双随机一公开”执法，对电镀行业、渣土车集中整治、饮用水源保护区等实施专项检查。全年实施按日连续处罚 12 起，实施查封扣押案件 101 起，实施限产停产案件 27 起，实施行政拘留案件 17 起、刑事移送案件 31 起，处罚 671 家次，罚款 2025.15 万元（含按日连续处罚和机动车尾气处罚）。

三是坚持传统管治与社会共治并举。推行网格化监管，推动镇街新设立环保工作站，建设网格化平台环保模块，实行分级管理、归口处置环境污染问题。探索企业绩效评估，建立企业环境信用评价机制，将信用评价范围从排污单位扩大到环境监测、环评等社会环保服务企业，做到从产污到排污、治污的全过程评价。强化企业施治，落实企业主体责任，设立重点企业环境信息二维码，推动企业环境信息公开，并将企业环境违法行为纳入社会信用体系。强化社会参与，出台《厦门市环境违法行为有奖举报暂行办法》，开通厦门环保微信公众号，启用在线监督举报管理系统“环保随手拍”平台，凝聚社会合力，形成全民环保。

9. 公众参与

宣传教育

率先全省出台《厦门市环境教育规定》，从制度上保障和促进环境教育工作的落实。在全市持续开展“中华环保世纪行”活动和“厦门环境新闻奖”评比活动；组织全市中小学开展“环境教育优秀课件”评选活动和“我爱厦门蓝”环保公益摄影活动；与厦门大学、南普陀寺联合签署《加强合作惠及民生 推进生态文明建设》合作协议，并开展“善心善行”公共文明系列活动；举办领导干部环保培训班、环保工作人员及街镇环保员培训班、学校教师环境教育培训班；通过厦门电视台、《厦门日报》和“厦门环保”微信公众号，开展环境工作宣传，发布空气质量预报及环保知识，强化市民环保意识。

环保投诉

健全环境信访机制，畅通信访渠道，形成信访事项受理、办理、督办、责任追究的工作流程，严格落实“每月局长接待日”制度，及时解决群众对废气、废水和油烟噪声等污染投诉问题。2016 年，共受理群众来信来访 25 件（人）次，其中来信 15 件，来访 10 人次；办理国家、省、市交办案件 95 件，“市长专线”1553 件，“12369”和“110”联动 5842 件，信访办结率 100%，群众满意率 100%。

人大建议、政协提案

2016 年，共受理人大建议 12 件、政协提案 17 件，均已按期完成答复，办结率和满意率均为 100%。

其他关键词

【生态文明体制改革】在全省率先启动国家生态文明试验区建设，开展生态文明体制改革综合试验。2016 年完成 12 项生态文明体制改革方案编制任务，生态文明建设评价考核、排污权有偿使用和交易、企业环境信用评价等改革取得初步成果。

【环境规划】在“一张蓝图”的 981 平方公里生态控制线范围内，初步划定 481.01 平方公里陆域生态红线，并纳入“多规合一”平台。印发《厦门市生态文明建设“十三五”规划》和《厦门市环境保护“十三五”规划》，提出“十三五”期间全市生态环境保护工作的总体要求、主要任务、重点工程和保障措施。

【环评审批】率先全省出台《厦门市建设项目环保审批准入特别限制措施（负面清单）》、《进一步简政放权深化环评审批制度改革实施方案》。启动自贸片区规划环评，将自贸区内的报告表、登记表由审批简化为备案，最快可当日办结，最多可为建设单位节省 22 个工作日的审批时间。在自贸片区网站开设环境保护专窗，实现全程网上办理。

【排污权交易】率先全省出台《厦门市排污权有偿使用和交易管理办法（试行）》，全面开展排污权核定与收储，2016 年完成 335 家重点工业企业排污权核定和 26 家企业排污权收储，58 家企业通过交易取得排污权，交易金额 1605.06 万元。

【智慧环保】借助物联网技术，推动实现环境管理和决策的“智慧”。该项目计划分三期三年完成，目前已完成一期项目平台建设，实现“一源一档、一源多用、多源共享”，有效整合污染源企业生命周期数据。完成《集美区重金属企业及国省控重点企业环保智能化监控项目实施方案》的编制、省市机动车尾气监测联网和全市空气质量发布 APP 系统（政府版）开发等工作。率先全省将遥感监测技术用于“四桥一隧”机动车监管，并将无人机与传统监管执法相结合，实现精准执法。

【对外合作】加强与环保部的全方位战略合作，环保部及直属单位已在我市设立五家合作机构（海上丝绸之路环境保护交流与培训基地、环境保护部环境政策研究中心绿色发展〈厦门〉创新与示范基地、中国环境报社东南环境宣传与培训中心、中国环境报社新媒体海西营运中心和中华环保基金会厦门代表处），为环保管理提供强有力的“智库”支持。9·8 投洽会上，市环保局和环境保护部环境与经济政策研究中心签订绿色发展战略合作框架协议，将对提升全市环保建设能力发挥重要作用。

【干部队伍】扎实开展“两学一做”学习教育，层层签订党建工作和党风廉政建设责任状，深入开展向“最美环保人”学习活动，筑牢“党性之魂”。举办生态文明体制改革、环评业务、网格化人员知识技能等 12 个培训班，组织参与海峡核能发展与环境安全、生态环境技术交流等论坛 20 余场，全年轮岗交流处级干部 6 人、科级干部 8 人、非在编人员 24 人，一大批专业骨干得到磨砺成长。

（厦门市环保局）

2016年厦门市气象公报（节选）

一、基本气候概况

1. 气温

1）岛内年平均气温显著偏高，岛外异常偏高

2016年（1～12月）厦门岛内外年平均气温分别为21.5℃和22.4℃，分别比常年高0.9℃和1.0℃。其中，岛内属显著偏高，为有气象观测记录以来历史第二高值年，仅次于2007年；岛外属异常偏高，创有气象观测记录以来历史最高值（见图31-14、图31-15）。厦门岛内外年平均气温变化的主要特征为：自二十世纪90年代中期以来，一直处于高于常年状态，气温变暖趋势较为明显。

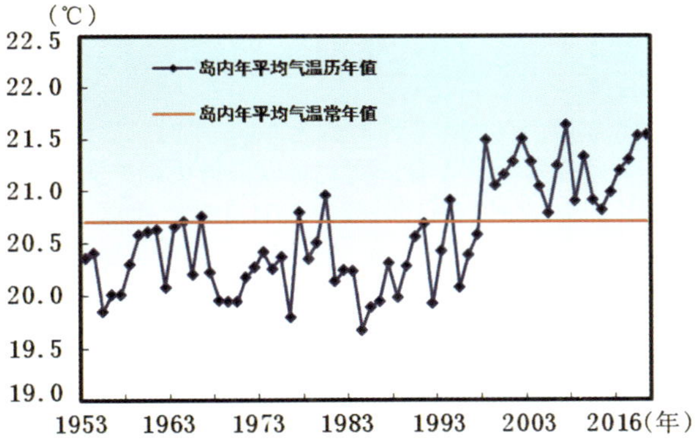

图31-14　厦门岛内年平均气温历年变化图

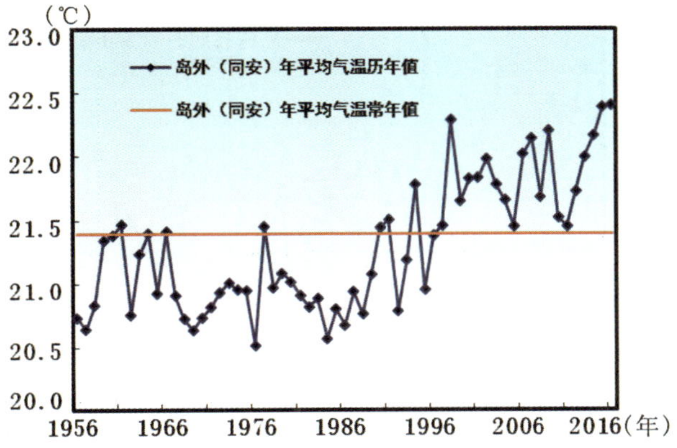

图31-15　厦门岛外年平均气温历年变化图

2）雨季、秋季气温异常偏高，冬季、春雨季和夏季基本正常

2016年厦门岛内外各季平均气温情况见表31-19。

冬　季（2015年12月～2016年2月）：厦门岛内外平均气温分别为13.7℃和14.6℃，均属正常年景。

春雨季（3～4月）：厦门岛内外平均气温分别为17.2℃和18.2℃，均属正常年景。

雨　季（5～6月）：厦门岛内外平均气温分别为26.2℃和27.0℃，均属异常偏高，且岛外创有气象观测以来历史同期最高纪录。

夏　季（7～9月）：俗称台风季。厦门岛内外平均气温分别为27.9℃和28.7℃，岛内属正常，岛外偏高。

秋　季（10～11月）：厦门岛内外平均气温分别为22.8℃和23.9℃，均属异常偏高。

表31-19　**2016年厦门岛内外各季平均气温及距平**

单位：℃

气温	冬季	春雨季	雨季	夏季	秋季
岛　内	13.7	17.2	26.2	27.9	22.8
岛内距平	0.2	0.2	1.8	0.6	1.5
岛　外	14.6	18.2	27.0	28.7	23.9
岛外距平	0.4	0.2	1.8	0.6	1.9

2. 降水

1）年降水量异常偏多，岛内年降水量创历史极值

根据自动气象站资料统计显示，2016年（1～12月）厦门市各地降水量在1637.4～3488.8（云顶山）毫米之间，降水空间分布大体呈由东南向西北递增趋势，基本符合常年分布规律（见图31-16）。

2016年厦门岛内外年降水量分别为2168.2毫米和2226.8毫米，分别比常年多832.4毫米和683.4毫米，均属异常偏多年景（见图31-17、图31-18）。其中，岛内年降水量首次突破2000毫米，创有气象观测以来历史同期最多纪录；岛外年降水量为有气象观测以来历史同期第二多年份。厦门岛内降雨日数（日降水量≥0.1毫米）148天，比常年多30天，为历史第三多年份；暴雨以上日数（日降水量≥50毫米）11天，较常年多6天，与1990年并列历史同期最多纪录。厦门岛外降雨

日数156天，比常年多28天；暴雨以上日数8天，较常年多2天。

降雨量在月份分布上存在严重不均的特点。主要表现在，厦门岛内外除个别月份正常外，其余各月降水量均与常年存在明显差异，尤其岛内外均有6个月份的降水量异常偏多最为显著，为历史首次。

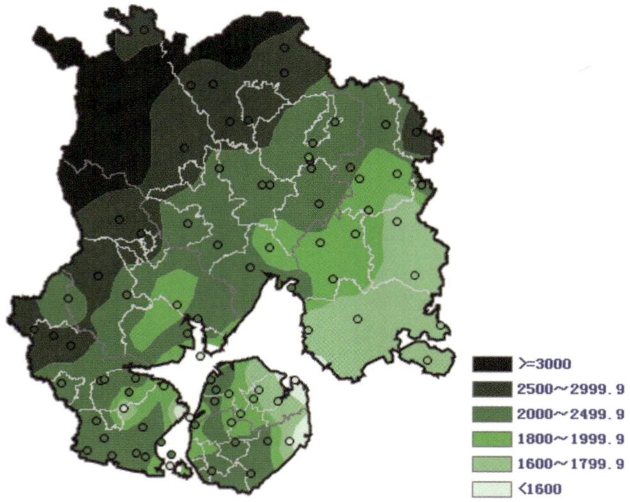

图 31-16　2016年厦门市降水量分布图（单位：毫米）

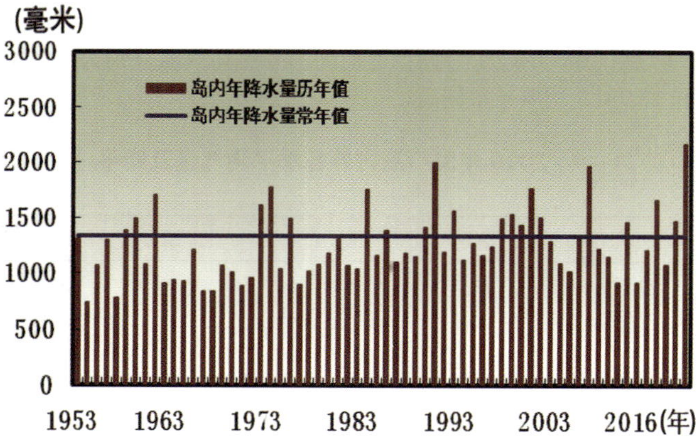

图 31-17　厦门岛内年降水量年际变化图

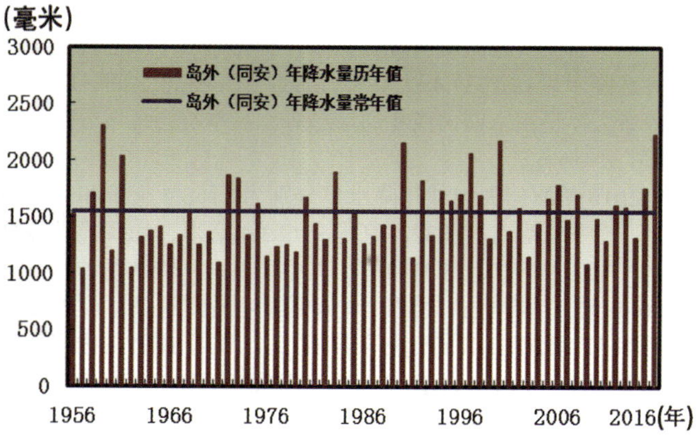

图 31-18　厦门岛外年降水量年际变化图

2）雨季降水量正常，其余季节均明显偏多

2016年厦门岛内外各季降水情况见表31-20。

冬　季（2015年12月～2016年2月）：厦门岛内外总降水量分别为428.5和401.9毫米，均属异常偏多，且均创历史同期最多。

春雨季（3～4月）：厦门岛内外总降水量分别为541.6和473.8毫米，均属异常偏多。

雨　季（5～6月）：2016年厦门雨季开始早、结束早，雨季于4月23日开始，并于6月19日结束，历时58天，较常年偏短7天。厦门岛内外总降水量分别为315.5和376.9毫米，均属正常。

夏　季（7～9月）：厦门岛内总降水量为746.2毫米，属显著偏多。厦门岛外总降水量为765.0毫米，属偏多。

秋　季（10～11月）：厦门岛内外总降水量分别为275.9和289.2毫米，均属异常偏多。其中，岛外降水量创历史同期最多，岛内历史同期第二多。

表 31-20　**2016年厦门岛内外各季降水量（单位：毫米）及距平百分率（%）**

降水量	冬季	春雨季	雨季	夏季	秋季
岛　内	428.5	541.6	315.5	746.2	275.9
岛内距平	282.8	281.6	-54.4	262.4	200.7
岛　外	401.9	473.8	376.9	765	289.2
岛外距平	251.5	212.9	-76.0	155.3	220.7

3. 日照

2016年厦门岛内年日照时数为1645小时，比常年少233小时，属显著偏少，为有观测记录以来历史同期第二少年份（见图31-19）。岛外年日照时数为1531小时，比常年少384小时，为有观测记录以来最少纪录，属显著偏少（见图31-20）。岛内外年日照时数的年际变化趋势具有相似的特征，整体呈减少趋势。

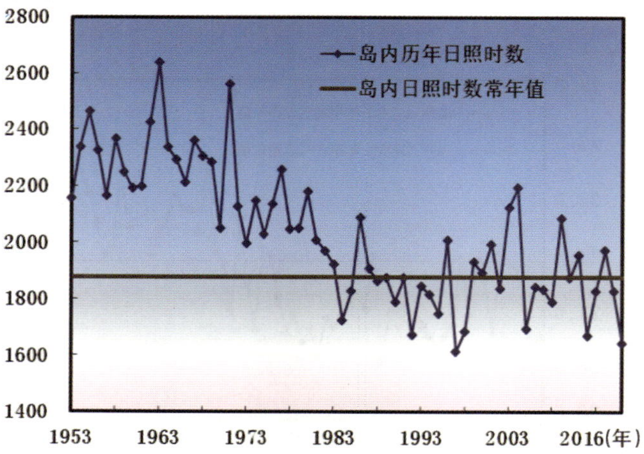

图 31-19　厦门岛内日照时数年际变化图

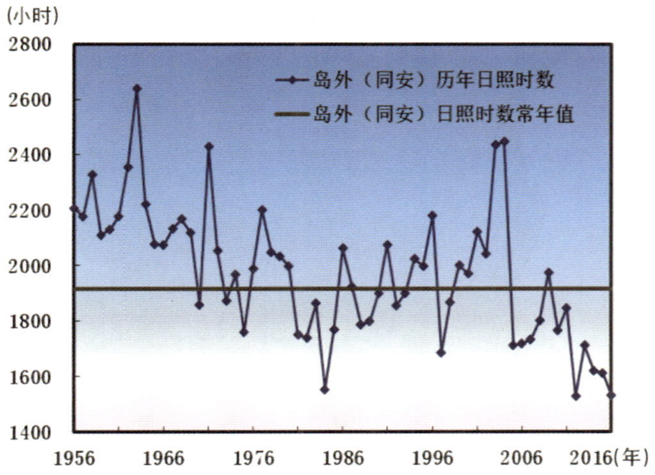

图 31-20　厦门岛外日照时数年际变化图

2016 年厦门各季节日照时数的主要特点是：春雨季、雨季和夏季基本正常，秋、冬季均显著偏少。其中，岛内外秋季及岛外冬季日照时数均创有气象观测记录以来历史同期最少记录（见表 31-21）。

表 31-21　**2016 年厦门岛内外各季日照时数及距平**

单位：小时

日照	冬季	春雨季	雨季	夏季	秋季
岛　内	249	175	322	581	237
岛内距平	−141	−35	28	−50	−117
岛　外	241	165	285	535	229
岛外距平	−176	−47	8	−100	−145

二、主要天气气候事件

1. 暴雨

2016 年厦门暴雨天气具有以下几个特点：（1）过程多。全年共出现 13 次暴雨天气过程，其中 8 次为非台风暴雨，5 次为台风暴雨，总数明显多于常年；（2）强度较强。有两次暴雨过程日降水量达到大暴雨以上级别；（3）季节跨度长。13 次暴雨天气过程的时间起始跨度从春雨季一直到年末冬季的 5 个季节。

现就 2016 年几个代表性非台风暴雨过程，概述如下：

1）2016 年 3 月 18 日，受强西南暖湿气流影响，厦门出现 2016 年第一场暴雨天气过程，此次过程的主要特点是局地性强，全市只有厦门站日降水量达到暴雨级别，过程同时伴有年内第一次明显的雷暴天气（见图 31-21）。

2）2016 年 4 月 13 日，受西南暖湿气流和弱冷空气的共同影响，厦门出现暴雨天气过程。据自动站资料显示，全市共有 66 个站的日降水量超过 50 毫米，最大达 78.3 毫米，出现在厦门后石电厂附近。

3）2016 年 5 月 21 至 22 日，受西南暖湿气流影响，厦门连续出现暴雨天气，降水中心位于厦门同安区，过程最大降水量 124.9 毫米，出现在鸡屿岛。厦门站这两日的降水量分别是 51.3 毫米和 52.3 毫米。虽然出现连续暴雨天气，但因为整体降雨强度较弱，因而没有造成明显灾害损失。

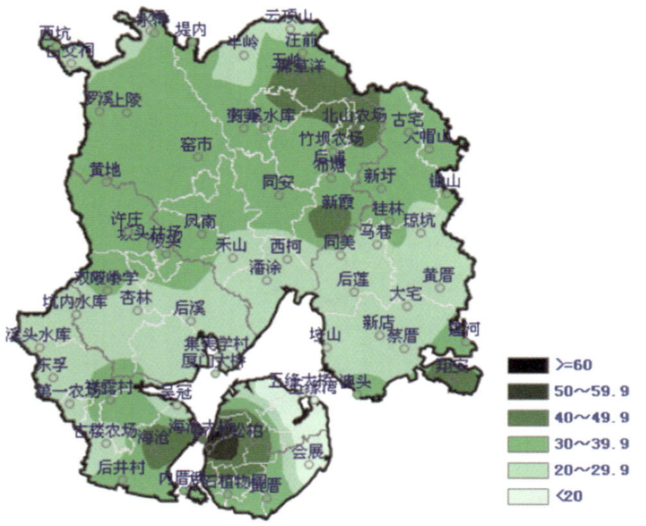

图 31-21　2016 年 3 月 18 日降水量分布图

4）2016 年 9 月 9 日至 11 日，受西南暖湿气流和弱冷空气共同影响，厦门出现持续降水过程，过程最大雨量出现在海沧区政府附近，累计降水达 177 毫米。其中，9 日厦门站降水达大暴雨量级，日降水量 122.6 毫米。

5）2016 年 12 月 22 日，受海上强西南暖湿气流影响，厦门出现罕见的冬季暴雨过程，这也是 2016 年最后一场暴雨。。据自动站资料显示，当日共有 29 个测站的日降水量超过 50 毫米，最大值出现在村尾村，达 66.5 毫米，厦门站当日降水量为 56.7 毫米。

2. 台风

2016 年影响厦门台风主要特点如下：（1）数量多。全年共受 7 个台风影响，比常年多 3 个，分别是 2016 年第 01 号台风“尼伯特”、04 号台风“妮妲”、14 号台风“莫兰蒂”、16 号台风“马勒卡”、17 号台风“鲇鱼”、19 号台风“艾利”和 22 号台风“海马；（2）强度强。台风“莫兰蒂”以强台风级别登陆厦门，登陆时最大阵风达 17 级（五缘湾），为新中国成立以来登陆厦门最大的台风；（3）损失重。仅“莫兰蒂”造成的直接经济损失就达约 102 亿元，创历史损失最多纪录。

2016 年影响厦门的台风中，“莫兰蒂”带来的影响最为严重，现就台风“莫兰蒂”有关情况介绍如下。

“莫兰蒂”台风概况：2016 年第 14 号台风“莫兰蒂”于 9 月 10 日 14 时在菲律宾以东约 1800 公里太平洋面生成，之后稳定向西偏北方向移动，12 日凌晨发展为超强台风，9 月 14 日下午绕过台湾进入巴士海峡，穿过台湾海峡后于 15 日 03 时 05 分在厦门翔安区沿海登陆，登陆时中心最大风力为 15 级（48 米 / 秒），后继续向西偏北方向移动，横穿福建省后转向东北方向，强度逐渐减弱，并于 15 日 17 时减弱为热带低压，17 日凌晨移入黄海南部海域（见图 31-22）。

“莫兰蒂”形成后具有以下特点：（1）发展快、强度强。10 日 14 时生成，12 日凌晨强度连跳三级，发展为超强台风，其近中心最大风力一度达到 70 米 / 秒，为 2016 年全球最强台

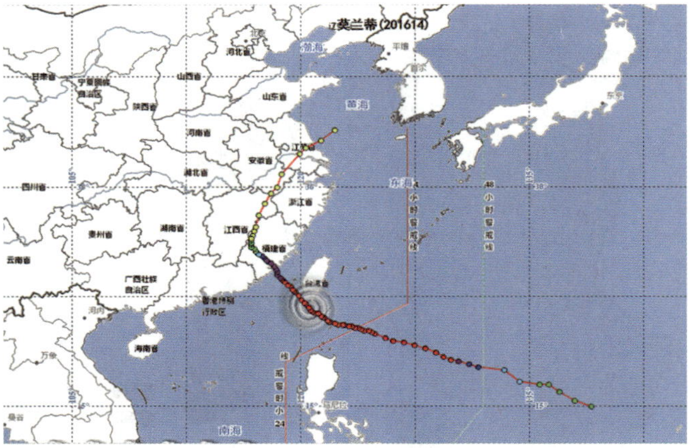

图 31-22　台风“莫兰蒂”移动路径

风；(2)结构全、路径稳、移速快。“莫兰蒂”自从强度达到台风级后，台风主要构成部分均清晰可辨，一直维持到登陆阶段。生成以来稳定向西北移动，且速度较快；(3)登陆强、成灾重。“莫兰蒂”登陆时强度达强台风级(仅中心最大平均风力15级)，是继5903号台风以来影响厦门地区最强的台风，伴随的狂风暴雨重创所经区域，造成巨大经济财产损失。

“莫兰蒂”风雨影响：受“莫兰蒂”外围影响，厦门从9月14日午后起风力明显增强，风力最大时段出现在14日夜间～15日清晨，极大风速64.2米/秒。

厦门站过程最大风速36.4米/秒(12级)、极大风速达54.9米/秒(16级)。

“莫兰蒂”影响期间，厦门普降大暴雨，局部特大暴雨(见图31-23)。统计9月14日20时～16日12时累计降水量，雨量在100.0～249.9毫米有95个自动站，超过250毫米有14个自动站，其中有4个站超过300毫米。过程最大降水量366.8毫米，出现在海沧区溪头水库。最大小时雨强为126.7毫米，出现在湖里区五缘湾站，属于百年一遇。

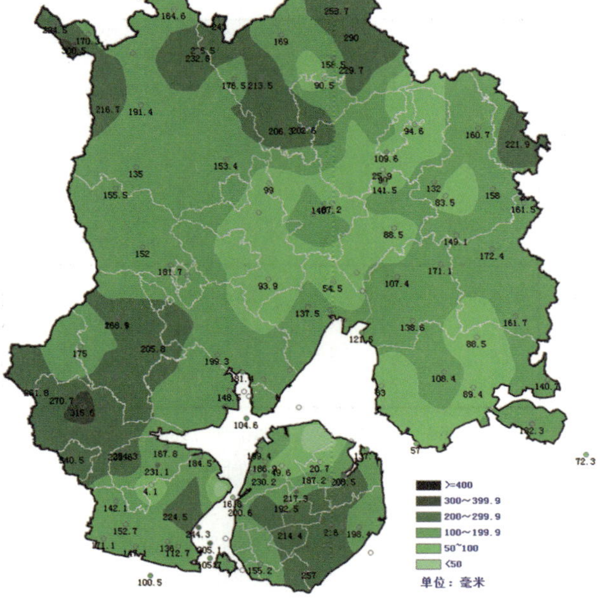

图 31-23　台风“莫兰蒂”过程降水量(14日20时至16日20时)

“莫兰蒂”影响评估：“莫兰蒂”台风正面登陆并重创厦门，破坏力超强。据厦门市防汛办受灾信息统计，截至9月16日，全市共6个区38个镇(街)受灾，受灾人口约28万人，1人死亡，2人重伤，农作物受灾面积10.5万亩。全市电力设施遭到毁灭性破坏，共51座变电站受损，导致全市大面积停电，因供电不稳定导致全市所有水厂无法正常供水。通讯基站因灾中断8783个，道路积水近400处，大面积绿化遭到破坏，65万棵行道树倒伏，路灯受损3万余盏，工棚等损坏6192处，地下车库积水23处，受淹车辆近5000辆。“莫兰蒂”造成的直接经济损失约102亿元(见图31-24)。

图 31-24　台风“莫兰蒂”致灾图片

3. 寒潮

2016 年 1 月下旬出现寒潮天气过程。此次寒潮天气具有以下几个特点：（1）时间长。降温过程始于 21 日，并于 26 日结束，长达 5 天；（2）强度强。厦门站 24 日至 26 日的最低气温均低于 6℃，其中 25 日最低气温只有 0.1℃，创有气象观测记录以来历史的新低；（3）范围广。寒潮过程覆盖整个厦门区域；（4）损失重。虽然厦门市气象台提前约一个星期就发布了低温预警，但由于降温强度大，我市农业防冻设施和手段有限，还是造成较大损失。

据厦门农业局受灾统计信息显示，本次冻害对农作物的影响较大，主要作物受冻害面积共约 2.3 万亩，共造成农业直接经济损失超过 1 亿元。

图 31-25　厦门 2016 年 1 月 25 日寒潮过程霜冻图片

4. 大雾

厦门 2016 年大雾具有以下特点：（1）日数多。全年共出现大雾日 88 天，比常年多 1 倍多，创有气象观测以来历史同期最多纪录。其中，1 月、4 月、9 月和 11 月的大雾日数也均创历史同期最多纪录；（2）强度大。全年有 32 次大雾天气过程最低能见度均少于 100 米，主要出现在冬季和春雨季。浓雾天气严重影响了城市交通管理，迫使机场、高速公路、码头等关键交通枢纽关闭或停运（见图 31-26）。

5. 高温

2016 年厦门岛内高温日数（日最高气温≥ 35℃）9 天，为常年高温日数的 2 倍。厦门岛外高温日数多达 21 天，比常年多 11 天，为有气象观测记录以来历史第三多年份。其中，岛外 7 月下旬出现长时间持续性高温过程，总共 11 天中有 9 天达到高温日，但整体高温强度偏弱。

6. 霾

2016 年厦门霾日数 5 天，比常年少 15 天，是近 15 年霾日最少的年份（见图 31-27），5 天霾日均出现在第一季度。2016 年厦门霾日的显著回落，一定程度受年内较多降水影响。

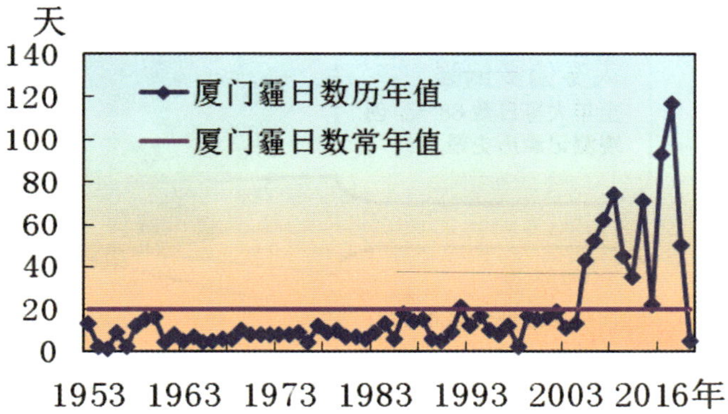

图 31-27　厦门霾日数历年变化图

7. 雷电

2016 年厦门市共监测到地闪 6 千余次，平均地闪密度约为 3.2 次 / 平方公里，较去年略有增加。全年雷电电流强度集中在 20 千安以下，总体以负闪为主。最大雷电流强度为 126.2 千安，出现于 6 月 18 日 15 时 21 分海沧区。同安区平均地闪密度最大，约为 4.1 次 / 平方公里。2016 年共收集到雷电灾害事故 5 起，造成经济损失共约 17 万元，无人员伤亡。

图 31-26　厦门 2016 年 3 月 17 日（左）和 4 月 16 日（右）大雾天气

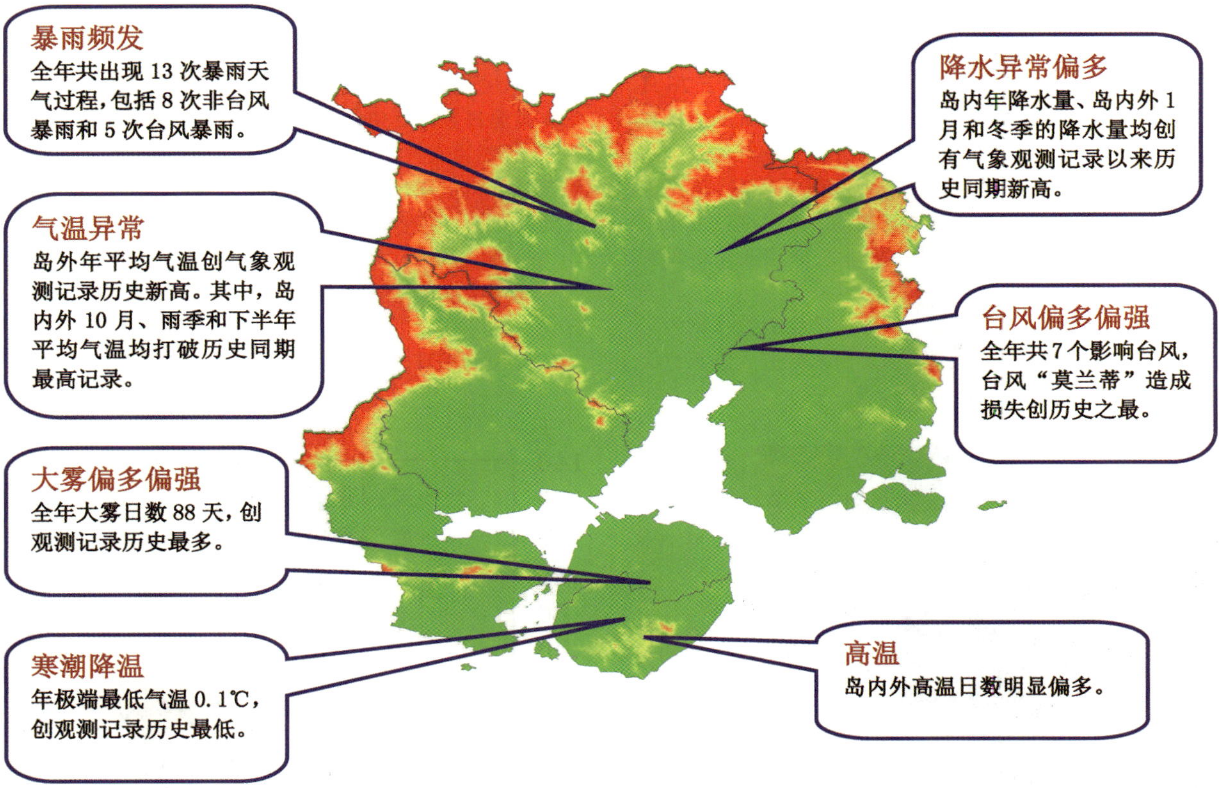

图 31-28　2016年厦门市主要气象灾害及异常气候事件概述

三、气候影响评价

2016年厦门气候具有极端反常的特点，以台风、暴雨、寒潮、高温和大雾等为典型的气象灾害发生频、影响重、损失大，给农业、渔业、水利、交通、保险、旅游等行业以及城市生活等方面都带来较严重的负面影响。

综合评价，2016年厦门市气候影响属较差年景。

1. 气候与农业

2016年厦门气候对农业的影响属较差年景。

2016年厦门由于寒潮和大风等与农业密切相关灾害性天气发生重，农业受到较大影响。据厦门市统计局资料，2016年厦门市农业产值209528万元，比2015年减少4.3%。2016年厦门粮食播种面积为98717亩，比2015年减少1.6%；总产量35272吨，比2015年减产3.4%。2016年蔬菜播种面积为235682亩，比2015年减少0.04%；总产量522918吨，比2015年减产7.5%。2016年水果产量15975吨，比2015年减少16.2%。

2. 气候与渔业

2016年厦门气候对渔业的影响属较差年景。

2016年，厦门台风频发强发，给渔业的生产带来明显的负面影响。据厦门市统计局资料，2016年厦门市渔业总产值61910万元，比2015年减少22.7%。水产品总产量44402吨，比2015年减少14.7%。其中，海水产品产量34143吨，较2015年减产13.9%；淡水产品产量10259吨，较2015年减产17.2%。

3. 气候与林业

2016年厦门气候对林业的影响属较好年景。

2016年厦门降水异常偏多，大大减轻森林防火工作的压力。据厦门市森林防火指挥部统计，全年三级火险天气132天、四级30天，合计火险天气162天，约占全年天数的44%。全年共发布3期高森林火险橙色预警，主要集中在春节前后及清明期间，高火险橙色预警时间累计25天。我市各级各相关单位认真落实森林防火责任，提前部署防范，加大巡查力量，强化检查督查，取得全市全年无森林火灾佳绩。

4. 气候与水利

2016年厦门气候对水利的影响属差年景。

2016年，受厦门年降水量异常偏多、暴雨频发、影响台风强等因素的共同作用，厦门水利设施受损严重。据厦门市防汛办资料，全年共损坏堤防46处，长度53.400千米，损坏护岸163处，损坏水闸17座，损坏灌溉设施964处，水利设施直接经济损失约2.24亿元。

由于厦门2016年降水量充沛，截至2016年12月31日，厦门全市各类型水库蓄水均较充足。

5. 气候与海洋

2016年厦门气候对海洋的影响属于正常年景。

据厦门海洋环境预报台资料，2016年厦门沿海出现5次台风风暴潮过程，分别是1601号超强台风“尼伯特”风暴潮过程最大增水88厘米、1604号强台风“妮妲”最大增水43厘米、1614号超强台风“莫兰蒂”最大增水113厘米、1617号超强台风“鲇鱼”最大增水108厘米、1622号超强台风“海马”最大增水58厘米。在农历八月十五天文大潮期，受1616号强台风“马勒卡”影响，厦门港出现超过蓝色警戒潮位的高潮位。

2016年，厦门沿海及其周边海域受5次台风浪影响，出现台风大浪（浪高≥2.5米）15天（含台风涌浪）。受9次冷空气影响，出现大浪16天。全年共出现大浪天数31天，略少于常年（32天）。

6. 气候与电力

2016年厦门气候对电力行业的影响属于差年景。

“莫兰蒂”台风登陆厦门时强度达15级大风（平均风速47.8米/秒，超出我国电网设计风速35米/秒的标准），厦门电网遭受重创。据厦门市电业局统计数据，全市共42座变电站、81条主干线路、872条10千伏线路、14112台配电变压器停运，造成62.2万用户停电。电力设施损毁严重，21基高压铁塔腰折，3800多基水泥电杆倒断，大量线路损毁或断线。

7. 气候与保险

2016年厦门气候对保险业的影响属于差年景。

据中国人民保险公司厦门市分公司统计，2016年仅由于台风灾害，就受理理赔事件1000多起，理赔额约7亿元左右。同时受理其他气象灾害理赔事件80起，理赔额约150万元。

据中国平安保险公司厦门分公司统计，2016年仅由于台风“莫兰蒂”就受理车险理赔2万笔，理赔金额约1.7亿元；受理非车险理赔1200笔，理赔金额约2亿元。

8. 气候与旅游

2016年厦门气候对旅游的影响属于正常年景。

2016年厦门极端天气气候事件偏多偏强，尤其以暴雨、台风、大雾和高温等与旅游密切相关的气象灾害给来厦门的游客带来一定负面影响，但整体影响相对较轻。

据厦门市旅游局统计，2016年厦门市共接待国内外游客6770.16万人次，同比增长12.17%。其中，接待国内游客6412.35万人次，占接待总人数的94.71%，同比增长12.13%。接待入境游客357.81万人次，占接待总人数的5.29%，同比增长12.78%。全年旅游总收入968.26亿元人民币，同比增长16.33%。其中，国内旅游收入788.33亿元人民币，占总收入的81.42%，同比增长11.25%；入境旅游创汇27.69亿美元，外汇同比增长38.73%。

9. 气候与航空

2016年厦门气候对航空飞行的影响属正常年景。

据厦门航空有限公司统计，2016年受大雾天气影响，飞机备降42班次，取消33班次；受雷暴天气影响，备降32班次，取消8班次；受台风影响，备降3班次，取消248班次。

10. 气候与环境空气质量

2016年厦门气候对空气质量的影响属较好年景。

据厦门市环境空气质量监测中心站资料统计，2016年厦门市空气质量指数（AQI）优的天数197天，良的天数165天，轻度污染的天数4天，全年空气质量优良率98.9%，比2015年下降0.3个百分点，其中优级率53.8%，比2015年下降1.3个百分点。全市环境空气质量综合指数为3.29，与去年基本持平（2015年为3.28）。六项主要污染物浓度较2015年“两升两平两降”，其中SO_2上升10%，O_3上升8.42%，NO_2和CO持平，PM_{10}下降2.08%，$PM_{2.5}$下降3.45%，六项主要指标均低于评价标准值。

11. 气候与地质灾害

2016年厦门气候对地质的影响属于正常年景。

据厦门市国土资源局资料，受极端天气影响，全年发生在人员居住区和城区道路的崩塌、滑坡有63处，主要由强降水引发，其中14号台风“莫兰蒂”正面袭击厦门，造成崩塌、滑坡44处，没有造成人员伤亡情况，直接经济损失不大，但多数崩塌、滑坡形成较严重或严重地质灾害险情，威胁群众生命财产安全。

（厦门市气象局）

2016 年厦门市海洋环境状况公报

1. 概述

依据《中华人民共和国海洋环境保护法》赋予地方海洋行政主管部门的职责，2016 年厦门市海洋与渔业局紧紧围绕市委、市政府关于海洋工作的部署，积极推进海洋生态文明建设，进一步强化海洋生态环境保护，组织开展了多项海洋生态环境调查、监视监测与评价工作，主要包括海域环境质量状况趋势性监测和海洋生物多样性监测、重要海洋功能区和赤潮监控区监测，九龙江与岛外九条溪流以及主要陆源排污口入海污染物总量监测等，共设置监测站位 161 个，覆盖厦门湾局部海域[①] 1288 平方公里，获取常规监测数据约 2.5 万个，在线浮标连续自动监测数据约 49 万个，基本掌握了该海域生态环境现状与发展趋势。2016 年厦门湾局部海域水质状况继续保持稳定，符合第一、第二类海水水质标准的海域面积达 847.5 平方公里，占该海域总面积的 65.8%；海水中重金属及砷、石油类及其它有机污染监测要素浓度均符合第一类海水水质标准。海洋表层沉积物质量和近岸贝类生物质量以及生物多样性状况继续保持稳定，厦门海洋珍稀物种国家级自然保护区内中华白海豚和文昌鱼得到良好保护。厦门环岛路东部和鼓浪屿滨海旅游度假区环境优良，很适宜休闲旅游观光；主要海水浴场综合环境状况良好。2016 年九龙江入海污染物总量较 2015 年有明显增加，主要污染要素为化学需氧量、总氮和总磷；岛外九条溪流入海污染物总量有所降低，各污染要素入海量均有所减少。监测的主要陆源入海排污口中 7 个污水处理厂出水均为达标排放，7 个雨污混排口存在不同程度超标排放。2016 年厦门岛周边海域发生血红哈卡藻赤潮 1 起（无毒）。2016 年 9 月超强台风“莫兰蒂”正面登陆厦门，台风过程在一段时间内对海域环境质量造成不良影响。

2. 海洋生态环境状况

2.1 水环境质量[②]

2016 年厦门湾局部海域水质状况继续保持稳定，符合第一、第二类海水水质标准的海域面积达 847.5 平方公里，占该海域总面积的 65.8%，海水中主要超标污染要素仍为无机氮和活性磷酸盐。

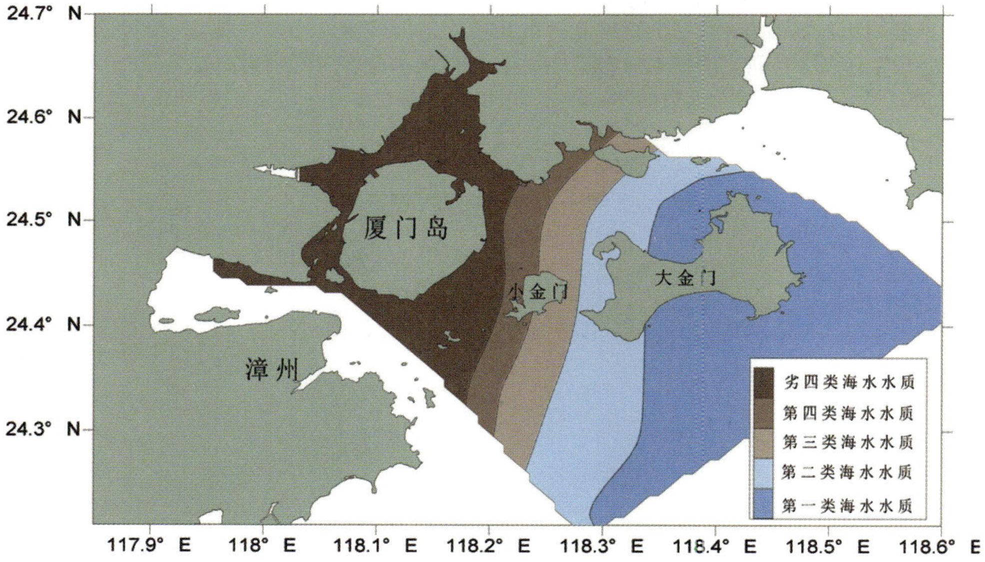

图 31-29　2016 年厦门湾局部海域水质评价结果示意图

①根据《福建省人民政府关于调整福建省近岸海域环境功能区划（厦门湾局部海域）的批复》，厦门湾局部海域包括厦门岛周边海域约 355 平方公里和厦门湾东部一海域 507.89 平方公里、厦门湾东部二海域 424.65 平方公里，总面积约 1288 平方公里。

② 2016 年 5 月、8 月和 10 月在厦门湾局部海域开展 22 个监测站位的水质趋势性监测；其余月份开展 8 个监测站位的趋势性监测。监测项目包括 pH、盐度、溶解氧、化学需氧量、营养盐、硫化物、重金属及砷、油类、悬浮物、叶绿素 a 和持久性有机污染物等。

厦门岛周边海域除大嶝海域外均存在水体富营养化[①]问题，其中九龙江河口区、西海域、同安湾和南部海域水体呈重度富营养状态，东部海域水体呈中度富营养状态。

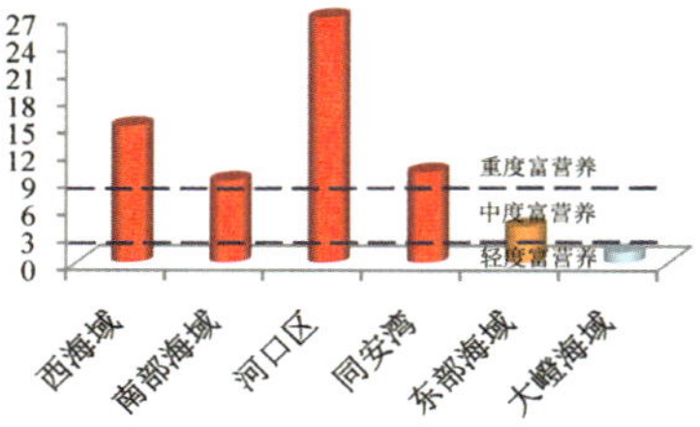

图 31-30 2016 年厦门各海域水体富营养化状况

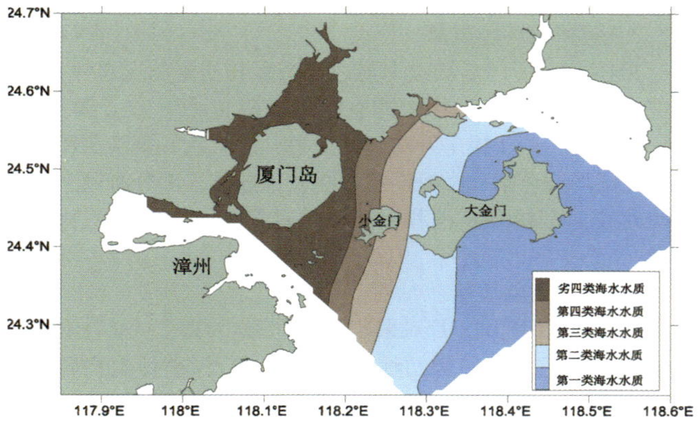

图 31-31 无机氮浓度分布示意图

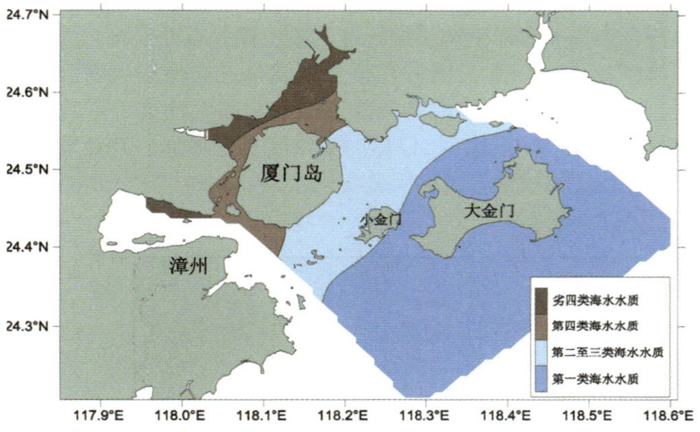

图 31-32 活性磷酸盐浓度分布示意图

溶解氧

2016 年，厦门岛周边海域溶解氧浓度均符合第一类海水水质标准。与 2015 年相比，各海域溶解氧浓度变化不大。

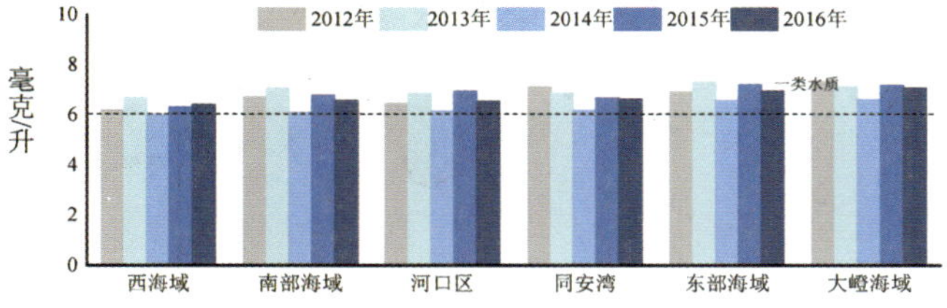

图 31-33 2012～2016 年厦门岛周边海域溶解氧浓度变化

化学需氧量

2016 年，厦门岛周边海域化学需氧量浓度均符合第一类海水水质标准。与 2015 年相比，各海域化学需氧量浓度均有所增加。

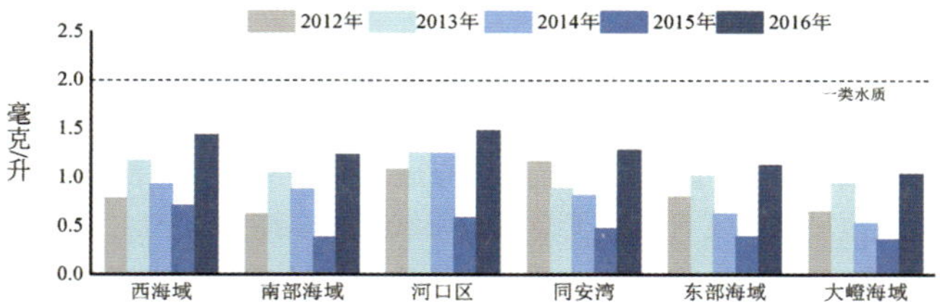

图 31-34 2012～2016 年厦门岛周边海域化学需氧量浓度变化

悬浮物

2016 年，厦门岛周边海域悬浮物浓度与 2015 年相比总体有所减少，仅河口区悬浮物浓度略有增加。

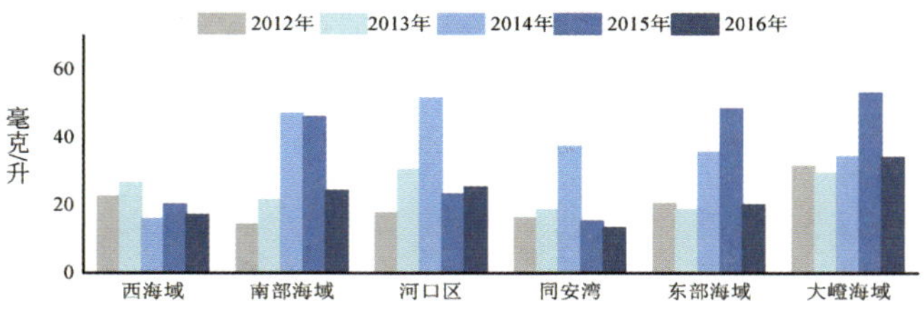

图 31-35 2012～2016 年厦门岛周边海域悬浮物浓度变化

无机氮

2016 年，大嶝海域无机氮平均浓度符合第二类海水水质标准，其它海域则处于劣四类水平。与 2015 年相比，厦门岛周边海域无机氮平均浓度均有不同程度增加。

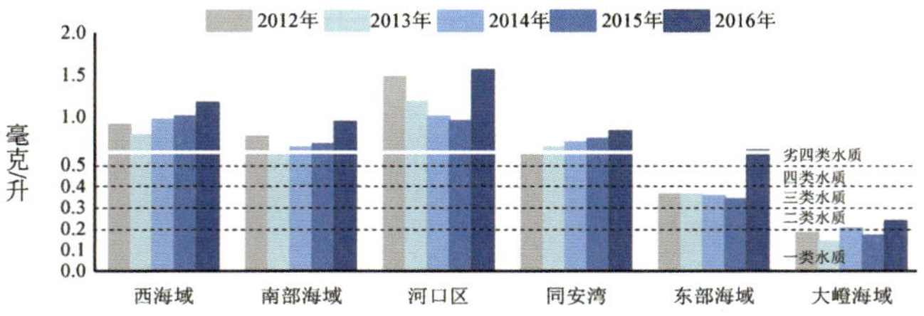

图 31-36 2012 ～2016 年厦门岛周边海域无机氮浓度变化

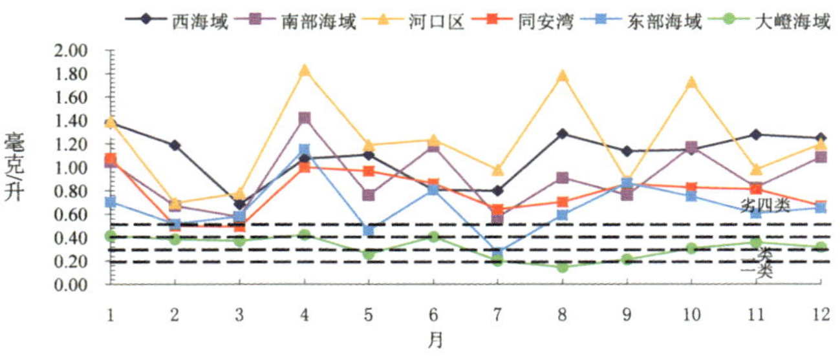

图 31-37 2016 年厦门岛周边海域无机氮浓度月变化

① 富营养化状态依据富营养化指数（E）计算结果确定。该指数计算公式为 E=[化学需氧量]×[无机氮]×[活性磷酸盐]×106/4500，E ≥ 1 为富营养化，其中，1 ≤ E ≤ 3 为轻度富营养化，3 < E ≤ 9 为中度富营养化，E > 9 为重度富营养化。

根据每月水质监测结果，2016 年 1～12 月大嶝海域无机氮浓度符合第一类和第二类海水水质标准的月份主要集中在 5～10 月，东部海域仅 7 月份无机氮浓度符合第二类海水水质标准，其他海域无机氮浓度基本处于第四类或劣四类水平。

活性磷酸盐

2016 年，大嶝海域活性磷酸盐平均浓度符合第一类海水水质标准，东部海域符合第二至三类海水水质标准，西海域、南部海域和同安湾符合第四类海水水质标准，河口区则处于劣四类水平。与 2015 年相比，西海域、同安湾和大嶝海域活性磷酸盐平均浓度有所减少，其他海域则基本持平。

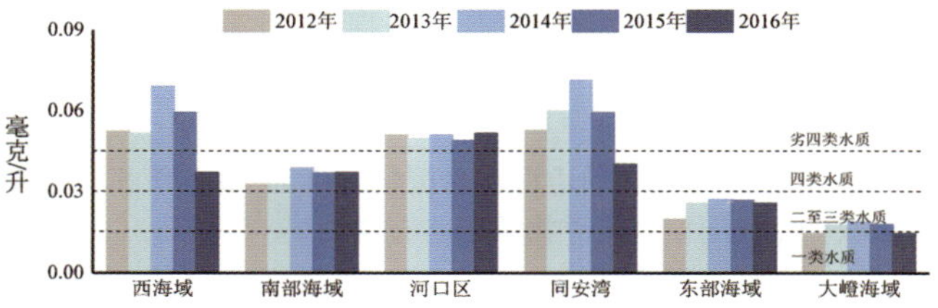

图 31-38　2012～2016 年厦门岛周边海域活性磷酸盐浓度变化

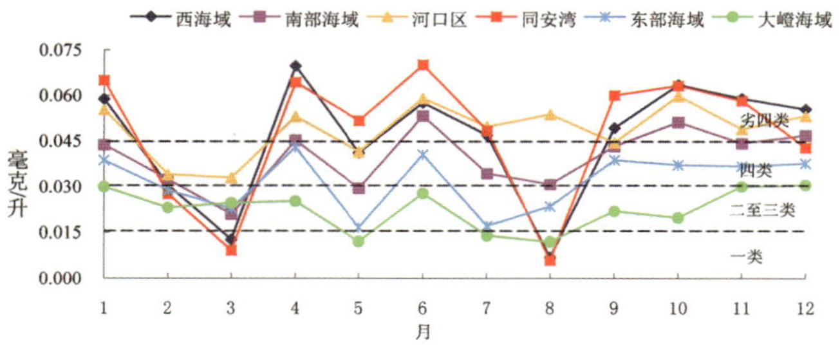

图 31-39　2016 年厦门岛周边海域活性磷酸盐含量月变化

根据每月水质监测结果，2016 年 1～12 月大嶝海域活性磷酸盐浓度均符合第一类和第二类海水水质标准，东部海域、同安湾、南部海域和西海域符合第一类和第二类海水水质标准分别有 5 个、3 个、2 个和 2 个月份，河口区活性磷酸盐浓度则基本处于第四类或劣四类水平。

重金属及砷、硫化物、油类和其它有机污染物

2016 年，厦门岛周边海域重金属（铜、铅、锌、镉、铬、汞）及砷、油类、硫化物、六六六和滴滴涕平均浓度均符合第一类海水水质标准；与 2015 年相比，各监测要素浓度变化不大。

2.2 沉积物环境质量

2016 年，厦门岛周边海域表层沉积物质量状况总体良好，大部分海域表层沉积物中的有机碳、硫化物、重金属（锌、铬、汞、铜、镉、铅）及砷、石油类、六六六、滴滴涕和多氯联苯浓度均符合第一类海洋沉积物质量标准，部分海域个别站位硫化物、有机碳、铜和铅浓度超过第一类海洋沉积物质量标准。

2.3 贝类生物质量

2016 年 5 月和 8 月对采集于西海域宝珠屿、大嶝阳塘和翔安琼头附近海域的僧帽牡蛎和菲律宾蛤仔进行生物质量监测，结果表明厦门岛周边海域贝类生物质量状况良好。

菲律宾蛤仔体内重金属（总汞、镉、铜）及砷、六六六、滴滴涕均符合第一类海洋生物质量标准，铅和石油烃符合第二类海洋生物质量标准；僧帽牡蛎体内总汞、砷、六六六、滴滴涕符合第一类海洋生物质量标准，铅、镉、石油烃符合第二类海洋生物质量标准，铜符合第二类或第三类海洋生物质量标准。两种监测生物体内麻痹性贝毒素和腹泻性贝毒素均未检出。与 2015 年相比，蛤仔体内铅浓度有所增加；其他监测要素浓度或生物质量等级无明显变化。

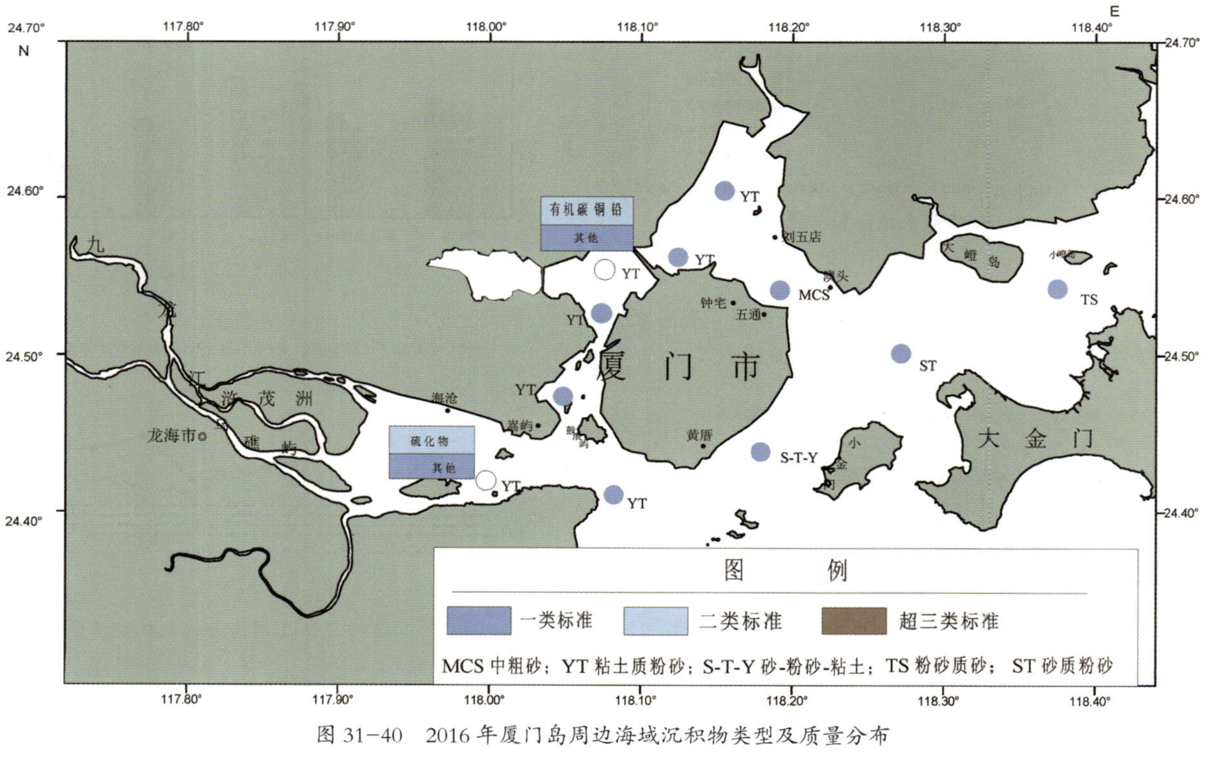

图 31-40　2016 年厦门岛周边海域沉积物类型及质量分布

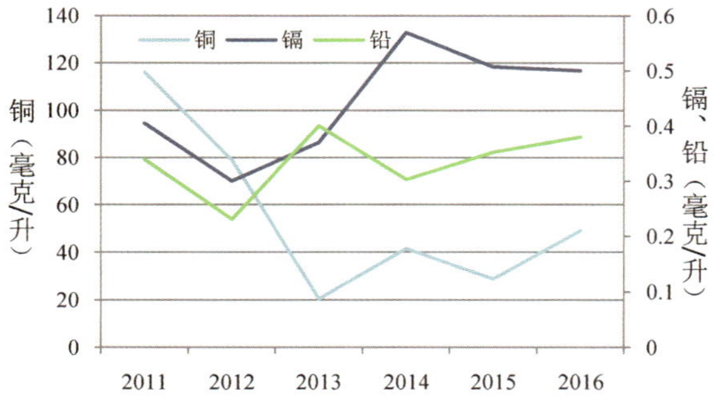

图 31-41 2011～2016 年僧帽牡蛎体内铜、镉和铅浓度变化

2.4 海洋生物多样性

2016 年 8 月在厦门岛周边海域进行了一个航次的海洋生物多样性监测，结果表明，厦门岛周边海域生物群落结构和生物多样性状况相对稳定。

（1）浮游植物

共鉴定记录浮游植物 4 门 49 属 125 种，其中硅藻门 34 属 102 种、甲藻门 11 属 18 种、蓝藻 2 属 3 种、裸藻门 2 属 2 种。水采浮游植物多样性指数平均为 2.34（变幅为 1.56～3.00），较 2015 年同期有所增加。

（2）浮游动物及浮游幼虫

共鉴定浮游动物 47 种，其中桡足类 24 种，水螅水母 6 种，毛颚类 3 种，被囊类 2 种，介形类 2 种，糠虾类 2 种，其余的是翼足类、枝角类、十足类、樱虾类、栉水母和多种浮游幼体。浮游动物及浮游幼虫多样性指数平均为 3.23（变幅为 2.78～4.02），与 2015 年相比有所下降。

（3）鱼卵、仔稚鱼

共鉴定记录鱼卵、仔稚鱼 9 科 14 属 16 种。鱼卵平均密度为 64.04 个 / 立方米，仔稚鱼平均密度为 10.22 尾 / 立方米。

（4）潮下带底栖生物

共鉴定记录潮下带底栖生物 7 门 95 科 166 种，环节动物和节肢动物种类最为丰富，分别有 64 种和 46 种，各占总种数的 38.6% 和 27.7%，其他依次是软体动物 28 种，其他动物 17 种（包括腔肠动物 3 种，纽形动物 1 种和脊索动物 13 种），棘皮动物 11 种。潮下带底栖生物多样性指数平均为 3.81（变幅为 2.88～4.77），多样性指数与 2015 年相比有所增加。

（5）潮间带底栖生物

共鉴定记录潮间带底栖生物 5 门 29 科 34 种，其中软体动物 14 种，环节动物 10 种，节肢动物 8 种，其他动物 2 种（1 种纽形动物和 1 种脊索动物）。潮间带底栖生物多样性指数仅为 0.95，多样性指数较 2015 年略有减少。

3. 重要功能区生态环境

3.1 珍稀海洋物种国家级自然保护区

2016 年厦门海洋珍稀物种国家级自然保护区海水水质总体稳定，除西海域、黄厝海域和同安湾海域无机氮和活性磷酸盐不同程度超标外，其它海域、其它监测要素溶解氧、化学需氧量、石油类和重金属符合或优于保护区环境功能区划要求。

2016 年保护区海洋沉积物质量优良，沉积物中有机碳、石油类和硫化物浓度均达到第一类海洋沉积物质量标准。

文昌鱼保护

2016 年黄厝文昌鱼核心保护区潮下带底栖生物出现 7 门 56 种，其中环节动物多毛类出现最多，占总种类数的 53.6%；底栖生物种类平均为 17 种；生物量平均为 4.909 克 / 平方米（变幅 0.059 克 / 平方米～9.632 克 / 平方米）；密度平均为 233 个 / 平方米（变幅 20 个 / 平方米～495 个 / 平方米）。黄厝潮下带底栖生物生物量及栖息密度均低于 2015 年。

2016 年黄厝文昌鱼核心保护区潮间带底栖生物出现 2 门 4 种，其中环节动物多毛类出现最多；底栖生物种类在 0～2 种，平均为 1 种，生物量平均为 0.272 克 / 平方米（变幅 0～0.728 克 / 平方米）；密度平均为 5 个 / 平方米（变幅 0～8 个 / 平方米）。黄厝潮间带底栖生物生物量及栖息密度均低于 2015 年。

2016 年前埔—黄厝海域文昌鱼的平均栖息密度为 56 个 / 平方米，高于 2015 年；平均生物量为 0.453 克 / 平方米，低于 2015 年。外围保护地带南线—十八线海域文昌鱼的平均栖息密度为 13 个 / 平方米，略高于 2015 年；平均生物量为 0.532 克 / 平方米，低于 2015 年。

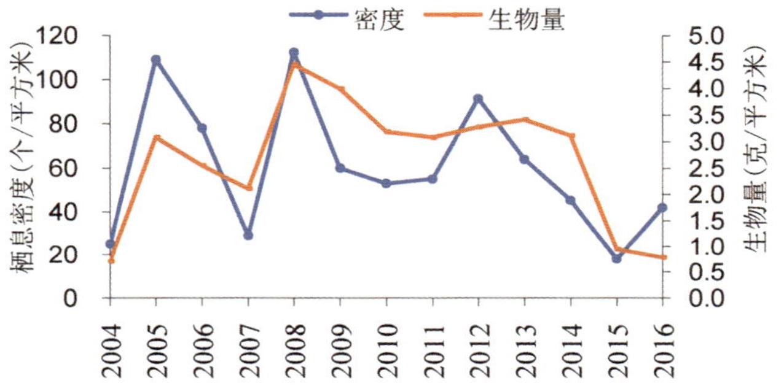

图 31-42 2004～2016 年黄厝海域和南线—十八线海区文昌鱼年平均栖息密度及年平均生物量变化趋势

前埔—黄厝和南线—十八线海区文昌鱼年平均栖息密度为 25 个 / 平方米，年平均生物量为 0.417 克 / 平方米。

中华白海豚保护

2016 年，继续在火烧屿、五缘湾、浯屿、小嶝岛和海门岛共布设 5 个中华白海豚观测点。据不完全统计，各观测点共发现中华白海豚 217 次、555 头次，其中浯屿和火烧屿观测点发现次数最多，火烧屿观测点发现头数最多。2016 年中华白海豚观测发现头次较 2015 年有所减少。

图 31-43 厦门海域中华白海豚

表 31-22　**2015～2016 年厦门海域中华白海豚观测情况统计**

观测点	火烧屿	五缘湾	浯屿	小嶝岛	海门岛
2015 年	89 次 351 头次	26 次 54 头次	126 次 205 头次	33 次 111 头次	23 次 75 头次
2016 年	91 次 349 头次	8 次 16 头次	92 次 121 头次	11 次 31 头次	15 次 38 头次
2016 年共计：217 次 555 头次					

3.2 国家级海洋公园

厦门国家级海洋公园生态环境状况继续保持稳定，海域水质良好，监测要素除无机氮和活性磷酸盐外均符合第一类海水水质标准；海域沉积环境良好，监测要素均符合第一类沉积物质量标准；岸线整治和沙滩修护力度不断加大，滨海景观水平整体提升。

3.3 滨海旅游度假区

2016 年环岛路东部滨海旅游度假区和鼓浪屿滨海旅游度假区综合状况优良，总体水质良好，海滩、海滨及海上环境优良，海陆景观优美，很适宜海上观光和海滨观光游玩。滨海旅游度假区旅游适宜时段较长，最佳时段为 4 月～10 月。与 2015 年相比，度假区综合环境状况略有提升。

3.4 海水浴场

2016 年开展了东部黄厝、椰风寨、海韵台、太阳湾、曾厝垵、观音山及鼓浪屿港仔后、大德记 8 个主要海水浴场的监测。

水质状况：8 个海水浴场水质状况总体良好，“优良”等级占 98.7%，比 2015 年略有好转。

健康指数：8 个海水浴场的健康指数范围为 66～75，平均 69。其中太阳湾、椰风寨、黄厝、海韵台浴场的健康指数较高，大德记浴场健康指数较低。与 2015 年相比，8 个海水浴场的健康指数基本持平。

游泳适宜度：2016 年 8 个海水浴场游泳适宜度天数比例范围为 66%～75%，其中游泳适宜度最好的浴场是太阳湾海水浴场，游泳适宜度最低的浴场是曾厝垵海水浴场，不适宜游泳的主要原因是个别月份水温偏低、台风天气及个别浴场粪大肠菌群影响。与 2015 年相比，各浴场游泳适宜度总体略有下降。

图 31-44　环岛路东部滨海旅游度假区

图 31-45　鼓浪屿港仔后海水浴场

表 31-23　**2016 年厦门滨海旅游度假区环境状况评价**

度假区名称	环境状况指数		休闲（观光）活动指数							综合等级
	水质	海面状况	海上观光	海滨观光	游泳适宜度	海上休闲	沙滩娱乐	海钓	平均指数	
环岛路东部	3.7	4.3	4.6	4.6	3.4	4.1	4.1	—	4.2	优良
鼓浪屿	3.3	4.3	4.6	4.6	3.2	4.1	4.1	—	4.1	优良

注：依据《滨海旅游度假区环境评价指南（HY/T 127—2010）》评价。
环境状况指数（包括水质指数和海面状况指数）和各类休闲（观光）指数的赋分分级说明（满分为 5.0）：
5.0～4.5：极佳，非常适宜开展休闲（观光）活动；
4.4～3.5：优良，很适宜开展休闲（观光）活动；
3.4～2.5：良好，适宜开展休闲（观光）活动；
2.4～1.5：一般，适宜开展休闲（观光）活动；
1.4～1.0：较差，不适宜开展休闲（观光）活动。

表 31-24 **2016 年厦门主要海水浴场综合环境状况**

浴场名称	水质等级 天数比例%			健康指数	适宜和较适宜游泳天数比例%
	优	良	差		
椰风寨	0	100	0	69	73
黄厝	0	100	0	70	74
海韵台	0	100	0	73	74
太阳湾	0	100	0	75	75
曾厝垵	0	93	7	68	66
大德记	0	100	0	66	71
港仔后	0	100	0	67	71
观音山	0	96	4	67	67

注：依据《海水浴场环境监测与评价技术指南》评价。

4. 主要入海污染源及其邻近海域生态环境状况

4.1 九龙江

2016 年九龙江入海污染物总量为 2.56×10^5 吨，比 2015 年增加 62.0%。其中化学需氧量为 1.78×10^5 吨（占总量的 69.52%），比 2015 年增加 67.9%；其次总氮 7.41×10^4 吨（占 28.94%），比 2015 年增加 50.0%；总磷 3.31×10^3 吨（占 1.29%），比 2015 年增加 86.0%；石油类 4.27×10^2 吨（占 0.17%），比 2015 年增加 53.0%；重金属（铜、铅、锌、镉、六价铬、汞）及砷 2.16×10^2 吨（占 0.08%），比 2015 年增加 14.9%。

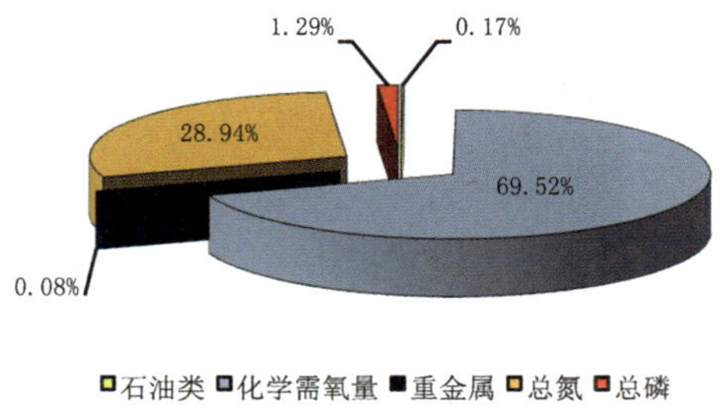

图 31-46 无机氮浓度分布示意图

表 31-25 **2016 年九龙江入海污染要素达标情况**

监测位置	监测参数	执行标准	达标情况
九龙江北溪和西溪	pH 值、化学需氧量、硝酸盐、石油类、硫化物、铜、铅、锌、镉、六价铬、汞、砷	《地表水环境质量标准》第Ⅲ类水质标准	优于Ⅲ类，达到Ⅰ类
	总磷		北溪达标率 100% 西溪达标率 33%
	氨氮		北溪达标率 100% 西溪达标率 67%

4.2 岛外主要溪流

2016 年，在厦门岛外海沧的过芸溪，集美的后溪、瑶山溪、深青溪，同安的东、西溪和官浔溪、龙东溪、埭头溪，翔安的九溪等九条溪流入海口布设 10 个站位进行每月水质和污染物总量监测。

2016 年，岛外主要溪流入海口水体中营养盐超标现象依然严重，70.4% 站次的总磷和 76.5% 站次的氨氮超过第Ⅴ类地表水环境质量标准；30.4% 站次的化学需氧量超过第Ⅴ类地表水环境质量标准。石油类和溶解氧基本达标；pH 值、硫化物、重金属（铜、锌、铅、镉、汞、六价铬）及砷均达到第Ⅰ类地表水环境质量标准。

2016 年，岛外主要溪流全年入海污染物总量约为 1.26×10^4 吨，低于 2015 年。其中主要污染要素化学需氧量 8.90×10^3 吨；总氮 3.32×10^3 吨；总磷 3.46×10^2 吨；石油类 38.66 吨；重金属 8.96 吨；硫化物 1.63 吨。与 2015 年相比，各污染要素总量均有所降低。

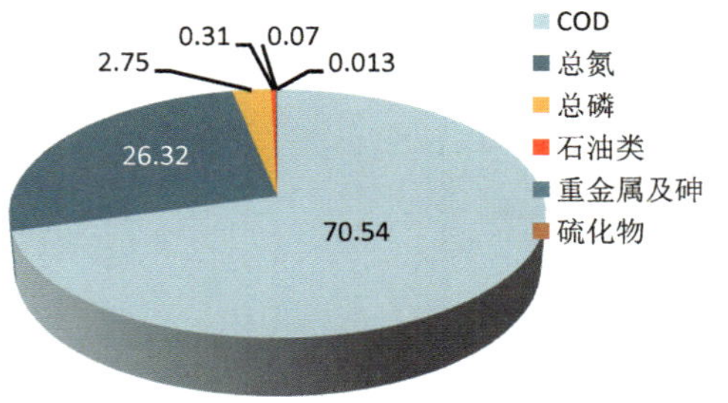

图 31-47 2016 年岛外主要溪流入海污染物总量比例图

表 31-26 **2016 年岛外主要溪流入海口水体营养盐污染状况（全年平均）**

入海溪流	过芸溪	后溪	瑶山溪	深青溪	东溪	西溪	官浔溪	龙东溪	埭头溪	九溪
总磷	●(红)	●	●	●(黄)	●	●	●	●	●	●
氨氮	●(红)	●	●	●	●	●	●	●	●	●

（注：● Ⅰ类标准 ● Ⅱ类标准 ● Ⅲ类标准；● Ⅳ类标准 ● Ⅴ类标准；●劣Ⅴ类标准）

按照《厦门市环境功能区划（2011 年）》的要求，过芸溪等九条溪流执行《地表水环境质量标准（GB3838—2002）》第Ⅴ类标准。

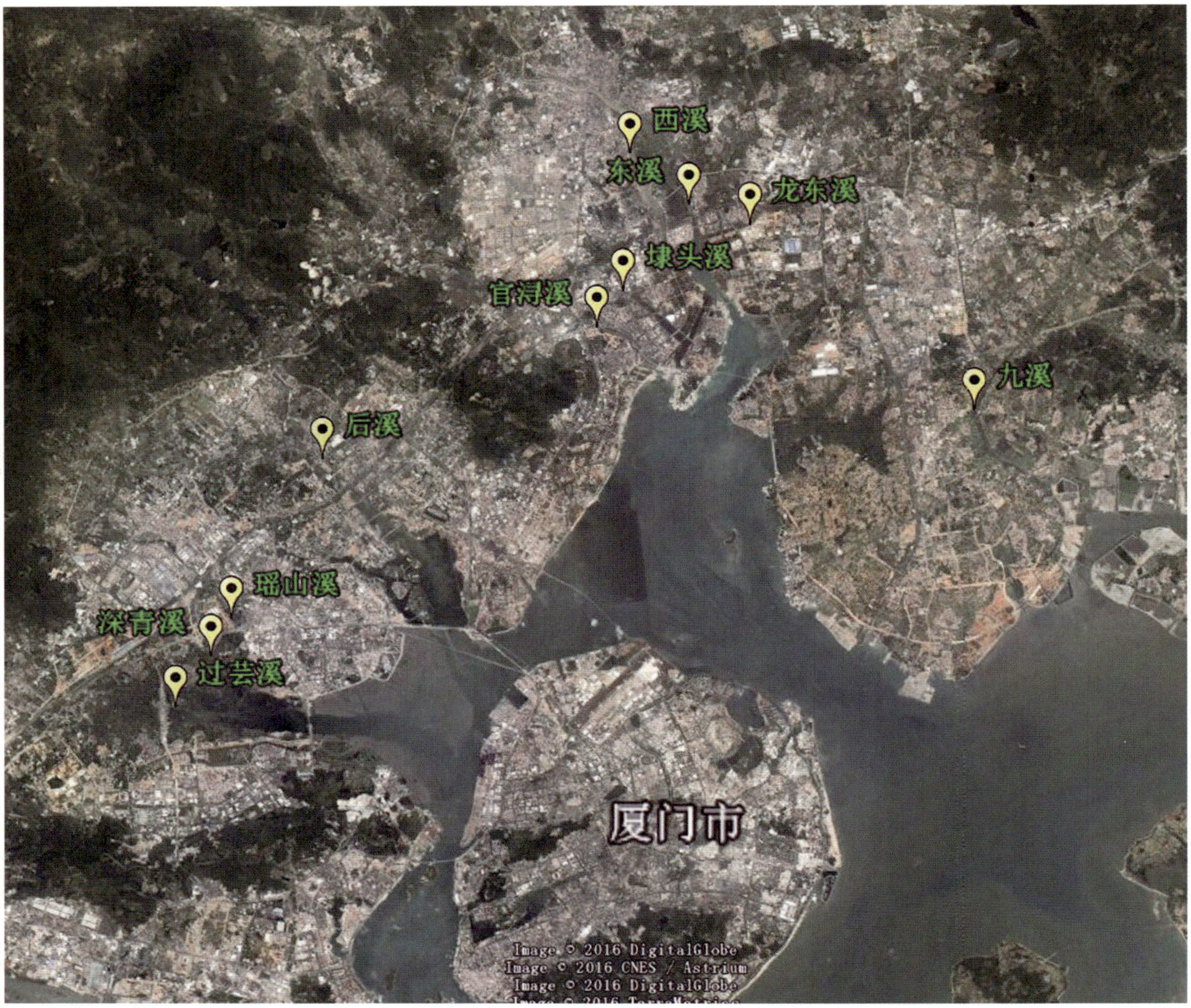

图 31-48　岛外主要溪流入海口监测站位图

4.3 陆源入海排污口及其邻近海域生态环境状况

4.3.1 主要污染物排放量

2016 年，监测的 7 个污水处理厂和 7 个雨污混排口污水和污染物排放总量较 2015 年均有所增加，其中污水年排放总量为 3.53×10^8 吨，比 2015 年增加 13.9%；主要污染物年排放总量为 2.47×10^4 吨，比 2015 年增加 45.3%。

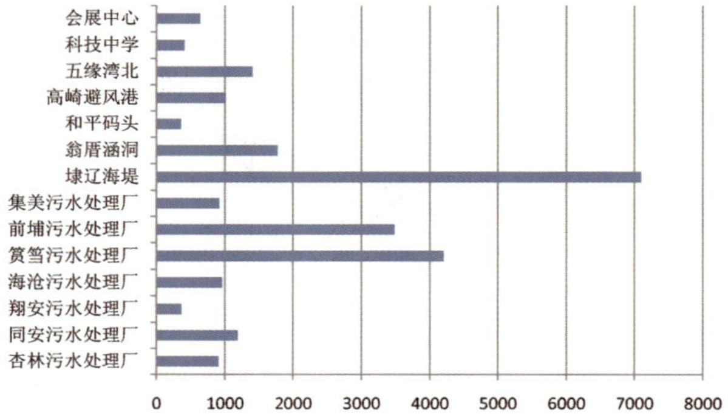

图 31-49　2016 年陆源入海排污口主要污染物年排放量（吨）

排污口主要污染物化学需氧量占 50.0%，悬浮物占 45.9%，氨氮占 3.2%，总磷占 0.9%。各污染物排放量较 2015 年均有不同程度增加，其中悬浮物和化学需氧量增幅分别达 85.3% 和 29.5%。

4.3.2 排污口综合评价①

2016 年，所监测的 14 个主要陆源入海排污口综合评价等级维持不变。其中 7 个污水处理厂出水口综合评价均为达标排放；7 个雨污混排口为不同程度超标排放，埭辽排污口为中度污染，其它排污口 4 个轻度污染，2 个轻微污染。主要超标污染物为悬浮物、化学需氧量、氨氮和总磷等。其中埭辽排污口和五缘湾大桥北侧排污口排污状况较严重。

①评价依据《污水综合排放标准》（GB8978-1996）一级排放标准《城镇污水处理厂污染物排放标准》（GB18918-2002）一级 B 排放标准

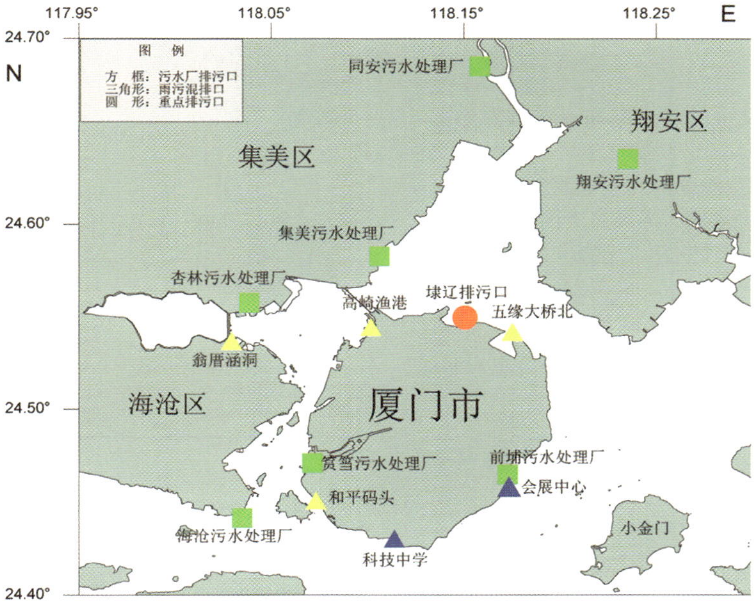

图 31-50　2016 年厦门市主要陆源入海排污口分布及综合评价

表 31-27　**排污口等级分类表**

综合等级		对邻近海域危害的严重程度	警示颜色标识
A	严重污染	对海域环境造成的危害或潜在危害最大	红色
B	中度污染	对海域环境造成的危害或潜在危害较大	橙色
C	轻度污染	有一定的海域环境危害或潜在危害	黄色
D	轻微污染	对海域环境造成的危害或潜在危害较小	蓝色
E	达标排放	对海域环境造成危害很小	绿色

4.3.3 陆源入海排污口邻近海域生态环境状况

埭辽排污口邻近海域生态环境状况监测结果表明，不符合海洋功能区环境保护要求的主要超标要素为水中无机氮和活性磷酸盐；埭辽排污口邻近海域环境质量综合评价等级为第三级，与 2015 年相比等级维持不变；邻近海域沉积物质量符合第一类沉积物质量标准要求；邻近海域均未采集到鱼、虾、贝等生物样。

图 31-51　同安湾埭辽排污口邻近海域

4.4 海漂垃圾

2016 年厦门海域打捞清理的海漂垃圾总量为 2397 吨，较 2015 年明显增多。海漂垃圾密度最大的区域为厦鼓海域，最小的为五缘湾海域。海漂垃圾主要来源为九龙江径流输入，受季节变化影响明显，冬季垃圾总量较少，春季和夏秋季总量较多。受今年强台风过程影响，9 月份垃圾总量高达 436 吨，约占全年总量的 20%。

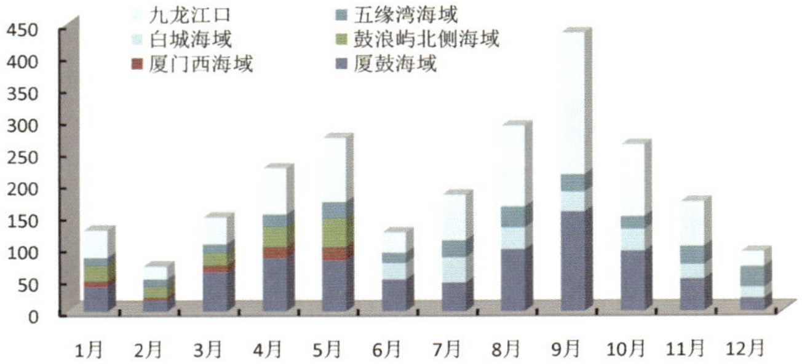

图 31-52　2016 年厦门海域海漂垃圾清理统计分布（吨）

5. 海洋环境风险评估

5.1 赤潮

2016 年厦门岛周边海域发生一起赤潮和一次临界赤潮过程。

2 月 18 日～3 月 14 日，同安湾北部和五缘湾海域发生血红哈卡藻（Akashiwo sanguinea）赤潮，赤潮最大面积约 20 平方公里，最大藻密度约 3.86×10^{6} 个 / 升，无毒，未造成经济或其他损失。

7 月 18 日，同安湾北部和五缘湾海域浮游植物密度临界赤潮基准值，主要优势种为中肋骨条藻（Skeletonema costatum），无毒，未造成经济或其他损失。

5.2 风暴潮

2016 年厦门市遭受风暴潮影响较严重，特别是第 14 号超强台风“莫兰蒂”9 月 15 日正面登陆厦门翔安，过程带来强风、强降雨和剧烈的风暴潮增水，对市民的生产生活造成不良影响，社会经济损失巨大。这是年度全球最强台风，也是 1949 年以来登陆闽南的最大台风，其强降雨过程导致面源污染物通过九龙江、岛外溪流和市政泄洪管道等在短时间内大量集中排入厦门岛周边海域，严重影响海域环境质量。

5.3 重点岸段海岸侵蚀

2016 年 7 月对白石炮台附近沙滩开展海岸侵蚀常规监测，9 月底又在 14 号超强台风“莫兰蒂”登陆后进行了后续跟踪监测。结果显示，白石炮台附近沙滩出现明显的侵蚀现象，平均蚀退距离 5.1 米，最大蚀退距离为 10.65 米；平均下蚀高度为 0.15 米，最大下蚀高度为 0.31 米，下蚀区面积约为 13962 平方米。与 2015 年相比，该处岸段侵蚀加重，其原因与受“莫兰蒂”登陆影响有关。

图 31-53　白石炮台附近沙滩侵蚀状况

5.4 海洋资源环境承载能力

2016 年，依据《海洋资源环境承载能力监测预警指标体系和技术方法指南》（国家海洋局 2015 年 5 月），在试点监测区域（白城至五缘湾口，海岸线总长约为 32.9 公里，海域面积约为 67.2 平方公里）通过历史资料收集、现场踏勘、海域生态环境监测等方式，获取岸线及海域开发强度、海洋生态环境及风险状况和无居民海岛生态状况及开发强度等信息，采用专项评价和综合评价相结合的方法，对海洋空间资源承载能力（S）、海洋生态环境承载能力（E）、海岛资源环境承载能力（I）进行监测评估，结果表明：

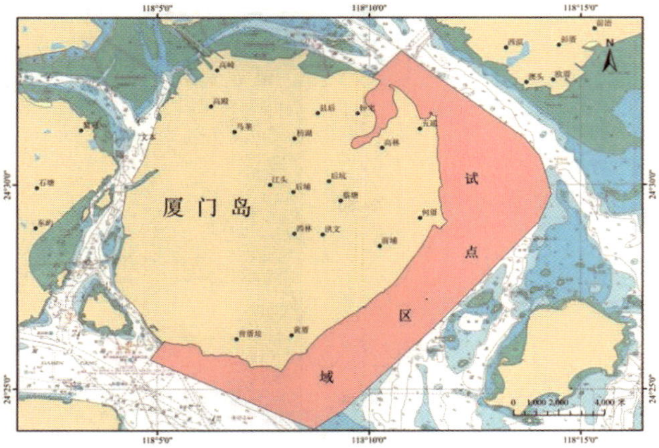

图 31-54　试点监测区域

试点监测区域内自然岸线保有率较高，占比 82.6%，海域综合开发强度较低，未开发海域占比 94.6%，海洋空间资源承载能力为“可载”；区域内水质和表层沉积物环境状况较好，浮游植物和底栖生物群落多样性一般、浮游动物多样性较好，海洋环境承载状况和海洋生态风险承载状况为“可载”；监测区域无居民海岛开发强度较低，无居民海岛生态状况较好，海岛资源环境承载能力为“可载”。

综上，试点监测区域内海洋资源环境承载能力为“可载”。

6. 制度建设与工作实践

6.1 海洋工程建设项目监督管理

2016 年，市海洋与渔业局核准海洋工程建设项目环境影响评价报告书（表）18 个。市级环评项目在初审阶段不再出具同意开展环评前期工作函，改为咨询服务。环境影响评价报告书（表）的编制由建设单位自主委托。简化论证环节，对《海域使用管理法》实施前已经完成的围填海工程，符合功能区划的，不再要求编制海洋环境影响报告书，改为编制报告表。与区域建设用海规划拟实施的建设项目一致的具体海洋工程建设项目，其环境影响评价内容可以根据规划的海洋环境影响评价审查结论，采取编制环境影响报告表的形式予以简化办理。实行海域使用论证和海洋环评论证实行同时评审。建立了海洋环评项目验收和日常检查、定期检查制度，确保各项监管落实到位。

6.2 建立海洋环保监理制度

建立海洋工程建设项目环境保护监理制度，对于落实工程建设环保措施具有重要作用。我国目前仍缺乏海洋工程环境保护监理的法律、法规和相应技术规范，也没有对海洋环保监理的资质条件、监理内容、监管方式和收费标准等作出相应规定。

厦门市海洋与渔业局拓宽思路、创新实践、先行先试，选择“厦门湾口海域采砂工程建设项目”作为试点，开展探索建立海洋环保监理制度工作。2016 年在印发《关于开展厦门湾口海域海沙开采工程海洋环保监理试点工作方案的通知》后，以厦门新机场建设为契机，选择厦门湾口海域海沙开采工程作为试点，为后续构建厦门市海洋工程环境监管机制、明确海洋工程环保监理的法律地位、提升海洋综合行政执法效力、制定和完善与海洋环保监理相关的地方法规和技术规范，探索具体可行的路径与经验。

目前，试点工作正稳步推进，海洋行政主管部门履行制定标准，监督检查责任；建设单位履行环境保护主体责任；执法机构履行执法监管责任；监理单位根据《厦门湾口海域海沙开采工程海洋环保监理实施方案》和相关合同约定开展工作，履行具体监督责任。

该做法和经验在《中国海洋报》2016 年 12 月 15 日第三版上登出。

6.3 海洋文化建设

1、海洋文化宣传取得成效。充分利用每年举办的“国际海洋周”和“6.8 世界海洋日暨全国海洋宣传日”平台，积极开展海洋文化科普与海洋意识教育活动，推动海洋文化博物馆、海洋意识教育基地建设；在《中国海洋报》等国家媒体刊发信息 160 余条，在厦门日报开辟宣传专栏，厦门电视台海洋视点栏目每月两期宣传海洋工作。

2、海洋科普文化基地形成新格局。厦门市建成了海峡两岸科技展示馆，成为全国首个海洋科技展示馆和展示厦门海洋科技提供重要窗口；厦门市海沧天心岛小学、科技中心和厦门大学先后被国家海洋局批准成为“全国海洋意识教育基地”，另外有市科技馆、大嶝休闲渔村等 6 家单位创建成为市级海洋意识或海洋科普教育基地，已形成了国家级、市级两个层次，大、中、小完整学校系统，馆所、企业广泛参与的海洋文化宣传教育阵地全新格局；厦门还动员社会力量参与到海洋文化建设进程中，推动建成全国首家、全省唯一的中华白海豚文化广场，建成火烧屿海豚救护繁育基地及中华白海豚科普馆等海洋宣传教育基地。

3、海洋周国际影响力得到进一步提升。2016 厦门国际海洋周重点围绕“共建海上丝绸之路：新愿景　新格局”这一主题，举办了包括 2016 厦门国际海洋论坛暨第六届发展中国家海洋可持续发展部级论坛、中国－东盟国家海洋公园生态系统管理国际研讨会等在内的 6 场国际论坛、3 场展览洽谈活动和 6 项海洋文化活动。共有来自 38 个海丝沿线国家（地区）、12 个国际组织的 2000 多名代表及近千家企业参与本届活动，吸引社会公众 10 万人次参与到海洋周各项活动。同时吸引了中央、省市和境外 60 余家媒体进行报道，海洋周国际影响力得到进一步提升。

图 31－55　2016 年厦门湾局部海域海洋环境监测站位图

（厦门市海洋与渔业局）

报刊集萃

扬帆领航（践行中国梦·走向世界创新城市）

——厦门国家火炬高新区深化供给侧结构性改革的“产业转型”

中新社记者　朱建华

历史永远铭记这一天。

上世纪八十年代深秋一个秋高气爽的日子，厦门岛西北部一个名叫湖里的小村庄，伴随着一声震天的开工炮响，掀开了鹭城命运转折的崭新一页。两年之后，中国改革开放总设计师邓小平站在这片激情燃烧的热土上，意味深长挥毫写下：“把经济特区办得更快些更好些”的殷殷嘱托。先行先试，勇于探索，扬帆领航，当好中国改革开放的窗口、试验田和排头兵，就成为了厦门经济特区肩负的特殊使命……

35年风起云涌，激荡着厦门儿女的光荣与梦想。进入新世纪第13个年头之后，面对经济新常态，中国这艘海峡西岸的巨舰毅然拨转航向，充满新动能，再一次扬帆领航，劈波斩浪驶向新经济的海洋。以习近平总书记提出的建设机制活、产业优、百姓富、生态美的新福建和“四个切实”新要求为指引，以福建省第十次党代会和厦门市第十二次党代会精神为动力，围绕实现“再上新台阶、建设新福建”，建设“五大发展”示范市。厦门高新区力争经济实力再上新台阶，形成以创新驱动为主引擎的发展动力机制，以高端制造业和现代服务业为主体的产业体系，建成具有较强国际影响力的区域科技创新中心。当先锋、打头阵、挑重担，成为全市创新驱动的主引擎，全面推进国家自主创新示范区建设的先行区。

海之一隅，扬帆世界，百年沉寂，今朝崛起……

改革创新：重构现代产业新体系的战略引擎

产业兴则城市兴。

厦门产业转型之路在哪里？厦门市委、市政府的决策者们经过反复思考得出的结论是：要突破，要腾飞，就要更加注重质量和效益，就必须在供给侧结构性改革中形成新动能！

这无疑又是一次在厦门市委、市政府带领下，践行“五大发展理念”的世纪进发！

厦门火炬高新区在厦门市创新发展中一直扮演着重要角色。早在1990年，国家科委和厦门市共建创立火炬高技术产业开发区，成为以“火炬”命名的三个国家级高新区之一。而火炬一旦点燃，便成燎原之势，历经26年发展，以占厦门1%的土地，实现厦门41%的工业总产值；高新技术企业占厦门四成，高新技术产业产值占工业总产值比重达80%以上；成为福建省首个千亿级开发区，建成福建最大的科技企业孵化器；成功培育出5家年产值超百亿元企业，亿元以上企业达到100多家；近4000家企业在火炬高新区创新创业，17家世界500强企业在火炬高新区投资29个项目。

火炬高擎，再谱华章。殷切期望，托付重任。火炬高新区将按照省、市的要求，加强组织领导，进一步充实队伍，让干部成为发展现代产业的行家里手，对主导产业知识、发展趋势、国家政策都要先学一步，不断提高能力和水平；做强做大现有企业，重视培育生根型企业，鼓励现有企业增资扩产和开展技改升级，培育一批有发展潜力的科技“小巨人”；围绕龙头企业延伸产业链，加强对上下游企业和产业链关键环节的招商；滚动开发新园区，适度超前规划、全方位配套基础设施，加大公租房等生活配套和公共研发服务平台建设，不断夯实经济发展基础，增强发展后劲。

鹭城厦门，开始了动人心魄的转型起飞！

创新生态：产业转型新空间新机制的保障

创新生态是产业转型的基石保障。

说到美图秀秀，几乎无人不晓。2016年12月15日，美图在香港主板挂牌上市。按每股8.50港元发行5.74亿股，所得款项净额约46.88亿港元，获得全球资本瞩目。截至2016年10月，美图旗下应用已在全球超过11亿个独立设备上激活，其全部应用月活跃用户达4.56亿。据艾瑞咨询6月进行的一项调查，中国社交网络上分享的图片，约53.5%经过美图旗下APP的处理。目前，美图拥有全球最大的人像数据库，其人脸检测技术已经在全球处于领先地位。根据国际权威的马萨诸塞大学FDDB数据集10月份公布的人脸检测结果，美图在所有参与测试的人脸检测系统中位居第一。从2010年开始，美图就利用大数据，研究与计算机视觉和影像处理有关的新技术，并把人脸识别作为产品核心。截至6月30日，美图已注册超过100项专利，并拥有94款软件程序的著作权。

美图正是在厦门高新区这片创新沃土上成长为参天大树的。构建优良的创新创业生态体系，营造国际一流营商环境，是厦门产业转型成功的基石。

美图创始人兼董事长蔡文胜毅然从外地回到家乡厦门。他投资的第一人，是互联网论坛上认识的“网友”张立，在蔡文胜的资助下，张立创立的欣欣旅游以14.5亿元估值融资2.5亿，成为一家B2B2C的互联网旅游平台公司；91助手软件的开发者熊俊，从蔡文胜处得到一笔启动资金，创办同步网络有限公司。从事移动应用分发和移动设备管理应用研发，至今一直保持行业领先地位；已挂牌新三板的飞博共创的伊光旭，在蔡文胜的牵线下举家从南京搬迁厦门，所创办的飞博共创覆盖全网超过2亿用户，成为网红经济时代的社会化营销平台。为帮助更多创业者，蔡文胜创办的隆领创投，已累计投资81个互联网创业项目。厦门软件园堪称是海西地区信息产业的人才吸附器、培育器和加速器，4399游戏、美图秀秀、飞鱼科技等软件园二期企业，为厦门互联网创业带来了巨大的羊群效应。厦门将成为“东方的西雅图”。

如今的厦门软件园已行成一期、二期、三期有机联动，岛内、岛外一体发展的良好格局。其中，软件园一期主打“科技金融+企业孵化”，二期作为企业总部和研发中心聚集区，三期打造产业发展要素齐全完整的产业集群。目前，仅厦门软件园就有6家上市公司，27家新三板挂牌企业，集聚了产业资本运营、中介服务、培训机构、众创空间等产业要素。

厦门火炬高新区是经中组部认定的福建唯一国家级“海外高层次人才创业基地”，累计吸引近500位海外留学人员创业，累计培育、对接人才项目268项。在时任高新技术创业中心主任施立华及其团队的贴心保姆式服务下，国家“千人计划”人才黄剑带领团队研发出目前国内最尖端的“NAS分布式集群系统”，实现了国际尖端云存储的“中国创造”；国家“万人计划”人才蔡伟伟带领团队创办了国内首家专业研发与销售石墨化学气相沉积系统的高科技企业；省“百人计划”人才徐平创办的厦门优讯公司自主研发出了国内第一颗光通信前端高速收发芯片。构建人才高地，使厦门人才济济、灿若群星……

为确保产业发展新空间，预防城市产业空心化，市委、市政府在同安区、翔安区启动建设两个总面积46平方公里的高新技术产业基地和两个总面积8平方公里的现代服务业基地。在建设者们的艰苦奋战下，同安起步区一期已基本完成1066.71亩的征地及场平工作，翔安起步区完成一期约600亩用地的征收及场平，并加快推进基地道路及配套设施建设。同时加快招商洽谈，推进产业项目落地，已有包括法睿科技、佰明、中移动数据中心等9个产业项目落地，计划投资约120亿元。其中法睿科技项目已于2016年7月开工建设。其他项目力争年内提前动工建设，在谈项目约20个，计划总投资概算约200亿元，两座高新技术产业基地将以快速崛起的雄姿屹立于八闽土地之上！

建设创新社区是厦门的一大创举。年仅33岁原清华大学团委副书记因地校合作来厦门挂职，后留任火炬高新区管委会软件园管理处处长的倪杰担当了此项工作，开始了软件园（二期）创新社区的创建。将产业园区从以前的“提供载体、空间和基本公共服务”转变为“企业发展的合作互联，研发生活环境的不断完善，人才和企业的高度参与，打造人才安居乐业、兴业的综合环境”。社区建在园区中，围绕居住、餐饮、交通、交流、文体等各方面需求，完善社区类配套，打造“15分钟创新生活圈”。社区邀请50位龙头企业负责人组成发展战略咨询委员会，以每周一次早餐会形式，与政府共商共谋，建言产业规划、产业政策、发展环境。产业发展共同缔造，厦门成为了将产业功能与城市功能有机结合的产城融合的典范！

良好的生存发展条件，使火炬高新区企业成就斐然。截至目前，火炬高新区共培育397年国家级高新技术企业，拥有80多家国家和省市级技术与研发中心，10家博士后科研工作站，园区企业承担火炬计划、创新基金等各类科技研发和科技成果产业化项目800多项。高新技术之光，照亮了海峡西岸，成为了引领产业转型的灯塔！

线上众包，对接台湾人才需求；线下众创，帮助台湾青年发展。青年创业者黄国华创办的“一品威客”和“一品创客”，吸引了台湾广告设计、工业设计、软件开发、动漫设计等人才加入，集聚了超过50万来自台湾的高端创意人及设计师。厦门市政府为连接两岸合作发展新纽带，倾注了浓浓的爱意：入驻一品创客的台湾青年住宿有困难，集美区就把干部宿舍腾出，免费给团队住；创业资金有困难，政府则启动创业启动扶持资金；出行不方便，火炬高新区、软件园管委会第一时间架设了公共自行车系统，接驳宿舍到创客空间。让台湾青年在厦门生活、创业、处处感到有如在自己家门口般温暖。已被国台办授予国家级“海峡两岸青年创业基地”称号的一品创客、孵化的创业团队超过220家，其中台湾团队100家，台湾青年200多人。移动互联网、物联网、TMT、文化创意、电子商务、无人机、机器人、智能软件、创客空间、创客咖啡、企业加速器、天使基金使台湾青年在大陆的创业活动色彩纷呈……

两岸清华携手厦门，翻开两岸合作发展崭新一页。厦门堪称是接纳两岸清华大学高端人才和项目的理想之地，为推动两岸和平发展与交流融合再上新台阶，厦门市政府与清华大学、台湾新竹清华大学校友会三方决定在厦门共同设立并建设“清华海峡研究院”。汇聚各方资源，建设新型创新载体，使之成为两岸合作发展的独特纽带。2015年4月17日，厦门市委领导，清华大学党委书记陈旭和新竹清华大学校友会到理事长蔡能贤共同为“清华海峡研究院”揭牌。2015年7月8日，台湾新竹清华大学教授金联舫等与海峡研究院执行院长郭樑等两岸清华人聚首厦门会展酒店，共同确定了两大愿景（两岸融合乐园、创新创业沃土），三大使命（桥梁、摇篮、生态），以科学家为核心，企业家为动力，投资家为纽带，共同描绘两岸合作发展未来新蓝图。

一流的营商环境，优质的各类服务，优良的精神图谱，厦门开始了举世瞩目的转型远行……

结构调整：战略新兴产业快速崛起的新动能

有新动能才能实现新崛起。

集成电路产业是厦门重点培育的战略性新兴产业，也是产业转型升级的关键。厦门高新区大力发展战略新兴产业，致力打造集成电路千亿产业链和国家级集成电路产业基地。2016年11月16日，两岸合资金额最大的集成电路项目——联芯集成电路制造（厦门）有限公司正式开业，不仅将有力带动厦门集成电路产业发展，更将推动两岸产业深度合作。该项目是由福建省、厦门市和台湾联电公司共同出资建设的12英寸晶圆厂，一期项目总投资62亿美元。5个月内开工建设，一年半内实现竣工投产，创造了全球12英寸晶圆制造厂的建设速度纪录，产品良品率达到世界领先水平。

天马微电子第6代LTPS产线再传捷讯，天马第6代LTPS（低温多晶硅技术）产线单月出货量超过两百万片，累计出货量已超过五百万片。成为厦门市产业转型升级、打造平板显示产业高地的新里程碑。早在2011年，天马就前瞻性地在厦门投建了国内第一条LTPS产线（第5.5代），在高端显示领域打破国外垄断。2014年12月，天马继续加大高端产线布局，投资120亿元，在厦门投建一条全球最先进的G6 LTPS产线。成为全球最大的 LTPS 单体工厂，年销售额将达到 160 亿元。

培育新动能，培植新土壤，落地新项目，创新驱动，硕果累累……

南有“华为”，北有“紫光”。赵伟国创造的“紫光神话”，令世界瞩目。这位 49 岁的清华学子，秉承他的“新合资时代”理论，探索出一套中国高新技术产业发展的新模式。赵伟国不断进行着他的“惊险跳越”，从 2013 年 7 月到 2015 年 6 月的两年时间内，紫光集团连续完成三次国际并购和一次外资入股，成为世界第三大手机芯片企业；2015 年 5 月，斥资 25 亿美元收购原惠普旗下新华三集团 51% 股权，成为中国排名第一、世界排名第二的网络产品与服务领导企业。全面构筑以“芯”到“云”的信息产业生态系统。紫光不仅得到世界芯片巨头英特尔的青睐，更得到国家集成电路产业基金的鼎力支持，肩负起振兴我国集成电路产业的历史重任，2016 年营业收入力争达到 700 亿元人民币。

厦门与紫光的合作大幕耀目开启。赵伟国陪同清华控股董事长徐井宏踏上厦门的合作考察之旅，2014 年 9 月 13 日，紫光与厦门火炬高新区管委会签订《战略合作协议》，紫光将旗下集成电路设计企业紫光展锐引厦门落地，并在厦门打造紫光科技园，布局以集成电路为核心的高新技术产业集群。2015 年 6 月 6 日，经过几个月的筹建，“厦门紫光展锐科技有限公司”正式落户厦门火炬高新区创业园，目前已有海内外两百多位高级芯片工程师在厦投入研发工作。2016 年 1 月 24 日，紫光与厦门市发改委签订进一步深化战略合作协议，继续拓展在集成电路以及互联网、大数据等领域的深度合作，双方将合作项目总投资规模扩展到 500 亿元。2016 年 3 月 9 日，厦门国资委与紫光签署《合作框架协议》，共同设立 160 亿元的厦门国资紫光联合发展基金。吸引服务更多高新技术产业在厦门聚集。2016 年 6 月 30 日，由紫光与世纪互联共同成立的合资公司“紫光互联”在厦门成立。紫光互联将与微软基于 MICROSOFTAZURE 和 OFFICE365 云服务开展深度合作，搭建混合云平台，混合 IT 解决方案及提供相关云服务。厦门火炬高新区将成为紫光互联和微软的战略合作伙伴，共同打造智慧园区。2016 年 7 月 13 日，紫光旗下在厦门的上市公司银润投资正式更名为“紫光学大”，整合原美国纽交所上市企业学大教育，将在厦门建设高水准的国际学校，助推厦门教育产业整体水平。2016 年 7 月 22 日，厦门紫光科技园暨展锐大厦奠基仪式在厦门火炬高新区举行。总投资 40 亿元，总建筑面积超过 40 万平方米，形成集成电路企业研发中心、研发型总部集聚区，紫光微电子学院，全力打造国家级集成电路产业基地，成为厦门集成电路千亿产业链的重要部份。紫光东来，照亮世界！

2011 年，火炬高新区企业美亚柏科公司成功上市，成为厦门软件与信息服务产业的一大亮点，拓展成为拥有电子数据取证，视频分析及专项执法装备、大搜索、大数据信息化四大产品和存证云 + 搜索云 + 数据服务及信息安全四大服务的网络空间国家战略的生力军。在厦门市政府支持下，企业自建了厦门市超级计算中心，拥有了自己的“云平台”，在国家信息安全产业超千亿的市场空间纵情作为。

注入新动能的新厦门，谱写了辉映世界东方的产业转型的精彩华章！

换挡提速：传统产业转型升级的生死抉择

壮士断腕，凤凰涅槃，置之死地而后生。

厦门传统产业换挡提速转型升级的命运之战是这样进行的。

麦克奥迪（厦门）诞生于上世纪八十年代，杨泽声接手濒临破产的厦门光学仪器厂，建立信任，转变观念，建立团队，改变机制，经过数年打拼，终使企业重新站立起来。可是，当杨泽声去美国参加国际设备展览会时，却发出了这样的感叹：显微镜龙头企业 Cari Zeiss 已是在沉欢于 150 年的厂庆，日本的 Nikon、Olympns 也经历了 70 年以上的品牌磨炼，麦克奥迪只是十年出头的“小孩子”，能和他们竞争吗？世界光学的“老祖宗”蔡司博士和阿贝博士一个半世纪以前发明的显微镜光学系统和阿贝聚光镜系统仍然在显微镜行业经久不衰，光学显微镜能有我们的份额和地位吗？这之后，风云突变，正当杨泽声为企业生存忧心忡忡之时，世界数码技术问世，新技术的改朝换代，摧枯拉朽，让显微镜业所有人都面临生死考验，同时也给麦克奥迪提供了与西方四大显微镜制造商几乎同步的数码技术平台上搏拼的机遇。不转型就是死路一条，转型才有光明的前景。杨泽声引进国际高端人才，研发数码技术在显微镜的整合，聘请超过 120 位来自德国、加拿大、韩国、美国、中国大陆以及香港地区的人才，创立了多元文化的多科学技术中心。走产学研之路，与众多国内外知名大学及研究机构展开合作。率先在内置数码显微镜、显微镜互动实验室、DNA 定量细胞分析补充等领域取得突破，并成功开发远程病理诊断系统，开创了远程病理诊断先河。从一个生产软硬件产品的制造商迈进医疗服务业，麦克奥迪实现了转型升级的华丽转身……

同是上世纪八十年代，中科院计算技术研究所鼓励院校专家下海，成立了两家公司，其中一家是北京计算机新技术发展公司（联想集团前身），另一家是科龙公司，也就是科华恒盛的前身。两位改革者，柳传志在北京中关村创业，而陈建平则南下福建，先在漳州驻足，后在厦门市感召下转战落户厦门。当年探索 UPS 国产化之路，为解决资金困难与香港振兴贸易公司成立合资公司，科龙改名为科华。若干年后，单一产品一度使企业难以为继。进入 21 世纪，人类面临着由信息化技术和新能源技术高度融合所引发的新的一轮技术革命，经济社会信息化的快速发展带来了对电力保护及节能一体化方案的旺盛需求，如何保障电子更安全、更可造、更节能、更智慧，也成为中国电源行业及信息发展产业面临的新挑战。转型升级使科华恒盛借上市融资契机成为了智慧电能的领导者，一下子站在了行业技术最前沿！科华恒盛提出了集电力保护、节能与储能技术、大数据与网络技术、智能化能源管理系统等为一体的智慧电能应用体系。结合高端电源数据中心、新能源三大产品方案按需定制，构建高效智能的用电空间，提供环保智慧的“云”动力。如今的科华恒盛已成为中国最大的高端电源制造商与提供商，正在构建生态型能源互联网，实施“一体两翼”发展战略形成能基（UPS、定制电源、军工电源、电力自动系统）为体、云基（数据中心、数据安全、云资源服务）和新能源（光状、储能、微网、电动汽车充电系统）为两翼的三大业务，从设备提供商转型为整体解决方案的技术服务型提供商。

1984 年，迈克尔 . 戴尔创立了戴尔公司。1998 年，戴尔在厦门建立了中国的第一个生产服务中心，仅用 4 年时间，就实现了 100 万台电脑的出货量。在中国快速增长的市场背景和厦门市政府的大力支持下，戴尔建立了更大的生产厂区并在进入中国的第二个四年里达到了千万级出货量。2006 年，戴尔开设了在厦门的第二个生产工厂，在使产能翻倍的同时支持整个北亚市场。2015 年 9 月 10 日，戴尔公司董事长兼首席执行官迈克尔·戴尔访华，吹响了转型升级的号角，宣布戴尔“在中国，为中国”在华创新 4.0 发展战略，未来 5 年在中国投入将超过 1250 亿美元。戴尔公司与金山签署战略合作协议，在大数据和云计算领域进行合作。2016 年 5 月 24 日，戴尔公司董事长兼首席执行官迈克尔·戴尔再次来华，受邀作为各信息企业的代表主持国务院总理李克强与中外信息企业的对话会，就“以大数据引领创新驱动，推动实体经济转型升级”开展深入交流。厦门成为戴尔在中国转型升级的桥头堡……

厦门传统企业的换挡提速，成为产业转型的重要基石。风雨过后是彩虹，海阔潮平，千帆进发，找好定位，精准发力，老树新枝，生机无限……

魅力鹭城：海峡西岸产城融合的“厦门范本”

山高我为峰。

与厦门的现代转型相伴随的，是一个民族精神世界的转型。面对更为杂费的经济新常态，厦门产业转型的“赶考”远未结束。

早在 2002 年，时任福建省省长的习近平在厦门调研时就提出，要加快产业结构调整，逐步形成具有厦门特色和优势的产业体系，要优先培植若干产业链和优势产业群，推进产业集聚和升级。

习近平总书记早已为厦门的产业转型指明了前进的方向。

国务院批准福厦泉国家自主创新示范区建设，无疑给厦门火炬高新区带来了重大机遇。今后五年，厦门火炬高新区将重点形成新的发展动力与路径，把厦门火炬高新区打造成产业发展最快速的海西“硅谷”，力争迈入国家高新区第一方阵。到 2020 年，高新区规模以上工业总产值实现翻番，平板显示、软件和信息服务、计算机与通讯设备等 3 个产业领域成为厦门千亿产业链（群）的核心力量；微电子与集成电路，LED、电力电器 3 个产业冲刺千亿产业链（群）的生力军……

今后五年，厦门要基本形成以创新驱动为主引擎的发展动力机制，形成以高端制造业和现代服务业为主体的产业体系，建成具有较强国际影响力的区域科技创新中心，助力“五大发展”示范市建设，实现“再上新台阶、建设新福建”的目标。立足城市资源禀赋和功能定位，聚焦发展电子信息、旅游文化、现代物流等三大主导产业，培育发展生物与新医药、新材料、海洋高新等战略性新兴产业，着力打造平板显示、计算机与通讯设备、机械装备、生物医药、新材料、旅游会展、航运物流、软件信息、金融服务、文化创意等十余条千亿产业链（群），增强城市资源配置能力和集聚辐射功能，为全市提供强有力的经济支撑……

这是何等动人心魄令人鼓舞的发展前景啊！

大潮起东方。今天，距离中华民族伟大复兴目标从未如此之近。厦门，激荡着华夏儿女的光荣与梦想。厦门，昭示着民族复兴的蓬勃与希望。厦门的产业转型已写入人类的工业文明历史，厦门的创新还将继续改写人类工业革命浪潮的未来……

创新转型，鹭城崛起！

（《人民日报海外版》2016-12-29）

打造两岸青年创新创业创客基地　融两岸“三创”之力

中新社记者　赵　兵

厦门之韵，有自然静美，更有改革活力。如今的厦门不仅打开了两岸贸易的大门，更擦亮了“新名片”，即两岸青年创新创业创客基地。

曾几何时，厦门经济特区因台而设，对台经贸交流合作一直是厦门自贸片区最大的特色和亮点。厦门发挥自贸试验区对台战略支点作用，推动两岸在高端制造业、金融、商贸、物流等产业深度对接，加强双方的紧密合作和优势互补，努力实现两岸经济合作的新突破。

一基地多平台加速度孵化梦想

2015 年 10 月 15 日，国台办授予厦门“海峡两岸青年创业基地”的牌匾。目前，厦门两岸青创基地入驻的 73 家企业中台资就有 40 家，先后举办 30 余场大型推介、项目路演沙龙等活动，与台湾 17 个育成中心达成结盟意向；一品创客·海峡两岸无人机暨智能机器人孵化基地落户；两岸著名天使投资人李开复、隆领投资等合作的“创业工场”落地。

四大板块，深度融合。基地制定公开、透明、可预期的政策促进体系；构建两岸青年交流合作的实践平台和创新成果转化平台；以移动互联网和电子商务作为先导产业，重点发展高科技文化游乐、台湾 O2O 电子商务、文化创意和互联网农业等四大板块。配套青年创业基金、天使基金、公益孵化器，打造两岸青年创新创业的公共服务平台。厦门自贸片区通过提供优质的环境、优良的服务、优惠的政策，将为两岸青年创业创新创客，从事业到情感进行深度融合提供有力支撑。

首创特色，“台味”最浓。厦门自贸片区按照“统筹规划、滚动发展、辐射带动”的思路，加快建设“一基地多平台”模式。其中的孵化平台就是青创基地的核心区，核心区建筑面积约 25 万平方米。孵化平台具有三大特色：一是全国唯一一个在自贸试验区和台商投资区内，服务两岸青年的创业基地，享有自贸试验区的改革红利以及海沧台商投资区一流的营商环境。二是全国首个最具台味，最受两岸青年青睐的创业平台，设立了以台湾基金为主的融资平台；建立了以台湾机构为主导的孵化加速平台；成立了以台湾知名创业导师为首的导师团；提供了集聚台湾元素的创业服务平台。三是福建自贸试验区推出的全国首创创新成果之一，具有制度创新和政策创新等多重优势。

“三位一体”服务两岸相融一家亲

为了让两岸往来更加便利，厦门自贸片区率先实施“源头管理、口岸验放”的两岸商品快速通关模式，率先试点开展海运快件业务，率先实现厦台两地海关信息共享和数据对接，实现台湾车辆大陆自驾游。两岸联手设立“台企快车服务中心”“两岸产业搭桥中心”，为台企入驻提供“一站式”服务。

“轻装”上阵，强力支持。厦门自贸片区全国首创允许台湾青年创业者以个体工商户且无需外资备案进驻基地，放宽台湾个体工商户经营限制，鼓励境内自然人与台湾企业、个人合资、合作创业，聘请两岸创业专家成立创业青年辅导导师团队，培育并形成自贸试验区独具特色的创业环境，为入驻青年提供“苗圃、孵化器和加速器”为一体的专业化服务，以服务青年创业需求促进政策落实和机制体制创新，共促两岸深度融合。

金融“跨海”，创新不止。厦门自贸片区支持发展融资租赁、商业保理等非银行金融业务和对台离岸业务，金融创新案例已达 26 个。先行开展对台跨境人民币贷款业务，19 家企业意向协议签约金额 20.1 亿元；率先建立跨海峡人民币代理清算群，累计清算金额 506.94 亿元，清算总量约占全省 4/5，占全国近 1/10；两岸人民币现钞调运 124 批次，为台湾地区银行机构提供人民币现钞支持；吸引台湾永丰证券、第一金控设立机构，支持 15 家企业开展双向资金池业务，净流入资金 123.6 亿元；厦门银行与台湾银行上海分行签署新台币清算协议，成为全国首家新台币现钞清算参加行，已向台湾银行购买新台币 4 次金额上亿元等。

（《人民日报》2016-03-04）

春天里的小草已发芽——走访福建自贸试验区厦门片区

《光明日报》记者　马跃华

2015 年 4 月 21 日，福建自贸试验区厦门片区揭牌。作为福建自贸试验区面积最大的片区，在这一年间，随着建设的推进，许多人的生活、工作乃至观念都在发生变化。人们欣喜地看到，这颗播种在春天里的种子已经破土发芽。

创新

“多亏了自贸区国际贸易‘单一窗口’的平台，一次申报为报关节省了不少时间。”嘉里大通物流（厦门）有限公司的报关负责人叶雅阳说，过去最多的时候一天有一百多票报关单，加班加点是再正常不过的事了。如今，通过“单一窗口”，报关流程简化了，报关录入的差错率也降低不少。“一口受理、一网流转、一趟取照”，已成为这里办理业务的真实写照。

国际贸易“单一窗口”带来直观的变化：企业录入数据项减少到 160 个，数据录入简化 32.7%，进出口货物的申报效率提升 50% 以上，进出口货物申报时间从 4 个小时缩短为 10 分钟，船舶检验检疫申报时间由 1.5 天缩短为 2.5 小时。

“公司前天递交了材料，今天就拿到了营业执照，前后只用了 3 天时间。”厦门睿曾金融信息技术服务有限公司叶德全领到“一照一码”营业执照后笑着说，办事越来越便捷了，相当于让企业“跑步”入驻自贸试验区。

从被评为自贸试验区“最佳实践案例”的国际贸易“单一窗口”到在全国复制推广的“一照一码”，厦门自贸片区不忘中央嘱托：自贸区建设要“先行先试，敢闯敢试，显现特色，活力四射”。如今，厦门自贸区已经出台 90 个政策措施，22 项创新举措，均为全国首创，探索出一批具有厦门特色的可复制、可推广的制度创新经验，成为制度创新的新高地。

特色

谈起厦门，总是绕不开台湾。厦门自贸区最大的特色依然是对台。

不久前，首家台资合资旅行社——雄狮（福建）国际旅行社落户厦门自贸区，台湾车辆大陆自驾游将成为现实。

去年，跨境人民币贷款“两岸第一单”落地，厦门金圆集团成功获得台湾“中国信托银行”等多家台湾金融机构逾 5 亿元人民币贷款意向额度，首批提取了 4000 万元跨境人民币贷款。厦门自贸区还率先建立了跨海峡人民币代理清算群；厦门银行与台湾银行上海分行签署新台币清算协议，成为全国首家新台币现钞清算参加行。

这里还成为台湾“创二代”的福地，不少台湾年轻人带着梦想过海抢滩登陆两岸青创基地。第一批入驻基地的台湾青年陈洁缇是厦门太妃堂文化传媒公司的执行总监。看着公司发展势头良好，她打心里高兴，因为在这里她可以享受到融资服务等方面的扶持发展政策。

厦门自贸区还与专业咨询机构台湾毕马威签订《合作备忘录》，开通“台企快车”服务。这就意味着，台湾毕马威将及时把厦门自贸区的最新相关资讯和推介材料，推介给台湾企业，同时该企业还将“扮演”厦门自贸区在台湾地区的咨询服务联络窗口，为企业投资设立以及未来发展，提供专业咨询服务。

引擎

去年 12 月 25 日，一场高规格的金融支持厦门自贸区业务推进会举行，主题是如何更好更快地发掘自贸区“金融红利”。会上，12 组厦门地区银行与境内外机构达成合作意向，推出包括在资本项目限额内可自由兑换、统一内外资企业外债政策、开放人民币境外证券投资等金融红利。

这场吸引全球资本汇聚的盛会，意味着厦门自贸区内的企业，可充分利用国内外资源和资金为企业拓宽融资渠道，降低融资成本。

厦门自贸区让企业看到了好处。据福建自贸区厦门片区管委会党工委书记、副主任熊衍良介绍，自挂牌之日起，厦门自贸区新增企业已经超过一万家，注册资本超过 1500 亿元，企业注册数从挂牌时每个工作日 5~6 家到目前近百家。厦门自贸区成为推动厦门发展的新引擎。

去年 6 月，随着首架经营性租赁飞机正式落户厦门自贸区，厦门自贸区的发展如虎添翼。此架飞机系准备采用金融租赁方式为厦航引进的总价值 6 亿美元的 8 架飞机中的第一架，该架飞机境外融资近 1.4 亿美元，总体融资成本较境内便宜了 50%。从首架到现在的 19 架，租赁飞机境外融资近 15 亿美元。

飞机租赁是租赁业务的重要领域之一，作为金融、贸易、服务相结合的新型金融工具——融资租赁，因为厦门自贸区的制度创新得以快速发展。厦门还专门出台了《中国（福建）自由贸易试验区厦门片区租赁业发展办法》，吸引了近百家租赁企业，更好地融入全球产业链。

“通过厦门自贸区的建设和辐射联动，增强了厦门对高端发展要素的吸引力，进一步激发各类市场主体的创造力，推动城市、产业和社会加快转型”，福建自贸区厦门片区管委会副主任李清栋说。

（《光明日报》2016-04-23）

厦门打造具有特区特色“六个专项治理”模式

《法制日报》记者　马勋先　柯少峰

今年以来，福建省厦门市按照省委政法工作会议部署，开展“六个专项治理”工作，向严重精神障碍患者肇事肇祸、寄递物流安全管理、危险物品安全监管、毒品、电信诈骗和金融风险、“执行难”这六个突出问题、民生问题“亮剑”，把做好“六个专项治理”工作作为深化平安建设和创新社会治理的重要抓手，形成了以创新为引领，以信息化为支撑的理念思路和特色做法，走在了全省前头。

“我们不是把它单纯看作一项上级布置的普通任务来对待，而是把它放在防控社会风险、维护社会稳定、服务发展的大背景下思考和推动。”厦门市委常委、政法委书记李伟华介绍。

注重顶层设计，高起点推进，体现了厦门市委市政府对“六个专项治理”工作的重视。在电信诈骗犯罪专项治理方面，2015 年 6 月，厦门市委市政府统筹指挥，打破部门壁垒，率先在全省组建市反诈骗中心，实行“警、银、通”三方合署办公、“一体化”运作，有力打击电信诈骗犯罪，走出了一条快速高效的“反诈骗之路”。

注重制度创新，敢于先行先试，充分发挥机制建设优势，着力形成一批可借鉴、可复制、可推广的创新经验。在严重精神障碍患者肇事肇祸专项治理工作中，率先在全省出台以奖代补政策，制定下发《厦门市实施以奖代补政策落实严重精神障碍患者监护责任暂行法》，扩大政策覆盖面，提高并细化奖励标准，使监护责任和措施的落实更具科学性合理性。此外，还将“六个专项治理”与网格化服务管理工作有机结合起来，将严重精神障碍患者的服务管理工作纳入社区网格化服务管理中，将吸毒人员纳入网格化社会管理服务体系，强化镇（街）、社区的属地责任，推动专项治理工作更加扎实深入开展。

注重标本兼治，力求从源头上预防风险，从根本上消除隐患，是厦门推进“六个专项治理”工作的又一特色。在寄递物流安全管理专项治理工作中，建立了“一支队伍”“一个平台”“一套机制”“一个模式”的“四个一”治理模式，全面执行开箱验视、实名寄递、过机安检“三个 100% 性制度”，做到事前监督、风险控制、有效防范。在金融风险专项治理方面，收集各类金融风险隐患，为金融监管部门的风险监测和预警提供支持，并在第一时间通过媒体向社会发布金融风险预警信息，及时有效化解潜在的金融风险。

注重科技支撑，高效率推进“六个专项治理”工作。厦门借助“互联网 +”、大数据、云计算等现代信息科技手段推动“六个专项治理”高效开展。在危险物品专项治理、毒品问题专项治理、执行难专项治理工作中，通过研发完善民爆安全监管检查信息系统、大数据缉毒实战平台、“点对点”网络执行查控系统等，形成了信息集中、打击有力、防范严密、控制有效的治理信息体系，实现了精细管理、精确打击、精准管控，大大提高了专项治理效能。

李伟华表示，下一步，厦门将认真按照省委政法委、省综治办的部署要求，全面推进各个专项治理工作，着力创新创造，打造基础更牢、思路更新、具有厦门特区特色的社会治理新样本。

（《法制日报》2016-06-01）

2016 年厦门市命名的新地名

新命名道路 189 条

1. 狐尾山路 Huweishan Lu 南起思明区官任社区湖滨北路，穿过凤凰山庄，北至狐尾山脚党校北门。长 200 米，宽 10 米。

2. 狐尾山东路 Huweishan Donglu 思明区狐尾山东麓，东起湖滨中路石亭路，西至狐尾山山顶。长 200 米，宽 12 米。

3. 狐尾山西路 Huweishan Xilu 思明区狐尾山路西，西南起湖滨北路，经滨北外贸大厦，东至狐尾山。长 400 米，宽 12 米。

4. 龙源路 Longyuan Lu 思明区嘉莲街道，南起不争公园莲前西路水务集团大厦，北经龙源里，东拐南接莲前西路。长 500 米，宽 7 米。

5. 嘉翔路 Jiaxiang Lu 嘉仁路东，南起高崎北路，北至高崎道。长 1400 米，宽 16 米。

6. 嘉谊路 Jiayi Lu 嘉翔路东，南起高崎北路，北至高崎道。长 1300 米，宽 16 米。

7. 嘉仁路 Jiaren Lu 嘉翔路西，南起机场北路，北至高崎道。长 400 米，宽 16 米。

8. 嘉安路 Jia'an Lu 高崎北二路嘉崎一里东，南起高崎北三路，北至高崎道。长 1300 米，宽 16 米。

9. 赤山坪路 Chishanping Lu 古战场所在，港中路北，西起嘉翔路，东至嘉德路。长 506 米，宽 24 米。

10. 嘉崇路 Jiachong Lu 高崎北路东，南起机场北路，北至高崎道。长 700 米，宽 16 米。

11. 嘉德路 Jiade Lu 嘉崇路东，南起机场北路，北至高崎道。长 600 米，宽 16 米。

12. 鳌山宫路 Aoshangong Lu 鳌山宫北、嘉尚路东，南起机场北路，北至高崎道。长 400 米，宽 16 米。

13. 嘉尚路 Jiashang Lu 鳌山宫路西，南起机场北路，北至高崎道。长 500 米，宽 16 米。

14. 嘉智路 Jiazhi Lu 鳌山宫路东，南起机场北路，北至高崎道。长 300 米，宽 16 米。

15. 嘉信路 Jiaxin Lu 嘉智路东，南起机场北路，北至高崎道。长 430 米，宽 16 米。

16. 高崎南二路 Gaoqinan 2 Lu T4 航站楼南，高崎南六路东，南起高崎南七路，北至高崎南三路。长 400 米，宽 24 米。

17. 高崎南十路 Gaoqinan 10 Lu 高崎南十二路东，T4 航站楼南，南起枋钟路，北至高崎南七路。长 160 米，宽 18 米。

18. 穆厝南路 Mucuo Nanlu 穆厝金湖路以南，西起云顶北路，东至五缘湾道。长 560 米，宽 18 米。

19. 祥刘路 Xialiu Lu 祥店路南，西起祥店二路，经祥店、刘厝，东至祥店中路。长 270 米，宽 18 米。

20. 祥店中路 Xiangdian Zhonglu 祥店中部祥店三路东，北起祥岭路，南拐东北接祥店路。长 1100 米，宽 18 米。

21. 牛鼻笼路 Niubilong Lu 北起金湖路，南经金湖三里，拐东接云顶北路。长 950 米，宽 18 米。

22. 环安路 Huan'an Lu 高林中路南，西起金林路，向东环绕高林一二三里，南拐西接高林三里绥德路。长 1500 米，宽 15 米。

23. 昭塘路 Zhaotang Lu 高林中路南，西起金林东路，经昭塘社，东至环岛干道。长 800 米，宽 15 米。

24. 东黄路 Donghuang Lu 高林中路北，西起金林路，东至东黄厝。长 800 米，宽 12 米。

25. 金环路 Jinhuan Lu 高林中路北，西起高林路，经高林后门社，拐南至昭塘路。长 600 米，宽 12 米。

26. 田头西二路 Tiantouxi 2 Lu 田头西一路西，南起昭塘路，北至金环路。长 370 米，宽 15 米。

27. 田头西一路 Tiantouxi 1 Lu 田头西二路东，南起高林街，北至高林中路。长 260 米，宽 15 米。

28. 绥德路 Suide Lu 宋属绥德乡，高林东路东，南起莲山头，北至仙岳路。长 1400 米，宽 18 米。

29. 仙林路 Xianlin Lu 高林路东，南起林边金钟路，北至金环路。长 650 米，宽 15 米。

30. 高林路 Gaolin Lu 高林村仙林路西，南起马厝体育中心，北至仙岳路。长 950 米，宽 30 米。

31. 缘通路 Yuantong Lu 木浦路南，西起五缘湾道五缘东二里，东至泗水道。长 330 米，宽 12 米。

32. 缘东一路 Yuandong 1 Lu 西起槟城道，经五缘东一里，东至五缘湾道。长 200 米，宽 18 米。

33. 缘东路 Yuandong Lu 西起槟城道，经五缘东里，东至五缘湾道。长 250 米，宽 18 米。

34. 桐林一路 Tonglin 1 Lu 桐林二路西，南起立言路，北至杏林湾路。长 660 米，宽 12 米。

35. 桐林二路 Tonglin 2 Lu 西亭旧属桐林保桐林一路、三路东，南起立功路，北至杏林湾路。长 650 米，宽 12 米。

36. 桐林三路 Tonglin 3 Lu 桐林四路北，西起桐林二路，东至立功路。长 260 米，宽 24 米。

37. 桐林四路 Tonglin 4 Lu 桐林二路、四路东，西起诚毅中路，东至立功路。长 540 米，宽 14 米。

38. 西亭官任东路 Xiting Guanren Donglu 西宫官任社东，北起立德路，南至立言路南。长 540 米，宽 18 米。

39. 西亭官任西路 Xiting Guanren Xilu 西宫官任社西，北起立德路，南至立言路。长 444 米，宽 18 米。

40. 瓦山东路 Washan Donglu 瓦山东侧，明盛路杏林湾路间区行政中心东，西起诚毅东路，东至立功路。长 160 米，宽 48 米。

41. 瓦山西路 Washan Xilu 瓦山西侧，西亭郭厝路杏林湾路间区行政中心西，西起立言路，东至立德路。长 395 米，宽 18 米。

42. 西亭郭厝路 Xiting Guocuo Lu 西亭郭厝社内，明盛路南，西起立言路，东至立德路。长 400 米，宽 18 米。

43. 西亭郭厝二路 Xiting Guocuo 2 Lu 西亭郭厝社诚毅中路西，南起立言路，北至西亭颖川路。长 480 米，宽 22 米。

44. 西亭庵后路 Xiting Anhou Lu 西亭庵后社内，西亭颖川路北，西起立言路，东至诚毅西路。长 540 米，宽 10 米。

45. 西亭上店路 Xiting Shangdian Lu 西亭上店社，西亭庵后路北，西起立言路，东至西亭街。长 740 米，宽 20 米。

46. 西亭颖川路 Xiting Yingchuan Lu 诚毅南路北，西起杏锦路，经西亭村颖川宫，东至立功路。长 2000 米，宽 16 米。

47. 西亭街 Xiting Jie 西南起西亭颖川路，北拐东南至西亭颖川路。长 900 米，宽 16 米。

48. 西亭北路 Xiting Beilu 西亭村北，西亭村北西亭北二路南，西起立言路，东至立功路。长 1900 米，宽 18 米。

49. 西亭北二路 Xitingbei 2 Lu 西亭北路北，西起福鼎山西路，东至立功路。长 1900 米，宽 18 米。

50. 西亭湖内路 Xiting Hunei Lu 西亭湖内社内，诚毅中路西，南起诚毅北路，北至锦亭北路。长 330 米，宽 56 米。

51. 西亭湖内二路 Xiting Hunei 2 Lu 西亭湖内诚毅北路北，西起西亭湖内路，东至诚毅中路。长 260 米，宽 24 米。

52. 福鼎山东路 Fudingshan Donglu 福鼎山西路东，诚毅西路西，南起诚毅北路，北至锦亭北路。长 500 米，宽 24 米。

53. 福鼎山西路 Fudingshan Xilu 西亭福鼎山西侧，杏锦路东，南起西亭北二路，北至锦亭北路。长 550 米，宽 26 米。

54. 福鼎山北路 Fudingshan Beilu 西亭福鼎山诚毅北路北，西起杏锦路，东至诚毅西路。长 490 米，宽 24 米。

55. 海凤南路 Haifeng Nanlu 海凤路南，西起同集南路，东至集美东路。长 1600 米，宽 18 米。

56. 海凤北路 Haifeng Beilu 海凤路北，南起集美东路，北至浔江北二路。长 460 米，宽 12 米。

57. 乐海北路 Lehai Beilu 乐海路北，西起凤田路，东拐北至凤林路。长 1200 米，宽 18 米。

58. 浔江北二路 Xunjiangbei 2 Lu 浔江北路东，南起乐海路，北至东安南路。长 2000 米，宽 20 米。

59. 凤安中路 Feng'an Zhonglu 凤林三路侨英路间，东起集美东路，经凤安路中段，西至同集南路。长 1600 米，宽 18 米。

60. 东安后垵路 Dong'an Hou'an Lu 凤安中路侨英路间，西起浔江北路，经东安后垵一里、二里东至集美东路。长 660 米，宽 24 米。

61. 东安北路 Dong'an Beilu 东安路北，西起同集南路，东至红林路。长 1200 米，宽 22 米。

62. 东安南路 Dong'an Nanlu 东安路南，西起同集南路，东至集美东路。长 1400 米，宽 18 米。

63. 东安南二路 Dong'annan 2 Lu 东安南路南，西起同集南路，东至集美东路。长 1600 米，宽 12 米。

64. 东安南三路 Dong'annan 3 Lu 东安南二路侨英路间，西起红林路，东至集美东路。长 180 米，宽 12 米。

65. 集岑路 Jicen Lu 西起浔江路与集岑路，经北海湾酒店、嘉庚纪念馆，东至海边。原集岑路延伸。长 543 米，宽 6 米。

66. 东英路 Dongying Lu 海翔大道南，西起诚毅南路，经集美大道、孙坂南路，东至港头北路。长 1800 米，宽 24 米。

67. 兑英路 Duiying Lu 杏林湾路西北，西南起集美大道，经孙坂南路、天马路，东北至规划路英村路。长 2300 米，宽 24 米。

68. 白石路 Baishi Lu 白石社内，西起白石西路，东至兑山西路。长 1600 米，宽 12 米。

69. 英平路 Yingping Lu 南起兑山双塔二路，经平阳里、英村，北至兑英路。长 1100 米，宽 18 米。

70. 英塔路 Yingta Lu 南起理工路，经兑山双塔社与英村，北至兑英路。长 1500 米，宽 24 米。

71. 双塔一路 Shuangta 1 Lu 兑山双塔社兑山双塔二路北，西起理工路，东至天马路。长 700 米，宽 18 米。

72. 双塔二路 Shuangta 2 Lu 兑山双塔一路南，西起理工路，东至天马路。长 550 米，宽 24 米。

73. 浦公山路 Pugongshan Lu 凤岐路与浦公山北路间，西起浦公山西路，东至浦公山东路。长 440 米，宽 18 米。

74. 浦公山东路 Pugongshan Donglu 浦公山以东，南起集美北大道，北至兴溪路。长 1700 米，宽 24 米。

75. 浦公山西路 Pugongshan Xilu 浦公山以西，南起集美北大道，北至兴溪路。长 1900 米，宽 24 米。

76. 浦公山西一路 Pugongshan Xi 1 Lu 浦公山西路西，南起浦公山西三路，北至凤岐路。长 280 米，宽 18 米。

77. 浦公山西二路 Pugongshan Xi 2 Lu 浦公山西路西，南起集美北大道，北至凤岐路。长 320 米，宽 18 米。

78. 浦公山西三路 Pugongshan Xi 3 Lu 浦公山西路西，西起集美北大道，东至浦公山西一路。长 670 米，宽 18 米。

79. 浦公山南路 Pugongshan Nanlu 浦公山以南，西起浦公山西路，东至浦公山东路。长 400 米，宽 18 米。

80. 浦公山北路 Pugongshan Beilu 浦公山北麓，东起浦公山东路，西穿浦公山西路，至杏锦路东。长 880 米，宽 18 米。

81. 溪西山尾路 Xixi Shanwei Lu 溪西山尾社内，西起杏锦路，东至浦公山东路。长 880 米，宽 18 米。

82. 溪西山尾一路 Xixi Shanwei 1 Lu 山尾社内，南起珩圣西路，北至兴溪路。长 580 米，宽 18 米。

83. 溪西山尾二路 Xixi Shanwei 2 Lu 山尾社内，南起珩圣西路，北至兴溪路。长 310 米，宽 18 米。

84. 凤岐环路 Fengqi Huanlu 凤岐路北，北起浦公山北路，拐东南，北接凤岐北路。长 300 米，宽 12 米。

85. 东蔡路 Dongcai Lu 东蔡社内，南起三社东蔡二路，北至凤岐路。长 320 米，宽 18 米。

86. 东蔡二路 Dongcai 2 Lu 东蔡社内，西起三社东蔡路，东至杏锦路。长 400 米，宽 18 米。

87. 蔡厝路 Caicuo Lu 东蔡西蔡旧称蔡厝，北起凤岐路，南至锦亭北路。长 1000 米，宽 43 米。

88. 西蔡路 Xicai Lu 西蔡社内，南起凤岐路，北至三社路。长 490 米，宽 18 米。

89. 蔡亭路 Caiting Lu 旧属蔡亭保，南起蔡亭南二路，向西北拐至灌口北路。长 2600 米，宽 24 米。

90. 蔡亭东路 Caiting Donglu 蔡亭路以东，南起集美北大道，北至灌口中路。长 1400 米，宽 18 米。

91. 蔡亭西路 Caiting Xilu 蔡亭路以西，南起蔡亭南二路，北至蔡亭路。长 1800 米，宽 30 米。

92. 蔡亭南路 Caiting Nanlu 蔡亭路以南，西起灌口北路，东至凤岐路 1500 米，宽 18 米。

93. 蔡亭南二路 Caiting Nan 2 Lu 蔡亭路以南，西起蔡亭西路，东至集美北大道。长 650 米，宽 18 米。

94. 蔡亭北路 Caiting Beilu 三社路北，西起蔡亭西路，经蔡亭路北段，东至凤岐路。长 1200 米，宽 18 米。

95. 三社路 Sanshe Lu 西起灌口北路连接旧三社路，东至杏锦路。长 2653 米，宽 30 米。

96. 珩圣西路 Hengsheng Xilu 珩圣路以西，西起杏锦路，东至集美大道。长 1820 米，宽 31 米。

97. 安东路 Andong Lu 西起灌口北路安东路，东至蔡亭西路，安东路延伸。长 500 米，宽 14 米。

98. 宁海路 Ninghai Lu 宁海社区内，西南起杏滨路，北至集杏海堤。长 3100 米，宽 24 米。

99. 宁海二路 Ninghai 2 Lu 文达路北，西起杏滨路，东至宁海路。长 550 米，宽 18 米。

100. 宁海三路 Ninghai 3 Lu 宁海路西，南起杏林东路，北至集杏海堤。长 900 米，宽 18 米。

101. 宁海四路 Ninghai 4 Lu 宁海五路与宁海路间，南起宁海路，北至杏林东路。长 400 米，宽 18 米。

102. 宁海五路 Ninghai 5 Lu 南起宁海路，经宁海五里、宁海六里，北拐东至宁海路。长 1200 米，宽 24 米。

103. 文达路 Wenda Lu 西起文达路，东至宁海路。文达路延伸。长 600 米，宽 24 米。

104. 杏林东路 Xinglin Donglu 西起杏林东路，东至宁海路，杏林东路延伸。长 700 米，宽 24 米。

105. 海景北街 Haijing Beijie 西起海景北路海景东五路叉口，东接兴港路。长 200 米，宽 18 米。

106. 海景南街 Haijing Nanjie 西起海景南路海景东五路叉口，东接兴港路。长 200 米，宽 18 米。

107. 京口路 Jingkou Lu 兴港路西，京口岩安置小区一期北，京口岩山东麓。长 120 米，宽 32 米。

108. 湖岸北路 Hu'an Beilu 沧湖北岸，西起兴港路海景北街，东拐北接滨湖路 650 米，宽 18 米。

109. 湖岸北二路 Hu'an Bei 2 Lu 沧湖北岸，西起兴港路，东接湖岸北路。长 300 米，宽 18 米。

110. 湖岸南路 Hu'an Nanlu 沧湖南岸，西起兴港路海景南街，东南接海沧大道。长 800 米，宽 18 米。

111. 湖岸南二路 Hu'an Nan 2 Lu 沧湖南岸滨湖二里，北起湖岸南路，南拐西接兴港路。长 350 米，宽 18 米。

112. 湖岸南三路 Hu'an Nan 3 Lu 沧湖南岸滨湖二里，北起湖岸南路，南接角嵩路。长 240 米，宽 18 米。

113. 三都路 Sandu Lu 海沧旧镇驻地西，南起沧江路，越港北路、建港西路、角嵩路，北至马青路。长 2000 米，宽 50 米。

114. 港北路 Gangbei Lu 海沧港区港南路北，西起规划路青礁南路，东拐南接沧江路。长 2000 米，宽 30 米。

115. 石塘北路 Shitang Beilu 嵩屿街道石塘村北，南起石塘东路，北拐西南接海裕路。长 1000 米，宽 12 米。

116. 石塘东路 Shitang Donglu 嵩屿街道石塘村东，南起滨湖路，西北接石塘北路。长 220 米，宽 14 米。

117. 沧屏路 Cangping Lu 西起大屏山南路，经石塘东坑村台湾风情街，东接海沧大道。长 740 米，宽 18 米。

118. 大屏山南路 Dapingshan Nanlu 大屏山南麓，南起沧虹路，经石塘水头村，东接海沧大道。长 1250 米，宽 24 米。

119. 海文路 Haiwen Lu 海富路西，南起沧林二路，北至沧林路。长 200 米，宽 24 米。

120. 潘涂南路 Pantu Nanlu 潘涂社区南部，西起同集中路，东至滨海西大道。美峰路部分更名。长 1200 米，宽 30 米。

121. 洪塘头北路 Hongtangtou Beilu 洪塘头村北，西起洪塘头一路，东至同集中路。长 900 米，宽 12 米。

122. 滨昌路 Binchang Lu 美人山东麓海滨西起滨海西大道潘涂南路，东接环湾西路。长 900 米，宽 12 米。

123. 滨美路 Binmei Lu 海美南街北，西起海美街，东接环湾西路。长 800 米，宽 12 米。

124. 滨富路 Binfu Lu 滨海西大道东，南起海美南街，北接规划路潘涂路。长 900 米，宽 12 米。

125. 滨盛路 Binsheng Lu 海美南街南，西起滨海西大道，东接环湾西路。长 700 米，宽 12 米。

126. 滨吉路 Binji Lu 海美北路南，西起滨海西大道，东接环湾西路。长 700 米，宽 12 米。

127. 滨祥路 Binxiang Lu 海美路南，西起滨海西大道，东接环湾西路。长 500 米，宽 12 米。

128. 滨仁路 Binren Lu 滨海西大道东，南起仁境北路，北接海美路。长 700 米，宽 12 米。

129. 滨惠路 Binhui Lu 仁境路北美峰三里内，西起滨海西大道，东接环湾西路。长 300 米，宽 12 米。

130. 滨德路 Binde Lu 仁境北路南，西起滨海西大道，东接环湾西路。长 200 米，宽 12 米。

131. 滨贤路 Binxian Lu 仁境路南美峰四里内，西起滨海西大道，东接环湾西路。长 200 米，宽 12 米。

132. 观浪路 Guanlang Lu 美峰六里、美峰七里间，西起滨海西大道东亭社，东至环湾西路。长 400 米，宽 12 米。

133. 观洲路 Guanzhou Lu 美峰五里、美峰六里间，洪霞街北，西起滨海西大道，东至环湾西路。长 300 米，宽 12 米。

134. 观波路 Guanbo Lu 美峰七里、美峰八里间，洪霞街南，西起滨海西大道，东至环湾西路。长 700 米，宽 12 米。

135. 观滨路 Guanbin Lu 滨海西大道环湾西路间，北起洪霞街，南至天马路。长 2000 米，宽 12 米。

136. 观洋路 Guanyang Lu 美峰七里、美峰八里间，洪霞南街南，西起滨海西大道，东至环湾西路。长 700 米，宽 12 米。

137. 观涛路 Guantao Lu 美峰八里内，观涛北路南，西起滨海西大道，东至环湾西路。长 700 米，宽 12 米。

138. 观涌路 Guanyong Lu 观涛路南，西起滨海西大道，东至环湾西路。长 200 米，宽 12 米。

139. 松柏林中路 Songbailin Zhonglu 南起双溪路，经松柏林街中部，经松柏林街中部，北至西桥路。长 200 米，宽 12 米。

140. 集安东路 Ji'an Donglu 西起同集北路集安路，经阳翟村、卿朴村，东至滨海西大道。长 2000 米，宽 12 米。

141. 银湖南路 Yinhu Nanlu 北起环城南路银湖路，南至滨海西大道。长 650 米，宽 24 米。

142. 圳岸路 Zhen'an Lu 西起滨海西大道，经阳翟圳岸里、瑶江里，东至瑶江边。长 420 米，宽 12 米。

143. 古庄中路 Guzhuang Zhonglu 南起古庄二路，经古庄路中部，北至古庄大社里。长 200 米，宽 12 米。

144. 下松东路 Xiasong Donglu 东南器换成北路市场路叉口，经古庄下松脚社东，西北至古庄小学西南。长 350 米，宽 12 米。

145. 朝丰路 Chaofeng Lu 新丰社区内，西起古庄中路，东接朝洋路。长 250 米，宽 12 米。

146. 朝元白礁路 Chaoyuan Baijiao Lu 西起朝洋路，经朝元白礁社，东至朝元路。长 300 米，宽 8 米。

147. 北镇路 Beizhen Lu 北起环城北路，经北镇一里、二里，南至三秀路。长 300 米，宽 12 米。

148. 北镇二路 Beizhen 2 Lu 北镇路东，北起常青路，经北镇二里，南至三秀路。长 200 米，宽 8 米。

149. 梵天路 Fantian Lu 南起轮山路，北至梵天寺大殿 300 米，宽 18 米。

150. 文笔路 Wenbi Lu 南起凤山路，经电视台、文笔塔，北至环城东路。长 500 米，宽 10 米。

151. 祥桥北路 Xiangqiao Beilu 祥桥社区北部，西起祥桥路凤祥路，东至城南路。长 850 米，宽 18 米。

152. 祥桥东路 Xiangqiao Donglu 祥桥社区祥桥中路东，南起新民大道，北至银湖中路。长 900 米，宽 12 米。

153. 祥桥中路 Xiangqiao Zhonglu 祥桥社区祥桥东路西，南起凤祥南路，北至银湖中路。长 420 米，宽 12 米。

154. 凤祥一路 Fengxiang 1 Lu 凤祥一里二里内，西起环城西路，东至祥桥路。长 300 米，宽 12 米。

155. 凤岗东路 Fenggang Donglu 凤岗社区凤祥西路同盛北路间，南起凤岗路，北至银湖西路。长 850 米，宽 18 米。

156. 美溪东路 Meixi Donglu 美溪道东，南起滨海西大道，经西洲路，北至官浔北路。长 1700 米，宽 12 米。

157. 美溪东二路 Meixi Dong 2 Lu 美溪东路东，南起滨海西大道，北至西洲路。长 1000 米，宽 12 米。

158. 美溪东三路 Meixi Dong 3 Lu 美溪东二路东，南起滨海西大道，北至西洲路。长 1000 米，宽 12 米。

159. 美溪西路 Meixi Xilu 美溪道西，南起滨海西大道，北至西洲路。长 1200 米，宽 12 米。

160. 美溪西二路 Meixi Xi 2 Lu 美溪西路西，南起滨海西大道，北至西洲路。长 1000 米，宽 12 米。

161. 美溪南路 Meixi Nanlu 美溪中路南，西起官浔溪路，东至东头埔溪路。长 1000 米，宽 24 米。

162. 美溪南二路 Meixi Nan 2 Lu 美溪南路南，西起官浔溪路，东至美溪东三路。长 810 米，宽 12 米。

163. 美溪北路 Meixi Beilu 美溪中路北，西起官浔溪路，东至东头埔溪路。长 1200 米，宽 18 米。

164. 美溪北二路 Meixi Bei 2 Lu 美溪北路北，西起官浔溪路，东至美溪东三路。长 810 米，宽 12 米。

165. 美溪北三路 Meixi Bei 3 Lu 美溪北二路北，西起官浔溪路，东至美溪东三路。长 800 米，宽 18 米。

166. 美溪北四路 Meixi Bei 4 Lu 美溪北三路北，西起官浔溪路，东至美溪东二路。长 700 米，宽 12 米。

167. 美溪中路 Meixi Zhonglu 美溪北路南路间，西起官浔溪路，东至东头埔溪路。长 1000 米，宽 12 米。

168. 官浔溪路 Guanxunxi Lu 北起西官浔路，沿官浔溪，东南街环湾西路。长 2100 米，宽 12 米。

169. 美溪一街 Meixi 1 Jie 西起美溪一里官浔溪路，东至美溪道。长 300 米，宽 12 米。

170. 美溪二街 Meixi 2 Jie 美溪一街南，西起官浔溪路，经美溪二里，东至东头埔溪路。长 900 米，宽 12 米。

171. 美溪三街 Meixi 3 Jie 美溪三里内，北起滨海西大道美溪东二路，南至环湾西路。长 400 米，宽 12 米。

172. 福明东路 Fuming Donglu 南起福明东路福明中路，北接西福路，福明东路延伸。长 300 米，宽 18 米。

173. 福明东三路 Fuming Dong 3 Lu 福明东二路东，南起通福路福明中路，北接西福路。长 480 米，宽 12 米。

174. 西柯埭头路 Xike Daitou Lu 西柯埭头村内，西起同集中路，东拐北经埭头竹仔林里，西接同集北路。长 2300 米，宽 12 米。

175. 西柯浦头路 Xike Putou Lu 西柯浦头村内，西柯浦头北路南路间，西起西柯街，东至滨海西大道。长 740 米，宽 18 米。

176. 西柯浦头中路 Xike Putou Zhonglu 浦头村中部，西柯浦头西路东路间，南起西柯浦头南路，北至西柯浦头北路。长 500 米，宽 8 米。

177. 西柯浦头东路 Xike Putou Donglu 浦头村东部，西柯浦头中路东，南起珠湖路，北至西柯浦头北路北。长 500 米，宽 8 米。

178. 西柯浦头西路 Xike Putou Xilu 浦头村西部，西柯浦头中路西，南起珠湖路，北至西柯浦头北路北。长 500 米，宽 8 米。

179. 西柯浦头南路 Xike Putou Nanlu 浦头村南部，西柯浦头路南，西起西柯街，东至滨海西大道。长 500 米，宽 8 米。

180. 西柯浦头北路 Xike Putou Beilu 西柯浦头路北，西起西柯浦头西路，东至滨海西大道。长 500 米，宽 8 米。

181. 顶柯路 Dingke Lu 西福路北，西起美溪道，经顶柯村，东至西柯街。长 800 米，宽 8 米。

182. 西福北路 Xifu Beilu 西福路以北，西起西柯街，东至滨海西大道。长 900 米，宽 18 米。

183. 下山头路 Xiashantou Lu 珠湖路北，西起美溪道，经下山头村，东至西柯街。长 500 米，宽 10 米。

184. 香溪东路 Xiangxi Donglu 溪东岸，香溪西路东，南起香溪南路，北至白云北大道。长 1000 米，宽 24 米。

185. 香溪西路 Xiangxi Xilu 香溪东路西，南起香溪南路，北至白云北大道。长 1000 米，宽 24 米。

186. 香溪南路 Xiangxi Nanlu 香溪北路南，西起西洋新安里，经香溪西路、东路，东至垵炉村五显中路。长 1800 米，宽 24 米。

187. 香溪北路 Xiangxi Beilu 香溪南路北，西起香溪西路，东至香溪东路。长 800 米，宽 24 米。

188. 缉亭西路 Jiting Xilu 缉亭路以西，北起五显路，南至布塘中路南。长 300 米，宽 12 米。

189. 后许路 Houxu Lu 界头路北后许社内，西起巷北二路，东至舫山北二路。长 1500 米，宽 10 米。

新命名居民点 11 个

1. 杏北八里 Xingbei 8 Li 集美区杏林北路杏锦路叉口南，杏北七里北住宅群。占地面积 1.5 万平方米，建筑面积 10.3 万平方米，10 幢。

2. 鱼福三里 Yufu 3 Li 集美区灌口镇松林路七甲路叉口西南住宅群，鱼福四里东。占地面积 13.7 万平方米，建筑面积 28.1 万平方米，49 幢。

3. 龙庙一里 Longmiao 1 Li 海沧龙庙社西，沧江路规划路青礁路叉口东北住宅群。占地面积 1.99 万平方米，建筑面积 8.04 万平方米，3 幢。

4. 后田后詹里 Houtian Houzhan Li 同安区西柯镇后田后詹社，天马路东北、后田里西南住宅群。占地面积 4 万平方米，建筑面积 130 万平方米，20 幢。

5. 禾祥东一里 Hexiangdong 1 Li 思明区禾祥东路湖滨中路叉口东北住宅群。占地面积 8.44 万平方米，建筑面积 40.62 万平方米，27 幢。

6. 锦英南二里 Jinyingnan 2 Li 集美区杏前路锦园西路叉口东北、锦英南里锦英路间住宅群。占地面积 18.39 万平方米，建筑面积 51.6 万平方米，15 幢。

7. 鼎美东里 Dingmei Dongli 鼎美村东，海沧北大道新阳大道叉口东北住宅群。占地面积 12.3 万平方米，建筑面积 28.7 万平方米。

8. 孚莲二里 Fulian 2 Li 海沧区孚莲一里北，孚莲路与东孚西二路叉口东北住宅群。占地面积 7.32 万平方米，建筑面积 15.92 万平方米，17 幢。

9. 金曾南里 Jinzeng Nanli 翔安区祥吴五路下曾路西北、金曾路南住宅群占地面积 2.07 万平方米，建筑面积 6.55 万平方米，8 幢。

10. 西岩二里 Xiyan 2 Li 翔安区西岩一里南，翔安新兴路朝新路间、西岩一里南住宅群。

11. 欧厝西里 Oucuo Xili 翔安区滨海东大道新澳路叉口东南、欧厝西路西住宅群。占地面积 9.1 万平方米，建筑面积 30.2 万平方米，60 幢。

（厦门市民政局）

责任编辑：曲　艺
审　　稿：白延蜻
责任校对：曾一一

32 索 引

说 明

（1）本索引采用主题分析索引法，按主题词首字的字母顺序排列（首字为英文字母的，集中置于索引前面，首字为阿拉伯数字的，按其读音置于相关字母之前）。（2）类目标题用黑体字表明。（3）索引后面用数字标明内容所在的页码，并用 a、b、c 分别表示在该页的左、中、右位置。（4）表格和示意图除了标明页码外，还分别括注“表”“图”。（5）为简便起见，主题词中涉及本市的组织机构、会议、活动等，一般均省略“厦门”二字；涉及“2016 年”的，一般均省略。（6）特载、大事记、附录不做索引。

A

B

C

E

F

G

H

J

M

T

图书在版编目(CIP)数据

厦门年鉴. 2017/厦门市人民政府地方志办公室编.
—北京:方志出版社,2018. 2
ISBN 978-7-5144-2980-0

Ⅰ. ①厦… Ⅱ. ①厦… Ⅲ. ①厦门—2017—年鉴
Ⅳ. ①Z525. 73

中国版本图书馆 CIP 数据核字(2018)第 037850 号

厦门年鉴(2017)

编　　者:厦门市人民政府地方志办公室
责任编辑:王海荣

出 版 人:冀祥德
出 版 者:方志出版社
地址　北京市朝阳区潘家园东里 9 号(国家方志馆 4 层)
邮编　100021
网址　http://www. fzph. org
发　　行:方志出版社图书经销中心
电话(010)67110500
经　　销:各地新华书店
印　　刷:福州力人彩印有限公司

开　　本:889×1194　1/16
印　　张:40. 5　插页:26
字　　数:1761 千
版　　次:2018 年 2 月第 1 版　2018 年 2 月第 1 次印刷
印　　数:0001～1100 册

ISBN 978-7-5144-2980-0　**定价**:300. 00 元